ILES
DE LA GRÈCE,

PAR

M. LOUIS LACROIX,

ANCIEN MEMBRE DE L'ÉCOLE FRANÇAISE D'ATHÈNES,
PROFESSEUR D'HISTOIRE AU LYCÉE IMPÉRIAL DE LOUIS LE GRAND,
AGRÉGÉ DES FACULTÉS DES LETTRES.

PARIS,
FIRMIN DIDOT FRÈRES, ÉDITEURS,
IMPRIMEURS DE L'INSTITUT DE FRANCE,
RUE JACOB, 56.

M DCCC LIII.

L'UNIVERS.

HISTOIRE ET DESCRIPTION
DE TOUS LES PEUPLES.

ILES DE LA GRÈCE.

PARIS. — TYPOGRAPHIE DE FIRMIN DIDOT FRÈRES, RUE JACOB, 56

PRÉFACE.

J'ai réuni dans ce volume, sous le nom d'*Iles de la Grèce*, toutes les îles de la Méditerranée orientale, depuis Chypre jusqu'à Corfou, de l'est à l'ouest, et depuis les îles des Princes jusqu'à celle de Candie, dans la direction du nord au sud. Toutes ces îles, occupées dès la plus haute antiquité par des populations d'origines diverses, sont devenues au temps de l'expansion de la race hellénique une annexe du domaine continental qu'elle s'était fait au midi de l'Europe et à l'occident de l'Asie. Les Grecs, après en avoir assujetti ou déplacé les anciens habitants, en ont dépossédé les Phéniciens, qui les exploitaient commercialement, s'y sont installés en maîtres, et les occupent encore aujourd'hui, libres dans quelques-unes, soumis dans les autres soit à la domination des Turcs, soit au protectorat de l'Angleterre.

Quoi qu'il en soit de la situation politique de ces îles, elles sont toutes restées des îles grecques au point de vue ethnographique, et leur histoire est le complément de l'histoire de la Grèce, dont elles ont constamment partagé toutes les destinées. Aussi le plan général de ce livre aurait-il été le même que celui d'une histoire grecque, si j'avais pu présenter celle des îles en un seul tableau; mais la nature même du sujet rendait impossible toute unité d'exécution. La vie individuelle, si prononcée déjà pour les cités de la Grèce continentale, l'est bien plus encore pour les îles grecques, que la mer éloigne les unes des autres, ajoutant ainsi ses flots et les distances à ces nombreux motifs d'isolement qui à toute époque ont divisé les peuples grecs. En sorte que dans cette histoire je n'ai pu faire autre chose qu'une série de notices, de monographies distinctes, dont les plus considérables, telles que Chypre, Rhodes, les Cyclades, contiennent toutes les considérations générales que comporte le sujet.

Toutes ces notices sont distribuées conformément à la position géographique des îles ou groupes d'îles dont elles présentent la description et l'histoire. Dans cette sorte de périple à travers l'Archipel, je me suis toujours avancé d'orient en occident, prenant l'île de Chypre pour point de départ, et les îles Ioniennes pour terme de ma course. De plus, toutes les monographies de ce recueil ont été traitées d'après un plan uniforme. Je les divise ordinairement en cinq parties : la description et la géographie comparée, l'histoire ancienne, le tableau de la civilisation dans les temps anciens, le récit des événements du moyen âge et des temps modernes, enfin l'exposition de l'état actuel. Pour un grand nombre de ces îles, le peu d'importance de leur histoire et la pénurie des renseignements ne m'ont pas permis de remplir entièrement toutes les divisions du plan que je m'étais tracé; mais je l'ai fait pour les plus considérables, pour celles qui m'offraient un fonds complet et suivi d'événements historiques. Quant aux moindres îles, j'ai essayé, en les groupant d'une manière méthodique, d'en présenter des tableaux d'ensemble plus satisfaisants pour l'esprit, et de remédier par là, autant que possible, au morcellement même du sujet.

Aucun écrivain, si ce n'est le Hollandais Dapper, n'avait entrepris de réunir en un seul recueil l'histoire de toutes les îles grecques; mais le livre de Dapper, composé au dix-septième siècle, décrit un état social et géographique tout à fait modifié aujourd'hui, et il ne traite l'histoire que d'une manière incomplète et confuse. Aussi tout restait à refaire de nouveau, et j'ai dû aller chercher les matériaux de cet ouvrage dans une multitude d'auteurs où ils étaient dispersés, dans les géographes et les historiens de l'antiquité, dans la Collection byzantine et dans la Bibliothèque des croisades pour le moyen âge, dans les voyageurs des trois derniers siècles, dans une foule de dissertations spéciales, dues principalement à l'infatigable curiosité des érudits de l'Allemagne. J'ai puisé mes renseignements sur l'état actuel de ces îles dans les publications les plus récentes, dans les articles des revues, dans les relations des touristes, dans les chancelleries des consulats, dans les souvenirs de mes propres courses à travers l'Archipel, dans la conversation et les communications d'hommes instruits que des missions scientifiques ou leur position officielle avaient mis à même d'étudier à fond la situation de ces contrées, comme M. de Mas-Latrie pour l'île de Chypre, et M. Hitier pour l'île de Crète. A ces derniers titres, quelques-uns de mes confrères de l'Ecole d'Athènes m'ont efficacement aidé dans mon travail, par le secours de leurs intéressantes publications, et j'ai largement mis à profit les fragments publiés par M. Benoît sur les îles de Délos et de Santorin, et la savante dissertation de M. Girard sur l'île d'Eubée. Je tiens aussi à remercier publiquement de leur concours zélé et intelligent MM. A. Jacobs, F. Oger, C. Port et P. Longueville, archivistes paléographes, ou licenciés ès-lettres de la Faculté de Paris. Je leur ai confié la rédaction de quatre des notices qui composent ce recueil, celles des îles de Samos, de Chio, de Lesbos et d'Égine. Mes actifs collaborateurs n'ont reculé devant aucune des exigences du plan que je leur avais tracé, et, après des recherches consciencieuses et approfondies, ils m'ont présenté quatre bonnes notices, que nous avons travaillé en commun à compléter et à améliorer encore, et que je soumets avec confiance à l'appréciation du lecteur. Grâce à la réunion de tant de lumières et de bonnes volontés, toutes les parties de ce recueil ont été étudiées à fond et traitées avec un égal soin; les gravures, les cartes, les plans annexés au texte ont été l'objet de la même sollicitude, et s'il reste encore beaucoup à faire et à dire sur les îles grecques, c'est qu'en histoire, comme en toute autre science, nul ne peut se flatter de donner un résultat définitif.

PRÉFACE.

Dans un livre de ce genre, dont les matériaux sont puisés à tant de sources, j'ai pensé qu'il était de mon devoir de citer toujours et exactement mes autorités, pour faciliter à d'autres de nouvelles recherches et leur offrir la vérification de mes assertions et de mes récits. Dans cette intention, je me suis attaché aussi, autant qu'il m'a été possible, à indiquer la bibliographie des ouvrages spéciaux publiés sur les îles grecques. La liste en est assez nombreuse, quoique je ne me flatte pas de la donner complète; je l'ai composée de tous les ouvrages que j'ai réunis et dont j'ai pu faire usage. Cependant il en est quelques-uns dont je n'ai connu que les titres, et que je n'ai pas laissé de signaler comme les autres. Ce sont des thèses, des exercices académiques, comme il s'en fait tant dans les laborieuses universités de l'Allemagne, que l'on ne connaît au loin que par les catalogues ou les revues bibliographiques. Chaque fois qu'après de patientes recherches je constatais qu'une de ces monographies était introuvable pour moi, je me prenais à regretter qu'il n'existât pas entre les académies, les universités, et tous les grands corps savants de l'Europe des échanges et des communications assurées de toutes leurs publications.

Non content d'avoir donné une idée de la manière dont j'ai conçu et exécuté cet ouvrage, j'ai à cœur de dire que dans l'accomplissement de ma tâche j'ai été constamment soutenu et encouragé par le désir de m'acquitter de la dette que j'ai contractée envers l'École française d'Athènes. Cet établissement fut fondé en 1846, sous le ministère de M. de Salvandy, dans le but d'augmenter les lumières du corps enseignant, et de mettre à la disposition de ses membres des moyens d'instruction qui leur étaient demeurés jusque là interdits. J'ai eu l'honneur de faire partie de la colonie de fondation, qui fut placée sous la direction de M. Daveluy, et qui, par l'union parfaite de son chef et de ses membres, sut consolider l'établissement nouveau et lui faire prendre racine sur le sol grec. Tout le temps de notre mission, qui devait être de deux ou trois ans, fut consacré à étudier l'antiquité sur son propre terrain, à prendre des leçons de la Grèce elle-même; enseignement fécond, qui complète, explique et rectifie si avantageusement celui des livres. L'examen des ruines, des courses archéologiques, des études de topographie nous apportaient chaque jour des explications, des lumières nouvelles et inattendues, et c'est dans ce sens que nous pouvions nous appliquer ce vers d'Horace, qui au besoin servirait de devise à l'École française d'Athènes :

> Adjecere bonæ paulo plus artis Athenæ [1].

Comme Horace aussi, les troubles civils de notre patrie nous arrachèrent à nos studieux loisirs :

> Dura sed emovere loco *nos* tempora grato,
> Civilisque *rudes* belli tulit æstus in arma.

[1] Hor., *Ep.*, l. II, 2.

Quatre d'entre nous furent obligés de regagner la France, à la fin de 1848, avant le terme de leur mission; mais, plus heureux que le poëte latin, nous vîmes se dissiper les appréhensions de la guerre civile, et bientôt un pouvoir énergique raffermit l'État ébranlé. L'École d'Athènes, dont l'existence était devenue précaire et chancelante, fut adoptée par le nouveau gouvernement, et l'activité de ses membres, dirigée et excitée par l'impulsion de l'Académie des Inscriptions et Belles-Lettres, prit enfin son essor.

Alors ils publièrent à l'envi des thèses ingénieuses et savantes, des relations de leurs excursions scientifiques; ils recueillirent et interprétèrent des inscriptions inédites, et ils entreprirent des explorations et des fouilles dont les résultats sont déjà féconds et glorieux. Les suffrages de la Faculté des Lettres de Paris n'ont pas manqué aux thèses de MM. E. Burnouf et Lévêque sur le culte de Neptune dans le Péloponnèse et sur l'esthétique de Phidias. L'Académie a accueilli avec faveur les intéressants rapports de MM. Mézières, Beulé et Girard sur leurs explorations dans la Morée, la Thessalie et l'Eubée. Enfin les importantes découvertes de M. Beulé à l'Acropole d'Athènes ont vivement excité l'attention et les applaudissements des savants et des artistes.

A ces travaux déjà accomplis ajoutons, pour faire connaître l'ardeur de cette jeune école, ceux que l'on prépare et qui vont paraître : la thèse de M. Hanriot sur les dèmes de l'Attique; celle de M. Gandar sur Ithaque et le royaume d'Ulysse; le livre de M. Benoit sur la comédie grecque; les mémoires justificatifs de M. Beulé sur ses fouilles à l'Acropole; les études de M. Guérin sur Patmos et Samos, de M. About sur Égine, et des explorations ordonnées pour la description de Delphes et du Parnasse et pour la topographie de la Grèce orientale. Quant à moi, désirant m'associer à cette féconde activité de mes confrères, j'ai accepté avec joie l'offre que me fit M. Didot, en 1850, de me charger de l'histoire des îles grecques pour sa grande collection de *L'Univers pittoresque*. Un voyage en Égypte, une tournée sur les côtes d'Asie Mineure et à Constantinople m'avaient permis de parcourir l'Archipel en tout sens. Cette circonstance atténuait à mes yeux les difficultés de l'entreprise, en me faisant espérer que je pourrais utiliser dans mon travail ce petit surcroît d'*ars bona*, comme dit Horace, que les historiens doivent toujours à la connaissance des pays dont ils parlent et que les membres de l'École d'Athènes vont demander au séjour de la Grèce.

Tel est le mouvement scientifique, si actif dès ses débuts, auquel a donné naissance l'École française d'Athènes, institution éminemment libérale, qui avec le temps contribuera puissamment à conserver et à ranimer chez nous les études classiques, et qui à l'exemple de l'Académie de Rome, sa sœur aînée, prendra, je l'espère, une place honorable et définitive parmi nos grandes institutions nationales.

L'UNIVERS,

OU

HISTOIRE ET DESCRIPTION

DE TOUS LES PEUPLES,

DE LEURS RELIGIONS MOEURS, COUTUMES, ETC.

ILE DE CHYPRE [1].

I.

GÉOGRAPHIE PHYSIQUE ET POLITIQUE DE L'ÎLE DE CHYPRE.

DIFFÉRENTS NOMS DE L'ÎLE DE CHYPRE. — En général toutes les contrées de l'antiquité sont connues dans l'histoire sous différents noms. L'île de Chypre en avait reçu un grand nombre [2]; mais la plupart d'entre eux n'avaient point été acceptés par le commun usage : ce n'était que des dénominations locales appliquées à l'île tout entière, ou des noms mythologiques empruntés à des légendes fort contestables, ou même de simples épithètes poétiques. Ainsi on l'avait appelée : *Aeria*, à cause de la pureté de son air ou du héros Aerias ; *Ærosa*, de ses mines de cuivre ; *Amathousia*, d'Amathonte; *Aphrodisia,* d'Aphrodite; *Aspelia*, mot phénicien qui indiquait sa position maritime ; *Colinie*, le pays des collines ; *Cerastis*, des différents pics qui la surmontent ; *Kryptos*, l'île basse, mot grec qui traduit peut-être l'épithète phénicienne d'Aspelia ; *Macaria*, l'île

[1] Ouvrages spéciaux sur l'histoire générale de l'île de Chypre : 1° Meursius, *Creta, Cyprus, Rhodus* ; Amstelodami, 1676, in-4°; — 2° le P. Estienne de Lusignan, *Description de toute l'isle de Cypre*, in-4°, 1580 ; — 3° Dominique Jauna, *Histoire générale des royaumes de Cypre, de Jérusalem, d'Arménie et d'Égypte*, 2 vol. in-4°, Leyde, 1747; — 4° Reinhardt, *Vollstandige Geschichte der Konigreichs Kypern*, 2 vol. in-4°, 1766 ; — 5° Engel, *Kypros*, 2 vol. in-8°, Berlin, 1841 ; — 6° Gratiani, *Histoire de la Guerre de Chypre*, traduite par le Pelletier, in-4°, 1701; — 7° Loredano, *Istoria dei Re Lusignani*, traduite par H. Giblet, 2 vol. in-12, Paris, 1732; — 8° Mariti, *Voyage dans l'île de Chypre, la Syrie et la Palestine*, 2 vol., Paris, 1791; — 9° M. de Mas-Latrie, différents articles relatifs à l'histoire de Chypre sous les Lusignans et à l'état actuel de l'île, insérés dans la *Bibliothèque de l'École des Chartes*, 1re série; t. V ; 2e série, t. I et II; dans les *Archives des Missions scientifiques*, numéros de mars et septembre 1850; et dans *le Correspondant* de juin et d'août 1847. — Nous nommerons ici une fois pour toutes le livre de Dapper : *Description exacte des Isles de l'Archipel*, in-fol.; Amsterdam, 1703 : vieux ouvrage plein de bons renseignements, qui traite de toutes les îles étudiées dans ce recueil, et que nous n'avons pas la prétention de rendre inutile.

[2] Lusignan commence sa *Description de toute l'isle de Cypre* par ces mots : « On devroit plustôt nommer ceste isle Polyonyme, que Cypre (comme pour le jour d'huy on l'appelle), pour ce que on lui a attribué plusieurs et divers noms, la variété desquels l'a rendue célèbre et très-renommée par tout le monde. »

1re Livraison. (ILE DE CHYPRE.)   1

heureuse ; *Méonis*, par allusion peut-être à une colonie de Méoniens qui s'y serait établie dans les temps anciens ; *Ophiusa*, l'île des Serpents ; *Paphos*, nom d'une ville étendu à l'île entière ; *Sphekeia*, l'île des Guêpes, et *Tharsis*, nom phénicien qui rappelle celui de Tartessus, et qui paraît signifier la terre des métaux (1). Mais les deux noms seuls usités chez les anciens, et seuls historiques, sont ceux de *Kittim* et de *Kypros*, dont il importe de rechercher l'origine et la signification.

Le nom primitif de l'île de Chypre était celui de Kittim ou Chétim. Tous les pays de l'antiquité portèrent d'abord le nom de la première famille ou tribu qui les occupa. C'était en imposant son nom au sol que l'homme signifiait qu'il en avait pris possession, et l'île de Chypre reçut le sien de ses premiers habitants. « Chétim, fils de Javan, fils de Japhet, dit Josèphe (2), s'établit dans l'île qu'on nomme maintenant Cypre, à laquelle il donna son nom ; d'où vient que les Hébreux nomment Chétim toutes les îles et tous les lieux maritimes. Et encore aujourd'hui une des villes de l'île de Cypre est nommée Citium par ceux qui imposent des noms grecs à toutes choses ; ce qui diffère peu du nom de Chétim. » Les Phéniciens, ces descendants de Chanaan, qui donnèrent aussi à l'île de Chypre la plus grande partie de sa population primitive, ne la désignèrent jamais autrement que par les noms de Kittim ou de Chétim. On n'en connaissait pas d'autre dans toute l'Asie occidentale. Au contraire le nom de Kypros est le seul dont les Grecs se soient servis historiquement des les temps d'Homère et d'Hésiode. « Isidore et Honorius prétendent qu'elle ait reçu ce nom d'une grande et ancienne ville qu'il y avoit autrefois. Quelques autres veulent qu'elle en soit redevable à la déesse Vénus, adorée sous celui de Cypris par ses anciens habitants. D'autres soutiennent qu'on en doit rapporter l'origine à la fille de Cinyras, premier roi de cette île, appelée Cyprus. On pourroit dire avec plus de vraisemblance qu'elle fut appelée ainsi à cause de la grande quantité de cuivre que ses premiers habitants y trouvèrent, puisque c'est dans ce même sens qu'elle fut nommée *Ærosa* du mot latin *Æs*, qui signifie du cuivre, de même que *caprum* (1). » Or, aucune de ces étymologies ne ramène le nom de Cypre à sa véritable source. Le mot grec *Kypros*, d'où il dérive évidemment, ne signifie ni cuivre ni cyprès, comme on l'a prétendu quelquefois : c'est le nom d'un arbuste que les Phéniciens et les Hébreux appelaient *kopher*, mot d'où les Grecs ont tiré celui de *kypros*, qui est formé des mêmes éléments. De la fleur et du fruit de cet arbuste on composait des huiles et des parfums très-recherchés, qui dans l'antiquité, comme dans les temps modernes, étaient un important article de commerce. Tout porte à croire que les Grecs, qui négociaient avec les Phéniciens de l'île de Kittim, prirent l'habitude de la désigner par le nom de la plante qui produisait un de ses principaux objets d'exportation. Ce fut là qu'ils apprirent à connaître le kypros ; et ils appelèrent l'île de son nom, de même qu'ils avaient donné à l'île de Rhodes le nom de la rose, qui y croît en abondance. Voilà l'explication la plus vraisemblable de l'origine du nom de l'île de Chypre : elle était admise par les anciens eux-mêmes, et a été recueillie par Étienne de Byzance, d'après lequel sans doute Eustathe l'a répétée (2). Ce nom de Kypros ou Cyprus, employé par les Grecs et les Latins, a passé dans toutes les langues de l'Europe moderne. Les Allemands et les Flamands, dit Dapper, prononcent et écrivent *Cyprus* (bien que les premiers emploient quelquefois le mot de *Cypres*), les Italiens *Cipro* et les Français *Cypre*. Les Arabes nomment cette île *Cupris*, et la plupart des Turcs *Kibris*. Depuis Dapper l'orthographe de ce nom s'est modifiée dans notre langue. Fénelon n'écrit jamais que le mot Cypre. Le traducteur de Dapper, de 1702, écrit de même. Le traducteur du *Voyage* de l'abbé Mariti, dont le livre parut en 1791, ne se sert jamais que du mot de Chypre, dont l'usage a tout à fait prévalu de nos jours. Il est à croire que même au dix-sep-

(1) Pline, *Hist. Nat.*, V, 35.
(2) Jos., *Ant. Jud.*, I, 7.

(1) Dapper, *Descr. des Isles de l'Archipel*, p. 22.
(2) Cf. Engel, *Kypros*, t. 1, p. 14.

tième siècle, au temps où l'on écrivait toujours Cypre, la prononciation de ce mot se rapprochait de la prononciation italienne, et qu'en modifiant l'orthographe on n'a fait que la mettre en conformité avec le son du langage (1).

POSITION GÉOGRAPHIQUE ET DIMENSIONS DE L'ÎLE DE CHYPRE. — L'île de Chypre est située dans la partie la plus orientale de la Méditerranée, entre le golfe de Pamphylie (golfe de Sattalie) et le golfe d'Issus (golfe d'Alexandrette), la mer de Syrie et la mer d'Égypte (2). Sa chaîne principale court dans une direction parallèle à celle des montagnes de la Cilicie, dont elle est séparée par un canal de quinze lieues de largeur (Aulon Cilicius). L'île de Chypre s'étend à peu près du 30° au 32° degré de longitude et du 34° 26' au 35°, 30° degré de latitude. Elle forme un triangle allongé, à côtés inégaux, dont les trois sommets sont le cap Dinaretum à l'est, le cap Acamas à l'ouest, et le cap Curias au sud. Le côté le plus considérable est celui du nord, qui court de l'ouest à l'est, avec une légère inclinaison vers le nord, et qui est compris entre le cap Acamas (cap Saint-Épiphane) (3) et le cap Dinarète (cap de Saint-André). De cette côte septentrionale se détachent deux promontoires, le cap Callinusa à l'ouest (cap d'Alexandrette, ou de Limnito selon Dapper) et le cap Krommyon à l'est (aujourd'hui cap Cormachitti, Cornaquito dans l'Atlas catalan). Le côté sud-ouest, qui s'étend du cap Acamas au cap Curias (cap Della-Grea), est le plus petit des trois. C'est un rivage découpé en baies nombreuses et hérissé de plusieurs promontoires, qui sont dans la géographie ancienne les caps Drepane, Zephyrium, Arsinoé et Treta ou Phrurium, aujourd'hui cap Drapano, Chelidonio, cap Blanc, et cap des Chats (Biancho, delle Gatte). Le troisième côté, tourné vers le sud-est, moins grand que le premier, mais beaucoup plus étendu que le second, est compris entre les caps Curias et Dinarète, et projette au loin dans la mer le cap que Ptolémée appelle Thronoï, et qui est probablement le cap Pila. Les anciens n'ont pas eu de notions bien exactes sur l'étendue de l'île de Chypre; ils la regardaient comme une des plus grandes îles connues de leur temps; mais ils la plaçaient tantôt la cinquième, tantôt la sixième ou même la dixième dans l'ordre des grandeurs (1). Strabon évalue le pourtour de l'île, en suivant toutes les sinuosités, à trois mille quatre cents stades (2), ce qui fait quatre-vingt-cinq lieues et demie. Le grand côté de l'île a, selon Strabon, quatorze cents stades ou trente-cinq lieues de longueur. Danville ne lui donne que trente-deux lieues et demie. On comprend qu'on ne peut donner à ce sujet que des évaluations approximatives. Les calculs les plus récents, qui eux-mêmes ne sont point encore d'une rigueur absolue, donnent à l'île de Chypre une superficie de cinq cent vingt lieues carrées, ou d'un million d'hectares (3).

MONTAGNES. — L'île de Chypre est traversée par deux principales chaînes de montagnes que les anciens avaient confondues et désignées par le même nom.

(1) Nous nous conformerons à l'usage ordinaire en nous servant du mot Chypre pour l'histoire moderne, et toutes les fois que nous parlerons de l'île en général. Mais il nous paraît plus conforme à la vérité historique de conserver l'ancienne orthographe et d'écrire Cypre en traitant spécialement de l'histoire ancienne de cette île.

(2) Danville, *Mémoire sur la géographie de l'île de Cypre* (*Académ. des Inscr.*, XXXII, p. 525); Mannert, *Géogr. d. Alten.*, VI, p. 548.

(3) *Capo di Sant-Epiphanio*, communément *capo di San-Pifani*. Dans l'atlas catalan du quatorzième siècle, publié par MM. Buchon et Tastu dans la Collection des notices et manuscrits, t. XIV, p. 104, ce cap est appelé *Sancti-Bifani*, et le cap Saint-André est appelé *cavo Sancto-André*. Les noms de la géographie moderne de l'île de Chypre viennent des Italiens et des Catalans, qui étaient maîtres du commerce du Levant au moyen âge.

(1) *Voy.* Engel, *Histoire de Chypre*, t. I, p. 28. Un seul géographe, Agathemerus, établit exactement le rapport d'étendue des îles de la Méditerranée. Il les classe ainsi : Sicile, Sardaigne, Cypre et Crète.

(2) Strabon, l. XIV, 6; Tauch., III, 241.

(3) Voir dans les *Archives des Missions*, 1850, p. 161, ou dans le *Bulletin de la Société de Géographie*, une notice sur la situation actuelle de l'île de Chypre et sur la construction d'une carte de l'île par M. de Mas-Latrie.

Ils les appelaient toutes deux le mont Olympe. La plus considérable de ces deux chaînes s'étend, dans la direction de l'est à l'ouest, depuis le cap Thronoï jusqu'au promontoire Acamas : elle coupe l'île en deux versants, dont l'un a sa pente vers le nord, c'est le plus considérable, et l'autre, de moindre étendue, forme la région méridionale de l'île. De cette chaîne centrale, qui renferme le sommet le plus élevé de l'île, le mont Olympe proprement dit, et dont une partie s'appelait l'Aoüs, se détachent de nombreux contre-forts, qui vont projeter vers le rivage, dans le canal de Cilicie ou dans la mer d'Égypte, les promontoires dont nous avons énuméré les plus considérables ; ces rameaux détachés de la chaîne centrale divisent l'île de Chypre en bassins d'une médiocre étendue, qu'arrosent de petits cours d'eau, dont quelques-uns ne sont que des torrents. L'autre chaîne forme le prolongement septentrional de l'île ; elle commence au cap Krommyon et aboutit au cap Dinarète, vers l'orient. Dans une grande partie de sa longueur, cette chaîne longe le rivage, et se compose de rochers escarpés, coupés à pic, qui de ce côté rendent l'île inabordable. Entre ces deux chaînes principales s'étend vers l'orient la grande plaine de la Messaria ou Messarée, qui compte soixante-dix-huit milles de longueur sur trente de large, et qui a toujours été la contrée la plus riche et la plus puissante de l'île entière. Les pics culminants du système orographique de l'île de Chypre portent aujourd'hui les noms de Kantara, Saint-Hilarion, Stavro-Vouni ou mont de la Croix, Troodos et Machera ; mais on n'en connaît pas exactement la hauteur. Cependant M. de Mas-Latrie, à la suite d'observations barométriques faites récemment, a trouvé, sauf erreur de sa part, dit-il, que le Saint-Hilarion est élevé de 709 mètres, ou 2,129 pieds au-dessus du niveau de la mer (1). C'est ajoute-t-il, à peu près les deux tiers de la hauteur du Vésuve et la moitié du Puy-de-Dôme. Le sommet appelé Troodos ou Throdos (2) paraît correspondre à l'Olympe des anciens poëtes et géographes. Le paganisme consacrait les hautes montagnes à ses dieux. On avait élevé sur celle-ci un temple à Vénus-Olympienne. Les chrétiens le remplacèrent par une chapelle dédiée à saint Michel-Archange, et les pentes de la montagne se couvrirent de couvents grecs. Le Stavro-Vouni, voisin des salines et de Larnaca, près de la côte méridionale, avait été consacré à Jupiter. La tradition rapportait que l'impératrice Hélène, mère de Constantin, avait élevé sur cette hauteur une chapelle où elle déposa un morceau de la vraie croix. Jean Locke, voyageur anglais, qui visita Jérusalem en 1553, donne une description détaillée de cette relique. Aujourd'hui l'occupation des Turcs a transformé ces montagnes en déserts, et a fait disparaître tous ces monuments de la piété du moyen âge.

FLEUVES, TORRENTS. — L'île de Chypre est arrosée par un grand nombre de cours d'eau. Mais la plupart ne sont que des torrents, dont le lit, même en hiver, est presque entièrement desséché, et cela par l'extrême rareté des pluies. Le ciel y est pour ainsi dire d'airain, selon Mariti, et les historiens assurent qu'au temps de Constantin il s'écoula trente années sans que l'île ait été arrosée par la pluie. Si d'un côté l'île est exposée à l'inconvénient des sécheresses prolongées, de l'autre elle est quelquefois exposée à de terribles inondations. « La nuit du dix novembre, veille de Saint-Martin 1330, dit Loredano, la rivière qui passe à Nicosie crut d'une telle force qu'elle inonda non-seulement les endroits les plus bas de la ville, mais encore ceux que l'on croyait par leur situation être le plus en sûreté. Les eaux, arrêtées par un pont, menaçaient de tout engloutir ; mais ce pont fut entraîné par le torrent, et sa chute facilita l'écoulement des eaux. Il y eut néanmoins quantité de maisons renversées et bon nombre de personnes entraînées par le torrent. Cette inondation dura trois jours ; la ville de Limassol fut entièrement détruite, et il y périt deux mille personnes. Les habitants des campagnes s'étaient retirés sur les hauteurs, d'où ils voyaient au loin les eaux engloutir et entraîner leurs bestiaux et leurs chaumières. » Le cours d'eau le plus considérable de l'île est cette ri-

---

(1) *Archives des Missions*, année 1850, p. 180.

(2) Dapper l'appelle Trochodos et Trobodos, p. 26.

vière qui passe à Nicosie, et que les anciens appelaient le Pediœos, qui arrose la Messarée, la plus vaste et la plus fertile plaine de l'île de Chypre. Le Pediœos coule de l'ouest à l'est, et se jette dans le golfe de Salamine. Sur la côte septentrionale on remarquait le Lapithos, près de la ville de ce nom, et le Clarios, qui coule à l'ouest de la ville de Soli. Le rivage méridional était arrosé, outre de nombreux torrents, par le Tétios, à l'ouest de Citium, le Lycos entre Amathonte et Curium, et le Bokaros entre les deux villes de Paphos.

AIR, CLIMAT, TEMPÉRATURE. — Le climat, la température de l'île de Chypre ont beaucoup d'analogie avec ceux des régions qui l'avoisinent. Elle a les grandes chaleurs de la Syrie, les vents violents et la sécheresse de la Cilicie-Trachée, inconvénients dont il est souvent fait mention dans les anciens (1), mais que compensent les douces brises de la mer et les fraîches rosées de la nuit. Dans l'été les habitants de l'île vont chercher la fraîcheur sur les montagnes, en hiver ils redescendent sur les côtes et dans les vallées. En effet dans cette saison le froid y est plus sensible qu'on ne pourrait le croire d'après la position du pays, surtout dans la partie nord, qui reçoit les vents glacés du Taurus et des côtes de la Caramanie. Les sommets de la chaîne de l'Olympe restent longtemps couverts de neige. Les anciens prétendent que l'air de l'île de Chypre est mauvais et malsain. On allègue en preuve de cette assertion, la contagion qui fondit sur l'armée de saint Louis, lors de son passage en cette île l'an 1259. Ceux qui ont longtemps habité Chypre sont d'un avis contraire; et voici comment s'exprime à ce sujet l'abbé Mariti (2). « Les fièvres tierces et quartes sont, il est vrai, très-fréquentes et très-opiniâtres à Chypre et dans tout le Levant; mais les causes n'en sont pas dans la malignité de l'air. Il est d'ailleurs facile de les éviter. J'ai souffert pendant dix mois entiers de cette maladie : mon expérience peut être utile à d'autres, je vais en conséquence entrer dans quelques détails à ce sujet. Je ne tardai pas à m'apercevoir que je donnais lieu moi-même aux rechutes qui prolongèrent ma fièvre si longtemps. La chaleur excessive du climat entretient une transpiration abondante et continuelle : si l'on a l'imprudence de s'exposer dans cet état au moindre vent, les pores se resserrent, et il en résulte une suppression de transpiration qui est infailliblement suivie de la fièvre (1). Une autre cause encore, ce sont les liqueurs fortes et l'usage immodéré de certains fruits, et particulièrement du concombre, de la pastèque et du melon. Les naturels même du pays échappent rarement, et surtout en été, à cette espèce d'épidémie; mais ils se contentent d'une légère saignée, laissent agir la nature, et guérissent sans remède, sans régime, et avec la seule attention de se priver de fruits. Cette méthode, je l'avoue, ne suffirait pas aux Européens. La maladie exige de leur part un peu plus de soin. Elle n'est pas sans danger ; on ne le prévient que par un régime austère et soutenu. L'exercice du cheval est encore un remède que les Turcs et les Grecs emploient avec succès, au moins pour empêcher les obstructions occasionnées par cette sorte de fièvre. Ces derniers quelquefois, las et ennuyés de la constante opiniâtreté du mal, prennent au moment où le frisson annonce son retour, un grand verre de l'excellent vin de Chypre, et ce remède agréable est un de ceux qui réussissent le mieux. »

A Chypre, comme dans presque toutes les contrées du Levant, les pluies sont périodiques. Elles commencent vers la mi-octobre, et continuent par intervalle jusqu'à la fin de janvier. Février est moins pluvieux, dit l'abbé Mariti (2), et

___

(1) Martial, IX, 91, 9. *Infamem nimio calore Cyprum*; Solin, c. XX : *Incitatissimus calor*. Dans les *Argonautiques* attribuées à Orphée elle est appelée ἠνεμόεσσα, v. 1290. Cf. Engel, *Kypros*, p. 31.
(2) *Voyage dans l'île de Chypre*, etc., t. I, p. 5.

(1) C'est à dessein que j'ai reproduit ce passage, qui contient d'utiles conseils. Tous ceux qui ont voyagé dans le Levant reconnaîtront la justesse de ces observations, que j'ai plus d'une fois vérifiée par ma propre expérience ou par celle de mes collègues de l'école française d'Athènes.
(2) *Voyage dans l'île de Chypre*, etc., t. I, p. 265.

quelquefois offre un ciel sans nuages ; mais les eaux recommencent avec force vers le milieu de mars jusqu'à la fin d'avril. Les pluies cessent en mai, et sont suivies de douces rosées qui entretiennent la fraîcheur, activent la végétation, en tempérant les chaleurs de juin. Ce mois écoulé, il ne faut plus attendre ni rosées ni pluies ; un ciel brûlant dessèche et appauvrit la terre, et épuise le cultivateur par une excessive transpiration. Ces chaleurs, dont l'intensité augmente de plus en plus, seraient insupportables si l'air n'était rafraîchi par ce vent bienfaisant qui vient de la mer et tempère les ardeurs du climat sur toutes les côtes de la Méditerranée. Il s'appelle l'embat à Chypre, comme sur tous les autres rivages grecs (1). Le vent cesse de souffler vers le milieu de septembre, et alors commencent les plus fortes chaleurs ; mais elles durent peu, et sont tempérées par les nuages pluvieux qui couvrent l'atmosphère vers la fin d'octobre. Ainsi en été le vent du sud est rafraîchissant, parce qu'il s'élève de la mer. Au contraire, le vent du nord entraîne avec lui des vapeurs malsaines et brûlantes. C'est le vent qui vient de l'Asie Mineure. Légèrement rafraîchi par la mer qu'il a traversé, il est moins incommode sur la côte nord de l'île ; mais il est aussi malfaisant qu'insupportable pour les habitants de la région méridionale, où il apporte avec lui la chaleur des terres sèches et brûlantes qu'il a parcourues en franchissant la chaîne de l'Olympe (2). Si par malheur ce vent souffle sept ou huit jours de suite, tous les fruits sont brûlés, les plantes séchées et flétries jusqu'à leurs racines, et la récolte de l'année est anéantie. De là vient que la disette se fait souvent sentir dans cette île, malgré la fertilité, la bonne qualité des terres.

(1) L'embat, τὸ ἔμβατι, de ἐμβαίνω ou ἐμβάζω. C'est le vent qui introduit ou qui s'introduit dans le port, qui envahit la terre. C'est toujours, par conséquent, le vent de mer. Il y a un embat au Pirée, et dans toutes les îles grecques ; mais ce nom ne s'applique pas aux vents tumultueux et de tempête, il est réservé aux vents réglés qui soufflent de mer.

(2) De même à Athènes, le vent du nord qui a traversé l'Eubée, la Diacrie et les cimes arides du Parnès et du Pentélique ne procure aucun rafraîchissement, malgré sa violence.

Les vents brûlants et la sécheresse sont les deux fléaux du paysan cypriote (1).

PRODUCTIONS DE L'ÎLE DE CHYPRE. — Les anciens voyaient l'île de Chypre plus peuplée, mieux cultivée, plus prospère qu'elle ne nous apparaît aujourd'hui sous la déplorable administration des Turcs. Aussi prétendaient-ils, et cela pourrait être encore vrai de nos jours, qu'il n'y avait pas de pays plus fertile et plus riche en productions naturelles. Les approvisionnements y sont encore à si bon marché, que les navires de commerce ont l'habitude de relâcher à Larnaca, où ils se ravitaillent à peu de frais (2). Ammien-Marcellin exprime d'une manière bien sensible la variété et l'abondance des produits de l'île de Chypre, quand il dit qu'on peut y trouver tous les matériaux nécessaires pour construire un vaisseau depuis la quille jusqu'aux voiles, et le lancer en mer chargé de toutes sortes de provisions récoltées dans l'île même.

MINÉRAUX. — Cette assertion n'a rien d'exagéré ; on peut s'en convaincre par une énumération rapide des principales richesses naturelles de l'île de Chypre. Le cuivre était le métal le plus employé par l'industrie des anciens. Chypre était si renommée par ses mines de cuivre, qu'on l'avait surnommée *Ærosa*. Le cuivre de Chypre était le plus estimé dans l'antiquité, où il est souvent fait mention du χαλκὸς κύπριος, de l'*æs cyprium*. Ce métal enfin s'appela chez les Latins du nom de l'île où il était si abondant et de si bonne qualité ; ils le nommèrent *cuprum*, et notre mot *cuivre* en dérive. Selon la tradition (3), le héros Cinyras avait le premier découvert et exploité ces mines de cuivre, dont les plus considérables se trouvaient près de Tamassus, d'Amathonte, de Soli, de Curion et sur le Crommyon. On y trouvait aussi du fer, mais en moins grande quantité. Pococke a vu dans les environs de Paphos et de Soli des mines de fer creusées dans les montagnes, ainsi que

(1) Dapper, *Descr. de l'Archipel*, p. 44.
(2) Engel, *Kypros*, I, p. 40 ; Strabon, l. XIV, 6 ; Ælien, *Traité des Animaux*, V, 56 ; Ammien-Marcellin, l. XIV.
(3) Pline, *Hist. Nat.*, VII, 57 ; XXXIV, 2 ; Engel, *Kypros*, t. 1, p. 43.

près de Bole, à l'ouest de Soli, près du promontoire Acamas, où il signale l'existence d'une source d'eau minérale. Pline parle des diamants de l'île de Chypre (1), et au siècle dernier Pococke signale le pays de Baffa (Paphos) comme produisant un diamant très-dur, supérieur, selon lui, aux pierreries de Kerry et de Bristol. Mais les connaisseurs refusent de reconnaître ce produit de l'île de Chypre pour du véritable diamant. On trouvait encore dans cette contrée de l'alun blanc ou noir, de l'amiante dont les anciens faisaient une toile avec laquelle ils enveloppaient leurs morts avant de les mettre sur le bûcher, des émeraudes très-précieuses, du jaspe, des opales, de l'agate, des saphirs, du cristal, du lapis-lazuli, des pyrites, ou pierres à feu, des pierres d'aigle, du gypse, de la chaux, des marbres, des pierres meulières, et cette pierre friable appelée émeri, que les anciens désignaient sous le nom de poussière de Naxos. Les côtes de l'île étaient garnies de coraux. Les salines de Chypre étaient très-renommées, surtout celles des environs de Salamine et de Cittium (2), non loin de laquelle on voit encore aujourd'hui le grand lac des Salines. Telles étaient les richesses minérales que l'île de Chypre offrait à l'industrie de ses anciens habitants, et que l'incurie des modernes Cypriotes laissent enfouies dans le sein de la terre. Il n'y a que les salines qui continuent à être exploitées ; les dernières évaluations portent à 7,500,000 kilogrammes, et à la valeur approximative de 75,000 francs la quantité de sel exporté annuellement de l'île de Chypre.

VÉGÉTAUX. — Pendant la plus grande partie de l'année les montagnes et les vallées de l'île de Chypre sont couvertes d'une abondante végétation. L'air est rempli des émanations embaumées des mille et mille fleurs qui couvrent le sol, et dont les parfums avaient valu à cette île fortunée le surnom d'εὐώδης (3). Le narcisse, l'anémone, l'hyacinthe, la renoncule et quantité d'autres fleurs, aussi odorantes, d'un aussi vif éclat émaillent les champs, les coteaux des collines, les bords des chemins. Mais nous n'avons pas à décrire la flore de l'île de Chypre ; qu'il nous suffise d'indiquer parmi les produits du règne végétal ceux qui étaient dans l'antiquité et ceux qui sont devenus depuis pour les habitants de l'île un objet d'exploitation et une source de richesse. Mentionnons d'abord le cyprus, cet arbrisseau auquel l'île dut probablement son nom. Les Arabes appelaient cette plante *henné* ou *el hanna*; les Latins l'ont nommée *ligustrum*, et les Français *troène* ; son nom botanique est *lawsonia alba* (1). Voici la description qu'en donne Dioscoride : « Le cyprus est un arbre dont les feuilles ressemblent à celles de l'olivier, si ce n'est qu'elles sont plus larges, plus douces et plus vertes. Ses fleurs sont blanches, disposées en grappes et odoriférantes. Sa semence est noire et semblable à celle du sureau. » Pline le décrit ainsi : « Le cyprus est un arbre d'Égypte, dont les feuilles sont semblables à celles du jujubier, et la semence à celle de la coriandre, qui produit une fleur blanche et odoriférante. On cuit cette fleur dans de l'huile; et après qu'elle a bouilli suffisamment, on l'exprime, et il en sort une huile qu'on appelle *cyprinum* ou *cyprium*. Le meilleur croit à Canopus, sur le bords du Nil, le second à Ascalon, et le troisième en l'île de Cypre ; ce dernier est le plus odoriférant de tous (2). » Le henné est un des arbrisseaux que l'on rencontre le plus communément en Égypte, où ses feuilles et ses fleurs sont très-recherchées, celles-ci à cause de leur odeur, qui ressemble à celle du musc, celle-là parce qu'elles servent à teindre en jaune ou en rouge certaines parties du corps, telles que les ongles, les lèvres, les paupières, les cheveux des femmes, ainsi que la crinière, le sabot, la queue des chevaux. Dans tous les bazars du Levant on voit exposée cette poudre verdâtre du henné, qui est toujours très-recherchée pour la toilette des femmes de ces contrées.

Les vins de Chypre étaient déjà très-estimés des anciens. Pline parle de la

---

(1) Pline, *Hist. Nat.*, XXXVII, 15.
(2) Voir surtout Pline aux livres XXXVI et XXXVII, passim.
(3) Engel, *Kypros*, I, 58; Dapper, p. 46.

(1) Engel, *Kypros*, p. 64.
(2) Dioscor., I, 124 ; Pline, XII, 51; XXIII, 46; Hérod., II, 94.

grosseur extraordinaire de ses raisins, de la grandeur des ceps, dont un seul avait fourni tout le bois nécessaire à la construction de l'escalier du temple de Diane à Éphèse. Les crus les plus renommés étaient ceux de Paphos, d'Amathonte et des coteaux sud du mont Olympe. C'était de ces cantons qu'on tirait le vin de Commanderie. « Le territoire de la Commanderie, dit l'abbé Mariti, est enclavé dans cette partie de l'île que les Grecs appellent Orni, laquelle comprend au couchant une portion de l'ancienne province de Paphie, et au midi une autre de celle d'Amathusie, qui n'est pas moins ancienne. Ce territoire est borné au levant par la ville de Limassol, au couchant par celle de Paphos, au nord par le mont Olympe. Entre plusieurs hameaux qui s'élèvent dans cette enceinte, les plus renommés par la qualité de leur vin sont Zoopi et Ozongun, voisins l'un de l'autre et situés sur la même colline. Ce nom de la Commanderie donné au territoire dérive des chevaliers des ordres de Saint-Jean de Jérusalem et du Temple, auquel il appartenait. Malte conserve encore des prétentions sur cette propriété, et le grand maître en confère le titre à un commandeur de l'ordre; c'est à présent la famille des Cornaro, établie à Venise, qui en est revêtue (1). » Les jardins produisent tous les fruits de l'Orient, grenadiers, orangers, citronniers, cédrats. L'arbre qui produit les carouges croît dans l'île entière; on y trouve de grandes forêts de cyprès et de pins; l'île de Chypre est riche en oliviers, en lins, en chanvre, en garance et en céréales : le palmier y est aussi beau qu'en Égypte et en Syrie; les fruits aqueux du genre cucurbitacé y viennent en abondance. On y recueille un miel excellent, de la térébenthine, du ladanum, suc visqueux que produit une certaine plante qui ressemble à la sauge, et dont la fleur approche des roses sauvages qui viennent dans les haies. « La majeure partie du ladanum se recueille, au printemps, dans le village de Lascara. Le matin, de très-bonne heure, les bergers conduisent leurs troupeaux de chèvres dans ces environs; le ladanum, mûr et visqueux, s'attache aux barbes des chèvres; on l'en retire, et le ladanum ainsi recueilli est le plus pur et le moins chargé de matières hétérogènes; tandis que ces animaux paissent dans la plaine, les bergers en amassent de leur côté : c'est ce qu'ils font en attachant au bout d'une petite perche une peau de chèvre, avec laquelle ils vont essuyer les plantes couvertes de cette rosée (1). » Au temps de Dioscoride on recueillait le ladanum de la même manière, et on l'appliquait au même usage que de nos jours, où il est très-employé en médecine. A toutes ces productions connues des anciens il faut ajouter celles qui sont dues aux découvertes des siècles derniers et à l'importation des végétaux étrangers. Le coton, le mûrier, la canne à sucre, le tabac y réussissent parfaitement; et il ne dépend que de l'industrie et de l'activité des habitants de tirer de leur culture de grands profits.

ANIMAUX. — On trouve dans l'île de Chypre tous les animaux de la Grèce et du Levant. Les chevaux y sont fort estimés, non pour la rapidité de leur course, mais pour la sûreté, la douceur de leur pas dans les chemins difficiles et dans les montagnes. Ils sont infatigables; les ânes, les mulets ont les mêmes qualités. Les bœufs sont petits et maigres, et ne servent qu'au labourage. La viande dont on fait la plus grande consommation est celle du mouton, qui y est succulente et délicate. On y voit des moutons dont la queue est si grosse et si pesante, qu'on la fait reposer sur un petit chariot à deux roues qu'on leur attache par derrière. Du reste, leur chair a une odeur qui la fait repousser du rang des aliments, et on ne les nourrit qu'à cause de leur laine, qui étant mêlée avec du poil de chèvre sert à faire de fort beaux tapis et de bonne couvertures (2). Les chèvres et les boucs y sont

(1) Mariti, *Voyage de Chypre*, etc., I, p. 271. Voyez tous les longs renseignements donnés dans cet ouvrage sur la culture de la vigne, le transport des vins, la manière de les conserver, et l'exportation qui s'en faisait en Europe au dix-huitième siècle.

(1) Mariti, *Voy. en Chypre*, etc., I, p. 206.
(2) Dapper, *Descript. des Isles de l'Archipel*, p. 51; Engel, *Kypros*, I, 69; Mariti, *Voyage*, I, 35.

en très-grande quantité, et leur poil sert à faire de fort beaux camelots qu'on exporte. Les forêts et les montagnes de l'île sont peuplées de moutons, de chevreuils, de bouquetins, de lapins et de lièvres. Les lévriers y sont excellents pour la chasse. L'île nourrit aussi une grande quantité de toutes sortes d'oiseaux, tels que pigeons, perdrix, cailles, faisans, bécasses, grives, tourterelles, oies et canards. « Les becfigues et les ortolans y sont chargés de graisse, dit l'abbé Mariti, et telle est leur multiplicité, que les paysans, à quatre sous le bouquet ou la douzaine, y font un gain considérable. Ils prennent le plus grand nombre près du village de Saint-Nappa. Ils en portent une partie à la ville; mais communément ils leur enlèvent la tête et les pattes, leur donnent un premier bouillon et les mettent dans du vinaigre avec quelques ingrédients conservateurs. Ils les gardent ainsi une année entière, et les vendent au même prix que les autres. Le débouché pour ces sortes d'oiseaux est chez les Européens de Larnic (Larnaca), qui en font passer en Angleterre, en France, en Hollande et dans quelques parties de l'empire Ottoman. » L'oiseau carnassier le plus commun dans cette île est le vautour, qui en dévore tous les cadavres. Malheureusement ce pays abonde en bêtes venimeuses et en insectes malfaisants, serpents, tarentules, galères, moucherons, moustiques, et surtout les sauterelles, qui font dans les champs les plus grands ravages. « Partout où elles s'arrêtent, les blés, les herbes, les racines même, tout est dévoré, tout est consumé en un instant. Il semble qu'on ait incendié la contrée. Autrefois les habitants se donnaient toutes les peines imaginables, faisaient les plus grandes dépenses pour extirper ces insectes destructeurs : tous se mettaient à la recherche de leurs œufs.... On tient maintenant à cet égard une conduite bien différente. Si l'on se donnait autrefois tant de peine pour détruire ces insectes persécuteurs, il est défendu d'en détourner même les œufs que l'on trouve. La superstition des Turcs croit que l'on ne peut sans crime s'opposer aux châtiments de Dieu, et les Grecs, craignant, s'ils étaient découverts, quelque outrage de leur part, laissent propager ce fléau. La plaine de Messarée est la retraite ordinaire de ces sauterelles : heureux lorsqu'un bon vent de terre les entraîne vers la mer, où il en périt des légions (1). »

VILLES DE L'ÎLE DE CHYPRE. 1° DEPUIS LE CAP ACAMAS JUSQU'AU CAP DINARÈTE. — Autrefois l'île de Chypre était entourée d'une ceinture de villes florissantes. Occupée par les deux nations les plus industrieuses de l'antiquité, les Phéniciens et les Grecs, elle figure toujours dans l'histoire comme jouissant d'une grande prospérité matérielle. Mais elle perdit de bonne heure son indépendance politique, et aujourd'hui, tombée dans tout le Levant, le voyageur est continuellement attristé par le spectacle de la désolation et de la décadence. En longeant la côte septentrionale de l'île, à partir du cap Acamas ou de Saint-Épiphane (2), on trouvait la ville d'Arsinoé, qui dut son nom à l'une des reines d'Égypte, auprès de laquelle Strabon place un bois consacré à Jupiter, et dont l'emplacement est probablement occupé aujourd'hui par le village de Polykrusocho. Au pied du promontoire Callinusa ou Limnito, les cartes vénitiennes et Danville placent la ville d'Alexandrette, qui dut sa fondation à Alexandre le Grand ou aux Ptolémées. Entre ce cap et le Crommyon, près du petit fleuve Clarius, s'élevait la ville de Soli, qui était autrefois la capitale du plus puissant des royaumes de Chypre après Salamine. « Solon, dit Plutarque (3), étant venu dans l'île de Cypre, se lia d'amitié avec Philocyprus, un des rois de l'île, qui

(1) Mariti, *Voyage en Chypre*, I, 134.
(2) *Voy.* Strab., XIV, p. 482 ; Ptolémée, V, 14 ; Pline, V, 35 ; Constant. Porphyr., *Them.*, I, 15 ; Engel., *Kypros*, I, 71.
(3) Plut., *Sol.*, 26 ; trad. Pierron, I, p. 209. Selon Strabon elle aurait été bâtie par deux Athéniens, Acamas et Phalérus, l. XIV, c. 6.

habitait une petite ville bâtie par Démophon, fils de Thésée, près du fleuve Clarius. C'était un endroit fort d'assiette, mais, du reste, un terrain stérile et ingrat. Solon persuada au roi de transporter la ville dans une belle plaine située plus bas, et de l'agrandir en la rendant plus agréable. Il aida même à la construire, et à la pourvoir de tout ce qui pouvait y faire régner l'abondance et contribuer à sa sûreté. Philocyprus eut bientôt un si grand nombre de sujets, qu'il encourut la jalousie des rois voisins. Aussi, par une juste reconnaissance pour Solon, donna-t-il à sa ville, qui s'appelait d'abord Epia, le nom de Soli. » Pococke place à l'endroit occupé par Soli le village d'Aligore, et plus haut dans la montagne il a retrouvé un lieu appelé Épé, qui est probablement l'ancienne Æpia (Αἰπεία). Selon Dapper, Soli était devenu le bourg de Solea (1). Soli avait un beau port et un temple de Vénus et d'Isis. Elle était adossée au sud et à l'ouest à des collines très-fertiles. On a trouvé en cet endroit un mur circulaire que l'on croit être les ruines d'un ancien théâtre.

A l'est de cette pointe de terre, qui se termine par le cap Cornachiti ou Crommyon, s'étend une côte d'une extrême fertilité, que traverse le Lapethos (aujourd'hui Lapitho) et que fécondent de nombreuses sources qui font circuler en tous sens des eaux abondantes. L'ancienne ville de Lapethos, dont Strabon fait une colonie lacédémonienne, est aujourd'hui le bourg turc et grec de Lapitho, ombragé d'orangers et de palmiers, ayant un bazar et assez d'industrie. Il ne compte pas moins de quatre cents familles grecques, et passe pour le plus grand village de Chypre (2). A huit milles à l'est était la ville de Cerinia, Ceraunia ou Cinyria, dont l'historien Lusignan, évêque de Limisso, attribue, sans autorité, la fondation à Cyprus. Cette ville resta importante au moyen âge, grâce surtout à sa citadelle, qui date des premiers temps de son existence, et que les Lusignans agrandirent encore. C'était le port le plus fréquenté pour le commerce de la Caramanie. L'abbé Mariti signale l'existence de cavaux creusés dans les rochers situés à l'ouest de la ville, et appelés par les gens du pays *sépulcres des Gentils* (1). La forteresse subsiste encore, mais Kerinia ou Cérines n'est plus qu'un misérable village. A l'est de Cérines, à cinq milles de distance, on rencontre les ruines magnifiques de l'abbaye de Lapaïs, qui avait été fondée par Hugues III de Lusignan. La plaine au bout de laquelle elle est située est la plus fertile et la plus riante de l'île. « La richesse de ses productions, la diversité des arbres sauvages et fruitiers, de petites collines couvertes d'une éternelle verdure, un paysage charmant, mille perspectives délicieuses, un air embaumé des parfums les plus purs, une multitude de sources et de ruisseaux, tout concourt à faire de cette côte un séjour, un vrai paradis de délices (2). » L'abbaye de Lapaïs fut détruite par les Turcs après la prise de la citadelle de Cérines. Non loin de là, après la ville ancienne d'Aphrodisias, le rivage de Chypre se hérisse de rochers et se borde d'une chaîne de montagnes qui se prolonge en pointe à l'est, et se termine au cap Dinarète ou Saint-André.

2° DU CAP DINARÈTE AU PROMONTOIRE CURIAS. — Après le cap Saint-André la côte de l'île redescend brusquement au sud-ouest, et en suivant la ligne sinueuse de tout ce canton oriental, qui s'appelle aujourd'hui le Karpas, on trouve auprès du village Haï-Serguï les ruines de l'antique Salamine, fondée par Teucer, que le courroux de son père Télamon contraignit à s'expatrier après le siége de Troie (3). Cette ville devint la principale colonie hellénique dans l'île de Chypre, et en fut regardée comme la capitale. Son port était vaste et bien fermé. Presque entièrement détruite par un tremblement de terre sous le règne de Constantin le Grand, elle fut rebâtie plus près du fleuve Pedius, qui traverse la plaine de la Messaréa, et elle s'appela

---

(1) Dapper, *Descript.*, p. 39.
(2) M. de Mas-Latrie, *Archiv. des Missions*, 1850, p. 173.

(1) *Voyage en Chypre*, I, 101.
(2) Id., I, p. 105. Les ruines du couvent sont décrites par Mariti, et mieux encore par M. de Mas-Latrie.
(3) Dapper, *Description*, p. 23; Engel, *Kypros*, I, p. 89; Mariti, p. 128.

depuis Constantia. Les écrivains ecclésiastiques prétendent qu'elle devait ce nouveau nom au roi Costa, père de sainte Catherine. Mais la nouvelle ville fut détruite par les Sarrasins au temps d'Héraclius, et n'a jamais été relevée depuis (1). A quatre milles dans l'intérieur se trouve le couvent célèbre de Saint-Barnabé, dont le corps fut découvert en cet endroit sous le règne de Zénon; il portait sur sa poitrine, dit la tradition conservée par Baronius, l'évangile écrit de la main même de saint Mathieu. On porta ces précieuses reliques à Constantinople, et ce fut l'origine des priviléges et distinctions extraordinaires accordés au métropolitain de l'île de Chypre.

A six milles à l'ouest, sur l'emplacement de l'ancienne Ammochostos, dont elle a conservé le nom, se trouve la ville de Famagouste, riche et florissante au moyen âge, et qui ne conserve de son antique splendeur que sa cathédrale gothique et ses beaux remparts. Il n'y a que des Turcs dans cette ville, dont le séjour est interdit aux Grecs : ceux-ci résident au village voisin de Varoschia. Construite au treizième siècle par les Lusignans, elle fut la principale forteresse de l'île, et soutint contre Mustapha, sous le règne du sultan Sélim, en 1570 et 1571, ce siége mémorable où les Vénitiens déployèrent un courage digne d'un meilleur sort. La chute de Famagouste entraîna la perte de l'île, qui passa des Vénitiens aux Turcs.

Plus bas, au sud-ouest, Strabon place le port de Leucolla, établissement de peu d'importance. Au sud, une montagne escarpée s'avance dans la mer, et forme le cap Pédalion, aujourd'hui promontoire *della Grega*. A partir du Pédalion on ne trouve vers le sud qu'une côte abrupte, rocailleuse, découpée en baies, hérissée de pointes menaçantes, dont les plus saillantes sont le cap Tronoï (Pila) et plus au sud le cap Dadès (promontoire Kiti), au delà duquel se trouvait la ville de Citium, dont les ruines se voient aujourd'hui entre la Scala et Larnaca. Le port fermé dont parle Strabon est maintenant comblé, mais encore bien reconnaissable. On a retrouvé les fondements des murs, des tombeaux de marbre blanc, les restes d'un théâtre, des inscriptions phéniciennes, des débris d'aqueduc; à part les inscriptions, tout le reste appartient à l'art grec. Primitivement colonie phénicienne, la ville de Ketim ou Citium se remplit de Grecs, qui peu à peu effacèrent l'ancienne population. Les inscriptions grecques y sont plus nombreuses que les inscriptions phéniciennes, dont on a découvert trente-trois, presque toutes si mutilées qu'elles sont illisibles. Danville, après Lusignan, avait placé Citium sur l'emplacement du hameau de Citti, situé plus au sud et où les rois Lusignans avaient un château et une maison de plaisance dont les ruines subsistent encore. Chaque jour de nouvelles fouilles et découvertes viennent détruire cette erreur du savant géographe (1). La ville de Larnaca, qui a succédé à Citium, contient, avec son annexe maritime de la Scala ou la Marina, une population de six mille habitants. Les consuls européens et la plupart des négociants francs y résident, quoique ce soit l'endroit le plus aride et le plus malsain de l'île. « On prétend que cette ville est construite sur l'emplacement du cimetière de l'antique ville, d'où lui est venu son nom (2). Toutes les maisons sont construites en argile mêlée

(1) Pococke, *Descript. de l'Orient*, t. IV, l. 3, décrit les ruines de ces deux villes. Voir dans Bœckh, *Corp. Inscr.*, trois inscriptions trouvées à Salamine. Nos 2625, 2639, 2638.

(1) « Une découverte qui paraît importante, en ce qu'elle confirme encore, contrairement à l'opinion de Danville, et l'ancienneté de Larnaca et le véritable emplacement de Citium, a été faite récemment. En creusant un terrain situé entre la marine et la haute ville, à Larnaca, des ouvriers ont mis à jour une grande pierre de basalte de sept pieds de haut, sur deux et demi de large et un pied d'épaisseur, couverte d'inscriptions cunéiformes et décorée sur la face supérieure de l'image en relief d'un prince ou d'un prêtre portant un sceptre dans sa main gauche. » *Arch. des Missions*, 1850, p. 111. M. de Mas-Latrie, qui signale cette découverte, voit dans ce travail le même style que dans les bas-reliefs envoyés par M. Botta; et il y reconnaît un des rares monuments de la domination des Assyriens dans l'île de Chypre.

(2) M. Didot, *Notes d'un Voyage fait dans le Levant en 1816 et 1817*, p. 317. De λάρναξ, ακος, un cercueil.

avec de la paille, et pour faciliter l'écoulement des pluies, les toits en terrasse ont une légère inclinaison. » C'est près de Larnaca que se trouve le lac des Salines, qui avait autrefois douze milles de circonférence, mais dont on a desséché la plus grande partie pour la consacrer à la culture.

Amathonte, au sud-ouest de Citium, à vingt-quatre milles environ, était aussi une ville d'origine phénicienne, où l'on adorait Vénus et l'Hercule Tyrien. M. de Hammer a retrouvé les ruines du temple de Vénus au village d'Agios Tychonos. Amathonte se composait de deux parties, la ville et le port, qui au moyen âge devint la ville de Limisso ou Limassol, que le roi Richard détruisit en 1191. Ses ruines se confondent avec celles d'Amathonte. A deux lieues à l'ouest de Palæ-Limassol, s'élève la nouvelle ville de Néapolis, la moderne Limassol, que fonda Gui de Lusignan, qui s'embellit de palais, d'églises grecques et latines, que les Turcs renversèrent après la conquête de l'île. Aujourd'hui Limassol est une petite ville assez propre et pavée; son port est commode et offre un asile sûr aux vaisseaux surpris par la tempête. Les collines du voisinage produisent le meilleur vin de l'île de Chypre.

3° DU CAP CURIAS AU CAP ACAMAS. — Cette côte de l'île fait face au sud-ouest. En remontant du cap Curias (cap Gavata ou delle Gatte) vers le nord, on rencontre, près de l'ancienne ville de Curium, le village de Piscopi ou Episcopi, qui fut une seigneurie de la famille de Catherine de Cornaro. Selon la tradition, Curias avait été fondée par Cureus, fils de Cinyras. Non loin de là, sur des rochers qui dominent la mer, se trouvait un temple d'Apollon, inaccessible aux profanes. On précipitait dans les flots le sacrilége qui violait ce sanctuaire impénétrable. Au delà, Strabon mentionne une ville de Boosura, et on retrouve encore aujourd'hui le village de Bisur ou Pissouri sur la route de Curium à Paphos.

Il y eut deux villes de Paphos. L'ancienne ville, ou Palæ-Paphos, a laissé des vestiges dans les ruines qui sont près du village de Kouklia, la *Covocle* du domaine royal de nos princes français. La nouvelle Paphos occupait l'emplacement du village actuel de Baffa. Les Phéniciens établirent à Palæ-Paphos un temple de Vénus, qui fut le sanctuaire le plus révéré de tous ceux qui étaient consacrés à cette déesse. Les Grecs en attribuaient la fondation à Paphos, fils de Cinyras. Détruite par un tremblement de terre sous Auguste, elle fut relevée sous le nom de Sébaste (1). Elle fut sans doute une seconde fois frappée du même fléau, puisqu'on reconstruisit son temple sous Vespasien. Dans la grande fête de la naissance de Vénus, tant de fois chantée par les anciens poëtes, on sacrifiait à deux temples. L'un était situé près du port sur cette plage, où Vénus avait paru pour la première fois toute brillante de beauté et portée sur l'écume des flots. Il reste encore des vestiges de cet édifice, des fragments de murailles, des débris de colonnes, une large table de marbre pour les sacrifices. A une demi-lieue dans l'intérieur sur les bords du petit fleuve Bocarus, au milieu d'un bois de lauriers-roses et de myrtes odoriférants, s'élevait un second temple. Là se voient encore les restes de l'Hiéron. C'est un mur cyclopéen, décrivant un rectangle de cent cinquante pas de longueur, sur cent de largeur. Ce carré long est partagé en deux par un mur intérieur. Cette enceinte est pleine de débris accumulés pêle-mêle, tronçons de colonnes, chapiteaux, inscriptions grecques ou phéniciennes, et au milieu de ces ruines s'élève une petite église grecque consacrée à la Panagia. On voit dans Homère que le sanctuaire de Vénus à Paphos était déjà célèbre dans tout l'Orient : au temps des empereurs romains les médailles de Chypre offrent toujours l'image de ce temple gravée sur le revers, ou celles d'autres sanctuaires construits sur le même modèle et consacrés également à Vénus, dans les autres parties de l'île. A Amathonte la déesse était représentée sous la figure d'une guerrière : « Elle était, dit Macrobe, habillée en femme, bien qu'elle ait une barbe, le maintien d'un homme et un sceptre à la main ». La déesse de Paphos n'avait pas même une forme humaine. C'est, dit Tacite (2), un bloc arrondi, plus

---
(1) Engel, *Kypros*, I, 124.
(2) Tac., *Hist.*, II, 3.

large à la base, et se rétrécissant au sommet comme une pyramide. La signification de cette figure, ajoute l'historien, est restée inconnue.

La nouvelle Paphos, la Paffons des Lusignans, ou Baffa aujourd'hui, est à trois grandes heures de marche de Kouklia, non loin du petit golfe que forment les deux promontoires de Zéphyrium et d'Arsinoé. Les rochers qui bordent la baie de Baffa sont percés de cavernes, dont les parois sont en beaux stalactites. Ce rivage était autrefois une ravissante contrée, où s'étalait la brillante végétation des jardins sacrés, cultivés par les prêtres de Vénus. C'était la région sainte de l'île de Chypre. De nombreux temples ou édicules avaient été fondés entre les deux Paphos pour les stations des processions solennelles. La nouvelle Paphos, plus récente que l'autre, était grecque d'origine, mais elle se voua au culte de la déesse phénicienne, lui éleva plusieurs temples, et mérita d'être appelée la seconde, la nouvelle Paphos. Toutefois l'ancienne Paphos conserva sa suprématie religieuse, son oracle vénéré; elle resta une ville sainte; l'autre devint une cité commerçante. Quand les poètes parlent de Paphos et de ses fêtes, c'est l'ancienne ville qu'ils veulent dire. Dans les historiens il est plus souvent fait mention de la nouvelle. A deux lieues de Baffa, dans l'intérieur, est le bourg de Ktima, chef-lieu de district, et habité principalement par des Turcs. En suivant la côte, vers le promontoire Acamas, on rencontre une chaîne de rochers taillée symétriquement et présentant de loin l'aspect d'une ville ruinée. M. de Hammer y a reconnu une antique nécropole, qui ne lui paraît offrir aucun des caractères particuliers de l'architecture grecque et romaine. Cependant on y trouve des hypogées doriques; mais on en voit de semblables et du même style dans la nécropole égyptienne de Beni-Hassan, que Champollion croit avoir été creusée sous les rois tanitiques de la vingt-troisième dynastie.

VILLES DE L'INTÉRIEUR (1). — Cette partie de l'île était moins connue des anciens que les côtes, dont ils nous ont laissé une exacte description. D'ailleurs,

(1) Engel, *Kypros*, I, p. 145.

les villes de l'intérieur étaient loin d'avoir la même importance que les cités maritimes, que l'on fréquentait comme centre de commerce, comme sanctuaire religieux, et qui furent mêlées aux grands événements historiques de l'antiquité. La position de Golgi n'est pas facile à déterminer. Selon Pline, elle était dans le voisinage des deux Paphos. Mannert la place auprès d'Idalium. Elle devait, dit-on, son origine à un certain Golgus, fils de Vénus et d'Adonis, qui y conduisit une colonie de Sicyoniens. Les poëtes la mentionnent souvent comme un des séjours habituels de Vénus avec Paphos, Amathonte, Idalie (1). La position de Chytri est mieux indiquée chez les anciens. Elle était située entre Cerynia et Salamine (2). C'était une colonie athénienne, fondée par un petit-fils d'Acamas. Érigée en évêché dès les premiers siècles du christianisme, elle figure au moyen âge dans l'histoire des Lusignans sous le nom de Quithrie : on l'appelle aujourd'hui Kythrea ou Chirga. Tremithus, la ville des Térébinthes, était située dans la plaine de la Messaréa (aujourd'hui Tremise, selon Dapper) (3). Tamassus sur la route de Trimethus à Soli, célèbre dans l'antiquité par ses mines de cuivre (Borgo di Tamasso selon Dapper), dont il est fait mention dans l'*Odyssée* (4). Nicosie est située au milieu de la plaine de Messarée, sur les bords du Pédius; elle est entourée de collines qui la bornent de tous côtés à la distance de dix milles. Il est parlé pour la première fois de cette ville sous le nom de Leucosia dans les Pères de l'Église (5). Elle devint pour les Lusignans la capitale de l'île, et le siège d'un archevêché érigé par Innocent III en 1212. Quand les Vénitiens eurent connaissance des

(1) Theocr., *Id.* XV, 100; Catul., *Nupt. Pel.*, 96; *Épigr.*, 37.
(2) Dapper, *Descr.*, p. 40.
(3) Tremithus, dit Mariti, I, 82, est un village considérable à douze milles de Nicosie. C'était autrefois une ville que Richard Cœur de Lion détruisit de fond en comble.
(4) Hom., *Od.*, I, 184; Tamassus est appelée par Homère Temesi. *Voy.* Ovid., *Met.*, X, 644. C'était encore une des villes consacrées à Vénus.
(5) Engel, I, 150; Dapper, p. 31; Mariti, I, 82.

projets des Turcs, ils resserrèrent Nicosie, qui avait neuf milles de circuit, dans une enceinte fortifiée de trois milles de circonférence. Mais elle succomba en 1570, après un siége de quarante-cinq jours; vingt mille personnes périrent dans le massacre, et la grande et belle église de Sainte-Sophie, où les rois de Chypre recevaient la couronne, fut changée en mosquée (1). Nicosie est restée la capitale de l'île; elle compte encore douze mille habitants, dont huit mille Turcs, trois mille sept cents Grecs environ, cent cinquante Arméniens et une centaine de Maronites. Les débris des églises et des palais que les Turcs ont détruits donnent une haute idée de l'antique splendeur de Nicosie. A douze milles au sud de Nicosie on trouve au milieu d'une plaine le petit village de Dali, dont le nom conserve le souvenir de l'antique Idalie. « Un ruisseau assez abondant parcourt cette plaine fortunée, dont l'aspect est encore agréable; elle s'étend du midi au nord, et de petites collines l'enferment du côté de l'est, de l'ouest et du nord. Ces dernières sont dominées dans le lointain par les montagnes les plus élevées de l'île (2). » Dali est encore entouré de bosquets, de vergers, où les grenadiers, les citronniers, les orangers étalent les riches couleurs de leurs pommes d'or et de pourpre, et dans le sol on trouve les restes nombreux d'anciennes idoles de style phénicien et assyrien, appartenant au culte de Vénus (3).

(1) *Voy.* la description de Sainte-Sophie et des autres églises de Nicosie dans les *Archives des Missions scientifiques*, 1850, p. 521.
(2) M. Didot, *Notes d'un Voyage dans le Levant*, p. 323.
(3) Engel, *Kypros*, I, 151, termine ses recherches sur la géographie de l'île de Chypre par une discussion sur deux points très-controversés. Nous ne reproduirons pas les détails de cette discussion; en voici le résultat : 1° Il n'y avait pas de ville appelée Cythère dans l'île de Chypre. 2° Il n'y eut jamais de ville qui ait porté le nom de Chypre.

II.

HISTOIRE DE L'ÎLE DE CYPRE PENDANT LES TEMPS ANCIENS.

Formation de la population de l'île de Cypre par des colonies étrangères.

1° COLONIES PHÉNICIENNES. — L'île de Cypre reçut ses premiers habitants du continent qui l'avoisinait. Son heureuse position, la douceur de son climat, la richesse et la fécondité de son territoire durent attirer vers ses côtes les premiers hommes qui osèrent confier leurs jours aux hasards des flots, et les déterminer à y fonder des établissements. Dès les temps les plus reculés la nation phénicienne, donnant l'essor à son activité et à son génie aventureux, parcourut le monde ancien, et répandit le surplus de sa population sur tous les rivages et dans toutes les îles de la Méditerranée. L'île de Cypre dut être une des premières terres visitées et colonisées par cette nation commerçante; mais il est impossible à l'histoire de fixer l'époque de ces établissements et de dire s'ils ont été la première source d'où est sortie la population cypriote. Les peuples commerçants ne recherchent pas les pays déserts et non encore exploités par l'homme. Partout où les Phéniciens débarquaient leurs marchandises et dressaient leurs comptoirs, il y avait déjà des habitants pour acheter leurs denrées, et leur donner en échange celles de leur pays. L'époque de la formation d'un peuple est toujours antérieure aux faits attestés par l'histoire, et précède, en la préparant, les développements de la civilisation. Aussi l'on peut affirmer qu'avant l'arrivée de ces colons Phéniciens, que des raisons politiques ou des spéculations commerciales durent attirer dans l'île de Cypre, elle avait reçu son peuple de ces mêmes côtes de l'Asie, à cette époque d'étrange et soudaine propagation de la famille humaine dont la Bible nous a conservé le souvenir. L'historien Josèphe a précisé cet événement quand il dit (1) que Kittim, fils de Javan, petit-fils de Japhet et arrière-petit-fils de Noé, vint s'établir en Cypre après le déluge et la dispersion des hommes.

(1) Jos., *Ant. Jud.*, I, 6.

Plus tard vinrent les marchands et les navigateurs phéniciens, qui par leur richesse, leur industrie, leurs arts, exercèrent une grande influence et méritèrent d'être regardés comme les civilisateurs de la contrée. Ce sont eux, dit Strabon (1), qui apportèrent en Cypre la première culture, qui défrichèrent les champs et exploitèrent les mines. Les trois villes les plus communément regardées comme d'origine asiatique ou phénicienne sont celles de Citium, de Paphos et d'Amathonte, situées toutes trois au sud de l'île. Citium doit à son analogie avec le nom de Kittim d'être considérée comme la plus ancienne de toutes; ce qui n'est pas sans vraisemblance (2). Citium fut par-dessus tout une ville de commerce. Les deux autres villes furent primitivement des sanctuaires, et grandirent à l'abri des autels d'Aphrodite et de Melcart. Paphos fut fondée par le roi phénicien Cinyras (3), qui construisit un temple à Aphrodite sur le modèle de celui du Liban. Le sanctuaire, la ville, la contrée environnante restèrent sous le gouvernement sacerdotal des Cinyrades, famille issue de Cinyras. Plus tard les Grecs s'emparèrent de Paphos, d'Aphrodite et de Cinyras au profit de leur mythologie. Amathonte avait son temple d'Aphrodite, et de plus celui de Melcart, qu'on y appelait Malika; ce qui n'empêcha pas Amathonte d'être délaissée plus tard, quand les Grecs, devenus dominants dans l'île, adressèrent tous leurs hommages au sanctuaire de Paphos.

2° CILICIENS. — On ne peut dire ce que la population de Cypre dut aux courses aventureuses des Ciliciens, que les Phéniciens poursuivaient partout comme des pirates; mais ce que Tacite nous apprend de la part qu'ils prirent à l'organisation du culte de Paphos peut autoriser d'amples conjectures sur l'influence des Ciliciens dans cette île, qui touchait presque à leurs rivages. « Le temple de Paphos, dit Tacite, fut consacré par Cinyre (1). Mais on rapporte qu'on dut l'art des aruspices à des étrangers; qu'il fut apporté par le Cilicien Tamyras, et qu'on régla que les fonctions du sacerdoce se partageraient entre les descendants de ces deux familles. Par la suite la famille royale reprenant toute prééminence sur une race étrangère, celle-ci abandonna la science qu'elle avait apportée. Aujourd'hui le prêtre que l'on consulte est toujours de la famille de Cinyre. » Ainsi, bien que l'élément phénicien finisse par l'emporter, l'élément Cilicien avait été assez considérable dans l'origine pour élever les Tamyrades au niveau des Cinyrades, et les forcer à partager avec eux. Mais qu'on n'oublie pas, en même temps, que Cilix, fils d'Agapénor, était d'origine phénicienne (2).

3° DE L'INFLUENCE ÉGYPTIENNE ET PHRYGIENNE; LES CORYBANTES; LES DACTYLES; LES TELCHINES. — « Les Cypriens, dit Hérodote (3), sont un mélange de nations différentes; les uns viennent de Salamine et d'Athènes, les autres d'Arcadie, de Cythnus, de Phénicie et d'Éthiopie, comme ils le disent eux-mêmes. » On s'est autorisé de cette affirmation du vieil historien pour attribuer une partie de la population cyprienne à une antique colonisation égyptienne, contemporaine de l'invasion des Pasteurs et de l'émigration de Cécrops. Ce sont là de pures hypothèses : rien n'atteste d'une manière positive que l'Égypte ait contribué à peupler et à civiliser l'île de Cypre. Elle la soumit plus tard, et ce qu'avance Hérodote pouvait être vrai de son temps, sans prouver la réalité de ces prétendues colonies égyptiennes dont la critique moderne a fait justice (4). Mais les rapports anciens de l'île de Cypre avec les peuples phrygiens ou pélasgiques de l'Asie Mineure

---

(1) Strab., l. XIV.
(2) Engel, *Kypros*, I, 168. Voir, sur les rapports de l'île de Cethim et de Tyr, Isaïe, c. XXIII, 1, 12.
(3) Cette histoire primitive de Cypre est prise au sérieux et longuement racontée par Florio Bustron, qui a écrit l'histoire de son pays depuis les premiers temps jusques en 1458, époque où il vivait. Cet ouvrage est conservé en manuscrit à la Bibliothèque Nationale.

(1) Tacit., *Hist.*, II, 3.
(2) Hérod., VII, 91.
(3) Engel, *Kypros*, I, 182; Hér., II, VII, 90.
(4) Müller, *Orchomène*, p. 104; Hœck, *Kreta*, I, p. 48.

sont infailliblement constatés. Comme l'ancienne Lydie, Cypre s'appela Méonie et ses habitants Miones ou Méoniens. A une époque où l'Égypte était sans communications avec les pays occidentaux, Cypre était ouverte à tous les peuples de l'Asie Mineure, et l'Odyssée atteste combien ses rapports commerciaux avec l'Occident étaient fréquents et continuels. Mais ce sont les institutions religieuses qui fournissent la preuve la plus forte de l'antique influence de la race phrygienne sur l'île de Cypre. On y retrouve ces castes sacerdotales, ces familles savantes et industrieuses des Corybantes, des Dactyles, des Telchines, qui, sorties des sanctuaires phrygiens, se répandirent dans les plus importantes des îles de la Méditerranée, propageant avec elles leurs cultes, leurs arts et leurs sciences. Les Corybantes, ces prêtres phrygiens de Cybèle, exploitèrent les mines de cuivre de l'île de Cypre, et selon une tradition ils auraient tiré leur nom du Corion, montagne de ce pays (1). Les danses orgiastiques des Corybantes furent adaptées au culte d'Aphrodite; et on les désignait à Cypre par le mot *prylis*, qui avait le même sens dans la langue phrygienne. Les Dactyles Idéens, cette autre caste de mineurs, vouée aussi au culte de Cybèle, se livre dans l'île de Cypre à ses travaux métallurgiques, et les industrieux Telchines, venus peut-être de l'île de Rhodes, y répandent la connaissance et le goût des arts manuels (2).

4º ÉTABLISSEMENTS DES GRECS DANS L'ÎLE DE CYPRE. — Les traditions grecques sur l'île de Cypre ne remontent pas au delà de la guerre de Troie. C'était le temps où régnait le Phénicien Cinyras, qui, ayant appris, dit Homère (3), par la grande voix de la renommée que les Grecs devaient naviguer contre Troie, offrit à Agamemnon une cuirasse comme don d'hospitalité. Selon quelques récits, cette alliance n'aurait point été de longue durée, puisque Ménélas passa dans l'île de Cypre pour y punir les peuples qui avaient porté du secours aux Troyens et qu'Agamemnon y serait également venu avec sa flotte et aurait détrôné Cinyras (1). Le premier établissement des Grecs en Cypre est celui de Teucer, fils de Télamon, qui, chassé de Salamine pour n'avoir pas secouru son frère Ajax ou vengé sa mort, alla fonder dans l'île la Salamine Cyprienne. On dit qu'il épousa Euné, fille de Cinyras. Les Grecs firent alliance avec les Phéniciens, et leurs émigrations dans l'île de Cypre s'accomplirent sans violence et sans guerres. Le continent de l'Attique, dont Salamine n'est qu'un fragment détaché, envoya dans le même temps de nombreuses colonies dans l'île de Cypre, sous la conduite d'Acamas, de Démophon, de Phalérus, d'Alédrus, de Chytrus. C'était la race de Thésée qui émigrait, entraînée sans doute à son tour dans la disgrâce qui avait frappé Thésée lui-même. Les colonies athéniennes couvrirent la côte septentrionale de l'île et la plaine de la Messarea. On attribue la fondation de Lapathus et Céronia à Praxandre de Thérapné, ville de Laconie. Des Argiens, sous un chef inconnu, s'établirent à Curium; Céphas conduisit des Achéens d'Olénum et de Dyme, et s'établit en Cypre avec Praxandre. Des Asinéens Dryopes, chassés par les Doriens, prirent la même route, et se réfugièrent dans cette île, où l'existence d'une ville d'Asine atteste la réalité de cette émigration (2). Agapénor, qui commandait les Arcadiens au siége de Troie, fonda la nouvelle Paphos, où le culte de la divinité phénicienne de Palæ-Paphos commença à se combiner avec celui de l'Aphrodite grecque. Enfin, la fondation de la ville de Golgos était attribuée à une colonie de Sicyoniens.

ÉTAT DE L'ÎLE DE CYPRE PENDANT LA PÉRIODE D'INDÉPENDANCE. — Du douzième au septième siècle avant l'ère chrétienne, l'île de Cypre, divisée en petits royaumes indépendants et peut-être confédérés, devient florissante et riche, et se place parmi les puissances maritimes de la Méditerranée. C'est la seule période où, ne relevant que de ses propres lois, elle vécut libre de toute domination étrangère; et c'est aussi le temps où son histoire est le moins connue. La

---

(1) Servius, *Ad Æn.*, III, 111.
(2) Strab., XIV, 654; Pausan., IX, 19, 1.
(3) *Il.*, XI, 20.

(1) Raoul-Rochette, *Histoire des Colonies grecques*, II, p. 390.
(2) Engel, *Kypros*, I, 224.

facilité avec laquelle les Grecs s'étaient établis et répandus en Cypre semble indiquer que la domination phénicienne commençait à y tomber en décadence. Il y avait peut-être entre les cités phéniciennes de l'île de Cypre et la métropole des dissensions qui devinrent fatales à ces premières; car, d'après une tradition fort vraisemblable (1), Teucer avant de débarquer dans l'île séjourna quelque temps à Sidon, où régnait Bélus, qui l'aida de toutes ses forces dans son expédition en Cypre. Ce fait nous révèle sans doute la cause principale de la rapidité avec laquelle s'opéra l'installation de la race grecque dans ce pays: les Hellènes prirent le dessus, occupèrent le nord, le nord-est et l'ouest de l'île, et les Phéniciens furent resserrés au sud dans les trois villes de Paphos, d'Amathonte et de Citium. Dans ces temps anciens on ne connaissait que la forme du gouvernement monarchique. Les chefs qui avaient conduit les colonies grecques restèrent rois, et fondèrent des dynasties qui se partagèrent l'île en plusieurs royaumes. Les anciens divisaient Cypre en neuf royaumes, qui étaient les suivants (2) : Salamine, le plus puissant de tous, Soli, Chytri, Curion, Lapathos, Cerynia, la Nouvelle-Paphos, Citium et Amathonte. Ainsi de ces neuf royaumes il n'y en avait que deux qui avaient conservé le caractère phénicien, les sept autres étaient d'origine grecque, ou étaient devenus helléniques par la colonisation.

Puissance maritime et colonies des Cypriens. — Ces deux peuples libres, les Phéniciens et les Grecs, rivaux sans être ennemis, établis dans cette île, si importante par ses richesses naturelles et sa position géographique, déployèrent toutes les ressources de leur génie commercial, et Cypre devint une puissance maritime de premier ordre. Elle eut un instant l'empire de la mer, au neuvième siècle avant l'ère chrétienne, l'an 846 d'après les *Tables* de Castor; et elle conserva pendant trente-trois ans sa domination (3). Alors l'île de Cypre envoya à son tour des colonies au dehors, sur les côtes de la Macédoine, à Cyme, en Asie Mineure, en Syrie, à l'endroit où s'éleva plus tard la ville d'Antioche, en Sicile, où le Rhodien Dinomène, ancêtre de Gélon, et d'origine cyprienne, jeta les fondements de la ville de Gela. Mais, en somme, les indications que l'antiquité nous a conservées sur le développement maritime et commercial des Cypriens à cette époque sont bien insuffisantes, et ne nous permettent pas de donner une juste appréciation de cette *thalassocratie* de l'île de Cypre, placée par Castor au neuvième siècle et attestée également par Eusèbe et le Syncelle. Ce qui paraît certain, c'est que la ville de Citium, malgré la propagation des Grecs dans l'île, était restée le centre principal du commerce de Cypre, grâce, sans doute, à ses relations avec les cités phéniciennes et surtout avec celle de Tyr, dont elle reconnut la suprématie, et dont elle partagea jusqu'à un certain point toutes les destinées.

Relations des Cypriens avec l'Assyrie. — En effet, au huitième siècle avant l'ère chrétienne, Tyr était parvenue au comble de sa prospérité, et c'est alors que l'île de Cypre paraît être tombée sous sa dépendance. D'après l'historien Ménandre, cité par Josèphe, Salmanasar, roi de Ninive, ayant envahi la Phénicie, les Citiens s'adressèrent à ce prince pour obtenir des secours contre Élulée, roi de Tyr, auquel ils venaient de refuser obéissance. D'autres villes phéniciennes en firent autant, et fournirent une flotte au roi assyrien. Les Tyriens la dispersèrent; et Salmanasar fut obligé de renoncer à l'espoir de s'emparer de Tyr. Mais les cités phéniciennes s'affaiblissaient par ces dissensions, et le moment n'était pas éloigné où elles devaient reconnaître un vainqueur. En effet Nabuchodonosor le Grand, au commencement du sixième siècle, renversa l'ancienne Tyr, et força ses habitants à se construire une nouvelle cité, sur un îlot voisin de la côte. Un grand nombre d'entre eux se réfugia dans l'île de Cypre, qui subit peut-être la loi du conquérant chaldéen. Dans Jérémie, Tyr, Sidon et Cypre semblent enveloppées dans la même catastrophe quand le prophète s'écrie : « J'ai reçu la coupe de la main du Seigneur, et j'en ai fait boire à tous les peuples vers lesquels le

---

(1) Servius, *Ad Æn.*, I, 623.
(2) Pline, *Hist. Nat.*, V, 35, 1; Pomp. Mela, II, 7; Diodor., XVI, 42.
(3) Engel, *Kypros*, I, 238; Diod., VII, 13.

Seigneur m'a envoyé, à tous les rois de Tyr et à tous les rois de Sidon, et aux rois de la terre des îles qui sont au delà de la mer (1). » Cette terre des îles ne peut être que l'île de Cypre, divisée en petits États qui s'empressèrent tous sans doute de désarmer par une prompte soumission le courroux du roi de Babylone.

CONQUÊTE DE CYPRE PAR LES ÉGYPTIENS. — Déjà les cités commerçantes de la Phénicie et de l'île de Cypre défendaient bien péniblement leur indépendance contre les agressions des rois assyriens et chaldéens, lorsqu'un nouvel ennemi parut qui vint encore accroître les dangers de leur situation. Au milieu du septième siècle, l'avénement de Psammitichus au trône de l'Égypte marque une ère nouvelle dans l'histoire de cette contrée. Ce prince, qui avait soudainement passé de la persécution et de l'exil à la possession du souverain pouvoir, grâce aux secours d'aventuriers grecs venus des îles et de l'Asie Mineure, les récompensa en leur permettant de s'établir près de Bubaste, et l'Égypte cessa d'être fermée aux peuples navigateurs de l'Occident. Plus tard Amasis leur céda Naucratis. Les Cypriens profitèrent avec empressement de l'ouverture de ce nouveau marché, et la Vénus de Paphos fut bientôt comptée au nombre des divinités adorées dans la ville de Naucratis (2). A la suite de ces événements, qui avaient créé à l'Égypte des intérêts nouveaux, les rois égyptiens de la vingt-sixième dynastie, dont Psammitichus fut le fondateur, s'engagèrent dans une lutte acharnée et sanglante avec les rois chaldéens de Babylone. Ils leur disputèrent la possession des provinces maritimes de la Syrie, sans lesquelles il n'est point de domination possible dans la Méditerranée orientale. Le résultat de ce conflit retomba sur l'île de Cypre, qui devint la proie des Égyptiens. Apriès, fils de Nécao, petit-fils de Psammitichus, marcha, dit Diodore de Sicile (3), à la tête d'une nombreuse armée de terre et d'une flotte considérable contre l'île de Cypre et la Phénicie. Il prit d'assaut Sidon, et porta la terreur dans les autres villes de la Phénicie. Il vainquit, dans un grand combat naval, les Phéniciens et les Cypriens, et retourna en Égypte chargé de leurs dépouilles. Les Cypriens, affaiblis par ces premières défaites, furent subjugués par Amasis, successeur d'Apriès. Ce prince, dit Hérodote (1), est le premier qui se soit rendu maître de l'île de Cypre, et qui l'ait forcée à payer un tribut (vers 550). Quelques années auparavant, Solon avait visité le roi d'Æpia, Philocyprus, ou Cypranor, et l'avait engagé à transporter son séjour dans une ville qu'on appela Soli en l'honneur du sage Athénien. Avant de quitter le roi cyprien, Solon lui adressa dans une élégie les adieux suivants :

Puisses-tu régner ici dans Soli de longues années,
Paisible dans ta ville, toi et tes descendants !
Pour moi, que mon rapide vaisseau loin de cette île célèbre
M'emporte sain et sauf, protégé par Cypris à la couronne de violettes.
Puisse cette fondation me valoir par la déesse reconnaissance, gloire
Illustre, et heureux retour dans ma patrie !

Ce fut peu de temps après que l'*île célèbre* perdit son indépendance. Mais les Athéniens n'oublièrent pas que les descendants de Thésée l'avaient couverte de colonies, que leur législateur l'avait chantée, et ils firent des efforts héroïques pour la reconquérir et la rattacher à la grande famille hellénique.

L'ÎLE DE CYPRE PASSE SOUS LA DOMINATION DES PERSES. — C'est à tort assurément que Xénophon place l'île de Cypre dans l'empire de Cyrus. Cette assertion, répétée plusieurs fois dans la *Cyropédie* (2), où les contingents de Cypre figurent toujours dans les armées du roi de Perse, est contredite par le témoignage positif d'écrivains plus soucieux que Xénophon de l'exactitude historique. Hérodote et Thucydide (3) marquent bien clairement que Cyrus, uniquement occupé par ses vastes conquêtes sur le continent, ne put faire d'entreprises maritimes, et qu'il laissa à ses

---

(1) Jérém., XXV, 17, 22.
(2) Voir Athénée, XV, 676 ; Engel, *Kypros*, I, 250.
(3) Diod., I, 68.

(1) Hér., II, 182.
(2) Xén., *Cyrop.*, I, 1, 4 ; VII, 4, 1 ; VIII, 6, 8.
(3) Hérod., III, 34 ; Thuc., I, 16.

successeurs la gloire de s'emparer de l'empire des mers. Lorsque Cambyse déclara la guerre à Psamménit, fils d'Amasis, l'an 525 avant l'ère chrétienne, les Phéniciens et les Cypriens, lassés de la domination égyptienne, et attendant quelque avantage d'un changement de maître, se donnèrent à la Perse, et mirent leur marine à la disposition du fils de Cyrus (1). C'est là le fait que Xénophon a transposé par un anachronisme sans doute volontaire, et de peu d'importance eu égard au plan et à l'intention de son roman historique. Il est probable qu'à l'origine les Cypriens et les Phéniciens, considérés par les Perses comme alliés et non comme sujets, jouirent d'une liberté qui fut la récompense de leur défection à l'égard de l'Égypte. Ils ne furent pas soumis à des gouverneurs persans; mais Darius, qui donna une administration uniforme et régulière à son vaste empire, fit entrer la Phénicie et l'île de Cypre dans la cinquième satrapie (2). Il paraît néanmoins que les petits rois de l'île de Cypre conservèrent leur autorité sous la suprématie de la Perse, dont ils se reconnaissaient les vassaux. Il est fait mention dans Hérodote (3) d'un roi de Salamine, appelé Évelthon, qui consacra à Delphes un très-bel encensoir, qu'on voyait dans le trésor des Corinthiens. Pendant le règne de ce prince, qui avait commencé vers le milieu du sixième siècle, Arcésilas III, roi de la ville grecque de Cyrène, que les Doriens de Théra avaient fondée en Afrique, fut chassé de ses États par ses sujets révoltés. Il se réfugia à Samos, où régnait Polycrate, et sa mère, la vindicative Phérétime, se retira à Salamine, auprès d'Évelthon, auquel elle demandait avec instance des secours pour se rétablir à Cyrène, elle et son fils. Évelthon se montrait plein de générosité à son égard, mais ne lui donnait ni vaisseaux ni soldats. A chaque présent qu'elle recevait de lui, Phérétime, tout en assurant qu'elle les trouvait très-beaux, répondait qu'il ferait bien mieux de lui accorder des troupes. A la fin Évelthon, fatigué des sollicitations et des reproches de cette princesse, lui envoya un fuseau d'or, avec une quenouille chargée de laine, et il accompagna ce présent de ces paroles ironiques: « On donne aux femmes un fuseau et une quenouille, on ne leur donne pas une armée. »

PREMIER SOULÈVEMENT DES CYPRIENS CONTRE LES PERSES, PENDANT LA RÉVOLTE DE L'IONIE (502-501 avant J.-C.). — La révolte de l'Ionie, excitée par l'ambition et les intrigues d'Aristagoras et d'Histiée de Milet, ne détacha un instant les villes grecques d'Asie de l'empire des Perses que pour aggraver leur servitude. L'île de Cypre fut entraînée dans ce mouvement, où les Grecs déployèrent un grand courage et succombèrent par leur désunion. Au moment où cette guerre éclata, Gorgus régnait à Salamine. Il était fils de Chersis, petit fils de Siromus, lequel avait succédé à Évelthon, son père. Gorgus avait un frère, nommé Onésilus, jeune homme remuant et hardi, qui exhortait souvent son frère à secouer le joug. A la nouvelle de la révolte des Ioniens, Onésilus l'en pressa encore davantage; mais n'ayant pu l'y engager, il épia le moment qu'il était sorti de Salamine, et, réunissant ses partisans, il s'empara du pouvoir. A son retour, Gorgus trouva Salamine soulevée; il se retira chez les Perses. Alors Onésilus excita les villes cypriennes, qui toutes prirent les armes, excepté les habitants d'Amathonte. Il mit le siège devant cette place.

Pendant que Darius renvoyait Histiée de Suse à Milet pour apaiser les Ioniens, il dépêcha le Perse Artybius avec une armée, pour comprimer le soulèvement d'Onésilus. Ce dernier était encore occupé au siège d'Amathonte, quand on lui apprit le danger qui le menaçait. A l'instant il s'adresse aux Ioniens, les conjure de le secourir, et ceux-ci lui envoient une flotte nombreuse, qui arriva à peu près en même temps que l'armée d'Artybius et les vaisseaux phéniciens qui devaient la soutenir. Avant d'agir, les rois de Cypre et les commandants ioniens se réunirent en conseil, et délibérèrent sur le plan de défense qu'il convenait d'adopter (1). « Ioniens, dirent

---

(1) Hérod., III, 19.
(2) Hérod., III, 91; Engel, *Kypros*, I, 262.
(3) Hérod., IV, 162.

(1) Hérod., V, 109, trad. de Larcher.

les Cypriens, nous vous donnons le choix d'attaquer les Perses ou les Phéniciens. Si vous voulez essayer sur terre vos forces contre les Perses, il est temps de quitter vos vaisseaux et de vous ranger en bataille; et nous, après être montés sur vos vaisseaux, nous combattrons contre les Phéniciens; si vous aimez mieux attaquer les Phéniciens, faites-le. Mais, quel que soit votre choix, songez que de vous dépend la liberté de Cypre et de l'Ionie. » « Princes de Cypre, répondirent les Ioniens, le conseil commun de l'Ionie nous a envoyés pour garder la mer, et non pour remettre nos vaisseaux aux Cypriens, et pour combattre nous-mêmes à terre contre les Perses. Nous tâcherons de faire notre devoir dans le poste où l'on nous a placés. Pour vous, rappelez-vous le dur asservissement où vous ont tenus les Mèdes, et combattez en gens de cœur. » Il fut résolu qu'on livrerait bataille aux Perses, pendant que la flotte ionienne en viendrait aux mains avec les Phéniciens.

BATAILLE DE SALAMINE; MORT D'ONÉSILUS. — Artybius avait établi son camp dans la grande plaine de Salamine. Les alliés marchèrent contre lui. Quand on fut en présence, ils rangèrent leurs troupes de manière à opposer les gens de Salamine et de Soli, réputés les plus braves de l'île, aux bataillons perses. Onésilus se mit à leur tête, et se plaça juste en face d'Artybius. « Artybius montait un cheval instruit à se dresser contre un homme armé. Onésilus, qui en fut averti, en parla à son écuyer, Carien de nation, homme plein de courage, et très-entendu dans l'art de la guerre. « J'apprends, lui dit-il, que le cheval d'Artybius se dresse, et que des pieds et des dents il tue celui contre lequel on le pousse. Faites sur-le-champ vos réflexions là-dessus, et dites-moi lequel vous aimez mieux observer et frapper du cheval ou du maître. — Seigneur, répondit l'écuyer, je suis prêt à faire l'un et l'autre, ou l'un des deux, et absolument tout ce qu'il vous plaira de m'ordonner. Je vous dirai cependant ce qui me paraît convenable à vos intérêts. Je pense qu'un roi et un général doivent combattre contre un roi et un général. Si vous tuez un général, il résultera pour vous une grande gloire; s'il vous tue (ce qu'aux dieux ne plaise), il est moins triste de mourir de la main d'un homme de marque. Quant à nous autres serviteurs, il faut que nous combattions contre d'autres serviteurs. A l'égard du cheval d'Artybius, ne craignez point son manège, je vous garantis qu'il ne se dressera plus contre personne. » Il dit, et bientôt après les deux armées de terre et de mer en vinrent aux mains (1).

Les vaisseaux ioniens dispersèrent la flotte phénicienne. Mais la bataille de terre eut une autre issue. D'abord tout alla bien pour les Grecs : Onésilus et Artybius se rencontrèrent dans la mêlée. Tandis qu'Artybius poussait son cheval contre Onésilus, celui-ci le frappe, comme il en était convenu avec son écuyer. Le cheval dresse en même temps ses pieds sur le bouclier d'Onésilus, le Carien les lui coupe avec une faulx; le cheval s'abat et le général perse tombe avec lui. Mais la défection de quelques chefs cypriens, qui s'étaient sans doute concertés avec les Perses, enleva la victoire à Onésilus. Stésénor, tyran de Curium, et le chef des chariots de guerre des Salaminiens passèrent à l'ennemi, et la déroute des Grecs commença. Onésilus fut tué pendant cette déroute ainsi qu'Aristocypros, fils de Philocypros, roi des Soliens, l'hôte et l'ami de Solon. Ces deux princes étaient les plus compromis de tous les tyrans de l'île. Leur mort mettait fin à la révolte. Les habitants d'Amathonte, irrités contre Onésilus, qui les avait assiégés, lui coupèrent la tête et l'exposèrent sur une des portes de leur ville. Quelque temps après cette tête étant vide, un essaim d'abeilles la remplit d'un rayon de miel. Cet événement leur paraissant un prodige, les habitants d'Amathonte consultèrent l'oracle, qui leur ordonna d'enterrer cette tête et d'offrir tous les ans des sacrifices à Onésilus comme à un héros. « Ils obéirent, dit Hérodote, et de mon temps ils lui sacrifiaient encore (2). »

L'ÎLE DE CYPRE RETOMBE SOUS LE JOUG DES PERSES. — A la nouvelle de cette défaite, les Ioniens, jugeant que les affaires de Cypre étaient perdues sans ressource, remirent sur-le-champ à la voile, et regagnèrent l'Ionie. Toutes les

(1) Hérod., V, 111.
(2) Hérod. V, 14.

villes de Cypre furent assiégées, excepté Salamine, qui avait rappelé Gorgus, son ancien roi. Soli fit une longue résistance. Elle arrêta l'ennemi pendant cinq mois, et ne fut prise que par la mine. Les Cypriens retombèrent sous le joug, après avoir joui de la liberté pendant un an. Alors les Cypriens furent obligés d'aller combattre leurs anciens alliés. Darius les fit marcher contre les Ioniens (1), et ils contribuèrent à la défaite de Lada et à la prise de Milet. Les Cypriens suivirent aussi Xerxès dans son expédition en Grèce. Leurs chefs, selon la remarque d'Hérodote, portaient la mitre, à l'imitation des Perses. Ils fournirent cent cinquante vaisseaux (2). Gorgus de Salamine, qui devait aux Perses le recouvrement de son trône, prit rang parmi les commandants supérieurs de la flotte. Son frère Philaon, estimé pour sa bravoure, fut fait prisonnier dans un des combats de l'Artémisium, ainsi que Penthilus, fils de Démonoüs, tyran de Paphos. Penthilus était venu avec douze vaisseaux paphiens : il en perdit onze brisés par la tempête au cap Sépias, et il tomba entre les mains des Grecs avec le seul navire qui lui restât (3). La flotte des Perses fut détruite par Thémistocle à la bataille de Salamine, et Mardonius attribua cette défaite à la mauvaise volonté et à la lâcheté des peuples qui avaient fourni les contingents maritimes, Phéniciens, Égyptiens, Cypriens, et Ciliciens (4). Il parlait ainsi pour tirer Xerxès de la consternation où il était plongé, et l'engager à lui confier le soin de continuer la guerre avec l'armée de terre. On sait comment Mardonius (479) succomba, sous les efforts des Grecs, à la bataille de Platée.

EXPÉDITIONS DES GRECS DANS L'ÎLE DE CYPRE. — Les Grecs d'Europe avaient glorieusement repoussé l'invasion des hordes asiatiques que les Perses entraînaient à leur suite. Emportés par l'élan de la victoire, ils prirent l'offensive, et commencèrent une série d'expéditions hardies, dont le résultat devait être d'arracher à la domination des Perses les îles de la Méditerranée et les villes grecques du littoral de l'Asie. Athènes, qui avait eu la plus grande part à la délivrance de la Grèce proprement dite, devait aussi jouer le principal rôle dans cette guerre exclusivement maritime. Cependant, Sparte resta encore quelque temps à la tête de la confédération hellénique, et son général Pausanias prit le commandement de la flotte des Grecs et poursuivit les Perses dans les mers de l'Asie. Sa première expédition fut dirigée contre l'île de Cypre (1). Il parut dans cette île avec quatre-vingts navires, dont trente athéniens, sous la conduite d'Aristide ; et il délivra une partie des villes cypriennes des garnisons qu'y entretenait le grand roi.

EXPLOITS DE CIMON. — La trahison de Pausanias, qui s'était laissé corrompre par l'or des Perses, ayant fait perdre à Sparte le commandement général des forces de la Grèce, l'hégémonie fut transférée aux Athéniens dont les généraux Aristide et Cimon s'étaient concilié la confiance et l'attachement des alliés. Tandis qu'Aristide administrait les affaires de la confédération, Cimon s'illustrait par ses exploits dans les îles et sur les côtes d'Asie. « Personne autant que Cimon, dit Plutarque (2), ne rabaissa et ne réprima la fierté du grand roi. Non content de l'avoir chassé de la Grèce, il s'attacha à le suivre pied à pied, pour ainsi dire, sans donner le temps aux barbares de respirer et de s'arrêter. Il ravageait des provinces, il soumettait des villes, en détachait d'autres et les faisait passer dans le parti des Grecs : au point que toute l'Asie, depuis l'Ionie jusqu'à la Pamphylie, fut délivrée des armées des Perses. »

BATAILLE NAVALE DE CYPRE. — La campagne de l'an 470 fut une des plus glorieuses de Cimon (3). Étant parti du Pirée avec deux cents navires athéniens, auxquels se joignirent cent vaisseaux des alliés, il cingla vers l'Asie, et en souleva toutes les cités maritimes de nation grecque. Les Perses lui opposèrent une flotte considérable, fournie par les Ciliciens et les Phéniciens. Cimon vainquit

(1) Hérod., VI, 6.
(2) Hérod., VII, 90.
(3) Hérod., VII, 98, 195 ; VIII, 11.
(4) Hérod., VIII, 100.

(1) Diod. Sicul., XI, 44 ; Thucyd., I, 94.
(2) Plut., *Cim.*, 12, 14, 18.
(3) Diod. Sicul., XI, 60 ; Thucyd., I, 100.

cette flotte dans les eaux de Cypre, et l'acheva à l'embouchure de l'Eurymédon, fleuve de la Pamphylie, sur des bords duquel il vainquit également l'armée de terre. Thucydide ne parle que des deux victoires de l'Eurymédon. Dans Plutarque et Diodore il est fait mention, quoique avec peu de clarté, d'une bataille navale près de Cypre, qui ne peut être confondue avec celle de l'Eurymédon, et de quelques autres opérations militaires dans le voisinage de l'île et dans l'île elle-même, dont on se disputait vivement la conquête; car la possession de l'île de Cypre assurait la domination de la Méditerranée orientale. Entre les mains des Perses Cypre couvrait les côtes de Phénicie, de Cilicie et d'Égypte, et observait, comme une sentinelle avancée, toutes les tentatives des Athéniens contre ces provinces. Entre les mains d'Athènes elle devenait le point d'appui de toutes ses opérations sur les contrées maritimes des Perses, qu'elle avait juré d'expulser pour toujours de la Méditerranée.

NOUVEAUX EFFORTS DES ATHÉNIENS POUR DÉTACHER CYPRE ET L'ÉGYPTE DE L'EMPIRE DES PERSES (462). — Malgré l'expédition de Pausanias et d'Aristide et les victoires de Cimon, le roi de Perse maintenait son autorité sur une partie des villes de Cypre, celles surtout de la région sud-ouest, qui étaient d'origine phénicienne, et qui se rangeaient volontiers sous les lois des Perses pour disputer aux Grecs la domination des mers. Les Athéniens, d'un autre côté, devaient trouver de nombreux adhérents et des alliés dans les villes fondées autrefois par des colonies sorties de l'Attique et du Péloponnèse. L'île de Cypre était donc partagée entre ces deux puissances, qui se tenaient en équilibre, sans que l'une pût entièrement prévaloir sur l'autre. En 462 les Égyptiens, soulevés par le Libyen Inarus, appelèrent les Athéniens à leur secours (1). Athènes avait envoyé en Cypre une flotte de deux cents galères. Sur l'invitation d'Inarus, ordre fut donné à cette flotte de se rendre en Égypte pour y soutenir cette révolte, qui pouvait puissamment contribuer à la conquête de l'île de Cypre. Les Athéniens entrèrent dans le Nil, le remontèrent jusqu'à Memphis, s'emparèrent de deux quartiers de cette ville, et assiégèrent le troisième, qui se nommait le Mur Blanc. Mais les Perses firent une vigoureuse résistance. Artaxerxe envoya deux généraux, Artabaze et Mégabyze, avec une armée considérable, et une flotte qui comptait beaucoup de vaisseaux cypriens. Les Athéniens, assiégés à leur tour, conclurent un traité qui leur permettait de retourner dans leur patrie. Cet échec interrompit pendant dix ans les tentatives des Athéniens sur l'île de Cypre.

DERNIÈRE EXPÉDITION DE CIMON EN CYPRE; SA MORT (449). — Dans cet intervalle, l'exil de Cimon et les dissensions par lesquelles les Grecs préludaient à la guerre du Péloponnèse permirent aux Perses de se raffermir dans l'île de Cypre. Ils l'avaient entièrement recouvrée quand Cimon, de retour dans sa patrie, après avoir réconcilié les Grecs, dirigea de nouveau leurs efforts contre l'ennemi commun. Il partit avec deux cents navires (450), et vogua vers Cypre, qu'Artabaze et Mégabyze furent chargés de défendre. Il mit le siège devant Citium. Informé de l'approche de la flotte ennemie, il marcha à sa rencontre, la dispersa, et la poursuivit jusque sur les côtes de Phénicie. Puis, cinglant vers la Cilicie, où campait Mégabyze, il lui livra bataille, le vainquit, et revint dans l'île, qui, livrée à ses propres forces, devait bientôt succomber. Salamine avait dans ses murs une forte garnison de Perses, et elle était abondamment pourvue de munitions de guerre. Cimon investit cette place. Alors, selon Diodore de Sicile (1), Artaxerxe, effrayé, demanda la paix et subit ce traité si glorieux pour Cimon, qui y attacha son nom, si humiliant pour la Perse, qui signait ainsi l'aveu de sa défaite. « Toutes les villes grecques, selon ce traité, se gouverneront par leurs propres lois. Les satrapes perses ne descendront pas avec leurs troupes à plus de trois journées de marche vers la côte de la mer, et aucun de leurs vaisseaux longs ne naviguera entre Phasélis et les roches Cyanées. » Du reste, la réalité de ce traité a été contestée avec raison. Plutarque le place vingt ans plus

(1) Thuc., I, 103; Diod. Sicul., XI, 74.

(1) Diod., XII, 5.

tôt après la victoire de l'Eurymédon. Ni Thucydide ni Cornélius Nepos n'en font mention (1). En général les faits de cette époque sont peu connus : la mort de Cimon est rapportée de diverses manières : selon les uns, il mourut des suites d'une blessure, pendant le siége de Citium. Selon d'autres, une maladie l'emporta au moment où il stationnait dans les mers de Cypre, prêt à conduire sa flotte en Égypte pour y soutenir Amyrtée contre les Perses. Selon Thucydide, il avait déjà dépêché soixante navires au secours du roi égyptien. Après la mort de Cimon, la famine survint, et les Athéniens abandonnèrent leur double tentative sur Cypre et sur l'Égypte, qui retombèrent bientôt sous le joug des Perses. « Depuis cet événement, aucun des généraux grecs ne se signala désormais contre les barbares par quelque éclatant exploit. Les Grecs s'acharnèrent les uns sur les autres, excités par des démagogues et des artisans de querelles, sans que personne se mît entre eux pour les séparer. Ces guerres intestines laissèrent respirer le royaume des Perses, et frappèrent la puissance des Grecs de coups irréparables (2). »

HISTOIRE D'ÉVAGORAS ; SA NAISSANCE ; SES COMMENCEMENTS. — L'œuvre dont le génie de Cimon, dont la politique d'Athènes avaient poursuivi l'exécution avec tant de persévérance, fut reprise à la fin du cinquième siècle avant l'ère chrétienne par un Grec de l'île de Cypre, qui osa seul se mesurer contre toutes les forces du grand roi, et qui deploya dans cette lutte inégale une habileté, une énergie et un courage à toute épreuve. Il se nommait Évagoras. Évagoras naquit à Salamine l'an 445, quatre ans après l'expédition et la mort de Cimon. Il descendait des anciens rois de Salamine ; le sang de Teucer coulait dans ses veines, et son panégyriste Isocrate, transportant dans l'histoire de son héros d'anciennes fictions poétiques, fait remonter sa généalogie jusqu'à Jupiter (3). Le descendant de Jupiter et des Éacides fut réduit d'abord à une condition privée dans la ville où avaient régné ses ancêtres. Peu de temps auparavant la race de Teucer s'était vue dépossédée du trône de Salamine. Grâce sans doute à l'appui de la Perse, un Phénicien, nommé Abdémon, s'était emparé du pouvoir dans cette ville, l'avait remplie de soldats barbares, et travaillait à soumettre toutes les autres cités à la domination du grand roi, son protecteur (1). Évagoras était de sang royal. Il avait de l'ambition et toutes les qualités brillantes qui subjuguent les hommes. Il devint suspect au tyran, conspira ou fut accusé de le faire, fut contraint de s'expatrier pour sauver sa tête, et se retira à Soli, ville voisine de Cypre, située sur la côte de Cilicie. Loin de l'abattre, la persécution aiguisa son courage ; il jura d'affranchir Salamine ou de périr, et, reparaissant à l'improviste dans l'île avec cinquante partisans dévoués, il parvint, soutenu par les bonnes dispositions de la population grecque, à chasser le tyran étranger et à détruire le parti des Perses (410).

PROGRÈS DE LA PUISSANCE D'ÉVAGORAS ; SES RELATIONS AVEC ATHÈNES. — Le succès de cette entreprise, les progrès de la puissance d'Évagoras, qui travailla avec persévérance à s'emparer de l'île entière, montrent assez que Cypre ne tenait que par de faibles liens à l'empire persan, qui commençait à se dissoudre. Darius Nothus et Artaxerxès-Mnémon, qui lui succéda, absorbés par les embarras de la politique extérieure et les révoltes du dedans, laissèrent Évagoras s'affermir et s'étendre. Il paraît même, par ses relations avec les satrapes perses, qu'il n'était plus considéré comme un ennemi, et que la cour de Suse s'était résignée à son élévation. Isocrate remarque qu'Évagoras consolida son pouvoir par son excellente administration. Il rendit le commerce et l'agriculture très-florissants dans son petit royaume, et créa une armée et une marine respectables. La guerre du Péloponnèse durait encore. Évagoras prit parti pour Athènes, qui lui avait accordé le titre de citoyen et qui avait tant combattu pour l'indépendance de l'île de Cypre; et.

---

(1) Cf. Engel, *Kypros*, I, 281.
(2) Plutarq., *Cimon.*, trad. Pierron, t. III, p. 31.
(3) Isocrat., *Evag.*, 12.

(1) Engel, *Kypros*, I, 288; Diod., Sicul., XIV 98.

après la bataille d'Ægos-Potamos, ce fut auprès d'Évagoras que l'Athénien Conon se retira avec les débris de sa flotte, moins pour sa sûreté, dit Plutarque (1), que pour attendre quelque changement dans les affaires, comme on attend pour s'embarquer le retour de la marée (405). Conon et Évagoras contractèrent une étroite amitié, et se rendirent de mutuels services. Conon avait quelque crédit à la cour du roi de Perse : il parvint, par l'entremise de l'historien Ctésias, médecin d'Artaxerxe, à apaiser les mécontentements de ce prince contre Évagoras, qui rentra en grâce auprès de lui. Tranquille de ce côté, les deux amis conçurent le grand dessein d'abattre ou du moins d'affaiblir la puissance de Sparte, tyrannique pour la Grèce, menaçante pour la Perse, et de relever la gloire et le nom d'Athènes, leur commune patrie. Les victoires d'Agésilas en Orient facilitèrent la réussite de leur projet. De tous côtés, les satrapes de l'Asie Mineure adressaient des plaintes à Artaxerxe contre les Lacédémoniens, qui ravageaient leurs provinces, et auxquels ils ne pouvaient tenir tête. Alors les Perses, qui avaient soutenu Sparte dans le temps qu'Athènes était puissante, songèrent à relever Athènes pour l'opposer aux projets des Spartiates, formidables à leur tour. Recommandé au grand roi, soutenu par Évagoras et Pharnabaze, Conon équipe dans les ports de Phénicie et de Cilicie une flotte de trois cents voiles. Puis, pour vaincre l'indécision de la cour du grand roi, Conon, dans son impatience de réparer la honte d'Ægos-Potamos, quitte sa flotte, traverse la Syrie, passe l'Euphrate à Thapsaque, se rend à Babylone, obtient une audience d'Artaxerxe, qui lui accorde des subsides et le nomme au commandement de sa flotte. Ses efforts ne furent pas sans récompense. Conon remporta sur Pisandre, frère d'Agésilas, sa célèbre victoire de Cnide, qui porta à la puissance de Sparte un coup mortel (394). En reconnaissance des services importants que leur avaient rendus Conon et Évagoras, les Athéniens leur érigèrent des statues (2).

(1) Plut., *Artax.*, c. XXI.
(2) Isocr., *in Evag.*; Paus., I, 3, 1.

ÉVAGORAS EST ATTAQUÉ PAR LES PERSES; SIÉGE DE SALAMINE. —Encouragé par les succès de Conon et la restauration de la puissance athénienne, Évagoras, qui songeait toujours à faire de l'île de Cypre un seul royaume, reprit l'exécution de ce grand projet. Employant tour à tour la force ou la ruse, il s'empara de presque toutes les villes de Cypre, excepté Amathonte, Soli et Citium. Ces trois cités, vivement pressées par Évagoras, implorèrent l'appui d'Artaxerxe. Le roi leur fit une réponse favorable, ordonna aux gouverneurs des provinces maritimes d'équiper une flotte, et il chargea Hécatomnus, satrape de Carie, du commandement de la guerre contre Évagoras. Mais, occupé ailleurs par des soins plus importants, Artaxerxe ne put donner à cette affaire une sérieuse attention. La guerre, mollement conduite, languit pendant six ans (392-387), et cette résistance d'un petit prince d'une île grecque couvrait de confusion le nom persan, déjà tant compromis par le succès de la retraite des Dix-Mille. Enfin, quand Artaxerxe eut conclu le traité d'Antalcidas, quand il fut libre du côté des Grecs, il se tourna tout entier vers la guerre de Cypre, et attaqua Évagoras avec toutes ses forces (386) (1).

Une armée de trois cent mille hommes, sous la conduite d'Oronte, gendre du roi, une flotte de trois cents trirèmes confiée à Téribaze, partirent de la Cilicie et abordèrent à l'île de Cypre. Évagoras avait une flotte de quatre-vingt-dix trirèmes, dont vingt étaient fournies par les Tyriens, qui lui obéissaient, et soixante-dix par les Cypriens. Son armée de terre se composait de six mille hommes et d'un plus grand nombre de troupes alliées. Il avait pris à sa solde un grand nombre de mercenaires. Il avait fait un traité d'alliance avec Achoris, roi d'Égypte, dont il obtint des secours considérables. Il entretenait des intelligences secrètes avec tous les ennemis du grand roi; un chef de tribus arabes et d'autres souverains mécontents lui fournirent des corps nombreux d'auxiliaires. La réunion de toutes ces forces était peu de choses en comparaison du formidable

(1) Diod. Sicul., XV, 2.

appareil des Perses. Mais Évagoras comptait sur son courage et sur sa fortune. Il couvrit la mer de bâtiments légers, qui arrêtèrent les convois de vivres envoyés aux Perses, qui souffrirent beaucoup de la famine. Une sédition éclata dans leur camp, et ne s'apaisa qu'à l'arrivée des blés de Cilicie. Quant à Évagoras, il avait reçu des approvisionnements considérables de son allié Achoris.

Cependant Évagoras, ayant porté sa flotte à deux cents navires, attaqua les Perses, pour décider son sort par une grande bataille. Victorieux dans une première action, il en vint une seconde fois aux mains, et fut vaincu. Bientôt Salamine fut investie par mer et par terre; et réduit à ses seules forces, Évagoras ne pouvait tenir longtemps. Il le sentait bien: aussi, laissant à son fils Protagoras le soin de défendre Salamine, il s'échappa de nuit avec dix galères, et se dirigea vers l'Égypte. Il pressa vivement son allié Achoris de le soutenir contre un ennemi qui était aussi le sien.

Évagoras n'obtint pas d'Achoris tout ce qu'il en avait attendu (1). A son retour, il trouva Salamine vivement pressée par les Perses; et, se voyant abandonné de ses alliés, il demanda à capituler. Téribaze lui imposa pour condition d'évacuer toutes les villes de Cypre, à l'exception de Salamine, dont Évagoras resterait souverain en payant un tribut annuel au roi de Perse, en lui obéissant comme un serviteur à son maître. L'extrémité où Évagoras était réduit l'obligea d'accepter les autres conditions, quelque dures qu'elles fussent; mais il ne put jamais se résoudre à consentir à la dernière, et persista toujours à déclarer qu'il ne pouvait traiter que de roi à roi. De son côté, Téribaze ne rabattait rien de ses prétentions; et il paraissait inévitable qu'Évagoras devait céder ou périr, lorsque la basse jalousie d'Oronte, l'autre général, fît retirer le commandement à Téribaze. Il écrivit secrètement à Artaxerxe que Téribaze songeait à se révolter; et le roi, trompé par cette calomnie habilement présentée, charge Oronte lui-même d'arrêter Téribaze, et lui confie le soin d'achever seul la guerre. Pendant

(1) Diod. Sicul., XV, 8.

ces intrigues, le siége languissait. Évagoras reprit courage; il rompit les négociations, et se remit à résister vigoureusement. Oronte se vit bientôt dans un cruel embarras: l'ennemi le bravait, ses soldats, mécontents du départ de Téribaze, se débandaient et refusaient de lui obéir. Alors il désira un accommodement. Il fait parler sous main à Évagoras: on reprend la négociation au point où l'avait laissée Téribaze, mais on en retranche la condition humiliante qui avait empêché la conclusion du traité. Évagoras conserve le titre de roi de Salamine, en payant un tribut annuel et en se soumettant comme un roi qui obéit à un roi qui ordonne. Ainsi, après dix ans d'hostilités et un déploiement de forces immenses, Artaxerxès n'avait pu renverser du trône un petit prince grec qui l'avait bravé. Évagoras restait roi, et Artaxerxe n'obtenait qu'une incomplète satisfaction (385). C'était pour les Grecs un nouvel encouragement à tout entreprendre contre l'empire des Perses. Après cette guerre, Évagoras régna encore treize ans à Salamine. Il fut assassiné, selon Diodore, par un eunuque, appelé Nicoclès, qui usurpa le pouvoir. Théopompe appelle cet eunuque Thrasydée, et il donne pour raison de ce meurtre l'outrage fait par Évagoras à la fille de Nicocréon, autre roi de Cypre (1). Si telle fut vraiment la fin d'Évagoras, on doit singulièrement rabattre de l'éloge pompeux qu'en fait Isocrate dans son panégyrique. Il est vrai que ce discours était un éloge funèbre commandé et payé à Isocrate par Nicoclès, fils d'Évagoras, et un panégyrique d'Isocrate n'est pas plus de l'histoire que la *Cyropédie* de Xénophon.

RÈGNE DE NICOCLÈS (374). — Évagoras eut deux fils, dont l'aîné s'appelait Protagoras et l'autre Nicoclès, qui lui succéda. Il nous reste encore deux harangues d'Isocrate à Nicoclès, l'une qui traite de la royauté et de la politique des princes, et l'autre où l'écrivain présente Nicoclès comme le modèle des rois, et où il trace les devoirs des sujets envers le souverain. On sent dans tous ces écrits

(1) Diod., XV, 47; Arist., *Polit.*, V, 8, 10; Theopomp., *ap. Phot.*, 176; frag. *Hist. Græc.*, coll. Didot, I, p. 295.

l'influence des munificences du prince cyprien; mais il faut savoir gré à Isocrate de les avoir remplis de sentiments honnêtes et d'idées justes, capables de tourner au bien un jeune prince qui avait été son disciple. Nicoclès avait été envoyé à Athènes par son père, et il avait fréquenté l'école d'Isocrate, avec lequel il entretint toujours d'amicales relations. On peut juger du caractère de Nicoclès d'après ce que rapportent Théopompe (1), Anaximène et Élien de la singulière émulation de plaisirs, de luxe et de débauches qui s'établit entre le roi de Salamine et le roi de Tyr, Straton, prince également magnifique et voluptueux. Chacun s'efforçait d'éclipser son rival par la recherche et la somptuosité de ses fêtes et de ses réjouissances. Au plus fort de cette lutte épicurienne, la mort les surprit violemment et à l'improviste. Le règne de Nicoclès avait toujours été fort agité, comme le fait assez comprendre le second discours qui lui fut adressé par Isocrate. On lui imputait le trépas de son père, et ses sujets lui contestaient le droit de regner. A la suite de longues agitations, qu'Isocrate essaye vainement de calmer par ses harmonieuses périodes, une insurrection éclata. Nicoclès tomba du trône, et fut mis en prison, où il mourut (351). Évagoras II lui succéda.

ÉVAGORAS II (352); PROTAGORAS; NOUVELLE TENTATIVE DES PERSES POUR RÉDUIRE L'ÎLE DE CYPRE. — Il est probable que cet Évagoras était fils de Nicoclès. A peine établi sur le trône, il en fut renversé par Pythagoras ou Protagoras, que l'on croit être le fils d'Évagoras I. Sur ces entrefaites, une nouvelle révolution éclate dans les provinces maritimes de l'empire persan. La Phénicie, l'Égypte, l'île de Cypre se soulèvent à la fois contre l'autorité d'Artaxerxe Ochus. Les neuf rois de l'île de Cypre refusent de payer tribu au grand roi (2), qui ordonne à Idriée, roi tributaire de Carie, de les faire rentrer dans le devoir. Idriée fit construire rapidement quarante trirèmes, mit sur pied une armée de huit mille mercenaires, qu'il envoya en Cypre sous les ordres de Phocion l'Athénien et du prince détrôné Évagoras. Tel était l'abaissement politique des Grecs : après avoir mendié les secours des Perses pour se déchirer entre eux, ils combattaient à leur service pour rétablir leur domination, et Phocion allait leur rendre une île qu'autrefois Cimon avait essayé d'affranchir. Phocion et Évagoras vinrent assiéger Salamine, dont la prise devait assurer la soumission des autres villes. Les petits rois de Cypre n'attendirent même pas que Salamine ait succombé; ils se replacèrent sous le joug. Seul, Protagoras osa résister. Il savait qu'Évagoras réclamait la souveraineté de Salamine et qu'il se faisait fort de la recevoir des mains des Perses. Il n'y avait de salut pour lui que dans une résistance désespérée. L'événement justifia cette courageuse résolution. Évagoras devint suspect à Ochus; rappelé auprès du roi, il se justifia; mais on ne parla plus de lui rendre Salamine. Protagoras, s'étant soumis volontairement, régna paisiblement à Salamine jusqu'à la fin de sa vie. Quant à Évagoras, il avait obtenu en Asie une souveraineté plus considérable que son patrimoine de Cypre. Mais il se compromit encore par sa turbulence, reparut dans l'île de Cypre, où il fut arrêté et mis à mort.

L'ÎLE DE CYPRE SOUS LA DOMINATION D'ALEXANDRE LE GRAND (330). — Vingt ans après ces derniers événements, l'édifice de la monarchie persane, mal consolidé par un despotisme inintelligent et ébranlé par tant de commotions intérieures, s'écroula sous les coups du héros macédonien. L'île de Cypre fut une des premières provinces qui se détacha de l'empire de Darius. Pendant que Tyr arrêtait par une résistance opiniâtre la marche triomphale d'Alexandre, les rois de Cypre se donnèrent à lui avec empressement, et mirent à sa disposition toutes leurs forces navales. Les contingents fournis par les villes cypriennes venaient fort à propos dans cette guerre maritime qu'Alexandre n'avait pas prévue, et il leur dut en grande partie l'heureuse conclusion de ce siége mémorable (1). Pythagoras s'y distingua par-

---

(1) Dans Athénée, XII, 521; Ælian., *Hist. var.*, VII, 2; Engel, *Kypros*, I, p. 330.
(2) Diod. Sicul., XVI, 42.

(1) Arrien, II, 17, 20; Quint.-Curt., IV, 3; les historiens d'Alexandre appellent Pnytagoras le roi de Salamine. On peut douter

dessus tous les autres. Arrien nomme encore parmi les chefs cypriens qui prirent part à ce siége Androclès d'Amathonte et Pasicratès de Curium. Aussi les princes de Cypre furent-ils depuis ce temps en grande faveur auprès d'Alexandre. Pendant qu'il était en Égypte, il leur témoigna sa reconnaissance par des récompenses et des honneurs (1). Lorsqu'il revint en Phénicie, il ordonna la célébration de sacrifices et de pompes solennelles en l'honneur des dieux. « Il donna, dit Plutarque (2), des chœurs de danse, et des jeux où l'on disputa le prix de la tragédie, et qui furent remarquables, non-seulement par la pompe de l'appareil, mais encore par l'émulation de ceux qui en faisaient la dépense. C'étaient les rois de Cypre qui s'étaient chargés de ce soin, comme le font à Athènes les chorèges tirés au sort dans les tribus ; et il y eut entre eux une ardeur merveilleuse à se surpasser les uns les autres. Mais personne ne se piqua de plus de magnificence que Nicocréon, le Salaminien, et Pasicratès de Soli ; car c'est à eux qu'il échut d'équiper les deux acteurs le plus en renom : Pasicratès fit paraître sur la scène Athénodore et Nicocréon Thessalus. Alexandre favorisait Thessalus ; mais il ne montra son intérêt pour lui qu'après qu'Athénodore eut été proclamé vainqueur par les suffrages des juges. J'approuve le jugement, dit-il, mais j'aurais donné avec plaisir une portion de mon royaume pour ne pas voir Thessalus vaincu. » Sur ces entrefaites, des mouvements ayant éclaté dans le Péloponnèse, Alexandre y envoya cent vaisseaux, qu'il fit équiper par les Phéniciens et par les rois de Cypre, si dévoués à ses intérêts et à ses plaisirs (3). Plusieurs chefs cypriens s'attachèrent à lui, et le suivirent jusqu'aux bords de l'Indus. Ils lui furent très-utiles pour la construction, l'équipement et le service de la flotte qu'il lança sur ce fleuve. On trouve le Solien Nicoclès, fils de Pasicratès, et le Salaminien Nitaphron, fils de Pythagoras, au nombre de ceux qui

que ce prince soit le même que le Protagoras fils d'Évagoras Ier et rival d'Évagoras II.
(1) Quint.-Curt., IV, 8.
(2) Plut., *Alex.*, 32, tr. Pierron, t. III, 477.
(3) Arrien 'II.

accompagnèrent Néarque dans la navigation du golfe Persique. Stasanor de Soli, fils ou frère du roi Pasicratès, chargé du soin de maintenir et de pacifier l'Arie, fut confirmé dans ce gouvernement, auquel on ajouta la Drangiane, dans le premier partage fait après la mort d'Alexandre, sous les auspices de Perdiccas. Plus tard, au nouveau partage de Trisparadis, opéré sous la régence d'Antipater, on lui donna la Bactriane et la Drangiane en échange de son premier gouvernement, qui fut confié à un autre Cyprien, Stassandre (1).

LES SUCCESSEURS D'ALEXANDRE SE DISPUTENT LA POSSESSION DE L'ÎLE DE CYPRE. — Après la mort d'Alexandre l'île de Cypre ne fut comprise dans aucun gouvernement. Elle s'était donnée de plein gré, elle ne pouvait être traitée comme un pays conquis. Elle aurait voulu d'abord s'incorporer à la Macédoine et rester attachée à la famille d'Alexandre ; mais elle était trop faible pour qu'il lui fût permis de vivre sous une domination de son choix ; et sa position entre l'Asie Mineure, la Syrie et l'Égypte devait l'exposer aux attaques des généraux successeurs d'Alexandre qui fondèrent dans ces trois contrées de puissants empires (2). Après la défaite d'Eumène (317), qui avait héroïquement entrepris de soutenir les droits de la dynastie macédonienne contre l'ambition des généraux, les rois de Cypre, qui l'avaient soutenu, se partagèrent entre Antigone et Ptolémée, devenus les plus puissants des héritiers d'Alexandre. Le premier possédait l'Asie Mineure, et aspirait à la domination universelle. Le second ne songeait qu'à s'affermir en Égypte ; mais il lui importait beaucoup d'avoir l'île de Cypre dans son alliance, ou sous ses lois. Il donna sa fille Irène en mariage à Eunostos, fils de Pasicratès, roi de Soli, et attira dans son parti le plus grand nombre des villes. Antigone s'attacha les rois de Citium, d'Amathonte, de Lapathos et de Cerynia ; et les forces navales des deux rivaux se dirigèrent sur l'île de Cypre (3) et la Phénicie, qui devinrent le théâtre d'une lutte opiniâtre (314).

(1) Diod. Sicul., XVIII, 3, 39.
(2) Engel, *Kypros*, I, p. 361.
(3) Diod. Sicul., XIX, 62.

PTOLÉMÉE S'EMPARE DE L'ÎLE DE CYPRE. — Séleucus, à qui Antigone avait enlevé son gouvernement de Babylone, s'était étroitement uni à Ptolémée, qui l'envoya dans l'île de Cypre avec la flotte égyptienne, dont il avait confié le commandement à son frère Ménélas. Pendant qu'Antigone, secondé par son jeune et vaillant fils, Démétrius, s'emparait de la Syrie, de la Phénicie et de la Palestine, Cypre passait tout entière sous la domination de Ptolémée, qui châtia rigoureusement les rois alliés d'Antigone. Pygmalion de Citium fut mis à mort; Praxippe, roi de Lapathos, Thémison de Cerynia et Stasiœcus de Marium furent privés de la liberté. Nicocréon, roi de Salamine, allié fidèle de Ptolémée, reçut, avec les villes qui avaient appartenu aux rois chassés, le gouvernement militaire de l'île entière, dont le traité de 311 assura la possession entre les mains de Ptolémée. Quelque temps après, le roi de Paphos, Nicoclès, traita secrètement avec Antigone. Alarmé de cette défection, qui pouvait en entraîner d'autres, Ptolémée se décida à donner un exemple terrible (1). Il envoya Argée et Callicrate, deux de ses amis, avec ordre de tuer Nicoclès. Ceux-ci viennent à la tête d'un détachement de soldats investir la maison de Nicoclès, et lui commandent au nom de Ptolémée de se préparer à la mort. En vain Nicoclès essaye de se justifier, on ne veut pas l'entendre; et il est réduit à se tuer de ses propres mains. Ptolémée avait ordonné qu'on respectât la vie des femmes : mais Axiothéa, femme de Nicoclès, ne voulut pas lui survivre : elle égorgea d'abord ses filles, encore vierges, et les femmes des frères de Nicoclès, excitées par ses paroles, partagèrent son farouche désespoir et se tuèrent avec elle. A cette nouvelle les frères de Nicoclès fermèrent toutes les portes du palais, y mirent le feu et s'entr'égorgèrent. Telle fut la fin tragique de la famille des rois de Paphos. On voit par là combien les Grecs étaient à eux-mêmes d'impitoyables maîtres. Jamais les rois de Cypre n'avaient eu autant à souffrir de la domination des Perses (310).

(1) Diod. Sicul., XX, 21.

DÉMÉTRIUS REPREND CYPRE; SIÉGE DE SALAMINE (307). — La possession de Tyr et de la Phénicie ne suffisait pas à assurer la domination dans la Méditerranée orientale; il fallait y joindre la conquête de l'île de Cypre. A la reprise des hostilités avec Ptolémée, en 308, Antigone prépara un armement considérable pour lui disputer cette île. Démétrius, rappelé de Grèce par son père, fut chargé du soin de cette guerre (1). Il avait sous ses ordres une flotte de près de deux cents trirèmes et une armée de quinze mille hommes. Il aborda sur la côte de Carpasia, tira ses vaisseaux à terre, et fortifia son camp. Après s'être assuré la soumission des villes voisines, il marche sur Salamine, où le frère de Ptolémée, Ménélas avait rassemblé une armée à peu près égale à celle de Démétrius. Ménélas vint au-devant de l'ennemi jusqu'à quarante stades de la ville; il livra bataille, et fut vaincu. Comme il lui restait assez de forces pour soutenir un siège, il s'enferma dans Salamine, la mit en défense, et écrivit à Ptolémée de se hâter de le secourir.

Démétrius vint investir Salamine. Il résolut de faire construire d'énormes machines, des catapultes, des balistes, des tours, des ponts volants, et il déploya dans l'exécution de ces divers travaux ce génie inventif et ce goût du grandiose qui ont frappé ses contemporains, et qui lui ont valu de son vivant le surnom de Poliorcète (preneur de villes). « Il fit fabriquer, dit Diodore, une machine, connue sous le nom d'hélépole, dont chaque côté avait quarante-cinq coudées de largeur, et dont la hauteur était de quatre-vingt-dix coudées, divisée en neuf étages. Cette machine reposait sur quatre roues solides, de huit coudées de haut. Il fit aussi construire d'énormes béliers et deux tortues porte-bélier. Aux étages inférieurs de l'hélépole étaient fixés des balistes de diverses dimensions, dont les plus grandes lançaient des pierres de trois talents (78 kilogrammes). Toutes ces machines, destinées à lancer des projectiles, étaient servies par deux cents hommes; en s'approchant de la ville elles balayaient les créneaux, en même temps que les béliers

(1) Diod. Sicul., XX, 47.

ébranlaient les murs. » Au bout de plusieurs jours la muraille présentait déjà une large brèche, et la ville allait être prise d'assaut, lorsque Ménélas incendia avec des flèches enflammées les machines que Démétrius avait fait construire à si grands frais. Elles furent toutes consumées, et Démétrius changea le siége en blocus.

BATAILLE DE LEUCOLLA (306). — Bientôt après, Ptolémée parut avec des forces considérables de terre et de mer. « La bataille qui se préparait suspendait non-seulement Démétrius et Ptolémée, mais aussi tous les autres princes, dans l'attente des événements qui devaient en être la suite, et qui étaient fort incertains ; toutefois chacun pensait que le succès ne se bornerait pas à rendre le vainqueur maître de Cypre et de la Syrie, mais qu'il en ferait le plus puissant des rois. Ptolémée, cinglant à pleines voiles, s'avança contre Démétrius avec cent cinquante navires, et envoya dire à Ménélas de sortir de Salamine, lorsqu'on serait au plus fort du combat, et de venir avec soixante vaisseaux charger l'arrière-garde de Démétrius, afin de la mettre en désordre. Mais Démétrius laissa dix vaisseaux, pour faire tête à ceux de Ménélas, jugeant ce nombre nécessaire pour garder l'issue du port, qui était fort étroite, et empêcher Ménélas d'en sortir. Pour lui, après avoir distribué et rangé son armée de terre sur les pointes qui s'avançaient dans la mer, il prit le large, et alla charger avec tant d'impétuosité et un si grand effort la flotte de Ptolémée, qu'il la rompit. Ptolémée, se voyant vaincu, prit précipitamment la fuite avec huit vaisseaux, les seuls qu'il put sauver ; car de tous les autres un grand nombre furent brisés dans le combat, et soixante-dix avec leur équipage tombèrent au pouvoir de l'ennemi. Ses domestiques, ses amis, ses femmes, ses provisions d'armes, son argent, ses machines de guerre, enfin tout ce qui était à l'ancre dans des vaisseaux de transport, fut pris par Démétrius et conduit dans son camp. Après la perte de la bataille, Ménélas ne résista plus, et remit Salamine aux mains de Démétrius, avec tous ses vaisseaux et son armée de terre, qui se composait de douze cents chevaux et de douze mille hommes de pied (1). » Ce fut près du port de Leucolla, situé entre Salamine et le cap Pédalion, que se livra cette bataille navale, après laquelle Ptolémée renonça à la possession de l'île de Cypre et retourna en Égypte (2). Après la retraite des deux frères, Démétrius rangea sous son autorité toutes les villes de Cypre, dont il incorpora les garnisons dans son armée. A la nouvelle de cet éclatant succès, Antigone prit le titre de roi, le donna à son fils, et, à leur exemple, les autres généraux successeurs d'Alexandre ceignirent aussi le diadème.

PTOLÉMÉE RECOUVRE L'ÎLE DE CYPRE. — Après la conquête de l'île de Cypre la puissance d'Antigone et de Démétrius était parvenue à son apogée : elle déclina bientôt, et tomba d'une chute soudaine et éclatante. De vaines et ruineuses tentatives pour soumettre l'Égypte, Rhodes et la Grèce épuisèrent les forces de ces deux grands ambitieux : une nouvelle coalition se forma contre eux, et ils succombèrent à la bataille d'Ipsus (301), sous les coups de Lysimaque, de Séleucus et de Ptolémée. Après la bataille d'Ipsus, Démétrius s'enfuit en Cypre, mit en sûreté à Salamine ses enfants et sa mère, équipa des vaisseaux, et alla en Grèce et en Macédoine regagner et perdre un nouveau royaume. Il apprit bientôt que Ptolémée lui avait enlevé les ports de la Phénicie et les villes de Cypre, excepté Salamine, dans laquelle sa mère et ses enfants étaient assiégés (3). Démétrius était en Laconie près d'assiéger Lacédémone quand il reçut cette nouvelle : il renonça à cette entreprise pour s'occuper de la défense de ses possessions d'Asie ; mais les dissensions des fils de Cassandre l'ayant appelé en Macédoine, il s'empara de ce royaume, et se laissa enlever Salamine, qu'il avait possédée pendant dix ans. L'île de Cypre redevint une province de la monarchie des Lagides (295).

L'ÎLE DE CYPRE SOUS LA DOMINA-

---

(1) Plutarq., *Vie de Démétrius*, 15.
(2) Ni Diodore ni Plutarque n'indiquent le lieu de la bataille. C'est un mot d'Athénée qui le fait connaître. Ath., V, 209 ; Diod., XX, 53.
(3) Diod., *Excerpt.*, XXI, p. 42 ; Plutarq., *Dem.*, 35. Voir dans Polyen, *Strat.*, 5, la prise de Salamine.

TION DE PTOLÉMÉE; DE L'ADMINISTRATION DE L'ÎLE SOUS LES LAGIDES (1). — Ptolémée avait senti que l'acquisition de l'île de Cypre était absolument nécessaire pour compléter la création de son royaume d'Égypte. Il y tenait autant qu'à la conquête des provinces maritimes de la Syrie. En effet, c'était de la Phénicie et de Cypre qu'il tirait des navires et des matelots pour sa marine de guerre et de commerce, et c'étaient ces deux provinces qui couvraient son royaume contre toutes les tentatives d'invasions faites par mer ou par terre. Privée de ces deux positions commerciales et de ces deux postes militaires, l'Égypte ne trouvait pas en elle-même assez d'éléments de prospérité; elle perdait toute importance politique, et restait exposée sans défense aux attaques de ses ambitieux voisins. Jusqu'à Ptolémée les petites dynasties qui gouvernaient les villes cypriennes avaient été généralement maintenues par les différents maîtres qu'elles avaient successivement acceptés. Déjà, lors de sa première conquête, Ptolémée avait été très-rigoureux à l'égard de ces petits princes dégradés et corrompus par l'habitude de la dépendance, et prêts à proclamer et à trahir tour à tour ceux qui les assujettissaient. Après s'être remis en possession de l'île, il la fit gouverner en pays conquis, et les anciens pouvoirs locaux disparurent. Il y entretint une force militaire considérable, confiée à un stratège qui réunit entre ses mains toute l'autorité et que des inscriptions qualifient du triple titre de général, d'amiral et de grand prêtre (στρατηγὸς καὶ ναύαρχος καὶ ἀρχιερεὺς ὁ κατὰ τὴν νῆσον). Tout était soumis à ce gouverneur suprême, même les pontifes de Paphos et des autres sanctuaires qui pouvaient agiter le pays et provoquer de nouveaux soulèvements. Le siége du gouvernement de l'île resta fixé à Salamine. Le gouverneur de Cypre prenait rang parmi les plus hauts dignitaires du royaume d'Égypte, que l'on appelait les parents du roi (συγγενεῖς τοῦ βασιλέως). Les gouverneurs particuliers des villes et les chefs des différents corps de troupes étaient placés immédiatement sous ses ordres. Les inscriptions nous font connaître les titres et les noms des fonctionnaires civils et militaires chargés à cette époque de l'administration de l'île de Cypre. Ces villes conservèrent ces libertés municipales indispensables à la prospérité des cités commerçantes; et malgré l'assujettissement politique auquel elle fut soumise, l'île de Cypre continua à jouir de libertés intérieures que les Ptolémées ne laissèrent pas aux habitants de l'Égypte, où les Cypriens étaient désignés par le nom distinct de νησιῶται, ou insulaires. Les Ptolémées portaient le titre de roi d'Égypte et de Cypre; et bientôt s'établit dans la dynastie des Lagides l'usage constant de faire de l'île de Cypre l'apanage des frères ou des fils des rois égyptiens (1).

CYPRE SOUS LES TROIS PREMIERS PTOLÉMÉES. — L'île de Cypre, étant devenue une annexe de l'Égypte, partagea toutes les destinées politiques de ce royaume, auquel elle resta assez étroitement unie tant que la dynastie des Ptolémées fut florissante. Cet état de choses dura environ deux siècles, après lesquels le lien de la dépendance commença à se relâcher. Alors les Cypriens se séparèrent peu à peu de l'Égypte, et secouèrent le joug de son administration. La période de sujétion s'étend depuis Ptolémée Ier, Soter, qui reconquit l'île de Cypre en 295 et qui mourut en 281, jusqu'au règne de Ptolémée VIII, Soter II, surnommé Lathyre, qui occupa le trône depuis 117 jusqu'à l'an 81 avant l'ère chrétienne. Pendant cette période, dont l'histoire est si incomplète et si mutilée, Cypre reparaît de temps en temps dans les annales des Lagides, soit qu'elle entreprenne de rejeter leur domination, soit que sa possession si enviée jette la discorde entre les princes de la famille royale ou arme les uns contre les autres les héritiers de Ptolémée et les descendants de Séleucus. Ainsi sous Ptolémée II, Philadelphe, (285-247), un de ses frères, né du mariage de Ptolémée-Lagus et d'Eurydice, essaya de soulever les Cypriens, impatients de leur nouvel état; il fut mis à mort (2). Philadelphe travailla à s'atta-

(1) Engel, *Kypros*, I, 391 ; Bœckh., *Corp. Inscript.*

(1) Champollion-Figeac, *Annales des Lagides*, II, 281.
(2) Pausan.

cher les habitants de l'île par ses bons traitements et par une fusion habilement ménagée des intérêts commerciaux et des idées religieuses entre les Cypriens et les Alexandrins. Il fit élever sur le promontoire Zéphyrium un temple à sa femme Arsinoé, qui y était adorée sous le nom d'Aphrodite Zéphyrienne. C'est dans ce temple que Bérénice, sa fille, épouse et sœur d'Évergète, consacra sa chevelure, que les poëtes et les astronomes ont rendue si célèbre. En même temps les fêtes d'Adonis furent transportées de l'île de Cypre à Alexandrie, où elles attiraient tous les ans un immense concours d'Égyptiens, de Grecs et d'étrangers. Pour plaire à Philadelphe, et peut-être par son ordre, Théocrite décrivit la pompe de cette cérémonie dans la spirituelle idylle des *Syracusaines* (1). Cette politique des premiers Ptolémées eut de bons résultats, et pendant près d'un siècle l'île de Cypre resta paisible sous leur domination.

LES SÉLEUCIDES DISPUTENT L'ÎLE DE CYPRE AUX LAGIDES. — Les vices et l'incapacité de Ptolémée IV Philopator, fils de Ptolémée III, Évergète, (222-205), firent décliner l'Égypte du haut point de grandeur où elle s'était élevée. Antiochus le Grand sortit de l'abaissement où Évergète avait réduit les Séleucides, reprit la Phénicie et la Palestine, et agita l'île de Cypre. Cependant la bataille de Raphia (216) rendit à l'Égypte la possession de ses provinces maritimes. Mais à partir de cette époque la domination des Lagides dans ces contrées, menacée par la rivalité des rois de Syrie, devint faible et précaire, et ne put se passer de la puissante et hautaine protection des Romains, qui se présentaient alors comme médiateurs et devaient bientôt parler en maîtres. Alors le gouvernement de l'île de Cypre devint plus difficile : le pouvoir s'affaiblissait, se dégradait de jour en jour : le peuple commençait à s'agiter. Telle était la situation de Cypre sous Ptolémée V, Épiphane (205-181), lorsque Polycrate fut nommé gouverneur général de cette île. Polycrate était un Argien, d'une illustre et antique famille. Il était alors actif, résolu, bien entendu dans les affaires de l'administration et de la guerre (1); en un mot c'était un homme bien supérieur par l'origine et le caractère aux aventuriers qui étaient venus sous ce règne chercher fortune en Égypte, où ils firent tant de mal par leurs pillages et leurs dissensions. Polycrate apaisa les mouvements et l'agitation des Cypriens, y fit percevoir les impôts, qu'on refusait de payer, et y rétablit l'autorité compromise du jeune Ptolémée V. Il avait fait une fortune immense dans son gouvernement. La prospérité lui fut fatale, et il acheva sa vie dans de honteuses débauches. Le Mégalopolitain Ptolémée lui succéda comme gouverneur général de l'île de Cypre.

Les projets d'Antiochus sur l'île de Cypre n'étaient qu'ajournés. Profitant de l'enfance de Ptolémée Épiphane, il reprend les villes de la Phénicie, et, malgré les assurances qu'il a données aux Romains de respecter le trône du jeune prince, il se prépare à envahir l'Égypte (2). Mais, parti d'Éphèse à la tête d'une flotte considérable, il renonça à son premier dessein, et se dirigea vers l'île de Cypre. Une révolte de ses soldats puis une tempête le forcèrent à se réfugier dans les ports de Cilicie. Lorsqu'il eut assemblé les débris du naufrage, ne se trouvant pas assez fort pour tenter la conquête de l'île, il retourna à Séleucie (196). Cependant Antiochus, ayant fini par comprendre que ses véritables ennemis étaient les Romains, traite avec les tuteurs du jeune prince, auquel il donna sa fille Cléopâtre Syra, la syrienne, qui apporta en dot au roi d'Égypte les provinces contestées, savoir la Célésyrie, la Phénicie et la Palestine. Quoique devenu gendre d'Antiochus, Ptolémée offrit aux Romains ses secours contre ce prince.

Ptolémée V mourut en 181. Sa veuve Cléopâtre la Syrienne prit la régence, et gouverna au nom de son fils Ptolémée VI, Philométor, qui n'avait que cinq ans. Ptolémée le Mégalopolitain, fils d'Agésandre, était toujours gouverneur de l'île de Cypre, où il fit respecter l'autorité du jeune roi. Il amassa avec les revenus de l'île un trésor considérable

---

(1) Théocr., *Id.*, XV. Voir l'argument du scoliast. collect. Diod., t. XXXIII, p. 90.

(1) Polyb., V, 64 ; XVIII, 37.
(2) Tit. Liv., XXXIII, 41.

dont il fit présent au roi quand il fut en âge de régner. Mais, après avoir longtemps servi avec zèle, il trahit les intérêts de Ptolémée Philométor, et passa dans le parti d'Antiochus Épiphane, qui méditait la conquête de l'Égypte (1). Il reçut en dédommagement le gouvernement de la Palestine, où il déploya les mêmes qualités de bon administrateur qui l'avaient fait apprécier en Égypte. « Il résolut, dit l'historien du livre des Machabées (2), d'observer religieusement la justice envers les Juifs, et d'agir toujours avec un esprit de paix à leur égard. » Cette modération le perdit : les ennemis des Juifs le calomnièrent auprès d'Antiochus V, Eupator, fils d'Épiphane. Ils lui inspirèrent des soupçons sur la fidélité d'un homme qui avait déjà abandonné son ancien maître. Ptolémée n'échappa à la haine de ses ennemis qu'en prenant du poison.

INTERVENTION DES ROMAINS DANS LES AFFAIRES DE CYPRE ET D'ÉGYPTE. — Cependant la dynastie des Lagides tombait dans un tel état de faiblesse, qu'elle ne se soutenait contre les rois de Syrie que grâce à la protection des Romains. Popilius avait arrêté d'un mot Antiochus Épiphane, qui exigeait de Philométor et de son frère Ptolémée VII, Évergète II, la cession de l'île de Cypre, de Péluse et de son territoire, afin d'avoir, quand il le voudrait, toutes les portes de l'Égypte ouvertes à ses armées (3)(168). Ce fut encore Popilius qui termina les différents survenus entre Philométor et Évergète ou Physcon. Il assigna au premier l'Égypte et Cypre, au second la Libye et la Cyrénaïque. Évergète mécontent de son lot, se rendit à Rome pour réclamer auprès du sénat (4). On céda à ses instances, et, pour affaiblir davantage le royaume d'Égypte, on ajouta Cypre à la portion du roi de Cyrène. Le sénat nomma deux commissaires, Titus Torquatus et Cn. Mérula, pour installer le jeune Ptolémée dans la possession de l'île de Cypre, et la détacher doucement et sans guerre du royaume d'Égypte. Physcon s'était hâté de passer en Grèce, d'y soudoyer des mercenaires, avec lesquels il prétendait assurer l'exécution du sénatus-consulte rendu en sa faveur. Mais les Romains n'employaient les armes qu'après avoir reconnu l'impossibilité de réussir par les négociations et la ruse. Les commissaires du sénat exigèrent de Physcon qu'il renvoyât ses mercenaires, et ils se rendirent à Alexandrie pour décider Philométor à renoncer à l'île de Cypre (1). Loin de céder sur ce point, Philométor attaqua la Cyrénaïque, qui s'était soulevée contre l'odieux prince que lui avait imposé le sénat, et força Physcon à recourir encore aux Romains. Ceux-ci étaient bien décidés à morceler l'empire des Lagides et à ne point laisser Philométor en réunir toutes les parties sous sa domination. On accueillit avec faveur le lâche Physcon ; on n'admit aucune des justifications présentées par les ambassadeurs de Philométor, et une commission de cinq légats fut nommée pour appuyer les réclamations du protégé des Romains. Cette fois on permit à Physcon de lever des troupes, et les alliés de Grèce et d'Asie furent invités à seconder de tout leur pouvoir l'entreprise de ce prince sur l'île de Cypre (2). Ici les documents historiques manquent absolument, et l'on ne peut dire quelle fut l'issue de cette querelle entre les deux frères et si l'intervention romaine fit réussir les prétentions de Physcon. Quoi qu'il en soit du résultat de cette affaire, elle tournait toujours au profit de Rome, qui préparait ainsi de loin la séparation de l'île de Cypre et de l'Égypte (161).

La mort de Philométor, survenue en l'an 146, termina ce différend. Malgré la répugnance de l'Égypte à reconnaître pour roi Ptolémée Physcon, ce prince s'empara du trône, et réunit entre ses mains toutes les possessions des Lagides. Sa perfidie, sa cruauté et ses vices le firent surnommer Kakergète par ses

---

(1) Polyb., XXVII, 12 ; XVIII, 38.
(2) Machab., II, 12, 13 ; Josèphe, *Hist. des Juifs*, XII, 7. L'historien des Machabées le surnomme Macron, le Maigre, et le fait fils de Doriméne.
(3) Tite-Live, XLV, 12 ; Polyb., XXIX, 11.
(4) Polyb., XXXI, 18.

(1) Polyb., XXXI, 25 et suiv.
(2) Id., XLIII, 5 ; Engel, *Kypros*, I, p. 415.

sujets, au lieu du surnom d'Évergète, qu'il s'était donné. Sous son règne Alexandrie, si fréquentée par les savants, les artistes, les négociants, fut délaissée, et vit décliner sa splendeur. La proscription frappait toutes les têtes illustres. Un grand nombre de lettrés furent bannis, et parmi eux Aristarque, qui se retira en Cypre, où il acheva sa longue carrière (1). Après un règne honteux et troublé par des révoltes, dont l'une avait forcé Physcon à se réfugier en Cypre, ce prince mourut, l'an 117, laissant deux fils, Alexandre Ier et Ptolémée Soter II, surnommé Lathyros (pois chiche) : leur mère Cléopâtre, qui avait été aussi la femme de Philométor, et qui était la sœur de ses deux époux, troubla tout le royaume d'Égypte par son ambition et ses violences. Elle détestait son fils aîné, Soter, qui avait été reconnu roi par les Alexandrins, et voulait lui substituer Alexandre. Elle le contraria dans tous ses projets, et plongea l'Égypte dans l'anarchie. Enfin elle parvint à exciter un soulèvement contre Ptolémée Lathyre ou Soter II, et à mettre Alexandre en sa place.

L'ÎLE DE CYPRE SE SÉPARE DE L'ÉGYPTE. — L'île de Cypre profita de ces désordres, à la faveur desquels elle recouvra une sorte d'indépendance. Le roi banni y trouva un refuge, et s'en fit un petit royaume (2), qu'il détacha de l'Égypte. Deux prétendants se disputaient alors le trône de Syrie, Antiochus Grypus et Antiochus Cyzicénus. Le premier était soutenu par Cléopâtre, le second par Soter II. Cette guerre, commencée avant l'expulsion de ce prince, continua quand il fut réduit à l'île de Cypre, qui lui fournit assez de ressources pour le mettre en état de tenir tête à ses ennemis. Les affaires de la Judée donnaient aussi beaucoup d'occupation à tous les princes Séleucides et Lagides. La Palestine était gouvernée par la dynastie des Asmonéens, qui devait son élévation au courage qu'elle avait déployé en arrachant la nation juive à la domination des princes syriens. Continuellement en lutte avec les Séleucides, le peuple juif avait recherché l'appui de l'Égypte, comme au temps de ses guerres avec l'Assyrie. Pendant les persécutions qu'ils avaient endurées de la part des successeurs de Séleucus Nicator, les Juifs avaient émigré en grand nombre, et s'étaient établis dans les États des Ptolémées. Ils étaient très-puissants, dit Josèphe, dans Alexandrie, en Égypte et dans l'île de Cypre. Les fils d'Onias, qui avait fait construire le temple d'Héliopolis, Helcias et Ananias, s'étaient mis au service de la reine Cléopâtre, la veuve de Physcon, et avaient été placés à la tête de son armée. Quand Soter II fut chassé de l'Égypte, les Juifs établis à Cypre contribuèrent puissamment à lui assurer la possession de cette île, d'où il put exercer une grande influence sur les affaires générales de la Palestine. Alexandre Jannée, fils de Jean Hyrcan, était monté sur le trône l'an 106. Ptolemaïs, Gaza et quelques autres villes de la côte refusaient de lui obéir. Alexandre leur fit une guerre active, et ces villes appelèrent à leur secours Ptolémée Lathyre, qui vint de Cypre en Judée avec une armée de trente mille hommes. De son côté Alexandre fit alliance avec la reine Cléopâtre, dont les secours ne purent arrêter les progrès de Ptolémée Lathyre. En effet, ce prince s'empara de Ptolemaïs, de Gaza et de Séphoris. Il rencontra sur les bords du Jourdain l'armée d'Alexandre, la tailla en pièces, et en fit un horrible carnage. Trente mille hommes périrent dans cette journée, dont Ptolémée souilla la gloire par d'atroces cruautés. Après cet éclatant succès, il attaqua l'Égypte; mais Cléopâtre lui opposa Helcias et Ananias, ses juifs fidèles; et Ptolémée, obligé de renoncer à son entreprise, revint dans son royaume de Cypre. Dix ans après (88 av. J. C.), Ptolémée Lathyre reprit possession de l'Égypte, d'où son frère Alexandre avait été chassé, après avoir assassiné sa mère, et régna paisiblement jusqu'à sa mort, en l'an 81.

Après quelque mois de troubles, pendant lesquels Alexandrie fut ensanglantée par des insurrections populaires et des usurpations de palais, l'Égypte échut à Ptolémée XI, Aulétès, fils adoptif de Lathyre, et Cypre fut donnée comme apanage à un autre Ptolémée, fils natu-

(1) *Voy.* Justin, XXXVIII, 8; Val. Max., IX, 2.
(2) Josèphe, *Ant. Jud.*, XIII. 19 et suiv.

rel du même roi. Affaiblie par ses dissensions, dégradée par ses vices, détestée pour ses crimes, la dynastie lagide avait perdu tout prestige aux yeux des peuples. Elle ne se soutenait que par l'appui des Romains, qui n'attendaient que l'occasion favorable pour renvoyer ces misérables princes, et réduire leurs États en provinces. L'île de Cypre était déjà réellement séparée du royaume d'Égypte : aussi devint-elle la première la proie des Romains, qui étaient alors assez puissants pour disposer en maîtres du sort des rois et des peuples. On parla longtemps à Rome de la réunion des provinces de la monarchie égyptienne à l'empire romain. C'était une question que l'on agitait fréquemment au sénat ou au Forum. On faisait valoir un prétendu testament que le roi Ptolémée X Alexandre II aurait fait en faveur des Romains pour se venger de ses sujets qui l'avaient chassé. Déjà l'Égypte avait été comprise comme domaine de la république dans le projet de loi agraire proposé par le tribun Rullus et combattu par Cicéron (63 av. J. C.). Malgré cette proposition, l'Égypte conserva encore son indépendance pendant plus de trente ans; mais le caprice d'un autre tribun détermina bientôt la réunion de l'île de Cypre. Appius Clodius, ayant été fait prisonnier par les pirates de la Cilicie, fit demander à Ptolémée, roi de Cypre, de lui envoyer l'argent nécessaire à sa rançon. Ptolémée était riche, avare et lâche. Il n'osa refuser ; mais il n'envoya que deux talents, dont les pirates ne voulurent pas se contenter. Ils relâchèrent leur prisonnier sur sa parole, et Clodius jura de se venger d'un roi qui l'avait estimé si peu.

CATON RÉDUIT L'ÎLE DE CYPRE EN PROVINCE ROMAINE. — Étant devenu tribun l'an 59, Clodius fit rendre un décret qui déclarait l'île de Cypre province romaine, et qui ordonnait la confiscation des biens de Ptolémée. Ce n'était pas assez pour Clodius d'écraser le faible Ptolémée, il se donna aussi le plaisir de mortifier, d'humilier le fier Caton, en le chargeant de cette honteuse mission. « A mes yeux, lui dit-il, tu es de tous les Romains l'homme dont la conduite est la plus pure; et je veux te prouver que j'ai réellement de toi cette haute idée. Bien des gens demandent qu'on les envoie en Cypre ; mais je te crois seul digne de ce gouvernement, et je me fais un plaisir de t'y nommer. » Caton répondit en homme qui se sent offensé, et refusa cet emploi. « Eh bien! reprit Clodius avec hauteur, si tu ne veux pas y aller de gré tu partiras de force. » Et il se rendit aussitôt à l'assemblée du peuple, et y fit passer le décret qui envoyait Caton en Cypre (1), sans lui accorder ni vaisseaux ni soldats pour exécuter cette odieuse spoliation. La lâcheté du roi de Cypre rendait, au reste, cette précaution inutile. Caton envoya devant lui en Cypre Canidius, un de ses amis, pour engager Ptolémée à se retirer sans combat, en lui promettant qu'il ne manquerait jamais, sa vie durant, ni de richesses ni d'honneurs, et que le peuple romain lui conférerait la grande prêtrise de Vénus à Paphos. Quant à lui, il s'arrêta à Rhodes pour y faire ses préparatifs et attendre la réponse de Ptolémée. Ce malheureux prince ne savait que résoudre. D'abord il prit le parti de charger ses trésors sur ses navires et de s'engloutir avec eux dans les flots. Il n'osa ou ne put exécuter ce dessein, et il se résigna à prendre du poison. Cette mort délivra Caton d'un grand embarras ; la victime s'était immolée elle-même, il n'y avait plus qu'à recueillir sa succession. Caton se rendit en Cypre, où il trouva des richesses prodigieuses et vraiment royales en vaisselle d'or et d'argent, en tables précieuses, en pierreries, en étoffes de pourpre. Au fond, c'était là ce qui avait tenté la cupidité des hommes avides et ambitieux qui se disputaient le gouvernement de la république et qui mettaient le monde au pillage (2). Aussi avaient-ils envoyé Caton pour ne rien perdre de leur proie. « Caton, dit Plutarque, jaloux que tout se passât dans les règles, et qui voulait faire monter les effets à leur plus haute valeur, assista lui-même à la vente, et

(1) Plut., *Caton*, c. XLIV et suiv. ; Engel, *Kypros*, I, 439.
(2) Cette honteuse conquête est flétrie comme il convient par les anciens eux-mêmes. Voir Velleius Paterculus, II, 38, 5 ; Valer. Maxime, IX, 4,3 ; XV, 10 ; Ammien-Marcellin, XIV, 2-, 8.

porta en compte jusqu'aux moindres sommes ; car il ne s'en tint pas aux formes ordinaires des encans : il avait pour également suspects les officiers, les crieurs, les enchérisseurs, et jusqu'à ses amis. Il s'adressait lui-même aux acheteurs, et les poussait à mettre de plus hautes enchères, et de cette façon tout fut vendu à sa plus juste valeur. Caton rapporta de Cypre près de sept mille talents (quarante millions de francs) ; il en chargea des caisses qui contenaient chacune deux talents cinq cents drachmes. Il fit attacher à chaque caisse une longue corde, au bout de laquelle on mit une grande pièce de liège, afin que si le vaisseau venait à se briser, les pièces de liège, nageant sur l'eau, indiquassent l'endroit où seraient les caisses. Tout cet argent, à peu de chose près, arriva heureusement à Rome.

Jamais général romain revenant chargé de dépouilles glorieusement enlevées à l'ennemi ne fut reçu avec plus d'empressement et d'honneur que Caton rapportant dans sa patrie la honteuse conquête des trésors de Ptolémée. Comme il approchait avec ses vaisseaux, les Romains, instruits de son arrivée, magistrats, prêtres, le sénat en corps et la plus grande partie du peuple, tous enfin allèrent au-devant de lui le long du fleuve, pendant que Caton, dédaignant de s'arrêter pour recevoir les consuls et les préteurs, remontait vers Rome sur une galère royale à six rangs de rames. Quand on vit porter à travers le Forum ces sommes immenses d'or et d'argent, l'admiration ne connut plus de bornes ; le sénat s'assembla, complimenta Caton de sa conduite, et lui décerna une préture extraordinaire, avec le privilége d'assister aux jeux vêtu d'une robe bordée de pourpre. Caton refusa ces honneurs, et demanda seulement la liberté de Nicias, intendant du feu roi Ptolémée, dont il attesta les soins et la fidélité. De tant de richesses qui étaient à sa disposition, Caton ne s'était réservé qu'une statue de Zénon de Citium ; néanmoins il ne put échapper aux calomnies de ce même Clodius, qui l'accusait d'avoir détourné des sommes énormes à son profit. Caton avait envoyé ses comptes à Rome ; mais une tempête engloutit le navire qui les portait. Cependant il n'eut pas de peine à repousser les imputations de Clodius, lui qui, sans avoir jamais reçu de la république, comme il le disait, ni un cheval ni un soldat, lui avait rapporté de Cypre plus d'or et d'argent que Pompée n'en avait conquis par tant de guerres et de triomphes, après avoir bouleversé la terre.

État de l'île de Cypre sous l'administration des Romains. — Caton avait érigé l'île de Cypre en province prétorienne. On y envoya pour le gouverner le questeur C. Sextius, avec des pouvoirs de préteur. Bientôt on réunit l'île de Cypre à la Cilicie, et on en fit une province proconsulaire, dont le gouvernement fut donné à Lentulus (55 av. J. C.), un des amis les plus intimes de Cicéron. L'an 52, Cicéron lui-même fut pourvu de ce proconsulat, et passa un an dans sa province. Ses lettres à Atticus sont remplies de curieux détails sur l'état de l'île de Cypre, sur laquelle s'étaient abattus les publicains, qui la pressuraient avec une rigueur impitoyable. Quand ces publicains étaient d'accord avec les gouverneurs, rien n'égalait la détresse des provinciaux. La ville de Salamine avait contracté une dette envers M. Scaptius et P. Matinius, deux financiers négociants établis dans l'île, très-bien appuyés à Rome, puisque Brutus avait chargé Cicéron de leur faire obtenir le remboursement de leur créance. Déjà ces deux hommes avaient fait éprouver aux habitants de Salamine mille vexations (1). Appius, prédécesseur de Cicéron, avait mis à leur disposition un corps de cavalerie avec lequel ils avaient bouleversé toute l'île, entièrement désarmée. Ils avaient tenu le sénat de Salamine assiégé pendant cinq jours, et cinq sénateurs étaient morts de faim. « Appius, dit Cicéron, qui a traité la province par le fer et par le feu, qui l'a saignée, épuisée, qui me l'a remise expirante, trouve mauvais que je répare le mal qu'il a fait. Ce qui l'irrite, c'est que je ne lui ressemble pas ; on ne peut en effet se ressembler moi's : la province a été sous son gouvernement ruinée de toutes les manières, sous le mien il n'en a été rien exigé sous aucun

(1) Cicér., *Ep. ad Att.*, VI, 1, 2, 3, passim.

prétexte. Que ne pourrais-je pas dire des préfets d'Appius, de ceux de sa suite, de ses lieutenants, de leurs rapines, de leurs violences, de leurs brutalités? Maintenant, au contraire, la maison la mieux réglée ne présente pas autant d'ordre, de régularité, d'économie que cette province. » Scaptius et Matinius insistaient auprès de Cicéron pour qu'il leur permît d'exiger des Salaminiens non-seulement leur capital, mais encore un intérêt de quatre pour cent par mois. Cicéron, indigné de cette odieuse usure, refusa de mettre des troupes à leur disposition, et les fit payer sur le pied d'un pour cent par mois. « Voilà ce que j'ai fait, dit-il à Atticus, je pense que Brutus m'approuvera; je ne sais si vous serez content. Caton sera certainement pour moi. » Cicéron s'était fait aimer des Cypriens; il s'intéressa toujours vivement à leur sort, comme on le voit par la lettre qu'il écrivit en 44 à C. Sextius, le premier questeur de Cypre, qui se retrouvait alors questeur de Cilicie, avec l'île de Cypre dans son département. « Je vous recommande tous les Cypriens en général, et les Paphiens en particulier; je vous saurai un gré infini de ce que vous ferez pour eux. J'insiste d'autant plus, qu'il me paraît importer à votre honneur. dont je suis jaloux, que le premier questeur romain dans l'île laisse sa trace et marque la voie à ses successeurs. Ce vous sera chose facile, je m'en flatte, si vous suivez les directions et les lois de votre intime ami P. Lentulus, et les institutions diverses que j'ai moi-même établies. Ou je me trompe, ou vous vous feriez par là un honneur infini (1). »

Habituée depuis plusieurs siècles à subir la domination étrangère, l'île de Cypre avait accepté celle des Romains avec une résignation qui prouve qu'elle ne sentait plus le prix de la liberté et qu'elle n'avait conservé aucun de ces sentiments généreux par lesquels on sait la défendre. L'assujettissement politique où ils étaient tombés depuis longtemps et leur corruption morale avaient rendu les Cypriens indifférents à ces changements de fortune où les peuples libres comprennent que leur dignité est en question.

(1) Cic., Ad Fam., XIII, 5:.

Tandis que les Crétois et les Rhodiens ne se livrèrent à Rome qu'après de longues résistances, Cypre, toute façonnée au joug, toute résignée d'avance, se soumit à la première sommation, et resta la plus paisible des provinces de l'empire romain. Indifférente à tout, les plus grands événements s'accomplissaient autour d'elle, et elle passait de main en main, sans qu'elle parût s'en apercevoir. Après la bataille de Pharsale, Cypre, qui vit passer tour à tour la famille de Pompée fugitif et César victorieux, retourna, après être restée dix ans au pouvoir de Rome, à la famille des Ptolémées. Aulète, l'indigne protégé du sénat, était mort l'an 52, plus méprisé, plus détesté que jamais des Alexandrins, qui n'avaient pu le décider à agir pour recouvrer l'île de Cypre. Il laissait en mourant deux fils, Ptolémée Dionysius et Ptolémée Néotéros, et deux filles, Arsinoé et la fameuse Cléopâtre. Les Alexandrins mirent sur le trône l'aîné des deux fils avec sa sœur Cléopâtre. Mais les ministres du jeune roi chassèrent Cléopâtre, qui se retira en Syrie avec sa sœur Arsinoé. A son passage en Égypte, César se fit l'arbitre de tous ces différends, et, après avoir placé sur le trône d'Égypte les deux aînés des enfants d'Aulète, il donna au couple le plus jeune, à Néotéros et à Arsinoé, l'investiture de l'île de Cypre. La guerre d'Alexandrie, qui suivit de près, empêcha ce partage d'être mis à exécution; la reine de Cypre Arsinoé fut emmenée captive à Rome, où elle mourut, l'an 41. Plus tard Antoine, maître de l'Orient, mais subjugué par Cléopâtre, lui fit don de l'île de Cypre, qui resta province de l'Égypte jusqu'à la conquête de ce royaume par Octave, l'an 30 av. J. C. On sait qu'Auguste, devenu maître de l'empire, partagea avec le peuple le gouvernement des provinces : Cypre fut d'abord comprise parmi les provinces impériales. Mais il l'abandonna peu de temps après au peuple en échange de la Dalmatie, dont les insurrections rendaient nécessaire l'intervention directe du chef militaire de l'empire romain. Cypre devint une province consulaire Elle se divisa en quatre districts : celui de Salamine à l'est, celui de la nouvelle Paphos, à l'ouest, le district de Lapathos au nord, et celui d'Amathonte au sud (1). Auguste donna des soins attentifs à l'administration de l'île de Cypre; et le temple de Paphos ayant été détruit par un tremblement de terre, l'an 15 avant l'ère chrétienne, il pourvut aux frais de sa reconstruction.

INTRODUCTION DU CHRISTIANISME EN CYPRE. — L'île de Cypre fut une des premières contrées ouvertes à la prédication de l'Évangile. « Joseph, que les apôtres surnommèrent Barnabé, c'est-à-dire enfant de consolation, qui était lévite et originaire de l'île de Cypre, vendit aussi un fonds de terre qu'il avait, et en apporta le prix, qu'il mit aux pieds des apôtres (2). » Bientôt éclata la persécution où fut lapidé saint Etienne; les fidèles de la première Église se dispersèrent, et quelques-uns d'entre eux allèrent en Cypre. Après la fondation de l'Église d'Antioche, où les fidèles prirent pour la première fois le nom de chrétiens, saint Paul et saint Barnabé firent voile vers l'île de Cypre. « Quand ils furent arrivés à Salamine, disent les *Actes des Apôtres*, ils prêchaient la parole de Dieu dans les synagogues des juifs, et ils avaient aussi Jean, qui les aidait. Après avoir parcouru toute l'île jusqu'à Paphos, ils trouvèrent un certain juif, magicien et faux prophète, nommé Bar Jésu, qui était avec le proconsul Sergius Paulus, homme sage et prudent. Ce proconsul désirant d'entendre la parole de Dieu fit venir Barnabé et Paul; mais Élymas, c'est-à-dire le magicien, car c'est ce que signifie ce nom d'Élymas, leur résistait, tâchant de détourner le proconsul d'embrasser la foi. Alors Paul étant rempli du Saint-Esprit, et regardant fixement Élymas, lui dit : « Homme plein de toutes sortes d'artifices et de fourberies, enfant du diable, ennemi de toute justice, ne cesseras-tu pas de pervertir les voies droites du Seigneur ? Voilà dans ce moment la main de Dieu sur toi : tu seras aveugle, et jusqu'à un certain temps tu ne verras point le soleil. A l'instant les ténèbres tombèrent sur lui, ses yeux s'obscurcirent, et, tournant de côté et d'autre, il cherchait quelqu'un qui lui donnât la main. Le proconsul voyant le miracle embrassa la foi, et il admirait la doctrine du Seigneur (1). »

Telle fut la dernière conquête subie par l'île de Cypre dans l'antiquité; et c'est aussi le dernier événement de son histoire ancienne. A partir du règne de Tibère, sous lequel Sergius Paulus embrassa le christianisme, jusqu'à la fin de la domination romaine, l'île de Cypre n'eut plus qu'à jouir tranquillement des bienfaits de cette paix universelle donnée par les Romains aux peuples de l'Occident. Dès lors elle échappe aux regards de l'histoire, à laquelle elle n'offre aucun souvenir à recueillir, aucun événement à enregistrer; seulement des inscriptions, trouvées sous les décombres de ses antiquités, nous ont conservé les noms de quelques-uns des proconsuls à qui le sénat confia le gouvernement de cette île (2). Au quatrième siècle l'administration de l'empire romain fut profondément modifiée par Constantin le Grand, surtout en ce qui concerne le gouvernement des provinces. Alors l'île de Cypre devint la quinzième province du diocèse d'Orient, avec la ville de Constantia, l'ancienne Salamine, pour capitale. Ce fut sans doute à cette époque qu'elle fut divisée en treize districts, selon Constantin Porphyrogénète, et quatorze selon Hiéroclès, qui les énumère dans l'ordre suivant : Constantia, Tamassus, Citium, Amathonte, Curium, Paphos, Arsinoé, Soles, Lapithus, Cirbia, Cythri, Carpasion, Trimethonte et Leukosia.

(1) *Act. Apost.*, XIII, 4. Le P. Lusignan énumère plus de quatre-vingts saints ou personnages célèbres de l'Église de Chypre dans le chapitre qui a pour titre *les illustres hommes chrétiens de l'isle de Chypre*. Il y a tout un côté de l'histoire de l'île de Chypre que je suis obligé de laisser dans l'ombre; car, pour emprunter le langage du vieux Lusignan, « si je voulois raconter toutes les choses qui se sont faites concernant les affaires de Cypre, cette chronique seroit encore augmentée de la moitié d'autant. »

(2) Voir le recueil de Gruter et les inscriptions citées par Engel, *Kypros*, I, 460.

(1) Engel, *Kypros*, I, p. 458. On sait, par une inscription trouvée à Paphos et par une médaille, que P. Fabius Maximus et Aulus Plautius furent proconsuls en Cypre sous le principat d'Auguste.

(2) *Act. des Apôtres*, c. IV, 36.

III.

ÉTAT RELIGIEUX, POLITIQUE, MORAL ET INTELLECTUEL DE L'ÎLE DE CYPRE PENDANT LES TEMPS ANCIENS.

RELIGION DE L'ÎLE DE CYPRE. — « Vénus, très-belle fille, nasquit en Aphrodisie, ville de Cypre, et pour sa rare beauté fut amenée en Cythère, pour être là nourrie entre les dieux et déesses : laquelle estant grande, en âge convenable, fut mariée au roy Adonis, et couronnée royne de Cypre. Les poëtes et historiens racontent infinies choses de ceste femme, lesquelles il seroit trop difficile d'esplucher et raconter de mot à mot. Contentez-vous seulement d'entendre qu'on luy a donné le premier lieu entre les dieux et déesses, et qu'on l'a appelée de divers noms ; qu'on lui a édifié plusieurs temples, non-seulement en Cypre, mais aussi en plusieurs autres provinces, voire par tout le monde (1). » Voilà comment le P. Lusignan se rendait compte de l'établissement du culte de Vénus dans l'île de Cypre. Il est douteux que cette explication si expéditive satisfasse tout le monde, et qu'on veuille s'en tenir à cette doctrine d'Évhémère qui faisait de tous les dieux et déesses du paganisme des rois et des reines élevés après leur mort aux honneurs divins. Autrefois elle était généralement bien accueillie des savants, et convenait également au scepticisme des uns et à la crédulité des autres. On l'enseignait alors dans toutes les mythologies élémentaires. Aujourd'hui l'étude de la mythologie tourne au symbolisme ; et si ce système d'interprétation n'est pas exempt d'erreur, il présente des vues plus profondes et pénètre mieux dans la vérité.

Aphrodite est le vrai nom de la grande déesse des Cypriens ; il appartient à la langue grecque ; le mot de Vénus est latin. Mais Aphrodite ne fut pas la plus ancienne divinité de l'île de Cypre, où les Grecs n'avaient fait que succéder aux Phéniciens. Ceux-ci avaient introduit dans l'île leur religion nationale, et les temples de Paphos, d'Amathonte et de Citium avaient été d'abord consacrés au culte de l'Astarté phénicienne, la même divinité qu'on adorait à Ascalon, à Byblos, à Tyr et sur toute la côte de Syrie. Quand les Grecs vinrent s'établir en Cypre, ils apportèrent avec eux le nombreux cortége des divinités qui composaient leur Olympe. Or, aucune n'avait autant d'analogie avec l'Astarté phénicienne que l'Aphrodite antique, divinité des premiers âges connue des Pélages. Ce puissant symbole signifiait à l'origine la force créatrice et reproductrice, qui entretient tous les êtres de la création. Son culte était l'adoration de la nature elle-même, dont les anciens ont divinisé la fécondité et la vie, dans l'impossibilité où ils étaient de remonter plus haut et de savoir où placer la source et l'origine de toute existence. Ce naturalisme panthéistique se retrouve partout, depuis l'Inde, où il existe encore, jusqu'aux confins de l'ancien monde, et il a produit partout et sous différentes formes des divinités analogues à l'Astarté des Phéniciens et à l'Aphrodite des Grecs, savoir : la déesse de Comana, l'Anaïtis d'Arménie, de Pont, de Cappadoce, la Mylitta d'Assyrie, la Mitra de Perse, l'Alilat d'Arabie, l'Isis des Égyptiens, la Cybèle des Phrygiens et d'autres encore.

Personne ne peut dire comment s'opéra la fusion d'Astarté et d'Aphrodite : ce qui est certain, c'est que les deux peuples réunis dans l'île de Cypre parvinrent à se mettre d'accord sur un point où il est bien difficile aux hommes de s'entendre. Leurs divinités contractèrent une union si étroite qu'on ne les distingua plus l'une de l'autre. Quelles furent les conditions de cette alliance, par quelles transactions, par quels sacrifices mutuels fut-elle cimentée, voilà encore ce qu'il est bien difficile à l'érudition d'établir. Toutefois, il me semble qu'on peut affirmer que l'élément phénicien prevalut dans le fond, l'élément grec dans la forme. Les Grecs et, après eux, les Romains appelèrent la déesse de Cypre Aphrodite ou Vénus ; mais le symbole ne changea pas : ce fut toujours la pierre conique de Paphos, qui représentait le Phallus et qui exprimait la force génératrice, ou la déesse barbue d'Amathonte, qui réunissait les deux sexes et qui se suffisait à elle seule dans l'acte de la re-

---
(1) Le Père Lusignan, *Description de toute l'isle de Cypre*, p. 39.

production. Le sacerdoce resta entre les mains des Cinyrades, dont l'ancêtre Cinyras était Phénicien. Mais la mythologie grecque, ce grand instrument de la propagande des idées helléniques, qui altéra et absorba tant de religions étrangères par le charme et le prestige de l'imagination, étouffa l'Astarté phénicienne sous un monceau de fables et de légendes inventées pour Aphrodite, dont le nom finit par prévaloir. Cinyras lui-même devint, bon gré mal gré, un héros grec, tout en conservant son nom sémitique.

Il en fut de même d'Adonis : « Le nom comme le culte d'Adonis est essentiellement phénicien ou syrien dans son principe ; c'est un titre, une épithète d'honneur, donnée indifféremment aux diverses formes de Bel ou de Baal, le dieu multiple des Araméens et des Cananéens, aussi bien qu'à Jéhovah lui-même, le dieu simple et unique des Hébreux : *Adoni*, *Adonaï*, *mon Seigneur*, *notre Seigneur* (1). » Or, ce grand dieu, à qui l'on disait : *Adonaï, mon Seigneur*, et que les Phéniciens avaient déjà réduit à n'être plus que le soleil, comme l'indique bien clairement la nature de la fête qu'on célébrait en son honneur au printemps, les Grecs lui conservèrent son nom, et lui appliquèrent l'un de ces mythes frivoles et gracieux par lesquels ils tournaient presque en plaisanterie les idées les plus graves et les plus sérieuses des religions de l'Asie. On transporta dans l'île de Cypre le mythe d'Atis et de Cybèle. Adonis devint un bel adolescent, fils de Cinyras et de Myrrha, aimé de Vénus, qui abandonna le ciel pour s'attacher à lui :

Abstinet e cœlo; cœlo præfertur Adonis.

Ils passaient leur temps à la chasse ; Mars, jaloux d'Adonis, le fit déchirer par un sanglier furieux. Adonis succomba ; mais Vénus le disputa au trépas, et Adonis resta partagé entre la vie et la mort. Il passa la moitié de l'année, le printemps et l'été, auprès de Vénus, l'autre moitié, l'automne et l'hiver, dans les enfers, auprès de Proserpine. Aux Adonies, ou fêtes d'Adonis, on célébrait, par des cérémonies où se succédaient la joie et la douleur, cet anéantissement et cette résurrection périodique du Dieu dans lequel le vulgaire ne voyait plus que l'amant d'Aphrodite, et qui dans l'origine avait été le soleil. Aphrodite perdit aussi son antique caractère : on cessa de voir en elle la personnification des forces reproductrices de la nature, elle devint la déesse des amours ; et son culte consacra et divinisa la plus puissante et la plus funeste des passions humaines. L'Aphrodite Uranie, méconnue et délaissée, se retira au fond du sanctuaire, et l'Aphrodite Pandemos, l'amour déréglé et sensuel, attira à elle tous les hommages. De là les désordres des fêtes de Paphos, la prostitution des jeunes filles au rivage où la déesse sortit de la mer, et les débauches des hiérodules de Cypre, aussi célèbres que les prêtresses consacrées à Vénus dans le temple de Corinthe (1). On adorait aussi en Cypre Cérès, Bacchus, Jupiter et Junon, Minerve, Apollon et Diane, mais toutes ces divinités n'avaient qu'un culte local et particulier ; seule Aphrodite était adorée dans l'île entière.

ÉTAT POLITIQUE DE L'ÎLE DE CYPRE (2) ; GOUVERNEMENT. — L'île de Cypre a toujours été gouvernée par des rois. Les cités grecques étaient encore sous le régime monarchique quand elles envoyèrent des colonies dans cette île. Aussi la royauté, qui y dominait déjà avec les Phéniciens, y fut continuée par les Grecs, et s'y perpétua jusqu'à la soumission de l'île aux Ptolémées. Jamais Cypre ne fut réunie sous la domination d'un seul prince ; mais chaque cité faisait un petit royaume, qui avait pour chefs héréditaires les princes qui descendaient du héros fondateur de la colonie. Ainsi la famille régnante à Salamine prétendait descendre de Teucer fils de Télamon ; et, plus heureuses que les dy-

(1) Creuzer et Guigniaut, *Religions de l'Antiquité*, t. II, 3ᵉ part., p. 919.

(1) Il faut s'en tenir à ces généralités : je ne puis *esplucher* ce que disent les poètes et les historiens à ce sujet. Je renvoie aux savants ouvrages qui en traitent spécialement. Movers, *die Phœnizier*, t. I, Engel, *Kypros*, t. II, et les *Religions de l'Antiquité*, de MM. Creuzer et Guigniaut, t. II, 1ʳᵉ part., ch. VI, p. 210, et les éclaircissements.

(2) Engel, *Kypros*, I, 467.

nasties héroïques de la Grèce proprement dite, celles de l'île de Cypre conservèrent jusqu'à la fin, grâce peut-être au voisinage de l'Orient, le respect et l'obéissance des peuples. Au reste, on a vu dans les récits historiques qui précèdent à peu près tout ce que l'on peut savoir du gouvernement de ces princes : nous n'avons plus les ouvrages où les anciens décrivaient la constitution des villes cypriennes, tels que le grand ouvrage d'Aristote sur la politique, et le traité spécial de Théophraste qui avait pour titre Βασιλεία τῶν Κυπρίων, *la royauté des Cypriens*.

Autour de ces rois se groupait une aristocratie composée des familles issues des premiers colons ou des fondateurs de la cité. C'était peut-être originairement la première bourgeoisie de chaque ville, qui peu à peu devint la noblesse de la cour, à mesure qu'elle se réduisait par l'effet destructeur du temps, qui, en décimant le corps, donnait ainsi aux familles qui survivaient un plus grand éclat. Au reste, les renseignements que l'on trouve dans Athénée sont loin de donner une idée avantageuse de la noblesse cyprienne, dont il représente les chefs comme jouant le honteux et double rôle de flatteurs des rois et d'espions de leurs concitoyens. Je transcrirai tout ce curieux passage (1), qui n'est lui-même dans Athénée qu'une citation d'un ouvrage de Cléarque de Soli : « Tous les monarques de Cypre ont auprès d'eux des flatteurs d'une naissance distinguée, comme un accessoire fort important... Les flatteurs de Salamine sont partagés en deux familles, desquelles descendent ceux des autres parties de l'île de Cypre. On les appelle *gerginiens* et *promalangues* (γέργινοι, προμάλαγγες). Les gerginiens se mêlent dans la ville parmi les autres citoyens, soit dans les lieux de travail, soit dans les places publiques, écoutant tout ce qu'on dit, et faisant l'espionnage. Tous les jours ils rendent compte aux *anactes* (princes) de ce qu'ils entendent dire. Quant aux promalangues, ils examinent si ce que les gerginiens ont rapporté mérite quelque information; ce sont comme les inspecteurs de ces espions. Ils abordent

(1) Athén., *Deipnos.*, l. VI, p. 255, trad. de Lefebvre de Villebrune, t. II, p. 466.

tout le monde avec tant d'artifice, et d'un ton si persuasif, que je crois volontiers, comme ils le disent eux-mêmes, que tous les flatteurs les plus renommés sont sortis de leur pépinière. Les honneurs qu'ils reçoivent des rois les rendent extrêmement fiers de leur profession. » Ainsi cette noblesse dégradée sous l'absolutisme des rois cypriens formait le corps de la police, et n'en conservait pas moins son rang élevé dans l'État.

A Palæ-Paphos, qui était le sanctuaire principal du culte d'Aphrodite, le gouvernement était sacerdotal. Il appartenait à la famille ou tribu des Cinyrades, dont l'origine était sans contredit phénicienne, et qui devint grecque, comme la divinité qu'elle servait, après l'émigration des Hellènes. Les Cinyrades conservèrent la direction suprême des affaires politiques et religieuses. Le plus âgé de la famille en était le chef; les autres membres formaient son conseil. Comme chef religieux, il avait une juridiction sur l'île entière, où le culte d'Aphrodite était partout en grand honneur. A Amathonte une branche des Cinyrades avait la direction des choses religieuses; mais le pouvoir politique résidait entre les mains d'un roi. La grande prêtresse des temples de Déméter était placée sous l'autorité du collège sacerdotal des Cinyrades. Cet état de choses dura jusqu'aux Ptolémées, qui renversèrent les dynasties locales, par lesquelles l'île était gouvernée depuis tant de siècles, et qui les remplacèrent par des fonctionnaires nommés et révocables à la volonté du prince. Depuis cette époque Cypre resta toujours dans la dépendance; les Ptolémées la transmirent aux Romains, ceux-ci aux Grecs de Byzance, et, après trois siècles de liberté et de gloire sous les Lusignans, elle retrouva la servitude, plus dure, des Turcs, qu'elle subit encore.

Lois. — Nous n'avons que des renseignements bien incomplets sur la législation de l'île de Cypre. On doit à Dion Chrysostôme la connaissance des trois lois suivantes, observées dans ce pays (1):

(1) Dion. Chrys., *Discours* 64 : 1° Τὴν μοιχευθεῖσαν κειρομένην πορνεύεσθαι. 2° Τὸν αὐτὸν ἀποκτείναντα ἄταφον ῥίπτεσθαι. 3° Μὴ ἀποκτείναι βοῦν ἀροτῆρα.

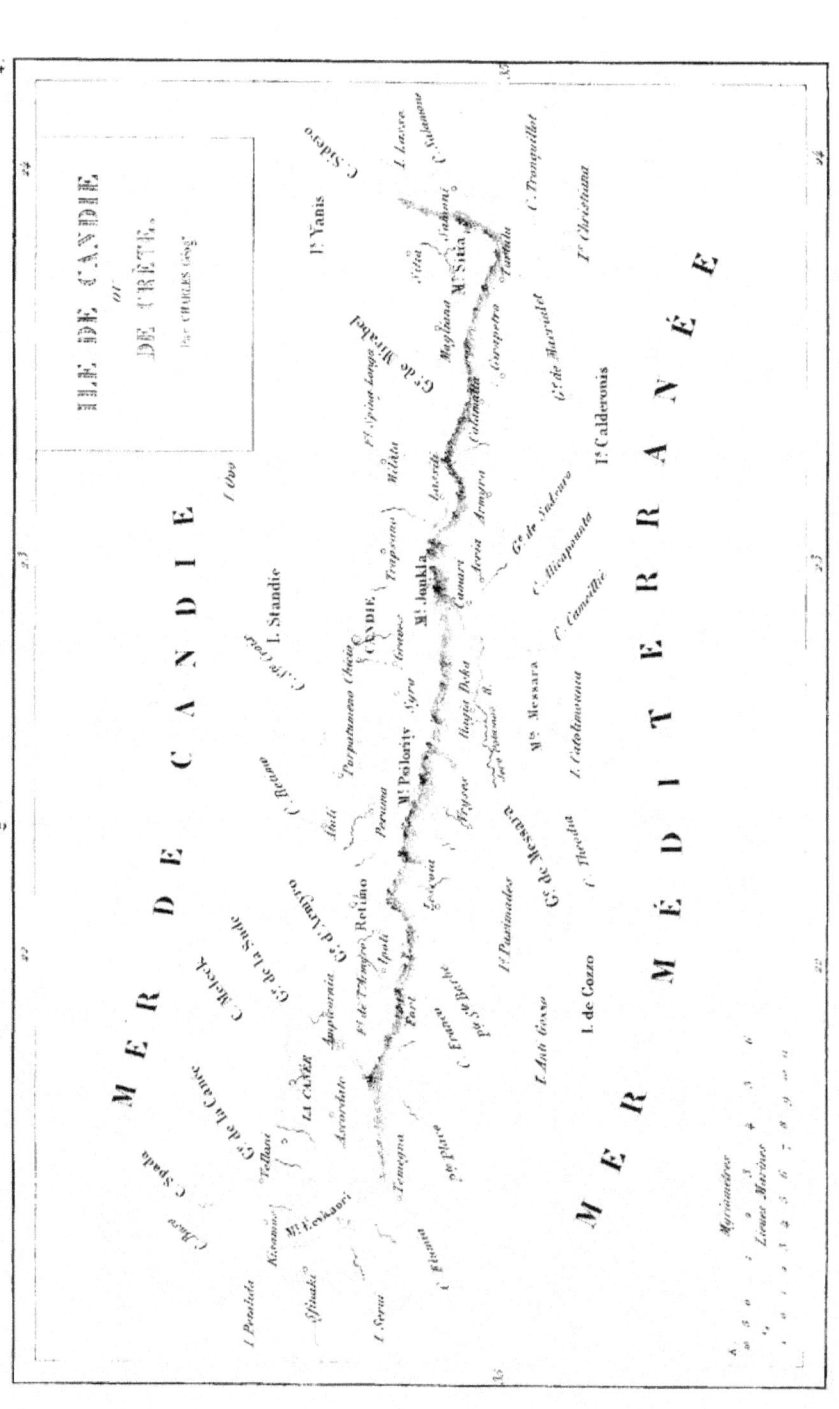

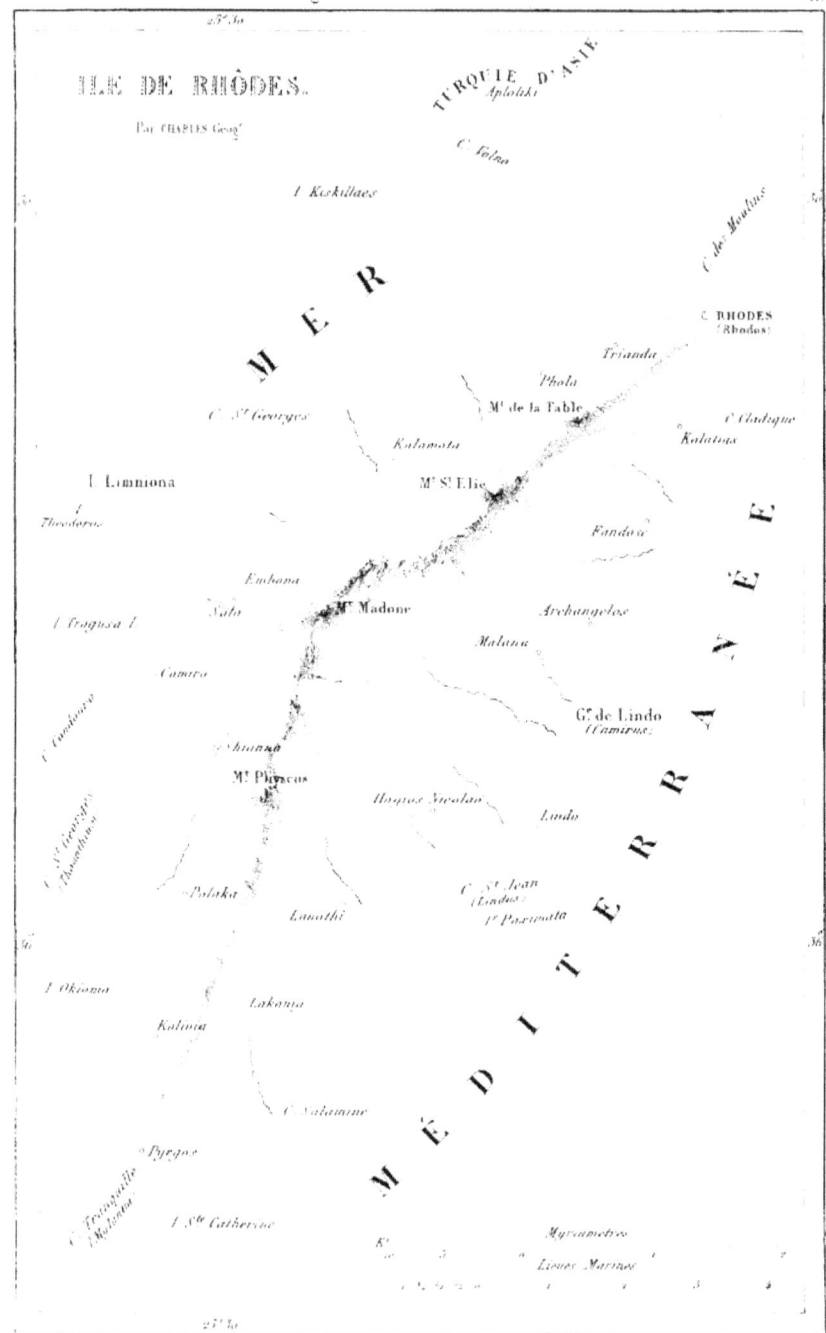

1° « La femme adultère aura les cheveux coupés, et sera rangée parmi les courtisanes. » Cette loi avait pour but d'assurer la sainteté du mariage ; mais les femmes n'y étaient guère préparées par leur éducation. La chasteté ne devenait un devoir pour elles qu'après le mariage, et toute jeune fille devait consommer le sacrifice de sa virginité en l'honneur d'Aphrodite. 2° « Celui qui s'est donné la mort sera privé de la sépulture. » Nulle part on ne trouve dans les législations grecques une condamnation aussi absolue du suicide. A Athènes on coupait la main de l'homme qui s'était donné la mort, et on l'enterrait au loin. Quant au corps, on l'ensevelissait le visage tourné vers l'occident. 3° « Il est défendu de tuer le bœuf qui sert au labourage. » L'infraction à cette dernière loi était punie de mort. Chez tous les peuples anciens la loi protégeait l'animal qui assiste l'homme dans ses travaux ; mais on ne trouve que chez les Cypriens et les Phrygiens une pénalité aussi rigoureuse pour la transgression de cette loi (1). La tradition rapportée par Dion Chrysostôme attribue l'établissement de ces trois lois à une femme de Cypre appelée Démonassa, qui paraît un personnage légendaire plutôt qu'historique. Ces lois reçurent leur sanction de l'application rigoureuse qui en fut faite aux enfants de Démonassa. Sa fille ayant commis l'adultère, elle fut rasée et inscrite parmi les courtisanes. De ses deux fils l'un tua un bœuf de labour, et fut mis à mort ; l'autre s'étant tué de sa propre main, son corps demeura sans sépulture. Cette sinistre tradition maintenait en vigueur l'exécution de ces lois.

Mœurs. — Les mœurs des Cypriens n'ont pas commencé par être molles et licencieuses. Les nations se forment et grandissent par le travail, la sobriété, la vertu. Le peuple cyprien eut d'abord toutes ces qualités, sans lesquelles il n'aurait pu atteindre la grande prospérité de la première période de son histoire. Alors les mœurs devaient être simples et sévères, la vie active et réglée, et la religion encore austère. Mais les richesses engendrèrent la corruption des mœurs, et celle-ci précipita les petits États de l'île de Cypre dans la décadence et la servitude. Or nous ne commençons à connaître l'état social de ce pays qu'après les temps primitifs, quand il est déjà engagé dans toutes les recherches et dans tous les excès de la civilisation la plus raffinée. La population de l'île de Cypre, enrichie par le commerce, l'industrie, l'agriculture, se livra sans retenue à toutes les jouissances dont elle pouvait si facilement s'entourer dans le délicieux pays qu'elle habitait. La mollesse et les plaisirs de la vie cyprienne étaient passés en proverbe chez les anciens. Le culte d'Aphrodite prit dans cette île, plus que partout ailleurs, le caractère d'un sensualisme effréné, et la jeunesse des deux sexes, élevée au milieu des fêtes licencieuses de cette religion dégradée, s'habituait de bonne heure, surtout dans les classes supérieures, à regarder le plaisir comme le souverain bien de la vie.

Athénée a emprunté aux ouvrages de Cléarque de Soli les plus curieux renseignements sur les mœurs efféminées des rois cypriens. Il y avait à la cour de ces princes des femmes appelées *colacides*, ou flatteuses ; elles étaient au service des dames de la famille royale. Elles étaient fort recherchées à l'étranger ; et Artabaze et Mentor en firent venir pour leur maison. Plus tard on changea leur nom en celui de *climacides*, et voici pourquoi : Voulant plaire à celles qui les prenaient à leur service, elles se courbaient en forme de marchepied ou de gradin, de manière que les dames montaient sur leur dos pour entrer dans leurs litières et en descendaient de même. Cléarque s'irrite contre cette invention abjecte et méprisable par laquelle ces viles complaisantes augmentaient encore la mollesse et la corruption des princesses qui les appelaient auprès d'elles. « Mais, ajoute-t-il, ces climacides, après avoir vécu dans l'opulence par ce raffinement, n'eurent plus qu'une vie dure et pénible dans leur vieillesse ; ainsi, celles qui leur succédèrent n'ayant plus obtenu le même crédit passèrent en Macédoine. La décence ne me permet pas de raconter ici à quel degré de libertinage elles y portèrent les princesses et les femmes du plus haut

---

(1) Cependant on trouve une loi analogue chez les Romains. Cf. Varr., *R. Rust.*, II, 5 ; Plin., *Hist. Nat.*, VIII, 70.

rang : je dirai seulement que faisant pratiquer sur elles, et pratiquant sur d'autres les sortiléges d'usage aux mystères de Diane Tauropole, elles offraient par leur honteuse conduite le spectacle de tous les vices les plus repoussants. » C'est encore à Cléarque que nous devons la peinture du luxe et de la mollesse d'un jeune roi de Paphos, dont il parle en ces termes : « Ce jeune homme portait la recherche jusqu'à coucher sur un lit à pieds d'argent, garni d'un tapis en petit point de Sardes, des plus riches. Au-dessus était étendu un dais de velours, recouvert d'une garniture en filet teinte dans la pourpre d'Amorgos. Il avait sous la tête trois oreillers de fin lin d'une riche couleur, et également garnis de filets. Ses pieds étaient étendus sur deux coussins de pourpre. Il reposait sur ce lit revêtu d'une robe blanche. » A quelque distance du lit se tenaient des esclaves, vêtus de courtes tuniques, et tout près de lui étaient ses flatteurs, gens de haute naissance parmi nous, dit Cléarque. Chacun d'eux s'était partagé le soin des différentes parties de sa personne. L'un s'était assis au pied du lit, et tenait sur ses genoux les pieds du jeune prince. L'autre, assis sur un siége placé près du lit, penché sur la main que le prince laissait pendre nonchalamment, la caressait, en prenait les doigts, les tirait les uns après les autres. Le troisième, qui était le plus distingué, se tenait debout à la tête, et s'appuyait familièrement sur les coussins qui la soutenaient. De la main gauche il rangeait la chevelure du jeune homme, et de la droite il le rafraîchissait en agitant doucement un éventail. Dans une comédie intitulée *le Soldat*, le poëte Antiphane raille ainsi la mollesse d'un roi de Paphos, qu'il représente éventé par des colombes (1) : « Dis-moi : Avez-vous été longtemps à Cypre? — Tant qu'il y a eu guerre. — Mais dis-moi en quel endroit. — A Paphos; il y règne une mollesse, une volupté si recherchée qu'elle est vraiment incroyable. — Quelle volupté donc ? — Quand le roi est à table, ce sont des colombes qui l'éventent, et personne autre ne s'aviserait de le faire. — Comment donc? dis-moi comment cela se fait. —

Le roi était oint d'un parfum qui vient de Syrie, et qu'on tire d'un fruit dont les pigeons mangent beaucoup. Venant au vol à l'odeur de ce parfum, ils osaient même se poser sur la tête du roi : les valets qui étaient à côté les chassaient ; ils s'élevaient un peu, mais sans s'écarter aucunement, ni d'un côté ni de l'autre, et c'est ainsi qu'ils l'éventaient, agitant doucement l'air, et sans faire sentir trop de vent. » Le voisinage de l'Orient avait contribué pour beaucoup à jeter les rois de Cypre dans toutes ces recherches du luxe asiatique, dont les rois phéniciens et les satrapes persans leur donnaient de tous côtés l'exemple. Or, dans ce genre d'imitation on s'élève bien vite à la hauteur de ses modèles. Il n'était pas difficile à des Grecs, d'un esprit plus subtil, plus actif que celui des Orientaux, de pousser plus loin que ceux-ci les raffinements du luxe, de la mollesse et de la débauche. C'est ce que firent les rois de Cypre, et plus tard les dynasties des Lagides et des Séleucides, dont les monstrueux désordres dépassèrent de beaucoup tout ce que nous savons sur l'intérieur de la cour des monarques persans.

ARTS ET MÉTIERS. — Les Cypriens avaient une grande renommée dans certaines branches d'industrie. Ils étaient fort habiles à travailler le cuivre et le fer, dont les mines étaient si abondantes dans leur pays. On recherchait surtout les armes de Cypre. Alexandre le Grand porta dans toutes ses campagnes en Asie une épée de Cypre, que lui avait donnée le roi de Citium, et qui, grâce à son excellente trempe, était d'une dureté et d'une légèreté incomparables. Pendant le siége de Rhodes, Démétrius Poliorcète fit venir de Cypre deux cuirasses d'airain, du poids de quarante livres. Zoïle, l'artiste qui les avait faites, voulant montrer leur force, demanda qu'il fût lancé contre l'une d'elles, à la distance de vingt-six pas, un trait de batterie : l'épreuve fut faite, et ne laissa sur le fer aucune trace sensible ; on n'y vit qu'une rayure presque imperceptible, comme aurait pu faire un stylet (1). Démétrius prit pour lui cette cuirasse, et donna l'autre à Alcimus d'Épire, l'homme le plus fort et le plus belliqueux qui fût dans son armée.

(1) Athen., VI. 25.

(1) Plut., *Demetr.*, 21.

Comme les Phéniciens, dont ils étaient en partie descendus, les Cypriens étaient d'excellents constructeurs de navires. Il y avait de grands chantiers à Salamine et à Citium : on fabriquait aussi dans l'île les voiles, les cordages, tout ce qui sert au gréement des vaisseaux. Les tissus de Cypre étaient fort recherchés, et ses différents produits dans ce genre d'industrie, étoffes, toiles, broderies, tapisseries, ont été constamment célébrés chez les anciens, depuis Homère jusqu'aux auteurs de l'*Histoire Auguste*.

Les Cypriens s'adonnèrent moins à la culture des arts libéraux qu'à celle des arts utiles. Cependant ceux-là même n'y furent pas entièrement négligés. De tous les artistes de ce pays on n'a conservé que le nom de Stypax, statuaire qui florissait vers l'an 444, au siècle de Périclès. Quoique neutralisé par d'autres influences, le génie grec ne s'effaça pas entièrement dans l'île de Cypre. Les représentations, grossièrement symboliques, de la religion orientale furent transformés en objets d'arts à mesure que la religion hellénique effaçait le vieux culte phénicien. De rares témoignages épars dans les auteurs anciens et la découverte de quelques idoles dans les ruines des antiques villes de Cypre attestent que l'art ne périssait jamais entièrement là où l'on avait une divinité grecque à adorer. On peut voir au cabinet des médailles de la Bibliothèque Nationale la collection que M. de Mas-Latrie a rapportée tout récemment de l'île de Chypre, et qui se compose d'un certain nombre de statuettes en pierre et de fragments en terre cuite trouvés à Citium, Salamine et Dalia, l'ancienne Idalie. On avait poussé très-loin en Cypre l'art de travailler les pierreries, et surtout les émeraudes, qu'on trouvait en grand nombre dans les mines de cuivre (1). Pline raconte que dans l'île de Cypre sur le tombeau d'un roi nommé Hermias, était un lion de marbre avec des yeux en émeraudes. Ce tombeau était au bord de la mer, près des pêcheries. L'éclat des émeraudes pénétrait si avant dans la mer, que les thons, épouvantés, s'enfuyaient, et les pêcheurs ne les ramenèrent qu'en changeant les yeux du lion. Il y mentionne aussi parmi les célèbres émeraudes gravées celle qui représentait Amymone, et qui fut mise en vente dans l'île de Cypre au prix de six deniers d'or. Le joueur de flûte Isménias ordonna qu'on la lui achetât. Mais le marchand, ayant diminué le prix, lui renvoya deux deniers. « Voilà, dit Isménias, un marchand bien maladroit, et qui a beaucoup fait perdre au mérite de cette pierre! » On trouve dans l'île de Cypre de beaux restes d'architecture grecque et des fragments de pavés de mosaïque d'un riche travail.

COMMERCE. — Dès les temps les plus anciens Cypre était un puissant État maritime et commercial. Au milieu de ses préparatifs d'expédition dans les Indes, Sémiramis fit venir de Cypre des constructeurs de navires, auxquels elle donna l'ordre de construire des bateaux propres à naviguer sur les fleuves et qui pussent se démonter (1). Outre les ouvriers, l'île possédait aussi des matériaux. Les cèdres de ses montagnes remplaçaient avantageusement les sapins des autres contrées (2). C'est à Cypre que l'on construisait les légers bâtiments appelés κέρκουροι, *cercures*. Cette île possédait trente villes maritimes toutes pourvues de ports, dont quelques-uns étaient excellents. Le commerce de Cypre embrassait les côtes de Syrie, d'Asie Mineure, l'Égypte après la fondation du marché de Naucrate, l'Afrique orientale après celle de Cyrène, les colonies grecques du Pont-Euxin et les contrées de l'Occident. Sous les Ptolémées sa prospérité commerciale ne fit que s'accroître, et elle se soutint à la même hauteur jusqu'à la décadence de l'empire romain. Cypre exportait dans tout le monde ancien ses cuivres, ses bois de construction, ses grains, ses vins, ses huiles, ses laines, ses lins, ses chanvres, ses fruits et ses pierres précieuses.

POIDS, MESURES, MONNAIES — Les renseignements que nous trouvons dans Hésychius et le grand Étymologue sur le système métrique des Cypriens se réduisent à bien peu de chose. Ce sont des noms sans évaluation positive. Ils avaient le cypre, l'hémicypre, le modius, le chénix, le xestes, le migar, la mnase pour

(1) Pline, *Hist. Nat.*, XXXVII, 3, 17.

(1) Diod. Sicul., II, 16.
(2) Pline, *Hist. Nat.*, XVI, 76; VII, 57.

la mesure des liquides et le poids, le palaiste et le calamus comme mesure de longueur (1). Leurs monnaies sont mieux connues. Depuis le temps d'Évagoras les rois de Cypre eurent le droit de battre monnaie ; on ne connaît pas de médailles antérieures à ce prince. Sous les Ptolémées les Cypriens perdirent ce droit, les Romains le leur rendirent. Ainsi l'on distingue deux époques dans la collection des monnaies de l'île de Cypre. La première s'étend d'Évagoras aux Ptolémées, de 384 à 300, et comprend le quatrième siècle avant l'ère chrétienne. La seconde va d'Auguste à Macrin, et comprend les deux premiers siècles après Jésus-Christ. L'empreinte ordinaire des médailles de Cypre avant le temps des empereurs est l'image d'Aphrodite ou celle de son temple. Sur les pièces de Salamine on voit souvent figurer Jupiter, ou l'aigle et le lion, symboles de ce dieu. D'autres monnaies représentent aussi d'autres divinités, telles que Diane, Minerve, Apollon, mais toujours en rapport avec Aphrodite, qui figure partout comme déesse principale du pays. Sur une médaille de Salamine, sans nom de roi, mais de la première époque, on voit un taureau et une proue de navire ; sur une autre, également sans nom de roi, se trouve un bélier et la moitié d'un poisson ou d'une corne de bœuf. Les monnaies de l'époque impériale sont presque toutes en cuivre. On n'en trouve en argent que sous Vespasien, Titus et Domitien. Elles portent sur la face l'image de l'empereur, et sur le revers le temple de Paphos ou Jupiter de Salamine. On trouve dans Mionnet l'indication de soixante pièces connues depuis Auguste jusqu'à Macrin.

CALENDRIER. — D'après un ancien document qui a pour titre Ἡμερολόγιον μηνῶν διαφόρων πόλεων, *calendrier des mois des différentes cités*, Ideler, dans son *Manuel de Chronologie*, a dressé le tableau suivant des noms, du commencement et de la durée des mois usités par les Cypriens sous la domination romaine :

Noms des mois.		Commencement.	Durée.
Ἀφροδίσιος,	*Aphrodisius*,	23 septembre,	31 jours.
Ἀπογονικός,	*Apogonicus*,	24 octobre,	30 »
Αἴνικος,	*Ainicus*,	23 novembre,	31 »
Ἰούλιος,	*Julius*,	24 décembre,	31 »
Καισάριος,	*Cæsarius*,	24 janvier,	28 »
Σεβαστός,	*Sebastus*,	21 février,	30 »
Αὐτοκρατορικός,	*Autocratoricus*,	23 mars,	31 »
Δημαρχεξούσιος,	*Demarchexusius*,	23 avril,	31 »
Πληθύπατος,	*Plethypatus*,	24 mai,	30 »
Ἀρχιερεύς,	*Archiereus*,	23 juin,	31 »
Ἑστιεύς,	*Hestieus*,	24 juillet,	30 »
Ῥωμαῖος,	*Romanus*,	23 août,	31 »

Je renvoie à Engel le lecteur curieux de connaître les principaux commentaires donnés par les érudits sur ces différents noms (2).

LANGUE. — De toutes les îles de la Méditerranée orientale l'île de Cypre est celle dont la population se compose des éléments les plus divers. Les anciennes émigrations phéniciennes avaient d'abord donné à ce pays un caractère oriental, et en avaient fait une annexe de la Syrie. Peu à peu les colonies grecques se superposèrent en couches successives sur l'ancien fond asiatique, et finirent par prévaloir : l'île devint grecque, et l'on y parla la langue des Hellènes. L'histoire ne peut pas rendre compte de cette transformation, mais elle la constate, et dans l'antiquité comme de nos jours Chypre est incontestablement une des contrées dont la race grecque a composé son domaine si dispersé. Cependant les peuples de différente origine qui se sont rencontrés dans cette île ne s'y sont jamais entièrement confondus. Ils se sont mélangés, ils ont combiné leurs langues, sans les effacer entièrement pour en former un seul et commun idiome. « Les langues grecque et turque, dit Mariti (1),

(1) Engel, *Kypros*, I, p. 521.
(2) Ibid., p. 545.

(1) *Voyage en Chypre*, etc., I, 8.

y sont également dominantes, et de ce mélange est résulté la corruption des deux idiomes. La langue grecque a néanmoins conservé dans les termes la pureté de l'ancien dialecte ; mais la prononciation en est également altérée, et cela depuis l'arrivée des Vénitiens dans l'île. Les commerçants parlent communément la langue italienne, et très-peu le français. » Martin Crusius, le restaurateur des études grecques en Allemagne, disait que de son temps, c'est-à-dire au seizième siècle, on parlait dans l'île de Chypre le grec, l'italien, l'arménien, le chaldaïque et l'albanais. De toutes ces langues la grecque est celle des indigènes, ce qui prouve suffisamment que la race grecque est devenue prépondérante dans ce pays. Dans l'antiquité l'usage du phénicien s'était conservé chez les habitants du sud de l'île (1) : partout ailleurs le grec dominait ; mais il s'était grandement altéré au contact des idiomes étrangers, et par cette facilité qu'ont les peuples commerçants, plus empressés de s'entendre que curieux de beau langage, d'échanger entre eux les termes de leurs différentes langues maternelles. Aussi le dialecte cyprien était-il, de tous les dialectes locaux de la langue grecque, le plus défiguré par les importations étrangères. Il offrait au fond beaucoup d'affinités avec le dialecte éolien, mais il était rempli de locutions particulières, de mots phéniciens, d'idiotismes orientaux, et il passait au goût des Grecs purs pour un détestable langage. Ceux de Soli avaient surtout la réputation de parler le plus mal ; de là l'expression de σολοικίζειν, d'où nous avons tiré le mot solécisme (2).

HISTOIRE LITTÉRAIRE. — Dans les premiers siècles les Grecs de l'île de Cypre résistèrent aux influences qui altérèrent plus tard leur langue et leur goût. Ils ne restèrent pas étrangers à ce grand mouvement poétique qui succéda en Grèce à l'âge héroïque, et au milieu duquel parurent Homère et les Cycliques. Il y a plus : Pausanias (1) recule l'origine de la poésie cyprienne jusqu'aux temps mythiques, en plaçant parmi les Aèdes inspirés un certain Euclus, de Cypre, dont il fait un contemporain de Musée, Lycus et Bacis. Cet Euclus, chantre et oracle des premiers âges, aurait prédit la naissance d'Homère, et Pausanias rapporte la prophétie à l'appui de son assertion. Or, cet Euclus n'est probablement qu'un personnage imaginaire, qui figure comme oracle dans les traditions cypriennes relatives à Homère. Les Cypriens aspirèrent aussi à l'honneur d'être les compatriotes de ce grand poëte, dont les chants étaient répétés de tous et dont la vie n'était connue de personne. Alors on fabriqua des légendes : l'une d'elles racontait qu'Homère était né en Cypre, et que sa mère s'appelait Thémisto, et cette naissance était d'autant plus certaine qu'elle avait été prédite par Euclus. Une épigramme d'Alcée nomme son père : c'était le Cyprien Dmésagoras. Une autre tradition rapporte qu'Homère épousa une femme de Cypre nommée Arésiphone, et qu'il en eut deux filles et un fils, qui fut le poëte Stasinus, l'auteur présumé des poëmes cypriens. Les deux filles d'Homère sont l'*Iliade* et l'*Odyssée*, et toute la tradition une allégorie imaginée pour faire valoir les poëmes cypriens en rattachant son auteur à la famille d'Homère.

Tout ce qui a rapport à l'origine des poëmes cypriens est extrêmement incertain et obscur. On les attribue tantôt à Homère, tantôt à Stasinus, tantôt à Hégésias de Salamine, ou même à un poëte inconnu, d'Halicarnasse. Il y a longtemps qu'Hérodote (2) a fait justice de la tradition qui fait d'Homère l'auteur des *Cypriaques*; mais tout ce qu'il peut dire, c'est qu'ils sont de quelque autre poëte. Or, ce n'est là qu'une négation. Cependant, malgré toutes les discussions que la critique a entassées sur cette question, ce qu'il y a de mieux à faire, c'est d'imiter la réserve d'Hérodote (3).

---

(1) Le souvenir de l'origine phénicienne des habitants de Citium était encore bien vif au temps de Cicéron, qui s'exprimait ainsi à propos de Zénon : Postea tuus ille Pœnulus (scis enim Citieos, clientes tuos, e Phœnicia profectos) etc... *de Finib.*, IV, 20.

(2) Voir dans Engel, t. I, p. 557 à 593, une très-curieuse et complète étude sur les particularités du dialecte cyprien.

(1) Pausan., X, 12, 11-21, 3.
(2) Hérod., II, 117.
(3) Voir la longue et savante dissertation d'Engel, *Kypros*, t. I, p. 603. On trouve l'a-

Quant au poëme lui-même, dont le titre vient ou de l'île de Cypre, où il a pu être composé, ou de l'importance qui y est donnée à Aphrodite, la grande divinité cyprienne, ce n'est autre chose qu'un long prologue de l'*Iliade*. « Il embrassait tous les événements principaux qui avaient précédé la querelle d'Achille et d'Agamemnon. Le poëte expliquait en detail les causes de la guerre de Troie, et remontait jusqu'à la naissance d'Hélène. L'épouse de Ménélas n'était point, selon lui, la fille de Jupiter et de Léda. Jupiter l'avait eue de Némésis, et Léda l'avait élevée avec les Dioscures. La guerre de Troie apparaissait à Stasinus (ou tout autre poëte) sous de sombres couleurs : ce qui le frappe, ce ne sont point les exploits des héros ni la gloire dont ils se couvrent, c'est l'extermination à laquelle les a voués Jupiter. « Il fut un temps, dit-il, où d'innombrables races d'hommes se répandaient sur toute l'étendue de la terre au vaste sein.... Jupiter, qui les vit, eut pitié de la terre, qui nourrit tous les hommes, et, dans sa sagesse, il résolut de la soulager. Il alluma la grande querelle de la guerre d'Ilion, afin de faire disparaître par la mort le fardeau pesant ; et les héros étaient tués dans les plaines de Troie et le dessein de Jupiter s'accomplissait. » Ce passage des chants cypriens suffirait à lui seul pour me convaincre que le poëme n'était pas d'Homère (1). »

Après l'époque homérique la poésie grecque languit, meurt dans l'île de Cypre, comme une fleur transplantée loin de sa terre natale. Il faut franchir plusieurs siècles pour retrouver des poëtes cypriens. Mais alors la veine du génie grec est épuisée, et les œuvres poétiques de cette époque ne sont en général que le produit artificiel de l'imitation des anciens et de l'érudition alexandrine. Néanmoins cette résurrection de la poésie dans l'île de Cypre indiquait un retour à la culture des lettres ; et ce fut là un des principaux résultats de la conquête d'Alexandre de rendre à la vie intellectuelle des peuples qui s'abrutissaient sous le despotisme des monarques persans. Les Cypriens avaient en Grèce la réputation d'être ignorants et lourds (1). Le goût des lettres se ranima chez eux, et leur esprit sortit de sa torpeur. Alors Cypre produisit quelques poëtes, qui ne furent pas sans renom dans leur temps : Cléon de Curium, qui chanta les Argonautes, et auquel Apollonius de Rhodes fit de nombreux emprunts ; Hermias de Curium, poëte lyrique, dont Athénée nous a conservé quelques iambes ; le poëte comique Sopatros, de Paphos, connu également par des citations d'Athénée (2) ; le fabuliste Théon, qui était aussi rhéteur. L'enseignement de la rhétorique avait été introduit en Cypre par Polycrate, qui vint en cette île au temps d'Évagoras. Polycrate, disciple d'Isocrate, était un de ces rhéteurs que Platon appelle λογοδαίδαλοι, ingénieux artisans de mots ; il faisait des panégyriques de Busiris et de Clytemnestre et des invectives contre Socrate. Peu lui importait le sujet, pourvu qu'il eût un paradoxe à soutenir et l'occasion de faire briller son esprit. Il ouvrit une école à Salamine, et il y enseigna son art frivole avec beaucoup de succès. On imagine tous les fruits que la jeunesse cyprienne dut retirer d'un pareil enseignement.

Le riche fonds de traditions religieuses d'où l'on avait tiré les poëmes cypriens produisit une série assez nombreuse d'écrivains qu'on peut appeler les mythographes et les légendaires. Tels sont Alexandre de Paphos, Archélaüs, Hégésandre de Salamine, Hermesianax, Isigonus, Nicanor, et Pœon d'Amathonte, auteurs obscurs qui avaient commenté les légendes mythologiques, et qui ne sont guère connus que par les citations des scoliastes.

L'île de Cypre avait donné le jour à plusieurs historiens, savoir : Aristus de Salamine, qui écrivit une histoire de la Macédoine ; Démocharès de Soli ; Démétrius de Salamine ; Cléarque de Soli, disciple d'Aristote, auteur du livre intitulé *Gergithius*, du nom d'un courtisan d'Alexandre le Grand : Athénée en a

---

nalyse et des fragments de ce poëme dans Photius. *Cod.* 239, p. 319, Bekker.
(1) A. Pierron, *Hist. de la Littérature grecque*, p. 109.

(1) On disait Βοῦς κύπριος, comme Βοιωτία ὗς ; λαπάθιον, id est τὸ ἠλίθιον. Engel, *Kypros*, I, p. 507.
(2) Cf. Engel, *Kypros*, I. 685.

donné de nombreux extraits ; Onasimus, qui vécut au temps de Constantin le Grand, et Georges le Syncelle, qui est du huitième siècle. Parmi les philosophes de l'île de Cypre le plus célèbre est Zénon, de Citium. Il naquit en 362 avant J.-C. Il était marchand, comme son père Mnaséas. Les affaires de son commerce l'amenaient souvent à Athènes. Il y connut Cratès le Cynique. Il s'attacha à lui, quitta tout pour le suivre, et fonda la célèbre école du portique, ou le stoïcisme. Ainsi, par un singulier contraste, c'était de l'île de Cypre, du pays où la religion et les mœurs étaient le plus dissolues, que sortait le philosophe le plus austère de l'antiquité, le plus ennemi de la volupté, le plus ferme et le plus désintéressé défenseur de la vertu. La philosophie de Zénon eut peu de succès dans l'île de Cypre. Dioscorides, Eudémus, Démonax, Philolaüs, philosophes cypriens, appartinrent tous à d'autres écoles. Cypre méritait plutôt d'être la patrie d'Aristippe et la terre natale de l'hédonisme.

IV.

HISTOIRE DE L'ÎLE DE CHYPRE PENDANT LE MOYEN AGE ET LES TEMPS MODERNES.

L'ÎLE DE CHYPRE SOUS LA DOMINATION DES EMPEREURS BYZANTINS (1). — L'empire romain, trop affaibli pour soutenir le poids de sa grandeur, avait été divisé en plusieurs gouvernements par Dioclétien et Constantin le Grand. Après Théodose, à la fin du quatrième siècle de l'ère chrétienne (395), la scission fut définitive; l'empire d'Orient et l'empire d'Occident furent à jamais séparés. L'île de Chypre devint nécessairement une province de l'empire d'Orient, et fut gouvernée par des ducs (2). A cette époque l'île de Chypre avait renoncé au culte d'Aphrodite, et avait embrassé la religion chrétienne. Longtemps les juifs, qui étaient si nombreux dans l'île, s'étaient opposés à la propagation de l'Évangile. Sous le règne de Trajan ils se révoltèrent. Méprisés des Grecs, auxquels ils avaient voué une haine implacable, les juifs de Chypre massacrèrent, dit-on, deux cent quarante mille personnes dans cette île, d'où ils furent ensuite bannis pour toujours. Leur éloignement fut favorable au christianisme, qui renversa l'autel de Paphos et prit possession de l'île entière. Treize évêchés furent fondés dans les villes de Salamine, Carpasie, Citium, Nicosie, Chytres, Lapathos, Soles, Trimethus, Tamasos, Amathonte, Curium, Paphos, et Arsinoé. Le siége métropolitain fut établi à Salamine, dont l'évêque relevait du patriarche d'Antioche. Les pères du concile de Nicée maintinrent cette organisation hiérarchique, qui dura jusqu'au règne de l'empereur Zénon (1) (474). Un décret de ce prince retira au patriarche d'Antioche sa suprématie sur l'Église de Chypre, qui eut dès lors une existence indépendante. L'empereur Justinien accorda les plus grandes immunités au clergé de cette île, sur la recommandation de sa femme Théodora, qui était originaire de Chypre.

Jusqu'au septième siècle les habitants de l'île de Chypre vécurent paisiblement sous la domination byzantine, sans avoir rien ressenti, grâce à leur position maritime, des invasions qui avaient désolé les autres provinces de l'empire. Mais l'apparition des Arabes, devenus conquérants à la voix de Mahomet, troubla cette heureuse existence. Sous le règne du calife Othman (644-656), après que les Arabes eurent enlevé à l'empire grec la Syrie et l'Égypte, ils jetèrent les yeux sur l'île de Chypre, dont la conquête était le complément indispensable de celles qu'ils avaient déjà faites. Moaviah, fils d'Abou-Sophian et gouverneur de Syrie, équipa dans les ports de sa province une flotte de sept cents voiles, et débarqua dans l'île, dont il s'empara. Salamine fut détruite de fond en comble, et l'archevêque transporta son siége à Ammochostos, ville voisine, connue dans le moyen âge sous le nom de Famagouste.

Cependant cette conquête de Chypre par les Arabes n'était pas définitive; les empereurs grecs s'y rétablirent peu de temps après. Mais leur domination, que

---

(1) Engel, *Kypros*, t. I, p. 721 ; Dapper, *Descr. de l'Archipel*, p. 75.

(2) On lit dans Meletius : Μετέπειτα ὑπὸ τῶν αὐτοκρατόρων τῆς Κωνσταντινουπόλεως διὰ Δουκῶν (ἐκυριεύθη).

(1) Voy. Lequien, *Oriens Christianus*, t. II, p. 1038.

rien n'avait inquiétée pendant tant de siècles, était devenue précaire, et ils eurent de la peine à la raffermir. En 705 l'empereur Justinien II ayant fait un traité avec le calife Abdel-Melek fut obligé de lui abandonner la moitié des terres et des revenus de l'île de Chypre. Six ans après, voulant annuler les avantages que le calife retirait de ce traité, Justinien donna l'ordre insensé à tous les habitants de l'île de Chypre d'émigrer en Asie Mineure. Il fallut obéir : la population s'embarqua presque tout entière ; mais un grand nombre ayant péri par des naufrages et des privations de tout genre, le reste s'abstint de partir ou retourna dans l'île.

Tant que dura la puissance du califat arabe, l'île de Chypre fut exposée à de continuelles agressions de la part des vicaires du prophète. Dans cette lutte soutenue par l'empire grec contre l'islamisme, nous signalerons surtout deux grandes tentatives dont la population chypriote eut le plus à souffrir. La première eut lieu l'an 744, sous le règne du calife Yezid. Les Arabes occupèrent l'île pendant la deuxième année du règne de Constantin Copronyme. Un grand nombre d'insulaires furent arrachés à leur patrie, et déportés dans l'intérieur de la Syrie. Les empereurs byzantins ayant recouvré la possession de Chypre, le calife Haroun-Al-Raschid ordonna une nouvelle expédition contre cette île, sous le règne de l'empereur Nicéphore Logothète. Les Arabes répandirent de tous côtés la désolation, pillant les villes, démolissant les églises, et ils emmenèrent un grand nombre d'esclaves (1). Nicéphore fut obligé de demander la paix et de payer un tribut au calife, qui resta maître de l'île de Chypre. Basile le Macédonien, devenu empereur en 867, entreprit de la reconquérir. Alexius fut chargé de cette expédition, qui réussit, et Chypre redevint une province du Bas-Empire. Elle en fut encore détachée sept ans après par les Arabes. Au milieu du dixième siècle l'empire grec, humilié par les Arabes, retrouva quelque force sous les règnes glorieux de Nicéphore Phocas et de Jean Zimiscès, qui entreprirent de reconquérir toutes les anciennes provinces d'Asie (963-976). Pendant que Nicéphore prenait en personne les places fortes de la Cilicie et attaquait Antioche, il envoyait en Chypre son général Nicéphore Phalcuzzès, qui en chassa les Arabes, et réunit de nouveau cette île à l'empire byzantin.

En présence d'un ennemi aussi opiniâtre, les difficultés de la défense étaient encore augmentées par l'éloignement de l'île et le relâchement toujours croissant des liens qui la rattachaient au gouvernement impérial. La position insulaire de Chypre, son isolement à l'extrémité de la Méditerranée, les immenses ressources dont elle disposait, et qui lui permettaient de se suffire à elle même, inspiraient souvent aux gouverneurs des pensées ambitieuses et un sentiment d'orgueil qui les poussaient toujours à désobéir ou à se rendre indépendants. Ils agissaient en souverains dans leurs provinces, comme dans la décadence de l'empire persan les satrapes du grand roi. Cette tendance à l'insurrection devenait de plus en plus forte à mesure que le pouvoir central s'affaiblissait, et elle était sans cesse encouragée par les promesses et les suggestions des Musulmans de la Syrie et de l'Égypte, qui intriguaient sans cesse, quand ils n'attaquaient pas à main armée. Ce furent des rébellions, réprimées d'abord et ensuite couronnées de succès, qui finirent par détacher pour toujours l'île de Chypre de l'empire grec et par là faire passer sous la domination des Latins. Après la mort de Constantin VIII (1028), qui ne laissait que des filles, le gouvernement impérial tomba plus bas que jamais. Pendant que Zoé et Théodora disposaient de l'empire au gré de leurs caprices et de leurs passions, le duc de Chypre Théophile Éroticus, méprisant ce gouvernement de femmes, se déclara indépendant (1034). Mais bientôt Constantin IX Monomaque, élevé au trône par Zoé, le fit rentrer dans le devoir. En 1057 Isaac Comnène, soutenu par l'armée, substitua sa dynastie à celle des empereurs macédoniens, dont l'avilissement avait dégoûté même les Grecs du Bas-Empire. La situation de l'île de Chypre ne changea pas, et Alexis Comnène, monté sur le trône l'an 1080, eut à réprimer dans cette île un nouveau soulè-

(1) *Voy.* Elmacin, *Historia Saracenica*.

vement, excité par le duc Rhapsomatos.

Enfin dans la seconde moitié du douzième siècle une révolte plus heureuse rendit Chypre à elle-même, et en consomma la séparation définitive d'avec l'empire grec. Sous le règne de l'empereur Manuel Ier, l'an 1154, l'île de Chypre avait été affreusement ravagée par Renaud de Castille, prince d'Antioche (1). Renaud avait fourni des secours à Manuel Comnène contre les Arméniens de la Caramanie, et n'en ayant pas reçu la récompense promise, il s'en était dédommagé par le pillage des villes et des campagnes de Chypre, qui n'avaient jamais été plus maltraitées par les Sarrazins qu'elles ne le furent par les soldats chrétiens du prince d'Antioche. Tant était grande, même en face de l'ennemi et au milieu de dangers communs, la haine réciproque des Latins et des Grecs ! Après avoir tout dévasté, Renaud d'Antioche s'était retiré de l'île, n'ayant voulu que ravager, et non pas conquérir. L'île de Chypre commençait à peine à réparer ce désastre, qui avait laissé dans le pays de profonds ressentiments et un grand dégoût de la domination byzantine, qu'elle fut de nouveau poussée à la révolte par l'ambition d'un prince de la famille régnante, Isaac Comnène, neveu du côté maternel de l'empereur Manuel Ier. L'empereur Andronic régnait alors (1183). Isaac avait servi dans la guerre contre les Arméniens ; fait prisonnier dans un combat, il avait été délivré par Andronic. Dévoré d'ambition, impatient de n'obéir à personne et de commander, Isaac, connaissant les dispositions des Chypriotes, leva des troupes et passa dans l'île, où il annonça tout haut que l'empereur venait de lui en confier le gouvernement. Devenu facilement maître de toute l'île au moyen de cette ruse, il se fit proclamer empereur de Chypre en 1184, et il épousa la sœur de Guillaume II, roi de Sicile, de la dynastie normande, dont les princes faisaient, du côté de l'Occident, une guerre cruelle aux empereurs de Constantinople. Les insulaires de Chypre avaient favorisé une tentative qui leur rendait leur indépendance, dans l'espérance de se soustraire au gouvernement tyrannique de l'odieux Andronic. Mais ils n'y gagnèrent rien : ils furent punis de leur révolte par cette révolte même, qui leur donna un maître plus rude et plus fâcheux que celui auquel ils devaient obéissance. Cruel par caractère, Isaac le devint encore plus par nécessité. Sa position était périlleuse : au dehors les tentatives d'Andronic, au dedans les soulèvements et les complots de ceux des Chypriotes qui étaient restés fidèles à l'autorité impériale le rendirent furieux : il ne sut régner que par la terreur. Toutefois, les empereurs de Constantinople ne purent le renverser. Isaac l'Ange, devenu maître de l'empire par le meurtre d'Andronic, envoya Jean Contostephanos et Alexis Comnène avec une flotte de soixante-dix navires contre l'usurpateur de Chypre. L'armée impériale fut vaincue près d'Amathonte, et Isaac Comnène resta souverain indépendant de l'île de Chypre.

CONQUÊTE DE L'ÎLE DE CHYPRE PAR RICHARD CŒUR DE LION (1). — Déjà depuis près de cent ans les chrétiens d'Occident combattaient héroïquement pour la délivrance du saint sépulcre, et la première croisade avait fondé, à la fin du onzième siècle, sur la côte de l'Asie située à l'orient de l'île de Chypre le royaume chrétien de Palestine. Une seconde croisade était venue au milieu du douzième siècle pour secourir ce royaume, toujours si menacé, et que les Grecs ne voulaient pas défendre. Enfin en 1189 les rois de France et d'Angleterre, Philippe-Auguste et Richard Cœur de Lion, l'empereur d'Allemagne, Frédéric Barberousse, partirent pour la troisième croisade, que la détresse du royaume de Jérusalem avait rendue indispensable. Arrivée en vue de l'île de Chypre, la flotte anglaise fut assaillie par une violente tempête, plusieurs vaisseaux se brisèrent sur la côte. Les malheureux échappés au naufrage furent maltraités par les habitants et jetés dans les fers. Un navire qui portait Bérengère de Navarre et Jeanne, reine de Sicile, s'étant présenté devant Limisso ne put obtenir l'entrée du port. Peu de temps après, Richard arrive avec sa flotte, qu'il avait réunie ; au lieu de cette réception hospitalière que les pèlerins et les croisés étaient habitués à

(1) Guill. de Tyr, XVIII, 10.

(1) Engel, *Kypros*, I. 725 ; Michaud, *Hist. des Croisades*, livre VIII.

recevoir dans l'île de Chypre, Richard éprouva aussi un refus outrageant. Irrité de tant d'insolence, le roi anglais força l'entrée du port de Limisso, s'empara de cette place, malgré une vive résistance, et, à la tête de ses chevaliers, tailla en pièces dans la plaine d'Amathonte l'armée de l'empereur Isaac. Les villes de Chypre ouvrirent leurs portes au vainqueur, et lui jurèrent avec empressement le serment de fidélité (1191). Isaac Comnène demanda la paix, et en présence de Gui de Lusignan, roi de Jérusalem, de Godefroi, son frère, de Raymond, prince d'Antioche, qui avaient passé la mer pour venir au-devant du roi Richard, au milieu de tous les barons anglais et des plus illustres personnages de la chrétienté d'Orient, Richard d'Angleterre donna à Isaac Comnène l'investiture de l'île de Chypre. Isaac se reconnut son vassal, s'engagea à lui payer vingt mille marcs d'or d'indemnité, à le suivre à Jérusalem, et à lui livrer les places fortes de l'île. Peu de temps après, ne pouvant ou ne voulant exécuter ces conventions, Isaac prit la fuite. Richard, aidé du roi de Jérusalem, se mit à sa poursuite, parcourut l'île en la ravageant et força Isaac à se rendre à discrétion; et ensuite, pour insulter à sa vanité et à son avarice, il le fit charger de chaînes d'argent. Transporté en Terre Sainte à la suite du roi d'Angleterre, Isaac s'enfuit de nouveau, se rendit chez les Sarrasins, essaya de soulever l'île de Chypre, et finit misérablement en prenant du poison (1195).

Après cette brillante conquête, Richard célébra à Limisso, dans le voisinage de l'ancienne Amathonte, son mariage avec Bérengère de Navarre, qu'il fit proclamer reine d'Angleterre et de Chypre. Selon les anciens procédés de la conquête germanique, il laissa aux habitants du pays la moitié de leurs terres. L'autre moitié devint domaine royal, ou fut divisée en fiefs que l'on distribua aux chevaliers anglais qui devaient être choisis dans l'armée pour la défense du pays. Il donna le gouvernement de l'île à Richard de Cornouailles et à Robert de Torneham; puis, ayant tout réglé pour l'administration de sa conquête, il s'embarqua pour rejoindre les croisés au siége de Ptolémaïs. Quelque temps après, il permit aux templiers de s'établir dans l'île de Chypre et d'y transporter le siége de leur ordre qui n'avait plus de séjour fixe depuis la prise de Jérusalem. Il espérait par cette mesure assurer la défense de l'île contre les attaques des Sarrasins, conserver cette conquête à la couronne anglaise, et à la chrétienté un point d'appui en Orient. Mais les templiers se rendirent insupportables aux insulaires. Il leur fut impossible de se mettre en possession de l'île, que Richard leur avait vendue pour cent mille ducats, et à qui ils furent contraints de la restituer. Alors Richard en fit un échange avec Guy de Lusignan, qui, outre le remboursement des cent mille ducats dont il se chargea, céda ses prétentions sur le royaume de Jérusalem et sur la principauté de Tyr, que Richard voulait donner à Henri de Champagne, son neveu.

Fondation du royaume de Chypre. Histoire de la dynastie des Lusignans (1192-1489).

APERÇU GÉNÉRAL (1). — L'île de Chypre ne resta pas la possession du roi qui l'avait conquise; mais le brillant fait d'armes de Richard Cœur de Lion la sépara pour toujours de l'empire grec, et lui fit prendre place parmi les États latins du régime féodal. Elle redevint indépendante, et forma pendant trois siècles un royaume florissant, dont l'histoire n'est pas sans grandeur. Dans la constitution du nouveau royaume de Chypre on reconnaît les trois éléments dont se composaient alors tous les États occidentaux, le clergé, la noblesse, et la bourgeoisie. Jusque là le clergé grec avait dominé sans partage dans le pays. Les rois Lusignans, sujets de l'Église catholique, donnèrent la suprématie aux prélats latins (2): de là entre les deux clergés une rivalité, tantôt sourde, tantôt violente, que l'autorité royale eut souvent beaucoup de peine à contenir et qu'elle ne put jamais faire cesser entièrement. Le pouvoir du roi était limité par les attributions de la haute cour, composée des principaux seigneurs, et par les constitutions qu'il jurait de respecter en montant sur le

(1) Engel, *Kypros*, I, 729.
(2) Voir la réorganisation de l'Église latine de Chypre dans Lequien, *Oriens Christianus*, t. III, p. 1202.

trône. Toutes les grandes affaires d'État et les causes criminelles étaient du ressort de la haute cour; elle jugeait les débats relatifs à la succession au trône. Le roi avait besoin de son consentement pour donner l'investiture des places fortes du royaume, pour établir les impôts, pour déclarer la guerre ou conclure des traités; la majorité des rois commençait à leur quinzième année. Le fils aîné du roi régnant s'appelait prince d'Antioche. Le roi était grand maître de l'ordre du Glaive, qui fut institué au commencement du règne d'Amaury, vers 1195. Les chevaliers de cet ordre s'engageaient à défendre les droits de la veuve et de l'orphelin, à combattre les infidèles et à protéger le saint-sépulcre. Les revenus du roi se composaient des contributions de ses sujets, des douanes, de ses domaines et de la vente du sel, dont le produit net était évalué à trois cent mille ducats. Les grands officiers de la couronne étaient le sénéchal, le connétable, le maréchal et le chambellan; la noblesse était nombreuse, mais en général étrangère au pays, et composée de guerriers francs venus à la suite de Richard ou de Gui de Lusignan. Tout ce qui concernait les fiefs et leur mouvance, les relations des vassaux et du suzerain fut réglé conformément au droit féodal, que les croisés avaient depuis un siècle transporté en Palestine. Les villes devinrent puissantes par le commerce, et s'élevèrent à une opulence qui rappelait celle des anciennes cités phéniciennes dont l'Écriture sainte décrit le luxe et les splendeurs. Aussi la bourgeoisie des villes de Chypre acquit une grande importance, et parvint à se rapprocher de la classe noble, beaucoup plus que la bourgeoisie d'Europe ne le put jamais faire. On connaît aujourd'hui les lois civiles et les institutions judiciaires de cette portion de la société latine et chrétienne fondée en Orient par les croisades. En Chypre comme dans le royaume de Jérusalem il existait une cour des bourgeois, où se décidaient toutes les affaires qui intéressaient les municipalités et les habitants des villes, de même que la haute cour jugeait toutes les causes où l'intérêt de la noblesse et de l'État était en question (1).

Le reste de la population était divisé en cinq classes. La classe inférieure était celle des *paréciens* (πάροικοι), serfs ou colons, assujettis aux propriétaires dont ils cultivaient le domaine. Le parécien était obligé de payer chaque année cinquante besans, le tiers des revenus des terres, et de servir deux jours la semaine. Il pouvait être vendu au gré du seigneur du fief. Au-dessus du parécien était le *perpérien*. C'était le parécien affranchi et encore assujetti à une taxe de quinze besans par an. Les *leftériens* (ἐλεύθεροι) étaient entièrement libres de leur personne; ils cultivaient la terre, et donnaient la moitié de la récolte au propriétaire. La quatrième classe était celle des Albanais, soldats venus d'Albanie pour la défense de l'île, où ils s'étaient mariés, où ils avaient des terres et où leurs descendants restèrent séparés du reste de la population. Il en était de même de la cinquième classe, celle des Vénitiens, que les croisades avaient attirés en grand nombre dans l'île; ils étaient sujets du roi; mais ils obtinrent le privilège d'être jugés par un noble vénitien qui résidait à Nicosie avec le titre de consul ou baile.

Sur la législation du royaume de Chypre. — Le royaume de Chypre comme celui de Jérusalem, dit M. Beugnot, étaient des États aristocratiques, dans lesquels les rois n'exerçaient que le pouvoir militaire. La souveraineté résidait dans les hautes cours, et l'assise ne pouvait être faite « que par l'acort des barons et hauts homes ». Le mot d'assise dans le langage des jurisconsultes latins de l'Orient signifie loi ou ordonnance. « Assise est que toutes les chozes que l'on a veu user et acoustumer et délivrer en la cour dou royaume de Jérusalem et de Chipre (1). » On a prétendu, mais à tort, sur la foi du P. Lusignan, que les assises de Jérusalem furent transportées dans l'île de Chypre, et qu'elles devinrent la loi du nouveau royaume. La fausseté de cette assertion a été complétement démontrée par

(1) *Foy.* dans la *Collection des Historiens des Croisades*, le tome II des lois contenant les *Assises des Bourgeois*.

(1) La Clef des assises de la Haute Cour, dans le *Recueil des Historiens des Croisades*; Lois, tom. 1ᵉʳ, p. 582, XLI.

M. Beugnot, dans son *Introduction aux assises de la haute cour* (1); car les codes ou chartes du royaume de Jérusalem promulgués sous le règne de Godefroy de Bouillon, et connus sous le nom de *Lettres du saint-sépulcre*, avaient été détruits l'an 1197 après la prise de Jérusalem. Ce n'est donc pas le texte même de ces lois que Gui de Lusignan a pu transporter de Syrie dans l'île de Chypre. Mais cette législation était si bien appropriée aux idées et aux mœurs des nobles et des bourgeois de la société chrétienne établie dans le Levant, que l'on en conserva par la tradition les dispositions principales, et qu'elle se perpétua à l'état de droit coutumier dans les cours judiciaires d'Acre et de Nicosie. Plus tard il se forma vers le milieu du treizième siècle, dans les royaumes de Jérusalem et de Chypre, une école de jurisconsultes qui se proposa pour but de déterminer les principes et les règles du droit féodal, tel qu'il existait en Orient. « Ces savants personnages réussirent, par des travaux où brille la plus étonnante conformité dans le choix des opinions et dans l'emploi des méthodes à faire tomber l'autorité d'une jurisprudence arbitraire et indécise, d'une législation dont la connaissance était le secret de quelques seigneurs, jaloux de leur savoir autant que de leur influence politique. Les colonies chrétiennes de l'Orient rentrèrent alors en jouissance d'un code de lois véritable; et comme ces jurisconsultes s'étaient appliqués à reproduire exactement les anciennes lois dont Godefroy de Bouillon et ses compagnons avaient doté l'établissement naissant des chrétiens, la législation qu'ils retrouvèrent raviva dans les royaumes de Jérusalem et de Chypre les vieux usages de la féodalité, dont l'Europe ne possédait plus qu'une image incomplète et décolorée (2). » Si les hauts barons de la Terre Sainte négligèrent d'exécuter, après le désastre de Jérusalem, une deuxième rédaction de leurs lois nationales, ils en conservèrent soigneusement le souvenir en administrant la justice, soit dans leurs domaines, soit dans la haute cour; et par leur connaissance des principes et leur expérience dans la pratique, ils perpétuèrent l'ancien code et furent comme une législation vivante. Tels furent ces seigneurs illustres par leur naissance et leurs exploits, Jean d'Ibelin le Vieux, sire de Baruth, qui brava la puissance de Frédéric II; Philippe de Navarre, son ami, aussi bon politique qu'intrépide guerrier, Jean d'Ibelin comte de Jaffa, son neveu, Raoul de Tibériade, Geoffroi le Tort et le sire de Sidon, Jacques d'Ibelin, tous grands hommes d'État, habiles capitaines et profonds jurisconsultes. Le livre de Jean d'Ibelin, neveu du sire de Baruth, et celui de Philippe de Navarre sont les commentaires les plus étendus et les plus développés qui nous soient parvenus de la jurisprudence du royaume de Chypre, et l'on peut affirmer qu'ils suffisaient complètement pour la connaissance de sa législation. Car le livre d'Ibelin fut salué, dès son apparition, comme l'œuvre d'un grand législateur, et son autorité devint telle qu'en 1369, après la mort de Pierre Ier, il cessa d'être considéré comme un ouvrage purement scientifique, fut assimilé aux anciennes *assises* de Godefroy, et devint le code de lois du royaume de Chypre.

Règne de Guy de Lusignan (1192-1194 (1)). — Guy était fils de Hugues le Brun, de la maison de Lusignan, qui posséda longtemps en France les comtés de la Marche et du Poitou. Ayant pris la croix, comme toute la noblesse de ce temps-là, il s'illustra en Terre Sainte par sa valeur, épousa la sœur du dernier roi de Jérusalem, fut reconnu roi après lui, et défendit vaillamment les restes de la domination chrétienne en Palestine. Quand il eut été investi du royaume de Chypre, il alla en prendre possession accompagné de trois cents chevaliers français, de deux cents écuyers et d'un plus grand nombre de soldats. Les Chypriotes se soumirent à un roi qui se présentait si bien entouré; et Guy travailla immédiatement à rétablir l'ordre dans ce pays, qui, à travers les agitations des derniers temps, était tombé dans une véritable anarchie. Ce fut lui qui jeta les fondements de l'organisation nouvelle

---

(1) P. xxiv.
(2) M Beugnot, *Introduction aux assises de la Haute-Cour*, p. lxvii.

(1) Loredano, *Hist. des Rois Lusignans*, t. I, liv. I.

dont nous venons d'esquisser les principaux traits. Il distribua des fiefs à la noblesse, qui vint en foule d'Europe et d'Orient se grouper autour de son trône. Il fonda des églises latines, et donna au clergé romain la prééminence sur le clergé grec; il régla les rapports et les droits des différentes classes de la population chypriote. Il forma de tous les barons et grands feudataires du royaume un grand conseil où se décidaient les intérêts généraux de l'État, et où se jugeaient les grandes causes criminelles. Les jurés des villes formèrent un conseil qui fut appelé la cour des bourgeois. Cette organisation était modelée sur celle du royaume de Jérusalem, dont les lois se perpétuèrent en Chypre à l'état de droit coutumier.

L'établissement de la dynastie des Lusignans assurait la suprématie des Latins dans l'île de Chypre. Il fallait s'assurer contre toute tentative de la part de l'ancienne population, qui se sentait conquise et dominée. Guy voyait toujours les Grecs indisposés et malveillants contre son autorité. Aussi eut-il grand soin de réparer toutes les forteresses, d'en élever de nouvelles pour donner une forte assiette à sa royauté naissante. Il rappela les templiers, et fit continuer la construction du Temple, que leur départ avait interrompue. Enfin il agrandit et embellit la ville de Limisso, que les Grecs appelèrent Néapolis, et qui remplaça l'ancienne Amathonte. Guy mourut âgé de soixante-cinq ans, dans la ville de Nicosie, où il fut enterré, dans l'église du Temple. Il ne laissait point d'enfants; son frère Amaury lui succéda.

RÈGNE D'AMAURY (1194-1205). — Amaury était connétable de Chypre et comte de Zaffo (Paphos) quand il prit possession du royaume. Après avoir reçu le serment de fidélité de ses sujets, il jura lui-même dans une assemblée solennelle d'observer les lois des assises et de confirmer tous les fiefs et tous les offices à ceux qui en avaient reçu de son frère. Puis il donna tous ses soins à l'achèvement des nombreux édifices, châteaux, fortifications, églises que le précédent roi avait commencés pour l'installation de sa royauté et de la noblesse ecclésiastique et féodale, et où se dépensait la plus grande partie des revenus de la couronne. Aussi quand le comte Henri de Champagne, neveu du roi d'Angleterre, vint réclamer les soixante mille marcs que l'on devait encore sur le prix du royaume de Chypre, Amaury ne put les payer, et il entra en accommodement.

Cependant Amaury voulut prendre le titre de roi de Chypre, qu'il n'avait point encore et que Guy son frère n'avait jamais porté. Ce titre il était difficile de le prendre soi-même, et l'on risquait alors de ne se voir reconnu par personne. L'empereur grec, Alexis III, s'offrait à le lui conférer pour maintenir l'île de Chypre sous sa suprématie. Mais Amaury ne pouvait consentir à recevoir le titre de roi d'un empereur grec. Alors il assembla la haute cour du royaume, et soumit à ses délibérations la question suivante : Pouvait-il de lui-même prendre la couronne et le titre de roi, ou devait-il l'envoyer demander à l'empereur ? Les avis furent partagés; mais l'avantage resta à ceux qui voulurent qu'on demandât à l'empereur l'investiture de la royauté. Amaury envoya donc Renier Giblet, son favori, à l'empereur Henri VI, qui se trouvait alors dans le royaume de Naples (1195). Charmé de cette marque de condescendance, à laquelle il ne s'attendait pas, Henri VI combla de caresses l'envoyé d'Amaury, le nomma chevalier, et dépêcha en Chypre son chancelier, qui couronna Amaury roi de Chypre, dans la cathédrale de Nicosie. Au moment où Amaury se préparait à couronner sa femme, Cive d'Ibelin, elle tomba malade et mourut.

Dans le même temps, Henri de Champagne, roi de Jérusalem, mourut à Ptolémaïs (1198). Sa veuve la reine Isabelle, incapable, par la faiblesse de son sexe et par son peu d'expérience, de soutenir le poids du gouvernement, laissa les affaires de la guerre aux soins de son conseil, où chacun pensait plus à ses intérêts particuliers qu'au bien de l'État. Les Sarrasins devenaient de jour en jour plus hardis, et poussaient leurs courses jusque sous les murs de Ptolémaïs. Il fallait un défenseur au royaume de Jérusalem : on jeta les yeux sur Amaury, qui se décida à épouser la reine Isabelle, dont il était le cinquième époux. C'était le seul moyen de sauver les débris du royaume chrétien de la Palestine. Amaury équipa en Chypre une forte armée, passa en Terre Sainte, fut couronné roi de Jérusalem à Ptolémaïs, et resta cinq ans dans son nouveau royaume, réparant les fortifications des villes, guerroyant contre les Sarrasins à qui il enleva un grand nombre de places. Étant tombé malade au milieu de ces soins, la désertion se mit dans son armée. Le chagrin qu'il en ressentit augmenta son mal, et le réduisit à la dernière extrémité. Il mourut à Ptolémaïs, en 1205. L'année suivante, son corps fut transporté en Chypre, et déposé avec une grande pompe dans l'église cathédrale latine de Sainte-Sophie.

RÈGNE DE HUGUES Ier (1205-1218). — Hugues, fils aîné d'Amaury, étant encore mineur, la haute cour confia la tutelle du royaume à Gauthier de Montbéliard, son plus proche parent, qui profita de son pouvoir pour amasser d'immenses richesses. En 1212 Hugues, ayant atteint l'âge de la majorité, fut couronné roi, s'empara de la direction des affaires, et disgracia Gauthier de Montbéliard, qui se retira sur le continent, à Ptolémaïs. Le précédent roi, Amaury, avait fiancé son fils, encore enfant, avec la jeune Alice, fille d'Henri de Champagne, alors roi de Jérusalem. Pressé par les tuteurs des enfants de ce prince, Hugues célébra volontiers ce mariage, qui lui donnait une épouse accomplie. Le jeune roi avait hérité de la valeur de son père et de son oncle; il se trouvait aussi en présence des mêmes difficultés. La réunion des deux couronnes de Chypre et de Jérusalem imposait à celui qui les portait une vie de fatigue et de dangers, qui empêcha les rois Lusignan de s'amollir dans le sein du repos, au milieu des délices de l'île de Chypre.

La quatrième croisade (1204) avait donné Constantinople aux Latins; mais la détresse du royaume de Jérusalem était toujours aussi grande. Une cinquième croisade fut prêchée, 1217. Hugues partit pour la guerre sainte, laissant à la reine Alice le gouvernement de l'île de Chypre. Le plus grand embarras de l'administration du royaume venait de la rivalité des évêques grecs et des prélats latins. Les deux clergés se disputaient la prééminence. Alice s'adressa au pape Innocent III, qui était alors au concile de Latran, le pria de transférer l'archevêché de Famagouste à Nicosie, devenue alors la résidence des rois, de le donner aux Latins, de réduire à quatre le nombre des évêchés, qui auparavant était de quatorze. Le pape lui accorda ses demandes, à savoir l'archevêché de Nicosie, et l'établissement des quatre évêchés tant grecs que latins, à Famagouste, à Cérines, à Paphos et à Limisso. Les évêques grecs dont les sièges devaient être supprimés conservèrent leurs droits et leurs revenus de leur vivant : le règlement du pape ne devant être exécuté qu'après leur mort. On créa des bénéfices et on institua la dîme au profit du clergé latin. Pendant qu'Alice opérait avec de sages ménagements cette délicate réforme, Hugues combattait en Égypte et pénétrait jusqu'au Caire, d'où les croisés furent chassés par l'inondation du Nil. Il fallut renoncer à la conquête de Damiette, et la cinquième croisade s'acheva sans utiles résultats. Hugues revint en Palestine. Il s'arrêta à Tripoli, pour célébrer le mariage de sa sœur Mélissène avec Bohémond, prince d'Antioche. Au milieu de la joie de cette fête, une maladie violente l'enleva, à l'âge de trente ans. La reine Alice fit transporter ses restes en Chypre, où il eut son tombeau dans l'église des Hospitaliers.

RÈGNE D'HENRI Ier (1218-1254). — Henri n'avait que neuf ans à la mort de son père. Aussi la reine, du consentement de la haute cour, admit au gouvernement deux oncles du feu roi, Philippe et Jean d'Ibelin, hommes de courage et d'expérience. Jean d'Ibelin était aussi seigneur de Béryte (Baruth ou Beyrouth). Il avait administré le royaume de Jérusalem pendant la minorité de la reine Marie, fille d'Isabelle et de Conrad de Montferrat, que Jean de Brienne avait épousée. La reine Alice ne put s'entendre avec ses deux oncles, et la minorité du jeune Henri fut pleine de troubles. Alice, mécontente des deux tuteurs, leur opposait son favori Camerin de Barbas, et les força à donner leur démission. Mais Camerin souleva contre lui l'indignation publique; et les deux frères furent invités par les états à reprendre les rênes du gouvernement. Peu de temps après Philippe d'Ibelin mourut, généralement regretté, et Frédéric II Barberousse, empereur d'Allemagne, s'étant mis à la tête de la sixième croisade, débarqua dans l'île de

Chypre, dont il avait résolu de se rendre maître.

Frédéric fondait ses prétentions sur deux motifs. D'abord c'était l'empereur Henri VI, son père, qui avait donné à Amaury l'investiture du royaume de Chypre, et le pape Honorius III l'avait formellement invité à veiller attentivement aux intérêts du jeune roi Henri. De plus, il avait épousé Yolande, héritière de Jean de Brienne, et ce mariage lui donnait le droit de s'immiscer dans les affaires du royaume de Chypre. Camerin de Barbas et tous les ennemis de la maison d'Ibelin se montrèrent zélés partisans de l'empereur, qu'ils indisposèrent contre le seigneur de Béryte. A peine arrivé à Limisso, Frédéric manda auprès de lui Jean d'Ibelin, qui vint après de longues hésitations. Pendant le repas, l'empereur somma Jean d'Ibelin de lui remettre la forteresse de Béryte, et de lui rendre compte de son administration dans Chypre depuis dix ans (1228). Jean se voyait entouré de tous ses ennemis : la salle du festin était pleine de soldats allemands; mais l'imminence du danger n'ébranla pas son courage : il osa braver le courroux de l'empereur, qui pouvait le perdre d'un mot, et qui consentit à porter l'affaire aux hautes cours de Chypre et de Jérusalem. Quant à Jean d'Ibelin, instruit que l'empereur, excité par de perfides suggestions, avait donné des ordres contre lui, il se retira dans le château Dieu-d'Amour ou de Saint-Hilarion, situé sur une montagne à cinq lieues de Nicosie, et à quatre du château de Buffavent, où il resta jusqu'à l'apaisement du courroux de Frédéric. Celui-ci, rappelé en Europe par les intérêts de sa rivalité avec le saint-siége, avait hâte de terminer sa croisade. Il cessa de persécuter Jean d'Ibelin ; mais il fit occuper les forteresses de l'île par des troupes allemandes, et confia l'administration à cinq bailes, parmi lesquels était Camerin de Barbas.

Quoique dépouillé de la tutelle, Jean d'Ibelin était toujours à craindre : ces cinq administrateurs ne négligèrent rien pour le perdre (1). Ils poursuivirent ses amis, et surtout Philippe de Navarre, qui

(1) Loredano, *Hist. des Rois Lusignans*, l. II.

lui était le plus dévoué. Le seigneur de Béryte, qui était retourné en Syrie, revint en Chypre bien accompagné, et, enhardi par le dévouement qu'on lui témoignait et l'impopularité des bailes, il leur livra bataille, les vainquit près de Nicosie, dont il s'empara. Les forteresses de Cantara, de Saint-Hilarion, de Buffavent, servirent d'asile aux vaincus, qui n'en purent sortir en sûreté qu'en renonçant à la tutelle du jeune roi et en abandonnant le pouvoir au vainqueur. Le roi Henri avait atteint l'âge de quinze ans ; mais il était plein de confiance dans le seigneur de Béryte, qui redevint plus puissant qu'auparavant. A la nouvelle des succès de Jean d'Ibelin, Frédéric avait fait partir une armée de six cents chevaux et de dix-huit cents hommes d'infanterie avec une flotte de trente-huit vaisseaux et de vingt-deux galères. N'ayant pu effectuer leur débarquement dans l'île de Chypre, les Allemands se dirigèrent sur Béryte, prirent la ville et assiégèrent le château. Jean d'Ibelin courut au secours de sa seigneurie patrimoniale, et le jeune roi consentit à l'accompagner. Après d'inutiles efforts pour s'emparer de la citadelle, les Allemands brûlèrent Béryte, et se retirèrent à Tyr, tandis qu'une partie d'entre eux s'emparait du royaume de Chypre, entièrement dégarni de troupes. Tout était tombé en leur pouvoir, excepté les forteresses de Buffavent et de Dieu-d'Amour, où s'étaient retirées les sœurs du roi et les plus nobles dames de la cour.

Cependant le roi, qui était à Ptolémaïs, informé de ce qui se passait en Chypre, résolut de reconquérir son royaume. Il manquait d'argent; les seigneurs de Césarée et de Béryte avaient aliéné la plus grande partie de leurs biens. Le jeune roi créa un papier monnaie pour subvenir aux affaires présentes; il fit faire quantité de petits billets avec l'empreinte de son sceau, qu'il faisait circuler au lieu d'argent, s'obligeant de les payer comptant, aussitôt que les Impériaux seraient chassés de son royaume. Jean d'Ibelin ramena le roi Henri dans Chypre sur des vaisseaux génois et vénitiens. Le retour du jeune prince fut le signal d'un soulèvement général : à Famagouste, à Nicosie les Impériaux furent massacrés au cri de : Vive le roi Henri ! Le marechal de l'Empire, Richard Felingher, ayant concentré ses troupes dans la plaine d'Agridi, livra bataille, et fut vaincu par Jean d'Ibelin; et les impériaux, chassés de toutes leurs positions, ne conservèrent que la ville de Cérines. Ils s'y défendirent opiniâtrément pendant deux ans. Enfin on parla de négocier. Les Allemands rendirent la ville et le château de Cérines avec toutes les munitions qui s'y trouvaient, à condition qu'on leur fournirait des vaisseaux, des vivres, et qu'on leur rendrait leurs prisonniers. Le roi entra dans Cérines au moment où le dernier Allemand en sortait, et il eut enfin la satisfaction de voir son royaume entièrement purgé de la présence de cette grossière soldatesque.

Pendant ces longs troubles l'administration du royaume avait été fort négligée. Henri travailla activement à réparer tout le mal qui s'était fait. Il renvoya ses mercenaires, récompensa les capitaines étrangers qui l'avaient servi, mais ne voulut pas les garder dans ses États. Il fit refleurir le commerce, l'agriculture, l'industrie, et vit la prospérité renaître en peu d'années. Ce fut avec une vive douleur qu'il apprit, au milieu de ses soins, la mort du seigneur de Béryte, qui périt d'une chute de cheval en retournant de la chasse. On l'avait porté mourant à Ptolémaïs, où il fit le partage de ses terres à ses enfants, donnant à l'aîné, Balian, la seigneurie de Béryte et la suzeraineté sur ses frères (1236). « Jean d'Hibelin, seigneur de Baruth, dit Loredano, fut un personnage d'une valeur et d'une prudence consommée; il apprit la guerre sous les chevaliers du Temple; il exerça toutes les charges militaires contre les Sarrasins, son père ne voulant pas qu'il montât à aucun degré d'honneur s'il ne l'avait mérité par ses actions; il fut toujours heureux, et si modeste dans ses victoires les plus complètes, qu'il ne parlait que d'accommodement et de paix; et quoiqu'il s'attirât l'admiration de tout le monde, jamais fidélité ne fut pareille à la sienne, lorsqu'il s'agissait des intérêts de son prince. Il fut toujours médiateur entre le roi et le royaume, la guerre ou la paix dépendant de ce qu'il jugeait le plus à propos. »

Il était à craindre pour la tranquillité du royaume de Chypre que la reine Alice ne voulût profiter de la mort de Jean d'Ibelin pour reprendre le pouvoir dont il l'avait dépossédée. Mais par bonheur cette princesse, dont la turbulence et l'ambition augmentaient tous les jours, tourna toutes ses vues vers le royaume de Jérusalem, qui était sans chef, car alors Frédéric II était excommunié, et son fils Conrad était encore en bas âge. Elle fut proclamée à Tyr l'an 1239. Mais il fallait un bras plus vigoureux pour soutenir ce chancelant État. Le soudan d'Égypte envahit la Palestine, prit Tibériade, assiégea Ascalon. Un cri de détresse partit de la terre sainte. Louis IX, roi de France, y répondit en se mettant à la tête de la septième croisade. Il s'embarqua à Aigues-Mortes, le 25 août, il arriva en Chypre le 21 septembre de l'an 1248. Le roi Henri alla le recevoir à Limisso, et le conduisit dans sa capitale de Nicosie, au milieu des acclamations du peuple, de la noblesse et du clergé (1). « Les seigneurs et les prélats de Chypre, dit Guillaume de Nangis, prirent tous la croix, vinrent devant le roi Louis, et lui dirent qu'ils iraient avec lui partout où il voudrait les conduire quand l'hiver serait passé. » Il fut décidé que l'armée chrétienne ne partirait qu'au printemps prochain. Mais les délices de l'île de Chypre amollirent le courage des guerriers d'Occident, qui se livrèrent à l'intempérance, entraînés par l'excellence des fruits et des vins, et par l'abondance excessive qui régnait dans leur camp (2). Enfin l'année suivante, 1249, le vendredi avant la Pentecôte une flotte nombreuse, qui portait les guerriers français et les croisés de l'île de Chypre sortit du port de Limisso, et fit voile vers l'Égypte. Le roi de Chypre partagea la gloire et la captivité de saint

(1) Michaud, *Hist. des Croisades*, t. IV, l. 14.

(2) C'est en parlant de ces provisions abondantes que Joinville s'écrie : « Vous eussiez dit que ces celliers, quand on les voit de loing, fussent grandes maisons de tonneaux de vin qui estoient les uns sur les autres, et semblablement les greniers de froment, orge et autres blés qui estoient aux champs, sembloient, quand on les voyoit de loing, que ce fussent montagnes. »

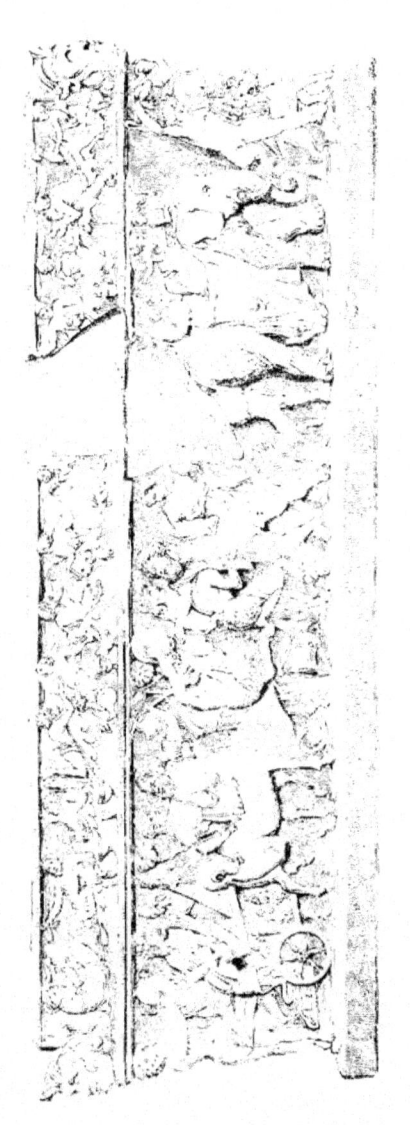

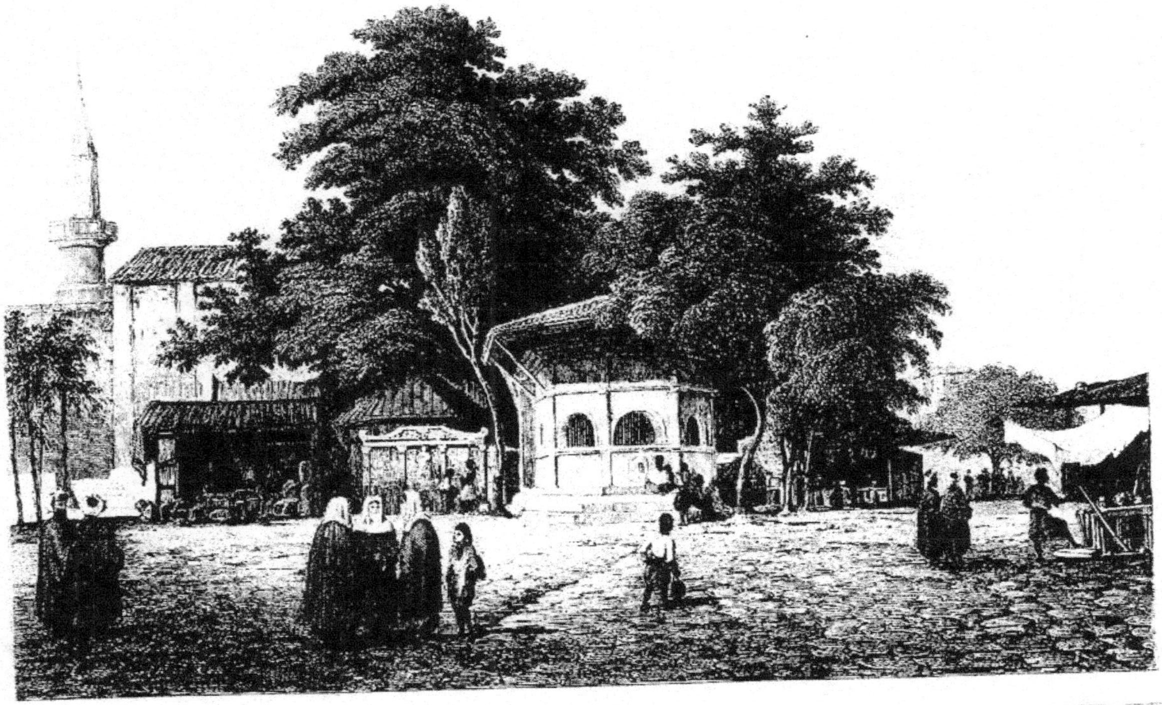

Megalo Kastron

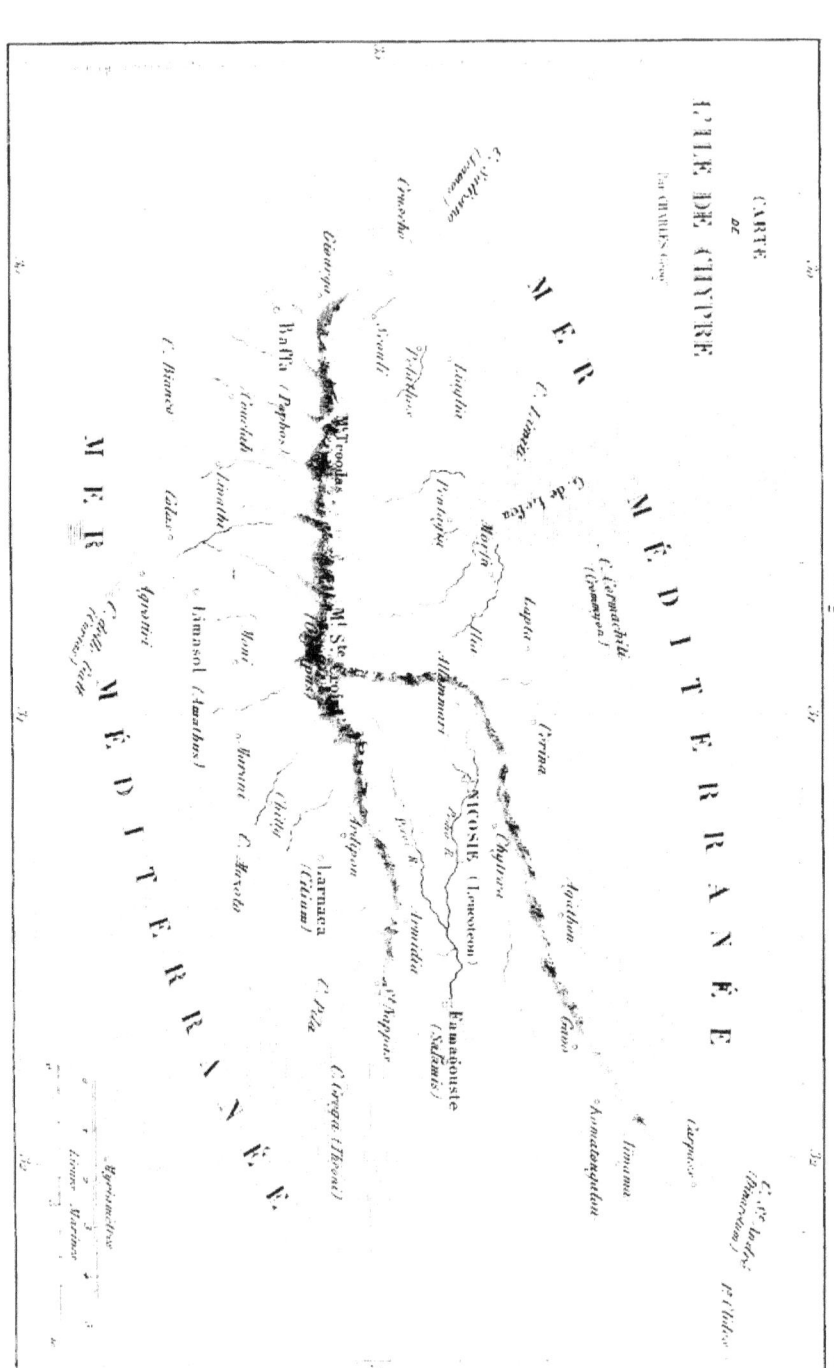

Louis ; après le traité qui les rendait à la liberté, tous deux partirent ensemble pour la Terre Sainte, et se rendirent à Ptolémaïs (Saint-Jean-d'Acre); alors le roi de Chypre épousa la fille du prince d'Antioche et de Tripoli. Il se hâta de conduire la nouvelle reine dans ses États; mais après la cérémonie du couronnement Henri tomba malade, et mourut en peu de jours, le 8 janvier 1253, à l'âge de trente-trois ans.

Règne de Hugues II (1254-1267)(1). — La mort prématurée du roi Henri livrait encore le royaume de Chypre aux hasards d'une longue minorité. Le jeune Hugues était dans l'âge le plus tendre quand il fut reconnu roi. Sa mère, Plaisance, princesse d'Antioche, fut chargée de la régence et gouverna avec fermeté. A cette époque la rivalité de Venise et de Gênes troublait tout le Levant, et ajoutait un nouvel aliment aux discordes qui devaient ruiner les États chrétiens de ces contrées. Ces deux républiques se disputaient la possession de l'église de Saint-Sabas à Saint-Jean d'Acre. Cette contestation dégénéra en guerre acharnée. La régente de Chypre se déclara pour les Vénitiens (1258), et la flotte combinée des deux puissances vainquit celle des Génois. Bientôt la médiation du pape Alexandre IV rétablit la paix en Palestine. Mais ce malheureux pays était exposé à des périls sans cesse renaissants. Les Mongols et les mameluks le menaçaient de deux côtés à la fois. Vainqueur des Tartares, le sultan du Caire, Bibars-Bondochar, se montra un des plus redoutables ennemis des chrétiens.

Il attaqua le royaume de Jérusalem, alors réduit à quelques villes du littoral. Césarée et Argouf furent emportées, Séphed, vaillamment défendue par les Templiers, capitula (1263); mais, au mépris du traité, la garnison, qui refusa de se sauver par l'apostasie, fut impitoyablement massacrée. Les chrétiens de Chypre ne pouvaient rester indifférents à ces désastres. Hugues, seigneur de Beyrouth, devenu tuteur du jeune roi après la mort de la reine Plaisance, passa sur le continent, et combattit vaillamment, mais sans succès. Rappelé en Chypre par une maladie du jeune prince, il le vit mourir aussitôt après son arrivée, à l'âge de quatorze ans (1267). Avec ce prince s'éteignit la branche directe de la maison de Lusignan.

Règne de Hugues III (1277-1284). — Hugues, seigneur de Beyrouth, était fils d'Henri, second fils de Bohémond IV, prince d'Antioche et d'Isabelle, fille d'Hugues Ier de Lusignan. Il fut reconnu roi après la mort de Hugues II; et le sceptre passa des mains d'un enfant entre celles d'un homme capable et déjà versé dans le gouvernement et la guerre. Toutefois les progrès du sultan d'Égypte n'étaient pas ralentis. Il prit Jaffa, dont il renversa les murs et le château; il enleva nombre de places aux Templiers et aux Hospitaliers, enfin il assiégea Antioche, qui se défendit à peine. Quarante mille habitants furent massacrés, cent mille réduits en esclavage. Hugues n'était pas directement intéressé à défendre les États chrétiens de Terre Sainte. Le titre de roi de Jérusalem appartenait alors au jeune Conradin, qui disputait à Charles d'Anjou le royaume de Naples. Quand ce jeune prince eut péri sous la hache du bourreau, Hugues réclama le royaume de Jérusalem, comme plus proche héritier. Il soutint ses prétentions avec vigueur, passa à Tyr avec une armée, et se fit couronner roi de Jérusalem par l'évêque de Saint-Georges. Tout le monde applaudit à son élévation; seule, Marie d'Antioche, sa tante, protesta au nom des droits qu'elle avait ou qu'elle s'attribuait, et que, dans son dépit de n'être point écoutée, elle alla transmettre à Charles d'Anjou, roi de Naples (1270). Cependant la détresse de la Terre Sainte produisait encore en Europe une certaine émotion. Saint Louis prenait la croix; Jacques d'Aragon et le prince Édouard d'Angleterre imitaient son exemple. Dernière et vaine tentative de la ferveur religieuse qui avait produit les croisades! Le roi de France mourut sur la plage de Tunis; Jacques d'Aragon s'effraya d'une tempête qui l'assaillit en route, et retourna dans ses États. Édouard d'Angleterre, qui seul était venu rejoindre le roi Hugues à Ptolémaïs, faillit succomber à un lâche assassinat. Il quitta aussitôt la Palestine, où il avait inutilement déployé une brillante valeur. Mais le sultan Bi-

(1) Loredano, *Hist. des Rois de Chypre*, l. III.

bars, qui venait d'échouer dans un grand projet d'invasion de l'île de Chypre, et qui craignait un soulèvement dans ses États, consentit à conclure avec le roi Hugues une trêve de dix ans et dix mois.

Après le rétablissement de la paix, Hugues laissa l'administration du royaume de Jérusalem, dont Ptolémaïde ou Saint-Jean-d'Acre était devenue la capitale, au seigneur de Beyrouth, et il retourna dans son royaume de Chypre. Il ne fut pas longtemps en repos. En effet si les princes chrétiens ne savaient pas défendre le royaume de Jérusalem contre les Sarrasins, ils s'entendaient très-bien à se le disputer entre eux. Charles d'Anjou, voulant faire valoir les prétentions que lui avait cédées la princesse Marie, fit attaquer à l'improviste la ville de Ptolémaïde. Le gouverneur se retira dans la citadelle; mais le patriarche de Jérusalem, Hugues Revel, grand maître de l'Hôpital, les Templiers et presque tous les grands du royaume firent défection, et se donnèrent au roi Charles. Le château de Ptolémaïde se rendit, et le comte Roger de Saint-Séverin fit proclamer son maître, Charles d'Anjou, roi de Jérusalem et de Sicile. Le roi Hugues fit une vaine tentative pour reprendre Ptolémaïde; il revint en Chypre, et se vengea des ordres militaires en confisquant leurs revenus, leurs terres et leurs châteaux de Limisso, de Baffo et de Gastria (1277). Tyr et Beyrouth étaient demeurées au pouvoir du roi de Chypre. La mort de Charles d'Anjou, qui eut lieu quelque temps après les Vêpres siciliennes (1282), permit au roi Hugues de rentrer en possession de son royaume de Jérusalem, où il fut rappelé par ces mêmes ordres militaires qui l'en avaient chassé peu de temps auparavant (1283). Irrité contre les habitants de Ptolémaïde, Hugues III érigea la ville de Tyr en capitale; il y tomba malade, revint en Chypre, espérant s'y remettre par le changement d'air, mais il y mourut en peu de jours, après un règne de dix-sept ans (1284). Le roi Hugues fut un des princes les plus renommés de son temps. Il avait l'esprit cultivé, et il maniait aussi bien la plume que l'épée. Il attira à sa cour des savants étrangers, auxquels il donnait de grosses pensions. Il fonda le magnifique monastère de Lapaïs, qu'il dota très-richement. Saint Thomas d'Aquin faisait grand cas de son mérite et de ses connaissances; il lui dédia son livre *de Regimine Principum*; « C'était, dit Loredano, dans un siècle où l'on ne flattait pas les princes, et l'ingénuité de ce saint était incapable de faire adulation (1). » Hugues III fut enterré au couvent de Lapaïs, ainsi qu'il l'avait ordonné dans son testament.

RÈGNE DE JEAN Iᵉʳ (1284-1285). — Hugues III laissait cinq fils: Le prince Jean, l'aîné, était atteint d'une maladie incurable, qui ne lui permettait pas d'espérer de longs jours. Ses frères pensaient que l'état de sa santé le déterminerait à renoncer à la couronne. Il n'en fut rien; le moribond voulut régner, et ses frères, irrités de ce qu'il ne leur livrait pas son trône, s'absentèrent le jour de son couronnement. Mais la cérémonie de ses funérailles ne se fit pas longtemps attendre. Jean Iᵉʳ mourut après treize mois de règne, à l'âge de trente-trois ans. Son frère Henri II lui succéda.

RÈGNE DE HENRI II, (1285-1324)(2). — Dès qu'il eut pris possession du trône de Chypre, le nouveau roi s'empressa de faire valoir ses droits sur celui de Jérusalem. Il parut avec une flotte et une armée devant Ptolémaïde, qui le reconnut pour roi, et il alla se faire couronner à Tyr. Cette nouvelle réunion des deux royaumes ne fut pas de longue durée. Bibars-Bondochar n'était plus; mais le vaillant Kélaoun ne fut pas moins redoutable aux chrétiens. Après avoir chassé les Mongols de la Syrie, il assiégea les cités maritimes qui composaient les derniers débris du royaume de Jérusalem, et il prit successivement Laodicée, Tripoli, Tyr et Sidon (1288). Tous les chrétiens de la Palestine s'étaient réfugiés à Ptolémaïde. Kélaoun mourut au moment où il allait assiéger cette place. Son fils Kalil-Ascraf avait promis à son père mourant d'achever l'extermination des chrétiens de Palestine. Tout était préparé pour le siège de Ptolémaïs: Kalil-Ascraf se hâta d'investir cette place. Cependant le roi Henri avait fait un appel au pape Nicolas IV et aux rois chré-

---

(1) Loredano, *Hist. des Rois de Chypre*, t. I, p. 194.
(2) Loredano, *Id.*, liv. IV.

tiens. Venise envoya vingt galères, dont l'entretien fut payé par le saint-siége. Henri se renferma dans la place avec l'élite de sa chevalerie, et l'on attendit l'ennemi de pied ferme. Mais toute la valeur des Latins était rendue inutile par leurs divisions et leurs discordes. Ptolémaïde était partagée en dix-sept juridictions, toutes indépendantes les unes des autres. Le roi Henri commandait dans une grande partie de la ville : les trois ordres militaires, Hospitaliers, Templiers et Teutons étaient souverains dans leurs quartiers. Charles II, roi de Naples, le roi de France, le légat du pape, le roi d'Angleterre, faisaient gouverner leurs sujets par des résidents indépendants. Les Vénitiens, les Génois, les Florentins, les Pisans avaient tous leurs juges, leurs magistrats et leurs constitutions. Le danger commun ne put faire cesser cette déplorable anarchie, et Ptolémaïde succomba, en 1291, après une glorieuse défense, à laquelle il ne manqua que l'unité de commandement. Pendant la nuit qui suivit l'assaut où la ville fut forcée, le roi Henri, les chevaliers des trois ordres, et bon nombre de soldats et de bourgeois purent s'embarquer et faire voile vers l'île de Chypre. Le lendemain le soudan ordonna le massacre des habitants demeurés dans la place : on en compta soixante-dix mille tués ou faits prisonniers. Les murailles furent rasées et le feu fut mis à la ville. Alors Chypre devint l'asile des fugitifs de la Terre Sainte. Les Hospitaliers et les Teutons n'y restèrent pas ; mais les Templiers se fixèrent à Limisso, où fut transporté le chef-lieu de leur ordre. Tous les autres réfugiés furent établis à Famagouste, qui s'agrandit considérablement à cette époque.

La chute du royaume de Jérusalem exposait plus directement l'île de Chypre aux attaques des musulmans. Cependant, grâce à sa position maritime, la conquête de Richard d'Angleterre survécut trois siècles à celle de Godefroy de Bouillon. La prise de Ptolémaïde n'avait pas réconcilié les chrétiens entre eux. La discorde élevée entre les princes de la famille d'Hayton désolait l'Arménie, et livrait ce pays à l'invasion des barbares. L'île de Chypre fut bientôt en proie à des dissensions intestines, et elle ne devait une sécurité passagère qu'aux sanglantes divisions des mamelucks d'Égypte. Mais, tandis que la chrétienté ne songeait plus à la délivrance de Jérusalem, les Tartares de la Perse, à qui le pape avait envoyé des missionnaires, formèrent le projet d'arracher aux musulmans la Syrie et la Palestine. Cazan, prince mongol, regardait les chrétiens comme ses plus fidèles alliés, et les historiens grecs-arméniens donnent les plus grands éloges à sa probité et à sa bravoure (1). Cazan quitta la Perse à la tête d'une armée ; les rois d'Arménie et de Géorgie, le roi de Chypre et les ordres de Saint-Jean et du Temple, avertis de ses projets, étaient venus rejoindre ses drapeaux. Une grande bataille fut livrée près d'Émèse ; les mameluks furent vaincus, et poursuivis jusqu'au désert par les cavaliers arméniens. Alep et Damas ouvrirent leurs portes aux vainqueurs. Si nous en croyons l'historien Hayton, les chrétiens rentrèrent alors dans Jérusalem, et l'empereur des Tartares visita avec eux le tombeau de Jésus-Christ (1300), d'où il appela l'Europe à la guerre sainte. Mais sa voix ne fut pas entendue, et sa brillante entreprise fut sans résultats. Les troubles de la Perse le rappelèrent en arrière. Il tenta une seconde expédition, qu'il abandonna encore ; et dans une troisième invasion, son armée s'étant avancée jusqu'à Damas, il tomba malade et mourut, emportant au tombeau les dernières espérances des chrétiens. Alors les guerriers d'Arménie et de Chypre sortirent de la ville sainte, dont ils commençaient à relever les remparts et qui ne devait plus revoir dans ses murs les étendards de la croix (1303).

La plus grande partie du règne de Henri II fut troublée par les intrigues de ses frères. L'aîné, Amaury, prince de Tyr, était plein d'ambition, dissimulé et cruel. Il résolut de détrôner Henri II. L'autre, Camérin, connétable de Chypre, considérant que ce projet le rapprochait du trône, entra dans ses vues. Henri II avait de la bravoure ; mais son extrême douceur et la faiblesse de sa santé le rendirent inhabile à réprimer l'âpre ambition d'Amaury. Il se laissa successivement dépouiller du pouvoir et de la liberté.

(1) Michaud, *Hist. des Croisades*, V, 157.

Amaury, reconnu régent du royaume (1204) et investi de toute l'autorité, relégua le malheureux Henri dans le château de Strovilo, à une demi-lieue de Nicosie, où il le réduisit à mener la vie d'un simple particulier. Cet ambitieux gouvernait le royaume de Chypre lorsque arriva dans l'île la sentence du pape Clément V, qui abolissait l'ordre des Templiers. Les chevaliers, au nombre de plus de deux cents, menaçaient de résister par les armes. Amaury, jaloux de se concilier les bonnes grâces du pape, travailla activement à la destruction de l'ordre, qui disparut de Chypre comme de toute la chrétienté, sans coup férir (1310). Enhardi par le succès de ses criminelles tentatives, Amaury présenta au faible Henri que sa présence dans l'île de Chypre était préjudiciable aux intérêts du royaume, et troublait la paix publique. Toujours résigné, Henri se laissa déporter en Arménie (1), où il fut retenu prisonnier dans le château de Lambron. Peu de temps après, arriva le légat du pape pour régler le différend des deux frères et les réconcilier. D'abord Amaury réussit presque à lui persuader que tous les torts étaient du côté de son frère; mais le prélat pénétra bientôt l'ambition et la mauvaise foi du prince de Tyr, qui vit alors s'écrouler sous ses pieds l'échafaudage de son injuste pouvoir. Suspect au saint-siége, odieux aux habitants de Chypre, Amaury allait tomber lorsqu'il périt. Un jour on le trouva dans son cabinet, baigné dans son sang et frappé de dix coups de poignard que lui avait portés son favori Siméon du Mont Olympe. Son frère Camérin, connétable de Chypre, prétendait hériter de son pouvoir; mais toute la population, paysans, bourgeois, prêtres et nobles se prononça si vivement en faveur du roi exilé, que le connétable fut obligé de s'enfuir (1311), et que le roi Henri, tiré de sa prison d'Arménie, revint triomphalement dans son royaume, où il régna jusqu'à l'an 1324, chéri de ses sujets, vengé de ses ennemis, et plus puissant par sa résignation et sa douceur que le despotique Amaury ne l'avait été par ses violences.

RÈGNE DE HUGUES IV (1324-1359 (1)). — Henri avait épousé, peu de temps avant sa mort, Constance, fille de Frédéric, roi de Sicile; mais il ne laissa pas d'héritiers, et le trône passa après lui non pas au fils d'Amaury, que l'on méprisait à cause de son père, mais à Hugues, fils de Guy, devenu comme son père connétable de Chypre. Après la mort de son oncle Camérin, Hugues fut couronné roi de Chypre à Nicosie, dans l'église de Sainte-Sophie, et roi de Jérusalem à Famagouste (2), titre dont les rois Lusignans continuèrent à se parer. Deux faits principaux caractérisent le règne remarquable du roi Hugues IV : la prospérité commerciale du royaume de Chypre et la lutte qu'il soutint contre les États musulmans de l'Asie Mineure. La chute du royaume de Jérusalem déplaça le théâtre de cette lutte entre l'islamisme et la chrétienté. Elle fut transportée des côtes de la Syrie vers celles de l'Asie Mineure et dans l'Archipel, où les chrétiens avaient tant d'intérêts à défendre. Hugues IV guerroya sans cesse contre les successeurs d'Othman et de Caraman, qui se partageaient alors l'Asie Mineure, pour sauver de leur fureur les débris du royaume chrétien d'Arménie, comme ses ancêtres avaient combattu les soudans d'Égypte et leur avaient courageusement disputé les restes du royaume de Jérusalem.

DÉVELOPPEMENT DU COMMERCE ET PROSPÉRITÉ DU ROYAUME DE CHY-

---

(1) C'est-à-dire en Cilicie. Le nom d'Arménie s'était étendu à cette province sous les successeurs de Justinien. Séparée de l'empire grec au neuvième siècle, elle était devenue un royaume indépendant en 1147, à peu près dans le même temps que les Lusignans s'établissaient en Chypre. Livon, fondateur du royaume d'Arménie, se soumit à l'Église catholique; de sorte que la politique et la religion cimentaient l'union des deux royaumes de Chypre et d'Arménie. Les principales villes de commerce de l'Arménie étaient Lajazzo, ville capitale du royaume, Adana, Malmistra (Mopsueste), Gorhigos (Corycus).

(1) Loredano, *Hist. des Rois de Chypre*, livre VI.

(2) Depuis cette époque les rois de Chypre conservèrent l'usage de ce double couronnement. Voir dans la *Bibliothèque de l'École des Chartes*, 1re série, t. V, p. 405, une notice sur les monnaies et les sceaux des rois de Chypre, par M. de Mas-Latrie.

PRE AU QUATORZIÈME SIÈCLE. — Loin de souffrir et de s'épuiser au milieu de cette continuelle croisade, le royaume de Chypre voyait ses relations commerciales s'étendre et sa prospérité augmenter de plus en plus. « La prise de Saint-Jean-d'Acre par les Arabes, en privant les Occidentaux des marchés où ils venaient tous en sûreté chercher les productions asiatiques, eut les plus heureux résultats pour le développement du commerce et de l'industrie du royaume des Lusignans. Les marchands des grandes cités commerçantes, comme Venise, Gênes, Pise, Marseille, Barcelonne; qui parvinrent à obtenir des sultans du Caire le renouvellement de leurs priviléges dans les villes de Syrie et d'Égypte, loin d'interrompre leurs relations avec l'île de Chypre, fréquentèrent en plus grand nombre ses villes et ses ports, y instituèrent des consuls, y acquirent des immeubles, y fondèrent des établissements commerciaux pour correspondre avec leurs *fondoucs* d'Égypte ou de Turquie, et recevoir en dépôt les marchandises qu'ils étaient toujours heureux d'abriter hors de l'atteinte des musulmans. Les armateurs des villes secondaires des côtes de la Méditerranée, qui n'étaient pas privilégiées des sultans, n'osant tenter le commerce direct avec l'Égypte, que l'avidité et le fanatisme des Arabes rendait toujours périlleux, trop faibles d'ailleurs pour faire respecter leurs pavillons si loin de l'Europe, vinrent de préférence dans les villes de l'île de Chypre, à Famagouste, à Limisso, à Paphos, à Cérines, à Nicosie, dont les magasins, bien approvisionnés, remplacèrent avantageusement pour eux ceux de Saint-Jean-d'Acre, de Tyr ou d'Alep (1). »

« Un demi-siècle avait suffi, depuis la chute de Saint-Jean-d'Acre, pour placer Famagouste au premier rang des cités commerçantes de la Méditerranée ; pour l'élever au-dessus de Tyr, de Tripoli, de Sattalie, de Lajazzo, de Smyrne, de Trébisonde, de Gallipoli, de Clarentza, auparavant ses rivales, et pour partager

(1) P. de Mas-Latrie, *Des Relations commerciales et politiques de l'Asie Mineure avec l'île de Chypre sous le règne des princes de la maison de Lusignan; Bibliothèque de l'École des Chartes*, 2ᵉ série, t. Iᵉʳ, p. 313.

entre cette ville, renouvelée pour ainsi dire par les Lusignans, et les vieilles cités de Constantinople et d'Alexandrie, la suprématie du commerce d'Orient. Ni Venise la belle, ni Gênes la superbe, ne pouvaient se vanter d'avoir des marchands plus riches, des bazars mieux assortis, des approvisionnements plus considérables en productions de tous pays, des hôtelleries plus nombreuses, des étrangers venus de plus loin et de contrées si diverses. Un prêtre allemand, homme instruit et observateur, qui passait dans l'île de Chypre en se rendant au Saint-Sépulcre, vers l'an 1341, a laissé un curieux témoignage de la prospérité du pays dans le récit de son pèlerinage (1).

« Il y a dans le pays de Chypre, écrit-il à l'évêque de Paderborn, les plus généreux et les plus riches seigneurs de la chrétienté. Une fortune de trois mille florins annuels n'est pas plus estimée ici qu'un revenu de trois mille marcs chez nous. Mais les Chypriotes dissipent tous leurs biens dans les chasses, les tournois et les plaisirs. Le comte de Jaffa, que j'ai connu, entretient plus de cinq cents chiens pour la chasse. Les marchands de Chypre ont acquis aussi d'immenses richesses ; et cela n'est pas étonnant, car leur île est la dernière terre des chrétiens vers l'Orient : de sorte que tous les navires et toutes les marchandises, de quelques rivages qu'ils soient partis, sont obligés de s'arrêter en Chypre. De plus, les pèlerins de tous les pays qui veulent aller outre mer doivent descendre d'abord en cette île. De sorte que l'on peut y savoir à tous les instants de la journée, depuis le lever jusqu'au coucher du soleil, par les lettres ou les étrangers qui y viennent incessamment, les nouvelles et les bruits des contrées les plus éloignées. Aussi les Chypriotes ont-ils des écoles particulières pour apprendre tous les idiomes connus.

« Quant à la ville de Famagouste, c'est une des plus riches cités qui existent. Ses habitants vivent dans l'opulence. L'un d'eux en mariant sa fille lui donna pour sa coiffure seule des bijoux qui valaient plus que toutes les parures de la reine de France ensemble, au dire des

(1) Id., *Bibl. de l'École des Chartes*, 2ᵉ série, t. I, p. 320.

chevaliers français venus avec nous en Chypre. Un marchand de Famagouste vendit un jour au sultan d'Égypte, pour le sceptre royal, une pomme d'or enrichie de quatre pierres précieuses; une escarboucle, une émeraude, un saphir et une perle. Ce joyau coûta 60,000 florins. Quelque temps après la vente, le marchand voulut le racheter, et en offrit 100,000 florins, mais le sultan les refusa. Le connétable de Jérusalem avait quatre perles, que sa femme fit monter en agraffe; on aurait pu sur chacune d'elles trouver à emprunter 3,000 florins partout où on aurait voulu. Il y a dans telle boutique que ce soit de Famagouste plus de bois d'aloès que cinq chars n'en pourraient porter. Je ne dis rien des épiceries, elles sont aussi communes dans cette ville et s'y vendent en aussi grande quantité que le pain. Pour les pierres précieuses, les draps d'or, et les autres objets de luxe, je ne sais que vous dire, on ne me croirait pas dans notre pays de Saxe. Il y a aussi à Famagouste une infinité de courtisanes; elles s'y sont fait des fortunes considérables, et beaucoup d'entre elles possèdent plus de 100,000 florins ; mais je n'ose vous parler davantage des richesses de ces infortunées (1). »

EXPÉDITIONS DU ROI HUGUES IV CONTRE LES TURCS D'ASIE MINEURE. — Hugues IV consacra toute la première partie de son règne à combattre les infidèles, et il mérita par ses exploits, sur terre et sur mer, d'être appelé par le pape Clément VI le plus vaillant champion de la chrétienté. Toujours les armes à la main, on le voit parcourir, sur les navires chypriotes, les côtes de l'Asie Mineure et de la Syrie, donner assistance aux Arméniens, dont la situation empirait tous les jours, piller les villes maritimes des infidèles, poursuivre les corsaires, et quelquefois, débarquant à la tête de ses braves chevaliers, faire d'heureuses incursions dans l'intérieur des pays musulmans. Plusieurs places du littoral de l'ancienne Cilicie, Anamour, Sicce, Candelore, se reconnurent ses tributaires. Satalie elle-même se racheta de ses mains et lui fit hommage. L'an

(1) Rodolphe de Saxe, *De Terra Sancta et itinere Ihcrosolimitano*.

1344 le pape Clément VI, qui déploya le plus grand zèle pour les intérêts de la chrétienté en Orient, décida les Vénitiens à se joindre au roi de Chypre et aux chevaliers de Rhodes pour combattre les Turcs et défendre l'Archipel, constamment inquiété par les incursions des émirs d'Aidin et de Saroukhan. Les confédérés se réunirent à Negrepont, et, voguant hardiment vers les côtes d'Asie Mineure, ils brûlèrent la flotte turque dans le golfe de Smyrne, enlevèrent d'assaut la forteresse qui commandait cette ville, et y établirent une garnison. Les chrétiens conservèrent cette conquête pendant plus d'un demi-siècle. En 1346 Hugues IV battit les Turcs en Lydie, entre Smyrne et Alto-Logo, tandis que le grand maître de Rhodes incendiait une flotte ennemie dans le port de l'île d'Imbros. Ces brillants débuts permettaient d'attendre de cette croisade les plus beaux résultats, lorsque les opérations de la guerre furent interrompues par le départ du roi de Chypre. Les Vénitiens suivirent son exemple, et la confédération fut dissoute.

Hugues IV était fatigué de guerres et d'aventures : il n'accorda plus dès lors qu'une faible et incertaine coopération aux ligues nouvelles que le saint-siége, le plus constant défenseur de la chrétienté contre les Turcs, ne tarda pas à renouer entre les puissances maritimes de l'Occident. Toute son attention, tous ses soins furent consacrés dès lors à l'administration de ses États, dont il améliora les institutions civiles, et dont il entretint la prospérité commerciale. Une inondation qui dévasta toute la plaine de Nicosie, la peste noire, qui dépeupla Chypre comme le reste du monde, les passions impétueuses du comte de Tripoli, fils aîné du roi, qu'un amour insensé entraîna dans une lutte violente avec son père, troublèrent seules les dernières années du roi Hugues. Ce prince guerrier avait un esprit cultivé et le goût des arts et des lettres. Boccace lui a dédié un de ses ouvrages, *le Livre de la Généalogie des dieux*. Le savant Georges Lapithes jouissait de sa faveur, et le roi descendait souvent des hauteurs de Saint-Hilarion pour s'entretenir avec lui de littérature et de philosophie, à l'ombre des palmiers et des orangers, dans les délicieux jardins de Vassilia (1).

Fatigué de régner, comme autrefois il l'avait été de combattre. Hugues IV abdiqua en faveur de son fils, à qui il avait pardonné, et se retira dans l'abbaye de Strovilo pour consacrer le reste de sa vie à se préparer à la mort; il mourut en 1361, et fut enterré dans l'église de Saint-Dominique de Nicosie.

Règne de Pierre Ier (1359-1369). — Ce prince était jeune, plein de courage, chevaleresque à l'excès, et porté aux grandes entreprises. Tant que son père vécut, après son abdication, il se contint; mais à la mort du vieux roi il donna l'essor à son génie aventureux, et remplit l'Europe et l'Asie du bruit de son nom. Les Turcs-Karamans avaient détruit le royaume chrétien d'Arménie. Le roi Léon ne conservait plus que la citadelle de Gorhigos, dont la ville était en leur pouvoir. Les défenseurs de Gorhigos se donnèrent au roi Pierre, qui, libre d'agir à son gré, accepta leur hommage et leur promit son appui. L'acquisition de Gorhigos avait une double importance politique et commerciale. Les Lusignans possédaient enfin une ville fortifiée sur le littoral de l'Asie Mineure. Encouragé par ce début, Pierre entreprit de continuer ses conquêtes sur le rivage de l'Asie et de refouler les Turcs dans l'intérieur, comme autrefois les Athéniens avaient tenté d'y refouler les Perses. Le 12 avril 1361 il partit de Famagouste avec une flotte de cent dix-neuf navires, fait voile sur Satalie, et s'empare en un assaut de cette cité réputée imprenable, dont il confie la garde à Jacques de Norès. La soumission de Lajazzo et de Candelore fut le résultat de ce brillant fait d'armes, auquel toute la chrétienté applaudit.

La conquête de Satalie ranima la guerre religieuse, depuis quelque temps languissante, et remit aux prises les chrétiens avec les princes musulmans, turcs et arabes. Tacca, émir dépossédé de Satalie, appela les Turcs à son secours, et descendit des hauteurs du mont Taurus avec une formidable armée. Jacques de Norès résista avec une intrépidité héroïque. Mais le royaume de Chypre ne pouvait soutenir seul tout le poids de cette guerre; et le roi Pierre Ier se rendit en Europe pour appeler les rois et les chevaliers latins à la croisade (1362). Un fatal concours de circonstances fit traîner ce voyage en longueur (1). Les Vénitiens et les Génois, jaloux de la prospérité des Chypriotes, firent tous leurs efforts pour entraver les armements de Pierre Ier. La rivalité de la France et de l'Angleterre, les troubles d'Allemagne, les guerres de Castille et d'Aragon empêchaient les seigneurs d'Occident de s'engager dans une entreprise si lointaine. Personne ne songeait à suivre le roi de Chypre, qui, de son côté, ne pouvait se décider à quitter ces cours brillantes de France, de Flandre, d'Italie, de Pologne, de Hongrie, où il était fêté comme un héros. Il perdit trois ans dans ce voyage, qui semblait n'avoir plus d'autre objet que le plaisir. Pendant ce temps Tacca poussait vigoureusement le siége de Satalie, les navires turcs insultaient les côtes de l'île de Chypre; les musulmans parcouraient les rivages de ce royaume depuis le cap Saint-André jusqu'à Chrusocho, brûlant les habitations, enlevant les bestiaux et les hommes dans les campagnes, jusqu'aux portes des villes; enfin l'émir de Damas me-

(1) Voir *Archives des Missions*, p. 501, et *Bibliothèque de l'École des Chartes*, 2e série, t. I, p. 488, les études de M. de Mas-Latrie sur l'île de Chypre; voir sur Georges Lapithès les *Notices et extraits des Manuscrits*, t. XII, 2e partie. Ce volume contient un extrait de la dissertation d'Allatius intitulée *de Georgiis*; cet extrait est relatif à la vie et aux ouvrages de Georges Lapithès. Allatius y cite un curieux passage d'Agathangelus sur sa visite à Lapithès, qui demeurait sur les bords de la rivière de ce nom. On trouve aussi dans ce volume trois lettres de Georges Lapithès à Nicéphore Grégoras sur des questions métaphysiques, et un poëme moral de quinze cent un vers, « dont les idées, dit M. Boissonade manquent assurément de force et d'originalité, mais sont raisonnables et sages, dont le style est simple et suffisamment correct, et qui pourrait être mis avec utilité aux mains des jeunes gens qui étudient la langue grecque. »

(1) De Mas-Latrie, *Relations*, etc.; *Bibl. de l'École des Chartes*, 2e série, t. I, p. 497. Voir dans cet article les intéressants développements consacrés à l'histoire politique du règne de Pierre Ier.

naçait de joindre ses forces à celles des Turcs pour accabler les Chypriotes, que leur roi semblait avoir délaissés. Averti par des lettres pressantes de son frère le prince d'Antioche, Pierre Ier revint à des préoccupations plus sérieuses. Il réunit à Venise une escadre sur laquelle s'embarquèrent des guerriers peu nombreux, mais éprouvés, fit voile sur Rhodes, où il rassembla toutes ses forces; et avec le secours des chevaliers de Saint-Jean il tenta un coup de main hardi contre l'Égypte. Après un combat sanglant, où il fit des prodiges, le roi de Chypre s'empara d'Alexandrie, cette ville aussi peuplée que Paris, aussi belle que Venise, aussi forte que Gênes, dit un contemporain, et la livra au pillage pendant trois jours. Mais il ne put garder sa conquête; les réclamations des marchands italiens et catalans, que cette guerre privait des bénéfices du commerce d'Égypte, le contraignirent à traiter avec le Soudan du Caire (1365).

Pendant qu'il négociait la conclusion de ce traité, le roi de Chypre avait à défendre ses possessions d'Arménie contre les attaques des Turcs-Karamans. Gorhigos fut assiégée par une puissante armée. Le prince d'Antioche la dégagea au prix des plus héroïques efforts, et le grand Karaman, découragé et affaibli par les pertes qu'il avait éprouvées, demanda la paix. Un traité fut conclu à Nicosie entre les deux princes, et tant que Pierre vécut les Karamans n'osèrent plus inquiéter les Chypriotes, ni dans leur île, ni dans leurs possessions de terre ferme (1366). Mais les négociations avec le soudan d'Égypte n'aboutissaient pas : il fallait toujours rester sous les armes. Pierre, incapable de repos, attaque les côtes de Syrie, enlève Tripoli, Tortose, Bélinas, Lajazzo, et il accepte la couronne d'Arménie, devenue vacante par l'extinction de la dynastie de Livon. Ne sachant pas proportionner ses entreprises à ses forces, Pierre forme le projet de rétablir le royaume de Jérusalem et d'arracher aux musulmans toutes les villes de l'Arménie : il lève de nouvelles troupes, il équipe des flottes, il reparaît en Europe pour obtenir des subsides, et il retourne à Rhodes pour concerter avec les chevaliers un nouveau plan de croisade. Mais à son retour en Chypre, il trouve ses États dans la détresse, sa propre maison dans le désordre, et il est assailli de chagrins, absorbé par de graves préoccupations qui le forcèrent à oublier l'Arménie, le royaume de Jérusalem et l'Égypte. Au milieu de tous ces projets désordonnés, Pierre Ier avait fini par perdre l'empire de soi-même. Il s'abandonnait à la fougue de ses passions, et ses débauches irritèrent contre lui les familles chez lesquelles il répandait le déshonneur. D'ailleurs « son humeur belliqueuse et ses projets de conquête, sans cesse renaissants, avaient fini par lasser cette noblesse chypriote, brave encore, mais dégénérée et sensuelle, capable dans un moment critique de quelques généreux efforts, mais trop efféminée au sein des richesses pour supporter ces longues guerres qu'avaient autrefois soutenues les chevaliers du vieux sire de Beyrouth et de Philippe de Navarre. Pendant l'absence du prince des mécontentements s'étaient manifestés parmi la noblesse ; les propres frères du roi, le prince d'Antioche lui-même, qui avait sauvé Gorhigos, le prince Jacques, son compagnon d'armes en Égypte et en Syrie, n'avaient pas caché les dissentiments qui les divisaient souvent. Les violences auxquelles Pierre s'abandonna à l'occasion de circonstances fâcheuses qui avaient compromis la réputation de la reine, hâtèrent le dénoûment d'un complot dont la pensée remontait peut-être à l'expédition de Satalie. Le 16 janvier 1369, deux mois après son arrivée d'Occident, il périssait assassiné par les seigneurs de sa cour (1). »

Règne de Pierre II (16 janvier 1369 - 17 octobre 1382). — Jean, prince de Galilée, frère du roi, l'auteur ou le principal complice de la conspiration qui avait mis fin à ses jours, s'empara aussitôt du pouvoir, et l'exerça au nom du jeune roi Pierre II, malgré les réclamations de la reine-mère, Éléonore à qui la tutelle de son fils avait été déférée (2). Après le meurtre de Pierre, le royaume

---

(1) *Biblioth. de l'École des Chartes*, 2e série, t. I, p. 521.

(2) Loredano, *Histoire des Rois de Chypre*, t. II, p. 4, liv. VIII; *Bibliothèque de l'École des Chartes*, 2e série, t. II, p. 121, 3e article de M. de Mas-Latrie.

des Lusignans se trouvait dans la situation la plus critique : un roi en bas âge, des oncles ambitieux, une reine-mère turbulente, des partis au dedans, de nombreux ennemis au dehors, les anciennes guerres avec les musulmans, des luttes nouvelles avec une puissante ville de la chrétienté, telles sont les fâcheuses circonstances produites ou aggravées par la mort de Pierre Ier, qui arrêtent la prospérité du royaume de Chypre et le précipitent vers sa décadence.

D'abord il fallut renoncer aux projets d'agrandissement en Asie Mineure, dont l'exécution avait commencé sous le règne précédent d'une manière si brillante. L'Arménie fut abandonnée, et on laissa le roi Léon V, nouvellement élu, défendre ses dernières forteresses avec la seule assistance des chevaliers de Rhodes. Il fut même impossible de garder Satalie, la plus belle conquête du brave Pierre Ier. L'émir Tacca, qui était devenu seigneur de Candelore ou Alaïa, entretenait des intelligences secrètes avec les musulmans restés dans la ville. Un homme dévoué à l'émir, accueilli par le capitaine de Satalie, qu'il trompa en recevant le baptême, convint avec quelques Turcs de livrer une porte à Tacca, qui, survenant au jour fixé, se vit bientôt maître de quatorze tours. Toutefois, il fut repoussé ; mais la ville resta bloquée par l'armée de l'émir, qui occupait la campagne. Ce n'était pas seulement contre les musulmans que la cour de Nicosie avait à combattre pour la défense de cette importante possession : les Génois, avec cet égoïsme qui caractérise toutes les puissances commerciales, s'étaient proposé de profiter de la faiblesse du gouvernement de Pierre II, et en même temps qu'ils l'attaquaient dans ses propres États, ils interceptaient les communications entre Chypre et Satalie, pour augmenter la détresse de cette cité, et en obtenir la cession comme prix d'un accommodement. Mais leurs calculs furent déjoués ; car le roi, exaspéré par leur conduite violente et perfide, plutôt que de satisfaire leur avide ambition en leur ouvrant une place forte si rapprochée de ses États, préféra la rendre aux Turcs. Le 14 mai 1373 la ville de Satalie fut évacuée par la garnison chypriote, et la bannière de l'islamisme flotta de nouveau sur ces remparts où douze ans auparavant le victorieux Pierre Ier avait arboré l'étendard de la croix. Ces douze années avaient bien changé l'état de l'île de Chypre. « En 1361 le royaume était au comble de la prospérité et de la force : il tenait en respect l'Égypte et la Syrie, il secourait l'Arménie, il imposait des tributs aux émirs de l'Asie Mineure, il n'avait en Occident que des alliés ou des amis ; en 1373 de tous les ports des musulmans qui l'entouraient il pouvait craindre une attaque, et du côté de l'Italie la guerre était imminente (1). »

En effet, les Génois, toujours en rivalité de commerce avec Venise, et voulant acquérir dans le Levant une place de commerce d'où ils pussent faire concurrence au comptoir vénitien de Beyrouth, avaient provoqué dans Famagouste une collision qui entretenait des hostilités aussi funestes qu'un état de guerre déclaré. C'était en 1372, pendant le couronnement du jeune roi, à la suite d'une querelle de préséance entre les consuls de Venise et de Gènes, que la bonne intelligence avait été troublée entre le gouvernement des Lusignans et celui des Génois. Dans la rupture, comme dans le cours des hostilités, tous les torts furent constamment du côté de ces avides marchands que l'amour du lucre entraîna dans tous les excès de la perfidie et de la violence. En vain le pape Grégoire XI, fidèle à la politique ordinaire du saint-siège, essaya-t-il d'amener les Génois à un accommodement. Ceux-ci, qui ne s'étaient point engagés dans une telle entreprise pour reculer devant les représentations d'un vieillard désarmé, parurent sur les côtes de Chypre avec une flotte considérable, conduite par Grégoire Frégose, frère du doge de Gènes, et débarquèrent à Limisso au mois de juin de l'an 1373. Après avoir traversé l'île, et ravagé les environs de Nicosie, Frégose investit la ville de Famagouste, et s'en empara par un stratagème, au mois d'octobre de la même année (2). La ville fut livrée pendant trois jours à la fureur de la soldatesque, qui la maltraita horri-

(1) *Biblioth. de l'École des Chartes*, 2e série, t. II, p. 123.
(2) *Voy.* Loredano, II, p. 4..

blement, et pilla tout, même les richesses des églises. Puis après s'être emparé, par une indigne trahison, de la personne du roi Pierre II, Frégose marcha sur Nicosie, l'occupa huit jours, la livra comme Famagouste à toutes les horreurs du pillage, et, ne pouvant obtenir du jeune roi prisonnier qu'il lui fît ouvrir les forteresses de Cérines et de Dieu-d'Amour, il poussa la brutalité jusqu'à le souffleter de sa propre main. Le malheureux roi, outragé, dépouillé de ses États, fut contraint de consentir à une paix humiliante et de livrer au vindicatif Frégose son oncle le connétable de Chypre, qui fut emmené prisonnier à Gênes. En se retirant de l'île de Chypre, 1374, Frégose rendit la liberté au roi; mais le royaume ne se remit jamais du coup qui lui avait été porté : la flotte était anéantie, l'armée dispersée, les revenus engagés par les tributs énormes qu'exigèrent les Génois avant d'évacuer toutes les places dont ils s'étaient emparés, excepté Famagouste.

Dans cet état de misère et de délabrement, le royaume des Lusignans serait devenu la proie de quelqu'un des émirs de l'Asie Mineure, et surtout de Tacca, le plus acharné à sa ruine, si la crainte des chevaliers de Rhodes d'un côté, et des sultans ottomans de Brousse de l'autre, n'eût préoccupé ces émirs du soin de leur propre défense. Le royaume de Chypre vécut encore un siècle, parce que personne ne se présenta pour lui donner le coup de mort. Aux misères publiques se joignent à cette époque les désordres et les crimes des princes de la famille royale. La reine Éléonore faisait assassiner le prince Jean, oncle du roi, qui laissa tuer volontiers le meurtrier de son père. La dépravation des mœurs avait fait d'effrayants progrès, et rappelait celle des temps anciens. L'exemple des nombreux assassinats commis à la cour avait répandu de tous côtés l'habitude du meurtre, et on ne se faisait plus justice que par le poignard (1). Faible au dehors, méprisé au dedans, Pierre II crut se relever et s'affermir en épousant Valentine Visconti, fille de Jean Galéas 1er, duc de Milan, qui avait fondé dans l'Italie septentrionale un puissant État, et dont il espérait se faire un appui contre les Génois. Ce mariage augmenta encore les troubles de la famille royale. Éléonore et Valentine devinrent ennemies mortelles, comme il arrive souvent entre bru et belle-mère; et, après les plus violentes querelles, la reine mère céda la place à la jeune princesse, et se retira en Aragon. Pierre II commençait à espérer qu'il allait enfin trouver la tranquillité dans son palais, lorsqu'il fut atteint d'une maladie qui l'emporta en quatre mois, à l'âge de vingt-six ans. Il en avait régné onze. Il ne laissait pas d'enfants, et fit héritière de tous ses biens sa sœur Marie, femme de Jacques de Lusignan, comte de Tripoli.

RÈGNE DE JACQUES Ier (1382-20 septembre 1398). — Après la mort du roi, il fut longtemps délibéré dans l'assemblée de la haute cour sur l'élection de son successeur. Deux partis étaient en présence; l'un reconnaissait les droits de la sœur du feu roi, et voulait mettre la couronne sur la tête de son époux, Jacques de Lusignan, comte de Tripoli; l'autre soutenait les prétentions plus fondées du connétable, oncle du roi, dont on n'osait contester les droits que parce qu'il était encore retenu prisonnier à Gênes. Enfin la jeune reine Valentine Visconti avait aussi ses partisans, qui espéraient faire tourner à son avantage le conflit suscité entre les héritiers du nom de Lusignan. Mais leurs intrigues furent déjouées; et la haute cour proclama roi Jacques Ier, ancien connétable de Chypre, à qui les Génois permirent d'aller prendre possession de son royaume, moyennant un traité avantageux. Les principales conditions de ce traité furent que les Génois retiendraient la ville de Famagouste et deux lieues de pays aux environs, avec les gabelles de la mer pour cent mille ducats, qu'ils auraient le droit d'exercer toutes sortes d'arts dans toute l'île, et qu'ils jouiraient de tous les priviléges qui étaient accordés aux Chypriotes. Jacques Ier, pressé d'aller jouir du titre de roi, consentit à ce traité, qui le forçait à partager son royaume avec la république de Gênes (1).

---

(1) Voy. l'histoire de Tibat dans Loredano, t. II, p. 84, et *Biblioth. de l'École des Chartes*, t. II, p. 457, 2e série.

(1) Loredano, l. IX, t. II, p. 108.

La situation extérieure du royaume de Chypre n'était guère plus brillante. De toutes les conquêtes de Hugues IV et de son fils en Asie Mineure, il ne restait au roi Jacques que le château de Gorhigos. Les hautes et puissantes fortifications de ce château en rendaient la conservation facile; la sûreté de son mouillage et son heureuse situation vis-à-vis de l'île de Chypre amenaient toujours de nombreux navires dans son port. Aussi les Lusignans, au milieu de leurs désastres, ne négligèrent jamais de pourvoir à sa défense; mais si cette place resta encore longtemps en leur pouvoir, les Lusignans le durent moins à leurs moyens de défense qu'aux graves événements dont l'Asie Mineure était alors le théâtre, et qui détournaient ailleurs l'attention des princes de Caramanie. La puissance des sultans ottomans de Brousse n'avait cessé de grandir; et elle avait absorbé presque toutes les principautés d'Asie Mineure par des mariages, des achats, des soumissions volontaires ou des victoires. Des dix principautés formées de l'empire d'Iconium, il ne restait plus à soumettre que celle de Caramanie au moment où Bajazet fut reconnu sultan. La guerre éclata entre les Ottomans et les Caramans. Ala-Eddin fut vaincu par Bajazet, qui réunit la Caramanie à son empire l'an 1392. La soumission de l'Asie Mineure fut complétée par la défaite du prince de Castamouni, dans l'ancienne Cappadoce; et il ne resta plus aux chrétiens dans cette contrée que Smyrne et Gorhigos. Bajazet, détourné sans doute par des soins plus importants, ne songea pas à reprendre cette dernière place, et le roi Jacques Ier en conserva la paisible possession.

Non-seulement, dans cette nouvelle période de leur histoire, les Lusignans avaient renoncé à toute hostilité contre les Turcs, mais il s'etait même établi des relations amicales entre les puissants souverains de Brousse et la petite cour de Nicosie. Aussi, après la bataille de Nicopolis, où Bajazet dispersa l'armée chrétienne qui était venue l'attaquer en Hongrie, quand on traita du rachat des vingt-cinq prisonniers qui appartenaient aux plus illustres familles de France, on s'adressa au roi de Chypre pour qu'il travaillât à apaiser Bajazet et à l'amener à un accommodement (1). Jacques Ier se chargea volontiers d'entamer cette négociation; il tenait à témoigner sa bonne volonté envers la France, pour se concilier la faveur de la cour et de la noblesse de ce royaume et s'en faire un appui contre les Génois. Il envoya à Brousse une ambassade composée des plus nobles chevaliers de l'île de Chypre. Le chef de cette députation offrit au sultan de la part du roi Jacques un riche drageoir en or, représentant un navire, et valant dix mille ducats. C'était un chef-d'œuvre de l'orfèvrerie de Nicosie, assez florissante dès le treizième siècle pour être constituée en maîtrise par les Lusignans. « Et étoit ladite nef d'or tant belle et bien ouvrée que grand plaisir étoit à regarder. Et la reçut et recueillit ledit Amorat (c'est le nom que les chroniqueurs du temps donnent à Bajazet). A grand gré il demanda au roi de Chypre que lui feroit valoir au double en amour et en courtoisie. » Le succès de ces premières démarches eut pour effet de dissiper les préventions que l'on avait en France contre le roi Jacques, dont on n'ignorait pas le consentement criminel au meurtre de son frère Pierre Ier. Satisfait des témoignages de confiance qu'on lui prodigua, il continua ses bons offices, et contribua puissamment à activer la conclusion du traité qui rendit à la liberté le comte de Nevers et ses compagnons, vers le milieu de l'an 1397, moyennant une rançon de deux cent mille ducats, dont les seigneurs Génois d'Abydos, de Lesbos et de Chio furent les principaux garants. Le 7 janvier 1398 le sire de Beyrouth, neveu du roi Jacques et son ambassadeur en France, signait à Paris un traité d'alliance avec Amanieu d'Albret, mandataire de Charles VI, par lequel le royaume de Chypre était réconcilié avec la France, et par conséquent replacé dans l'amitié des princes de l'Occident. Néanmoins les Lusignans conservèrent leurs relations pacifiques avec les Ottomans, et, autant par politique que par impuissance, s'abstinrent d'entrer dans la nouvelle confédération que les États chrétiens organisèrent contre eux après la délivrance des prisonniers. Le roi Jacques ne songeait qu'à relever la prospérité de

(1) Froissart, l. IV, c. xv.

son royaume par une sage administration, lorsque la mort l'enleva dans la soixante-quatrième année de son âge, en septembre 1398.

RÈGNE DE JANUS (20 septembre 1398-28 juin 1432). — « Le fils aîné du roi Jacques Iᵉʳ, qui le remplaça sur le trône, s'appelait non pas *Jean*, comme on le nomme ordinairement, mais *Janus*; et ces noms, souvent confondus, doivent être cependant distingués. Il suffit de citer parmi les personnages qui ont porté le dernier, soit en Italie, où il était fort commun, soit dans le royaume de Chypre, où il fut aussi en usage, Janus de Campo Fregoso, doge de Gênes, Janus de Montolif, maréchal de Chypre, et de rappeler que des trois enfants naturels de Jacques le Bâtard, l'un s'appelait Jean et l'autre Janus, prénom que l'on écrivit aussi *Gen*, deux formes du nom de la ville de Gênes, *Janua* et *Genua*, d'où il dérive (1). »

Janus monta sur le trône à l'âge de vingt-quatre ans. Actif, brave, bien intentionné, ce prince paraissait destiné à relever le royaume de l'abaissement où il était tombé; et cependant son règne fut encore plus désastreux que celui de ses prédécesseurs. Les débuts de son administration avaient donné de belles espérances. La prospérité de l'île semblait renaître; Limisso, entouré de bonnes fortifications, devenait le centre d'un commerce considérable, et remplaçait Famagouste comme marché et comme boulevard du royaume. Toute son ambition était de reconquérir Famagouste, et d'expulser les Génois de l'île de Chypre, où leur présence était à la fois pour les Lusignans une honte et un fléau. « Mais les Génois, inquiets des projets du roi, suscitèrent contre lui la vengeance des Mamelouks; et l'an 1425 une invasion égyptienne délivra Gênes de ses craintes, en portant la dévastation dans les États de Janus(2). Limisso fut ravagée,

(1) *Bibl. de l'École des Chartes*, t. V, page 126; *Notice sur les monnaies et les sceaux des rois de Chypre*, par M. de Mas-Latrie.

(2) Je laisse la responsabilité de cette grave accusation à M. de Mas-Latrie, *Bibl. de l'École des Chartes*, t. II, p. 135, 2ᵉ série, qui en produira certainement les preuves

Nicosie emportée, tout le pays livré au pillage, Janus lui-même vaincu sur le champ de bataille de Chéirochitia, au sud de l'Olympe, fait prisonnier et conduit au Caire. Abattu par ses désastres, le roi accepta toutes les conditions que l'on mit à son rachat; il se soumit à un tribut, que ses successeurs payèrent aux sultans d'Égypte jusqu'à la fin de leur règne; il promit de ne plus faire la guerre aux Sarrasins; il engagea de nouveaux revenus pour l'acquittement de la dette des Génois, lèpre funeste que les Lusignans se transmettaient de règne en règne depuis Pierre II, et qui dévorait dans leur germe les ressources les plus précieuses du royaume. Il licencia les chevaliers venus à son aide de France et d'Aragon, il désarma ses dernières galères, et ne pensa plus qu'à mourir en paix avec tous ses voisins. » Dans les cinq années qui s'écoulèrent depuis son retour de la captivité jusqu'à sa mort, les frais énormes de sa rançon le jetèrent dans une telle détresse, qu'il avait à peine de quoi s'entretenir, non-seulement en roi, mais en simple particulier. Cette misère remplit ses derniers jours d'amertume, et hâta la fin de sa vie; il mourut en juin 1432, à l'âge de cinquante-six ans, et fut enseveli dans l'église de Saint-Dominique de Nicosie.

RÈGNE DE JEAN II (1432 - 26 juillet 1548). — Ce prince n'avait point encore atteint l'âge de régner; mais la reine mère, Charlotte de Bourbon, hâta la cérémonie de son couronnement, pour ôter tout prétexte à l'ambition des oncles du jeune roi. Jean II fut proclamé, selon l'usage, roi de Chypre, de Jérusalem et d'Arménie : de ces trois royaumes il n'en possédait effectivement qu'un seul, et encore les Génois le partageaient avec lui.

La reine mère gouverna pendant deux ans avec habileté et prudence. Plus que jamais les rois de Chypre étaient tombés dans l'impuissance de rien entreprendre au dehors; et la nécessité leur imposait une politique timide, conforme à l'humilité de leur fortune. Tous leurs efforts tendaient à trouver des alliés puissants pour les opposer aux puissants

dans sa grande *Histoire des Rois de Chypre de la maison de Lusignan*.

ennemis qui les menaçaient. Au commencement du quinzième siècle l'Asie Mineure avait vu s'accomplir de grands événements : Tamerlan avait vaincu Bajazet, et les émirs dépouillés par l'Ottoman avaient été rétablis dans leurs États. Cette catastrophe, qui ajourna d'un demi-siècle la fondation définitive de l'empire des Turcs, n'eut aucun effet fâcheux pour le royaume de Chypre, qui resta en paix avec le grand Karaman. Janus entretint avec soin cette alliance, qui pouvait le couvrir contre de nouvelles tentatives de la part des Égyptiens; et à l'avénement de Jean II on se hâta d'envoyer une ambassade à Ibrahim-Beg, prince de Konieh, pour renouveler les anciens traités. Un gentilhomme français, Bertrandon de la Brocquière, premier écuyer-tranchant de Philippe le Bon, duc de Bourgogne, revenait alors du pèlerinage de Terre Sainte à travers l'Asie Mineure. Il rencontra l'ambassade à Larendah, vers la Toussaint de l'an 1432, et l'accompagna jusqu'à Konieh, dont il donne dans sa relation une description intéressante (1). Il assista à l'audience que le Karaman accorda aux ambassadeurs de Chypre. Il les entendit qui disaient au prince en lui remettant la lettre du roi Jean II : « Que son père étoit mort, et qu'il envoyoit devant lui pour le visiter et savoir s'il vouloit entretenir la paix qui estoit paravant entre son dit père et luy et leur païs. » Il fut témoin que l'émir, tout en restant dans des termes assez vagues, assura les seigneurs de Chypre du maintien de la paix.

Mais avec toute espèce d'ennemi, et surtout avec les musulmans, on n'est jamais assuré de la paix, quand on ne peut pas faire vigoureusement la guerre. Depuis la mort de Pierre Ier les Lusignans faisaient la triste expérience de cette vérité, et leurs règnes se passaient dans des périls, des alarmes et des capitulations continuelles. En 1444 le seigneur de Candelore prépara un armement pour faire la conquête de l'île de Chypre, et ne renonça à ce projet que par crainte des chevaliers de Rhodes.

(1) *Voyage de Bertrandon de la Brocquière en la terre d'Oultremer*, l'an 1432; manuscrit de la Bibl. Nat. Voir *Bibliot. de l'École des Chartes*, 2e série, t. II, p. 136.

Quatre ans après, le grand Karaman, réconcilié avec le sultan de Caire, réunissait à Stalimuri ou Anamour, sur le canal de Cérines, un armement considérable, soit pour conquérir, soit pour rançonner le royaume de Chypre. C'en était fait dès lors de la royauté des Lusignans, que le faible Jean II était incapable de défendre, sans l'énergique intervention des Hospitaliers, qui menacèrent le Karaman d'une déclaration de guerre s'il persistait dans sa résolution. Ce prince promit de respecter l'île de Chypre, et d'éloigner ses troupes de la côte; mais pour ne pas perdre les frais de son armement il s'approcha de Gorhigos, en novembre 1448, et cette place lui fut livrée par les soldats de la garnison. Il y avait plus de quatre-vingts ans que les Chypriotes occupaient cette importante position, et non-seulement ils ne savaient plus s'armer pour la défendre, mais il se trouvait parmi eux des traîtres qui en ouvraient les portes à l'ennemi.

La cour, comme la nation, tout était également tombé dans cette dégradation morale qui précède et prépare la chute des empires; le roi Jean II était un prince lâche, incapable et de mœurs dissolues. Il épousa Hélène Paléologue, fille de Théodore, despote de Morée. Cette femme ambitieuse s'empara du pouvoir, et Jean, qui ne tenait qu'à ses plaisirs, la laissa maîtresse des affaires. Hélène était gouvernée par sa nourrice; celle-ci était dominée par son fils, et tout dépendait du caprice et des passions de ce jeune homme, ignorant et vicieux. Laissons de côté la repoussante histoire de cette cour corrompue, dont les désordres et les crimes préparaient au royaume de Chypre un si déplorable avenir. Enhardi par la faiblesse du roi et par les divisions qui déchiraient la famille royale et la noblesse, Louphtou-Beg, seigneur de Candelore, menaça de nouveau l'île de Chypre. Tandis que Jean II, incapable de sortir de son inertie ordinaire, se renfermait dans le château de Cérines, le grand maître de Rhodes envoyait une escadre dans les mers de Syrie, et forçait Louphtou-Beg à conclure, le 7 septembre 1450, sous la garantie de l'ordre des Hospitaliers, un traité de paix et de commerce avec le roi de Chypre. Ainsi la dynastie des Lusignans ne devait la prolongation de son existence qu'à l'active protection des chevaliers de Rhodes. On sentait que le royaume de Chypre allait échapper des mains débiles qui n'en pouvaient plus tenir les rênes. Gênes, l'Égypte, les émirs de l'Asie Mineure, peut être les chevaliers de Rhodes épiaient le moment favorable pour s'emparer de cette riche proie. Aucun d'eux ne l'obtint; ce fut Venise qui recueillit l'héritage des Lusignans.

RÈGNE DE CHARLOTTE ET DE LOUIS DE SAVOIE (26 juillet 1458). — Jean II avait eu de son mariage avec Hélène une fille, la princesse Charlotte, qui était sa légitime héritière. Mais toute sa tendresse s'était portée sur Jacques, son fils naturel. Cependant à sa mort Charlotte fut reconnue reine de Chypre, et elle partagea le trône avec son mari, Louis de Savoie, prince médiocre, qui ne lui fut d'aucun secours dans la guerre civile que l'ambition de Jacques le Bâtard ne tarda pas à allumer. En effet Jacques, forcé de quitter le royaume, après le couronnement de sa sœur, se rendit au Caire, demanda une audience au soudan, et, s'adressant à ce prince, comme au suzerain du royaume de Chypre, il le supplia de le mettre en possession d'un trône dont il se prétendait injustement dépouillé. Jacques n'était qu'un ambitieux, déjà souillé de crimes; mais sa jeunesse, sa beauté, ses manières nobles et aisées, ses vices brillants, le rendaient agréable à tout le monde. Le soudan, flatté de cet acte de soumission, dont il n'avait pas à apprécier la bassesse, le couronna roi de Chypre, et lui donna quatre-vingts vaisseaux et de bonnes troupes pour soutenir ses prétentions.

RÈGNE DE JACQUES II (septembre 1460-6 juin 1473). — A la tête de ce puissant armement, Jacques débarque au port de Constance, près de Famagouste, et le plus grand nombre des Chypriotes se déclarent pour lui. Alors la confusion est au comble. Les Sarrasins pillent le royaume au nom du roi Jacques; les Génois le dévastent pour leur propre compte. Louis de Savoie défend mollement le trône de sa femme Charlotte; et chassé de position en position il va se jeter dans le château de Cérines, où Jacques, maître de Nicosie et du reste de l'île, vint bientôt l'assiéger. Mais il n'y tint pas longtemps; il s'échappa par mer, et revint en Piémont. Cependant Charlotte, plus résolue, passe en Italie, rassemble quelques soldats, débarque hardiment à Paphos, dont elle s'empare, traverse toute l'île, couverte de bandes de Sarrasins, de Catalans, et ravitaille la forteresse de Cérines. Vains efforts! les ressources lui manquent, les peuples l'abandonnent, elle s'éloigne, le cœur navré, et la forteresse de Cérines se rend au roi Jacques le 25 avril 1464.

Jacques s'était emparé du trône par d'odieux moyens; mais il ne se montra pas indigne de régner. Il reprit Famagouste aux Génois, qui l'occupaient depuis quatre-vingt-dix ans. Cette conquête, tant de fois tentée et abandonnée par ses prédécesseurs, affermit son pouvoir et parut le légitimer. Il acheva de gagner les cœurs par ses manières affables, par son attention à ménager l'argent de ses sujets, et à l'égard de ses ennemis par un heureux mélange de fermeté et de clémence. Loredano fait de ce roi un éloge complet, et l'égale aux plus grands de sa race. Mais l'écrivain vénitien est prévenu en faveur du prince que sa patrie avait adopté et dont elle hérita. Il l'est également, par la même raison, contre Charlotte, sa sœur et sa rivale, qu'il efface trop dédaigneusement de ses récits. Et cependant l'histoire témoigne de l'héroïsme et du grand cœur de cette princesse, qui lutta si énergiquement contre la fortune de l'heureux bâtard qui la détrôna. En effet, la reddition de Cérines ne l'a pas découragée; elle court à Rhodes, elle ouvre des négociations avec les Hospitaliers, avec les Génois, avec le sultan de Constantinople; elle tente de mettre dans son parti l'amiral et la flotte de Venise envoyée pour soutenir son adversaire; puis, quand elle se voit délaissée, ruinée, quand ses partisans sont battus ou bannis, que la Savoie la repousse, que les princes de l'Europe restent sourds à ses prières; quand elle a perdu l'unique enfant à qui elle pût laisser la couronne, elle adopte un fils du roi de Naples; elle se rend au Caire avec lui, et entreprend de changer la politique du soudan; enfin, quand le sort fait échouer toutes ses généreuses tentatives, accablée de souffrances et de peines, elle vient mourir à Rome, à l'âge de quarante-neuf ans, auprès du Vatican, où avaient toujours été ses plus fidèles amis, et de la basilique de Saint-Pierre, où ses restes reposent encore (1).

L'appui de Venise avait rendu inutiles tant d'efforts et de persévérance : le trône de Jacques était affermi ; Gênes avait perdu le poste important de Famagouste, et l'influence des Vénitiens augmentait de jour en jour dans le royaume et sur le roi Jacques, qu'ils entraînèrent dans la ligue formée par les princes chrétiens contre les Ottomans. Jacques renonça à la politique suivie par ses prédécesseurs, et l'on vit les galères chypriotes combattre sur les côtes de l'Ionie et de la Pamphylie à côté des navires Vénitiens, sous les ordres du généralissime Pierre Mocenigo, qui renouvela dans ses brillantes campagnes de la guerre de 1470 les exploits de Hugues IV et de Pierre Ier. Le mariage de Jacques avec Catherine Cornaro avait resserré les liens de son union avec la république de Venise. Ce mariage fut conclu par le sénat vénitien avec une solennité extraordinaire. Le sénat délibéra sur cette alliance, l'approuva par un décret, adopta la jeune Catherine, et la déclara fille de la république vénitienne, sachant bien que la mère survivrait à sa fille et qu'elle en hériterait. Tout se passa comme l'avaient prévu les fins politiques du sénat de Saint-Marc. Catherine devint reine de Chypre en 1471. Une foule de Vénitiens s'y installèrent à sa suite. Il semblait déjà qu'ils fussent maîtres de l'île. Deux ans après Jacques mourut (1473). Il laissait sa femme enceinte. Elle accoucha d'un fils : on l'appela Jacques, comme son père. Il fut reconnu roi ; Catherine eut la régence, les Vénitiens le pouvoir réel. Ce furent eux qui réprimèrent les complots des partis : tout était tranquille sous leur domination, et cette situation aurait pu se prolonger longtemps si la mort n'eût enlevé le petit prince le jour même qu'il achevait sa deuxième année (1475).

L'ÎLE DE CHYPRE PASSE SOUS LA DOMINATION DES VÉNITIENS. — La mort du petit roi Jacques devait changer entièrement la situation politique de l'île de Chypre, et la faire retomber, après trois siècles d'indépendance, sous la domination étrangère. Il y avait longtemps que ce royaume avait cessé d'être le boulevard de la chrétienté contre les Turcs, qu'il ne se défendait plus par ses propres forces et qu'il était tombé en tutelle. L'extinction de la dynastie des Lusignans le livra aux mains de la puissance qui le protégeait alors, et qui le préserva encore pendant un siècle de l'invasion des Ottomans. En effet, tout était prêt à la mort du roi enfant pour l'accomplissement de cette réunion que préparait de loin la politique prévoyante de l'aristocratie vénitienne. Les Chypriotes auraient bien voulu se maintenir au rang de royaume indépendant ; et ils désiraient l'exécution du testament du roi Jacques, qui appelait à la succession ses enfants naturels. Mais les Vénitiens étaient maîtres du pays par la précaution qu'avait prise Mocenigo de s'assurer les forteresses, et par la présence de Loredano et de sa puissante flotte. Toute la noblesse chypriote était depuis longtemps tenue dans la dépendance et l'abaissement. Il fallut continuer à obéir à la reine Catherine, qui, obsédée par les Vénitiens, consentit à renoncer à son royaume en faveur de la république (1). Le sénateur Georges Cornaro, son frère, fut chargé d'obtenir d'elle l'acte d'abdication. Il lui représenta si vivement les dangers auxquels l'exposait l'esprit séditieux de ses sujets, et l'ambition menaçante des Turcs, qu'elle abandonna ce trône si chancelant et si périlleux pour la souveraineté, moins brillante mais plus paisible, de la ville d'Asolo, que le sénat lui cédait en compensation. L'impuissance des Chypriotes était trop grande pour qu'ils pussent s'opposer à l'installation du gouvernement vénitien, et tout ce qu'ils purent obtenir fut une promesse formelle que le sénat de Venise les gouvernerait selon les lois fondamentales des *Assises*. L'an 1489, la reine Catherine s'embarqua pour Venise avec son frère Georges Cornaro et les trois fils naturels de Jacques, qu'il eût été impru-

---

(1) *Bibl. de l'École des Chartes*, t. V, p. 434.

(1) Dominique Jauna, *Histoire générale des Royaumes de Chypre, de Jérusalem, d'Arménie et d'Égypte*, t. II, l. XXIII, c. II.

dent de laisser dans l'île. Le doge Augustin Barbarigo, accompagné de tout le sénat, monta sur le Bucentaure pour aller au-devant de cette princesse. Catherine fut conduite en triomphe à l'église de Saint-Marc, où elle présenta au doge la figure de l'île de Chypre en argent, et en reçut en échange celle de la petite ville d'Asolo. Après quelques mois de séjour à Venise, l'ancienne reine de Chypre se retira dans sa résidence d'Asolo, où elle vécut jusqu'à une vieillesse très-avancée, entourée de toutes les pompes et de tous les honneurs de la royauté. Deux ans auparavant, 1487, la reine Charlotte était morte à Rome, en faisant une donation solennelle du royaume de Chypre à Charles duc de Savoie, avec le titre et la qualité de roi, pour lui et tous ses successeurs. Depuis cette époque les princes de la maison de Savoie ont pris le titre de rois de Chypre.

ÉTAT DE L'ÎLE DE CHYPRE SOUS LA DOMINATION VÉNITIENNE. — Le sénateur François Priuli, chargé par la république d'organiser le gouvernement de l'île après le départ de la reine Catherine, donna sur-le-champ l'ordre de démanteler les châteaux royaux de Saint-Hilarion ou Dieu-d'Amour, de Kantara, de Buffavent, de Cave, de Potamia, et de Sigouri, qui exigeaient des garnisons trop considérables. Il vendit aux plus offrants les titres et les fiefs de la couronne, dans l'intention d'abaisser la noblesse chypriote; celle-ci vit s'élever à son niveau des parvenus sans naissance, que le sénat vénitien lui opposait pour la tenir en échec. Cependant, au dire du père Lusignan, « les Vénitiens ont toujours gouverné l'île de Chypre selon les *Assises de Hiérusalem*, ayant les nobles en grande réputation, lesquels le sénat appeloit confédérés et non subjects, pour ce qu'ils n'avoient pas acquis le païs par force, mais par amitié (1). » Le père Lusignan devait regretter la domination vénitienne, qui avait reculé de quatre-vingts ans l'assujettissement de sa patrie par les Turcs, et ses regrets étaient d'autant plus vifs qu'il avait vu l'affreuse catastrophe dans laquelle l'indépendance de Chypre avait succombé. Sous le gouvernement de Venise Chypre conserva les institutions civiles et judiciaires des Lusignans. Elle perdit seulement la liberté politique. Le gouvernement civil et l'administration furent confiés à un lieutenant et à deux conseillers, qui s'appelaient tous trois les recteurs ou régents. L'autorité militaire était confiée au provéditeur, et les finances à deux camerlingues ou chambellans. Le sénat changeait ces officiers tous les deux ans. Il maintint l'ancienne division du pays en douze districts, avec les mêmes limites qu'au temps des rois Lusignans. On établit dans chaque district ou contrée un capitaine avec une compagnie de trois cents hommes pour garantir l'ordre et assurer la défense du pays. Outre ces douze compagnies, le sénat entretenait mille cavaliers Albanais ou Épirotes pour la garde des côtes, dont on avait conservé les fortifications, tandis que toutes celles de l'intérieur furent détruites. Par la sagesse de ses mesures et l'habileté de son administration, le sénat put tirer d'abondants revenus de l'île de Chypre, et en rendit l'acquisition très-lucrative pour la république. On en retirait tous les ans un million d'écus d'or, outre toutes les dépenses nécessaires pour l'entretien des officiers et la solde des troupes qui la gardaient : de plus huit mille écus d'or pour le tribut du soudan, que le sénat paya ensuite à la Porte lorsque le sultan Sélim eut conquis l'Égypte.

La noblesse chypriote, après avoir fait quelque bruit, et montré de mauvaises dispositions contre le gouvernement vénitien, finit par s'y accoutumer insensiblement, ainsi que le peuple, et se calma tout à fait. Elle se plongea dans l'oisiveté et la mollesse, heureuse de n'avoir plus à combattre pour sa défense et celle de la chrétienté. Pendant presque tout le cours du seizième siècle, l'île de Chypre semble sommeiller au sein d'une paix profonde, d'où elle devait être arrachée par un terrible réveil. Les seuls événements de son histoire à cette époque sont les grands fléaux naturels qui la frappèrent, et qui se montrèrent alors plus fréquents et plus extraordinaires que jamais. En 1492 un tremblement de terre ébranla toute l'île, fit de grands ravages et renversa une partie de l'église de Sainte-Sophie, cathédrale de Nicosie,

(1) Lusignan, *Description de toute l'isle de Chypre*, p. 213.

En 1542 les tremblements de terre recommencèrent, et furent suivis de l'invasion des sauterelles, qui s'abattirent en si grand nombre sur l'île qu'elles la dépouillèrent de toute sa végétation. Les habitants de Chypre furent nourris par d'immenses convois de vivres qu'on y importa. En 1547 tout le pays fut désolé par des pluies extraordinaires, qui changèrent toutes les rivières en torrents, et la disette fut aussi grande qu'après le fléau des sauterelles. En 1565 une cause différente produisit la même calamité. La sécheresse fut telle, que les terres ne produisirent presque rien, et encore cette faible récolte fut-elle exportée par les administrateurs vénitiens, hommes avides, empressés de réaliser de gros bénéfices. Cette fois la famine fut si grande et la souffrance du peuple si cruelle, que, sortant de leur résignation apathique, les Chypriotes se soulevèrent, assiégèrent les régents dans leurs propres maisons, où ils les auraient assommés sans l'intervention des nobles de Nicosie, qui obtinrent des régents qu'ils ouvriraient leurs magasins au public.

PRÉPARATIFS DE DÉFENSE CONTRE LES TURCS. — Mais le plus grand danger de l'île de Chypre venait des progrès effrayants de la puissance ottomane, qui s'était considérablement agrandie en Asie et en Afrique, et au milieu de laquelle cette île était comme enclavée. Souvent les galères turques avaient insulté ses côtes, et préludé par des ravages partiels à la grande entreprise qui allait s'accomplir. Du vivant même de Soliman le Grand, son fils aîné, Sélim 1er, nommé gouverneur de la Caramanie, avait fait comprendre aux Vénitiens, par ses préparatifs et son attitude aggressive, tout ce qu'ils avaient à craindre pour leur lointaine et précieuse possession. Regardant la guerre comme inévitable, le sénat résolut de mettre l'île en état de se défendre. Toutes les forteresses de l'intérieur avaient été démantelées ; celles des côtes, excepté Famagouste, étaient dans un grand délabrement. La république envoya Jules Savorniani, habile ingénieur, d'une noble famille vénitienne, pour relever toutes les fortifications qu'il jugerait nécessaire de rétablir, avec ordre de hâter les travaux et de profiter de l'absence de Soliman, qui faisait alors la guerre en Hongrie à l'empereur Maximilien II (1566). Savorniani, accompagné d'une commission d'ingénieurs qu'on lui avait adjoints, parcourut l'île d'un bout à l'autre, et ne trouva que les deux places de Cérines et de Famagouste en état de résister à une surprise, mais non à un siége régulier. Il fit non-seulement réparer et augmenter les fortifications de ces deux villes, mais il résolut de mettre Nicosie en état de défense, et il confia aux nobles et aux habitants de la ville l'exécution de ces grands travaux. Ceux-ci, persuadés de l'éminence du danger, mirent à sa disposition leurs biens et leurs personnes, et le secondèrent activement. Savorniani fit abattre les anciens murs de Nicosie et les maisons adjacentes; il en réduisit la circonférence d'un quart, divisa cette nouvelle enceinte en onze bastions, et n'y laissa que trois portes, au lieu de huit qu'elle en avait auparavant. Ayant choisi onze des plus riches et des plus puissants seigneurs de l'île, il leur confia le soin de conduire les travaux, leur pourvoir à la dépense, et permit à chacun d'eux de donner son propre nom au bastion qu'il devait construire. L'habile Savorniani fut parfaitement secondé par le zèle des Chypriotes, et en moins de six mois Nicosie, entourée de bonnes murailles en pierres de taille, bien terrassées, avec un large et profond fossé, et un chemin couvert, paraissait en état d'offrir à ses habitants un asile inexpugnable. Du fond de la Hongrie, où il faisait aux Impériaux une guerre impitoyable, Soliman jura de châtier Venise de l'audace qu'elle avait eue de fortifier contre lui-même une province qui relevait de son empire. Mais la mort, qui le surprit au siége de Zigeth, le dispensa d'accomplir son serment, que son fils Sélim se chargea d'exécuter.

COMMENT LE SULTAN SELIM II SE DÉTERMINE A ENTREPRENDRE LA CONQUÊTE DE L'ÎLE DE CHYPRE (1). —

(1) Voir pour cette guerre : Gratiani, *Histoire de la Guerre de Chypre*, écrite en latin, et traduite en français par Lepeletier, in-4°, 1701 ; Dapper, *Description de l'Archipel*, p. 79; Jauna, *Hist. de Chypre*, etc., liv. XXIV et XXV; *La vraye et très-fidèle Narration du succès des assaults, défense et prinse du royaume de Cypre*, par Père Ange Calepien de

Dans les premières années de son règne, Sélim, embarrassé par la guerre de Hongrie et par une révolte des Arabes de l'Yémen, fut obligé d'ajourner l'exécution de ses desseins contre l'île de Chypre. Mais dès que la tranquillité fut rétablie à l'orient et à l'occident de son empire, il songea sérieusement à rompre avec Venise et à étendre son empire aux dépens des puissances chrétiennes de la Méditerranée. Sélim avait accordé toute sa confiance à un juif portugais, nommé dom Miguez ou Joseph Nassy; cet homme, qui s'était fait chrétien et qui était retourné à la religion juive, s'était rendu agréable à Sélim, avant son avénement au trône, par ses prêts d'argent et sa complaisance pour tous les vices du jeune prince, à qui il procurait les meilleurs vins du Levant, et surtout ceux de l'île de Chypre. Peu scrupuleux sur l'observation des préceptes du Coran, Sélim avait un penchant décidé pour l'ivrognerie, et il se laissa facilement persuader par les propos de son favori à préparer la conquête de l'île qui produisait les vins délicieux qu'il aimait tant (1). Un jour, dans l'effusion produite par de copieuses libations de vin de Chypre, Sélim, se tournant vers le juif, qui était devenu son favori et le compagnon de ses plaisirs, s'écria : « En vérité, si mes désirs s'accomplissent, tu deviendras roi de Chypre. » Ces paroles, prononcées au sein de l'ivresse, remplirent Joseph Nassy d'espérances si ambitieuses, qu'il fit suspendre dans sa maison les armes de Chypre avec cette inscription : « Joseph

Cypre, de l'ordre des frères prêcheurs, dans l'ouvrage de Lusignan, p. 257 ; de Hammer, *Histoire de l'Empire Ottoman*, t. VI, l. XXXVI, p. 383.

(1) Sélim devint maître de cette île tant convoitée ; il trouva sa perte dans son succès même. On lui envoya les meilleurs vins de l'île après la conquête. Le 1er décembre 1574, un jour qu'il visitait un bain nouvellement construit, Sélim se sentit saisi par le froid en entrant dans des salles encore toutes fraîches. Il demande aussitôt un flacon de vin de Chypre, et boit à longs traits. La force du vin l'enivre, il chancelle, tombe, et se frappe violemment la tête contre les dalles de marbre. Onze jours après il expirait dans le délire. *Voy.* le *Correspondant*, du 10 août 1847, v. 363.

roi de Chypre. » Quand Sélim monta sur le trône, il combla son favori de bienfaits : il lui donna le titre de duc de Naxos et des douze principales Cyclades, qui furent enlevées à la dynastie vénitienne, qui les possédait depuis trois siècles. C'était un commencement de rupture avec Venise ; toutefois la guerre n'éclata définitivement qu'après le rétablissement de la paix en Hongrie et dans l'Yémen, et quand Joseph Nassy, qui n'oubliait pas sa royauté de Chypre, eut réussi par ses intrigues à vaincre l'opposition du grand vizir, et par ses complaisances à rallumer les passions du sultan Sélim. Le juif ayant mis dans ses intérêts le moufti Ebousouend, celui-ci publia un fetwa qui déclarait la guerre avec les infidèles légitime et nécessaire. L'incendie de l'arsenal de Venise, allumé peut-être par les émissaires de Nassy, le 13 septembre 1569, donna encore plus de force et d'ardeur au parti qui à Constantinople voulait la guerre avec cette puissance. Sélim fit demander aux Vénitiens la cession de l'île de Chypre, et sur leur refus l'expédition fut définitivement résolue.

DÉBARQUEMENT DES TURCS DANS L'ÎLE DE CHYPRE (1570). — A cette nouvelle l'effroi se répandit dans toute la chrétienté ; ce n'était pas seulement l'île de Chypre, mais toute la domination vénitienne et tous les rivages chrétiens de la Méditerranée qui se sentaient menacés par l'invasion ottomane. Le pape Pie V appelle l'Europe aux armes ; on négocie, on s'empresse, on s'agite sans pouvoir se concerter et prendre des mesures promptes et énergiques. Venise, tremblante pour elle-même, met en défense ses possessions de terre ferme, et elle oublie d'envoyer en Chypre les troupes nécessaires pour garder les fortifications de Savorniani. Cependant les Turcs, bien plus actifs que les chrétiens, et tous unis sous un même commandement, préparaient un armement formidable à Rhodes et à Negrepont. Lala-Mustapha fut nommé seraskier des troupes de débarquement, et Piali-Pacha commandant de la flotte, qui se divisait en trois escadres, et comprenait en tout trois cent soixante voiles. Le 1er juillet 1570 la flotte turque jeta l'ancre dans la rade de Limassol, près de l'ancienne Amathonte, et opéra son débarquement sans obstacle, grâce à l'incurie et à l'incapacité du provéditeur Nicolo Dandolo, qui défendit à Hector Baglioni, commandant de l'infanterie, de s'opposer à cette descente. Dans un conseil de guerre, tenu au bourg d'Aschia, dans la Messarée, où l'imprévoyance du provéditeur et l'incapacité présomptueuse du comte de Rocas, général de la cavalerie, se réunirent pour repousser les sages conseils de Baglioni, il fut décidé qu'on ne songerait qu'à la défense de Nicosie et de Famagouste, sans se mettre en peine du reste de l'île, d'où le mauvais air, les chaleurs excessives et les maladies chasseraient bientôt les ennemis. Ce fut pour ces vaines raisons qu'on laissa les Turcs débarquer tranquillement dans l'île comme sur une terre de leur empire. Le fort de Leftari dans le voisinage de Limassol, s'était rendu à la première sommation, et le séraskier Mustapha avait épargné la vie et les biens des habitants, pour engager par cette feinte modération les autres villes à faire une prompte soumission. Mais les Vénitiens prévinrent la contagion de l'exemple en tirant une vengeance éclatante de la trahison de Leftari: ils surprirent la place pendant la nuit, massacrèrent la plupart des habitants, et entraînèrent les femmes et les enfants dans les montagnes. Ces rigueurs paraissaient nécessaires: un grand nombre de Grecs, en haine des Latins, le bas peuple, en haine des grands, voyaient sans inquiétude et avec une sorte de faveur l'entreprise des Turcs qui devaient les débarrasser de leurs maîtres actuels.

SIÉGE ET PRISE DE NICOSIE (1570). — Vers le milieu du mois de juillet, la grosse artillerie étant débarquée, le séraskier convoqua un conseil de guerre dans lequel il fit décider qu'on commencerait les opérations par le siége de Nicosie, contrairement à l'avis du capitan Piali-Pacha, qui voulait d'abord assiéger Famagouste, pour donner à la flotte l'occasion de se signaler. En conséquence de cette décision, Mustapha-Pacha, après avoir ravagé tout le plat pays, parut devant les murs de Nicosie avec une armée d'environ cent mille hommes. Il divisa l'infanterie régulière en sept corps, composés de sept mille hommes chacun, et leur assigna leur point d'attaque. Chaque corps avait une batterie de sept canons. La garnison de Nicosie était forte de dix mille hommes, savoir: quinze cents Italiens, mille gentils-hommes avec leurs domestiques, deux mille cinq cents miliciens libres, trois mille Vénitiens de terre ferme, deux cent cinquante Albanais, et mille nobles de Nicosie. Dandolo, Rocas et le capitaine Palaiso s'étaient enfermés dans la place. Pendant les sept semaines que dura le siége, Piali-Pacha se tint en croisière avec la flotte dans les eaux de Rhodes, pour fermer le passage aux escadres que les chrétiens avaient mises en mer. Les assiégés de Nicosie se défendirent bravement, et repoussèrent deux attaques avec bravoure; mais dans un troisième assaut, livré le jour de l'Assomption, ils perdirent plusieurs de leurs meilleurs officiers. A la fin du mois d'août, Piali étant revenu de sa croisière, le séraskier fit renforcer son armée de vingt mille soldats et matelots de la flotte, et ordonna un assaut général.

Ce dernier assaut avait été fixé au 9 septembre 1570. Les bastions de Podocataro, Costanza et Tripoli furent emportés avant le lever du soleil; leurs garnisons se retirèrent en désordre dans l'intérieur de la place, où les Turcs se précipitèrent avec impétuosité. En vain les habitants, jetant leurs armes, imploraient à grands cris la pitié des vainqueurs, les Turcs les égorgeaient impitoyablement. Cependant le provéditeur, l'archevêque, et les autres magistrats occupaient encore le palais du gouverneur: six canons furent pointés sur l'édifice, et le séraskier envoya aux assiégés un moine qui leur somma de se rendre et leur promit la vie sauve. Déjà ils avaient mis bas les armes, lorsqu'au retour du moine, les Turcs, furieux de leur résistance, pénétrèrent dans le palais et les massacrèrent tous. De tous côtés s'offraient à la vue des scènes d'horreur et de carnage, spectacle ordinaire des villes prises d'assaut par les barbares. Pour échapper à la honte dont elles étaient menacées, plusieurs femmes se précipitèrent du haut des toits; d'autres assassinèrent leurs filles de leur propre main; l'une d'elles poignarda son fils en s'écriant: « Non, tu n'assouviras pas comme esclave les infâmes passions des Turcs; » puis elle se frappa elle-même. Vingt mille personnes furent immolées à la fureur sanguinaire du vainqueur et deux mille jeunes gens de l'un et de l'autre sexe furent emmenés en esclavage. Pendant huit jours la ville resta livrée à la férocité du soldat; mais l'action héroïque d'une femme grecque ou vénitienne priva le vainqueur du principal fruit de sa conquête. Poussée par le désir de la vengeance, elle mit le feu à la galiotte du grand vizir Mohammed-Pacha et à deux autres navires, qui, chargés du butin le plus précieux en or, argent, canons et jeunes filles des premières familles, attendaient dans le port le moment de mettre à la voile. L'explosion des poudres fit sauter le vaisseau du grand vizir, et le feu consuma les deux autres; mille jeunes esclaves périrent dans les flammes, quelques matelots seulement parvinrent à se sauver à la nage. Enfin le calme se rétablit. Le séraskier alla le 15 septembre entendre la prière dans l'église de Sainte-Sophie, changée en mosquée, et trois jours après il se rendit devant les murs de Famagouste, laissant à Nicosie Mousaffer-Pacha avec un corps de deux mille hommes.

SIÉGE ET PRISE DE FAMAGOUSTE (1571). — Cependant les galères de l'Espagne, de Venise et du pape, commençaient à se réunir, et les Vénitiens faisaient tous leurs efforts pour entraîner leurs alliés à marcher pour la défense de l'île de Chypre. La nouvelle de la prise de Nicosie jeta le découragement et la division dans l'escadre confédérée; et malgré les instances de Zano, l'amiral vénitien, et de Colonna, amiral du saint-siége, l'amiral espagnol Doria refusa d'aller chercher la flotte de Piali-Pacha dans les eaux de Chypre, et l'on resta en station dans l'île de Candie. Seulement douze galères vénitiennes, commandées par Marc-Antoine Quirini, parvinrent à jeter dans Famagouste un secours de seize cents hommes et des approvisionnements. Ces mêmes galères coulèrent bas plusieurs vaisseaux turcs, et s'emparèrent de celui qui apportait de Constantinople la solde des troupes. Le sultan s'en prit de ces échecs successifs aux beys de Chio et de Rhodes, qui avaient été laissés en station devant l'île; le premier eut la tête tranchée, le second fut privé de son fanal, insigne distinctif des beys de mer. L'hiver avait retardé les opérations du siége. La flotte des Ottomans était retournée à Constantinople; mais au printemps de 1571 elle reparut dans l'île de Chypre, et le siége de Famagouste, qui jusque là n'avait été qu'un blocus, fut poussé avec vigueur.

La défense de Famagouste fut bien mieux dirigée que ne l'avait été celle de Nicosie. L'héroïque Marc-Antoine Bragadino commandait en chef la ville et la forteresse; il avait sous ses ordres son frère, Jean André. Hector Baglioni était capitaine général, et Jean Antoine Quirini, intendant. On renvoya toutes les bouches inutiles, et il ne resta dans la place que sept mille hommes, moitié Italiens, moitié Grecs, capables de porter les armes. Les fortifications de Famagouste n'étaient pas en bon état; ses défenseurs furent indignement délaissés par les États chrétiens d'Occident : mais le courage de Bragadino et l'ardeur qu'il communiqua à toute sa garnison tinrent longtemps les Turcs en échec, et rendirent glorieux les derniers moments de la domination chrétienne dans l'île de Chypre.

La tranchée, ouverte dans le cours du mois d'avril, était entièrement terminée au milieu de mai, sans qu'il eût été possible aux assiégés d'y mettre obstacle. Dans une étendue de plus de trois milles (1), Mustapha avait fait pratiquer, quelquefois à travers le roc, un chemin large et si profond, qu'un homme à cheval pouvait le parcourir sans être aperçu; en arrière de ce fossé on avait construit dix forts, d'où partait un feu continuel, qui empêchait les sorties de la garnison. Les murs, les tours, et les bastions étaient foudroyés par cinq batteries composées de soixante-quatorze canons, parmi lesquels on en remarquait quatre d'un calibre extraordinaire, tels que ceux que les Turcs avaient l'habitude d'employer dans leurs grands siéges à Constantinople, à Scutari, à Belgrade et à Rhodes, et que les historiens chrétiens appellent tantôt hélépoles, tantôt basilics. Du côté des assiégés le feu était dirigé par le général d'artillerie Martinengo, qui promettait de soutenir en cette circonstance l'honneur d'un nom déjà illustré au siége de Rhodes.

(1) De Hammer, *Histoire des Ottomans*, VI, p. 408.

Après avoir criblé de boulets les bastions de Famagouste, les Turcs en tentèrent l'escalade; mais la garnison les repoussa. Toutefois, elle ne put les empêcher de se loger dans les fossés, d'où il fut impossible de les débusquer. De part et d'autre on travaillait activement à creuser la mine ou à l'éventer. Mais les efforts des assiégés étaient inutiles. Les travaux souterrains de l'ennemi avançaient toujours, et le 21 juin la mine éclata au tourillon de l'arsenal, ébranlant toute la ville et renversant un énorme pan de murailles. Aussitôt les assiégeants s'élancent sur les décombres, dans l'espérance d'emporter la place; mais cet assaut n'eut pas plus de succès que le précédent; l'ennemi fut repoussé, après un combat de cinq heures, où il fit de grandes pertes, et pendant lequel on vit plusieurs femmes combattre vaillamment à côté de leurs maris. Mais quel que fût le courage des assiégés et les avantages qu'ils remportaient sur les Turcs, ils s'affaiblissaient tous les jours, sans pouvoir réparer leurs pertes ni renouveler leurs munitions, tandis que l'armée de Mustapha était toujours suffisamment nombreuse et abondamment pourvue de tout. Le 29 juin une autre mine fit explosion; un nouvel assaut fut livré par la brèche qu'elle avait pratiquée, et après une action acharnée et sanglante, qui dura six heures encore, Mustapha fut obligé de donner le signal de la retraite. Dans le courant du mois de juillet d'autres assauts furent tentés, sans plus de succès. Le séraskier commençait à désespérer de pouvoir prendre la place; déjà il songeait avec effroi au châtiment qui l'attendait s'il revenait vaincu. Il ne cessait d'exciter par ses paroles et ses rigueurs le zèle de ses nombreux soldats, qu'il envoyait mourir par milliers sous les murs imprenables de Famagouste.

Cependant Bragadino, Baglioni, Tiépoli et leurs compagnons déployaient un héroïsme que l'histoire reprochera toujours à Venise et aux autres États chrétiens de n'avoir pas secondé. Ils s'étaient logés dans les remparts, afin d'être prêts à toutes les occasions et de ne point perdre de vue les défenseurs. Ils visitaient continuellement tous les postes. Tous les officiers se faisaient un point d'honneur de les imiter, et si la place avait été ravitaillée, l'armée des Ottomans se serait inutilement consumée au pied de ses murailles. Mais l'explosion des mines, le feu de l'artillerie des Turcs, le carnage des assauts avaient singulièrement diminué le nombre des braves défenseurs de Famagouste. La disette de vivres et de munitions où ils étaient réduits devait bientôt leur faire tomber les armes des mains. On ne trouvait plus dans la ville ni vin, ni légumes, ni viande d'aucune espèce. On était réduit à manger les chevaux, les ânes, les chiens et les chats. Les bourgeois suppliaient Bragadino de capituler, ce qu'il refusa constamment de faire tant qu'il lui resta des munitions pour combattre. Le 29 juillet il repoussa un sixième et dernier assaut, dans lequel, debout sur la brèche, il tua plusieurs ennemis de sa main et reprit lui-même un drapeau vénitien enlevé à Nicosie. Mais dans ce dernier combat les assiégés avaient épuisé leurs approvisionnements. Il ne leur restait plus que sept barils de poudre. La garnison, menacée d'un septième assaut, dut se résigner à une capitulation devenue nécessaire, et le drapeau blanc fut arboré sur la forteresse.

Le 1er août 1571, après avoir échangé des otages de part et d'autre, la capitulation fut signée avec les conditions suivantes : la garnison devait sortir avec ses armes, ses bagages, cinq pièces de canon, les trois chevaux de ses principaux chefs, et être transportée immédiatement à Candie. Les habitants étaient libres de quitter la ville et d'emporter tout ce qui leur appartenait. Ceux qui y resteraient ne devaient être molestés ni dans leurs biens ni dans leurs personnes. Mustapha n'eut garde de contester sur aucun de ces articles ; il craignait trop que les chrétiens ne prissent une résolution désespérée ; et il ne voulait pas compromettre par un nouveau combat et de nouveaux sacrifices une victoire désormais assurée. Il envoya à l'instant des vaisseaux au port, sur lesquels la garnison commença à s'embarquer pour être transportée à Candie. Il affectait de montrer beaucoup d'estime pour ses courageux adversaires, il recevait avec courtoisie tous ceux qui lui étaient présentés, et il leur envoya des provisions de toute espèce. Mais il n'y avait rien de sincère dans toutes ces caresses, et le perfide musulman, qui ne pouvait pardonner aux braves défenseurs de Famagouste toutes les inquiétudes qu'ils lui avaient causées, méditait contre eux la plus atroce vengeance.

PERFIDIE DE MUSTAPHA; SUPPLICE DE BRAGADINO ET DE SES COMPAGNONS. — Immédiatement après la capitulation la ville avait été évacuée, et la garnison, embarquée sur les vaisseaux turcs, n'attendait plus pour mettre à la voile que la dernière entrevue de Bragadino avec le séraskier. « Le 5 août, Bragadino envoya au camp ottoman Henri Martinengo, neveu du général d'artillerie de ce nom, pour prévenir le séraskier qu'il aurait l'honneur de lui présenter le soir même les clefs de la ville. Moustapha répondit à ce message avec toutes les apparences de la courtoisie, et fit dire à Bragadino qu'il éprouverait une vive satisfaction à faire connaissance avec les braves défenseurs de Famagouste. Trois heures avant le coucher du soleil, Bragadino se rendit au camp ottoman avec Baglioni, Louis Martinengo, Antoine Quirini, plusieurs autres officiers et une escorte de quarante hommes. Il marchait à cheval à la tête du cortège, dans son costume de magistrat vénitien, c'est-à-dire vêtu de sa robe de pourpre et faisant porter sur sa tête un parasol rouge, qui était une des marques de sa dignité. Il fut reçu avec force civilités ; le pacha s'entretint quelques instants avec lui et les personnes de sa suite des événements du siége. Mais ces trompeuses démonstrations cessèrent presque aussitôt : le séraskier leur demanda quelles sûretés ils pouvaient donner pour garantir le libre retour des vaisseaux chargés de transporter la garnison à Candie ; et sur la réponse de Bragadino que la capitulation n'avait rien stipulé à cet égard, il exigea qu'on lui laissât en otage le jeune Antoine Quirini. Bragadino se récria vivement, et avec plus d'indignation que ne lui permettait sa position. Dédaignant alors de dissimuler, le séraskier se répandit en imprécations contre le commandant et tous les Vénitiens, et les accusa d'avoir fait égorger cinquante pèlerins musulmans, malgré leur inviolabilité, garantie par la capitulation.

Bragadino, qui dut chercher à justifier ou à nier ce meurtre, n'en continua pas moins à refuser avec courage et en paroles peu mesurées les otages demandés. Mustapha passa des injures aux faits, fit garrotter Baglioni, Martinengo, Quirini et Bragadino, et ordonna de les traîner ainsi hors de sa tente ; les trois premiers furent à l'instant massacrés. Bragadino, témoin de leur mort, était réservé à de plus longs tourments ; on se contenta pour ce moment de lui couper le nez et les oreilles. Ce ne fut que dix jours après, un vendredi, que fut consommé son affreux supplice ; placé sur un siége, une couronne à ses pieds, il fut hissé sur la vergue de la galère du bey de Rhodes, puis plongé dans l'eau, parce que, d'après l'historien ottoman, il aurait traité de la sorte des prisonniers turcs ; on lui suspendit ensuite au cou deux paniers pleins de terre, qu'il dut porter sur les deux bastions pour aider à leur reconstruction ; chaque fois qu'il passait devant le séraskier, il était forcé de se prosterner. Enfin, conduit sur la place devant le palais de la Seigneurie, il fut attaché au poteau sur lequel les prisonniers turcs subissaient d'ordinaire la peine de la flagellation, puis couché à terre et écorché vif, « attendu, dit le général ottoman, que celui qui a fait couler le sang musulman doit verser le sien ». Le séraskier et le bourreau, s'adressant à l'héroïque patient, lui criaient à la fois : « Où donc est ton Christ ? que ne vient-il à ton secours ? » Sans laisser échapper aucune plainte, Bragadino récita le *Miserere* au milieu de ses affreuses tortures, et en prononçant le onzième verset, *Accordez-moi, Seigneur, un cœur pur*, sa grande âme exhala son dernier soupir. Non content du supplice ignominieux et horrible qu'il avait fait subir à Bragadino, le séraskier ordonna, dans sa sauvage férocité, que le corps du héros fût écartelé, ses quatre membres exposés sur les quatre grandes batteries, et que sa peau fût remplie de foin, pour être promenée dérisoirement sur une vache, dans le camp et dans la ville. Cette noble dépouille fut ensuite pendue à la vergue d'une galère, et déposée dans une caisse avec les quatre têtes de Bragadino, Baglioni, Martinengo et Quirini, pour être envoyées au sultan. A Constantinople la peau de Bragadino fut exposée dans le bagne à la vue des esclaves chrétiens (1). » Quelques années après elle fut rachetée par son frère et ses fils, ensevelie dans un sépulcre de marbre et déposée dans l'église de Saint-Jean et Saint-Paul; tandis que ses ossements, recueillis avec un soin religieux après son supplice, furent inhumés dans l'église de Saint-Grégoire.

L'ÎLE DE CHYPRE SOUMISE A LA DOMINATION DES TURCS. — Après une si odieuse violation du droit des gens à l'égard des chefs, le reste de la garnison ne pouvait plus compter sur les garanties de la capitulation. Trois cents chrétiens qui se trouvaient dans le camp des Turcs avaient été massacrés au moment de l'arrestation de Bragadino et de ses compagnons. Tous les soldats embarqués sur les navires turcs furent réduits en esclavage. Les otages envoyés au camp avant la signature de la capitulation n'échappèrent à la mort que pour être mutilés et relégués parmi les eunuques du harem. Non content d'avoir assouvi sa fureur sur les défenseurs de Famagouste, le séraskier exerça de grandes rigueurs contre la ville et ses habitants. Il laissa les Turcs piller les richesses de cette cité opulente; il fit dépouiller toutes les églises, il profana les autels, foula aux pieds les reliques des saints, fit brûler les images, ouvrir les tombeaux, jeter les ossements à la mer. L'église de Saint-Nicolas, la cathédrale des Latins, fut convertie en mosquée. Les habitants latins de Famagouste furent emmenés en esclavage (2).

(1) De Hammer, *Histoire de l'Empire Ottoman*, VI, 412.

(2) Ces malheurs avaient été prédits par sainte Brigitte, qui passa à Famagouste en revenant du pèlerinage de Terre Sainte en 1373. « Tu périras, nouvelle Gomorrhe, dit-elle sous l'inspiration de l'esprit divin, tu périras brûlée par le feu de la luxure, par l'excès de tes biens et de ton ambition; tes édifices crouleront en ruines, tes habitants s'enfuiront loin de toi, et l'on parlera de ton châtiment dans les contrées lointaines, car je suis irrité contre toi. » *Révélations célestes*, etc., l. VII, c. XVI, fol. 133; Nuremberg, 1517. Les révélations de sainte Brigitte ont été écrites peu de temps après sa mort par le moine Pierre, prieur d'Alvastre, et par Ma-

Les Grecs furent traités plus humainement, et le vainqueur leur laissa deux églises, Sainte-Sophie et Saint-Siméon. Le siége avait ruiné les fortifications de la place, Mustapha les fit relever et y laissa garnison. Il distribua près de vingt mille hommes de pied et deux mille cavaliers en divers endroits de l'île. Il leur assigna des maisons et des terres enlevées aux vaincus. Bon nombre de Turcs s'enrichirent des dépouilles des riches et des nobles chypriotes, dont un grand nombre, précipités du faîte de la fortune dans la dernière misère, étaient réduits à mendier leur vie ou à la gagner au métier de muletier ou de crocheteur. Après avoir organisé le gouvernement de l'île sur le modèle des autres provinces de l'empire, et laissé le commandement des troupes au frambourat de Rhodes, Lala-Mustapha partit le 15 septembre 1571, et fit à Constantinople une entrée triomphale. Sélim le reçut gracieusement et le combla d'honneurs, bien que, disait-il, la conquête de l'île de Chypre lui eût coûté plus de soldats qu'elle ne lui avait acquis de sujets. Mais le sultan en prenait facilement son parti, et s'en consolait en ajoutant que la perte des hommes se répare facilement par la production des autres. Quant au juif dom Miguez ou Joseph Nasser, il ne put obtenir son royaume de Chypre, dont les revenus furent affectés à l'entretien du grand vizir. Plus tard on en détourna la plus grande partie, pour en grossir l'apanage de la sultane Validé.

FIN DES HOSTILITÉS ENTRE LES VÉNITIENS ET LES MUSULMANS. — Cette guerre, entreprise pour la possession de l'île de Chypre, menaçait d'aboutir à une invasion des Ottomans dans l'Europe méridionale. La victoire de Lépante, remportée l'année suivante par don Juan d'Autriche aidé des Vénitiens et du saint-siège, 7 octobre 1572, arrêta les progrès des musulmans et anéantit leur flotte. Mais les chrétiens ne surent pas tirer parti de leurs avantages, et le lendemain de la bataille leurs dissensions, oubliées au jour du combat, recommencèrent plus vives que jamais. Venise perdit la plus belle occasion, la seule

thias, chanoine de Linköping, qui avaient été ses confesseurs.

qu'elle eut jamais, de reprendre l'île de Chypre. Elle n'avait qu'à faire paraître sa flotte sur les côtes de l'île; la terreur était telle parmi les troupes laissées par Mustapha, que la garnison de Famagouste demandait à traiter avec les habitants, et qu'on voyait des Turcs quitter le turban et se coiffer à la grecque. Mais on ne sut profiter ni de ce retour de fortune ni de la terreur des Ottomans; et tandis que les escadres espagnole et pontificale retournaient dans leurs ports, les Vénitiens perdaient le temps à enlever quelques bicoques de l'Épire, ou à concerter des expéditions mal conduites. Les Turcs réunirent en mer une flotte considérable, et le grand vizir put dire avec raison à l'ambassadeur de Venise, qui lui avait fait demander audience pour traiter de l'échange des prisonniers, « qu'il y avait une fort grande différence entre leurs disgrâces, puisqu'en enlevant un royaume à la république les Turcs lui avaient coupé un bras, qui ne renaîtrait plus; mais que les chrétiens n'avaient fait que raser la barbe aux musulmans en défaisant leur armée navale, puisqu'elle ne tarderait pas à leur revenir, à moins que les productions des hommes et des forêts ne cessassent entièrement. » Le grand vizir disait vrai: les Turcs retrouvèrent des flottes; Venise fut pour toujours privée de l'île de Chypre, et s'estima heureuse d'acheter la paix en payant au grand seigneur la somme de trois cent mille ducats (1).

ÉTAT DE L'ÎLE DE CHYPRE SOUS LE GOUVERNEMENT DES TURCS. — L'île de Chypre resta donc, à partir de l'an 1571, un pachalik de l'empire ottoman. Elle fut le septième des pachaliks d'Asie, qui étaient au nombre de vingt-deux. L'empire turc en comprenait alors trente-cinq, savoir: outre les vingt-deux d'Asie, cinq en Afrique et sept en Europe. Le béglierbey ou pacha de Chypre résidait à Nicosie, et avait sous ses ordres des sangiaks, des beys et des cadis. Il avait le commandement de toutes les forces militaires de l'île, qui fut divisée en quinze cadiaskers ou districts, ayant chacun un aga ou gouverneur, et un cadi ou officier de justice. Mais, à l'exemple des Vénitiens, les Turcs firent un gouvernement particulier de la ville et du territoire de Famagouste, que l'on plaça sous l'autorité d'un bey, sans la permission duquel le pacha de l'île ne pouvait entrer dans cette ville. Le pacha était nommé par le grand vizir, qui jouissait de la plus grande partie des revenus de cette riche province, et qui la cédait à bail au fonctionnaire de qui il obtenait les offres les plus avantageuses. Mais vers le commencement du dix-huitième siècle, les Chypriotes, écrasés par les exactions de leurs pachas, adressèrent de vives réclamations à la Porte: les pachas furent remplacés par de simples mutzelims ou muhassils, à qui l'île fut affermée pour deux millions cinq cent mille piastres, ou six cent vingt-cinq mille francs. Ce changement de régime ne produisit aucun soulagement dans la condition des malheureux Chypriotes. Ils se plaignirent de nouveau à la Porte, et redemandèrent un pacha; mais on ne les écouta plus, et il leur fallut se taire et se résigner. A partir de cette époque l'île de Chypre vit commencer pour elle une ère de décadence déplorable et continue, qui aboutit à un état de misère et de dégradation qu'elle n'avait jamais connu dans toutes les vicissitudes si variées de son existence historique. Vendue aux plus offrants par les grands vizirs, elle était livrée à d'avides gouverneurs, qui la pressuraient à l'envi. Leurs exactions en firent disparaître le numéraire nécessaire aux transactions; leurs vexations enlevaient toute confiance au commerce, toute sécurité à la jouissance de la propriété. L'industrie, l'agriculture, autrefois si florissantes, tombèrent dans un déplorable abandon. Les terres restaient en friche; le sol se dépouillait peu à peu de ses riches productions; les villes, les villages se dépeuplaient avec une rapidité effrayante, et l'abbé Mariti, au milieu du dix-huitième siècle, n'évalue pas la population entière de l'île à plus de quarante mille âmes (1). Jamais la condition de ce pays, qui depuis fut améliorée, n'avait été si

---

(1) Jauna, *Histoire de Chypre*, etc., t. II, p. 1203.

(1) Mariti, *Voyage dans l'île de Chypre*, etc., I, p. 19.

misérable. Les droits perçus sur ses habitants, de plus en plus aggravés, avaient atteint un taux exorbitant. Ils présentaient dans leur totalité une somme de deux cents piastres par tête. La capitation, qui dans tout le reste de l'empire était de vingt piastres seulement, s'était élevée pour les Chypriotes jusqu'à quarante piastres. Le *harach* (1), taxe prélevée sur les chrétiens, et établie dans tout l'empire, le *nozoul*, impôt qui remplaçait le service militaire, la dîme surtout, établie pour l'entretien des deux milices des *zaïns* et des *timariotes*, formaient, avec la capitation, les principaux impôts sous le poids desquels gémissaient les débris de la malheureuse population chypriote. Les taxes extraordinaires ajoutaient encore à leurs souffrances habituelles. Quelquefois le pacha publiait par édit que toutes les personnes du même nom payeraient une contribution dont il fixait le taux, « et je n'oublierai jamais, dit Mariti, que le nom de George était le nom taxé à mon arrivée dans cette île ».

SOULÈVEMENT DES CHYPRIOTES CONTRE LES TURCS (l'an 1764). — C'est à ce voyageur que nous devons de connaître les détails de cette insurrection, qui désola l'île pendant deux ans, et qui en aggrava encore la misère et la désolation. Au mois de juillet 1764 l'Aga Tzil-Osman fut nommé gouverneur de Chypre. Son premier acte fut de porter la capitation à quarante-quatre piastres et demie pour les chrétiens, et à la moitié pour les Turcs. Cette exaction poussa à bout une population déjà aigrie par de longues souffrances : on refusa de payer ; on réclama auprès de la Porte, les Turcs par leurs primats, les chrétiens par leurs évêques. Le sultan Mustapha III écouta leurs plaintes, et un vizir-ciocadar fut dépêché de Constantinople en Chypre pour donner satisfaction aux habitants. Le vizir, arrivé à Nicosie, convoque les évêques, les primats turcs et bon nombre de Chypriotes de toutes religions, dans la salle du divan pour leur lire les ordres du grand seigneur. Tout à coup la salle s'écroule, et entraîne dans sa chute plus de trois cents personnes. C'était le gouverneur qui avait fait scier les solives et les colonnes qui soutenaient le plancher de la salle. Le vizir avait échappé : Tzil-Osman, qui voulait à tout prix se débarrasser de sa fâcheuse intervention, lui servit du poison dans une tasse de café. Quand tous ces faits furent connus, l'indignation du peuple ne se contint plus. La foule courut au palais, en brûla les portes, et l'envahit en poussant des cris de vengeance. Les défenseurs du muhassil furent massacrés, lui-même tomba sous les coups de la multitude, qui après cette exécution hardie retourna paisiblement à ses affaires.

Quelque temps après un nouveau muhassil arriva de Constantinople. Il se nommait Hafiz-Mahamed-Effendi. C'était un homme qui ne manquait ni de capacité ni de prudence ; il paraissait disposé à accorder une amnistie tacite au meurtre de son prédécesseur. Mais il se trouvait auprès de lui des gens plus zélés que leur maître, qui s'empressèrent de lui présenter la liste des chefs de l'émeute qui avait coûté la vie à Tzil-Osman. Cette maladresse jeta Hafiz dans un grand embarras : il ne voulait pas ranimer la rébellion par des rigueurs, ni se déconsidérer par sa connivence. Il prit une résolution qui sentait bien le pacha turc. Il imposa à tout le monde une contribution de quatorze piastres par tête, en expiation de la révolte et du meurtre d'Osman. Cette manière d'aviser ne fut du goût de personne : l'insurrection recommença. Les rebelles, groupés dans le village de Cythère, s'emparèrent des moulins qui alimentaient Nicosie. Les évêques se plaignirent de nouveau à la Porte, qui nomma un second muhassil pour assister Hafiz. C'était le meilleur moyen de compliquer la situation et d'embrouiller les affaires. De leur côté, les rebelles avaient trouvé un chef dans un certain Halil, aga de la forteresse de Cérines. Cet homme, qui avait beaucoup d'audace et d'habileté, tint en échec les deux gouverneurs, répandit l'effroi dans l'île par ses incendies et ses dévastations, menaça Famagouste, réduisit plusieurs fois Nicosie à l'extrémité, et, comme il arrive toujours en pareil cas, fit beaucoup plus de mal au pays que les gouverneurs

---

(1) Pococke, *Description de l'Orient*, t. IV, p. 201.

6ᵉ *Livraison*. (ILE DE CHYPRE.)

dont les abus avaient provoqué ce soulèvement. Les campagnes étaient à la merci d'Halil et de sa bande, et les villes éprouvaient de continuelles alarmes. Alors les principaux habitants de l'île résolurent d'employer les consuls européens comme médiateurs entre le gouvernement et les séditieux. Ils s'adressèrent d'abord au consul français; mais celui-ci s'en défendit, alléguant que le roi son maître lui avait défendu d'intervenir dans aucune affaire qui n'aurait point de rapport avec les fonctions dont il était chargé. Alors ils jetèrent les yeux sur le consul anglais, qui se chargea de la négociation, mais sans pouvoir rien conclure.

Le consul anglais ayant retiré sa médiation, les hostilités recommencèrent, et les rebelles reparurent sous les murs de Nicosie. Cette affaire durait depuis deux ans, et l'insouciance du gouvernement turc lui avait laissé prendre une certaine gravité. A la fin le sultan prit des mesures vigoureuses, et le 27 juin 1766 on vit débarquer à la rade des Salines Kior-Mahamed, pacha à deux queues, avec plusieurs vaisseaux de guerre et une petite armée de deux mille cinq cents hommes. Le même jour arrivait à Famagouste un certain Ghierghilousght, gouverneur de Selefki dans la Caramanie, qui se hâtait d'accourir, avec une bande de féroces Caramaniens, au pillage de l'île de Chypre. Le pacha força ce brigand à se ranger sous son commandement; mais il ne put l'empêcher de commettre d'affreux ravages. Après avoir pris connaissance de l'état des choses, le pacha marcha vers Nicosie, où il trouva Halil à la tête de cinq mille hommes, qui paraissaient résolus à bien combattre. Mais une amnistie accordée par Mahamed à ceux qui se retireraient en dispersa le plus grand nombre; il ne resta autour d'Halil que deux cents hommes déterminés, avec lesquels il se jette dans la citadelle de Cérines, où tous jurèrent de tenir jusqu'à la dernière extrémité. Ils s'y défendirent bravement, firent éprouver de grandes pertes à l'armée du pacha. Mais Halil, attiré dans un piège, fut livré à Mahamed; la citadelle se rendit le même jour. Halil fut étranglé; on coupa deux cents têtes, la tranquillité fut rétablie, et l'île de Chypre retomba, plus calme et plus misérable que jamais, sous le gouvernement de ses muhassils (1).

TROUBLES DE L'ÎLE DE CHYPRE AU DIX-NEUVIÈME SIÈCLE; SANGLANT COUP D'ÉTAT DE KOUTCHOUK-MEHEMET. — Le clergé grec avait conservé dans l'île de Chypre une influence qui ne fut abaissée qu'à la suite des graves événements dont toutes les contrées habitées par la race hellénique furent le théâtre au commencement de ce siècle. L'archevêque de Nicosie, investi du titre de *raïa-vekili*, représentant des raïas, avait attiré à lui presque toute l'autorité administrative, et non-seulement il s'était rendu indépendant des muhassils, mais il décidait la plupart du temps de leur choix et de leur révocation. De son palais l'archevêque administrait l'île entière, nommait aux emplois de tous les districts, arrêtait le chiffre des impositions annuelles, envoyait les sommes fixées par le bail à ferme de l'île au grand vizir ou au trésor impérial. Des avantages, concédés à propos, attachaient les agas turcs à la conservation de son pouvoir, et tous les habitants de l'île, Turcs et Grecs, le regardaient comme le véritable gouverneur, et s'habituaient à ne plus tenir compte du muhassil. La toute-puissance des archevêques de Nicosie parvint à son apogée sous les règnes de Selim III et de Moustapha, prédécesseurs immédiats du sultan Mahmoud, et ne fut ébranlée qu'au commencement du dix-neuvième siècle, en 1804, par un mouvement insurrectionnel des Turcs, prelude de la catastrophe sanglante qui devait l'anéantir. Les Turcs établis dans l'île de Chypre étaient profondément blessés de se voir tombés sous la dépendance de ceux qu'ils avaient autrefois assujettis. La population turque de Nicosie et des campagnes environnantes, émue par le bruit vrai ou faux de l'insuffisance des approvisionnements nécessaires à la subsistance de l'île, se souleva contre l'autorité ecclésiastique de qui tout dépendait, et fut un instant maîtresse de Nicosie. L'arrivée de deux pachas d'Asie Mineure, avec des forces respectables, l'intervention, toujours respectée, des consuls de France, d'Angleterre et de Russie, qui

(1) Mariti, *Voyage dans l'île de Chypre*, etc., t. I, p. 161 et suiv.

étaient alors MM. Regnault, Péristiani et Callimeri, apaisèrent cette effervescence passagère, et les choses parurent reprendre leur cours accoutumé. Mais les intrigues des agas turcs contre les primats grecs ne se ralentirent pas, et aboutirent, en 1823, à un coup d'État sanglant qui mit fin à l'administration des muhassils, renversa l'autorité du clergé grec et rétablit le pouvoir entre les mains des pachas. L'archevêque Kyprianos occupait alors le siége de Nicosie, et le gouvernement de l'île était depuis 1820 entre les mains de Koutchouk-Méhémet, homme impérieux et dissimulé, que le capitan-pacha avait choisi à dessein pour ruiner l'influence du primat grec. Les circonstances devinrent bientôt favorables à l'exécution de ce projet. Les premières insurrections de la Moldavie et du Péloponnèse, qui avaient éclaté peu après l'arrivée de Koutchouk-Méhémet en Chypre, en inspirant les plus vives craintes au gouvernement ottoman, autorisaient toutes les mesures que pouvaient prendre ses agents pour contenir les raïas dans les provinces où ils ne s'étaient pas insurgés. Or, les Grecs de l'île de Chypre étaient restés tout à fait étrangers au mouvement national qui avait soulevé les autres îles et le continent de la Grèce. « Ce n'était pas eux qui criaient à la tyrannie et qui songeaient à prendre les armes ; c'étaient les Turcs, impatients de l'asservissement dans lequel les primats les tenaient depuis une cinquantaine d'années ; c'était pour eux que se préparaient la réaction et l'affranchissement (1). » En effet, Koutchouk-Méhémet, sous prétexte de contenir la population grecque, qui ne demandait qu'à rester tranquille, et en réalité pour ressaisir le pouvoir, fait venir des montagnes de l'Anti Liban des bandes d'Arabes, de Bédouins et de brigands Ansariés, et les disperse dans l'île. Les Grecs, frappés de terreur, se laissent désarmer pour ôter tout prétexte au soupçon :

(1) Voir sur ces événements, dans *le Correspondant* du 25 juin 1847, un article de M. de Mas-Latrie intitulé : *Nicosie, ses souvenirs et sa situation présente*, p. 850, et continué dans le numéro du 10 août. — Pouqueville, *Histoire de la Régénération de la Grèce*, t. IV.

l'archevêque Kyprianos proteste de son attachement à la paix, de sa soumission au gouvernement du grand seigneur. Koutchouk-Méhémet persiste à inventer un complot, persuadé de son existence le grand vizir, qui était peut-être de moitié dans le stratagème, et qui permet au gouverneur de faire un exemple par le châtiment rigoureux des chefs. Libre d'agir, Koutchouk-Méhémet ordonna, le 21 juillet 1823, d'arrêter l'archevêque et les trois évêques de l'île. On les conduisit au sérail, et à peine furent-ils entrés, qu'ils furent massacrés par les janissaires. Les primats grecs, appelés ensuite, avant que le meurtre des prélats eût transpiré, éprouvèrent le même sort. On ouvrit alors les portes du palais, et l'on jeta sur la place leurs cadavres sanglants. Ce fut le signal d'un massacre général Le couvent de Phaneromeni fut aussitôt investi et ses papas égorgés. On m'a dit, ajoute M. de Mas-Latrie, qu'avant de les massacrer, les Turcs, par un raffinement inouï de vengeance, avaient sellé les papas comme des chevaux, leur brisant les dents pour introduire un mors dans la bouche, et les forçant à caracoler sous leurs éperons. Les maisons grecques furent livrées au pillage. Les massacres se renouvelèrent dans toutes les provinces de l'île ; les spoliations vinrent ensuite. Pendant six mois ce fut une terreur universelle parmi la population grecque. Les paysans se sauvaient dans les bois ou en Caramanie ; les primats, les prêtres, les Grecs aisés échappés aux janissaires se réfugièrent à Larnaca, sous la protection des consuls européens. La plupart passèrent en Italie et en France, et il y a peu de familles grecques chez qui le nom de Marseille ou de Venise ne réveille encore, après plus de vingt ans écoulés depuis son retour dans l'île, d'attendrissantes émotions de reconnaissance. Tel fut pour l'île de Chypre le funeste contre-coup de la révolution qui, en affranchissant la Grèce continentale et les Cyclades, renouvela toutes les rigueurs de l'occupation musulmane pour les contrées qui restèrent condamnées à la servitude.

ÉTAT ACTUEL DE L'ILE DE CHYPRE — Cette belle et malheureuse île, disait Mariti au siècle dernier, ne se remettra jamais des désastres qu'elle souffre depuis tant d'années, si elle continue d'être vendue au plus offrant et au dernier enchérisseur. En effet, quel que fût le titre des gouverneurs qu'on lui imposait, pachas ou muhassils, l'île de Chypre était toujours une ferme qu'on leur donnait à exploiter sans contrôle, et elle alla végétant et s'appauvrissant d'année en année jusqu'aux innovations du dernier sultan. Il faut rendre cette justice aux derniers maîtres de l'empire ottoman, que depuis longtemps ils ont reconnu les vices et les dangers de l'inintelligent despotisme de leurs prédécesseurs, et qu'ils ont entrepris une lutte courageuse contre les abus invétérés qui menaçaient d'entraîner la ruine de leur domination. Vers la fin de l'année 1838, un firman du sultan Mahmoud étendit à l'île de Chypre le nouveau mode de gouvernement qu'il cherchait à introduire dans tous ses pachaliks. Ce firman abolit le fermage de l'île, et décréta qu'elle serait à l'avenir gouvernée par un fonctionnaire à appointements fixes, qui verserait au trésor impérial la totalité des impôts perçus, et ne pourrait plus rien extorquer des habitants. Le nouveau régime fut inauguré dans l'île par Osman-Pacha, homme de guerre habile et dévoué, dont la présence en Chypre parut nécessaire pour surveiller Méhémet-Ali, qui venait de se déclarer indépendant et d'enlever la Syrie à la Porte. Le firman de Mahmoud inaugurait un système de réformes administratives qu'Abdul-Medjid a complété en 1839 par le hatti-schériff de Gulhané, et qui a commencé une ère nouvelle pour l'île de Chypre et pour la Turquie tout entière. Sans doute il ne suffit pas de décréter une réforme pour changer la face d'un pays et guérir les maux dont il est travaillé : en Turquie surtout, les mœurs publiques opposent de nombreux obstacles à l'application sincère de ces nouveaux procédés administratifs, tant le Turc est habitué à l'arbitraire du despotisme et le raïa à l'avilissement de la servitude ; mais il faut tout attendre de la volonté persévérante des sultans et de l'influence salutaire des principes civilisateurs acceptés et proclamés par le gouvernement ottoman ; car, selon la remarque judicieuse de M. de Mas-Latrie, dans un pays où l'autorité souveraine conserve encore son prestige sacré, tout ce que veulent le prince et son gouvernement devient possible.

Depuis la nouvelle organisation (1), le gouverneur de Chypre porte le titre de *kaïmakan*, lieutenant du sultan, et reçoit par mois un traitement de 40,000 piastres, ou 120,000 francs par an. Il est pris indistinctement dans l'armée, dans les services civils, ou parmi les employés supérieurs des ministères à Constantinople ; et, quel que soit son rang, pacha, effendi ou aga, les Chypriotes ont l'habitude de lui donner le nom de pacha. Toute l'autorité civile, l'administration financière et le pouvoir exécutif sont concentrés en ses mains. Il a au-dessous de lui, et à sa nomination, douze *zabits* ou lieutenants administrant chacun des douze districts de l'île, de concert avec un *démogéronte* ou khodja-bachi, choisi par les Grecs de la circonscription. Un conseil, que l'on appelle *divan* ou *choura*, assiste le pacha à Nicosie dans l'expédition des affaires et la répartition des impôts. Ce conseil tient à la fois de notre conseil d'État, de la cour des comptes, et de la cour de cassation. Les huit membres qui le composent sont : le mufti, chef de la religion et interprète de la loi musulmane ; le mollah, qui est le cadi ou juge de Nicosie ; le commandant des forces militaires, lorsqu'il y a par occasion des troupes dans l'île ; les principaux agas turcs de la capitale ; l'archevêque grec, et l'un des trois démogérontes élus par les Grecs, dont ils sont les représentants vis-à-vis de l'autorité supérieure. Un délégué des Arméniens est

(1) J'emprunte tous ces renseignements aux lettres adressées au ministre de l'instruction publique par M. de Mas-Latrie et insérées dans les *Archives des Missions scientifiques*, mars 1850. Je n'aurai pas toujours des documents aussi exacts ni aussi récents sur les îles dont l'histoire formera ce recueil : ceux que je dois aux publications de M. de Mas-Latrie me seront d'autant plus précieux. Comme la situation sociale et administrative des îles turques est presque partout la même, ce que nous disons ici de l'île de Chypre s'applique en général à toutes les autres. *Ab una disce omnes*. Je reproduis en l'abrégeant la lettre de M. de Mas-Latrie.

admis au choura, pour défendre les intérêts de ses coreligionnaires; les Maronites attendent cette faveur, que la France a demandée pour eux.

Les contributions versées annuellement au trésor du grand seigneur par l'île de Chypre s'élèvent environ à la somme de quatre millions de piastres ou un million de francs. Les sources de ce revenu sont : 1° le *khorach*, impôt personnel à la charge exclusive des raïas, grecs, maronites et arméniens; 2° le *miri*, impôt prélevé sur la fortune présumée des contribuables turcs ou raïas : ceux-ci en payent injustement les quatre cinquièmes depuis les événements de 1823, bien que leur nombre, double seulement de celui des Turcs, ne dût leur en faire attribuer que les deux tiers; 3° le bail à ferme des douanes de l'île; 4° le fermage des salines de Larnaca et de Limassol; 5° une dîme perçue sur la récolte de la soie et du fermage des différents fiefs ou terres domaniales réservées au grand seigneur dès la conquête de l'île.

La justice est rendue dans chaque district aux Turcs et aux Grecs par un cadi turc; mais certaines causes sont soumises au mufti de Nicosie, et décidées par ses *fetwas* ou interprétations. Les Grecs dépendent encore des tribunaux de leurs évêques pour toutes les questions de foi, de morale et d'état civil, comme les mariages et les cas de divorce, très-fréquents dans l'île. Les cadis n'admettent pas le témoignage des raïas dès qu'un musulman est impliqué dans le procès, quel qu'en soit l'objet. Cette procédure, commune à tout l'empire, et qui a son analogue, du reste, dans la législation des croisés, finira par être réformée, tant elle est rigoureuse. On appelle du jugement des cadis à la décision du choura, et dans les questions réservées aux évêques les Grecs peuvent recourir en second ressort à la sentence de l'archevêque.

L'Église de Chypre est divisée en quatre diocèses, qui sont : l'archevêché de Nicosie ou Leukosia, comme disent les Grecs, capitale de l'île, et les évêchés de Larnaca, de Kérinia ou Cérines, de Baffo, l'ancienne Paphos, et de Limassol ou Limisso. Le diocèse de Nicosie, plus grand de moitié que les autres, fournit à l'archevêque un revenu annuel de 240,000 piastres turques, ou 60,000 francs. Les sources des rentes archiépiscopales sont : 1° la contribution prélevée sur toutes les églises du diocèse, proportionnellement à leurs revenus particuliers; 2° les redevances dues par ses vingt-sept couvents ou bénéfices; 3° la dîme payée par les paysans; 4° le tribut payé par chaque village pour le prix d'une messe pontificale que l'archevêque y va célébrer chaque année; 5° la perception d'un talari (5 francs) pour chaque mariage célébré dans le diocèse; 6° enfin le droit de dispenses, si souvent nécessaires dans l'Église grecque pour cause de parenté ou de divorce. Chaque évêque prélève des droits analogues dans les limites de son ressort; mais l'étendue du diocèse de Nicosie, qui comprend, outre la ville de ce nom, les districts du Karpas, de la Messorée, de Kythréa et d'Orini, donne à l'archevêque un revenu double au moins de celui de ses suffragants. Outre ces rentes, l'archevêque reçoit encore les redevances en nature qu'apportent les Grecs, quand ils viennent à Nicosie, où l'archevêché est leur caravansérail, et les sommes assez fortes que payent les papas pour recevoir l'ordination, car la simonie la plus déplorable règne toujours dans l'Église grecque.

Après avoir assujetti toutes les provinces de l'empire byzantin, les Turcs respectèrent la position acquise par le clergé, qui continua à être, après comme avant la conquête, le corps le plus considéré de la nation. De sorte que les évêques des raïas grecs ont conservé, sous le despotisme tutélaire des Turcs, des prérogatives qui rappellent l'ancienne puissance de l'Église, et qui ne leur ont point été laissées dans la Grèce indépendante. Le clergé grec du royaume fondé par l'affranchissement des Hellènes n'occupe dans l'État, organisé sous l'influence des idées européennes, que la place modeste et secondaire du clergé latin dans la plupart des États catholiques. En Turquie, où l'on a peu d'instincts novateurs, où, par goût pour l'immobilité, on laisse se perpétuer le bien comme le mal, l'Église grecque a conservé à peu près la situation qu'elle avait au moyen âge, au temps de la conquête. L'archevêque de Nicosie est resté indépendant de tout patriarche, même de celui de Constantinople, chef de l'Église d'Orient. Comme celui-ci, il porte la pourpre; et quand il officie, il est accompagné d'un lévite portant le chandelier à deux branches. Au lieu de crosse, il a une canne à pomme d'or, comme les anciens empereurs grecs; il signe toujours à l'encre rouge, et conserve pour sceau l'aigle impériale à deux têtes. Ces privilèges datent du temps de l'empereur Zénon, vers 475, qui l'accorda à l'évêque de Salamine, à l'occasion de la découverte des reliques de saint Barnabé. Ils furent confirmés et étendus par les souverains pontifes, lors de la translation du siège de Famagouste à Nicosie, sous le règne de Guy de Lusignan.

L'archevêque est nommé directement par la Porte, qui consulte rarement dans ses choix le chapitre de Nicosie; mais les chapitres diocésains ont le droit de nommer leurs évêques, sans la sanction de l'archevêque. Leur élection une fois agréée par le gouvernement turc, ils sont sacrés par l'archevêque, et entrent alors dans l'exercice de leurs fonctions; chaque evêque a, comme le métropolitain, trois grands vicaires, un exarque, chargé du recouvrement des dîmes et des autres revenus de l'évêché, un archimandrite, chef des prêtres, un archidiacre, chef des diacres, préposés tous les deux à l'administration du diocèse. Les chapitres des trois évêchés réunis ont ensemble cinquante membres environ, chanoines, vicaires, diacres ou autres dignitaires; le chapitre de Nicosie, à lui seul, est aussi nombreux. Près de quatre cents caloyers, moines, bénéficiaires ou servants, obéissant à quatre-vingt-trois higoumènes, chefs de monastère, et douze cents papas ou prêtres séculiers, répartis dans l'île, forment, avec les chapitres, un clergé de plus de dix-sept cents membres pour une population grecque d'environ soixante-quinze mille âmes. Les caloyers font vœu de célibat; et c'est presque toujours parmi eux que l'on prend les hauts dignitaires du clergé séculier, nécessairement célibataires ou veufs. Les papas, la plupart mariés et misérables, sont obligés de cultiver la terre ou de se livrer à quelque petit métier pour entretenir leurs enfants: j'en ai trouvé souvent dans les villages, dit M. de Mas-Latrie, gardant les pourceaux, tissant leur coton, ou faisant des souliers. Leur instruction est entièrement nulle; car tout homme est apte à devenir papas, pourvu qu'il sache lire couramment dans un bréviaire.

Tout est négligé et languissant dans l'île de Chypre; l'agriculture et le commerce y sont bien peu de chose, l'industrie y est à peu près nulle. Les Chypriotes ont à leur disposition un million d'hectares de terres, presque toutes cultivables. Ils n'en exploitent pas au delà de soixante-cinq mille hectares. Ils cultivent les terrains les plus rapprochés de leurs villages; les champs éloignés sont abandonnés, et restent des déserts incultes. Les principaux produits de l'agriculture dans l'île de Chypre sont : le blé et l'orge, le tabac, le coton, la garance, la soie, les caroubes, le sel, l'huile et les vins. D'après les documents recueillis par M. de Mas-Latrie aux consulats de France et de Sardaigne, on peut établir ainsi la quotité annuelle des divers produits de l'île de Chypre (1):

(1) On voit par le tableau suivant qu'il n'est plus question du cuivre parmi les produits de l'île de Chypre. Ses vins sont encore très-renommés. On en distingue cinq qualités : 1° les vins noirs ordinaires, dont les meilleurs se récoltent à Ghouri, à Palæochori, à Omodos, aux environs de Limassol, sur le Machera; 2° les vins ordinaires roussâtres, qui se trouvent à peu près dans les mêmes localités : les uns et les autres sont capiteux, et ont une forte odeur de goudron, parce que les paysans les conservent dans des outres ou des barils goudronnés : ces vins communs se brûlent ou s'exportent à Alexandrie, jamais en Europe; 3° parmi les vins de luxe le plus estimé est le fameux vin de commanderie, qui se récolte dans le district de Limassol, au nord de Kolossi, ancienne commanderie des hospitaliers; roux quand il sort du pressoir, ce vin se clarifie, et prend une couleur topaze, qui devient toujours plus limpide jusqu'à la huitième ou neuvième année; ensuite il se fonce successivement, et sa teinte, d'abord grenat, comme celle du Malaga, passe presque au noir quand il est extrêmement vieux : le vin est alors visqueux, épais et plein de force : c'est un excellent stomachique; 4° le *muscat* est plus doux que le précédent et moins recherché, quoique de très-bonne qualité; 5° le *morocanella*, moins doux que le muscat, est un excellent vin, mais assez rare : on n'en récolte qu'en très-petite quantité.

NATURE DES PRODUITS.	QUANTITÉS.	ÉVALUATION en mesures de France.	ESTIMATION approximative.
Céréales : blé.	600,000 kafis.	150,000 hect.	1,500,000 fr.
orge.	1,350,000 id.	337,000	1,350,000
vesces et avoine.	300,000 id.	75,000	300,000
Vin.	1,400,000 gouzes.	140,000	1,400,000
Huile.	150,000 litres.	4,687 kilog.	375,000
Caroubes.	20,000 quint.	4,500,000	250,000
Fruits et légumes.	»	»	500,000
Animaux exportés et leurs dépouilles.	»	»	850,000
Lait, beurre, fromage.	»	»	500,000
Volaille.	»	»	75,000
Poisson et gibier.	100,000 okes.	125,000	100,000
Sel.	6,000,000 id.	7,500,000	75,000
Laine.	120,000 id.	150,000	90,000
Soie.	20,000 id.	25,000	475,000
Coton.	1,600 quint.	350,000	280,000
Garance.	500 id.	112,500	75,000
Lin, chanvre, graine de lin, sésame.	»	»	150,000
Tabacs.	120,000 okes.	150,000	120,000
Bois et charbons.	»	»	150,000
Miel, cire, coloquinte, poix, etc.	»	»	200,000
Total.			8,815,000 fr.

Nicosie, Larnaca, Limassol et Kilani, les villes de fabrication de l'île, ne possèdent aucun établissement qui puisse être comparé aux plus petites fabriques d'Europe. Du reste, l'établissement de grands ateliers et de manufactures n'est pas une condition indispensable de la prospérité d'un peuple; et Chypre serait suffisamment heureuse et riche, si le travail individuel et l'industrie des ménages y avaient plus d'activité et de développement. Les femmes grecques de Nicosie et celles de Larnaca exécutent de jolis ouvrages en broderie pour la coiffure et les vêtements des dames. La broderie est, au reste, une vieille industrie de l'île; et M. de Mas-Latrie croit qu'on y fait encore cet *or de Chypre*, si recherché au moyen âge pour les costumes d'église et de cour, si vanté dans les tableaux de nos trouvères, et imité au quinzième siècle par les passementiers d'Italie. Dans toute l'île, les femmes tissent à domicile des serviettes et des toiles communes de coton, de grandes besaces en laine de couleur, servant au transport des marchandises, et de grosses toiles d'emballage en chanvre ou en lin. Nicosie partage avec Psimilophou, Bedoulla et Tolirguia, le tannage des peaux verdâtres, dont les paysans font les hautes chaussures qu'ils portent toujours pour se garantir de la morsure des aspics. Nicosie fabrique encore, comme Kiani, des mousselines de soie et des hakirs en soie et coton, étoffe rayée semblable à une fine toile écrue. Mais les objets les plus importants de son industrie sont les marocains et les indiennes. Elle exporte ses cuirs teints en jaune, noir ou rouge, dans la Syrie et la Caramanie. Ses indiennes sont recherchées en Orient pour tentures et divans. Ce sont des cotonnades importées d'Angleterre à très-bas prix, et qui une fois teintes à Nicosie s'exportent avec une valeur double en Syrie, en Caramanie, à Smyrne et à Constantinople. La fabrication des poteries communes de Larnaca, Limassol, Lapistro, etc., la distillation du raki, espèce d'eau-de-vie très-répandue dans le Levant, que chaque paysan propriétaire de vignes fait avec son alambic; celle des eaux de senteur, de rose, d'oranger, de lavande, huile de myrte, laudanum, qui se fait dans les districts de Lapithos et de Kounia, et dans la vallée verdoyante de Marathassa, si bien surnommée *Myrianthousa*, complète la série des différentes branches de l'industrie des Chypriotes.

Le commerce de l'île consiste presque uniquement dans l'exportation de ses produits naturels. Pendant une période de quatre années, de 1840 à 1843, les seules pour lesquelles des renseignements journaliers, et aussi exacts que possible, aient permis de faire des relevés dignes de confiance, la moyenne annuelle des exportations s'est élevée à 2,200,000 francs, et la moyenne des importations d'articles étrangers servant à la consommation des habitants, à près de la moitié de cette somme.

Depuis la fin du seizième siècle toutes les provinces de l'empire turc ont été travaillées par une dépopulation continue. Cette dépopulation s'est fait sentir en Chypre comme ailleurs. A la fin de la domination vénitienne, Chypre renfermait huit cent soixante villages; elle n'en compte plus aujourd'hui que six cent dix, et dans ce nombre il y en a plus de la moitié au-dessous de trente feux. Le nombre des villages entièrement peuplés de Grecs ou habités par des Grecs et des Turcs est de cinq cent quinze; il n'y a que quatre-vingt-neuf villages complétement turcs et six villages entièrement maronites. On a été longtemps sans renseignements positifs sur la population de l'île de Chypre, et l'on ne peut regarder comme des évaluations même approximatives celles des voyageurs et des géographes qui ont avancé que cette île ne pouvait renfermer plus de 60,000 ni même plus de 30,000 âmes. Des calculs plus exacts, établis sur un commencement de statistique, dû à Talaat-Effendi, gouverneur de Chypre en 1841, permettent d'évaluer la population actuelle du pays à 108 ou 110,000 habitants, ainsi divisés : 75 à 76,000 Grecs, 32 à 33,000 Turcs, 12 à 1,300 Maronites, 500 catholiques romains, la plupart Européens, et 150 à 160 Arméniens. Nicosie seule a une population de 12,000 habitants, dont 8,000 Turcs, 3,700 Grecs, 150 Arméniens, et une centaine de Maronites. Le tableau suivant présente les derniers résultats de la statistique sur la population, les impôts et la superficie de l'île de Chypre :

DISTRICTS.	CHEFS-LIEUX.	NOMBRE D'HABITANTS.			TOTAL.	NOMBRE de villages.	QUOTITÉ de l'impôt.	SUPERFICIE en lieues carrées.
		Turcs.	Grecs.	Divers.				
Larnaca.	Larnaca.	3,000	9,500	500 catholiques et qq. Maronites.	13,000	42	Ensemble : 3,084,020 piast. turq. La quotité de l'impôt de chaque district n'a pu être exactement évaluée.	48
Limassol.	Limassol.	2,000	6,500	»	8,500	56		35
Kilani et Avdimou.	Kilani.	800	5,000	»	5,800	39		36
Baffo et Kouklia.	Ktima.	4,000	7,000	»	11,000	79		30
Chrysochou.	Chrysochou.	1,500	3,500	»	5,000	55		45
Lefka.	Lefka.	2,400	4,600	»	7,000	39		42
Morpho.	Morpho.	1,000	4,500	180 à 200 Maron.	5,600	44		28
Lapitho et Kérinia.	Kérinia.	3,000	5,000	1,000 id.	9,000	43		45
Orini et Tillyrgha.	Lithrodonda.	6 à 700	5,400	»	6,000	51		44
Kythréa.	Kythréa.	2,000	5,500	»	7,500	40		30
Messorée ou Messarga.	Vatili.	2,000	8,000	»	10,000	64		32
Karpas.	Famagouste.	3,000	5,000	200 Arméniens.	8,200	51		100
Nicosie.	Nicosie.	8,000	3,700	100 Maronites.	12,000	»		»
								515

RÉSUMÉ; CONCLUSION. — On voit par ce tableau de l'état actuel de l'île de Chypre dans quelle décadence morale et matérielle elle est tombée. C'est à ce misérable résultat qu'est venue aboutir cette longue existence historique, dont nous venons de représenter en résumé toutes les vicissitudes. Peuplée d'abord par les Phéniciens et les Grecs, les deux peuples les plus commerçants et les plus industrieux de l'ancien monde, cette île, si favorisée de la nature, était parvenue à un haut degré de prospérité, qu'elle sut conserver sous les différentes conquêtes qu'il lui fallut subir. Sous les Égyptiens, les Perses, les Grecs, les Romains, qui la possédèrent tour à tour, elle ne cessa pas d'être florissante par son industrie, son commerce et son agriculture. Mais en même temps le caractère de ses habitants, adonnés au luxe et à la mollesse, leurs mœurs relâchées, empêchèrent l'île de Chypre d'obtenir dans l'antiquité une grande importance politique, et de figurer dans l'histoire aussi honorablement que d'autres îles, moins considérables par leur étendue et leurs ressources naturelles. Les Grecs de Chypre restèrent toujours en général au-dessous du niveau commun de leur race, et cela à toutes les époques de l'histoire, au temps des luttes contre les Perses comme pendant l'insurrection contre les Turcs. Au moyen âge la dégradation de la race grecque était universelle; et l'île de Chypre, comme toutes les autres parties du Bas-Empire, marchait visiblement à une décadence complète, lorsque la conquête de Richard Cœur de Lion, en la faisant passer sous la domination franque, la releva de son abaissement et lui rendit une vie nouvelle. Elle traversa alors avec gloire une période de trois siècles, pendant laquelle elle acquit une grande importance politique, comme boulevard de la chrétienté contre l'islamisme, où elle jette un vif éclat par ses arts, son industrie, son commerce, et où elle atteignit à une opulence et à une splendeur qui surpassèrent peut-être celles qu'elle avait eues aux plus beaux temps de son histoire ancienne. Mais le fléau qui s'abattit sur les contrées autrefois si florissantes de l'Asie et de l'Europe orientale, au quinzième et au seizième siècle, étendit aussi ses ravages sur cette île, que Venise fut impuissante à garantir. Elle devint la proie des Turcs, et tomba dès lors dans le domaine de la barbarie. Voilà cependant que cette société musulmane, qui se laissait nonchalamment mourir avec les peuples enchaînés à son sort, semble disposée à conjurer l'heure fatale, et consent à se laisser appliquer tous les remèdes que la politique de l'Occident met à sa disposition. Le hatti-schériff de 1839 a inauguré une ère de réformes et de progrès pour l'empire ottoman; une nouvelle organisation administrative fonctionne aujourd'hui d'un bout à l'autre de ses vastes frontières. Les publicistes (1), les hommes d'État, les voyageurs semblent d'accord pour constater et célébrer les heureux résultats de cette courageuse tentative, et expriment des espérances que je ne veux certes pas contredire, mais que le temps seul pourra confirmer, en les réalisant. Le paysan chypriote commence à respirer sous un régime plus régulier, où les exactions et les avanies ne sont plus que des exceptions; il ne songe plus à quitter son île, il cultive, il défriche. « J'ai vu sur le mont Olympe, dit M. de Mas-Latrie (2), des vallées d'une et deux lieues d'étendue mises en valeur depuis peu d'années et couvertes déjà de beaux plants de mûriers. La confiance, en ramenant le travail, facilitera le payement de l'impôt. augmentera peu à peu l'aisance des habitants. En même temps le gouvernement se régularise; la perception de l'impôt étant plus facile, ses procédés seront moins violents, moins arbitraires, et le raïa comprend que des temps meilleurs commencent à venir pour lui. » Sans doute, j'aime à le croire, ces temps viendront; les Grecs de l'île de Chypre ont assez souffert depuis trois siècles pour que la Providence leur ménage enfin des jours plus heureux; mais il faut qu'ils sachent s'en rendre dignes, il faut qu'ils comprennent bien qu'il ne suffit pas de quelques réformes administratives de leurs maîtres pour les régénérer, que cette grande entreprise n'aboutira pas s'ils n'y travaillent eux-mêmes. Le gouvernement turc a fait son devoir en améliorant la situation de ses sujets et en allégeant le joug qu'il leur avait imposé; c'est à ceux-ci, maintenant que la main des conquérants pèse moins lourdement sur leur tête, à faire des efforts énergiques pour se relever de l'abaissement où ils étaient tombés, à sortir de la mi-

(1) *Voy.* l'intéressant ouvrage publié récemment par M. Ubicini, sous le titre de *Lettres sur la Turquie*. Le premier volume seul a paru.
(2) Voir *le Correspondant*, numéro du 10 août 1847, p. 372.

sère par le travail, à reconquérir la dignité morale que l'esclavage fait perdre toujours aux peuples asservis, mais qu'ils peuvent retrouver sous un régime plus doux et plus équitable. Malheureusement le plus puissant instrument de régénération fait ici défaut; le clergé grec de l'île de Chypre est hors d'état de concourir pour sa part à l'amélioration morale et intellectuelle du peuple à la tête duquel il est placé, et dont il entretient l'ignorance et les préjugés par son propre exemple. On trouve plus de lumière et de tolérance chez les Grecs laïques de la classe aisée que chez les prêtres, dont le fanatisme est toujours aussi vivace qu'au temps des controverses suscitées par le schisme d'Orient. Du reste, les Grecs ne savent pas assez, à Chypre comme ailleurs, que ce qui les a perdus, c'est le triste dissentiment religieux qui les a séparés de l'Église latine, qui les a isolés de l'Europe, qui les a livrés à l'islamisme, à la servitude, à la barbarie, et ils ne comprennent pas encore, si jamais ils le comprennent, qu'ils ne verront la fin de leurs misères que dans l'abjuration de ce déplorable fanatisme qui les anime toujours contre nous, et de cette ignorance profonde qui l'éternise au milieu d'eux.

ÎLE DE RHODES [1].

DESCRIPTION ET GÉOGRAPHIE COMPARÉE DE L'ÎLE DE RHODES.

ASPECT ET NOMS DIFFÉRENTS DE L'ÎLE DE RHODES. — Si l'on quitte l'île de Chypre pour se rapprocher des mers de la Grèce, la première terre que l'on rencontre à l'entrée de la mer Égée ou de l'Archipel, en suivant les côtes de l'Asie Mineure, c'est la riche et glorieuse île de Rhodes, qui s'annonce au loin par l'éclatante lumière de ses rivages, Rhodes, la véritable cité du soleil, comme dit le voyageur des *Dialogues* du Lucien, et belle comme le soleil lui-même [2]. Lorsqu'on louvoie en serrant de près la côte pour arriver à la ville qui est située à la pointe septentrionale de l'île, on voit se dérouler devant soi une suite variée de magnifiques paysages. Des coteaux s'arrondissent doucement et entrecroisent leurs courbes gracieuses; souvent leurs sommets paraissent nus et sablonneux, mais ils étincellent de ces reflets d'azur et d'or que l'on ne retrouve que sous ce beau ciel de la Grèce et de l'Asie Mineure. La pente des hauteurs est ordinairement couverte de bois touffus et verdoyants, qui sont à la fois la parure et la richesse de l'île. Çà et là de hauts palmiers se balancent au milieu des arbres moins élevés des forêts, ou s'élèvent isolés sur la plage, annonçant de loin au voyageur que cette terre appartient encore à l'Orient. La mer ne baigne pas toujours le pied des hauteurs : des prairies et des champs cultivés s'étendent quelquefois sur le rivage, qui ordinairement est comme entouré d'un rempart naturel de rochers nus et peu élevés.

Cette île, dont tous les voyageurs anciens et modernes ont décrit avec enthousiasme l'aspect enchanteur, est désignée dans l'antiquité sous différents noms. On l'appela d'abord *Ophiusa*, à cause des nombreux serpents qui se cachaient dans les broussailles de ses forêts. On la nomma aussi *Telchinis*, l'enchanteresse, ou la terre des Telchines ; *Ethræa*, l'Aérienne ; *Trinacria*, l'île aux trois pointes ou aux trois capitales ; *Corymbia*, l'île aux couronnes de lierre, sans doute à cause des triomphes de ses athlètes ; *Pæessa*, l'île de Péan, à cause d'Apollon, à qui elle était consacrée ; *Macaria*, la Bienheureuse ; et enfin *Atabyria*, nom qui était aussi celui du pic principal qui s'élève à son centre, et qui l'avait reçu, dit-on, d'un ancien roi du pays [1]. Son vrai nom historique est celui de Rhodes, qui lui a sans doute été donné à cause de la grande quantité de rosiers qui de tout temps en ont couvert naturellement tous les champs en friche. Recueillir leurs fleurs, en extraire l'essence et en faire des conserves, est encore aujourd'hui la principale occupation des femmes turques établies dans l'île. Cette explication du nom de Rhodes était trop simple et trop naturelle pour que tout le monde ait pu s'en contenter. On a supposé que ce nom venait d'un bouton de rose en cuivre qui fut trouvé en jetant les fondements de Lindos, l'une des plus anciennes villes de l'île. Selon d'autres, Apollon lui donne ce nom en souvenir d'une nymphe qu'il aimait. Elle s'appe-

[1] Consulter pour l'histoire ancienne de Rhodes : Coronelli, *Isola di Rhodi, geografica, storica, antica e moderna, coll' altre adjacenti, già possedute da cavalieri hospitalieri di S. Giovanni di Gerusalemme*; Venezia, 1688, in-8°. — Rost, *Rhodos, historisch-archæologisches fragment.*; Altona, 1824, in-8°. — C. Mannert, *Geographie der Griechen und Römer*; article *Rhodus*, partie VI, vol. III, p. 202-231 ; Nuremb., 1802, in-8°. — Le colonel Rottiers, *Description des Monuments de Rhodes*, in-4° avec atlas; Bruxelles, 1830.

[2] Lucien, *Amores*, XXXVIII, 7, 8 ; coll. Didot, p. 388.

[1] Cf. Meursius, *Rhodus*, l. I, c. III ; Dapper, *Description*, p. 88; Rottiers, *Monuments de Rhodes*, p. 27 ; Forbiger, *Handbuch der alten Geographie*, t. II, p. 241 ; Coronelli, *Dell' Isola di Rodi*, p. 3.

lait Rhodes, et elle était fille de Neptune et d'Halia, sœur des Telchines, que la légende rapportée par Diodore de Sicile donne comme la plus ancienne famille qui ait habité ce pays (1). Bochart veut que le nom de Rhodes soit phénicien d'origine, qu'il vienne de *Gésirath-Rod*, ce qui signifie dans la langue de ce peuple île des serpents. Contentons-nous de l'étymologie grecque, qui fait dériver le nom de Rhodes du mot grec ῥόδον; les Rhodiens la préférèrent à toute autre, et prirent la rose pour emblème, comme on le voit sur leurs monnaies, qui représentent d'un côté le soleil et de l'autre une rose épanouie (2).

POSITION, ÉTENDUE DE L'ÎLE DE RHODES. — L'île de Rhodes est située dans la mer Carpathienne, sous le 36ᵉ degré de latitude, et entre le 25ᵉ et le 26ᵉ degré de longitude à partir du méridien de Paris. Elle forme un ovale, qui s'allonge dans la direction du nord au sud, et dont la pointe septentrionale n'est séparée que par un canal d'environ trois lieues de largeur de la côte d'Asie dont l'île de Rhodes semble n'être qu'un fragment détaché. Sa longueur est d'environ vingt lieues de France, et sa plus grande largeur de sept à huit (3). Du reste, ses dimensions n'ont jamais été bien rigoureusement établies ni par les géographes anciens, ni même par les modernes. La côte d'Asie qui fait face à l'île de Rhodes était autrefois la Doride; elle appartenait à l'ancienne Carie, d'où se détachaient les deux presqu'îles que les anciens appelaient, l'une la péninsule de Cnide, l'autre la péninsule Rhodienne. Cette dernière s'avance dans la direction du sud, et correspond exactement au cap Saint-Étienne ou des Moulins, qui termine au nord l'île de Rhodes. L'autre s'écarte au loin vers l'ouest, et semble se confondre avec l'île de Cos, qui paraît en être le prolongement. A l'orient et au sud de l'île s'étend une mer vaste et solitaire, où l'œil se fatigue vainement à chercher à l'horizon les rivages de la Syrie et de l'Afrique. Au nord et à l'ouest le spectacle est plus varié; on aperçoit les cimes éclatantes des montagnes de la Doride et de la Lycie, et, au milieu des flots bleus de la mer de Carpathos, le groupe d'îles sur lesquelles Rhodes a longtemps régné, et dont plusieurs ne sont que des écueils stériles et inhabités. Les plus importantes d'entre ces îles, dont Rhodes a été comme la reine, sont Simia, l'ancienne Syme, qui touche presque à la Doride, Chalcis, Télos, Nisyros, aujourd'hui Chalci, Piscopia, Nisara; ces îles se succèdent les unes aux autres dans la direction de l'île de Cos, qui borne au nord-ouest l'horizon. Vers le sud-ouest, on voit se détacher du sein des flots l'île de Carpathos avec les flots qui l'environnent, et au delà les pics élevés du mont Ida de l'île de Crète, qui forme vers le sud la barrière de l'Archipel.

AIR, CLIMAT, NATURE DU PAYS. — Le climat de l'île de Rhodes, tiède en hiver, rafraîchi pendant l'été par des brises régulières, son ciel si pur et si brillant, en font aujourd'hui, comme autrefois, le plus délicieux séjour (1). L'air y est extrêmement sain; rarement le ciel y est couvert de nuages, et on n'y voit jamais un jour entier sans soleil. Aussi l'île de Rhodes avait-elle été consacrée par les anciens au dieu de la lumière. Le culte d'Apollon y tenait la première place, comme celui d'Aphrodite en Cypre. Phœbus y avait des temples magnifiques; on y montrait son char, on y admirait son fameux colosse, qui était rangé parmi les merveilles du monde. Les poëtes latins lui ont souvent donné l'épithète de *Clara*, que l'on put entendre aussi bien de sa célébrité historique, que de la clarté du soleil qui l'éclaire. Le vers d'Horace

Laudabunt alii claram Rhodon....

était peut-être compris dans ce dernier sens par Lucain, quand il écrivait à son

---

(1) Diod., V, 56.
(2) Au reste, cette conclusion n'est qu'une hypothèse. Il y en a qui voient dans la fleur des médailles rhodiennes la fleur du grenadier sauvage, appelée *balaustium*, dont on tirait une teinture de pourpre. D'autres la prennent pour l'héliotrope. En réalité elle ressemble plutôt à la fleur du grenadier domestique. *Voy.* Dapper, *Descript.*, p. 526, dans un appendice sur les médailles des îles.
(3) Pline (*Hist. Nat.*, V, 36) lui donne 125,000 pas de tour; il la place à 578,000 pas d'Alexandrie, et à 166,000 de l'île de Chypre.

(1) M. de Marcellus, *Souvenirs de l'Orient*, II, 268.

tour ces mots, qui semblent compléter la pensée du célèbre lyrique :

Claramque relinquit
Sole Rhodon.

Malgré l'éclat de son soleil, l'île de Rhodes n'est pas exposée à l'inconvénient des sécheresses et des chaleurs extraordinaires. Aussi, grâce à la douceur du climat, la végétation n'y est jamais interrompue, et la nature semble l'avoir dotée d'un printemps perpétuel. Ses coteaux, boisés, offrent un feuillage presque toujours verdoyant. De tout temps l'île a exporté une grande quantité de bois de chauffage et de construction (1). Les plaines sont couvertes d'arbres fruitiers; on y recueille en abondance des raisins, des olives, des citrons, des oranges, des grenades, des figues et même des dattes. Le terroir, quoique fertile, est peu propre à la culture des céréales (2). Les pâturages y sont excellents, et peuvent nourrir de nombreux troupeaux. L'île abondait autrefois en plantes médicinales et potagères; et il ne faudrait qu'un peu de travail et de culture pour lui rendre la prospérité qu'elle avait sous les anciens et sous le gouvernement des grands maîtres.

Malgré l'état misérable de la population actuelle de l'île de Rhodes, et le déplorable abandon de ses campagnes, la nature y est si belle de ses propres œuvres, qu'on ne peut voir Rhodes sans admiration ni la quitter sans regret. C'est là le double sentiment exprimé dans presque tous les livres récemment publiés sur la Grèce et l'Orient par nos touristes modernes, et où, à défaut de ces études solides qui demandent du temps et de la science, se trouvent racontées de vraies et spirituelles impressions de voyage. « En découvrant cette île charmante, dit M. d'Estourmel, je ne dirai pas que mon attente fut surpassée; car ce que j'attendais et ce que j'ai vu n'ont aucun rapport. Mon œil, encore attristé de la nudité du sol de la Grèce, pouvait-il se flatter de rencontrer une si belle et si riche végétation ! Toute l'enceinte d'Athènes ne m'avait offert que trois palmiers; ici ils croissaient en nombreux bouquets, couronnaient les hauteurs, et formaient une ceinture verte autour des murs de la ville..... Je suis de plus en plus enchanté de Rhodes. « Que « serait-ce si vous l'aviez entendu ! » disait Eschine, dans cette même île, quand on lisait en sa présence la harangue de Démosthène, qui l'avait fait exiler d'Athènes. Que serait-ce si vous aviez vu Rhodes ! suis-je aussi tenté de dire chaque fois que j'entreprends de donner une idée de cet agréable et curieux séjour (1). »

Chez M. de Marcellus l'admiration est encore plus vive, et s'élève jusqu'à l'enthousiasme. « Rhodes est l'île que j'aime. Scio, triste victime des révolutions, n'est plus qu'un séjour de deuil. Lesbos, oubliée des voyageurs, est froide et sauvage; Chypre et Candie sont des royaumes plus que des îles : mais Rhodes est la rose de l'Archipel. Située vers la grande mer, comme une fleur détachée du rivage, Rhodes touche presque aux belles montagnes de la Cilicie, et s'avance dans les flots telle qu'une sentinelle vigilante; elle est asiatique et européenne à la fois; les vents familiers à ces parages y amènent de toutes parts, et elle devient la relâche obligée de tous les vaisseaux qui cinglent vers la Syrie ou l'Égypte..... Je le répète, Rhodes est ma terre favorite :

Ille terrarum mihi præter omnes
Angulus ridet.

C'est là que vont mes vœux et mes regrets. C'est là que je voudrais aborder, si le flot des révolutions doit me jeter loin de mon pays; et quel homme depuis cinquante ans n'a pas chaque jour mêlé cette triste prévision à ses rêveries ! C'est là même sans révolutions que je voudrais revenir; il est si facile et si doux d'y vivre ! Après tant d'années, je songe encore avec bonheur à la maison que j'y habitais, et que je n'hésitai pas à acheter, tant Rhodes s'était associée à mes chimères et me semblait devoir jouer un

---

(1) Pococke, *Description de l'Orient*, t. IV, p. 208.

(2) L'île ne fournissait pas assez de blé pour la consommation de ses habitants. « *Includi se insulæ parvæ et sterilis agris littoribus, quæ nequaquam alere tantæ urbis populum posset.* » Tite-Live, XLV, 25. Le commerce était indispensable à l'existence de sa nombreuse population.

(1) *Journal d'un Voyage en Orient*, par le comte Joseph d'Estourmel, t. II, p. 153, 166.

rôle dans mon avenir! Qui donc ne m'eût envié un tel asile (1). » — « Je ne connais au monde, dit M. de Lamartine, ni une plus belle position militaire maritime, ni un plus beau ciel, ni une terre plus riante et plus féconde.... Je regrette cette belle île comme une apparition qu'on voudrait ranimer, je m'y fixerais si elle était moins séparée du monde vivant, avec lequel la destinée et le devoir nous imposent la loi de vivre! Quelles délicieuses retraites aux flancs de hautes montagnes et sur ces gradins ombragés de tous les arbres de l'Asie! On m'y a montré une maison magnifique appartenant à l'ancien pacha, entourée de trois grands et riches jardins baignés de fontaines abondantes, ornés de kiosques ravissants. On en demande 16,000 piastres de capital, c'est-à-dire 4,000 francs; voilà du bonheur à bon marché (2). » On le voit, tous les témoignages les plus récents sont unanimes; chacun exprime à sa manière l'admiration que lui inspire cette île fortunée, et certes il n'y a rien de convenu ou de factice dans cette admiration. C'était aussi le sentiment des anciens eux-mêmes, qui vivaient cependant sous un si beau climat, dans des contrées belles encore, malgré leur désolation actuelle; pour eux l'île de Rhodes était l'objet des plus vives prédilections. Alexandre le Grand voulait y établir sa mère Olympias; les grands de Rome aimaient à y vivre; on la choisissait pour lieu d'exil; Tibère y passa huit années, qui furent, sinon les plus heureuses, au moins les plus tranquilles de sa vie. Cet accord des anciens et des modernes à célébrer la beauté et les agréments de cette île, et cela à la distance de tant de siècles et dans des conditions si dissemblables, prouve que Rhodes est réellement un des points de la terre les plus favorisés de la nature et les plus heureusement disposés pour le séjour des hommes.

TREMBLEMENTS DE TERRE ET INONDATIONS. — Malgré tous ces avantages, l'île de Rhodes n'a pas toujours été à l'abri de ces grands fléaux naturels qui bouleversent un pays et consternent les nations. Elle fut ravagée à différentes reprises par des tremblements de terre et par des inondations. Rhodes semble avoir été le produit d'une des dernières agitations volcaniques qui remuèrent le fond de la Méditerranée et qui donnèrent à ses îles et à ses rivages leur forme et leur état définitifs. Les anciens se souvenaient d'avoir vu naître l'île de Rhodes; et Pindare a recueilli l'antique légende qui racontait comment cette île s'était élevée du sein des flots pour venir offrir ses campagnes encore humides aux rayons fécondants du soleil. On a remarqué que les rochers voisins de la ville de Rhodes n'étaient qu'un amas de coquillages marins, incrustés dans un sable fin (1), preuve certaine que l'île, formée lentement par l'agglomération de ces coquilles au fond de la mer, a été ensuite lancée à la surface par une éruption volcanique. La même force qui a produit l'île de Rhodes pourrait bien la détruire, et l'histoire a conservé le souvenir des grands tremblements de terre qui en ont ébranlé les fondements. L'an 222 avant l'ère chrétienne, l'île fut violemment secouée par une agitation souterraine. Les murs de la ville s'écroulèrent, le colosse tomba et fut brisé, les vaisseaux s'entre-choquèrent dans le port, et plusieurs y furent engloutis (2). Le désastre fut grand, mais l'activité des Rhodiens et les dons de tous les princes grecs de l'Asie, qui avaient intérêt à relever cette ville, si nécessaire à leur commerce, le réparèrent promptement. Le second tremblement de terre dont cette île fut affligée éclata sous le règne d'Antonin. Rhodes, Cos, plusieurs villes de la Carie et de la Lycie furent renversées et relevées aussitôt par la libéralité de l'empereur (3). Sous Constance, sous Anastase I*er* le même fléau se renouvela encore, et causa ses ravages ordinaires. Depuis le cinquième siècle il n'est plus fait mention des tremblements de terre de l'île de Rhodes (4).

(1) *Souvenirs de l'Orient*, par le vicomte de Marcellus, t. II, p. 268.
(2) M. de Lamartine, *Voyage en Orient*, Œuvr., t. VI, p. 152.

(1) Voyez *Revue des Deux Mondes*, 1844, p. 809; *L'île de Rhodes*, art. de M. Cottat.
(2) Polyb., V, 88.
(3) Pausan., VIII, 43, 4.
(4) Au moment où j'écris ces lignes on lit dans les journaux du Levant, et surtout dans *l'Impartial de Smyrne*, en date du 6 mars,

Les anciennes inondations ont laissé aussi de terribles souvenirs. « Au temps des Telchines, dit Diodore de Sicile, l'île était entièrement couverte par les eaux; le soleil la dessécha, la rendit féconde, et y établit les enfants qu'il avait eus de la nymphe Rhodos. » L'historien qui rapporte cette légende en donne aussi la véritable explication, quand il ajoute que le vrai sens de ce mythe est que le terrain de l'île était primitivement marécageux, que le soleil le dessécha, et qu'il rendit le pays fertile et habitable (1). Depuis ce déluge primitif, contemporain de la naissance même de l'île, Rhodes a subi plusieurs inondations, qui ont été pour elle de véritables calamités. La troisième et la plus désastreuse est celle de l'an 316 avant l'ère chrétienne. Elle fut produite par un orage effroyable qui s'abattit sur l'île au printemps de cette année. Il tomba des torrents de pluie et une grêle d'une prodigieuse grosseur. Les grêlons étaient du poids d'une mine (436 grammes) et même plus gros; en tombant ils détruisaient les maisons et tuaient les hommes et les animaux. Comme la ville de Rhodes était bâtie en amphithéâtre, les eaux se réunirent en un point et toutes les parties basses furent inondées. On était sur la fin de l'hiver, et on avait négligé de nettoyer les canaux pratiqués pour l'écoulement des eaux. Aussi la ville se remplissait-elle comme un vaste bassin; les habitants, épouvantés, se réfugiaient sur les navires, ou dans les édifices des hauts quartiers. Lorsque tout à coup la pression des eaux renversa un vaste pan de muraille, et cette ouverture favorisa leur écoulement. Rhodes fut dégagée en peu de temps, et tout rentra dans l'état habituel; mais un grand nombre d'édifices avaient été endommagés, et ce désastre avait coûté la vie à plus de cinq cents personnes (2). Telle est la force terrible des orages qui fondent quelquefois sur l'île de Rhodes.

Un autre fléau, non moins funeste, vient encore de temps en temps s'abattre sur ses campagnes. Ce sont les sauterelles, que le vent du sud lui apporte d'Afrique. En 1815 elles dévorèrent presque toutes les récoltes. Du temps des chevaliers, quand la population de l'île était nombreuse, à l'approche du fléau, que l'on apercevait de loin comme un nuage noir, on s'assemblait sur la côte en poussant des cris et en frappant sur des ustensiles de cuivre. On parvenait quelquefois à épouvanter les sauterelles, qui évitaient d'aborder au rivage, et passaient à côté de l'île; ensuite, épuisées de fatigue et toujours poussées par le vent, elles allaient s'abimer dans les flots (1). Aujourd'hui, que l'île a moins d'habitants, les sauterelles la dévastent tout à leur aise.

PRINCIPALES PRODUCTIONS DE RHODES. — L'île de Rhodes n'était ni aussi étendue ni aussi féconde que l'île de Chypre. Elle dut son importance et sa célébrité plutôt au courage et à l'activité de ses habitants qu'à ses richesses naturelles. Cependant on recherchait avec empressement quelques produits qui lui étaient particuliers. Certaines denrées rhodiennes, comme on les appelait, étaient préférées à toutes les autres du même genre. La colle de Rhodes était la plus recherchée des peintres et des médecins. Selon Pline, le cyperus de Rhodes était fort estimé. On appelle cyperus (souchet, *cyperus longus*) une sorte de jonc dont la racine ressemble à une olive noire et est d'un grand usage en médecine. Le cyperus le plus recherché chez les anciens était celui du pays d'Ammon, en second lieu celui de Rhodes, en troisième celui de Théra, en quatrième celui d'Égypte (2). Pline et Athénée font mention d'un certain onguent de Rhodes qu'ils appellent *unguentum crocinum*, c'est-à-dire onguent safrané. L'île de Rhodes produisait une espèce de raisin fort renommée, que Virgile a chantée dans ses *Géorgiques* (3),

Non ego te, dis et mensis accepta secundis,
Transierim, Rhodia, et tumidis, Bumaste,
[racemis.

des détails circonstanciés relatifs à un tremblement de terre qui vient de causer de grands désastres dans l'île de Rhodes et sur le continent, à Macri. La secousse principale a eu lieu le 28 février 1851.
(1) Diodor., V, 56.
(2) Diod., XIX, 45.

(1) Rottiers, *Monuments de Rhodes*, p. 32.
(2) Pline, *Hist. Nat.*, XXI, 70 1; Meursius, *Rhod.*, p. 76 et suiv.
(3) Virg., *Georg.*, II, 106.

Le vin de Rhodes était estimé l'égal du vin de Cos ; il flattait agréablement le goût et l'odorat. La poix de Rhodes était aussi recherchée que celle du mont Ida ; les fruits de cette île étaient excellents. Elles produisait des figues noires et très-succulentes (1). Le caroubier y est très-abondant. Le pêcher y fleurissait, selon Pline et Théophraste, mais sans produire de fruits. Théophraste parle des palmiers de l'île de Rhodes, que l'on entourait de fumier et qu'on arrosait avec soin. Parmi les produits empruntés au règne minéral, on remarquait le vert de gris, la céruse, la craie, des marbres de diverses couleurs et des agathes. On y trouvait une terre bitumineuse appelée *ampelites*. On la détrempait dans de l'huile, et on en frottait les ceps pour détruire les vers qui rongent la vigne.

On y pêchait des huîtres, des éponges, plus douces que celles d'Afrique, et le coquillage qui fournit la pourpre. La mer qui l'environne était très-abondante en poissons ; un ancien auteur, cité par Athénée, donne à cette île l'épithète de poissonneuse. On recherchait surtout l'élops, que Pline met sur la même ligne que les loups du Tibre, qu'on pêchait entre les deux ponts, le turbot de Ravenne, et la murène de Sicile (2). Mais la plupart de ces poissons ne se prenaient que sur les côtes ; car l'île ne possédait qu'une petite rivière, qui n'était pas même navigable, et des ruisseaux souvent à sec. Pline nous apprend que les coqs de Rhodes étaient extrêmement bravés, et ne naissaient que pour la guerre et de perpétuels combats. Ils étaient grands et forts, chargés de chairs et de graisse, peu propres à la reproduction. Les poules de Rhodes pondaient peu, et étaient fort lentes et paresseuses à couver et à élever leurs poussins. On ne voyait point d'aigle dans l'île du Soleil. Aussi Suétone a-t-il mentionné comme un prodige l'apparition d'un aigle qui vint se percher sur la maison qu'habitait Tibère, dans l'île de Rhodes, quelques jours avant son retour en Italie (3). C'était, dit-il, comme le présage de sa prochaine élévation à l'empire.

(1) Pline, XV, 19, 2.
(2) Id., IX, 79, 2.
(3) Suét., *Tiber.*, 14.

GÉOGRAPHIE PHYSIQUE DE L'ÎLE DE RHODES. — Rhodes est la plus grande des îles grecques voisines de l'Asie, après Cypre et Lesbos. Elle se termine au nord vers la côte de Carie, par une pointe basse et sablonneuse qui est le prolongement du mont Saint-Étienne, et que les géographes modernes ont nommée cap des moulins (1). A côté, vers l'ouest, se trouve le promontoire de Pan, aujourd'hui cap Saint-Antoine. A l'extrémité méridionale de l'île était le cap Milantia aujourd'hui cap Tranquille, qui touche presque à la petite île de Cordylusa, appelée maintenant île de Sainte-Catherine. Dapper et Coronelli placent sur la côte orientale de l'île le cap Bo, à trois lieues au sud de Rhodes, le cap Lindo et le cap Saint-Jean, et à l'occident le cap Candura ou Cavallero. L'intérieur de l'île est couvert de montagnes qui courent dans la direction du nord au sud, et qui forment deux versants tournés l'un à l'ouest, l'autre à l'orient. Le sommet le plus élevé de l'île est le mont Atabyrius, sur lequel Althémène, contraint de quitter la Crète, éleva un temple à Jupiter Atabyrien. On y voyait aussi un temple de Minerve. Du haut de cette montagne on aperçoit non-seulement la Crète, mais même, dit-on, l'île de Chypre (2). Une tradition rapporte qu'on voyait sur le mont Atabyrius deux bœufs de bronze, l'un tourné vers l'orient, l'autre vers l'occident, dont les mugissements se faisaient entendre quand l'île était menacée d'un grand malheur ; ce qui nous fait comprendre qu'il y avait un oracle dans le temple de Jupiter Atabyrien. On fait venir le nom de cette montagne d'Atabyrius, ancien roi telchine de l'île ; d'autres en font un mot phénicien, semblable à celui du mont Thabor. La plus haute montagne qui s'élève au centre de l'île s'appelle aujourd'hui *Artémira*. C'est très-probablement là qu'il faut chercher le mont Atabyris. On se trompe évidemment quand on le place au mont Philerme. Artémira est fort escarpée, dit Savary (3) ; on ne peut y monter à

(1) Coronelli, *Isola di Rodi*, p. 13.
(2) Meursius, *Rhodus*, c. VIII, p. 22.
(3) Savary, *Lettres sur la Grèce*, p. 86, 1788.

cheval; il faut la gravir à pied pendant quatre heures de marche pour arriver à sa cime. Lorsqu'on y est parvenu, on jouit d'un coup d'œil magnifique. On découvre aux bords de l'horizon, vers le nord-est, les sommets du Cragus, au nord la côte élevée de la Caramanie, au nord-ouest de petites îles semées dans l'Archipel, qui paraissent comme des points lumineux, au sud-ouest la tête du mont Ida, couronnée de nuages, au midi et au sud-est la vaste étendue des eaux qui baignent les côtes de l'Afrique. Au nord de l'île, non loin de la ville de Rhodes, est le mont Philerme, nom qui dérive de *philéremos*, qui aime la solitude; cette hauteur est voisine du village de Trianda. On y voit une église consacrée à Notre-Dame de Philerme et un souterrain orné de fresques représentant des sujets religieux, dont la description se trouve dans la relation du colonel Rottiers (1). Au sud-est de la ville, à la hauteur du Simboli, où la tradition place l'école de ces rhéteurs rhodiens dont l'enseignement eut tant de célébrité chez les anciens. L'île de Rhodes n'a pas de cours d'eau navigable : le seul des ruisseaux qui l'arrosent auquel les anciens aient donné un nom est le Physcus, aujourd'hui la Gradura ou la Fisca, qui coule du nord au sud, et se jette dans la mer vers la côte orientale de l'île (2). Mais on voit dans les plaines et sur les coteaux de nombreuses sources très-abondantes, qui entretiennent la fertilité du sol et font croître autour d'elles des bois touffus. La ville de Rhodes recevait les eaux de la fontaine Inessa, en l'honneur de laquelle les Rhodiens fondèrent une ville de ce nom en Sicile.

ANCIENNES VILLES ET LIEUX CÉLÈBRES DE L'ÎLE DE RHODES. — Les trois premières villes de l'île de Rhodes furent Lindos, Camiros et Jalyssos, dont Strabon attribue la fondation aux trois fils de Cercaphus. Celle d'Achœa, attribuée à Cercaphus lui-même, n'est attestée que par des traditions incertaines. On connaît l'emplacement des trois autres cités. Lindos était située sur la côte orientale, dans la région la plus âpre de l'île. Les campagnes environnantes étaient couvertes de rochers. La vigne et le figuier y prospéraient; mais on ne pouvait ni labourer ni ensemencer ses champs rocailleux. Lindos était célèbre par son temple de Minerve, dont la construction est attribuée à Cadmus ou à ses filles. Ce temple fut détruit sous le règne de l'empereur Arcadius, fils de Théodose le Grand. On en voit encore les ruines sur une colline élevée qui domine la mer. Les débris de ces murs sont composés d'énormes pierres, et appartiennent au style cyclopéen. Sur la cime la plus élevée du rocher on remarque les restes de la citadelle, ou acropole, de Lindos. Au temps des chevaliers il y avait à Lindos un château fort appartenant aux grands maîtres; on l'appelait Castello di Lindo. Sous les Turcs Lindo resta un village habité par des chrétiens fort riches, qui faisaient un grand commerce et avaient de très-bons navires. Cette prospérité a disparu depuis le temps de Dapper (1). Lindos est situé au pied de la montagne qu'occupait l'ancienne ville. Une baie spacieuse, qui s'avance au loin dans les terres, lui sert de port. Les vaisseaux y trouvent un bon mouillage, par huit et douze brasses. Ils y sont à l'abri des vents du sud-ouest, qui règnent dans la plus rude saison de l'année. Près de Lindos était la région appelée Ixia et le port Ixus, où l'on adorait Apollon Ixien.

Camiros était située dans la partie occidentale de l'île; c'était une ville ouverte, non fortifiée; Strabon l'appelle un bourg, et Thucydide dit positivement que les Lacédémoniens s'en emparèrent sans peine au temps de la guerre du Péloponnèse, parce qu'elle n'était pas environnée de murailles. Les anciens donnaient à Camiros l'épithète d'Argilleuse. La divinité tutélaire de la ville était Junon Telchinienne. On y adorait le héros Althémène. Camiros n'est aujourd'hui qu'un misérable village.

Jalyssos a aussi presque entièrement disparu. Elle était située au nord de Camiros. C'était une ville forte, dominée par une acropole appelée par Strabon Ochyroma (2). On y avait élevé un tem-

(1) *Monuments de Rhodes*, p. 369.
(2) *Dell' Isola di Rodi*, p. 14.

(1) Dapper, *Description de l'Archipel*, p. 92.
(2) Meursius, *Rhodus*, p. 25, c. ix.

ple à Junon, et aux Nymphes Telchiniennes. On y retrouve des masses de pierres renversées, derniers restes d'une des portes de l'antique Jalyssos, et çà et là, sur l'emplacement qu'elle occupait, on voit des blocs de marbre, des fragments de colonne et quelques débris de bas-reliefs dont le colonel Rottiers a donné les dessins(1). Les chevaliers de Rhodes ont exploité les ruines de cette ville et l'ont fouillée comme une carrière. Ils en ont enlevé de belles colonnes, qui ont servi à la décoration de l'église Saint-Jean. Ils y ont trouvé des statues, des inscriptions qu'ils envoyaient à leurs parents et à leurs amis d'Europe; les Vénitiens en ont fait autant dans tout l'Archipel. Peut-être y aurait-il encore à faire en cet endroit des fouilles productives.

DESCRIPTION DE L'ANCIENNE VILLE DE RHODES. — La ville de Rhodes fut fondée bien longtemps après les trois anciennes cités de Jalyssos, Camiros et Lindos. Vers la fin de la guerre du Péloponnèse les habitants de ces trois villes, réunis par l'intérêt commun, renoncèrent à former trois cités distinctes, et fondèrent la ville qu'ils appelèrent Rhodes, du nom de l'île. Elle eut pour architecte Hippodamus de Milet, le même qui avait tracé le plan de la ville du Pirée (2). Strabon lui donne quatre-vingts stades, ou environ trois lieues de circuit. Le terrain était en pente, et la ville présentait l'aspect d'un amphithéâtre, d'où la vue s'étendait sur la mer et les côtes d'Asie. C'était une des plus belles villes de l'antiquité; et l'on admirait son emplacement, ses murailles, ses édifices publics, l'habile disposition de ces rues, la grandeur et la commodité de ses ports. « Dans l'intérieur de Rhodes, dit le rhéteur Aristide, on ne voyait point une petite maison à côté d'une grande. Toutes étaient d'une égale hauteur, et offraient le même ordre d'architecture, de manière que la ville entière ne semblait former qu'un seul édifice. Des rues fort larges la traversaient dans toute son étendue. Elles étaient percées avec tant d'art, que de chaque côté que l'on portât ses regards, l'intérieur paraissait superbement décoré. Les murs, dont la vaste enceinte était entrecoupée de tours d'une hauteur et d'une beauté surprenantes, excitaient surtout l'admiration. Leurs sommets élevés servaient de phare aux navigateurs. Telle était la magnificence de Rhodes, qu'à moins de l'avoir vue, l'imagination ne pouvait en concevoir l'idée. Toutes les parties de cette immense cité, liées entre elles par les plus belles proportions, composaient un ensemble parfait, dont les murs étaient la couronne. C'était la seule ville dont on pût dire, qu'elle était fortifiée comme une place de guerre et ornée comme un palais. »

La ville de Rhodes était située au nord de l'île, sur la pointe d'un promontoire qui s'avance vers l'orient. Elle était dominée par une vaste acropole, dont l'enceinte renfermait des champs cultivés et des bois. On y voyait une statue en or du dieu de la richesse, Plutus, à qui l'artiste avait donné des ailes et des yeux. Rhodes possédait encore d'autres temples magnifiques; celui du Soleil, principale divinité de la ville; celui de Bacchus, que décoraient des peintures de Protogène; le temple d'Isis, voisin des murailles. Ces trois temples que mentionnent les anciens n'étaient pas les seuls, puisque Dion Chrysostome prétend que les Rhodiens en avaient élevé à tous les dieux, avec un grand nombre de chapelles consacrées aux héros. Il y avait à Rhodes des théâtres, des gymnases pour l'enseignement de la philosophie et des lettres, des stades pour la course et les exercices du corps. Tous ces édifices étaient ornés de peintures et de statues, dont Pline porte le nombre à trois mille. Rhodes avait plusieurs ports et de grands arsenaux. « Le navigateur qui y abordait dit Aristide (1), voyait avec étonnement plusieurs ports formés par des môles de pierre jetés bien avant dans la mer. L'un recevait les vaisseaux d'Ionie, l'autre ceux de Carie. Celui-ci offrait son abri aux flottes d'Égypte, de Chypre et de Phénicie, comme si chacun d'eux eût été fait exprès pour telle ville. Près de ces ports s'élevaient des arse-

---

(1) *Monuments de Rhodes*, p. 384, et atlas, pl. 75.
(2) Meursius, *Rhod.*, c. x, p. 27.

(1) Dans ses *Rhodiaca*, cité par Meursius, p. 35.

naux dont l'imposante majesté étonnait les regards; si l'on considérait l'immensité de leurs toits d'un lieu élevé, ils ressemblaient à un vaste champ dont le terrain est incliné. » Il y a de l'exagération et de l'emphase dans le langage du rhéteur asiatique. Des historiens plus exacts et plus précis ne parlent que de deux ports, un grand et un petit, dont il est fait mention dans le récit du siége que la ville soutint contre Démétrius Poliorcète. Cependant on reconnaît au sud de la ville l'emplacement d'un troisième port, qui est aujourd'hui presqu'à sec. L'entrée de quelques-uns de ses arsenaux était interdite sous peine de mort. On reconnaît dans cette terrible prohibition l'esprit des grandes républiques commerçantes. Carthage et Venise avaient dans leurs codes des rigueurs semblables. La ville était entourée de faubourgs, que les habitants détruisirent quand ils furent menacés d'un siége par Mithridate. C'était dans l'un d'eux que l'on admirait le célèbre tableau d'Ialysus du peintre Protogène dont nous reparlerons plus loin en détail. Toute la ville était remplie des chefs-d'œuvre de l'art antique, que les riches Rhodiens savaient généreusement payer aux grands artistes de la Grèce. « J'étais logé dans le quartier du temple de Bacchus, dit le voyageur de Lucien, et dans mes moments de loisir je parcourais la ville pour en examiner les monuments. De temps en temps je goûtais un plaisir exquis en me promenant sous les portiques du temple, et en contemplant les peintures admirables qui les décoraient. Ce spectacle avait d'autant plus d'attrait pour moi que je comprenais les sujets et que je repassais dans ma mémoire les fables héroïques qu'ils représentaient. »

LA VILLE ACTUELLE DE RHODES. — La nouvelle ville de Rhodes occupe l'emplacement de l'ancienne; seulement elle est moins étendue. On n'y retrouve plus de vestiges de la cité grecque; temples, portiques, gymnases, statues, tableaux, tout a été enlevé ou détruit; tout a disparu. Et cependant cette ville est encore, telle qu'elle est, un intéressant débris du passé. Ce n'est plus la Grèce qu'elle rappelle; c'est une autre époque, déjà vieillie par les siècles, mais qui a laissé dans tous les souvenirs autant de traces que l'antiquité elle-même. La ville actuelle de Rhodes date du temps des croisades et a été bâtie par les chevaliers de Saint-Jean. « Le moyen âge, dit M. d'Estourmel, est resté à Rhodes avec tout son appareil guerrier, ses tourelles, ses créneaux, ses ogives, ses armoiries. Nous possédons chez nous quelques maisons de ce genre; mais une cité tout entière, c'était un spectacle complétement nouveau pour moi. Le port où nous descendîmes est bordé de quais en grande partie ruinés, et de longues murailles hérissées de meurtrières; une belle et haute tour carrée, crénelée, flanquée à son sommet de quatre tourillons, s'élève au-dessus des autres fortifications. Lors du siége elle s'appelait la tour Saint-Nicolas, et elle fut vaillamment défendue par un Castellane. Une fois les portes franchies, on pénètre à travers un assemblage de maisons bâties en pierre, à petites croisées carrées, à portes basses et cintrées, avec des trottoirs qui ne laissent entre eux qu'une voie étroite. Quelques rues mieux percées forment le quartier noble, le faubourg Saint-Germain de Rhodes. Une d'elles, la plus droite et la plus large, a conservé le nom de rue des Chevaliers; elle traverse la ville, aboutissant d'un côté à la mosquée, près de la porte du port, de l'autre à l'ancienne église patronale de Saint-Jean; les hôtels qui la bordent sont tels qu'ils étaient à la fin du quinzième siècle, dont la plupart portent la date. Seulement quelques balcons fermés ont été ajoutés aux fenêtres pour empêcher le jour et surtout les regards de s'introduire du dehors dans l'intérieur des chambres. Des créneaux, des petites tourelles, des gouttières en pierre s'avancent en saillie sur les façades; de longs câbles sculptés marquent la séparation des étages. Dans l'architecture des noms se sont conservés, qui maintenant ne représentent plus rien. Qu'est-ce dans nos maisons modernes qu'une *croisée* autour de laquelle règne un *cordon?* Un assemblage de vitres et des moulures alentour; mais les anciennes croisées représentaient exactement une croix, comme leur nom l'indique. La forme en fut adoptée à l'époque des croisades, et ce qu'on appela alors un cordon est bien réellement ce

7.

câble que je retrouve ici dans les encadrements. Ce qui contribue surtout à l'ornement, c'est la profusion d'armoiries en pierre et en marbre blanc, qu'on aperçoit jusque sous les toits; quelquefois on voit réunir jusqu'à sept de ces écussons. La croix de l'ordre est partout, mais jamais seule; la croix ancrée des d'Aubusson lui est accolée sur toutes les portes et les lieux les plus apparents, preuve évidente que la ville fut en grande partie reconstruite après le premier siége. On rencontre aussi fréquemment nos fleurs de lys. Les maisons ainsi décorées présentent à l'œil un blason complet, souvent avec des devises et des inscriptions en caractères gothiques (1). »

La ville actuelle de Rhodes a deux ports : celui qu'on rencontre le premier, en abordant par le nord, est le port des Galères, ainsi nommé parce qu'il servait d'abri aux sept galères que le pacha de l'île entretenait autrefois pour le service du grand seigneur. L'entrée de ce port est défendue par le fort Saint-Elme. Le grand port est appelé le port des Vaisseaux. Il est défendu par la tour Saint-Nicolas; au delà d'un môle couvert de moulins et terminé par la tour de Saint-Michel, on aperçoit l'enceinte presque ensablée d'un troisième port qui doit avoir été abandonné depuis bien des siècles. La ville est encore entourée des fortifications derrière lesquelles les chevaliers soutinrent le siége de 1522. Sans doute cette enceinte avait grandement souffert par l'effet des mines et du canon des Turcs. Mais Soliman la fit rétablir dans l'état où elle était avant le siége; de sorte que l'on ne retrouve en aucun autre pays du monde une ville du quinzième siècle aussi bien conservée. Rhodes est là encore debout, telle qu'elle devait être lorsque les Turcs s'en emparèrent. Elle a dû à l'inaction et à l'indolence de ce peuple d'échapper à toutes les causes de transformation qui tous les jours métamorphosent les villes d'Europe. Elle est restée intacte sous le gouvernement inerte des musulmans, comme Pompéi et Herculanum sous la lave et les cendres du Vésuve (2). A part le délabrement de ces remparts, que le temps augmente tous les jours, rien n'a été changé dans leur construction; on n'y a pas dérangé une pierre ni comblé un fossé. Chaque bastion a conservé son nom. Ici c'est le bastion d'Angleterre, là celui d'Espagne et de Portugal, plus loin ceux de France, d'Italie, d'Auvergne, de Provence. Tout autour de la ville règne une longue suite de cimetières, hérissés de pierres levées, de dalles de marbre blanc, fichées en terre, quelques-unes chargées de versets du Coran et terminées par un turban grossièrement sculpté. Comme les Turcs ne renouvellent pas les sépultures dans leurs cimetières, ils s'étendent de jour en jour, et occupent autour de leurs villes d'immenses emplacements. La mort saisissant tous ceux qui ont vécu, la nécropole de Rhodes est bien plus vaste que la cité des vivants.

La ville se divise en deux parties, la ville haute vers l'orient, et la ville basse à l'ouest. Partout les rues sont étroites et tortueuses. La haute ville était le quartier réservé aux chevaliers. Le quartier des Juifs est à l'extrémité de la ville basse. Les ruines du palais des grands maîtres sont dans le haut de la rue des Chevaliers, près des fortifications. « Ce château, qui dominait autrefois la ville, la mer et les campagnes, dit un voyageur (1), n'est plus qu'un amas de décombres, du milieu desquelles s'élèvent des murs flanqués de tourelles, dont les débris obstruent les cours et les salles; des restes de galerie, des arcades que le lierre enlace et soutient encore, servent d'abri à de tristes oiseaux qui s'échappent en criant et se replongent dans leur sombre repaire dès que le voyageur s'est éloigné ». « Çà et là on aperçoit les restes de ces grands édifices où les chevaliers de la même langue vivaient en commun, et qui portaient le nom d'auberge. Elles étaient jadis au nombre de huit, à cause des huit nations dont se composa l'ordre des Hospitaliers. Non loin des ruines du palais des grands maîtres on trouve celles de la loge Saint-Jean, qui occupe l'emplacement d'un temple de Jupiter-Sauveur, où l'on recevait avec honneur

---

(1) *Journal d'un Voy. en Orient*, t. I, p. 153.
(2) Michaud et Poujoulat, *Correspondance d'Orient*, t. IV, p. 13.

(1) M. Cottut, *Revue des Deux Mondes*, 1844, p. 815.

les étrangers de distinction et les ambassadeurs des États avec lesquels Rhodes entretenait des relations amicales (1). » C'est la partie la plus élevée de la ville, qui de là descend en pente douce jusqu'au port. La loge Saint-Jean fut construite par Hélion de Villeneuve. C'était là que se réunissaient les chevaliers pour les conseils de guerre, les grandes délibérations : c'était là que se rendait le grand maître pour communiquer avec l'ordre, ou diriger les travaux dans les grands siéges que Rhodes eut à soutenir. Endommagée dans le dernier siége, la loge Saint-Jean a été de plus en plus dégradée par le temps, et dans quelques années il n'en restera plus rien. L'église Saint-Jean, ancienne cathédrale de la ville, est aujourd'hui la grande mosquée. Elle est de beaucoup inférieure pour la beauté et la richesse à l'église que le même ordre édifia plus tard dans l'île de Malte. Autrefois les Turcs en interdisaient l'entrée à tout étranger. Le colonel Rottiers prétend être le premier chrétien qui y ait pénétré depuis la conquête. C'est en 1825 qu'il visita l'île de Rhodes. Aujourd'hui l'antique église de Saint-Jean n'est plus fermée aux voyageurs. Elle a cent soixante pieds de long et cinquante-deux de large; les colonnes ont presque toutes des chapiteaux différents; leur diamètre est d'environ vingt-deux pouces. Elles ont été enlevées aux ruines d'anciens temples païens, et sous la chaux blanche dont les Turcs les ont recouvertes, on reconnaît qu'elles sont en beau granit oriental. La charpente qui soutient la toiture de la nef est toute parsemée d'étoiles d'or sur un fond d'azur. Cette église a été bâtie sur les plans d'Arnolfe, architecte de Florence : sa construction commença peu de temps après l'établissement des chevaliers dans l'île, car on rapporte que la première pierre en fut posée solennellement par Foulques de Villaret en 1310, le jour de la nativité de Saint-Jean-Baptiste, patron de l'ordre (2). Les autres églises de la ville, Sainte-Catherine, Saint-Pantaléon, Saint-Sauveur, Sainte-Marie-de-la-Victoire, Saint-Cosme et Damien, Saint-Jean de la Fontaine sont tombées en ruines ou converties également en mosquées. Les couvents de Saint-François et de Saint-Augustin subsistent encore. On retrouve dans la rue des Juifs un vieux couvent de religieuses, la maison du grand commandeur, et le palais de justice de l'ordre. La porte qui donne accès dans la ville du côté du port s'appelle la porte Saint-George ou de Sainte-Catherine. A l'occident, vers la ville basse, est la porte Saint-Jean, et à l'orient, à la ville haute, la porte Saint-Michel, appelée aussi porte d'Amboise.

Les Turcs ne souffrent pas qu'aucun chrétien habite dans l'enceinte de Rhodes. Il en est de même à Constantinople. Le Pera de Rhodes est un grand village ouvert, situé au nord-ouest de la ville, dans le voisinage de la mer, et qui s'appelle Neochorio. Les Grecs y sont également relégués, ainsi qu'à Paximada, qui est le prolongement de Neochorio. Ce faubourg est adossé à la hauteur factice élevée par les musulmans lors du siége qui mit Rhodes en leur pouvoir, et au delà de laquelle on aperçoit le sommet du mont Saint-Nicolas. Les consuls européens y ont tous leur résidence. En sortant de la ville par le côté opposé, on arrive au site de Simboli, dont le nom vient du mot turc *zambulu*, qui signifie hyacinthe. C'est une plateforme ombragée de beaux platanes, arrosée par une fontaine qui entretient en cet endroit une délicieuse fraîcheur. Là est le plus joli site des environs de Rhodes, qui généralement ne sont pas sans beauté. A l'ouest du mont Saint-Étienne s'étend la vallée qui servait de retraite au monstre que combattit le chevalier Gozon, et dont on voit le prétendu squelette suspendu sous la porte Sainte-Catherine. Au sud-ouest de la ville, à deux ou trois heures de chemin, sont les ruines qu'on appelle le vieux Rhodes. La route en est agréable; on suit longtemps le bord de la mer, puis on chemine entre de gros arbres touffus, chênes verts, oliviers, figuiers; on traverse le joli village de Trianda, dont les maisons sont en pierre et presque toutes uniformément ornées d'une petite tourelle à cul de lampe délicatement sculptée, genre de construction qui dénote une

---

(1) Rottiers, *Monuments de Rhodes*, p. 285.
(2) Rottiers, *Id.*, p. 301.

origine féodale. Plus loin, sur une éminence, est l'emplacement d'une ancienne ville, quelques restes de tour et un couvent ruiné. Le vieux Rhodes n'est pas une ville grecque, mais franque; ses débris sont de construction gothique, car à Rhodes comme dans l'île de Chypre la plupart des ruines appartiennent aux édifices construits par les Latins à l'époque des croisades. Les vestiges de l'antiquité ont presque entièrement disparu, mais partout se retrouvent la trace des Francs et les souvenirs de leur gloire.

L'île de Rhodes a cent quarante milles de superficie, quarante-quatre villages, une capitale et un bourg, celui de Lindo. Dans le siècle dernier sa population était encore de quatre-vingt mille âmes, et la ville conservait quelque prospérité. Mais la fiscalité des gouverneurs turcs a tout ruiné : outre les impôts arbitraires et excessifs dont ils frappaient les habitants, ils s'attribuèrent les monopoles de presque toutes les denrées, soie, cire, miel, huile, oranges, raisins, etc. Ils ont accaparé toutes les productions du sol. Appauvri par leurs exactions, le cultivateur a renoncé au travail; les jardins ont disparu, les moissons ne couvrent plus la terre. Beaucoup de cantons fertiles et autrefois bien cultivés sont devenus des solitudes, et selon le témoignage de voyageurs qui ont visité cette île après 1830, le dénombrement qu'on venait de faire par l'ordre de la Porte n'avait donné pour toute l'île que seize mille habitants (1).

II.

HISTOIRE ANCIENNE DE L'ÎLE DE RHODES.

SES PREMIERS HABITANTS, LES TELCHINES, LES IGNÈTES, LES HÉLIADES. — Les plus anciennes traditions relatives à l'histoire primitive de Rhodes ne sont que des légendes poétiques et des fables incohérentes, où l'imagination a la plus grande part, et dans lesquelles il est bien difficile de distinguer la fiction de la vérité. C'était une opinion généralement reçue dans la Grèce que l'île de Rhodes était née du sein des eaux de la mer. Laissons parler Pindare, l'historien, le chantre de cette origine merveilleuse. « Les vieilles traditions des hommes racontent qu'au temps où Jupiter et les immortels se partagèrent le monde, Rhodes n'était pas encore visible sur la plaine humide; l'île se cachait dans les profondeurs de la mer. Le soleil absent, personne n'avait tiré son lot; aucun pays n'avait été assigné au chaste dieu. Cependant Jupiter, qu'il avertit, voulut établir un nouveau partage; mais lui ne le permit point, car il dit aux dieux qu'au fond de la mer blanchissante il voyait grandir une terre féconde en hommes et favorable aux troupeaux. Sur-le-champ il exigea que Lachésis au fuseau d'or étendît les mains et que les dieux ne refusassent pas de prêter le grand serment; mais qu'avec le fils de Cronos ils lui promissent que l'île qui montait à la clarté du ciel serait à l'avenir placée sur sa tête. Ces paroles souveraines s'accomplirent selon la vérité. Du sein humide de la mer germa l'île que possède le dieu générateur de la lumière radieuse, le roi des coursiers au souffle de feu. C'est là qu'il s'unit à Rhodo, qu'il engendra sept enfants, dont la sagesse éclata parmi les hommes des premiers temps; l'un d'eux engendra Camire, Jalyse l'aîné et Lindus. Mais ils vécurent séparés, après avoir fait trois parts des terres et des villes paternelles : leur séjour porta leur nom (1). »

Selon Pindare, les premiers habitants de Rhodes sont les fils du Soleil, les Héliades, race d'hommes née de l'union de l'astre du jour avec la terre de Rhodes qu'il avait fécondée. Les traditions recueillies par Diodore remontent plus haut, et avant les Héliades il nomme les Telchines comme étant les premiers qui peuplèrent Rhodes (2). Il leur donne le titre de fils de la mer; ce qui les fait regarder comme des Phéniciens (3) par la plupart des critiques. Comme inventeurs et propagateurs des arts utiles, les Telchines peuvent encore être avec

---

(1) Michaud et Poujoulat, *Correspondance d'Orient*, t. IV, p. 26.

(1) Pindare, *Olymp.*, VII, Ép. 3.
(2) Diodor., V, 55.
(3) Raoul Rochette, *Histoire des Colonies Grecques*, I, p. 338.

vraisemblance rattachés à ce peuple industrieux qui couvrit de ses colonies les îles de la Méditerranée, alors que les Grecs étaient encore dans un état voisin de la barbarie. Les Telchines passaient pour avoir les premiers fabriqué les statues des dieux, et toutes les villes de Rhodes rendaient les plus grands honneurs à celles qui étaient sorties de leurs mains. Ils étaient de puissants enchanteurs, et savaient par la magie assembler les nuages, attirer ou repousser les orages. Enfin ils prenaient à leur gré toutes les formes qu'ils voulaient. Évidemment les Telchines étaient des étrangers savants et habiles, que les populations grossières des îles de l'Asie Occidentale et de la Grèce regardaient comme des magiciens et des sorciers.

La fable raconte que ces Telchines avaient été chargés par Rhéa du soin d'élever Neptune. Ce dieu, devenu grand, aima Halia, sœur des Telchines, et en eut six fils et une fille appelée Rhodes, qui donna son nom à l'île. Quelque temps après Vénus allant de Cythère en Cypre voulut aborder à Rhodes; les fils de Neptune l'en repoussèrent : la déesse s'en vengea en les rendant furieux; ils outragèrent leur propre mère Halia, et Neptune les punit en les enfermant dans les profondeurs de la terre. Halia, désespérée de son déshonneur, se précipita dans la mer, et reçut des honneurs divers sous le nom de Leucothoé. Ce mythe est susceptible d'interprétations bien diverses; mais il est certain que s'il n'est pas une invention faite à plaisir, il ne peut avoir été suggéré que par le souvenir confus des événements variés de la vie aventureuse d'un peuple ou d'une colonie de navigateurs établis dans l'île de Rhodes.

Le mythe des Héliades est plus clair, et les anciens eux-mêmes en ont plus facilement saisi le sens. Les Telchines, selon Diodore, prévoyant un déluge, quittèrent l'île, et se dispersèrent. Quelques-uns périrent surpris par l'inondation; d'autres échappèrent sur de hautes montagnes. Mais le Soleil (Hélios), épris de Rhodes, dessécha l'île, lui donna le nom de celle qu'il aimait, et y établit ses sept fils, Ochimus, Cercaphus, Macar, Actis, Ténagès, Triopas et Candalus. Évidemment la mythologie exprimait ici, dans son langage figuré, l'influence bienfaisante du soleil sur une terre auparavant marécageuse, qu'il avait rendue habitable en la desséchant. Les Héliades, comme les Telchines, avec lesquels il faut peut-être les confondre, se distinguaient par la connaissance des arts, des sciences et surtout de l'astrologie. Ils réglèrent les saisons, et firent des découvertes utiles aux progrès de la navigation (1). Il est bien certain qu'il s'agit encore ici d'un peuple navigateur, et, quelle que soit la forme que prenne la légende, on voit que dans le fond elle n'a fait que conserver vaguement le souvenir des anciens établissements phéniciens. Ténagès, qui était le plus habile des Héliades, périt par la jalousie de ses frères. Le crime ayant été découvert, tous les coupables prirent la fuite. Macar se retira à Lesbos, et Candalus à Cos; Actis aborda en Égypte, et y fonda Héliopolis; Triopas s'établit en Carie, au promontoire Triopium. Quant aux autres Héliades, qui n'avaient point pris part au crime, ils demeurèrent à Rhodes, et construisirent la ville d'Achaia, dans la Jalyssie. Ochimus, l'aîné, en fut le premier roi. Cercaphus lui succéda : il fut père de Jalysus, Camirus et Lindus, qui partagèrent l'île en trois régions et y fondèrent chacune une ville.

Deux indications très-concises d'Hésychius et d'Étienne de Byzance donnent pour successeurs aux Telchines, comme habitants de l'île de Rhodes, les Gnètes ou Ignètes, que Bochart conjecture, avec assez de raison, être le même peuple que le précédent (2). Il n'en est nullement fait mention dans Diodore.

Au temps des fils de Cercaphus, selon Diodore, Danaüs, fuyant de l'Égypte, vint aborder à Lindos avec ses filles. Bien accueilli des habitants, il éleva un temple à Minerve, et lui consacra une statue. A quelque temps de là, Cadmus aborda aussi à l'île de Rhodes après une tempête, pendant laquelle il avait fait vœu d'élever un temple à Neptune. Il construisit ce temple dans l'île de Rhodes, et y laissa des Phéniciens pour le desservir. Ces Phéniciens obtinrent

(1) Diod., V, 56 et suiv.
(2) Raoul Rochette, *Colonies Grecques*, t. 1, p. 338.

le droit de cité à Jalyssos, et la facilité avec laquelle ils se confondirent avec les habitants du pays semble prouver une communauté d'origine. Cadmus en passant à Rhodes avait honoré les divinités locales et consacré à la Minerve de Lindos un magnifique bassin d'airain. Peut-être Danaüs avait-il reconnu une déesse phénicienne dans la Minerve de Lindos.

EXPULSION DES PHÉNICIENS, COLONIES PÉLASGIQUES A RHODES. — Jusque là toutes les colonies établies dans Rhodes, Telchines, Ignètes, Héliades, compagnons de Danaüs, avaient une origine orientale, et se rattachent à l'Asie Mineure ou aux contrées maritimes de la Syrie (1). Sans doute l'examen critique de toutes ces traditions pourrait faire ressortir bien des contradictions, susciter de nombreuses difficultés, et contredire, à certains égards, les conclusions générales que nous en avons tirées, principalement en ce qui concerne les Héliades, dont l'origine asiatique est moins évidente que celle des deux autres tribus. Mais le fond de ces assertions demeure toujours, et l'on ne peut nier que l'île de Rhodes, comme la plupart des autres îles de la mer Égée, n'ait été occupée par la race phénicienne avant de l'être par la race grecque. Ce fait n'avait pas échappé aux anciens eux-mêmes; il est attesté par la grave autorité de Thucydide (2), et deux Rhodiens, Polyzélus et Ergéas, qui écrivirent sur l'histoire de leur patrie, avaient recueilli les traditions relatives à l'expulsion des Phéniciens de l'île de Rhodes (3). D'après leurs récits, Phalantus, chef des Phéniciens, vigoureusement attaqué par un certain Iphiclus, s'était renfermé dans une place forte, où il faisait une bonne résistance. Ayant consulté l'oracle, il lui fut répondu que l'ennemi ne se rendrait maître de la place que lorsque l'on verrait des corbeaux blancs voler dans l'air et des poissons nager dans les coupes. Phalantus, croyant que ces prodiges ne se réaliseraient jamais, se crut imprenable, et se relâcha de sa vigilance. Cependant Iphiclus, informé de cet oracle qui avait rassuré Phalantus, eut recours à la ruse pour accomplir les singulières conditions qui devaient lui livrer la place qu'il assiégeait. Selon le récit d'Ergéas, s'étant emparé de Larca, un des serviteurs de Phalantus, au moment où il allait chercher de l'eau à la source voisine, Iphiclus ne le relâcha qu'à condition qu'il s'engagerait à verser dans la coupe de son maître l'eau qu'il lui rapportait, et où il avait jeté lui-même une quantité de petits poissons; ce que Larca exécuta fidèlement, comme il s'y était engagé. Quant à l'autre difficulté de l'oracle, Iphiclus sut également l'éluder en envoyant à Phalantus des corbeaux qu'il avait enduits de chaux. Selon Polyzélus, il fut aidé dans l'exécution de ces deux stratagèmes par la propre fille de son rival, qui avait conçu pour lui une violente passion. Quoi qu'il en soit, Phalantus, voyant l'oracle accompli, perdit l'espoir de pouvoir se défendre, et abandonna l'île de Rhodes, qui fut pour toujours enlevée aux Phéniciens, auxquels les Grecs succédèrent. On ne sait à quelle époque placer cet événement, dont les détails sont loin d'offrir le caractère de la vérité historique. Mais cette tradition n'en est pas moins curieuse, comme étant le seul souvenir conservé par l'histoire de la lutte qui dut nécessairement s'engager entre les deux nations qui se disputèrent dans ces temps reculés la possession de l'île de Rhodes.

Cette victoire d'Iphiclus sur Phalantus et les Phéniciens ne peut s'expliquer que par l'établissement dans l'île de Rhodes de colons grecs ou pélasgiques, qui y vinrent en assez grand nombre pour obtenir enfin la prépondérance. La première de ces colonies, selon M. Raoul Rochette, est celle de Leucippus, fils de Macar, qui était venu de Lesbos avec une troupe nombreuse. La population de Rhodes, selon Diodore (1), était alors fort réduite; Leucippus et ses compagnons furent accueillis avec joie, et ne tardèrent pas à se confondre avec les anciens habitants. Or, il faut se sou-

---

(1) M. Raoul Rochette conteste l'origine phénicienne des Héliades, admise par Clavier, et les regarde comme issus de la colonie pélasgique de Phorbes. *Voyez* les preuves de cette assertion, t. I, p. 340.
(2) Thucyd., I, 8.
(3) Ap. Athénée, l. VIII; Dapper, *Description de l'Archipel*, p. 151.

(1) Diod., V, 81.

venir que Macar était lui-même un Héliade, qui avait quitté Rhodes pour s'établir à Lesbos. Son fils abandonna Lesbos à son tour pour revenir, avec les Pélasges, de cette île au berceau de sa famille. Quelque temps après, il se forma à Rhodes un nouvel établissement pélasgique, sous la conduite de Phorbas, fils de Triopas, selon Hygin, et de Lapithus, selon Diodore. La mythologie paraît s'être exclusivement emparée de ce fait. S'il faut en croire Diodore, l'île était ravagée par des serpents d'une grandeur prodigieuse, qui dévoraient un grand nombre d'habitants. Pour se délivrer de ce fléau, ils consultèrent l'oracle de Délos, qui leur conseilla d'appeler à leur secours Phorbas, qui vint de Thessalie, purgea le pays des monstres qui l'infestaient, et fonda une colonie dans l'île qui lui devait sa délivrance. Il est assez singulier, ajoute M. Raoul Rochette (1), de trouver à une époque aussi ancienne l'origine des fables qui reparaissent dans l'histoire moderne de Rhodes, lorsque cette ville était au pouvoir des chevaliers de Saint-Jean de Jérusalem. Ces fables avaient sans doute un fondement réel, exagéré par l'imagination des Grecs. Comme Leucippus, Phorbas était encore originaire de l'île de Rhodes. Son père, Triopas, avait émigré en Carie et fondé un établissement dans la presqu'île de Cnide, que Phorbas fut obligé d'abandonner lors de l'invasion des Cariens. Il était en Thessalie, quand les Rhodiens le rappelèrent dans l'île natale, où il revint avec une colonie pélasgique.

COLONIE CRÉTOISE D'ALTHÉMÈNE. — Althémène, fils de Catrée, petit-fils de Minos, ayant reçu de l'oracle une réponse qui lui prédisait qu'il tuerait son père, s'exila volontairement de l'île de Crète. Il vint à Rhodes, aborda à Camiros, et introduisit dans ce pays le culte de Jupiter, auquel il éleva un temple sur le mont Atabyrius, d'où l'on apercevait l'île de Crète. Cependant Catrée, désolé du départ de son fils, fit voile pour Rhodes, afin de le revoir et de le ramener en Crète. La fatalité rapprocha ainsi le père et le fils, pour assurer l'exécution des arrêts du destin. Catrée débarqua de nuit dans l'île de Rhodes.

(1) *Colonies Grecques*, I, 339.

Les habitants se crurent attaqués par des pirates. Ils marchèrent en armes à leur rencontre. Althémène accourut aussi pour repousser cette prétendue agression, et son javelot frappa son père, qu'il n'avait pas reconnu. Apollodore ajoute que, désespéré du crime involontaire qu'il avait commis, ce malheureux fils pria les dieux de permettre à la terre de l'engloutir, et que son vœu fut exaucé. Mais Diodore explique historiquement cette fable, et prétend que s'étant banni de la société et du commerce des hommes, il trouva dans la solitude le terme de ses chagrins et de sa vie (1). Un autre Althémène conduisit plus tard dans l'île de Rhodes la colonie dorienne qui donna un caractère définitif à la population de cette île, composée d'éléments si divers.

COLONIE ARGIENNE DE TLÉPOLÈME (1292 av. J.-C.). — Tlépolème, fils d'Hercule, établi à Argos, forcé de s'expatrier pour un meurtre involontaire, émigra avec une nombreuse troupe d'Argiens. Étant allé consulter l'oracle de Delphes, le dieu lui ordonna de conduire une colonie à Rhodes. Un des descendants de Cadmus, forcé de se bannir de Thèbes, à cause du meurtre d'un de ses parents, se réfugia à Athènes, d'où ses descendants accompagnèrent Tlépolème à Rhodes. Quelques Athéniens prirent également part à cette colonie, qui rebâtit et agrandit les trois villes de Lindos, Camiros et Jalyssos, dont l'existence au temps du siége de Troie est attestée par Homère. La même colonie de Tlépolème s'étendit aussi dans l'île de Cos, qui au temps de la guerre de Troie était, ainsi que l'île de Rhodes, dominée par les Héraclides. « L'Héraclide Tlépolème, dit Homère (2), grand et fort guerrier, amena de Rhodes neuf vaisseaux montés par les courageux Rhodiens. » Il périt sous les murs de Troie de la main de Sarpédon, fils de Jupiter. Voici comment Homère raconte la mort du chef des Rhodiens (3). « La cruelle destinée poussa le malheureux fils d'Hercule, le grand Tlépolème, contre le divin Sarpédon. Quand ces deux

(1) Diod. Sic., V, 59 ; R. Rochette, *Colonies Grecques*, t. II, p. 262.
(2) Hom., *Il.*, II, 653.
(3) Id., *Il.*, V, 628.

héros, l'un fils et l'autre petit-fils du dieu qui lance le tonnerre, furent tous deux en présence et prêts à se charger, Tlépolème parla le premier, et lui adressa ces paroles : « Sarpédon, conseiller des Lyciens, quelle nécessité de venir trembler ici, toi qui ne connais pas la guerre? Ils mentent ceux qui te disent fils de Jupiter Porte-Égide ; car tu es de beaucoup inférieur à ces héros anciens qui naquirent de Jupiter. Tel fut, dit-on, Hercule, mon vaillant père au cœur de Lion, qui, venu ici avec six vaisseaux seulement et un petit nombre d'hommes pour enlever les chevaux de Laomédon, saccagea la ville de Troie et désola ses rues. Mais toi, tu n'es qu'un lâche, et tes peuples périssent. Et je ne pense pas que ta venue en ce pays soit désormais d'un grand secours aux Troyens, quand même tu serais très-robuste ; car, terrassé par moi, tu vas franchir les portes de l'enfer. — Tlépolème, reprend Sarpédon, il est vrai qu'Hercule ruina autrefois la ville de Troie par la faute et par l'imprudence du grand Laomédon, qui lui refusa ses chevaux qu'il lui avait promis, et pour lesquels ce héros était venu de fort loin. Ce roi parjure ne se contenta pas même de les lui refuser ; il le traita indignement, quoiqu'il en eût reçu de très-grands services. Pour toi, je te prédis que tu n'auras pas le sort de ton père. Ta dernière heure t'attend ici, et, terrassé par cette pique, tu vas me couvrir de gloire, et enrichir d'une ombre l'empire du dieu des enfers. » Comme il achevait ces mots, Tlépolème lève son javelot, et le lance. Dans le même instant les traits de ces deux guerriers partent de leurs mains. Sarpédon donne du sien au milieu du cou de son ennemi, et le perce. La mort ferme ses paupières et le couvre d'une éternelle nuit. Le javelot que Tlépolème avait lancé atteignit Sarpédon à la cuisse gauche, et le fer avide, poussé avec une violence extraordinaire, entra dans l'os, et s'y attacha. Jupiter garantit son fils de la mort. »

ÉTABLISSEMENT DES DORIENS DANS L'ÎLE DE RHODES. — A l'époque de la guerre de Troie, Rhodes, débarrassée des Phéniciens, qui l'avaient occupée d'abord, des Cariens, qui y dominaient au temps de Minos, était devenue une île grecque. Une dernière émigration en fit une île dorienne (1). Le chef de ce nouvel établissement fut un second Althémène, fils de Cisus, petit-fils de Téménus, qui dans la conquête du Péloponnèse par les Héraclides et les Doriens avait obtenu en partage le royaume d'Argos (2). Althémène était le plus jeune des fils de Cisus. Il quitta l'Argolide, à la suite d'une querelle avec ses frères, accompagné d'une troupe de Doriens, auxquels s'étaient joints quelques Pélasges. A cette époque les agitations dont la Grèce était le théâtre, par suite des invasions des Cadméens, des Arnéens et des Doriens, avaient déterminé parmi les anciennes populations de ce pays un mouvement d'émigration très-actif vers l'Asie Mineure et les îles. Au moment où Althémène s'apprêtait à quitter la Grèce, des Athéniens sous la conduite de Nélée, des Lacédémoniens sous celle de Delphus et de Polis, lui proposèrent de se joindre à lui et de se placer sous son commandement. Mais il devait être impossible à ces peuples si différents d'origine et de caractère de s'entendre sur la direction à donner à leur entreprise. Les Ioniens voulaient aller en Asie Mineure, leur terre de prédilection ; les Doriens poussaient Althémène à se rendre en Crète. Celui-ci, rejetant les offres qu'on lui faisait, alla consulter l'oracle de Delphes, qui lui ordonna de se diriger vers Jupiter et le Soleil, et de s'établir dans les pays qui les reconnaissaient pour protecteurs et dieux tutélaires. Étant donc parti du Péloponnèse, Althémène vint aborder en Crète, qui était particulièrement consacrée à Jupiter. Il laissa une partie de sa troupe ; et, poursuivant son voyage avec le reste des Doriens, qui l'avaient accompagné, il vint prendre terre dans l'île de Rhodes. A partir de cette époque les Doriens dominèrent dans cette île, dont ils occupèrent les trois villes, Camiros, Jalyssos, Lindos, qui avaient déjà reconnu tant de maîtres différents. Ils s'établirent aussi dans l'île de Cos, et sur le continent, à Cnide et à Halicarnasse. Les Doriens de ces six villes des îles de Cos, de Rhodes et de la

(1) *Voy.* sur l'usage de la langue dorienne à Rhodes Meursius, *Rhod.*, l. II, c. III.
(2) Conon ap. Meurs., *Rhod.*, p. 15.

Carie se réunirent en une confédération qui s'appela l'Hexapole Dorique.

ANTIQUE PROSPÉRITÉ MARITIME DES RHODIENS; LEURS COLONIES. — Ces traditions, toutes confuses et incomplètes qu'elles sont, ne laissent pas de nous donner de précieux renseignements sur les origines de la population de l'île de Rhodes. Mais après l'établissement de la colonie dorienne l'histoire ne nous transmet plus rien sur les destinées de cette île, dont les annales offrent une lacune de six siècles environ. On sait seulement, par des indications éparses çà et là dans les anciens auteurs, que l'île de Rhodes s'éleva à un haut degré de prospérité, et qu'elle dut au courage, au génie actif et entreprenant de ses habitants une importance supérieure aux ressources et aux forces dont la nature l'avait pourvue. Dès le temps d'Homère la richesse des Rhodiens était déjà célèbre : « Le fils de Saturne, dit le poëte, a accordé aux Rhodiens de grandes richesses » (1).

Aussi Pindare a-t-il imaginé de dire « que le puissant roi des immortels avait arrosé d'une pluie d'or l'île de Rhodes, lorsque Minerve, avec l'aide de Vulcain, armé de sa hache de bronze, s'élança du cerveau de Jupiter en poussant un cri retentissant (2) ». Pendant toute l'antiquité, ce fut la destinée de Rhodes d'être renommée pour son opulence. Les rhéteurs des siècles postérieurs Aristide, Philostrate, Libanius, Himérius répètent tous la fable de la pluie d'or, qui n'avait pas cessé d'être vraie, et un scoliaste d'Homère en donne une explication mythologique, qui, prise au sens moral, offre un bel enseignement, qui s'adresse à tous les peuples. On rapporte, dit-il, que Jupiter fit pleuvoir de l'or sur l'île de Rhodes, parce qu'elle fut la première qui offrit des sacrifices à sa fille Minerve. Ainsi le dieu récompensait les Rhodiens de leur culte pour la sagesse en leur accordant des richesses proverbiales. L'oracle sibyllin avait dit au sujet de l'île de Rhodes : « Et toi, Rhodes, fille du dieu du jour, tu seras pendant longtemps une terre indépendante, et tu posséderas d'immenses trésors. » Que la prédiction ait été faite après coup, ou qu'elle ait devancé l'événement, elle n'en reproduit pas moins avec concision et exactitude les deux grands traits généraux de cette période inconnue de l'histoire de Rhodes, qui sut, par un rare bonheur et par sa conduite parfaite, conserver pendant des siècles deux choses qu'il est bien difficile d'acquérir et de posséder simultanément, la richesse et l'indépendance (1).

L'oracle de la Sibylle avait dit encore que l'île de Rhodes aurait la domination de la mer; et elle fut en effet de toutes les îles grecques la plus puissante, par sa marine et son commerce. Bien avant l'époque où Tite-Live célébrait la supériorité de la marine rhodienne, la rapidité de ses vaisseaux, l'expérience de ses pilotes et l'adresse de ses rameurs, les Rhodiens passèrent pour les meilleurs marins de la Grèce. Ils se vantaient que chacun d'eux pouvait à lui seul conduire un vaisseau; de là ce proverbe Ἡμεῖς δέκα Ῥόδιοι, δέκα ναῦς, dix Rhodiens, dix navires. La puissance maritime des Rhodiens, dit Strabon, précéda de beaucoup la fondation de la ville actuelle de Rhodes. Bien des années avant l'institution des jeux Olympiques, ils fondèrent de lointains établissements. Une colonie nombreuse s'établit en Ibérie ou Espagne, et y fonda la ville de Rhodes (Rosas), que les Marseillais occupèrent plus tard. Dans la terre des Opiques, c'est-à-dire en Campanie, ils établirent une colonie à Parthénope, qui fut plus tard la ville de Naples. Le Rhodien Elpias, ayant émigré avec des habitants de Rhodes et de Cos, fonda la ville de Salapie en Apulie. D'autres Rhodiens allèrent, après la guerre de Troie, coloniser les îles Gymnasiennes ou Baléares. Les Grecs de Rhodes, qui s'étaient déjà établis dans leur île sur les débris de la domination des Phéniciens, profitèrent de la décadence de leurs colonies des Gaules, et s'emparèrent du commerce de la Méditerranée occidentale. Ils construisirent quelques villes, entre autres Rhoda et Rhodanousia, près des bouches libyques du Rhône, qui leur dut son nom. Vers l'an 600 avant l'ère chré-

---

(1) Hom., *Il.*, II, 670.
(2) Pindar., *Ol.*, VII, ep. 2.

(1) *Voyez* pour toutes ces citations Meursius, *Rhodus*, c. XVII, p. 51 et suiv.

tienne, ils furent remplacés dans ces parages par les Phocéens, qui y établirent la puissante cité de Marseille (1). En Sicile, des Crétois et des Rhodiens réunis fondèrent la ville de Géla, qui à son tour devint la mère patrie d'Agrigente (2). « Antiphème de Rhodes et Entime de Crète, dit Thucydide (3), amenèrent des habitants à Géla, et la fondèrent en commun, quarante-cinq ans après la fondation de Syracuse. Le nom de cette ville lui vint du fleuve Gélas; l'endroit où elle est aujourd'hui, et qui fut le premier entouré d'un mur, se nomme Lindie, et ses habitants eurent les institutions doriennes. Environ cent huit ans après leur établissement, ceux de Géla fondèrent la ville d'Agrigente, à laquelle ils donnèrent le nom du fleuve Acragas; ils chargèrent de sa fondation Aristonoüs et Pystilos, et y établirent les lois et coutumes de Géla. » On mentionne encore des établissements rhodiens en Macédoine, à Téos en Ionie, à Soli en Cilicie, en Lycie, en Carie, et enfin dans les îles voisines de Rhodes, telles que Carpathos, Casos autrefois Achné, Nisyra, Calydna, Cos, Syme, Chalcia et quelques autres, sur lesquelles Rhodes établit son empire, et qu'on appelait les Iles Rhodiennes.

Tel fut le développement commercial et maritime des Rhodiens, du dixième au sixième siècle avant l'ère chrétienne, pendant la période inconnue de leur histoire. Les deux points extrêmes de leur navigation étaient l'Espagne, où nous avons vu qu'ils fondèrent des colonies, et l'Égypte, où sous le règne d'Amasis ils s'établirent à Naucratis, et où ils contribuèrent à la construction de l'Hellenium avec d'autres cités commerçantes de l'Asie et des îles (4). Ainsi leur commerce s'étendit sur toute la mer des anciens, et ils s'étaient assurés sur toutes les côtes, dans les îles, en Asie, en Macédoine, en Sicile, en Italie, en Gaule, en Espagne, des comptoirs et des stations. Pendant le long intervalle de temps où s'accomplirent toutes ces choses, Rhodes resta divisée en trois cités, gouvernées d'abord par des rois, comme on le voit dans Homère (1), puis transformée en république, comme tous les autres États grecs, à une époque inconnue. De ces trois cités, Lindos paraît avoir été la plus considérable. C'est d'elle dont il est le plus souvent fait mention dans les rares témoignages relatifs à cette partie de l'histoire de Rhodes.

L'ÎLE DE RHODES AU TEMPS DE LA GUERRE MÉDIQUE. — Rhodes, comme toutes les îles de ces parages, comme tous les États maritimes de l'Asie occidentale, perdit son indépendance à la fin du sixième siècle, et se vit contrainte de reconnaître la domination des Perses. Dans sa grande expédition (480) Xerxès fit marcher les Grecs d'Asie contre les Grecs d'Europe; les Doriens habitant dans le voisinage de la Carie, unis à ceux de Rhodes et de Cos, fournirent quarante vaisseaux au grand roi (2). L'entreprise de Xerxès ayant échoué, il en résulta de grands changements dans l'état du monde grec. Les Grecs d'Europe, qui avaient su repousser une domination que ceux d'Asie avaient reconnue, virent commencer pour eux une nouvelle ère de puissance et de gloire. Ils s'emparèrent de la suprématie intellectuelle, commerciale et politique qui jusque là avait appartenu aux cités grecques d'Asie. Athènes, qui avait tout sacrifié pour la défense de la Grèce, eut la plus grande part aux honneurs et aux bénéfices de la victoire. Elle affranchit les Grecs d'Asie du joug du grand roi, mais en se les assujettissant, et les trois cités rhodiennes furent contraintes d'entrer, à titre d'alliées, dans cette vaste confédération maritime dont Athènes fut le centre et la tête.

ÉTAT DE L'ÎLE DE RHODES PEN-

---

(1) Am. Thierry, *Hist. des Gaulois*, t. I, p. 23.
(2) Meursius, *Rhod.*, p. 60.
(3) Thuc., VI, 4; Her., VII, 153.
(4) Her., II, 178 : « Les villes qui firent bâtir l'Hellénion à frais communs furent : du côté des Ioniens, Chios, Téos, Phocée, Clazomènes; du côté des Doriens, Rhodes, Cnide, Halicarnasse, Phasélis; et de celui des Éoliens la seule ville de Mitylène. »

(1) Meursius, *Rhod.*, p. 62. Au temps de la guerre de Troie Tlépolème régnait à Rhodes. Sa veuve Polyxo gouverna au nom de son fils. Frontin fait mention d'un Memnon, roi rhodien, et Pausanias d'un Damagète, roi d'Ialysos, qui épousa la fille du héros messénien Aristomène; l. IV, c. xxiii.
(2) Diod., XI, 3.

DANT LA GUERRE DU PÉLOPONNÈSE. — Cependant la haine que se portaient mutuellement les Athéniens et les Spartiates ayant éclaté, toute la Grèce s'engagea dans cette longue et sanglante querelle appelée la guerre du Péloponnèse. Après que les Athéniens eurent été défaits au siége de Syracuse (412), un grand nombre de leurs alliés les abandonnèrent. Les Rhodiens suivirent ce mouvement de défection, et s'engagèrent dans le parti des Lacédémoniens, vers lesquels ils inclinaient en qualité de Doriens. Mindare, chef de la flotte de Sparte, jeta dans l'île deux exilés rhodiens, Doriée et Pisidore, qui s'étaient retirés à Thurium à la suite de troubles qui les avaient forcés de s'expatrier (1). C'étaient sans doute les chefs du parti aristocratique et dorien, opposé à la démocratie et à l'influence d'Athènes. Leur retour prépara le changement d'alliance que l'arrivée de la flotte lacédémonienne rendit définitif. Pendant l'hiver de l'année 312, le général spartiate Astyochus s'embarqua de Cnide, et fit voile sur Rhodes, que le grand nombre de ses marins et son armée de terre, dit Thucydide (2), rendaient déjà importante. Il vint toucher à Camiros avec quatre-vingt-quatorze vaisseaux. D'abord la terreur fut grande à Camiros. La ville n'étant pas fortifiée, les habitants s'enfuirent. Mais les Lacédémoniens les rassurèrent sur leurs intentions, et déterminèrent les trois cités à accepter leur alliance. Elles s'unirent à eux, et payèrent une contribution de trente-deux talents. Les Athéniens firent de vains efforts pour ressaisir cette importante possession. Ils se portèrent à l'île de Chalcia (*Carchi*) en vue de Rhodes, firent des descentes dans l'île, remportèrent quelques avantages, mais sans réussir dans le but principal de leur entreprise (3). Quelque temps après, Alcibiade ayant momentanément relevé les affaires des Athéniens, leur flotte descendit dans les îles de Cos et de Rhodes, les mit au pillage, et en emporta quantité de vivres et de provisions de toute espèce (4) (408). Ce fut le dernier exploit des Athéniens. Sparte plaça Lysandre à la tête de ses forces navales : celui-ci fit voile pour Rhodes, réunit à sa flotte tous les vaisseaux que les villes de cette île purent lui fournir, et alla vaincre Antiochus, lieutenant d'Alcibiade, sur les côtes de l'Ionie.

Cette année même la première de la quatre-vingt-treizième olympiade, en 408 avant l'ère chrétienne, les habitants de l'île de Rhodes, dit Diodore (1), qui occupaient Ialyssos, Camiros et Lindos, se réunirent dans une seule ville à laquelle ils donnèrent le nom de Rhodes. Aucun historien ne nous rend compte des motifs qui déterminèrent les Rhodiens à prendre ce parti; Strabon, Aristide, Eustathe mentionnent ce fait, comme Diodore, avec la plus grande brièveté, et nous laissent réduits à nos conjectures sur les causes qui ont pu le produire. La cause probable de cette détermination, c'est que les Rhodiens, se voyant, par leur dispersion en trois cités, à la merci des deux villes de Sparte et d'Athènes, qui leur imposaient tour à tour leur alliance, comprirent qu'ils trouveraient en se réunissant plus de forces et de nouvelles garanties d'indépendance. En effet, la ville de Rhodes devint une des plus importantes cités des derniers temps de l'histoire grecque.

Quelques années après la fondation de Rhodes, Athènes succomba sous les coups de Sparte, qui fit peser sur les cités grecques d'Europe et d'Asie un joug plus pesant que celui des Athéniens. Rhodes fut une des premières à s'en lasser; et lorsque l'Athénien Conon parut dans les mers de l'Asie à la tête d'une flotte que lui avait fournie Artaxerxès, les Rhodiens, fermant leur port à la flotte lacédémonienne (2), y reçurent Conon et ses navires. Bientôt on vit paraître en mer un grand convoi de blé que le roi d'Égypte envoyait pour l'approvisionnement des forces navales de Sparte, son alliée. Profitant de l'ignorance où étaient les conducteurs de ce convoi de la défection des Rhodiens, ceux-ci et Conon le firent entrer dans le port, et s'emparèrent aisément de ce riche butin (396).

---

(1) Diod., XIII, 38; Pausan., VI, 7.
(2) Thucyd., VIII, 44.
(3) Id., XIII, 55, 60.
(4) Diod., VIII, 69, 70.

(1) Diod., XIII, 75; Meursius, *Rhod.*, c. x, p. 27.
(2) Diod., XIV, 79.

Il est évident que le peuple rhodien était divisé en deux partis qui dominaient tour à tour, et qui se portaient tantôt vers l'alliance de Sparte, tantôt vers celle d'Athènes. C'est là ce qui explique les brusques variations de la politique extérieure de Rhodes à cette époque. Cinq ans après ce retour des Rhodiens au parti d'Athènes, en 391, les partisans de Lacédémone reprirent le dessus, firent soulever le peuple, et expulsèrent de la ville ceux qui tenaient pour les Athéniens (1). Il y eut guerre civile, du sang versé et des proscriptions. Puis, craignant une réaction et des représailles, le parti vainqueur demanda du secours aux Lacédémoniens. Sparte, enchantée de cette occasion qui s'offrait de rétablir ses affaires en Asie, envoya sept trirèmes commandées par trois chefs. Ceux-ci, après avoir détaché Samos des Athéniens, affermirent à Rhodes l'autorité de leurs amis, et chassèrent les Athéniens de ces parages et des côtes voisines.

La domination de Sparte, un instant ébranlée, avait été raffermie par la bravoure d'Agésilas et la politique d'Antalcidas, qui avait su, comme autrefois Lysandre, procurer à sa patrie l'alliance du roi de Perse. Mais le joug des Lacédémoniens étant devenu de nouveau insupportable à force d'orgueil et d'insolence (2), une nouvelle défection se déclara. Athènes était redevenue puissante ; Thèbes commençait à se faire connaître sous la conduite de ses deux grands hommes, Pélopidas et Épaminondas, et engageait avec Sparte une lutte qui devait lui assurer momentanément l'empire de la Grèce. Encouragés par ces circonstances favorables, les habitants de Chio et de Byzance d'abord, puis les Rhodiens, les Mityléniens et d'autres îles abandonnèrent Sparte, et revinrent à l'alliance d'Athènes. Une assemblée générale fut convoquée dans cette ville. Chaque cité confédérée y envoya ses représentants et y obtint le droit de suffrage : l'indépendance de chaque cité fut reconnue, et Athènes placée à la tête de la confédération. Ainsi se reforma l'empire maritime des Athéniens, en 377, vingt-six ans après la prise d'Athènes par Lysandre, et la destruction des murailles du Pirée.

En peu d'années la situation générale des États grecs subit de grandes modifications. Thèbes avait humilié Sparte par ses victoires, et lui enlevait la suprématie sur terre. A l'instigation d'Épaminondas, elle entreprit aussi de dépouiller Athènes de l'empire maritime. D'après les conseils de ce grand homme, les Thébains décrétèrent l'équipement d'une flotte de cent trirèmes (1). Puis Épaminondas fut envoyé à Rhodes, à Chio, à Byzance pour les détacher d'Athènes et les intéresser à la réussite de ses desseins. En vain Athènes envoya une flotte sous la conduite de Lachés pour retenir ces villes dans son alliance. Épaminondas força les Athéniens à quitter ces parages, et fit passer Rhodes et les autres villes dans le parti des Thébains (364). Enfin, ajoute Diodore, si cet homme avait vécu plus longtemps, les Thébains, de l'aveu de tout le monde, seraient devenus les maîtres sur terre et sur mer.

GUERRE SOCIALE ; LES RHODIENS SECOUENT LE JOUG D'ATHÈNES. — Après la mort d'Épaminondas, Rhodes et les autres colonies grecques d'Asie retombèrent sous la domination d'Athènes, contre laquelle elles ne tardèrent pas à se révolter. En 358 éclata la guerre sociale, ou guerre des alliés, à laquelle Rhodes prit une part active avec Cos, Chio, Byzance (2). Athènes employa pour les réduire et de grandes forces, et de grands capitaines, Chabrias, Iphicrate, Timothée, qui furent avec Phocion les derniers généraux athéniens dont les talents firent honneur à leur patrie. Mausole, roi de Carie et tributaire de la Perse, encouragea le soulèvement des Rhodiens et des autres insulaires. Il aspirait à conquérir les îles voisines de ses États, et pour y parvenir il fallait les soustraire à l'influence d'Athènes. Les affaires des Athéniens furent fort mal conduites dans cette guerre importante. Chabrias périt dans le port de Chio ; les dénonciations de Charès, général cher à la multitude, firent écarter du comman-

---

(1) Diod., XIV, 97.
(2) Id., XV, 28.

(1) Diod., XV, 79.
(2) Id., XVI, 7 ; Meursius, l. II, c. xv

dement Timothée et Iphicrate, qui furent mis en accusation. Chargé seul de la direction de la guerre, Charès, oubliant le soin de réduire les alliés, soutint la révolte du satrape Artabaze contre son maître. A l'instant Ochus menaça les Athéniens de faire marcher une flotte de trois cents voiles au secours des insulaires soulevés contre eux. Il fallut songer à la paix ; Isocrate y invita ses concitoyens dans le discours περὶ εἰρήνης, où il déclare que si Athènes veut être heureuse et tranquille, il faut qu'elle renferme son domaine dans de justes bornes, et qu'elle renonce à l'empire de la mer et à la domination universelle ; qu'elle consente à une paix qui laisse chaque ville, chaque peuple dans la jouissance d'une pleine liberté, et qu'elle se déclare l'ennemie irréconciliable de quiconque osera troubler cette paix et renverser cet ordre (1). La paix fut en effet conclue à ces conditions, et il fut arrêté que Rhodes, Byzance, Chio et Cos rentreraient dans la jouissance de leur liberté (356).

DÉMÊLÉS DES RHODIENS AVEC MAUSOLE ET ARTÉMISE; INTERVENTION DES ATHÉNIENS EN FAVEUR DES RHODIENS. — La guerre sociale avait eu le résultat que Mausole en avait espéré. Rhodes était libre, mais sans protection, et le prince carien qui l'avait aidée à secouer le joug d'Athènes ne tarda pas à lui imposer le sien. Sous l'influence athénienne, le parti démocratique était maître des affaires. Mausole favorisa le parti des riches et des grands, qui ressaisit le pouvoir et opprima la faction contraire. Rhodes, qui avait cru s'affranchir des Athéniens, ne fit que changer de maître ; elle tomba dans la dépendance d'un satrape du grand roi, et après la mort de Mausole (354) Artémise, sa veuve, soutenue par la Perse, maintint son autorité sur ces îles nouvellement acquises. La mort de Mausole avait rendu aux Rhodiens l'espoir de se relever de leur abaissement. Pleins de mépris pour Artémise, qu'ils croyaient sans défense, ils entreprirent de la détrôner et de s'emparer de la Carie. Mais Artémise n'était pas tellement occupée à pleurer son époux, qu'elle ne songeât aussi à conserver les conquêtes qu'il lui avait laissées. Il paraît, par une harangue de Démosthène, qu'on ne la regardait point à Athènes comme une veuve désolée et inconsolable, abîmée dans les larmes et la douleur (1). On savait au contraire quelle était son activité, et combien elle était attentive aux intérêts de son royaume. En effet, les Rhodiens, croyant la surprendre, mirent leur flotte en mer, et entrèrent dans le grand port d'Halicarnasse. La reine, avertie de leur dessein, avait ordonné aux habitants de se tenir sur les murailles, et quand les ennemis seraient arrivés, de leur témoigner, par leurs cris et leurs battements de mains, qu'ils étaient prêts à leur livrer la ville. Les Rhodiens descendirent tous de leurs vaisseaux, se rendirent avec hâte dans la place, et laissèrent leur flotte vide. Pendant ce temps-là, Artémise fit sortir ses galères du petit port par une ouverture qu'elle avait fait pratiquer exprès, entra dans le grand port, se saisit de la flotte ennemie, qui était sans défense, et y ayant fait monter ses soldats et ses rameurs, elle sortit en pleine mer. Les Rhodiens enfermés dans Halicarnasse furent tous égorgés. La reine cependant s'avança vers Rhodes. Quand les habitants aperçurent de loin leurs vaisseaux ornés de couronnes de lauriers, ils jetèrent de grands cris, et reçurent avec des marques de joie extraordinaires la flotte victorieuse et triomphante. Ils ne furent détrompés qu'après qu'Artémise se fut rendue maîtresse de la ville. Elle fit mourir les principaux citoyens, et fit dresser un trophée de sa victoire, avec deux statues de bronze, dont l'une représentait la ville de Rhodes et l'autre Artémise qui marquait cette ville d'un fer chaud. Vitruve, à qui nous devons ce récit (2), ajoute que les Rhodiens n'osèrent jamais faire disparaître ce trophée, parce que c'était un objet consacré par la religion, mais qu'ils l'environnèrent d'un édifice qui en dérobait la vue.

Dans cette triste et humiliante extrémité, les Rhodiens députèrent vers

---

(1) Isocrate, *Or. de Pace*, coll. Didot, t. XXIII, p. 100.

(1) Demosth., *Orat. de Rhodiorum libertate*, coll. Didot, t. XVI, p. 100.

(2) Vitruv., *De Archit.*, l. II, c. VIII.

les Athéniens, contre lesquels ils s'étaient récemment révoltés, et implorèrent leur protection (351). On était fort animé contre eux à Athènes, à cause de la part qu'ils avaient prise à la guerre sociale. « Cependant Démosthène ne laissa pas que de parler au peuple en leur faveur. Il met d'abord leur faute dans tout son jour; il exagère leur injustice et leur perfidie; il semble entrer dans les justes sentiments de colère et d'indignation du peuple, et l'on dirait qu'il va se déclarer fortement contre les Rhodiens. Mais tout cela n'était qu'un artifice de l'orateur, qui cherchait à s'insinuer dans l'esprit de ses auditeurs et à y exciter des sentiments tout contraires, de bonté et de compassion pour un peuple qui reconnaissait sa faute, qui avouait son indignité, et qui néanmoins venait avec confiance implorer sa protection. Il étale les grandes maximes qui dans tous les temps ont fait la gloire d'Athènes, d'oublier les injures, de pardonner à des rebelles, et de prendre la défense des malheureux. Aux motifs de gloire il ajoute ceux de l'intérêt, en montrant combien il importe de se déclarer pour une ville qui favorise la démocratie, et de ne pas abandonner aux ennemis une île aussi puissante qu'est celle de Rhodes. C'est ce qui fait le sujet du discours de Démosthène intitulé : Pour la liberté des Rhodiens (1). » La mort d'Artémise, qui arriva cette année-là même, et sans doute l'intervention d'Athènes, rendirent la liberté aux Rhodiens. Ce peuple comprit enfin que son véritable intérêt était de rester attaché aux Athéniens et de les soutenir contre les aggressions de Philippe, roi de Macédoine.

ÉTAT DE RHODES AU TEMPS DE PHILIPPE ET D'ALEXANDRE. — En 340 Philippe assiégea Byzance. La possession de cette ville l'eût rendu maître du Bosphore, c'est-à-dire du commerce du Pont-Euxin, qui était une abondante source de richesses pour Athènes, Rhodes et les autres îles de l'Asie. Les Athéniens prirent des mesures énergiques, et envoyèrent une flotte commandée par Phocion au secours de Byzance. Les Rhodiens, redevenus leurs alliés, ainsi que ceux de Chio, de Cos et d'autres insulaires, envoyèrent aussi des renforts. Cette démonstration des cités commerçantes de la Grèce arrêta Philippe, qui lâcha sa proie et fit la paix avec les Athéniens et leurs alliés (1).

Deux ans après, la liberté de la Grèce succombait à la bataille de Chéronée, et en 336 le royaume de Macédoine passait aux mains d'Alexandre le Grand, qui entreprit aussitôt la conquête de l'Asie. Les historiens d'Alexandre remarquent l'empressement avec lequel les Rhodiens se soumirent au héros macédonien (2). C'était cependant un Rhodien, le brave et habile Memnon engagé au service du roi de Perse, qui parut un instant capable d'arrêter Alexandre, si Alexandre avait pu être arrêté. Mais la chute de l'empire des Perses était décrétée dans les conseils éternels; un empire grec et macédonien s'éleva sur ses débris, et Rhodes n'eut qu'à s'applaudir de ces grands événements, qui la délivraient de la crainte des Perses et qui la débarrassaient du fâcheux patronage des Athéniens. Alexandre, dans l'intention peut-être de ruiner le commerce d'Athènes et de lui susciter une rivale, traita la ville de Rhodes avec une attention et des égards tout particuliers. Il l'honora entre toutes les villes en la choisissant pour y déposer son testament. A partir de cette époque jusqu'à la conquête romaine, Rhodes devient le premier État maritime de la Grèce, et succède à Athènes, qui avait été frappée à mort dans sa lutte avec la Macédoine.

CONDUITE DES RHODIENS APRÈS LA MORT D'ALEXANDRE (323). — La mort d'Alexandre fut suivie d'un soulèvement général des villes grecques. Pendant qu'Athènes donnait le signal de la guerre lamiaque, Rhodes chassait de ses murs la garnison macédonienne, et recouvrait son indépendance (3). Rendus à eux-mêmes, les Rhodiens se livrèrent avec plus d'activité que jamais au commerce, et s'efforcèrent de rester en dehors des agitations politiques de ces temps malheureux. Leurs affaires pros-

---

(1) Rollin, *Histoire Ancienne*, l. XIII, t. V, p. 471.

(1) Diod., XVI, 77.
(2) Meursius, *Rhod.*, p. 114.
(3) Diod., XVIII, 8.

pérèrent au milieu de la confusion universelle. Ils augmentèrent leur marine; ils concentrèrent dans leur île le commerce de l'Occident, du Pont-Euxin et de l'Égypte; ils réprimèrent la piraterie, firent la police des mers, acquirent de grandes richesses, et affectèrent de garder entre les différents princes qui se disputaient l'empire la plus stricte neutralité. Aussi chaque roi recherchait leur alliance et les honorait de ses faveurs. Les Rhodiens paraissaient tenir la balance égale entre eux tous, mais ils inclinaient plus particulièrement pour Ptolémée, roi d'Égypte, car c'était avec l'Égypte qu'ils faisaient leur plus grand commerce, et c'était à ce royaume, où elle s'approvisionnait selon Diodore, que Rhodes devait en quelque sorte son existence (1).

RUPTURE AVEC ANTIGONE. — Cependant les Rhodiens paraissaient également bien avec Antigone, qui régnait en Asie Mineure, qui possédait les ports de la Phénicie, et qu'ils avaient aussi le plus grand intérêt à ménager. Ils ne négligeaient aucune occasion de lui être agréables, tant qu'ils pouvaient le faire sans compromettre leurs autres alliances, et en 312 ils lui fournirent dix vaisseaux, qui se joignirent à la flotte qu'il envoyait en Grèce pour l'enlever à l'influence de Cassandre (2). Mais quelque temps après Antigone, ayant rompu avec Ptolémée, voulut entraîner les Rhodiens dans son parti et les contraindre à mettre leurs vaisseaux à la disposition de son fils Démétrius. Ceux-ci refusèrent; Antigone fit capturer leurs navires de commerce; les Rhodiens se défendirent, Antigone les menaça d'un siége. En vain les Rhodiens essayèrent-ils de l'apaiser par leurs protestations de dévouement et leurs hommages; comme ils refusaient toujours, avec autant de fermeté que de modération, de prendre part à la guerre contre Ptolémée, Antigone ne pouvait leur pardonner ce refus. Il resta implacable, et, chassant leurs députés d'auprès de lui, il chargea son fils Démétrius du soin de prendre Rhodes et d'en châtier les habitants. Informés des grands préparatifs que Démétrius faisait contre eux, les Rhodiens prirent l'alarme, et consentirent alors à seconder Antigone dans sa guerre contre Ptolémée. Mais Démétrius ne se contenta pas de cette concession tardive; il exigea qu'on lui livrât cent otages et qu'on lui ouvrît tous les ports de l'île. De telles exigences rendirent aux Rhodiens le courage qui les avait un instant abandonnés, et, reconnaissant que Démétrius en voulait à leur indépendance, ils prirent l'héroïque résolution de périr plutôt que de se rendre.

SIÉGE DE RHODES PAR DÉMÉTRIUS POLIORCÈTE (305-304); PRÉPARATIFS DE L'ATTAQUE ET DE LA DÉFENSE. — L'île de Rhodes est célèbre, entre toutes les îles grecques, par les siéges mémorables qu'elle a soutenus, tant dans l'antiquité que dans les temps modernes. Cette particularité de son histoire prouve à la fois la force et l'importance de sa position militaire et le courage de ses habitants. Démétrius, déjà renommé par ses exploits et par la prise de Salamine, capitale de l'île de Cypre, rassembla une flotte considérable dans le port de Loryma, situé en face de l'île de Rhodes, à l'extrémité de la péninsule méridionale de la Carie. Cette flotte se composait de deux cents vaisseaux de guerre, et de plus de cent soixante bâtiments de transport, sur lesquels étaient embarqués environ quarante mille hommes, sans compter la cavalerie et les pirates alliés. Indépendamment de ces navires, armés et équipés par Démétrius, il était venu de tous côtés un nombre considérable d'embarcations, évaluées à près de mille par Diodore, que montaient des aventuriers qui comptaient sur le butin de la ville et de l'île de Rhodes, dont on connaissait l'opulence. Car depuis longtemps elle n'avait point été ravagée par aucun ennemi. Cette flotte traversa le canal qui sépare Rhodes du continent, s'avançant en bon ordre, couvrant un immense espace, et déployant ses vastes lignes en face de la ville, d'où les habitants, montés sur les murailles de l'enceinte ou sur les toits de leurs maisons, contemplaient à la fois avec crainte et admiration l'imposante arrivée de l'ennemi (1). Ils ne pou-

(1) Diod., XX, 81.
(2) Id., XIX, 77.

(1) Diod., l. XX, c. 82-100; Plut., Demetr.

vaient s'opposer au débarquement, qui se fit sans obstacle. Démétrius envoya à l'instant des soldats et des pirates pour piller l'intérieur et les côtes de l'île. Il établit son armée dans un camp, qu'il entoura d'une triple enceinte de retranchements palissadés, et il fit travailler ses troupes de terre et de mer à une digue, qui fut achevée en quelques jours, et qui formait un port assez spacieux pour contenir la flotte (1).

De leur côté les Rhodiens se préparaient à une vigoureuse défense. Ils envoyèrent des députés à tous les rois alliés, à Ptolémée, à Lysimaque et à Cassandre pour solliciter leurs secours. Ils enrôlèrent comme volontaires tous les étrangers domiciliés à Rhodes et capables de porter les armes. Ils renvoyèrent toutes les bouches inutiles. Le nombre des défenseurs de la place était de huit mille hommes, tant citoyens qu'étrangers. Par un décret du peuple, les esclaves les plus vigoureux furent rachetés, mis en liberté, armés comme les citoyens, parmi lesquels on promit de les admettre s'ils servaient avec bravoure et fidélité. On déclara de plus que la ville ferait enterrer honorablement ceux qui seraient morts en combattant; qu'elle pourvoirait à la subsistance et à l'entretien de leurs pères, mères, femmes et enfants; qu'elle fournirait aux filles une dot pour les marier ; et que quand les garçons seraient en âge de servir dans l'armée, elle leur donnerait en public, sur le théâtre, dans la grande solennité des Bacchanales, une armure complète. Ces dispositions et l'imminence du péril excitèrent au plus haut degré le patriotisme de tous les habitants de Rhodes. Toutes les classes de citoyens rivalisaient entre elles de zèle et de dévouement ; les riches apportaient leur argent, les pauvres offraient leurs bras pour la fabrication des armes. Les uns travaillaient aux balistes et aux catapultes, les autres réparaient les brèches des murs. Tout était en mouvement ; tous cherchaient à se distinguer et à se surpasser les uns les autres. Les assiégés commencèrent par faire sortir du port trois navires, fins voiliers, qui enlevèrent un convoi de vivres destiné à l'ennemi. Les bâtiments qui le composaient furent coulés à fond ou brûlés, les prisonniers retenus jusqu'à ce qu'ils payassent rançon ; car on était convenu de part et d'autre que le prix du rachat des prisonniers serait, par tête, de 1000 drachmes pour un homme libre et de 500 pour un esclave.

PREMIÈRES OPÉRATIONS DU SIÉGE ; ATTAQUES DU CÔTÉ DE LA MER. — Démétrius commença l'attaque du côté de la mer, pour se rendre maître du port et des tours qui en défendaient l'entrée. Il avait fait fabriquer différentes machines propres à seconder les efforts des assiégeants, toutes ingénieusement conçues et exécutées. C'étaient d'abord deux tortues placées chacune sur deux bâtiments plats joints ensemble : l'une, plus forte et plus massive, pour garantir ses soldats des masses énormes que les assiégés lançaient du haut des tours et des murailles avec leurs catapultes ; l'autre, d'une construction plus légère, pour les mettre à l'abri des flèches et des traits lancés par les balistes. Puis venaient deux tours à quatre étages, qui surpassaient en hauteur les tours qui défendaient l'entrée du port, et qui étaient posées sur deux bâtiments joints et liés ensemble. Devant ces tortues et ces tours il fit élever une espèce de barrière flottante, soutenue par des solives équarries clouées ensemble, et destinée à protéger les bâtiments qui supportaient les machines de siége contre les éperons des navires ennemis. Ensuite Démétrius rassembla un grand nombre de barques ; il y fit dresser des remparts de planches, derrière lesquels il plaça toutes sortes de machines propres à lancer des traits. Ces barques furent montées par d'habiles archers et surtout par des Crétois.

Les Rhodiens, voyant que les assiégeants tournaient tous leurs efforts du côté du port, mirent aussi tous leurs soins pour le défendre. Ils dressèrent deux machines sur la digue, et trois autres sur des bâtiments de charge près de l'entrée du petit port. On disposa aussi tous les navires du grand port de manière à les faire servir à lancer des traits contre l'ennemi.

Tous ces préparatifs étant terminés de

---

(1) Ce port de Démétrius est peut-être le port ensablé que l'on voit aujourd'hui au midi de la ville de Rhodes.

part et d'autre, Démétrius fit avancer ses machines contre les deux ports; mais le vent souffla violemment, et la mer devint si houleuse, qu'il lui fut impossible de rien faire pendant tout le jour. Sur le soir la mer se calma ; Démétrius s'approcha secrètement du rivage, s'établit sur une éminence voisine du môle qui domine le grand port, s'y retrancha immédiatement et y logea quatre cents soldats. Le jour étant venu, il introduisit ses machines dans le port, fit jouer ses balistes, et pratiqua plusieurs brèches dans l'enceinte du môle. Cependant la garnison de la ville se défendit vaillamment, les pertes furent égales des deux côtés, et le soir Démétrius fut obligé de se retirer et de mettre ses machines hors de la portée des traits de l'ennemi. Dans la nuit qui suivit cette première attaque, les Rhodiens firent sortir de leur port, à la faveur des ténèbres, quantité de brûlots, dans le dessein d'aller mettre le feu aux tortues et aux tours de bois de Démétrius. Mais ils ne purent forcer la barrière flottante qui les couvrait. Le lendemain Démétrius ordonna un nouvel assaut : le signal en fut donné au son de la trompette, auquel ses soldats répondirent par de grands cris. Mais les assiégés tinrent bon, et résistèrent heureusement à toutes les attaques que les assiégeants firent sans interruption pendant huit jours.

Cependant, de la hauteur où ils s'étaient postés, les soldats de Démétrius lançaient sur l'enceinte du môle des pierres d'un poids énorme qui brisèrent les machines des assiégés, ébranlèrent les tours et firent brèche à la muraille. Alors les assiégeants attaquèrent avec furie pour s'emparer du môle. Ce poste était de la dernière importance; les Rhodiens n'épargnèrent rien pour le défendre, et ils réussirent à forcer l'ennemi à se retirer. Cet échec ne diminua rien de l'ardeur des assiégeants. Plus animés encore qu'auparavant contre les Rhodiens, ils montent à l'escalade en même temps par terre et par mer, et donnent tant d'occupation aux assiégés, qu'ils ne savent à quel endroit courir. Partout on attaque avec furie, et partout l'on résiste avec intrépidité. Plusieurs, renversés de dessus leurs échelles, tombent par terre le corps brisé; quelques-uns des principaux commandants, arrivés jusque sur le mur, sont blessés et pris par les Rhodiens. Il fallut enfin que Démétrius, malgré sa valeur, pensât à la retraite, pour aller raccommoder ses machines endommagées et les vaisseaux qui les portaient.

Démétrius, rentré dans son port, employa sept jours à réparer ses machines et ses embarcations. Pendant ce temps, les Rhodiens rendirent les derniers honneurs à leurs morts. Ils consacrèrent aux dieux les armes et les éperons enlevés à l'ennemi, et ils réparèrent les brèches de leurs murailles. Après ce repos forcé, Démétrius recommença le siège, et s'approcha de nouveau du grand port, par où il voulait s'emparer de la place. Dès qu'il fut à portée, il fit lancer des brûlots contre les navires des Rhodiens, tandis qu'on battait les murs à coups de pierres lancées par les catapultes sans interruption. Les assiégés eurent beaucoup de peine à garantir leurs vaisseaux de l'incendie. L'ardeur de cette attaque fut telle, que les Prytanes, ou premiers magistrats de la ville, craignant de voir le port forcé, appelèrent tous les habitants aux armes; tous répondirent à cet appel. Trois des plus forts navires, montés par les meilleurs marins et commandés par le navarque Exéceste, furent envoyés contre les barques de Démétrius, pour tenter de les couler bas avec les machines qu'elles portaient. Cet ordre fut exécuté avec une promptitude et une adresse merveilleuses. Les trois galères, après avoir brisé et franchi la palissade flottante, donnèrent de leurs éperons avec tant de violence dans le flanc des bâtiments qui portaient les machines, qu'on y vit aussitôt l'eau entrer de tous côtés. Deux de ces machines périrent, la troisième, traînée à la remorque, fut sauvée. Mais les Rhodiens, enhardis par ce succès, se laissèrent emporter trop loin : enveloppés par les navires ennemis, leurs bâtiments furent brisés à coups d'éperons. Cependant des trois vaisseaux qui avaient fait cette audacieuse sortie, deux rentrèrent au port. Le troisième, monté par le brave Exéceste, tomba seul au pouvoir de l'ennemi.

L'opiniâtreté de Démétrius à attaquer égalait la persévérance des Rhodiens à se défendre. Malgré son dernier échec, il ne se découragea pas. Il inventa une machine qui avait trois fois plus de hauteur et de largeur que celles qu'il venait de perdre. Dès qu'elle fut achevée, il la fit dresser du côté du port qu'il avait résolu de forcer. Mais au moment de s'en servir une tempête furieuse s'étant élevée, les bâtiments qui la portaient furent désunis, remplis d'eau, et la machine mise hors de service. Les assiégés, attentifs à profiter de toutes les occasions, allèrent, au milieu du tumulte et de la confusion produits par cet orage, attaquer le poste qui depuis le commencement du siége occupait cette hauteur voisine du môle. Ils furent repoussés plusieurs fois ; mais les gens de Démétrius, accablés par le nombre, et ne recevant pas de secours, mirent bas les armes, et se rendirent au nombre de quatre cents. Ce fut au milieu de cet enchaînement de succès, que les assiégés reçurent des renforts de leurs alliés ; savoir, cent cinquante hommes envoyés de Gnosse, ville de Crète, et cinq cents fournis par Ptolémée, roi d'Égypte, dont plusieurs mercenaires rhodiens qui servaient dans son armée.

SECONDES OPÉRATIONS DU SIÉGE ; ATTAQUES DU CÔTÉ DE LA TERRE. — Quoique le siége n'avançât pas, Démétrius s'opiniâtrait à le continuer ; mais, obligé de renoncer à ses attaques par mer, il tourna tous ses efforts du côté de la terre. Il inventa une machine qui surpassait toutes celles qu'il avait déjà fait construire, et que l'on appela l'hélépole. « La base était carrée, dit Diodore ; chaque côté, formé de poutres équarries jointes ensemble par des crampons de fer, avait à peu près cinquante coudées de long. L'espace intérieur était divisé par des planches, laissant entre elles environ une coudée d'intervalle, et destinées à porter ceux qui devaient faire jouer la machine. Toute la masse était supportée par des roues, au nombre de huit, grandes et solides. Les jantes des roues, garnies de cercles en fer, avaient deux coudées d'épaisseur, et pour pouvoir imprimer à la machine toutes sortes de directions, on y avait adapté des pivots mobiles. Les quatre angles étaient formés par quatre piliers de cent coudées de hauteur, et légèrement inclinés en haut. Toute la bâtisse était partagée en neuf étages, dont le plus bas se composait de quarante-trois planches et le plus élevé de neuf. Trois côtés de cette machine étaient recouverts extérieurement par des lames de fer, qui les garantissaient contre les torches allumées. Sur le quatrième côté, faisant face à l'ennemi, étaient pratiquées, à chaque étage, des fenêtres proportionnées à la grosseur des projectiles qui étaient lancés sur la ville. Ces fenêtres étaient garnies d'auvents, fixés par des ressorts, et derrière lesquels se trouvaient à l'abri les hommes qui lançaient les projectiles. Ces auvents étaient formés de peaux cousues ensemble et bourrées de laine pour amortir le choc des pierres lancées par les catapultes. Enfin, à chaque étage étaient deux échelles larges ; l'une servait pour monter et apporter les munitions nécessaires, et l'autre pour descendre, afin de ne pas troubler la régularité du service. Les hommes les plus vigoureux de l'armée, au nombre de trois mille quatre cents, furent choisis pour mettre en mouvement cet immense appareil de guerre. Les uns, placés en dedans, les autres, en dehors et en arrière, donnaient l'impulsion au mécanisme qui faisait avancer l'hélépole (1). » On construisit encore des tortues pour protéger les terrassiers, des galeries où les ouvriers pouvaient travailler en sûreté. On nivela le sol dans une étendue de quatre stades, par les équipages de la flotte. Trente mille hommes avaient été employés à ces divers travaux, qui furent achevés avec une étonnante rapidité et qui méritèrent si justement à Démétrius le surnom de POLIORCÈTE, preneur de villes, qu'on lui donna.

A la vue de ces formidables préparatifs, les Rhodiens n'étaient pas restés inactifs. Ils travaillèrent à élever un contre-mur à l'endroit où Démétrius devait faire jouer l'hélépole ; et pour construire ce mur ils employèrent des matériaux enlevés au théâtre, aux édifices voisins et même à quelques temples, en promettant de réparer le dommage qu'ils faisaient aux dieux. Puis ils envoyèrent en course neuf de leurs meilleurs vaisseaux, divisés en trois escadres, dont ils donnèrent le commandement à leurs

(1) Diod., XX, 91.

trois plus braves officiers, Damophile, Ménédème et Amyntas. Ceux-ci revinrent chargés d'un riche butin, emmenant avec eux quelques galères et plusieurs barques enlevées à l'ennemi et un grand nombre de prisonniers. Ménédème captura, entre autres, un navire ayant à bord des lettres, des vêtements, des ornements royaux que Phila, femme de Démétrius, faisait passer à son mari. Ménédème envoya tous ces objets à Ptolémée, roi d'Égypte, action qui manquait de délicatesse, et bien différente de la conduite honnête et loyale des Athéniens, qui, selon Plutarque, ayant arrêté les courriers de Philippe, avec qui ils étaient en guerre, ouvrirent toutes les lettres qu'ils portaient, mais ne touchèrent point à celles d'Olympias, qu'ils renvoyèrent sans les avoir décachetées. Quelque temps après, on proposa dans l'assemblée du peuple, à Rhodes, de renverser les statues élevées autrefois à Antigone et à Démétrius; mais le peuple, n'écoutant que ses sentiments naturels de respect pour les règles de bienséance et d'honneur, repoussa unanimement cette proposition. Une résolution si équitable et si prudente, quelle que fût l'issue du siége, faisait infiniment d'honneur aux Rhodiens; et dans le cas où la ville serait prise, elle pouvait leur servir beaucoup auprès du vainqueur.

On travaillait aussi très-activement, du côté de Démétrius, à creuser des mines, du côté des Rhodiens à les éventer. Pendant que ces travaux souterrains s'exécutaient secrètement de part et d'autre, quelques agents de Démétrius entreprirent de corrompre le Milésien Athénagore, chef de la garde des Rhodiens. Celui-ci feignit de se laisser gagner, et s'engagea à introduire l'ennemi dans la place; et en même temps il dévoilait toute l'intrigue au sénat de Rhodes. Sur la foi des promesses d'Athénagore, une troupe de soldats commandée par le Macédonien Alexandre, ami de Démétrius, s'engagea dans la mine et se laissa surprendre. Le peuple décerna à Athénagore une couronne d'or et un présent de cinq talents.

Enfin, Démétrius ordonna un grand assaut. L'hélépole, garnie à tous ses étages de balistes et de catapultes, flanquée de deux béliers de cent vingt coudées de longueur, fut approchée des murailles, et à un signal donné, les troupes poussèrent le cri de guerre, et l'attaque commença sur tous les points. Pendant que les béliers et les catapultes ébranlaient la muraille, une députation de Cnidiens se présenta à Démétrius, le priant de cesser le siége et lui promettant d'obtenir des Rhodiens tout ce qu'on pourrait exiger d'eux. L'attaque fut suspendue; on négocia, mais on ne put s'entendre, et le siége recommença avec plus d'ardeur. Démétrius parvint à abattre une des plus grosses tours de l'enceinte; mais la résistance des Rhodiens fut si vigoureuse, qu'il fut impossible aux assiégeants de pénétrer par la brèche. Sur ces entrefaites les assiégés, qui commençaient à manquer de vivres, reçurent un convoi de vivres envoyé par Ptolémée. Il ne montait pas à moins de trois cent mille artabes (138,000 hectolitres) de blé et de légumes. De son côté, Cassandre leur envoya dix mille médimnes d'orge, et Lysimaque quarante mille médimnes de froment et autant d'orge.

Ranimés par ces renforts, soutenus par les témoignages d'intérêt qu'ils recevaient de tous côtés, les Rhodiens prirent l'offensive, et résolurent de mettre le feu aux machines de l'ennemi. Pendant une nuit obscure, ils font une sortie, attaquent impétueusement la garde du camp ennemi, et accablent les machines de projectiles enflammés. Quelques plaques de fer étant tombées de l'hélépole, les Rhodiens essayèrent de mettre le feu au bois; mais les gens de service l'éteignaient aussitôt au moyen de l'eau contenue dans des réservoirs dont chaque étage était pourvu, et les Rhodiens furent obligés de renoncer à leur tentative. Ainsi ni les Rhodiens ni Démétrius ne réussissaient dans aucune de leurs attaques, et de part et d'autre on avait toujours le dessus dans la défense. Au lever du jour, Démétrius fit ramasser par ses serviteurs les traits qui avaient été lancés par les Rhodiens. On compta ainsi plus de huit cents projectiles enflammés, et au moins quinze cents traits lancés par les balistes. Ce nombre étonna Démétrius, qui ne croyait pas que les Rhodiens eussent des moyens de défense si redoutables. Il fit inhumer ses morts, panser ses blessés et réparer les machines qui avaient été démontées et mises hors de service.

Dans la prévision d'un nouvel assaut, les Rhodiens mirent à profit ce temps de relâche pour construire un troisième mur d'enceinte, dans la partie la plus exposée aux attaques de l'ennemi. Puis, ils creusèrent un fossé large et profond, derrière la brèche, pour empêcher le roi de pénétrer par un coup de main dans l'intérieur de la ville. Encouragés par le succès de leurs dernières tentatives, ils ordonnèrent de nouvelles courses en mer. Le navarque Amyntas prit les meilleurs navires de la flotte, et alla croiser sur les côtes de l'Asie, où il captura des pirates au service de Démétrius, des navires marchands et des bâtiments chargés de blé. Il rentra heureusement, pendant la nuit, dans le port de Rhodes avec tout son butin.

Cependant, les machines étant réparées, les hostilités avaient recommencé avec la même vivacité qu'auparavant. Mais le siége ne faisait aucun progrès ; Rhodes recevait de nouveaux renforts. Ptolémée lui envoya un convoi de blé, aussi considérable que le premier, et un secours de quinze cents hommes commandés par Antigone le macédonien. En même temps arrivèrent auprès de Démétrius plus de cinquante députés, envoyés tant par les Athéniens que par les autres villes de la Grèce. Tous ces députés vinrent solliciter le roi de faire la paix avec les Rhodiens. Un armistice fut accordé ; mais après de longs pourparlers entre le peuple de Rhodes et Démétrius, on ne put s'entendre, et les députés partirent sans avoir rien obtenu.

Démétrius tenta encore un dernier effort. Voulant diriger une attaque nocturne contre la brèche ouverte, il choisit quinze cents soldats d'élite, en confia le commandement à Alcime et à Mantias, et leur ordonna d'approcher en silence de l'enceinte vers l'heure de la seconde veille, de forcer les retranchements élevés derrière la brèche et de pénétrer dans la ville. Pour faciliter l'exécution d'un ordre si important, mais si dangereux, il fit en même temps sonner la charge, et mena toutes ses autres troupes à l'attaque des murs tant par mer que par terre. Il espérait que les assiégés, obligés de se défendre sur tous les points, ne pourraient repousser la troupe d'Alcime et de Mantias ; cette feinte eut d'abord tout le succès que le prince en avait espéré. A la faveur de la confusion générale, le détachement des quinze cents franchit la brèche, renversa tous ceux qui défendaient les retranchements, et vint occuper les environs du théâtre. L'alarme fut grande dans la ville ; mais les chefs firent face au danger avec sang-froid et courage : ils ordonnèrent à tous les officiers et soldats de rester chacun à leur poste et de repousser les assaillants. Après cela, prenant l'élite de leurs troupes et celles qui étaient arrivées tout récemment d'Égypte, ils vinrent fondre sur le détachement qui s'était avancé jusqu'au théâtre. Cependant le jour parut, et Démétrius donna le signal d'un assaut général. Aussitôt toute son armée poussa le cri de guerre, et l'on se battit sur tous les points et dans l'intérieur de la ville qui retentissait des clameurs des combattants et des gémissements des enfants et des femmes, qui s'imaginaient que la ville était prise. Les remparts et le port furent si bien défendus que l'ennemi ne put les forcer. On se battit vivement auprès du théâtre, et les soldats de Démétrius gardèrent longtemps leur poste. Mais enfin les Rhodiens, qui combattaient pour leur patrie, pour leurs familles, pour leurs temples, firent des prodiges, et écrasèrent les troupes du roi. Alcimus et Mantias périrent pendant l'action. La plupart des soldats restèrent sur le terrain, les autres furent faits prisonniers. Un petit nombre seulement parvint à s'échapper.

Il y avait plus d'un an que ce siége était commencé, et il n'était pas plus avancé qu'au premier jour. On paraissait toujours déterminé des deux côtés à se battre, et Démétrius se préparait à un nouvel assaut, quand on vint lui apporter des lettres d'Antigone, son père, qui lui mandait de traiter avec les Rhodiens à la première occasion favorable. D'un autre côté, Ptolémée, tout en promettant aux Rhodiens des secours encore plus considérables que les premiers, les avait exhortés à traiter dès qu'ils pourraient le faire honorablement. Ils sentaient l'extrême besoin de faire finir un siége où ils auraient enfin succombé. De sorte que les deux partis inclinaient également vers la paix. Sur ces entrefaites arrivèrent des députés de la ligue étolienne, qui servirent de médiateurs. La paix fut enfin conclue aux conditions suivantes : la ville de Rhodes gardera son indépendance et ses revenus; les Rhodiens fourniront à Antigone des troupes auxiliaires, excepté dans le cas où il marcherait contre Ptolémée. Ils donnèrent cent otages comme garants du traité, après lequel Démétrius mit à la voile, et passa en Grèce où son père l'envoyait contre Cassandre.

Pline (1) raconte qu'au moment où Démétrius assiégeait Rhodes le célèbre peintre Protogène de Caunus composait alors un tableau représentant quelques traits de l'histoire du héros Jalysus. L'atelier de Protogène était dans un petit jardin situé dans un faubourg de la ville dont s'était emparé Démétrius. La présence de l'ennemi et le tumulte de la guerre ne troublèrent point Protogène; il resta dans sa demeure, et continua son travail. Démétrius en fut surpris; il le fit venir, et il lui demanda comment il restait avec tant d'assurance hors des murs : « Je sais, répondit l'artiste, que vous faites la guerre aux Rhodiens, et non aux arts. » Démétrius était capable de comprendre un si noble langage. Touché de la confiance que lui témoignait Protogène, il lui donna des gardes pour le protéger, afin qu'au milieu du camp même il fût en repos ou du moins en sûreté. Il allait souvent le voir travailler, et ne se lassait point d'admirer son application à l'ouvrage et son extrême habileté. Plutarque ajoute que les Rhodiens, craignant d'abord que Démétrius ne détruisît ce chef-d'œuvre, lui avaient envoyé des députés pour le supplier de l'épargner. « Je brûlerais plutôt tous les portraits de mon père, avait répondu le prince, que de détruire un si bel ouvrage. » Cette conduite fait infiniment d'honneur à Démétrius, en ce qu'elle montre qu'il avait un esprit délicat et un caractère généreux. Mais il eût poussé son goût pour les arts jusqu'à un excès ridicule si, comme le prétend Pline, il s'était abstenu de prendre Rhodes par respect pour ce tableau, et s'il eût mieux aimé renoncer à la victoire que de s'exposer à faire périr par le feu un si précieux monument de l'art. Nous avons vu les véritables raisons qui obligèrent Démétrius à lever le siège; le tableau de Protogène n'y fut pour rien. Une autre circonstance, que Diodore de Sicile n'a pas rapportée, et qui se trouve dans Végèce (1), contribua peut-être réellement à disposer Démétrius à la paix. Ce prince, se préparant à approcher de nouveau l'hélépole contre les murailles, un ingénieur rhodien imagina un moyen de la rendre tout à fait inutile. Il ouvrit une galerie souterraine, qui passait par dessous les murs de la ville, et il la poussa sous le chemin par où la tour devait rouler jusqu'aux murs. Cette mine fut pratiquée à l'insu des assiégeants, qui conduisirent l'hélépole jusqu'à l'endroit où le terrain était creusé; le poids de la tour fit fendre la terre, dans laquelle elle s'abîma sans qu'on pût jamais la retirer. Végèce et Vitruve, qui semble confirmer ce récit en en changeant néanmoins quelques circonstances, disent que cet accident détermina Démétrius à accorder la paix aux Rhodiens. Il est au moins certain, dit Rollin, qu'il eut beaucoup de part à lui faire prendre enfin ce parti.

En quittant Rhodes, Démétrius laissa aux Rhodiens toutes les machines qu'il avait fabriquées pour s'emparer de leur ville. Ils les vendirent pour 300 talents, et consacrèrent cet argent à faire ce fameux colosse que l'on comptait parmi les sept merveilles du monde, et qui était consacré à Apollon. Les Rhodiens témoignèrent aussi leur reconnaissance envers les princes qui les avaient secourus. Ils élevèrent des statues à Cassandre et à Lysimaque, et à d'autres alliés moins célèbres. Mais ils se surpassèrent pour honorer Ptolémée, dont ils avaient reçu le plus de secours. Après avoir consulté l'oracle d'Ammon, pour savoir s'ils devaient honorer ce prince comme un dieu, et obtenu de l'oracle une réponse affirmative, ils élevèrent dans leur ville un temple auquel ils donnèrent le nom de Ptolémeum (2). Ce temple était de forme carrée, et chaque côté, d'un stade de long, avait un portique. On n'oublia

(1) Pline, *Hist. Nat.*, l. XXXV, c. xxxvi, 40.

(1) Veget., *De Re Milit.*, c. iv.
(2) Diod. de Sicile, l. XX, c. 100.

pas de récompenser le zèle des particuliers par de flatteuses distinctions, et les services des esclaves en leur donnant la liberté et le rang de citoyen. Puis on reconstruisit le théâtre, on répara les murailles et tous les points qui avaient souffert pendant le siége. En peu de temps on fit disparaître toutes les traces de la guerre, et Rhodes sortit de cette terrible épreuve plus puissante et plus glorieuse que jamais.

ÉTAT DE RHODES AU TROISIÈME SIÈCLE AVANT J.-C. — Il en est d'un peuple comme d'un homme ; une grande action le rehausse et l'ennoblit. Après avoir repoussé Démétrius, les Rhodiens devinrent un État considérable et une puissance maritime de premier ordre. Leur commerce ne fit que s'étendre et prospérer de plus en plus, et tous les rois de l'Asie, tous les États grecs recherchaient leur amitié et vivaient en bonne intelligence avec eux. Rhodes éprouva bientôt les effets de cette bienveillance générale qu'elle avait inspirée, après le tremblement de terre de l'an 222, qui faillit la bouleverser de fond en comble. Dans leur détresse, les Rhodiens députèrent à tous les princes, leurs alliés, et aux cités grecques pour implorer leurs secours (1). Chacun s'empressa de contribuer, selon ses ressources, au soulagement de cette ville infortunée. Hiéron et Gélon en Sicile, et Ptolémée Évergète en Égypte se signalèrent entre tous les autres. Les premiers fournirent plus de 100 talents en argent, des vases de prix, des machines, des matériaux, et firent dresser sur une place de Syracuse deux statues représentant le peuple Rhodien et le peuple Syracusain qui mettait au premier une couronne sur la tête. Ptolémée, sans parler de beaucoup d'autres dépenses, qui montaient à des sommes considérables, envoya 300 talents, un million de mesures de froment, des matériaux pour construire dix navires à cinq rangs de rames, et autant à trois rangs, des architectes pour relever la ville, et en particulier la somme énorme de 3,000 talents pour rétablir le colosse qui avait été renversé par le tremblement de terre. Antigone Doson, roi de Macédoine, et sa femme Chryseis, Séleucus roi de Syrie, Prusias de Bithynie, Mithridate V, roi de Pont, tous les dynastes de l'Asie, aussi bien que toutes les villes, signalèrent leur libéralité. Outre les présents qu'on leur faisait, on accordait aussi aux Rhodiens des immunités et des franchises, qui accrurent encore leur prospérité commerciale, de sorte qu'en peu de temps Rhodes se retrouva plus opulente et plus magnifique qu'elle n'avait jamais été. Il n'y eut que le colosse qui ne fut pas rétabli. Les Rhodiens prétendirent que l'oracle de Delphes leur avait défendu de le relever, et ses débris restèrent gisant à la place où il s'était abattu, pendant près de neuf siècles.

Pendant la plus grande partie du troisième siècle avant l'ère chrétienne, on manque de renseignements sur l'histoire de l'île de Rhodes. Cette lacune, qui est de près de quatre-vingts ans, ne cesse qu'avec Polybe, dont les écrits nous rendent la suite interrompue des événements relatifs à cette île. L'an 221 Philippe III montait sur le trône de Macédoine. La Grèce était partagée en deux ligues, celle des Achéens et celle des Étoliens, qui s'affaiblissaient l'une l'autre par leur rivalité. Au milieu des conflits qui s'élevèrent entre ces différentes puissances, les Rhodiens, dont l'intérêt suprême était de faire respecter la liberté du commerce, devaient intervenir en faveur des Achéens, peuple paisible et ami des lois, contre la ligue étolienne, adonnée au brigandage et à la piraterie, et contre Philippe, qui prétendait à l'empire de la mer. Telle est la politique des Rhodiens à cette époque, dans tous les évènements où nous les voyons mêlés : assurer la liberté des mers et combattre toute puissance qui aspire à y dominer. Une marine considérable protége leur commerce, qui sert à l'entretenir, le fait respecter de tous les États voisins et rivaux, et assure la garantie de tous leurs intérêts commerciaux et politiques.

Ainsi l'Illyrien Démétrius de Pharos, s'étant ligué avec les Étoliens et Sparte, ennemis des Achéens, et ayant armé en course cinquante légers navires, vint parcourir et piller les Cyclades (1). En agissant ainsi, Démétrius de Pharos

---

(1) Polyb., V, 88-91.

(1) Polyb., *Hist.*, l. IV, 17, 19.

violait le traité de paix que lui avaient imposé les Romains, et qui lui interdisait de naviguer au delà de l'île de Lissa. Les Rhodiens réprimèrent ce brigandage, et forcèrent Démétrius à fuir devant leur escadre, qui dominait dans la mer Égée (321).

GUERRE ENTRE RHODES ET BYZANCE. — Quelque temps après, la libre navigation du Pont-Euxin fut menacée par une tentative des habitants de Byzance, qui exigèrent un droit de tous les navires qui franchissaient le Bosphore (1). Les intérêts des négociants de Rhodes étaient lésés par cette mesure, qu'ils essayèrent vainement de faire révoquer. Les Byzantins, qui avaient de lourdes dépenses à supporter pour se défendre contre les Thraces, ne voulurent pas renoncer à l'exploitation de cet impôt lucratif. On ne put s'entendre, et la guerre fut déclarée (220). Les Rhodiens entraînèrent dans leur parti Prusias, roi de Bithynie, à qui Byzance avait refusé des statues; et les Byzantins obtinrent l'appui d'Achæus, beau-frère de Seleucus III, roi de Syrie, qui, profitant de la jeunesse du nouveau roi Antiochus III, venait de se déclarer indépendant en Asie Mineure. Tant que Byzance put compter sur l'appui d'Achæus, elle fit bonne contenance; elle suscita un prétendant au trône de Bithynie, et soutint vigoureusement la guerre. Mais les Rhodiens détachèrent Achæus de leur alliance en lui rendant son père Andromachus, qui était prisonnier en Égypte, et que le roi Ptolémée Philopator renvoya sur la demande des ambassadeurs de Rhodes. Gagné par ce bon office, et charmé des honneurs que la cité de Rhodes lui décerna, Achæus refusa ses secours aux Byzantins. Ceux-ci, trop faibles pour continuer seuls les hostilités, demandèrent la paix, dont les Rhodiens leur dictèrent les conditions. Byzance renonça au droit de péage qu'elle avait voulu percevoir, et le passage du Bosphore resta libre. Le succès de cette guerre ajouta encore à la puissance de Rhodes : les rois la traitaient avec la plus grande considération; bon nombre de villes recherchaient son patronage. C'est ainsi que les habitants de Cnosse demandèrent son appui contre les autres villes crétoises, et que ceux de Sinope implorèrent son secours contre les agressions du roi de Pont Mithridate V (1).

RELATIONS DE RHODES AVEC LA MACÉDOINE. — C'était le temps de cette lutte engagée entre les Adriens et les Étoliens que l'on appelle la guerre des deux ligues. Les Achéens avaient été obligés de se placer de nouveau sous la protection de la Macédoine, et Philippe III, vainqueur des Étoliens, marchait rapidement à la conquête de toute la Grèce. Les Rhodiens et leurs alliés s'inquiétaient des progrès de cette puissance macédonienne, qui prétendait toujours à la suprématie sur tout le corps hellénique, tandis que celui-ci s'épuisait et se livrait par ses dissensions. Des députés de Rhodes et de Chio vinrent trouver Philippe à Corinthe (2) et l'engagèrent à accorder la paix aux Étoliens. Le roi feignit d'y consentir, et se débarrassa d'eux en les envoyant chez les Étoliens pour qu'ils travaillassent à les amener à un accommodement. Il n'en continua pas moins la guerre avec vigueur, et ne se réconcilia avec les Étoliens qu'au moment où il se préparait à attaquer Rome. C'était l'usage parmi les États grecs que les cités neutres s'interposassent, par leurs ambassadeurs, pour rapprocher les États qui se faisaient la guerre et faire cesser des conflits contraires à l'intérêt général. Les cités maritimes étaient toujours les plus empressées à offrir leur médiation, parce qu'elles avaient toujours plus à gagner à la paix qu'à la guerre. Ainsi, dans le même temps les Rhodiens, aidés de ceux de Byzance et de Cyzique, faisaient tous leurs efforts pour réconcilier l'Égypte et la Syrie (3). Ce genre d'intervention n'avait pas toujours le résultat qu'on se proposait, et les puissances belligérantes pouvaient bien n'en pas tenir compte. Mais les députés qui

(1) Polyb., l. IV, 46-52.

(1) Polyb., *Hist.*, l. IV, 53, 56.
(2) Polyb., V, 24. *Voyez* dans Tite-Live, XXVII, 30, XXVIII, 7, d'autres ambassades des cités de Rhodes et de Chio pour mettre fin à cette guerre entre Philippe et les Étoliens.
(3) Polyb., V, 63.

se présentaient à cet effet étaient toujours reçus, écoutés et congédiés avec beaucoup d'égards. En trompant les Rhodiens, Philippe commença à les indisposer contre lui. Loin de travailler à calmer le mécontentement et la défiance de ces insulaires, fiers et jaloux de leur liberté, Philippe les irrita de plus en plus par ses hauteurs et son ambition. Il s'en fit des ennemis déclarés, et les poussa à se jeter dans l'alliance des Romains, qui eurent l'adresse de faire croire aux Grecs du continent et des îles qu'ils ne combattaient la Macédoine que pour les affranchir de sa domination.

GUERRE ENTRE LES RHODIENS ET PHILIPPE III. — Ce ne fut qu'après l'an 205 que Philippe rompit définitivement avec les Rhodiens. Débarrassé des Romains, avec lesquels il était en guerre depuis dix ans, ce prince, au lieu de se faire des alliés, dans la prévision d'une nouvelle lutte avec ce peuple, au lieu de simplifier sa position en accommodant tous les démêlés qu'il avait avec ses voisins, devint plus provoquant et plus agressif que jamais. Il oublia qu'il avait à faire à une puissance redoutable, qui ne faisait que suspendre ses coups; il attaqua tous ceux dont il aurait dû s'assurer l'appui, et en cherchant partout à acquérir il trouva partout des ennemis. Les Rhodiens, menacés par ses intrigues (1) et ses violences dans leur domination sur les îles asiatiques et sur les côtes de la Carie, firent alliance avec Attale, roi de Pergame, à qui Philippe disputait quelques villes de l'Éolide; et comme le roi de Macédoine était encore un ennemi trop redoutable pour ces deux États réunis, ils s'adressèrent aux Romains, et leur dénoncèrent les projets de Philippe contre la liberté des villes grecques de l'Asie (2). Attale était déjà l'allié de Rome. Les Rhodiens le devinrent alors par l'entremise du roi de Pergame, et à la suite de leur hostilité contre le roi de Macédoine. Toutefois, avant que Rome eût vaincu Carthage et terminé la seconde guerre punique, Attale et les Rhodiens soutinrent seuls tout le poids de la guerre contre Philippe III, de l'an 205 à l'an 200 avant l'ère chrétienne, et ils livrèrent à ce prince, qui s'était créé une marine imposante, deux grandes batailles navales. La première rencontre eut lieu près de Ladé, petite île située en face de la ville de Milet. L'action fut très-vive et meurtrière, et l'issue paraît en avoir été douteuse. Les Rhodiens prétendirent avoir remporté la victoire; mais Polybe, dans une digression sur deux historiens de Rhodes, Zénon et Antisthène, leur reproche d'avoir altéré la vérité sur ce point; et il établit d'après leurs propres aveux, et surtout d'après la lettre de l'amiral de la flotte rhodienne aux prytanes et au sénat, qu'on pouvait lire encore aux archives de la ville, que le roi de Macédoine avait eu l'avantage dans cette bataille (1).

Ce qui le prouve encore, c'est qu'à la suite de ce combat les Rhodiens battirent en retraite, et Attale fût réduit quelque temps à l'inaction. La mer était libre, et Philippe, dit Polybe, aurait pu se rendre sans obstacle à Alexandrie. Il ne le fit pas, et se contenta d'assiéger Chio (2); mais le siège traîna en longueur, et l'ennemi reparut. Attale et l'amiral rhodien, Théophiliscus, livrèrent à Philippe une seconde bataille navale en vue de Chio. On avait réuni de part et d'autre des forces considérables. La flotte macédonienne se composait de cinquante-trois bâtiments de guerre, de quelques navires non pontés et de cent cinquante esquifs, avec des fustes. Les alliés avaient soixante-cinq vaisseaux de guerre, y compris ceux des Byzantins, neuf galiotes et trois trirèmes. Le vaisseau monté par Attale commença le

---

(1) Polyb., l. XVII, 3-6. On ne peut se faire qu'une idée bien incomplète, d'après le récit mutilé de Polybe, des desseins de Philippe contre Rhodes et de la fourberie dont l'intrigant Héraclide devait être le principal agent. *Voy.* dans Polyb., XV, 23, l'occasion de la rupture définitive des Rhodiens avec Philippe.

(2) Tite-Live, XXXI, 2.

(1) Polyb., l. XVI, c. xiii. Tite-Live fait allusion à ces deux batailles, et il admet les assertions des historiens rhodiens. « Rex... jam cum Rhodiis et Attalo navalibus certaminibus, *neutro feliciter prælio,* vires expertus. » l. XXXI, c. xiv.

(2) Polyb., l. XVI, 2, 9.

combat, et tous les autres, sans même attendre le signal, se heurtèrent. Les marins d'autrefois, à défaut de cette formidable artillerie dont nous armons nos vaisseaux de guerre, avaient aussi trouvé des procédés très-expéditifs et très-puissants pour s'entre-détruire. Les navires lancés à toute vitesse, se précipitaient les uns sur les autres, se perçaient de leurs éperons, se brisaient les rames, se fracassaient les flancs, le plus fort coulant le plus faible, quelquefois s'abîmant tous les deux, et le choc produisait quelquefois plus vite ce résultat glorieux que nous obtenons aujourd'hui par l'emploi du projectile fulminant. Souvent aussi ce n'était point à la force qu'on demandait la victoire, mais à l'adresse et à l'agilité des manœuvres. Polybe nous donne une idée bien exacte de la tactique navale des anciens. « Toutes les fois qu'un engagement avait lieu de front, dit-il, les Rhodiens l'emportaient par une manœuvre fort habile : abaissant autant que possible la proue de leurs navires, ils recevaient des coups hors de l'eau et en portaient à l'ennemi au-dessous de la ligne de flottaison, lui faisant ainsi des blessures sans remède. Mais ils eurent rarement recours à cet artifice. Ils évitaient les combats de cette nature, à cause du courage que mettaient les Macédoniens à se défendre du haut de leurs ponts, dans une lutte réglée. Courant de préférence au milieu des navires macédoniens, ils en brisaient les rames et rendaient par là tout mouvement impossible; ils se portaient à droite, à gauche, se jetaient à la proue de tel vaisseau, frappaient tel autre dans le flanc au moment où il se tournait, entamaient l'un, enlevaient à l'autre quelque partie de ses agrès. Une foule de bâtiments macédoniens périrent de cette manière. »

Cette fois Philippe éprouva une défaite complète : il perdit vingt navires, soixante-cinq esquifs, un grand nombre de matelots et de soldats. Attale fut obligé de se faire échouer sur la côte d'Asie et d'abandonner le vaisseau royal; les Rhodiens eurent à déplorer la mort de Theophiliscus, leur amiral, qui ne survécut qu'un jour à sa victoire. « C'était un homme, dit Polybe, dont la bravoure dans les combats et la sagesse dans les conseils sont dignes de mémoire. S'il n'avait pas osé en venir aux mains avec Philippe, ses concitoyens et les autres peuples, intimidés par l'audace du prince, eussent négligé l'occasion de le vaincre. En ouvrant les hostilités, il força sa patrie à profiter des circonstances favorables, et contraignit Attale à ne plus différer sans cesse de préparer activement la guerre, et à la faire avec énergie et courage. Aussi, ce ne fut que justice quand les Rhodiens lui rendirent, après sa mort, des honneurs assez éclatants pour exciter au dévouement envers la patrie et leurs contemporains et leurs descendants (1). »

LES RHODIENS SE PLACENT SOUS LE PROTECTORAT DE ROME. — Malgré cette défaite Philippe était toujours redoutable; les Romains venaient de terminer la seconde guerre punique; le sénat se mit alors à la disposition de ses alliés grecs d'Europe et d'Asie, qui l'appelèrent contre la Macédoine. Ce fut à Athènes que se forma l'orage qui devait fondre sur Philippe. Attale se rendit en personne dans cette ville : il y vint des ambassadeurs rhodiens et des commissaires du sénat (2). Enhardi par la présence d'alliés si puissants, le peuple athénien décréta la guerre contre Philippe, plaça Attale parmi ses bienfaiteurs et ses héros, et fit aux Rhodiens une réception magnifique. Ainsi Rome avait soulevé et lancé tous ses alliés contre Philippe; quand il voulut agir contre eux, elle lui défendit de les combattre; sur son refus d'obéir, elle lui déclara la guerre (200).

Nous ne devons rechercher dans cette grande lutte, qui fut le prélude de l'abaissement de la Macédoine et de l'assujettissement de la Grèce, que les faits relatifs aux Rhodiens et la part qu'ils y prirent. L'intervention romaine n'était si bien accueillie de ces insulaires que parce qu'elle leur procurait immédiatement de grands avantages. Il devait en résulter que Philippe, occupé du soin de défendre son royaume contre les Romains, renoncerait à ses projets d'agrandissement maritime, et que de ce côté les Rhodiens auraient le champ libre. En

(1) Polyb., XVI, 9 ; trad. Bouchot, t. II p. 304.
(2) Tite-Live, XXXI, 14 ; Polyb., XVI, 24.

effet, le premier résultat qu'ils obtinrent de cette coalition, fut d'entraîner dans leur alliance toutes les Cyclades, excepté Andros, Paros et Cythnos, qui étaient occupées par des garnisons macédoniennes. Mais en négligeant d'agir avec vigueur contre Philippe, ils lui permirent de leur enlever plusieurs places de la Carie, de prendre Abydos, et de se rétablir dans l'Hellespont; il parut bien évident alors que les Romains étaient seuls capables d'arrêter ce prince et de l'abattre.

Pendant cette guerre, qui dura quatre ans (200 à 197) toutes les forces des Rhodiens furent constamment à la disposition du sénat. L'amiral rhodien, Acésimbrote, prit part à toutes les tentatives faites par les Romains contre l'Eubée et les autres possessions maritimes de Philippe. En vain les Achéens, qui étaient restés d'abord fidèles à Philippe, essayèrent-ils de détacher Rhodes du parti romain (1), ce fut au contraire la ligue Achéenne qui se laissa entraîner à changer d'alliance, et les députés rhodiens (2) assistèrent au congrès où fut prise cette détermination à laquelle ils contribuèrent pour beaucoup (198). L'année suivante on parla du rétablissement de la paix entre Philippe, les Romains et leurs alliés. L'amiral rhodien Acésimbrote parut aux conférences de Nicée près des Thermopyles. Il réclama la restitution de la Pérée, province de la Carie, que Philippe avait enlevée aux Rhodiens : il le somma d'ôter ses garnisons de Jassos, de Bargylis et d'Eurome, de replacer Périnthe dans l'état de dépendance où elle était autrefois à l'égard de Byzance, d'abandonner Sestos, Abydos, tous les marchés et tous les ports de l'Asie (3). Philippe consentit à rendre la Pérée; mais il ne voulut pas céder sur les autres points. On rompit les conférences; la guerre recommença. Bientôt Philippe fut vaincu à la bataille de Cynocéphales, les Rhodiens reconquirent la Pérée, excepté Stratonicée, où s'enferma le général macédonien Dinocrate. Le traité que les Romains dictèrent au roi de Macédoine donna aux Rhodiens la complète possession de cette province, et assura la liberté de toutes les cités maritimes que les Rhodiens avaient voulu soustraire à son influence (1).

Philippe avait cessé d'être redoutable, mais Antiochus le Grand devenait menaçant à son tour. Ses tentatives en Asie Mineure et contre l'Égypte inquiétaient les Rhodiens. L'Égypte, leur ancienne alliée, déclinait tous les jours. Antiochus aspirait aussi à la domination des mers : Rhodes entreprit de l'arrêter, et de défendre les villes alliées du roi d'Égypte. Grâce à leur activité, Caune, Mynde, Halicarnasse et Samos échappèrent aux tentatives du roi de Syrie, et restèrent dans l'alliance de Rhodes et de l'Égypte (2). Mais les choses n'en devaient pas rester là. Antiochus, opposant aux prétentions des Romains des prétentions non moins hautes, se déclara leur rival, et descendit sur ce champ de bataille où la Macédoine venait d'être vaincue. Rhodes et Eumène, successeur d'Attale au trône de Pergame, déployèrent encore plus de zèle dans cette guerre que dans la précédente. Antiochus avait couvert la mer Égée de ses vaisseaux; les Rhodiens aidèrent Rome à anéantir cette marine puissante qui gênait leur commerce. Leurs amiraux Pausistrate, Eudémus, Pamphylidas combattirent avec les préteurs romains aux batailles de Sida, d'Éphèse et de Myonèse contre Annibal et le Rhodien exilé Polyxénidas, dont les talents ne purent empêcher la destruction des flottes d'Antiochus (3). La mer une fois libre, les Romains passèrent en Asie; Antiochus fut défait dans une grande bataille près de Magnésie, et les Rhodiens eurent une large part à ses dépouilles.

Eumène obtint tous les pays en deçà du Taurus et de l'Halys. Les Rhodiens reçurent la Lycie et la Carie jusqu'au Méandre. Toutefois, les deux alliés étaient en désaccord sur un point im-

(1) Polyb., XVI, 35.
(2) Tite-Live, XXXII, 19.
(3) Polyb., XVII, 2.

(1) Tite-Live, XXXIII, 18, 30.
(2) Tite-Live, XXXIII, 20.
(3) Tite-Live, XXXVI; Polyb., XXI, passim. Dans cette guerre Polyxénidas détruisit, à la hauteur de Samos, une flotte rhodienne, commandée par le navarque Pausistrate. Tite-Live, XXXVII, 10.

portant, la liberté des villes grecques d'Asie : Eumène les demandait en récompense de ses services. Les Rhodiens plaidèrent leur cause dans un langage qui prouve combien ils se faisaient illusion sur le caractère et les conséquences des événements qui s'accomplissaient alors, et auxquels ils avaient pris une si grande part. « La fin que vous marquez à vos actions, dirent les députés de Rhodes parlant dans le sénat, est bien autre que celle du reste des hommes. D'ordinaire, ils ne se jettent dans les guerres que pour conquérir et gagner des villes, des munitions et des flottes. Les dieux vous ont épargné cette nécessité en plaçant l'univers sous votre obéissance. De quoi donc avez vous besoin? De quoi vous faut-il maintenant avoir le plus de soin? De cette gloire, de cette renommée universelle qu'il est si difficile d'acquérir et plus encore de conserver. Vous allez reconnaître ce que nous vous disons; vous avez combattu Philippe, vous avez tout bravé pour rendre la liberté aux Grecs : tel a été votre but, telle a été la récompense que vous vous êtes promise de cette expédition; il n'y en avait pas d'autre, et cependant vous en avez plus joui que de tous les tributs imposés aux Carthaginois. Cela est très-naturel : l'argent est une propriété commune à tous les hommes; mais la réputation, les hommages, la louange, ne sont faits que pour les dieux et ceux qui leur ressemblent. Oui, votre œuvre la plus belle a été l'affranchissement des Grecs. Si vous la complétez aujourd'hui, cette œuvre, l'édifice de votre renommée est à jamais élevé; sinon, votre gloire sera bientôt abaissée. Sénateurs, après avoir participé à cette entreprise et, avec vous, soutenu pour la poursuivre de grands combats, bravé de véritables périls, nous ne voulons pas aujourd'hui trahir le devoir d'un peuple ami. Aussi nous n'avons pas craint en effet de vous dire franchement la conduite que nous croyons la seule vraiment digne de vous, nous l'avons fait sans arrière-pensée, en hommes qui ne mettent rien au-dessus de l'honnête (1). » Ce discours parut digne de la grandeur romaine, dit Tite-Live, et les villes grecques qui avaient été tributaires d'Antiochus furent, conformément aux vœux des Rhodiens, déclarées libres. Peu s'en fallut que les Rhodiens n'obtinssent aussi la liberté de Soles, ville de Cilicie, qu'ils disaient être, comme eux, une colonie d'Argos. Le sénat paraissait disposé à leur accorder tout ce qu'ils voulaient, pourvu que cela fût préjudiciable à Antiochus, et il fut même sur le point de contraindre ce prince à évacuer toute la Cilicie.

Après avoir vaincu Antiochus, les Romains châtièrent les Étoliens, qui avaient appelé ce prince en Grèce. Quoique le châtiment fût mérité, Rhodes voyait avec regret un peuple grec frappé par les Romains. C'était un précédent fâcheux, et qui faisait concevoir des inquiétudes pour l'avenir. Les députés rhodiens travaillèrent très-activement à faire conclure un traité. Ils parurent au camp de Fulvius, qui assiégeait Ambracie (1), et désarmèrent son courroux. Le consul permit aux Étoliens d'envoyer à Rome des députés, pour qui les Rhodiens obtinrent une audience du sénat. Néanmoins, le peuple étolien fut traité avec rigueur, et il n'y eut aucun peuple grec qui ne pût prévoir que le sénat, qui n'était encore qu'un protecteur et un allié, deviendrait bientôt un maître impérieux.

CONDUITE ÉQUIVOQUE DES RHODIENS PENDANT LA GUERRE CONTRE PERSÉE. — Les Rhodiens ne devaient pas tarder à en faire l'expérience. En leur donnant la Lycie, le sénat leur avait fait un cadeau embarrassant. Les Lyciens n'obéissaient qu'à contre-cœur, et Rhodes se fatiguait à les faire obéir. Enfin des députés de Xanthe, capitale de la Lycie, vinrent à Rome se plaindre au sénat de la tyrannie des Rhodiens, qui était beaucoup plus cruelle, disaient-ils, que celle d'Antiochus. Les Rhodiens s'aperçurent alors qu'ils étaient à leur tour justiciables de cette juridiction du peuple romain qu'ils avaient invoquée autrefois contre Philippe et Antiochus. Le sénat écoutait toujours les plaignants; d'ailleurs les Rhodiens ne montraient plus le même zèle, ils fai-

---

(1) Polyb., XXII, 6; Tite-Live, XXXVII, 54. « Apta magnitudini romanæ oratio visa est. »

(1) Polyb., XXII, 12; Tite-Live XXXVIII, 10.

saient des avances à Persée, roi de Macédoine, successeur de Philippe III. Le sénat lança contre eux un décret sévère, qui leur enjoignait de traiter les Lyciens en alliés et non pas en sujets (1). Ceux-ci, enhardis par cette protection, où se manifestait l'intention d'humilier les Rhodiens, prirent les armes pour secouer le joug. Polybe avait raconté cette guerre dans les parties perdues de son histoire. Tite-Live se contente d'y faire allusion, et de dire que les Lyciens, accablés par Rhodes, eurent de nouveau recours à l'intervention protectrice du sénat (2) (174 av. J.-C.).

Les Rhodiens commençaient donc à devenir suspects au moment où éclata la guerre contre Persée (172). Eumène avait été seul à provoquer cette guerre, que les députés rhodiens essayèrent vainement de détourner, parce qu'ils commençaient à comprendre que Rome était devenue plus redoutable que ne l'avait jamais été la Macédoine (3). Cette attitude nouvelle prise par les Rhodiens, qui autrefois avaient montré tant d'ardeur contre Philippe et Antiochus, inspira quelque inquiétude au sénat, et donna des espérances à Persée. De part et d'autre on envoya des députés, le sénat pour maintenir Rhodes dans son alliance, Persée pour l'entraîner dans la sienne. Quoique l'enthousiasme qu'avaient inspiré autrefois les Romains fût bien refroidi, cependant les magistrats rhodiens hésitaient à se jeter dans un nouveau parti, et le prytane Hégésiloque montra aux légats une flotte de quarante vaisseaux prête à combattre pour le service de Rome. D'un autre côté, on reçut les ambassadeurs de Persée avec distinction ; mais on fit répondre à ce prince que dorénavant il s'abstînt de rien demander qui exposât les Rhodiens à paraître contraires aux désirs de Rome (4).

C'était ce qu'il y avait de mieux à faire, et les prytanes travaillèrent de tout leur pouvoir à maintenir la république

(1) Tite-Live, XLI, 6 ; Polyb., XXVI, 7 et suiv.
(2) Tite-Live, XLI, 25.
(3) Tite-Live, XLII, 14, 26.
(4) Polyb., XXVII, 3, 4 ; Tite-Live, XLII, 45, 46.

dans cette voie ; mais dans tout État libre il se trouve toujours des hommes ambitieux, qui ne sont pas aux affaires, qui veulent y parvenir, et qui poussent le peuple du côté où il leur plaît de le faire aller. Dinon et Polyarate se mirent à la tête du parti hostile aux Romains. Le chef de la flotte romaine, Spurius Lucrétius, avait écrit aux Rhodiens pour leur demander des vaisseaux (171). Dinon et Polyarate essayèrent de faire refuser le contingent ; mais le prytane Stratoclès réussit à obtenir dans l'assemblée du peuple la sanction du décret qui ordonnait l'envoi des vaisseaux. « Du reste, dit Polybe, ces deux hommes n'étaient si zélés pour Persée que parce que Polyarate, homme vain et fastueux, avait engagé tous ses biens, et que Dinon, avare sans pudeur, avait toujours fait métier de s'enrichir des largesses des rois et des puissants (1). » A la fin de cette campagne, Persée envoya Anténor à Rhodes pour traiter du rachat des prisonniers. Les magistrats ne voulaient aucune relation avec ce prince ; Dinon et Polyarate étaient de l'avis contraire : ils l'emportèrent, et l'on convint de la rançon des captifs.

C'était un échec grave pour le parti romain. Cette décision indiquait la tendance des Rhodiens à se rapprocher de la Macédoine. Cependant le sénat ne s'en plaignit pas, renouvela l'alliance et permit aux Rhodiens d'exporter des blés de Sicile (2). Dans ce temps-là parut un décret du sénat qui prescrivait aux alliés grecs de ne plus obéir désormais aux ordres des généraux, mais seulement aux sénatus-consultes. Cette mesure excita une grande joie en Grèce, où l'on souffrait déjà beaucoup des exactions des consuls et des préteurs romains ; les Rhodiens y applaudirent, et le parti romain s'en trouva fortifié. Profitant de ces bonnes dispositions, les magistrats firent envoyer une députation à Marcius Philippus et à Caïus Figulus, qui commandaient cette année-là l'armée et la flotte envoyées contre Persée (169). Les deux généraux reçurent les députés avec les plus grandes démonstrations d'amitié. Le consul, prenant à part

(1) Polyb., XXVII, 7.
(2) Id., XXVIII, 2.

Agésipolis, chef de l'ambassade, lui dit qu'il s'étonnait que Rhodes n'essayât pas d'empêcher la guerre qui venait d'éclater entre Ptolémée et Antiochus, au sujet de la Cœlé-Syrie, et que ce rôle lui convenait parfaitement. Pourquoi cette insinuation? se demande Polybe. Était-ce par crainte d'Antiochus, avec lequel on voulait éviter toute contestation tant qu'on aurait encore Persée sur les bras, ou pour entraîner les Rhodiens à quelque faute dont on profiterait contre leur liberté? Il n'est pas facile de le décider, ajoute-t-il; mais je crois la seconde supposition plus vraie, et ce qui se passa peu après à Rhodes semble la confirmer (1).

En effet, en voyant tous les ménagements dont on usait à leur égard, les Rhodiens crurent que les Romains avaient peur, et que leurs affaires allaient mal. Encouragés par la résistance inespérée de Persée, qui depuis quatre ans soutenait la guerre sans désavantage, excités par Dinon et Polyarate, dont les discours étaient sans cesse dirigés contre les Romains, après avoir intervenu dans la querelle des rois d'Égypte et de Syrie, ils s'aveuglèrent au point de s'ériger en arbitres entre les Romains et Persée. Les partisans de Rome ne purent arrêter ce mouvement. Les amis de Persée eurent le dessus, ils reçurent les ambassadeurs de ce prince et de son allié Gentius, roi d'Illyrie, et firent décider dans l'assemblée du peuple qu'on négocierait un accommodement entre les deux puissances, et qu'on prendrait des mesures pour garantir l'indépendance des villes grecques (2). Une ambassade partit à l'instant pour Rome, afin d'informer le sénat des nouvelles dispositions du peuple rhodien. D'autres députés furent envoyés à Persée et à Gentius, avec des instructions ayant pour but le rétablissement de la paix. On savait à Rome l'objet de l'ambassade rhodienne; on lui fit attendre l'audience du sénat, et elle ne fut reçue qu'après la défaite de Persée à Pydna. Les députés, dont le chef était Agésipolis, dirent qu'ils étaient venus afin de terminer la guerre; que

(1) Polyb., XXVIII, 14.
(2) Polyb., XXIX, 4; Tite-Live, XLIV, 14, 29; XLV, 3.

les Rhodiens avaient résolu d'intervenir, parce que cette lutte, qui traînait en longueur, était également funeste pour tous les Grecs et pour les Romains, par les dépenses qu'elle occasionnait, et que la guerre étant terminée comme les Rhodiens le désiraient, ils n'avaient qu'à témoigner combien ils se rejouissaient avec Rome de cet heureux succès (1). Mais le sénat ne se laissa pas prendre à ces dernières paroles; il répondit aux députés que Rhodes n'avait en vue dans sa conduite ni l'intérêt de la Grèce, ni celui des Romains, mais bien celui de Persée, et on congédia sèchement l'ambassade.

Rhodes était tombée dans une disgrâce complète et bien méritée. On ne voulut pas recevoir au sénat la députation envoyée pour féliciter le peuple romain de sa victoire sur la Macédoine; on lui refusa les présents d'usage et le logement dans la Grécostase, en un mot tous les devoirs de l'hospitalité. Le préteur Juventius Thalna excitait le peuple à déclarer la guerre à Rhodes, et il espérait en être chargé. Mais les tribuns Antonius et Pomponius firent repousser cette proposition, et obtinrent que les Rhodiens seraient reçus dans le sénat. Quand il eut obtenu la permission de parler, Astymède, chef de l'ambassade, prononça une longue apologie de la conduite de sa patrie, que Polybe trouve maladroitement composée, bizarre et choquante; car cette défense, dit-il, se composait bien moins d'arguments en faveur des Rhodiens que d'accusations contre autrui (2). Mais le discours d'Astymède ne se trouve pas dans Polybe. On voit

(1) Polyb., XXIX, 7. Tite-Live raconte une première réception de cette ambassade, l. XLIV, 14, avant la défaite de Persée; mais au livre XLV, ch. III, il paraît revenir au sentiment de Polybe, qui rejette l'audience après la bataille de Pydna. Le langage qu'il prête aux députés Rhodiens est hors de vraisemblance. Leur démarche était déjà bien assez compromettante par elle-même sans qu'ils y joignissent encore l'insolence du langage. Tite-Live aura puisé ce récit à de mauvaises sources. Le témoignage de Polybe est de beaucoup le meilleur pour tous ces temps, et ordinairement Tite-Live ne fait que le reproduire.

(2) Tite-Live, XLV, 21-26; Polyb., XXX, 4.

dans celui que Tite-Live lui attribue qu'il essayait d'établir que Rome n'avait aucun acte hostile à reprocher aux Rhodiens, que si le langage de l'ambassadeur chargé de proposer au sénat leur médiation a été assez hautain pour déplaire, il serait trop rigoureux de le punir par la ruine entière de la république; que les fautes de Dinon et de Polyarate ne sont pas celles de la cité tout entière ; que les Rhodiens sont d'anciens alliés, dont les services peuvent racheter une erreur passagère, et que si Rome veut leur faire la guerre, ils sont bien résolus à ne pas se défendre et à se résigner (1).

Cependant rien n'apaisait le courroux du sénat; mais Caton le censeur prit la parole en faveur des Rhodiens. « On accuse, dit-il, les Rhodiens de se montrer trop orgueilleux. C'est un défaut sans doute, et je serais fâché d'entendre faire ce reproche à moi ou aux miens. Mais que les Rhodiens soient orgueilleux, que vous importe? seriez-vous blessés de voir qu'il y a au monde un peuple plus orgueilleux que vous (2)? » Caton était un homme d'une grande éloquence et d'une grande autorité, son discours modifia les dispositions du sénat : on se contenta d'abaisser les Rhodiens, on ne les détruisit pas. Quand ils surent qu'on ne les traiterait pas en ennemis, les Rhodiens ressentirent la joie la plus vive ; ils votèrent l'envoi d'une couronne de dix mille pièces d'or, qu'ils firent porter à Rome par Théétète, à la fois amiral et ambassadeur. Théétète était chargé de conclure avec les Romains un traité d'alliance. Des liens d'amitié, dit Tite-Live, avaient existé depuis longtemps entre les deux républiques, sans stipulation d'aucun genre, et Rhodes n'avait eu pour s'abstenir de tout engagement d'autre motif que de ne pas ôter aux rois l'espérance d'être secourus par elle au besoin, et de ne pas se priver elle-même des fruits de leur générosité, et d'une part à leur fortune. En ce moment les Rhodiens sentaient le besoin de rechercher formellement l'alliance des Romains non pour se créer un appui vis-à-vis des autres, car ils ne craignaient plus que les Romains, mais pour devenir moins suspects aux Romains eux-mêmes (1).

Le sénat ne se hâta pas de rassurer les Rhodiens par la concession d'une alliance définitive. Il valait mieux prolonger cet état d'incertitude et d'angoisses, pendant lequel Rhodes, toujours tenue dans la crainte du plus grand châtiment, était insensible aux coups dont on la frappait. A toutes les ambassades, à toutes les supplications des Rhodiens, le sénat répondait par des édits de spoliation. Non-seulement on leur enleva la Lycie et la Carie, que Rome leur avait données, mais encore Caune et Stratonicée, qu'ils avaient acquises d'eux-mêmes. On frappa leur revenu dans ses principales sources ; on leur ôta la perception du péage du marché de Délos ; leurs douanes, qui rapportaient un million de drachmes, tombèrent à cent cinquante mille. Enfin, quand on sut que les Rhodiens avaient obéi à tous les ordres du sénat, qu'ils avaient condamné à mort les partisans de la Macédoine, on leur accorda le traité d'alliance tant désiré (2) (167 av. J. C.).

Telle fut l'issue de ce fâcheux démêlé des Rhodiens avec Rome, la perte de leurs plus belles possessions sur le continent, l'humiliation de leur cité, et un commencement de sujétion. On pourrait être tenté de plaindre les Rhodiens, mais il ne faut pas les croire dignes d'un meilleur sort. Il n'y avait rien dans ce mouvement contre Rome qui ressemblât à ces grandes et généreuses tentatives d'un peuple qui voit la servitude s'avancer vers lui à grands pas et qui se dévoue pour la repousser. Ce ne fut qu'une ridicule intrigue, tramée par des misérables, qui n'agissaient que par va-

---

(1) On ne voit pas ce qu'il y a de si bizarre et de si choquant dans ce discours. Il est évident que ce n'est pas l'original dont Polybe fait une si amère critique.

(2) Ce discours de Caton se trouvait en entier dans le cinquième livre de ses *Origines*. Aulu-Gelle nous en a conservé de beaux fragments dans un chapitre où il réfute fort sensément la critique de ce discours par Tullius Tiron, affranchi de Cicéron. Aul-Gell., *Noct. Att.*, VII, 3.

(1) Tite-Live, XLV, 25, a emprunté ces réflexions à Polybe, l. XXX, 5, qu'il ne fait ici que traduire.

(2) Polyb., XXXI, 6.

nité et pour de sordides intérêts. C'est ce que Polybe fait parfaitement comprendre dans une appréciation calme et élevée de la conduite et des sentiments de tous les chefs grecs qui se compromirent vis-à-vis des Romains pendant la guerre contre Persée. Dans ce beau fragment de son *Histoire*, il montre Dinon et Polyarate, qu'un certain prestige de courage et d'audace avait entourés jusque là, s'abaisser pour sauver leur vie à toutes sortes de subterfuges et de bassesses, et se dépouiller aux yeux de la postérité de tout droit à la pitié et au pardon. Qu'on ne dise pas que Polybe, ami de Scipion l'Africain, comblé de faveur à Rome, ait voulu poursuivre jusqu'à la mémoire de deux hommes qui avaient encouru la colère du peuple romain, puisqu'il rend un si bel hommage à la noble résolution des chefs épirotes, qui dans une situation semblable surent mourir résolument les armes à la main. Polybe est l'ami des Romains, il n'en est jamais le courtisan. « Si j'ai insisté si longtemps sur Polyarate et Dinon, dit-il en terminant, ce n'est pas certes que j'ai prétendu insulter à leur malheur; rien ne serait plus inconvenant. Mais j'ai voulu mettre en évidence leurs erreurs, afin de préparer ceux qui se trouveraient dans des circonstances pareilles à se conduire avec plus de prudence et de sagesse (1). » Dans tout ce morceau, Polybe n'a tort qu'en un seul point, c'est quand il reproche aux deux malheureux dont il juge les actions de n'avoir pas su échapper à l'infamie par une mort volontaire. Sans doute ce n'est pas toujours par courage qu'on recule devant le suicide; mais il importe de ne pas laisser croire aux hommes, et Polybe aurait dû le savoir, que c'est un acte de vertu que d'y avoir recours (2).

ÉTAT DE RHODES APRÈS LA SOUMISSION DE LA MACÉDOINE. — Sortis enfin de cette rude épreuve, les Rhodiens comprirent qu'il fallait se résigner à voir la souveraineté du monde passer entre les mains de Rome; ils consentirent à vivre paisibles à l'ombre de la protection romaine, en restant fidèles à l'alliance qui leur avait été imposée, heureux de conserver encore quelque liberté d'action dans la sphère de leurs intérêts commerciaux et jusqu'à un certain point dans leurs relations politiques. Grâce à la sagesse de ses magistrats, Rhodes se remit peu à peu de ses malheurs, et regagna la faveur du peuple romain, à qui elle fit élever un colosse de trente coudées dans le temple de Minerve. Elle obtint du sénat la concession de Calynda, et pour ceux qui avaient des propriétés en Lycie et en Carie l'autorisation de les conserver aux mêmes conditions qu'autrefois. Les Rhodiens se réconcilièrent avec Eumène, qui avait, comme eux, obtenu difficilement son pardon, et ils en reçurent un présent de quatre-vingt mille médimnes de blé (1). Quelque temps après une guerre acharnée éclata entre les Crétois et les Rhodiens. Ceux-ci demandèrent du secours à la ligue achéenne. Les Crétois en firent autant; l'assemblée penchait pour les Rhodiens, mais Callicrate, le chef du parti romain en Achaïe, s'écria qu'on ne devait ni faire la guerre ni envoyer du secours à qui que ce fût sans l'agrément des Romains (2). Cette guerre était ruineuse pour Rhodes, qui en confia la conduite à des chefs malhabiles. Il fallut, bon gré mal gré, recourir aux Romains pour en être débarrassé. Astymède fut envoyé à Rome, exposa au sénat la situation des affaires. Le sénat prêta à ses discours une sérieuse attention, et aussitôt un légat partit pour mettre un terme aux hostilités (3) (154 av. J.-C.).

LES RHODIENS RÉSISTENT A MITHRIDATE. — Au temps de Mithridate les Grecs d'Asie et d'Europe firent une dernière tentative pour secouer le joug

(1) Polyb., XXX, 6, 9.
(2) En général, les historiens anciens regardent le suicide comme une action légitime, et ils ne le blâment jamais. *Voy.* Diod. Sicul. l. XXXVII, 27; Cic., *Ep. ad Fam.*, VII, 3.

(1) Polyb., XXXI, 17.
(2) Id., XXXIII, 15.
(3) Id., XXXIII, 14, ne désigne ce légat que par son prénom de Quintus. Cette guerre de Crète est le dernier des renseignements fournis par ce précieux auteur sur l'histoire de l'île de Rhodes. Cf. Diod. Sicul., XXXI, 38, 43. *Voyez* sur cette guerre l'article de la Crète dans ce volume.

des Romains. Les Rhodiens ne cédèrent pas à l'entraînement général, et se conduisirent en alliés fidèles et dévoués. Ils donnèrent asile à un grand nombre de Romains échappés au massacre ordonné par le roi de Pont, et entre autres à Lucius Cassius, proconsul d'Asie (88). Mithridate résolut de réduire les Rhodiens, qui presque seuls lui résistaient. Il réunit une flotte considérable, et passa dans l'île de Cos. Les Rhodiens sortirent au-devant de lui avec courage. Mais l'inégalité du nombre était si grande, que tout ce que put faire l'habileté des Rhodiens, ce fut d'empêcher la flotte de Mithridate de les envelopper. Rentrés dans leur port, sans grandes pertes, ils le fermèrent avec des chaînes, détruisirent les faubourgs de la ville, et s'apprêtèrent à soutenir un siége.

Cependant Mithridate n'avait pas encore ses forces de terre. Les troupes navales qu'il débarqua furent battues dans plusieurs rencontres autour des murs. Le succès de ces combats enhardit les assiégés à tenter une bataille navale. Malgré leur petit nombre, ils furent vainqueurs. Quelques jours après l'armée de terre arriva; un vent violent rendit le débarquement difficile, et permit aux Rhodiens de couler bas plusieurs navires et de faire quatre cents prisonniers. Mithridate, ayant toutes ses forces de terre et de mer, tenta l'attaque des deux côtés. Des feux allumés sur le mont Atabyrius donnèrent le signal d'un assaut général, pendant la nuit. Les Rhodiens repoussèrent les assaillants. Une sambuque placée sur deux navires s'approcha des murailles près du temple d'Isis, pour les battre en brèche. Mais elle s'affaissa sous son propre poids, et devint la proie des flammes. Mithridate ne pouvait s'arrêter plus longtemps à ce siége, qui menaçait de se prolonger comme celui de Démétrius; il abandonna l'entreprise, et les Rhodiens eurent la gloire d'avoir rendu service aux Romains en arrêtant les premiers ce torrent qui s'était répandu sur toute l'Asie (1). Bientôt Sylla enleva à Mithridate toutes ses conquêtes, et, pendant qu'il châtiait rigoureusement les cités qui s'étaient données à lui, il renouvela avec les Rhodiens l'ancien traité d'alliance (1). Les Rhodiens, bien traités par Sylla, suivirent son parti dans la guerre civile. Norbanus, l'un des chefs du parti populaire, s'était réfugié dans leur île. Le peuple s'assembla pour délibérer sur son sort, et Norbanus, s'apercevant qu'on allait le livrer, se poignarda au milieu de la place publique (2).

RHODES PENDANT LES GUERRES CIVILES DE ROME. — Le signal des guerres civiles était donné; Rhodes n'avait plus à choisir entre Rome et ses ennemis, mais entre les partis romains qui se disputaient l'empire. A l'exemple de tous les autres insulaires, de toutes les provinces maritimes de l'Orient, elle fournit des vaisseaux à Pompée, (49) avant la bataille de Pharsale. Elle lui en donna encore pour favoriser sa fuite (3), mais aucun des fugitifs du parti pompéien ne fut reçu ni dans la ville ni dans le port; et quand César poursuivant Pompée arriva dans leurs murs, les Rhodiens le traitèrent en maître, et mirent leur flotte à sa disposition (4). Les vaisseaux rhodiens, commandés par Euphranor, suivirent César en Égypte, et y combattirent avec une bravoure et un dévouement auxquels il est hautement rendu justice dans le livre de la Guerre d'Alexandrie. Après la mort de César (44) les troubles recommencèrent. Le monde romain se partagea entre ses meurtriers et ses vengeurs. Rhodes resta fidèle au dernier parti, qu'elle avait embrassé; et quand Dolabella passa dans l'île pour aller en Syrie disputer cette province à Cassius, les Rhodiens contribuèrent à lui former une flotte (5), tandis qu'ils refusèrent de fournir des vaisseaux à Cassius, et qu'ils repoussèrent toutes les avances qui leur furent faites par les chefs du parti républicain (6). Cassius jura de se venger; et

---

(1) Appian., *De Bello Mithridatico*, 22-27; Diod. Sicul., XXXVII, 28.

(1) Appian., *B. Mithr.*, 61.
(2) Id., *De Bell. Civil.*, I, 91.
(3) Id., *ib.*, II, 71, 83; Cæs., *De Bell. Civ.*, III, 102.
(4) Appian., *Ibid.*, 89; Hirt., *De Bello Alex.*, 13.
(5) Appian., l. IV, c. 80, 81.
(6) *Voyez* la lettre du propréteur Lentulus sur tous les torts des Rhodiens à l'égard de son parti, dans la correspondance de Cicéron, *Ad Fam.*, XII, 15.

quand il eut soumis la Syrie, qu'il eut mis à mort Dolabella dans Laodicée, il se concerta avec Brutus, qui se chargea d'aller châtier les Lyciens, tandis qu'il devait marcher lui-même contre les Rhodiens.

SIÉGE ET PRISE DE RHODES PAR CASSIUS (42). — Cassius réunit sa flotte et son armée dans la ville de Myndus en Carie, et il exerça ses vaisseaux à la manœuvre avant de les mener contre les Rhodiens, qui étaient toujours des marins redoutables (1). « Il y avoit dans Rhodes un parti qui vouloit qu'on se soumît à Cassius. C'étoit celui des plus sensés, qui trop ordinairement est le plus faible. Le gros de la multitude, animé par quelques esprits téméraires et factieux, prétendoit faire résistance, et ne doutoit point du succès. La gloire de leurs ancêtres leur en répondoit : ils se rappeloient avec complaisance Démétrius et Mithridate, princes tout autrement puissants que ne l'étoit Cassius, obligés de se retirer honteusement de devant Rhodes. Ils persévérèrent dans cette résolution, et lorsque Cassius approcha, au lieu de lui promettre satisfaction, ils lui firent la proposition insultante d'attendre les ordres du sénat siégeant actuellement à Rome, c'est-à-dire les ordres des triumvirs.

« On peut juger de quel air Cassius, le plus fier des hommes, reçut un pareil discours. Il n'y répondit que par des menaces, dont les Rhodiens ne furent pas aussi touchés qu'ils devoient l'être. Seulement, ils firent une tentative pour le fléchir, en lui députant Archélaüs, leur concitoyen, qui avoit été son maître dans les lettres grecques. Car Rhodes étoit une école de toutes les belles connaissances, et Cassius y avait été instruit pendant sa jeunesse. Archélaüs s'acquitta de sa commission de la manière la plus tendre et la plus pathétique. Mais Cassius, content d'avoir fait beaucoup d'amitié à son ancien maître, demeura inexorable sur le fond de la chose. Il fallut en venir aux mains : et les Rhodiens furent assez téméraires pour risquer par deux fois le combat naval. Dion rapporte qu'ils poussèrent l'insolence jusqu'à étaler aux yeux des Romains les chaînes qu'ils leur préparoient. Mais cet excès de folie et d'aveuglement paroît peu vraisemblable. Ce qui est certain, c'est que deux fois vaincus les Rhodiens s'opiniâtrèrent encore à souffrir l'approche des troupes romaines, et se laissèrent assiéger par terre et par mer. Alors néanmoins ceux qui vouloient la paix prirent le dessus, et commencèrent à négocier avec Fannius et Lentulus, qui commandoient l'armée de terre des assiégeants. Mais pendant qu'ils parlementoient, Cassius, qui montoit lui-même sa flotte, et qui gouvernoit l'attaque du côté du port, parut tout d'un coup au milieu de la ville avec un nombre de gens d'élite, sans avoir fait brèche à la muraille, sans être monté à l'escalade. Les poternes du côté de la mer lui avaient été ouvertes par quelques-uns des principaux citoyens de Rhodes, qui, frappés de la crainte de voir leur ville prise d'assaut, n'avoient pas cru pouvoir trop se hâter de prévenir un tel malheur.

« Un mot de Cassius sembloit d'abord promettre de la modération : car comme plusieurs le saluoient des noms de maître et de roi, il rejeta bien loin ces titres, en disant que sa plus grande gloire étoit d'avoir tué celui qui avoit osé se faire maître et roi dans Rome. Le reste de sa conduite ne répondit pas à ce début. Il fit ériger un tribunal au milieu de la place, et planta à côté une pique, comme un signe qu'il prétendoit traiter Rhodes en ville prise de force. Il condamna à mort et fit exécuter en sa présence cinquante des principaux auteurs de la rébellion, et prononça contre vingt-cinq autres, qui s'étaient enfuis ou cachés, la peine du bannissement. Il est vrai qu'il assura au reste des habitants la vie et la liberté, ayant fait défendre à ses troupes sous peine de mort d'exercer aucune violence contre les personnes. Il leur interdit de plus le pillage; mais ce ne fut que pour piller lui-même cette ville, l'une des plus opulentes de l'Asie, car il mit la main sur tous les trésors et sur toutes les choses de prix qui appartenoient au public, sans épargner ni les offrandes consacrées dans les temples, ni les statues mêmes des dieux. Et comme les Rhodiens le prioient de leur laisser au moins quelqu'une de leurs divinités, il leur répondit qu'il leur lais-

(1) Appian., l. IV, 65-74.

soit le soleil. En effet, il ne toucha point au simulacre ni au char de ce dieu, qui étoit singulièrement honoré à Rhodes. Mais il jouoit sans doute sur l'ambiguïté de cette expression, qui pouvoit signifier qu'il ne leur laissoit que la jouissance de la lumière. Et par un troisième sens, que l'antiquité superstitieuse a remarqué, on jugea lorsqu'il eut été réduit à se priver de la vie peu de mois après à Philippes, qu'il avait en parlant ainsi annoncé lui-même sa mort prochaine. Cassius publia aussi une ordonnance pour obliger les particuliers à lui apporter tout l'or et tout l'argent qui étoient dans leurs maisons, avec menace du dernier supplice contre les désobéissants et promesse de récompense aux dénonciateurs. Les Rhodiens ne s'effrayèrent pas beaucoup d'abord, et crurent qu'ils pouvoient cacher leurs trésors sans courir un grand risque. Mais lorsqu'ils virent par quelques exemples que l'ordonnance s'exécutoit à la rigueur, ils connurent qu'il falloit obéir; et Cassius ayant tiré de Rhodes par ces différentes voies 8,000 talents en imposa encore 500 à la ville par forme d'amende (1). »

Après le pillage de cette opulente cité, Cassius se retira chargé de butin, laissant dans Rhodes une garnison sous le commandement de Lucius Varus. Cassius de Parme, qui avait aussi trempé dans le complot contre César, resta en Asie, pour surveiller le payement des contributions dont elle avait été frappée. A la nouvelle de la mort de Cassius, craignant un soulevement des Rhodiens, il les dépouilla de leur flotte. Il s'empara des trente meilleurs navires; il brûla les autres, excepté la galère sacrée, et rejoignit l'armée navale qui croisait sur les côtes de la Macédoine. Brutus envoya Clodius avec treize vaisseaux pour contenir les insulaires exaspérés de tant de mauvais traitements (2). Mais quand Brutus eut péri à la seconde bataille de Philippes, il fut impossible à Clodius de contenir les Rhodiens, et il partit en emmenant la garnison, qui était de trois mille légionnaires. Il rejoignit Cassius de Parme, Turulius et d'autres chefs d'escadre du parti vaincu, qui allèrent presque tous se ranger sous le commandement de Sextus, fils du grand Pompée.

Quelque temps après Antoine vint en Asie pour replacer cette contrée sous l'autorité du triumvirat. Il loua les Rhodiens de leur fidélité à sa cause, et pour réparer les dommages qu'ils avaient éprouvés il leur donna les îles d'Andros, de Tenos, de Naxos et la ville de Myndus en Carie. C'était un riche présent, mais les Rhodiens n'en eurent pas longtemps la jouissance; on révoqua cette concession pour le même motif qui leur avait fait retirer autrefois la Carie et la Lycie, c'est-à-dire à cause de la dureté de leur administration (1). Antoine les avait aussi exemptés de toute espèce de tribut; il leur rendit leurs anciens droits, immunités et privilèges, et replaça la cité de Rhodes sur le pied d'État libre, allié du peuple romain (2).

ÉTAT DE RHODES SOUS L'EMPIRE; RÉDUCTION EN PROVINCE ROMAINE. — Mais la liberté n'était plus qu'un vain mot pour tout le monde. Sujets ou non, tous les peuples de l'empire romain obéissaient au même despotisme. Qu'on en juge par quelques détails conservés par Suétone sur le séjour de Tibère dans l'île de Rhodes (3). Tibère, en revenant d'une expédition en Arménie, avait séjourné quelque temps dans cette île, qui lui avait plu singulièrement par la douceur et la salubrité de son climat. Lorsque, entraîné par les caprices et les jalousies de son ambition, il s'éloigna de Rome et d'Auguste, ce fut l'île de Rhodes qu'il choisit pour le lieu de sa retraite. Il habita dans la ville une maison fort modeste, et dans la campagne une villa qui ne l'était pas moins. Il vivait comme un simple citoyen, visitant parfois les gymnases sans licteur et sans viateur, entretenant avec les Grecs des relations de politesse, presque sur le ton de l'égalité. Mais s'il voulait quelque chose, il était obéi à l'instant avec tout l'empressement de la servilité. On crut un jour, par une singulière méprise, qu'il voulait voir tous les malades de la ville. A l'instant on s'empressa de satisfaire cette fantaisie, qu'on lui supposait, et on transporta

---

(1) Rollin, *Hist. Rom.*, t. XV, l. XLIX.
(2) Appian., *Bell. Civ.*, V, 2.

(1) Appian., V, 7.
(2) Sen., *De Benef.*, V.
(3) Suet., *Tiber.*, XI.

tous les malades dans une galerie publique, où on les rangea par ordre de maladie. Tibère fut dans un grand étonnement quand on lui offrit ce spectacle inattendu; il ne sut d'abord ce qu'il devait faire, puis, s'approchant du lit de chacun d'eux, il leur fit à tous des excuses de cette méprise, même aux plus pauvres et aux plus ignorés. L'aventure fait honneur à Tibère; mais elle donne une triste idée de ce qu'étaient devenues l'indépendance et la dignité du caractère rhodien. Quant à la liberté civile, elle s'effaçait aussi d'elle-même devant la volonté du redoutable réfugié qu'Auguste avait associé à la puissance tribunitienne. Tibère était fort assidu aux écoles et aux leçons des professeurs : un jour qu'il s'était élevé une vive altercation entre des sophistes opposés; l'un d'eux, croyant qu'il favorisait son adversaire, s'échappa contre lui en propos injurieux. Tibère retourna à sa demeure sans rien dire, reparut tout à coup avec ses appariteurs, fit citer à son tribunal l'insolent qui l'avait outragé, et le fit traîner en prison.

Rhodes conservait encore, dans cette situation dépendante, une grande prospérité commerciale. Sa position en faisait toujours une ville très-fréquentée par les négociants. De plus, tous ceux qui allaient au delà des mers de Grèce prendre possession d'un commandement militaire ou d'une magistrature s'arrêtaient presque toujours à Rhodes, qu'enrichissaient les visites de tous ces grands personnages (1). Cette ville continuait donc à être opulente, recherchée pour les agréments de son séjour et la célébrité de ses écoles. La liberté municipale, qu'elle avait conservée, si restreinte qu'elle fût, y entretenait encore un reste d'activité et de mouvement intellectuel. Mais sous le règne de Claude elle fut pour la première fois réduite à la condition de sujette. Les Rhodiens avaient osé mettre en croix des citoyens romains; ils furent privés de leur liberté (2) (44 ap. J.-C.). Quelque temps après, Néron, qui venait d'être adopté et d'épouser Octavie, intercéda en faveur de Rhodes, et la fit rétablir en sa première indépendance (1), l'an 14. Enfin, Vespasien la plaça définitivement sous l'administration impériale, et forma de la réunion de cette île avec Samos et toutes les autres de ces parages une province connue sous le nom de province des îles (2), dont Rhodes fut la capitale. Cette province fit toujours partie de l'empire d'Orient. Plus tard, quand cet empire subit une nouvelle division administrative, et que les thèmes furent substitués aux provinces, Rhodes fit partie du thème de Cibyrrha.

Cependant le christianisme s'y était introduit de bonne heure. Les autels des dieux du paganisme avaient été renversés; la vieille statue telchinienne de la Minerve de Lindos avait été transportée à Constantinople et placée comme un simple ornement à la porte de la Curie, et Rhodes était devenue une métropole du patriarchat de Constantinople. L'évêque métropolitain de la ville de Rhodes avait pour suffragants tous les évêques des Cyclades, qui étaient au nombre de dix-huit. Les Églises qui relevaient du siège de Rhodes étaient, selon le P. Lequien (3), celles de Samos, de Chio, de Délos, de Naxos, de Paros, de Théra, de Ténos, d'Andros, de Mélos, de Léros, de Carpathos, de Ténédos, de Siphnos, d'Imbros, de Lemnos, de Mitylène et de Méthymne. Le premier évêque connu de Rhodes est Euphranon, qui condamna une secte de gnostiques qui s'était répandue dans son île. Il est antérieur au concile de Nicée, où l'on voit figurer, comme évêque de Rhodes, Hellanicus. Au reste, à cette époque et pendant plusieurs siècles, l'histoire ecclésiastique et profane perd complètement de vue l'île de Rhodes, qui vit obscure, mais tranquille, à l'ombre de la paix que les Romains ont donnée au monde en échange de la liberté qu'ils lui ont ravie.

(1) Tacit., *Ann.*, XII, 58.
(2) Meursius, *Rhod.*, l. II, c. XVI; Suet., *Vesp.*, 8; Sext. Ruf. *Breviar.*
(3) Le P. Lequien, *Oriens christianus*, t. I, p. 924.

(1) Tacit., *Ann.*, II, 55; *Hist.*, II, 2; Suét., *Tiber.*, XII.
(2) Dio. Cass., l. LX.

III.

ÉTAT RELIGIEUX, POLITIQUE, SOCIAL ET INTELLECTUEL DE L'ÎLE DE RHODES PENDANT L'ANTIQUITÉ.

RELIGION; DIVINITÉS; CULTE. — L'île de Rhodes, comme celle de Chypre, comme la Crète et tant d'autres points de l'Archipel, avait été le rendez-vous des différents peuples qui, dans l'antiquité, s'étaient adonnés au commerce et à la navigation. A l'origine des temps, tout nous atteste l'existence dans l'île de Rhodes d'une population d'origine orientale, et la prépondérance de la nation phénicienne, à laquelle succède peu à peu l'influence de la race hellénique, qui s'établit dans cette île d'une manière plus complète et plus exclusive qu'en Chypre, et qui en fit disparaître tous les vestiges de l'occupation asiatique. Cependant la religion, qui conserve mieux que tout le reste les traces des influences primitives et des antiques traditions, resta chez les Rhodiens empreinte d'un caractère particulier analogue, à certains égards, à celui des cultes orientaux, et dont la persistance prouve que l'état de choses antérieur aux Hellènes dans cette contrée n'a pas été entièrement aboli par eux. C'est donc avec raison qu'on a pu dire que « à Rhodes, comme en Cilicie et en Cypre, les cultes grecs ne furent que des rejetons entés sur une tige plus ancienne, et que tout annonce avoir été sémitique, à commencer par le culte du soleil, qui avait là son char, comme à Hiérapolis, son autel et sa statue colossale, dans le goût babylonien. Saturne y réclamait, comme en Phénicie et à Carthage, des victimes humaines; et le mont Atabyrien ou Tabyrien était un autre Thabor, avec un temple de Jupiter du même nom, auquel des taureaux d'airain étaient consacrés. Des Phéniciens paraissent, en outre, avoir apporté à Lindos le culte de la Minerve égyptienne, reconnue pour telle par le Pharaon Amasis. C'est à ce peuple encore qu'il faut rapporter, selon toute apparence, et les Telchines et les Héliades, au nombre de sept, qui jouent un si grand rôle dans l'histoire de la civilisation de l'île (1). »

Les habitants de Rhodes adoraient trois divinités principales, le soleil, Minerve et Hercule. Toutes ces divinités étaient d'origine orientale, et remontaient au temps des Telchines et des Héliades, familles mythiques qu'il est bien difficile de distinguer l'une de l'autre, et qui désignent la première population venue de l'Asie Mineure ou de la Phénicie dans l'île de Rhodes. Or, quelle que soit l'époque où l'on prenne l'histoire d'un peuple, on voit toujours que la religion y occupe une grande place. Cette importance de la religion apparaît comme d'autant plus considérable qu'on se rapproche plus de l'origine des nations, et il est même à remarquer que les sociétés se constituent toujours sous l'empire des idées religieuses, et qu'elles se désorganisent sous l'influence des idées contraires. A Rhodes, comme partout ailleurs, dès qu'il y a des hommes on voit s'élever un sanctuaire. Lindos, la plus considérable des trois cités primitives, eut les temples les plus renommés. On y adorait surtout Athéné ou Minerve. Cette déesse y avait une idole appelée l'Athéné Telchinienne. Cette statue de la Minerve de Lindos est citée parmi les plus anciens monuments de l'art, si l'on peut donner ce nom à un objet de forme grossière, ressemblant, selon quelques-uns, à une colonne ou à une pierre conique (2). C'était au fond le même symbole que l'Aphrodite de Cypre. Les filles de Danaüs poursuivies par les fils d'Égyptus, comme des colombes par des éperviers, dit Eschyle, ayant abordé au port de Lindos élevèrent un temple en l'honneur d'Athéné : Cadmus consacra à cette déesse une chaudière d'airain. Plus tard Amasis, roi d'Égypte, envoya à la Minerve de Lindos deux statues de pierre, et une cuirasse de lin d'un admirable travail, dont les fils étaient compo-

(1) MM. Creuzer et Guigniaut, *Religions de l'Antiquité*, t. II, 3ᵉ part., p. 832. Ce passage exprime l'opinion émise et développée par M. Movers dans le premier volume de son savant ouvrage sur les Phéniciens : *Die Phenizier*, Bonn., 1841.

(2) *Religion de l'Antiq.*, t. II, 2ᵉ part., p. 732.

sés de trois cent soixante-cinq brins (1). Ces hommages rendus par les Orientaux à la déesse de Lindos attestent assez son origine et son caractère asiatiques. Mais elle n'échappa pas plus que l'Aphrodite de Cypre à cette transformation que la mythologie grecque fit subir à toutes les divinités importées de l'Asie, et après avoir été, dans l'origine, une déification de quelque grande force de la nature, elle devint, comme la Minerve d'Athènes, la déesse de l'intelligence, la chaste et sage divinité sortie du cerveau de Jupiter.

Il y avait aussi à Lindos une statue d'Apollon Telchinien : le dieu et son culte avaient la même origine qu'Athéné. Tous les pays de l'Asie Mineure voisins de l'île de Rhodes avaient pour divinité principale le soleil. C'est de la Lycie que vint en Grèce Olen, le plus ancien prêtre qui ait rendu un culte à Apollon, et c'est à cause du pays d'où les Grecs le reçurent qu'ils donnèrent à ce dieu l'épithète de Lycien. Dans son passage d'Asie en Grèce, Apollon se fit adorer dans les anciennes villes de Rhodes, et il devint la divinité protectrice de la nouvelle cité, où se concentra plus tard la population rhodienne. Néanmoins le sanctuaire de Minerve, dans la citadelle de Lindos, resta toujours en grande vénération, et l'on continua à y offrir à la déesse des sacrifices sans feu (2). Le culte d'Hercule, à Lindos, présentait aussi des particularités singulières, au sujet desquelles on racontait la légende suivante, que Lactance nous a conservée. « A Lindos, dit-il, il y a des sacrifices en l'honneur d'Hercule, qui sont bien différents de tous les autres sacrifices usités partout, car au lieu de ces bonnes paroles, εὐφημία comme disent les Grecs, qui accompagnent les prières, on n'y entend que des injures et des imprécations. On regarde le sacrifice comme manqué si pendant sa célébration il échappe à quelqu'un un mot favorable. En voici la raison, continue Lactance, si toutefois l'on peut appeler raison de pareilles puérilités.

Hercule étant arrivé dans ce pays, et ayant faim, demanda à un laboureur qui travaillait qu'il voulût bien lui vendre un de ses deux bœufs. Celui-ci refusa, car, disait-il, toute l'espérance de sa récolte reposait sur le travail de ses deux bœufs. Hercule, voyant qu'on lui refusait l'un de ses bœufs, eut recours à la force, et les prit l'un et l'autre, et il les immola au milieu des injures dont l'accablait le malheureux laboureur. Hercule s'en amusa fort, et mangea les deux bœufs avec ses compagnons, en riant beaucoup des imprécations qu'on lui lançait. Plus tard Hercule ayant obtenu des honneurs divins, à cause de sa vertu, les habitants de Lindos lui élevèrent un autel, qu'il appela lui-même βούζυγον, le joug des bœufs, sur lequel ils immolèrent un couple de bœufs en souvenir de ceux qu'il avait enlevés au laboureur. Hercule voulut que ce laboureur devînt son prêtre, et il ordonna qu'on célébrerait ses sacrifices avec des imprécations, comme celles qui l'avaient tant diverti pendant son repas (1). » De là le proverbe récité chez les Grecs, Λίνδιοι τὴν θυσίαν, offrandes lindiennes, pour désigner tout présent fait dans une intention perfide et dissimulée.

A Camiros l'institution des fêtes religieuses remonte aussi au temps des Telchines. Hésychius signale les sacrifices des Mylantéens, descendants de Mylas, l'un des héros de cette race. Les Rhodiens avaient aussi établi des cérémonies religieuses en l'honneur de Phorbas, fils de Triopas, dont la valeur avait délivré leur île d'un affreux serpent qui la dévastait. Tlépolème était encore un des héros vénérés parmi eux. Au reste les Rhodiens célébraient des fêtes nombreuses en l'honneur des dieux et des héros, et ces fêtes étaient

---

(1) Diod. Sicul., V, 58; Hérod., II, 182; Pline, *Hist. Nat.*, XIX, 2, 3; Meurs., *Rhod.*, p. 14.
(2) Pind., *Olymp.*, VII.

(1) Lact., *Inst. Div.*, I, 21. Photius répète la même légende, *Narrat.*, XI, Cf. Meurs., *Rhod.*, p. 19. J'évite de m'engager dans tous les développements que comporte le sujet, ce résumé historique étant déjà bien chargé, et je me contente de renvoyer à un ouvrage spécial de Heffter, intitulé: *Die Gotterdienste auf Rhodus im Alterthume*. Zerbst, 1827-1833. Ce livre sur la religion des anciens Rhodiens est divisé en trois parties : la première est consacrée au culte d'Hercule à Lindos, la seconde à la Minerve de cette ville, et la troisième aux autres divinités de l'île.

décrites par deux anciens auteurs, Georgus et Theognis, dont Athénée nous fait connaître l'existence. Outre les temples des anciennes cités, qui subsistèrent même après la réunion des Rhodiens dans une seule ville, outre le sanctuaire de Jupiter Atabyrien, et celui d'Apollon Ixien, près du port d'Ixus, la ville de Rhodes vit s'élever un grand nombre d'édifices religieux en l'honneur des principales divinités de l'Olympe Grec, Jupiter, Junon, Minerve, Apollon, Diane, Cérès, Neptune, Mercure, sans compter les chapelles ou édicules consacrés aux demi-dieux ou héros, et les temples d'Isis et de Sérapis, qui s'y introduisirent à la faveur des relations politiques et commerciales des Rhodiens avec les Lagides. Mais à cette époque, la religion rhodienne avait perdu sa physionomie primitive et orientale; elle était devenue tout hellénique, comme la population même, et c'est le caractère qu'elle garda jusqu'au moment où à une époque incertaine, et par des missionnaires inconnus, Rhodes fut convertie au christianisme.

GOUVERNEMENT; MAGISTRATURE. — Au temps de la guerre de Troie l'île de Rhodes, comme tous les autres États grecs, était gouvernée par des rois. Le régime monarchique s'y maintint au moins jusqu'à l'an 668 avant l'ère chrétienne, puisqu'à cette époque Aristomene se retira auprès de Damagète, roi de Jalyssos, après la prise d'Ira et la seconde guerre de Messénie. On ne sait ni quand ni comment la royauté fut abolie chez les Rhodiens, mais ils étaient déjà constitués en république lorsqu'ils se réunirent pour fonder la ville de Rhodes. Les républiques grecques étaient ou aristocratiques ou démocratiques, selon le caractère, les habitudes et les besoins de leur population. Les plus sagement gouvernées étaient celles où l'on savait le mieux conserver la paix publique, et maintenir l'union entre les différentes classes de citoyens, entre les riches et les pauvres, entre les grands et les petits, que l'on retrouve partout en présence, et dont les dissensions font de l'histoire de toutes les cités grecques un combat perpétuel. A ce compte, Rhodes fut peut-être celle de toutes les républiques de la Grèce qui approcha le plus de l'idéal d'un bon gouvernement. Sans doute elle ne fut pas à l'abri de toute agitation, et pendant les temps qu'elle a duré on aperçoit des traces de divisions et de changements intérieurs. Mais ces mouvements sont toujours maintenus dans une mesure qu'on ne trouve pas ailleurs. Les Rhodiens surent éviter de tomber dans aucun excès, soit de la tyrannie, soit de la sédition; heureuse modération qui était plutôt un effet de leur caractère et de leurs vertus que de leurs lois, et qui conserva leur république prospère et respectée à une époque où tout le reste de la Grèce était tombé dans la décadence et le mépris,

Aussi de tous les États grecs il n'en est aucun que les Romains traitèrent avec plus d'égards, et qui conserva tant d'importance au milieu de l'abaissement général du monde hellénique. C'est toujours avec estime, pour l'État et les particuliers, qu'il est parlé de Rhodes dans les écrivains romains et dans les auteurs postérieurs à la conquête de la Grèce. « Les Rhodiens, dit Salluste (1), n'ont jamais eu à se plaindre de leurs tribunaux, où le riche et le pauvre indistinctement, et d'après la loi du sort, prononcent sur les plus importantes comme sur les moindres affaires. » Polybe, un historien si grave et si peu laudatif, rend souvent hommage à la sagesse des Rhodiens, à leurs bonnes lois, à leur excellente conduite, qui ne s'est démentie qu'une fois de son temps, dans la guerre de Persée, et à laquelle ils se sont hâtés de revenir. Deux siècles plus tard, Strabon (2) trouvait encore en vigueur les excellents règlements établis autrefois par l'aristocratie rhodienne pour subvenir aux besoins de la classe inférieure, que la république avait toujours eu soin de mettre à l'abri de la misère. « Ils font aux pauvres, dit-il, des distributions périodiques de blé; et les Grecs riches, se conformant à un usage ancien, soutiennent ceux qui ne le sont point. Il existe même certains services publics que ces derniers sont obligés de rendre, moyennant un salaire fixe et assuré qu'ils reçoivent de l'État, de

(1) Salluste, *Lettre à César*, c. VII.
(2) Strab., l. XIV, c. II; Tauch., t. III, p. 194.

Sculptures des Frontons du Temple.

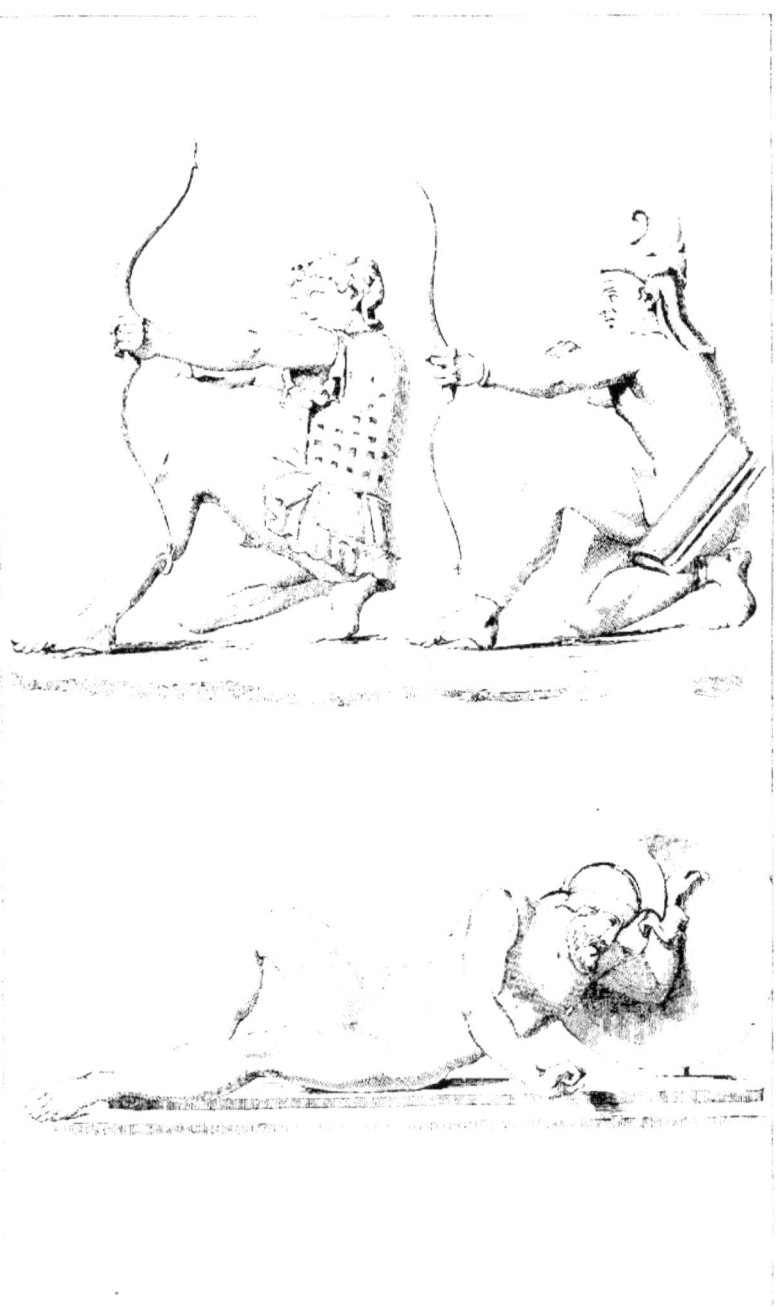

manière qu'en même temps les pauvres ont de quoi subsister, et la ville ne manque pas de bras pour ses besoins, surtout pour la marine. » De telles mœurs et de telles institutions témoignent assez du bon sens et de la sagesse de ceux qui gouvernaient cette république, et justifient pleinement cet éloge, si précis et si juste, que Strabon fait des Rhodiens quand il dit de ce peuple : « Le gouvernement des Rhodiens est ami du peuple, mais non pas démocratique (1). »

Le gouvernement de Rhodes n'avait pas toujours été aristocratique, comme il l'était devenu dans les trois derniers siècles de la liberté grecque, et jusqu'au temps de l'empire romain. Quoique dorienne d'origine, la population de l'île de Rhodes s'était engagée dans l'alliance d'Athènes. Celle-ci avait placé sous son protectorat tous les États maritimes de la Grèce, et s'était attachée à développer partout les institutions démocratiques. Dans le cours du quatrième siècle avant J.-C., après l'abaissement de la puissance athénienne, la démocratie rhodienne se compromit par ses excès; des démagogues s'emparèrent de la confiance du peuple, disposèrent des revenus publics, et excitèrent la multitude contre les grands. Le parti des grands ne se laissa pas intimider; il sut se grouper et s'entendre : une coalition se forma entre tous les intérêts menacés; le pouvoir fut enlevé à la multitude, et, par de nouvelles dispositions, l'influence de l'aristocratie devint prépondérante. Une révolution semblable avait eu lieu à Cos à la même époque (2), ainsi qu'à Chio et à Lesbos, comme le remarque Démosthène, dans son discours *De la liberté des Rhodiens*. Ce fut au milieu de ces changements que le Rhodien Hégésiloque entreprit d'assujettir sa patrie, avec le secours de Mausole roi de Carie, et qu'il parvint à occuper quelque temps le pouvoir, jusqu'au moment où ses vices et son ivrognerie le rendirent si méprisable aux yeux des Rhodiens, qu'ils le chassèrent (3). Sortie enfin de cette crise, qui faillit être fatale à sa liberté, Rhodes vit s'affermir ce régime aristocratique qui devait lui assurer encore une nouvelle période de prospérité et de grandeur, et qui était en vigueur au temps de Polybe, dont les récits nous en montrent l'action et les ressorts.

Toutes les grandes questions d'intérêt public, les alliances, la paix ou la guerre étaient décidées à la pluralité des suffrages dans l'assemblée du peuple, dont la composition nous est inconnue et dont le lieu de séance était ordinairement le théâtre (1). Les premiers magistrats de la république étaient les prytanes, qui étaient nommés par l'assemblée du peuple, pour six mois seulement, mais que l'on pouvait proroger dans leurs fonctions. La prytanie formait un conseil de plusieurs membres; elle se réunissait dans un édifice appelé le prytanée, qui paraît avoir été le chef-lieu de l'État, et où étaient déposées les archives (2). Plutarque compare les prytanes aux généraux à Athènes et aux béotarques, ce qui prouve qu'ils réunissaient aux attributions politiques à l'intérieur le commandement des armées, comme les consuls romains. C'étaient les prytanes qui présidaient les assemblées publiques et qui en dirigeaient les délibérations. Ce n'est qu'au temps de Dinon et de Polyarate qu'on voit l'influence leur échapper, et passer aux mains des chefs du parti populaire, qui repoussait l'alliance avec les Romains. Un mot d'Hesychius nous révèle l'existence d'un sénat dont les membres auraient porté le nom de Μάστροι (3), mais il n'en est fait mention nulle part ailleurs, et le silence de Polybe à ce sujet autorise à conjecturer que ce corps avait peu d'importance politique, ou qu'il ne fut qu'une institution temporaire. Les fonctions les plus im-

(1) Voici la phrase de Strabon, qui est d'une précision presque intraduisible : Δημοκρατοῦσι δ' εἰσὶν οἱ Ῥόδιοι, καίπερ οὐ δημοκρατούμενοι; l. XIV, c. II.
(2) Aristot., *Polit.*, l. V, c. II, c. v.
(3) Meursius, *Rhod.*, I, 19.

(1) Polyb., XVI, 15, 8; XXIX, 4, 4. Cette circonstance nous montre que l'assemblée devait être assez restreinte. Cependant Polybe ne l'appelle pas seulement ὁ δῆμος, mais aussi τὸ πλῆθος, la foule, la multitude. Après tout, la valeur de ce terme n'est toujours que relative.
(2) Polyb., XXV, 23, 4; XXVII, 6, 2;
(3) Meurs., *Rhod.*, p. 65 : Μάστροι παρὰ Ῥοδίοις βουλευτῆρες.

portantes à Rhodes, après la charge de prytane, étaient celles d'amiral et d'ambassadeur (ναύαρχος, πρεσβευτής), que l'on voit souvent réunies dans les mêmes mains. Ainsi Théétète et Rodophon, qui commandaient la flotte, furent aussi députés au sénat par un décret du peuple, qui voulait par là, dit Polybe, éviter l'éclat d'une vaine ambassade. D'ailleurs une loi spéciale conférait au navarque le droit de négocier (1).

CARACTÈRE, MŒURS, COUTUMES DES RHODIENS. — Ce qui nous paraît distinguer la constitution rhodienne de celle des autres cités doriennes gouvernées comme elle aristocratiquement, c'est la forte organisation du pouvoir exécutif, c'est-à-dire l'importance des grandes magistratures, qui eurent toujours réellement, sans entrave et sans contrôle, la direction des affaires publiques. Au reste, ce n'est pas seulement à la forme de son gouvernement que Rhodes a dû la conservation de sa prospérité et de son importance politique. Un peuple ne se soutient pas uniquement par sa constitution et par ses lois, mais beaucoup plus par son caractère, ses bonnes mœurs et par les hommes qu'il produit. Aussi est-ce une vérité de tous les temps et de tous les pays, trop méconnue des cités et des nations qui tombent en décadence, celle que le poëte latin a exprimée par ce beau vers :

Moribus antiquis stat res romana virisque !

L'histoire de Rhodes nous montre un peuple industrieux, patient, laborieux, brave, constant dans ses alliances, fidèle, sûr, commode à tous les étrangers, très-appliqué aux arts utiles du commerce et de la navigation, aimant à s'enrichir, mais non à vivre dans l'oisiveté, et à la tête de ce peuple d'habiles hommes d'État, de courageux marins, de prudents ambassadeurs, sortis la plupart de familles enrichies par le commerce et où la pratique des grandes affaires se transmettait par la nature et l'éducation. En faut-il davantage pour comprendre comment Rhodes est devenue une cité aussi célèbre et aussi puissante, et comment cette petite île s'est élevée par la vertu de son peuple au-dessus de ses moyens (1)? Au premier siècle de l'empire romain Rhodes résistait encore à cette corruption qui avait dissous les mœurs de l'ancienne Grèce, et elle conservait les coutumes d'autrefois. Les Rhodiens portaient toujours la longue chevelure; ils marchaient gravement dans les rues. « Vous connaissez les Rhodiens, dit Dion Chrysostôme (2), ce peuple qui vit auprès de vous en liberté et en une tranquillité parfaite : il est inconvenant chez eux de courir par les rues de la ville, et ils ne permettent pas même aux étrangers de le faire. » Au théâtre même gravité : ils écoutaient en silence et sans applaudir, et le silence était un signe de satisfaction. Dion loue encore leur convenance, leur sobriété, leur simplicité dans les repas. Ils avaient aussi de l'éloignement pour le luxe des vêtements, et ne souffraient que l'usage de bandes de pourpre très-étroites et qui auraient passé pour ridicules ailleurs. « Enfin, ajoute Dion, toutes ces choses vous rendent une cité vénérable, et vous placent au-dessus de toutes les autres villes; c'est là ce qui vous fait admirer et chérir, et votre cité brille plus par la conservation des antiques mœurs grecques que par la beauté de ses ports, de ses murs et de ses arsenaux (3). »

LOIS DES RHODIENS; CODE MARITIME. — On connaît trois lois des Rhodiens. Elles ont toutes un caractère particulier. La première défendait qu'on se fît raser. Athénée ajoute, il est vrai, qu'on n'observait plus cette loi de son temps, c'est-à-dire sous les Antonins; mais elle témoigne du désir qu'on avait eu de conserver le vieil usage de porter

(1) Polyb., XXX, 55 ; XVII, 1, 4.

(1) Barthélem., *Anach.*, c. LXXIII. *Voyez* l'éloge fait par Tacite des mœurs de la cité grecque de Marseille, *Vie d'Agricola*, c. IV. Un peuple commerçant ne prospère qu'à la condition d'être tel que furent Rhodes et Marseille.
(2) Ap. Meurs., *Rhod.*, p. 66.
(3) On trouve épars çà et là dans Plutarque, Anacréon et Juvénal quelques traits de satire contre les vices et les travers des Rhodiens; mais ils ne peuvent détruire le témoignage de toute l'histoire en faveur du caractère et des mœurs de ce peuple. *Voy*. Meursius, *loc. cit.*

la barbe et les cheveux longs. La seconde loi est admirable, et ne peut avoir été portée que par les plus honnêtes gens du monde : elle ordonnait au fils de payer les dettes de son père, même dans le cas où il aurait renoncé à l'héritage. La troisième était empreinte d'un sentiment rigoureux et peut-être outré de la dignité de l'État : elle interdisait au bourreau d'entrer dans la ville. Aussi toutes les exécutions capitales se faisaient hors des murs (1). Ce qu'il y avait de plus célèbre dans la législation des Rhodiens, c'était leur code maritime, à la sagesse duquel les Romains rendirent un éclatant hommage en l'adoptant tout entier. « Je suis, il est vrai, disait Antonin, d'après le jurisconsulte Volusius Marcianus, je suis le seigneur du monde, mais ce sont les Rhodiens qui ont écrit la législation des mers. Et cela le divin Auguste l'avait lui-même reconnu. » On lit aussi dans Constantin Herménopule : « Toutes les affaires maritimes, tous les différends relatifs à la navigation sont décidés par la loi rhodienne. C'est d'après elle qu'on établit la procédure et qu'on rend les jugements, à moins qu'il n'y ait une loi contraire qui s'y oppose formellement. Les lois des Rhodiens sont le plus ancien de tous les codes maritimes. » On retrouve en grande partie ces règlements sur le commerce et la navigation dans les compilations des jurisconsultes romains et dans les édits et ordonnances des empereurs, qui n'avaient fait que les traduire du grec en latin. C'est en puisant à ces sources que le savant Leunclavius est parvenu à reconstruire le code commercial et maritime des Rhodiens, dont il a donné un recueil divisé en cinquante et un chapitres, la plupart extraits des onze livres du *Digeste* (2).

(1) Meursius, *Rhod.*, l. I, c. xxi, p. 70.
(2) Leunclavius, *Juris Græco-Romani, tam Canonis quam Civilis*, Tomi duo, in-fol. Francof., 1596. A la fin du t. II, p. 265, se trouve ce recueil des lois rhodiennes, avec le titre suivant : *Jus navale Rhodiorum, quod imperatores sacratissimi Tiberius, Hadrianus, Antoninus, Pertinax, Lucius Septimius Severus sanciverunt*. C'est un document fort intéressant et le plus complet sur le droit maritime des anciens. Mais les limites de mon travail ne me permettent pas d'en rendre compte. Je me contente de dire, comme Meursius : *Illic videat qui volet*. Voy. aussi Dapper, *Descr.*, p. 146.

LES BEAUX-ARTS A RHODES; PEINTURE; SCULPTURE. — Les Rhodiens aimaient les beaux-arts. Les richesses qu'ils avaient acquises par une prospérité commerciale non interrompue pendant plusieurs siècles les mirent en état d'embellir leur ville des chefs-d'œuvre des plus grands artistes de la Grèce, dont ils savaient magnifiquement récompenser le talent. Pleins d'amour pour la cité dans laquelle ils vivaient libres et heureux, les Rhodiens s'étaient fait un point d'honneur de lui donner un aspect splendide, en la remplissant de grands et beaux édifices, que la peinture et la sculpture furent appelées à décorer. Il y avait dans la ville de Rhodes, dit Pline l'Ancien, plus de trois mille statues. Les portiques de ses temples étaient ornés de peintures d'un prix infini, et la possession d'un seul de ses ouvrages, disait le rhéteur Aristide, eût suffi pour rendre une ville illustre. Ce n'est pas que Rhodes ait donné naissance à aucun de ces artistes de premier ordre qui font tant d'honneur au génie grec; mais elle savait dignement apprécier leurs œuvres, elle les attirait dans son sein, et n'épargnait rien pour se procurer les productions de leur génie.

Protogène, qui vivait à Rhodes au temps du siége de cette ville par Démétrius, était né à Caune en Carie. C'était une ville sujette des Rhodiens, qui, à ce titre et à cause de l'accueil qu'ils firent à son talent, peuvent revendiquer ce peintre comme l'un des leurs. Protogène resta longtemps pauvre et méconnu. Ses compatriotes, qui recherchaient avec tant d'ardeur les tableaux des maîtres étrangers, ne savaient pas apprécier les chefs-d'œuvre que Protogène faisait sous leurs yeux. Alors Apelle, qui était dans tout l'éclat de sa gloire, vint à Rhodes (1).

(1) Pline, *Hist. Nat.*, XXXV, 35, 25. Pline abonde en anecdotes sur Apelle et Protogène. C'est lui qui nous a conservé la suivante : A peine débarqué dans l'île de Rhodes, Apelle courut à l'atelier de Protogène. Celui-ci était absent, mais un grand tableau était disposé sur le chevalet pour être peint, et une vieille femme le gardait. Cette vieille répondit que Protogène était sorti,

Ce grand peintre, qui ne connut jamais la jalousie, et qui fut toujours généreux envers ses rivaux, vint à l'atelier de Protogène, admira son talent, et résolut de forcer les Rhodiens à l'admirer. Il lui demanda combien il vendait les tableaux qu'il venait de terminer : Protogène les mit à un prix très-modique. Apelle en offrit 50 talents (246,000 francs), et répandit le bruit qu'il les achetait pour les vendre comme siens. Par là il fit comprendre aux Rhodiens le mérite de leur peintre, et il ne leur céda les tableaux qu'après qu'ils y eurent mis un plus haut prix.

Dès lors Protogène eut toute la réputation qu'il méritait, et Apelle put le traiter en égal. Cependant Protogène n'atteignit jamais à la même hauteur que le peintre de Cos, et Apelle exprima un jour lui-même, quoique d'une manière fort délicate, le sentiment qu'il avait de sa supériorité. « Protogène, dit-il, a autant de talent que moi et peut-être plus ; et elle demanda quel était le nom du visiteur : « Le voici » répondit Apelle ; et saisissant un pinceau, il traça sur le tableau une ligne d'une extrême ténuité; Protogène de retour, la vieille lui raconte ce qui s'était passé. L'artiste, ayant contemplé la délicatesse du trait, dit aussitôt qu'Apelle était venu, nul autre n'étant capable de rien faire d'aussi parfait. Lui-même alors dans cette même ligne en traça une encore plus déliée, avec une autre couleur, et sortit en recommandant à la vieille de la faire voir à l'étranger, s'il revenait, et de lui dire : « Voilà celui que vous cherchez. » Ce qu'il avait prévu arriva : Apelle revint, et, honteux d'avoir été surpassé, il refendit les deux lignes avec une troisième couleur, ne laissant plus possible même le trait le plus subtil. Protogène, s'avouant vaincu, vola au port chercher son hôte (Pline, *ibid.*, 22, traduction de M. Littré). On garda cette toile sur laquelle les deux artistes avaient lutté d'adresse et de savoir-faire, et Pline assure l'avoir vue à Rome, où elle était plus regardée que les plus beaux tableaux. On raconte à Rome quelque chose de semblable sur une visite de Michel-Ange à Raphael. Celui-ci travaillait à la décoration de la Farnésine ; Michel-Ange vint le voir, et ne le trouvant pas, il crayonna à la hâte une tête dans laquelle Raphael reconnut à l'instant la main de son rival. On voit encore cette tête à la Farnésine, sur le plafond de la salle où se trouve la Galatée.

mais j'ai un avantage sur lui, c'est qu'il ne sait pas ôter la main de dessus un tableau. » Mémorable leçon, ajoute Pline, qui apprend que trop de soin est souvent nuisible. En effet, c'était là le seul défaut de Protogène, de viser à trop finir ses ouvrages, et par là de n'en finir jamais avec eux, ce qui leur ôtait de la grâce et du naturel. Cependant c'était assurément un grand peintre que celui dont Pline raconte que tant qu'il travailla à son tableau d'Ialysus, il ne vécut que de lupins et d'eau, afin de soutenir et d'exciter son talent par l'abstinence. C'est pousser bien loin sans doute l'amour de l'art et le désir de la gloire, mais il n'y a qu'un homme passionné et réellement supérieur qui puisse s'imposer de pareils sacrifices.

Les deux chefs-d'œuvre de Protogène étaient son tableau d'Ialysus, et celui qui représentait un satyre appuyé contre une colonne sur laquelle était perchée une perdrix. Quand ce tableau fut exposé aux regards du public, l'oiseau causa une admiration universelle, au point que l'on négligea le satyre, que Protogène avait travaillé avec le plus grand soin. L'enthousiasme s'accrut encore lorsqu'on eut apporté devant ce tableau des perdrix apprivoisées, qui se mirent à chanter dès qu'elles aperçurent la perdrix peinte. Protogène, indigné que l'on oubliât le principal pour admirer l'accessoire, obtint des gardiens du temple où était posé son tableau la permission d'effacer la perdrix, et il l'effaça (1). On sait tout le soin qu'il mit à composer son Ialysus, qui devait être son principal titre de gloire et auquel il travailla sept ans (2). Pour rendre ce tableau plus durable et le défendre des dégradations et de la vétusté, il y mit quatre fois la couleur, afin qu'une couche tombant l'autre lui succédât. C'est pendant qu'il travaillait à ce tableau qu'il arriva à ce peintre, si soigneux et si appliqué, d'obtenir par le hasard un effet que ni son art ni ses efforts n'avaient pu rendre. Il voulait représenter un chien haletant, la gueule blanchie d'écume ; il s'y était repris à vingt fois, toujours mécontent de ce qu'il avait fait. Enfin, irrité de son

(1) Strab., l. XIV, c. 11.
(2) Cicer., *Orat.*, c, 11.

impuissance, il jeta de dépit l'éponge contre le tableau, comme pour l'effacer. Cette brusquerie réussit mieux que tout son travail; l'éponge déposa d'elle-même les couleurs comme il le désirait, et cette fois le hasard reproduisit exactement la nature. Pline cite encore de Protogène un Cydippe, un Tlépolème, le poëte tragique Philiscus en méditation, un athlète, le roi Antigone, la mère d'Aristote. Ses derniers ouvrages furent un Alexandre et le dieu Pan. Protogène faisait aussi des figures en bronze. Au temps de Pline le tableau d'Ialysus avait été transporté à Rome et consacré dans le temple de la Paix, construit sous Vespasien, et dont on voit encore les ruines imposantes le long de la voie Sacrée. Les Rhodiens possédaient aussi de belles peintures de Zeuxis, d'Apelle et des plus grands maîtres de l'antiquité, et elle n'avait pas été tellement dépouillée par les Romains qu'elle n'eût encore conservé de nombreux œuvres d'art, dont Lucien parle avec admiration.

La ville de Rhodes renfermait une véritable population de statues. Elle en avait encore trois mille à une époque où Rome lui en avait déjà fait perdre quelques-unes. Les Rhodiens avaient en sculpture un goût particulier, plutôt asiatique que grec. Ils aimaient les colosses, et ils en avaient fait élever un grand nombre. Le plus célèbre de tous était celui du Soleil, qui avait été coulé en bronze par Charès de Lindos, élève de Lysippe. Ce colosse avait soixante-dix coudées de hauteur (1). Charès et son disciple Lachès y travaillèrent douze ans; on y dépensa 300 talents (1,476,000 francs), produit des machines de guerre abandonnées par le roi Démétrius, ennuyé de la longueur du siége de Rhodes. Cette statue fut renversée cinquante-six ans après son érection par le tremblement de terre de l'an 282, qui ébranla Rhodes, la Carie et toutes les îles voisines. Tout abattue qu'elle est, dit Pline, elle excite l'admiration : peu d'hommes en embrassent le pouce; les doigts sont plus gros que la plupart des statues. Le vide de ses membres rompus ressemble à de vastes cavernes. Au dedans on voit des pierres énormes, par le poids desquelles l'artiste avait affermi sa statue en l'établissant. Les débris de ce colosse restèrent gisant sur le sol jusqu'au moment où les Arabes s'étant emparés de l'île, l'an 656, ils en vendirent le bronze à un marchand juif, qui y trouva la charge de neuf cents chameaux. Rhodes avait encore, dans l'antiquité, cent autres colosses plus petits, mais dont un seul aurait suffi pour illustrer toute autre ville. On y voyait aussi cinq colosses de dieux faits par Bryaxis. Mais ce qu'il y avait de plus précieux à Rhodes en sculpture, c'était le char du soleil, ouvrage de Lysippe, le seul objet d'art que respecta Cassius, après qu'il se fut emparé de Rhodes.

L'antiquité produisit des artistes très-habiles à ciseler l'argent. Les plus admirés après Mentor, qui fut le plus grand maître en cet art, étaient Acragas, Boethus et Mys. Au temps de Pline (1) on voyait à Rhodes des morceaux très-estimés de ces artistes : de Boethus, dans le temple de Minerve à Lindos; d'Acragas, dans le temple de Bacchus, à Rhodes, des coupes représentant en ciselures des bacchantes et des centaures, d'autres coupes représentant des chasses; de Mys, dans le même temple de Bacchus, un Silène et des Amours.

LITTÉRATURE; PHILOSOPHIE; SCIENCES. — La ville de Rhodes fut aussi le centre d'un mouvement intellectuel très-actif et très-fécond. On y cultivait avec ardeur et succès les lettres, les sciences et la philosophie, et elle fut pendant longtemps, selon l'expression de Dap-

---

(1) Pline, *Hist. Nat.*, XXXIV, 18, 3. Cf. Meurs., *Rhod.*, p. 41. On a souvent discuté sur l'emplacement occupé par le colosse de Rhodes. On s'est trompé en le mettant à l'entrée du grand port, l'écartement des jambes du colosse ne pouvant être que de trente-cinq à trente-six pieds. D'ailleurs s'il eût été en cet endroit, le tremblement de terre l'eût précipité dans les flots. Son véritable emplacement était en face de l'entrée du port, et devant le bassin des Galères. Les deux tours qu'on voit au fond du port furent bâties sur les bases qui soutenaient jadis ses jambes écartées, et sous lesquelles passaient les bâtiments que l'on retirait dans un bassin que le grand maître d'Aubusson fit combler en 1478. *Voy.* les *Monuments de Rhodes* du colonel Rottiers, p. 50 et 81.

(1) Pline, *Hist. Nat.*, XXXIII, 55, 1.

per, commé un magasin des sciences et une pépinière de gens de lettres. Quand Ptolémée Philadelphe fit chercher de tous côtés des livres pour augmenter la bibliothèque fondée par son père, ce fut à Rhodes où il en trouva le plus. Plus tard, quand les Romains eurent soumis les Grecs à leur domination politique, Rhodes attirait les principaux d'entre eux à ses écoles, comme Athènes, comme Alexandrie, entretenant ainsi le seul genre de supériorité que le génie grec eût conservé, et forçant les vainqueurs à y rendre hommage. C'était surtout pour ses écoles d'éloquence que Rhodes était fréquentée par les jeunes Romains des grandes familles, qui allaient s'y préparer aux luttes oratoires de la Curie et du Forum. Rhodes était restée un État libre, à l'abri de toute tyrannie intérieure, et de toute servitude étrangère, et par conséquent le talent de la parole y exerçait encore une grande influence; le pouvoir appartenant toujours dans les républiques bien réglées à ceux qui possèdent l'art de bien dire.

C'est la nature qui rend les hommes éloquents; mais c'est l'art seul qui peut former un orateur. L'étude de l'éloquence était déjà en grand honneur chez les Rhodiens, lorsqu'Eschine, après la condamnation qui le fit sortir d'Athènes, se retira chez ce peuple, qu'il initia à tous les secrets d'un art que les Athéniens avaient porté au comble de la perfection (1). Il charma les Rhodiens par ses improvisations, par la déclamation de ses discours, par la lecture de ceux de Démosthène; il fonda une école, qui devint la plus célèbre de toutes, et où il forma de nombreux disciples. Nul doute que l'autorité et les leçons d'Eschine n'aient contribué pour beaucoup à éloigner de Rhodes ce genre d'éloquence emphatique et boursouflé (2), très-prisé à Cnide, à Halicarnasse et dans les autres villes de la Carie, d'où il n'avait qu'un bras de mer à franchir pour pervertir le goût des Rhodiens. Eschine l'arrêta par la digue insurmontable de l'atticisme, qu'il naturalisa dans l'île de Rhodes, où l'enseignement de l'éloquence resta florissant jusqu'au premier siècle de l'empire romain. Voilà ce qui attira dans cette île tous les grands orateurs des derniers temps de la république romaine, Marc-Antoine, Cicéron, César, Brutus et Cassius et d'autres encore. C'était le rhéteur Apollonius Molon, dont les leçons étaient alors les plus recherchées. Apollonius Molon était né à Alabanda en Carie, mais il n'avait pas donné dans le goût de ce détestable style asiatique, contre lequel il inspira à Cicéron tant d'éloignement. Cet habile rhéteur avait d'abord enseigné à Rome, où il s'était fait avantageusement connaître; et quand il se fut établi à Rhodes, la jeunesse romaine l'y suivit, et partagea le temps de son séjour en Grèce entre cette ville et Athènes.

Ce serait une bien longue étude que de rechercher tous les titres de Rhodes à la célébrité littéraire, et de passer en revue les hommes illustres qu'elle a produits dans tous les genres, sciences, histoire, poésie, philosophie et éloquence. Meursius en énumère environ soixante-dix : de quelques-uns d'entre eux on ne connaît que les noms; de la plupart on ne sait que les titres de leurs écrits, ou les sujets dont ils se sont particulièrement occupés. Il n'y en a qu'un très-petit nombre dont le temps ait épargné les ouvrages ou le souvenir; et, rejetant de ce résumé historique le catalogue de tous

---

(1) Philostr., *Vit. Sophist.*, I, 1, 18; Cicer., *De Orator.*, III, 56.

(2) Cic., *Orat.*, VIII. Voici comment Cicéron reconnaît dans le *Brutus*, c. xci, tout ce qu'il doit aux leçons du rhéteur rhodien : « Je vins à Rhodes, où je m'attachai de nouveau à ce même Molon, que j'avais entendu à Rome. Habile avocat, excellent écrivain, il savait en outre critiquer avec finesse, et donnait avec un rare talent de savantes leçons.

Il réprima, ou du moins il fit tous ses efforts pour réprimer tous les écarts où m'entraînait la fougue d'un âge impunément audacieux, et pour resserrer dans de justes limites le torrent débordé d'une élocution redondante. Aussi lorsque après deux ans je revins à Rome, j'étais beaucoup mieux exercé, ou pour mieux dire je n'étais plus le même. Ma déclamation était moins véhémente, mon style moins impétueux. » Il est évident par ce passage que Molon avait conservé dans son enseignement les traditions de l'éloquence attique. *Voyez* dans l'ouvrage du colonel Rottiers la description de Sumbulu et de la Fontaine Rodini, où la tradition place l'école d'Apollonius Molon, p. 196. Cf. Cic., *Ep. ad Att.*, II, 1.

les autres auteurs à peu près inconnus, je me contenterai de faire mention de ceux dont on peut raconter quelque chose.

Cléobule, l'un des sept sages de la Grèce, était de Lindos. Il florissait à la fin du septième siècle. Ce que l'on sait sur sa vie se réduit à quelques renseignements conservés par Diogène de Laerte (1). Quelques auteurs prétendent qu'il se donnait pour descendant d'Hercule. Il étudia la philosophie égyptienne, et il reconstruisit le temple de Minerve fondé par Danaüs. Il eut des relations avec Solon, à qui il écrivit la lettre suivante :

Cléobule à Solon.

Tu as de nombreux amis, et partout on s'empressera de te recevoir. Je vois cependant que nul séjour n'est préférable pour Solon à celui de Lindos. C'est une ville libre, dans une île battue de tous côtés par les flots, et où tu n'auras rien à redouter de Pisistrate; sans compter que de toutes parts tes amis pourront y accourir vers toi.

Il mourut à l'âge de soixante-dix ans, et l'on mit sur son tombeau l'inscription suivante :

Lindos, qui brille au milieu des flots, pleure la mort du sage Cléobule, auquel elle a donné le jour.

Cléobule avait composé trois mille vers de chants lyriques et d'énigmes (ἄσματα, γρίφοι). On lui attribue l'énigme suivante, dont le mot n'est pas difficile à deviner : « Un père a douze enfants, qui ont chacun soixante filles, mais d'aspect différent; les unes sont blondes, les autres sont brunes; elles sont immortelles, et cependant toutes périssent tour à tour. » Des jeux d'esprit de cette nature ont peu de portée, et sont au moins inutiles; mais quelques-unes des sentences de Cléobule indiquent une certaine élévation d'âme, beaucoup de modération et justifient suffisamment sa réputation de sagesse : « Que votre langue soit toujours chaste. — Soyez familier avec la vertu et étranger au vice. — Fuyez l'injustice. — Maîtrisez vos passions. — N'ayez jamais recours à la violence.—Calmez les haines. — Ne vous laissez ni enorgueillir par le succès ni abattre par l'adversité. — Apprenez à supporter courageusement les vicissitudes de la fortune. » Il avait souvent cette maxime à la bouche : « Le bien, c'est la mesure. » Le sage Rhodien laissa une fille, appelée Cléobuline, qui a aussi composé des énigmes en vers hexamètres.

Panétius, l'un des plus célèbres philosophes de l'école stoïcienne, était né à Rhodes, vers l'an 190, d'une famille qui avait fourni des prytanes et des navarques à la république. « Antipater de Tarse fut son maître. Il l'écouta en homme qui connoissoit les droits de la raison; et malgré la déférence aveugle avec laquelle les stoïciens recevoient les décisions du fondateur du portique, Panétius abandonna sans scrupule celles qui ne lui parurent pas suffisamment établies. Pour satisfaire son désir d'apprendre, qui étoit sa passion dominante, il quitta Rhodes, peu touché des avantages auxquels sembloit le destiner la grandeur de sa naissance. Les personnes les plus distinguées en tout genre de littérature se rassembloient ordinairement à Athènes, et les stoïciens y avoient une école fameuse. Panétius la fréquenta avec assiduité, et en soutint dans la suite la réputation avec éclat. Les Athéniens, résolus de se l'attacher, lui offrirent le droit de bourgeoisie : il les en remercia. « Un homme modeste, leur dit-il, au rapport de Proclus, doit se contenter d'une seule patrie. » En quoi il imitoit Zénon, qui dans la crainte de blesser ses concitoyens, ne voulut point accepter la même grâce. Le nom de Panétius ne tarda pas à passer les mers. Les sciences, depuis quelque temps, avoient fait à Rome des progrès considérables. Les grands les cultivoient à l'envi, et ceux que leur naissance ou leur capacité avoit mis à la tête des affaires se faisoient un honneur de les protéger efficacement. Voilà les circonstances dans lesquelles Panétius vint à Rome. Il y étoit ardemment souhaité. La jeune noblesse courut à ses leçons, et il compta parmi ses disciples les Lélius et les Scipion. Une amitié tendre les unit depuis, et Panétius, comme le témoignent plusieurs écrivains, accompagna Scipion dans ses diverses expéditions. Les liaisons de Panétius avec Scipion ne furent pas inutiles aux Rhodiens, qui employè-

(1) Diog. Laert., I, 6.

rent souvent avec succès le crédit de leur compatriote. On ne sait pas précisément l'année de sa mort. Cicéron nous apprend que Panétius a vécu trente ans après avoir publié le *Traité des Devoirs de l'Homme* que Cicéron a fondu dans le sien ; mais on ne sait point en quel temps ce traité a paru. On peut croire qu'il le publia à la fleur de son âge (1). » A en juger par les éloges qu'en donne Cicéron et le parti qu'il en a tiré, ce traité était un ouvrage de premier ordre, dans lequel Panétius avait su éviter non-seulement les excès de la doctrine des stoïciens, mais encore la sécheresse et la dureté habituelles de leur style qui rebutait les lecteurs. Il avait réduit la morale de l'école à des propositions raisonnables, l'avait exposée dans un langage clair et intelligible, et avait rendu ses leçons aimables par la grâce et l'élégance de son style (2).

L'école stoïcienne de Rhodes devint célèbre. Panétius avait formé de nombreux disciples : le plus illustre est Posidonius, à la fois philosophe, historien, géographe, grammairien et savant (3). Posidonius était d'Apamée en Syrie ; mais il vint s'établir à Rhodes, y passa la plus grande partie de sa vie, y enseigna la philosophie avec succès, et fut employé dans les affaires publiques. Son caractère lui avait attiré l'estime et la considération générales, et quand Pompée revenant d'Asie, vainqueur de Mithridate l'an 62 avant J.-C., visita Rhodes, il traita Posidonius avec les plus grands égards. Il alla chez le philosophe, qui était alors retenu au lit par un cruel accès de goutte. Le voyant dans cet état, Pompée exprimait combien il regrettait de ne pouvoir l'entretenir et l'entendre. Mais, reprit le philosophe : « Il ne sera pas dit que la douleur soit assez puissante pour faire qu'un aussi grand homme m'ait rendu visite inutilement. » Et aussitôt il entama un long discours pour prouver que rien ne mérite le nom de bien que la vertu. De temps en temps les pointes de la douleur devenaient si perçantes, que Posidonius était obligé de s'interrompre, et qu'il répéta souvent : « Non, douleur, tu n'y gagneras rien. Quoique tu sois incommode, je n'avouerai jamais que tu sois un mal. » On doit savoir bon gré à ce philosophe, dit Rollin, d'avoir eu le courage, malgré ce qu'il souffrait, de discuter des matières de raisonnement avec une sorte de tranquillité. Mais n'est-ce pas une subtilité puérile, que de refuser d'appeler la douleur un mal, pendant qu'elle fait jeter les hauts cris (1).

L'île de Rhodes a produit des poëtes : Nous passons Homère, dont elle prétendait aussi être la patrie, mais qui appartient à toute la Grèce ; nous passons Aristophane, que certains auteurs ont fait naître à Camiros ou à Lindos, mais dont Athènes s'est approprié la gloire, et Pisandre et Idéus et beaucoup d'autres, tout à fait oubliés, même des anciens. Timocréon est mieux connu par ce passage de la *Vie de Thémistocle* de Plutarque : « Timocréon le Rhodien, poëte lyrique, fait, dans une de ses chansons, un reproche bien mordant à Thémistocle ; il l'accuse d'avoir rappelé les bannis pour de l'argent, tandis que pour de l'argent il l'avait abandonné, lui, son ami et son hôte : « Loue, si tu veux, « Pausanias, loue Xanthippe, loue Leo- « tychide ; moi, c'est Aristide que je loue, « l'homme le plus vertueux qui vint ja- « mais d'Athènes, la ville sacrée. Pour « Thémistocle, ce menteur, cet homme « injuste, ce traître, Latone le déteste ; « lui, l'hôte de Timocréon, il s'est laissé « corrompre par un vil argent, et a re- « fusé de ramener Timocréon dans Ia- « lysus sa patrie. Oui, pour le prix de « trois talents d'argent, il a mis à la « voile, l'infâme ! Ramenant injustement « ceux-ci d'exil, bannissant ceux-là, « mettant les autres à mort ; du reste « repu d'argent. Et à l'isthme il tenait « table ouverte ; avec quelle lésinerie « il servait des viandes froides ; et l'on « mangeait en souhaitant que Thémis- « tocle n'allât pas jusqu'au printemps. » Mais Timocréon lance contre Thémis-

---

(1) Rollin, *Hist. Anc.*, t. XII, p. 418. Cf. t. IX, 258.

(2) Cicér., *De Fin.*, IV, 28. Voir, sur les autres ouvrages de Panétius, Meursius, *Rhod.*, p. 101, et un mémoire de l'abbé Sévin, *Acad. des Inscr.*, t. X.

(3) *Voyez* la liste de ses ouvrages dans Meursius, *Rhod.*, p. 105.

(1) Rollin, *Hist. Rom.*, l. XXXVI, t. XI, p. 252.

tocle des traits plus piquants encore, et le ménage moins que jamais, dans une chanson qu'il fit après le bannissement de Thémistocle, et qui commence ainsi : « Muse, donne à ce chant, parmi les « Grecs, le renom qu'il mérite et que tu « lui dois. » On dit que Timocréon fut banni pour avoir embrassé le parti des Mèdes, et que Thémistocle opina pour la condamnation. Aussi lorsque Thémistocle subit la même accusation, Timocréon fit contre lui les vers suivants : « Ti- « mocréon n'est pas le seul qui ait traité « avec les Mèdes; il y a bien d'autres « pervers, et je ne suis pas le seul boi- « teux : il y a d'autres renards encore. » Ce poëte, qui passa sa vie au milieu des querelles politiques et littéraires, dut surtout s'exercer à l'invective. On voit par ces fragments qu'il s'en tirait assez heureusement, et que sa poésie, quelque peu rude et brutale, ne manquait ni de verve ni d'esprit (1).

Il nous reste un ouvrage entier d'un poëte rhodien : ce sont les *Argonautiques* d'Apollonius. Apollonius était né à Alexandrie. Il étudia sous Callimaque ; à vingt ans il publia son poëme sur l'expédition des Argonautes. Callimaque, irrité de voir naître une réputation qui éclipsait la sienne, persécuta son disciple, et le força à s'exiler. Apollonius se retira à Rhodes, où il obtint le droit de cité. Il y enseigna la rhétorique, la grammaire ; il y remania son poëme, et le mit dans l'état où nous le possédons. Rappelé plus tard à Alexandrie, il y devint un personnage considérable, et y mourut, à l'âge de quatre-vingt-dix ans, dans les premières années du deuxième siècle. « Les *Argonautiques*, dit M. Pierron, sont le chef-d'œuvre de la littérature alexandrine. Apollonius abuse peu de son savoir mythologique; il fait des récits agréables ; il trouve quelquefois d'assez heureuses images ; mais il manque de vie et de force. Son poëme appartient, en somme, au genre ennuyeux (2). » On ne peut caractériser ni apprécier le talent d'Anaxandride, d'Anthéas, d'Antiphane et d'autres poëtes rhodiens dont les noms seuls nous sont parvenus, ni le mérite des nombreux historiens que cette île a produits, et qui sont cités çà et là dans les anciens auteurs. Tous ces écrits ont disparu, comme tant d'autres ; mais il n'y a que les historiens que je regrette, si médiocres qu'ils pussent être, car un livre d'histoire apprend toujours quelque chose à son lecteur. Les poëtes ordinaires peuvent disparaître sans grand inconvénient : or ceux de Rhodes n'ont jamais eu un bien grand renom dans l'antiquité, et si le coup d'œil que nous venons de jeter sur l'histoire littéraire de cette ville nous montre un peuple studieux et ami des lettres et des arts, il ne nous y fait pas découvrir un seul homme de génie, Protogène excepté. Les Rhodiens avaient pour dons et qualités spéciales d'être aptes au commerce, habiles dans les affaires, intelligents et courageux dans la politique, et cela suffit à leur gloire. Ils eurent aussi le goût du beau dans les arts et dans les lettres, mais ils n'en eurent pas le génie. Il n'y a pas deux peuples dans l'antiquité qui aient reçu, comme les Athéniens, le don d'exceller en toutes choses.

IV.

HISTOIRE DE L'ÎLE DE RHODES PENDANT LE MOYEN AGE ET LES TEMPS MODERNES (1).

L'ÎLE DE RHODES SOUS LA DOMINATION DES EMPEREURS BYZANTINS. — Devenue sous Constantin la capitale du thème cibyrrhatique, et le siége d'un archevêché, dont relevaient quatorze évêques, Rhodes occupait dans l'empire d'Orient un rang digne de son ancienne importance et de tous ses souvenirs historiques. Mais elle avait perdu depuis longtemps cette indépendance et cette activité qui avaient fait autrefois sa dignité et sa grandeur, et elle devait encore continuer pendant plusieurs siècles à

(1) A. Pierron, *Histoire de la Littérature grecque*, c. XII, p. 173.
(2) Id., *ib.*, c. XXXVIII, p. 389.

10ᵉ *Livraison*. (ILE DE RHODES.)

(1) Ouvrages spéciaux sur l'histoire des chevaliers de Rhodes : 1° G. Bosio, *Istoria della sacra religione dell' illustrissima Militia di San-Giovanni Gierosolimitano*; dernière édition, Verona, 1703, 3 vol. in-fol. — 2° J. Baudoin et F. A. de Naberat, *Histoire des Chevaliers de l'ordre de Saint-Jean de Jérusalem*; Paris, 1643, 2 vol. in-fol. — 3° R. A. de Vertot (d'Aubœuf), *Histoire des Cheva-*

n'être qu'un membre inerte de ce vaste corps de l'empire d'Orient, où la vie et l'action avaient abandonné les provinces pour se concentrer dans la capitale. Aussi l'île de Rhodes disparaît-elle presque entièrement de l'histoire pendant le moyen âge. Il en est fait surtout mention dans les auteurs byzantins à l'occasion de la construction de Sainte-Sophie, sous Justinien, pour la coupole de laquelle on employa les briques blanches et légères qui se fabriquaient à Rhodes. Douze de ces briques, dit-on, ne pesaient pas plus qu'une brique ordinaire. On les composait avec un ciment de jonc pilé, mêlé avec d'autres matières, et pétri avec de la farine. Ce ciment avait la propriété de durcir et de devenir extrêmement léger; aussi l'emploi de ces briques et de la pierre ponce a-t-il singulièrement diminué le poids du vaste dôme de Sainte-Sophie. La fabrication de ces briques était particulière à Rhodes, et elle y a été tellement oubliée que j'ignore, dit le colonel Rottiers (1), si un seul habitant en conserve aujourd'hui le souvenir.

L'île de Rhodes dut à sa position, plus centrale, d'être moins exposée que les îles de Chypre et de Crète aux incursions des Sarrasins. Chypre la couvrait du côté de la Syrie, et la Crète du côté de l'Afrique, de sorte que les expéditions maritimes des Arabes se dirigèrent le plus souvent sur ces deux îles, qui étaient plus à leur portée. Cependant Rhodes elle-même et toutes les autres îles de l'archipel ne restèrent pas entièrement à l'abri de leurs aggressions. Déjà même, avant l'apparition des Arabes, elle avait été ravagée par les Perses, à l'époque de la grande invasion de Chosroès, sous le règne de l'empereur Héraclius, l'an 616. Chosroès avait commencé la dévastation des antiques monuments de la ville de Rhodes, dont les dépouilles allèrent orner la ville de Hamadan, qu'il faisait alors construire pour être sa capitale. Les Perses y reparurent encore en 622, l'année même de l'Hégire, et en emmenèrent un grand nombre d'habitants en esclavage.

Peu de temps après la Perse succomba sous les coups des musulmans, et l'empire d'Orient se trouva en face d'un ennemi nouveau et plus terrible. Vers le milieu du septième siècle, sous le calife Omar, Moawiah, encouragé par les succès qu'il avait obtenus dans l'île de Chypre, résolut de faire de nouvelles courses sur la Méditerranée. Il équipa une flotte considérable toute en petits bâtiments; et il transporta une armée sur douze cents barques. Abou' Lawar la commandait. Il attaqua d'abord l'île de Cos, qui lui fut livrée par trahison; il y tua beaucoup de monde, fit un grand butin, et détruisit la forteresse qui s'y trouvait. Il se porta de là dans l'île de Crète, puis il passa dans celle de Rhodes, et s'empara de la ville et de l'île. Rien ne causa plus d'admiration aux Sarrasins, encore grossiers et ignorants dans les arts, que les débris du fameux colosse du Soleil, qui étaient restés sur le rivage du port depuis près de neuf cents ans. Les musulmans considéraient avec étonnement les vastes cavités qui s'ouvraient à l'endroit des fractures, et les prodigieuses masses de pierres dont on avait rempli l'intérieur du bronze pour lui donner une assiette solide. Un marchand juif de la ville d'Émèse acheta de Moawiah ces énormes débris, qui firent la charge de neuf cents chameaux : ce que Muratori, ajoute Lebeau, traite de fable (1) sans en

liers hospitaliers de Saint-Jean de Jérusalem; Paris, 1726, 4 vol. in-4°. — 4° S. Paoli, Codice diplomatio del sancto Ordine Gierosolimitano; Lucca, 1733, 2 vol. in-fol. — 5° J. G. Dienemann, Nachricht vom Johanniterorden, nebst beigefügten Wappen und Ahnentafeln der Ritter, herausgegeben, von. J. E. Hasse; Berlin, 1767, in-4°. — 6° P. M. Pacciaudi, Memorie di Gran-Maestri del militare Ordine Gierosolimitano; Parma, 1780, 3 vol. in-4°. — 7° G. Caoursinus, Descriptio Obsidionis urbis Rhodiæ a Mahomete II, anno 1480; Ulmæ 1496, in-fol. — 8° G. Fontani, De Bello Rhodio Libri tres; Romæ, 1524, in-fol., dernière édition, Basileæ, 1538, in-8°. — 9° Jean de Bourbon, La grande et merveilleuse Oppugnation de la cité de Rhodes, prise par sultan Soliman en 1522; Paris, 1525, in-fol. — 10° De Villeneuve-Bargemont, Monuments des Grands Maîtres de l'Ordre de Saint-Jean de Jérusalem; Paris, 1829, 2 vol. in-8°, etc., etc.

(1) Monuments de Rhodes, p. 61. Cf. Gibbon, Décadence de l'Empire Romain, c. XL.

(1) Lebeau, Histoire du Bas-Empire, éd. Saint-Martin, t. XI, p. 354. Gibbon paraît avoir adopté l'opinion de Muratori, ou du

apporter de raison suffisante (65 de l'ère chrétienne, la douzième année du règne de Constant II).

L'histoire byzantine ne fixe pas l'époque à laquelle les Arabes furent chassés de l'île de Rhodes. Mais, suivant toute probabilité, ils durent en partir l'année suivante (654), lorsque leur flotte eut été battue dans la baie de Phœnica. Toujours est-il qu'au siècle suivant, sous le règne de l'empereur Anastase II (713), Rhodes était de nouveau le point de ralliement des escadres byzantines. Du reste, tant que le califat d'Orient fut redoutable, et dans le fort de la lutte qu'il soutint contre l'empire grec, l'île fut constamment menacée par les courses des Arabes, qui insultèrent plus d'une fois ses rivages. En 807, sous le règne de l'odieux Nicéphore Ier, une flotte sarrasine ayant abordé à cette île, au mois de septembre, massacra les habitants, et saccagea tout le pays. La capitale, défendue par une bonne garnison, échappa seule à la fureur des musulmans (1).

Après la conquête de l'empire grec par les Latins (1204), Rhodes fut le lot d'un prince italien, dont l'histoire ne nous a pas conservé le nom. Le second empereur de Nicée, l'habile Jean Ducas Vatace, rétablit la domination des Grecs sur la plupart des îles des côtes d'Asie. Il reprit Rhodes, Lesbos, Chio, Samos, Icarie, Cos et plusieurs autres îles de l'Archipel. Vatace avait accordé toute sa faveur à un seigneur grec, nommé Léon Gabalas, qu'il avait élevé à la dignité de césar. On lit dans George Acropolite que cet ingrat favori prit les armes contre son bienfaiteur, et s'empara de l'île de Rhodes. Vatace envoya pour la reprendre Andronic Paléologue, grand domestique du palais, déjà illustre par ses ancêtres, et qui le devint plus encore par sa postérité. Andronic, à la tête d'une flotte et d'une armée, passa dans l'île de Rhodes, en plein hiver, et combattit le rebelle (1233). L'historien se contente de dire que tout réussit au gré de Vatace, sans entrer dans aucun détail. Il nous apprend seulement que cette expédition de Rhodes, quoique heureuse pour l'événement, coûta grand nombre de soldats, qui périrent dans les combats ou par la rigueur de l'hiver (1).

Quelque temps après nous voyons le gouvernement de l'île de Rhodes confié à Jean Gabalas, frère de ce Léon qui avait soulevé cette île quinze ans auparavant. L'an 1249, pendant une absence du gouverneur, une flotte génoise, ayant abordé de nuit, surprit la ville, et s'empara de l'île entière. Aussitôt, par ordre de l'empereur Vatace, Jean Cantacuzène, gouverneur de Lydie et de Carie, passe dans l'île avec le peu de troupes qu'il avait, combat les Génois, et reprend plusieurs places. Ayant reçu un renfort considérable, il assiège la ville de Rhodes, où les Génois, abondamment pourvus de vivres, étaient en état de résister longtemps. Cependant la vigueur de Cantacuzène, ses attaques vives et continuelles les auraient bientôt réduits, sans un secours imprévu qui leur arriva. Guillaume de Villehardouin, prince d'Achaïe, et Hugues, duc de Bourgogne, qui allaient en Terre Sainte avec une flotte bien garnie de troupes, passèrent par Rhodes, et consentirent volontiers à laisser aux Génois plus de cent de leurs meilleurs cavaliers. Ceux-ci commencèrent par une sortie qui obligea les Grecs, fort maltraités, à lever le siège et à se retirer dans Philérème. Les cavaliers, laissant ensuite les Génois à la garde de la place, se chargèrent de battre la campagne, pour amener des convois et enlever ceux de l'ennemi. En sorte qu'en peu de temps les Grecs, comme assiégés eux-mêmes, furent réduits à la disette. Cependant Vatace, étant venu à Nymphée, fit en diligence équiper à Smyrne une grande flotte et embarquer trois cents chevaux. Il en confia le commandement à Théodore Contostéphane, qui était revêtu de la dignité de protosébaste ; et non content de l'instruire de vive voix, il lui donna par écrit les détails de l'opération

moins il croit comme lui que le poids du colosse a été exagéré ; mais lui-même exagère bien davantage quand il ajoute que ce poids lui paraît bien grand, « lors même qu'on y comprendrait les cent figures colossales et les trois mille statues qui décoraient la ville du Soleil aux jours de sa prospérité. » *Décadence de l'Empire Romain*, c. L.

(1) Lebeau, *Hist. du Bas-Empire*, XII, 430.

(1) Georg. Acropol., c. xxvii, xxviii. Voy. Lebeau, id., t. XVII, p. 357.

10.

qu'il devait faire. La fidélité du général à suivre les instructions d'un maître si expérimenté le rendit vainqueur. Les cavaliers auxiliaires furent tous taillés en pièces. Les Génois, renfermés dans la place, s'y défendirent pendant quelques jours; enfin, perdant courage, ils se rendirent, à condition d'avoir la vie sauve. On les conduisit à l'empereur, qui était très-disposé, par son humanité naturelle, à leur faire grâce, même sans conditions. L'île de Rhodes rentra ainsi sous la puissance de Vatace (1). Bientôt après les Grecs reprirent Constantinople aux Latins, sous le règne de Michel Paléogue (1261); mais leur empire était plus chancelant que jamais. Un seigneur de la Qualla, gouverneur de Rhodes, se déclara indépendant, sans que l'empereur pût étouffer cette révolte, et des pirates turcs dévastèrent impunément cette île ainsi que celle de Chio, de Samos et d'autres dans l'Archipel.

CONQUÊTE DE L'ÎLE DE RHODES PAR LES CHEVALIERS DE SAINT-JEAN DE JÉRUSALEM (1309). — A la fin du treizième siècle le royaume de Jérusalem avait succombé sous les coups des soudans d'Égypte. La prise de Saint-Jean d'Acre par Kalil-Aseraf (1291) avait forcé les ordres militaires et religieux de la Terre Sainte à abandonner cette contrée, que leur valeur n'avait pu défendre (2). Pendant quelques années les chevaliers de l'ordre de Saint-Jean de Jérusalem résidèrent dans l'île de Chypre, où les avait reçus le roi Henri II de Lusignan. Mais ce n'était là qu'une situation provisoire, qui ne convenait ni aux chevaliers, qui avaient besoin d'indépendance, ni au roi, pour lequel ils étaient des hôtes trop puissants. Depuis l'an 1300 les hospitaliers avaient à leur tête Guillaume de Villaret ou de Villars, vingt-troisième grand maître de l'ordre. Mécontent de l'hospitalité ombrageuse du roi de Chypre, Guillaume de Villaret résolut de donner à son ordre une résidence où il ne dépendrait d'aucun souverain temporel et où il pourrait continuer la guerre contre l'islamisme. Il jeta les yeux sur l'île de Rhodes, dont la position géographique offrait tous les avantages désirables, et dont l'état précaire promettait une facile conquête. En effet, Rhodes ne reconnaissait plus que de nom la souveraineté de l'empereur de Constantinople, Andronic II, qui n'y possédait alors qu'une forteresse. Elle était occupée en partie par des seigneurs grecs indépendants, en partie par des Turcs, et cette anarchie où elle était plongée donnait des chances à quiconque se présenterait pour la conquérir. Guillaume de Villaret, sans rien communiquer à personne de ses desseins, vint à Rhodes, en parcourut toutes les côtes, en examina les fortifications, et de retour à Limisso il se préparait à agir, lorsque la mort le prévint, l'an 1306.

FOULQUES DE VILLARET, VINGT-QUATRIÈME GRAND MAÎTRE (1306-1319). — Le nouveau grand maître, *homme de grand entendement et de grand cœur* (1), hérita des projets de son prédécesseur, et se mit aussitôt à l'œuvre. Mais, ne se sentant pas en état de faire la conquête de l'île de Rhodes avec les seules forces de l'ordre, il passa en France, et alla trouver à Poitiers Clément V et Philippe le Bel, auxquels il fit approuver l'entreprise. Le pape seconda le grand maître avec beaucoup de zèle; il fit prêcher la guerre sainte, il accorda un jubilé et des indulgences plénières à quiconque concourrait à l'expédition, dont le but était toujours tenu secret. Bientôt une flotte se rassembla à Brindes, d'où Foulques de Villaret s'embarqua au printemps de l'année 1308. Il conduisit son escadre à Limisso, d'où, après avoir rassemblé le reste de ses forces, il fit voile vers le port de Macri, sur les côtes de la Lycie.

On rapporte qu'avant son voyage en France, Villaret était passé secrètement à Constantinople, où l'empereur Andronic lui avait donné l'investiture de l'île qu'il s'apprêtait à conquérir. Outre l'invraisemblance du fait, ce témoignage est contredit par d'autres historiens, qui prétendent que ce fut de Macri que Villaret s'offrit à reconnaître la suzeraineté de l'empereur grec, à condition qu'il en recevrait l'investiture de Rhodes, et

---

(1) Lebeau, *Hist. du Bas-Empire*, t. XVII, p. 433.
(2) *Voy.* plus haut l'histoire de l'île de Chypre, p. 58.

(1) Baudoin, *Histoire des Chevaliers*, etc. t. I, p. 59.

que cette proposition fut rejetée avec mépris. Quoi qu'il en soit, dès que les espions envoyés pour explorer l'île furent revenus à Macri, la flotte des chevaliers s'approcha de Rhodes, et le débarquement eut lieu après un léger combat. Les Turcs et les Sarrasins s'étant réunis pour repousser cette agression, Villaret les dispersa, et vint mettre le siège devant la ville. Après plusieurs assauts inutiles, il convertit le siége en blocus. Alors le découragement commença à se répandre parmi les croisés qui l'avaient accompagné. L'argent manquait; la désertion menaçait de disperser son armée, les musulmans avaient repris l'offensive et établi leur camp non loin de celui du grand maître. Mais Villaret rétablit la confiance par sa constance et son courage. Les assauts recommencèrent, plus fréquents et plus terribles, et la ville de Rhodes fut emportée le 15 août 1309, jour de l'Assomption. On raconte que quelques chevaliers s'étant recouverts de peaux de mouton, se glissèrent parmi des troupeaux prêts à entrer dans Rhodes ; qu'arrivés sous la porte ils se relevèrent, massacrèrent les sentinelles et s'emparèrent ainsi de la ville. Ce singulier stratagème était représenté sur de magnifiques tapisseries que le grand maître Pierre d'Aubusson fit exécuter à grands frais en Flandre, sur les dessins de Quintin Messis, surnommé le maréchal d'Anvers. Les Turcs s'emparèrent de ces tapis après le siége de Rhodes en 1522, et depuis il n'en a plus été question (1). La prise de la capitale entraîna la soumission de l'île entière, et la conquête de Rhodes fut suivie de celles des sept îles adjacentes Nisara, Piscopia, Calchi ou Carchi, Limonia, Simie, Tilo et Saint-Nicolas, qui suivaient presque toujours la fortune de Rhodes. Quatre ans après, les galères de l'ordre, qui avait quitté Chypre pour s'établir dans sa nouvelle conquête, sortirent en mer et s'emparèrent des îles de Lango, Lero et Calamo, autrefois Cos, Léros et Claros. Lango était la plus importante de toutes les dépendances de l'ordre. Foulques de Villaret la fortifia d'un château flanqué de quatre tours car-

(1) Rottiers, *Monuments de Rhodes*, p. 61; Coronelli, *Isola di Rodi*, p. 71.

rées, et ses successeurs embellirent cette ville de magnifiques édifices en marbre. Lango possédait aussi un évêché, et devint un bailliage de l'ordre.

ORIGINE ET ORGANISATION DE L'ORDRE DES CHEVALIERS DE SAINT-JEAN DE JÉRUSALEM. — Ainsi l'île de Rhodes fut définitivement détachée de l'empire grec, et enlevée aux musulmans, qui en étaient déjà presque les maîtres. Pendant plus de deux siècles elle fut la capitale d'un État chrétien fondé par la valeur de ce glorieux ordre de Saint-Jean de Jérusalem, créé pour la défense du saint-sépulcre, et dont les chevaliers, forcés d'abandonner la Terre Sainte, leur premier poste, allaient fournir dans l'île de Rhodes une nouvelle carrière d'héroïsme et de dévouement. Sans contredit aucune des îles de la Grèce n'offre dans son histoire le spectacle d'une aussi singulière transformation; non pas même l'île de Chypre, qui, tout en partageant avec Rhodes l'honneur de couvrir la chrétienté du côté de l'Orient, reste un royaume séculier, et ne devient pas, comme elle, le poste avancé, la forteresse de la religion contre l'islamisme. Comment donc s'était formé et accru ce merveilleux ordre de Saint-Jean de Jérusalem, dont l'histoire montre si visiblement tout ce que peut la religion chrétienne pour associer les hommes et les faire agir, et dont il serait peut-être téméraire de dire que les destinées sont accomplies ?

Un Provençal, Gérard Tunc des Martigues, s'était dévoué au service des malades dans l'hôpital que des marchands d'Amalfi avaient construit auprès du saint-sépulcre, l'an 1050. L'ardente charité de Gérard Tunc se communiqua aux autres serviteurs des malades de l'hôpital ; ils prirent l'habit religieux, firent vœu de pauvreté, de chasteté et d'obéissance, et en 1113 le pape Pascal II, approuvant le nouvel ordre, adressa à Gérard Tunc une bulle qui le nommait fondateur et chef des Hospitaliers, et conférait aux frères seuls, après sa mort, le droit de lui élire un successeur (1).

(1) Voir dans les statuts de l'ordre, tit. XIII, *la forme de l'élection du Grand-Maistre de l'Hôpital de Hiérusalem*, Baudoin et Naberat, 2ᵉ partie, p. 115.

Jusque là les hospitaliers avaient dépendu des moines du monastère du saint-sépulcre. Cette bulle de Pascal II les rendait indépendants de toute juridiction étrangère. Alors Gérard Tunc fit bâtir une église sous l'invocation de saint Jean-Baptiste, et autour de l'église s'élevèrent les vastes bâtiments de l'hôpital. Son zèle ne se borna pas à doter la Terre Sainte de ces utiles établissements. En Provence, en Andalousie, dans la Sicile, dans la Pouille, il fonda des hôpitaux et des maisons de charité où l'on recueillait les pèlerins, les pauvres, les malades, et qui donnèrent naissance aux commanderies. En 1118 Raymond du Puy, gentilhomme du Dauphiné, succéda à Gérard Tunc par l'élection libre et unanime des frères hospitaliers. Raymond du Puy était un homme de guerre. Blessé dans un combat il avait été guéri par les frères de l'Hôpital ; il était entré dans leur ordre, il en avait accepté l'esprit de charité, et bientôt il le remplit de son esprit guerrier. Il proposa aux frères hospitaliers de joindre aux trois premiers vœux qui les avaient réunis celui de prendre les armes pour la défense de la religion. Cette proposition fut accueillie avec transport, et l'ordre fut sur-le-champ classé en trois divisions : les prêtres, ou aumôniers ; les frères servants, qui devaient demeurer auprès des malades ; enfin, les chevaliers, qui portèrent l'épée sous le froc de religieux. Dès que l'ordre eut revêtu ce nouveau caractère, une foule de jeunes chevaliers vinrent s'enrôler dans cette milice sacrée. On les sépara d'après les royaumes ou provinces d'où ils arrivaient, et ils formèrent des corps distincts, qui prirent d'abord le nom de *langues*, et plus tard celui d'*auberges*.

Raymond du Puy donna à l'ordre ses premiers statuts, qui, développés et complétés par ses successeurs, forment un ensemble considérable de règles, de préceptes (1) et d'ordonnances dont voici les principaux traits : « L'habillement commun des chevaliers était dans l'origine une longue robe noire descendant jusqu'aux pieds, recouverte en haut d'un manteau noir auquel était attaché un capuce pointu, ce qui le fit nommer *manteau à bec :* la croix blanche y était cousue et placée sur la poitrine, du côté du cœur. Ce fut Alexandre IV qui, en 1259, jugea à propos d'établir une différence entre l'habit des servants et celui des chevaliers. D'après ces statuts, ceux-ci eurent seuls le droit de porter le manteau noir en temps de paix ; quand ils allaient à la guerre, ils se recouvraient d'une soubreveste rouge (*sopra veste*), toujours décorée de la croix de la religion.

« Pour être admis dans l'ordre il fallait prouver sa descendance de *parents nobles de nom et d'armes* (1). Comme autrefois à Sparte, on rejetait ceux qu'une complexion faible, un corps énervé, ou quelques difformités rendaient impropres aux fatigues de la guerre. On avait fixé l'âge de seize ans pour faire ses vœux, mais on ne recevait qu'à dix-huit ans l'habit de chevalier, et l'on était obligé de passer un an entier dans la maison des hospitaliers avant la réception définitive. « Nous « voulons, avaient dit les anciens de « l'ordre, que de chacun on puisse con- « naître la vie, les mœurs et la suffi- « sance. » L'année d'épreuves écoulée, le récipiendaire se confessait, et venait, revêtu d'une robe séculière, se présenter à l'autel, un cierge allumé à la main. Après avoir entendu la messe et communié, il s'approchait du grand maître, ou d'un chevalier délégué par lui, et demandait humblement « qu'il lui plût l'admettre en compagnie des autres frères de la sacrée religion de l'Hôpital de Jérusalem. » L'aspirant, auquel le grand maître exposait la noblesse et l'étendue des devoirs qu'il allait contracter, jurait ensuite qu'il n'était engagé dans aucun ordre, ni esclave, ni poursuivi pour dettes, qu'il n'avait ni promis ni contracté mariage ; alors on le faisait approcher, et les deux mains jointes sur l'Évangile il prononçait ces paroles. « Je fais vœu et « je promets à Dieu tout-puissant, à la « bienheureuse vierge Marie, et à saint

---

(1) *Voyez* dans l'*Histoire* de Baudoin et de Naberat *les Statuts de l'ordre de Saint-Jean de Hierusalem*, t. II, p. 3-172.

(1) Voir les *Instructions pour faire les preuves de noblesse des chevaliers de Malthe*, par le commandeur de Naberat, 3ᵉ partie de l'*Histoire* de Baudoin et de Naberat, p. 163.

« Jean-Baptiste, de rendre toujours, « avec l'aide de Dieu, une vraie obéis-« sance au supérieur qui me sera donné « par Dieu et par notre ordre ; de vivre « sans rien posséder en propre et d'ob-« server la chasteté. »

Bientôt, et après une nouvelle profession de foi, le néophyte était revêtu du manteau de l'ordre, et en lui appliquant la croix sur la poitrine : « Au nom de « la très-sainte Trinité, de la bienheu-« reuse vierge Marie, et de saint Jean-« Baptiste, disait le grand maître, re-« çois ce signe pour l'accroissement de « la foi, la défense du nom chrétien, et « pour le service des pauvres ; car c'est « pour cela, chevalier, que nous te pla-« çons la croix de ce côté, afin que tu « l'aimes de tout ton cœur, que tu la « défendes de ton bras droit, que tu la « conserves après l'avoir défendue. Si « jamais en combattant pour Jésus-« Christ, contre les ennemis de la foi, « tu abandonnais l'étendard de la sainte « Croix, si tu voulais t'échapper d'une « guerre sacrée et juste, tu serais privé « de ce signe glorieux comme parjure aux « vœux que tu as proférés, et retranché « du milieu de nous comme une bran-« che infecte et pourrie. » En achevant ces paroles, le grand maître attachait le manteau du récipiendaire, lui donnait le baiser de paix et d'amour, et tous les chevaliers présents venaient embrasser le nouveau frère.

« Des lois sévères et nombreuses régissaient ces religieux guerriers, et elles n'étaient point abrogées encore lorsque, dans des temps plus modernes, un relâchement général affaiblit la piété de l'ordre, et que la prise d'habit devint moins un acte de dévouement qu'un calcul ; souvent alors on fut contraint d'arracher l'habit à des chevaliers qui s'en étaient rendus indignes en le déshonorant par leurs vices et leur conduite coupable. Il fallait néanmoins des causes graves pour encourir un tel acte de rigueur : telles étaient le parjure de ses vœux, la rébellion envers le grand maître, et surtout l'opprobre d'avoir fui devant l'ennemi. Comme dans une calamité publique ce n'était plus le conseil seul, mais tous les chevaliers qui se réunissaient au son des cloches, et la honte des coupables y était proclamée de la manière la plus solennelle. Amené entre deux haies de gardes par le maître écuyer, on instruisait les assistants du crime qui lui était imputé ; un jury, composé des baillis de l'ordre, s'organisait sur-le-champ, et le procureur du grand maître soutenait l'accusation. L'accusé pouvait répondre et se défendre. S'il avouait sa faute en implorant le pardon, les juges reparaissaient devant l'assemblée, et par trois fois imploraient en faveur du criminel la clémence du grand maître et des chevaliers ; si, persistant à tout nier, il demeurait convaincu par les faits et de nombreux témoignages, la sentence était d'abord prononcée ; toutefois le droit d'implorer sa grâce restait encore au criminel, et les baillis, joignant ordinairement leurs voix à la sienne, se trouvaient jusqu'à la fin juges et protecteurs.

« Mais lorsque d'accord avec les chevaliers, le grand maître avait par trois fois rejeté les supplications du conseil et des baillis, on faisait mettre le coupable à genoux pour entendre sa sentence, et dès qu'il était déclaré à haute voix *infâme et corrompu*, le maître écuyer déliait les nœuds du manteau, l'arrachait, et les gardes reconduisaient ignominieusement en prison le chevalier dégradé ; cette privation de l'habit était rendue plus terrible par la perte entière de tous les droits, de tous les bénéfices, et l'oubli de tous les services qu'il avait pu rendre. Une prison perpétuelle devenait la demeure de *l'infâme*, qui ne communiquait plus qu'avec les geôliers.

« Cependant tout espoir n'était point enlevé aux malheureux que leur jeunesse ou des erreurs passagères pouvaient avoir entraînés ; un statut ordonna que s'ils se convertissaient et changeaient totalement de conduite, les prisonniers pourraient non-seulement recouvrer leur liberté, mais même être admis de nouveau dans l'ordre. Ils faisaient alors amende honorable, la corde au cou, les mains jointes et liées, tenant un cierge allumé, en robe séculière ou en chemise, suivant la gravité de l'offense ; ils se prosternaient aux pieds du grand maître, faisant le serment de mieux vivre à l'avenir, imploraient leur grâce, et s'ils l'obtenaient, admis dans les rangs des chevaliers, il était défendu à tous les frères de leur reprocher, de leur rappeler même leur condamnation (1). »

Il paraît, dit Vertot (2), que la forme du gouvernement de cet ordre était dès l'origine purement aristocratique : l'autorité suprême était renfermée dans le conseil, dont le maître des hospitaliers était le chef, et en cette qualité et en cas de partage il y avait deux voix. Ce conseil avait la direction des grands biens que l'ordre possédait tant en Asie qu'en Europe; l'origine de ces grands biens était les donations et fondations faites par les rois, les princes et les seigneurs en faveur des hospitaliers de Saint-Jean, qui, après en avoir tiré ce qui était nécessaire à leur subsistance, consacraient tout le reste à nourrir les pauvres ou à soutenir la guerre contre les infidèles. Jacques de Vitry, évêque d'Acre en Palestine, au douzième siècle, rapporte que de son temps les hospitaliers et les templiers étaient aussi puissants que des princes souverains, et, selon Mathieu Pâris, autre auteur contemporain, les hospitaliers possédaient dans l'étendue de la chrétienté jusqu'à dix-neuf mille *manoirs*, terme par lequel on entendait communément le labour d'une charrue à deux bœufs.

Les propriétés de l'ordre étaient partagées en prieurés, qui se subdivisaient en bailliages et en commanderies. D'abord l'administration de ces domaines était donnée à des chevaliers qui avaient le titre de *précepteurs* : c'étaient de simples économes, dont la commission ne durait qu'autant que le grand maître et le conseil le jugeaient à propos. Sous le magistère d'Hugues de Revel (1260) on réorganisa l'administration des biens de l'ordre. Les précepteurs furent remplacés par les commandeurs; la division en prieurés prit sa forme définitive. Chaque prieur dut réunir les contributions ordinaires de chaque commanderie de son prieuré appelées *responsions*, qui pouvaient être augmentées selon les besoins de l'ordre, et en conséquence des ordonnances et décrets du chapitre général.

Le chapitre général était la grande assemblée de l'ordre, où assistaient tous les chevaliers présents, et où se décidaient les grandes affaires de la communauté. La convocation en était déterminée par les circonstances, et n'avait lieu quelquefois qu'à de longs intervalles. A l'exception des statuts organiques et des décrets de réformation, qui étaient toujours délibérés et arrêtés en chapitre général, le reste du gouvernement appartenait au grand maître et au conseil, qui se composait des hauts officiers de l'ordre, savoir : les prieurs, les baillis, le maréchal, le grand commandeur, le drapier, l'hospitalier, et le turcopolier (1).

Dès l'origine de l'ordre on vit accourir en foule la jeune noblesse de la chrétienté pour s'enrôler sous les enseignes de la religion. Alors on sépara les chevaliers d'après leur nation, et on en forma sept langues, savoir : Provence, Auvergne, France, Italie, Aragon, Allemagne et Angleterre. Dans les premiers siècles de l'ordre, les prieurés, bailliages et commanderies, étaient communs indifféremment à tous les chevaliers, au lieu que ces dignités ont été depuis affectées à chaque langue et à chaque nation particulière. Plus tard le nombre des langues fut porté à huit, par la création de celle de Castille et de Portugal. Mais après le schisme d'Henri VIII la suppression de la langue d'Angleterre en ramena de nouveau le nombre à sept.

Cette organisation de l'ordre de Saint-Jean de Jérusalem ne fut pas l'œuvre d'un jour. Elle se développa et se compléta successivement, selon les circonstances et les besoins du moment, pendant toutes les vicissitudes de l'existence

(1) De Villeneuve-Bargemont, *Monuments des Grands Maitres de l'Ordre de Saint-Jean de Jérusalem*, t. I, p. 28 et suiv.

(2) Vertot, *Histoire de l'Ordre de Malte*, t. I, p. 59.

(1) Les turcopoles, dit Vertot, t. I, p. 206, d'où a été formé le nom de *turcopolier*, étaient anciennement des compagnies de chevau-légers. L'origine de ce terme venait des Turcomans, qui appelaient en général *Turcopoles* les enfants nés d'une mère grecque et d'un père turcoman, et qui, étaient destinés à la milice. Ce fut depuis un titre de dignité militaire dans le royaume de Chypre, d'où il était passé dans l'ordre de Saint-Jean. Mais les hospitaliers ne s'en servaient que pour désigner le colonel général de l'infanterie

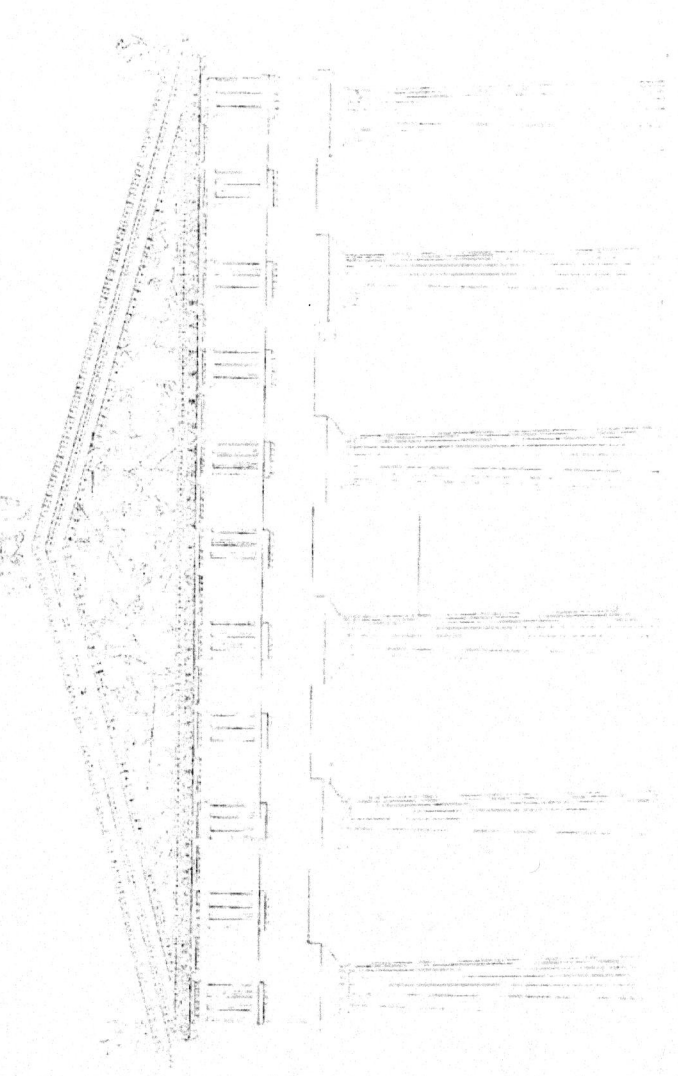

ILE DE RHODES

Le Colosse.

si agitée de cet ordre, que la fortune de la guerre avait déjà forcé plusieurs fois à changer de résidence. En effet, après la prise de Jérusalem, en 1187, les chevaliers s'étaient retirés à Margat, une de leurs forteresses de Palestine. Le neuvième grand maître de l'ordre, Ermengard d'Aps, alla s'établir à Saint-Jean d'Acre, qui était devenue la capitale du royaume chrétien de la Terre Sainte. Un instant, de 1236 à 1244, les hospitaliers purent reparaître à Jérusalem, d'où l'invasion des Turcs Kharismiens les chassa de nouveau. Ils revinrent à Margat et à Saint-Jean d'Acre, où ils restèrent jusqu'à la prise de cette ville par le fils de Kélaoun. Jean de Villiers, vingt et unième grand maître, se retira dans l'île de Chypre, à Limisso, où l'ordre séjourna jusqu'en 1309, époque à laquelle il vint s'installer dans l'île de Rhodes, sa récente conquête. L'ordre de Saint-Jean de Jérusalem resta à Rhodes de l'an 1309 à l'an 1522 sous le gouvernement de dix-neuf grands maîtres depuis Foulques de Villaret, le vingt-quatrième, jusqu'à Villiers de l'Ile Adam, le quarante-deuxième. Cette période de l'histoire des chevaliers de Rhodes, comme ils s'appelèrent alors, fut une croisade continuelle contre les Turcs, dont ils retardèrent longtemps les conquêtes dans l'Archipel, alors que toute l'Europe orientale leur était déjà soumise.

DERNIÈRES ANNÉES DE FOULQUES DE VILLARET. — Au moment où l'ordre de l'Hôpital s'établissait dans l'île de Rhodes, la Méditerranée était déjà parcourue par des pirates turcs, qui en dévastèrent les îles depuis le Bosphore jusqu'à Gibraltar. Les historiens byzantins font mention des diverses descentes des flottes turques et de leurs ravages dans les îles des Princes, de Samos, de Carpathos, de Lemnos, de Lesbos, de Candie, de Malte, de Rhodes, et dans les autres Cyclades. C'était même aux Turcs plutôt qu'aux Grecs que Rhodes avait été enlevée par les chevaliers de Saint-Jean. Mais il n'est pas probable qu'ils aient eu déjà pour adversaires les Turcs Ottomans. Othman, fils d'Erdogrul, avait déjà, il est vrai, jeté les fondements du puissant empire qui devait plus tard réunir toutes ces contrées sous sa domination. Mais à cette époque, 1310, il ne s'était encore agrandi que dans l'intérieur de l'Asie Mineure; son territoire s'étendait à peine jusqu'à la mer, où il n'avait conquis que la position de Kalolimni; aussi peut-on conjecturer avec raison que ces flottes turques dont il est fait si souvent mention dans Bachymère et dans les historiens byzantins de ce temps-là appartiennent non aux Ottomans, mais aux princes turcs de Karasi, de Saroukhan, d'Aïdin et de Menteschè, qui occupaient les côtes de l'Asie Mineure depuis le golfe de Modania jusqu'à celui de Megri (Telmissus) (1). Si donc l'an 1310 Rhodes eut à se défendre contre les attaques des Turcs, ce ne fut pas l'émir ottoman qui dirigea cette expédition, comme le raconte Vertot et presque tous les historiens de l'ordre, mais l'un de ces princes turcs qui s'étaient élevés sur les débris de l'empire des Seldjoucides, et le dernier historien des Ottomans, M. de Hammer, se garde bien d'attribuer au fils d'Erdogrul cette prétendue expédition maritime.

Outre le succès de leur établissement dans Rhodes, les chevaliers de Saint-Jean firent bientôt un héritage inattendu, qui leur procura d'immenses richesses. L'ordre des templiers venait d'être aboli; le pape, en frappant cet ordre pour complaire à Philippe le Bel, conserva une partie de ses biens à la religion, en les donnant aux chevaliers de Rhodes, qui en firent prendre possession par neuf commissaires nommés par le grand maître et le conseil. « Mais, dit Vertot (2), ces différentes sources de richesses, si avantageuses dans un État purement séculier, affaiblirent insensiblement cet ordre religieux. La puissance temporelle, poussée trop loin, causa depuis sa faiblesse; et les grands biens, surtout des particuliers, introduisirent parmi les plus jeunes chevaliers le luxe, la mollesse et les plaisirs. » Assurément c'est trop tôt annoncer la décadence d'un ordre à qui étaient encore réservés plusieurs siècles d'une histoire

(1) De Hammer, *Histoire des Ottomans*, t. I, p. 92.
(2) Vertot, *Histoire des Chevaliers hospitaliers de Saint-Jean de Jérusalem*, etc., t. II, p. 2.

glorieuse, et on peut reconnaître à cette légèreté de langage combien sont justes les reproches adressés à Vertot sur l'inexactitude de ses jugements et de ses récits dans cette histoire des chevaliers de Saint-Jean, qui pourtant lui avait été commandée par l'ordre lui-même. La vérité est que Foulques de Villaret, enorgueilli par le bonheur de ses entreprises et les grands accroissements de l'ordre sous son gouvernement, se laissa aller à la fougue de son caractère et à l'entraînement de ses passions. Infidèle aux anciennes mœurs de l'ordre, il s'adonna au luxe et à la mollesse, sacrifia les affaires aux plaisirs, et, affectant des manières absolues et despotiques, rejeta dédaigneusement tous les conseils et viola ouvertement toutes les règles. Mais les torts du grand maître étaient si peu ceux de l'ordre entier, que le plus vif mécontentement se manifesta bientôt. Le conseil somma le grand maître de rendre compte de son administration, qui était si désordonnée, que les dettes de l'ordre augmentaient tous les jours; sur son refus de répondre à cette sommation, quelques chevaliers, ayant à leur tête le rigide commandeur Maurice de Pagnac, formèrent le coupable dessein de s'emparer du grand maître et de le traîner devant le conseil. Averti à temps, Foulques s'échappa, et vint se retrancher dans le château de Lindo, d'où il protesta contre ce que pourrait décider le conseil, et fit appel au souverain pontife (1317).

La fuite de Foulques de Villaret irrita l'ordre entier. Le grand maître fut déposé et Maurice de Pagnac élu à sa place. Un schisme déplorable allait déchirer l'ordre de Saint-Jean, lorsque le pape Jean XXII évoqua l'affaire à son tribunal, suspendit les deux grands maîtres, et chargea Gérard de Pins d'administrer pendant l'interrègne. Bientôt les deux compétiteurs arrivèrent devant leur juge. Un accueil bien différent leur avait été fait en France. On ne connaissait au loin que la gloire et les exploits de Foulques : on le traita en héros; Maurice de Pagnac, qui portait un nom obscur, fut regardé comme un chef de séditieux. Il se retira à Montpellier, où il mourut, en 1318. Foulques restait grand maître; mais le pape reconnut dans l'ordre une répugnance si invincible et d'ailleurs bien fondée à lui obéir, qu'il le détermina à abdiquer, l'an 1319, à condition qu'il jouirait sa vie durant d'un prieuré indépendant de toute redevance et de toute responsabilité. Puis les chevaliers réunis à Avignon procédèrent à l'élection d'un nouveau grand maître, et, sur la recommandation du pape, ils élurent le Provençal Hélion de Villeneuve, grand prieur de Saint-Gilles.

Ainsi l'habileté et l'esprit conciliant de Jean XXII avaient promptement terminé une querelle qui pouvait dégénérer en guerre civile et entraîner les plus fâcheuses conséquences pour les intérêts de l'ordre et de la chrétienté; et ce n'est pas la seule fois que nous signalerons l'intervention des souverains pontifes comme arbitres des actions de l'ordre. « Les chevaliers de l'Hôpital étant uni« quement destinés, comme le dit Ray« mond du Puy dans sa règle, à combattre « pour la gloire de Jésus-Christ, pour « maintenir son culte et la religion catho« lique, aimer, révérer et conserver la jus« tice, favoriser, soutenir et défendre ceux « qui sont dans l'oppression, sans négli« ger les devoirs de la sainte hospitalité, » « il était naturel que des liens étroits rattachassent ces soldats-religieux à la chaire apostolique, d'où émanent pour le monde chrétien les sublimes exemples et les paroles d'encouragement du serviteur des serviteurs de Dieu ; il existait donc une sorte de filiation entre l'ordre de l'Hôpital et le souverain pontificat. Indépendamment de ce motif, le pouvoir moral du pape s'élevait, dans ces siècles de foi, au-dessus même de celui des rois et des empereurs; dans l'intérêt de l'unité religieuse, que l'on confondit trop souvent avec l'unité politique acquise au profit de Rome, le successeur de saint Pierre concentrait à son tribunal la connaissance de toutes les matières qui avaient trait au bien de la religion, et propageait sur tous les points de l'univers catholique l'autorité de ses décisions. Or, par leur nature même, les ordres religieux et militaires, tels que celui de l'Hôpital, se trouvaient placés dans une dépendance plus immédiate du saint-siége, et devaient, par conséquent, subir d'une manière plus directe son action toute-puissante. C'est ce qui fait qu'à considérer les chevaliers de Saint-Jean de Jérusalem, même abstraction faite des rapports nécessaires qui unissent au saint-siége un ordre religieux, il faut convenir que leur institution, quoiqu'elle eût son existence à part et sa vie politique, n'aurait jamais pu s'affranchir, comme tant d'autres États, de la tutelle de Rome, ni se développer d'une manière aussi forte qu'à l'abri de sa vivifiante influence (1). »

HÉLION DE VILLENEUVE, VINGT-CINQUIÈME GRAND MAÎTRE (1319-1346). — A peine le nouveau grand maître fut-il élu, que le pape le félicita de son élévation par une bulle datée d'Avignon, le 19 juin 1319, où il s'exprimait en ces termes : « En notre présence et en celle de nos frères, réunis dans un consistoire secret, nous les exhortâmes avec instance à choisir et à nommer pour grand maître celui qu'ils jugeraient le plus propre à cette haute dignité. Après en avoir mûrement conféré entre eux, chacun se retira à part, et prenant en considération le zèle religieux, la pureté de vie, la gravité de mœurs et la sagesse de conseil qui vous ont toujours distingué, ainsi que la valeur extraordinaire que vous avez constamment déployée dans la Terre Sainte contre les nations infidèles; ayant également égard aux nombreux services que vous avez rendus à l'ordre dans les différentes administrations qui vous ont été confiées, et où vous n'avez pas montré moins de désintéressement que de prudence et de sagesse; enfin, n'oubliant ni votre rare circonspection, ni votre esprit de prévoyance, ni toutes les autres vertus dont vous avez donné tant de preuves, le conseil vous a déclaré unanimement le plus digne de la grande maîtrise..... Nous espérons qu'après avoir été trouvé fidèle dans la puissance terrestre que Dieu vous a remise, vous serez digne de régner encore dans les tabernacles de la vie éternelle. »

L'administration d'Hélion de Villeneuve justifia toutes les espérances et tous les éloges du pape. Après quelques années de séjour en Europe, employées à régler les affaires de l'ordre sur le continent et à terminer tous les différends relatifs à la succession des templiers, Hélion de Villeneuve partit pour Rhodes, attaquée cette fois par les Turcs Ottomans. Avant de quitter la France, il convoqua à Montpellier un chapitre général, où l'on prit des mesures importantes. C'est là que l'ordre fut divisé par langues et que l'on créa huit baillis conventuels, ou grands-croix, qui en étaient les plus hauts dignitaires après le grand maître, dont ils devaient former le conseil. L'Hôpital étant alors accablé de dettes, on augmenta les *responsions*, c'est-à-dire les sommes que chaque commandeur était tenu de faire verser au trésor, et des peines graves furent établies contre ceux qui différeraient de s'en acquitter (1329). Arrêté au moment de s'embarquer à Marseille par une maladie à laquelle il faillit succomber, de Villeneuve ne put arriver qu'en 1333 dans l'île de Rhodes, où il était impatiemment attendu.

En effet, la situation devenait difficile. Après les troubles qui avaient signalé la fin du gouvernement de Foulques, l'absence prolongée de son successeur avait encore relâché les liens de la discipline. Les commandeurs s'étaient dispersés dans leurs provinces et détournaient les revenus de leur destination; la garnison de Rhodes, mal payée, se débandait, les fortifications tombaient en ruines. La lieutenance de Gérard de Pins avait été marquée par quelques exploits contre les Turcs; mais ce brave chevalier n'avait pu arrêter les progrès du désordre. Le retour du grand maître remit toutes choses en bon ordre : dès son arrivée il fit travailler à la réparation des remparts. Il fit construire à ses frais un bastion crénelé et un boulevard qui conservent encore aujourd'hui le nom de château de Villeneuve; il augmenta la flotte, et fit respecter dans tout l'Archipel les pavillons de l'ordre. Il rendit des règlements utiles aux habitants de l'île; par ses soins la mendicité fut extirpée; l'industrie et le travail, encouragés, ramenèrent l'abondance; et un vaste hôpital s'éleva pour recevoir les malades et servir d'asile aux vieillards sans ressources. Cependant l'ordre avait une dette considérable à amortir. On avait dépensé des sommes énormes pour le recouvrement des biens des templiers :

---

(1) De Villeneuve-Bargemont, *Monuments des Grands Maîtres*, etc., t. I, p. 81.

quatre vingt-dix mille ducats avaient été empruntés au pape à l'époque de la conquête de Rhodes; on devait soixante mille florins d'or à Florence et presque autant à Gênes. Foulques, par prodigalité, Gérard de Pins, par nécessité, avaient eu recours encore à de nouveaux emprunts. L'habileté et l'économie d'Hélion de Villeneuve réparèrent tout. Il commença par se libérer de la créance du pape en lui vendant quelques biens de l'Hôpital et en lui payant le reste. On obtint aussi du pontife l'autorisations d'aliéner d'autres possessions pour la valeur de deux cent mille florins. Insensiblement tout fut acquitté, les finances se rétablirent, le trésor s'augmenta, et l'ordre, à son tour, se trouva créancier de plusieurs banques de l'Europe.

C'était le temps où le royaume de Chypre parvenait à son plus haut point de prospérité sous le règne de Hugues IV; mais c'était aussi le moment où la dynastie ottomane grandissait pour la ruine de tous les États chrétiens de l'Orient. Orkhan, fils d'Othman, avait etendu ses conquêtes dans la partie occidentale de l'Asie Mineure, et commençait à attaquer l'Europe. Les émirs d'Aïdin et de Saroukhan n'avaient pas cessé d'être redoutables. La chrétienté d'Orient était environnée de dangers; et par malheur l'Église était divisée par le grand schisme. Néanmoins, excités par les énergiques remontrances de Clément VI, les chevaliers de Rhodes et les Lusignans soutenaient vigoureusement la lutte, et en 1345 la flotte de l'ordre, conduite par Jean de Biandra, chevalier, prieur de Lombardie, fit une brillante expédition sur les côtes de l'Asie Mineure, et s'empara de la ville de Smyrne, acquisition importante pour la guerre et le commerce. Ce fut le dernier événement du long et glorieux magistère d'Hélion de Villeneuve, qui avait eu pour résultat de rétablir la discipline dans l'ordre et d'y ranimer l'esprit guerrier qu'un long repos avait engourdi. De Villeneuve mourut à quatre-vingts ans, en 1346, *et fut*, dit Naberat, *méritoirement surnommé* l'heureux gouverneur (1).

(1) *Histoire des Chevaliers de l'Ordre*, etc., p. 67.

DIEUDONNÉ DE GOZON, VINGT-SIXIÈME GRAND MAÎTRE (1346-1353). —Sous Hélion de Villeneuve, en 1342, un chevalier, nommé Dieudonné de Gozon, tua un serpent énorme qui répandait l'épouvante dans Rhodes et aux environs. Déjà plusieurs chevaliers avaient succombé dans cette entreprise, et le grand maître avait formellement défendu aux autres d'attaquer le monstre. Malgré cet ordre, Gozon, n'écoutant que l'inspiration de son courage, avait tenté l'aventure et en était sorti vainqueur (1);

(1) Voici comment le combat est raconté dans l'*Histoire de l'ordre de Saint-Jean*, de Naberat et Baudoin. Par sa simplicité, ce récit est bien préférable à celui de Vertot, auquel il sert de base :

« En ce temps, dit Naberat, il y avoit en l'île de Rhodes ung grand dragon en une caverne, d'où il infectoit l'air de sa puanteur, et tuoit les hommes et les bestes qu'il pouvoit rencontrer, et estoit défendu à tous religieux soubs peine de privations de l'habit, etc., et à tous subjects de passer en ce lieu qui s'appeloit *Maupas*. Ce dragon étoit de la grosseur d'un cheval moyen, la teste de serpent, les oreilles de mulet, recouvertes de peau fort dure et d'escailles, les dents fort aiguës, la gorge grande, les yeux caves, luysans comme feu avec ung regard esfroyable. Quatre jambes comme ung crocodile ; les griffes fort dures et aiguës ; sur le dos deux petites aisles, dessus de couleur d'ung dauphin, dessoubs jaunes et verdes comme estoient le ventre et la queue comme ung lezart. Il couroit, battant de ses aisles, autant qu'ung bon cheval avec ung horrible sifflement.

« Le chevalier de Gozon ayant entrepris de le combattre, s'en alla à Gozon, chez son frère, où il fist ung fantôme qui représentoit naïvement le dragon, et accoustuma son cheval et deux chiens à l'approcher et l'attaquer courageusement sans crainte.

« Après retourné à Rhodes, fist un jour porter ses armes à l'esglise Saint-Estienne, près Maupas, et y envoya son serviteur, et luy, avec un seul serviteur, s'y en allast, sans qu'on recognust son dessein. Il laissa ses serviteurs sur le costeau, et leur commanda qu'ayant veu le combat, s'il estoit vaincu et tué, ils s'enfuissent, si non qu'ils vinssent à luy pour le secourir. Et lui armé de toutes pièces, la lance sur la cuisse, marcha vers la caverne, laquelle il trouva suivant contre le courant d'ung ruisseau qui en sortoit. Dans un peu de temps, le dragon vint à lui la teste levée, et bastant des aisles avec son baste-

mais, lorsque après son triomphe, il vint se présenter au grand maître, celui-ci lui demanda d'un ton sévère « si c'était ainsi qu'il observait ses défenses »? Interdit, le vainqueur ne put répondre; il se laissa sans résistance conduire en prison, puis traduire devant le conseil assemblé, qui le condamna à la perte de l'habit. Mais, après avoir donné cette satisfaction à la discipline, Hélion, admirateur du vrai courage, brisa les fers de Gozon, le combla d'éloges et de bienfaits; et, voulant montrer qu'il savait récompenser comme punir, il le nomma un des premiers commandeurs; enfin, il l'éleva à la charge de son lieutenant général. Il n'y a aucune raison sensée de douter de cette aventure, qui n'offre rien que de vraisemblable dans son fond et dans ses détails, sauf peut-être la description du monstre, qui a été chargée de traits étranges par la terreur et le goût du merveilleux. Le sculpteur du tombeau de Dieudonné de Gozon, en représentant l'exploit de ce grand maître, a donné à l'animal tous les traits qui rappelaient la chimère de Bellérophon (1). Mais le colonel Rottiers a vu dans une maison de la rue des Chevaliers une fresque antique représentant le fait d'armes de Gozon, et où le monstre qu'il combat n'est autre chose qu'un véritable crocodile. Cette maison, qui est aujourd'hui la propriété d'un Turc, appartenait autrefois à quelque prieuré d'Allemagne. « La fresque est peinte au-dessus d'une vaste cheminée, et occupe une étendue de dix-huit pieds environ, sur sept ou huit de hauteur. L'animal représenté dans ce tableau doit avoir été de la plus grande espèce des reptiles sauriens, un crocodile enfin du seul genre connu des anciens, dont les Égyptiens avaient fait un demi-dieu, et à qui ils avaient consacré la ville d'Arsinoé...... Sur la fresque en question on voit le monstre renversé et expirant; contrairement au récit de Vertot (et à celui de Naberat), la lance est rompue dans sa poitrine; un des deux dogues est écrasé à ses côtés; Dieudonné de Gozon, cuirassé et jeté à terre, paraît vouloir se relever tenant toujours sa longue épée à la main. On aperçoit dans le lointain un écuyer courant après son cheval, qui, tout effrayé, s'enfuit au grand galop. Sur le premier plan on voit une grotte d'où s'échappe un ruisseau; le peintre aura voulu sans doute figurer par là l'antre qui servait de retraite au monstre. Il est certain que le héros est représenté tout à fait triomphant, et paraissant n'avoir besoin de personne, tandis que Vertot raconte le fait différemment (2). »

ment accoustumé. Le chevalier luy courust courageusement contre, baissant la lance, l'atteignit à une espaule, qu'il trouva couverte d'escailles si dures, que la lance se mit en pièces sans rien l'offenser. Cependant les chiens assaillant vivement le dragon de tous costés, et l'un d'eux l'affera soubs le ventre, chose qui vexa et retarda aulcunement le dragon; de sorte que le chevalier eust loisir de mettre pied à terre, et retourna l'espée au poing contre le dragon, et la luy plongea dans la gorge, où la peau se trouva tendre, et la maniant et l'enfonçant tousjours de plus en plus, luy trancha le gosier et soubtint ainsy son espée, et soi-même butté contre le dragon jusqu'à ce qu'il eust jecté et perdu tout son sang. Et lors le dragon, se sentant faillir, se laissa tomber à terre et accueillit dessoubs soy ce chevalier, à qui la force failloit de lassitude et de la puanteur et pesanteur de cette espouvantable charogne. Ses serviteurs voyant le dragon par terre, y accoururent, et voyant qu'il ne bougeoit plus, avec grand peine et travail l'ostèrent de dessus leur maistre, qu'ils trouvèrent tout pasmé. Mais voyant que le poulx lui battoist encore, le rafreschirent promptement avec de l'eau du ruisseau, et incontinent il reprit ses esprits et ses sens. Ses serviteurs le désarmèrent et le remirent à cheval, et s'en retourna plein d'alégresse, telle qu'on peut penser, ayant mis si heureusement fin à si haulte entreprise. »

(1) Les archives de Malte renfermaient une collection de dessins des tombeaux des grands maîtres. Cette collection a été détruite dans un incendie; mais le comte de Bloise, commandeur d'Hannonville (mort en 1824, à l'âge de quatre-vingt-quatre ans), avait fait auparavant une copie exacte de ce recueil. Ce sont les dessins du commandeur d'Hannonville que M. Villeneuve-Bargemont a publiés, en accompagnant ces monuments des grands maîtres de notices historiques, exactes et succinctes, auxquelles nous avons souvent recours dans cette partie de notre travail.

(2) Rottiers, *Monuments de Rhodes*, p. 241; *Atlas*, pl. 28. Voyez encore la fresque du caveau de N.-D. de Philérème, où le combat de Gozon est encore représenté d'une manière naturelle.

Quoi qu'il en soit de ces différences, le témoignage de la fresque de Rhodes est précieux, en ce qu'elle nous montre le chevalier Gozon aux prises avec un animal possible et véritable. La présence d'un crocodile dans l'île de Rhodes n'en reste pas moins un fait extraordinaire; mais il est ridicule de rejeter un fait uniquement parce qu'il est ou qu'il paraît extraordinaire. D'ailleurs cet animal a pu venir à Rhodes de plus d'une manière, et quoique son arrivée en cette île ne nous soit pas expliquée, son séjour et sa lutte avec Gozon sont des faits trop bien attestés pour qu'il soit permis de les révoquer en doute.

Après la mort d'Hélion de Villeneuve, « ce fut Gozon qui parut le plus digne de lui succéder. A peine fut-il élu, qu'il eut les Turcs à combattre. Ceux-ci s'étaient jetés en grand nombre sur l'île d'Imbros. La flotte chrétienne, composée des galères de Rhodes et des autres États maritimes de la chrétienté, se réunit à Smyrne, sous le commandement du prieur de Lombardie, Biandra. La flotte musulmane fut surprise à Imbros, et presque entièrement brûlée. On fit cinq mille prisonniers (1) ». La retraite du roi de Chypre Hugues IV, les dissensions des Génois et des Vénitiens ne tardèrent pas à dissoudre la ligue chrétienne, et tout le poids de la guerre retomba sur les chevaliers de Rhodes, qui n'avaient aucun intérêt de commerce ni aucune rivalité politique qui pussent les détourner de leur noble destination. En 1351 le pape Clément VI les envoya au secours de Constant, roi d'Arménie, contre lequel le soudan d'Égypte préparait un grand armement. « Quoique ce prince suivît le rit grec, dit Vertot, et fût même schismatique, Gozon, plein de zèle et animé de l'esprit de son institut, ne crut pas devoir abandonner des chrétiens à la fureur de ces barbares. L'armée des chevaliers, transportée sur les galères de l'ordre, vainquit les Sarrasins. Le roi d'Arménie, secondé de ces puissants auxiliaires, reprit toutes les places dont les musulmans s'étaient emparés, et les débris de l'armée du soudan regagnèrent péniblement l'Égypte.

Cependant ces guerres continuelles

(1) Vertot, l. V, t. II, p, 46; Naberat, p. 70.

épuisaient les revenus de l'ordre, dont les finances étaient toujours assez irrégulièrement administrées. Si à Rhodes le grand maître donnait à tous l'exemple du plus actif dévouement, les commandeurs, retirés dans leurs domaines d'Europe, paraissaient oublier les intérêts de la chrétienté. Les responsions ne se payaient pas ou se payaient mal. On voit par une lettre de Gozon aux commandeurs des royaumes de Suède, de Danemark et de Norvège, que depuis la perte de la Terre Sainte on n'avait reçu de leur part aucune contribution. Découragé par le peu de succès de ses remontrances, Gozon offrit au pape sa démission du titre de grand maître. Le pape refusa d'abord de l'accepter; mais, pressé de nouveau par Gozon, Innocent VI envoya à Rhodes la permission d'élire un autre grand maître, quand Gozon mourut subitement, le 7 septembre 1353. Il avait employé les derniers temps de sa vie à fortifier la ville de Rhodes. Il fit entourer de murailles tout le faubourg qui regarde la mer, et construire le môle du port où depuis abordèrent les navires. « On enterra le grand maître Dieudonné de Gozon dans l'église Saint-Étienne au mont, dit le manuscrit d'Éleuthère (1),

(1) Éleuthère, moine grec de Saint-Basile, était à Rhodes lors du siège de 1522; il mourut en 1545. Il reste du moine Éleuthère une histoire manuscrite de Rhodes. En 1825 ce précieux manuscrit était en la possession du papas Euphémio, de Trianda, qui le communiqua au colonel Rottiers. « C'était, dit ce voyageur, un manuscrit en grec moderne, d'un petit format in-quarto, contenant environ quatre-vingts pages d'une écriture très-lisible; ce qui me fit faire la remarque que ce devait être une copie faite d'après l'original ou même d'après une autre copie. Le bon vieillard me répondit ingénument qu'effectivement c'était une copie, mais qu'elle datait d'un siècle et demi; et là-dessus il me montre sur la couverture une inscription portant que ce livre d'Éleuthère, moine de Saint-Basile, sur les événements qui se sont passés à Rhodes durant le séjour des chevaliers avait été fidèlement copié en 1676 par un Grec de Rhodes, nommé Lazare Chrysopolo, et qu'il en existait encore deux autres exemplaires dans l'île, dont l'un devait être l'original. » *Monum. de Rhodes*, p. 359. Sait-on, depuis le colonel Rottiers, ce qu'est devenu le manuscrit d'Éleuthère, qui paraît un document d'impor-

là où il avait fait vœu à Dieu, la Vierge et saint Étienne, avant d'aller combattre le dragon, de fonder une messe s'il revenait triomphant.... Sa mort, dit-il plus loin, causa la désolation à Rhodes et dans toute l'île; tous les habitants en état de marcher, tant riches que pauvres, assistèrent à son enterrement, et restèrent campés, en grande partie, autour de cette église et dans les environs pendant trois jours que durèrent les cérémonies funèbres, durant lequel temps on distribua du pain, du vin et d'autres vivres aux pauvres, aux frais du trésor de l'ordre. »

Le mont Saint-Étienne a environ cent mètres de hauteur. De son sommet on aperçoit toutes les îles rhodiennes. L'église où fut enterré Gozon est l'un des plus anciens monuments de la chrétienté ; elle date du sixième siècle. La façade et la partie latérale du nord ont le plus souffert, celle du sud est encore en assez bon état. A l'intérieur, ses murs offraient encore en plusieurs endroits, dit le colonel Rottiers, des traces d'anciennes peintures à fresque. Au-dessus des pilastres qui soutiennent le dôme on voyait assez distinctement les quatre évangélistes, et sur une autre partie du mur nous trouvâmes les restes d'une assomption. Lors de l'arrivée des chevaliers cette église était déjà délaissée par les Grecs depuis le séjour des Sarrasins ; et Hélion de Villeneuve l'ayant fait restaurer, elle fut consacrée au culte romain. Elle a servi d'hôpital pour les officiers turcs blessés pendant les deux sièges, et aujourd'hui les dominateurs de Rhodes l'ont abandonnée à la destruction du temps. Les sites pittoresques de ces lieux, les points de vue charmants qu'ils offraient devaient en faire du temps des chevaliers le séjour le plus agréable de l'île (1). » Aussi les chevaliers y avaient-ils des jardins et des villas, qu'occupent aujourd'hui des Turcs et des Grecs.

tance, à en juger d'après les indications qu'en a tirées le voyageur belge ? Ce serait là une curieuse recherche à faire dans cette île de Rhodes, qui est encore toute à étudier de nouveau. Et qui empêcherait quelqu'un des membres de l'école française d'Athènes d'entreprendre cet intéressant voyage de découvertes ?

(1) Rottiers. *Mon. de Rhodes*, p. 341.

Pierre de Cornillan, vingt-septième grand maître (1354-1355). — Pierre de Cornillan, chevalier de la langue de Provence et prieur de Saint-Gilles, était digne de succéder à Gozon, par la régularité de sa vie, et même la sévérité de ses mœurs. Il fut élu en 1354. Son premier soin à son avènement au pouvoir fut de convoquer un chapitre général, afin de remédier à une partie des abus qui affaiblissaient la vigueur du grand corps dont il était le chef. L'ordre avait des biens par toute l'Europe, et cette situation, en le mettant en relation avec beaucoup de souverains, lui créait aussi beaucoup de difficultés. Les mêmes princes qui reprochaient à l'ordre de ne pas assez défendre la chrétienté en Orient travaillaient à lui disputer ses revenus, et principalement l'héritage des templiers, qu'on avait vu avec regret passer dans les mains des chevaliers de Rhodes. Innocent VI se laissa prévenir contre eux. Les progrès des Turcs Ottomans commençaient à effrayer l'Europe. Déjà ils avaient passé en Thrace et pris Gallipoli. Que faisaient donc les hospitaliers ? Ils oubliaient, disait-on, les combats pour les plaisirs, et le pape, s'associant au blâme général, adressa au grand maître de sévères remontrances, avec l'ordre d'abandonner l'île de Rhodes et de transporter son siège au milieu de l'ennemi, soit dans l'Anatolie, soit dans la Palestine.

Évidemment la crainte ou la prévention rendaient tout le monde, même le pape, injuste et aveugle. Envoyer l'ordre en Asie, c'était l'envoyer inutilement à la mort. Le grand maître s'alarma d'une si fâcheuse perspective. Il répondit en termes respectueux qu'il allait convoquer un chapitre général, afin de lui communiquer la lettre du saint-père. Innocent VI, voulant diriger les délibérations de ce chapitre, ordonna qu'il se réunirait à Nîmes ou à Montpellier. Au milieu de ce conflit, qui l'abreuvait d'amertume, Pierre de Cornillan mourut, après avoir gouverné environ dix-huit mois.

Roger de Pins, vingt-huitième grand maître (1355-1365.) — Le nouveau grand maître était de la langue de Provence et de cette illustre maison qui avait déjà donné à l'ordre Odon, son vingt-deuxième grand maître, et ce Gérard de Pins qui avait vaincu Orcan. La mort de Pierre de Cornillan n'avait rien changé aux résolutions du pape. Loin de là, Innocent VI, plus décidé que jamais à transférer les chevaliers hors de Rhodes, voulut que le chapitre convoqué sous le précédent magistère se réunît sous ses yeux, à Avignon ; et sans attendre la réunion de cette assemblée générale, il décida que la Morée deviendrait le séjour de l'ordre. Mais il fallait, avant de l'y établir, obtenir auparavant des princes chrétiens la cession des droits qu'ils faisaient valoir sur cette contrée. Des difficultés imprévues entravèrent les négociations ; le pape les abondonna, et les chevaliers restèrent dans l'île de Rhodes.

Ce pape si peu favorable aux hospitaliers était cependant gouverné par un chevalier de leur ordre, nommé frère Jean-Ferdinand d'Hérédia, de la langue d'Aragon et châtelain d'Emposte. Hérédia menait à son gré Innocent VI, qui lui avait donné le gouvernement d'Avignon et du Comtat Venaissin, et les plus riches propriétés de l'ordre, telles que le prieuré de Castille et celui de Saint-Gilles. Hérédia était plus puissant que le grand maître, dont il bravait l'autorité. Ce fut en vain que Roger de Pins députa à Avignon deux chevaliers qui demandèrent au pape la permission de faire le procès à Hérédia comme usurpateur des biens de l'ordre. Innocent VI détourna le coup qui menaçait son favori, en faisant examiner l'affaire par deux cardinaux. Hérédia fut renvoyé absous, et l'impunité accrut son insolence. Ne pouvant frapper le coupable, Roger de Pins voulut au moins s'opposer à la contagion du mauvais exemple. Il convoqua à Rhodes même un chapitre général, et y fit décider que les prieurs ne pourraient être pourvus d'autres commanderies que de celles qui composaient leur chambre prieurale ; que dans chaque prieuré il y aurait des receveurs particuliers des revenus de l'ordre, qui n'en seraient comptables qu'au trésor commun. Cette importante réforme arrêtait le cumul des commanderies, et assurait le payement des responsions.

Roger de Pins mourut un an après la tenue de ce chapitre, le 28 mai 1365. « L'ordre perdit en sa personne, dit Vertot (1), un chef plein de zèle pour la manutention de la discipline, et les pauvres de l'île un père très-charitable. On remarqua que dans le temps que la peste infesta cette île comme tout l'Orient, et fut suivie d'une famine affreuse, il employa d'abord tous ses revenus, et qu'il vendit ensuite son argenterie et jusqu'à ses meubles pour subvenir aux besoins des pauvres : ce qui lui mérita dans l'ordre et devant les hommes le titre d'*aumônier,* et dans le ciel une juste récompense, et le centuple promis si formellement par celui-là seul dont les promesses sont infaillibles. »

RAYMOND BÉRENGER, VINGT-NEUVIÈME GRAND MAÎTRE (1365-1374). — Raymond Béranger, chevalier de la langue de Provence, originaire du Dauphiné, était commandeur de Castel-Sarrasin, quand il fut élu grand maître. Depuis Dieudonné de Gozon, l'ordre s'était endormi dans la paix ou affaibli par ses divisions : Bérenger lui remit les armes à la main, et recommença la guerre sainte avec une nouvelle vigueur. C'était le temps où Pierre Ier, roi de Chypre, s'illustrait par ses exploits. Depuis plusieurs années ce prince soutenait seul et avantageusement la guerre contre le soudan d'Égypte (2). Le nouveau grand maître seconda ses efforts, et les deux princes ayant rassemblé une flotte de plus de cent navires firent voile secrètement vers Alexandrie, et l'attaquèrent à l'improviste (3). « Les Alexandrins furent surpris ; mais, outre une nombreuse garnison, il y avoit tant de monde dans cette grande ville, la plus riche de l'Égypte, qu'on vit en un instant les murailles bordées de soldats et d'habitants, qui faisoient pleuvoir une grêle de flèches sur les chrétiens. Ces assiégés, appuyés sur le parapet, à grands coups de piques et de hallebardes, renversent les assiégeants, les poussent dans le fossé, et les accablent de grosses pierres. De nouveaux assaillants prennent la place des morts et des blessés, et sans s'étonner du sort de leurs com-

(1) *Hist. des Chevaliers Hospitaliers,* t. II, p. 66.
(2) Voyez plus haut, p. 64.
(3) Vertot, *Histoire des Hospitaliers,* t. II, p. 68.

pagnons, tâchent de gagner le haut des murailles. Les uns sont percés à coups de flèches, d'autres précipités ou renversés avec les échelles. Les assiégés répandent de tous côtés de l'huile bouillante, et des feux d'artifice embrasent les machines des chrétiens, s'attachent même à leurs habits, passent jusqu'au corps, et forcent le soldat tout en feu d'abandonner l'attaque pour chercher des secours dans l'eau, où il se précipite. Jamais assaut ne fut plus furieux et plus meurtrier; mais, malgré l'image de la mort qui se présente de tous côtés, les chevaliers de Rhodes, animés par leur propre courage, et soutenus des regards intrépides du grand maître, reviennent au combat, s'attachent de nouveau aux murailles, et, se faisant une échelle des corps morts de leurs compagnons, s'élèvent jusqu'au haut, gagnent le parapet, se jettent dans la place, et tuent tout ce qui se présente devant eux. De là les victorieux se répandent dans la ville, pénètrent dans les maisons voisines des remparts, massacrent les hommes dans les bras de leurs femmes, pillent les plus riches meubles, et font esclaves tout ce qui échappe à la première fureur du soldat. Quoique le roi et le grand maître eussent perdu beaucoup de monde dans les différentes attaques, cependant ils auroient bien souhaité de pouvoir se maintenir dans leur conquête. Mais, ayant appris que le sultan faisoit avancer toutes les forces de l'Égypte pour les en chasser, et d'ailleurs se voyant dans une place encore remplie d'un nombre infini d'habitants qui s'étoient retranchés dans la basse ville, ils résolurent de se retirer; et, après s'être chargés d'un butin inestimable, ils mirent le feu à tous les vaisseaux des infidèles qu'ils trouvèrent dans le port, et se rembarquèrent avec leurs prisonniers. Le roi reprit le chemin de son isle, et le grand maître celui de Rhodes, où ils arrivèrent l'un et l'autre heureusement (1365). »

Deux ans après (1367), les chevaliers et le roi de Chypre se remirent en campagne, fortifiés par les Génois, qui s'étaient joints à eux. Ils firent des courses heureuses sur les côtes de la Syrie, et s'emparèrent de Tripoli, de Tortose, de Laodicée, et de Bellinas. Bientôt la mort de Pierre Ier de Lusignan suspendit l'activité de la guerre. Chypre commença à tomber en décadence; l'Arménie, livrée sans défense aux attaques du soudan, se vit abandonnée de la plupart des familles chrétiennes, dont quelques-unes cherchèrent un asile à Rhodes. Rhodes, à son tour, se vit menacée par les forces de l'Égypte. Le bruit ayant couru que le soudan préparait une expédition contre cette île, Raymond Bérenger fit acheter des chevaux et des armes en Italie, et les commandeurs furent invités à envoyer leurs responsions au trésor. Mais la plupart désobéirent, et le grand maître, indigné, serait sur-le-champ passé en France pour se faire rendre justice, si ses infirmités, son grand âge et le salut de Rhodes ne l'avaient arrêté. Cependant, dégoûté du commandement, affligé de l'indifférence et du relâchement qu'il voyait autour de lui, il prit un parti extrême, et supplia le pape de recevoir sa démission. Grégoire XI, désirant remédier par lui-même aux abus dont l'ordre était travaillé, convoqua une assemblée de chevaliers à Avignon, en 1374. Il avait déterminé le grand maître à garder sa charge, et, jugeant son séjour à Rhodes nécessaire, il le dispensa d'assister à ce chapitre d'Avignon; peu de temps après, Raymond Bérenger mourut, au mois de novembre 1374.

ROBERT DE JULLIAC, TRENTIÈME GRAND MAÎTRE (1374-1376). — Robert de Julliac, grand prieur de France, était dans son prieuré quand le chapitre de Rhodes le nomma grand maître. Il quitta la France aussitôt, et le premier acte de son gouvernement fut de révoquer tous les receveurs qui négligeaient de verser leurs recettes au trésor. Jusque là la ville de Smyrne avait eu des gouverneurs qui ne relevaient que du saint-siège; mais l'archevêque et les habitants de cette ville s'étant plaints que leur gouverneur Ottoboni Castasleo, qui était un marchand plutôt qu'un homme de guerre, négligeait les soins de la défense pour les affaires de son commerce, le pape annonça au grand maître qu'il avait l'intention de réunir Smyrne aux autres possessions de l'ordre. En vain Julliac objecta-t-il le danger d'une garnison entourée d'ennemis, perpétuellement en état de siège; l'éloignement de Rhodes, qui ne lui permettait pas d'y faire passer de prompts secours; enfin tout ce qu'une telle responsabilité aurait d'onéreux et pour les chevaliers et pour le trésor : il fallut y consentir, moyennant un revenu de mille florins annuels que paya le saint-siége. Cette nouvelle acquisition mettait les chevaliers de Rhodes en présence des Turcs Ottomans, qui n'avaient cessé de s'agrandir en Asie Mineure, et qui sous Amurat Ier, fils d'Orcan, s'étaient emparés de la principauté d'Aïdin, où Smyrne était située. Les immenses préparatifs que faisait ce prince au moment où Robert de Julliac arriva dans l'île de Rhodes inspiraient au grand maître de vives inquiétudes. Rhodes était presque sans défense; beaucoup de chevaliers avaient péri dans les dernières expéditions; le reste s'était dispersé dans les commanderies. Le pape, informé par le grand maître du danger de la situation, ordonna aux chevaliers de se rendre à leur poste, et bientôt cinq cents hospitaliers accoururent à Rhodes, suivis chacun d'un frère servant faisant l'office d'écuyer. Rhodes était donc en état de se défendre; mais l'ennemi ne se présenta pas. Amurat se jeta sur l'Europe, et l'ordre jouissait d'une paix profonde lorsque Robert de Julliac mourut, vers le milieu d'août de l'an 1376.

FERDINAND D'HÉRÉDIA, TRENTE-UNIÈME GRAND MAÎTRE (1376-1396). — Depuis que Ferdinand d'Hérédia était entré dans l'ordre, il s'était montré avide de pouvoir, d'honneurs et de richesses; mais il avait de la fermeté, de l'intelligence, du courage; d'ailleurs, l'âge avait amorti la fougue de ses passions, sans rien ôter à ses talents, et dans les circonstances difficiles où l'on était, « il étoit de la politique de l'ordre de mettre à sa tête un homme aussi puissant et aussi autorisé que l'étoit Hérédia, et qui dans cette place ne pourroit plus distinguer les intérêts de la religion des siens propres (1) ».

Jean-Ferdinand d'Hérédia était issu d'une des plus nobles maisons d'Aragon. Son frère aîné, Velasco d'Hérédia, était grand justicier de ce royaume, c'est-à-dire, comme l'explique très-bien Vertot, qu'il faisait à lui seul la fonction dont les éphores étaient autrefois chargés à Lacédémone contre leurs rois. Comme le grand justicier n'avait pas d'enfants, et qu'il désirait perpétuer son nom et sa maison, il détermina son frère à se marier; mais Ferdinand n'eut que deux filles, dont la seconde coûta la vie à sa mère. Cédant encore aux vœux des siens, Ferdinand se maria une seconde fois, et la naissance d'un fils paraissait lui assurer l'immense héritage du grand justicier, quand, après une longue stérilité, la femme de ce dernier devint successivement mère de deux enfants mâles. Alors, trompé dans ses espérances, devenu veuf de nouveau, d'Hérédia confia ses enfants à son frère, et résolut de changer de voie pour arriver au pouvoir et à la fortune. Il partit pour Rhodes, reçut l'habit des chevaliers des mains du grand maître Hélion de Villeneuve; et, cachant son ambition sous un extérieur modeste, affectant des mœurs sévères, il trouva bientôt l'occasion de faire valoir son habileté et son courage, et il ne tarda pas à s'acquérir l'estime de l'ordre entier. Bientôt il est nommé commandeur d'Alambro et de Villet, bailli de Capse, enfin châtelain d'Emposte, la plus haute dignité après celle de grand maître. Bientôt le grand prieuré de Catalogne vint à vaquer. Deux prétendants se le disputaient, l'un appuyé par le pape, l'autre soutenu par les chevaliers. D'Hérédia fut chargé de porter au saint-siége les représentations du grand maître; mais l'adroit Aragonais, ayant su s'insinuer dans l'esprit de Clément VI, demanda et obtint le grand prieuré pour lui-même. Depuis, n'osant retourner à Rhodes, il demeura à la cour d'Avignon, où son crédit ne cessa de s'accroître. Le pape l'employait dans les circonstances les plus délicates et les plus importantes. Il fut chargé de réconcilier Philippe de Valois et Édouard III, et de les empêcher d'en venir aux mains. Mais, n'ayant pu persuader le roi d'Angleterre, il passa dans le camp du roi de France, combattit à ses côtés à la bataille de Crécy, 1346, et lui sauva deux fois la vie. Il se retira du champ de bataille couvert de blessures, et Édouard III, loin de s'irriter contre le médiateur du saint-siége, qui avait combattu contre lui, n'en conçut que plus d'estime pour d'Hérédia; et le grand prieur fit signer aux deux rois une trêve d'un

(1) Vertot, t. II, p. 79.

an. Sous Innocent VI d'Hérédia devint encore plus puissant. Nommé gouverneur de la ville et du comtat d'Avignon, il fit entourer la résidence papale de fortes tours et de hauts remparts, et il reçut en récompense les riches prieurés de Castille et de Saint-Gilles. Cette insatiable avidité d'Hérédia, son ambition démesurée, excitèrent dans l'ordre de vives réclamations. Poursuivi par le conseil et par le grand maître, Roger de Pins, il fut absous par la protection du saint-siége; toutefois, sous Urbain V et Grégoire XI, successeurs d'Innocent VI, il n'eut plus la même influence. On oublia peu à peu les scandales de sa conduite passée, et à la mort de Robert de Julliac, comme il était le plus capable et le plus puissant de tous les membres de l'ordre, il fut élu grand maître (1).

A peine élu, d'Hérédia équipe à ses frais une escadre de neuf galères, ramène à Ostie le pape Grégoire XI, qui s'était laissé persuader de revenir à Rome. Puis, continuant sa route vers Rhodes, il rencontre sur les côtes de la Grèce une flotte vénitienne, dont l'amiral le détermine à se joindre à lui pour reprendre Patras, que les Turcs venaient d'enlever à la république. Les deux chefs marchent ensemble contre cette ville, et s'en emparent; mais la citadelle résiste, et la longueur du siége impatiente d'Hérédia, qui, malgré son âge avancé, ordonne et dirige l'assaut. Il va le premier aux remparts, saisit une échelle, l'appuie contre la brèche, et, sans regarder s'il était suivi, se jette dans la place. Le gouverneur turc vient à sa rencontre : le combat s'engage; d'Hérédia est vainqueur, coupe la tête de l'ennemi, et la montre aux siens, qui accourent et s'emparent de la forteresse.

Animés par ce succès, les alliés tentent de nouvelles conquêtes en Morée. Mais le grand maître tombe dans une embuscade, tandis qu'il examine la position de Corinthe, et il demeure prisonnier des Turcs. Pour obtenir la liberté du grand maître, les chrétiens s'engagent à restituer Patras : les Turcs refusent; on ajoute à cette offre celle d'une grosse somme d'argent; les grands prieurs de Saint-Gilles, d'Angleterre et de Rome s'engagent à rester comme otages jusqu'à son entier payement. Les Turcs allaient accepter; mais d'Hérédia refusa à son tour : « Laissez, mes chers frères, « répondit-il aux trois prieurs, laissez « mourir dans les fers un vieillard inu- « tile, et qui ne peut plus vivre long- « temps : pour vous, qui êtes jeunes, ré- « servez-vous pour servir la religion. » Il ne voulut même pas que l'ordre tirât du trésor l'argent de sa rançon. « Si on la doit « payer, ajouta-t-il, ma famille a reçu « d'assez grands biens de moi pour me « donner cette marque de reconnais- « sance. » Ces nobles refus coupèrent court aux négociations, on ne put rien conclure; d'Hérédia resta prisonnier, et fut transféré du château de Corinthe dans les montagnes de l'Albanie. « Il fut enfermé dans une étroite prison : et, au lieu de jouir à Rhodes de sa nouvelle dignité, il se vit retenu pendant plus de trois ans dans un rigoureux esclavage, où il eut tout le temps de faire de sérieuses réflexions sur le peu de solidité des grandeurs humaines (1). »

En 1381, le grand maître, racheté par sa famille, vit se terminer enfin cette dure captivité, par laquelle il expiait si cruellement les torts de son ambition. Pendant ce temps le grand schisme avait éclaté. Clément VII et Urbain VI se disputaient le gouvernement de l'Église. Le grand maître et une partie des chevaliers se déclarèrent pour Clément VII. Le reste reconnut Urbain, qui déclara d'Hérédia déchu de sa dignité, et nomma pour le remplacer Richard Carraccioli, prieur de Capoue, qui ne fut reconnu que par les langues d'Italie et d'Angleterre; tout le reste de l'ordre demeura inviolablement attaché à l'obédience de Clément VII et soumis au gouvernement d'Hérédia. A la faveur de ce schisme funeste, qui menaçait de diviser et de dissoudre toutes les institutions de l'Église, l'insubordination des commandeurs restait impunie; et le désordre devenait plus difficile à réprimer. Le grand maître d'Hérédia, de retour en Europe, tint plusieurs chapitres à Avignon, et parvint à ramener ses subordonnés à l'obéissance. Il pourvut aussi à la défense de Rhodes et de

---

(1) Villeneuve-Bargemont, *Monuments des Grands Maîtres*, t. I, p. 167.

(1) Vertot, l. V, t. II, p. 98.

Smyrne, que Bajazet menaçait d'un siége, et y fit passer à plusieurs reprises, et à ses frais, des vaisseaux chargés d'armes, de munitions et d'argent. Il fonda aussi, peut-être, ajoute Vertot, par un motif de pénitence et de restitution, une commanderie en Aragon, et une collégiale de douze prêtres; et il mourut à Avignon, en 1396, après avoir gouverné son ordre pendant dix-neuf ans et huit mois. « Depuis son élévation à la dignité de grand maître, ce fut pour ainsi dire un autre homme; et il auroit été à souhaiter, ou qu'il n'eût jamais entré dans l'ordre, ou que la condition humaine lui eût permis de n'en quitter jamais le gouvernement (1). »

PHILIBERT DE NAILLAC, TRENTE-DEUXIÈME GRAND MAÎTRE (1396-1421). — Richard Carraccioli était mort l'année précédente, et le pape Boniface IX avait annulé toutes les charges conférées par ce prétendu grand maître. L'ordre avait retrouvé l'unité de gouvernement, et Philibert de Naillac, d'une ancienne famille du Berry, grand prieur d'Aquitaine, fut élu par les suffrages de l'ordre entier pour succéder à d'Hérédia. A peine le nouveau grand maître eut-il pris possession de sa dignité, qu'il fut sollicité d'entrer dans la ligue que formaient alors les États chrétiens pour arrêter les progrès effrayants du sultan Bajazet. L'empereur grec, les Vénitiens, les chevaliers de Rhodes réunirent leurs vaisseaux, et la flotte confédérée, commandée par Thomas Mocenigo, se tint en croisière à l'embouchure du Danube. En même temps le grand maître, suivi des principaux commandeurs et d'un grand nombre de chevaliers de son ordre, allait rejoindre en Hongrie le roi Sigismond. Il combattit à ses côtés à la désastreuse bataille de Nicopolis, qui se livra le 28 septembre 1396, et où toute l'armée chrétienne fut taillée en pièces. Les principaux chefs furent faits prisonniers; le roi Sigismond et Philibert de Naillac n'échappèrent aux vainqueurs qu'en se jetant dans une barque que le hasard leur offrit aux bords du Danube. Ils s'éloignèrent rapidement, pour éviter les flèches dont on les accablait, et se laissèrent aller, en suivant le courant jusqu'à l'embouchure du fleuve, où ils trouvèrent la flotte chrétienne. Une galère de la religion ramena à Rhodes le grand maître et le roi de Hongrie.

Après avoir vaincu les Latins, Bajazet se tourna contre les Grecs, dévasta la Morée, dont le despote Thomas Paléologue, frère de l'empereur Manuel, se hâta de chercher un asile à Rhodes. Désespérant de pouvoir défendre sa principauté, Paléologue vendit la Morée à l'ordre de Saint-Jean, et convint avec le grand maître et le conseil de leur livrer Corinthe, Sparte et les principales villes de cette province, dont il reçut le prix. Mais la résistance de Sparte, qui refusa d'ouvrir ses portes aux commissaires de l'ordre, l'éloignement de Bajazet, que l'invasion de Tamerlan appelait en Asie, empêchèrent la conclusion de ce marché, et la Morée retourna à son ancien maître (1399).

Bajazet était sur le point de s'emparer de Constantinople, lorsqu'il fut attaqué par Tamerlan. Timour-lenc ou Tamerlan, descendant de Gengiskhan par les femmes, s'était mis à la tête des Tartares de la Transoxiane, et avait établi à Samarcande le siége d'un empire qui comprenait la plus grande partie de l'Asie. A force de s'étendre vers l'occident, les Mongols vinrent toucher aux frontières de la domination des Ottomans. Alors la guerre éclata entre Tamerlan et Bajazet; les deux rivaux vidèrent leur querelle dans les plaines d'Ancyre (1402), en Phrygie; et le fier Bajazet, vaincu et fait prisonnier, acheva sa destinée dans les fers. Après sa victoire, Tamerlan marcha contre Smyrne, position importante, que les grands maîtres avaient fortifiée avec soin, et où ils entretenaient une nombreuse garnison. Frère Guillaume de Mine, gouverneur de la place, avait tout préparé pour une vigoureuse résistance. Sommé par Tamerlan de le reconnaître pour maître, il répondit par un refus énergique, et aussitôt la place fut investie. Après quelques assauts livrés sans succès, Tamerlan fit combler les fossés, élever des tours en bois jusqu'au niveau des remparts, sur lesquels il lança ses nombreux bataillons. « Le dernier assaut qu'il donna alors, dit l'historien persan Cherefeddin-Ali, dura du matin au soir et du soir au ma-

---

(1) Vertot, l. V, t. II, p. 112.

tin. » Smyrne fut emportée, le massacre devint général, et tout y périt, hors quelques chevaliers, qui s'étant jetés à la mer furent sauvés par la flotte chrétienne, venue trop tard à leur secours (1403). L'année suivante Tamerlan retourna dans la haute Asie : sa retraite permit aux Ottomans de relever leur empire et au grand maître de réparer la perte de Smyrne. Philibert de Naillac s'empara d'un ancien château situé sur la côte d'Asie, en face l'île de Lango (Cos), et occupant l'emplacement des ruines de la ville d'Halicarnasse. Maître de cette position, le grand maître fit élever un nouveau fort, à la construction duquel le chevalier allemand Pierre Schlegelhold employa les débris du mausolée de la reine Artémise. Cette forteresse, appelée château de Saint-Pierre par les chrétiens, reçut des Turcs le nom de Bidrou ou Boudroun, qu'elle porte encore aujourd'hui.

Non content de défendre les possessions de l'ordre, Philibert de Naillac consacrait aussi une partie de ses forces à protéger toutes les possessions chrétiennes en Orient. Le royaume des Lusignans, déjà en pleine décadence, ne devait sa conservation qu'aux flottes et aux armes des chevaliers. Le maréchal de Boucicaut et le grand maître marchèrent au secours du roi Jean II, menacèrent les côtes de la Syrie et de l'Égypte, et forcèrent le soudan à respecter l'île de Chypre.

Au dedans le gouvernement de Philibert de Naillac ne fut pas moins heureux qu'au dehors. Par ses soins et sa prudence, il sut garantir l'ordre des divisions dont le grand schisme avait jeté les germes dans toute la chrétienté. Au concile de Pise (1409) il fut déclaré seul et légitime grand maître ; et au concile de Constance il obtint la soumission de tous les chevaliers dissidents (1414). Après un séjour de près de dix ans en Europe, pendant lequel il s'efforça toujours de rapprocher les princes chrétiens pour les tourner contre les Turcs, de Naillac retourna enfin à Rhodes, l'an 1419, où on le reçut avec les témoignages de la plus vive allégresse. Deux ans après (1421), il assembla un chapitre général, dont les actes eurent pour effet de maintenir, de consolider la paix et l'union dans l'ordre. Ce fut au milieu de ces soins que Philibert de Naillac mourut paisiblement, entouré et regretté de tous les chevaliers qui s'étaient réunis pour le chapitre.

ANTOINE FLUVIAN, TRENTE-TROISIÈME GRAND MAÎTRE (1421-1437). — Antoine Fluvian ou de la Rivière était chevalier de Catalogne, drapier de l'ordre, grand prieur de Chypre et lieutenant de Philibert de Naillac. Il fut à l'unanimité élu successeur de ce vénérable grand maître, qu'il secondait activement depuis plusieurs années. Quel que fût le grand maître, la situation extérieure de l'ordre ne changeait pas. C'étaient toujours les mêmes dangers à conjurer, les mêmes ennemis à combattre. D'un côté, Mahomet Ier rétablissait en Europe et en Asie la domination ottomane, qu'on avait crue anéantie par Tamerlan. Il attaquait de nouveau les côtes de la Grèce, et dirigeait ses flottes contre l'Archipel et les possessions de l'ordre de Saint-Jean. De l'autre, le soudan d'Égypte, Seifeddin, envahissait l'île de Chypre, s'emparait de la personne du faible roi Jean, et ne trouvait de résistance sérieuse que dans l'intervention des chevaliers de Rhodes. Dès lors Seifeddin médita la ruine de l'ordre, et il prépara secrètement une expédition contre Rhodes. Mais Antoine Fluvian, prévenu par des agents fidèles, rassembla ses chevaliers, remplit la capitale de vivres, d'armes, de munitions, et le soudan, qui vit ses projets découverts, ajourna son entreprise (1426).

Ces guerres continuelles, l'infidélité de Jean Starigues, lieutenant du grand maître, qui livra au roi d'Aragon cent mille florins du trésor, épuisèrent les finances de l'ordre. Pour remédier à la détresse présente, on convoqua un chapitre général à Rhodes le 10 mai 1428 ; on y prit de sages mesures pour rétablir le trésor de l'ordre, et on y réforma de nouveau certains abus déjà combattus bien des fois, mais jamais entièrement extirpés, et qui renaissaient toujours dans cette grande institution, comme les mauvaises plantes dans une terre féconde. Après avoir réparé les maux de la guerre et les désordres intérieurs, Fluvian gouverna paisiblement jusqu'à sa mort, qui eut lieu le 26 octobre 1437. C'est à lui qu'on doit l'agrandissement du quartier des Juifs à Rhodes et la construction d'une superbe infirmerie, que le grand maître dota à ses dépens. Avant de mourir, il légua au trésor public la somme de deux cent mille ducats, qu'il avait épargnés pendant son administration.

JEAN BONPAR DE LASTIC, TRENTE-QUATRIÈME GRAND MAÎTRE (1437-1454). — Aussitôt après la mort de Fluvian « le chapitre s'assembla pour lui nommer un successeur; les capitulants prirent la voie de compromission. On élut d'abord treize chevaliers, auxquels le chapitre remit le droit d'élection. Ces treize électeurs s'y préparèrent par l'usage des sacrements de pénitence et d'eucharistie; ils entrèrent ensuite dans une chambre séparée du lieu du chapitre, et, après avoir examiné avec soin les mérites des prétendants, leurs qualités personnelles, et celles surtout qui étoient les plus convenables au gouvernement, tous les suffrages se réunirent en faveur de frère Jean de Lastic, grand prieur d'Auvergne, qui fut reconnu par tout le chapitre pour grand maître de l'ordre (1). » A la nouvelle de son élection, Jean de Lastic, qui était alors en France, se hâta de passer à Rhodes, où l'on prévoyait une prochaine expédition de Dgemaleddin, soudan d'Égypte. Le grand maître s'occupa immédiatement d'ajouter de nouveaux ouvrages aux fortifications de Rhodes, tout en négociant avec le soudan d'Égypte et avec l'Ottoman Amurat. Ce dernier consentit à une trêve; mais l'autre, se fondant sur les anciens établissements des Arabes dans les îles de Chypre et de Rhodes, les déclara sa propriété, et envoya une flotte de dix-huit galères pour appuyer ses prétentions. Cette flotte s'empara de la petite île de Castel-Rosso, sur laquelle les chevaliers avaient bâti un fort, et fit une descente dans l'île de Rhodes, le 15 septembre 1440; mais elle fut obligée de se retirer avant d'avoir pu mettre le siége devant la capitale. Quatre ans après, au mois d'août de l'année 1444, une armée égyptienne aborda à Rhodes, et assiégea la ville pendant quarante-deux jours sans pouvoir s'en emparer. Après cette lutte glorieuse, qui a illustré le magistère de Jean de Lastic, l'ordre de Saint-Jean n'eut plus rien à craindre de l'Égypte. Mais alors Mahomet II succédait à Amurat (1451), et Constantinople tombait au pouvoir des Turcs (1453). Après cette importante conquête, le sultan envoya un héraut demander tribut et hommage au grand maître. « A Dieu ne plaise, répondit Lastic, que j'aie trouvé mon ordre libre et que je le laisse esclave; je serai mort auparavant. » Cette réponse devait faire éclater la guerre. Le grand maître envoya demander des secours aux princes chrétiens d'Europe, qui malheureusement ne savaient plus s'entendre pour combattre l'ennemi commun. Il mit Rhodes en état de défense, ramassa des munitions, convoqua les chevaliers. La mort le surprit au milieu de ces soins, le 19 mai 1454, après un gouvernement glorieux de dix-neuf ans.

JACQUES DE MILLI, TRENTE-CINQUIÈME GRAND MAÎTRE (1454-1461). — Dès que Jacques de Milli, grand prieur d'Auvergne, eut été élu grand maître, il se hâta de se rendre à Rhodes, où l'on s'attendait chaque jour à voir paraître la flotte de Mahomet II. Au reste, non-seulement Rhodes et toutes les îles de l'Archipel, mais la chrétienté tout entière se sentait menacée par les progrès du conquérant de Constantinople, et le pape Calixte III était parvenu à former une ligue destinée à défendre l'Europe contre les Ottomans. Les rois de Hongrie, d'Aragon, le duc de Bourgogne, les républiques de Venise et de Gênes, la plupart des princes italiens en faisaient partie, et le nouveau grand maître y accéda immédiatement (1454). Déjà une flotte turque, de trente navires, avait ravagé les côtes de Carie et l'île de Lango (Cos), non sans pousser ses incursions jusqu'à Rhodes, d'où elle ramena un butin considérable et un grand nombre de prisonniers. Ce n'était que le prélude d'une expédition plus considérable. En 1455 Hamzabeg parut dans les eaux de l'Archipel, avec une flotte de cent quatre-vingt-cinq voiles. Il attaqua successivement Lesbos, Chio, Cos, Simia; il échoua partout. Il ne fut pas plus heureux contre Rhodes. Les Ottomans avaient abordé près du village d'Archangelon; ils enlevèrent quelques habitants, ruinèrent les campagnes environnantes, commirent des déprédations

(1) Vertot, t. II, p. 205.

semblables à Leros, à Calamos et à Nisyra, qui appartenaient toutes trois aux chevaliers de Rhodes. A son retour Hamza fut disgrâcié. « Si tu n'avais pas été si cher à mon père, je t'aurais fait écorcher vif », lui avait dit Mahomet d'un ton menaçant ; mais il se contenta de le reléguer dans le gouvernement de Sattalie.

Après la retraite des Turcs, Jacques de Milli fit fortifier les côtes de Rhodes et élever des châteaux forts, où il plaça des garnisons. Les galères de la religion, redoublant d'activité, parcouraient les mers, pillaient les côtes des Turcs, et faisaient le plus grand mal à leur commerce. En même temps l'ordre de Saint-Jean avait sur les bras une grosse guerre avec les mamelucks, et de violents démêlés avec Venise à propos de Jacques le bâtard, qui s'était adressé au soudan Aboulfath-Ahmed pour obtenir l'investiture de l'île de Chypre. Le grand maître soutint le parti de la princesse Charlotte. Un instant la guerre fut sur le point d'éclater entre Rhodes et Venise. Les Vénitiens firent une descente dans l'île, y commirent d'affreux dégâts ; et, pour appuyer une réclamation de captifs sarrasins pris à bord des vaisseaux de la république, ils vinrent bloquer le port de Rhodes. Quelques chevaliers proposaient de leur répondre à coups de canon ; mais le grand maître, trop prudent pour augmenter le nombre de ses ennemis, traita avec les Vénitiens, et rendit les prisonniers. En même temps il entamait des négociations avec Mahomet II, et préparait la conclusion d'une trêve, qui ne fut signée que sous son successeur.

Au dedans l'ordre était déchiré par ses dissensions intestines. Au chapitre de l'an 1459 les chevaliers d'Espagne, d'Italie, d'Angleterre et d'Allemagne se plaignirent hautement que les Français envahissaient toutes les dignités. Ceux-ci avaient de bonnes raisons à faire valoir ; c'étaient eux qui avaient fondé l'ordre et qui y avaient admis les autres nations : à eux seuls ils en composaient la moitié ; chaque nation avait ses droits et ses titres ; l'amiral était toujours de la langue d'Italie ; celles d'Aragon, d'Allemagne et d'Angleterre fournissaient constamment le grand conservateur, le grand bailli et le turcopolier ; il était juste que celles de France, de Provence et d'Auvergne se réservassent les dignités de grand hospitalier, de grand commandeur et de grand maréchal. Malgré ces bonnes raisons, les mécontents persistèrent, et le procureur d'Aragon, en plein chapitre, interjeta appel à la cour de Rome, et sortit suivi de ses partisans. Le conseil voulait les poursuivre, le grand maître s'y opposa ; sa modération toucha les rebelles, les fit peu à peu rentrer dans le devoir et rétablit la concorde intérieure. Jacques de Milli mourut le 17 août 1461.

PIERRE RAYMOND ZACOSTA, TRENTE-SIXIÈME GRAND MAÎTRE (1461-1467). — Pierre Raymond Zacosta, Castillan de naissance, était châtelain d'Emposte. A son avénement, l'opposition des quatre langues étrangères menaçant de se renouveler, on ne put terminer cette affaire que par la création d'une nouvelle langue en faveur des Castillans et des Portugais, qui furent séparés des Aragonnais, des Navarrais et des Catalans. On attacha à cette nouvelle langue la dignité de grand chancelier, et par cette augmentation il se trouva depuis huit langues dans la religion (1462). Ce fut dans le chapitre où cette innovation fut décrétée que l'on donna pour la première fois au grand maître le titre d'éminentissime.

On ne savait pas encore au juste ce qu'il fallait attendre des négociations entamées par Jacques de Milli, pour conclure une trêve avec Mahomet II. On n'avait pu obtenir du sultan qu'il donnât des passeports au commandeur Sacconay, que le grand maître avait chargé de traiter cette affaire, et l'ordre pouvait se croire menacé par les immenses préparatifs de l'ennemi. Mais Mahomet II, ayant destiné cet armement à la conquête de Trébizonde, voulut s'assurer la paix dans l'Archipel, et il accorda les passeports en question. Dès qu'il les eut reçus, le nouveau grand maître, Raymond Zacosta, s'empressa d'envoyer à Constantinople Guillaume Maréchal, commandeur de Villefranche, qu'il fit accompagner de deux Grecs de Rhodes. Guillaume conclut en 1461 le premier armistice entre les chevaliers et les Turcs. Mahomet le signa pour deux ans, et se désista de sa demande d'un tribut.

A la faveur de cette trêve, le grand maître fit élever pour la défense de la ville de Rhodes et du port un nouveau fort, qui fut construit sur des rochers fort avancés dans la mer. Philippe le Bon, duc de Bourgogne, fournit douze mille écus d'or pour contribuer aux frais de ce travail, qui fut exécuté avec le plus grand soin. On appela cette forteresse la tour Saint-Nicolas, à cause d'une chapelle dédiée à ce saint, et qui se trouva enclavée dans la nouvelle enceinte. Malgré la trêve, les corsaires turcs faisaient des courses dans les domaines de l'ordre, et les chevaliers usaient de représailles sur les côtes de l'empire Ottoman. Mahomet, irrité, menaça de rompre l'armistice, et exigea pour sa continuation que l'ordre entretînt un député à sa cour, qu'on lui payât annuellement quatre mille écus, qu'on lui rendît les esclaves chrétiens fugitifs, et qu'on l'indemnisât des dégâts commis dans ses États. Les chevaliers repoussèrent avec indignation ces propositions déshonorantes. La guerre éclata, et la flotte turque se répandit dans l'Archipel, et vint attaquer Lesbos, afin de s'emparer de toutes les positions voisines avant d'assiéger la ville de Rhodes. Des chevaliers accoururent à la défense de Mitylène ; ils y firent des prodiges ; mais, lâchement trahis par les Grecs, ils périrent tous les armes à la main (1) (1462). Lesbos fut prise, Rhodes plus menacée que jamais, et le grand maître, dans la prévision d'une attaque imminente, fit un appel à tous les chevaliers dispersés en Europe, et ordonna à tous les receveurs d'envoyer les annates et les responsions au trésor. On pourrait croire que tous les membres de l'ordre s'empressèrent de mettre à la disposition du grand maître leurs bras et leurs richesses et de courir avec enthousiasme à la défense de leur lointaine capitale. Loin de là ; au lieu d'obéir au grand maître, on l'accusa d'avarice et d'avidité ; les commandeurs s'autorisaient de l'appui de leurs souverains pour désobéir. On accusa Raymond Zacosta devant le pape Paul II. Le grand maître consentit à se justifier : il vint à Rome, malgré la gravité des circonstances ; il confondit ses accusateurs, prouva que son administration avait été irréprochable, et fut comblé de caresses et d'honneurs par le pape. Mais comme il se préparait à s'embarquer pour Rhodes, une pleurésie l'emporta, le 21 février 1467. Il fut enterré dans l'église de Saint-Pierre au Vatican.

JEAN-BAPTISTE DES URSINS, TRENTE-SEPTIÈME GRAND MAÎTRE (1467-1476). — L'élection du successeur de Zacosta se fit à Rome, le 4 mars 1467. Les suffrages se partagèrent entre Jean-Baptiste des Ursins, de l'illustre famille de ce nom, grand prieur de Rome et Raymond Ricard, Provençal, prieur de Saint-Gilles. Des Ursins ne l'emporta que d'une voix, et se hâta, après avoir reçu la bénédiction du pape, de se rendre à Rhodes, où la présence du grand maître était plus que jamais nécessaire. A son arrivée, des Ursins s'entoura des hommes les plus habiles et les plus estimés de l'ordre : on se sentait à la veille d'une crise terrible ; on ne pouvait pas, sans risquer de périr, ne pas confier les charges aux plus dignes. Pierre d'Aubusson, brave guerrier, habile ingénieur, fut alors nommé surintendant des fortifications de Rhodes ; ce fut par son conseil et par ses soins qu'on creusa et qu'on élargit les fossés de la ville, et qu'on éleva du côté de la mer une muraille qui avait cent toises de longueur, six de hauteur et une d'épaisseur.

Déjà l'ennemi s'était présenté. En 1467 trente galères turques débarquèrent à Rhodes des troupes nombreuses, et le pillage commença. Mais depuis longtemps l'île était pourvue de châteaux forts. Les habitants des campagnes se retirèrent avec leurs bestiaux dans les forteresses de Lindos, d'Héraclée, de Trianda, d'Archangelon et de Villeneuve ; les chevaliers, partagés en différents corps, harcelèrent l'ennemi, et le forcèrent à se rembarquer. De nouveaux armements de la marine turque, destinés en apparence contre Rhodes, vinrent jeter une seconde fois la terreur dans l'île ; mais l'expédition se dirigea sur Négrepont, au secours de laquelle des Ursins envoya quelques galères, sous le commandement de Cardone et d'Aubusson. Mais la présomption et la lâ-

---

(1) Vertot, *Histoire des Chevaliers Hospitaliers*, t. II, p. 258. — Hammer, *Histoire des Ottomans*, t. III, p. 92.

ILE DE RHODES

La rue des Chevaliers

cheté de l'amiral vénitien Canale rendirent inutiles le courage des chevaliers de Rhodes. L'île de Négrepont succomba; les Turcs y exercèrent d'horribles cruautés, et le sultan, irrité d'avoir vu parmi la flotte vénitienne les galères de la religion, envoya à Rhodes signifier une déclaration de guerre à outrance, faisant jurer par son ambassadeur de tuer désormais le grand maître et d'exterminer tous les chevaliers qui tomberaient en son pouvoir (1471).

Ces menaces n'effrayèrent point les braves hospitaliers, qui n'en continuèrent pas moins de combattre avec leurs alliés les Vénitiens. Le fameux Mocenigo avait remplacé le timide Canale comme chef de la flotte de saint Marc. De concert avec les hospitaliers, Mocenigo attaqua Satalie, dont ils prirent et ravagèrent les faubourgs. D'autres courses sur les côtes de la Pamphylie signalèrent cette heureuse expédition. Ce fut alors qu'un ambassadeur d'Ussum-Cassan, roi de Perse, passa à Rhodes pour se rendre à Venise, afin d'y conclure une alliance contre Mahomet. Cette guerre engagée entre les Turcs et les Persans donna quelque répit aux chevaliers de Rhodes, et leur permit d'ajouter encore aux fortifications de leur ville. Le commandeur d'Aubusson fit construire sur le rivage deux tours du côté de Limonia, et une troisième qui regardait le village de Sainte-Marthe. Devenu grand prieur d'Auvergne, d'Aubusson, dit Vertot (1), conduisait ces ouvrages avec une attention digne de son zèle et de sa capacité; rien n'échappait à sa vigilance. Le grand maître et la religion écoutaient ses avis comme des lois; c'était pour ainsi dire l'âme et le premier mobile du conseil; lui seul était ordinairement chargé de l'exécution des projets qu'il avait proposés : guerre, finances, fortifications, tout passait par ses mains. On le voyait environné en tout temps de gens de guerre, d'artisans et d'ouvriers, sans que le nombre et la différence des affaires l'embarrassassent : son zèle pour le service de l'ordre, l'étendue et la facilité de son esprit suffisaient à ces différents emplois.

Le grand maître Jean des Ursins,

(1) *Histoire des Hospitaliers*, t. II, p. 279.

parvenu à une grande vieillesse, et atteint d'hydropisie, restait à peu près étranger aux affaires. Cependant il présida encore un chapitre général qui se tint à Rhodes le 6 septembre de l'an 1475; mais le 12 avril 1476 il tomba subitement en syncope; on le crut mort, et on allait l'ensevelir, lorsqu'il revint à la vie; mais le 8 juin suivant l'hydropisie dont il était atteint le conduisit réellement au tombeau.

PIERRE D'AUBUSSON, TRENTE-HUITIÈME GRAND MAÎTRE (1476-1503). — On peut dire que déjà longtemps avant son élection Pierre d'Aubusson était le grand maître de l'ordre; on sentait qu'il était le seul homme capable d'arrêter les progrès du terrible Mahomet II, et son avénement causa une grande joie dans l'ordre et dans toute la chrétienté. Issu des anciens vicomtes de la Marche, et d'une famille dont l'existence remonte au neuvième siècle, Pierre d'Aubusson, né en 1423, s'était fait avantageusement connaître de Charles VII et du dauphin Louis pendant la guerre de Suisse. Il pouvait arriver à la gloire et aux honneurs en restant à la cour; il renonça au plus brillant avenir, par besoin de dévouement et d'héroïsme, pour prendre, à l'âge de vingt-deux ans, l'habit de simple hospitalier. Son mérite et son zèle l'élevèrent rapidement aux plus hauts grades, et neuf jours après la mort du grand maître des Ursins, d'Aubusson fut élu à l'unanimité par le conseil. A peine investi du souverain pouvoir, d'Aubusson adressa une touchante et énergique citation à tous les membres de l'ordre, qu'il appelait auprès de lui. Après leur avoir retracé les périls dont Rhodes était menacée : « Nous sommes perdus, ajoutait-il, si nous ne nous sauvons nous-mêmes. Les vœux solennels que vous avez faits, mes frères, vous obligent à tout quitter pour vous rendre à nos ordres. C'est en vertu de ces saintes promesses, faites au Dieu du ciel et au pied de ses autels, que je vous cite. Revenez incessamment dans nos États, ou plutôt dans les vôtres : accourez avec autant de zèle que de courage au secours de la religion. C'est votre mère qui vous appelle, c'est une mère tendre qui vous a nourris et élevés dans son sein, qui se trouve en péril. Y aurait-il un seul chevalier assez dur pour l'abandonner à la fureur des barbares? Non, mes frères, je ne l'appréhende point: des sentiments si lâches et si impies ne s'accordent point avec la noblesse de votre origine, et encore moins avec la piété et la valeur dont vous faites profession. »

Pendant que le grand maître ranimait par son exemple et ses paroles le zèle dans tous les cœurs, il négociait avec le sultan pour gagner du temps et assurer les libres traversées des mers à tous les chevaliers qui accouraient en foule d'Europe pour la défense de Rhodes. Mahomet consentit en 1479 à la conclusion d'une trêve qui lui était aussi nécessaire; mais ce nouveau délai ne devait servir qu'à rendre plus formidables les préparatifs de la guerre. Dans un chapitre assemblé à Rhodes, il fut décidé que le grand maître aurait pendant la guerre la direction suprême et absolue de toutes les forces militaires et du trésor de l'ordre. D'Aubusson choisit pour ses quatre lieutenants: le maître de l'hôpital, l'amiral, le chancelier et le trésorier; il nomma son frère Antoine d'Aubusson, vicomte de Montheil, général en chef des troupes; il donna le commandement de la cavalerie au grand prieur de Brandebourg, Rodolphe de Walenberg. Il fit abattre les maisons et les arbres qui environnaient la ville, et raser les églises de Saint-Antoine et de Sainte-Marie de Philérème. Le 4 décembre 1479, avant l'entier équipement de sa flotte, Mahomet envoya une escadre pour reconnaître l'état de l'île. Mesih-Pacha, qui la commandait, essaya vainement de prendre terre à Rhodes; il en fut repoussé ainsi que de l'île de Tilo, et il se replia dans la baie de Fenika (autrefois Physcus) pour attendre le printemps et l'arrivée de la grande flotte ottomane. Vers la fin du mois d'avril de l'année 1480, elle sortit des Dardanelles forte de cent soixante navires, longea les côtes de Rhodes, en se dirigeant vers la baie de Fenika pour y prendre des troupes de débarquement, et reparut devant l'île le 23 mai 1480.

PREMIER SIÉGE DE RHODES PAR LES TURCS (1480). — Le grand vizir Mesih-Pacha, qui commandait cette expédition, était un prince grec de la maison impériale des Paléologues. Né chrétien, il s'était fait musulman à la prise de Constantinople, pour échapper à la mort à laquelle Mahomet avait condamné tous les héritiers de l'empire. Sa valeur, ses services, son adresse et une complaisance entière pour toutes les volontés du sultan l'avaient élevé depuis à la dignité de vizir; et pour ne laisser aucun soupçon sur son changement de religion, il affectait une haine implacable contre tous les princes chrétiens, et surtout contre le grand maître et les chevaliers de Rhodes. Pour faciliter à son maître la conquête de l'île, Mesih-Pacha, que Vertot appelle Misach Paléologue, avait introduit à la cour trois renégats qui avaient levé des plans de la ville et de l'île de Rhodes: l'un d'eux, Antoine Meligali, était un Grec rhodien; le second s'appelait Démétrius Sophian, et le troisième était un Allemand, appelé maître Georges, qui possédait de profondes connaissances en mathématiques et en artillerie. Les plans de ce dernier furent jugés les meilleurs, et ce fut d'après eux qu'on arrêta les dispositions de l'attaque.

« Pour donner un récit fidèle de ce siége, dit l'historien de Hammer, j'ai visité les lieux en 1803, l'histoire à la main, bastion par bastion, rempart par rempart, et j'espère qu'une exacte description topographique servira à rectifier les erreurs dans lesquelles ont pu tomber Vertot et Gouffier (1). »

On sait déjà que la ville de Rhodes est située à la pointe la plus septentrionale de l'île, dont elle est la capitale. Deux langues de terre qui se projettent dans la mer, et dont les extrémités se rapprochent en s'arrondissant en courbe, forment un port sûr, vaste et profond, dans lequel on a élevé une digue qui sépare l'anse des barques de la rade des vaisseaux. La langue de terre à gauche des navires entrants est située hors des fortifications de la ville, hérissée dans toute sa longueur de moulins à vent et défendue à son extrémité par une tour qu'on appelle le château Saint-Ange ou Saint-Michel. La langue de terre

(1) De Hammer, *Histoire de l'empire Ottoman*, t. III, p. 280. J'emprunte à cet ouvrage le récit de ce siége, en le modifiant par quelques rectifications ou additions que je dois à d'autres auteurs.

opposée, également couverte de moulins à vent à l'extrémité de sa courbe, est comprise dans les murs de la ville, et se termine par la plus importante et la plus célèbre de toutes les tours de Rhodes, construite d'abord par les Arabes, réparée, agrandie, consacrée ensuite à Saint-Nicolas sous le magistère de Zacosta : aussi cette tour est-elle encore appelée par les Turcs la tour Arabe, et par les chrétiens la tour Saint-Nicolas. A l'extérieur des deux langues de terre, dont l'intérieur forme le port principal, le rivage se replie en décrivant une courbe, et forme à gauche des vaisseaux entrants une baie comblée par les sables, et à leur droite un second port, appelé port des galères, dont l'entrée est défendue d'un côté par une tour et de l'autre par le fort Saint-Elme. Au fond du port principal s'élèvent immédiatement les doubles remparts de la ville, qui sont baignés par la mer; au fond de celui des galères est un faubourg, où se trouve aujourd'hui la maison du gouverneur, hors de l'enceinte des fortifications. Comme dans ce premier siége il n'est pas fait une mention particulière des sept bastions que défendaient les chevaliers des sept langues de l'ordre, non plus que des portes de la ville, nous en omettrons l'énumération, qui serait ici superflue, et qui est mieux à sa place dans l'histoire du second siége.

A une lieue à l'ouest de la ville s'élève non loin de la mer le mont Saint-Étienne. C'est là que vint aborder la flotte ottomane, et que le pacha Paléologue, malgré la vigoureuse résistance de la garnison du fort Saint-Étienne, opéra le débarquement de son armée et de son artillerie. Les troupes ottomanes prirent aussitôt position sur les hauteurs et au pied de la montagne. Deux jours après, le général turc dressa une batterie de trois canons monstrueux contre la tour Saint-Nicolas, sur la place même où se trouvait l'église de Saint-Antoine. L'artillerie était dirigée par maître Georges, le seul des trois renégats qui vécût encore, Meligali étant mort pendant la traversée, et Sophian ayant péri dans une action dès les premiers jours du siége. Quant à maître Georges, une juste punition l'attendait dans l'intérieur de la ville. Jouant le rôle de transfuge repentant, il parut au pied des murs, et supplia qu'on lui ouvrît les portes. Conduit devant le grand maître, il avoua franchement son apostasie, protestant de son sincère repentir. Mais il éveilla les soupçons par les détails exagérés qu'il donna sur les forces et l'invincible artillerie des assiégeants. Le grand maître confia le transfuge à la garde de six soldats qui ne devaient pas le perdre de vue un instant, et lui donna le commandement d'une batterie à son choix sur les remparts. Les Turcs avaient déjà tiré plus de trois cents coups de leurs énormes canons contre la tour de Saint-Nicolas, et *cet ouvrage admirable*, comme parle le grand maître d'Aubusson dans une relation du siége adressée à l'empereur Frédéric III, *qui paraissait devoir résister à mille attaques*, s'écroulait en grande partie après quelques jours d'une canonnade continuelle. Le 9 juin les janissaires montent à l'assaut par les ruines fumantes de la forteresse en poussant d'horribles clameurs. Mais le grand maître les reçoit sur la brèche, l'épée à la main, et arrête leur élan. Un éclat de pierre vient briser en pièces le casque d'Aubusson; il prend sans s'émouvoir celui d'un soldat voisin. En vain le commandeur italien Fabrice Caretti le conjure de se retirer : « C'est à votre grand maître, répond le héros, qu'appartient le poste d'honneur! » Et il ajoute en souriant: « Si j'y suis tué, il y a plus à espérer pour vous qu'à craindre pour moi; » lui faisant entendre par là qu'il était digne de lui succéder. Un tel exemple électrise les chevaliers. Le péril disparaît à leurs yeux, et les mahométans, frappés de terreur, foudroyés par les canons de la ville, fuient éperdus, et se précipitent dans la mer, poursuivis par les flèches, les mousquets et l'artillerie. L'ennemi avait perdu sept cents hommes. Le grand maître célébra sa victoire dans l'église où l'on avait placé l'image miraculeuse de sainte Marie de Philérème.

Le jour suivant Mésih-Pacha, changeant son système d'opérations, abandonna l'attaque par mer, et la transporta du côté de la terre. Il fit battre en brèche le quartier des juifs par huit de ses plus gros canons; un neuvième fut braqué de l'extrémité de la digue contre les moulins à vent de la langue de terre. D'Aubusson ordonna aussitôt de raser les maisons des juifs, et d'en employer les matériaux à la construction d'un second mur intérieur, qu'il fit entourer d'un fossé. Chevaliers et paysans, négociants et bourgeois, femmes et enfants, rivalisèrent de zèle à élever ce nouveau rempart, tandis que l'artillerie turque foudroyait le mur extérieur avec un tel fracas, que le bruit du canon s'entendit jusqu'à Cos, située à cent milles à l'ouest de Rhodes, et jusqu'à Castel-Rosso, distante de cent milles à l'est.

Les bombes lancées par les Turcs dans la ville firent peu de mal aux habitants : les femmes et les enfants s'étaient réfugiés dans le château, que ces projectiles n'atteignirent que fort rarement ; la garnison, de son côté, les évitait, abritée dans les souterrains des églises ou les casemates. Les Ottomans dirigèrent une seconde attaque sur la tour de Saint-Nicolas, au moyen d'un pont de bateaux. Ce pont, assez large pour que six hommes pussent y marcher de front, s'étendait depuis l'angle de la langue de terre, où se trouvait naguère l'église de Saint-Antoine, jusqu'à la tour de Saint-Nicolas. Les Turcs, au moyen d'un câble fixé sur le rivage par une ancre, étaient parvenus à faire remonter le pont jusqu'au pied de la tour. Le matelot anglais Gervasius Roger se jeta pendant la nuit dans la mer, coupa le câble, et le pont, abandonné à lui-même, fut repoussé loin du rivage ; mais les Turcs le remorquèrent avec des barques et l'adossèrent de nouveau à la digue. Dans la nuit orageuse du 19 juin 1480 commença l'assaut de la tour Saint-Nicolas. Une canonnade terrible s'engagea des deux côtés : le pont de bateaux se rompit ; une grande partie des assaillants et quatre chaloupes canonnières furent englouties ; les barques d'abordage furent pour la plupart brûlées. La lutte dura, sanglante et acharnée, depuis minuit jusqu'à dix heures du matin ; les Turcs durent enfin se retirer, après avoir perdu deux mille cinq cents hommes, parmi lesquels Souleiman, le sandjakbeg de Kastemouni.

Repoussé dans cet assaut, Mesih-Pacha réunit toute son artillerie sur un seul point. Cette immense batterie fut dirigée tout entière contre la partie de la ville voisine de la tour de Saint-Nicolas, c'est-à-dire contre le bastion des Italiens et le quartier des juifs. Trois mille cinq cents boulets ne tardèrent pas à y ouvrir de larges brèches ; mais les Rhodiens opposèrent à cette batterie une machine qui lançait au loin des pierres d'un volume prodigieux. Cette machine, qui renversait les ouvrages des Turcs et écrasait leurs travailleurs, reçut des assiégés le nom de *tribut,* par une allusion dérisoire à celui que Mahomet avait demandé ; on chargeait cette machine avec les énormes boulets de pierre que les Turcs lançaient dans la ville, et avec les fragments de rochers dont ils comblaient les fossés ; les Rhodiens les enlevaient cachés sous des cryptoportiques, de sorte que les Turcs ne pouvaient s'expliquer comment ces fossés venaient à se vider tous les jours. Pierre d'Aubusson, s'attendant à un assaut général, fit porter sur les remparts du soufre, de la poix, de la cire et d'autres matières inflammables, des cylindres en pierre, et de petits sacs remplis de poudre et de fer haché, qu'on devait lancer sur l'ennemi. Il fit venir devant lui maître Georges, et le consulta sur ce qu'il convenait de faire dans cette extrême nécessité : Georges proposa une nouvelle catapulte qui devait détruire les travaux des assiégeants ; mais comme les coups de cette machine, au lieu de porter sur les batteries turques, portaient sur les murs même de la ville, on soupçonna de plus en plus la connivence de Georges avec l'ennemi, et le soupçon devint bientôt une certitude, après les aveux que lui arracha la question. Maître Georges expia toutes ses trahisons par le supplice de la potence.

Le général en chef de l'armée assiégeante, voyant échouer toutes ses attaques, tenta la voie des négociations pour obtenir la reddition de la place, et envoya à cet effet un Grec auprès du grand maître. Mais celui-ci revint sans avoir pu rien conclure. Mesih-Pacha en fut d'autant plus irrité que son avarice aurait voulu enlever aux soldats, par une capitulation, le riche butin auquel leur donnerait droit la prise de la ville à main armée. Cependant bon nombre de chevaliers étaient décidés à accepter la capitulation ; ils se concertèrent pour y amener le grand maître, qui, prévoyant le mauvais effet de cette disposition, fit venir ces chevaliers, et comme s'il les eût déjà bannis de l'ordre : « Si quelqu'un de vous, leur dit-il d'un ton courroucé, ne se trouve pas en sûreté dans la place, le port n'est pas si étroitement bloqué, que je ne trouve bien le moyen de l'en faire sortir... Mais si vous voulez demeurer avec nous, qu'on ne parle jamais de composition, ou je vous ferai tous mourir. » Ils comprirent alors que d'Aubusson était encore plus terrible que l'ennnemi, et le courage rentra dans leurs cœurs.

Alors Mésih-Pacha ordonna un assaut général, et promit le pillage ; outre les préparatifs ordinaires en pareille circonstance, les Turcs se munirent de sacs pour y mettre leur butin, de cordes pour lier les jeunes filles et les jeunes garçons, et de huit mille pieux pour empaler le grand maître et les chevaliers. Le camp turc retentit des cris d'Allah ! pendant toute la nuit qui précéda le jour de l'assaut. La batterie des huit canons avait la veille tellement battu le quartier des Juifs, que les murs de la ville étaient en cet endroit entièrement détruits et les fossés comblés jusqu'au bord. Le vendredi 28 juillet 1480, le même jour où une flotte ottomane abordait à Otrante, un coup de mortier donne le signal de l'assaut, au lever du soleil. Les Turcs s'élancèrent avec une irrésistible impétuosité sur la brèche, où trois mille cinq cents d'entre eux engagèrent un combat terrible ; derrière eux se pressait une armée de quarante mille hommes, qui attaqua la ville par tous les points à la fois. De part et d'autre on fit des prodiges de valeur ; les assiégeants se précipitèrent sur la ville, dit Seadeddin, « comme des lions déchaînés sur leur proie, » et les assiégés combattirent, suivant l'expression de Breidenbach, « comme les Machabées pour leur religion et leur liberté ». Déjà l'étendard de Mésih-Pacha était arboré sur les créneaux, déjà quatre échelles adossées à l'intérieur du mur, haut de vingt pieds, qui fermait le quartier des Juifs, livraient passage aux assiégeants, lorsque Mésih-Pacha fit crier sur les remparts, « que le pillage n'était pas permis, et que les trésors de l'ordre appartenaient au sultan. » Cette proclamation refroidit tout à coup le zèle des assiégeants ; les troupes encore au dehors de la ville refusèrent de marcher au secours de celles qui s'y étaient déjà engagées. Dans le même temps le grand maître, averti que l'ennemi pénètre dans la place, se précipite à sa rencontre à la tête de ses chevaliers. Il repousse les Turcs au delà du premier mur, et montant avec eux sur le rempart, il engage un combat furieux, plus acharné que tous les précédents. Le pacha, debout au pied de la muraille, voit les siens plier ; il frémit d'indignation, s'élance contre les fuyards, et les ramène au combat à coups de cimeterre. Animés par ses promesses, douze janissaires cherchent le grand maître au milieu de l'épouvantable mêlée, et, l'apercevant parmi ses chevaliers, ils fondent sur lui, le frappent tous à la fois, et tombent aussitôt massacrés. Mais d'Aubusson, atteint de cinq larges blessures, est inondé de sang. On l'entoure, on veut le forcer à se retirer ; mais l'héroïque grand maître résiste aux instances des siens. « Mourons ici, mes chers frères, dit-il, plutôt que de reculer. Pouvons-nous jamais mourir plus glorieusement que pour la défense de la foi et de notre religion. » Désespérés de l'état de leur chef, exaltés par son dévouement, les chevaliers et les soldats chrétiens fondent avec furie sur les bataillons des infidèles, et y répandent partout le carnage et la terreur. Ceux-ci prennent enfin la fuite ; le pacha lui-même est entraîné, poursuivi jusque dans son camp, et son étendard reste aux mains des chevaliers, comme un trophée de leur victoire. A ce dernier assaut les Turcs laissèrent sur les brèches et dans les fossés trois mille cinq cents cadavres, qui furent brûlés. Pendant les trois mois que dura le siége, Mésih-Pacha eut en tout neuf mille morts et quinze mille blessés. Il retourna avec les débris de son armée dans la baie de Fenika ; puis, après avoir assiégé sans succès le fort de Petronium, à Halicarnasse, il ramena sa flotte à Constantinople. Dans le premier mouvement de sa colère, Mahomet voulait le faire étrangler ; mais il se contenta de le reléguer à Gallipoli. Quant à d'Aubusson, dès qu'il fut guéri de ses blessures, il se rendit dans l'église Saint-Jean pour remercier Dieu de la victoire qu'il lui avait accordée; il fit bâtir plusieurs églises, et il récompensa généreusement les braves guerriers qui l'avaient si bien secondé. Pour soulager les paysans et les habitants de l'île, dont les campagnes avaient été dévastées, il leur fit distribuer des grains pour les nourrir jusqu'à la prochaine récolte, et il les déchargea pour plusieurs années des tributs qu'ils payaient avant le siége.

Irrité de l'échec subi par son armée, Mahomet II résolut de ne plus s'en rapporter qu'à lui-même pour diriger ses nouvelles entreprises. Il rassembla une puissante armée de trois cent mille hommes, et il allait en prendre le commandement pour marcher, soit contre Rhodes, soit contre l'Italie, lorsque sa mort, survenue le 3 mai 1481, délivra la chrétienté du danger de cette invasion. Alors la guerre civile éclata dans l'empire ottoman ; les deux fils de Mahomet, Bajazet et Djem ou Zizim, se disputèrent le pouvoir. Ce dernier, vaincu et poursuivi par son frère, demanda un asile au grand maître de Rhodes, qui l'accueillit avec empressement et distinction. Mais la présence du prince musulman à Rhodes ayant suscité beaucoup d'embarras et de difficultés à Pierre d'Aubusson, il le fit transporter en France, sous la conduite de son neveu Guy de Blanchefort. Zizim reçut pour résidence la commanderie de Bourgneuf en Poitou, où les sicaires de Bajazet ne purent l'atteindre. Cependant de longues négociations s'engagèrent entre l'ordre et la Porte au sujet du prince réfugié. Elles se terminèrent à l'avantage des chevaliers; car Bajazet, craignant que Zizim ne redevînt son rival s'il était mis en liberté et soutenu par les chrétiens, s'engagea à payer à l'Hôpital un tribut de 45,000 ducats, à condition que Zizim resterait toujours prisonnier. On a justement reproché à d'Aubusson d'avoir violé la foi jurée à un malheureux fugitif en signant cet article qui le privait de sa liberté. Cependant Guillaume de Jaligni, historien de l'ordre, prétend que le grand maître n'avait aucun engagement envers Zizim ; que ce prince était simple prisonnier de guerre, et non un fugitif protégé par un sauf-conduit, et que le grand maître put disposer de sa liberté comme il le jugea à propos pour l'intérêt de son ordre. Peu de temps après, le pape Innocent VIII envoya demander au grand maître qu'il lui livrât la personne de Zizim, pour entretenir les inquiétudes de Bajazet. Les instances du pape furent si vives que d'Aubusson fut obligé de céder (1484), et le prince Zizim fut transféré à Rome, où il mourut empoisonné dix ans après.

Innocent VIII était Génois de naissance, de la maison de Cibo, mais originaire de l'île de Rhodes, où son père était né. Pour reconnaître la déférence de l'ordre à ses volontés, il confirma ses anciens priviléges, en accorda de nouveaux, et réunit au chapitre de Rhodes ceux du Saint-Sépulcre et de Saint-Lazare. Le grand maître reçut le chapeau de cardinal. En 1495 le pape Alexandre VI ayant organisé une ligue contre les Turcs, en nomma d'Aubusson généralissime. Mais la tiédeur et la négligence des alliés empêchèrent de rien entreprendre. Seuls, les chevaliers de Rhodes en vinrent aux mains avec l'ennemi, et remportèrent une victoire sur une flotte de Turcs et de Sarrasins, dans les mers de la Syrie. Ce fut le dernier exploit du grand maître d'Aubusson. La paix ayant été rétablie, il se livra tout entier au gouvernement intérieur de l'ordre; il fit revivre les lois somptuaires, et chassa les juifs usuriers de Rhodes. Mais ne pouvant mettre les biens et les dignités de son ordre à l'abri de l'avidité et des exactions d'Alexandre VI, il en conçut une telle douleur, qu'il tomba gravement malade ; le chagrin et la vieillesse réunis ensemble, il ne tarda pas à succomber. Il mourut le 3 juillet 1503, âgé de plus de quatre-vingts ans, après en avoir régné vingt-sept.

ÉMERY D'AMBOISE, TRENTE-NEUVIÈME GRAND MAÎTRE (1503-1512). — Émery d'Amboise était fils de Pierre d'Amboise, chambellan de Louis XI et de Charles VII, et l'un de ses frères était le célèbre Georges d'Amboise, archevêque de Rouen, cardinal et légat du saint-siége, et premier ministre de Louis XII. A son avénement la guerre avec les Turcs paraissait imminente. Bajazet avait conservé le plus vif ressentiment de la conduite de l'ordre de Saint-Jean dans ses démêlés avec son frère. Enhardi par la mort de d'Aubusson, dont le nom seul servait de défense à Rhodes, le sultan recommença la guerre. Une première escadre turque avait été repoussée l'an 1503. L'an 1505 Bajazet donna au fameux corsaire Camali ou Kemal-Réis le commandement d'une expédition contre Rhodes et les autres îles de la religion. Mais les chevaliers faisaient si bonne garde, que l'ennemi ne put aborder nulle part dans l'île de Rhodes. Repoussé de l'île capitale, Camali remit à la voile, et courut les îles de Simia, de Tilo, de Nissaro, à l'attaque desquelles il ne fut pas plus heureux. Il n'osa pas même toucher à celle de Lango, que défendait une bonne garnison d'hospitaliers. Il croyait au moins surprendre l'île de Lero, qui n'avait point de défenseurs. Mais au moment de l'assaut il voit apparaître sur la muraille une double haie de chevaliers revêtus de cottes d'armes rouges, la croix blanche sur la poitrine. Camali crut qu'il était arrivé du renfort, et prit la fuite. Ce n'était que les pauvres habitants de l'île qu'un jeune chevalier piémontais, appelé Paul Siméoni, avait revêtus d'habits de guerre.

L'année suivante, 1506, le chevalier de Gastineau, commandeur de Limoges, s'empara de la Mogarbine. C'était une grande caraque, dit Vertot (1), qui partait tous les ans d'Alexandrie pour porter d'Égypte en Afrique, à Tunis, et jusqu'à Constantinople des soieries, des épiceries et toutes sortes de marchandises, que les sujets du soudan tiraient des Indes par la mer Rouge. « Ce vaisseau étoit d'une grandeur si extraordinaire, qu'on prétend que la cime du grand mât des plus grandes galères, n'approchait pas de la hauteur de la proue de cette énorme machine. A peine six hommes en pouvaient-ils embrasser le mât. Ce bâtiment avoit sept étages, dont deux alloient sous l'eau; outre son fret, les marchands et les matelots nécessaires à sa conduite, il pouvoit encore porter jusqu'à mille soldats pour sa défense. C'étoit comme un château flottant, armé de plus de cent pièces de canon; les Sarrasins appeloient cette ca-raque la reine de la mer. » Cette importante capture fut suivie de la prise de trois autres vaisseaux égyptiens sur les côtes de Syrie.

Effrayé de l'audace et des succès des hospitaliers, le soudan, Kansou-el-Gauri, mit en mer vingt-cinq vaisseaux qu'il envoya sur les côtes d'Asie Mineure. Ces navires allaient chercher les bois qu'il destinait à la construction d'une flotte qui devait être lancée sur la mer Rouge, pour disputer aux Portugais le commerce des Indes. Vingt-deux navires, la Mogarbine en tête, sortirent des ports de Rhodes sous la conduite d'André d'Amaral et de Villiers de l'île Adam. Malgré la mésintelligence de ses deux chefs, la flotte chrétienne détruisit l'escadre égyptienne au fond du golfe d'Ajazzo. On apprit alors que Bajazet venait de faire alliance avec le soudan d'Égypte; aussitôt le grand maître appela tous les chevaliers à la défense de Rhodes, et, malgré son grand âge, prépara tout pour soutenir un siège. La mort le surprit au milieu de ces soins, le 13 novembre 1512, à l'âge de soixante-dix-huit ans, « dont il avoit employé la meilleure partie dans la pratique des vertus chrétiennes; prince sage, habile dans le gouvernement, heureux dans toutes ses entreprises, qui enrichit son ordre des dépouilles des infidèles, sans s'enrichir lui-même (1) », et qui mourut sans biens, avec la consolation de ne laisser aucun pauvre dans ses États.

GUY DE BLANCHEFORT, QUARANTIÈME GRAND MAÎTRE (1512-1513). — Le souvenir impérissable du glorieux gouvernement de Pierre d'Aubusson fit élever à la dignité de grand maître son neveu, frère Guy de Blanchefort, grand prieur d'Auvergne, qui durant le magistère de son oncle avait pris une grande part au gouvernement de l'ordre et surtout à la garde et à la conduite du prince Zizim. Mais au moment de son élection Guy de Blanchefort tomba malade dans son prieuré. Jugeant sa présence nécessaire à Rhodes, le grand maître se mit en route malgré sa faiblesse. Il s'embarqua à Villefranche près de Nice. La mer augmenta encore son mal, et de Blanchefort rendit le dernier

(1) Vertot, *Hist. de l'Ordre*, etc., t. II, p. 400, l. VIII.

(1) Vertot, t. II, p. 408.

soupir avant d'avoir achevé son voyage. Il mourut dans l'île de Prodana, en face de Zante, le 24 novembre 1513, un an et deux jours après son élection. Il était à craindre que le pape Jules II ne voulût disposer de la grande maîtrise, et n'attentât à l'indépendance temporelle de l'ordre. Aussi les derniers ordres du grand maître mourant avaient eu pour but de détourner ce danger. Une caravelle légère, servie par d'excellents rameurs, courut à Rhodes annoncer la nouvelle du trépas de Blanchefort, et l'on procéda immédiatement à l'élection de son successeur, avant que le pape ait eu le temps d'entreprendre sur la liberté des suffrages.

FABRICE CARRETTI, QUARANTE-UNIÈME GRAND MAÎTRE (1513-1521). — La caravelle qui annonçait la mort du grand maître était arrivée à Rhodes le 13 décembre. Le chapitre s'assembla le lendemain, et le 15 on proclamait grand maître Fabrice Carretti, commandeur de la langue d'Italie, de la famille des marquis de Final en Ligurie. Au siége de 1480 Carretti avait déployé la plus grande valeur et le grand maître d'Aubusson lui avait prédit son élévation. Nommé depuis amiral et procureur général à la cour de Rome, il s'acquitta dignement des devoirs de ces différentes charges, et au moment de son élection c'était sur lui que reposait le soin de pourvoir à la défense et à l'approvisionnement de Rhodes. Son magistère fut continuellement inquiété par la crainte d'une expédition des Turcs. Sélim, successeur de Bajazet, en 1512, nourrissait, comme son père, une haine profonde contre les chevaliers de Saint-Jean. Mais ses guerres contre la Perse et l'Égypte le forcèrent à ajourner l'exécution de ses projets contre Rhodes. De son côté, l'ordre s'alliait avec le sophi Ismaïl, avec le soudan Toman-Bey, et, sans retarder leur chute, il fournissait ainsi de nouveaux griefs au sultan Sélim.

Ce ne fut qu'après son retour d'Égypte que Sélim ordonna l'armement d'une flotte de cent navires destinée à marcher contre Rhodes. Ses vizirs, ses généraux étaient impatients d'attaquer enfin cette cité contre laquelle la valeur des Turcs avait toujours échoué. Mais le souvenir de l'humiliante retraite de son grand-père Mahomet II, inspirait à Sélim de justes défiances, et il hésitait à s'aventurer dans une entreprise où il pouvait compromettre sa gloire. « Vous me poussez, dit-il un jour à ses vizirs, à la conquête de Rhodes; mais savez-vous ce qu'il faut pour cela, et pouvez-vous me dire quelles sont vos provisions de poudre. » Les vizirs répondirent au sultan qu'ils avaient des munitions suffisantes pour un siége de quatre mois. « Que faire avec un approvisionnement de quatre mois, s'écria Sélim avec humeur, lorsque le double ne suffirait pas? Voulez-vous voir se renouveler à ma honte l'échec de Mahomet II? Je n'entreprendrai point la guerre, et je ne ferai pas le voyage de Rhodes avec de tels préparatifs; d'ailleurs, je crois que je n'ai plus de voyage à faire que celui de l'autre monde (1). » Cependant il continuait ses préparatifs, tandis que Fabrice Carretti augmentait ses moyens de défense. Mais la mort les surprit tous deux en 1521, et la vieille querelle des Turcs et des chevaliers de Rhodes devait se décider entre leurs successeurs (2).

VILLIERS DE L'ILE-ADAM, QUARANTE-DEUXIÈME GRAND MAÎTRE (1521-1534). — A la mort de Fabrice Carretti, trois chevaliers se recommandaient par leur renommée aux suffrages du chapitre. C'étaient André d'Amaral, chancelier de l'ordre, grand prieur de Castille, Thomas d'Ocray, grand prieur d'Angleterre, et enfin le grand prieur de France, Philippe Villiers de l'Ile-Adam. Mais d'Amaral indisposa le chapitre par ses hauteurs et ses prétentions; il fut écarté tout d'abord, et bientôt le choix des électeurs se fixa sur la personne de l'Ile-Adam, alors absent de Rhodes, mais que recommandaient suffisamment son habileté, son courage et ses vertus. La nouvelle de cette élection excita la

---

(1) De Hammer, *Histoire de l'Empire Ottoman*, t. IV, p. 356.

(2) Le colonel Rottiers a retrouvé le tombeau de ce grand maître dans l'église Saint-Jean. C'est le seul monument de ce genre qui ait été préservé de toute dévastation. Voyez *Monuments de Rhodes*, p. 300 et Atlas, pl. XLI. Le prieuré d'Italie porte une inscription qui atteste qu'il fut rebâti en 1519 sous Fabrice Caretti. Ibid., p. 324.

joie de tous les habitants de l'île de Rhodes. Seul, d'Amaral en conçut un violent chagrin : il jura de se venger des refus de l'ordre, et dans les premiers transports de sa colère il lui échappa de dire que l'Ile-Adam serait le dernier grand maître qui régnerait à Rhodes.

Cette sinistre prédiction ne devait être que trop tôt réalisée. Villiers de l'Ile-Adam s'était hâté de prendre congé de François Ier et de gagner sa capitale. Après une traversée où il faillit périr plusieurs fois, par le feu, par la tempête, et par les embûches de l'amiral turc Kourdoghli, il arriva à Rhodes, le 19 septembre 1521. Cependant Soliman, successeur de Sélim, venait d'inaugurer son règne, le plus glorieux de la dynastie ottomane par la conquête de Belgrade, devant laquelle Mahomet II avait échoué autrefois. Après avoir renversé un des remparts de la chrétienté, Soliman résolut décidément d'attaquer l'autre, c'est-à-dire de s'emparer de Rhodes, qui tenait en échec la puissance musulmane sur mer et en Asie. Jamais les circonstances n'avaient été si favorables à l'exécution d'un pareil projet (1). Charles-Quint et François Ier partageaient et épuisaient l'Europe par leur rivalité politique. L'unité religieuse de la chrétienté venait d'être brisée par l'explosion de la réforme luthérienne. Soliman comprenait qu'il pouvait tout oser contre les États chrétiens, et qu'il n'avait rien à en craindre. Il avait pris Belgrade, et il s'était ainsi ouvert la Hongrie, que la minorité de Louis II livrait sans défense à ses armes; il lui restait à prendre Rhodes, pour dominer dans l'Archipel et assurer de libres et faciles communications entre Constantinople et les deux provinces récemment conquises par Sélim, la Syrie et l'Égypte. Indépendamment de ces raisons, qui étaient plus que suffisantes pour entraîner Soliman, il était encore poussé à la guerre par les exhortations de son vizir Moustapha, de son grand amiral Kourdoghli, qui échauffaient son ambition et son amour de la gloire. Enfin à tous ces motifs s'ajoutaient aussi les communications de deux traîtres, un docteur juif et le vindicatif André d'Amaral, qui lui démontraient l'opportunité d'une attaque contre Rhodes, en lui représentant cette place comme mal approvisionnée et démantelée en plusieurs endroits.

L'expédition fut donc résolue; mais avant de commencer les hostilités, Soliman, pour accomplir la formalité prescrite par le Coran, envoya au grand maître une lettre dans laquelle il le sommait de se rendre, et jurait comme à l'ordinaire, par le Créateur du ciel et de la terre, par Mahomet, son prophète, par les autres cent vingt-quatre mille prophètes de Dieu, et par les quatre livres sacrés envoyés du ciel, qu'il respecterait, dans le cas d'une soumission volontaire, la liberté et les biens des chevaliers (1). Peu de temps après, la capture d'un brigantin de Rhodes par un navire turc donna le signal des hostilités. Le 18 juin 1522 la flotte ottomane, forte de trois cents voiles, sortit du port de Constantinople et se dirigea sur Rhodes. Elle portait une immense quantité de provisions, et elle avait à bord dix mille soldats de marine, sous les ordres du vizir Moustapha, nommé séraskier de l'expédition. Cependant l'armée de terre, commandée par Soliman lui-même, et forte de cent mille hommes, marchait à travers l'Asie vers le golfe de Marmaris (l'ancien Phiscus). Après une traversée heureuse, la flotte commença son débarquement dans la baie de Parembolus, près de la ville de Rhodes, le jour de la Saint-Jean, patron de l'ordre des Hospitaliers. Un mois se passa à débarquer les troupes, les provisions et l'artillerie, à dresser un camp et à attendre le sultan, à qui le séraskier ne pouvait enlever l'honneur d'ouvrir lui-même le siége. Le 28 juillet 1522 Soliman quittait Marmaris et débarquait à Rhodes, au milieu des salves de l'artillerie de siége, composée de plus de cent bouches à feu. On y remarquait douze énormes canons, dont deux lançaient des boulets de onze à douze palmes de circonférence (2). On en retrouve encore

(1) De Hammer, *Histoire de l'Empire Ottoman*, t. V, p. 25 à 43.

(1) Vertot, *Hist. des Cheval. de Saint-Jean*, t. II, p. 456. M. de Hammer regarde cette lettre comme la seule authentique. Tout le reste de la correspondance entre Soliman et Villiers de l'Ile-Adam lui paraît supposé. *Voy.* t. V, p. 416, not. 15.

(2) « J'ai moi-même mesuré, dit M. de

quelques-uns dans les murs et dans l'enceinte de la forteresse.

Le grand maître n'avait pu s'opposer au débarquement des Turcs. Abandonné par les princes chrétiens, réduit aux ressources de son ordre, il n'avait pu réunir que quatre mille cinq cents soldats et six cents chevaliers. Toutefois, pour ne laisser aucune ressource à l'ennemi, il avait fait incendier les villages, il avait abattu tous les édifices extérieurs et reçu dans la ville tous les habitants des campagnes pour les employer à la réparation des brèches. Les Grecs de Rhodes et des îles s'étaient attachés à la domination des chevaliers, et en général ils leur restèrent fidèles, malgré les avances et les séductions de Soliman (1). Quant aux chevaliers, enflammés par le dévouement, le courage et la piété du grand maître, ils se montrèrent tous disposés à le seconder jusqu'au dernier soupir. L'Ile-Adam distribua à différentes langues de l'ordre la défense des sept bastions de la ville. Lui-même se plaça à la *Porte des Vainqueurs*, près de l'église de Sainte-Marie de la Victoire. Cette porte était au nord de la ville, à l'opposite du port Mandraccio et de celui des Galères; à gauche de cette porte était le bastion de la langue allemande, puis la porte d'Amboise et le bastion de la langue espagnole; à droite, les bastions des langues d'Auvergne et de France. Ces quatre bastions défendaient la partie nord de la ville. A l'est, où se portaient principalement les attaques des assiégeants, s'élevait le bastion de la langue anglaise. Les murs, au sud de la ville, étaient confiés aux chevaliers de Provence et d'Italie; ceux de la langue portugaise avaient la défense de la porte maritime. Guyot de Castellane, vieux bailli provençal, eut la garde de la forte tour de Saint-Nicolas, avec vingt chevaliers et six cents soldats. De fortes chaînes et la tour Saint-Michel complétaient la défense du port.

Les Ottomans enveloppèrent la ville du nord au sud dans l'ordre suivant: à l'aile droite en face des bastions des langues française et allemande était placé Ayaz-Pacha, béglerbey de Roumélie, et à ses côtés, en face des bastions d'Espagne et d'Auvergne, le troisième vizir, Achmet-Pacha. Au centre, et parallèlement au bastion de la langue anglaise, se trouvaient le séraskier et le second vizir, Moustapha-Pacha. Le camp du sultan fut établi devant la position de Moustapha, sur la colline de Saint-Côme et de Saint-Damien, et près de la chapelle de la Vierge d'Élémonitra. Au sud-est de la ville, c'est-à-dire à l'aile gauche de l'armée assiégeante, Kasimbeg, béglerbey d'Anatolie, devait conduire l'attaque contre le bastion de la langue de Provence, et plus loin encore, à l'extrémité de cette même aile gauche, le grand vizir, Piri-Pacha, était opposé aux chevaliers d'Italie.

Le 1er août le béglerbey de Roumélie ouvrit le siége en attaquant le poste des chevaliers allemands, que commandait Christophe de Waldner. Vingt et un canons foudroyaient le bastion allemand et vingt-deux la tour de Saint-Nicolas. Quatorze batteries de trois canons chacune étaient dirigées contre les bastions d'Espagne et d'Angleterre, et dix-sept autres semblables contre le bastion d'Italie. Les assiégeants et les assiégés employèrent le mois d'août en travaux de mines et de contre-mines. Malgré le grand nombre de bras dont pouvait disposer l'ennemi, les travaux de la défense conservaient l'avantage, grâce à l'habileté de l'ingénieur vénitien Gabriel Martinengo, que, d'après l'avis du chevalier de Bosio, le grand maître avait fait venir de l'île de Candie. A peine arrivé à Rhodes, Martinengo s'était enflammé au contact de l'enthousiasme guerrier et religieux qui animait les chevaliers, et il s'était enrôlé dans cette milice sacrée, dont il fut un des plus vaillants défenseurs. La bravoure héroïque du grand maître et les talents de Martinengo firent échouer toutes les premières tentatives de l'ennemi.

Le 4 septembre deux mines renversèrent une partie du bastion anglais. Plusieurs bataillons de janissaires s'élancèrent sur la brèche; et déjà ils gagnaient le sommet de la muraille et ils y plantaient leurs étendards. Mais le grand maître accourut l'étendard de la croix

---

Hammer, plusieurs de ces boulets pour m'assurer de l'exactitude de l'assertion des historiens du temps. » T. V, p. 416, not. 18.

(1) *Voy.* Vertot, l. VIII, t. II, p. 458.

déployé, et les força à se retirer après une perte de près de deux mille hommes. Un second assaut, livré six jours plus tard par les Turcs, leur fit éprouver une perte aussi forte; les assiégeants n'eurent que trente hommes tués, parmi lesquels le général de l'artillerie et le porte-drapeau du grand maître. Le 13 septembre, à la suite d'une première attaque, les Turcs forcèrent le bastion anglais, sur lequel ils arborèrent cinq drapeaux. Le commandeur Waldner les arrêta, et le grand maître acheva leur défaite. Quelques jours après le docteur juif qui trahissait l'ordre et correspondait avec le camp ottoman, surpris au moment où il allait lancer à l'ennemi une lettre au moyen d'une flèche, fut écartelé.

Jusque là il n'y avait eu que des assauts partiels; mais le 24 septembre on annonça une attaque générale sur toute la ligne des fortifications. Depuis midi jusqu'à minuit, des hérauts parcoururent le camp en criant : « Demain il y aura assaut; la pierre et le territoire sont au Padischah, le sang et les biens des habitants sont le butin des vainqueurs. » Au point du jour les Ottomans se portèrent au nord, à l'est et au sud de la ville; cependant leurs efforts se concentrèrent surtout contre les bastions des langues anglaise et espagnole; l'aga des janissaires parvint même à surprendre ce dernier bastion et à y planter son drapeau. Mais ce triomphe ne fut que de courte durée : le grand maître qui avait déjà repoussé l'attaque du bastion anglais, engagea avec les janissaires un combat acharné. Les Turcs furent repoussés de toutes parts, laissant quinze mille des leurs sur la brèche et dans les fossés. Dans cet assaut, le plus terrible de tous ceux qui se livrèrent pendant le cours du siège, toute la population de l'île seconda bravement la valeur des chevaliers. Les femmes elles-mêmes prirent une part glorieuse au succès de cette sanglante journée. Sans s'effrayer des cris, du tumulte et du carnage, elles portaient les unes des munitions et des rafraîchissements aux guerriers qui combattaient sans relâche, les autres de la terre pour en remplir les brèches, et des pierres pour les jeter sur les assaillants.

Le sultan, irrité du mauvais succès de cette entreprise, s'en prit au béglerbey de Roumélie, Ayaz-Pacha. Il le déposa, et le fit emprisonner; mais il le rendit à la liberté et à ses fonctions dès le lendemain (1). Il songeait, dit-on, à lever le siége, lorsqu'un transfuge, envoyé peut-être par d'Amaral, vint lui faire sur la situation déplorable de la ville des révélations qui déterminèrent Soliman à persévérer. Le 12 octobre, à la pointe du jour, Achmet-Pacha, qui avait remplacé Moustapha dans la direction du siége, tenta de surprendre le bastion anglais; les remparts étaient déjà au pouvoir des Turcs, lorsque l'aga des janissaires fut blessé et ses soldats forcés de battre en retraite. Vers la fin du même mois, un nouvel assaut fut tenté contre les bastions d'Italie et de Provence, d'où les assiégeants furent repoussés après un combat meurtrier. Cependant Martinengo avait été gravement blessé, et pendant les trente-quatre jours que dura sa maladie l'Ile-Adam veilla seul à toutes les opérations de la défense, ne prenant plus de repos qu'entièrement armé, et paraissant devenu, ainsi que ses chevaliers, insensible à la fatigue comme aux dangers.

Sur ces entrefaites la trahison de d'Amaral fut découverte. Son domestique Blaise Diez, fut surpris en communication avec l'ennemi. On le mit à la question, et il révéla toutes les intelligences de son maître avec les Turcs. Un prêtre grec, chapelain de l'ordre, confirma sa déposition. D'Amaral, confronté avec ses deux accusateurs, nia tous les faits qui lui étaient imputés, et la torture ne lui arracha aucun aveu. Mais la conviction des juges résista à toutes ses dénégations, et d'Amaral fut condamné à mort avec son valet. Avant l'exécution, il fut dégradé dans l'église de Saint-Jean, en présence de tout l'ordre assem-

(1) Voir le *Journal de l'expédition de Soliman contre l'île de Rhodes*, dans Hammer, t. V, p. 421. Cette arrestation, ajoute l'historien, a donné naissance à la fable que Bourbon, et d'après lui Bosio, Vertot, Knolles, Mézeray, Sagredo, Mignot et Alix ont rapportée au sujet de Moustafa-Pacha que le sultan aurait fait mourir à coups de flèches. De Hammer, t. V, not. 22.

blé : conduit ensuite sur la grande place de l'ordre, il y subit la mort avec fermeté. Bourbon, Fontanus, tous les historiens de l'ordre, ont flétri la mémoire du grand chancelier d'Amaral. Cependant Vertot remarque qu'on ne l'aurait pas traité si rigoureusement, si quand il s'agit du salut public le seul soupçon n'était pas pour ainsi dire un crime que la politique ne pardonne guère (1). (30 octobre 1522.)

La plus grande partie du mois de novembre se passa en travaux et en engagements partiels, qui ajoutaient toujours à la faiblesse des chevaliers et aux progrès des Turcs. Le 23 novembre un nouvel assaut donné au bastion d'Italie coûta aux Ottomans cinq cents hommes sans aucun résultat. Le 30, jour de Saint-André, les bastions d'Espagne et d'Italie furent impétueusement assaillis par les Ottomans. Les chevaliers, exténués de fatigue, plièrent d'abord, et l'ennemi se répandait dans les retranchements. Jamais Rhodes ne s'était vue si près de succomber. A l'instant toutes les cloches sonnent l'alarme, de tous côtés on voit accourir chevaliers, bourgeois, paysans : les Turcs sont arrêtés; la brèche est reconquise; la pluie qui tombe par torrents entraîne les ouvrages des Musulmans. Ils se dispersent tous en laissant trois mille des leurs sur le champ de bataille.

Cette nouvelle perte détermina le séraskier à ne plus tenter d'attaques ouvertes et à se réduire aux tranchées et aux mines. Le siége avait coûté à Soliman environ cent mille hommes, dont la moitié avait péri les armes à la main, l'autre moitié par suite de maladies. Malgré ces pertes immenses, l'armée du sultan se trouvait toujours recrutée, tandis que chaque jour la mort faisait dans les rangs des défenseurs de l'ordre des vides irréparables. Aussi Soliman, sachant les chevaliers réduits à la dernière extrémité, et croyant leur courage abattu, fit proposer le 10 décembre une entrevue au grand maître, et offrit une capitulation honorable, sous la condition de rendre la ville dans le délai de trois jours. La reddition de la place avait déjà été résolue dans le chapitre des grands-croix de l'ordre, et dans celui où chaque langue était représentée par deux chevaliers. Cependant cette résolution, blâmée vivement par les plus intrépides, fut révoquée, et l'on fit demander à Soliman un délai plus long que celui qu'il proposait. Pour toute réponse Soliman ordonna à ses généraux de recommencer le siége (18 décembre). Mais il avait réussi par des négociations à jeter la division dans la ville; les populations grecques, fatiguées du siége, effrayées des menaces des Turcs, séduites par l'espoir d'une capitulation, se détachent des chevaliers, qui, réduits à eux-mêmes, sans munitions et presque sans vivres, se virent enfin dans l'impossibilité de prolonger plus longtemps leur résistance. D'abord Villiers de l'Isle-Adam, ne pouvant se résigner à l'aveu de sa défaite, osa encore garder une attitude supérieure à sa fortune. Il envoya au séraskier l'écrit par lequel Bajazet II avait jadis garanti au grand maître Pierre d'Aubusson la libre possession de Rhodes, en son nom et en celui de ses descendants. Dès qu'il vit cette pièce entre ses mains, Achmet-Pacha la déchira et la foula aux pieds, et il répondit au grand maître une lettre pleine de grossières injures. Bientôt Villiers de l'Isle-Adam, réduit à la dernière extrémité, se vit contraint à changer de langage, et il députa à Soliman un chevalier et deux bourgeois de la ville pour négocier la reddition de Rhodes (22 décembre). La capitulation fut aussi honorable que pouvaient l'espérer des vaincus. Elle portait que les églises ne seraient point profanées, que l'exercice de la religion chrétienne serait libre, que le peuple serait exempt d'impôts pendant cinq ans, que tous ceux qui voudraient sortir de l'île en auraient la permission, que les chevaliers pourraient se retirer avec tout ce qui leur appartenait en meubles, en armes, reliques et vases sacrés; que tous les forts de Rhodes et des autres îles qui appartenaient à la religion et le château de Saint-Pierre seraient remis aux Turcs; que l'armée ottomane s'éloignerait de quelques milles; que l'aga et quatre mille janissaires viendraient seuls prendre possession de la place; enfin que l'ordre donnerait comme otages vingt-cinq chevaliers et vingt-cinq des principaux bourgeois.

(1) Vertot, *Hist. de l'Ordre*, etc., c. II, 503.

A peine cette capitulation eut-elle été signée de part et d'autre, qu'elle fut violée dans ses clauses principales. Le cinquième jour après la signature, c'est-à-dire le 25 décembre 1522, les janissaires échappèrent à leurs chefs, et s'approchèrent de la ville sans autres armes que des bâtons. Ils forcèrent une des portes, pillèrent les maisons des principaux habitants, et commirent toutes sortes d'excès. Leur fureur se déchaîna surtout contre l'église Saint-Jean ; ils raclèrent les peintures à fresque représentant les saints, brisèrent les statues, ouvrirent les tombeaux des grands maîtres, renversèrent les autels, traînèrent les crucifix dans la boue, et mirent au pillage les ornements sacrés. Du haut du clocher de l'église Saint-Jean on appela les croyants à la prière. C'était dans la matinée du jour de Noël que s'accomplissait le pillage, au moment même où le pape Adrien d'Utrecht célébrait le service divin dans l'église de Saint-Pierre ; pendant l'office, une pierre, se détachant de la corniche, vint tomber à ses pieds, circonstance qui fut regardée comme le présage de la chute du premier boulevard de la chrétienté (1).

Le lendemain, le 7 du mois de safer, 26 décembre, Villiers de l'Isle-Adam, informé que le sultan désirait le voir, se rendit, malgré sa répugnance, à cette entrevue. Il vint au camp ottoman, accompagné seulement de quelques chevaliers. « Comme c'était un jour de divan, il resta longtemps devant la tente de son vainqueur, exposé à la neige et à la pluie, en attendant le moment d'être introduit. Enfin le grand maître, après avoir été revêtu d'un kaftan d'honneur, fut conduit en présence de Souléiman. Ces deux princes, qui étaient arrivés ensemble au pouvoir deux ans auparavant, et qui se trouvaient maintenant face à face dans des positions si diverses, gardèrent longtemps le silence et s'examinèrent réciproquement. Enfin le sultan, prenant la parole, s'efforça de consoler le grand maître de sa défaite en lui représentant que c'était le sort des princes de perdre des villes et des royaumes, et lui renouvela l'assurance d'une libre retraite. Deux jours après Souléiman, étant allé voir le bastion d'Espagne et la tour de Saint-Nicolas, voulut visiter également Rhodes et le palais du grand maître avant de retourner à son camp. Accompagné seulement d'Achmet-Pacha et d'un jeune esclave, il se rendit au réfectoire des chevaliers, et demanda Villiers de l'Isle-Adam. Achmet-Pacha faisant fonction d'interprète et traduisant les paroles du sultan en grec, assura de nouveau au grand maître que la capitulation serait de tous points strictement exécutée, et lui offrit un terme plus long pour l'évacuation de Rhodes. Le grand maître remercia le sultan, et se borna à lui demander de rester fidèle aux clauses du traité. Le 1er janvier. 1523, le grand maître, avant de s'éloigner, vint baiser la main du sultan, et lui offrit quatre vases d'or. « Ce n'est pas sans en être peiné moi-même, dit Souléiman à son favori Ibrahim, que je force ce chrétien à abandonner dans sa vieillesse sa maison et ses biens (1). » Après cette dernière entrevue le grand maître et les débris de l'ordre quittèrent pour toujours l'île de Rhodes, où les chevaliers de Saint-Jean-de-Jérusalem régnaient avec tant de gloire depuis près de deux cent vingt ans. Plus de quatre mille habitants de l'île les accompagnèrent dans leur retraite, et l'escadre se composait de cinquante bâtiments. Leur retour en Europe fut désastreux : battus par de violentes tempêtes, décimés par des maladies après avoir successivement relâché à Candie, à Gallipoli, à Messine, ce ne fut que six mois après qu'ils abordèrent à Civita-Vecchia, le port principal des États de l'Église. Au mois de janvier 1524, Villiers de l'Isle-Adam vint se fixer à Viterbe, que Clément VII, successeur d'Adrien IV, lui assigna pour résidence provisoire. Enfin en 1530 Charles-Quint conclut avec le conseil de l'ordre le traité de Castel-Franco, par lequel il cédait aux chevaliers Malte, Gozzo et Tripoli. Rendu ainsi à sa destination, l'ordre de Saint-Jean prit possession de l'île de Malte au mois d'octobre 1530. Il recommença dans ce nouveau poste sa lutte héroïque avec l'islamisme,

---

(1) De Hammer, *Hist. des Ottomans*, t. V, p. 39.

(1) De Hammer, *Hist. des Ottomans*, t. V, p. 40.

qu'il ne cessa de combattre qu'après que cet ennemi eut cessé lui-même d'être redoutable à la chrétienté.

Cependant Soliman, après le départ de l'ordre, acheva la conquête du petit empire maritime dont il avait emporté la capitale. Les îles qui dépendaient de Rhodes furent entraînées par sa chute. Leros, Cos, Calymna, Nisyros, Télos, Chalce, Limonia et Syme furent occupées par des postes d'Ottomans. Les femmes grecques de Syme, qui par leur habileté à plonger, avaient rendu de grands services aux Turcs pendant le siège, obtinrent du sultan le privilége de porter un turban d'étoffe blanche. Le fort de Boudroun, bâti sur les ruines de l'ancienne Halicarnasse, ouvrit aussi ses portes, et compléta le nombre des dix conquêtes de Soliman. Quant à ce prince, il avait quitté Rhodes peu de jours après le grand maître. Il s'était embarqué un vendredi, après avoir assisté à la prière publique dans l'église de Saint-Jean, et avoir donné les ordres nécessaires à la reconstruction immédiate des fortifications de Rhodes. Un mois après le vainqueur célébrait son entrée triomphale à Constantinople.

ÉTAT DE L'ÎLE DE RHODES APRÈS LA CONQUÊTE DES TURCS. — Quand Soliman eut réuni l'île de Rhodes à son empire, il prit toutes les mesures nécessaires pour assurer la conservation de cette importante conquête. Des négociations s'étaient engagées entre Charles-Quint et le grand maître pour replacer Rhodes sous le gouvernement de la religion (1). Mais il était encore plus difficile de recouvrer cette île qu'il ne l'avait été de la défendre; et l'on ne put rien tenter de sérieux pour sa délivrance. Rhodes resta donc et reste encore sous la domination des Turcs; le croissant y remplaça l'étendard de la croix; la barbarie musulmane y succéda à la civilisation chrétienne, et depuis trois siècles elle en efface les vestiges et elle en détruit les œuvres. A partir de cette époque Rhodes n'a plus d'existence individuelle, plus d'activité politique; son histoire est terminée, et il ne nous reste plus qu'à montrer à quel degré de décadence et d'abaissement elle est tombée, ainsi que presque toutes les îles qui ont été comme elle frappées du même fléau.

Rhodes fut placée, comme toutes les autres provinces de l'empire ottoman, sous le gouvernement d'un pacha, qui avait une autorité absolue. Un cadi était chargé de l'administration de la justice; un muphti y dirigeait le service religieux. Tous les Latins furent expulsés de l'île. Les Grecs et les juifs, auxquels les Turcs permirent la résidence, étaient placés sous l'autorité d'un chef appelé Mouteveli, qui percevait le harach ou capitation, tribut imposé par les vainqueurs, et qui jugeait leurs différends. Les troupes qui formaient la garnison de la place étaient commandées par un Aga. « Tels sont, dit Savary, les principaux officiers de l'île; ils semblent tous conspirer sa ruine (1) ». Et le tableau qu'il trace de l'état de l'île à la fin du dix-huitième siècle montre que cette ruine était déjà consommée.

Toutefois, cette décadence des provinces de l'empire ottoman ne se fit pas immédiatement sentir. Au seizième et pendant la plus grande partie du dix-septième siècle, cette puissance conserva encore l'apparence d'une grande prospérité. Sans doute, elle contenait dans son sein les germes de sa destruction future; mais ils n'avaient point encore fait les effroyables ravages que nous constatons de nos jours. La situation de Rhodes, autant que nous permet de l'apprécier la pénurie des documents historiques (2), reste encore quelque temps

(1) Savary, *Lettres sur la Grèce*, p. 80.
(2) Depuis le temps des Turcs l'île de Rhodes a été très-peu connue. Les Turcs ont toujours surveillé avec soin cette conquête, qui leur avait coûté si cher. Le colonel Rottiers n'a pu la parcourir entièrement. Au dix-septième siècle, Thévenot disait : « Nous demeurâmes dans le port de Rhodes treize jours, pendant lesquels je considérois cette place autant que je pus, n'osant pourtant pas y rien regarder trop attentivement; car aussitôt que je m'arrestois les Turcs me regardoient, et en même temps un gentilhomme chiot, avec qui j'estois, me poussoit, pour me retirer de mon attention, qui me pouvoit être dommageable, principalement en ce temps-là, auquel on craignoit par toutes les îles de la Turquie que les Vénitiens n'y fissent descente. » *Relation d'un voyage fait*

(1) Coronelli, *Isola di Rodi*, p. 216.

assez satisfaisante. « Après la conquête les Turcs, toujours soutenus par l'esprit fanatique et guerrier qui fit longtemps leur force, utilisèrent les belles forêts de chênes et de pins qui couvraient les montagnes de l'île. Des galères construites à Rhodes allèrent grossir les flottes musulmanes, ou sortirent en course contre les chrétiens. La population grecque elle-même profita d'abord des ressources immenses qu'offrait l'exploitation de ce prodigieux empire, alors dans toute sa splendeur. Dociles à leur génie national, qui depuis ne s'est pas démenti, les Grecs devinrent les facteurs de l'Asie, des villes de Syrie et de l'Égypte; leurs petits bâtiments couvrirent l'archipel, et en même temps que se comblaient le Pirée et les autres ports de la Grèce soumise, les sacolèves arrivaient en foule à Rhodes, qui devint comme l'entrepôt des différentes échelles du Levant. En dehors de cette navigation générale, qui procurait de grands bénéfices aux armateurs, les principales exportations de Rhodes consistaient dès lors en vins du pays, en bois de construction. Les oranges, les citrons, les figues, les amandes, tous ces fruits que l'antiquité allait chercher à Rhodes, et qui y sont toujours renommés, étaient expédiés à Smyrne, à Beyrouth, partout où affluaient les Vénitiens. De riches Turcs, des pachas exilés affermaient leurs terres aux cultivateurs grecs, qui vendaient à la ville les grains que leurs compatriotes savaient diriger vers les contrées où la disette se faisait sentir (1). »

Malgré toute son activité et ses heureuses dispositions pour le commerce, la forte race des Grecs de Rhodes ne put tenir longtemps contre la désastreuse influence du despotisme musulman. Les avanies, les exactions, les corvées, tous les excès de la fiscalité brutale des pachas turcs durent promptement dégrader cette population industrieuse, et détruire la prospérité de cette île énergique et vivace. Il fallait que la décadence ait commencé depuis longtemps, que déjà toutes les sources du commerce, de l'agriculture et de l'industrie aient été entièrement taries, pour qu'à la fin du dix-huitième siècle un voyageur ait pu constater à Rhodes une dépopulation et une misère dont le tableau suivant donnera l'idée.

L'île de Rhodes, dit Savary (1), contient deux villes; la capitale et l'ancienne Lindos. La première est habitée par des Turcs et un petit nombre de juifs. Elle a de plus cinq villages occupés par des musulmans, cinq bourgs et quarante et un villages occupés par des Grecs. On y compte en tout 7,500 familles, ainsi réparties :

Les Turcs.	4,700 familles.
Les Grecs.	2,500 »
Les juifs.	300 »
	7,500 »

En supposant cinq personnes par famille, c'est une population de 37,500 habitants. Le tableau des revenus de l'île est en rapport avec le nombre et la pauvreté des habitants.

Tableau des revenus de l'île de Rhodes.

Droits de carach ou capitation.	42,500	piastres ou écus de 3 livres.
— de la dîme sur les récoltes.	23,050	
— de douane.	3,500	
— sur les maisons.	6,250	
— sur la ferme de la cire.	10,300	
— sur le bétail.	800	
— aux portes.	200	
— sur la ferme des bains.	1,200	
— sur le sel.	700	
— sur les vignobles.	600	
Nouveau droit sur la tête de chaque Grec et juif.	900	
	90,000	

Voilà donc 90,000 piastres que l'île produit au grand seigneur. Il faut retrancher de cette somme celle de 55,500 piastres, qui sont employées à payer les gardiens de la ville, des villages, les inspecteurs des biens de la campagne, l'entretien des mosquées, le pain et la soupe que le sultan fait distribuer aux pauvres. Ainsi, il n'entre réellement dans ses coffres que

---

au Levant, in-4°; Paris, 1664, p. 214. En 1825 le colonel Rottiers écrivait ceci : « Je ne voulais pas quitter Rhodes sans faire une excursion dans l'île; mais on m'en détourna, m'assurant qu'il y allait peut-être de ma vie. » *Mon. de Rhodes*, p. 380.

(1) Cottu, *Revue des Deux Mondes*, 1844, p. 833.

(1) *Lettres sur la Grèce*, p. 81.

34,500 piastres. En somme, cette grande île produisait moins au grand seigneur qu'un domaine médiocre en France ne rapporte à son propriétaire.

ÉTAT ACTUEL DE RHODES. — De nos jours, les événements politiques qui ont rendu à la liberté une partie de l'ancien monde grec ont encore contribué à augmenter la misère et à aggraver l'assujettissement de l'île de Rhodes. « En 1822 (1), peu de temps après l'insurrection de la Grèce, l'île de Rhodes avait pour gouverneur Youssouf-Bey. Depuis dix ans, les musulmans et les Grecs vivaient tranquilles sous son administration. La révolution qui venait d'éclater troubla cette harmonie, et les Turcs de Rhodes ne tardèrent pas à intenter de nombreuses accusations contre les Grecs, soupçonnés par eux de prendre part à la révolte de leurs coreligionnaires. Ces imputations n'étaient qu'un prétexte. Le nombre des Grecs, bien supérieur à celui des Turcs dans l'île, leurs travaux, une certaine aisance qu'ils avaient acquise, tout excitait la cupidité de leurs ennemis (2). Le sage Youssouf le comprit, et ne voulut pas servir d'instrument à des persécutions iniques. »

Irrités de la résistance du gouverneur, les musulmans formèrent un complot contre lui-même. Il fut dénoncé à Constantinople comme traître envers son souverain, infidèle à sa religion, et protecteur exagéré des rayas. Il n'en fallut pas davantage pour que le rappel du bey fût décidé. Fort de sa conscience et de son caractère, Youssouf se rendit au divan, y expliqua sa conduite; et, loin de marcher à l'échafaud, comme s'y attendaient ses accusateurs, il acquit l'estime du sultan, qui l'éleva à la dignité de pacha et lui confia le gouvernement de Scio.

La Porte envoya à Rhodes pour lui

(1) Rottiers, *Monum. de Rhodes*, p. 69.
(2) Ces renseignements ne s'accordent pas tout à fait avec ceux que donne Savary. Mais la situation de l'île avait pu changer dans l'intervalle de son voyage et de celui du colonel Rottiers. La pénurie des documents me met dans l'impossibilité de critiquer ces assertions contradictoires. Ceci, du reste, est une histoire toute nouvelle, et qui pourra être mieux connue plus tard.

succéder Méhémed-Schukur-Bey, vieillard de soixante ans, Grec, Maniote de naissance, et frère de Piétro-Bey. Schukur-Bey avait été esclave; ses talents et ses vices l'avaient tiré de l'obscurité; il se distingua comme marin. Tour à tour en faveur ou en disgrâce, il avait mené une vie aventureuse, pendant laquelle il avait acquis et dissipé une fortune considérable. L'île de Rhodes, relevée par l'administration de Youssouf, était redevenue assez prospère; c'était une riche proie pour un gouverneur ruiné. Schukur-Bey ne songea qu'à refaire sa fortune délabrée; et son insatiable cupidité se fit sentir également aux Grecs et aux Turcs. Aux Grecs, dit M. Rottiers, qui visita l'île sous ce gouverneur, il reprochait leur esprit séditieux, et il leur attribuait de prétendus projets de conspiration. Aux Turcs il annonçait que les circonstances étaient difficiles, et qu'il fallait de fortes contributions et d'énormes sacrifices pour soutenir la guerre contre les rayas révoltés. En vain ces derniers se plaignaient d'être mis sur le même rang que les Grecs; la seule satisfaction qu'ils obtinrent fut de voir ceux-ci sans cesse vexés pour le plus léger prétexte, et punis de mort au moindre soupçon de complot. Dans la ville de Rhodes, dans les villages les moins peuplés Schukur-Bey avait répandu des agens secrets, presque tous juifs, dont le perpétuel espionnage l'instruisait des actions de tous les particuliers, des secrets de toutes les familles. Turcs et Grecs, tous tremblaient également devant la menace de leurs redoutables délations; et cette tyrannie, motivée, protégée par les circonstances, fit évanouir pour toujours les dernières chances que les Rhodiens avaient eues de reconquérir une certaine prospérité. Rhodes retomba plus épuisée que jamais; et quelque temps après (1830) un voyageur français recueillait ce renseignement, qui dispense de tout autre. « Dans les lieux les plus renommés pour leur fertilité il ne reste plus que le sol; et ce qui montre jusqu'où va la décadence de toutes choses, le dénombrement qu'on vient de faire par ordre de la Porte ne donne pour toute l'île que seize mille habitants (1). »

(1) Michaud et Poujoulat, *Correspondance*

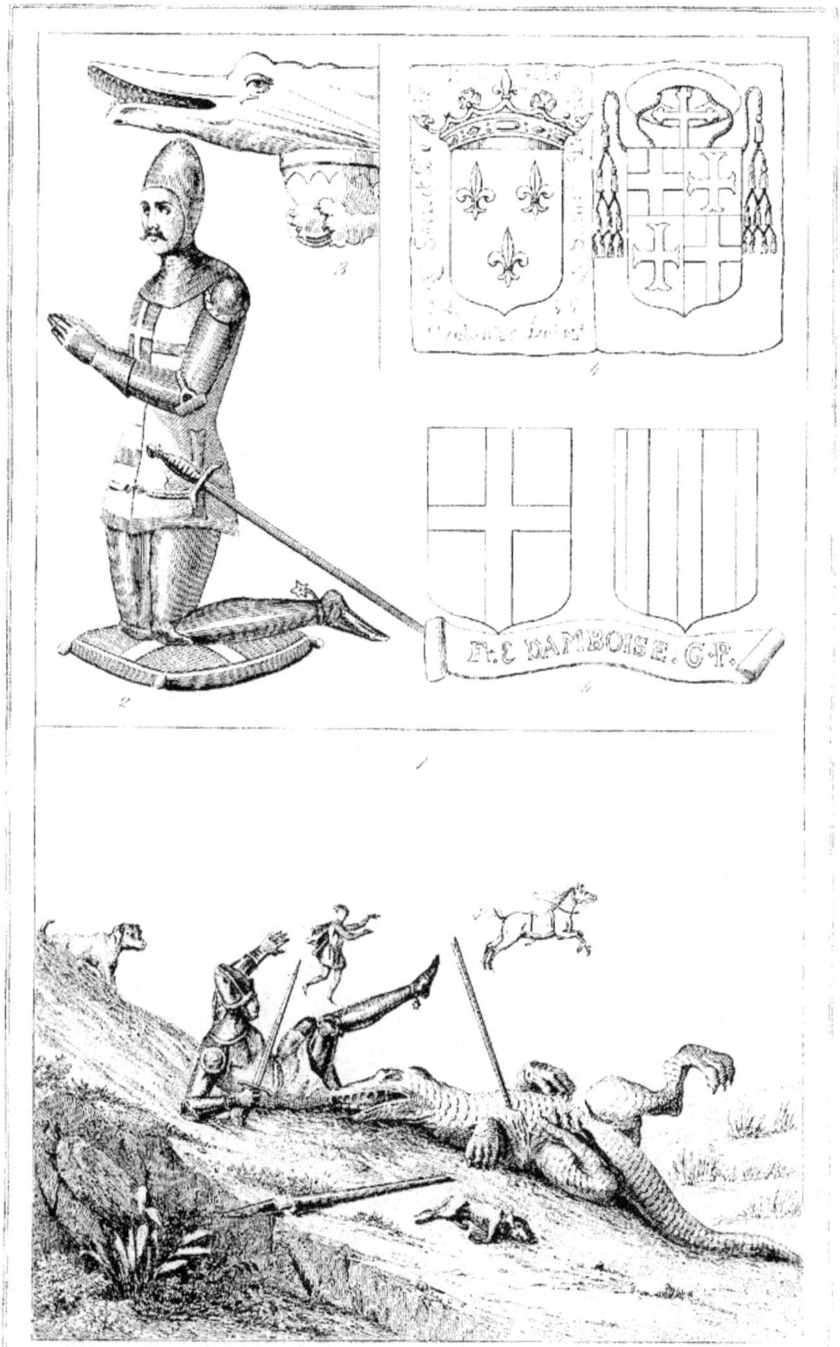
Fr. E DAMBOISE. G.P.

ILE DE PATMOS.

Église de S. Jean.

Enfin le dernier témoin de la misère et de la décadence de l'île de Rhodes, un officier de notre marine militaire, M. Cottu, nous en retrace ainsi le lamentable tableau dans un intéressant article inséré dans la *Revue des Deux-Mondes*, en 1844. « On ne saurait, dit-il, établir par des chiffres le résultat d'un commerce qui ne se révèle nulle part. Le port militaire est désert, les vagues viennent mourir le long des grèves sur lesquelles il ne reste plus de vestiges d'ateliers; les sables arides s'étendent au pied des remparts; quelques barques de pêcheurs halées sur la plage, leurs filets étendus au soleil, des matelots couchés à l'ombre des bordages, un silence éternel, ce silence de mort qui pèse sur toute la Turquie : tel est l'aspect de ce lieu si animé autrefois, et qui retentirait bientôt des cris des marins si un gouvernement intelligent pouvait mettre à profit les éléments de prospérité de ce beau pays.

« S'il n'y a rien à dire du commerce actuel de Rhodes, on ne peut méconnaître du moins les ressources que présente cette terre fertile, dont les moissons, autrefois si abondantes, ne suffisent plus à nourrir vingt-cinq mille habitants. Les productions les plus importantes sont les vins. Quoique justement estimés, ils ne donnent cependant pas lieu à des exportations considérables. Les vins du Levant sont doux ou capiteux, et ne peuvent servir à l'usage ordinaire des Francs; celui de Rhodes seul, mitigé avec de l'eau comme ceux de France, remplacerait avantageusement, surtout par le prix, les vins d'Europe. La vigne croît sans efforts et n'exige qu'un léger travail; mais si elle était mieux cultivée, et si les principes les plus simples de la fabrication étaient connus des ignorants vendangeurs, Rhodes fournirait des vins précieux, aussi recherchés que ses fruits savoureux, qui en ce moment sont à peu près les seuls produits envoyés par l'île sur les côtes voisines.

« De temps en temps arrive un navire qui vient chercher des bois de construction pour l'arsenal de Constantinople. Alors le gouverneur loue des Grecs, qui vont abattre sans choix dans l'intérieur des arbres encore debout; et comme personne ne surveille les ouvriers, ils ravagent les collines charmantes, dont les chênes et les sapins auraient une valeur incalculable pour les petites marines des Sporades et des Cyclades, où le sol est complétement déboisé.

« L'île est remplie d'oliviers, d'arbres à mastic et à térébenthine; ses vallées profondes, les versants des montagnes, sont couverts de ces arbustes que l'absence du maître ou sa pauvreté empêche de soigner. Quelques Grecs possèdent de grossiers pressoirs, où ils jettent pêle-mêle les olives bonnes et flétries, qu'ils pillent, comme les oiseaux, dans les champs abandonnés. L'huile épaisse est consommée par les habitants, et ne sort guère de Rhodes. Toutes les îles, toutes les rives d'Orient possèdent ainsi des forêts d'oliviers, qui croissent et meurent au hasard dans les campagnes dépeuplées. Le mastic sert principalement à parfumer une liqueur fort agréable, à laquelle on donne son nom, et que les Grecs et les juifs livrent aux Turcs.

« En résumé, les exportations de Rhodes consistent en bois de construction, en fruits secs, en olives, en éponges fort belles, qui se trouvent aux abords de l'île. Les importations se réduisent aux grains nécessaires à la population, qui ne sait pas tirer de son territoire le blé et le maïs, qui pourraient y venir avec facilité. Une trentaine de barques suffisent à ce commerce : les Grecs seuls naviguent; ils vont et viennent, partent avec quelques caisses, et rapportent un chétif chargement de grains; mais ces bateaux, qui partent tristement du port et qui reviennent s'échouer sur les sables, ne peuvent s'appeler une marine. Ces échanges misérables, faits par des matelots voleurs, ne sauraient usurper le nom d'opérations commerciales. Il ne reste rien à Rhodes de la puissance de l'île fortunée qui avec ses galères résistait aux successeurs d'Alexandre et aux barbares; il n'y a plus de traces de cette prospérité de deux siècles qui s'abritait sous le fier étendard de la croix. L'île n'est maintenant qu'une savane magnifique, où la nature verse en liberté tous les trésors d'une sauvage végétation, que l'homme ne vient jamais ni diriger ni contraindre. Dans le pâle fanal qui veille pendant la

---

d'Orient, t. IV, p. 25, d'après les indications de M. Juliani, consul d'Autriche à Rhodes.

nuit sur la tour des Arabes, les navigateurs ne voient aujourd'hui qu'un point de reconnaissance pour éviter cette terre, où depuis longtemps ne germent que des fleurs inutiles. Cependant les bateaux à vapeur autrichiens qui vont de Smyrne à Beyrouth font maintenant escale à Rhodes, et plusieurs navires marchands viennent y purger leur quarantaine avant de se rendre dans le Nord. Peut-être cette nouvelle navigation donnera-t-elle plus de mouvement à l'île, peut-être les passagers, les voyageurs des paquebots, les capitaines de bâtiment, trouveront-ils à vendre et à acheter dans ce port silencieux. Il faut l'espérer ; mais une secousse violente peut seule tirer cette île de la léthargie profonde où elle est plongée comme l'empire tout entier (1). »

RÉORGANISATION DE L'ADMINISTRATION EN TURQUIE; IDÉE GÉNÉRALE DU TANZIMAT. — Mieux qu'une secousse violente, une réforme administrative sagement conçue et énergiquement appliquée pourrait rendre à l'île de Rhodes, comme aux autres provinces de l'empire ottoman, quelque chose de leur ancienne prospérité. C'est dans cette espérance, et avec le louable désir d'améliorer la condition de ses sujets et de rétablir un État qui s'en allait en dissolution, que le gouvernement de la Porte travaille depuis le commencement de ce siècle à donner à la Turquie une unité politique et administrative organisée sur le modèle des grandes nations de l'Europe occidentale. J'ai déjà parlé, à propos de l'île de Chypre (2), de cette grande révolution administrative qui s'accomplit en ce moment dans l'empire Ottoman, et dont les souverains, par une inspiration de sagesse qui malheureusement a manqué à bien d'autres, ont eux-mêmes donné le signal. Je crois qu'il est à propos, dans l'histoire de ces îles grecques, dont les plus considérables appartiennent à la Turquie, de faire connaître le mouvement de régénération qui s'accomplit dans cet empire, et dont les îles doivent tôt ou tard ressentir les influences.

(1) Ch. Cottu, L'île de Rhodes ; Revue des deux Mondes, 1844, p. 834.
(2) Voyez plus haut, p. 89.

Vers la fin du dix-huitième siècle la domination des Osmanlis, si fortement organisée dans l'origine, était en pleine décadence. Le pouvoir impérial avait perdu ses droits et son action ; et tandis que dans tous les États de l'Europe chrétienne l'autorité centrale attirait tout à elle, chez les Ottomans l'ancienne unité n'existait plus, et la Turquie marchait à grands pas vers un démembrement. Le sultan Mahmoud arrêta ce mouvement de dissolution, et il consacra son règne à renverser tous les pouvoirs locaux qui gênaient l'exercice du sien et à jeter les fondements d'un nouveau système de centralisation. Cette œuvre, dont il poursuivit l'accomplissement avec une constance et une énergie infatigables, ne fut point interrompue par sa mort. Son jeune successeur, le sultan actuel Abdul-Medjid, trouva les obstacles renversés et le terrain aplani ; guidé par les ministres formés à l'école de son père, il put enfin décréter une nouvelle organisation politique et administrative, qui fut appliquée à tout l'empire sous le nom de *tanzimat* (*tanzimati khaïrié*, l'heureuse organisation).

« Conséquence ou plutôt application directe des principes proclamés par le hatti-chérif de Gul-Hané (3 novembre 1839), dit M. Ubicini (1), le Tanzimat comprend l'ensemble des améliorations introduites depuis onze ans dans les diverses branches de l'administration, et dont la plupart, comme les quarantaines, les postes, l'abolition des monopoles, la réforme monétaire, la création de l'université, etc., furent préparées ou exécutées par le grand vizir actuel, Réchid-Pacha. Ce fut le 3 novembre, jour mémorable dans l'histoire de la régénération de la Turquie, que par suite d'une ordonnance rendue le 26 de la lune de Chaban, en présence du sultan et de toute la cour, du corps des ulémas, de tous les fonctionnaires civils et militaires, des employés des divers bureaux de l'empire, des représentants de toutes les puissances amies résidant à Constantinople, des chéicks, hatibs et imans de tout rang et de toute hiérarchie, des patriarches des trois nations

(1) Ubicini, *Lettres sur la Turquie*, t. I, p. 11.

grecque, arménienne-catholique et arménienne-schismatique, du rabbin des juifs, de tous les notables et chefs des corporations de la capitale, réunis dans la vaste plaine de Gul-Hané, située dans l'intérieur du palais de Top-Kapou, Réchid-Pacha, alors ministre des affaires étrangères, donna lecture à haute voix du hatti-chérif, émané de la volonté souveraine, qui jetait les bases de la nouvelle constitution de l'empire Turc.

« Le préambule de cette charte, comme on l'a appelée, est remarquable. « Tout le monde sait, y est-il dit, que dans les premiers temps de la monarchie ottomane les préceptes glorieux du Koran et les lois de l'empire étaient une règle toujours honorée. En conséquence, l'empire croissait en force et en grandeur, et tous les sujets sans exception avaient acquis au plus haut degré l'aisance et la prospérité. Depuis cent cinquante ans une succession d'accidents et des causes diverses ont fait qu'on a cessé de se conformer au code sacré des lois et aux règlements qui en découlent, et sa force et sa prospérité antérieures se sont changées en faiblesse et en appauvrissement; c'est qu'en effet un empire perd toute stabilité quand il cesse d'observer ses lois. Ces considérations sont sans cesse présentes à notre esprit; et depuis le jour de notre avénement au trône la pensée du bien public, de l'amélioration de l'état des provinces et du soulagement des peuples n'a cessé de nous occuper uniquement. Or, si l'on considère la position géographique des provinces ottomanes, la fertilité du sol, l'aptitude et l'intelligence des habitants, on demeurera convaincu qu'en s'appliquant à trouver les moyens efficaces, le résultat qu'avec le secours de Dieu nous espérons atteindre peut être obtenu dans l'espace de quelques années. Ainsi donc, plein de confiance dans le secours du Très-Haut, appuyé sur l'intercession de notre prophète, nous jugeons convenable de chercher par des institutions nouvelles à procurer aux provinces qui composent l'empire ottoman le bienfait d'une bonne administration. »

« Ces institutions, comme il est dit dans le texte même du hatti-chérif, devaient porter sur trois points principaux, à savoir : 1° les garanties propres à assurer à tous les sujets de l'empire, musulmans ou raïas, une parfaite sécurité quant à leur vie, leur honneur et leur fortune; 2° un mode régulier d'asseoir et de prélever les impôts; 3° un mode également régulier pour la levée des soldats et la durée de leur service. Le sultan s'engageait par serment non-seulement à observer scrupuleusement les prescriptions de son hatti-chérif, dont l'original fut déposé dans la salle qui renferme le manteau du prophète, mais même il sanctionnait à l'avance toutes les mesures qui seraient décrétées plus tard pour assurer l'exécution de ces trois points principaux, qui devaient être la base et comme le point de départ de toute la réforme. En effet, le tanzimat, qui fut établi bientôt après, et dont le gouvernement du sultan n'a pas cessé depuis lors de poursuivre l'application difficile, avec une persévérance digne de tant d'éloges, ne s'est pas borné à améliorer l'état politique, civil et administratif de l'empire, en coordonnant et régularisant l'action des différents pouvoirs; il s'est étendu au personnel même du palais impérial, qu'il tend à réduire chaque année en se débarrassant d'une foule de charges inutiles, reste du Bas-Empire, qui contrastaient avec la simplicité des premiers temps du kalifat. »

Je ne puis entreprendre de reproduire, même en résumé, les intéressants renseignements donnés par l'auteur des *Lettres sur la Turquie*, au sujet de ce tanzimat, vaste code administratif et politique, qui touche à tous les points du gouvernement et qui comprend quatre parties différentes : 1° Le gouvernement ou conseils de l'empire ottoman; 2° l'administration ou division administrative et financière de l'empire; 3° les emplois ou offices judiciaires; 4° les emplois de l'épée. C'est là une étude de détails, que l'on ne peut faire que dans le curieux livre qui nous a révélé la transformation soudaine et presque magique que la Turquie vient de subir. Les aperçus que je lui ai empruntés, et notamment le préambule du hatti-chérif, suffiront pour faire comprendre quelles sont les nobles et généreuses dispositions de la Porte à l'égard des peuples qu'elle avait trop longtemps soumis à une oppression qui n'était ni constante et systématique, mais violente et irrésistible. Ce changement de principes et de conduite de la part du gouvernement turc doit produire un changement de langage à son égard. Il faut renoncer aux déclamations si fort à la mode au siècle dernier, et dans le nôtre encore, contre un gouvernement et un peuple qui travaillent à se régénérer sans faire de révolutions. C'est un spectacle trop rare pour qu'on ne l'admire pas, une entreprise trop difficile pour qu'on ne l'encourage pas par de bonnes paroles.

Toutefois, je voudrais mettre le lecteur en garde contre toute illusion. Rien n'est si beau ni plus séduisant que le plan d'une réforme dans la tête de celui qui la conçoit, dans les ordonnances où on la décrète, dans les ministères où on croit qu'on l'applique, dans les livres où on la raconte. Mais en toutes choses il faut distinguer entre ce que l'on veut faire et ce que l'on peut exécuter. Jamais cette distinction n'a été plus nécessaire qu'en ce qui concerne l'application du tanzimat. Ici surtout, ce qu'on lit et ce qu'on voit ne se ressemble guère. Au lieu de la belle et régulière ordonnance qu'on admire dans l'exposition officielle du tanzimat, le voyageur qui parcourt les contrées soumises à la Turquie a trop souvent encore l'occasion de constater combien les anciens abus et les vices d'autrefois y conservent d'empire; et il lui semble que, par la force invincible des mœurs, elles resteront toujours en proie à l'inertie, au désordre et à la violence. On se prend alors à douter du succès de l'entreprise des sultans, à la condamner à l'avance. N'a-t-on pas déjà été trompé au sujet d'une des contrées de l'empire ottoman, de l'Égypte, dont on avait si pompeusement annoncé la résurrection? Qui ne croyait il y a douze ans, en entendant raconter les exploits d'Ibrahim et les travaux gigantesques de Méhémet-Ali, en voyant les flottes, les armées qu'ils avaient à leur disposition; qui ne croyait, au moment où ces deux hommes s'ouvraient le chemin de Constantinople et tenaient en suspens la politique de toute l'Europe, que l'Égypte ne fût remontée au rang des nations et n'eût recouvré quelque chose de la splendeur et de la force qu'elle eut au temps des Pharaons et des Ptolémées? Cette illusion, qui a été générale, en France surtout, s'est dissipée bien vite; on a reconnu, mais un peu tard, combien l'effet était loin de répondre aux promesses qu'on annonçait, aux espérances qu'on avait conçues. Pour moi, j'ai visité l'Égypte dans la dernière année du règne de Méhémet-Ali; j'ai vu de mes propres yeux l'affaissement de ce grand corps, que les entreprises de cet audacieux pacha avaient achevé d'épuiser; j'ai vu l'impuissance de toutes ses tentatives de régénération industrielle, commerciale et scientifique, et il m'a semblé, pour rappeler un mot célèbre, que j'avais alors devant moi un cadavre un instant galvanisé, encore debout, mais ne demandant qu'à se recoucher dans la tombe (1).

Ce n'est pas que cet exemple fameux, qui nous a été donné en spectacle de nos jours, doive faire préjuger de l'avenir réservé à l'empire ottoman. La situation du sultan, souverain légitime de la Turquie, réformant l'administration pour le bien de ses peuples, ne ressemble en rien à celle du pacha rebelle qui innovait dans l'intérêt de son ambition. Il serait facile de montrer combien, à côté de certaines analogies, il y a de profondes différences entre ces deux tentatives, si l'on considère la position, le but, les moyens et l'exécution; et cette comparaison pourrait fournir plus d'une présomption favorable au succès de l'œuvre des sultans. Mais si l'on songe qu'il s'agit de régénérer un empire dont le territoire est de cent vingt et un mille lieues carrées, qui comprend trente-cinq millions d'habitants partagés en treize races différentes, en autant de langues, et en quatre religions, sans compter les sectes; que cette population se compose de conquérants et de rayas ou sujets; que ceux-ci sont d'anciennes races depuis longtemps en décadence, que ceux-là y sont tombés à leur tour; que l'abus du pouvoir a corrompu les uns, que la servitude a dégradé les autres, alors on se trouve rejeté dans le doute, et l'on s'aperçoit, à l'égalité des chances contraires, que le pour

(1) C'est le mot d'Alberoni à propos de l'Espagne, au commencement du dix-huitième siècle.

et le contre peuvent être également soutenus. Concluons donc qu'en pareille question le mieux est de s'abstenir de tout jugement téméraire, de toute espérance précipitée, d'applaudir aux bonnes intentions, au bien qui s'est déjà fait, d'attendre pour le reste la consécration du temps et de l'expérience, et de se persuader surtout que de si grands changements dans un si grand empire ne s'accomplissent pas sans quelque secret dessein de Dieu sur les destinées et pour le bonheur des peuples (1).

ÎLES DE LA MER DE LYCIE.

Les côtes de la Lycie depuis le golfe de Telmissus jusqu'au défilé du mont Climax, au-dessus de Phasélis, sont bordées de petites îles, qui toutes sont très-rapprochées du rivage, et qui étaient bien mieux connues des anciens qu'elles ne le sont de nos jours. Les Grecs en effet, dans leur grande activité commerciale, ne s'étaient pas contentés de visiter fréquemment ces parages ; ils y établirent aussi des colonies nombreuses, et occupèrent tous les points avantageux de la côte continentale et des îles. Les Rhodiens, dans le temps de leur grande amitié avec les Romains, possédèrent tous ces établissements. Alors, cette mer de Lycie, aujourd'hui déserte et silencieuse, était sillonnée par le passage de nombreux navires ; il y avait là un grand mouvement d'hommes et d'affaires : les riches Rhodiens allaient visiter leurs propriétés de Lycie, les administrateurs allaient et venaient, selon les besoins du service public ; les sujets lyciens étaient souvent appelés à la capitale par leurs affaires ou par la curiosité ; de tout temps, d'ailleurs, les villes de la Lycie avaient su se créer par le commerce et la navigation d'abondantes ressources, et les petites îles du voisinage, quand elles étaient habitables et qu'elles offraient quelque commodité pour le négoce, recevaient une population et acquéraient quelque importance.

Ces îles, que les géographes anciens ont énumérées avec soin, et dont la plupart sont sans nom aujourd'hui, étaient, en suivant la côte de l'ouest à l'est (1) :

LAGOUSA (Λάγουσα), au fond du golfe de Telmissus, à cinq stades de la ville de ce nom.

DOLICHISTE (Δολιχίστη) (aujourd'hui *Karava*). Ptolémée la mentionne comme la plus importante de toute cette côte, mais il n'en indique pas précisément la position. Le colonel Leake (2) y a trouvé les ruines de l'ancienne ville. Elle possédait un théâtre. Ainsi on représentait les tragédies d'Eschyle et de Sophocle sur ce rocher maintenant inhabité.

Les îles de XÉNAGORAS (αἱ Ξεναγόρου νῆσοι); c'est un groupe de huit îlots, situé à soixante stades à l'est de Patare, en face la baie de Phénicus, aujourd'hui baie de Kalamaki.

RHOPE (Ροπή), selon Ptolémée, ou *Rhoge* (Ῥώγη), dans Étienne de Byzance, à cinquante stades des précédentes.

MÉGISTE (ἡ Μεγίστη); aujourd'hui *Castellorizo* ou *Castel-Rosso* (3); Strabon

---

(1) Le tanzimat a divisé l'empire ottoman, sous le rapport administratif et financier, en *eyalets*, ou gouvernements généraux, qui se partagent en *livas*, ou provinces. Les livas comprennent les *cazas*, ou districts, et ceux-ci les *nahiyès*, ou villages : ce qui répond à nos départements, arrondissements, cantons et communes. Les gouverneurs des eyalets portent, selon l'importance des localités, le titre de *vali* (vice-roi) ou celui de *mutessarif* (gouverneur général). Les gouverneurs des livas sont ou des kaïmakans (lieutenants gouverneurs) ou des mohassils (préfets). Les îles forment deux eyalets de la Turquie d'Europe, qui en compte quinze. L'eyalet de l'Archipel avait formé jusqu'à ces derniers temps un gouvernement à part, donné en apanage au capitan-pacha. Une ordonnance de l'année dernière l'a rangé sous la loi du tanzimat, et en a fait un département ordinaire dont le gouverneur actuel est Rhagoub-pacha. L'eyalet de l'Archipel du Djizaïr comprend six livas, savoir :

Rodos (Rhodes),
Bozdja Ada (Ténédos),
Limni (Lemnos),
Midilli (Mitylène),
Sakyz (Chio),
Qybrys (Chypre).

La Crète forme à elle seule un eyalet divisé en trois livas.

(1) Forbiger, *Handbuch der alter Geographie*, t. II, p. 260 et suiv.
(2) Leake, *Tour in Asia Min.*, p. 127.
(3) Leake, *Tour*, p. 184 ; Fellows, *Lycia*,

l'appelle Cisthène. Elle a un port capable de contenir toute une flotte ; on y trouve de l'eau douce ; aussi les matelots s'y arrêtent souvent, et cette île est plus visitée et mieux connue que les autres de la même côte. On y voit des restes de la cité antique. Au moyen âge cette île eut une bonne forteresse, que les rois de Chypre, les chevaliers de Rhodes, le soudan d'Égypte et les Turcs se disputèrent et occupèrent tour à tour. Après la chute de l'ordre de Saint-Jean, un certain nombre de Grecs se réfugièrent dans l'île de Castel-Rosso, que les Turcs dédaignaient d'habiter. Le grand seigneur leur confia la garde du château ; ils s'y livrèrent au commerce, vécurent tranquilles et libres ; et il y avait peu de Grecs plus heureux que ces insulaires, sous la domination des Turcs (1). Ils avaient une espèce particulière de bâtiments, appelés *caramoussats,* avec lesquels ils transportaient le coton et la laine d'Asie Mineure dans les ports de l'Italie. La prospérité de ce petit établissement donna l'éveil aux Turcs ; on retira aux Grecs la garde du château, et une garnison d'Ottomans vint l'occuper. Toutefois les Grecs ne furent pas troublés dans leur commerce. Les choses restèrent dans cet état jusqu'à l'an 1659. Alors les Turcs et les Vénitiens se faisaient une guerre acharnée. Au mois de septembre 1659 une escadre vénitienne, commandée par Grémonville, vint assiéger la place de Castel-Rosso, et s'en empara. Mais, reconnaissant qu'ils ne pouvaient conserver cette importante position, les Vénitiens firent sauter la forteresse. La ville fut saccagée ; la plupart des Grecs, qui s'étaient montrés très-hostiles aux Vénitiens, furent faits prisonniers de guerre. Il n'en resta qu'un petit nombre, qui furent assujettis à un tribut. A partir de cette catastrophe l'île de Castel-Rosso tomba dans une grande misère. Au dix-huitième siècle, quand Savary la visita, ce n'était qu'un chétif village. M. Poujoulat lui donne trois mille habitants. « Castel-Rosso, ajoute-t-il, tire toutes ses provisions de la Caramanie par le port d'Antifilo. L'île n'est qu'un rocher stérile, et n'a pour toute ressource que la pêche des éponges. Quelques oliviers et quelques figuiers croissent sur cet écueil ; les plus riches fiancées de Castel-Rosso reçoivent, dit-on, pour dot un pied d'olivier ou de figuier, ou même la moitié, le quart du revenu d'un de ces arbres. Sur ces rochers sans végétation et sans verdure un pied d'olivier est un trésor (1). »

Les îles CHÉLIDONIENNES (Χελιδόνιαι νῆσοι) sont trois îlots, ou grands rochers, situés à six stades du continent de l'Asie Mineure, en face le promontoire Hiéron, qui termine le mont Olympe, l'une des branches du mont Taurus. Ces îles séparent la mer de Lycie de la mer de Pamphylie, appelée aujourd'hui golfe de Sattalie. Elles sont entourées de brisants et d'écueils, qui rendent la navigation très-dangereuse en ces parages (2). Il semble de loin, dit Dapper, quand on est en mer, que ces roches chélidoniennes sont le pied du mont Taurus, et qu'elles se rattachent au côté de cette montagne qui regarde la mer (3). Il est certain qu'on peut regarder ces îles et les écueils qui les entourent comme les sommets du prolongement sous-marin de la grande chaîne du Taurus. Les îles Chélidoniennes furent la limite que Cimon imposa aux Perses par le glorieux traité qui porte son nom, et qui interdisait au grand roi le droit d'envoyer un vaisseau de guerre au delà de la mer de Pamphylie. C'est probablement à ce traité, dont on a contesté à tort l'existence, que Lucien fait allusion quand il appelle ces îles les heureuses frontières de l'antique Grèce (4). Pline raconte longuement par quels singuliers procédés on venait dans ces parages pêcher l'anthias, espèce de poisson qui porte sur le dos des piquants en forme de scie. Ce poisson, qui était très-commun sur ces côtes, est inconnu aujourd'hui (5).

---

p. 189 ; Dupaty, *Lettres sur la Grèce,* p. 18 et suiv.

(1) Dapper, *Iles de l'Archipel,* p. 169.

(1) Michaud et Poujoulat, *Correspondance d'Orient,* t. IV, p. 42.

(2) Pline dit de ces îles qu'elles sont *pestiferæ navigantibus* ; *Hist. Nat.,* V, 35, 3.

(3) *Description de l'Archipel,* p. 168.

(4) Τοὺς εὐτυχεῖς τῆς παλαιᾶς Ἑλλάδος ὅρους. *Amores,* 7, coll. Didot, t. VIII, p. 387.

(5) Voy. le récit de Pline, *Hist. Nat.,* l. IX, c. 85.

Les anciens géographes énumèrent encore quelques autres îles de la mer de Lycie, dont ils se bornent à nous indiquer les noms; c'est à savoir : Illyris, Télendos, Attélébussa, les Cypriennes, qui sont trois îlots incultes et stériles; Dionysia, appelée auparavant Caretha. Toutes ces îles sont situées à l'est des Chélidoniennes, dans la direction de la Pamphylie et de la Cilicie (1). Strabon mentionne sur les côtes de cette dernière contrée les deux îles de Crambusa et d'Élusa (2), mais sans rien en dire qui mérite d'être rapporté.

(1) Forbiger, *Handbuch,* etc., II, p. 263.
(2) Strab., XIV, 5; Dapper, *Description*, p. 169.

LES SPORADES.

MER ÉGÉE. — L'île de Rhodes est vers l'Orient comme la barrière de la mer Égée. Quand on a franchi cette terre, en venant de l'Asie, on voit se dresser devant soi les côtes et les sommets d'îles nombreuses, qui ne présentent ordinairement à la vue que des rivages rocailleux et stériles, mais dont l'aspect est agréablement diversifié par les mille accidents d'une belle lumière. Ce groupe d'îles, qui remplit tout le vaste bras de mer situé entre la Grèce et l'Asie Mineure, porte aujourd'hui le nom d'Archipel, et ce nom, emprunté à la langue grecque, est aussi celui de la mer où ces îles sont situées. Ce grand golfe, que les anciens appelaient mer Égée (1), baignait les côtes de la Grèce, de la Macédoine, de la Thrace, de l'Asie Mineure; et sa limite au sud était marquée par l'île de Crète, qui la fermait du côté de l'Afrique, comme l'île de Rhodes du côté de l'Asie. Les anciens géographes assignaient à la mer Égée les dimensions suivantes : quatre mille stades de long, deux mille de large et vingt-trois mille de circuit en suivant les sinuosités des côtes. Elle avait été subdivisée en plusieurs parties, qui avaient différents noms; c'étaient : 1° la mer de Thrace au nord; 2° la mer de Myrtos au sud-ouest, ainsi appelée d'une petite île située à la pointe méridionale de l'Eubée : dans la mer de Myrtos étaient compris les golfes Saronique et d'Argos; 3° la mer Icarienne, qui s'étendait au sud-est, et qui baignait les côtes de la Doride et de l'Ionie. On disait que cette mer devait son nom à Icare, fils de Dédale, qui avait péri dans ses flots. La mer de Crète et la mer de Carpathos, ainsi nommées à cause des deux îles qu'elles entouraient, peuvent être considérées comme faisant partie de la mer Égée, dont elles sont au sud l'extrême limite.

Les anciens Grecs avaient partagé en deux groupes principaux la masse d'îles situées entre l'Europe et l'Asie dans la partie méridionale de la mer Égée : c'étaient les Cyclades à l'ouest et les Sporades à l'est; les premières ainsi nommées du mot κύκλος, cercle, parce qu'on les considérait comme formant un cercle autour de Délos; les secondes de σπείρω, parce qu'elles paraissent comme semées sans ordre sur la côte d'Asie. Il est assez difficile de reconnaître la ligne de démarcation que les anciens avaient établie entre ces deux groupes d'îles. On voit dans Strabon, Pline et les autres géographes quelques-unes de ces îles rangées tantôt parmi les Cyclades, tantôt parmi les Sporades, surtout celles qui avoisinent la mer de Carpathos, où les deux groupes sont tout à fait confondus (1). Cependant on peut affirmer que le nom de Sporades est généralement donné à toutes les îles comprises entre Samos et Rhodes, et qui sont séparées des Cyclades par une ligne qui partirait de la pointe occidentale d'Icaria et qui viendrait aboutir à Casos en passant par Lebinthos et Astypalée. Toutes les autres îles, plus rapprochées de la Grèce et comprises entre la pointe de l'Eubée et la mer de Crète, forment le groupe des Cyclades. Conformément à la marche géographique que j'ai adoptée dans ce travail, nous continuerons à avancer d'orient en occident, en parcourant successivement toutes les petites Sporades et les autres grandes îles asiatiques qui les avoisinent jusqu'à l'Hellespont. De là passant en Europe, nous visiterons rapidement les îles éparses et peu nombreuses des côtes

---

(1) Les Grecs disaient ὁ Αἰγαῖος πόντος, τὸ Αἰγαῖον πέλαγος, ou ἡ Ἑλληνικὴ θάλαττα, ou ἡ καθ' ἡμᾶς θάλαττα. Voy. Forbiger, *Handb.*, II, p. 19.

(1) Plin., *Hist. Nat.* V 23.

de Thrace et de Macédoine, d'où nous atteindrons l'île d'Eubée, les Cyclades, qui lui sont contiguës, la grande île de Crète, qui clôt tout l'Archipel, et enfin les îles Ioniennes, situées à l'occident du Péloponnèse, par l'étude desquelles nous terminerons ce travail historique et géographique sur les îles de la Grèce.

ÎLE DE SYME.

Cette île, appelée aujourd'hui Simia ou Simmi, est placée par Pline à moitié chemin entre Cnide et Rhodes, tout près du continent de la Carie, dans le golfe que forment la pointe de Cnide et celle du mont Phœnix. C'est une île de trente milles de circonférence, autour de laquelle s'élèvent des rochers, des écueils, de nombreux îlots, qui lui avaient valu autrefois le nom d'île des Singes (*Isola delle Simie*), par la singulière raison, à ce qu'on prétendait, que ce petit groupe d'îles singeait les Cyclades autour de Délos (1). En réalité cette dénomination n'était qu'une altération de l'ancien nom de Syme, dont les légendes grecques expliquent l'origine d'une manière confuse. Tantôt Syme est fille de Jalyssus, enlevée par Glaucus, dieu marin, et transportée dans la petite île à laquelle elle donne son nom. Tantôt elle est femme de Neptune, et c'est son fils Chthonius qui donne à l'île le nom de sa mère. Chthonius était un des compagnons de Triopas, ce héros héliade si célèbre dans les îles et sur les côtes de ces parages; ce qui prouve que Syme a reçu ses premiers habitants de la même émigration qui a peuplé Rhodes.

Au temps de la guerre de Troie, Syme figura parmi les États grecs énumérés dans Homère. « Nirée, dit le poëte (2), menait trois vaisseaux de l'île de Syme, Nirée, fils de la nymphe Aglaia et du roi Caropus, Nirée le plus beau de tous les Grecs qui allaient à Troie, si l'on en excepte le divin Achille, qui était d'une beauté accomplie; mais Nirée était peu vaillant et avait peu de troupes. »

D'après Diodore du Sicile (3), Nirée possédait aussi une partie de la presqu'île de Cnide. Après la guerre de Troie, ajoute l'historien, les Cariens occupèrent l'île de Syme, à l'époque où ils étaient maîtres de la mer. Ils furent forcés de l'abandonner après une longue sécheresse. Syme resta déserte jusqu'au moment où elle fut repeuplée par la colonie des Lacédémoniens et des Argiens qui vint sous Althémène fonder l'Hexapole dorique. Hippotès, l'un des chefs de cette émigration, prenant avec lui ceux qui avaient été oubliés ou traités peu avantageusement dans le partage, les conduisit à Symé, et la leur abandonna. Quelques années après, d'autres Doriens, venus de Cnide et de Rhodes, et conduits par Xuthus, abordèrent à Syme, et furent admis par les premiers habitants au partage des terres et des charges publiques.

Au temps des chevaliers, Syme fut une dépendance de l'île de Rhodes. Elle fut conquise en 1309 par Villaret. Ses habitants furent assujettis à payer une contribution, que l'on appelait *le mortuaire*, et dont on leur fit remise en 1352; on remplaça cet impôt par un tribut annuel de cinq cents aspres, et tous les biens des caloyers durent retomber après leur mort dans le domaine de l'ordre. En 1373 l'île de Syme devint un domaine *magistral*, c'est-à-dire que ses revenus furent assignés au grand maître, comme ceux des îles de Saint-Nicolas et de Piscopia. Les chevaliers avaient bâti dans l'île delle Simie un château fort, et un poste de signaux dont on retrouve encore les ruines (1). De ce poste on était en communication avec le corps de garde appelé la Védette des Chevaliers, qui avait été établi sur le mont Saint-Étienne à Rhodes, et d'où l'on pouvait surveiller tout l'archipel qui entourait l'île capitale (2). La chute de Rhodes entraîna celle de Simia, qui depuis 1523 est réunie à l'empire ottoman.

L'île de Simia a deux ports, dont l'un, situé au nord, est fort large d'entrée, et peut commodément contenir les plus grands vaisseaux. Cette île produisait de très-bons vins, et nourrissait une grande quantité de chèvres et de boucs (3). Il

---

(1) Cette puérilité se trouve dans Coronelli, *Isola di Rodi*, p. 254.
(2) Hom., *Il.*, II, 671.
(3) Diod. Sic., V, 53.

(1) Rottiers, p. 21 et 342.
(2) Voy. plus haut, p. 159.
(3) Dapper, *Descr. de l'Archipel*, p. 163.

paraît qu'elle était autrefois fertile en grains; car ses anciennes monnaies, dont on a retrouvé quelques pièces, représentent des javelles de blé et une tête de Cérès couronnée d'épis. Au temps des chevaliers les Grecs de cette île construisaient de petites fustes, fort légères, qui allaient à la voile et à la rame, et qu'aucun navire ne pouvait atteindre. Les Turcs appelaient ces bâtiments *simbequirs*, d'où l'île a été souvent nommée île de Simbequir ou de *Sumberchi*, mot composé, qui semble signifier barque de Simie. Encore aujourd'hui on fabrique à Simie de très-jolis mistics.

De tout temps les habitants de Simie ont été pêcheurs et plongeurs. Ils vont chercher au fond de la mer des éponges d'une excellente qualité, qui se trouvent en abondance sur les rochers de ces côtes. Dès l'enfance ils s'habituent à ce rude exercice, et ne peuvent se marier qu'ils ne sachent plonger à vingt brasses et rester sous l'eau un certain espace de temps. L'île de Syme parut fort misérable à Savary, qui y fut retenu pendant quelques jours (1). « Je suis allé visiter le village qu'habitent les plongeurs, dit-il; tout y annonce la pauvreté et la misère. Les rues sont étroites et sales; les maisons ressemblent à de misérables cabanes, où la lumière du jour entre à peine. » La population est triste, silencieuse; les hommes et les femmes y étaient vêtus de la même manière. Tous portaient la longue robe, la ceinture et le châle autour de la tête. Le visage seul les faisait reconnaître. Le voyage, plus récent, de M. de Prokesch nous montre que les choses sont restées à peu près dans le même état (2).

ÎLE DE CHALKIA.

Cette petite île (aujourd'hui *Chalki* ou *Caravi*) est située à l'ouest de Rhodes, dont elle est comme une annexe, ainsi que les petites îles de Tentlusa (Limonia), Cordylusa (Sainte-Catherine) et Steganusa (Saint-Nicolas), qui entourent Rhodes à l'ouest, au sud et à l'est. Chalkia avait une ville du même nom, un port et un temple d'Apollon, dont on voit des vestiges (1). « Dans l'île de Chalkia, qui appartient aux Rhodiens, dit Pline (2), est un lieu tellement fécond, qu'après y avoir récolté l'orge semée à l'époque ordinaire, on en fait immédiatement une nouvelle semaille, qu'on récolte en même temps que les autres grains » Ces grains devaient aller à Rhodes, dont la production de céréales était insuffisante pour les besoins des habitants.

Chalkia n'a pas d'autre histoire que celle de Rhodes. Conquise par les Turcs après l'expulsion des chevaliers, elle fut attaquée par les Vénitiens en 1658. Morosini, qui les commandait, y porta le fer et la flamme, et plongea cette île dans une misère d'où elle ne se releva jamais (3). Ce fut là le sort de beaucoup d'îles grecques pendant la lutte acharnée des Vénitiens et des Turcs. Elles étaient ravagées par les deux puissances rivales qui se les disputaient; et après les fléaux de la guerre, elles eurent à subir l'action, tout aussi malfaisante, d'une grossière tyrannie.

ÎLE DE TÉLOS.

Télos, Ἡ Τῆλος (auj. *Dilos* ou *Episcopi*, *Piscopia*), est une petite île, de trente-cinq milles de tour, située à quatre-vingts stades nord-ouest de Chalkia et à huit cent vingt stades de Rhodes (4). Elle est longue et étroite, assez élevée au-dessus de l'eau. Son extrémité occidentale forme une pointe basse, qui s'avance dans la mer. Elle a trois ports, où l'on trouve de bons mouillages. Au côté oriental se trouve une grande baie, au-devant de laquelle est un petit îlot. Cette baie a vingt-quatre et vingt-six brasses d'eau sur un fond très propre à l'ancrage (5). Cette île était autrefois célèbre, par une espèce de baume qu'elle produisait en abondance (6). Du reste, elle n'eut aucune importance historique. Il en est fait mention dans Hérodote (7) à propos du célèbre Gelon, tyran de Syracuse,

(1) Lettres sur la Grèce, p. 97.
(2) De Prokesch, *Denkwürdigk*, t. III, p. 432.

(1) Leake, *Tour in Asia*, p. 224.
(2) Plin., *Hist. Nat.*, l. XVII, 3, 6.
(3) Dapper, p. 164.
(4) On compte ordinairement vingt-quatre stades à la lieue.
(5) Forbiger, *Handbuch*, etc., t. II, p. 240; Dapper, *Descr.*, p. 161.
(6) Plin., *Hist. Nat.*, IV, 23.
(7) Hérod., VII, 153.

qui était originaire de Télos, et dont l'ancêtre Télinès était venu s'établir à Géla, en Sicile. Il y avait exercé la charge d'hiérophante de Cérès et de Proserpine; et cette dignité avait été déclarée héréditaire dans sa famille. Télos était une île rhodienne.

Au moyen âge Télos prend le nom de Piscopia, peut-être d'une tour de vigie placée sur ses hauteurs (1). Elle était alors défendue par deux châteaux forts, celui de Saint-Étienne et celui de Zuchalora ou Caucalora. Car au moyen âge il n'y avait de sécurité nulle part sans forteresse. Au quatorzième siècle, un bourgeois de Rhodes, Barello Assanti, s'en empara au nom de l'ordre des Hospitaliers, et en reçut l'investiture du grand maître, à la charge de payer deux cents florins d'or, 1366. En 1373 Piscopia devint domaine magistral. Elle tomba sous la domination des Turcs après l'expulsion des chevaliers de Rhodes.

ÎLE DE NISYROS.

Nisyros, Ἡ Νίσυρος (auj. *Nisiro*, *Nisari*, *Nisaria*), est située entre Cos et Télos, à égale distance de toutes deux et juste en face du promontoire Triopium (auj. cap *Crio*), qui termine la presqu'île de Cnide. Elle a quatre-vingts stades de tour. C'est une île élevée, formée de rochers dont le désordre atteste de violentes commotions volcaniques. En effet, on racontait que cette île, autrefois appelée Porphyris (2), avait été détachée de Cos par un tremblement de terre, phénomène naturel, que la mythologie grecque avait transformé en merveilleuse légende. C'était Neptune, qui, poursuivant un géant appelé Polybotès, détacha d'un coup de son trident un morceau de l'île de Cos, qu'il lança à soixante stades de là, et dont le géant fut accablé. Ainsi fut formée l'île de Nisyros, que le géant qu'elle opprimait agita fréquemment de ses secousses. Cet exploit de Neptune rappelle celui de Minerve écrasant Encelade sous le mont Etna (3); et l'un et l'autre se rattachent à ce grand combat des dieux et des géants par lequel l'imagination des Grecs racontait d'une manière figurée les chocs des éléments et les révolutions physiques, encore récentes, qui avaient donné naissance à la partie du continent et au groupe d'îles qu'ils habitaient. Nisyros est entourée d'écueils qui semblent avoir été lancés avec elle par la même éruption souterraine qui l'a formée, ou, comme dirait Apollodore, par la main de Neptune. Au centre de l'île est un pic qui a dû être longtemps en éruption. Son cratère, aujourd'hui éteint, est devenu un lac d'eau salé. De ses flancs, encore incandescents à l'intérieur, sortent des sources d'eau chaude et sulfureuse d'un effet très-salutaire pour la santé. La vigne croît très-bien sur ses coteaux brûlés. Le vin de Nisyros était célèbre, et pourrait le redevenir. Cette île fournissait avec Mélos et les îles Éoliennes, de nature volcanique comme elle, les meilleures pierres ponces connues des anciens (1). Pline dit qu'on trouvait à Nisyros, ainsi qu'à Rhodes, un arbuste épineux appelé erysisceptrum (*genista acanthoclada*) dont on faisait un usage fréquent en médecine.

Cette île fut primitivement habitée par des Cariens (2). Plus tard les Grecs leur succédèrent ou se mêlèrent à eux. Ils vinrent sous la conduite de Thessalus, fils d'Hercule, qui s'établit à Cos, et soumit les îles voisines Nisyros, Calydna ou Calymna, Carpathos et Casos. Phidippus et Antiphus, fils de Thessalus, et chefs de ce petit État maritime, conduisirent trente vaisseaux au siège de Troie (3). A une époque incertaine, mais postérieure à la guerre de Troie, un tremblement de terre détruisit la population de Nisyros. Elle fut repeuplée par ceux de Cos; et plus tard un nouveau fléau ayant encore désolé cette île, elle reçut une colonie de Rhodiens, et dès lors Nisyros partagea toutes les destinées de sa métropole.

Nisari fut enlevée à l'empire grec en 1204, comme toutes les îles de ces parages (4) : recouvrée par Jean Vatace,

---

(1) C'est l'explication de Coronelli *Isola di Rodi*, p. 262.
(2) Plin., *Hist. Nat.*, V, 36, 3.
(3) Apollod., *Biblioth.*, I, 6.

(1) Plin., *Hist. Nat.*, XXXVI, 42; XXIV, 69.
(2) Diod. Sicul., V, 54.
(3) Hom., *Iliad.*, II, 678.
(4) Coronelli, *Isola di Rodi*, p. 325.

13.

elle fut reconquise par les chevaliers de Rhodes, qui l'inféodèrent aux frères Assanti d'Ischia, 1316. En 1340 Ligorio Assanti, l'un des seigneurs de l'île, cédant à une tentation bien puissante sur les insulaires de ces parages, arma une galère, et se fit pirate. Il pilla plusieurs navires marchands, entre autres des Chypriotes. Le roi de Chypre, Hugues IV adressa ses plaintes au grand maître, qui réprima par un jugement rigoureux les désordres de son vassal. Les Assanti furent obligés dès lors d'entretenir une galère au service de la religion. Cette famille s'étant éteinte en 1385, l'île de Nisari revint à l'ordre, qui n'en aliéna plus l'administration. En 1433 on trouve cette île sous le gouvernement de Fantino Querini, amiral, prieur de Rome, bailli de Lango, seigneur de Nisari, qui outre l'entretien d'une galère payait une redevance de six cents florins, et avait à sa charge l'entretien des forteresses de l'île. Nisari avait cinq châteaux, dont les plus forts étaient ceux de Mandrachi et de Paleo-Castro. Elle était le siége d'un évêché. Souvent attaquée par les Turcs, elle repoussa toujours leurs tentatives, et ne succomba qu'après la prise de Rhodes.

PANAIA, OU LE ROCHER DES CALOYERS.

« On découvre, dit Dapper (1), à près de vingt milles d'Italie ou cinq lieues d'Allemagne, à l'occident de l'île de Nisaria ou Nisyros, un rocher fort élevé, appelé Caloiero et autrement Panaia, qui est entièrement inaccessible, comme étant escarpé de tous côtés. Un caloyer ou ecclésiastique grec, d'où sans doute elle a pris son nom, avoit autrefois choisi ce rocher pour y aller passer ses jours sous la rigidité d'une discipline fort sévère, comme elle se pratique ordinairement parmi les ecclésiastiques, avec deux autres religieux de son ordre. Il avoit eu pour cet effet l'industrie de trouver moyen d'y élever, à l'aide d'une bascule ou poulie, un fort petit bachot, où seulement deux personnes se pouvoient mettre, avec beaucoup d'adresse et de facilité. Mais il y fut enfin massacré par deux Turcs, qui le surprirent en cette manière. Ses confrères, les deux autres caloyers, étant descendus pour quelques affaires dans le petit bachot, à la manière accoutumée, ils furent tués par ces deux Turcs, qui vêtirent ensuite leurs habits, et se présentèrent sous cette figure pour être élevés au haut du rocher par l'autre caloyer, qui, les prenant pour ses confrères, ne balança pas un moment à faire ce qu'ils souhaitoient ; de sorte qu'y étant arrivés, ils massacrèrent aussi celui-là, et ayant pris le peu de leurs effets qu'ils y trouvèrent, ils descendirent de nouveau du mieux qu'ils purent du haut du rocher, qui depuis ce temps est demeuré inhabité. On peut du haut de ce rocher découvrir une grande partie de l'Archipel. »

ÎLE DE CARPATHOS.

Il ne faut point quitter ces parages de l'île de Rhodes sans parler de l'île de Carpathos, qui a donné son nom à cette partie de la mer Égée où sont situées toutes les Sporades méridionales et Rhodes elle-même. Carpathos, aujourd'hui encore Scarpanto ou Zerfanto, est située entre les îles de Crète et de Rhodes, à quarante milles de la première et à cinquante de la seconde (1). Strabon ne lui donne que deux cents stades de tour, ce qui fait environ vingt-cinq milles d'Italie ou huit lieues de France ; mais en réalité sa circonférence est de soixante milles, qui font vingt lieues. C'est une île assez élevée au-dessus de l'eau, de forme un peu longue, étroite, et qui s'étend du nord au sud. Elle a de hauts sommets, que l'on aperçoit de fort loin en mer. Carpathos possède de bons pâturages, et peut nourrir une grande quantité de gros et de petit bétail ; on y trouve des cailles, des perdrix et beaucoup d'autre gibier en abondance. On y mange les meilleurs lièvres de l'Archipel. « Ces excellents lièvres n'ont pas toujours habité l'île. Ce sont les insulaires eux-mêmes qui les introduisirent chez eux ; et, « bien que les lièvres, comme dit Hé-
« rodote, trouvent des ennemis partout,
« parmi les animaux, les oiseaux et les
« hommes », ceux-ci se multiplièrent tellement, qu'ils dévorèrent toutes les récoltes. D'où le proverbe appliqué aux gens punis par leurs propres fautes : *les*

(1) *Description de l'Archipel*, p. 170.

(1) Dapper, p. 171 ; Strab., X, 5 ; Tauchn., t. II. p. 393 ; Plin., IV, 23 ; V, 36.

lièvres de Carpathos (1). » On trouve aussi dans cette île des mines de fer et des carrières de marbre. La mer de Carpathos est semée d'écueils : elle était fort redoutée des anciens; de là cette touchante comparaison d'Horace :

> Ut mater juvenem, quem Notus invido
> Flatis Carpathii trans maris æquora
> Cunctantem spatio longius annuo
>   Dulci detinet a domo, etc... (2).

De son côté, Pline a célébré le scare de la mer de Carpathos (*scarus cretensis*), excellent poisson, très-recherché de son temps pour la table des riches. « On dit que c'est le seul poisson qui rumine et qui se nourrisse d'herbage et non de poissons. Très-commun dans la mer Carpathienne, jamais il ne dépasse spontanément le Lecton, cap de la Troade (3). » Sous le règne de Claude on réussit à l'acclimater sur le littoral de l'Italie. On pêche aussi aux environs de Carpathos de très-beau corail.

Dapper, qui fait, d'après Porcachi, une description assez complète de la géographie de cette île, donne les noms des trois montagnes qui s'élèvent au centre de Carpathos; ce sont les monts Anchinata, Oro et Saint-Élias. Ses rivages sont hérissés de nombreux caps et creusés en ports et en baies, qui offrent d'excellents mouillages. Les principaux promontoires sont au sud, du côté de Casos, le cap Sidro, le cap de Pernisa; vers le nord, les caps Andemo et Bonandrea. Autrefois cette île était très-fréquentée des marins italiens, qui en connaissaient tous les ports, savoir : Agata, Porto di Tristano, que les anciens appelaient Tritomus et que défend l'écueil de Pharia, Porto Grato, Porto Malo Nato. Avant la prospérité commerciale de Rhodes, Carpathos dut être le point de relâche le plus fréquenté par les navires marchands qui allaient de la mer Égée dans la Méditerranée orientale. Aussi devait-elle être florissante au temps où elle comptait, selon les uns quatre, selon les autres sept villes; ce qui l'avait fait surnommer Tetrapolis ou Heptapolis. On retrouve des ruines antiques sur plusieurs points de l'île, à Phianti, à Ménétès, à Teutho et à Arcassa. Phianti paraît être l'emplacement de l'ancienne Posideium, capitale de l'île; non loin de là s'élève le bourg actuel de Scarpanto, que domine un château du même nom. L'île n'est habitée que par des Grecs, dit Dapper; on n'y trouve point d'autre Turc que le cadi ou juge, qui se tient dans le château, et y gouverne au nom du grand seigneur.

Carpathos n'a pas d'histoire particulière. Dès l'origine elle paraît avoir subi l'influence de la Crète et de Rhodes, dont elle dut toujours partager les destinées. On lit dans Diodore qu'elle eut pour premiers habitants quelques compagnons de Minos, à l'époque où ce roi eut, le premier parmi les Grecs, l'empire de la mer (1). Mais les poëtes, qui remontent toujours plus haut que les historiens dans les antiquités des peuples, nous reportent bien au delà des temps de Minos, quand ils nous disent que Japet, fils de Titan et de la Terre, engendra dans Carpathos ses quatre fils qu'il eut de la nymphe Asie, savoir : Hesperus, Atlas, Épiméthée et Prométhée. Ainsi, selon la mythologie, si la Crète fut le berceau des dieux de l'Olympe, Carpathos fut la terre natale de leurs adversaires, les Titans. Qu'est-ce à dire, si ce n'est que ces deux îles grecques, placées sur les confins des mers d'Asie, furent les premières à recevoir des Orientaux, des Phéniciens surtout, les noms et le culte des divinités qui plus tard formèrent l'Olympe grec. Nul doute qu'avant Minos, Carpathos n'ait reçu des colonies d'Asiatiques navigateurs. Plusieurs générations après lui, Ioclus, fils de Démoléon, Argien d'origine, envoya, d'après l'ordre d'un oracle, une colonie à Carpathos. Cet établissement, dit M. Raoul Rochette (2), dont Diodore nous laisse ignorer l'époque, doit appartenir au même ensemble d'émigration dirigé par Althémène, et ne lui être postérieur que de bien peu d'années. Déjà, au temps de la guerre de Troie, Carpathos, qui est appelée Krapathos dans Homère, faisait partie du royaume de Philippus et d'Antiphus, descendants d'Hercule.

---

(1) M. de Marcellus, *Épisodes*, etc., t. II, p. 196.
(2) Hor., *Od.*, l. IV, 4, v. 9.
(3) Plin., *Hist. Nat.*, IX, 29.

(1) Diod. Sic., V, 54.
(2) *Colonies Grecques*, III, 74.

Elle devint donc une île dorienne, comme la Crète, comme Rhodes, comme toutes les îles voisines. Sa divinité principale fut Poséidon, ou Neptune, qui était le dieu protecteur de la confédération de l'hexapole dorique. Virgile fait de cette île le séjour du dieu Protée, d'où l'on peut conclure qu'elle avait un oracle de Neptune.

Est in Carpathio Neptuni gurgite vates
Cœruleus Proteus.... (1).

On voit que si Carpathos n'a pas d'histoire, elle a des antiquités ; peut-être même qu'avec des recherches attentives et toutes spéciales on pourrait suivre ses destinées d'âge en âge, depuis les temps héroïques jusqu'à l'époque où elle passe sous la domination des Turcs. Peut-être aussi cette étude a-t-elle déjà tenté la patience de quelque érudit allemand ; mais je n'ai rien pu découvrir à cet égard.

« L'île de Scarpanto est à présent, dit Dapper au dix-septième siècle, sous la domination du grand seigneur, qui la fait gouverner par un cadi. Il n'y fait pourtant pas son séjour ordinaire, se contentant d'y venir seulement tous les trois mois une fois, pour connoître les différends qui naissent entre les insulaires, exercer sur eux la justice, et punir les coupables suivant que les affaires le demandent. Ensuite il s'en retourne à l'île de Rhodes, où il se tient ordinairement, sous l'autorité du sangiac, qui en est le gouverneur. Ce sangiac y envoie tous les ans un nouveau receveur pour en tirer les tribus et les impôts que les insulaires grecs doivent payer à la Porte. On y envoie aussi un gouverneur de Constantinople ; mais c'est un des moindres officiers de l'empire, qui ne laisse pourtant pas d'exercer une cruelle tyrannie sur ces insulaires. Quand il arrive que les galères de Malte y viennent aborder, ces insulaires sont en de grandes inquiétudes pour défendre et cacher leur gouverneur, étant obligés de répondre de sa personne au grand seigneur, sous peine de la vie ou de la perte de leurs biens et de leur liberté. » Aujourd'hui Scarpanto est encore à la Turquie ; mais elle doit avoir changé de régime et se ressentir des améliorations décrétées par le tanzimat.

ÎLE DE CASOS.

L'île que les géographes anciens appelaient Casos était encore nommée Casso ou Caxo par les Grecs et les Italiens. Les marins français lui avaient donné le nom d'île du Gaz. Casos est située entre Carpathos et la Crète, à soixante-dix stades de la première (près de trois lieues) et à deux cent vingt de la seconde. Elle a quatre-vingts stades de circuit. Ces mesures, données par Strabon, ont été trouvées très-exactes par Savary (1). Selon Étienne de Byzance, elle fut ainsi nommée de Casos, père de Cléomaque ; et il ajoute que les habitants de cette petite île envoyèrent une colonie sur le mont Casius en Syrie. Cette île est située dans une mer remplie d'écueils. Ses rivages ne présentent que rochers hérissés de pointes menaçantes, que les flots mugissants blanchissent de leur écume. Casos paraît inabordable, et en effet on ne pénètre dans le petit bassin qui forme son port que par un étroit passage, où les barques en temps de houle courent risque de se briser contre les rocs anguleux de cette passe. Dans l'antiquité, Casos n'était connue que par son miel. Du temps de Dapper ce n'était qu'un rocher nu, qui servait de retraite à des pirates. Quand Savary la visita, à la fin du dix-huitième siècle, il y trouva une population active, industrieuse, adonnée à l'agriculture et au commerce, vivant dans l'aisance et la simplicité antiques. Charmé de l'hospitalité qu'il y reçut et des divertissements qu'on lui procura, le voyageur philosophe célèbre les vertus patriarcales des Casiotes avec cet enthousiasme exalté et systématique si fort à la mode au siècle dernier, qui pour la forme parodiait le style du Télémaque, et qui pour le fond reproduisait trop fidèlement les sophismes et les paradoxes de Rousseau. « Heureux peuple, me disois-je ! l'ambition et l'intrigue

---

(1) *Georg.*, l. IV, v. 384. Virgile a emprunté cet épisode de ses *Géorgiques* à l'*Odyssée*, l. V, v. 349. Mais Homère place le séjour de Protée dans l'île de Pharos, et en fait un dieu égyptien. L'Égypte était une des sources d'où la Grèce avait puisé sa mythologie.

(1) *Lettres sur la Grèce*, p. 106.

ne troublent point ta tranquillité ! la soif de l'or n'a point corrompu tes mœurs! les querelles, les dissensions, les crimes dont elle remplit la terre, te sont inconnus. On ne voit point dans ton île le citoyen enorgueilli de ses titres ou de ses richesses fouler aux pieds son humble compatriote; on n'y voit point un bas valet encenser les vices de son maître. L'homme y est égal à l'homme; le Casiote ne rougit ni ne s'abaisse devant le Casiote, etc., etc. » Toute la lettre, qui est de vingt pages, est sur ce ton.

Il est vrai de dire qu'à cette époque le petit rocher de Casos commençait à devenir une des îles les plus commerçantes de l'Archipel. Selon Pouqueville, elle avait reçu une de ces colonies albanaises ou schypes qui faisaient au commencement de ce siècle la splendeur de la marine grecque (1). Casos exploitait alors le commerce des côtes de Syrie ; mais la guerre de l'indépendance est venue étouffer, pour toujours peut-être, l'essor de cette prospérité.

ÎLE DE COS.

DESCRIPTION GÉOGRAPHIQUE. — L'île de Cos (ἡ Κῶς ou Κόως), la plus considérable des Sporades, est située à l'entrée du golfe Céramique (auj. golfe de Boudroun ou de Stancho), à peu de distance du cap Termerion (auj. Termera), qui termine au sud la presqu'île de la Carie, où se trouvaient Mindus et Halicarnasse. Cos est désignée quelquefois chez les anciens par le nom de Méropis, qu'elle reçut, selon Hygin, de Mérops (2), premier roi de ce pays. Coa, sa fille, substitua son nom à celui de son père, et l'île fut appelée Cos. Selon Pline, on la nommait aussi Cea, et enfin Nymphœa. De tous ces noms, celui de Cos est le seul qui ait été communément employé par les anciens. Au moyen âge elle est appelée ordinairement Lango, peut-être à cause de sa forme allongée, et Stancho

(1) *Voyage de la Grèce*, t. VI. p. 302-310.
(2) Forbiger, *Handbuch*, etc., t. II, p. 250. Voyez sur l'île de Cos un mémoire de Leake, dans *The Transactions of the royal Society of Literature of the United Kingdom*, 2ᵉ série, t. I, 1843. — Zauder, *Beitrage zur Kunde der insel Kos*; Hamb., 1831.—Kuster, *de Coinsula. Hal.*, 1833.

ou Stanchio, mot formé par les marins de ceux par lesquels les Grecs disent qu'ils vont à Cos (εἰς τὴν Κῶ), et qui prononcés rapidement font Stinco. C'est par une altération du même genre que se sont formés les noms de Stalimène, de Stamboul et de Sétines (1).

Pline place l'île de Cos à quinze milles d'Halicarnasse (2). Il lui donne cent milles de tour ; et Strabon cinq cent cinquante stades, ce qui fait environ trente lieues. Cette île est longue, étroite, principalement dans sa partie occidentale, qui se recourbe vers le sud, et qui est montagneuse. Le reste de l'île offre des plaines propres à la culture. Son pic le plus élevé était le mont Prion. Les anciens lui avaient reconnu trois caps: le cap Scaudarion ou Scandalion, au nord; le cap Drecanon, à l'ouest; et le cap Lacter, au sud. Le terroir de Cos est fertile ; ses vins étaient célèbres autrefois et sont encore excellents. Les habitants de cette île mélangeaient du vin avec de l'eau de mer, et en faisaient un breuvage fort recherché, appelé *leucocoum* (3). La principale industrie de ces insulaires consistait dans la fabrication de ces étoffes de soie, légères et transparentes, dont on faisait les vêtements appelés *coæ vestes*. Il en est fréquemment fait mention dans les poètes latins. Voici ce que Pline nous apprend de l'insecte qui produisait la soie de Cos : « On dit qu'il naît aussi des bombyx dans l'île de Cos, les exhalaisons de la terre donnant la vie aux fleurs que les pluies ont fait tomber du cyprès, du térébinthinier, du frêne, du chêne. Ce sont d'abord de petits papillons nus; bientôt, ne pouvant supporter le froid, ils se couvrent de poils, et se font contre l'hiver d'épaisses tuniques, en arrachant avec les aspérités de leurs pieds le duvet des feuilles. Ils forment un tas de ce duvet, le cardent avec leurs ongles, le traînent entre les branches, le rendent fin comme avec un peigne, puis le roulent autour d'eux, et s'en forment un nid qui les enveloppe. C'est dans cet état qu'on les prend; on les met dans des vases de terre, on les y tient chauds, les nourrissant avec

(1) Choiseul-Gouffier, *Voyage pittoresque*. t. I, p. 171.
(2) Plin., *Hist. Nat.*, V, 36.
(3) Id., XIV, 8, 10.

du son : alors il leur naît des plumes d'une espèce particulière ; et quand ils en sont revêtus, on les renvoie travailler à une nouvelle tâche. Leurs coques, jetées dans l'eau, s'amollissent, puis on les devide sur un fuseau de jonc (1). » On recherchait encore la poterie de Cos, et surtout ses belles amphores, ainsi que ses parfums et onguents de coing et de marjolaine (2).

La capitale de l'île de Cos portait le même nom et était située au nord, près du cap Scandarion. D'abord les insulaires avaient habité une autre ville, située dans un canton que Thucydide nomme la Méropide. Ils abandonnèrent cette cité à la suite d'un terrible tremblement de terre, et fondèrent la nouvelle Cos, l'an 366 avant l'ère chrétienne. Le nom d'Astypalée resta à l'ancienne ville, qui tomba bientôt en ruines (3). Cos était une cité bien bâtie, et très-agréable à voir quand on y arrivait par mer. Il y avait encore dans l'île la ville d'Halisarne, près du cap Lacter, et le bourg de Stomalimné, près du promontoire Drecanon, à deux cents stades de la capitale.

La ville moderne occupe le même emplacement que l'ancienne. Dapper en parle comme Strabon. « Elle est fort joliment bâtie et assez bien peuplée, » dit-il (4). Mais, malgré cet éloge, la simplicité agréable de la ville de Stanchio n'a rien de comparable à la beauté de l'ancienne Cos, dont la splendeur est attestée par les débris de ses antiques édifices au milieu desquels s'élèvent les bâtiments modernes. Le port, autrefois grand et commode, est maintenant ensablé, et les grands navires restent en rade. On voit d'après les récits des derniers voyageurs que l'île de Cos a moins souffert que beaucoup d'autres terres de l'Archipel (5). « La ville de Cos est sur le rivage, dit Choiseul-Gouffier ; son port est commode, et toute la côte est couverte d'orangers et de citronniers, qui forment l'aspect le plus séduisant. Mais rien n'est aussi agréable que la place publique. Un platane prodigieux en occupe le centre, et ses branches étendues la couvrent tout entière ; affaissées sous leur propre poids, elles pourraient se briser, sans les soins des habitants, qui lui rendent une espèce de culte ; mais comme tout doit offrir dans ces contrées des traces de leur ancienne grandeur, ce sont des colonnes superbes de marbre et de granit qui sont employées à soutenir la vieillesse de cet arbre respecté. Une fontaine abondante ajoute au charme de ces lieux, toujours fréquentés par les habitants, qui viennent y traiter leurs affaires et y chercher un asile contre la chaleur du climat. » Il est déjà fait mention de ce beau platane dans les voyageurs et géographes du quinzième et du seizième siècle. Une de ses principales branches s'est brisée dans ces dernières années. « Les branches qui lui restent, dit M. Michaud, affaissées sous le poids des ans, s'étendent horizontalement à une grande distance, soutenues par des colonnes dont le marbre a pénétré dans l'écorce, et qui semblent faire partie de l'arbre qu'elles supportent. Le platane de Cos ou de Stanchio est révéré des Grecs et des Turcs, qui le mettent au-dessus de toutes les antiquités du pays, et qui ne manquent pas de répéter aux voyageurs qu'Hippocrate donnait des consultations sous son ombrage. »

Au moyen âge, Lango était défendue par une citadelle, qui fut élevée par l'ordre de Saint-Jean de Jérusalem. On voit encore sur la porte de cette forteresse les armes des hospitaliers, ainsi que sur plusieurs maisons voisines. Dans le mur extérieur du château est encastré un magnifique bas-relief antique, qui semble représenter les noces de Neptune ou de Bacchus. Les Grecs de Cos sont persuadés que dans l'intérieur de la citadelle on conserve un buste d'Hippocrate, et qu'on y trouve une petite chambre qui fut habitée par le père de la médecine.

A Cos le souvenir d'Hippocrate est encore vivant partout. Il y a à trois milles de Stanchio, sur une montagne assez élevée, une fontaine dont la construction remonte à la plus haute antiquité. Cet édifice est encore appelé la Fontaine d'Hippocrate. Le lieu d'où jaillit la source est

(1) Plin., *Hist. Nat.*, XI, 27.
(2) Id., XXXV, 46 ; XIII, 1, 2.
(3) Strab., XIV, p. 673 ; Tauch., t. III, p. 202 ; Thuc., VIII, 41.
(4) *Descr. de l'Archipel*, p. 176.
(5) Choiseul-Gouffier, t. I, p. 170 ; Michaud et Poujoulat, III, p. 461 ; Prokesch, *Denkwürvigk*, III, p. 432.

recouvert d'une rotonde assez élevée qui a une ouverture par le haut; l'eau coule ensuite par un lit de pierre creusé dans une galerie fermée des deux côtés par des murs cyclopéens. Cette galerie est recouverte par une voûte angulaire de pierres également cyclopéennes. Tout atteste une construction des premiers âges, contemporaine de la galerie de Tirynte ou des remparts de Mycènes. On retrouve encore sur les hauteurs de la partie méridionale de l'île les débris des châteaux forts que les chevaliers de Rhodes y avaient fait élever. Ces forteresses dominaient et défendaient les villages de Pili, d'Antiphili et de Kephalo. Cette partie de l'île est peu connue, et ordinairement négligée par les voyageurs, qui se contentent d'admirer en passant le site de la capitale, son paysage, et le magnifique aspect qu'offre le voisinage des côtes d'Asie.

HISTOIRE DE L'ÎLE DE COS DANS L'ANTIQUITÉ. — Cos reçut ses premiers habitants des mêmes émigrations qui peuplèrent Rhodes et toutes les îles de ces parages. Mérops, l'un des fils de Triopas, s'établit le premier dans cette île, qui prit d'abord le nom de ce chef. Ses compagnons, probablement Pélasges d'origine, s'appelèrent aussi les Méropes (1). Quelque temps après le déluge de Deucalion, des Éoliens de Lesbos quittèrent cette île, où régnait Macarée, et vinrent s'établir à Cos, sous la conduite de Méandre, qui devint roi du pays (2). On raconte qu'Hercule vint à Rhodes, qu'il y tua Eurypyle, tyran odieux par ses cruautés et ses brigandages. Dès lors la race d'Hercule régna à Cos et dans les îles voisines. « Ceux qui habitaient, dit Homère, les îles de Nisyre, de Carpathus, de Casus, de Cos, où avait régné Eurypylus, et les îles Calidnes étaient sous la conduite de Pheidippus et d'Antiphus, fils de Thessalus et petit-fils d'Hercule; ils avaient trente vaisseaux. « Ainsi les Héraclides dominaient à Cos au temps de la guerre de Troie. Après l'extinction des Héraclides, vinrent les Asclépiades, ou fils d'Esculape, Machaon et Podalire, qui après la prise de Troie se fixèrent dans l'île de Cos. L'insalubrité de cette île écartait de ses rivages les navigateurs grecs et étrangers; ils la choisirent pour l'objet particulier de leurs soins, et y renouvelèrent en peu de temps la population, presque éteinte (1). Depuis ce temps l'art de la médecine fut en grand honneur à Cos; Esculape en fut la divinité principale. On lui éleva un temple magnifique dans le faubourg de Cos. Ce temple était rempli des offrandes de ceux que la puissance d'Esculape avait guéris de leurs maux; les prêtres d'Esculape tenaient registre de tous les remèdes reconnus par l'expérience (2). Ce fut à cette école de médecine que se forma Hippocrate. Les derniers colons qui s'établirent à Cos furent des Doriens venus à la suite d'Althemène (3). Dès lors cette île fit partie de l'Hexapole dorique, qui avait ses réunions politiques et ses fêtes communes dans le temple d'Apollon Triopien.

L'histoire de Cos pendant l'antiquité se confond continuellement avec celle de Rhodes : nous en avons indiqué les principaux traits dans l'article consacré à cette dernière (4). Pendant longtemps Cos fut une cité d'une importance secondaire. Mais la troisième année de la 103ᵉ olympiade (l'an 366 av. J. C.) « les habitants de Cos se transportèrent dans la ville qu'ils occupent encore aujourd'hui, dit Diodore (5), et l'embellirent beaucoup. Cette ville se remplit d'un grand nombre d'habitants, fut entourée de fortes murailles; elle avait un port magnifique. Depuis cette époque les revenus et les richesses de ses habitants sont toujours allés en augmentant; enfin elle put rivaliser avec les premières villes ». Cos était donc en pleine prospérité quand elle s'unit à Byzance, à Rhodes et à Chio pour s'affranchir du joug d'Athènes. Peu de temps après, elle reconnut avec empressement la domination d'Alexandre le Grand, et pendant les troubles

---

(1) Raoul Rochette, *Colonies Grecq.*, I, p. 337.
(2) Diod. Sicul., V, 81.

(1) Raoul Rochette, II, p. 401.
(2) Strab., XIV; Tauch., III, p. 201.
(3) Voy. plus haut, p. 106; Strab., p. 653; Her., I, 144; Raoul Rochette, III, 71.
(4) Voyez plus haut, p. 108, 109, 110, 112, 130, 137.
(5) Diod. Sicul., XV, 76.

qui suivirent sa mort, elle entra d'abord dans le parti d'Antigone. Mais Ptolémée, neveu d'Antigone, ayant trahi son oncle, livra l'île de Cos à Ptolémée, roi d'Égypte, qui sut habilement attacher ces insulaires à ses intérêts par les avantages commerciaux qu'il leur procura. Pendant son expédition de l'an 309 dans la Grèce et la mer Égée, Ptolémée Lagus fit de l'île de Cos le centre de ses opérations (1). C'est à cette époque et dans cette île que naquit son fils Ptolémée Philadelphe, car Bérénice avait accompagné son époux dans cette campagne. Jusqu'à la fin, Cos fut toujours unie par des liens d'amitié très-étroits à la dynastie des Lagides.

Plus tard, lorsque l'Égypte fut abaissée, les habitants de Cos recherchèrent, comme les Rhodiens, la protection du sénat contre les rois de Macédoine et de Syrie, et, comme Rhodes, cette île rendit de très-grands services aux Romains dans leurs guerres maritimes (2). Comme Rhodes aussi, elle fut grandement maltraitée par les meurtriers de César, qui n'avaient pu déterminer ces insulaires à se joindre à eux. Turulius, l'un d'eux, abattit le bois consacré à Esculape, et en fit des navires. Sous l'empire, Cos devint tributaire, mais elle conserva ses droits de cité. L'empereur Claude proposa au sénat d'affranchir de tout tribut les insulaires de Cos. Claude alléguait l'antiquité de cette ville, dont il faisait remonter l'origine à Céus, père de Latone, la grande célébrité de son dieu Esculape, les services qu'elle avait rendus en produisant tant d'illustres médecins. Le sien, appelé Xénophon, était un Asclépiade; et c'était à sa demande que l'empereur faisait au sénat cette singulière proposition. « Il n'est pas douteux, ajoute Tacite (3), que ces insulaires n'eussent rendu beaucoup de services aux Romains, et l'on pouvait citer des victoires auxquelles ils avaient contribué; mais Claude, avec son irréflexion ordinaire, accordant une grâce purement personnelle, né-

(1) Diod. Sicul., XX, 27; App., Mithr., 23, 115
(2) Tit. Liv., XXXVII, 16, 22.
(3) Tac., Ann., XII, 61.

gligeait de la justifier par des considérations d'utilité publique. » Sous Vespasien, Cos perdit les derniers restes de sa liberté, et fit partie de la province des îles, dont Rhodes devint la capitale. Sous Antonin, un tremblement de terre ayant bouleversé les côtes de la Carie, de la Lycie et les îles voisines, l'empereur répara tout le désastre, et fit reconstruire à ses frais les villes de Cos et de Rhodes (1). A partir de cette époque Cos disparaît, perdue dans l'immensité de l'empire romain.

HOMMES ILLUSTRES DE L'ÎLE DE COS. — Si l'île de Cos n'a qu'une place médiocre dans l'histoire politique de la Grèce, elle est à jamais illustrée par la gloire immortelle des grands hommes qu'elle a produits. Cos est la patrie du plus grand médecin et du plus grand peintre de l'antiquité, d'Hippocrate et d'Apelle. Indépendamment de ces deux grands génies, qui suffisent à sa gloire, elle donna aussi naissance à quelques hommes célèbres, qui eurent une grande réputation de leur temps, mais dont les noms ne sont plus évoqués aujourd'hui que par la curiosité des érudits. « On compte parmi les hommes illustres de Cos, dit Strabon, outre Hippocrate, Simus, autre médecin; Philétas, poète et grammairien, qui fut le précepteur de Ptolémée Philadelphe; Nicias, chef de parti, qui devint tyran de Cos, et dont le nom se retrouve sur une médaille de l'île; Ariston le Philosophe, disciple et héritier du péripatéticien de ce nom. » Cette ville a vu naître aussi Théomneste, célèbre citharède, qui a été du parti opposé aux entreprises de Nicias. Il suffit d'énumérer ces personnages plus ou moins illustres; mais donnons plus d'attention aux deux grands hommes de Cos, Hippocrate et Apelle.

HIPPOCRATE; ÉCOLE DE MÉDECINE DE COS. — La vie d'Hippocrate est presque inconnue; les récits qu'on en fait sont surchargés d'inventions et d'embellissements invraisemblables, qui la font ressembler à une légende. Ce n'est que deux cents ans après la mort d'Hippocrate que les érudits alexandrins

(1) Pausan., VIII, 43.

commencèrent des recherches sur la biographie de l'homme illustre dont la gloire grandissait tous les jours, et dont les écrits étaient devenus comme le code de la médecine (1). Mais, comme la vie de ce médecin n'avait été recueillie ni par ses contemporains, ni par ceux qui l'ont suivi immédiatement, ceux qui plus tard ont voulu l'écrire n'ont trouvé aucun récit digne de foi pour les détails personnels à Hippocrate; ils n'ont pu que recueillir quelques documents positifs, qui fixaient sa patrie, son âge, le lieu où il avait exercé son art et sa célébrité. Tout le reste avait péri.

Hippocrate naquit la première année de la quatre-vingtième olympiade, en 460 (2), dans la ville de Cos, où son père, Héraclide, exerçait aussi la profession de médecin. Une généalogie controuvée le rattachait à Podalire et à Esculape, dont il aurait été le dix-septième descendant. Cependant c'est avec raison que Platon, dans le *Protagoras*, donne à Hippocrate le titre d'Asclépiade ; car les Asclépiades n'étaient pas une famille, mais des corporations sacerdotales, qui dès les temps les plus anciens avaient eu le privilège exclusif de la pratique de la médecine, et qui commençaient au cinquième siècle à le partager avec d'autres concurrents. Ces corporations de prêtres-médecins habitaient autour des temples d'Asclépius ou Esculape, dieu de la médecine, et dans ces édifices, appelés *asclépions* (ἀσκληπεῖον), tout était disposé à la fois pour le culte et la pratique de l'art, pour le service du dieu et celui des malades. Il s'était fondé en Grèce, à l'origine de la société hellénique, un grand nombre de ces asclépions, dont les plus considérables réunissaient le triple caractère de temple, d'hôpital et d'école de médecine. Les plus renommés de ces Asclépions étaient, au temps qui précède Hippocrate, ceux de Cyrène, de Rhodes, de Cnide et de Cos. Les malades qui venaient se faire traiter dans les temples avaient l'habitude d'y laisser un témoignage de leur reconnaissance envers le dieu et une indication de la maladie dont ils avaient été guéris. « Le temple d'Épidaure, dit Strabon, est toujours plein de malades et de tableaux qui y sont suspendus, et dans lesquels le traitement est consigné. Il en est de même à Cos et à Tricca (1) ». Les prêtres recueillaient ces notes, et en faisaient sans doute une des sources de l'enseignement médical qu'ils donnaient à leurs élèves. Le livre intitulé *Prénotions Coaques*, qui se trouve dans les œuvres d'Hippocrate, n'est sans doute qu'un recueil de notes de ce genre. Telle était l'école où Hippocrate commença son noviciat médical et acquit ce titre d'Asclépiade, par lequel il est désigné à plusieurs reprises dans Platon, son contemporain. C'était comme le diplôme de docteur de ces temps-là : et ce titre ne forçait pas le médecin qui le portait à s'enfermer dans le temple où il l'avait reçu, puisque Hippocrate, qui faisait partie du sacerdoce médical de Cos, qui appartenait à une famille illustre, que l'on disait descendue d'Esculape, parcourut comme médecin *périodeute*, ou ambulant, différentes parties de la Grèce, et y exerça la médecine. Nul doute qu'Hippocrate n'ait beaucoup voyagé. Dans les écrits de la collection hippocratique, il est très-souvent question de l'île de Thasos. On y trouve aussi nommées Abdère et Périnthe en Thrace, Olynthe dans la Chalcidique, Larisse, Cranon et Phère en Thessalie, les îles de Délos, de Cos et d'Andros. Hippocrate parle des Palus-Méotides, du Phase, des contrées du Pont, des Scythes nomades, comme ayant vu ces peuples et parcouru ces contrées. Il est évident qu'il avait aussi visité la Lybie et l'Égypte. De tout temps il a été utile de voyager pour apprendre à connaître la nature et les hommes ; mais dans l'antiquité, où les communi-

---

(1) M. Littré, *OEuvres complètes d'Hippocrate*, *Introduction*, t. I, p. 32.
(2) A. Pierron, *Littérature Grecque*, p. 212.

(1) Strab., l. VIII. On a trouvé dans le temple d'Esculape à Rome une inscription grecque, dont voici le sens : « Julien étant travaillé d'un flux de sang par le haut et abandonné des hommes, le dieu vint à son secours ; de sorte que l'ayant nourri de miel pendant trois jours il le remit en sa première santé. Il lui en rend grâces devant le peuple. »

cations entre les savants étaient nulles, où les peuples ne se connaissaient pas les uns les autres, c'était une nécessité de sortir de chez soi pour échapper à l'ignorance que produit l'isolement. De nos jours c'est la science qui voyage; autrefois il fallait que l'homme courût après elle; c'est ce que firent le grand rapporteur de la médecine antique et le père de l'histoire, Hippocrate et Hérodote.

Après ses voyages, Hippocrate revint à Cos, dans sa vieillesse; et par ses travaux et ses écrits il éleva l'école de sa patrie au-dessus de toutes ses rivales. Il ne faut pas croire qu'à cette époque la science médicale fût à créer, et qu'Hippocrate ait été à proprement parler le père de la médecine. « Jadis il existait, dit Galien (1), entre les écoles de Cos et de Cnide une lutte à qui l'emporterait par le nombre des découvertes; car les Asclépiades d'Asie étaient divisés en deux branches après l'extinction de la branche de Rhodes. A cette lutte honorable prenaient part aussi les médecins de l'Italie, Philistion, Empédocle, Pausanias et leurs disciples; de telle sorte que trois écoles admirables se disputaient la prééminence dans la médecine. Celle de Cos se trouva avoir les disciples les plus nombreux et les meilleurs; celle de Cnide la suivit de près, et l'école d'Italie ne fut pas non plus sans gloire. » Ainsi, le mouvement scientifique était déjà très-actif et très-fécond quand parut Hippocrate; mais l'expérience qu'il avait acquise dans ses voyages, la comparaison des différentes méthodes et doctrines qu'il avait étudiées, lui donnèrent des vues d'ensemble et une étendue de connaissances qui manquaient aux autres médecins de son temps, asclépiades, philosophes et gymnastes, enfermés dans les traditions incomplètes d'un enseignement local et particulier. Hippocrate ne créa pas la médecine, mais il étendit, compléta et féconda ce qui existait avant lui. « Son mérite dans la science, dit M. Littré, à qui j'emprunte tous ces développements, la raison du haut rang qu'il y occupe, la cause de la puissance qu'il y a exercée, tout cela est dans la force des anciennes doctrines qu'il embrassa, développa, soutint avec talent, employa avec bonheur et transmit pleines de vie, de force et de profondeur à la postérité (1). »

Les biographes alexandrins qui ont travaillé si tard sur la vie du médecin de Cos ont recueilli ou inventé des histoires invraisemblables, qui ont fait fortune, mais dont aucune ne peut tenir devant l'examen d'une saine critique : telles sont les récits sur le rôle d'Hippocrate dans la peste d'Athènes, sur l'invitation d'Artaxerce, sur le refus du médecin de Cos, sur son entrevue avec Démocrite, sur la guerre faite à l'île de Cos par les Athéniens. Tous ces faits n'ont d'autres garants que les lettres et discours qui forment un appendice de la collection hippocratique. Mais il est suffisamment démontré aujourd'hui que toutes ces pièces ont été fabriquées par des faussaires et qu'elles sont entièrement controuvées (2).

La fin de la vie d'Hippocrate est aussi peu connue que le reste. On sait qu'il parvint jusqu'à un âge très-avancé, jusqu'à quatre-vingt-cinq ans selon les uns, jusqu'à quatre vingt-dix selon les autres; selon d'autres encore, jusqu'à cent quatre ou même cent neuf ans. Son biographe anonyme dit qu'il mourut non point dans sa ville natale, mais près de Larisse, dans la Thessalie. Au reste, les négations et les doutes de la critique ne font que dégager du sein de l'erreur et des fables les seules vraies notions qui se rattachent à l'histoire d'Hippocrate. Elles dissipent des illusions, sans rien diminuer de la grandeur et du prestige de son nom, et elles ne servent qu'à faire ressortir davantage les seuls faits qui permettent d'apprécier le rôle qu'il a joué et la place qu'il a occupée dans la science. Le personnage fantastique de la légende a disparu; mais, ce qui vaut mieux, il reste un grand homme, qui a fait de grandes choses. On doit donc se tenir pour satisfait, puisque l'on peut donner comme certaines les conclusions suivantes, qui sont celles du savant et habile traduc-

(1) Gal., t. IV, p. 35, éd. Basil.

(1) OEuvres d'Hippocrate, Introduction, t. I, p. 24.
(2) M. Littré, Introd., t. I, p. 426.

teur des œuvres hippocratiques : « Praticien, professeur, écrivain, Hippocrate a joui de l'estime de ses contemporains; descendu d'une famille qui faisait remonter son origine jusqu'à l'âge héroïque, il lui a donné plus de gloire qu'il n'en avait reçu; attaché à une corporation qui desservait un temple d'Esculape, il a fait prévaloir l'école de Cos sur toutes les écoles médicales qui l'ont immédiatement suivie; et de bonne heure ses écrits étaient médités et cités par Platon (1). »

C'est dans la lecture de ses écrits que l'on peut, du reste, achever de connaître Hippocrate; sa haute intelligence, son noble caractère s'y révèlent à chaque page. La plus belle de toutes est celle du serment, où il trace, en s'engageant à les remplir, tous les devoirs d'un médecin véritablement honnête homme et religieux : « Je jure par Apollon médecin, par Esculape, par Hygie et Panacée; je prends à témoin tous les dieux et toutes les déesses d'accomplir fidèlement, autant qu'il dépendra de mon pouvoir et de mon intelligence, ce serment et cet engagement écrit : de regarder comme mon père celui qui m'a enseigné cet art; de veiller à sa subsistance; de pourvoir libéralement à ses besoins; de considérer ses enfants comme mes propres frères; de leur apprendre cet art sans salaire et sans aucune stipulation, s'ils veulent l'étudier.... Je conserverai ma vie pure et sainte aussi bien que mon art.... Je garderai inviolablement la loi sacrée du secret.... Si j'accomplis avec fidélité mon serment, si je n'y fais point défaut, puissé-je passer des jours heureux, recueillir les fruits de mon art, et vivre honoré de tous les hommes et de la postérité la plus reculée; mais si je viole mon serment, si je me parjure, que tout le contraire m'arrive (2). »

APELLE. — Apelle naquit à Cos, comme Hippocrate, dans la première moitié du quatrième siècle avant l'ère chrétienne, pendant la 112ᵉ olympiade. Il était fils de Pythius, et il eut pour maître Éphorus d'Éphèse et Pamphile d'Amphipolis. Il voyagea pour perfectionner son talent, et il vint étudier à l'école de peinture de Sicyone, qui était alors la plus renommée de toute la Grèce. On lui donne quelquefois le surnom d'Éphésien, non pas que l'on ait cru qu'il naquit dans cette ville, mais parce qu'il y demeura longtemps et qu'il y reçut sans doute le droit de cité (1). Au jugement des anciens eux-mêmes, Apelle surpassa tous les peintres qui l'avaient précédé et tous ceux qui le suivirent. A lui seul, il contribua presque autant que tous les autres au progrès de la peinture, et cela non-seulement par ses tableaux, mais aussi par ses écrits. Il composa trois livres sur la théorie de la peinture, qui existaient encore du temps de Pline.

Apelle eut plus que tous les autres peintres la grâce en partage. Il y avait de son temps de très-grands artistes; il admirait leurs ouvrages, il les comblait d'éloges, mais il disait qu'il leur manquait la grâce, qui était à lui; qu'ils possédaient tout le reste, mais que pour cette partie seule il n'avait point d'égal. L'ingénuité et le charme de son caractère n'étaient pas moindres que la grâce de son talent. Il était au-dessus de toutes les mesquines passions qui trop souvent travaillent les artistes. Il reconnaissait, il encourageait, il produisait les talents d'autrui; on sait sa conduite à l'égard de Protogène, qui cependant pouvait être son rival (2). Il était désintéressé, et conservait partout, devant le public comme chez les plus grands princes, une attitude pleine de convenance, de franchise et de dignité. Deux anecdotes racontées par Pline et beaucoup d'autres auteurs montrent comment il savait parler aux petits et aux grands. Quand Apelle avait fait un tableau, il l'exposait devant le public; et, se tenant caché derrière un rideau, il écoutait ce qu'on disait, dans le dessein de corriger les défauts qu'on y pouvait remarquer. Un jour un cordonnier critiqua

(1) Littré, *Introd.*, t. I, p. 43.
(2) A. Pierron, *Litt. Grecque*, p. 215.

(1) Voy. Fr. Junius, *De Pictura Veterum Libri tres*, Roterodami, 1694, in-fol.; *Catalogus*, p. 12. On trouve dans ce livre tous les matériaux de la biographie d'Apelle, mais réunis sans critique. Pline, *Hist. Nat.*, XXXV, 36, 17.
(2) Voy. plus haut, p. 139.

la cnaussure d'un de ses personnages; et comme il avait raison, Apelle corrigea la faute qu'il avait faite. Le lendemain le même cordonnier, tout fier d'avoir été écouté, se mit à reprendre la façon de la jambe; mais cette fois le peintre, irrité, sortant de derrière sa toile, s'écria qu'un cordonnier n'avait rien à voir au-dessus de la chaussure. C'est à cette anecdote qu'on rapporte l'aventure du proverbe *ne sutor ultra crepidam*, qui se trouve paraphrasé dans Rollin de la façon suivante :

Savetier,
Fais ton métier;
Et garde-toi surtout d'élever ta censure
Au-dessus de la chaussure.

Une autre fois c'était Alexandre qui, étant allé visiter le peintre dans son atelier, se mit à parler de peinture à tort et à travers : « Prince, lui dit Apelle, prenez garde, ces jeunes garçons qui broient mes couleurs vous admiraient pendant que vous gardiez le silence; maintenant ils rient de vous. » Malgré cette liberté de langage, Apelle fut toujours très-agréable au héros macédonien, qui le nomma son peintre officiel. Il défendit à tout autre artiste de faire son portrait. Ayant à se plaindre de Ptolémée, roi d'Égypte, qui avait accueilli les accusations de ses adversaires, Apelle s'en vengea en exposant à Éphèse un tableau allégorique qui représentait le roi avec de très-grandes oreilles tendant la main à la Calomnie. Aux côtés du roi se tenaient deux femmes, représentant l'Ignorance et le Soupçon (ὑπόληψις). La Calomnie était précédée par un homme, qui figurait l'envie (φθόνος), et qui était suivi de la Ruse et de la Trahison. A quelque distance de ce groupe marchait le Repentir, qui, tournant la tête en arrière, reconnaît dans le lointain la Vérité, qui s'approche environnée de lumière. Telle fut la vengeance utile et ingénieuse de ce grand homme. Apelle était fort laborieux, et, quelques occupations qu'il eût d'ailleurs, il ne laissait point s'écouler un jour sans s'exercer la main en traçant quelques traits au crayon ou au pinceau. Il mourut après avoir joui de toute sa gloire, laissant un grand nombre d'ouvrages. Pline en a énuméré les principaux, tout en déclarant qu'il n'est pas facile de dire, au milieu de tant de chefs-d'œuvre, quels sont ceux qu'on doit déclarer les meilleurs.

ÉTAT DE L'ÎLE DE LANGO SOUS LA DOMINATION DES CHEVALIERS DE RHODES. — Après leur réunion à l'empire romain, les insulaires de Cos n'eurent plus d'autre destinée que celle de tous les autres sujets de Rome ; cette île vécut en paix, à l'ombre d'un despotisme longtemps bienfaisant; et quand vint la décadence de l'empire, elle eut sa part des maux qui vinrent fondre sur toutes ses provinces. Les Sarrasins lui firent éprouver de grands dommages (1) dans leurs courses à travers l'archipel, où rien ne leur résistait. Les faibles souverains du bas-empire ne savaient défendre que Constantinople. Grâce aux croisades, l'Église latine vint au secours de la société grecque, qui déjà succombait au onzième siècle, et dont elle retarda la chute en versant sur l'Asie les bataillons des chrétiens de l'Europe. Au quatorzième siècle, Cos, désormais appelée Lango, devint une province de ce petit État maritime fondé à Rhodes par les chevaliers de Saint-Jean, et où s'organisa, au nom de la foi chrétienne, une si énergique résistance. En 1315 Lango fut occupée par Foulques de Villaret, le conquérant de Rhodes (2); et cette île devint un des fiefs les plus considérables de l'ordre. En 1366 des familles arméniennes chassées par les Turcs-Caramans demandèrent asile aux chevaliers. On les établit à Lango, sur le territoire de Céphalo; on pourvut à tous leurs besoins, on leur donna des bestiaux et des instruments aratoires, et on leur permit d'élever une église où l'on célébrait le culte d'après leur rit, que reconnaît l'Église latine.

En 1389 le gouvernement de Lango appartenait à frère Pierre Schlegelhold, qui fonda plus tard le château de Boudroun, sur les ruines d'Halicarnasse. Bientôt, en 1391, on ajouta à la commanderie de Schlegelhold les îles de Calamo et de Lero. Voici les charges imposées au gouverneur de ces îles

---

(1) Voyez plus haut, p. 146, 147.
(2) Voy. plus haut, p. 147.

par l'investiture du grand maître : Il devait payer cent florins d'or au trésor de l'ordre; pourvoir à l'entretien de vingt-cinq religieux, dont quinze chevaliers, équiper et solder dix hommes d'armes latins nés au-delà des mers, et de cent cinquante Turcopoles; pourvoir la garnison de Lango d'un médecin et d'une pharmacie; ne vendre les denrées de l'île que dans le marché de Rhodes; faire nettoyer tous les ans l'étang malsain qui est près de Lango; équiper une galère à vingt rames; faire toutes les dépenses nécessaires à l'entretien des églises, des forteresses, de tous les édifices publics de son gouvernement (1).

Après la mort de Schlegelhold, le fief de Lango changea de nature; il devint un bailliage, et fut réuni au prieuré de Portugal. Cependant les fréquentes attaques des Turcs et des Sarrasins continuaient à épuiser les ressources de l'île, qui ne pouvait plus se défendre ni entretenir ses forteresses. En 1444 l'amiral Quérini, bailli de Lango, à bout de ressources, s'adresse au grand maître de Lastic, et demande des renforts. Le conseil répondit par l'ordre d'abandonner les forts secondaires, d'évacuer le district de Narangia et de ne défendre que les principaux postes. Évidemment la puissance des chevaliers de Rhodes faiblissait; le temps de leur décadence était venu; l'ordre n'avait plus qu'à se tenir sur une pénible défensive. A mesure qu'il perdait de sa force contre l'ennemi, il perdait de son autorité sur les insulaires qui lui obéissaient. En 1451 les habitants du district de Narangia, le meilleur canton de Lango, se révoltèrent. Cependant la valeur des chevaliers restait la même, malgré le mauvais état de leurs affaires; frère Jean de Château-Neuf repoussa toutes les attaques dirigées par Mahomet II contre Lango et les îles voisines de 1454 à 1460.

Après ces luttes, qui avaient augmenté sa détresse, Lango fut placée directement sous l'administration du grand maître Zacosta, qui la fit gouverner par un lieutenant. On avait senti la nécessité d'augmenter les pouvoirs du chef de l'ordre à mesure que les dangers grandissaient et que l'ennemi devenait plus pressant. Lango était la seconde île de la religion, la plus menacée par les Turcs, la plus importante à défendre après Rhodes. On la plaça donc sous l'autorité immédiate du grand maître. En 1464, nouvelle descente des Turcs dans l'île de Lango : ils la ravagèrent, sans pouvoir s'y établir. Le 17 octobre 1492 un tremblement de terre bouleversa l'île entière; les habitants seraient morts de faim si le grand maître d'Aubusson ne leur eût envoyé des vivres. Il fallut reconstruire toutes les forteresses. En 1495 Lero et Calamo éprouvèrent le même désastre. D'Aubusson eut à faire d'énormes dépenses; il pourvut à tout.

En 1500 les juifs, dont on suspectait les dispositions, furent bannis de Lango, comme de tous les États des hospitaliers (1). Ils furent tous transportés à Nice. Cette mesure ne sauva pas la domination rhodienne, qui succomba en 1523 sous les coups de Soliman. Lango se rendit après la prise de Rhodes. A partir de la domination des Turcs elle fut désignée de préférence sous le nom de Stanchio.

ÉTAT ACTUEL DE STANCHIO. — L'île de Stanchio a été moins maltraitée que beaucoup d'autres sous le gouvernement des Turcs. En 1821, lors des troubles de la Grèce, le pacha de Stanchio n'eut pas de peine à maintenir l'ordre dans son petit gouvernement. Stanchio fut le point central des opérations des Turcs contre Samos, qui était en pleine révolte, et elle traversa sans souffrir cette époque si funeste à d'autres îles voisines. Aujourd'hui la ville a environ trois mille habitants : la population de toute l'île est de vingt mille âmes. La campagne paraît assez bien cultivée; on rencontre sur les coteaux de nombreux troupeaux de moutons et de chèvres. Les principales productions du territoire sont les citrons, les oranges, les raisins secs. Les exportations faites dans l'année 1830 ont été évaluées à plus de cent mille talavis (500,000 francs). Stanchio n'a pas bougé dans la guerre de l'Indépendance. En 1831 elle était tranquille et heu-

(1) Coronelli, *Isola di Rodi*, p. 299.

(1) Coronelli, *Isola di Rhodi*, p. 180.

reuse, sous le gouvernement modéré d'Ali-Bey, Turc instruit et bienveillant, qui disait qu'il était chargé de protéger et non de ruiner le peuple (1). On retrouve à Stanchio une singulière coutume, qui existe aussi à Métélin : les filles ont seules droit à l'héritage de leurs parents; la coutume veut que ce soit la femme qui choisisse le mari ; quand elle a pris les informations nécessaires, le père transmet les intentions de sa fille à celui qu'elle a choisi ; son mari n'apporte jamais rien en mariage, et ne fait aucun présent à sa nouvelle épouse. Quand c'est la fille aînée qui se marie, le père lui abandonne sa maison, et va s'établir ailleurs. Cet usage qui n'admet que les femmes à l'hérédité subsiste encore, avec des modifications, dans plusieurs autres îles, telles que Naxos, Paros, Santorin. Qui peut dire la cause véritable de cette singularité de mœurs?

ÎLES VOISINES DE COS.

Le golfe Céramique, dont l'île de Cos occupe l'entrée, était rempli de petites îles, auxquelles les anciens avaient donné des noms, et que l'on ne connaît plus dans la géographie de nos jours. C'étaient, dit Pline (2), Pidosus près d'Halicarnasse, Arconnesos, Priaponesos, Hipponnesos, Psyra, Mya, Lampsemandus, Passala, Crusa, Pyrrhe, Sepiussa, Melano, et une île peu éloignée du continent, appelée Cinœdopolis, parce qu'Alexandre le Grand y relégua des hommes de mœurs infâmes. Vers la pointe de Myndus et le cap Zéphyrion, se trouvaient le groupe des îles argiennes, qui sont au nombre de vingt, Hipsirisma, Æthusa, Caryanda, patrie de Scylax l'ancien, le logographe, qui fut chargé par Darius Ier d'explorer les côtes de l'océan Indien (3).

Calymna est plus considérable que toutes les précédentes. On la désigne aujourd'hui sous les noms de Calymno, Calamine, Colmine. Elle figure souvent dans l'histoire des chevaliers de Rhodes sous le nom de Calamo. Les anciens l'ont souvent appelée Calydna.

Homère fait de cette île et des îlots voisins le groupe des îles Calydnes (1). Pline prétend qu'elle renfermait trois villes, Notion, Nisire, et Mendetère. Le miel de Calymna était célèbre chez les anciens. Les chevaliers de Rhodes y élevèrent une forteresse, qui fut une de leurs bonnes positions militaires. L'île de Calamo faisait partie du bailliage de Lango, dont elle était séparée par un bras de mer, large de treize milles seulement. Soliman la conquit en 1523.

A l'est de Calymna est le rocher de Lebinthos et le petit groupe d'îlots dont Cinaros est le principal, que l'on pourrait aussi bien ranger parmi les Cyclades, et qui marquent de ce côté la limite extrême des îles d'Asie ou Sporades, dont elles sont séparées par une assez grande distance.

ÎLE DE LÉROS.

Cette île peut être encore considérée comme une annexe de Cos. Elle en était éloignée de trois cent vingt stades, au nord. Aujourd'hui encore on l'appelle Léro. Dans l'antiquité, Léros reçut une colonie de Milet (2). C'est à Léros que l'historien Hécatée conseillait à Aristagoras, l'auteur de la révolte d'Ionie, de chercher un asile, et d'attendre le moment favorable pour rentrer à Milet (3). Les habitants de Léros passaient pour avoir le caractère rusé et méchant (4). Leur île produisait un assez beau marbre blanc. Le sol en est stérile.

Sous les chevaliers de Rhodes, Léro devint une dépendance du bailliage de Lango ou Stanchio. On y construisit une bonne forteresse, sur une hauteur qui domine le port et le bourg de Léro. On trouve de très-bons mouillages dans cette petite île, qui n'a qu'environ huit lieues de circuit. Elle fut bien souvent attaquée et ravagée par les Turcs, jusqu'au moment de la prise de Rhodes.

---

(1) Michaud et Poujoulat, III, 469.
(2) Plin., *Hist. Nat.*, V, 36, 3.
(3) Forbiger, *Handb.*, II, p. 217.

(1) Voy. Strab., X, 5 ; Tauchn., II, 394. Dapper l'appelle Claros dans l'antiquité (*Description*, p. 182). Je ne vois nulle part que les anciens aient connu une île de ce nom.
(2) Strab., XIV ; Tauchn., III, p. 166.
(3) Hérod., V, 125.
(4) Strab., X, 5; Tauchn., II, 391. Καὶ τόδε Φωκυλίδεω. Λέριοι κακοί οὐχ ὁ μὲν, ὃς δ' οὔ. Πάντες... etc.

On sait par quel habile stratagème le jeune Paul Siméoni la défendit contre une attaque de Kemal-Reis, en 1505 (1). Devenue possession des Turcs en 1523, Léro fut assiégée et prise en 1648 par le Vénitien Foscolo, qui en démolit la forteresse (2).

Sur la côte orientale de Léro on trouve un petit golfe appelé Terraco, et un bon port, à l'entrée duquel est la jolie petite île de Lépida.

ÎLE DE PATMOS (3).

Cette île (Πάτμος, *Patmo Patino*, *Palmo*, *Palmosa*), l'une des Sporades, est située dans la mer Icarienne, sur les confins des côtes de la Carie et de la Lycie, au sud des îles d'Icaria et de Samos, et à soixante milles au nord de l'île de Cos. Sa pointe méridionale s'appelait le cap Amazonium; elle est à deux cents stades de Léros. Dans l'antiquité, Patmos n'était qu'un rocher stérile; elle avait une petite ville du même nom, mais elle serait restée une des îles les plus obscures de l'Archipel, si elle n'avait été le lieu d'exil de saint Jean, qui y écrivit son *Apocalypse*, sous Domitien, l'an 95. « Moi Jean, qui suis votre frère, et qui ai part avec vous à l'affliction, au règne, et à la patience de Jésus-Christ, j'ai été dans l'île appelée Patmos pour la parole de Dieu et pour avoir rendu témoignage à Jésus. Un jour de dimanche je fus ravi en esprit, et j'entendis derrière moi une voix forte et éclatante, comme le son d'une trompette, qui disait : Écrivez dans un livre ce que vous voyez, et envoyez-le aux sept Églises qui sont en Asie (4). » On montre encore au-dessous du couvent de Saint-Jean une grotte où l'apôtre inspiré entendit cette voix céleste, et où il eut cette série de visions et de révélations dont il composa son sublime et mystérieux livre.

Au onzième siècle, sous le règne de l'empereur Alexis Comnène, Christodoule, abbé de Latros en Asie Mineure, fuyant les persécutions des Turcs, fonda le monastère de Patmos, qui occupa le sommet de la plus haute montagne de l'île, et qui fut entourée de murailles comme une forteresse. Les habitants, dispersés dans l'île, vinrent se grouper autour du couvent, où ils pouvaient se réfugier lorsque les pirates, si nombreux dans ces parages, faisaient des incursions dans l'île. Peu à peu la ville s'agrandit, et fit un commerce considérable, qui procura de grandes richesses aux habitants. Au dix-septième siècle Patmos était, au rapport de Dapper, une île florissante, bien cultivée et rendue fertile par le travail de ses habitants; les trois grands ports de la Scala, de Sapsila, de Gricou, étaient visités par de nombreux navires. Les Vénitiens en firent leur station dans la guerre de Candie. Ses côtes et ses vallées étaient couvertes de villages. Si ce tableau de la prospérité de Patmos n'est pas exagéré, les malheurs des temps qui suivirent en ont bien changé la situation au dix-huitième siècle, puisque Tournefort disait que Patmos est un des plus méchants écueils de l'Archipel. Selon ce voyageur c'est une île découverte, sans bois et fort sèche. Elle est couverte de lapins, de cailles, de tourterelles, de pigeons, de becfigues; elle ne produit que peu de froment et d'orge. Le vin y vient de Santorin, car on n'en recueille pas plus de mille barils dans Patmos. Les habitants possèdent une douzaine de caïques et plusieurs autres petits bâtiments, avec lesquels ils font le transport des blés d'Asie et de la mer Noire.

Il n'y a que des Grecs dans cette île; ils payaient aux Turcs, dit Tournefort, une capitation de huit mille écus et une taille de deux cents. On voyait sur le port de la Scala trois ou quatre bouts de colonne de marbre qui étaient d'un bon style, et qui sont probablement des restes d'un ancien temple. L'ermitage de l'Apocalypse est à mi-côte d'une montagne située entre le couvent et le port de la Scala. On y entre par une allée fort étroite, taillée à moitié dans le roc et qui conduit à la chapelle. Cette chapelle n'a que huit ou neuf pas de long, sur cinq pas de large; la voûte en est belle, cintrée dans le genre gothique: à droite est la grotte de saint Jean

---

(1) Voy. plus haut, p. 175.
(2) Coronelli, *Isola di Rodi*, p. 349.
(3) Forbiger, *Handb.*, etc., t. II, p. 237; Tournefort, II, 436; Pococke, IV, 420; Choiseul-Gouffier, I, 162; Michaud et Poujoulat, III, 454; Dapper, p. 179.
(4) *Apocal.*, c. I, 9.

14ᵉ *Livraison.* (SPORADES.)

dont l'entrée, haute d'environ sept pieds, est partagée en deux par un pilier carré. La citerne de la maison est à gauche de la chapelle, au bas de la fenêtre. Le grand couvent, dont l'abbé est comme le souverain de l'île, est situé au sommet de la montagne; un collége ou séminaire, qui a été très-florissant, y est annexé. Le couvent, dit Pococke, compte deux cents personnes, dont vingt sont prêtres et quarante caloyers. Il possède une petite bibliothèque, presque toute composée des ouvrages des Pères grecs; Pococke n'y a pas vu autre chose. Cependant, de nos jours on ne perd pas l'espérance d'y retrouver quelques débris littéraires de l'antiquité.

Telle était la situation de Patmos au siècle dernier. Elle paraît être la même de notre temps. Le peuple de Patmos est pauvre, disent les auteurs de la *Correspondance d'Orient*, mais il vit en paix; l'air y est sain, et la peste, qui désole souvent les îles, n'a jamais porté ses ravages dans Patmos. Patmos a de plus un collége renommé, qu'on pourrait appeler l'université de l'Archipel; on y enseigne le grec littéral, l'italien, la rhétorique, la logique; il y vient des élèves même de la Morée. Le rocher de Patmos n'a pas tenté les Osmanlis, qui ne s'y montrent point et se contentent d'un léger tribut. Jamais on n'y aperçut l'ombre d'un minaret; la cloche, qui retentit à toute heure sur la montagne de Patmos, annonce à la fois que la religion y fleurit et qu'on n'y vit point dans la servitude. On y vivrait parfaitement tranquille, sans la crainte des pirates, qui infestent encore les environs de Nicarie, le groupe des îles Fourni et les boghaz de Samos.

ÎLE ICARIA.

Cette île, appelée par les Grecs d'abord Ἴκαρος, et plus tard Ἰκαρία, est située à l'ouest de Samos, dont elle est séparée par un canal de dix-huit milles de largeur. La pointe d'Icaria, qui est opposée au cap Cantharion, à l'ouest de Samos, s'appelait *Dracanon* ou *Drepanon*. C'est aujourd'hui la pointe du Fanar, à cause d'une vieille tour, dont parle Tournefort (1), qui servait de fanal pour éclairer le passage des vaisseaux entre Icarie et Samos. L'autre extrémité d'Icaria regarde Mycone, une des Cyclades, qui en est à quarante milles de distance. On l'appelle le cap Baba. Strabon donne à l'île d'Icare trois cents stades de circuit, ce qui fait trente-sept milles. Mais Tournefort prétend qu'elle a soixante milles de circuit ou vingt lieues. Selon Pline, elle avait dix-sept milles de longueur. Près du cap Dracanon était situé un bourg de ce nom, plus à l'ouest. Au même côté nord-ouest de l'île étaient les deux villages appelés Isti (Ἰστοί) par Strabon. Là se trouvait aussi une bonne rade et un temple de Diane Tauropole (Ταυροπόλιον). On trouve en un canton de l'intérieur, appelé le champ des Roseaux, des ruines que l'on croit être celles de l'ancienne ville d'Ænoé. Icaria est fort étroite et traversée dans sa longueur par une chaîne de montagnes en dos d'âne, que recouvraient des forêts de pins et de chênes et d'où coulent toutes les sources qui arrosent le pays. On appelait cette chaîne le mont Pramnos. Sur la côte sud, à l'est, étaient des sources d'eaux chaudes et un bourg appelé Thermes.

On attribue le nom de l'île Icaria à Icare, fils de Dédale, qui se noya dans la mer environnante, laquelle fut appelée aussi mer Icarienne. Strabon place dans cette mer Samos, Cos et les petites îles situées entre ces deux-là. La fable d'Icarie est trop connue pour que je la reproduise ici : je renvoie le lecteur au récit d'Ovide (1). Quant à l'explication de cette fiction mythologique, elle est donnée par Pline l'ancien, qui attribue à Icare l'invention des voiles (2). Voilà les ailes au moyen desquelles Icare se sauva de la Crète, avec son père Dédale, et dont il se servit pour passer jusqu'à l'île où il vint faire naufrage. Icarie a encore été appelée par les anciens Macaris, Doliche et Ichthyœssa. Le savant Bochart prétend même que ce dernier nom n'est que la traduction du mot phénicien *Icaure*, qui signifie poissonneux. Cette étymologie, si elle était véritable, détruirait tout à fait la fable d'Icare, ou du moins son rapport avec l'île en ques-

---

(1) Tournefort, *Voyage du Levant*, I, 402.

(1) Ovid., *Met.*, VIII, 183.
(2) Pline, VII, 57.

tion; mais elle n'a pour elle d'autre garantie que l'imagination d'un savant systématique. Dans l'antiquité, Icaria n'eut aucune importance historique; elle fut colonisée par les Milésiens. Mais cet établissement ne tarda pas à dépérir; au temps de Strabon, Icaria était inhabitée. Elle n'était occupée que par les pâtres et les troupeaux des Samiens (1).

Sous l'empire grec l'île Icaria ou Nicaria, comme on l'appelle aujourd'hui, fut repeuplée, et devint un évêché qui relevait de l'archevêché de Samos. Les empereurs byzantins en firent un lieu d'exil (2). En 1191, l'empereur Isaac l'Ange érigea l'île de Nicaria en baronnie indépendante, en faveur d'un certain Sicard de Bejatiano, à qui fut confié le soin de défendre l'île et de tenir garnison dans la forteresse de Doliche, qui en était la place forte. Cette baronnie fut déclarée héréditaire dans la famille de Sicard, qui la conserva jusqu'au commencement du quinzième siècle. Dans cet intervalle de temps Nicaria avait été obligée de reconnaître tantôt le patronage des Vénitiens, tantôt la domination de la maison génoise des Justiniani de Chios. Fatigués de tous ces changements de condition, et désirant trouver des maîtres capables de les défendre, les habitants de Nicaria se donnèrent, en 1481, au grand maître d'Aubusson, et l'île resta en la possession de l'ordre jusqu'à la conquête de ce petit empire maritime par Soliman, 1523.

La stérilité de l'île de Nicaria, la pauvreté et la simplicité de mœurs de ses habitants, leur ont assuré sous la domination des Turcs une sorte d'indépendance. « La petite île de Nicaria, dit Dapper (3), est bien la plus heureuse, quoique la plus pauvre de toutes les îles de la mer Égée ; car si le terroir en est aride, l'air en est sain ; ils ont peu de besoins, et se satisfont facilement pour le vêtement, la nourriture et l'habitation. Ils ont chez eux de petits moulins à bras, et ils ne font leur pain qu'au moment de prendre leur repas. C'est là toute leur cuisine. » Le pain qu'ils font ainsi, dit Tournefort, n'est autre chose que des fouaces sans levain, que l'on fait cuire à demi sur une pierre plate chauffée par dessous. On donne deux portions aux femmes enceintes, et on fait la même honnêteté aux étrangers. Ils ont peu de vin, et le mélangent avec beaucoup d'eau. Ils le gardent dans de grands pots cachés sous terre, et se servent de roseaux pour y puiser. Dapper fait remarquer comme une singularité qu'ils ne connaissent pas l'usage des lits. Ceci n'a rien de particulier aux Nicariotes. En général, sur le continent, comme dans les îles, les Grecs couchent sur des nattes, ou à terre enveloppés de leurs talaganis ou couverts de peaux de moutons. Du reste, tout misérables qu'ils sont, les Nicariotes se disent tous nobles, tous *porphyrogénètes,* c'est-à-dire issus de la famille impériale.

Les habitants de Nicaria ne vivent que du commerce des planches de pin, de chêne, et de bois à brûler qu'ils portent à Chios ou à Scala-Nova. Ils vendent aussi des petites barques de leurs façons, qui sont très-recherchées. Ils exportent encore des moutons, des porcs, des figues, de la cire et du miel. Ils sont très-habiles plongeurs, et vont à la pêche des éponges. A Nicaria, comme à Simia, un jeune homme ne se marie que quand il a fait ses preuves comme plongeur. Dapper, au dix-septième siècle, donne à Nicaria une assez nombreuse population, à en juger par les villages qu'il énumère et la quantité de maisons qu'il leur donne. Au temps de Tournefort l'île paraît être déchue : « On ne croit pas, dit-il, qu'il y ait présentement plus de mille âmes à Nicaria : les deux principales villes sont d'environ cent maisons chacune ; l'une s'appelle Masseria, l'autre Paramaré ; les villages sont Aratusa, où il y a seulement quatre maisons. Cela n'est pas extraordinaire, car à Ploumara il n'y en a que trois, deux à Néa, quatre à Perdikis proche Fanal, cinq à Oxo, sept à Langada. On appelle villages dans cette île les endroits où il y a plus d'une maison (1). » Les Nicariotes vivent très-longtemps, on trouve souvent parmi eux des centenaires. Tout contribue à leur assurer cette longévité :

---

(1) Strab., X ; Tauch., II, 391.
(2) Coronelli, *I sola di Rodi*, p. 357.
(3) *Descr. de l'Archipel*, p. 189.

(1) Tourn., *Voyage au Levant*, I, p. 399.

ils respirent un bon air, boivent d'excellente eau; leur régime est plus que frugal, et ils n'ont aucune inquiétude. « Ils n'ont chez eux, dit Tournefort, ni cadi ni Turc : deux administrateurs, qui sont annuels et nommés par eux, font toutes les affaires du pays. En 1700 ils payèrent cinq cent vingt-cinq écus pour la capitation, et cent trente écus au douanier de Chios pour la taille, et surtout pour avoir la liberté d'aller vendre leur bois hors de l'île. Nicaria n'a pas de port, mais seulement des mouillages pour les petits bâtiments; de sorte que les pirates s'y peuvent réfugier, sans crainte qu'on les y poursuive. Nicaria et les îlots voisins étaient devenus leur repaire au commencement de ce siècle. Aussi lord Byron l'a chantée dans *le Corsaire*. « Lorsque les pirates, dit le poëte, aperçoivent leur île favorite, les rochers semblent leur sourire; un murmure joyeux se fait entendre dans le port, la flamme des signaux brille sur les hauteurs, les chaloupes plongent dans la baie; les dauphins se poussent en se jouant à travers l'écume des flots; l'oiseau de mer, à la voix discordante, les salue de son cri rauque et aigu. »

PETITES ÎLES DE LA MER ICARIENNE.

La mer Icarienne renferme un certain nombre de petites îles, qui de tout temps ont servi de refuge aux pirates. Les environs de Samos, de Nicaria, des îles Fourni en étaient surtout infestés jusqu'à ces derniers temps, et, quoiqu'on leur fasse aujourd'hui bonne chasse, ils n'ont point encore entièrement disparu. « Les marins ne traversent pas ces détroits sans être saisis de crainte, dit un voyageur moderne (1); car c'est là que les corsaires attendent leur proie; tous les rivages que nous voyons sont bordés de criques, de petites anses, de ports formés par des écueils; les corsaires sortent de là pour tomber sur les navires marchands, comme les bêtes fauves sortent de leurs antres sauvages pour attaquer les troupeaux et les pasteurs. »

Ces îles sont, en suivant la direction de l'ouest à l'est, à partir de Nicaria :

ILES CORASSIES OU ÎLES FOURNI. —

Ces îles sont situées dans le boghaz qui est entre Nicaria et Samos, au-dessous du vent, par conséquent un peu au sud du passage ; elles ont Nicaria à l'ouest et Samos au nord-est. Les anciens les appelaient les îles Corsies ou Corassies. (Κόρσιαι, Κοράσσιαι) (1). « Leur nom actuel d'îles Fourni vient, dit Tournefort, de ce que les Grecs se sont imaginés que leurs ports, qui sont fort bons, étaient creusés en manière de four (2). » Ces îles sont au nombre de dix-huit ou vingt ; mais il n'y en a aucune qui soit habitée. Les plus proches du grand boghaz sont le Grand Fourni, Saint-Minas ou le Petit-Fourni, et Fimena; les autres sont : Alacho, Petro, Prasonisi, Coucounes, Atropofages, Agnidro, Strongylo, Daxalo et plusieurs autres, qui n'ont pas de nom.

« Celle de Saint-Minas, ajoute Tournefort, qui a herborisé dans ces îles, n'a que cinq ou six milles de tour ; elle est faite en dos d'âne, composée pour ainsi dire de deux pièces, dont celle qui regarde Patmos est de pierre ordinaire, couverte de terrain et de broussailles; l'autre moitié, qui semble lui avoir été collée, est du marbre le plus rare qu'on puisse voir, et c'est dans les fentes de ce marbre que naissent les plus belles plantes de l'île, entre autres le liseron arbrisseau, à feuilles argentées, assez semblables à celles de l'olivier. La plupart des autres îles sont longues, étroites et traversées d'une chaîne de montagnes. Candie, Samos, Nicarie, Patmos, Macronisi, sont de cette forme. Il semble que la mer ait emporté peu à peu le pays plat, dont le fond était mobile, et qu'il n'y ait eu que les ruines des montagnes qui aient résisté à ses vagues. »

ILE DE TRAGIA. — Cette île était située au sud de Samos, au-dessous du cap Ampelos, à moitié chemin entre Samos et Milet. Pline en fait mention. Plutarque, Thucydide en parlent à l'occasion de la guerre des Athéniens contre Samos (3). « Un terrible combat s'engagea près de l'île de Tragia, dit Plutarque, et Périclès y remporta une brillante victoire; car avec quarante-quatre vais-

---

(1) Michaud et Poujoulat, t. III, p. 451.

(1) Forbiger, *Handb.*, etc., II, p. 203.
(2) Tournef., I, p. 443.
(3) Plut. *Pér.*, 25 ; Thucyd., I, 116.

seaux il en défit soixante-dix, dont vingt portaient des troupes de débarquement. » Voilà le seul souvenir légué par l'antiquité au sujet de cette île. Aujourd'hui elle est inhabitée et sans nom.

ILE PHARMACUSA. — Cette île s'appelle encore aujourd'hui Farmaco; elle est située à la pointe de la Carie, où se trouvait le temple d'Apollon Didyme, que desservaient les Branchides, famille sacerdotale de Milet. Son histoire n'a qu'un fait; le voici tel qu'il est raconté dans Plutarque (1). César, obligé de quitter Rome sous la dictature de Sylla, s'était retiré en Bithynie, auprès du roi Nicomède. « Après y avoir séjourné peu de temps, il se remit en mer, et fut pris auprès de l'île de Pharmacusa par des pirates, qui dès cette époque infestaient déjà la mer avec des flottes considérables et un nombre infini d'embarcations légères. Les pirates lui demandèrent vingt talents pour sa rançon : il se moqua d'eux de ne pas savoir quel était leur prisonnier, et il leur en promit cinquante. Il envoya ensuite ceux qui l'accompagnaient dans différentes villes pour y ramasser la somme, et demeura avec un seul de ses amis et deux domestiques, au milieu de ces Ciliciens, les plus sanguinaires des hommes. Il les traitait avec tant de mépris que lorsqu'il voulait dormir, il leur envoyait commander de faire silence. Il passa trente-huit jours avec eux, moins comme un prisonnier que comme un prince entouré de ses gardes. Plein d'une sécurité profonde, il jouait et faisait avec eux ses exercices, composait des poëmes et des harangues, qu'il leur lisait, et ceux qui n'en étaient pas touchés, il les traitait en face d'ignorants et de barbares; souvent il les menaça, en riant, de les faire pendre. Ils aimaient cette franchise, qu'ils prenaient pour une simplicité et une gaieté naturelles. Dès qu'il eut reçu de Milet sa rançon, et qu'il la leur eut payée, le premier usage qu'il fit de sa liberté, ce fut d'équiper des vaisseaux du port de Milet, pour tomber sur les brigands; il les surprit à l'ancre dans la rade même de l'île; il les fit presque tous prisonniers, et s'empara de tout leur butin. Il les remit en dépôt dans la prison de Pergame, et alla trouver Junius, à qui il appartenait, comme préteur d'Asie, de les punir. Junius jeta un œil de cupidité sur l'argent, qui était considérable, et dit qu'il examinerait à loisir ce qu'il ferait des prisonniers. César, laissant là le préteur, retourna à Pergame, et fit mettre en croix tous les pirates, comme il le leur avait souvent annoncé dans l'île avec un air de plaisanterie. » Ainsi ce fut à Pharmacusa et sur des pirates que César, tout jeune encore, commença à montrer la supériorité de son génie, et à pratiquer le grand art de maîtriser la fortune et de dominer les hommes.

ILES LEPSIA ET DE LADE. — Lepsia est à huit milles à l'est de Patmos et à cinq milles au nord de Léros. Elle s'appelle aujourd'hui Lipso. Elle a au nord l'îlot de Hyétussa, au sud celui de Parthénion. Pline est le seul géographe qui en fasse mention (1). C'est encore à Pline que nous devons de connaître les noms des petites îles du golfe du méandre au fond duquel était située Milet, et qui sont : « Ladé, appelée auparavant Laté; parmi quelques îles sans nom les deux Camélides, voisines de Milet; les trois Trogylies, voisines de Mycale, qui sont Psilos, Agennos, Sandalios (2). » C'est auprès de Ladé, qui était située en face de Milet, que se rassembla la flotte confédérée des Grecs d'Asie et des îles pour combattre contre les Perses. C'était pendant la révolte d'Ionie, à l'instigation d'Aristagoras et d'Histiée de Milet, que les Grecs avaient pris les armes pour s'affranchir de la domination des Perses (504 avant J.-C.) Mais Darius avait envoyé des troupes de terre, qui soumirent les provinces rebelles du continent, et qui vinrent assiéger Milet. Quant aux îles grecques d'Asie, elles n'étaient point encore soumises au grand roi. Cependant, elles prirent fait et cause pour Milet, et marchèrent pour la défendre. Les insulaires et leurs alliés furent vaincus à la bataille navale de Ladé (498) (3). Cette défaite replaça la Grèce d'Asie sous le joug des Perses, et prépara l'asservissement des îles que Datis et Artapherne réunirent quelques années plus tard à l'empire persan.

(1) Plut. *Cæs.*, I; Suet., *id.*, 4.

(1) Plin., *Hist. Nat.*, V, 37.
(2) Id., V, 36, 2.
(3) Voir le récit de cette bataille dans Hérodote, l. VI, c. 7 et suiv.

ILE DE SAMOS.

I.

GÉOGRAPHIE ET DESCRIPTION
DE L'ÎLE DE SAMOS.

Samos (Samo, Sousam-Adassi) fait partie du groupe d'îles situées le long des côtes d'Asie Mineure et appelées Sporades orientales. Le sommet du mont Kerki, point culminant de l'île dans la partie occidentale, s'étend par 37° 43′ 48″ de lat. nord et 24° 18′ 6″ de longitude est. Samos ferme au sud le golfe de Scala-Nova. A l'est le détroit, nommé petit Boghaz, large de moins de deux kilomètres, le sépare de l'Anatolie; à l'ouest le grand boghaz, large de sept kilomètres et demi, s'étend entre elle et les îles Fourni. La distance jusqu'à Nicaria est de vingt kilomètres, de soixante-cinq jusqu'à Chios, et de trente-six jusqu'à Patino (Patmos).

Autour de l'île principale s'élèvent quelques îlots et quelques rochers de sa dépendance; ce sont : du petit boghaz les îles Narthex ou Narthécis, refuges des pirates, qui de tout temps ont rendu ce détroit redoutable aux navigateurs; Samo Poulo, à l'extrémité de la pointe la plus méridionale de l'île (cap Colonni); plus au nord, vers Scala-Nova, les îles Prasonisi (îles de Boue), enfin celles de Koth, près du port Vathi. Le nom de Samos, sous lequel l'île s'est illustrée, et qui la désigne encore aujourd'hui, n'est pas le seul qu'elle ait porté autrefois. Dans l'antiquité la plus reculée, elle avait dû à l'aspect boisé de ses montagnes, aux fleurs de ses plaines ou même à la tradition religieuse, d'autres dénominations; c'était Dryusa et quelquefois Cyparissia, Melamphyllos, Anthémis et Stéphane, et aussi Parthenia (1), parce que les agnus castus embaumés de l'Imbrasus, son fleuve principal, avaient vu les premiers pas et les jeux enfantins de la déesse Junon. A une époque que l'on ne peut déterminer, l'île prit le nom de Samos, soit d'un de ses héros, soit, disait la fable, de la belle Samia, fille du fleuve Méandre, soit plus tôt d'un vieux mot grec ou phénicien qui signifie *élevé*, et qui servait aussi à désigner deux autres îles très-escarpées et une ville de l'Elide, construite au sommet d'un rocher (1). L'aspect extérieur des rivages de Samos justifie cette supposition. « En mer, dit M. de Châteaubriand (2), nous voyons des îles et des terres autour de nous, les unes rondes et élevées comme Samos, les autres longues et basses comme les caps du golfe d'Éphèse. » La côte occidentale est la plus abrupte; « une montagne nue et affreuse s'y présente au voyageur; on l'appelle Catabacte, ou la montagne des précipices et des orages (3) »

Cette île élevée et montagneuse de Samos a de nombreux caps : au pied du Catabacte ou Kerki, s'allonge le promontoire de Samos ou Saint-Dominique; du rivage nord se détachent les pointes Saint-Nicolas, des Vourliotes, Ambelaki, le cap Tio, et à l'extrémité nord-est, au-dessus des îles Prasonisi, le cap Praso; au sud-est, vers l'île Narthécis, le cap Posidium, où s'élevait jadis un temple de Neptune; à l'extrémité méridionale le cap Blanc ou Colonni appelé autrefois Ampélos; enfin, vers le grand Boghaz, le cap Fourni, vis-à-vis les îles du même nom. L'étendue de Samos, évaluée par Pline à trente-sept milles de circuit (4) et par Strabon à six cents sta-

(1) Strabon, X, p. 457; Pline, d'après Aristote, *Hist. Nat.*, V, 37.

(1) Dapper, *Description des Iles de l'Archipel*, p. 190.
(2) *Itinéraire de Paris à Jérusalem*, 2ᵉ partie.
(3) Michaud et Poujoulat, *Correspondance d'Orient*, t. III, p. 446.
(4) Pline, *Hist. Nat.*, V, 37.

des (1), pendant que Scylax plaçait cette île au dixième rang entre Chios et Corcyre, est, d'après des documents positifs et récents (cartes du dépôt de la marine), de quarante-six kilomètres du cap Saint-Dominique au cap Praso, et de vingt de la pointe Ambelaki au cap Blanc.

Le Kerki commence à l'ouest une chaîne de montagnes, qui se prolonge dans toute la largeur de l'île et jusqu'au cap Blanc dans la partie méridionale; elle était autrefois appelée l'Ampélos. Outre le Kerki (ancien Cercétius), les points culminants portent les noms d'Ambelona au centre de l'île, et de Tio à l'est. Quatre cours d'eaux et deux sources découlent de ces hauteurs; ce sont: l'Amphylissus, l'Ibettes, le Chésius et l'Imbrasus, primitivement appelé Parthénius pour le même motif qui avait fait donner ce nom à l'île entière; les fontaines Gigartho et Leucothoé sont également mentionnées par Pline (2); ce sont peut-être leurs eaux fraîches et limpides qui forment aujourd'hui le ruisseau de Mytilène.

Autrefois, si nous en croyons les anciens auteurs (3), nul ciel n'était plus clément que celui de Samos, nul air n'était plus pur que celui qu'on respirait parmi ses jardins de grenadiers et de citronniers, qui fleurissaient deux fois l'an. Selon les voyageurs modernes il n'en serait plus de même : un vent impétueux du nord, qui n'est interrompu que par le calme de la nuit, règne pendant tout l'été. C'est la terrible tramontane; ses effets sont désastreux : ce vent fait sentir les froids les plus vifs au milieu de la canicule, et « obscurcit tellement l'horizon qu'à peine peut-on voir à quelques centaines de pas (4). » A son souffle, tout se dessèche : les prairies, qui au printemps s'étaient couvertes de mille fleurs, se flétrissent et sont frappées de stérilité; les arbres et les arbrisseaux du côté où vient l'ouragan languissent dépouillés de feuilles, et leurs tiges s'inclinent vers le sud ; à cette époque beaucoup de gens souffrent de douleurs de tête aiguës. En hiver il gèle peu, mais les pluies de février et de mars entretiennent une humidité malfaisante. Puis c'est le tour du sirocco, vent violent du sud, qui ébranle et quelquefois même renverse les maisons. Alors la mer semble en feu; il tonne d'une manière effroyable; les ruisseaux se gonflent, et tombent comme un déluge du haut des montagnes, qui six mois plus tôt semblaient calcinées. Ces eaux, dont aucun travail n'a depuis des siècles facilité l'écoulement vers la mer, se sont accumulées dans une grande plaine à l'est de la ville capitale, Megalè-Chora, et y ont formé un vaste marais, dont les émanations pernicieuses répandent la mort « Plusieurs îles de l'Archipel, dit M. Bartholdy, sont malsaines et empestées, surtout Samos et Milo (1). » On voit combien les récits actuels diffèrent des assertions des anciens. Ce n'est pas que ceux-ci nous aient exagéré les mérites d'une île illustre, ou que son climat se soit réellement modifié : le changement est venu de l'incurie des habitants. Ils ont laissé se dégarnir les bois touffus qui protégeaient leurs montagnes contre les vents étésiens, et ils ont permis aux eaux du ciel de changer en un marais insalubre la plaine la plus fertile de l'île.

Les productions du sol ont été appréciées diversement dans l'antiquité. Selon Didore, sa fertilité lui avait mérité le nom d'île des Bienheureux (2). Le poëte Ménandre lui avait appliqué ce proverbe grec : *les oiseaux même y donnent du lait* (3); Æthlius, cité par Athénée (4), assure que ses figuiers, ses vignes, ses rosiers se couvraient deux fois l'an de fleurs et de fruits. Mais Strabon lui refuse d'avoir jamais produit du bon vin, quoi qu'on puisse inférer du nom du mont *Ampélos*. Le dernier éditeur du livre de Buondelmonti (5) a pensé que l'Ampélos ne s'é-

(1) Strabon, XIV, ch. III, 169.
(2) Pline, *Hist. Nat.*, V, 37, 1.
(3) Hérodote, I, 142; Diod. de Sic., V, 81.
(4) Bartholdy, *Voy. en Grèce*, 1803-1804.

(1) Voir pour ces détails Tournefort, *Voyage au Levant*, t. I, p. 404 et suiv., et Bartholdy, *Voyage en Grèce*, t. I, p. 139.
(2) Diod., V, 81.
(3) Φέρει ὀρνίθων γάλα, Strab., XIV, 9.
(4) Athénée, XIV, 635.
(5) M. L. de Sinner, dans son édition du *Liber Insularum Archipelagi* de Christophe Buondelmonti, de Florence; Lips. et Berol., 1824. Voy. p. 211.

tait ainsi appelé que par antiphrase; et voici comment, à l'époque de Trajan, Apulée s'exprimait au sujet de Samos : « C'est une petite île de la mer d'Icare, dont le sol, peu fertile en blé, rebelle à la charrue, ne produit ni vignes ni légumes; la culture consiste tout entière dans la taille et la plantation des oliviers, dont le produit est plus fructueux que toutes les autres récoltes (1). » Il en est à peu près de même aujourd'hui de Samos; elle n'a plus cette fécondité qu'exagérait autrefois Æthlius; elle a perdu quelques-unes de ses richesses naturelles, et peut-être n'y retrouve-t-on plus ce fameux laurier aux feuilles noires dont parle Méléagre, dans le petit poëme qu'il envoie à un ami sous le titre de *la Couronne* (2) ; mais elle donne du maïs et du blé, auquel les pauvres mêlent de l'orge et du millet; avec les olives on y trouve des orangers, des citronniers, des figuiers dont le fruit est d'une grosseur remarquable, et ces grenadiers qui, semblables à ceux de l'Égypte, avaient au dire de Pline des fruits rouges et blancs (3). La vigne constitue maintenant un des meilleurs rapports de l'île : les Samiens vendent leurs raisins secs, et font des vins muscats très-estimés, qui s'importent surtout en Angleterre et dans toute l'Allemagne (4). Si à ces productions on ajoute les melons et d'excellentes pastèques, des concombres, des châtaigniers, si nombreux qu'un village en a pris le nom de Castany, des pins qui produiraient une térébenthine très-estimée et seraient une ressource précieuse, si les habitants ne craignaient de se créer avec une nouvelle source de revenus un nouvel impôt, des mûriers, des cotonniers, des chênes, de superbes platanes, toutes sortes de fleurs, de la cire, le miel le plus délicat et quelques plantes médicinales, telles que le julep et la scammonée, on verra que la nature fait moins défaut à Samos qu'une culture soignée et une administration bien entendue.

Outre ces productions, il faut mentionner des richesses d'un autre genre : à une époque où le mélinum, avec lequel les anciens faisaient la couleur blanche, jouait dans la peinture un rôle important, celui de Samos, sans être très-estimé, parce qu'il était trop gras, était assez abondant (1). Il y avait deux sortes de terre de Samos, l'une appelée *collyre*, l'autre *aster*, qui entraient dans la composition de remèdes ophthalmiques, et servaient surtout à la fabrication d'une espèce de poterie fort estimée chez les anciens (2). On trouve encore à Samos quelques mines d'ocre et de fer, l'émeri, la pierre d'aimant et un beau marbre blanc (3).

Les animaux de l'île sont des chevaux et des mulets, qui, sans être beaux, sont bons marcheurs ; les montagnes cachent quelques loups et quelques chacals, des sangliers, des chèvres sauvages, des biches et beaucoup de lièvres. Le plus célèbre des oiseaux de Samos est le paon, que les anciens Samiens avaient jugé digne d'être consacré à la première des déesses, comme le plus beau de tous les oiseaux, et que le poëte Antiphon disait originaire de Samos (4). Les perdrix s'y rencontrent en quantité prodigieuse; des francolins s'y sont cantonnés entre le marais de Mégalè-Chora et la mer ; les pigeons sauvages, les tourterelles, les bécasses, les bécassines, les grives y abondent, sans parler de l'hirondelle blanche, grosse comme une perdrix, qui se voyait autrefois à Samos, au rapport du géographe Meletius. Les rivières, ainsi qu'un petit étang au sommet du Kerki, sont peuplées d'une sorte d'anguilles, précieuse ressource pour les pauvres pendant la saison de pêche. Parfois aussi on rencontre quelques bêtes venimeuses; et Tournefort parle de la crainte où sont les voyageurs en levant les pierres des ruines de mettre la main sur un scorpion ou sur un serpent.

DESCRIPTION DE LA VILLE DE SAMOS. — Si on remonte aux temps anciens, la richesse et la puissance de Samos éclatent surtout dans les monu-

---

(1) Apul., *Florides*, XV.
(2) Jacobs, *Anthologie Gr.*, t. I, p. 70, v. 14.
(3) Pline, *Hist. Nat.*, XIII, 43.
(4) Panofka, *Res Samiorum*, p. 7.

(1) Pline, *Hist. Nat.*, XXXV, 53.
(2) Id., *Ibid.*
(3) Tournefort, t. I, p. 413; Thévenot, *Voyage au Levant*, première part., p. 207.
(4) Athénée, XIV ; Varro, *De Re Rustica*.

ments civils et religieux; Diane, Vénus, Minerve, Cérès, Apollon, Neptune, Bacchus, Mercure y avaient des temples fameux, mais de tous le plus célèbre était l'Heræum consacré à Junon. « C'est, dit Hérodote, un temple digne de renom, le plus grand que j'aie jamais vu (1). » Et cette opinion est confirmée par Strabon, Apulée, Cicéron, Pausanias (2), qui l'ont vanté à l'envi. Les ruines de l'ancienne Samos couvrent une vaste étendue de terrain dans la partie sud-est de l'île, au pied d'une montagne, où cette ville s'étendait en amphithéâtre, vers la rive droite de l'Imbrasus, qui coule du nord au sud (3). C'est à vingt stades de ces ruines (environ 3 kil. 780 mètres), à égale distance du fleuve et de la mer, que s'élevait le temple de Junon, bâti selon les proportions de l'ordre dorique (4). La superstition attribuait à cet édifice une origine divine. Ménodote, cité par Athénée (5), dit qu'il était l'ouvrage de Caricus et des nymphes; Pausanias rapporte que, selon quelques-uns, il avait été élevé par les Argonautes (6); Hérodote attribue sa construction à l'architecte Rhæcus, environ 700 ans avant J.-C. Incendié et détruit par les Perses, il avait été rebâti plus magnifique après la guerre de Cyrus contre les Samiens; et jamais il ne cessa de s'enrichir, jusqu'aux jours où il fut pillé, d'abord par Verrès, puis par Antoine, qui le dépouilla de ses plus précieux ornements, au profit de Cléopâtre. Indépendamment de la grandeur et de la beauté du temple de Junon, on y admirait encore la profusion avec laquelle l'or et l'argent avaient été mis en œuvre pour orner l'autel de trépieds, de vases, de miroirs et de tous les objets nécessaires au culte. Il s'y trouvait une collection de tableaux précieux et de nombreuses statues d'airain, entre autres celle d'un joueur de cithare, qui passait pour l'image de Pythagore. Voici la description qu'en fait Apulée : « Elle représente, dit-il, un adolescent d'une admirable beauté; ses cheveux, partagés sur le front, descendent sur les tempes, par derrière ils flottent en longues boucles, le cou est plein de mollesse; les tempes sont gracieuses, les joues arrondies, une petite fossette creuse son menton; il a la pose d'un musicien, et regarde la déesse; sa tunique, parsemée de broderies et attachée par une ceinture grecque, tombe sur ses pieds, la chlamyde recouvre ses bras; il ouvre la bouche, et la voix semble en sortir, on dirait qu'il va moduler un chant, tandis que la main approche l'archet prêt à frapper les cordes de la cithare. » La beauté de Pythagore, son talent pour la musique ont fait penser que cette statue pouvait bien le représenter; mais il est plus vraisemblable qu'elle était l'image du citharède Bathylle ou de quelque autre favori de Polycrate (1). On y voyait aussi trois statues colossales, ouvrages du célèbre Myron; elles représentaient Minerve, Hercule, et Jupiter; Antoine les avait enlevées. Auguste restitua les deux premières, réservant la troisième pour le Capitole (2). Il y avait aussi de superbes cratères; l'un, d'airain, du prix de six talents et travaillé avec un art infini, avait été consacré à Junon par le navigateur Colæus, qui y avait employé la dîme de son profit (3). L'autre, primitivement destiné par les Lacédémoniens au Lydien Crésus, pouvait contenir trois cents amphores; il était orné à l'extérieur des plus belles ciselures. Les droits du temple de Samos à la possession de ce chef-d'œuvre n'étaient pas bien établis; les Samiens disaient que des Lacédémoniens chargés de le porter à Sardes le leur avaient vendu; mais les Lacédémoniens prétendaient qu'il leur avait été ravi (4). On voyait encore au temps d'Hérodote deux statues égyptiennes de bois envoyées par Amasis à son allié Polycrate (5), et la statue de Junon, d'abord simple soliveau, ensuite œuvre de Smilis.

---

(1) Hérodote, II, 148; III, 60.
(2) Strabon, XIV; Apulée, *Florid.*, XV; Cicér., *In Verrem*, I; Pausan., VII, 5.
(3) Joseph Georgiène, *Extrait dans les Nouv. Annales des Voyages*, première série, t. XXV.
(4) Vitruve, VII, Præf.
(5) Athénée, XIV, 655, a
(6) Pausan., VII, chap. 4.

(1) Apul., *Florid.*, XV.
(2) Strabon, XIV, 9.
(3) Hérodote, IV, 152.
(4) Id., I, 70.
(5) Id., II, 182.

contemporain et émule de Dédale (1). Tel était ce temple fameux, la première des trois merveilles de Samos; voici quels vestiges en ont trouvé les voyageurs.

En 1702 le célèbre Tournefort descendit dans l'île, et reconnut à l'emplacement marqué par Apulée, entre la mer et l'Imbrasus, les débris de l'Hérœum; il en restait deux colonnes : l'une en morceaux; l'autre, à peu près complète, n'avait perdu que sa partie supérieure; les Turcs l'avaient brisée à coups de canon, parce qu'ils comptaient y trouver un trésor. Ces deux colonnes sont du plus beau marbre; mais Tournefort se méprend en croyant, contre le témoignage formel de Vitruve, y reconnaître le genre ionique dans sa naissance. Il est vrai que l'unique chapiteau qu'il ait vu a, dans une hauteur de un pied sept pouces, sur son tympan, haut d'un pied, des ornements en oves encadrés dans une bordure qui laisse échapper de ses entre-deux des espèces de petites flammes; en dessous, le rouleau est terminé par un petit cordon ou astragale (2). Pococke compte dix-sept tambours à la même colonne, et observe que les bases qui restent sont d'une structure particulière; il s'étend en assez longs détails sur la description de ces débris (3). « Mais à peine, dit Choiseul-Gouffier, trouve-t-on dans l'île de Samos quelques traces de son ancienne splendeur. » Nul monument, aucun de ces fragments précieux dont tant d'autres endroits de la Grèce sont couverts, tout a disparu; quelques monceaux de pierres sont les seuls indices qui confirment la situation de la ville; enfin de ce temple de Junon, si célèbre dans l'antiquité, à peine reste-t-il aujourd'hui une seule colonne, à demi détruite (4). »

Il y a vingt ans cette colonne était encore debout, et deux voyageurs contemporains ont contemplé ce vieux débris qui s'élevait solitaire à l'extrémité du cap Cora (1).

Le temple de Junon n'a pas laissé d'autres traces; il en est à peu près de même des autres édifices qu'on admirait encore à Samos. Il ne reste que d'informes débris de cet aqueduc dont Barthélemy fait, d'après les renseignements des anciens, la description suivante : « Non loin des remparts, vers le nord, est une grotte, taillée à main d'homme, dans une montagne qu'on a percée de part en part. La longueur de cette grotte est de sept stades; sa hauteur ainsi que sa largeur, de huit pieds. Dans toute son étendue était creusé un canal large de trois pieds, profond de vingt coudées. Des tuyaux placés au fond du canal amènent à Samos les eaux d'une source abondante qui coulent derrière la montagne (2). » Hérodote mentionne encore, comme une des merveilles de Samos, un môle haut de cent vingt pieds, long de plus de deux stades, qui protégeait l'entrée du port de cette ville contre la violence de la mer (3). Il ne dit pas à qui était due cette grande construction. Quant à l'aqueduc, il était l'œuvre d'Eupalinus de Mégare. La ville de Samos avait été ceinte de murailles épaisses de dix, douze et quinze pieds et bâties de gros quartiers de marbre blanc; des tours carrées, également de marbre, protégeaient le mur de soixante en soixante pas, partout où la montagne n'était pas assez escarpée (4); enfin des fossés larges et profonds avaient été creusés par des Lesbiens que Polycrate avait faits prisonniers après une bataille navale. Au pied des hauteurs, Tournefort et Pococke ont reconnu l'emplacement du théâtre et de l'amphithéâtre dont parle Plutarque dans la vie d'Antoine (5). « Il a, dit le voyageur anglais, deux cent quarante pieds de diamètre et l'espace des sièges dix-huit; il est bâti de marbre blanc, et l'on y entre par une porte de dix pieds d'ou-

---

(1) Pausanias, VII, 4.
(2) Tournefort, *Voyage au Levant*, t. I, p. 404 et suiv.
(3) Pococke, *Descript. de l'Orient*, t. IV, p. 406-409.
(4) Choiseul Gouffier, *Voyage pittor. dans l'empire Ottoman*, t. I, chap. VII. — On peut aussi consulter sur ces ruines Dallaway, *Constantinople anc. et mod.*, t. II, chap. II.

(1) MM. Michaut et Poujoulat, *Corresp. d'Orient*, t. III, p. 454.
(2) Barthélemy, *Voy. du jeune Anach.*, t. VI, p. 239; Hérod., III, 60; Tournefort, t. I, p. 409.
(3) Hérod., III, 60.
(4) Id., III, 54.
(5) Plut. *Vie d'Ant.*, 57.

verture. L'architecture en est rustique ; les pierres en sont arrondies de manière qu'elles forment presqu'un quart de cercle ; et il y a au bas de chaque assise, de distance en distance, des espèces de tenons, qui servaient probablement à les placer (1). » Quant à l'*Astypalaia*, citadelle de Polycrate (2), au *Laura*, ruelle où le tyran avait réuni les femmes les plus belles (3), à la colonne qui s'élevait dans l'*Agora* portant inscrits les noms des Samiens libérateurs de leur patrie opprimée par les Perses (4), au Pédétès, lieu où étaient déposées les chaînes des Mégariens (5), et aux temples de Jupiter Sauveur, de Diane, d'Apollon, à celui de Vénus, bâti par les courtisanes qui avaient suivi Périclès dans son expédition contre Samos (6), à celui de Bacchus, élevé par le navigateur Elpis, tous ces édifices ont entièrement disparu ; on a commencé à les démolir pour la construction des monuments de Constantinople. Plus tard les Vénitiens en ont déplacé et enlevé des fragments entiers, et le reste des débris a servi à bâtir Mégalè-Chora et quelques chétives bourgades.

Mégalè-Chora (7), autrefois habitée par l'aga et le cadi, est encore, dit Tournefort, la résidence de l'archevêque et du petit nombre de familles turques qui restent dans l'île. Elle est située sur un rocher, à une demi-lieue à l'ouest de l'ancienne Samos ; il s'y trouve un assez grand nombre d'églises (8) et deux cent cinquante maisons pauvres et mal bâties. A une petite lieue vers l'est s'étend la baie de Cora, appelée aussi Tigani (en grec vulgaire *gâteau rond*) à cause de sa forme ; c'était le port de l'ancienne Samos et celui que la nouvelle ville a conservé ; il est petit et ouvert aux vents du midi ; la mer y est si haute en hiver que, malgré l'abri d'une langue de terre, les navires ne sauraient y demeurer en sûreté. Pococke y a observé les débris d'une construction qui, partant de terre et s'avançant vers la langue opposée pour resserrer l'entrée de la baie, pourrait bien être, pense-t-il, le reste de la jetée dont parle Hérodote. Au midi de Mégalè-Chora s'étend ce vaste marais, souvent empesté, qui n'existait pas jadis ; derrière ce marais coule l'Imbrasus, à travers des champs fertiles, qui dépendent des couvents de l'île de Patmos. Son cours fait tourner les nombreux moulins du petit village de Myles ou Myli ; dans les environs abondent les orangers, les citronniers et les autres arbres fruitiers de l'île, et les prairies se couvrent de cachrys et de la germandrée, dont la floraison a lieu au commencement de février (1). Un peu à l'ouest de Myli s'allonge une colline, toute ombragée de pins et de chênes verts, sur laquelle s'élève le village le plus sain de l'île. C'est Pagontas, dont les habitants, répartis dans trois cents maisons, au milieu desquelles s'élevaient deux églises, étaient assez industrieux à l'époque où écrivait Georgirène (2) et s'adonnaient à la fabrication des étoffes de soie. A une lieue de Pagontas, Spatharei avait cinquante maisons et une église ; c'est en face de ce village que se trouvait en mer l'île de Samo-Poulo (petit Samos), d'une demi-lieue de tour ; entre cet îlot et Samos, le détroit, large d'un quart de lieue, est à l'abri de tous les vents. Samo-Poulo produit une fleur particulière, appelée *musculia* à cause de son odeur de muscade. Expédiée à Constantinople, elle y était l'objet d'une culture très-soignée, et acquérait un grand prix de ce que le sultan la portait dans son aigrette ; on disait qu'avec le temps son odeur s'augmentait au lieu de s'affaiblir. A une lieue et demie de Spatharei est Pyrgos, avec cent maisons et deux églises ; dans les environs on recueille un miel très-délicat. Sur le chemin qui mène de ce village à Myles, Tournefort

(1) Pococke, *Descript. de l'Orient*, t. IV, p. 403.
(2) Hérod., III, 144 ; Suéton., *Vie de Caligula*, 21.
(3) Athénée, XII, 540, f.
(4) Hérod., IV, 14.
(5) Plutarq., *Quest. Grec.*, 57.
(6) Athénée, XIII, 572, f.
(7) Samos n'a pas été visitée ni décrite de nos jours. Nous prenons les renseignements que nous donnent les voyageurs des deux derniers siècles.
(8) Pococke, IV, 400 ; Joseph Georgirène, *Extrait et traduction franc. dans les Nouv. Annal. des Voyages*, première série, t. XXV.

(1) Tournef., I, p. 426.
(2) Archevêque de Samos au milieu du dix-septième siècle.

a retrouvé quelques arcades d'un aqueduc, dont les canaux avaient été faits avec cette terre de Bavonda qui servait aux poteries de l'antiquité.

Au-dessus de Pyrgos il y avait une petite colonie d'Arnautes ou Albanais, de la communion grecque, parlant un idiome particulier, assez semblable à l'illyrien. A deux lieues au sud, le village de Platanos tirait son nom du grand nombre de platanes qui croissent dans les environs. C'est l'endroit le plus salubre de l'île, et ses habitants ont une certaine réputation de longévité. A deux lieues vers l'ouest, Maratho-Campos tire son nom du fenouil, nommé marathon par les Grecs, qui y croît en abondance. Ce village a deux cents maisons et deux églises; il est situé vers Patmos. Non loin de là, quelques religieux habitent l'ermitage de Saint-Georges, et à peu de distance, sur le sommet abrupte de la montagne, est une caverne, où la tradition raconte que Pythagore chercha un refuge. Plus tard, la sainte Vierge s'y montra, et une petite église consacra le souvenir de cette apparition miraculeuse. D'effroyables rochers, des arbres vénérables par leur vieillesse, une solitude imposante ajoutent au caractère religieux de ce petit édifice, auquel on ne parvient que par une rampe étroite. Là l'intérieur de l'île cesse d'être connu; les guides refusent pour quelque prix que ce soit de marcher plus avant dans la montagne; un froid âpre s'y fait sentir, les bêtes de somme n'y trouvent plus rien qui puisse les nourrir (1). Cette église de la Panagia s'appelle *Notre-Dame de l'Apparition* (Παναγία φαινομένη). En avançant encore vers l'est, on voit la chapelle du prophète Élie, sur les hauteurs de l'ancien Cercétus. C'est là que toutes les nuits apparaissait une lumière céleste, que l'on voyait de tous les environs et de la haute mer. Les incrédules disaient qu'elle était allumée par des pâtres ou par les religieux; mais les matelots et les habitants de l'île affirmaient qu'elle s'évanouissait si on en voulait approcher, et qu'elle était la marque certaine de l'existence de quelque sainte relique. Un voyageur prétend aussi avoir vu et contemplé attentivement cette flamme mystérieuse (1). Près de cette chapelle du Kerki s'élève une autre église à la Panagia; elle est située dans une affreuse solitude. Les montagnes par lesquelles on y arrive sont couvertes de pins, de bruyères et d'arbousiers; le sentier, long de trois cents pas, qui y conduit, bordé d'une part par des rochers et à peine large d'un pied, n'a de l'autre que d'affreux précipices. C'est l'église appelée Notre-Dame du mauvais chemin, ou Παναγία κακοπέρατα. Viennent ensuite les villages de Castany et de Leca, de chacun cinquante maisons et une église; auprès s'élève un monastère, à une lieue duquel on trouve Carlovassi, l'endroit le plus considérable de l'île après Mégalè-Chora.

Cette petite ville a cinq cents maisons et cinq églises; le commerce maritime qu'elle fait avec Scio, Smyrne et quelques autres places, et l'exportation des raisins secs et du muscat a beaucoup profité à ses habitants. Son port, toujours ouvert aux vents du nord, est très-mauvais; les navires de petite dimension peuvent seuls y pénétrer, et pour qu'ils ne soient pas brisés il faut les mettre à sec sur le rivage.

Il en est de même du port Seitan, port du Diable, où la tramontane fait échouer la plupart des bâtiments (2). Près de Carlovassi, au pied d'une montagne, on voit la chapelle de Notre-Dame de la Rivière, qui semble presque abandonnée. Tournefort y a trouvé quatre belles colonnes de marbre grisâtre, dont les chapiteaux sont à double rang de feuilles d'acanthe; des marbres épars aux environs font soupçonner des débris de vieux temple, peut-être celui de Mercure, l'un des dieux les plus honorés par les Samiens.

En s'avançant vers l'est, à une distance de plus d'une lieue de Carlovassi, on arrive à la petite ville de Fourni, célèbre par ses vases et ustensiles de poterie, très-estimés des Romains. « Elle a deux cents maisons et une église; son nom lui vient des fours où l'on cuit sa poterie. Les

---

(1) Dapper, *Description des Îles de l'Archipel*, p. 192; Tournefort, *Voyage au Levant*, I, p. 427.

(1) Thévenot, *Voyage* en 1655, première partie, p. 207.
(2) Tournefort, *Voyage au Levant*, t. I, p. 414.

montagnes qui s'élèvent non loin de Fourni, et qui se continuent sur une longueur de six lieues, sont couvertes de forêts dont on tire toute sorte de bois pour les constructions navales et civiles ; les châtaigniers y sont surtout si nombreux, que leurs fruits sont abandonnés à ceux des habitants qui veulent les recueillir. De la ville de Vourla, voisine de Smyrne sur le continent, une colonie est venue fonder une petite ville sur ces hauteurs dans l'endroit le plus froid de l'île ; ces Vourliotes de Samos sont pour la plupart bûcherons et font du goudron. A un quart de lieue est l'église de Notre-Dame du Tonnerre (1), et un couvent où vivent une douzaine de moines. On dit que dans les champs environnants l'herbe est pernicieuse à tous les animaux qui ne sont pas de l'endroit même.

A trois lieues à l'est de ce monastère se trouve la petite ville de Vathi ou Vassi. Elle a quatre cents maisons, mal construites (2) ; son port regarde le nord-ouest. Il est le meilleur de l'île, quand le vent du nord, auquel il est exposé, comme tous les points de cette côte, n'est pas trop violent. On y donne fond, à droite, dans une sorte d'anse formée par une colline qui s'avance dans la mer (3). C'est à Carlovassi et à Vathi que se faisait presque tout le commerce de l'île. Sa situation, assez favorable pour le commerce, et les avantages de son port l'ont rendue dès l'antiquité l'une des premières positions de Samos ; elle portait alors le nom d'Honusia. L'occupation principale de ses habitants consiste dans la pêche des éponges, que l'on trouve en grand nombre dans les rochers qui bordent Samos. Le régime de ceux qui se livrent à cette pêche est tout à fait particulier : dès l'enfance on les maigrit par une diète sévère pour les rendre propres à ce genre de travail. Ils plongent dans l'eau tenant à la bouche une éponge imbibée d'huile, et les plus maigres s'habituent, à force d'exercice, à y rester toute une demi-heure ; c'est le terme exigé pour un pêcheur accompli, et nul ne peut se marier qu'il n'ait acquis ce degré d'habileté (1).

Du haut de la montagne sur les flancs de laquelle s'étendent les maisons de Vathi et ses six églises, les points de vue sont variés à l'infini et les sites très-pittoresques. D'un seul coup d'œil on embrasse toute l'étendue du golfe de Scala-Nova, ancien golfe d'Éphèse, qui forme un vaste demi-cercle terminé au sud par le cap Trogyle (auj. *Sainte-Marie*) et le mont Mycale (auj. *Samsum*), et au nord sur les promontoires Myonnèse et Corycéion et la presqu'île de Clazomène. Dans le lointain, sur le dernier plan, on voit se dresser, comme un mur continu, les chaînes de montagnes qui entourent la plaine du Caystre.

Après Vathi, on arrive vers l'ouest à Palæo-Castro, qui comprend cent maisons et une église. Le port de Boucaria est à une lieue de ce village. La nature avait disposé ce lieu de manière à le rendre très-commode pour l'établissement de salines naturelles ; mais la crainte où étaient les habitants des impôts excessifs des Turcs en empêchait l'exploitation, et ils faisaient venir de Milo et de Naxos tout le sel qui se consommait dans l'île. Dans la grande plaine de Piso-Campos, qui commence à trois quarts de lieue de là, coule un ruisseau, qui fait tourner plusieurs moulins. On y cultive du bon froment, du coton et du maïs. On y a consacré une petite église à l'apôtre saint Jean, qui, selon la tradition, visita l'île de Samos avec saint Paul. A une lieue au nord de cette église est situé le village de Métélinous. C'est une colonie venue de Lesbos, ainsi que son nom l'indique ; la fontaine qui s'y trouve est, dit Tournefort, la plus belle de l'île. Auprès de cette source, et contre l'église, on a enchâssé, à hauteur d'appui, un ancien bas-relief de très-beau marbre, qu'un papas découvrit en labou-

---

(1) Tournefort, *Voyage au Levant*, t. I, p. 429.
(2) Tournefort estime qu'il y a à Vathi quatre cents maisons, et Pococke cinq cents.
(3) Pococke, *Descript. de l'Orient*, t. IV, p. 397.

(1) Dallaway, *Constantinople ancienne et moderne*, etc., t. II, chap. II, p. 47. Il cite le témoignage de Blunt, *Voyageur au Levant*. Ces détails sur l'éducation des plongeurs sont exacts ; mais le terme d'une demi-heure est une exagération ridicule : la durée de leur séjour sous l'eau ne dépasse jamais, pour les plus vigoureux, sept ou huit minutes.

rant sa terre; il a deux pieds quatre pouces de long, sur une hauteur de quinze a seize pouces, et trois pouces d'épaisseur; il contient sept figures, et représente une invocation à Esculape pour la guérison d'un personnage considérable. Pococke dit y avoir lu le nom d'Apollonius, et l'une des figures tient à la main la feuille d'une plante purgative qui croît parmi les rochers, et qu'on nomme *pascalifa* (1). Métélinous n'est qu'à une demi-lieue de Mégalè-Chora; et c'est le village par lequel on revient à la capitale, après avoir fait le tour de l'île.

La population répartie dans ces petites villes et dans ces villages était évaluée par Tournefort à 12,000 âmes. Georgirène l'avait portée à 14 ou 15,000. Au commencement de la guerre de l'Indépendance ce chiffre était plus que doublé, par suite de l'augmentation du commerce et d'un certain retour à l'industrie. Pendant cette guerre et après sa conclusion, l'île de Samos reçut des émigrations assez nombreuses, et dans une récente histoire de l'empire turc (2), la population de Samos était évaluée à 55,000 habitants.

II.

HISTOIRE DE L'ÎLE DE SAMOS DANS LES TEMPS ANCIENS.

COLONISATION DE L'ÎLE DE SAMOS. — Les premières traditions relatives à Samos remontent aux temps antéhistoriques, à l'époque où la nature achevait de consolider cette île et de la disposer pour recevoir des habitants. Autrefois, dit un vieux mythe conservé par Héraclide de Pont, Samos était déserte; et il ne s'y trouvait que des monstres, appelés Néades, dont les mugissements faisaient trembler et brisaient le sol (3). Sans doute des commotions volcaniques auront agité l'île et donné prétexte à ces fables. Les premiers habitants de l'île durent être des Pélasges. Eustathe dit positivement que Samos avait été habitée par des Pélasges, et que Junon était révérée dans cette île sous le nom de *Pélasgia* (1). Toutefois, Samos paraît avoir été assez tardivement peuplée, comparativement aux îles voisines, et surtout à Lesbos, d'où elle reçut la colonie dont l'arrivée commence ses temps historiques.

Macarée, l'un des Héliades, chassé pour le meurtre de son frère de la ville d'Olénum en Ionie (plus tard Achaïe), dans le Péloponnèse, se fixa sans obstacle à Lesbos; une colonie, venue de Thessalie, le rejoignit, et permit à son fils, Cydrolaüs, de prendre possession de Samos. Cette île fut partagée entre les conquérants, et, comme toutes celles où domina la famille de Macarée, porta le nom d'île des Bienheureux (2). A la même époque, ou peu de temps après, l'oracle d'Apollon lui envoya son second et son véritable fondateur. De Périmède, fils d'Oïnée, Phénix eut deux filles, Astypalée et Europe; la première devint l'épouse de Neptune, et lui donna un fils, Ancée, qui fut roi des Lélèges; à son tour Ancée épousa Samia, la fille du fleuve Méandre, et il en eut Enudus, Samus et Halitherse (3). Ce roi des Lélèges, peuple uni par le sang aux Pélasges ainsi que les Cariens, et qui porta de même ses émigrations dans l'Asie Mineure, avait fondé un établissement dans l'île de Céphallénie, et lui avait donné le nom de Samos, lorsque le ciel lui envoya cet ordre : « Ancée, je veux qu'au lieu de Samos tu ailles habiter une île qui portera le même nom; aujourd'hui on l'appelle Phyllé (4). » Il partit avec des Céphalléniens, auxquels se joignirent des Arcadiens, des Thessaliens et des Ioniens, se fixa dans le séjour que lui avait indiqué l'oracle, donna à l'île le nom qui lui est resté, fonda la ville d'Astypalée en mémoire de sa mère, développa la culture de la vigne et l'agriculture, et ne quitta l'île, qui était devenue sa patrie, que pour se joindre aux héros conquérants de la Toison d'Or. Après lui régna son fils, soit qu'il fût né dans le

---

(1) Tournefort, t. I, p. 433; Pococke, t. IV, p. 412.
(2) Jucherault de Saint-Denis, *Histoire de l'Empire Ottoman*, t. I, p. 194.
(3) Voir Panofka, *Res Samiorum*, p. 10.

(1) Raoul Rochette, *Colonies Grecques*, I, p. 293.
(2) Diod., V, 82; Pomponius Méla, II, 7.
(3) Le poète Asius cité par Pausan., VII, 4.
(4) Jamblique, *Vie de Pythag.*, I, c. 2.

pays, soit qu'il y fût venu avec une colonie de Céphalléniens et d'habitants d'Ithaque (1). C'est à cette époque, dont l'histoire est bien incertaine, qu'il faut rapporter la domination des Cariens dans l'île : la plupart des auteurs mentionnent ce fait ; ils disent même que la domination carienne fut la plus ancienne à Samos, mais sans nous apprendre s'il y eut irruption violente ou accord et partage amical entre les Ioniens de Cydrolaüs et les Lélèges d'Ancée. Nous ignorons de même le rôle que Samos joua dans la guerre de Troie, si toutefois elle y prit part.

Si l'on veut arriver aux faits bien positifs de son histoire, il faut descendre jusqu'au temps du grand établissement des Ioniens en Asie Mineure. Vers l'an 1188 avant J.-C., les Ioniens chassés de l'Égialée avaient cherché un refuge dans l'Attique. A la mort du roi Codrus, cinquante ans environ après leur établissement dans ce pays, Médon, l'un des fils du dernier roi, favorisé par la Pythie, ayant été nommé archonte, ses frères allèrent fonder diverses colonies. L'un d'eux, Nélée, se rendit d'abord à Naxos, puis dans l'Asie Mineure, et, après avoir triomphé de la résistance des Cariens, fonda la ville de Milet et les autres cités de la confédération Ionienne (2). Tembrion et un descendant de Xuthus, Proclès, fils de Pityrée, se détachèrent du corps principal, que conduisait Nélée, et descendirent dans l'île de Samos. Les Cariens qui l'habitaient paraissent leur avoir opposé moins de résistance que ceux du continent. Bientôt un accord fut conclu, en vertu duquel l'île et même la ville principale étaient partagées entre les anciens habitants et les nouveaux venus. Une partie de la ville prit du fleuve Chésius le nom de Chésie, l'autre conserva la dénomination antique d'Astypalée (3). Les Ioniens fondèrent en Asie Mineure et dans les îles de Chios et de Samos leurs douze ou, selon Vitruve, leurs treize villes, en souvenir de leur séjour dans le Péloponnèse (4) ; puis ils s'unirent par le lien fédératif du Panionium (1).

RELATIONS DE SAMOS AVEC ÉPHÈSE ET PRIÈNE. — Cette institution n'empêcha pas les villes nouvelles de devenir rivales, la mésintelligence ne tarda pas à éclater entre elles ; Éphèse et Samos en donnèrent le premier exemple. Les Cariens du continent, massacrés pendant la conquête, réduits en esclavage, voyant leurs femmes et leurs filles devenues la proie des vainqueurs, nourrissaient contre ceux-ci une haine profonde, et cherchaient l'occasion de se soulever. A Samos, au contraire, ils avaient conservé une portion du territoire, et jouissaient des mêmes droits que les nouveaux venus. Ce fut pour Androclès, chef des Éphésiens, le prétexte d'attaquer Léogoras, qui avait succédé à son père Proclès dans la royauté de Samos ; il l'accusa de favoriser les Cariens et de méditer une alliance avec eux contre la cause ionienne. Les Samiens furent vaincus ; une partie de cette population, que les vicissitudes de la guerre avaient déjà chassée du Péloponnèse et de l'Attique, s'exila encore une fois, et alla porter à une île située en face des rivages de la Thrace le nom de sa dernière patrie. Mais avec le reste de ses sujets Léogoras résista courageusement à cette fatalité qui semblait avoir condamné sa race à une destinée errante. Forcé de quitter Samos, il se réfugia sur le continent, se fortifia dans la ville d'Anæa, demandant au pillage des moyens de subsistance, inquiétant Androclès et les Éphésiens. Enfin, après dix années de cette existence, son courage persévérant fut récompensé ; à son tour il expulsa les usurpateurs, et put rentrer en possession de la conquête de son père (2). Ce triomphe des Ioniens de Samos semble avoir res-

(1) Strabon, XIV, c. 1.
(2) Élien, VIII, 5 ; Pausan., VII, 2.
(3) Pausan., VII, 4 ; Strab., X, 5 ; XIV, 2.
(4) Hérodote, I, c. 142, compte douze villes.

Vitruve, IV, c. 1, en admet une treizième, Mélite, qui, ajoute-t-il, détestée pour son orgueil, ne subsista pas longtemps.
(1) Panionium était le nom d'un temple construit en commun par les douze cités ioniennes, et où tous les ans chacune d'elles envoyait des députés pour régler les intérêts généraux ; il s'élevait sur le mont Mycale, et était consacré à Neptune Héliconien. Hérodote, I, 143 et 148.
(2) Pausan., VII, 4 ; Suidas, Ἄναια ; Plut., Quest. Græc., 55 ; Athén., VIII, p. 361.

serré les liens d'amitié qui les unissaient aux Cariens. Priène, l'une des dix villes du continent, attaquée par ces derniers, demanda du secours aux habitants de Samos, au nom de leur commune origine; par dérision, au lieu des vaisseaux et de l'armée attendue, Léogoras envoya une petite barque. Néanmoins, les Priéniens furent vainqueurs; mais une haine implacable s'établit entre eux et les Samiens, et dès ce moment commencèrent des guerres sans fin au sujet des limites du territoire que ceux-ci prétendaient s'attribuer sur le continent.

RENVERSEMENT DE LA ROYAUTÉ A SAMOS. — Après Léogoras, Samos dut continuer à être gouvernée par des rois pris dans la même maison; mais nous les perdons de vue, dans un intervalle de trois à quatre siècles, jusqu'à Amphicrate. Cette période, si elle n'est pas célèbre dans l'histoire samienne, ne fut cependant pas perdue pour l'accroissement des forces de l'île. C'est ainsi que 704 ans avant J.-C. le Corinthien Aminoclès, qui le premier avait donné aux vaisseaux la forme qu'ils conservaient encore au temps de Thucydide, fut chargé par les Samiens de leur construire quatre trirèmes (1). Adonnés à la navigation, héritiers des goûts de piraterie de la nation carienne, les maîtres de Samos apportaient tout leur soin à l'entretien de leur flotte, et ce fut un des premiers peuples qui chez les Grecs se rendirent redoutables sur mer. Amphicrate dès son arrivée au pouvoir (680 ans av. J.-C.) porta la guerre à l'extrémité de la mer Égée, dans l'île d'Égine; et les succès et les revers furent égaux des deux côtés (2). En même temps que les Samiens recherchaient au dehors à fonder une puissance maritime, au dedans ils étaient agités par des factions; le peuple et les grands menaçaient la royauté. Nous ne savons pas si entre les factions rivales il y eut une lutte de longue durée; mais la royauté y succomba, et Amphicrate fut le dernier roi de Samos. Cette île, s'étant déclarée libre, se donna des magistrats appelés *Géomores*, et il est à présumer que cette révolution ne s'accomplit pas sans violence, puisqu'un grand soulèvement des esclaves répond à ce changement. Mille esclaves se retirent sur l'Ampélus, et y vivent de brigandages. Après six années d'efforts inutiles pour les réduire, leurs anciens maîtres sont engagés par l'oracle à traiter avec eux, et pour s'en délivrer, ils leur abandonnent des vaisseaux, qui les conduisent à Éphèse (1). Peut-être cette révolte de leurs propres esclaves engagea-t-elle les Samiens à secourir Lacédémone durant la seconde guerre de Messénie (2). Dans le même temps la guerre éclata avec les Éoliens établis à Lesbos : les Samiens commencèrent les hostilités; mais leur gouvernement, encore mal affermi, souffrit de cette expédition : un de leurs généraux, que la faveur du peuple avait porté à cette dignité, Syloson, fils de Callitélès, s'empara de la tyrannie. Peu après ils intervinrent dans un différend entre Chalcis et Érétrie en Eubée, où ils prirent parti pour les Chalcidiens, et Milet pour les Érétriens (3). Plus tard, nous les trouvons arbitres d'un différend entre Chalcis et Andros au sujet d'Acanthe, que les Andriens obtinrent (4). Démotélès, qui régnait en 620, périt violemment, et les Samiens revinrent au gouvernement des géomores.

RÉVOLUTIONS INTESTINES. — Mais il semble que l'administration de ces magistrats fut tyrannique; car une révolution liée à une guerre extérieure ne tarda pas à les renverser. Les Mégariens avaient attaqué Périnthe, colonie de Samos, et avant leur expédition s'étaient munis de chaînes pour leurs prisonniers. Les géomores envoyèrent à leur colonie un secours de trente navires sous les ordres de neuf généraux. Deux des navires périrent à l'entrée du port, frappés de la foudre; mais les autres, unis aux Périnthiens, furent victorieux, et les Mégariens perdirent six cents prisonniers. Les Samiens de l'expédition armèrent les vaincus, et, revenant à Samos avec ce renfort, massacrèrent les géomores, et leur substituèrent l'auto-

---

(1) Thucyd., I, c. 13.
(2) Hérodote, III, 59.

(1) Athén., VI, p. 267.
(2) Hérodote, III, 47.
(3) Id., V, 99.
(4) Plut., *Quest. gr.*, 30; Euseb., *Chron.* à l'Olymp. XXXII.

rité populaire. Quelques-uns des Mégariens obtinrent le droit de cité, et les chaînes qu'on avait prises sur eux et qui leur avaient servi, furent à cette occasion consacrées dans un édifice particulier, qu'on appela Pédétès (1). Le gouvernement du peuple n'eut pas une longue durée. Les guerres qu'il entreprit ne furent pas toujours heureuses : depuis déjà longtemps les hostilités étaient engagées sur la terre ferme avec Priène ; les Samiens éprouvèrent un grand revers, et perdirent mille hommes dans un combat.

ENTREPRISES DES SAMIENS. — Peu après cependant ils eurent leur revanche. Les plus nobles et les premiers de Priène succombèrent en un lieu appelé le Chêne, et cette calamité laissa de longs souvenirs dans l'esprit des Priéniens; le sage Bias parvint seul à rétablir la paix entre les villes rivales (2). Au milieu de toutes ces guerres, la vie des Samiens était redevenue une vie de pirates, et dans leurs relations extérieures, comme sur la place publique, leur seule règle de conduite semblait être la force et le caprice. Ils s'emparèrent d'un présent que le roi d'Égypte Amasis destinait aux Lacédémoniens. « C'était un magnifique « corselet de lin, orné de figures d'ani- « maux tissues d'or et de coton ; chacun « des fils de cet ouvrage était à lui seul « un chef-d'œuvre de patience et de dé- « licatesse (3) ». Ils ravirent ensuite le cratère que les Lacédémoniens offraient à Crésus en retour d'un riche présent qu'ils avaient reçu de ce prince. Périandre, le célèbre et puissant tyran de Corinthe, n'avait pas été moins outragé. Voulant se venger des Corcyréens, qui avaient fait périr son fils Lycophron, il avait envoyé au roi de Lydie, Alyatte, trois cents enfants des principaux citoyens de l'île pour en faire des eunuques. Le navire qui les conduisait ayant relâché à Samos, les Samiens, instruits du dessein de Périandre, entraînèrent les jeunes garçons au temple de Diane, leur firent embrasser l'autel en suppliants; et comme les Corinthiens du navire s'opposaient à ce qu'on leur portât à manger,

(1) Plut., Quest. Gr., 57.
(2) Id., Ibid., 20.
(3) Hérodote, III, 47.

15ᵉ Livraison. (ILE DE SOMOS.)

ils instituèrent pour eux une fête sacrée, où les gâteaux du sacrifice leur servirent de nourriture; puis quand les Corinthiens se furent rembarqués, ils reconduisirent les enfants dans leur patrie (1).

HISTOIRE DU TYRAN POLYCRATE. — La liberté sans limite dans laquelle vivaient les Samiens offrait trop de prise à la tyrannie pour subsister longtemps; l'un des hommes les plus fameux de l'antiquité la renversa : ce fut Polycrate, qui, autant par son génie que par sa fortune singulière, fut, après Pythagore, la plus grande illustration de Samos dans les temps anciens.

Il était fils d'Éacès, et avait deux frères, Pantagnote et Syloson. Les trois jeunes gens, avides de puissance et fiers de leur fortune et de leur crédit, résolurent de satisfaire leur ambition aux dépens de la liberté publique. Ils s'adjoignirent un petit nombre de complices, et choisirent pour l'accomplissement de leur projet la fête de Junon. Profitant de l'instant où les principaux citoyens, prêts à accomplir le sacrifice, avaient déposé leurs armes à l'autel, ils les égorgent, puis s'emparent des lieux fortifiés, se retranchent dans la citadelle, et avec le secours des soldats de Lygdamis, tyran de Naxos, restent maîtres du pouvoir (2). Cette usurpation s'accomplit la quatrième année de la cinquante-neuvième Olympiade (541 av. J.-C.), ou, selon Bentley (3), la troisième année de la cinquante-neuvième (566). Les trois frères se partagèrent d'abord le pouvoir : Polycrate prit le gouvernement de la tribu d'Astypalée, et donna à ses frères celle de Chèse et celle d'Aschrion. Mais leur bonne intelligence ne dura pas longtemps; Pantagnote fut mis à mort, Syloson exilé, et le plus habile des trois fils d'Éacès resta maître de toute l'île.

Les sages mesures que prit Polycrate pour augmenter les forces et le bonheur de toutes ses entreprises étendirent sa

(1) Hérodote, III, 48; Diog. Laert, I, ch. VII, 2.
(2) Polyæn. Strat., I, 23.
(3) Théod. Panofka, Res Samior.; Berol., 1822, p. 29-32. M. Panofka admet et confirme par de nouveaux raisonnements l'opinion de Bentley.

réputation dans l'Ionie, chez tous les Grecs et même dans les pays lointains. Le roi Amasis lui accorda une amitié que des présents mutuels cimentèrent(1). Avant de rien entreprendre, Polycrate avait eu soin de se créer une marine redoutable. Il fit construire des vaisseaux plus larges et plus profonds, et changer la forme de la proue (2) de manière à les rendre plus légers; les navires construits sur ce modèle retinrent le nom de Samènes (Σαμαίνα). Bientôt le tyran eut à sa disposition cent galères à cinquante rames; ses archers étaient au nombre de mille. A la tête de ces forces, il croyait n'avoir personne à ménager; il pillait indistinctement amis et ennemis : un ami, disait-il, me saurait plus de gré si je lui restitue quelque chose, que si je ne lui enlève rien du tout (3). Les îles voisines de Samos et plusieurs villes du continent furent conquises. Milet semblait alors puissante, Polycrate songea à faire alliance avec elle; mais l'oracle consulté à ce sujet lui répondit : « les Milésiens étaient forts autrefois. » Le tyran comprit que pour la ville ionienne les temps de prospérité étaient finis. Espérant mettre à profit le changement qu'annonçait l'oracle, il attaqua les Milésiens, fut vainqueur, et s'empara d'un corps de Lesbiens venus à leur secours. Ses prisonniers furent employés à creuser les fossés de la ville. Ce succès fut suivi de beaucoup d'autres, dans un grand nombre d'entreprises.

Le roi Amasis, surpris d'un bonheur que rien n'altérait, et songeant à combien de retours et à quelles vicissitudes est sujette la vie humaine, fit part à son allié des craintes que sa trop grande prospérité lui donnait pour l'avenir. Il lui écrivit en ces termes : « J'aime à apprendre les succès d'un ami et d'un allié, mais la constance de votre bonheur m'effraye; car je sais combien les dieux sont jaloux. Pour moi et pour ceux que j'aime je préfère des avantages mêlés de revers à une félicité que n'altère aucune vicissitude; car jamais je n'ai entendu parler d'un homme qui ayant été toujours heureux n'ait mal fini. Si vous voulez m'en croire, vous suivrez mon conseil contre votre fortune : voyez ce que vous aimez le mieux, et ce dont la perte vous serait le plus sensible, puis défaites-vous-en à jamais. Si la fortune persiste à vous entourer de ses faveurs sans y mêler de disgrâce, usez de mon remède (1). »

L'avis parut sensé à Polycrate. Parmi ses bijoux les plus précieux, il avait une émeraude enchâssée d'or qui lui servait de cachet; ciselée par le célèbre Théodore, fils de Téléclès, cette émeraude était un chef-d'œuvre du plus grand prix. Polycrate résolut de s'en défaire; un navire fut équipé, les matelots le conduisirent en pleine mer, et là, le tyran ôtant sa bague, la jeta dans les flots. Mais la fortune n'accepta pas ce sacrifice volontaire; quelques jours après, un pêcheur apporta au palais un gros poisson dans le ventre duquel on retrouva l'anneau de Polycrate. Effrayé d'une félicité si opiniâtre, le Samien recourut de nouveau aux avis de son allié, le roi d'Égypte. Mais Amasis crut sans doute que nul effort n'arrêterait plus la destinée; car il se borna à rompre son alliance, parce qu'il craignait, ajoute Hérodote, que si quelque grand malheur survenait à Polycrate, il ne fût contraint à le partager en qualité d'ami et d'allié (2). Diodore attribue cette rupture à une cause plus vraisemblable : il dit que Polycrate, averti de se montrer moins cruel envers ses sujets et de mettre un terme à ses pirateries, méprisa l'avis du roi d'Égypte, et perdit son alliance (3).

Polycrate était alors au comble de la puissance : parmi tous les Ioniens, ceux de Chios et de Samos avaient seuls résisté aux armes de Cyrus, qui, n'ayant pas encore soumis la Phénicie, ne put entreprendre aucune expédition maritime (4). Polycrate osa s'attaquer au vainqueur de l'Asie. Les détails de cette guerre, consignés dans un livre qui a péri, ne nous sont pas parvenus (5); mais elle fut longue, et il paraît que, dans les

---

(1) Hérod., III, 39.
(2) Plutarque, *Péricl.*, 86; Hésychius, Σαμιακὸς τρόπος.
(3) Hérodote, III, 39.

(1) Hérodote, III, 40.
(2) Id., III, 41-43.
(3) Diod. Sic., I, 95.
(4) Hérod., I, 143.
(5) Cf. Panofka, *Res Samiorum*, 34.

hostilités, le temple de Junon fut détruit. Toutefois, comme les Perses manquaient de marine, les principaux combats durent avoir lieu sur le territoire continental des Samiens.

Les guerres extérieures ne firent rien oublier à Polycrate de ce qui pouvait contribuer à l'embellissement de l'île et à l'ornement de sa cour. Il est vrai que son contemporain le plus illustre, qu'il avait inutilement tâché de s'attacher (1), Pythagore, quitta Samos. Mais les artistes de tout genre et les poëtes accouraient en foule autour d'un prince qui savait encourager et récompenser le mérite. Anacréon le poëte vécut avec lui, dit Strabon, et ses vers sont pleins de son souvenir (2). Suidas nous apprend que le poëte lyrique Ibycus, de Rhégium, passa à sa cour plusieurs années (3). Le Crotoniate Démocède, le plus habile médecin de cette époque, reçut deux talents pour une seule année de ses services à Samos. Les peintres, les musiciens, tous ceux qui pouvaient contribuer à l'embellissement des temples ou des palais du tyran, étaient retenus à grands frais. Afin de vaincre plus facilement la haine des Samiens pour sa domination, il s'efforça d'amollir leurs mœurs; il les habitua à la vie dissolue des Lydiens; entre autres institutions singulières, il réunit dans une ruelle de la ville, appelée Laura, des femmes renommées pour leur galanterie et pour leur beauté (4).

Au faîte de sa grandeur et de sa fortune, Polycrate, se souvenant qu'il avait dû son élévation à l'intervention heureuse d'un tyran, s'était fait le protecteur de ceux qu'avait renversés du trône quelque révolution populaire. C'est ainsi qu'Arcésilas III, roi de Cyrène, chassé par les réformes du législateur Démonax, trouva à Samos un accueil hospitalier, et leva une armée dans l'île pour reconquérir ses États (5). Les dieux n'é-

(1) Diogène de Laerte nous apprend qu'il l'envoya à Amasis avec des lettres de recommandation pour qu'il pût s'instruire dans les sciences et dans la langue égyptienne. *Vie de Pythag.*, VIII, 3.
(2) Strabon, XIV, ch. 1, § 10.
(3) Suidas, Ἴϐυκος.
(4) Athén., XII, p. 540.
(5) Hérodote, IV, 162-164.

taient pas non plus oubliés dans les largesses de Polycrate : ses soldats allèrent s'emparer au milieu de la mer Égée de l'île de Rhénée, et, sur son ordre, la consacrer à Apollon Délien, après l'avoir jointe par une chaîne à Délos dont elle était voisine (1). Des jeux magnifiques furent institués à Délos même. Mais, dans sa gloire et sa splendeur, Polycrate ne se rappelait pas sans effroi l'avertissement de son ancien allié, le roi d'Égypte, et déjà de sinistres présages venaient confirmer ses craintes : au sujet des jeux de Délos, il envoya consulter l'oracle pour savoir s'il fallait les appeler Pythiens ou Déliens, et il lui fut répondu : *ils sont pour toi Pythiens et Déliens* (2). L'oracle lui faisait entendre par là, dit Suidas, que sa fin était prochaine.

Néanmoins, il ne perdait rien de sa puissance. Les efforts de quelques Samiens aidés par Lacédémone pour secouer le joug furent infructueux. Cambyse levait une armée pour porter la guerre en Égypte, Polycrate le pria de lui envoyer demander des troupes, et, choisissant ceux des Samiens qu'il savait le plus portés à la rébellion, il les fit embarquer sur quarante trirèmes, recommandant au roi de Perse de ne jamais les renvoyer à Samos. Ceux-ci allèrent jusqu'en Égypte, et s'en échappèrent aussitôt, ayant appris le sort qui leur était destiné; ou même, car il y a doute sur ce point, arrivés dans la mer de Carpathos, ils refusèrent d'aller plus loin. Toujours est-il qu'ils revinrent vers Samos, rencontrèrent les vaisseaux que Polycrate envoyait contre eux, combattirent, et furent vainqueurs; mais battus sur terre, ils se rembarquèrent et firent voile vers Lacédémone. Les longs discours de ces Ioniens furent mal accueillis des Spartiates; cependant on se décida à les secourir, moins par égard pour eux que pour punir les odieuses pirateries des Samiens. Une flotte nombreuse se dirigea vers l'île, assiégea la capitale, et la pressa vivement. Mais Polycrate, dans une sortie vigoureuse, secondé par les auxiliaires qui gardaient une tour à l'en-

(1) Thucyd., I, 13; III, 104.
(2) Suid., ταῦτά σοι καὶ Πύθια καὶ Δήλεια ; allusion au sens de δηλέομαι, détruire ou être funeste.

trée du port, repoussa les ennemis, les poursuivit, et en fit un grand carnage. Généreux dans cette occasion, il fit faire des funérailles somptueuses à deux Spartiates, Archias et Lycopas, qui avaient trouvé dans le combat une mort glorieuse.

Après quarante jours de siége, les Lacédémoniens n'avaient fait aucun progrès ; Polycrate leur distribua une grande quantité de monnaie de plomb doré. Séduits par ce présent, ils se retirèrent vers le Péloponnèse ; leurs alliés, restés seuls, s'exilèrent, et après des courses aventureuses à Siphnos, qu'ils mirent à contribution, et à l'île d'Hydrée près du Péloponnèse, ils allèrent fonder en Crète la ville de Cydonie (1).

Rien ne semblait pouvoir porter atteinte à la prospérité de Polycrate ; ses ressources s'augmentaient chaque jour, et il méditait la conquête des îles et de toute l'Ionie. Mais le moment fatal approchait où la fortune allait lui faire expier cruellement son bonheur passé. Orétès, satrape de Lydie, résolut de s'emparer de Samos ; il était excité par les railleries de Mitrobate, gouverneur de Dascylium, qui lui reprochait de n'avoir pas le courage d'attaquer une île dont Polycrate s'était emparé avec quelques conjurés ; de plus, il était irrité de ce que le tyran, recevant un jour un de ses ambassadeurs, n'avait pas daigné lui répondre ni même se tourner vers lui. Orétès savait combien Polycrate était avide de richesses ; il lui fit tenir un message ainsi conçu : « J'ai appris vos vastes desseins, et je sais que vos ressources n'y répondent pas ; suivez un conseil favorable à nous deux : Cambyse veut me faire mourir, donnez-moi une retraite, je viendrai avec mes trésors, que nous partagerons, et vous aurez de quoi conquérir toute la Grèce. Si vous avez quelque doute au sujet de mes richesses, envoyez quelqu'un de confiance, à qui je les montrerai. »

Polycrate envoya son secrétaire Méandrius. Orétès, pour le tromper, fit emplir huit grands coffres de pierres, que l'on recouvrit de pièces d'or. Sur le rapport de Méandrius, Polycrate voulut partir ; vainement ses amis et les devins tâchèrent de le retenir. Sa fille, tout en pleurs, lui dit qu'elle l'avait vu dans un songe sinistre suspendu dans les airs, baigné par les eaux du ciel et exposé aux rayons du soleil. Il persista dans sa résolution. Arrivé à Magnésie, il fut saisi par les affidés d'Orétès, mis à mort et exposé en croix (1re année de la 64e olympiade, 524 ans av. J.-C. (1)).

C'est ainsi que périt cet homme remarquable, auquel Samos dut en grande partie sa gloire et sa puissance ; on pouvait lui reprocher la plupart des vices habituels aux tyrans, mais il y avait joint d'éminentes qualités, l'habileté, l'amour des grandes choses, le goût du luxe et des arts ; si tyrannique que fût son gouvernement, il développa la prospérité publique comme celui de Pisistrate dans Athènes. Plus tard, abandonnée aux agitations de la démocratie, en proie aux factions de la place publique, Samos dut plus d'une fois regretter le tyran, qui en échange de sa liberté douteuse lui avait donné quarante années de calme et de splendeur.

MÉANDRIUS. — Ceux des Samiens qui avaient accompagné Polycrate furent renvoyés par Orétès. Méandrius, chargé du gouvernement de l'île en l'absence du tyran, réunit aussitôt l'assemblée publique, et, après avoir élevé un autel à Jupiter Libérateur, il déclare qu'il n'abusera pas de l'autorité qu'il a dans les mains, qu'il a toujours désapprouvé la puissance que Polycrate s'est arrogée sur ses égaux ; il ne demande que six talents des biens du tyran et la charge sacerdotale dans sa famille. Mais l'un des principaux Samiens se lève, ui reproche d'être indigne d'aucune fonction, et lui demande de rendre compte de son administration. Averti des dangers qu'il courait en rentrant dans la vie privée, Méandrius résolut de garder le pouvoir ; il se retira dans la citadelle, fit venir les principaux citoyens comme pour leur rendre des comptes, les fit saisir et enchaîner. Puis, comme il était tombé malade, son frère Lycarète, s'emparant de l'autorité, les fit mettre à mort (2). Mais ni l'un ni l'autre ne devait régner.

SYLOSON. — Syloson, frère de Poly-

---

(1) Hérodote, III, 44.

(1) Hérodote, III, 120-126.
(2) Id., III, 142, 143.

crate, avait accompagné Cambyse dans son expédition d'Égypte ; il s'y était lié d'amitié avec Darius, fils d'Hystaspe, alors simple compagnon du roi, et lui avait fait présent d'une riche chlamyde de pourpre qui avait attiré ses regards (1). Quand Darius fut devenu roi, il chargea Otanès, un de ses généraux, de conduire Syloson à Samos et de l'y établir. Les troupes perses n'éprouvèrent pas de résistance ; Méandrius et ses partisans avaient seulement demandé la permission de se retirer avec la vie sauve. Mais tandis que les Perses étaient assis paisiblement sur la place publique, Méandrius, excité par les discours de l'un de ses frères, Charilée, fait prendre les armes aux troupes enfermées dans la citadelle, ouvre les portes, et tue un grand nombre des Perses les plus considérables. Cependant, les soldats d'Otanès, une fois remis de leur surprise, repoussent facilement les aggresseurs.

Méandrius, se voyant perdu, s'enfuit par un souterrain qu'il avait fait pratiquer sous la forteresse, s'embarque avec tous ses trésors, et navigue vers Lacédémone. Ceux qui ne l'accompagnèrent pas furent passés au fil de l'épée ; l'île entière fut ravagée et remise presque dépeuplée entre les mains de Syloson. Les cruautés de ce nouveau tyran firent encore périr ou forcèrent à l'exil un grand nombre de Samiens, et c'est alors que naquit ce proverbe : « Syloson nous a mis au large (2) ». Les esclaves furent admis à repeupler l'île, et inscrits moyennant cinq statères dans la classe des hommes libres (3). Otanès lui-même, averti par un songe et tourmenté par une maladie, lui envoya de nouveaux habitants de l'île de Lemnos et d'Antandros, de Chalcédoine et de Byzance. Syloson, avancé en âge, ne dut pas gouverner longtemps ; on n'a aucun détail sur sa fin, qui arriva vers 520.

ÉACÈS. — Il eut pour successeur son fils Éacès. Celui-ci se trouva du nombre des Grecs auxquels fut confiée la garde du pont de l'Ister, lors de l'expédition des Perses en Scythie, et il mérita la faveur de Darius en prenant parti pour Histiée de Milet contre Miltiade, qui voulait que le pont fût détruit. Il savait bien que si Darius périssait, l'Ionie pourrait recouvrer sa liberté, mais que les tyrans, n'ayant plus d'appui, seraient renversés. Il ne put cependant pas empêcher ses sujets de se déclarer pour les Ioniens révoltés. Aristagoras, peu satisfait du secours qu'il leur portait à regret, le renversa, et l'obligea à fuir auprès de Darius.

SAMOS PENDANT LA RÉVOLTE D'IONIE. — Dès ce moment Samos, reconstituée en démocratie, prit une part active à la rébellion de l'Ionie, et se distingua particulièrement dans le combat naval qui se livra auprès de l'île de Cypre, et où les Ioniens restèrent vainqueurs de la flotte phénicienne. Lorsque l'Ionie fut menacée directement, les Samiens fournirent soixante vaisseaux à la flotte qui devait défendre Milet assiégée. Après les cent voiles de Chios et les soixante-dix de Lesbos, c'était le plus fort contingent de la flotte, qui tout entière se montait à trois cent cinquante-trois trirèmes. Mais cette fois, au lieu de s'illustrer comme dans le précédent combat, ils trahirent la cause commune. Leur ancien tyran était venu, à l'instigation des généraux perses, les provoquer à abandonner leurs alliés. Fatigués de la discipline rigoureuse que leur imposait le Phocéen Denys, commandant de la flotte, ils écoutèrent les propositions d'Éacès, et dans l'engagement général tous les capitaines de vaisseau, à l'exception de onze, quittèrent la ligne de bataille et s'enfuirent vers Samos (1). Leurs compatriotes accueillirent mal cette lâcheté : contenus par les Perses, ils ne la punirent pas, mais ils gravèrent sur une colonne les noms glorieux de ceux qui avaient courageusement combattu. Plusieurs des habitants de l'île, dans la prévision du retour d'Éacès et de ses vengeances, s'exilèrent ; ils acceptèrent la proposition que les habitants de Zancle en Sicile avaient faite aux Ioniens de bâtir une ville sur le territoire qui leur appartenait (2). Ceux qui

---

(1) Suidas, χλαμίς ; Élien, IV, 5.
(2) Hérodote, III, ch. 148-149 ; Strab., XIV, ch. 1, § 10 ; Héraclid. Pont., πολιτ., X.
(3) Suidas, V. Σαμ. ὁ δῆμος.

(1) Pausan., VII, 10.
(2) Hérodote, V, 112 ; VI 8, 13, 22, 23. On verra à l'article des colonies de Samos ce

demeurèrent subirent de nouveau le joug d'Éacès, ramené par les Phéniciens; au reste, ils durent à leur trahison d'être les seuls des Ioniens dont les temples et les monuments fussent épargnés. Le tyran rétabli par les Perses fut renversé par eux : Mardonius en passant par l'Ionie, lorsqu'il porta la guerre en Grèce, abolit toutes les tyrannies (1).

SAMOS PENDANT LES GUERRES MÉDIQUES. — Dans les guerres Médiques, on voit Samos se diviser en deux partis : les citoyens riches et puissants tiennent pour les Perses, le peuple tend à favoriser la cause de la Grèce. Les Samiens, avec les autres Ioniens, furent contraints de fournir aux Perses l'équipage de cent vaisseaux (2). La veille de la bataille de Salamine, ils envoyèrent un messager à Thémistocle pour l'avertir des plans de l'ennemi, et lui promettre de faire défection le lendemain ; mais deux de leurs chefs, Théomestor et Phylacus, combattirent pour les Perses avec une ardeur qui les fit distinguer. Théomestor obtint la tyrannie de sa patrie en échange de ses services (3). Il n'en jouit pas longtemps. Après la victoire de Salamine les Samiens témoignèrent de plus en plus de leur sympathie pour les Grecs. L'armée navale des Perses, forte de deux cents navires, s'était retirée dans leurs ports ; ils rachetèrent de leur argent cinq cents Athéniens qu'elle amenait prisonniers, les retirèrent et leur fournirent les moyens de retourner chez eux. Puis, à l'insu des Perses et de Théomestor, ils députèrent vers la flotte grecque, qui se tenait à Délos sans oser s'aventurer plus loin; leur ambassadeur Hégésistrate détermina par ses instances le commandant Léotychide à s'avancer jusqu'à Mycale, où, bien que désarmés, ils secondèrent leurs alliés de tout leur pouvoir (4). La victoire que les Grecs remportèrent délivra les Samiens de leur tyran. Les confédérés, reconnaissant la difficulté de protéger d'une manière efficace les Ioniens, eurent la pensée de les transporter en Grèce pour les y établir, à la place des peuples qui avaient soutenu l'invasion des Perses ; mais les Athéniens s'opposèrent à ce qu'on déplaçât leurs colonies ; les habitants de Samos conservèrent leur île, et après avoir prêté le serment entrèrent dans l'alliance grecque (1). Pausanias, que les Spartiates avaient mis à la tête de la flotte confédérée, se rendit odieux aux insulaires, qui recoururent à la protection des Athéniens, et leur déférèrent le commandement. Aristide conduisit les Samiens contre Byzance ; en même temps ils prirent part aux succès par lesquels Cimon assurait leur indépendance. Le traité de 449 leur garantit la jouissance de leur liberté et la faculté de se gouverner selon leur désir.

SAMOS SOUS LA DOMINATION D'ATHÈNES. — Les faits qui suivirent donnent à penser qu'ils se constituèrent en oligarchie. Dès ce moment dans l'histoire intérieure de Samos nous retrouvons une lutte continuelle entre les deux éléments aristocratique et populaire ; dans l'histoire extérieure, le renouvellement de la guerre avec les autres Ioniens, puis avec la métropole. Le commerce et l'industrie prirent à ce moment chez les Samiens un développement considérable ; leurs richesses s'accrurent, leur puissance maritime devint telle que peu s'en fallut, de l'aveu de Thucydide, qu'Athènes ne perdît l'empire de la mer (2). Tant de prospérité inquiéta les îles voisines, moins favorisées de la fortune, et surtout Athènes, d'autant plus jalouse que Samos était sa colonie ; elle résolut de s'opposer à cette extension de forces, et l'occasion de le faire ne tarda pas à s'offrir.

Le différend éternel de Samos au sujet des terres qu'elle tenait auprès de Priène se renouvela avec les Milésiens, qui furent vaincus. Ils recoururent à Athènes ; celle-ci, au nom de ses droits de métropole, intervint avec empressement ; mais les Samiens refusèrent de cesser les hostilités et de soumettre le différend à l'arbitrage des Athéniens. Cette désobéissance et d'autres motifs,

---

que devinrent ces Samiens, qui, au lieu de fonder une ville nouvelle, s'emparèrent de Zancle.

(1) Hérodote, VI, 43.
(2) Diod. de Sic., XI, 3.
(3) Hérodote, VIII, 85.
(4) Id., VIII et IX, passim.

(1) Hérodote, IX, 105.
(2) Thucydide, VIII, 76.

auxquels nous trouvons mêlé le nom de la célèbre Aspasie, firent éclater la guerre. Voici quelques lignes du récit de Plutarque à ce sujet : « Périclès fit dé-
« cerner la guerre contre ceux de Samos
« en faveur de ceux de Milet, à la re-
« queste d'Aspasia (1), à cause que ces
« deux citez avoient guerre ensemble
« pour la ville de Priéne, et estoient les
« Samiens les plus forts : mais les Athé-
« niens leur commandèrent qu'ils eus-
« sent à laisser la voye des armes et à
« venir plaider leur différent devant eulx
« pour leur en estre fait droit : ce qu'ils
« ne voulurent faire. Par quoy Périclès
« y alla, et y abolit le gouvernement du
« petit nombre de la noblesse, prenant
« pour ostages cinquante des principaulx
« personnages de la ville et autant d'en-
« fants, lesquels il meit en dépost en
« l'isle de Lemnos (2). » Ces otages et le Perse Pissuthnès, qui leur était attaché, voulurent séduire l'Athénien à prix d'argent ; mais il se montra incorruptible. Cependant les Samiens recouvrèrent leurs otages, grâce à Pissuthnès, et se révoltèrent. Périclès retourna vers eux ; ils firent courageusement tête au péril, et il y eut une bataille navale près de l'île de Tragia. Périclès avec quarante voiles fut vainqueur des ennemis, qui en avaient soixante-dix, et, poursuivant sa victoire, il assiégea les Samiens dans leur ville. Ceux-ci résistèrent, et firent des sorties fréquentes. Un renfort survint à Périclès ; il quitta le siége, et fit voile vers la haute mer, à la rencontre de plusieurs navires phéniciens qui venaient au secours de Samos. Mais pendant son absence Mélissus, général des Samiens, fit une sortie contre les navires restés au siége de la ville ; les Athéniens furent battus, perdirent plusieurs vaisseaux, et les assiégés purent s'approvisionner. Dans leurs précédentes victoires les Athéniens avaient imprimé une samène sur le front de leurs prisonniers ; en représailles, les Samiens marquèrent d'une chouette ceux des Athéniens qu'ils avaient pris (3).

(1) Aspasie était de Milet.
(2) Plut., *Pér.*, c. 25.
(3) Suidas, s. v. Σάμη, dit que ce furent les Athéniens qui marquèrent leurs prisonniers d'une chouette, et les Samiens d'une samène, empreinte de leur monnaie.

A la nouvelle de la défaite de ses lieutenants, Périclès accourut. Mélissus s'avança à sa rencontre, et fut repoussé ; l'Athénien le suivit, et convertit le siége en blocus. Mais l'impatience de ses soldats ne put s'accommoder de tant de lenteur, et on livra à la ville des assauts fréquents, dans lesquels les machines de guerre nouvellement inventées (441) et mises en usage par un ingénieur du nom d'Artémon, au service de Périclès, rendirent de grands services. Après neuf mois de résistance opiniâtre, les assiégés cédèrent ; leurs murailles furent rasées, tous leurs vaisseaux leur furent retirés, et une rançon considérable, payable en partie comptant, leur fut imposée ; en garantie du second payement, ils livrèrent des otages (1). Le Samien Duris accuse le général athénien d'avoir usé de la dernière cruauté envers ses prisonniers, d'avoir traîné à Milet, sur la place publique, et fait mourir de faim et achever sous le bâton les capitaines et les soldats des galères ; mais les dénégations de Plutarque, le silence d'Aristote, d'Éphore, de Thucydide et le caractère de Périclès repoussent cette accusation. De retour à Athènes, le général victorieux prononça l'éloge funèbre des citoyens morts dans cette guerre. Il fut comblé d'honneurs ; on le plaça au-dessus d'Agamemnon, pour avoir subjugué en neuf mois la cité la plus puissante de l'Ionie, tandis que le vainqueur de Troie était resté dix ans sous les murs d'une ville barbare. Cependant, l'orgueil et la haine une fois assouvis, il y eut parmi les Athéniens mêmes quelques sentiments de compassion pour la malheureuse cité que Périclès avait sacrifiée aux intérêts politiques de sa patrie. Au milieu de la foule qui félicitait le vainqueur, on raconte qu'Elpinice, sœur de Cimon, lui reprocha amèrement d'avoir triomphé non des Perses, des Phéniciens et des barbares, mais d'une ville sœur et alliée.

En effet, cette entreprise, nécessaire pour le maintien de l'empire d'Athènes, était comme le prélude des guerres intestines où toute la Grèce allait s'engager. Toutefois, elle eut pour résultat im-

(1) Plut., *Péricl.*, 48 et suiv.; Thucyd., l. I, 115 et suiv.

médiat d'épouvanter les alliés d'Athènes et de les maintenir sous sa domination.

SAMOS PENDANT LA GUERRE DU PÉLOPONNÈSE. — Périclès ayant relevé le parti populaire, les partisans de l'oligarchie se réfugièrent à Anæa, et servirent de toutes leurs forces les Lacédémoniens. La quatrième année de la guerre du Péloponnèse, les Lesbiens s'étant ouvertement séparés d'Athènes, la jetèrent dans un grand embarras. Les Samiens d'Anæa s'unirent aux Cariens ; et quand Lysiclès, général athénien, arriva avec douze vaisseaux pour prélever le tribut chez les alliés, ils l'attaquèrent, détruisirent en partie son armée, et le firent périr (1). Puis ils adressèrent au général de la flotte péloponnésienne, Alcidas, des représentations sur la manière dont il traitait les Ioniens qu'il avait fait prisonniers : « les maltraiter était, disaient-ils, un mauvais moyen pour donner la liberté à la Grèce, et ces insulaires n'étaient que par nécessité dans l'alliance d'Athènes ». Cette petite ville d'Anæa, très-fortifiée, ne cessa d'inquiéter les Athéniens tant qu'ils maintinrent l'Ionie dans leur obéissance ; tous les mécontents et les exilés, tous ceux qui ne pouvaient souffrir leur domination s'y réfugiaient, et de là favorisaient la navigation des Péloponnésiens en leur envoyant des pilotes (2). Lorsque les Athéniens entreprirent la guerre de Sicile, les Samiens les y accompagnèrent comme sujets et tributaires (3).

Après la funeste issue de cette expédition (413), les luttes intestines entre le peuple et les grands, c'est-à-dire entre le parti d'Athènes et celui de Sparte, se renouvelèrent. Chios s'était soulevée, et sa défection avait jeté les Athéniens dans un extrême embarras. Ceux-ci se résignèrent aux plus grands sacrifices, et firent partir, sous les ordres de Strombichide, un de leurs généraux, huit vaisseaux pour Samos ; une galère samienne se joignit à sa flottille, et il se dirigea vers Téos. Mais Chalcidée, commandant de la flotte lacédémonienne, forte de vingt-trois voiles, navigua de Chios à Téos. Strombichide regagna prudemment Samos, d'où il ne put empêcher Alcibiade, uni alors aux Lacédémoniens, de soulever Milet ; Samos fut le centre des opérations de la flotte athénienne pendant toute la dernière partie de la guerre du Péloponnèse. Les Athéniens, intéressés à ce qu'elle leur demeurât entièrement attachée, y virent avec plaisir et y favorisèrent une révolution du peuple contre les grands ; trois vaisseaux, venus d'Athènes, aidèrent au soulèvement du petit peuple, et deux cents des plus riches citoyens furent égorgés, quatre cents envoyés en exil. La faction victorieuse se partagea les maisons et les terres des proscrits, et reçut d'Athènes, par un décret, le titre d'alliée fidèle, avec la permission de vivre désormais sous ses propres lois. Elle prit en main l'administration de la république, et n'eut aucun commerce avec les riches qui habitaient la campagne (1). Depuis ce moment, les Athéniens n'eurent pas de plus constant soutien que Samos. La vingtième année de la guerre du Péloponnèse (412), trois mille cinq cents hoplites, Athéniens et alliés d'Athènes, s'y réunirent pour aller assiéger Milet. Phrynichus, leur chef, remporta une victoire sous les murs de cette ville, et se refusa à courir les hasards d'une bataille contre les forces du Péloponnèse qui venaient à sa rencontre. Il se retira à Samos, y réunit sa flotte, et se borna à des courses sur les ennemis. Les Samiens firent de leur côté quelques excursions (2), et prirent un certain nombre d'Érythréens, auxquels ils donnèrent la liberté à la condition de soulever leur patrie contre les Péloponnésiens. Des expéditions nombreuses continuèrent à inquiéter les ennemis d'Athènes, et l'île fut le théâtre des intrigues d'Alcibiade et de Phrynichus. Ce dernier, en haine d'Alcibiade, qui alors s'efforçait de rentrer à Athènes, proposa au général spartiate, Astyochus, de lui livrer l'armée athénienne. Il était facile de la surprendre dans Samos, où elle se tenait et qui n'était pas fortifiée. Mais Astyochus, s'étant rapproché d'Alcibiade, dénonça cette trahison (3) ; Phrynichus, pour donner le change aux Athéniens, se montra résolu

---

(1) Thucydide, III, 19.
(2) Id., IV, 74.
(3) Id., VII, 57.

(1) Thucydide, VIII, 16-21.
(2) Id., VIII, 27.
(3) Id., VIII, 48.

à défendre courageusement l'armée qu'il s'était proposé de livrer. Il apprit lui-même aux soldats que les ennemis attaqueraient le camp, et les engagea à relever les murs de Samos. Ils obéirent, et la ville dut à la haine mutuelle de deux Athéniens de recouvrer ses murailles, abattues par Périclès.

Sur ces entrefaites une brusque révolution éclata à Athènes : le pouvoir populaire fut renversé et remplacé par un gouvernement de quatre cents des principaux de la ville. Un changement semblable faillit s'effectuer à Samos, où ceux même qui d'abord s'étaient distingués par leur animosité contre l'oligarchie engagèrent les riches à rétablir cette forme de gouvernement. Non contents de se l'appliquer, ils voulurent la faire adopter par les habitants des îles voisines. Le général athénien Pisandre, grand partisan de l'oligarchie et l'un des promoteurs de la nouvelle révolution, fut envoyé à Thasos et dans d'autres endroits, pour y abolir l'état démocratique. A Samos, trois cents citoyens prirent en main la direction des affaires, sous les auspices du général athénien Charminus (1) ; mais bientôt une conjuration se forma contre eux. Tous les généraux d'Athènes présents dans l'île n'étaient pas également favorables à l'oligarchie. Léon et Diomédon jouissaient l'un et l'autre d'une grande considération parmi le peuple ; et Thrasylle et Thrasybule, commandant le premier un corps d'hoplites, le second les trirèmes, se prêtèrent aux supplications des plus compromis du parti populaire. Ils représentèrent à leurs soldats, surtout aux hommes libres du Paralus (2) qu'il était indigne des Athéniens de s'asservir au pouvoir des plus riches ; ils les entraînèrent dans leur complot. Les factions rivales en vinrent aux mains ; l'avantage resta au peuple : trente des oligarques furent mis à mort, trois des plus compromis furent exilés, le reste obtint grâce ; et c'est ainsi que les principes de la démocratie, d'autant plus menacés qu'une grande partie du peuple s'était d'abord montrée contraire à leur maintien, prévalurent et continuèrent à gouverner la cité samienne (1). Ce succès obtenu, les Samiens et l'armée, pleins de joie, voulurent en faire part à Athènes, ignorant le triomphe des Quatre-Cents. Chéréas, l'un de ceux qui avaient montré le plus de vivacité dans toute cette affaire, partit sur le Paralus. Mais arrivé dans la ville, il n'eut que le temps de se cacher ; ses compagnons furent mis aux fers, et lui-même ne se rembarqua pas sans peine.

De retour dans l'île, il exagéra la situation d'Athènes, et montra les vainqueurs prêts à égorger les parents des soldats de Samos. Il anima si bien le peuple, qu'il fallut toute la sagesse des hommes modérés pour le contenir et l'empêcher d'exercer sur les partisans de l'oligarchie de cruelles représailles pour des méfaits imaginaires. Thrasylle et Thrasybule se contentèrent de réunir les soldats et les citoyens, et de faire jurer par les plus terribles imprécations, surtout aux partisans de l'oligarchie, qu'ils resteraient attachés à la constitution démocratique, qu'ils vivraient dans la concorde et poursuivraient vigoureusement la guerre du Péloponnèse. Tout ce qu'il y avait de Samiens en âge de porter les armes prêta ce serment. Ce fut alors un antagonisme déclaré entre Athènes livrée aux oligarques, et Samos, soutenue par l'armée restée démocratique. Celle-ci voulait maintenir l'état populaire, celle-là amener les soldats et les Samiens à l'oligarchie. Les soldats ne cédèrent pas ; ils se donnèrent à Thrasylle et à Thrasybule, qui leur rappelèrent avec complaisance qu'ils étaient nombreux, bien armés, et qu'ils possédaient Samos, autrefois la rivale d'Athènes. En même temps ils s'apprêtèrent à combattre les Péloponnésiens, attentifs à profiter des discordes d'Athènes et de l'armée. Samos avait à ce moment beaucoup relevé ses forces navales ; car Thucydide mentionne quatre-vingt-deux vaisseaux samiens, avec lesquels les généraux d'Athènes purent braver tous les efforts du

---

(1) Thucydide, VIII, 73-74.
(2) Le Paralus était une galère athénienne spécialement destinée au transport des députations sacrées et des objets du culte, quelquefois aussi, comme la Salaminienne, à celui des criminels justiciables des tribunaux d'Athènes.

(1) Thucyd., VIII, 76 et suiv.

chef péloponnésien Astyochus (1). Thrasybule, renforcé de Strombichide, continua la guerre extérieure, et en même temps négocia le rappel d'Alcibiade.

L'armée ne tarda pas à y consentir, et c'est à Samos que l'Athénien fit sa réconciliation avec ses compatriotes. Les Samiens partagèrent l'enthousiasme qu'il ne tarda pas à faire naître. Entre autres honneurs, il obtint le privilége d'une statue dans le temple de Junon à côté de celle de la déesse (2). Son retour ne fut pas sans utilité; il rendit aux Athéniens de la ville et à ceux de l'armée le service d'empêcher entre eux une guerre civile (3).

Samos lui servit de quartier général dans ses diverses opérations militaires, et les Samiens continuèrent aux Athéniens leur amitié et leurs services. Ce fut à Samos que la flotte athénienne se retira après la défaite à Notium d'Antiochus, lieutenant d'Alcibiade. Conon et ses neuf collègues vinrent y prendre le commandement de la flotte qu'un décret leur conférait en remplacement d'Alcibiade; dix vaisseaux Samiens se joignirent à ceux qu'Athènes envoyait contre Callicratidas, et prirent part à la bataille des Arginuses (406) (4). Enfin, nous retrouvons, sous le commandement d'Hippéus, général de l'île, les Samiens à la bataille d'Ægos-Potamos. Seuls ils ont suivi jusqu'à la fin la fortune d'Athènes; elle est prise, ils résistent encore; et c'est contre elle que Lysandre, après avoir établi la tyrannie des Trente, se dirige avec toutes ses forces navales. Rien n'égala le désespoir des Athéniens quand ils virent qu'on allait leur enlever cette belle colonie, cette alliée fidèle et constante. Ils supplièrent Lysandre de la leur laisser; mais le général se contenta de leur demander s'il était juste que ceux qui n'étaient pas leurs maîtres fussent les maîtres d'autrui. Le laconisme cruel de cette parole plut aux Grecs, qui en firent ce proverbe : *Celui qui ne se possède pas même veut posséder Samos*. Après la défaite des Athéniens, la défection avait été générale; la faction des nobles à Samos crut l'occasion enfin venue de reconquérir sa supériorité : elle appela de tous ses vœux Lysandre et les Lacédémoniens; mais le peuple, exaspéré par ses revers, égorgea tous ses ennemis, et s'apprêta à soutenir un siége (1). Lysandre pressa si vigoureusement les opérations, que bientôt il fallut capituler et se rendre à la seule condition que tout homme libre sortirait emportant un habit; les propriétés, les richesses privées et publiques furent à la discrétion du vainqueur (403). Lysandre rappela les exilés et ses fidèles alliés d'Anæa, établit à la tête des affaires un conseil de dix magistrats, avec un commandant lacédémonien, Thoracius, qui reçut le titre d'harmoste, et ne quitta Samos qu'après y avoir restauré le parti oligarchique, qui, dans sa reconnaissance, lui consacra une statue à Olympie. Ceux des Samiens qui ne purent plier leur turbulence au nouveau régime s'exilèrent, et ces bannis allèrent partout chercher du service et répandre leur activité; c'est ainsi que dans l'expédition du jeune Cyrus, nous voyons l'un d'eux, Gaulitès, obtenir dans les conseils du prince une place distinguée et l'accompagner jusqu'à Cunaxa (2).

SAMOS RETOMBE SOUS L'INFLUENCE D'ATHÈNES. — Le gouvernement établi par Lysandre à Samos ne dura pas plus longtemps que la tyrannie constituée à Athènes. Conon, victorieux à Cnide, relève la puissance maritime d'Athènes : il accourt aussitôt à Samos, et renverse l'harmoste. Les anciennes sympathies du peuple pour sa métropole se réveillent avec toute leur vivacité, et, comme Alcibiade et Lysandre, Conon a les honneurs d'une statue. Mais il quitte l'île, et trois généraux spartiates, qui se rendaient à Rhodes avec sept trirèmes, y abordent et relèvent la faction des nobles. C'est ainsi que la malheureuse Samos, agitée entre les deux partis, consumant ses forces à servir tantôt l'un, tantôt l'autre, se déchirait de ses propres mains, et achevait de ruiner ce qui avait survécu de sa puissance à tant de guerres et de calamités. L'un des généraux lacédémoniens, Téleutias, re-

---

(1) Thucyd., VIII, 79.
(2) Pausan., V, c. 3.
(3) Thucyd., VIII, 86.
(4) Xénoph., *Hellen.*, I, ch. 6.

(1) Xénoph., *Hellen.*, II, c. 2.
(2) Id., *Anab.*, ch. VII.

eut de Samos un subside de quelques vaisseaux pour combattre les Athéniens (393) (1). Les Samiens, abaissés et démoralisés par toutes ces dissensions intestines, suivaient la fortune des plus forts. Bientôt la paix honteuse d'Antalcidas les rejeta sous la domination Perse (387). Ces nouveaux maîtres leur firent subir de cruelles vexations, et les Athéniens eux-mêmes ajoutèrent aux misères de leur ancienne alliée en y faisant des descentes à main armée, pendant la durée de cette domination. Chabrias manœuvrait autour de l'île pour s'emparer de son port, une flotte ennemie en gardait l'entrée. Il eut recours à un stratagème : plusieurs de ses vaisseaux passèrent devant les ennemis, et les provoquèrent. Les Perses abandonnèrent leur position pour les suivre, et pendant ce temps Chabrias fit avancer le gros de sa flotte, et s'empara du port (2). Peu après, Iphicrate vint piller l'île; il y fit un grand butin, et se retira à Délos. Les Samiens lui envoyèrent des députés pour racheter ce qu'il avait pris. Il les accueille, traite avec eux, puis feint d'être subitement rappelé à Athènes; les Samiens ne s'étonnent ni ne s'inquiètent de son départ; lui, trompant leur bonne foi, fait force de voiles vers leur île, en trouve les défenseurs sans défiance, répandus dans la campagne, exerce de nouveaux ravages, et emporte un butin plus considérable (3).

C'est vers le même temps qu'Isocrate, tâchant de persuader aux Athéniens de s'emparer de toute l'île, leur disait : « Les côtes de l'Asie n'obéissant qu'avec répugnance au grand roi, il faut prendre Chios, Rhodes et Samos avant qu'elles ne soient fortifiées par de nouvelles garnisons (4) ».

Ce conseil fut suivi. Mille mercenaires, commandés par Timothée, allèrent attaquer Samos; mais ils ne combattirent qu'avec mollesse, parce que leur solde n'était pas payée. Timothée trouva des ressources dans l'île assiégée : elle abondait en fruits; il y fit une descente, recueillit et fit vendre tout ce qu'il put des productions du sol, distribua l'argent à ses soldats, et prit d'assaut la ville (1). Dans la guerre sociale, lorsque le joug d'Athènes, redevenu pesant, révolta contre elle les Rhodiens, les habitants de Chios et les Byzantins, Samos demeura fidèle. Une flotte de cent vaisseaux des alliés vint l'attaquer après avoir dévasté Lemnos et Imbros; ils ravagèrent l'île, et assiégèrent sa capitale par terre et par mer. Pour délivrer cette ville, Iphicrate, Timothée et Charès firent diversion en se portant vers Byzance; ils y rappelèrent la flotte des rebelles (2). Le récit de Cornélius Népos (3) donnerait à supposer, bien au contraire, que les Samiens avaient abandonné Athènes; les trois généraux, dit-il, assiégeaient Samos; Iphicrate et Timothée se refusaient à une bataille navale. Charès l'engagea seul, et fut vaincu; il écrivit à Athènes que sans ses collègues il eût pris la ville. Mais Cornélius Népos, plus éloigné des faits que Diodore, et biographe peu critique, est d'autant moins digne de foi en cette circonstance, que Pausanias nous apprend encore, par le passage déjà cité (4), que Timothée obtint des Samiens une statue, et ce n'est pas en les assiégeant qu'il eût mérité leur reconnaissance. Quoi qu'il en soit, Athènes continua à faire acte de souveraineté dans l'île de Samos, et y envoya dans ce temps-là deux mille colons, que l'on pourvut de bonnes terres (355) (5).

Ainsi Athènes s'était comme incorporé l'île de Samos, et celle-ci, de son côté, renonçant à avoir une existence à part et indépendante, fit le sacrifice de toute ambition, et retrouva en s'adonnant au commerce des jours de paix et de prospérité. Philippe, devenu maître de toute la Grèce, laissa aux Athéniens la possession de cette île, qui était devenue comme une annexe de l'Attique; et Alexandre, dit Plutarque (6), confirma aux Athéniens la concession de son père et leur abandonna Samos libre et florissante. Mais lorsque, vers ses dernières années,

---

(1) Xénoph., *Hellen.*, IV, 8.
(2) Frontin, *Strat.*, I, 4, 14.
(3) Polyæn, *Strat.*, III, 9, 36.
(4) Isocr., *Panég.*, 160.

(1) Polyæn, *Strat.*, III, 9, 10.
(2) Diod., XVI, 21.
(3) Corn. Nep., *Timoth.*, 3.
(4) Pausan., V, 3.
(5) Diod. de Sic., XVIII, 8.
(6) Plut. *Alex.*, 28.

il rappela par un décret, applicable à toute la Grèce, les exilés dans leurs diverses villes, les Athéniens ne virent pas revenir sans un vif mécontentement les Samiens qu'ils avaient dépossédés pour faire place à leurs deux mille colons. Mais en présence d'Alexandre il fallut se taire (1). La querelle, suspendue à la mort du roi, fut soumise à ses successeurs, et Perdiccas rendit aux Samiens leurs champs et leur ville, et les rappela après plus de quarante-trois ans d'exil (2). Polysperchon se montra moins favorable à Samos : l'exceptant du décret de liberté promulgué pour toute la Grèce, il la rendit à Athènes, parce que cette ville la tenait de Philippe (3). La malheureuse île disparaît alors, et on ne sait si, dans le conflit des successeurs d'Alexandre, elle prit parti pour quelqu'un d'entre eux. Un Samien, Thémison, commande, au centre de l'armée, les vaisseaux légers de Démétrius à la bataille navale de Salamine ; mais Diodore ne dit pas s'il était envoyé par les Samiens ou s'il était venu comme simple aventurier. C'est vers cette époque que l'annaliste samien Duris gouverne cette île, si l'on doit ajouter foi au témoignage isolé d'Athénée (4).

Au milieu des grands événements survenus autour d'eux dans la Grèce et l'Asie, les Samiens et les Priéniens n'avaient pas déposé leur vieille inimitié ; les champs de Barginétide étaient toujours l'objet de leurs contestations, et les guerres se succédaient entre eux pour les limites de territoire. Les marbres d'Oxford constatent la persévérance de cette querelle, et le voyageur anglais Chandler a retrouvé un document qui atteste que Lysimaque fut pris pour arbitre par les Samiens et les Priéniens. Ceux-ci avaient exposé tous leurs titres à la possession du territoire de Barginétide, et, autant qu'on le peut conjecturer par les marbres d'Oxford et par une inscription trouvée dans les ruines du temple de Minerve à Priène (5), ils eurent gain de cause. Mais Samos en appela du jugement de Lysimaque à Ptolémée Philopator, qui était devenu son maître, et qui entretenait dans ses ports une flotte considérable (1). Ptolémée confirma aux Priéniens la possession du champ contesté, (222).

SAMOS SOUS L'INFLUENCE ET LA DOMINATION DES ROMAINS. — Après les successeurs d'Alexandre, la domination romaine s'étendit sur la Grèce. En l'année 200 nous trouvons Samos dans l'alliance de Rome avec Attale et les Rhodiens, et un ambassadeur romain dénonce dans le sénat de la ligue Étolienne les plaintes des Samiens contre Philippe, roi de Macédoine. Celui-ci, pour se venger, équipe une flotte, et prend Samos (2), dont il fait le centre de ses opérations navales. En 197 Samos, avec le reste de la Grèce, recouvre, après la victoire de Flamininus, une ombre de liberté. Bientôt Antiochus, roi de Syrie, fit la guerre aux Romains ; la commodité du port de Samos et sa situation en firent encore le centre des opérations de la guerre entre les Rhodiens et les Romains d'une part, et Antiochus de l'autre. Les Samiens étaient favorables aux premiers ; mais Pausistrate, chef des forces de Rhodes, tomba dans un piége que Polyxénidas, amiral d'Antiochus, lui avait tendu ; pris à l'improviste, il fut vaincu, et n'eut pour sauver son honneur que la ressource de mourir courageusement dans le combat. Samos, incapable de se défendre par elle-même, tomba sous la dépendance du vainqueur (3). Plus préoccupée de la possession de son petit territoire du continent que de sa liberté, elle soumet à Antiochus son éternel différend avec Priène, et les limites entre les deux peuples sont enfin fixées. Après la défaite du roi de Syrie, Samos se replaça sans peine sous le patronage des Romains.

Nous retrouvons Samos au temps où Aristonic proteste par les armes contre le testament d'Attale, roi de Pergame. Beaucoup de villes reconnaissent ce prince ; mais Samos s'y refuse, et il la prend par force (4). A sa mort (129 avant J.-C.) Samos est comprise dans les villes

---

(1) Diod., XVIII, 8.
(2) Id., XVIII, 18.
(3) Id., XVIII, 56.
(4) Panofka, *Res Sam.*, p. 98.
(5) Chandler, *Inscript. ant.*, t. I, p. 15.

(1) Polybe, V, 35.
(2) Id., XVI, 1.
(3) Appien, *De Reb. Syr.*, 24.
(4) Florus, II, 20, 4.

d'Asie réduites en province romaine. Mais plus tard elle secoue ce joug, et cette alliée jusqu'ici fidèle des Romains s'unit à Mithridate (1). Ce soulèvement n'est pas heureux; et Sylla le lui fait expier durement. Il était encore à Samos quand des pirates s'en emparèrent, pillèrent la ville et ruinèrent le temple, jusque là respecté. Ce n'était là que le prélude des longues misères dont le despotisme des gouverneurs romains et les brigandages des pirates devaient accabler l'île de Samos. Son antique renommée d'opulence attirait vers elle tous ceux qui étaient avides de butin : proconsuls et pirates la dévastèrent à l'envi. Verrès, lieutenant de Dolabella en Asie, n'épargna ni le temple de Junon ni les habitants de Samos. Les députés samiens allèrent en Asie exposer leurs plaintes à Caïus Néron, qui leur dit que les accusations de ce genre se portaient à Rome; ils n'eurent que la consolation d'entendre une sortie éloquente de Cicéron contre le spoliateur (2). L'administration bienfaisante de Quintus Cicéron, préteur en Asie, rendit un peu de calme à Samos, et sembla la faire renaître (62 avant J.-C.) (3). Mais les exactions ne tardèrent pas à recommencer : Antoine leur ravit, pour Cléopâtre, les chefs-d'œuvre de sculpture qu'ils avaient conservés. Octave, vainqueur à Actium, se déclara le protecteur de ceux que son ennemi avait opprimés; il passa une partie de l'hiver de l'année 30 avant J.-C. à Samos, et lui restitua deux de ses statues (4). Cette île lui plaisait, il y fit un second séjour; il y prit les insignes de son cinquième consulat, et y passa les deux hivers des années 21 et 20, en allant et revenant d'un voyage en Orient. Il avait été rejoint en 21 par Tibère (5). Mettant le comble à ses bienfaits, Auguste accorda à Samos la liberté (6). Ce fut alors que Samos fit une acquisition assez importante. L'île d'Icarie était presque inhabitée : des Samiens s'y établirent, et en exploitèrent les excellents pâturages. D'autres s'approprièrent une partie du rivage d'Éphèse. Caligula eut l'intention de rétablir le palais de Polycrate (1). Les divers empereurs qui se succédèrent jusqu'à Vespasien respectèrent l'apparence de liberté qu'Auguste avait accordée à Samos. Mais en 70 le nouvel empereur fit de l'île une province romaine, et supprima les derniers vestiges de son indépendance.

III.

COLONIES, INSTITUTIONS, RELIGION, LITTÉRATURE DE SAMOS DANS L'ANTIQUITÉ.

COLONIES, COMMERCE, INDUSTRIE. — Le nombre et l'importance des colonies de Samos prouvent, mieux que tout autre témoignage, l'activité et l'étendue de son commerce, et montrent que les Samiens méritaient peut-être plus que les Phocéens d'être considérés comme les premiers navigateurs de la Grèce (2). La première colonie samienne fut celle de Samothrace, fondée lorsque Androclès, roi des Éphésiens, eut chassé Léogoras, fils de Proclès, vers 1100 avant J.-C. Une génération après l'établissement des Ioniens en Asie Mineure, des Samiens dépossédés par l'établissement de ce prince se réfugièrent dans cette île, et changèrent son nom de Dardanie en celui de Samos de Thrace (3). Antiphon dit à ce sujet : « Les anciens habitants de l'île, dont nous descendons, étaient Samiens. Ce fut la nécessité, non le bon plaisir, qui les conduisit dans leur second séjour. Un tyran les avait chassés de leur patrie; après avoir exercé des pirateries sur la côte de Thrace, ils s'emparèrent de Dardanie. » Le géographe Mélétius ne semble pas attribuer à ce fait historique la colonisation de Samothrace; car il dit que les habitants de cette île ayant été secourus par les Samiens dans une disette, leur accordèrent en reconnaissance

---

(1) App., *De Bell. Mithrid.*, 62, 63.; Cicér., *pro Manil.*, XII.
(2) Cic., *in Verr.*, I, 20.
(3) Cicér. *ad Quint. fratr.*, I, 8, 3, 7.
(4) Suéton., *Octav.* XVII; App., *Bell. civil.*, IV, 42.
(5) Suet., *Tib.*, XII.
(6) Euséb., *Chron.*, olymp. CXC.

(1) Tacite, *Ann.*, IV, 14.
(2) R. Rochette, *Colonies Grecques*, IV, 103.
(3) Suid., v. Σαμοθράκη; Diod. Sicul., III, § V, 49; IV, 43, 48; cf. Panofka, *Res Sam.*, p. 20.

le droit d'envoyer chez eux une colonie. Samothrace à son tour répandit une partie de sa population sur les rivages voisins.

Anæa, cette ville qui a été souvent mentionnée dans l'histoire de Samos, fut fortifiée à la même époque par Léogoras, qui s'y était réfugié. Elle devint depuis ce temps la retraite de ceux des Samiens qu'avait chassés le parti populaire; et lorsque l'île se mit dans l'alliance et la dépendance des Athéniens, sa colonie, jetée dans le parti contraire, ne cessa de fomenter des troubles dans la métropole et de chercher l'occasion d'y faire naître une révolution oligarchique. « Anæa, dit Étienne de Byzance, est située sur la côte de Carie, en face de Samos; son nom lui vient de l'amazone Anæa, qui y avait été nourrie, au dire d'Ephorus l'Anéen. A cette ville appartient l'illustre péripatéticien et historien Ménélas (1). »

La fondation de Périnthe doit remonter à la même époque. Les témoignages de Plutarque et de Scymnus de Chios ne permettent pas de douter que cette ville ait été une colonie samienne. Elle parvint à un degré assez élevé de prospérité et de puissance; son alliance avec les Athéniens et sa résistance aux armes de Philippe sont les principaux événements de son histoire.

A vingt milles de Périnthe, vers le sud, était Bisanthe, autre colonie de Samos, et patrie du poëte élégiaque Phaidimus (2). Cette ville a pris plus tard le nom de Rhaidestos. Les avantages de sa position la conservèrent dans un état prospère, malgré les révolutions et les siècles; et lorsque Pococke visita les côtes de Thrace, il retrouva la colonie samienne toujours riche en vins et en blés, et encore assez florissante sous le nom de Rhodosto (3). Les Samiens paraissent avoir affectionné les côtes fertiles de la Thrace; ils y fondèrent encore, à une époque incertaine, entre Bisanthe et Périnthe, Heræum-Tichos (cité de Junon); cette ville était un comptoir samien, qui avait un temple consacré à la déesse protectrice de Samos.

Vers 625 Amorgos, île des Cyclades, habitée par des Naxiens, reçut une colonie que le grammairien Simmias amenait de Samos, sa patrie (1). La Lybie fut aussi fréquentée par les Samiens. Ils fondèrent dans la grande Oasis une ville qui « appartient, dit Hérodote, à la tribu d'Eschrion, et se trouve à sept journées de Thèbes par le désert; ce lieu porte le nom d'île Fortunée (2) ». De Mycale à Éphèse le rivage asiatique appartenait à Samos; les Éphésiens lui avaient cédé la petite ville de Néapolis en échange de Marathésium. En Cilicie, elle avait fondé, en face de l'île de Cypre, Nagidos et Celendris, qui passaient pour les plus anciennes villes de cette contrée. Les Samiens exilés qui sous Polycrate avaient inutilement tenté de rentrer par force dans leur patrie fondèrent Cydonie (la Canée) en Crète. Ils consacrèrent dans cette île un temple à Diane-Dictynne. Pendant six années leur établissement fut prospère; mais au bout de ce temps les Éginètes, qui n'avaient pas déposé leur vieille inimitié contre les Samiens, vinrent les attaquer; vaincus dans un combat naval, les habitants de Cydonie allèrent demander à l'Italie une troisième patrie; ils se retirèrent en Campanie à Dicœarchia, qui devint plus tard Puteoli ou Pouzzoles (3) (518 avant J.-C.).

Zancle fut la dernière colonie samienne. Thucydide et Hérodote ne s'accordent pas avec Pausanias au sujet de la fondation de cette ville. Thucydide (4) dit que Zancle fut d'abord habitée par des brigands de Cume en Eubée, puis par d'autres colons du même pays; plus tard les Samiens et d'autres Ioniens, qui fuyaient la domination des Perses, chassèrent ces premiers possesseurs, et se mirent à leur place. Dans Hérodote les faits sont plus circonstanciés : après la bataille de Lada, dit-il, ceux des Samiens qui ne voulaient pas retomber sous le joug d'Éacès se rendirent à l'in-

---

(1) Voyez pour toutes les citations Panofka, *Res Samiorum*, p. 21 et suiv.
(2) Étien. de Byz., V, Βισάνθη; Pompon. Mela, II, 2.
(3) *Description de l'Orient*, III, p. 143.

(1) Suid., Σιμμίας.
(2) Hérodote, III, 26.
(3) Hérodote, III, 59; Euséb., *Chron.*, olymp. LXII.
(4) Thuc., VI, 4.

ILE DE SAMOS.

vitation que les Zancléens avaient faite aux Ioniens de venir à Calacte (Καλὴ Ἀκτή) pour y bâtir ensemble une ville; quand ils arrivèrent en Sicile, ils apprirent que les habitants de Zancle étaient, avec leur roi Scythès, occupés au siége d'une ville voisine. Anaxilas, tyran de Rhégium, alors en guerre avec les Zancléens, engagea les Samiens à abandonner leur projet d'établissement à Calacte, et à s'emparer de Zancle, alors sans défenseur. Ce conseil plut aux Samiens; avertis de cette perfidie, ceux de Zancle appelèrent à leur secours Hippocrate, tyran de Géla. Ce prince accourut; mais il fit mettre aux fers le roi de Zancle et son frère, et les livra aux Samiens avec trois cents des principaux de la ville. Les dépouilles furent partagées de la sorte : la campagne et ses productions avec la moitié des meubles et des esclaves fut livré à Hippocrate, le reste appartint aux exilés de Samos (1). La mauvaise foi et la trahison des Samiens furent punies ; ils occupèrent quelque temps Zancle d'accord avec Cadmus, fils du roi dépossédé (2). Mais Anaxilas, tyran de Rhégium, les chassa en partie, ouvrit la ville à des hommes de toute race, et, en souvenir de la patrie de ses ancêtres, lui donna le nom de Messène (3). Pausanias nous offre encore un récit différent. Il reporte à une époque beaucoup plus ancienne les ravages exercés par des pirates sous les ordres de deux chefs, Cratémène de Samos et Périérée de Chalcis ; il suppose l'existence de deux Anaxilas, dont le premier aurait vécu au temps de la deuxième guerre de Messénie. Ce tyran de Rhégium avait, dit-il, appelé les Messéniens, chassés de leur patrie, au secours de Zancle, pressée par les pirates, et les Messéniens vainqueurs se seraient établis dans la ville et lui auraient donné leur nom. Selon cette version, Zancle n'est pas une colonie de Samos; un chef de pirates, seul, est Samien (4).

Le commerce des Samiens était très-actif et très-étendu (1) ; leurs vaisseaux sillonnèrent la Méditerranée, et portèrent dans tous les pays de l'ancien monde les produits de leur industrie; et les profits considérables de leur commerce expliquent seuls la rapidité avec laquelle ils se relevaient de leur désastre, et la prospérité où ils parvinrent, malgré de continuelles dissensions. Un de leurs navigateurs, Déxicréon, avait fait voile vers l'île de Cypre pour y commercer ; mais pendant qu'il s'occupait d'échanges, la déesse Vénus l'avertit de n'embarquer que de l'eau. « Il suivit ce conseil : des « marchands, mourant de soif, la lui « achetèrent ; il fit un gain considérable, « et, plein de reconnaissance, à son re- « tour dans Samos, il éleva un temple « à sa protectrice (2). » Il y avait des Samiens parmi ces pirates Ioniens et Cariens avec lesquels Psammitichus, chassé par les onze rois ses collègues, les expulsa à son tour et s'établit à leur place. Psammitichus et son fils Néchao furent de grands rois ; quelques pirates Samiens en les plaçant sur le trône se trouvèrent exercer une influence singulière sur les destinées de l'Égypte. Les alliés de Psammitichus furent récompensés par une concession de terres situées près de la mer, au-dessus de Bubaste, et de jeunes Égyptiens qui leur furent confiés s'élevèrent dans la connaissance des usages et de la langue grecque (3). Cette alliance des Égyptiens et des Grecs, commencée par les Samiens sous Psammitichus, fut resserrée sous Amasis, qui longtemps fut l'ami et l'allié particulier de Polycrate. Le roi d'Égypte accorda aux Grecs un établissement à Naucratis, et le droit d'élever des autels à leurs dieux particuliers; les Samiens y dressèrent un temple à Junon (4). De tous les navigateurs de Samos, les deux plus célèbres sont Colœus et Elpis. Colœus avait abordé à l'île de Platée, en Lybie, et secouru dans une disette une colonie des habitants de Théra conduite par un Crétois du nom de Corobius. Désirant se rendre en Égypte, il avait mis à la voile par un fort vent d'est. Le vent, ne cessant pas, l'emporta

---

(1) Hérodote, VI, 22, 23.
(2) Id., VII, 164.
(3) Thucyd., VI, 5.
(4) Pausanias, IV, 23. Voir la critique de ces témoignages dans M. Raoul Rochette, *Colonies Grecques*, III, 431.

(1) Cf. Panofka, *Res Sam.*, p. 14.
(2) Plut., *Quest. Gr.*, 54.
(3) Hérodote, II, 152-154.
(4) Id., II, 178.

par delà les colonnes d'Hercule, vers la ville de Tartessus, où jamais aucun Grec n'avait abordé. Les profits de Colœus furent si considérables, que de la dîme de son gain, s'élevant à six talents (à peu-près 32,400 fr.), il fit faire le vase d'airain en forme de cratère argolique orné de têtes de griffons, et soutenu par trois colosses d'airain de sept coudées, que l'on voyait dans le temple de Junon à Samos (1). Pline nous a conservé sur Elpis une histoire singulière. Il s'était rendu en Afrique; à peine débarqué, il vit un lion s'avancer vers lui. Plein d'effroi, il chercha un refuge sur un arbre, en invoquant Bacchus; le lion s'était approché, mais, au lieu de marquer aucune colère, il tournait ses regards vers l'homme, et semblait l'implorer. Un os s'était arrêté dans sa mâchoire, et l'empêchait de prendre aucune nourriture. Elpis descendit, et le délivra. Le lion ne se montra pas ingrat; Pline raconte qu'il entretint de gibier le navire de son libérateur tant qu'il resta près du rivage. De retour dans sa patrie, le Samien consacra à Bacchus le temple qu'on appela Διονύσου κεχηνότος (de Bacchus à la bouche ouverte) (2).

Les Samiens ne furent pas moins industrieux que commerçants; leurs navires ne transmettaient pas seulement aux autres pays les riches productions d'un sol fertile; les tissus de laines, de moelleux tapis, et surtout les vases fameux de Samos, étaient l'objet d'un vaste échange. Polycrate, à qui l'île était redevable de presque tous les éléments de sa prospérité, y avait fait élever un grand nombre de brebis achetées aux Milésiens; et en peu de temps, grâce au développement de l'industrie, les tapis samiens égalèrent en célébrité ceux de Milet. Leur réputation subsistait encore au temps de Théocrite : dans les cérémonies sacrées on déployait *les tapis de pourpre plus doux que le sommeil fabriqués avec les toisons de Milet et de Samos* (3). La poterie samienne était d'un usage général chez les anciens; elle était faite d'une terre particulière appelée géophanium, qu'avait trouvée au pied du Cer-cétus un Samien du nom de Mandrobule; un de ses taureaux l'avait mise à découvert en creusant la terre. Mandrobule, enrichi par cet heureux hasard, consacra à Junon un taureau d'or; l'année suivante il offrit à la déesse un taureau d'argent, la troisième année un taureau d'airain, et ses compatriotes firent à ce sujet un proverbe qu'ils appliquaient à ceux qui allaient de moins en moins bien : *Comme Mandrobule* (1). Le géophanium se divisait en aster et collyre; il avait des propriétés médicinales. Son emploi le plus important était la fabrication de ces vases de Samos que les anciens ont célébrés à l'envi. Plus recommandables par leur utilité que par la beauté de leur forme, ils étaient particulièrement en usage chez les pauvres. « Pourquoi, dit Lactance, n'honore-t-on pas l'inventeur de la poterie? est-ce parce que les riches méprisent les vases de Samos? » Plaute, Cicéron, Pline ont parlé des vases samiens. Tibulle s'adressant à l'une des beautés qu'il célèbre, fait ce vœu : (que pour tout luxe) *on voie à tes festins joyeux les coupes de Samos*. Cette spécialité de l'industrie samienne était plus ancienne qu'Homère (2); elle survécut à la prospérité de Samos, et nous avons vu, dans la description de l'île, qu'un village moderne a retenu le nom de Fourni des fours où se cuit encore la poterie.

Les Samiens exploitaient aussi parmi les produits naturels de leur île une pierre propre à brunir l'or, qui en même temps était regardée comme un remède efficace contre les affections d'estomac, les vertiges, la folie et les maux d'yeux (3). Hérodote remarque qu'ils faisaient usage d'une mesure particulière, la coudée samienne (4).

INSTITUTIONS POLITIQUES.—Samos, comme le reste de la Grèce, se trouva d'abord placée sous la domination des rois. Aux rois succédèrent les géomores, et à la royauté se substitua le gouvernement républicain, qui fut tantôt populaire, tantôt oligarchique. Dès les premiers rois,

---

(1) Hérodote, IV, 152.
(2) Plin., *Hist. Nat.*, VIII, 21.
(3) Théocr., *Idyll.* XV, v. 125.

(1) Suid., v. ἐπὶ τὰ Μανδροβ.
(2) Voyez dans la vie d'Homère par Hérodote le *Chant du fourneau*.
(3) Pline, *Hist. Nat.*, XXXVI, 40.
(4) Hérodote, l. II, 168.

au temps de l'établissement ionien à Samos, la population de cette île est divisée en deux tribus, celle du Chèse, devenue le partage de Proclès, chef de l'invasion ionienne, et celle d'Astypalée, demeurée aux Cariens. Une troisième tribu, qu'Hérodote appelle d'Eschrion, semble s'être formée plus tard (1). Ces tribus, comme on le voit, n'étaient pas seulement des circonscriptions locales; le fond de cette division, à Samos, comme partout ailleurs, repose sur la différence des races. Les tribus paraissent composées de phratries, qui dans l'exercice des droits politiques, et dans la célébration des cérémonies sacrées, établissaient peut-être entre les citoyens des distinctions et des catégories. Homère, débarqué à Samos, s'avance au milieu des citoyens qui célébraient la fête des Apaturies (2) : « Étranger, lui dit un habitant de l'île, viens au milieu de notre fête, les phratries t'invitent à te joindre à nos sacrifices. »

Les géomores, substitués par les Samiens à leurs rois, furent des magistrats dont le caractère et les fonctions ne sont pas nettement définis. Il y avait à Syracuse une classe de citoyens appelés Gamores (3), possesseurs des champs et des habitations. Le rapport de nom semble indiquer une analogie avec les magistrats de Samos; et sans doute ce sont les mêmes citoyens que Xénophon appelle notables (γνωρίμους) et Thucydide puissants (δυνάτους) (4). Plutarque les appelle les premiers de la cité. C'était, autant qu'on peut l'affirmer, le nom donné aux magistrats du parti oligarchique dans la première période de sa puissance. Les géomores étaient assistés par un conseil appelé le sénat. C'est en effet dans le sénat que ces magistrats furent massacrés par les Samiens qui avaient fait partie de l'expédition de Mégare.

Le gouvernement populaire institué sous la protection des Athéniens se constitua à l'imitation de celui de la métropole; le peuple se réunissait en une grande assemblée (ἐκκλησία); ses magistrats, choisis par le hasard, ou élus par le suffrage général, étaient les éphédètes ou éphètes mentionnés par Hésychius (1), sans que leurs attributions soient spécifiées, et les prytanes (2). Le rôle de ces derniers variait dans les diverses villes, selon que la constitution était oligarchique ou populaire. A Samos on trouve des prytanes aux temps où la forme démocratique fut en vigueur, ainsi que dans la courte révolution oligarchique qui mit trois cents citoyens puissants à la tête des affaires.

MŒURS, CARACTÈRE, RELIGION. — L'histoire ancienne de Samos nous montre un peuple longtemps énergique, animé d'une forte haine contre les tyrans et d'un grand amour de la liberté. Ce sont là les traits généraux de l'esprit grec. Il n'est pas nécessaire de rappeler la chute des géomores, les luttes contre Polycrate, la résistance généreuse aux armes des Perses, et ce combat naval près de Cypre où les Samiens se distinguèrent entre tous. La trahison des chefs à la bataille de Lada ne peut flétrir un peuple qui s'en montr indigné. Beaucoup de Samiens préférèrent un exil volontaire à la domination d'Éacès; les autres ne craignirent pas, après Salamine, de rendre à Athènes cinq cents de ses concitoyens pris par les Perses; ils entretinrent des intrigues avec Léotychide, chef de la flotte grecque confédérée, le déterminèrent à venir à Samos qu'il *croyait plus éloignée que les colonnes d'Hercule* (3), et bien que désarmés, ils prirent une part active à la bataille de Mycale, dont ils avaient préparé le succès. Dans les temps modernes on retrouve chez les Samiens les mêmes dispositions. Pendant la guerre de l'Indépendance Samos a été la première de toutes les îles à s'engager dans le péril, et la dernière à déposer les armes.

Adonnés au commerce et à la navigation, les Samiens se distinguaient par une certaine activité qui les faisait renommer entre tous les Ioniens. Plusieurs

---

(1) Hérodote, III, 26.
(2) Les Apaturies étaient une fête religieuse célébrée par tous les Ioniens originaires de l'Attique; elle avait son origine dans la victoire remportée par Mélanthus sur Xanthus, chef des Thébains, avec qui Athènes était en guerre. Voir Hérodote, I, 147.
(3) Hérodote, VII, 155.
(4) Xénoph., *Hell.*, II, 2; Thucyd., VIII, 21; Plut., *Quest. gr.*, 57.

(1) Hésych., V, ἐφεδέται ou ἐφέται.
(2) Chandler, *Inscript. anc.*, t. I, p. 15, 5.
(3) Hérodote, VIII, 132.

illustrèrent leur patrie par des victoires à Olympie : Eurymène, bien que d'une très-petite taille, fut vainqueur des plus robustes adversaires pour s'être nourri, selon le conseil de Pythagore, de viande au lieu des figues, du lait et du fromage qu'indiquait une vieille prescription (1). Eglès était muet; il avait été vainqueur, un autre athlète venait d'être proclamé; le prix allait lui être ravi, l'indignation du Samien lui donna la parole (2). Héraclite remporta le prix à la 143ᵉ olympiade (3); l'historien Duris avait obtenu à la 107ᵉ olympiade le prix du pugilat des enfants (4). Enfin, une inscription, placée au bas de la statue de l'un des vainqueurs, s'exprimait ainsi : « Les Samiens sont les meilleurs athlètes et les plus habiles navigateurs de l'Ionie (5). »

Les mœurs publiques s'amollirent beaucoup sous Polycrate, et *les fleurs samiennes* ne contribuèrent pas peu à leur dégradation ; un temps vint, plus tard encore, où Samos n'eut plus guère de réputation que par ses courtisanes; on cite Charitoblépharis, qui fut aimée par Démétrius de Phalère, et Myrine, par Démétrius Poliorcète. Déjà, longtemps auparavant, Samos avait été la patrie de Rhodope, qui fut esclave avec Ésope, au commencement de la tyrannie de Polycrate. Nico et la belle Bacchis étaient aussi de Samos (6).

RELIGION DES SAMIENS. — Samos était célèbre chez les anciens par le culte qu'elle rendait à Junon. L'édifice fameux qui était consacré à cette déesse, et dont les débris rares et mutilés attirent encore les voyageurs, a été décrit plus haut. Les honneurs rendus à la déesse étaient dignes de la splendeur de son temple. Il y avait entre quelques cités de la Grèce, et surtout entre Samos et Argos, une rivalité sérieuse au sujet de l'origine de Junon. C'était, disait-on, le navire Argo qui avait transporté à Samos l'image et le culte de la déesse. Mais les Samiens assuraient qu'elle était née dans leur île; et pour preuve ils rappelaient son nom antique de Parthénia; et ils disaient que le fleuve Imbrasus avait aussi porté le nom de Parthénius, parce que la reine des dieux s'était, pour la première fois, montrée sous les touffes d'osier qui bordaient ses rives. Cette Junon n'était peut-être ni Argienne, ni Samienne d'origine. Le savant ouvrage des *Religions de l'Antiquité* a démontré sa parenté avec la divinité adorée à Tyr, sous le symbole de la lune, et la grande déesse de Babylone, Mylitta, dont elle pouvait bien n'être qu'une reproduction. L'osier ou le saule, l'agnus castus des rivières, était dédié à la même divinité, soit à Tyr, soit à Samos. La lune était aussi, chez les Grecs, l'astre affecté à cette déesse; enfin, les rites mystérieux que l'on observait dès les temps les plus reculés, et jusqu'à la statue informe qui représentait alors la déesse, tout cela se retrouvait à Tyr et à Babylone. Si l'on songe aux vieilles relations de Samos avec la Phénicie et l'Orient, on conclura sans peine que c'est de là que lui est venue la déesse qu'elle disait née chez elle, et le culte qu'elle lui rendait (1). Certains jours, appelés *Herœa*, ramenaient en son honneur une magnifique solennité : des vierges et des femmes, ornées de bracelets et de diadèmes, s'avançaient suivies des guerriers. A l'entrée du temple, ceux-ci déposaient leurs armes ; on répandait les libations, et les vœux et prières s'élevaient vers la déesse pendant que les prêtres offraient le sacrifice public sur la cendre des cuisses des victimes amoncelées en forme d'autel (2). Plus tard on altéra le caractère primitif de cette fête en associant le nom d'un homme aux honneurs qu'on rendait à la déesse. Les oligarques établis à Samos par Lysandre donnèrent à ces jours consacrés le nom de *Lysandria* et ajoutèrent des combats aux cérémonies de la fête (3). Une autre fête se célébrait encore en l'honneur de Junon ; elle avait un nom distinct et une

---

(1) Diog. Laert., VIII, 12.
(2) Valèr. Max., I, 8.
(3) Euséb., *Chron.*, olymp. CXLIII.
(4) Pausan., VI, 13.
(5) Id., VII, 4.
(6) Voir Athénée, XIII, XIV, passim

(1) MM. Creuzer et Guigniaut, *Religions de l'Antiquité*, deuxième partie, t. II, p. 599-625.
(2) Asius, dans Athén., XIII, p. 525 f.; Polyaen., *Strat.*, I, 23; Pausan., V, 13.
(3) Plut., *Lys.* XVIII; Suid., Ἡραῖα; Hésych., Λυσάνδρια.

origine particulière que nous a conservée le témoignage d'Athénée. Admète, fille d'Eurysthée, roi d'Argos, forcée de fuir le royaume paternel, avait trouvé un refuge à Samos, et s'y était consacrée au service de Junon, dont l'image lui était apparue; les Argiens, excités par leur jalousie, et voulant rendre Admète odieuse aux Samiens, engagèrent à prix d'argent des pirates tyrrhéniens à dérober la statue de la déesse, dont la garde était confiée à la fille d'Eurysthée. Les Tyrrhéniens pénétrèrent de nuit dans le temple, s'emparèrent de la statue et la transportèrent sur leurs vaisseaux. Mais un vent contraire les retint quand ils voulurent partir; vainement faisaient-ils force de rames, le vent plus fort les rejetait sur le rivage. Frappés de crainte, ils comprirent que la déesse allait faire tomber sur eux son ressentiment, et pour l'apaiser ils la mirent à terre, lui offrirent des libations et le vent cessa à l'instant même. Au matin Admète, ne voyant plus la statue sur l'autel, fut alarmée; elle s'écria que Junon s'était enfuie, chacun se mit en quête, et l'on trouva l'image sainte sur le bord de la mer. Les Samiens, joyeux, allèrent chercher de longues branches d'osier, ils en entourèrent la statue, la ramenèrent; et une fête annuelle, appelée Tonea (fête des liens), consacra le souvenir de cet événement (1). Junon n'avait pas seulement dans l'île le temple que nous avons décrit, cet Heræum qui réunissait tous les genres de magnificences ; on lui en avait consacré un second, à (2) Hipnonte, à vingt stades du rivage.

Après Junon, Diane était la déesse la plus honorée à Samos; Apollon partageait le culte rendu à sa sœur. Il ne serait pas impossible que la vénération pour Diane ait été chez les Samiens comme un reflet du culte de Junon. Le livre des *Religions de l'Antiquité* nous montre une sorte de parenté et presque de confusion entre les deux déesses, qui l'une et l'autre avaient la lune pour symbole. Il se peut aussi, cependant, que la déesse chasseresse n'ait dû son culte qu'à elle-même, dans une île où la chasse

(1) Ménodote, dans Ath., XV, p. 672 a.
(2) Panofka, *Res Sam.*, p. 58.

fut avec la piraterie la première ressource des habitants. Comme Junon, Diane porta les noms de *Chesia* et d'*Imbrasia* (1). Son temple était appelé *Tauropolion* : il servit d'asile aux enfants de Corcyre, lorsque les Samiens les arrachèrent aux envoyés de Corinthe, et c'est à leur occasion que fut instituée la fête annuelle où des chœurs de jeunes garçons et de jeunes filles déposaient sur l'autel des gâteaux de miel et de sésame (2).

Le culte d'Apollon était fort ancien au dire de Pausanias (3). Dans la vie de Pythagore, Jamblique raconte qu'Ancée reçut de ce dieu l'ordre de coloniser Samos (4). On peut croire aussi que ce culte arriva dans l'île avec Cydrolaüs, apporté par les Lesbiens, chez qui Apollon était particulièrement honoré. On se souvient de l'île de Rhénée, consacrée par Polycrate à Délos, et de ses jeux Pythiens.

Bacchus avait deux temples dans l'île : celui qu'Elpis lui avait fait bâtir à Samos et un second dans la petite ville de Gorgyre. Le Bacchus samien avait des rapports avec celui de Samothrace.

Neptune était honoré dans un temple sur le promontoire le plus oriental de l'île, sa situation l'avait fait surnommer *Neptune du rivage* (5), et le promontoire s'appelait Posidium.

Mercure, dieu actif du commerce et du vol, eut un temple à Samos à une époque très-reculée. Léogoras, au retour de son exil de dix années à Anæa, le lui avait élevé; et, en mémoire des pillages et de la piraterie qui avaient été sa seule ressource, il fut admis que pendant les fêtes et les jours consacrés on se volerait réciproquement. Ce Mercure était surnommé *Joyeux* (Χαριδότης) (6).

Après la mort violente de Polycrate, Meandrius éleva dans un faubourg de Samos le temple de *Jupiter libérateur*. Les temples de Vénus étaient nombreux; Dexicréon lui en avait élevé un à son retour de Cypre : les courtisanes athé-

(1) Callim., *Hymne à Dian.*, V, 228.
(2) Hérodote, III, 48.
(3) Pausan., II, 31.
(4) Jamb., I, ch. 11.
(5) Hésych., V, ἐπακταῖος.
(6) Plut., *Quest. Gr.*, 55; Pausan., VII, 4.

niennes qui avaient suivi Périclès, dans son expédition contre Samos, lui en bâtirent un second appelé le temple de la Vénus *des Roseaux* (1). La fête des *Eleuthéries* avait été instituée en l'honneur de l'Amour et de sa mère; pendant sa durée la licence la plus absolue régnait à Samos. Enfin, Minerve et Cérès recevaient un culte et jouissaient d'honneurs établis sans doute par les colons de l'Attique.

BEAUX ARTS, LITTÉRATURE, PHILOSOPHIE. — Les arts furent cultivés à Samos avec un soin particulier. Le grand nombre des édifices religieux qui ornaient cette île et les objets d'art dont ils étaient décorés attestent le développement de l'architecture, de la sculpture et de la peinture à Samos. L'architecture y fut surtout florissante. Les Samiens illustres dans cet art sont : Rhœcus, qui construisit l'Hérœum, à la première olympiade (776), ou selon une opinion plus accréditée vers la vingtième (700) (2). Son fils Théodore construisit le Labyrinthe de Lemnos. Pendant un séjour à Éphèse il conseilla de placer des charbons dans les fondements du temple de Diane, que l'on construisait alors, afin d'éviter les inconvénients de l'humidité (3). Vint ensuite Mandroclès, qui jeta sur le Bosphore le pont de bateaux sur lequel les Perses passèrent pour aller en Scythie. Darius, satisfait de cet ouvrage, combla Mandroclès de présents, dont une partie fut employée à faire peindre pour l'Hérœum un tableau qui représentait le pont avec le roi Darius, assis sur son trône et regardant défiler son armée. L'inscription en était ainsi conçue : « Mandroclès a consacré à Ju-
« non ce monument en reconnaissance
« de ce qu'il a réussi au gré de Darius
« à jeter un pont sur le Bosphore. Il
« s'est par cette entreprise couvert de
« gloire, et a rendu immortel le nom de
« Samos, sa patrie (4) ». Les nombreux édifices, tant civils que sacrés, de Samos témoignent de l'existence d'un grand nombre d'autres architectes et d'ingénieurs, dont les noms ne nous sont pas parvenus.

Le même Rhœcus fut sculpteur en même temps qu'architecte illustre. Avec et après lui se distinguèrent ses fils, Théodore et Téléclès. Rhœcus et Théodore furent les inventeurs de la plastique. Théodore avait coulé en airain sa propre statue. Cet ouvrage était remarquable, par la vérité et la finesse des détails. Dans la main droite était une lime et un petit quadrige de la forme la plus exiguë et du travail le plus délicat. L'invention de la règle, du tour et du niveau lui était encore attribuée (1). De concert avec Téléclès, il fit, à l'imitation des artistes de l'Égypte, où il avait demeuré longtemps, une statue dont une moitié fut exécutée par lui, à Éphèse, et l'autre, à Samos, par son frère. Les proportions avaient été si bien prises que les deux parties rapprochées semblaient appartenir au même ciseau. Un second Théodore, fils de Téléclès, s'illustra dans les arts, comme son père, son aïeul et son oncle, et mit le comble à la gloire de sa famille. Il fut contemporain de Polycrate, et grava cette bague en forme de cachet dont le sacrifice parut au tyran la compensation de son bonheur. On lui attribuait un cratère consacré par Crésus dans le temple de Delphes ; ce cratère était d'argent, et capable de contenir six cents amphores ; le travail en était du goût le plus exquis (2). Un peintre du nom de Pythagore, à peu près contemporain du grand philosophe, s'adonna aussi à la sculpture. On voyait de lui au temps de Pline sept statues nues, auprès du temple de la Fortune de chaque jour, et celle d'un vieillard : toutes étaient des œuvres très-estimées (3). A partir de ce temps les noms des sculpteurs samiens cessent d'être connus ; mais les statues dressées à Alcibiade, Lysandre, Conon, Timothée prouvent que la sculpture continua à être en honneur à Samos.

Plusieurs peintres samiens furent célèbres, et les encouragements, les con-

---

(1) Athén., XIII, 572, f. καλάμοις.
(2) Voir la discussion de M. Panofka, *Res Sam.*, p. 51.
(3) Diog. Laert., IV, 8.
(4) Hérodote, IV, 88.

(1) Pline, *Hist. Nat.*, XXXIV, 19 et passim.
(2) Hérodote, I, 51.
(3) Pline, *Hist. Nat.*, 34, 19 ; Diog. Laert., VIII, *Vie de Pythag.*

cours et la libéralité des habitants de l'île y attirèrent encore des étrangers illustres. Calyphon de Samos, contemporain de la première guerre médique, peignit pour le temple de Diane à Éphèse une Discorde, qui faisait allusion à la guerre des Perses contre les Grecs (1). Il représenta ensuite un Patrocle que des femmes revêtaient de sa cuirasse (2). Pline mentionne parmi les bons peintres un nommé Théodore, élève de Nicosthène, dont l'époque est incertaine (3). Au temps de Démosthène florissait Agatharchus, fils d'Eudémus (4). Parrhasius d'Éphèse vint à Samos, et concourut avec Timanthe pour un Ajax disputant les armes d'Achille. Mis après le Samien, il déclara être affligé pour le héros de le voir une seconde fois vaincu par un indigne adversaire (5). Timanthe est le peintre fameux qui ne trouvant pas une expression assez forte de la douleur d'Agamemnon pendant le sacrifice de sa fille, lui voila la tête. Nous avons vu que Pythagore le sculpteur avait d'abord été peintre.

Samos eut aussi des musiciens : le grand Pythagore avait fait une étude approfondie de l'art musical ; et selon son système l'ensemble du monde était organisé d'après les mêmes lois d'harmonie que la musique. Le Samien Stésandre fut le premier qui à Delphes chanta sur la cithare les poëmes d'Homère ; vient ensuite le joueur de flûte Téléphane, auquel Cléopâtre fille de Philippe fit élever un tombeau sur le chemin qui mène de Corinthe à Mégare (6). Trois jeunes Samiennes furent aussi célèbres par leurs chants et par leurs danses : elles s'appelaient Aristonique, OEnanthe et Agathocléa (7).

La littérature fut aussi cultivée que les arts par les Samiens. Cette île eut des écrivains originaux, s'exprimant dans un dialecte particulier. L'idiome propre aux Samiens, qui était l'une des quatre branches du dialecte ionien, devait se ressentir du séjour des Cariens dans l'île ; leur langage, moins doux que celui des Lydiens, gardait une certaine parenté avec la langue, plus rude, des Cariens et des Doriens. Si l'on en croit Hésychius et Suidas, un Samien, Callistrate, aurait inventé les vingt-quatre lettres de l'alphabet, qui de Samos auraient passé en Attique, sous l'archontat d'Euclide. Les plus anciens poëtes de Samos sont la Sibylle Hérophile (1), et Asius, fils d'Amphiptolème, auteur d'un poëme généalogique dont Pausanias a recueilli quelques fragments. Créophyle, poëte cyclique, appartient à la période où les chefs-d'œuvre et la gloire d'Homère firent naître un grand nombre d'imitateurs. « Il avait donné l'hospitalité à Homère, dit Strabon (2), et pour récompense il eut l'honneur de publier sous son nom le poëme intitulé *la Prise d'OEchalie* ». Callimaque assure, dans une épigramme conservée par Strabon, que cette œuvre appartient bien à Créophyle, en prêtant au poëme même le langage suivant : « Je suis l'œuvre du Samien « qui jadis reçut le divin Homère; je pleure « les malheurs d'Eurythus et de la blonde « Iolée ; on me qualifie de poëme homéri- « que, ô Jupiter ! quel sujet de gloire pour « Créophyle ! » — Plusieurs auteurs ont dit que Créophyle fut le maître d'Homère. Prodicus, né aussi à Samos, avait, au dire de Clément d'Alexandrie, écrit une descente d'Orphée aux enfers. On compte encore parmi les poëtes épiques Chœrile, contemporain d'Eschyle. Il chanta la guerre des Perses contre les Grecs, s'efforçant de rajeunir par un sujet nouveau et attachant la poésie épique, qui commençait à vieillir. Les Athéniens, charmés du sujet, eurent le poëte en grande considération. On lisait dans les écoles ses poëmes avec ceux d'Homère. Un autre Chœrile, poëte tragique, fut contemporain d'Alexandre : ses mauvais vers étaient récompensés chacun d'un statère d'or, c'est de lui qu'Horace a dit :

Gratus Alexandro regi magno fuit ille
Chœrilus, incultis qui versibus et male natis
Rettulit acceptos regale numisma Philippos(3).

Un autre poëte, Nicénœtus, adressa cette épigramme à sa patrie : « Ce n'est pas

---

(1) Pausanias, V, 19.
(2) Id., Ibid., 26.
(3) Pline, *Hist. Nat.*, XXXV, 40.
(4) Panofka, p. 55.
(5) Pline, *Hist. Nat.*, XXXV, 19-36.
(6) Pausanias, I, 44.
(7) Panofka, *Res Sam.*, p. 56.

(1) Panofka, *Res Samiorum*, p. 87 et suiv.
(2) Strabon, XIX, § 10.
(3) Hor., *Epit.*, II, ép. 1.

« dans la ville, c'est au milieu des cam-
« pagnes que je veux célébrer mes fes-
« tins, réjouis par le souffle du zéphyr ;
« C'est assez d'un lit de feuillage. Voici
« les feuilles de l'agnus-castus, arbre
« embaumé de cette terre. Voici l'osier,
« couronne antique des Cariens. Appor-
« tez le vin et la lyre aimable des muses ;
« plein de joie, réjoui par les douces
« fumées de la liqueur enivrante, je chan-
« terai la déesse reine de notre île, la
« noble épouse de Jupiter (1) ». Pausi-
maque avait retracé dans ses vers l'histoire du monde. Asclépiade est appelé
par Théocrite la gloire de Samos (2).
Épœnœtus composa deux poëmes, l'un
sur les poissons, l'autre sur l'art culinaire.

Il faut parler d'Ésope à propos des
écrivains de Samos. Le célèbre fabuliste
de l'antiquité est né en Phrygie selon
l'opinion commune ; quelquefois cependant (3) on a voulu que Samos fût sa
patrie. Il est au moins reconnu qu'il
passa dans cette île une partie de sa vie,
et que c'est là qu'après avoir servi
Xanthus il reçut d'Iadmon, son second
maître, la liberté. Il était contemporain
de Crésus (4). Anacréon de Téos appartient aussi à cette île, par le long séjour
qu'il fit auprès de Polycrate, qui l'avait
admis dans son intimité. Mais de tous
les hôtes que reçut Samos, celui dont
elle doit le plus s'enorgueillir est Homère. Devenu aveugle à Colophon, après
bien des courses et des voyages, il avait,
selon la biographie vulgairement attribuée à Hérodote, habité tour à tour
Cyme, Phocée, Chios. Sa destinée errante le mena, lorsqu'il était déjà vieux,
dans l'île de Samos. Bien accueilli par
les habitants, il célébra leur hospitalité
dans ses vers. C'est pour des potiers, qui
l'avaient prié de s'asseoir au milieu d'eux,
qu'il composa le *Chant du Fourneau*.
Homère passa un hiver entier à Samos.
Aux nouvelles lunes, il allait aux maisons des riches, suivi de jeunes enfants,
et il chantait les vers que l'on a appelés
l'*Irésioné* ou *le Rameau* : C'était le chant
du suppliant qui frappait à la porte du
riche, et qui faisait un appel à sa générosité. L'hymne d'Homère se transmit
d'âge en âge ; et quand les enfants de
Samos faisaient la quête en l'honneur
d'Apollon, ils redisaient les vers de l'I-
résioné. C'est en quittant Samos qu'Homère mourut dans l'île d'Ios (1).

Les historiens samiens sont Eugéon,
antérieur à la guerre du Péloponnèse, Duris, qui vivait trois cents ans avant J.-C.
Il écrivit les commencements de l'histoire grecque (2). Les fragments de ses
histoires qui nous ont été conservés par
Athénée (3) abondent en détails inutiles ;
ils sont dénués de critique, mais quelquefois ils contiennent des récits qui ne
sont pas sans charme ; il lui arrivait parfois d'insérer des vers et des petits poëmes dans ses narrations. Cicéron vante
son exactitude (4). Outre ses histoires, il
avait écrit des annales samiennes, qu'on
peut particulièrement regretter ici, et un
traité sur les lois. On lui attribuait encore des livres sur Euripide, sur Sophocle
et sur la peinture. Duris eut un frère
qui, sans atteindre à sa célébrité, ne fut
pas sans mérite ; il s'appelait Lyncée, et
s'adonna à la littérature. Il avait écrit
des histoires égyptiennes, où se retrou-
vaient les défauts de son frère, et composé un recueil d'actions mémorables et
d'apophthegmes qui ne manquaient pas
d'intérêt ; un traité de l'art culinaire, le
festin de Lamia, le banquet des rois
Antigone et Ptolémée, enfin une correspondance adressée à Hippolocus disciple de Théophraste. On lui attribuait
des critiques sur son contemporain le
comique Ménandre (5). Denys, auteur
d'un ouvrage Περὶ Κύκλου, écrit en prose,
y dissertait sur les récits fabuleux qui
formaient la matière des poëmes épiques. Il faut le distinguer de Denys de
Milet, qui a composé un livre du même
titre ; on l'a quelquefois confondu avec
Denys d'Alexandrie, le Périégète. Plusieurs annalistes, Alexis, Æthlius, Ménodote, complètent la liste des écrivains
du genre historique.

---

(1) Nicénœtus, cité par Athén., XV.
(2) Théoc., *Idyl.*, VI, 40.
(3) Suidas, V, Αἴσωπ.
(4) Hérodote, II, 134.

(1) Hérodote, *Vie d'Hom.*, c. 31 et suiv.
(2) Diod., XV, 60.
(3) Voir Athén., XII, VI, passim ; Panofka, p. 89.
(4) Cic., *ad Attic.*, VI, 1.
(5) Panofka, *Res Samiorum*, p. 93.

Riche en poëtes et en historiens, la petite île de Samos fut encore la patrie de Pythagore et le berceau d'Épicure. Pythagore descendait par ses parents, Mnésarque ou Mnémarque et Pythédée, d'Ancée, le héros qui avait colonisé Samos (1). Des présages, confirmés par la beauté de l'enfant, ses dispositions merveilleuses à tout apprendre et son goût pour les arts révélèrent sa grandeur future. Son père, habile graveur de bagues, qui travaillait, dit Diogène de Laerte, pour l'honneur plus que pour le profit, ne négligea rien de ce qui pouvait contribuer à l'instruire. Conduit par ses affaires à Lesbos, il lui fit suivre les leçons de Phérécide de Syros; ce maître mourut. Mnésarque revint à Samos; et son fils étudia sous Hermodamante, petit-fils de Créophyle. Bientôt le jeune Pythagore fut curieux de voir le monde; il commença ses voyages, et, parcourant la Grèce et les pays barbares, se fit initier à tous les mystères. Une version, peu accréditée même dans les temps anciens, prétendait que ce n'était pas de plein gré qu'il avait été en Égypte; il se serait trouvé au nombre des prisonniers de Cambyse, et aurait été racheté par un riche Crotoniate appelé Gillus (2). Diogène de Laerte raconte, avec plus de vraisemblance, que Polycrate lui donna pour aller dans ce pays des lettres de recommandation. Les prêtres égyptiens lui enseignèrent la combinaison des nombres et les formules rigoureuses de la géométrie. Chez les Chaldéens il apprit la science des astres, et les révolutions précises des planètes; il pénétra jusqu'à l'Inde, visita la Perse, et revint par l'île de Crète. Lorsqu'il rentra dans sa patrie, riche de science et d'expérience, plein des idées et des doctrines qui allaient le placer parmi les sages, Polycrate était au comble de la prospérité. Si glorieuse que fût cette tyrannie, le philosophe ne put la subir; il quitta l'île, se réfugia à Crotone, et jamais Samos ne revit son illustre citoyen (530 av. J.-C.) (3).

Mélissus de Samos fut à la fois philosophe et homme de guerre. Parménide avait été son maître; contemporain de Démocrite d'Abdère et d'Héraclite, il eut de fréquents entretiens avec ce dernier. Ses concitoyens l'aimèrent pour ses vertus, et lui décernèrent le commandement de leurs forces navales. Nous avons vu qu'il sut pendant quelque temps balancer l'habileté et la fortune de Périclès. L'univers était, selon lui, infini, immuable, immobile; la loi du monde était simple et toujours constante; le mouvement n'existait pas, ce n'était qu'une illusion, il ne fallait pas chercher de définition pour les dieux, sur la nature desquels on n'a que des connaissances incertaines (1). Épicure passa sa jeunesse à Samos. Lorsque les Athéniens se déterminèrent à envoyer une colonie dans cette île, parmi ceux que désigna le sort se trouvait un pauvre maître d'école du bourg de Gargette; il s'appelait Néoclès. Néoclès vint s'établir dans son lot de terre avec un enfant qui lui était nouvellement né, et qui fut Épicure. Parvenu à l'âge d'étudier la philosophie, le fils de Néoclès suivit les leçons du platonicien Pamphile; mais bientôt il quitta l'île, et, à l'âge de dix-huit ans, il alla se faire inscrire à Athènes dans la classe des éphebes (2). On cite encore parmi les Samiens célèbres dans les sciences Phocus, auteur d'une astrologie qui mérita d'être attribuée à Thalès de Milet (3). Tels furent les sages de Samos. Cette terre féconde pour la philosophie avait, dit-on, reçu Socrate dans un des voyages de sa jeunesse.

MONNAIES, MÉDAILLES. — Il ne sera pas inutile de compléter l'histoire de Samos par la description des médailles de cette île qui nous ont été conservées. Quelques-unes de ces pièces servent à justifier des faits qui n'ont été avancés que sur leur témoignage.

Les Samiens, comme tous les peuples commerçants, durent adopter de bonne heure l'usage des métaux monnayés pour faciliter les échanges. Ils eurent une monnaie et une marque particulière. Pour les plus anciennes monnaies, ce fut d'un côté une tête de femme et le mot CAMIΩN, de l'autre un paon; ces pièces rappelaient exclusivement la déesse pro-

---

(1) Jambliq., *Vie de Pythag.*, ch. 2.
(2) Apulée, *Florid.*, XV.
(3) Diog. Laert., VIII, ch. 1, 1, 2, 3.

(1) Diog. Laert., IX, 4.
(2) Id., X, 1, 2, 3.
(3) Id., I, 2.

tectrice de l'île, car on a vu que les paons, nourris en grand nombre dans l'Héræum, étaient consacrés à Junon. Plus tard, au temps de sa toute-puissance maritime, Samos représenta une *Samène* sur ses pièces d'argent, comme semble le prouver le passage de Suidas relatif à l'expédition de Périclès et au châtiment réciproque que s'infligèrent les Athéniens et les Samiens. Les monnaies étaient d'or, d'argent et d'airain, même de plomb doré. Parmi les médailles les mieux conservées, il en est une qui représente une petite lune auprès d'une tête de femme ; à la face est écrit ΜΗΝΗ ΣΑΜΙΩΝ, au revers ΘΕΩΝ ΣΥΝΚΛΗΤΟΝ (1). Choiseul-Gouffier en reproduit une à peu près semblable (2). Elle offre à la face une tête de femme ou de jeune homme, peut-être Apollon, au revers un paon posé sur un caducée, un sceptre et le monogramme de Junon. A partir des relations amicales de Samos avec la Libye, et de l'aventure d'Elpis, on voit souvent figurer sur les monnaies une tête de lion sur la face ; la légende porte ΗΓΗΣΙΑΝΑΞ avec C. ou CA. Au revers on voit un bœuf coupé par la moitié et le mot ΣΑΜΙΩΝ. Le nombre des médailles représentant un lion, un taureau et le nom de Bacchus est assez considérable. Sous les premiers Césars les médailles Samiennes deviennent plus rares. De Caracalla à Gallien elles sont, au contraire, très-nombreuses ; elles portent toujours le mot ΣΑΜΙΩΝ et l'image d'un paon avec un sceptre, ou bien la déesse Junon. Celle-ci est ordinairement représentée comme si elle présidait à la cérémonie du mariage, couverte d'un long voile ; à ses pieds coule un fleuve, peut-être l'Imbrasus. Certaines monnaies représentent Méléagre tuant le sanglier ; au-dessus Vulcain fabrique des armes. Fréquemment sous Gallien et Gordien on trouve un homme nu qui lance des deux mains une pierre contre un serpent. Sur certaines médailles Pythagore est représenté assis, revêtu d'un manteau ; il touche une sphère avec sa baguette ; en légende est écrit ΠΥΘΑΓΟ-ΡΗΣ ΣΑΜΙΩΝ. Du temps de Gordien et de Décius datent les médailles qui portent ΠΡΩΤΩΝ ΙΩΝΙΑΣ. Enfin, une Concorde et Alexandrie d'Égypte, avec cette légende : ΣΑΜΙΩΝ ΚΑΙ ΑΛΕΞΑΝΔΡΕΩΝ ΟΜΟΝΟΙΑ ; on y voit aussi Isis debout couverte d'un voile. Il est à remarquer que parmi ces médailles pas une ne porte ou la figure ou l'indication d'un magistrat public. C'est là une regrettable lacune, qui nuit à la connaissance des institutions politiques de Samos et qui a dû rendre incertaines et réservées nos assertions à leur égard.

IV.

HISTOIRE DE SAMOS PENDANT LE MOYEN AGE ET LES TEMPS MODERNES.

SAMOS SOUS LE GOUVERNEMENT IMPÉRIAL. — Après l'époque de Vespasien, depuis le moment où Samos fut réduite en province romaine, cette île tombe dans un oubli presque complet. On ne retrouve plus son nom que sur quelques monnaies impériales, qui nous attestent que Samos avait conservé dans le sein de l'empire romain une position digne de son ancienne splendeur. Mais au moment où commencent les invasions des barbares, le silence de l'histoire devient encore plus profond, et la décadence de Samos et de tout le monde grec, retardée de plusieurs siècles par le génie politique des Romains, s'accomplit au milieu de calamités dont les historiens byzantins n'ont guère le courage de nous transmettre les tristes détails. De toutes les îles un peu importantes de la mer Égée, Samos est la plus oubliée des rares annalistes de ces temps misérables ; et nous n'aurons souvent qu'à mentionner, sans renseignements précis, la part qu'elle a dû recevoir des calamités générales de cette malheureuse époque.

Au quatrième siècle de l'ère chrétienne les désastres de tout genre précédèrent, comme de sinistres présages, les incursions des barbares, qui commencèrent au siècle suivant. Les famines, la peste, les tremblements de terre se renouvellent à de courts intervalles. Bien que Samos ne soit pas mentionnée parmi les villes qui souffrirent le plus de ces fléaux, il est à penser qu'elle n'en fut

---

(1) Eckhel., *Doctrin. num.*, t. II, p. 569. Cf. Panofka, p. 18.

(2) Voir dans l'atlas l'écusson qui précède les vues de Samos.

pas entièrement garantie. Elle dut notamment souffrir du tremblement qui, en 362 et 365, se fit sentir de la Sicile au Péloponnèse et à l'Arabie (1).

Sous les règnes de Julien, de Valentinien, de Valens, tandis que les prétendants à l'empire se disputaient la pourpre les armes à la main, des brigands tenaient la mer Égée et tout le littoral de l'Asie Mineure, qui avait toujours été le repaire des pirates. Samos dut leur servir de retraite dans ses rochers et ses détroits, et la première souffrir de leurs ravages. En 417 nouveau tremblement de terre général sur les côtes de l'Asie Mineure. Trente ans plus tard ce désastre se renouvelle, et ravage encore plus de contrées : Constantinople est bouleversée; des montagnes s'écroulent, d'autres sortent du milieu des plaines; la mer bouillonnant engloutit des îles, toutes celles de la côte sont maltraitées, et des secousses se font sentir six mois durant. En 747 une contagion meurtrière dévaste particulièrement les îles, et dure trois ans.

C'est vers ce temps que l'empire ayant été partagé en thèmes, Samos dut aux souvenirs qui se rattachaient à son nom, bien plus qu'à l'importance qu'elle avait conservée, de devenir le chef-lieu du seizième thème de l'Orient, qui s'étendait sur le continent depuis Magnésie, Tralles, Éphèse, Myrine, Téos, Lébédos, etc., jusqu'à Adramytte, et qui était divisé en deux *turmes*, Éphèse et Adramytte (2).

INCURSIONS DES SARRASINS. — Bientôt aux ravages des pirates, qui s'étaient postés dans les écueils et sur les rivages voisins de Samos, se joignirent les fréquentes incursions des Sarrasins. Maître de la Crète en 824, ils se répandirent, de cette île dans toutes celles de l'Archipel qu'ils ne cessèrent d'infester sous Michel II. Sous Michel III, l'Ivrogne, Petronas, frère de l'ambitieux Bardas, gouverneur de Lydie et d'Ionie, et par conséquent de Samos, est chargé du soin de repousser les courses des Sarrasins des côtes et des îles de sa province. En 882, sous Basile, une flotte arabe, par-

tie de l'île de Crète, ravage sur son passage toutes les îles jusqu'à l'Hellespont. Enfin sous Léon VI, en 888, les Sarrasins descendent à Samos, et font prisonnier le préteur Paspala, son gouverneur (1). Quatre chroniqueurs nous ont conservé une mention sèche et brève de cet événement, qui consomma la ruine de Samos. Nulle part on ne sent mieux que dans ces froides indications des annalistes byzantins toute l'apathie et l'impuissance du gouvernement du Bas-Empire. Cependant l'île ne tarda pas à rentrer sous la domination grecque; puis les incursions et les ravages des Sarrasins recommencèrent. En 904 presque tous les habitants de l'Archipel sont forcés de fuir derrière les remparts de Thessalonique; mais Thessalonique est prise avec vingt-deux mille de ses défenseurs. Cependant, un général grec, Himère, bat l'ennemi; prompts à prendre leur revanche, les Sarrasins arment trois cents vaisseaux, en donnent le commandement à deux chrétiens renégats, Damien, émir de Tyr, et Léon de Tripoli. Himère s'avance à leur rencontre, et livre combat auprès de Samos, dont Romain Lécapène était gouverneur. La bataille fut acharnée et sanglante, la victoire, longtemps disputée, resta aux Sarrasins. Himère n'échappa qu'avec peine, et se retira à Mitylène (911)(2). Damien, poursuivant le cours de ses succès, songea à s'emparer de tout l'Archipel. Il attaqua d'abord une ville de Carie, Strobèle, dans le golfe Céramique; mais la mort arrêta l'exécution de ses projets.

En 960 Samos vit les préparatifs de la grande expédition grecque, qui, sous les ordres de Nicéphore Phocas, enleva Candie aux Sarrasins (3). Les vaisseaux s'étaient réunis au port de Pygèle, au sud d'Éphèse. Cinquante ans plus tard, Basile Argyre, gouverneur de l'île, fut choisi pour réprimer la révolte des habitants de Bari. Il avait pour collègue Contoléon, gouverneur de Céphallénie. Tous deux furent battus par Méli, ci-

---

(1) Ammien-Marcellin, XXVI, ch. 10.
(2) Constant. Porphyr., *de Themat.*, I, dans la Collect. Byzant. de Niebuhr., t. III, p. 41.

(1) Theophanes Continuatus, VI, dans Niebuhr., p. 357; Siméon magister, p. 701; Georg. le Moine, 853.
(2) Lebeau, *Hist. du Bas-Emp.*, LXXII, § 54.
(3) Zonare, in fol., p. 196-197.

toyen de la ville rebelle, le même qui, trahi par les siens, privé de sa femme et de son fils, livrés aux Grecs, se fit l'auxiliaire des Normands, et contribua à ravir à l'empire ce qu'il conservait dans l'Italie méridionale. Un autre gouverneur de Samos, David d'Achride, fut vainqueur d'un chef russe, Chrysochis, parent de Vladimir, qui, à la tête de quelques barques, avait battu le préfet maritime d'Abydos et s'était avancé jusqu'à Lemnos (1023) (1).

L'île de Samos était un poste difficile à défendre. On lui choisissait pour gouverneur des hommes de guerre expérimentés. Quatre ans après la victoire de David, nous trouvons encore un gouverneur de Samos à la tête des forces navales de l'Archipel. George Théodoracane, uni à Bériboès, gouverneur de Chio, livre combat aux Sarrasins dans les Cyclades, leur prend douze vaisseaux, et dissipe le reste de leur flotte (2). Sous le règne de Constantin IX Monomaque, que l'impératrice Zoé avait tiré de son exil à Lesbos pour le revêtir de la pourpre, Constantin, parent de Michel V Calaphate, étant devenu suspect au nouvel empereur, fut relégué à Samos (1042) (3), après avoir eu les yeux crevés. A la fin de ce même siècle, un aventurier turc, Tzachas, s'étant formé une marine avec l'aide d'un habitant de Smyrne, s'empara de Phocée, Clazomène, Lesbos, Chios et Samos (4).

SAMOS AU TEMPS DES CROISADES. — Bientôt les expéditions de Terre Sainte amenèrent les chrétiens occidentaux dans les mers du Levant. Venus comme auxiliaires, les Latins furent rendus hostiles aux Grecs par la mauvaise foi d'Alexis Comnène. Ce fut entre les deux races une rivalité continuelle, tantôt sourde, tantôt déclarée, pendant tout le temps des croisades. Les républiques marchandes de l'Italie commencèrent alors à disputer aux Grecs le commerce de l'Asie et la domination des îles de l'Archipel. On vit les Pisans, les Génois, puis les Vénitiens faire la guerre à l'Empire; les prétentions de l'empereur, la puissance des républiques maritimes, les rivalités d'intérêts donnaient nécessairement lieu à des hostilités dont les îles de l'Archipel étaient souvent le théâtre. A l'année 1124, sous Jean Comnène, Dominique Michel, doge de Venise, ayant à se plaindre de la cour de Constantinople, qui lui avait refusé des honneurs qu'elle accordait à ses prédécesseurs, parcourut l'Archipel, à la tête de la flotte vénitienne, et il saccagea Rhodes, Chios et Samos (1). L'empire grec resta en possession de ces îles, que les Vénitiens n'occupèrent qu'un moment; mais ce fut pour les perdre d'une manière définitive, après les événements qui produisirent l'établissement des Latins à Constantinople, en 1204. Samos avec Chios, Rhodes, Lesbos, Lemnos, et toutes celles qui s'étendent entre Andros et le continent devinrent le partage des Francs. Mais on sait combien fut prompte la décadence de cet empire latin, fondé par les croisés. Dès 1233 Jean Ducas, empereur de Nicée, reprit Samos, Rhodes et les principales îles de ces parages (2). Depuis ce moment on ne parle plus de Samos, qui dut rester une possession des empereurs byzantins. Tandis que les Génois ou les Vénitiens combattaient pour la possession de Lesbos, et fondaient une colonie puissante à Chios, on ne voit pas qu'ils aient songé à la conquête de Samos. Sans doute toujours en proie aux ravages de ces ennemis permanents qui faisaient leur séjour dans ses deux détroits, peu ou peut-être pas cultivée, déjà rendue pestilentielle par l'accumulation des eaux dans sa plaine orientale, Samos voyait chaque jour diminuer le nombre de ses habitants, et elle n'avait plus aucun des avantages qui auraient pu attirer les étrangers et exciter leurs convoitises.

SAMOS SOUS LA DOMINATION DES TURCS. — En 1453 les ravages que les Turcs y exercèrent, après s'en être emparés, lui portèrent le dernier coup. Ses derniers habitants émigrèrent, et pendant un siècle les bêtes sauvages errèrent seules à travers les forêts abandon-

---

(1) Lebeau, *Hist. du Bas-Empire*, LXXVI, § 67.
(2) Id., *ibid.*, LXXVII, § 3.
(3) Zonare, t. II, édit. de Paris, p. 245.
(4) Id., t. II, p. 251.

(1) *Andreæ Danduli Chron.*, IX, c. 12, p. 267.
(2) Nicéphore Grégoras, t. I, p. 29; Coll. Byz. de Niebuhr.

nées de ses montagnes. De temps en temps quelque seigneur Turc faisait une descente dans l'île pour s'y livrer au plaisir de la chasse. Enfin, vers 1550, l'amiral Kilidj-Ali, frappé de la beauté du sol, obtint de Soliman la permission de repeupler Samos. Il fit à cet effet, venir un grand nombre d'habitants de la côte voisine et de Mitylène. A la mort de Kilidj-Ali, cette île, qui était devenue sa propriété, rentra dans le domaine du sultan (1587). Peu à peu la population de Samos augmenta; les villages se repeuplèrent, des endroits nouveaux furent habités; l'antique industrie de la poterie fut exploitée de nouveau. Un peu de culture, un peu de commerce, lui redonnèrent quelque vie et quelque activité. La plupart des nouveaux habitants étaient Grecs, et l'île, qui avant sa dépopulation avait un évêque suffragant de Rhodes, tomba dans la dépendance du patriarche de Constantinople, qui la faisait administrer par un vicaire.

Cet état de choses dura cent ans. Puis les habitants de Samos, demandant avec instances un archevêque, il leur fut accordé, et il eut pour suffragant l'évêque de Nicaria. Mais cette dernière île, étant trop pauvre pour entretenir un évêque, il fut supprimé, et l'archevêque de Samos demeura sans suffragant. Ce dignitaire n'était pas élu sans certaines formalités : à son arrivée, il montrait son firman; les Proesti, premiers de l'île, le menaient à l'église archiépiscopale, où il faisait un discours et donnait sa bénédiction. De là il allait trouver le papas de chaque église, qui lui remettait un présent de quinze à vingt piastres. La première année chaque ecclésiastique lui donnait quatre piastres, et les suivantes deux. Tous les fermiers payaient la première année vingt-huit aspres, et vingt-quatre les suivantes. Les consécrations et les mariages, la bénédiction des eaux et des troupeaux fournissaient le surplus des revenus; les laitages et les fromages du jour de la bénédiction appartenaient à l'archevêque. Mégalè-Chora, capitale nouvelle de l'île, dont nous avons donné la description, devint la résidence de l'archevêque. C'était là qu'une partie des habitants venaient lui demander la permission de se marier. A l'autre extrémité de Samos, à Carlovassi, un substitut du prélat était chargé d'accorder cette permission. Pour l'obtenir il fallait payer une piastre, deux si l'on était étranger, trois ou quatre au second ou au troisième mariage. Les papas étaient, au dire de Tournefort, d'une ignorance extrême; plusieurs ne savaient même pas lire, et célébraient la messe en la récitant par cœur.

Telle était au dix-septième siècle l'administration religieuse de Samos, ainsi qu'un archevêque lui-même nous l'apprend (1). Elle était, on le voit, assez onéreuse, mais ce n'était rien en comparaison des vexations des agents turcs. Ceux-ci, qui faisaient également leur séjour à Mégalè-Chora, étaient le cadi et l'aga, le premier chargé de la justice et le second du commandement militaire et de l'impôt. L'archevêque jugeait en première instance; mais l'appel était porté au cadi. Les Samiens payaient aux Turcs plusieurs sortes de contributions. D'abord le vacouf, impôt religieux perçu pour l'entretien des mosquées. La mosquée de Samos avait été détruite par les Vénitiens : les Turcs, obéissant à un précepte de la loi, ne l'avaient point relevée; mais les habitants de Samos étaient restés assujettis au vacouf qui se percevait au profit de la mosquée de Tophana, à Galata. Ce tribut s'élevait annuellement à quatre-vingt mille piastres. Les autres impôts étaient : le karatch, ou capitation, exigible des hommes mariés, des orphelins mâles et de tous les étrangers qui abordaient dans l'île. Si on n'avait pas d'argent, il fallait vendre son bien ou mendier pour satisfaire à l'impôt. L'aga était héritier des biens de tous ceux qui ne laissaient pas d'enfants mâles. Les agas turcs étaient en général ingénieux à inventer des impôts vexatoires. C'est ainsi que le jour où il devait faire le recensement des troupeaux l'aga de Samos s'adjugeait tout le beurre qui se trouvait dans les diverses maisons; de plus il exigeait de chaque habitant le don d'une chèvre, qu'il forçait de racheter cinq ou six aspres. Une année il demanda un peu de soie pour sa cein-

(1) Joseph Georgirène. Extrait et traduc. franc. dans les *Nouv. Annal. des Voyages*, première série, t. XXV.

ture. Les habitants, afin de se le concilier, lui en donnèrent un panier; tous les ans il en exigea la même quantité, arrêtant ainsi l'essor de cette industrie naissante. Dans la crainte d'un soulèvement contre ses exactions, il entretenait des espions dans toute l'île, et les *proesti* des villages ne rougissaient pas souvent de jouer ce rôle et de se faire les délateurs de leurs compatriotes. Les agents, quoique presque tous Samiens, imitaient son exemple. On les appelait *musafarides*; ils ne cultivaient pas leurs terres, mais les affermaient pour vivre auprès de leur maître, dont ils servaient sans scrupule les volontés. A la moisson, l'aga envoyait chez tous les colons un de ses musafarides, qui devait être logé, nourri, défrayé par son hôte; le musafaride était chargé de faire payer la dîme des grains, dont il évaluait la valeur à son gré; la dîme se payait en argent. Enfin, le vin, l'eau-de-vie, l'huile, la soie étaient soumis à une redevance (1).

Quoique accablés d'exactions par le cadi, l'aga, les musafarides, l'archevêque même et les papas, les Samiens trouvaient encore dans l'heureuse fécondité de leur sol assez de ressources pour subsister et faire un peu de commerce. Chaque année ils exportaient pour la France, au temps de Tournefort, trois barques de froment, une barque de laine et une barque de fromage. Les melons, les pastèques, les fèves, les lentilles, les haricots fournissaient abondamment à la subsistance des colons. Dans les montagnes s'élevaient toujours ces beaux châtaigniers dont le fruit nourrissant était la ressource des plus pauvres. Les perdrix, les grives, les bécassines, les lièvres s'étaient multipliés sans obstacle pendant que Samos était demeurée déserte. Enfin, on recueillait dans l'île trois mille barils d'un muscat qui eut été excellent avec d'autres procédés de fabrication. Celui de Carlovassi, mieux préparé, était le meilleur de l'île et se conservait une année entière. Vathi faisait aussi le commerce des vins. Je ne parle pas ici de la pêche des éponges, qui semble une ressource et une industrie plus récentes. A l'époque du voyage de Tournefort le costume des Samiens, qui n'a guère dû changer depuis, ressemblait à celui des Turcs : il se composait d'une longue robe avec une ceinture aux reins et un surtout léger. Les femmes avaient une robe retenue par une ceinture et sur la tête un morceau de toile blanche. Les jeunes femmes tressaient leurs cheveux, noués en bas par une chaîne d'or ou d'argent pendante sur l'épaule. Les Samiennes avaient un grand défaut, trop commun parmi les Grecs actuels, la malpropreté.

GUERRE DE L'INDÉPENDANCE; INSURRECTION DE SAMOS (1821). — L'état de Samos tel que nous venons de le retracer dura, avec les légères modifications que le temps et les changements de gouverneur apportaient seuls, depuis l'époque où l'île fut repeuplée jusqu'au temps de la guerre de l'indépendance. Samos y prit une part active. Voici, d'après M. Raffenel, quelle était la situation de cette île au moment où cette guerre éclata (1). « ... L'île de Samos était peuplée de Grecs cultivateurs. On y comptait environ 40,000 âmes; elle relevait du gouverneur d'Échelle-Neuve, Élez-Aga, qui y entretenait un cadi et quelques janissaires. L'île, entrecoupée de montagnes fort élevées, est extrêmement riche en productions végétales... Toutes les collines sont couronnées de plantations d'oliviers, et chaque année les Européens y font des chargements d'huile. Mais les Samiens, sans marine, voyaient passer tout leur commerce en des mains étrangères, et les bénéfices étaient absorbés par les grands propriétaires. Aussi, on peut dire qu'à l'exception de quelques grandes fortunes, la masse des Samiens était malheureuse; c'est cependant au milieu de telles circonstances que l'insurrection y éclata. »

L'assassinat du vénérable patriarche de Constantinople, Grégoire, fut l'occasion du soulèvement. Les primats de l'île, rassemblés à Vathi, proclamèrent l'indépendance; le peuple massacra le cadi et ses soldats, depuis longtemps odieux par leurs iniquités, et toute la campagne de l'île répondit à l'insurrection des villes. Le conseil des anciens,

---

(1) Tournefort, *Voyage au Levant*, t. I, Descript. de Samos, p. 404 et suiv.

(1) *Hist. complète des Événements de la Grèce*, deuxième édit., t. I, p. 147.

présidé par l'archevêque, décida qu'on enverrait tout de suite deux des archontes à Psara pour y faire part de la révolution qui venait de s'opérer. Les consuls des puissances chrétiennes, pris presque tous parmi les habitants de l'île, s'empressèrent de sacrifier une position qui les mettait sous le couvert d'une protection étrangère pour se dévouer à leur patrie. En peu de jours 6,000 hommes furent armés; quelques Samiens qui avaient servi dans les troupes russes, ou pris part à l'expédition des Français en Égypte se chargèrent de l'instruction des recrues. L'insurrection avait eu lieu au mois d'avril; en juin, l'armée samienne, vaillante et bien ordonnée, se montait à 10,000 soldats (1). La nouvelle de cet heureux soulèvement déconcerta les Turcs et anima les Grecs. Samos ne tarda pas à devenir le refuge d'un grand nombre de proscrits; on y accourut de Scio, de Smyrne, de Scala-Nova. Ce concours de population eut un fâcheux résultat, celui d'amener la disette; mais les Grecs d'Hydra et d'Ipsara vinrent au secours des Samiens; de plus, les craintes qu'inspirait la nouvelle des préparatifs faits par les Turcs pour la réduction de l'île en éloignèrent tous ceux qui n'étaient pas résolus aux dernières extrémités. Les femmes, les enfants, les vieillards furent transportés dans les îles voisines; il ne resta à Samos que ceux qui pouvaient la défendre. Le nombre des guerriers s'était assez accru par l'émigration pour élever l'armée à 20,000 hommes. En même temps Vathi fut entouré de fortifications; plusieurs batteries s'élevèrent à l'entrée du port; le reste de l'île, du côté du continent, était suffisamment protégé par ses rochers à pic et ses côtes escarpées. Un accord parfait régnait en même temps parmi les autorités populaires; les troupes étaient pleines d'ardeur; Samos était devenue le point d'appui le plus solide de l'insurrection hellénique. Cette sage et ferme direction du mouvement était due à l'évêque de Samos. Mis à la tête des affaires par ses concitoyens, il n'usa de son autorité que pour le bien et le salut de tous; la révolution s'était accomplie, grâce à lui, sans autres violences que celles qu'il n'avait pas été possible d'empêcher contre les Turcs.

Pour éviter à leur île les misères d'une invasion, les Samiens résolurent de porter eux-mêmes la guerre chez les Turcs et d'ouvrir la campagne. Deux ou trois mille hommes débarquèrent pendant la nuit sur le continent, et rapportèrent un butin considérable. Une semaine après ce premier succès, les Samiens firent un second débarquement; les villages de la côte d'Asie furent saccagés, leurs défenseurs massacrés, et, grâce à la supériorité de leur tactique, les Samiens se retirèrent sans presque avoir éprouvé de pertes. Pendant longtemps ils continuèrent leurs incursions, et la terreur qu'ils inspiraient était si grande, que tout le rivage était abandonné à cinq ou six heures de marche de la mer. En même temps leurs navires rapportaient de tous les ports de l'Europe des armes et des munitions de guerre; des vaisseaux légers couvraient l'Archipel, et répandaient la terreur parmi les Ottomans.

Cependant le sultan Mahmoud préparait tout pour une répression énergique. Cinq vaisseaux de ligne furent équipés et chargés de soldats; le lieu de leur réunion, avant d'attaquer Samos, était Métélin. En même temps plus de 50,000 hommes étaient réunis à Scala-Nova (1). Mais tous ces préparatifs furent vains; les Turcs du continent se dispersèrent, après avoir presque détruit Scala-Nova; et les vaisseaux s'en retournèrent à Constantinople, après que l'un d'eux, de soixante-quatorze canons, eut été détruit par quatre petits bricks grecs, dans le golfe d'Adramytte. Les Samiens, délivrés du péril qui les avait menacés, sentirent croître leur audace; les succès qu'ils obtinrent au commencement de 1822 compensèrent la double défaite de l'amiral grec Tombasis.

TENTATIVE DES SAMIENS SUR CHIOS. — Au mois de mars de cette année ils tentèrent une entreprise très-hasardeuse, qui eut les effets les plus désastreux. Depuis déjà longtemps ils méditaient la conquête de Scio (l'ancienne Chios),

(1) Pouqueville, *Hist. de la Régénér. de la Grèce*, t. III, p. 1 et suiv., et Raffenel, *ouvr. cité.*

(1) Raffenel, *Événem. de la Grèce*, t. I, ch. VIII.

et entretenaient dans cette île des intelligences. Dans les premiers jours de mars ils y débarquèrent trois ou quatre mille hommes, auxquels se joignit un nombre à peu près égal d'habitants de la campagne. Cette petite armée marcha sur la ville, en massacrant tous les Turcs qu'elle rencontrait sur son passage. Incapables de résister, les Turcs se retirèrent dans la citadelle avec les principaux citoyens sciotes et les primats qui refusaient de s'unir aux Samiens. Ceux-ci, indignés, maltraitèrent la ville et bloquèrent étroitement la forteresse. Le sultan, instruit du nouveau trait d'audace des habitants de Samos, et comprenant toute l'importance de la possession de Scio, ordonna sur-le-champ aux pachas et gouverneurs de l'Ionie de réunir le plus de troupes qu'il leur serait possible. Cinquante mille Turcs se rassemblèrent à Tchesmé. L'espoir du pillage, la promesse que Scio et Samos seraient abandonnées à leur discrétion, communiquèrent aux Barbares la plus grande ardeur pour cette expédition. Le capitan-pacha, commandant de l'expédition, s'efforça d'abord de ramener les rebelles par l'intermédiaire des papas et de deux évêques qui leur furent envoyés; mais autant les premiers de l'île étaient favorables aux Turcs, autant les gens de la campagne s'étaient jetés avec ardeur dans le parti des Samiens. L'amiral débarqua aussitôt 6,000 hommes : les insurgés marchèrent à leur rencontre; mais les Sciotes, mal exercés au combat, prirent la fuite et entraînèrent les Samiens dans leur défaite. Les Turcs, vainqueurs, marchèrent sur la ville, détruisirent tout ce que les Samiens y avaient respecté, et en firent un monceau de cendres. Logothetis, chef des Samiens, se réfugia avec sa troupe dans les montagnes; quelques bandes de pillards qui s'étaient risqués à leur poursuite furent taillés en pièces près de Néochori. Mais peu de jours après les Grecs éprouvèrent une déroute complète en cet endroit. Néochori fut dévasté, comme la capitale de l'île, et Scio tout entière fut couverte de ruines.

LES SAMIENS REPOUSSENT TOUTES LES ATTAQUES DES TURCS. — Les Turcs, satisfaits de ce succès, songeaient à débarquer à Samos pour lui faire subir le même sort. Ils complétaient leurs préparatifs à Scala-Nova, lorsque deux brûlots grecs, incendiant le vaisseau amiral et faisant périr le capitan-pacha, détournèrent de l'île le péril qui la menaçait. Les Samiens recommencèrent alors leurs incursions et leurs ravages sur le continent. La victoire des Grecs à Malvoisie, les éclatants succès du capitaine Iorgaki d'Ipsara, redoublèrent la confiance des Samiens. Ces hardis insulaires ne cessaient de désoler les côtes de l'Asie Mineure; ils avaient ruiné tous les villages du pachalik de Scala-Nova, et les Turcs du continent avaient fui, depuis l'embouchure du Méandre jusqu'aux plaines d'Éphèse. Le bonheur des Samiens avait été si constant, qu'ils ne mettaient plus de bornes à leur audace; il n'y avait plus d'ennemis dans les plaines du littoral où ils avaient coutume de porter leurs ravages; ils résolurent de s'engager en avant à la poursuite des Turcs. Le 25 octobre deux mille hommes débarquèrent pendant la nuit, et, suivant le cours tortueux du Méandre, marchèrent sur la ville de Guzel-Hissar, pour la piller. Mais le trajet était trop long; ils furent surpris par le jour à deux lieues de cette ville. Une armée turque, conduite par l'aga, fait une sortie, et s'avance à leur rencontre. Les Samiens, ne se croyant pas assez forts pour résister, se retirent, mais en saccageant tout sur leur passage. La petite ville de Kélibeh et plus de vingt hameaux turcs furent détruits; cinq mille Turcs furent massacrés ou périrent dans les flammes. L'aga n'avait pas osé poursuivre vigoureusement les Samiens; ils se rembarquèrent sans obstacle, et l'île célébra joyeusement ce triomphe.

Ces ravages continuèrent dans le courant des années 1822 et 1823; le rôle de Samos dans la guerre de l'indépendance était rendu considérable par cette diversion continuelle de ses habitants, devenus la terreur du littoral ennemi. En 1824 la Porte fit les plus grands efforts pour en finir avec l'insurrection grecque. Au mois d'avril une grosse flotte, composée en partie de vaisseaux nouvellement construits, fut rassemblée dans le port de Constantinople, pendant qu'une multitude de navires de l'Asie et des îles n'attendaient que la présence du capitan-pacha sur les côtes d'Asie Mineure pour se joindre à lui. Le projet de celui-ci était de réduire Ipsara d'abord, Samos ensuite, puis tous les points de l'Archipel. Mais Samos, habituée par des succès continuels à ne plus craindre, méprisait la nouvelle attaque que méditaient les Turcs, et comptait la repousser comme les précédentes. Bien peuplée, se recrutant chez elle, suffisant à l'entretien de son armée, administrée par des magistrats qui correspondaient avec le gouvernement central sans dépendre de lui, Samos avait le bonheur d'être à l'abri de ces discordes qui divisaient les autres Grecs. Son armée, aguerrie par trois années de combats, bien disciplinée, exercée par des officiers habiles, pouvait défier des forces turques beaucoup plus considérables (1).

L'amiral ottoman quitta les Dardanelles au commencement de mai, et gagna Mitylène, point de ralliement ordinaire des flottes turques. De là il envoya aux habitants de l'Asie Mineure une proclamation par laquelle il leur ordonnait de se réunir à Scala-Nova pour envahir Samos. Dès que les musulmans furent rassemblés leur premier acte fut le massacre des malheureux Grecs qui étaient restés à Smyrne et à Scala-Nova. Cependant, une armée turque s'organisa dans les campagnes d'Éphèse pour surprendre Samos. Chaque jour le désir du butin attirait au camp de nouveaux soldats, qui espéraient piller Samos comme on avait pillé Chios. Le capitan-pacha avait promis de venir avec sa flotte aider au débarquement; mais, retenu par la résistance indomptable du chef Diamanti dans le petit rocher de Scopélos, sur la côte de Thessalie, il se faisait attendre. Les Turcs, impatients de ces retards, étaient allés en foule à la tente du vizir, et l'avaient sommé de leur procurer des barques pour passer le détroit. Le vizir, craignant une sédition, réunit tous les bâtiments qu'il put trouver, et les mit à leur disposition. Après qu'on en eut rassemblé un nombre suffisant, toute la soldatesque turque s'embarqua pendant la nuit, comptant bien surprendre Samos. Mais les Samiens étaient sous les armes; les batteries étaient montées, chaque anfractuosité du rivage cachait des soldats, et du haut des rochers des hommes déterminés se tenaient prêts à descendre pour incendier les chaloupes ennemies et intercepter la retraite. Tout se passa selon le vœu des insulaires; les barques furent presque toutes consumées, puis cinq mille hommes se montrèrent tout à coup, en poussant de grands cris; les détachements de la côte accoururent, les Turcs, culbutés, dispersés, furent livrés à un carnage horrible. Quelques-uns se jetèrent dans les montagnes; ils y furent poursuivis et traqués comme des bêtes sauvages; il en périt plus de six mille. La victoire n'avait coûté aux Samiens que quelques soldats. Ce désastre porta un coup mortel à l'expédition de Scala-Nova : ceux des Turcs qui y étaient restés s'enfuirent dans l'intérieur, comme si les vainqueurs de Samos eussent été à leur poursuite.

Ce fut seulement après la double expédition d'Ipsara, et quand cette île héroïque eut succombé, que l'amiral turc, retiré à Métélin, reprit ses projets contre Samos. Les pachas de l'Asie Mineure reçurent de nouveau l'ordre de rassembler leurs troupes à Scala-Nova, où lui-même promettait de se rendre. Les Turcs d'Asie n'avaient accueilli cet ordre qu'avec terreur; ils se souvenaient que Samos avait été depuis son insurrection le tombeau de plus de vingt mille Musulmans, et dans toute l'Anatolie « aller à Samos » était passé en proverbe pour dire aller à la mort (1). Ce découragement général nuisait aux vues du pacha : il n'avait pas assez de troupes de débarquement pour entreprendre seul l'expédition; il resta à Métélin, différant encore l'exécution de ses menaces. Tout le temps du Courban-Baïram se passa dans la rade de Métélin. Enfin, ayant appris qu'un corps de 12,000 hommes venait d'être réuni dans la plaine d'Éphèse, le capitan-pacha sortit en mer, et courut vers Scio, pour échapper aux Grecs qui mouillaient toujours dans les eaux d'Ipsara. Il avait dix-huit bâtiments de guerre et quatre fois plus de vaisseaux de transport. De Scio il se diri-

(1) Raffenel, *Hist. complète des Événements de la Grèce*, deuxième édit., t. III, ch. II, p. 81-82.

(1) Raffenel, t. III, ch. VII, p. 252.

gea, le 2 août 1824, vers Éphèse. Mais à la hauteur du cap Saint-Elie on vit paraître une flottille de vingt-cinq ou trente petits navires grecs. Malgré l'inégalité des forces, le brave Saktouris, vice-amiral de la flotte de Miaoulis, qui les commandait, résolut de combattre. Les Grecs furent vainqueurs : une partie des vaisseaux turcs fut coulée à fond, le reste fut chassé jusqu'à Smyrne et à Métélin. L'expédition de Samos était encore ajournée. Alors Chosrou-Pacha, l'amiral turc, désespérant de s'en emparer de vive force, eut recours à la trahison. Samos contenait une population d'environ 60,000 hommes ; tous ses habitants n'étaient pas également dévoués à la cause de l'indépendance. Une partie des Grecs qui s'étaient retirés à Samos des îles voisines, ou du continent, n'avaient eu que le désir d'échapper au massacre dont ils étaient sans cesse menacés par les Turcs. Il y avait donc trois partis dans la population de Samos : l'un, composé d'hommes timides et prudents, conseillait la fuite, comme unique moyen de salut ; l'autre, parmi lesquels le pacha cherchait ses traîtres, demandait la soumission ; le parti du plus grand nombre était celui de la résistance. Cependant le pacha gagna quelques traîtres ; mais ils furent découverts et forcés de prendre la fuite pour échapper aux menaces de mort que le peuple de Samos proférait contre ceux qu'il appelait le parti turc.

Le capitan-pacha, voyant échouer ses intrigues, forcé cependant de faire une tentative sur Samos pour obéir à son maître, alla radouber ses vaisseaux à Mitylène. Les Turcs rassemblés par son ordre à Smyrne et à Scala-Nova le pressaient de hâter son expédition ; il lui fallut bien reprendre la mer. Ce fut le 9 août 1824 qu'il appareilla. Les Samiens avaient mis à profit le répit dû à la victoire de Saktouris pour renouveler leurs préparatifs de défense. Les femmes, les enfants, tous ceux qui au moment du péril ne pouvaient être d'aucun secours, furent transportés au centre de l'île. On cacha également dans les montagnes les munitions, les vivres, les choses précieuses. Les plantations furent arrachées, les villages incendiés ; Vathi elle-même, devenue le chef-lieu de l'île, fut détruite. Les Samiens dévastèrent leur île pour ne rien laisser aux Turcs, que l'amour du pillage avait attirés non moins que la soif de la vengeance.

Le 10 août l'amiral turc s'avança vers le détroit de Samos ; son plan était de prendre sur ses vaisseaux en passant les Turcs rassemblés à Éphèse, de les jeter dans l'île à Carlovassi, et d'attaquer lui-même par mer. Mais Saktouris fit voile à sa rencontre, et le déconcerta. Un premier combat eut lieu le 11, et fut à l'avantage des Grecs ; le 12 il y eut un engagement général, et une ruse de Saktouris lui assura encore le succès ; pendant sept journées la lutte se renouvela, toujours favorable aux Grecs. Le 19, malgré ses pertes considérables, le Turc avait encore quarante-trois vaisseaux de guerre et autant de bâtiments de transport ; il résolut de finir par un coup hardi. Ses vaisseaux de charge, protégés par la moitié de ses vaisseaux de guerre, avaient réussi à prendre à bord la plupart de ses soldats du continent ; ils devaient, pendant que l'amiral occuperait Saktouris, jeter les Turcs dans l'île. Mais l'amiral Miaoulis, attendu par les Samiens comme un libérateur, allait enfin arriver ; un petit navire d'Hydra en avait apporté la nouvelle. Pour gagner du temps, les Samiens feignirent de vouloir capituler ; le croissant fut arboré dans l'île, et on engagea le capitan-pacha à envoyer un parlementaire. Celui-ci fit avancer des chaloupes ; son envoyé fut retenu quelque temps en négociations, puis renvoyé sans accommodement. Chosrou, en fureur, voulut commencer aussitôt l'attaque. Ses troupes prirent terre dans une anse isolée, où les Grecs n'avaient qu'un petit corps d'observation.

Mais déjà les vaisseaux de Miaoulis étaient arrivés et avaient engagé le combat : par une manœuvre habile, les amiraux grecs coupèrent la ligne ennemie, et Saktouris s'attaqua directement aux vaisseaux turcs qui tentaient le débarquement. La bataille fut générale et très-acharnée ; la canonnade se faisait entendre au loin sur le rivage, et les vaisseaux et Samos tout entière disparaissaient dans un vaste nuage de fumée. La confusion était terrible parmi les vaisseaux turcs, dont les marins étaient peu exercés à la manœuvre. Leur artillerie, mal dirigée, ne nuisait presque qu'à eux-mêmes ; tandis que le feu des Grecs faisait dans leurs équipages les plus grands ravages. Un instant cependant les Turcs eurent l'avantage du vent, et la position des Grecs allait devenir critique, lorsque les plus braves capitaines de la flotte, Canaris, Varnikiotis, Raphalia, Robotsis, s'élancent au milieu des Turcs montés sur leurs brulôts (1). Canaris s'avançait le premier ; d'une main il tenait le gouvernail, de l'autre il agitait en l'air son bonnet de matelot. Il aborda une frégate de cinquante-quatre canons, y mit le feu, et la fit sauter avec tout son équipage. Une frégate de quarante-huit, un brick tunisien de vingt canons eurent le même sort ; les Turcs, épouvantés, prirent la fuite, et Samos fut encore sauvée. Les Turcs avaient perdu plus de deux mille hommes dans la bataille ; trois mille, qui avaient été débarqués, étaient restés sans secours à la merci des Samiens ; trois vaisseaux avaient été brulés, deux coulés à fond ; vingt bâtiments de charge avaient été pris ; la bataille du cap Santa-Marina était décisive (2). Deux nouvelles victoires, dans la rade d'Halicarnasse et près de l'île de Chio, remportées sur les débris de la flotte ottomane réunis à celle des Égyptiens, écartèrent de Samos tout danger. Les troupes restées à Scala-Nova et à Éphèse se débandèrent, et, retournant dans leurs foyers, allèrent porter à l'extrémité de l'empire la terreur du nom grec et la réputation guerrière des Samiens.

La conduite des Samiens fut toujours la même pendant toute la durée de la guerre : leur résolution et leur courage ne se démentirent pas un seul instant. Cependant l'île n'avait que peu de rapports avec le gouvernement de la Grèce continentale. Devenue une sorte de république indépendante, elle continuait à se suffire à elle-même ; elle continua aussi à inquiéter pendant plusieurs années les côtes de l'Asie Mineure et à tenir en échec les Turcs dans la partie orientale de l'Archipel.

(1) Alexandre Soutzo, *Histoire de la Révolution Grecque*; Paris, 1829, p. 334.
(2) Raffenel, t. III, ch. VII, p. 268-275 ; Jucherault de Saint-Denis, *Hist. de l'Empire Ottoman*, t. III, p. 247.

17ᵉ Livraison. (ILE DE SAMOS.)

ÉTAT ACTUEL DE L'ÎLE DE SAMOS. — Après la bataille de Navarin (1827), lorsque l'intervention des trois premières puissances de l'Europe eut assuré à la Grèce la possession de la liberté pour laquelle elle avait si généreusement combattu, un instant on pensa donner aux îles une organisation particulière et en former un État séparé sous le nom de royaume de l'Archipel. Mais ce projet n'eut pas de suite. Les Sporades orientales, parmi lesquelles Samos tenait le premier rang, trop rapprochées de l'empire turc pour entrer sans difficulté dans l'association Hellénique, furent rendues à la Porte. Mais, par égard pour la noble conduite des habitants de Samos, on insista pour que cette île eût une administration spéciale, et pour que son gouverneur, choisi par la Porte, fût pris parmi les chrétiens du rit grec. Le gouvernement turc consentit à cette proposition ; et si Samos n'obtint pas la reconnaissance complète de son indépendance, du moins elle ne perdit pas tout le fruit de ses efforts pour la conquérir (1). Beaucoup de ses habitants, plus compromis dans la guerre contre les Turcs, ou plus impatients d'un joug odieux, quittèrent Samos, comme d'autres Samiens, qui, dans l'antiquité, avaient préféré l'exil au repos dans une patrie opprimée par un tyran. Les Samiens qui allèrent demander en Grèce des établissements y reçurent des terres ; mais beaucoup d'entre eux, mal protégés, sans argent pour les premiers frais de leur installation, forcés en outre d'indemniser les Turcs expropriés en vertu de la convention passée entre la France, l'Angleterre et la Russie, furent obligés de retourner dans leur île, qui venait d'obtenir son gouverneur particulier et même un pavillon distinct (2). Lorsqu'en 1830 M. Poujoulat (3) a touché à l'île de Samos, il l'a trouvée assez tranquille, sous la nouvelle administration. Les Turcs l'avaient entièrement abandonnée à elle-même. Il y régnait bien encore un peu d'exaltation. Logothétis,

(1) Jucherault de Saint-Denis, *Hist. des Ottomans*, t. III, p. 368.
(2) Jucherault, t. III, p. 397.
(3) MM. Michaud et Poujoulat, *Correspond. d'Orient*, t. III, p. 446.

qui avait gouverné Samos pendant toute la guerre de l'indépendance et dirigé les opérations de son énergique résistance, s'était retiré à Nauplie, d'où il adressait à ses compatriotes d'ardentes proclamations et proposait un projet de réformes. Pour s'accréditer davantage, il avait pris le nom de Lycurgue. « Toutes les fois que la voix du nouveau Lycurgue se fait entendre, dit M. Michaud, la fermentation est grande dans les dix-huit villages de Samos. Toutefois, l'évêque de l'île, les papas et les caloyers, qui possèdent plus de la moitié des terres, voudraient temporiser, car il leur paraît plus raisonnable de mourir doucement avec les Turcs que de vivre quelques jours et de périr ensuite violemment avec les Hellènes. »

Depuis vingt ans, la situation de l'île est à peu près restée la même. Le tanzimat lui a laissé sa demi-indépendance ; elle n'est pas comprise dans le gouvernement de l'Archipel, et elle continue à former une province à part. Le gouverneur actuel de Samos est le prince Kallimakis, ambassadeur de la Porte à Paris. Il la fait administrer par un lieutenant, qui a beaucoup de peine à contenir la population, toujours turbulente, de cette île. Au reste, Samos est aujourd'hui bien peu connue. Les touristes évitent cette île pauvre et remuante, et je ne sais s'il serait facile de la parcourir et d'en étudier la véritable situation (1).

(1) M. Ross a vu Samos en 1841. Mais ce n'est qu'après l'entière impression de cet article sur Samos que j'ai pu me procurer la seconde partie de son *Voyage dans les Iles Grecques*, *Reisen auf den Griechischen Inseln des Agaischen Meeres*; von doctor Ludwig Ross. Zweiter band. Stuttg. und Tub. 1843. Voyez p. 139 la lettre XXIVe écrite de Samos. Elle contient une curieuse étude sur l'état actuel des ruines de l'antique capitale de l'île. Nous regrettons de n'avoir pu profiter de ces renseignements dans notre notice ; mais nous offrons au lecteur, comme compensation, une reproduction du plan de ces ruines qui accompagne la lettre de M. Ross. Cette lettre se termine par quelques indications sur l'état de Samos en 1841. A cette époque Logothétis était retiré à Athènes, où il occupait dans l'armée grecque le rang de colonel. Mais le nom de cet homme, qui, selon M. Ross, avait été le tyran de Samos dans la bonne acception classique du mot, n'était point encore oublié des Samiens, qui le regrettaient généralement. Le bey de Samos était alors le Phanariote Étienne Bogoridis, qui avait mérité la faveur du sultan par sa conduite dans les dernières guerres de la Porte avec la Russie. Il avait été récompensé de ses services par le titre de prince de Samos. « Il paye par an à la Porte, dit M. Ross (p. 153), un tribut de 400,000 piastres (un peu plus de 100,000 drachmes, environ 100,000 francs). Il a pour lui la dîme des produits du sol et tous les autres impôts, de sorte que, déduction faite de ses frais d'administration, il lui reste encore en bénéfice une jolie petite somme, *noch ein hübsches sümmchen übrig bleibt*. Il laisse son île, qu'il a visitée une fois ou deux sans y séjourner longtemps, au soin d'un gouverneur ; mais des troubles ayant éclaté dans l'île contre le dernier gouverneur et ses agents, le prince a dû le remplacer par un homme plus habile et plus énergique. Puis il a ordonné le bannissement de l'évêque de Samos et de son frère l'abbé du monastère, qu'il regarde comme très-dangereux. Néanmoins ce sera toujours un problème difficile pour des Grecs que de gouverner leurs coreligionnaires au nom de la Porte, et de faire en sorte que cette domination ne soit pas odieuse, et qu'eux-mêmes ne paraissent pas être des instruments d'oppression. Dans les troubles de l'hiver dernier (1840), on a fait douze prisonniers qui sont maintenant au bagne de Constantinople, et l'on craint que Tahir-Pacha, qui doit s'arrêter à Samos à son retour de Crète, ne fasse de nouvelles arrestations. » Tel était l'état de Samos il y a dix ans. L'éloignement du prince Callimakis, la délégation qu'il donne de ses pouvoirs à un gouverneur résident, les derniers troubles dont les journaux nous ont entretenus il y a quelque temps, prouvent que la situation de cette île est toujours à peu près la même.

ILE DE CHIO [1].

I.

GÉOGRAPHIE ET DESCRIPTION DE CHIO.

Noms primitifs de Chio. — L'île de Chio, appelée aujourd'hui *Scio* ou *Cio*, a reçu dans l'antiquité différents noms, dont les uns se rapportent à des traditions mythologiques, et les autres à la configuration même de l'île, ou à quelque particularité qu'elle offrait dans les temps anciens. Appelée primitivement *Ophiusa* (ὄφις), nom donné anciennement à plusieurs autres îles, et particulièrement à Rhodes, à cause des serpents dont elles étaient remplies, elle prit ensuite celui de *Chio* ou *Chia*, de la nymphe *Chione*, fille d'Œnopion, premier roi du pays, et femme d'Orion. C'est cet Orion qui, d'après la tradition, purgea l'île de ces animaux malfaisants, et obtint en récompense la main de Chione. Suivant d'autres, l'île aurait emprunté son nom à l'enfant né de cette union, et nommé *Chio* à cause de la grande quantité de neige (χιών) qui tomba le jour de sa naissance. Isidore [2], au contraire, fait dériver ce nom d'un mot syriaque, qui signifie mastic, sorte de résine que l'île produit en abondance. C'est ainsi que les Turcs l'appellent aujourd'hui *Sakyz-Adasi*, c'est-à-dire, l'île du Mastic. Elle se nommait encore *Pityusa*, à cause des pins qui couvraient ses montagnes (πίτυς); *Macris*, à cause de sa forme oblongue, et enfin *Æthalia* (αἰθάλη, braise), sans doute à cause de la chaleur de son climat.

Situation géographique. — Chio s'étend par 23° 30′ de longitude et 38° 30′ de latitude dans la direction du nord au sud; elle est située entre les îles de Lesbos, au nord, de Samos, au sud, l'extrémité méridionale de l'Eubée, à l'ouest, et la presqu'île de Clazomène, à l'est. Elle n'est éloignée de cette dernière que d'environ une lieue. C'est à peu près la distance qu'on trouve entre le promontoire Posidium, la pointe de l'île qui se rapproche le plus du continent, et le promontoire Argennum (auj. cap Bianco), qui s'avance à l'est sur la côte d'Érythrée, dans l'étroit bras de mer resserré entre Chio et Clazomène.

Description de l'île. — Chio est une des plus grandes îles qui bordent le littoral de l'Asie Mineure. Elle embrasse un espace d'environ quarante lieues de circuit. Plus large au nord et au sud qu'au centre, elle se resserre à cet endroit, où elle ne présente guère de l'ouest à l'est qu'une largeur d'une lieue et demie. C'est cet endroit où la côte occidentale de l'île forme, en rentrant dans les terres, comme un golfe profond, qu'Hérodote appelle les *Creux* de Chio (τὰ Κοῖλα).

Dans la partie septentrionale de l'île s'élève le mont Pélinéen (auj. mont Élias), haut de deux mille cinq cents pieds environ, et dont les ramifications s'étendent à travers l'île tout entière, mais en s'abaissant en pentes plus douces à mesure qu'elles s'avancent dans le midi. Le mont Pélinéen projette sur les côtes plusieurs promontoires, celui de Posidium, au sud de la ville de Chio, sur

---

[1] Ouvrages spéciaux sur l'île de Chio : 1° Jérome Justinian, *La Description et l'Histoire de l'île de Scio ou Chio*, in-4°, 1506; — 2° Fr. Poppo, *Beitrage zur Kunde der Insel Chios und ihrer Geschichte*, Francfort-sur-l'Oder, 1822, in-4°; — 3° Coray, Χιακῆς ἀρχαιολογίας ὕλη, dans le troisième volume de ses Ἄτακτα, Paris, 1830, in-8°; — 4° Kofod-Witte, *De Rebus Chiorum*, 1838, Copenh., in-8°; — 5° G. Eckenbrecher, *Die Insel Chios*, Berlin, 1846, in-8°; — 6° Blastos, *Histoire de Chios*, en grec moderne; Syra, 1840, 2 vol., avec ce titre : Χιακά, ἤτοι ἱστορία τῆς νήσου Χίου. Ἀπὸ τῶν ἀρχαιοτάτων χρόνων μέχρι τῆς ἔτει 1822 γενομένης καταστροφῆς αὐτῆς παρὰ τῶν Τούρκων· ὑπὸ τοῦ ἰατροῦ ΑΛ. Μ. Βλάστου.

[2] Isidore, *Orig.*, XIV, 6.

le rivage occidental, ainsi appelé du temple de Neptune bâti sur son sommet; celui de Phanæ (auj. Capo Mastico), au sud-est, avec un temple d'Apollon surnommé Phanéen, de même qu'il s'en trouvait un sur le mont Pélinéen, consacré à Jupiter Pélinéen; celui de Notium, à la pointe méridionale de l'île, comme l'indique son nom; le cap Noir (auj. cap Saint-Nicolas), à l'extrémité nord-ouest, vis-à-vis de l'île de Psyra (auj. Psara), située à quelque distance vers l'occident. La rivière la plus considérable est le Parthénius, qui coule de l'ouest à l'est, un peu au sud de la ville de Chio. Grossie par les pluies, en hiver, cette rivière roule ses eaux avec tant d'impétuosité, que les habitants sont obligés d'élever de fortes murailles devant leurs jardins, situés sur ses deux rives; mais en été son lit est souvent à sec. Dans la partie basse de l'île serpentent çà et là quelques ruisseaux assez forts, même en été, pour mettre des moulins en mouvement; mais dans la partie haute on ne rencontre que des sources, qui jaillissent des flancs de la montagne.

CONTRÉES ET VILLES PRINCIPALES. — Les géographes anciens distinguent sur la côte occidentale trois contrées : celles que Strabon appelle Laïus (auj. Lithilimenas, ou port de pierres), vers le centre, et où se trouve Néa-Moni (nouvelle solitude), monastère construit par Constantin Monomaque (1); les *Creux de Chio*, dont nous avons déjà parlé, un peu au nord de la dernière, à l'endroit le plus étroit de l'île, avec une ville ou plutôt un petit fort du nom de Polichna; enfin, en avançant toujours vers le nord, Arvisia, dont les vins passaient pour les meilleurs des vins grecs. Ses principales villes sont Bolissus (auj. Volisso) et Pitys (auj. Pityos). Parmi les autres villes, les plus importantes après Chio sont Delphinium (auj. Port-Dauphin), tout près de Chio, possédant dans les temps anciens une excellente rade; Caucasa, port situé vraisemblablement non loin du cap Phanæ; Leuconium (auj. Leuconia).

(1) Dallaway, *Constantinople ancienne et moderne et description des côtes et isles de l'Archipel et de la Troade*, t. II, p. 78.

Il faut citer encore le port des Vieillards, dont Élien seul fait mention. Les Chiotes, suivant cet auteur, y nourrissaient des poissons pour l'amusement des vieillards; de là le nom qu'il portait.

LA VILLE DE CHIO. — De toutes les villes que nous avons mentionnées la plus importante est Chio (auj. Scio), située au centre de la côte orientale, avec un port qui dans l'antiquité pouvait contenir 80 vaisseaux. Elle possédait deux temples, l'un consacré à Minerve Poliouchos, la déesse tutélaire de l'île : le culte de cette déesse était commun aux Chiotes et aux Athéniens, dont ceux-là étaient les colons; l'autre, dédié à Bacchus, qui était naturellement une des divinités les plus honorées de cette île féconde en excellents vins. Chio, qui dans l'antiquité fut une des cités les plus importantes de la confédération Ionienne, était encore avant la guerre de l'indépendance une des belles villes de l'Archipel. « Scio, dit Choiseul-Gouffier (1), est la ville du Levant la mieux « bâtie. Ses maisons, construites par les « Génois et les Vénitiens, ont une élégance « et des agréments qu'on est étonné « de rencontrer dans l'Archipel........ « L'aspect de son port est très-agréable, « et ressemble infiniment à celui de « Gênes. Deux fanaux avancés indi- « quent aux vaisseaux la route qu'ils « doivent tenir, et une jetée, aujourd'hui « à fleur d'eau, ferme le port du côté « du midi. Ce port est très-vivant; on « y trouve presque toujours quelques « galères du grand-seigneur, et il est « d'ailleurs fréquenté par tous les bâti- « ments qui vont d'Égypte à Constanti- « nople. »

A une lieue de Chio, au bord de la mer, et au milieu des masures, se trouve une pierre énorme, qui paraît s'être détachée d'un rocher. Elle est de forme ronde, excepté à sa partie supérieure où elle est aplanie et creusée. Au-dessus et au milieu, l'on voit comme des sièges taillés dans la pierre même, et dont l'un

(1) Choiseul-Gouffier, *Voyage dans l'Empire Ottoman*, t. I, p. 143. Chandler dit que la ville de Scio et les environs, vus de la mer, ressemblent en miniature à Gênes et à son territoire. *Voyage*, etc., t. I, p. 108. *Voy.* aussi Tournefort, t. I, p. 370.

est plus élevé que tous les autres. Suivant une vieille tradition, les insulaires prétendent que c'est l'endroit où Homère enseignait à ses disciples ou dictait ses vers, et pour cette raison ils l'appellent encore l'*École d'Homère* (1). Ce curieux monument, ou plutôt ce reste informe de quelque monument antique, a beaucoup exercé l'esprit et l'imagination des voyageurs. Quelques-uns ont conjecturé que cet endroit était autrefois un temple de Cybèle, une des divinités de l'île. Suivant d'autres, en ce lieu se serait trouvé le sanctuaire où la sibylle érythréenne rendait ses oracles. Quoi qu'il en soit de ces conjectures, le nom donné à cette pierre témoigne de la prétention qu'ont toujours eue les Chiotes d'être les compatriotes d'Homère (2).

CLIMAT, PRODUCTIONS DE CHIO. — L'île de Chio, placée sous ce beau ciel de l'Asie Mineure, jouit du plus heureux climat dont un pays puisse être favorisé (3). Par sa position au milieu de la mer, elle est préservée des fortes chaleurs qui règnent dans les contrées situées sur la même latitude; et les froids de l'hiver s'y font à peine sentir durant quelques jours. Les vents du nord, si orageux dans tout le reste de l'Archipel pendant les mois de juillet et d'août, ne soufflent dans cette île que comme une brise légère. Grâce à ce double bienfait, la température y est également éloignée de l'extrême sécheresse et de l'extrême humidité. Nulle part l'air n'est plus salutaire à la respiration; et les anciens, ainsi que tous les voyageurs modernes, ont vanté les agréments du séjour de l'île de Chio.

Sous un ciel aussi favorable, sous l'influence d'un soleil dont la chaleur est si heureusement tempérée, une végétation riche et variée se développe dans l'île. Dans l'hymne d'Apollon (4), attribué à Homère, elle est appelée *très-grasse*, et cette épithète n'est ni une flatterie ni une fiction poétique. Toutefois, en beaucoup d'endroits, le sol est pierreux et peu favorable au labourage. Aussi l'île est-elle peu fertile en blé, en orge et en froment. Mais, en revanche, elle est couverte d'arbres fruitiers, et elle produit en abondance des figues, des dattes, des amandes, des grenades, des limons, des olives, etc.; la culture du térébinthe y est fort étendue. Le céleri y est indigène; et c'est un jardinier sciote qui l'a introduit en Europe et qui en planta les premiers pieds dans la villa Albani à Rome.

Mais outre ces productions, qui presque toutes sont communes à l'île entière, il y en a d'autres, qui sont plus particulières à certaines contrées, et qui divisent Chio comme en trois régions distinctes. C'est le vin, dont l'espèce la plus estimée se récolte au nord, sur le penchant du mont Pélinéen; ce sont les oranges et les citrons, qui viennent particulièrement dans le voisinage de la ville à l'est; enfin le mastic, sorte de résine aromatique, recueillie sur un arbre appelé lentisque, qui croît dans la partie sud-ouest de l'île.

VIN. — Les vins de Chio, et principalement celui d'Arvisia, canton situé à l'ouest des côtes de Psyra, jouissaient dans l'antiquité d'une réputation incontestée. Poëtes et prosateurs les vantent à l'envi, et Horace, qui s'y connaissait, ne les a pas oubliés (1). Chez les Athéniens, qui ne s'entendaient pas moins en bonne chère qu'en beaux discours, le vin d'Arvisia passait pour le plus délicat des vins grecs, et les Romains ne paraissent pas l'avoir dédaigné à côté du Falerne. Mais ce vin n'était pas seulement recherché pour la table. Les médecins anciens lui attribuaient aussi des propriétés médicales, et le faisaient entrer dans une

---

(1) Dapper, *les Iles de l'Archipel*, p. 214; Choiseul-Gouffier, I, p. 149-150.
(2) Voir le *Voyage* de Dallaway, t. II, p. 69.
(3) Dallaway, *Constantinople*, etc., t. II, p. 74.
(4) Hom., *Hymne à Apollon*, V, 38. Καὶ Χίος, ἡ νήσων λιπαρωτάτη εἰν ἁλὶ κεῖται.
« Ce vers de l'hymne homérique, qui a couronné Scio reine des îles de la mer Égée, je l'ai lu écrit en lettres d'or au-dessus du divan où nous étions assis, l'archevêque Platon et moi, au-dessous d'une carte manuscrite, plus large que correcte, décrivant assez confusément les soixante et seize villages de son diocèse. » M. de Marcellus, *Épisodes littéraires en Orient*, t. II, p. 147.

(1) Horace, *Ode* III, 19; Virg., *Égl.* V, 7; Pline, *Hist. Nat.*, XIV, 9, 1; 17, 1, 2; XXXIV, 22, 4.

composition destinée à guérir les ophthalmies, et appelée *pastille de Chio*. Pline prétend, d'après l'autorité de Varron, qu'on ordonnait le vin de Chio à Rome dans les maladies de l'estomac. C'était le vin de prédilection de César : Hortensius en avait dix mille pièces dans ses caves; au moment de sa mort, son héritier s'empressa de les recueillir (1).

JARDINS DE CHIO. — Non loin de la ville s'étend une vaste forêt d'orangers et de citronniers, qui produisent annuellement plus de vingt millions des plus beaux fruits, et dont la valeur est estimée environ cinq millions. Cette forêt se compose d'un grand nombre de jardins, enclos de hautes murailles, et renfermant chacun une fontaine pour l'irrigation des arbres. L'eau de ces fontaines, tirée au moyen d'une sorte de roue d'épuisement, garnie de pots de terre et mise en mouvement par des mulets, coule dans un grand bassin muré, d'où elle se distribue par des canaux dans de petites rigoles creusées autour des arbres. Pendant la saison des fleurs l'odeur que répandent ces arbres est si forte qu'elle se fait sentir en mer à une grande distance de la côte.

C'est dans ces jardins que sont situées les maisons de campagne de la ville de Chio. La plupart d'entre elles ne présentent plus guère que des ruines depuis la dévastation de l'île par les Turcs en 1822. Toutefois, même en cet état, elles témoignent encore de la prospérité dont jouissait Scio avant cette époque, si bien que M. de Lamartine, qui visita depuis ces jardins, a pu dire : « Je ne connais rien en Europe qui présente l'aspect d'une plus grande richesse que Scio. »

MASTIC. — La partie sud-ouest de l'île, celle qui produit le mastic, forme avec la précédente un contraste frappant. La terre et la population ont un tout autre aspect. La campagne est moins riante, et les habitants n'ont point cet air de bien-être que l'on remarque parmi ceux des environs de la capitale. Cependant cette contrée a moins souffert que toutes les autres, lors de la guerre de l'indépendance. La récolte du mastic était pour la Porte un revenu considérable, dont elle n'eut garde de se priver par d'inutiles ravages. Cette région de l'île échappa ainsi en partie à la dévastation, et ses habitants au massacre. D'ailleurs les paysans des cantons à mastic étaient comme les serfs du grand-seigneur, et à ce titre ils furent épargnés, ou châtiés moins rudement que les autres insulaires. Bien que cette servitude n'existe plus depuis quelques années, nous croyons devoir montrer ce qu'elle était en reproduisant la relation suivante, qui renferme d'ailleurs des détails curieux sur la manière dont se fait la culture et la récolte du mastic :

« Les villages aux environs desquels se trouve le mastic sont au nombre de vingt... Les arbres de lentisque sont épars çà et là dans la campagne, et appartiennent au grand-seigneur. Il a accordé de grands privilèges aux paysans de ces villages, pour les entretenir et faire la récolte du mastic. Ces habitants, quoique chrétiens, portent le turban blanc, comme les Turcs. Ils jouissent d'ailleurs de différents privilèges: ils ont des cloches dans leurs églises, ils ne payent pour tribut que la plus petite des taxes, et ils sont exempts de tous autres droits, impositions et corvées; de quelque nature que ce puisse être. Un aga particulier, qui prend tous les ans cette ferme à Constantinople, les gouverne, sans qu'ils soient soumis à la juridiction ordinaire de l'île.

« Moyennant ces privilèges, ils sont obligés d'entretenir les arbres, de bien battre, aplanir et balayer le terrain qui est dessous, aux approches de la récolte, afin que le mastic qui y tombe soit clair et net. Ils sont chargés de le recueillir avec des pinces sur les arbres, et avec la main quand il est à terre; de nettoyer celui qu'ils ont ramassé et d'en ôter la poussière qui s'y attache toujours, malgré le soin qu'ils prennent de tenir la place nette. Lorsque le mastic est bien nettoyé, ils le séparent selon ses différentes qualités.

« Le plus estimé est net, clair et en larmes; on le recueille ordinairement sur l'arbre, avant qu'il en coule beaucoup, ou qu'il tombe à terre. Toute cette première qualité va au sérail du sultan à Constantinople. Celui qui a été ramassé au pied des arbres est toujours mêlé d'un peu de terre : il n'est ni clair ni en lar-

---

(1) Cf. Tournefort, *Voyage au Levant*, I, 372 ; Dallaway, t. I, p. 69.

mes, mais en morceaux longs, informes et louches; on n'en envoie au sérail que la quantité qui manque à la première qualité pour en faire soixante mille livres pesant. C'est la taxe que l'aga fermier doit envoyer tous les ans au sérail du sultan. Chaque village est taxé à trois mille livres, l'un portant l'autre, ou à deux mille écus en argent comptant, au défaut de mastic; et comme on en recueille toujours beaucoup davantage, même dans les plus mauvaises années, le fermier achète le surplus des soixante mille livres des paysans sur le pied de quarante sous et quelque chose de moins la livre, et le revend ensuite, par privilége exclusif, trois à quatre francs; et il a droit, non-seulement de saisir tout celui qu'il trouve n'avoir pas passé par ses mains, mais encore de punir les paysans qui l'ont vendu en contrebande. Il peut envelopper dans cette punition tous les habitants d'un village, quand il ne peut connaître le particulier qui a fait la contrebande; c'est ce qui oblige ces paysans à s'observer exactement les uns les autres, et à fermer pendant la nuit les portes de leur village dans les temps de la récolte, afin que personne n'aille ramasser le mastic sur le terrain de son voisin, pour en faire une provision qu'il pourrait ensuite vendre à loisir.....

« Depuis le commencement de la récolte jusqu'à ce que le fermier ait enlevé toute cette drogue, il y a des gardes jour et nuit aux gorges des montagnes par lesquelles on entre dans le cap Mastic. Ces gardes visitent avec soin ceux qui passent, afin que personne n'en emporte. Quand le garde de l'aga fermier vient à la ville, il est accompagné de tambours et de flûtes, et amené par les paysans des villages qui ont recueilli le mastic; ils vont le porter au château avec beaucoup de réjouissance.

« Quelquefois l'aga qui prend la ferme du gouvernement, du tribut et des douanes de l'île, prend aussi celle du mastic, dont la récolte peut monter année commune, à cent-cinquante mille livres pesant......

« On distingue quatre sortes d'arbres de mastic, savoir : *skinos, skinos-aspros, votomos* et *piscari*.

« Le *skinos* et le *skinos-aspros* produisent le plus beau mastic, c'est-à-dire le plus transparent et le plus sec : on l'appelle mastic mâle........

« Le votomos a les feuilles plus petites, et est ordinairement plus étendu que les autres. Il est le seul qui porte des baies ou graines, qui sont assez semblables à celles des lentisques sauvages. On en recueille très-peu de mastic; mais il est mâle et d'une bonne qualité........

« Le *piscari* est beau, touffu, et forme une espèce de buisson qui s'arrondit en s'élargissant jusqu'à terre; sa feuille est plus large que celle des autres; il est le plus fécond de tous. Son mastic coule si abondamment, qu'on en ramasse quelquefois des morceaux de la largeur d'un écu; mais il est opaque, mou, se sèche difficilement, et se ramollit à la moindre chaleur : aussi est-ce la qualité la moins estimée. Ce mastic est appelé mastic femelle.

« Ces arbres fleurissent tous en mars; leur fleur a la forme d'une grappe : il n'y a, comme j'ai dit, que le votomos qui porte graine (1). » On les cultive au pied comme la vigne. Les paysans chargés de ce soin font à l'écorce de la tige des incisions en croix, d'abord en mai, puis en juin et enfin en août. C'est de ces incisions que coule la résine ou gomme appelée mastic « dont les dames turques et grecques font une grande consommation. Elles en mâchent continuellement : cette drogue donne à leur haleine une odeur aromatique qu'on peut ne pas trouver désagréable, mais qui nuit beaucoup à la beauté de leurs dents. »

« Le mastic est d'usage en médecine; il entre dans plusieurs remèdes, et se donne en pilules pour apaiser les maux d'estomac; mais les arts en font aujourd'hui une consommation beaucoup plus grande. On l'emploie surtout pour composer les vernis clairs et transparents; il a, sur un grand nombre de drogues que l'on emploie à cet usage, l'avantage d'être soluble dans l'essence et dans l'esprit de vin (2). »

(1) Galland, mémoire fait sur les lieux en 1747, et cité par Choiseul-Gouffier, t. I, p. 144-148.

(2) Choiseul-Gouffier, t. I, p. 148. Cf. Tournefort, I, p. 357. Voyez dans Pline, XII, 36, XXIV, 74, 1, la production, le prix et l'emploi du mastic de Chio chez les anciens.

Cette partie de l'île qui fournit le mastic, pierreuse et presque entièrement stérile, produit peu de blé et d'herbages. Il en est de même de toute cette étendue du territoire où croissent les orangers et les citronniers. Aussi l'île ne renferme-t-elle qu'une petite quantité de terres labourées et manque-t-elle de bétail. Mais, en revanche, les oiseaux de passage y sont extrêmement nombreux, particulièrement les bécasses, les grives, le merle, la caille et la tourterelle. Elle nourrit surtout « une si grande quantité de perdrix, qu'il n'y a point d'endroit au monde où l'on en voie tant. On trouve dans certains villages de grosses perdrix rouges et privées..... Les habitants en tiennent de grosses troupes ou compagnies qu'ils élèvent et nourrissent comme nous élevons en ce pays les troupes de poules, d'oies ou de pigeons. Ils leur donnent la liberté dès le matin de voler vers les montagnes ou dans les champs pour y aller chercher leur nourriture, et l'on permet que leurs perdreaux les suivent, afin qu'elles en aient soin. Mais vers le soir elles s'assemblent de nouveau au son d'un sifflet, si bien que chaque compagnie ou troupe, qui en contient quelquefois plus de trois cents, se retire vers son gardien ou conducteur, et le suit au village. Elles sont si bien dressées au son de ce sifflet, que, bien qu'elles se trouvent quelquefois six ou sept mille ensemble et pêle-mêle, et qu'elles appartiennent à divers maîtres, elles ne manquent jamais de se séparer pour voler vers le lieu où elles se retirent ordinairement, dès qu'elles l'entendent (1). »

On nourrit aussi dans l'île une grande quantité de vers à soie, et le miel qu'on y recueille peut le disputer à celui d'Hymette et d'Hybla.

Les chevaux sont un luxe des plus riches; mais les mules et les ânes sont assez communs. Les renards et les lièvres abondent dans les montagnes; on ne rencontre aucun autre animal des forêts.

Les richesses minérales de Scio consistent principalement en marbres. Les carrières, assez nombreuses dans la partie montagneuse de l'île, en fournissaient de diverses couleurs (1). Pline pense même que les premiers marbres tachetés furent trouvés dans les carrières de Chio. « Les habitants les employèrent aux murs de leur ville; et ils s'attirèrent, dit Pline, une plaisanterie de Cicéron : ils montraient à tout le monde ces murailles comme magnifiques : J'admirerais bien plus, dit-il, que vous les eussiez faites en pierre de Tibur. » On trouve aussi différentes espèces de terre, et particulièrement une certaine terre de nature savonneuse, dont les femmes turques se servent comme d'un dépilatoire, et qu'on emploie dans les bains, mêlée avec des feuilles de rose (2). Une autre terre, d'une nature argileuse, très-commune dans l'île, a de tout temps été, chez les Chiotes, d'un grand usage pour les ouvrages de poterie, une des plus importantes branches de leur industrie, surtout dans l'antiquité.

II.

HISTOIRE ANCIENNE DE CHIO.

PREMIERS HABITANTS DE CHIO (3). — Les habitants de l'île de Chio, au témoignage de Strabon et d'Eustathe, se prétendaient issus des Pélasges de la Thessalie. Cette tradition populaire prend un caractère historique si l'on rapproche le nom du mont Pellinéen de celui de␣Pelliné, ville de Thessalie. Ce rapprochement confirme l'assertion de Strabon et d'Eustathe sur l'origine pélasgique des habitants primitifs de l'île. A ce double témoignage s'ajoute celui d'Ephore, qui dit, dans un fragment conservé par Athénée, que « les premiers habitants de Chio furent des Pélasges qui, échappés au déluge arrivé sous Deucalion, émigrèrent dans cette île ». D'après ce passage, la première colonisation de Chio aurait donc eu lieu dans le seizième siècle avant J.-C.

COLONIE CRÉTOISE. — Environ deux siècles plus tard, OEnopion vint s'établir

---

(1) Dapper, *Iles de l'Archipel : Chio ou Scio*, p. 217.

(1) Pline, *Hist. Nat.*, XXXVI, 5, 3; V, 138, 1.
(2) Pline, XXXV, 56, 1. Les anciens en faisaient le même usage.
(3) Raoul-Rochette, *Colonies Grecques*, I, 280; II, 163-164; III, 79, 95, 98.

dans l'île, à la tête d'une colonie crétoise. Suivant Théopompe de Chio, cet OEnopion était fils de Bacchus et d'Ariane, par conséquent petit-fils de Minos par sa mère. Le poëte Ion, au contraire, en fait un fils de Thésée, sans doute par une fiction poétique destinée à flatter les Athéniens, qui avaient couronné une de ses tragédies. Suivant une troisième version, rapportée par Diodore de Sicile, OEnopion était fils de Rhadamanthe et frère d'Érythrus. Rhadamanthe, s'étant emparé des îles de la mer Égée et d'une partie du continent de l'Asie Mineure, permit au premier de régner à Chio, et au second, à Érythrée. Dans toute cette généalogie, la fable joue évidemment un grand rôle. Toutefois, il n'est pas besoin de chercher à concilier ces assertions contradictoires pour constater, d'une part, que la colonie amenée par OEnopion était partie de Crète; de l'autre, que les relations étroites qui existèrent entre Chio et Érythrée avaient leur source dans une origine commune.

OEnopion était accompagné de cinq fils : Talus, Évanthus, Mélas, Salagus et Athamas. Il enseigna aux habitants la culture de la vigne et l'art de faire le vin. La colonie qu'il fonda paraît avoir joui d'une certaine célébrité, puisque Chio est appelée la ville d'OEnopion dans des vers du poëte Critias cités par Athénée.

D'autres colons, partis de Carie et d'Eubée, vinrent s'établir dans l'île avec l'agrément d'OEnopion. Après la mort de ce dernier et celle de ses fils, Amphiclus d'Histiée, ville de l'Eubée, fut proclamé roi. Son règne doit avoir commencé vers l'époque de la guerre de Troie. Hector, son arrière-petit-fils, régna au temps de l'arrivée des Ioniens dans l'Asie Mineure, vers 1130 avant J.-C. Ce fut sans doute avec leur secours qu'il chassa de l'île les Cariens et les Eubéens, expulsion qui paraît avoir été suivie immédiatement de l'établissement d'une colonie de ces nouveaux venus, qui tout naturellement entrèrent dans l'Amphictyonie ionienne.

Chio, en effet, fut au nombre des douze villes qui dès l'origine firent partie de la confédération ionienne. Depuis cette époque jusqu'au moment où les rois de Lydie cherchèrent à étendre leur domination sur les Grecs de l'Asie Mineure, l'histoire de Chio ne présente aucun événement politique bien remarquable. Cette période ne laisse pas cependant que d'offrir un certain intérêt. La situation de Chio au milieu de la mer l'invitait naturellement au commerce. Elle commença à se créer une marine, et, au milieu de la prospérité dont elle jouit, la population paraît s'être accrue au point de se répandre au dehors et de fonder à son tour des colonies. Elle envoya des colons à Leuconia, en Béotie, ville dont elle s'était emparée sur les Coronéens de concert avec ceux d'Érythrée. Plus tard ces derniers cherchèrent à s'en rendre seuls maîtres, et déjà les Chiotes étaient sur le point de leur abandonner cette commune conquête, lorsque leurs femmes leur firent honte de cette lâcheté, et les déterminèrent à une résistance qui amena la retraite des Érythréens. Cette guerre paraît être la même que celle dont parle Hérodote (1), et dans laquelle, au témoignage de cet historien, les Chiotes eurent pour alliés les Milésiens. C'est sans doute aussi à cette guerre que se rapporte le stratagème suivant, que mentionne Frontin (2) : Les Érythréens avaient placé une sentinelle dans un lieu élevé, afin d'observer les mouvements des Chiotes. Ceux-ci la tuèrent, revêtirent de ses habits un des leurs, et le substituèrent à la sentinelle ennemie. Les Érythréens, trompés par cet artifice, tombèrent dans une embuscade. Leuconia ne fut pas la seule ville de Béotie dont s'emparèrent les Chiotes et les Érythréens. Ils prirent aussi Copæ, au nord du lac Copaïs. L'ancien nom de ce lac appelé primitivement Leuconis et le nom de la ville de Leuconia dont nous avons parlé plus haut, empruntés tous deux au bourg de Leuconium, dans l'île de Chio, semblent indiquer que les Chiotes eurent dans cette colonisation une part plus importante encore que celle des Érythréens.

CHIO DEPUIS LA GUERRE D'HALYATTE CONTRE MILET, JUSQU'A LA RÉVOLTE DE L'IONIE, DE 600 A 504 AV. J.-C. — Enrichie par un commerce actif,

(1) Hérodote, I, 18.
(2) Frontin, Stratag., II, 5, § 15.

Chio était devenue assez puissante à l'époque où nous sommes arrivés, c'est-à-dire au sixième siècle avant l'ère chrétienne, pour envoyer un secours de troupes aux Milésiens, ses anciens alliés. Depuis Gygès, qui, le premier des rois de Lydie, entreprit de subjuguer les Grecs des côtes de l'Asie Mineure, Milet n'avait cessé d'être attaquée par ces princes. Sadyatte et après lui son fils et successeur, Halyatte, en poussèrent le siége avec vigueur, et dans cette guerre, qui intéressait également tous les Ioniens, menacés dans leur indépendance, les Chiotes furent les seuls qui secoururent les habitants de Milet (1). Crésus reprit les projets de ses prédécesseurs contre les Grecs de l'Ionie. Cette riche contrée était une proie qui tentait les rois lydiens. Toutefois la soumission des villes grecques du continent ne suffit pas à l'ambitieux Crésus : « Lorsqu'il eut subjugué les Grecs « de l'Asie, dit Hérodote (2), et qu'il les « eut forcés à lui payer tribut, il pensa « à équiper une flotte pour attaquer les « Grecs insulaires. Tout était prêt pour « la construction des vaisseaux, lorsque « Bias de Priène, ou, selon d'autres, « Pittacus de Mitylène, vint à Sardes. « Crésus lui ayant demandé s'il y avait « en Grèce quelque chose de nouveau, « sa réponse fit cesser les préparatifs. « Prince, lui dit-il, les insulaires achètent « une grande quantité de chevaux, dans « le dessein de venir attaquer Sardes et « de vous faire la guerre. » « Crésus, « croyant qu'il disait la vérité, repartit : « Puissent les dieux inspirer aux insu- « laires le dessein de venir attaquer les « Lydiens avec de la cavalerie ! — Il me « semble, seigneur, répliqua Bias, que « vous désirez ardemment de les rencon- « trer à cheval dans le continent, et vos « espérances sont fondées ; mais depuis « qu'ils ont appris que vous faisiez équi- « per une flotte pour les attaquer, pen- « sez-vous qu'ils souhaitaient autre chose « que de surprendre les Lydiens en mer, « et de venger sur vous les Grecs du con- « tinent que vous avez réduits en escla- « vage ? » — « Crésus, charmé de cette « réponse, qui lui parut très-juste, aban- « donna son projet, et fit alliance avec « les Ioniens des îles. » Ce naïf dialogue prouve assez que les îles grecques de la mer Égée avaient acquis à cette époque une puissance maritime imposante, puisqu'elle fit respecter leur indépendance par le roi le plus redouté de l'Asie. Or, de toutes ces îles, si l'on en excepte Rhodes et Samos, Chio possédait la marine la plus florissante.

Mais déjà une puissance nouvelle s'avançait sur l'Asie Mineure. La domination persane, qui commençait à s'étendre à l'orient, sur les ruines de l'empire Chaldéo-Babylonien, venait d'engloutir du côté de l'occident la monarchie lydienne (548 av. J.-C.), et menaçait d'envelopper dans ses limites, reculées jusqu'à la mer, toutes les colonies grecques de la côte. Toutefois, les insulaires, comme le remarque Hérodote (1), étaient à l'abri des attaques de Cyrus ; les Phéniciens n'étant pas encore soumis aux Perses, et ceux-ci n'ayant pas de marine. Les Chiotes, en particulier, ne paraissent pas s'être préoccupés beaucoup du danger auquel les rapides progrès de la conquête persane exposaient leur indépendance. Tout entiers aux soins de leur commerce, ils ne prirent qu'un médiocre intérêt à ce qui se passait sur le continent à quelque distance de leur île. Deux faits trahissent l'esprit mercantile qui s'était déjà emparé de ces insulaires. Pactyas, ce dépositaire infidèle des trésors de Crésus, avait fait soulever les Lydiens contre Cyrus, et, à l'approche de Mazarès, lieutenant de ce prince, s'était réfugié chez les Cyméens qui le transportèrent à Chio. « Les habitants de cette île l'ar- « rachèrent du temple de Minerve-Po- « liouchos, et le livrèrent à Mazarès, à « condition qu'on leur donnerait l'Atar- « née, pays de la Mysie, vis-à-vis de « Lesbos.... Depuis cet événement il se « passa beaucoup de temps sans que les « habitants de Chio osassent, dans les « sacrifices, répandre sur la tête de la « victime de l'orge d'Atarnée, ni offrir « à aucun dieu des gâteaux faits avec de la « farine de ce canton ; et on excluait des « temples tout ce qui en provenait (2). » Plutarque, il est vrai, nie cette honteuse

---

(1) Hérodote, I, 18.
(2) Id., I, 27.

(1) Hérodote, I, 143.
(2) Id., I, 160.

extradition; mais son témoignage est bien faible en présence de celui d'Hérodote confirmé par Pausanias (1). Le second fait n'est pas à beaucoup près aussi grave; mais il révèle aussi une politique intéressée, et nous montre que les Chiotes, à cette époque du moins, étaient déjà devenus par-dessus tout des marchands. Les Phocéens, assiégés par Harpage, général de Cyrus, et réduits à la dernière extrémité, avaient abandonné leur ville, préférant l'exil à l'esclavage, et fait voile vers Chio, dans l'espoir de s'établir dans les îles OEnusses (2), situées au nord-est de cette dernière, dont elles étaient une dépendance. Mais les habitants de Chio ne voulurent pas les leur vendre, dans la crainte qu'ils n'y attirassent le commerce et que leur île n'en fût exclue (3).

Favorisée par sa position au milieu de la mer, Chio avait pu sauver d'abord son indépendance. Mais déjà, par les conquêtes de Cyrus, l'empire persan touchait à toutes les mers qui baignent les côtes de l'Asie. La Phénicie faisait partie d'une de ses satrapies. L'île de Cypre elle-même avait subi le joug. Devenus ainsi les souverains des principaux peuples maritimes du continent et de quelques îles, les rois de Perse trouvèrent chez ces nouveaux sujets une marine et des matelots exercés par une vieille habitude de la mer. Ils en firent les instruments des conquêtes qu'ils entreprirent en Afrique et en Europe. C'est ainsi que l'armée, qui, sous la conduite de Cambyse, alla soumettre l'Égypte monta des vaisseaux fournis par les Cypriotes et les Phéniciens (525 av. J.-C.); c'est ainsi encore que lorsque Darius Ier dirigea une expédition contre les Scythes, il obligea les Grecs d'Asie, ceux des îles et ceux du continent, à fournir un contingent d'hommes et de navires.

Toutes les colonies grecques de l'Asie Mineure étaient en effet subjuguées, et formaient une des satrapies de l'empire. Outre le satrape chargé de l'administration générale de la province, Darius établit dans chaque ville un gouverneur particulier, choisi soit parmi les indigènes, soit parmi les Perses, mais toujours créature d'autant plus dévouée au roi que ces petites tyrannies locales ne pouvaient se maintenir qu'en se reliant étroitement au despotisme central. C'est ce qui apparaît clairement dans l'expédition contre les Scythes. Darius avait fait jeter un pont sur l'Ister, et en avait confié la garde aux tyrans ioniens. En vain les Scythes, qui venaient de disperser l'armée persane, les pressèrent de rompre le pont. « L'affaire mise en délibération, « Miltiade d'Athènes, qui était commandant et tyran de la Chersonèse de « l'Hellespont, fut d'avis de suivre le « conseil des Scythes et de rendre la liberté à l'Ionie; mais Histiée, tyran de « Milet, s'y opposa. Il représenta qu'ils « ne régnaient dans leurs villes que par « Darius; que si la puissance de ce prince « était détruite, ils perdraient leur autorité, et que lui-même ne pourrait « plus conserver la sienne dans Milet, « ni les autres la leur dans leurs États, « les villes préférant toutes la démocratie « à la tyrannie (1). » Tous les petits tyrans de l'Ionie, et parmi eux, celui de Chio, nommé Strattis, se rangèrent à l'avis d'Histiée, et le pont fut maintenu.

RÉVOLTE DE L'IONIE (504 av. J.-C.). — Il était manifeste, après ce qui s'était passé aux bords de l'Ister, que les Ioniens n'avaient rien à attendre de leurs gouverneurs. Instruments serviles du grand roi, ceux-ci appesantissaient le joug de la domination persane de tout le poids de leur propre tyrannie. Une double oppression pesait ainsi sur les Ioniens; et tandis que le grand roi, résidant à Suze, manifestait de loin sa puissance absolue par les exigences du fisc, les satrapes leur faisaient sentir un pouvoir d'autant plus insupportable qu'il s'exerçait de près, à tout instant, et directement. Cet état était trop violent pour durer. La conquête avait pu courber les Ioniens sous le joug; mais même telle que Darius l'avait organisée, elle ne put façonner au despotisme asiatique ce peuple, de tous les Grecs le plus passionné pour la liberté. A une révolte il ne manquait qu'une occasion. Athènes d'ailleurs, la métropole des Ioniens de l'Asie Mineure, venait de donner l'exem-

---

(1) Pausanias, IV, 35.
(2) Aujourd'hui les îles Spalmadores.
(3) Hérodote, I, 165.

(1) Hérodote, IV, 137.

ple en s'affranchissant de la domination des Pisistratides (510 av. J.-C.). Aussi lorsque Aristagoras, tyran de Milet, secrètement excité par les émissaires d'Histiée, son beau-père, que Darius retenait à sa cour, les eut appelés à la liberté, un soulèvement général éclata aussitôt. Partout les tyrans furent massacrés ou chassés, et la liberté rétablie. Athènes soutint d'abord la révolte des Ioniens, et leur envoya vingt galères, qui, jointes à cinq autres que fournirent les Érétriens, contribuèrent à la prise de Sardes. Mais après ce premier succès ces deux alliés se retirèrent, et tout le poids de la guerre retomba sur les Ioniens. Dans cette guerre, les Chiotes firent d'héroïques efforts pour la cause de la liberté. Les forces qu'ils mirent sur pied témoignent de la puissance navale à laquelle ils étaient parvenus, grâce à l'activité et à l'extension de leur commerce. De tous les Grecs d'Asie ce furent ceux qui équipèrent le plus grand nombre de vaisseaux : sur les trois cent cinquante-trois galères qui composaient la flotte grecque, ils en fournirent cent, c'est-à-dire environ le tiers. Tous ces forces, réunies dans l'île de Lada, en face de Milet, étaient destinées à secourir cette ville, assiégée par les Perses (498 av. J.-C.). Travaillés par les émissaires du grand roi, les Samiens, les Lesbiens et d'autres confédérés abandonnèrent la cause commune, et se retirèrent avec leurs vaisseaux. Cette défection n'ébranla pas le courage des Chiotes. « Parmi ceux qui
« soutinrent le combat, dit Hérodote (1),
« les habitants de Chio furent les plus
« maltraités, parce qu'au lieu de se con-
« duire en lâches, ils firent des actions
« très-éclatantes.... Ils s'aperçurent de
« la trahison de la plupart des alliés ;
« mais, ne voulant pas imiter leur lâcheté,
« ils livrèrent le combat avec le petit
« nombre de ceux qui ne les quittèrent
« point, et passèrent et repassèrent entre
« les vaisseaux ennemis, pour revenir de
« nouveau à la charge, jusqu'à ce qu'a-
« près en avoir pris un grand nombre,
« ils eussent perdu la plupart des leurs.
« Ils s'enfuirent alors dans leur île avec
« ceux qui leur restaient. Mais les vais-
« seaux qui avaient beaucoup souffert,
« ne pouvant les suivre, et se voyant
« poursuivis, s'enfuirent vers Mycale,
« où ils se firent échouer ; et les ayant
« laissés en cet endroit, ils firent le
« voyage par terre. Lorsqu'ils furent sur
« le territoire d'Éphèse, ils s'avancèrent
« à l'entrée de la nuit vers la ville, où les
« femmes célébraient alors les Thesmo-
« phories (1). Les Éphésiens n'étaient
« pas encore instruits de ce qui était
« arrivé à ceux de Chio. Voyant ces
« troupes entrer sur leurs terres, ils s'i-
« maginèrent que c'étaient des brigands
« qui venaient enlever leurs femmes ; et
« courant tous à leur secours, ils massa-
« crèrent ces malheureux. » Les Chiotes n'étaient pas au terme de leurs désastres. Ayant refusé de recevoir Histiée, celui-ci, secouru par les Lesbiens, leur livra bataille à l'endroit appelé les *Creux* de Chio, tua un grand nombre des leurs, s'empara de Polichna, et subjugua tout le reste de l'île, d'autant plus facilement qu'elle était épuisée par les revers précédents. « Ceux de Chio, dit Héro-
« dote (2), eurent des présages avant-
« coureurs de leur désastre. D'un chœur
« de cent jeunes garçons qu'ils avaient
« envoyé à Delphes, il n'en revint que
« deux ; les quatre-vingt-dix-huit autres
« périrent de la peste. Vers le même
« temps, et un peu avant le combat na-
« val, le toit d'une école de la ville tomba
« sur des enfants à qui on enseignait les
« lettres ; de cent vingt qu'ils étaient, il
« n'en échappa qu'un seul. Tels furent
« les signes avant-coureurs que la divi-
« nité leur envoya. »

CHIO DEPUIS LE COMMENCEMENT DES GUERRES MÉDIQUES JUSQU'AU TRAITÉ DE CIMON (449). — Après la prise de Milet, la flotte perse n'eut qu'à paraître devant Chio pour la faire rentrer dans l'obéissance. Strattis, l'ancien tyran de l'île, fut rétabli, et, dans l'expédition que Darius dirigea contre les Grecs d'Europe, elle fut contrainte à fournir son contingent. Mais bientôt l'enthousiasme que la victoire de Marathon avait excité dans toute la Grèce se communiqua aux colonies. Enhardis par les succès de la métropole et par la

---

(1) Hérodote, VI, 15 et 16.

(1) Fête que les femmes célébraient en l'honneur de Cérès.
(2) Hérodote, VI, 27.

défaite des Perses, sept citoyens de Chio entreprirent de délivrer leur patrie, et s'engagèrent par un serment solennel à tuer le tyran Strattis. L'un des conjurés ayant dénoncé le complot, les six autres ne renoncèrent point au projet d'affranchir leurs concitoyens, et allèrent implorer pour eux les secours de la flotte grecque, stationnée près d'Égine. L'approche des vaisseaux grecs ranima le courage des Chiotes, et à la bataille de Mycale ils combattirent vaillamment dans les rangs de leurs libérateurs (479 av. J.-C.). Pausanias rapporte qu'il a lu leurs noms gravés, avec ceux des autres alliés, sur le piédestal de la statue de Jupiter à Olympie (1).

La bataille de Mycale transporta le théâtre de la guerre médique de la Grèce sur les côtes de l'Asie Mineure. Les Grecs commencèrent à prendre l'offensive. Les Athéniens, dissimulant ou ajournant leurs projets de domination, ne combattirent d'abord que pour l'affranchissement des villes grecques encore occupées par les barbares. Investi du commandement de la flotte combinée d'Athènes et des alliés, Cimon parcourut en libérateur la mer Égée. Dans cette guerre nationale, les Chiotes se montrèrent les dignes fils de la Grèce. Des cent galères fournies par les alliés, le plus grand nombre leur appartenaient. La part active qu'ils prirent à cette expédition prouve qu'ils avaient déjà réparé leurs désastres précédents, et rétabli leur marine, presque ruinée. Aussi lorsque les Athéniens, se sentant assez forts pour agir en maîtres, changèrent en subsides d'argent les contingents d'hommes et de vaisseaux fournis par les alliés, et rendirent ainsi ces derniers leurs tributaires et presque leurs sujets, ils respectèrent l'indépendance de Chio. Par le traité de 449 ils la mirent à l'abri des attaques du grand roi, en stipulant qu'aucun vaisseau perse ne pourrait naviguer dans les mers grecques, depuis le Pont-Euxin jusqu'aux côtes de la Pamphylie.

DEPUIS LE TRAITÉ DE CIMON JUSQU'A LA FIN DE L'EXPÉDITION DE SICILE (449-413). — Les victoires de Thémistocle et de Cimon avaient refoulé les Perses en Asie. Le traité imposé par ce dernier à Artaxerxès avait élevé sur le continent de l'Asie Mineure, entre la Grèce et les barbares, comme un rempart de villes, rattachées plus étroitement à la métropole, et le long du littoral une barrière d'îles, sentinelles avancées de la Grèce. Délivrés ainsi des dangers du dehors, les Grecs trouvèrent dans la rivalité d'Athènes et de Sparte un aliment nouveau à leur inquiète activité. Aux guerres extérieures succédèrent les discordes civiles. Toute la Grèce, divisée en deux camps, se partagea entre les Athéniens et les Spartiates, qui se disputèrent le commandement, l'exercèrent et en abusèrent tour à tour. Et tandis que ces deux peuples, épuisés par leur lutte et oubliant, par une égoïste ambition, leur rôle national, mêlaient à leurs débats le roi de Perse, une nouvelle puissance s'éleva en Grèce, et l'hégémonie, se déplaçant une troisième fois, passa aux mains des Thébains. Cette esquisse rapide de l'histoire intérieure de la Grèce pendant cette période est nécessaire pour bien comprendre les vicissitudes politiques par lesquelles passa l'île de Chio, depuis l'époque où nous sommes arrivés jusqu'à la guerre sociale. Liée désormais plus intimement à la société grecque, cette île éprouva le contre-coup de toutes les révolutions qui s'accomplirent dans le sein de cette société si agitée. Ses forces navales faisaient d'elle une alliée utile, recherchée par chacun des peuples rivaux qui se disputaient le premier rang. C'est ainsi qu'elle subit successivement l'influence ou la domination d'Athènes, de Sparte et de Thèbes.

Ce n'est pas tout. La lutte dont la Grèce était le théâtre entre les Athéniens et les Spartiates, les uns représentant l'élément ionien ou le principe démocratique, les autres l'élément dorien ou le principe aristocratique, cette lutte, transportée dans les colonies grecques de l'Asie, y formait deux factions, une faction populaire dévouée à Athènes et une faction oligarchique tenant pour Sparte. Chio renfermait dans son sein ces deux partis, qui, au milieu des attaques auxquelles leur patrie était en butte, ne rivalisaient que pour le choix du maître. De 449 à 413 les Chiotes furent les alliés d'Athènes. Dans les expéditions dirigées contre Sa-

---

(1) Pausanias, V, 23.

mos, leurs vaisseaux firent partie de la flotte qui sous le commandement de Périclès comprima la révolte de cette île (441 av. J.-C.). Lorsque éclata la guerre du Péloponnèse, ils prirent encore parti pour leur métropole et fournirent des vaisseaux (431 av. J.-C.). Mais quelques années après, la faction aristocratique, amie des Spartiates, l'emportant, ils méditèrent une défection ; et, avertis par les récents malheurs des Lesbiens, dont la rébellion avait été cruellement châtiée, ils fortifièrent Chio, et préparèrent des moyens de résistance. Mais ils n'eurent pas le temps de mettre leur projet à exécution. Instruits de ce qui se passait, les Athéniens les contraignirent à démolir les fortifications qu'ils avaient construites, et à prêter de nouveau serment de fidélité. Retenus ainsi par la force dans l'alliance d'Athènes, ils la secoururent de leurs vaisseaux dans le cours de la guerre, et participèrent à l'expédition de Sicile (415 av. J.-C.).

CHIO SE DÉTACHE D'ATHÈNES, ET TOMBE SOUS L'INFLUENCE DE SPARTE (413-394). — Le mauvais succès de cette expédition et l'affaiblissement d'Athènes déterminèrent les Chiotes à secouer une alliance qui leur pesait. Les intrigues de Sparte et l'or de la Perse travaillaient alors tous les alliés des Athéniens. Les Lesbiens venaient de donner l'exemple de la défection en traitant avec Agis. « Les « habitants de Chio et d'Érythrée, qui « n'étaient pas moins disposés à la dé- « fection, ne s'adressèrent point à lui, « mais à Lacédémone. Un ambassadeur « était avec eux de la part de Tissapherne, « qui gouvernait les provinces maritimes « au nom de Darius, fils d'Artaxerxès (1). » Il s'agissait de déterminer les Spartiates à faire partir une flotte pour soutenir la révolte de Chio. Alcibiade lui-même, alors mêlé aux ennemis de sa patrie, en pressa le départ. « Les Lacédémoniens ne laissèrent pas d'envoyer d'abord à Chio un de leurs sujets, nommé Phrynis, pour reconnaître si cette république avait autant de vaisseaux qu'elle en annonçait, et si, d'ailleurs, ses moyens répondaient à ce qui en était publié. Le rapport fut qu'on ne leur avait annoncé que la vérité, et ils reçurent aussitôt dans leur alliance les habitants de Chio et ceux d'Érythrée. Ils décrétèrent de leur envoyer quarante vaisseaux ; et, après ce que les gens de Chio leur avaient déclaré, le pays n'en avait pas lui-même moins de soixante. Ils allaient en faire d'abord partir dix, avec Mélancridas, qui en avait le commandement ; mais comme il survint un tremblement de terre dans la Laconie, ils n'en appareillèrent que cinq au lieu de dix, et les mirent sous le commandement de Chalcidée, au lieu de Mélancridas... Dès le commencement de l'été suivant (412 av. J.-C.), les habitants de Chio sollicitèrent avec empressement l'expédition de la flotte. Ils craignaient que les Athéniens ne vinssent à être informés de leurs négociations ; car toutes avaient été conduites à l'insu d'Athènes. Les Lacédémoniens, sur leurs instances, dépêchèrent à Corinthe trois Spartiates, pour faire passer promptement les vaisseaux par-dessus l'isthme, dans la mer qui regarde Athènes, et pour donner ordre que tous les bâtiments, tant ceux qu'Agis avait préparés pour Lesbos que les autres, fissent voile pour Chio. Trente-neuf vaisseaux des alliés se trouvaient réunis dans l'isthme.... Les alliés s'assemblèrent à Corinthe, et y tinrent conseil ; ils décidèrent de commencer par se rendre à Chio, sous le commandement de Chalcidée... Mais les Corinthiens refusèrent de partager l'entreprise avant d'avoir célébré les jeux isthmiques... Agis ne s'opposa pas à leur laisser respecter la trêve qui devait durer autant que la solennité de cette fête ; mais il voulait que l'expédition de la flotte se fît en son nom. Ils n'y consentirent pas. L'affaire traîna en longueur, et c'est ce qui donna le temps aux Athéniens d'être mieux informés de la défection de Chio. Ils envoyèrent Aristocrate, l'un de leurs généraux, en porter leurs plaintes dans cette île. Les habitants nièrent le fait ; et comme alliés, ils reçurent ordre d'envoyer des vaisseaux pour gages de leur fidélité. Ils en firent partir sept. La raison de cet envoi, c'était que le grand nombre ne savait rien de ce qui se tramait, que les chefs, qui étaient dans le secret, ne voulaient pas se faire un ennemi du peuple avant d'avoir pris leurs sûretés, et qu'ils ne s'attendaient plus à voir arriver les

---

(1) Thucydide, VIII, 5.

Péloponnésiens, qui tardaient à se montrer (1). »

Cependant, après la célébration des jeux isthmiques, la flotte péloponnésienne cingla vers Chio, au nombre de vingt et une voiles. Les Athéniens s'avancèrent à sa rencontre avec le même nombre de vaisseaux ; mais, ne se fiant pas aux navires de Chio qui faisaient partie de leur flotte, ils évitèrent d'attirer leurs ennemis à une bataille. Vaincus quelque temps après dans un combat naval, les Lacédémoniens voulurent renoncer à l'expédition de l'Ionie. Mais ils avaient trop d'intérêt à soustraire l'Ionie à l'alliance d'Athènes pour abandonner si promptement l'entreprise. Le premier moment de découragement passé, ils reprirent l'exécution de leur projet, et travaillèrent à la fois à soulever l'Ionie et à s'assurer l'appui du grand roi, qui, grâce aux dissensions des Grecs, allait devenir leur arbitre. Alcibiade et Chalcidée furent chargés du commandement de la flotte destinée à la guerre d'Asie. « Ils eurent des conférences avec « quelques-uns de leurs confidents de « Chio, qui leur conseillèrent de cingler « vers leur ville, sans y faire annoncer « leur arrivée. Ils y parurent subite- « ment, et remplirent de surprise et d'ef- « froi la faction du peuple ; mais celle « des riches fit assembler le sénat. Chio « renonça encore une fois à l'alliance « d'Athènes (2)..... Les Athéniens reçu- « rent bientôt la nouvelle de ce qui se « passait à Chio. Ils se regardèrent « comme environnés d'un danger ter- « rible et manifeste, et ne crurent pas « que le reste des alliés voulût se tenir « en repos, quand une république de « cette importance se livrait à la défec- « tion (3). »

La défection de Chio, puissance maritime considérable, portait en effet un rude coup aux Athéniens, dont les forces consistaient surtout dans leur marine. Leur vengeance ne se fit pas attendre. Tandis qu'ils firent leurs préparatifs, les Chiotes aggravèrent leurs torts, en faisant soulever celles des villes et des îles ioniennes qui se trouvaient encore sous la domination ou dans l'alliance d'Athènes. C'est ainsi qu'ils excitèrent à la révolte Lébédos et Lesbos. Mais Léon et Diomédon, avec la flotte athénienne, après avoir comprimé le soulèvement de cette dernière île, vinrent infester Chio par mer, descendirent à Cardamyle, au nord de l'île, battirent à Bolyssos ceux de Chio, qui s'avancèrent contre eux, en tuèrent un grand nombre, et firent soulever les pays voisins. Ils remportèrent une seconde victoire, à Phané, et une troisième, à Leuconium. « Les guerriers de Chio ne se montrèrent plus en campagne, et les vainqueurs ravagèrent ce pays si bien cultivé, et qui n'avait jamais souffert depuis la guerre des Mèdes. Car de tous les peuples que je connaisse, ajoute Thucydide, ceux de Chio sont les seuls après les Lacédémoniens qui aient uni la sagesse à la bonne fortune... Assiégés du côté de la mer et voyant leur pays dévasté, plusieurs résolurent de remettre leur ville aux Athéniens (1). »

Mais les partisans de Sparte redoutaient les vengeances de ces derniers. Ils conjurèrent le péril en appelant d'Érythrée Astyochus, général lacédémonien, qui passa dans l'île, et fut, quelque temps après, remplacé par Pédarite. Celui-ci fit périr les citoyens favorables aux Athéniens. Ce massacre affaiblit l'île, sans faire cesser les divisions. Les deux factions s'observaient, mais n'osaient agir. Aussi les Athéniens purent-ils faire une nouvelle descente sans rencontrer de résistance, se fortifier à Delphinium, et assiéger Chio. Pour comble de disgrâce, les esclaves se révoltèrent et se joignirent aux assiégeants. Pédarite et un grand nombre d'habitants périrent dans une sortie. Enfin un détachement de la flotte péloponnésienne vint au secours de la ville. Les Chiotes purent tenir tête aux Athéniens. Une bataille sanglante et indécise se livra sur mer, et bientôt après la révolte d'Abydos et de Lampsaque força l'amiral athénien, Strombichide, à abandonner le siège pour se porter sur ces deux villes (412 av. J.-C.).

Mais les Athéniens ne devaient pas renoncer à une alliée si utile. En 407 ils reprirent Delphinium, et relevèrent le

---

(1) Thucydide, VIII, 5-10.
(2) Id., VIII, 14.
(3) Id., VIII, 15.

(1) Thucydide, VIII, 24.

parti populaire. Ceux de la faction opposée furent bannis de l'île. Cratésippidas, amiral lacédémonien, les ramena dans la suite. Ce fut alors le tour de leurs adversaires politiques de partir pour l'exil. Six cents de ces derniers, expulsés de leur patrie, tentèrent un coup de main sur Atarné, possession des Chiotes, et parvinrent à s'en rendre maîtres. De ce poste, où ils se retranchèrent, ils ne cessèrent d'infester Chio et toute l'Ionie, jusqu'au moment où Dercyllidas les en expulsa, après un siége de huit mois (398 av. J.-C.).

Cependant Delphinium restait au pouvoir des Athéniens, qui de ce fort, le plus important du pays, dominaient et menaçaient l'île tout entière. Mais les Lacédémoniens ne leur laissèrent pas le temps de s'y fortifier. Callicratidas, qui avait succédé à Lysandre dans le commandement de la flotte péloponnésienne (406), s'en empara, en détruisit les murailles, chassa les Athéniens, et fit occuper l'île par son lieutenant Étéonicus. Les soldats de celui-ci, manquant de vivres et de vêtements, formèrent secrètement le dessein de se rendre maîtres de la ville de Chio et de la livrer au pillage. Étéonicus, instruit du complot, en empêcha l'exécution.

L'expulsion des citoyens les plus considérables ou les plus remuants du parti populaire, et l'occupation de l'île par les Spartiates faisaient désormais des Chiotes les alliés forcés des Péloponnésiens. A Ægos-Potamos ils combattirent dans les rangs de ces derniers avec leurs trirèmes. Trois de leurs concitoyens, Céphisoclès, Hermophantus et Icérius, paraissent être signalés parmi les plus vaillants, puisque Pausanias (1) dit avoir vu à Delphes leurs statues à côté de celle de Lysandre, le vainqueur des Athéniens (404 av.-J.-C.).

Cette victoire remettait aux mains des Lacédémoniens l'hégémonie, que les Athéniens possédaient depuis la guerre médique. Ils en abusèrent comme avaient fait ces derniers : tout en faisant la guerre à la Perse, ils travaillèrent à asservir la Grèce. Les alliés d'Athènes, qu'ils avaient soulevés au nom de la liberté, s'aperçurent bientôt qu'ils n'avaient combattu que pour changer de maîtres. Chio, comme les autres, en fit la triste expérience. Aussitôt après la bataille d'Ægos-Potamos, elle fut régie par dix archontes et un harmoste, magistrats imposés par Sparte et appuyés d'une garnison. Mais bientôt la ligue qui avait renversé la domination athénienne se reforma contre celle des Lacédémoniens. La défaite que ceux-ci essuyèrent à la hauteur de Cnide, en ruinant leur marine, fut suivie d'un soulèvement presque général des Grecs de l'Asie Mineure. Chio en donna le signal en renversant les Dix et en chassant la garnison lacédémonienne (394 av.-J.-C.). Conon, à la tête de la flotte victorieuse, n'eut qu'à paraître pour la rattacher au parti d'Athènes (1). Thrasybule, successeur de Conon, y affermit la domination de sa patrie (390 av.-J.-C.).

RAPPORTS DE CHIO AVEC THÈBES. — Sparte vaincue et affaiblie, Athènes jugea que la première place était vacante, et songea à la reprendre. Sa souveraineté s'étendait de nouveau sur presque toutes les îles de la mer Égée. Mais et l'hégémonie et les îles lui furent disputées par une nouvelle rivale. Les Thébains, qui conquirent la première sur les Spartiates, lui enlevèrent les secondes. Épaminondas comprit que pour assurer à sa patrie la prépondérance sur le continent, il fallait lui donner l'empire de la mer. Il fit donc décider par le peuple qu'on équiperait cent trirèmes, et qu'on demanderait les secours de Chio, de Cos, de Rhodes et de Byzance. Par ces deux mesures il donnait aux Thébains une marine et il affaiblissait celle d'Athènes, que les progrès menaçants de la puissance thébaine avaient jetée dans l'alliance de Lacédémone. Les Athéniens, alarmés de ces projets, essayèrent en vain d'y mettre obstacle. Épaminondas parcourut la mer Égée, mit en fuite leur flotte, commandée par Lachès, et obtint pour sa patrie l'alliance de Chio et des trois autres cités maritimes (2) (366 av.-J.-C.).

GUERRE SOCIALE (355-356 av. J.-C.). — La puissance de Thèbes ne dura que la vie d'un homme. Épaminondas mort, il ne se rencontra aucun Thébain ca-

---

(1) Pausanias, X, 19.

(1) Diodore de Sicile, XIV, 84.
(2) Id., XV, 79.

pable de le continuer. Sparte put respirer, et Athènes reprendre ce qu'elle avait perdu. Chio, Cos, Rhodes et Byzance furent de nouveau soumises. Cette fois la domination athénienne fut plus tyrannique que jamais, et, comme il arrive d'ordinaire, elle se détruisit par ses excès mêmes. Lassés de payer les fêtes que Charès, le Cléon de cette époque, prodiguait au peuple avec l'argent des États tributaires, Chio et les trois autres villes se soulevèrent, proclamèrent leur indépendance, et s'unirent pour la défendre. Chio, qui avait donné le signal de l'insurrection, fut attaquée la première par Charès et Chabrias. Ce dernier parvint à forcer l'entrée du port, et s'y fit tuer. La vigoureuse résistance des habitants sauva la ville. Pendant que les Athéniens préparaient une seconde expédition, les Chiotes équipèrent avec leurs alliés cent trirèmes, ravagèrent Imbros, Lemnos, assiégèrent Samos, puis volèrent au secours de Byzance, attaquée par Charès, auquel Iphicrate et Timothée venaient d'amener un renfort de soixante galères. Les deux flottes étaient en présence dans l'Hellespont; et, malgré une tempête, Charès voulait donner la bataille. L'opposition d'Iphicrate et de Timothée lui fut un prétexte de les accuser de trahison. Resté seul chargé de la conduite de la guerre, il jugea qu'il trouverait plus de profit à mettre ses troupes à la solde d'Artabaze, satrape révolté de l'Ionie. Ochus, roi de Perse, se déclara alors l'allié des villes confédérées, et força Athènes à reconnaître leur indépendance (356).

CHIO DEPUIS LA FIN DE LA GUERRE SOCIALE JUSQU'A LA MORT D'ALEXANDRE LE GRAND (356-323 av. J.-C.). — Pendant que les Athéniens travaillaient à ressaisir l'hégémonie, que les Spartiates et les Thébains avaient successivement laissée tomber de leurs mains, et à ramener sous leur loi les cités maritimes de l'Asie Mineure, annexe indispensable de toute puissance qui aspirait à dominer sur le continent, Philippe, roi de Macédoine, commençait à manifester ses prétentions à la domination universelle du corps Hellénique. Il venait de s'emparer d'Amphipolis et de Crénide, sur les côtes de Thrace. Bientôt maître des Thermopyles, la clef de la

Grèce centrale, déclaré protecteur de Mégare, qui commande l'entrée du Péloponnèse sur l'isthme de Corinthe, il se porta sur Périnthe et sur Byzance, qui ouvrent le chemin de l'Asie Mineure par la Propontide et le Bosphore. En voyant s'étendre vers l'Orient cette nouvelle puissance, qui déjà pesait sur la Grèce, Chio s'alarma pour son indépendance, reconquise tout récemment au prix des plus grands efforts. Rassurée désormais du côté des Athéniens, également menacés, elle s'allia avec ces ennemis de la veille, et joignit ses trirèmes à leur flotte pour défendre Byzance, assiégée par une armée macédonienne. Cette ville fut sauvée, et Philippe dut abandonner ses projets sur la Propontide (340). Mais deux ans après (338) la victoire de Chéronée mettait la Grèce aux pieds du roi de Macédoine. L'année suivante le conseil amphictyonique le proclamait généralissime des Grecs contre la Perse. Alexandre hérita de cette guerre, dont le caractère tout national faisait du roi de Macédoine le véritable représentant des intérêts généraux de la Grèce. Athènes et Sparte s'étaient fait de leurs victoires sur les Perses un moyen d'asservir la Grèce. A l'inverse de ces deux républiques, la Macédoine commença par établir sa suprématie sur la Grèce, pour tourner ses forces réunies contre la Perse. De cette différence de desseins et de conduite il résulta que les Grecs, ralliés sous le simple commandement d'un même chef, conservèrent plus de liberté civile et politique sous la suprématie de la Macédoine que sous l'hégémonie des Athéniens et des Spartiates.

Chio, alors sous l'influence du parti populaire, devait nécessairement se déclarer pour un prince qui respectait les institutions des peuples, et qui, d'ailleurs, promettait aux Ioniens d'établir dans leurs villes le gouvernement démocratique. Mais ceux du parti opposé ne purent se résigner à leur défaite. Contre leurs adversaires ils appelèrent les Perses; et, pour soustraire leur patrie au commandement d'Alexandre, ils la livrèrent au despotisme de Darius. L'histoire a conservé les noms des traîtres. Suivant Arrien (1), Apollonide, Phisinus, Mé-

(1) Arrien, *Expédit. d'Alex.*, III, ,

gareus et quelques autres ouvrirent l'entrée de l'île à Memnon, et se saisirent du pouvoir par la violence. Quinte-Curce (1) n'en nomme que deux : Apollonide et Athénagoras. D'après lui, les partisans du roi de Macédoine auraient eu le dessus, et chassé ou du moins écarté les autres du gouvernement; mais Pharnabase, satrape de Darius, rendit le pouvoir aux deux traîtres, se saisit de leurs adversaires politiques, et laissa une garnison dans l'île. Sur ce dernier point les deux historiens sont d'accord (2). Après la bataille d'Issus (333), Pharnabase, craignant que les Chiotes, enhardis par la victoire d'Alexandre, ne se soulevassent, se rendit en toute hâte dans l'île avec douze trirèmes et 1,500 hommes. Mais le parti populaire chassa les Perses ou plutôt les livra à Hégéloque, amiral macédonien, et avec eux non-seulement les traîtres que nous avons cités plus haut, mais encore les tyrans de Mitylène et de Méthymne, Charès et Aristonicus. Selon toute apparence, Chio reçut alors garnison macédonienne ; car en 325 elle envoya une députation à Alexandre pour se plaindre des vexations que ses soldats exerçaient sur les habitants (3). Il est probable qu'Alexandre ne fit pas droit à ces plaintes. Le rappel des proscrits politiques, en vertu du décret de 324, rendait d'ailleurs la présence d'une garnison nécessaire.

Après Alexandre, Chio subit, comme presque toute la Grèce, la domination de ses successeurs. Alors la vie politique semble s'éteindre peu à peu chez ces insulaires. Ils s'adonnent exclusivement au commerce, heureux d'obtenir, au milieu de tant d'ambitions rivales, la tranquillité et la sécurité nécessaires pour leur négoce. Enveloppée dans les partages et dans les conquêtes successives des rois de Syrie, d'Égypte, de Macédoine et de Pergame, Chio eut pendant un siècle le sort de toutes les colonies grecques de l'Asie Mineure, que les successeurs d'Alexandre s'adjugeaient et s'enlevaient tour à tour. Pour la revoir mêlée d'une manière active aux événements politiques, il faut se transporter à l'époque où la domination romaine commence à s'étendre sur l'Orient.

CHIO PASSE SOUS LA DOMINATION DES ROMAINS. — Quand les Romains se présentèrent en Asie comme les protecteurs ou les libérateurs des cités grecques, ils n'eurent pas de peine à attirer les habitants de Chio dans leur parti. Ceux-ci s'étaient brouillés avec Philippe III, roi de Macédoine, qu'ils avaient vainement essayé de réconcilier avec les Étoliens. Menacés par ce prince, ces insulaires se liguèrent avec Attale et les Rhodiens, attaqués par le roi de Macédoine, et prirent part à la bataille navale que ce dernier perdit près de leur île (205). Dès lors ils furent de toutes les guerres des Romains. Dans la guerre contre Antiochus (190), Chio servit d'entrepôt aux Romains pour leurs convois d'Italie, et, en récompense de sa fidélité, elle obtint des terres, et fut tenue auprès du sénat en singulier honneur (1). Ces terres dont parlent Tite-Live et Polybe étaient sans doute Atarnée, l'ancienne possession de l'île.

Mais dès cette guerre les Chiotes purent reconnaître que ce pompeux titre d'allié du peuple romain coûtait cher. Chio était trop riche pour ne pas tenter l'avidité des légionnaires. Aussi fut-elle pillée comme une ville ennemie. Après le tour des soldats, vint celui des magistrats ; Verrès lui enleva ses plus belles statues (2), et Cicéron cite Chio parmi les villes dont les dépouilles enrichirent les villas des grands de Rome.

Ces odieuses exactions jetèrent Chio, comme tous les autres Grecs d'Asie, dans le parti de Mithridate ; mais ce prince ne sut pas conserver ses alliés. Ayant conçu un violent dépit contre ceux de Chio pour une raison futile, il les châtia cruellement (3). Zénobius, un de ses lieutenants, surprit l'île de nuit, emporta toutes ses places fortes, désarma les habitants, et se fit donner 2,000 talents. Sous prétexte qu'il manquait quelque chose à la somme, il les réunit au théâtre,

§ 6 ; II, 1 ; Diodore de Sicile, XVII, 29, 2.
(1) Q. Curt., IV, 5, § 6.
(2) Arrien, ibid., II, 13, 4.
(3) Q. Curce, IV, 8, § 12.

(1) Tite-Live, XXXVII, 27 ; XXXVIII, 39 ; Polyb., XXII, 27, 6.
(2) Cic., in Verr., act. II, orat. VI, § 9.
(3) App., Bell. Mithr, 25, 46, 61.

les fit cerner par ses soldats, et les envoya à Mithridate qui les transporta sur les bords du Pont (86). Sylla dans le traité qu'il imposa l'année suivante à Mithridate stipula qu'ils seraient rétablis dans leur patrie, et déclara Chio ville libre et alliée.

Lucullus, Pompée, César, Auguste, Tibère et leurs successeurs ratifièrent le décret de Sylla. Tibère visita deux fois Chio, avant et après son avénement, et l'aida de son argent à réparer les dommages occasionnés par un tremblement de terre. Pline l'ancien l'appelle encore « Chio libre (1). » Mais vers cette époque Vespasien, sous prétexte que les Grecs avaient désappris à être libres, leur enleva l'ombre d'indépendance qui leur restait, et Chio fut comprise dans la province des îles, dont elle fit partie jusqu'à la nouvelle division de l'empire, sous Constantin.

III.

RÉSUMÉ DE L'HISTOIRE DE CHIO PENDANT LES TEMPS MODERNES.

ÉTAT DE CHIO PENDANT LES PREMIERS SIÈCLES DE L'ÈRE CHRÉTIENNE. — La plupart des îles grecques gagnèrent beaucoup à échanger une liberté précaire et agitée contre le repos et la prospérité que la paix romaine (2) assura, pendant tant de siècles, aux peuples conquis par les légions. Au moment où Chio fut réunie à l'empire, elle venait d'éprouver les effets de la libéralité du roi des Juifs, Hérode, qui ne s'était sans doute montré si généreux envers cette île et les autres Grecs d'Asie que pour complaire aux Romains. Dans un des voyages que ce prince fit en Occident, pour courtiser ses protecteurs, Auguste et Agrippa, il passa plusieurs jours dans l'île de Chio (3). « Plusieurs des habitants, dit Josèphe, l'y vinrent saluer, et il leur fit de magnifiques présents. Ayant vu que les halles de la ville, qui étoient très-grandes et très-belles, avoient été ruinées durant la guerre de Mithridate, et que les habitants n'avoient pas le moyen de les faire rebâtir, il donna plus d'argent qu'il n'en falloit pour cette dépense, et les exhorta de travailler promptement à rétablir leur ville en sa première beauté... Il paya aussi au trésorier de l'empereur ce que ceux de Chio devoient, et assista toutes les autres villes dans leurs besoins. » (24 avant J.-C.)

A partir de cette époque, Chio, comme toutes les autres îles ou villes grecques, n'a plus d'existence politique; et l'histoire la perd de vue pendant plusieurs siècles. On ne sait pas comment s'opéra dans cette île l'établissement du christianisme, qui s'y montre triomphant au quatrième siècle, comme dans tout le reste de l'empire romain. Nul doute que l'Évangile ne fut introduit de bonne heure dans cette île, que côtoya saint Paul et qui se trouvait si voisine des Églises apostoliques de l'Asie Mineure (1). Mais la première mention qui soit faite de l'Église de Chio ne remonte pas au delà du cinquième siècle. En 449, Tryphon, évêque de Chio, assista à ce prétendu concile que l'on a flétri justement du nom de brigandage d'Éphèse et où la violence fit triompher l'hérésie d'Eutychès. Trois ans après (451), le même évêque parut au cinquième concile œcuménique, celui de Chalcédoine, où fut condamnée définitivement la doctrine des monophysites. On voit encore figurer les noms de deux évêques de Chio, Georges et Théophile, dans les actes des sixième et septième conciles œcuméniques (2). Dans l'histoire politique, l'île de Chio est entièrement oubliée; mais au huitième siècle, quand les Arabes lancèrent leurs flottes dans la Méditerranée et poussèrent leurs ravages jusqu'à Constantinople, nul doute que Chio n'ait eu sa part des maux qui fondirent alors sur

---

(1) Pline, *Hist. Nat.*, V, 38.
(2) Expression de Pline, *Hist. Nat.*, XXVII, 1, 2.
(3) Josèphe, *Ant. Jud.*, XVI, 2, 2, p. 683, trad. d'Arnault d'Andilly, t. III, p. 82.

(1) « Lors donc qu'il nous eut rejoints à Asson, nous le prîmes et nous allâmes à Mitylene. De là, continuant notre route, nous arrivâmes le lendemain vis-à-vis de Chio. Le jour suivant nous abordâmes à Samos; le jour d'après nous arrivâmes à Milet, car Paul avait résolu de passer Éphèse sans y prendre terre, etc... » *Act. des Apôtres*, XX, 15.
(2) Lequien, *Oriens Christianus*, t. I, p. 931.

toutes les îles de l'Archipel. Après les grands armements des califes, vinrent les courses continuelles des pirates sarrasins de Crète et d'Afrique, contre lesquels les empereurs de Constantinople soutinrent une lutte acharnée durant cent trente-huit ans.

EXPÉDITIONS DES TURCS CONTRE CHIO. — Quand les Arabes eurent disparu des mers de la Grèce, les Turcs les infestèrent à leur tour pendant des siècles, avant de s'y établir tout à fait en maîtres. Au temps d'Alexis Comnène la puissance des Seldjoucides s'était étendue sur toute l'Asie Mineure, et débordait déjà sur les îles. L'an 1089, le Turc Zakhas ou Tzachas, autrefois prisonnier, devenu ensuite chef de pirates, profitant de l'éloignement de l'empereur, occupé à combattre les Patzinaces, parcourut l'Archipel, et infesta les côtes et les îles de l'Asie. Maître de Clazomène et de Phocée, Zakhas fit voile vers Chio, et s'en rendit maître par un coup de main. Du fond de la Thrace, où il combattait les barbares, Alexis ordonne à Nicétas Castamonite de lever une flotte et de poursuivre le pirate. Nicétas obéit; mais au premier combat il fut vaincu, et perdit presque tous ses vaisseaux.

Une seconde flotte fut équipée à l'instant et confiée à Dalassène, parent de l'empereur. Dalassène, prenant le temps où Zakhas était allé à Smyrne, débarque à Chio, et assiége la ville, où le pirate turc avait déposé tout son butin. Vivement pressés par Dalassène, les Turcs qui défendaient la place demandèrent à capituler; Dalassène y consentit, pour sauver la ville du pillage dont la menaçaient ses soldats. Pendant les pourparlers, Zakhas aborde de l'autre côté de l'île, à l'occident. Il débarque ses troupes, et marche à la ville avec huit mille hommes, suivi de sa flotte, qui côtoie le rivage. La flotte grecque, commandée par Opus, accourut, dans l'intention de livrer bataille aux Turcs. Intimidé par leurs forces et leur attitude, Opus retourna à Chio sans oser engager l'action. De son côté, Zakhas mettait en déroute l'armée de Dalassène, et la forçait à se réfugier derrière ses retranchements. Mais apprenant qu'on faisait de grands armements à Constantinople, Zakhas jugea à propos de retourner à Smyrne, son quartier général, afin d'y préparer une nouvelle expédition. Après son départ, Dalassène, qui avait ravitaillé sa flotte et refait son armée, retourna devant la ville de Chio, et s'en rendit maître (1).

Après s'être emparé de Chio et y avoir mis garnison, Dalassène était retourné à Constantinople. Mais cette expédition n'avait pas rendu la sécurité aux îles de l'Archipel. Zakhas avait fait construire de nouveaux vaisseaux, et recommencé ses courses. Pour recouvrer Smyrne et les autres points occupés par le redoutable pirate, Alexis leva des troupes de terre et de mer. Jean Ducas fut placé à la tête de l'expédition, et Dalassène reçut, sous ses ordres, le commandement de la flotte. Ce grand armement balaya l'Archipel, et en chassa tous les navires de Zakhas, qui demanda la paix et se renferma de nouveau dans sa ville de Smyrne (2) (1092).

Jusque là les empereurs byzantins n'avaient eu à combattre dans l'Archipel que les Sarrasins ou les Turcs. A partir des croisades, ils trouvèrent des rivaux redoutables dans les Latins occidentaux, qui s'étaient d'abord présentés comme auxiliaires. Les cités commerçantes d'Italie, Gênes, Pise, Florence et Venise eurent bientôt des comptoirs à Constantinople, et dès le douzième siècle leur mutuelle jalousie et leurs prétentions créèrent de grands embarras aux empereurs d'Orient. En 1171 (3), sous le règne de Manuel Comnène, la guerre éclata entre les Grecs et les Vénitiens. Le 1ᵉʳ septembre 1172 le doge Vital Michieli entre dans l'Archipel, à la tête d'une flotte de cent galères; et après une tentative sur l'île de Négrepont, il passa dans celle de Chio. Il s'empara de la capitale, et avec elle de l'île entière. Ce fut là le seul exploit du doge vénitien. Assailli par la flotte des Grecs, chassé par elle d'île en île, de Lesbos à Lemnos et de Lemnos à Scyros, il rentra à Venise avec les débris de son expédition. Mais quarante ans plus tard (1204) le succès de la quatrième croisade permit aux Vénitiens

---

(1) Lebeau, *Hist. du Bas-Empire*, t. XV, p. 226.
(2) Id., t. XV, p. 261.
(3) Id., t. XVI, 259.

de mettre la main sur presque tout l'Archipel. Ils s'adjugèrent l'île de Chio, qui ne retourne aux Grecs qu'après les exploits de Vatace, qui releva le pavillon byzantin dans l'Archipel et qui prépara la chute de l'empire Latin de Constantinople. Cependant les Grecs s'étaient rétablis à Constantinople ; mais leur empire s'affaiblissait de plus en plus, perdait chaque jour de nouvelles provinces, et n'avait pas la force de défendre le reste. Sous le règne d'Andronic II, un jeune et hardi aventurier, Roger de Flor, chef d'une troupe de Catalans, avait seul arrêté les Turcs-Ottomans et sauvé l'empire d'une invasion. Quelques-uns de ses gens s'étaient chargés de défendre l'île de Chio ; mais ils se la laissèrent enlever par les Turcs. La prise de Chio pouvait entraîner après elle les conséquences les plus funestes. Comme elle se trouvait sur la route de Constantinople, l'ennemi ne pouvait plus facilement inquiéter cette capitale et couper ses communications avec les autres possessions de l'empire, situées dans la partie méridionale de l'Archipel. La perte de cette île si importante fit grand bruit ; on n'entendait de toutes parts que des murmures et des cris contre les Catalans ; et le fils du vieil Andronic, le jeune Michel, récemment associé à l'empire, profita de cette circonstance pour faire éclater toute sa jalousie contre Roger de Flor, que ses exploits venaient de faire élever au rang de César. Quelques semaines après, Roger fut assassiné à Andrinople (1307) par l'ordre et en la présence de Michel (1).

TENTATIVES DES GÉNOIS SUR L'ÎLE DE CHIO. — L'empire recouvra bientôt la possession de Chio ; mais ce fut pour la reperdre encore. Les divisions de la famille impériale et les embarras causés par les attaques des Turcs permirent à un noble génois, Benoît Zacharie, un des instigateurs de la révolte des Siciliens contre Charles d'Anjou, de se rendre maître de Chio. Le vieil Andronic se vit obligé de dissimuler cet affront. Il consentait même à laisser au Génois la pleine jouissance de sa conquête, pourvu que l'île fut toujours reconnue comme faisant partie du domaine de l'empire. Benoît se soumit volontiers à cette condition ; mais il ne tint aucun compte des engagements qu'elle imposait, et il se conduisit à Chio en véritable souverain. Son fils, Martin Zacharie, qui lui succéda, affecta encore une plus grande indépendance. Il enleva des murailles et des portes de la ville les armoiries impériales, et y substitua les siennes ; il jeta les fondements d'une forte citadelle, destinée à contenir les Grecs du dedans et à repousser ceux du dehors. Cependant Andronic III, qui avait détrôné son aïeul en 1328, résolut d'agir pour reprendre Chio. Il ordonna à Martin de cesser les travaux commencés, le menaçant de lui déclarer la guerre, s'il n'obéissait sur-le-champ. Les Génois, puissants alors dans l'empire, qu'ils semblaient dominer du haut de leur colonie de Galata (1), affectaient un grand mépris pour les Grecs, ébravaient en toute occasion l'autorité de leur empereur. Martin, loin d'interrompre la construction de sa citadelle, la poussa avec plus d'activité. Aussitôt Andronic met une flotte en mer, et en prend lui-même le commandement. Martin ne s'attendait pas à tant de résolution ; mais il était trop tard pour

(1) « Michel Paléologue, en reconnaissance des secours qu'il avait reçus d'eux pour recouvrer sa capitale, leur avait abandonné la souveraineté du faubourg de Pera ou Galata, vis-à-vis de Constantinople, de l'autre côté du port. Tous les Génois y avaient transporté leurs comptoirs, et sous le règne d'Andronic l'Ancien, ils avaient entouré leur ville naissante d'abord d'une double, ensuite d'une triple enceinte de murs. Pera, qui s'étendait entre les collines et le golfe sur une longueur quatre fois plus grande que sa largeur, avait déjà quatre mille quatre cents pas de tour. Ses maisons, élevées en terrasses les unes au-dessus des autres, avaient toutes la vue de la mer et de Constantinople. Chaque année on voyait s'accroître leur nombre et leur magnificence ; et si l'empire grec n'avait pas enfin succombé sous les calamités qui le frappaient coup sur coup, en moins d'un siècle la ville génoise aurait égalé en splendeur et en population la capitale de l'Orient. » Sismondi, *Républiques Italiennes*, t. VI, p. 93. Pour légitimer leurs prétentions sur l'île de Chio, les historiens génois affirment qu'Andronic Paléologue la donna à Gênes, en récompense du secours qu'il en reçut contre les Vénitiens, l'an 1216.

(1) Lebeau, XIX, p. 79.

désarmer l'empereur. Il se prépara à la défense, et s'enferma dans Chio avec huit cents hommes bien aguerris, déterminés comme lui à combattre jusqu'au dernier soupir. Mais son gouvernement était odieux aux habitants de l'île. Un riche Grec de Chio, Benoît Calothète, avait préparé un soulèvement ; il éclata à l'arrivée de l'empereur. Le propre frère de Martin, Benoît Zacharie, qui commandait une forteresse située à un mille de la ville de Chio, la livra à l'empereur; et l'usurpateur, abandonné de tous, prit le parti de venir se livrer avec sa troupe à la discrétion d'Andronic. Les Chiotes étaient si animés contre lui, qu'ils l'auraient massacré sous les yeux de l'empereur si celui-ci n'eût réprimé leur fureur par son autorité. Andronic se contenta de condamner Martin Zacharie à une prison, où il ne lui manqua que la liberté; ses troupes furent enrôlées dans l'armée impériale, et les habitants de Chio furent déchargés de tous les impôts onéreux dont Martin les avait accablés.

Andronic s'était proposé de donner à Benoît, frère de Martin, le gouvernement de l'île qu'il lui avait fait recouvrer. Mais ce Génois, aussi orgueilleux que son frère, ne voulut pas consentir à reconnaître les droits de l'empereur à la suzeraineté de Chio. En vain Andronic épuisa toutes les voies de la douceur pour le ramener à des dispositions raisonnables, il n'y put parvenir; et Benoît se retira furieux et menaçant dans l'établissement de Galata. Andronic n'avait point osé le chasser, par crainte des Génois. Il quitta Chio, après y avoir établi une forte garnison, et l'avoir pourvue de toutes les choses nécessaires à sa défense. Il savait combien il fallait redouter le courroux de Benoît Zacharie. En effet, celui-ci, ayant pris à sa solde tous les vaisseaux qui se trouvaient à Galata, vint faire une descente dans l'île, et entreprit d'emporter la ville d'assaut. On résista vigoureusement. Benoît fut repoussé après une perte de trois cents hommes; il se retira, la rage dans le cœur, et il mourut au bout de sept jours, dans une attaque d'épilepsie (1) (1329).

CONQUÊTE DE CHIO PAR LES GÉ-

(1) Lebeau, Hist. du Bas-Empire, t. XIX, p. 407.

NOIS (1346). — Cependant cette île de Chio, tant de fois perdue et recouvrée par les Grecs, devait enfin rester définitivement aux Génois. « Trente-deux nobles Génois, forcés de quitter leur patrie pour se soustraire aux fureurs de la faction qui y dominait alors, résolurent de se former ailleurs quelques établissements où ils pussent être à l'abri des persécutions de leurs concitoyens. Ils équipèrent à leurs frais une flotte de trente-deux bâtiments, et firent voile vers l'île de Chio, dans l'intention de s'en emparer. Les Grecs la défendirent d'abord avec beaucoup de courage : ils espéraient recevoir de Constantinople des secours ; mais il n'y avait ni argent dans les coffres, ni vaisseaux dans les ports, ni personne en état de commander sur mer. Tout ce que put faire l'impératrice douairière, mère du faible Jean Paléologue 1er, en faveur des habitants de Chio fut de leur envoyer quelques provisions de bouche. Elle chargea de cette commission un seigneur grec, appelé Phaséolate, qui avait mérité sa confiance. Phaséolate arriva trop tard. Les Grecs de Chio, après avoir fait la plus belle défense, avaient été obligés de céder à la faim, qui les dévorait (1). » Ainsi fut fondée dans l'île de Chio cette colonie de nobles Génois qui régnaient dans cette île, tandis que dans leur patrie ils étaient en butte aux persécutions du parti démocratique. D'autres Génois avaient aussi occupé la ville de Phocée. Les Grecs furent impuissants à réprimer les tentatives de ces hardis marchands, qui les défendaient et les insultaient tour à tour.

Gênes, comme Athènes autrefois, se créait un empire florissant sur les côtes de l'antique Ionie. La suzeraineté de Chio fut enlevée à l'empire Grec par les vainqueurs, et attribuée à leur patrie. Mais ils se contentèrent de ce simple hommage, et voulurent rester indépendants dans leur conquête. « Depuis ce temps, dit Dapper, Chio devint puissante et riche, et fut gouvernée en forme

(1) Lebeau, Id., t. XX, p. 202. Cf. Agost. Justianiano. *Castigatissimi Annali di Genoa*, in-fol., Genoa, 1537, 134 a ; Uberti Foglietta, *Historiæ Genuensium Libri XII*, Genoa, 1585, in-fol., 137 b.

de république sous l'autorité des *Mahons*, autrement appelés *Maunèses*, premiers nobles de la maison de Justiniani, qui l'avoient achetée de la république des Gênes, où ils tenoient un des premiers rangs, et en laquelle ils avoient pris naissance. On voit encore leurs armes sur plusieurs maisons de la ville. Ces Mahons, ou Maunèses, consistoient principalement en vingt-quatre personnes qui avoient soin du gouvernement de l'île. On en choisissoit tous les deux ans un pour *podestat* ou chef de justice, qui présidoit sur les affaires civiles et criminelles de toute l'île, et avoit pour lieutenant un jurisconsulte. On choisissoit aussi tous les six mois quatre présidents directeurs, qui prenoient connaissance, conjointement avec le podestat, de toutes les affaires civiles de l'île, et prononçoient sur toutes les affaires criminelles, qui devoient indispensablement être portées devant eux. Il y avoit outre cela douze conseillers établis, que les présidents consultoient comme leurs adjoints dans toutes les affaires de conséquence. Pour ce qui est des autres menues affaires et petits différends, ils étoient portés devant deux autres juges, qui étoient établis pour connaître de tout ce qui ne dépassoit pas vingt écus. Il y avoit deux seigneurs Mahons qui avoient la surintendance du mastic, si bien qu'il étoit défendu à toute personne, sous peine de la vie, d'en amasser ou d'en vendre sans leur permission. Il y avoit aussi un capitaine du guet pour la garde de la nuit, et quelques autres moindres officiers (1). »

Sous ce gouvernement Chio devint la plus prospère et la plus florissante de toutes les îles de l'Archipel. Les Turcs lui firent éprouver d'abord quelques dommages. En 1394, le sultan Bajazet la fit ravager par une flotte de soixante navires, qui dévasta aussi les côtes et les îles adjacentes. Mais en 1451, après la prise de Constantinople, les colons Génois de Chio achetèrent la paix de Mahomet II, moyennant un tribut de dix mille ducats. Cet engagement assurait aux Mahons leur indépendance, le droit de négocier dans les États du grand seigneur, et de continuer à s'approvisionner en Asie Mineure, car les produits de l'île étaient insuffisants pour sa nombreuse population.

CHIO SOUS LA DOMINATION DES TURCS OTTOMANS (1566). — Les Génois gardèrent Chio environ deux cent vingt ans. Mais au temps de la mort de Soliman Ier elle fut conquise par les Turcs, qui jusque là s'étaient contentés de la tenir comme tributaire. En 1565 l'amiral turc Piali-Pacha avait échoué au siège de Malte, où s'étaient retirés les chevaliers de l'Hôpital depuis qu'ils avaient perdu Rhodes. Gênes leur avait envoyé des secours : furieux de son échec, Piali-Pacha s'en prit aux Génois, dont il alla enlever la colonie de Chio. Le 14 avril 1566 il parut devant cette île, à la tête d'une flotte de soixante galères. Les nobles Génois de Chio, qui savaient l'art de gagner les vizirs et les pachas turcs, envoyèrent à Piali de riches présents, que celui-ci accepta sans renoncer à son dessein. En effet, il invita tous les primats de l'île à venir le voir à son bord ; et à peine ceux-ci furent-ils arrivés, qu'il les fit jeter dans les fers et transporter à Caffa. Ces malheureux n'obtinrent leur liberté qu'au bout de quatre années, grâce à l'intervention du pape Pie V et de l'ambassadeur français (1). Bientôt la plupart d'entre eux rentrèrent dans leur île, et y retrouvèrent leurs biens et leurs dignités. Quoique réunie à l'empire turc, Chio conserva des privilèges et une liberté que les Ottomans ne laissaient à aucune autre de leurs conquêtes.

Une agression des Florentins avertit les Turcs qu'il était nécessaire de prendre plus de précautions pour la défense de cette possession. En 1595 une escadre envoyée par Ferdinand Ier, grand-duc de Toscane, vint attaquer le château de Chio, sous la conduite de Virginio Ursino. Les Toscans s'en emparèrent. Mais une tempête força Ursino à s'éloigner de ces parages. Il laissa cinq cents hommes dans la forteresse. Attaqués par les Turcs, le lendemain même de la retraite de leur général, ces cinq cents hommes furent tous passés au fil de l'épée. Les Turcs plantèrent leurs têtes

---

(1) Dapper, *Description de l'Archipel*, p. 223.

(1) De Hammer, *Empire Ottoman*, VI, 305.

sur les créneaux de la forteresse, où on les voit encore aujourd'hui, dit Dapper (1). Depuis ce temps les Turcs mirent garnison dans la citadelle, et en défendirent l'accès aux chrétiens. Ils auraient même changé toutes les églises en mosquées, et aboli le service de la religion chrétienne dans cette île, sans l'intervention de Savary de Brèves, ambassadeur de Henri IV, qui apaisa par ses sollicitations le courroux du sultan Mustapha II. On laissa donc aux Latins et aux Grecs leurs églises et leurs couvents.

A la fin du dix-septième siècle, une nouvelle tentative faite par les Vénitiens pour recouvrer cette île, qu'ils avaient possédée autrefois, devait encore coûter aux Chiotes une partie de leurs anciennes libertés. En 1694 les Vénitiens réussirent à s'emparer de la ville et de l'île entière; mais ils furent trahis par les Grecs indigènes, qu'animait toujours une haine invétérée contre l'Église latine. L'occupation vénitienne fut de peu de durée. En 1696 Mezzo-Morto, Africain renégat, capitan-pacha de la flotte turque, investit l'île, et la réunit de nouveau à l'empire ottoman. Les Grecs, qui avaient sacrifié toutes les autres considérations au désir de triompher des Latins, furent récompensés de leur perfidie par la suprématie que le gouvernement turc leur attribua sur les catholiques; ceux-ci furent poursuivis comme dissidents, et persécutés pour se soumettre au rituel grec. Alors disparurent les dernières traces de la domination génoise, et bientôt l'on ne compta pas plus d'un millier de catholiques romains dans l'île de Chio (2). Les Grecs de cette île conservèrent les bonnes grâces du gouvernement turc pendant tout le dix-huitième siècle, et au commencement du dix-neuvième. Au moment de l'insurrection hellénique, Chio était redevenue aussi prospère, aussi riche peut-être, et certainement plus heureuse que dans les plus beaux temps de l'antiquité. Son commerce était actif et étendu, son industrie florissante, son agriculture prospère. La capitale et les villages de Chio étaient en harmonie avec l'élégance de ses paysages. Bibliothèque, cabinet d'archéologie, collège, imprimerie, hôpitaux, établissements de santé, lazarets, rien ne manquait à cette cité, avec laquelle les campagnes rivalisaient de bonheur et de prospérité (1). Telle était Chio en 1820. Trois ans plus tard cette malheureuse ville s'abîmait dans le sang et sous les ruines. Racontons brièvement les principales péripéties de cette terrible catastrophe.

DESTRUCTION DE SCIO PENDANT LA GUERRE DE L'INDÉPENDANCE (1822). — Lorsque éclata la guerre de l'indépendance (2), vingt-cinq vaisseaux hydriotes et psariotes, commandés par Tombasis (3), parurent devant Scio le 8 mai 1821, et la pressèrent vivement de prendre part à la lutte contre les Turcs. Les Sciotes ne répondirent pas à cet appel. Des intérêts puissants leur liaient les mains. Leurs négociants répandus dans les villes turques y possédaient de nombreux et importants établissements. La fortune de ces derniers se trouvait ainsi à la merci des Turcs. Ce n'est pas tout. Un grand nombre de familles sciotes étaient établies dans toutes les parties de l'empire ottoman; Smyrne et Constantinople renfermaient la fleur même de la jeunesse de Scio. A la première tentative d'insurrection toutes ces richesses, toutes ces existences étaient sacrifiées. Les Sciotes jugèrent que ce serait trop payer une indépendance livrée d'ailleurs aux hasards d'une lutte inégale. Devant de pareilles considérations de plus belliqueux eussent senti fléchir leur résolution.

Toutefois, malgré l'attitude pacifique de la population et les déclarations des démogérontes, le gouverneur prit des dispositions pour maintenir l'île dans l'obéissance. Aussitôt après l'apparition de la flotte de Tombasis, il convoqua le Mésas, ou conseil de démogérontes; et, moitié par la ruse, moitié par la force, il réunit dans la citadelle

---

(1) Dapper, *Description de l'Archipel*, p. 224. Dapper écrivait au dix-septième siècle.
(2) Dallaway, *Constantinople*, etc., t. II, p. 67.

(1) Pouqueville, *Histoire de la Régénération de la Grèce*, t. III, p. 452.
(2) Eckenbrecher, *Die Insel Chios*, p. 30 et suiv.
(3) Voyez dans Pouqueville, *Histoire de la Grèce*, II, p. 488, la proclamation de Tombasis aux Chiotes.

trente des principaux citoyens, sous prétexte de délibérer avec eux, et les retint enfermés avec les démogérontes. Ils durent servir de gages à la tranquillité publique. Tout ce qu'ils purent obtenir, ce fut d'être tirés des prisons malsaines où ils étaient détenus pour être gardés a vue dans un café turc. Au bout de quelques jours, le nombre de ces otages fut porté à quarante-six. Les villages où se récolte le mastic fournirent aussi les leurs, au nombre de douze. Les cinq démogérontes et les chefs des corporations obtenaient seuls l'autorisation, pendant le jour, d'aller vaquer à leurs affaires. Plus tard trente-deux autres citoyens prirent la place, pour un mois, des quarante-six premiers, et ces malheureux alternèrent de la sorte, durant une année, jusqu'à la destruction de Scio. L'archevêque et l'un des diacres, détenus dans la citadelle, n'eurent même pas ce privilége, et leur captivité se prolongea sans interruption jusqu'à l'époque fatale. Malgré toutes ces mesures, la tranquillité de l'île ne parut pas encore suffisamment garantie au gouvernement turc, et de nouveaux otages furent envoyés dans les prisons de Constantinople.

Cependant Tombasis s'était éloigné de Scio avec sa flotte; mais les Grecs pouvaient revenir en forces : il importait qu'ils trouvassent les habitants désarmés et l'île bien gardée. Le gouverneur ordonna en conséquence que toutes les armes lui fussent livrées, et demanda des troupes au divan.

Bientôt arrivèrent de l'Asie mille Turcs armés ; c'était comme une horde sauvage, sans chef, sans discipline, et qui désola l'île par le pillage et le massacre. Telle fut la terreur qu'elle inspirait, que les habitants n'osèrent plus descendre dans la rue, ni même se montrer aux fenêtres. Un grand nombre s'enfuirent aux extrémités de l'île. Tout commerce avait cessé, et les vaisseaux qui approvisionnaient la ville n'arrivant pas de l'Asie Mineure, la crainte d'une famine mit le comble au désespoir de ce malheureux peuple, déjà poussé à bout par tant de souffrances. Un soulèvement paraissait imminent, et il aurait éclaté sans nul doute, si les démogérontes n'avaient pris soin de pourvoir à la subsistance des pauvres.

Enfin, après bien des négociations, les Sciotes décidèrent le divan à faire passer dans l'île une milice régulière. Onze cents hommes y furent envoyés sous la conduite de Bachet-Pacha. La horde asiatique fut dispersée. Scio se crut délivrée; elle n'avait fait que changer d'oppresseurs. Aux excès d'une soldatesque brutale succédèrent ceux du despotisme militaire. Général et soldats traitèrent l'île en pays conquis. Bachet la frappa d'une contribution extraordinaire, imposa aux habitants l'entretien des troupes et vida les greniers publics. Les personnes comme les fortunes furent à la merci de ce farouche tyran. Aux taxes arbitraires se joignirent les plus rudes corvées. L'oppression prit toutes les formes.

Tout à coup se répandit le bruit qu'on armait à Samos pour la délivrance de Scio. Cette nouvelle consterna les Sciotes. Ils comprirent qu'une pareille tentative entraînerait infailliblement leur perte. Le péril était grand ; l'archevêque Platon et les démogérontes cherchèrent à le conjurer en faisant recommander partout aux populations une attitude calme et passive. Des envoyés parcoururent dans ce but tous les villages. En même temps le mésas, après avoir pris l'avis du pacha, fit partir pour Samos un citoyen chargé de vérifier la nouvelle qui avait jeté l'île entière dans l'émoi. En ce moment on apprit que dix-huit Samiens venaient de débarquer sur la côte septentrionale. Des soldats furent aussitôt détachés à leur poursuite; mais avant qu'ils les eussent atteints, les démogérontes furent instruits qu'une flotte samienne cinglait vers l'île. Le samedi 22 mars 1822, au matin, elle jeta l'ancre non loin de la ville, et déposa à terre, sous le feu de son artillerie, deux mille hommes, commandés par le Samien Lycurgue Logothetis.

Cette entreprise, conseillée et dirigée par des aventuriers, aggrava la situation de Scio et précipita sa ruine. En vain les Psariotes, ces courageux soldats de l'indépendance grecque, s'y étaient-ils opposés, l'avis d'un paysan sciote, Antonios Burnias, l'avait emporté. C'était un ancien soldat, qui avait servi sous Bonaparte, en Égypte. Sans talents militaires, d'un patriotisme douteux, il résolut de délivrer Scio. Il s'était lié à

Samos avec quatre autres Sciotes, qui avaient fui dans cette ville après avoir fait banqueroute à Smyrne. Ce fut à l'instigation de ces cinq aventuriers que Lycurgue entreprit son expédition.

Le premier acte de ces singuliers libérateurs, dès qu'ils eurent mis le pied sur le territoire de Scio, et rejeté dans la citadelle six cents soldats envoyés contre eux, fut de piller la ville qu'ils venaient délivrer. Il est vrai qu'ils commencèrent par les maisons turques et les mosquées; mais les riches magasins des négociants sciotes eurent leur tour, et pendant les dix-neuf jours que dura l'occupation de l'île par les Samiens, ceux-ci ne cessèrent d'envoyer à Samos les dépouilles de leurs malheureux alliés.

Cependant régnait dans le peuple la plus vive agitation. Bientôt elle se communiqua à tous les villages. Une multitude innombrable de paysans, armés de bâtons et de fourches, fondit sur la ville, et entraîna la population urbaine. Des prêtres parcouraient cette foule, revêtus de leurs habits sacerdotaux : des croix étaient promenées par la ville, l'encens fumait dans les rues, enfin des psaumes étaient entonnés, mêlés d'hymnes patriotiques. Cette foule transportée d'un si vif enthousiasme était-elle au moins prête au combat? était-elle décidée à conquérir les armes à la main cette liberté qu'elle invoquait dans ses chants? Malheureusement elle n'était rien moins que belliqueuse. A la moindre apparence de péril son enthousiasme faisait place à la terreur. Annonçait-on, sur quelque vague rumeur, que les portes de la citadelle s'ouvraient; aussitôt elle se dispersait, se reformait, puis se dispersait encore.

Tel était l'état des esprits, lorsque Lycurgue vint à Scio, accompagné d'Antonio Burnias. Avec des forces insignifiantes, le Samien prit au sérieux son titre de généralissime des troupes grecques, et trancha du maître absolu dans cette ville, dont il s'annonçait comme le libérateur. Établi dans le palais archiépiscopal, où il fixa sa résidence, il manda les démogérontes ainsi que quelques-uns des principaux citoyens, déclara abrogée la constitution en vigueur, et remplaça les démogérontes par six éphores.

Mais c'était peu de renverser un gouvernement et d'en établir un autre, il fallait des forces pour attaquer les Turcs, fortement retranchés dans la citadelle. On en envoya demander à Psara et à Corinthe. Les Psariotes fournirent vingt barils de poudre, deux pièces d'artillerie sans boulets, et équipèrent six vaisseaux de guerre destinés à porter secours à Scio. Le gouvernement grec établi à Corinthe décida qu'on enverrait deux mortiers avec cinq batteries de siége, et qu'un certain nombre de philhellènes iraient diriger les opérations militaires. Mais lorsque, après treize jours de préparatifs et huit jours de traversée, ces secours arrivèrent à Psara, Scio était déjà détruite.

Dans cet intervalle, en effet, les Samiens attaquèrent la citadelle. Les Turcs répondirent en bombardant la ville, et pendant que leurs feux nourris répandaient la mort et la destruction, les assiégeants furent contraints d'éteindre les leurs, faute de munitions. Bientôt même la division éclata parmi ces derniers. Lycurgue et Burnias, d'accord pour s'emparer de l'autorité, ne s'entendirent plus dès qu'il s'agit de l'exercer. Chacun d'eux voulut commander, l'un s'appuyant sur les Samiens, l'autre sur la multitude. Il n'y eut plus ni accord dans le conseil ni ensemble dans l'action. Alors commença la défection des Samiens; ceux d'entre eux qui ne désertèrent point se montrèrent plus ardents au pillage qu'au combat.

Dans cette situation un grand nombre de familles riches résolurent de fuir. Une lettre menaçante de Burnias enjoignit aux éphores de s'opposer par tous les moyens à ce dessein. Ombrageux et tyrannique, il ne se contenta pas d'emprisonner les principaux citoyens pour les empêcher de prendre la fuite; il établit une sorte d'inquisition domiciliaire. Jour et nuit il fit visiter les maisons de ceux chez qui il soupçonnait l'intention de fuir. Les éphores firent ce qu'ils purent pour adoucir les maux de cette tyrannie tracassière et violente. Ils s'occupèrent d'approvisionner la ville, d'y introduire des armes, d'organiser une armée et de fonder un nouvel ordre politique. Tous ces efforts furent inutiles. L'heure suprême approchait.

C'était le jeudi 11 avril 1822. On attendait encore les secours de la Grèce. Tout à coup parut devant Scio la flotte turque, composée de trois navires à trois ponts, vingt-six frégates et corvettes et un grand nombre de vaisseaux de transport. Elle était commandée par le capitan-pacha Kara-Ali (1).

En apprenant ce qui se passait à Scio, le sultan avait prononcé trois mots terribles: *feu, fer, esclavage*. C'était l'arrêt de Scio. Il eut un commencement d'exécution à Constantinople. Les trois otages envoyés dans cette ville et presque tous les Sciotes qui y habitaient furent mis à mort.

La flotte jeta l'ancre tout près de la ville, et ouvrit le feu. Il n'y eut point de résistance. Les Samiens coururent vers leurs vaisseaux, et prirent la fuite. Quant aux habitants, emportant ce qu'ils avaient de plus précieux, ils cherchèrent un refuge dans les montagnes ou dans les consulats européens. Alors les Turcs descendirent à terre, et le sac de la ville et les massacres commencèrent. Bientôt, attirée par les richesses de Scio et la beauté de ses femmes, une multitude sauvage accourut des côtes de l'Asie Mineure, et s'abattit sur la ville comme sur une proie. Avides et sanguinaires, ces barbares pillèrent, brûlèrent, tuèrent sans relâche ni merci. Tous les hommes au-dessus de douze ans, les femmes au-dessus de quarante, les enfants au-dessus de deux furent passés au fil de l'épée. Le reste ne fut épargné que pour être vendu. Ceux qui avaient trouvé un asile dans les consulats purent voir une soldatesque en furie ne faire trêve aux massacres que pour pousser devant elle des troupeaux de femmes, de jeunes filles et d'enfants destinés à l'esclavage.

Après la ville, vint le tour des villages; la dévastation s'étendit jusqu'aux montagnes. Un grand nombre de fugitifs, qui n'avaient pu être recueillis sur les vaisseaux envoyés par les Psariotes, s'y étaient cachés. Pour les arracher de ces retraites, le capitan-pacha eut recours à un artifice odieux. Il ordonna aux consuls et à l'archevêque d'annoncer aux Sciotes qu'ils pouvaient obtenir leur grâce en retournant dans leurs demeures et en faisant leur soumission. Pour qu'on ne doutât pas de la sincérité de la déclaration il montra un prétendu firman du sultan. Aussitôt les consuls firent publier partout la nouvelle de cette amnistie. Les fugitifs livrèrent leurs armes, et soixante-dix d'entre eux vinrent remercier en leur nom le capitan-pacha. Tous, jusqu'au dernier, furent pendus, le même jour, aux mâts des vaisseaux. Le lendemain l'archevêque Platon et tous les autres otages, au nombre de soixante-et-quinze, eurent le même sort. Quant à ceux qui sur la foi de l'amnistie promise étaient descendus des montagnes, ils furent massacrés ou réduits en esclavage.

Seuls jusque alors les villages où se récolte le mastic avaient été épargnés. Une attaque du Psariote Canaris, qui brûla le vaisseau amiral de l'ennemi dans le port de Scio, et la mort du capitan-pacha, qui périt dans cette circonstance avec deux mille de ses soldats, déchaînèrent sur cette partie de l'île la fureur des Turcs. La vengeance fut cruelle; plusieurs villages furent détruits de fond en comble.

On ne saurait dire avec certitude combien, dans ces lugubres journées, périrent de Sciotes, combien furent faits esclaves. Toutefois il est permis d'affirmer que le nombre s'en élevait au moins à trente mille. Quant aux vingt mille sauvés par les Psariotes et à ceux qu'avait recueillis les consuls, ils se dispersèrent dans toutes les parties du monde. Six mille se rendirent à Trieste; d'autres allèrent s'établir également dans des villes où habitaient des Sciotes; un grand nombre se fixèrent en Grèce, ou gagnèrent Londres, Manchester, Liverpool, Astrakan, Téhéran, et même l'Amérique et les Indes. Il n'en resta à Scio qu'environ dix mille, presque tous pauvres.

Toute vie cependant ne s'éteignit pas dans cette population décimée; Scio sortit peu à peu de ses ruines. Mais sur ce sol, qui offrait autrefois l'aspect d'une si grande prospérité, la vengeance des Ottomans a laissé des traces qui ne sont pas encore effacées.

---

(1) Pouqueville, III, p. 468; Al. Soutzo, *Histoire de la Révolution grecque*, p. 194. Eckenbrecher, p. 37, appelle l'amiral turc le pacha Dulsiniotis.

IV.

TABLEAU GÉNÉRAL DE LA CIVILISATION DANS L'ÎLE DE CHIO AUX TEMPS ANCIENS ET MODERNES.

POPULATION, ESCLAVES. — Nous avons vu de quels éléments se composait la population primitive de Chio. Cette population fut entièrement renouvelée vers le milieu du douzième siècle avant l'ère chrétienne, par suite de l'établissement des Ioniens dans l'île. Les Spartiates et les Thessaliens laissèrent subsister dans les pays dont ils prirent possesion les habitants qu'ils y trouvèrent établis, mais en les réduisant en esclavage. Chez eux il y eut des vainqueurs et des vaincus, des citoyens et des esclaves; les premiers avaient leurs Hilotes, les seconds leurs Pénestes. Mais les Ioniens qui s'établirent à Chio suivirent un mode de conquête différent : ils expulsèrent les anciens colons, et s'y substituèrent dans toute l'étendue de l'île. Chez eux il n'y eut que des vainqueurs, des hommes libres. Or, c'était une nécessité des sociétés antiques qu'il y eût des esclaves. Les Chiotes surtout ne pouvaient s'en passer. Peuples de marchands, ils avaient besoin de bras pour leur commerce et plus encore pour l'agriculture, dont ils étaient distraits par leurs affaires. Aussi, en eurent-ils de bonne heure. Après les Spartiates et les Thessaliens, chez qui l'esclavage fut le résultat même de la conquête, les Chiotes furent les premiers des Grecs qui se servirent d'esclaves. Ils allaient les acheter à Délos, marché fameux où venaient se pourvoir tous les Ioniens de l'Asie Mineure.

Obligés d'en employer un grand nombre, les Chiotes les traitaient fort durement, et se vengeaient par l'oppression de la crainte que cette multitude leur inspirait. Aussi de nombreux soulèvements éclatèrent. Vers l'an 600 avant J.-C., l'esclave Drimacus excita ses compagnons à la révolte, se mit à leur tête, et ravagea l'île. Après avoir résisté avec succès aux Chiotes, il conclut avec eux un traité des plus singuliers. Il s'engageait à ne prendre et à ne laisser prendre à ses hommes que ce qui serait nécessaire à leur subsistance et à n'accueillir désormais comme esclaves fugitifs que ceux qui auraient essuyé de mauvais traitements de la part de leur maître. Une autre insurrection servile fut encore plus funeste à Chio ; ce fut celle qui éclata lors du siége de la ville par les Athéniens pendant la guerre de Péloponnèse (412 avant J.-C.). Les esclaves en armes se joignirent aux assiégeants, et firent le plus grand mal à l'île, déjà déchirée par deux factions rivales.

Aujourd'hui la population de Scio est de 38,000 âmes. Elle se compose de Grecs, d'Italiens et de Turcs. Les premiers, qui en forment la plus grande partie, sont au nombre de 35,000, les Italiens d'environ 1,000 et les Turcs de 2,500.

Avant la guerre de l'indépendance Scio renfermait 100,000 habitants. Telle est du moins l'opinion répandue dans l'île ; car, d'après une statistique faite par l'archevêque de Scio Platon, l'île n'aurait compté à cette époque que 78,000 habitants. Dans ce nombre 24,000 auraient appartenu à la ville, à savoir 20,000 Grecs, 1,500 Italiens et 2,500 Turcs ; 50,000 aux villages et tous Grecs; 4,000 aux Jardins, à savoir 3,000 Grecs et 1,000 Italiens. Quoi qu'il en soit, il résulte de cette statistique que l'insurrection de 1822 coûta à l'île plus de la moitié de ses habitants.

Les Italiens, toujours désignés sous le nom de Catholiques, sont les descendants des Génois qui dominèrent dans l'île pendant deux siècles (1346-1566). Comme ils s'unissent rarement par des mariages avec les Grecs, ils ont conservé leur type ainsi que les principaux traits du caractère national. Ils sont aussi restés fidèles à la religion de leurs pères, et l'antipathie qui régna longtemps entre les Latins et les Grecs divisa également les Grecs et les Italiens de Scio. Toutefois, ces derniers parlent la langue grecque.

GOUVERNEMENT. — Pour le gouvernement de Chio dans l'antiquité, il nous reste peu de chose à dire. Nous avons vu en effet que les chefs des différentes colonies qui s'établirent successivement dans l'île y exercèrent héréditairement la royauté. Lorsque Chio entra dans la confédération Ionienne, elle continua d'être régie par des rois. Ces rois, comme ceux des autres villes ioniennes, relevaient du roi d'Éphèse, qui exerçait une sorte de suzeraineté sur les autres. Ces princes n'avaient rien de commun avec les tyrans imposés plus tard par la domination persane. Leurs attributions se bornaient à commander les armées, à tenir les assemblées, à rendre la justice et à présider aux sacrifices publics. Ils n'étaient guère que les chefs d'un peuple libre. D'ailleurs les Chiotes, comme tous les Ioniens, étaient naturellement portés vers le gouvernement populaire; l'industrie et le commerce, auxquels ils se livraient avec tant d'activité, fortifièrent encore chez eux l'amour et le besoin de la liberté. Réunis en assemblée, les citoyens délibéraient sur les affaires qui concernaient l'île. Quant à celles qui intéressaient la confédération tout entière, elles se traitaient au Panionium, ou assemblée générale des Ioniens de l'Asie Mineure.

FINANCES, TAXES. — L'histoire ne nous apprend pas à quelle somme s'élevaient les finances de l'État, ni de quelle manière elles étaient administrées. Nous savons seulement que des taxes étaient imposées sur les produits, et que l'importation et l'exportation des objets du commerce étaient soumises à certains droits. Aristote (1) nous apprend encore qu'il existait une loi d'après laquelle chaque fois qu'un emprunt se faisait, le prêteur et l'emprunteur étaient tenus d'inscrire leurs noms ainsi que la somme sur un registre public. Les frais de l'enregistrement étaient pour l'État une source de revenus, qui chez un peuple commerçant devait être assez abondante. Le gouvernement avait encore un autre moyen de se procurer de l'argent quand il en avait besoin : il décrétait que les débiteurs verseraient dans le trésor public l'argent qu'ils devaient à leurs créanciers, et que l'État payerait à ces derniers l'intérêt, jusqu'au moment où il serait en mesure de leur rembourser le capital.

GOUVERNEMENT ET ADMINISTRATION DE LA SCIO MODERNE. — Soumis à la Turquie, les habitants de Scio, s'ils ne jouissent pas de l'indépendance politique, conservent cependant une liberté civile très-étendue. Cette remarque, toutefois, ne s'applique pas à l'île tout

entière. Les villages situés dans la contrée où se fait la récolte du mastic ainsi que quatre autres, Daphonas, Vasilioniko, Caryæ, et Hagios-Georgios (Saint-Georges), sont placés sous l'autorité immédiate du gouverneur turc et soumis à certaines corvées. Nous avons vu plus haut dans quelle condition se trouvaient les premiers, qui sont au nombre de vingt et un. Quant aux quatre autres, les trois premiers sont obligés d'entretenir les aqueducs qui approvisionnent d'eau la ville de Scio, et le quatrième de fournir la chaux pour les constructions militaires.

Mais telle n'est pas la situation de la ville de Scio et des quarante et un villages qui en dépendent. Sauf une certaine taxe, assez modérée, ils sont, dans tout ce qui concerne leur gouvernement, presque entièrement indépendants de l'autorité turque.

Celle-ci est représentée dans l'île par un gouverneur envoyé de Constantinople, un commandant du château et un cadi ou juge. Le pouvoir qu'ils exercent au nom de la Porte est singulièrement limité, dans la ville et ses dépendances, par les droits et les prérogatives du gouvernement local. A la tête de celui-ci se trouvent cinq magistrats, appelés démogérontes, dont trois grecs et deux catholiques: mais ces derniers n'ont qu'une médiocre influence. L'élection de ces magistrats a lieu tous les cinq ans, le 15 février. Les électeurs sont d'anciens démogérontes et les chefs des congrégations. Pour être éligible il faut descendre d'une des familles considérables de Scio, dont les membres se donnent entre eux le titre d'*archontes*. L'éligibilité n'est soumise qu'à cette condition, et n'est pas attachée à la possession d'un bien fonds ou d'une fortune quelconque en argent. L'élection faite, elle est notifiée au cadi, qui la confirme. Mais ce n'est là qu'une simple formalité; le cadi ne peut refuser la confirmation. Il a tout au plus la faculté d'exclure tel ou tel des élus; encore n'en use-t-il jamais.

Le collège des cinq démogérontes se nomme *mésas*. Élu par le concours des libres volontés des citoyens placés sous son autorité, le mésas est avant tout un pouvoir national, établi pour défendre les droits et les priviléges de la ville et de ses dépendances. C'est par son in-

(1) Aristote, *Économiques*, II, 12.

termédiaire que le gouvernement turc se met en rapport avec cette partie de l'île; c'est lui qui fait obtenir justice aux habitants maltraités ou lésés par les Turcs, en déférant les plaintes qui lui sont adressées à l'autorité turque de l'île et, au besoin, au divan lui-même.

Les pouvoirs du mésas sont très-étendus. Investi de la puissance législative, il exerce aussi le pouvoir judiciaire et forme la plus haute cour de justice. Il juge en matière civile et criminelle. Toutes les peines décernées par lui, le gouvernement est obligé de les laisser infliger sans informer. Toutefois, il ne peut prononcer la peine de mort, droit réservé au cadi, qui est tenu cependant, quand il veut l'exercer, de demander l'assentiment du mésas. De la juridiction suprême de celui-ci ressortissent le tribunal de commerce et le tribunal maritime, qui jugent comme lui en première et en dernière instance, ainsi que les arbitres appelés à décider dans les affaires litigieuses.

Les démogérontes doivent encore veiller à ce que l'île soit toujours suffisamment pourvue de vivres: soustraire aux spéculations le commerce du blé et du bétail, qui viennent en grande partie de l'Asie Mineure, et empêcher que les pauvres ne manquent du nécessaire.

Ajoutons que ces magistrats, comme les anciens censeurs romains, exerçaient avant la guerre de l'Indépendance une certaine surveillance sur les mœurs. Ils avaient le droit de punir les actions qui leur paraissaient contraires à la morale, et d'arrêter les progrès du luxe. Ils portèrent même un jour une loi qui interdisait l'importation des étoffes précieuses pour habillements, l'usage des diamants et des châles perses.

Outre les démogérontes, il y avait autrefois une assemblée des notables, qu'ils étaient tenus de convoquer dans certaine circonstance. Mais cette assemblée servait plutôt à appuyer qu'à restreindre leur autorité. Cette autorité, le mésas l'a toujours exercée d'une manière intègre, ferme et sage. Aussi fut-il toujours craint et respecté, et jamais les habitants de Scio n'eurent à user du droit qu'ils possèdent de révoquer de leurs fonctions ceux des démogérontes qui ont failli à leur mandat.

L'autorité des démogérontes s'étend sur toutes les églises de la ville et des villages qui en dépendent. L'archevêque lui-même relève d'eux, non-seulement pour le temporel, mais même dans certaines attributions de la juridiction ecclésiastique. C'est ainsi qu'il ne peut prononcer d'excommunication qu'avec leur consentement, et, ce qui paraît plus singulier encore, sur la décision des tribunaux de commerce et de marine, qui ont le droit d'appliquer la sentence. En matière de discipline ecclésiastique, les pouvoirs spirituels de ce prélat sont plus étendus. Il peut déposer les prêtres délinquants, et même les mettre en prison dans sa métropole. Quant à son élection, elle est faite par les patriarches de Constantinople, lesquels consultent toutefois les vœux des principaux habitants de Scio.

La liberté religieuse dont jouit Scio n'est pas moins grande que sa liberté politique et civile. Aucun des peuples soumis aux Turcs ne possède autant d'indépendance, autant de priviléges; nulle part le despotisme turc ne se fait moins sentir; nulle part les droits des vaincus ne sont aussi étendus, aussi respectés. Plusieurs causes expliquent la douceur de la domination ottomane dans cette île. Lorsqu'elle se soumit aux Turcs, un firman du sultan lui garantit un grand nombre de priviléges, que la fermeté et la sagesse de ses magistrats nationaux lui ont conservés. Ajoutons l'union patriotique qui règne parmi les citoyens; leurs richesses acquises par un commerce actif, et l'usage habile qu'ils savent en faire dans l'intérêt de leur patrie et pour le maintien de leurs droits. Ils ont toujours à Constantinople un ou plusieurs des plus considérables de leurs concitoyens, à qui ils fournissent l'argent nécessaire pour acheter la faveur des membres les plus influents du divan. Par là il arriva en tout temps que le gouverneur envoyé dans l'île fut obligé de se conformer à la volonté des habitants; s'il y résistait, il suffisait d'une plainte adressée à Constantinople pour le faire immédiatement révoquer. C'est ce que les gouverneurs savaient d'avance, et ils réglaient leur conduite en conséquence. Avant la guerre de l'indépendance, les Chiotes employaient encore un autre moyen pour neutraliser l'influence de leur gouverneur. Afin d'empêcher qu'il ne fût corrompu par des particuliers, il fut défendu expressément de lui rendre visite. Un citoyen était-il appelé auprès de lui, il fallait qu'il demandât l'autorisation des démogérontes, et qu'à son retour il leur fît connaître le motif pour lequel il avait été mandé. Les démogérontes et les chefs des corporations pouvaient seuls le visiter librement.

Ces moyens tout pacifiques employés par les Chiotes pour se maintenir dans une sorte d'indépendance à l'égard de la Porte constrastent singulièrement avec ceux dont usaient les Hydriotes. Ceux-ci s'exerçaient journellement au maniement des armes, et se créèrent une marine marchande dont les nombreux navires pouvaient devenir au besoin des vaisseaux de guerre. Aussi avant l'insurrection aucun Turc n'osait mettre le pied sur leur territoire; et au plus fort de la guerre de l'Indépendance les Turcs n'eurent garde de tenter une attaque sur l'île. Les Chiotes, au contraire, soit qu'au milieu de la prospérité dont ils jouissaient sous le gouvernement turc ils eussent oublié que leur indépendance n'était que précaire, soit que l'esprit mercantile eût absorbé chez eux tout esprit guerrier, les Chiotes négligèrent de se créer une force militaire. Leurs richesses et leur habileté protégèrent, il est vrai, leurs libertés tant qu'ils restèrent soumis à la domination ottomane; mais au jour de la lutte ils s'aperçurent qu'il faut quelque chose de plus à un peuple qui veut s'affranchir.

RELIGION. — La religion des Chiotes dans l'antiquité ne diffère en rien de celle des autres peuples grecs. Colons d'Athènes, ils se placèrent sous la protection particulière de Minerve, la divinité tutélaire de leur métropole. Ils adoraient également Jupiter, qui du mont Pélinéen, où il avait un temple, fut surnommé Jupiter Pélinéen; Apollon, dont ils allèrent célébrer la fête à Délos, avec les autres Ioniens; Bacchus, qui ne pouvait manquer d'adorateurs dans l'île qui produisait les meilleurs vins de la Grèce; enfin Vénus, la divinité la plus honorée à Chio, et dont le temple, d'une grande magnificence, était desservi par un grand nombre de femmes d'une remarquable beauté.

Les habitants chrétiens de la Scio moderne, tous de l'Église greco-schismatique, se distinguent par leur zèle pour la pratique extérieure de la religion. Ils vouent surtout aux saints une adoration particulière, au point qu'un voyageur (1) raconte avoir entendu des Grecs du peuple faire ce naïf aveu : « Tout comme nos ancêtres, les anciens Grecs, nous avons un grand nombre de divinités, saint George, saint Isidore, etc. »

Avant la guerre de l'indépendance, la ville de Scio avait soixante-six églises, et les villages plus de six cents. L'île en possède encore un grand nombre aujourd'hui; elle renferme aussi neuf couvents, dont un surtout mérite d'être cité : c'est celui de Néa-Moni. Il est situé au centre de l'île, dans une plaine solitaire, entourée de montagnes couvertes de pins. L'église, monument du onzième siècle, porte l'empreinte du caractère religieux de cette époque. Dans la coupole sont représentés en mosaïque, sur un fond doré, le Christ, les douze apôtres et la troupe céleste des anges. Cette mosaïque ne diffère en rien, quant au procédé employé par l'artiste, de celle de la coupole de Sainte-Sophie à Constantinople. Dans les deux monuments les morceaux rapportés de verre coloré dont sont formées les figures sont d'une entière conformité.

Avant l'insurrection il y avait dans ce couvent plus de quatre cents moines; aujourd'hui ils ne sont plus qu'au nombre de quatre-vingts. Ils s'occupent particulièrement de culture. Leurs possessions territoriales forment la sixième partie de l'île; et ils les auraient sans doute agrandies encore, si un décret des démogérontes ne leur avait interdit de nouvelles acquisitions de territoire.

MŒURS. — Au contact des peuples asiatiques, les Chiotes connurent tous les raffinements de la civilisation orientale. Dans la molle et voluptueuse Ionie ils se distinguèrent par leurs mœurs efféminées, et leur goût excessif pour les plaisirs. Ce goût s'alliait admirablement chez eux à l'esprit mercantile; le commerce alimentait le luxe, et ils ne savaient pas moins bien jouir de leurs richesses que les acquérir. La triste philosophie d'Épi-

(1) Eckenbrecher, *Die Insel Chios*, p. 30.

cure, enseignée avec éclat à Chio par Métrodore, ne fut pas chez eux l'objet de spéculations abstraites; mais ils savaient la pratiquer. Vivre à la façon des Chiotes signifie dans Pétrone (1) vivre dans la mollesse et dans les plaisirs. Ils se firent surtout une grande réputation de gastronomie. Leur supériorité dans l'art d'assaisonner les mets a été célébrée par un poëte comique (2) : leurs cuisiniers étaient renommés et recherchés. L'un d'eux, Nérée, est mentionné parmi les sept fameux cuisiniers dont le poëte Euphron a transmis les noms à la postérité, non sans les comparer aux sept Sages de la Grèce.

Imitateurs des Lydiens, peuple des plus efféminés de l'Asie et grands inventeurs de jeux de hasard, les Chiotes prirent leurs costumes et leurs jeux. Ils paraissent avoir été d'habiles joueurs, puisqu'au jeu des osselets le mot *chiote* était synonyme de coup heureux.

Ils portaient aussi les cheveux coupés d'une manière particulière; et l'on disait se faire tondre et épiler à la façon des Chiotes.

Les vicissitudes politiques que ce peuple eut à subir dans l'antiquité ne changèrent pas ses mœurs. Dans les temps modernes aussi, les Chiotes surent concilier le goût des plaisirs avec leur activité commerciale. Avant la guerre de l'indépendance les bals étaient fréquents et brillants à Scio. « On ne fait, dit Piétro « Della-Valle, que chanter, danser et « converser avec les dames. » Celles-ci y avaient conservé leur antique beauté. Tous les voyageurs s'accordent à leur rendre ce témoignage. « Malgré le séjour « d'un grand nombre de Turcs dont la « ville, dit Choiseul-Gouffier (3), les « femmes y jouissent de la plus grande « liberté. Elles sont gaies, vives et pi- « quantes. A cet agrément elles join- « draient l'avantage réel de la beauté, si « elles ne se défiguraient par l'habille- « ment le plus déraisonnable et en même « temps le plus incommode. On est dé- « solé de voir cet acharnement à perdre

« tous les avantages que leur a donnés la « nature... Elles forment un spectacle « charmant, lorsque, assises en foule sur « les portes de leurs maisons, elles tra- « vaillent en chantant : leur gaieté natu- « relle et le désir de vendre leurs ou- « vrages les rendent familières avec les « étrangers, qu'elles appellent à l'envi, « et qu'elles viennent prendre par la « main pour les forcer d'entrer chez « elles. On pourrait les soupçonner d'a- « bord de pousser peut-être un peu loin « leur affabilité ; mais on aurait tort, « nulle part les femmes ne sont si libres « et si sages. »

Mais la beauté n'est pas la seule qualité des femmes chiotes : elles ont une merveilleuse aptitude pour tous les travaux domestiques. Elles s'occupent avec une rare sollicitude du bien-être de leurs maris et de leurs familles. Leur mérite en cela est d'autant plus grand, qu'elles n'ont presque jamais d'époux de leur choix. Loin de consulter l'inclination de leurs filles, les parents promettent souvent leur main dès leur plus tendre jeunesse. Il n'est même pas rare de voir des fiancées au berceau. Frappé de cette singulière coutume, un voyageur contemporain (1) demanda si elle ne donnait pas bien souvent lieu à des liaisons coupables. « Cette plante, lui répondit-on, « qui en Europe empoisonne tant d'exis- « tences, ne réussit pas sur le sol chiote. » Il est remarquable que ces unions contractées sans que l'on tienne compte du sentiment, qui partout ailleurs les forme et les cimente, sont en général heureuses.

Ajoutons que les Chiotes sont hospitaliers et polis. « Il n'est autre ville, dit « dans son vieux langage Belon, cité par « Dallaway (2), où les gens soient plus « courtois qu'à Chio. Aussi est-ce le « lieu de la meilleure demeure que sa- « chions à notre gré. » Ce témoignage est toujours vrai.

COMMERCE, INDUSTRIE. — Cette vie de jouissances raffinées était favorisée chez les anciens Chiotes par d'immenses richesses, fruit d'un commerce actif et étendu. Ce fut là aussi la source du bien-être et de la demi-indépendance dont jouirent les Chiotes sous le gouvernement

---

(1) *A puero vitam Chiam gessi* ; Pétrone, *Satyricon*, chap. 63.
(2) Athénée, XII, p. 524.
(3) Choiseul-Gouffier, I, p. 150, 151. Cf. Chandler, I, p. 109 ; Dallaway, II, p. 81.

(1) Eckenbrecher, *Die Insel Chios*, p. 12.
(2) Dallaway, t. II, p. 82.

turc, jusqu'à l'époque de leur insurrection. L'esprit commercial en effet a toujours formé, dans l'antiquité et dans les temps modernes, le fonds même du caractère national de ces insulaires. Deux causes nous expliquent cette tendance : la position de Chio, située au milieu de la mer, entre l'Europe et l'Asie, sur cette grande route maritime du commerce ancien, invitait naturellement ses habitants au négoce; d'autre part, la nature de leur île, dont le sol pierreux est peu propre à l'agriculture, leur en faisait en quelque sorte une nécessité. Aussi eurent-ils de bonne heure une marine. Leurs vaisseaux visitaient les Cyclades, les Sporades, le Pont, les côtes de la Phénicie, tout le littoral de la Méditerranée, le long duquel, en suivant la route parcourue par les Phéniciens et couverte de leurs colonies, ils étendirent leurs relations commerciales jusqu'aux extrémités de la presqu'île Ibérique, avec la Grèce, Carthage, la Cyrénaïque, la Sicile, la Sardaigne, la colonie phocéenne de Marseille et les cités maritimes de l'Espagne. Mais ce fut surtout vers l'Égypte que se dirigèrent leurs courses, lorsque ce pays, déjà ouvert aux Grecs par Psammitichus (656 av. J.-C.), fut sorti définitivement de son isolement sous le règne d'Amasis (570 av. J.-C.). Ce roi, qui rompit avec les préjugés nationaux au point d'épouser une Grecque de Cyrène, céda aux Grecs la ville de Naucratis, sur la branche canopique du Nil, pour servir d'entrepôt à leur commerce en Égypte, et leur permit d'ériger dans ses États des temples à leurs divinités. L'un de ces temples, nommé Hellénium, le plus beau de tous, fut bâti avec l'argent de neuf villes grecques, parmi lesquelles figurait Chio. Les Chiotes paraissent même avoir fondé des établissements particuliers en Égypte. Selon toute apparence, la ville appelée par Polyen (1) la Chio égyptienne fut une de leurs colonies. Étienne de Byzance dit positivement qu'il y avait en Égypte une ville appelée Chio, qui prit plus tard le nom de Bérénice.

Le commerce des Chiotes était alimenté par les productions variées de l'île et par l'industrie active des habitants. Ils excellaient surtout dans la tisseranderie et dans la fabrication d'ouvrages de poterie, de vases d'argile, une des principales branches de leur industrie. Mais l'article le plus important de leur commerce était leur vin, si renommé dans l'antiquité et si digne encore aujourd'hui de sa vieille réputation. Ils trafiquaient aussi des produits d'autres pays, et tiraient encore parti de leur marine en louant leurs navires à des commerçants étrangers.

Cette activité commerciale des Chiotes reçut au moyen âge une nouvelle impulsion des Génois, et ne se ralentit point jusqu'à l'époque de la guerre de l'indépendance. Lorsque éclata cette guerre, Scio était encore une des plus importantes places de commerce de l'Archipel. Elle avait des comptoirs dans les principales villes de l'Europe, de l'Asie et de l'Afrique, à Amsterdam, Marseille, Livourne, Trieste, Malte, Moscou, Vienne, Odessa, Constantinople, Smyrne, Alexandrie, etc. Une seule île dans l'Archipel pouvait rivaliser avec elle; c'était la petite île d'Hydra, qui bravait sur son rocher aride, derrière sa flotte, la puissance ottomane. Hydra avait en effet sur Chio l'avantage de posséder une marine assez importante. Réunis dans de communes entreprises commerciales, les Hydriotes fournissaient les vaisseaux, les Sciotes les capitaux. Ces derniers s'entendaient à merveille aux opérations financières; ils étaient d'habiles et de hardis spéculateurs.

La guerre de 1822 est venue porter un rude coup à leur commerce; elle n'a pas été moins fatale à leur industrie. Celle-ci n'était ni moins florissante ni moins active que le commerce. En 1780 il y avait dans l'île jusqu'à mille deux cents manufactures de soie. Quoique l'île ne produisît pas moins de 25,000 kilogr. de soie par an, il fallait en importer une grande quantité de la Thrace et de la Syrie pour suffire à l'activité des fabricants et aux besoins du commerce. Cette branche si importante de l'industrie des Sciotes, déjà en décadence au commencement du siècle, fut presque entièrement détruite par la guerre. Les autres eurent le même sort. Il faut excepter pourtant la menuiserie et la maçonnerie, qui encore aujourd'hui occupent un grand nombre d'habiles ouvriers. Dans le village d'Euthymiani, par exemple, presque tous

---

(1) Polyen, *Stratag.*, II, 28.

les hommes, au nombre de quatre cents, sont maçons ou tailleurs de pierre.

Mais dans aucun art les Sciotes n'apportèrent autant de perfection que dans l'horticulture. Tous les voyageurs ont admiré le soin et le goût avec lequel sont cultivés les jardins situés aux environs de la ville. Aussi les Sciotes se sont-ils fait dans tout l'Orient une grande réputation comme horticulteurs; et avant la guerre de l'indépendance la plupart des grands de la Turquie avaient des jardiniers sciotes.

MOUVEMENT INTELLECTUEL, LETTRES, SCIENCES ET ARTS. — Placée au foyer même de la civilisation grecque, Chio participa au mouvement intellectuel qui de l'Ionie se propagea dans la Grèce. Poésie, philosophie, histoire, arts, sciences, tous les genres dans lesquels s'exerça le génie grec, si fécond et si original, furent cultivés avec éclat dans cette île. Parmi les sept villes qui se disputèrent la naissance d'Homère, Chio paraît avoir, avec Smyrne, les meilleurs titres à cette glorieuse revendication. Nous n'avons pas à revenir sur une question tant de fois débattue; nous nous bornerons à rapporter les principaux témoignages en faveur de la prétention de Chio. Le plus important de ces témoignages est celui du poëte lui-même, qui dit dans son hymne à Apollon qu'il habitait Chio (1). Si cet hymne, attribué à Homère du temps de Thucydide, qui le cite (2), n'est point de l'auteur de l'Iliade, comme l'ont prétendu quelques critiques, il n'est pas douteux qu'il ait été composé à une époque très-rapprochée de celle où vécut Homère. Théocrite appelle ce poëte le chantre de Chio (3), et l'historien Massaliote Euthymène le fait naître dans cette île (4). Suivant une tradition rapportée par Strabon (5), Lycurgue, le législateur de Sparte, aurait rencontré Homère à Chio. Enfin, l'historien chiote Hypermène raconte que ses compatriotes condamnèrent à une amende de 1,000 drachmes l'esclave d'Homère pour avoir négligé de brûler le cadavre de son maître. Ajoutons que c'est dans cette île que parurent pour la première fois ces rapsodes connus sous le nom d'*Homérides*, qui parcouraient les villes de la Grèce récitant des fragments des poëmes homériques.

L'orgueil qu'inspira aux anciens Chiotes la croyance, fondée ou non, qu'Homère naquit dans leur île s'est transmis à leurs descendants. C'est comme un héritage de gloire, que les habitants de l'île n'ont jamais cessé de revendiquer. Ce rocher dont nous avons parlé plus haut, débris informe de quelque antique monument, et appelé l'*École d'Homère*, témoigne combien est restée vivace et populaire la tradition qui leur donne pour compatriote le plus grand poëte de l'antiquité. Et si, au milieu de témoignages contradictoires, la critique ne peut pas fixer avec plus de certitude le lieu que la date de la naissance d'Homère, du moins est-il hors de doute qu'il séjourna longtemps à Chio. L'influence que son génie y exerça sur les esprits et l'émulation qu'il excita chez ce peuple, si amoureux du beau, attirèrent autour de lui un grand nombre de disciples et d'imitateurs. De là, sans doute, la tradition relative à l'*École d'Homère*. L'un de ces disciples, le rapsode Cynæthus, a même été considéré quelquefois comme l'auteur de l'hymne d'Apollon.

Chio eut aussi son poëte tragique : Ion, contemporain de Sophocle, composa douze tragédies, suivant d'autres trente ou même quarante.

Zénon et Épicure eurent des disciples célèbres dans l'île. Aristippe et Ariston y enseignèrent la philosophie stoïcienne, et Métrodore l'épicuréisme.

Parmi les historiens se font remarquer : Xénomède, qui vécut quelque temps avant la guerre du Péloponnèse, et Théopompe, contemporain d'Alexandre le Grand. Suivant Suidas (1), ce dernier composa un abrégé de l'histoire d'Hérodote, en 2 livres, une histoire de Philippe, roi de Macédoine, en 72 livres, et une histoire grecque en 11 livres. Théocrite, son ami, était à la fois historien, philosophe, rhéteur et poëte.

---

(1) ... Τυφλὸς ἀνήρ, οἰκεῖ δὲ Χίῳ ἔνι παιπαλοέσσῃ, *Hymme à Apollon*, v. 172. D'après la tradition, Homère habitait Bolissus.
(2) Thucydide, III, 104.
(3) Théocrite, *Idyl.*, VII, 47, et XXII, 218.
(4) Clément d'Alexandrie, I, p. 327.
(5) Strabon, X, p. 482.

(1) Suidas, au mot THÉOPOMPE.

Scymnus, vers le commencement du premier siècle avant J.-C., composa un ouvrage de géographie en vers iambiques, qu'il dédia à Nicomède, roi de Bithynie. Dans les 741 vers qui nous en restent, nous voyons qu'il fit la description de la Grèce, de la Sicile, d'une grande partie de l'Italie, de Carthage et des autres contrées de l'Afrique, pays qu'il avait lui-même parcourus.

Dans les arts se distinguèrent Glaucus, contemporain d'Alyatte, roi de Lydie, et auteur d'une coupe dont ce prince fit présent au temple de Delphes; Malas, son fils Micciadès et son petit-fils Anthermus, tous statuaires, ainsi qu'un autre Anthermus et Boupalus, tous deux fils du premier Anthermus. Ils vécurent vers le milieu du sixième siècle avant J.-C. Pausanias (1) cite de Boupalus, à la fois statuaire et architecte, des statues en or, représentant les Grâces, placées dans le temple des Furies à Smyrne, et une statue de la Fortune, faite également pour cette ville. Au temps de Pline l'ancien, un grand nombre de statues des deux frères se voyaient à Rome (2). Enfin Pausanias cite deux autres statuaires, Sostrate et son fils Pantias (324 av. J.-C.), dont cet auteur a vu lui-même deux statues à Olympie (3).

Dion et Démocrite (446 av. J.-C.) se rendirent célèbres comme musiciens.

Les sciences aussi furent cultivées avec succès. Hippocrate, disciple de Métrodore et OEnopides, contemporain de Démocrite, observèrent les phénomènes célestes. Ce dernier fit le premier connaître aux Grecs un système astronomique attribué à Pythagore, mais dont il put peut-être lui-même l'auteur

Cette activité intellectuelle ne s'est pas ralentie dans les temps modernes. En 1792 les Sciotes fondèrent une école, qu'ils dotèrent libéralement, et qui devint bientôt célèbre en Orient. Avant la destruction de la ville elle comptait sept cents écoliers, parmi lesquels deux cents étrangers.

(1) Pausanias, IV, 3o.
(2) Pline l'Ancien, XXXVI, 4.
(3) Pausanias, VI, 105-106; Athénée, VI, p. 266; Pline l'ancien, XXXIV, 8, 5 et 19.

Quatorze professeurs étaient chargés de l'instruction primaire, et huit ou dix de l'enseignement supérieur, qui comprenait la métaphysique, la logique, la théologie, la rhétorique, l'histoire, les mathématiques, la physique et la chimie. Parmi les langues anciennes le grec, et parmi les modernes le français et le turc, y étaient particulièrement enseignés, et parmi les arts d'agrément, le dessin et la musique.

L'école était placée sous la haute surveillance de quatre directeurs et de quatre éphores, choisis parmi les citoyens les plus considérés. L'enseignement était gratuit. Ceux des élèves qui se distinguaient particulièrement étaient envoyés aux frais de l'État dans les universités françaises ou allemandes, pour y compléter leurs études. Ces derniers étaient le plus souvent des enfants pauvres ou étrangers; car les riches envoyaient généralement leurs fils, à l'âge de treize ou de quatorze ans, apprendre le commerce à Constantinople ou à Smyrne.

L'école possédait une bibliothèque qui avant la guerre de l'indépendance renfermait environ douze mille volumes. Par les soins de Koray (1), Scio eut aussi une imprimerie, dont les presses avaient été commandées à Paris.

L'éducation des filles était presque entièrement négligée. Dans les meilleures maisons, les femmes ne savaient bien souvent ni écrire ni lire; ignorance singulière chez un peuple si cultivé, mais que les Sciotes considéraient comme très-salutaire, l'écriture suivant eux ne servant aux jeunes filles qu'à entretenir des correspondances amoureuses. Au reste, leur esprit naturel, leur intelligence ouverte suppléaient jusqu'à un certain point au défaut d'instruction, et leurs mères les formaient avec le plus grand soin à tous les travaux domestiques.

(1) Coray était né à Smyrne, le 27 avril 1748, mais son père était de Scio, et cette île peut revendiquer comme un de ses enfants le plus célèbre philologue de la Grèce moderne. Du reste, la France fut sa seconde patrie: il vint s'y établir en 1782, et il y mourut en 1833. Voyez la notice sur la vie et les ouvrages de Diamant Coray par M. L. de Sinner, *Biographie Universelle*, t. LXI.

ILE DE PSARA.

L'île de Psara est mentionnée dans Strabon, Pline et Étienne de Byzance sous le nom de Psyra; Homère l'appelle Psyrié (1). D'anciennes cartes marines la nomment Ipséra ou Pisséra. Aujourd'hui on l'appelle indistinctement Psara ou Ipsara, qui n'est autre que le nom ancien légèrement altéré. Il est à peine fait trois ou quatre fois mention de cette île dans l'antiquité. Homère indique sa position. « Les uns voulaient, dit Nestor racontant à Télémaque son retour de Troie, que nous prissions au-dessus de Chio, en côtoyant la petite île de Psyrié, que nous laisserions à gauche, et les autres proposaient de prendre entre Chio et le mont Mimas. » En effet, Psara est située à l'ouest de Chio, à vingt milles environ du cap Melæna ou de Saint-Nicolas (2). Strabon ne lui donne que quarante stades de circuit, ce qui fait cinq milles; mais Pococke lui a reconnu environ dix-huit milles de tour. Strabon nous apprend encore que Psyra avait une ville du même nom, et Suidas qu'elle était si stérile, qu'on n'y trouvait même pas la vigne, qui croît si facilement dans l'Archipel. C'est à peu près là tout ce que l'antiquité nous a transmis sur cette île, qui dut toujours être une dépendance de Chio et partager ses destinées.

Au dix-septième siècle cette île fut visitée par Pococke, qui l'appelle Ipsara. Elle est escarpée et remplie de rochers au nord et à l'est, dit ce voyageur; elle a environ six milles de long, sur trois de large. Elle a dans son voisinage, à l'ouest, quelques îlots, dont le plus considérable, de deux lieues de tour, s'appelle Antipisséra. Au-dessous de cette île, dit Dapper (3), il y a une fort bonne rade du côté du midi, en cinglant vers la ville, qui est une grande baie située entre les îles d'Ipsara et d'Antipissera, où les vaisseaux peuvent venir se mettre à l'ancre sur un fond sablonneux de dix à douze brasses d'eau, à l'abri de tous les vents d'orient, d'occident et du nord-ouest, et y entrer et sortir de deux côtés, au nord et au sud, sans peine et sans danger. Cette baie contient la petite île de Saint-Dimitri, qui ajoute encore à la sûreté du mouillage. « Psara s'annonce au navigateur cinglant vers l'Anatolie par une montagne de cinq cent quarante-sept mètres d'élévation, appelée Saint-Élie. La coupe de cette île est abrupte, et formée par des masses rocheuses diversement coloriées, contre lesquelles la mer se brise avec fracas. Inaccessible dans la plus grande partie de son littoral, il faut un pilote expérimenté pour en parcourir la circonférence et arriver au port. Son massif, qui est partout décharné et hérissé de montagnes grisâtres frappées par les rayons du soleil, présente le tableau éblouissant de maisons, d'églises et de chapelles blanchies à la chaux, dont l'éclat étonne l'étranger. Mais en pénétrant dans l'intérieur de l'île, il retrouve au fond des vallées quelques mûriers, des vignes, des figuiers, qui annoncent la force végétative partout où il y a de la terre. Elle y est rare, et ce n'est à proprement parler qu'un détritus de roches entraîné par les pluies dans les endroits encaissés. Quand on parcourt sa surface où il n'existe aucun chemin, il faut traverser des coteaux calcaires, des espaces sablonneux et brûlants, des ravins desséchés et raboteux, entremêlés de quelques champs mal cultivés, qu'on rencontre à de grandes distances (1). »

Avant l'époque de son illustration, Psara n'avait qu'environ mille habitants, tous Grecs, tous laboureurs, population

(1) *Odyss.*, III, v. 171; cf. Strab., XIV, 645, 6; Tauchn., III, 182; Pline, *Hist. Nat.*, V, 36, 3.
(2) Pococke, *Description de l'Orient*, IV, 355. Selon Chandler la distance n'est que de six milles, t. II, p. 285.
(3) Dapper, *Descr. de l'Archipel*, p. 229.

(1) Pouqueville, *Voyage de la Grèce*, l. XX, c. 5, t. VI, p. 308.

pauvre et énergique. Ils se gouvernaient eux-mêmes, et payaient directement leur capitation au capitan-pacha, qui jouissait du revenu des îles. La ville était composée de petites maisons d'un seul étage et assez mal bâties. Elle avait un château fort, en ruines au temps de Pocoche; une cathédrale dédiée à saint Nicolas : toutes les églises de l'île avaient des cloches; il n'y avait que cinq prêtres dans l'île et quelques caloyers.

Au commencement du dix-neuvième siècle, la petite ville de Psara, jusque là si obscure, acquiert une importance inattendue, et devient l'une des cités les plus florissantes de l'Archipel et de toute la Grèce. La population de Psara, auparavant si restreinte, augmentée par des émigrations d'Albanais (1), s'était adonnée au commerce, avait acquis de grandes richesses, et possédait une marine imposante. La ville de Psara prit alors un aspect tout nouveau; elle s'embellit de vastes et élégantes demeures, construites dans le goût européen. « Son enceinte embrassait le versant d'une colline et une surface littorale qui avoisinait le port et les chantiers. Une métropole ornée des dons des habitants, où la prière continuelle réunissait les fidèles à toutes les heures du jour suivant leurs occupations, des rues propres, des maisons annuellement recrépies avaient fait de Psara, dont la création improvisée datait de 1806, la première échelle de l'Orient. Ses insulaires, attentifs au développement de leur industrie maritime, avaient agrandi ou plutôt creusé un port spacieux en élevant des dignes, et en pratiquant des constructions sous-marines; ils touchaient au moment de posséder un arsenal, lorsque l'insurrection de la Grèce éclata. Riches de vaisseaux qui faisaient le désespoir des ingénieurs européens par la supériorité de leur construction, les Psariens parurent les premiers au champ d'honneur contre les infidèles...... Infortunés! ils ont vécu! et quelques écueils de la mer Égée possèdent maintenant les débris d'une population de vingt et un mille habitants et de huit mille matelots (1). »

Ce fut au mois d'avril 1821 que la guerre de l'indépendance hellénique commença, à la fois en Moldavie par la prise d'armes du prince Hypsilantis, et en Morée par l'insurrection de Patras. Les îles de l'Archipel se laissèrent bien-

(1) Le peuple appelé Albanais par les Européens, Arvanites par les Grecs, Arnaoutes par les Turcs et les Arabes, ne se désigne lui-même par aucune de ces dénominations. Les hommes de cette nation s'appellent Schypétars. Pouqueville regarde les Schypétars comme des tribus venues de l'Albanie du Caucase, qui s'établirent vers le douzième siècle avant l'ère chrétienne en Illyrie et en Épire. Cette race s'est conservée pure de tout mélange dans ces contrées montagneuses, où après la chute de l'empire romain et au temps des invasions des barbares et des conquêtes des Turcs, elle a glorieusement lutté pour son indépendance. Après Scanderberg, il fallut se soumettre. Une partie de la nation embrassa l'islamisme; c'étaient ceux de la plaine. Les habitants des cantons montagneux de la Chimère, de Souli et de Parga conservèrent leur foi et leurs mœurs. Une partie cependant fut obligée d'émigrer, et la Morée et l'Attique se couvrirent de villages albanais. Enfin, quelques-uns allèrent chercher un asile dans les îles d'Hydra, de Spezzia, de Poros, de Salamine, de Psara et jusqu'en Chypre. Voyez les intéressants chapitres de Pouqueville sur les mœurs grossières et tout à fait homériques des Schypétars. *Voyage de la Grèce*, liv. VIII, t. III, p. 196, 212, etc.

(1) Pouqueville, *Voyage*, t. VI, p. 309. Je reproduis à dessein ce langage, qui fait comprendre la profonde impression produite alors en Europe, et principalement en France, par la catastrophe de Psara, et en général par tous les désastres de la guerre de l'indépendance. Mais on n'aurait pas une idée exacte de l'exagération des sympathies enthousiastes de ce temps-là pour la cause hellénique, si je ne citais aussi cette invocation dithyrambique de Pouqueville à la mémoire de Psara et aux mânes de ses habitants. « Ile vénérable de Psara, mon cœur est saisi d'un trouble involontaire en articulant ton nom auguste. Ta fortune commençait lorsque j'abordai sur tes plages en 1799, et j'ai vécu plus longtemps que ta population de robustes Albanais. Avant de raconter un jour tes désastres, si la muse de l'histoire me rendant, *au seuil de la vieillesse*, où je suis arrivé, sa cithare et sa voix, m'accorde des jours de grâce pour pleurer tes malheurs, je veux faire connaître le rang que tu tenais dans la Grèce. Psara, tu n'étais rien par toi-même; mais tu as nourri des héros dont la mémoire retentira jusque dans la postérité la plus reculée; leur souvenir ne passera pas comme l'ombre fugitive. »

tôt entraîner dans le mouvement général. Psara leur donna l'exemple. « Le péril est imminent, écrivaient les tétrarques de l'île aux sénateurs d'Hydra! Il n'y a plus de temps à perdre. Le divan a résolu le désarmement général des Grecs; et la marine n'étant pas exempte de cette disposition, vous ne souffrirez pas sans doute qu'on arrache de nos mains quatre mille canons et plus de soixante mille fusils, fruit de tant d'épargnes et de travaux, que nous ne devons céder qu'avec la vie, puisqu'en les livrant nous les perdrons avec eux (1). » Aussitôt Hydra, Spetzia armèrent en guerre, et leurs navires, réunis à ceux de Psara, parcoururent tout l'Archipel, sous le commandement de l'Hydriote Jacques Tombasis, pour entraîner les autres îles dans la cause de l'indépendance.

Pendant trois ans les bricks, les sacolèves, les brûlots de Psara, conduits par d'intrépides marins, Jéanitsis, Jéanaris, Hadji-Anguélis, Anagnotis-Apostolos, Canaris, le terrible brûlotier, furent constamment aux prises avec l'ennemi, auquel ils firent éprouver les plus grands dommages. Lorsque l'île de Chio, que les Samiens étaient parvenus à compromettre avec les Turcs, fut attaquée par la flotte de Kara-Ali, ce fut à Psara que les Grecs se rassemblèrent pour la défendre. Là les navarques grecs tinrent un conseil de guerre, dans lequel ils résolurent de lancer à la faveur de la nuit deux brûlots contre les navires ottomans (2). Constantin Canaris et Georges Pipinos furent chargés d'exécuter cette hasardeuse entreprise. Elle réussit au delà de toute espérance; mais Chio ne fut pas sauvée (juin 1822). Quant aux marins de Psara, ils continuèrent leurs courses dans toute la Méditerranée, poussant l'audace au point de donner la chasse aux vaisseaux turcs jusque sous les canons des Dardanelles, répandant la terreur, par leurs incursions soudaines, sur tout le littoral de l'Asie Mineure; et, non contents de dévaster les villages mahométans de l'Ionie, les Psariotes se transformant facilement en corsaires, inquiétaient tous les navires qui négociaient dans le Levant, et mirent les consuls européens qui résidaient à Smyrne dans la nécessité de leur adresser une lettre par laquelle ils les conjuraient d'épargner le commerce de cette ville.

Enfin, « le sultan, dit-on, fatigué des plaintes continuelles qui lui venaient des côtes de l'Ionie, ravagées sans cesse par les Ipsariotes, s'était fait présenter une mappemonde pour y voir ce que c'était qu'Ipsara; il fut si frappé de l'exiguïté de cette île, qu'il dit avec mépris : « Otez-moi de la carte cette petite ta« che; dites à mon capitan-pacha d'at« tacher cette roche à son vaisseau et « de me l'amener. »

« La montagne de Saint-Nicolas, garnie de batteries, une mer hérissée de récifs et presque toujours orageuse, rendaient le port d'Ipsara d'un accès difficile aux ennemis, tandis qu'une chaîne de rochers, qui traverse l'île du nord au sud, offrait aux Ipsariotes d'excellentes positions. A la nouvelle des préparatifs de Topal-Pacha, les sénateurs d'Ipsara, poussés par un mauvais génie, firent les dispositions les plus imprudentes. Tandis qu'ils devaient se servir d'une partie des bâtiments pour écarter l'ennemi et tenir l'autre en réserve, ils les dégarnirent de tout leur gréement; et voulant par là s'ôter tout moyen de retraite, ils se privèrent de leur principale force. De plus, au lieu de se borner à la défense de la ville, ils disséminèrent maladroitement jusque sur les points les plus inabordables le peuple et les nombreux étrangers qui se trouvaient dans l'île. Enfin, ils confièrent le poste le plus important à un capitaine albanais, nommé Kotas, et à son lieutenant, Karabélias, tous deux vendus à l'amiral turc.

« Le 27 juin 1824, au lever de l'aurore, Topal-Pacha, suivi de douze frégates, vint reconnaître les différents points de l'île où le débarquement pourrait s'opérer, et s'en alla vers le coucher du soleil, après avoir essuyé quelques inutiles canonnades des Grecs. Le 2 juillet, il revint avec un si grand nombre de bâtiments de guerre et de transport, qu'au dire de Kanaris, cet espace de mer qui sépare Ipsara de Mitylène n'of-

(1) Pouqueville, *Histoire de la Grèce*, II, 445.
(2) Pouqueville, *Histoire*, etc., III, p. 517; Al. Soutzo, *Hist. de la Révolution Grecque*, p. 197.

frait qu'un pont immense. Il resta pendant toute la nuit en repos, avec des fanaux allumés à tous les mâts pour éviter une surprise. Le lendemain, sa flotte fut divisée en deux colonnes; la plus nombreuse se porta sur la pointe la plus fortifiée du port, et l'autre s'avança vers l'anse que défendaient Kotas et Karabelias. Tandis que la première faisait une fausse attaque, la seconde, à la faveur d'une épaisse fumée produite par une décharge générale de son artillerie, mit à terre quatorze mille hommes, la plupart Albanais d'élite de la tribu des Guègues, et commandés par un chef habile, Ismael Pliassa.

« Les ennemis entrent dans un défilé; ils grimpent sur les rochers, et s'emparent d'une batterie. Kotas et Karabélias se trouvaient sur un poste qui la dominait; ils désertent, ils sont bientôt massacrés par les Turcs, qui ont coutume de profiter de la trahison et de punir le traître. Au bout de quelques heures toutes les positions sont forcées, cinq cent vingt-trois Ipsariotes, huit cents Rouméliotes, cent vingt-cinq Samiens succombent, après avoir fait mordre la poussière à quatre mille Albanais. Ismael Pliassa marche en avant, et pénètre dans la ville; chaque rue, chaque maison est disputée, enlevée et reprise; les femmes, leurs nourrissons dans les bras, se jettent dans les flots; ceux-ci cherchent un asile à bord de leurs vaisseaux, ceux-là courent s'enfermer dans le château de Paléocastron, situé sur la montagne de Saint-Jean; ils s'entassent dans les galeries, construites sur une vaste poudrière. Les Turcs viennent les assiéger; la mitraille que vomit le fort balaye leur armée. Leur rage redouble; ils escaladent les murs, mais, repoussés avec une perte considérable, ils offrent une capitulation. Un pavillon paraît sur les tours, c'est celui d'Ipsara; les portes s'ouvrent, les Albanais s'y précipitent. On entend ces cris : « Feu! feu! vive la patrie! » Le sol s'ébranle avec un fracas horrible; trois mille Ipsariotes, quatre mille mahométans périssent engloutis par l'explosion. Les restes de la population d'Ipsara, naviguant sur des bâtiments sans gouvernail, se font jour à travers les ennemis, et se sauvent à Syra.

« La chute d'Ipsara ébranla toute la Grèce; un cri de vengeance retentit dans tout l'Archipel; le danger commun rapprocha tous les partis, et le feu de la discorde s'assoupit pour quelque temps. Théodore Colocotronis écrivit à Condouriotis que le péril de la patrie le faisait passer par-dessus toute autre considération, et qu'il mettait bas les armes. Le gouvernement fit son entrée à Nauplie, et de là prit les plus sages mesures pour repousser l'ennemi. Le peuple d'Hydra se précipita dans le monastère où se tenaient les séances du sénat; un marin s'avança vers les sénateurs, et leur cria : « Que faites-vous? L'île d'Ipsara « n'est plus qu'un amas de cendres. Quel- « les précautions avez-vous prises? Est-ce « à nous autres matelots à vous donner « des conseils? Nous savons pendant la « paix savourer du vin dans les cabarets, « et dans la guerre nous jeter au milieu « des flammes. Que notre escadre s'ap- « prête à l'instant; vous verserez votre « or, nous notre sang, et la patrie sera « sauvée. » En moins de deux heures cinquante bricks furent équipés; les uns y apportèrent des vivres, d'autres des munitions; tous se disputèrent à qui s'embarquerait le premier : on leva l'ancre, et l'on mit à la voile au son religieux des cloches.

« La même impulsion fut imprimée à Spetzia et aux autres îles de l'Archipel. Toutes les chaloupes se convertirent en bâtiments de guerre; la mer Égée fut en tous sens sillonnée par deux cents bâtiments de toutes grandeurs; des feux allumés sur tous les rochers, en guise de télégraphes, éclairèrent les moindres mouvements des ennemis.

« Le 15 juillet la flotte grecque, forte de quatre-vingts voiles, parut devant Ipsara; à son aspect trente-cinq bâtiments turcs, qui se trouvaient dans le port, coupèrent leurs amarres, et gagnèrent la haute mer : « Opprobre, s'écria Miaou- « lis du haut de la poupe! opprobre à toi, « Mehemed-Gazi-Topal-Pacha! » Il se met à la poursuite des barbares; il les atteint, et leur détruit neuf galiottes; puis il revient, s'approche d'Ipsara, et, s'adressant avec le porte-voix aux capitaines des vaisseaux qui le suivent : « Au « rivage, camarades! » leur crie-t-il. Onze cents marins, les tromblons à la main, se jettent dans les canots, débarquent précipitamment, égorgent les Turcs délaissés dans l'île, et se rendent maîtres de la ville et de Paléocastron (1) » Psara reprise, les Grecs allèrent combattre pour le salut de Samos, dont ils éloignèrent la flotte turque et l'escadre égyptienne, qui l'avait rejointe. Samos fut préservée des désastres qu'elle avait attirés sur Chio, et qui venaient de fondre sur Psara. Mais ni Psara, ni Chio, ni Samos, ne devaient jouir de cette indépendance pour laquelle elles avaient tant combattu et tant souffert. Toutes trois retournèrent à leurs anciens maîtres, et Psara, après un moment de malheur et de gloire, est retombée pour toujours peut-être dans l'obscurité où elle avait été de tout temps ensevelie, et d'où il lui a coûté si cher de sortir.

(1) Al. Soutzo, *Histoire de la Révolution grecque*, p. 326.

ILE DE LESBOS [1].

1.

DESCRIPTION ET GÉOGRAPHIE DE L'ÎLE DE LESBOS.

POSITION DE CETTE ÎLE. — Lesbos (Métélin, Médilli) est une des plus grandes et des plus belles îles de l'Archipel. Elle s'étend par 39° 10′ latitude nord, 24° longitude est, dans la direction du nord au sud le long des côtes de l'Anatolie, depuis le promontoire *Coloni* (anc. *Cané*) jusqu'au cap *Baba* (anc. Lectum), à une distance égale de Ténédos et de Chio. La golfe d'Adramitti la sépare de l'Asie, sans lui ôter la vue de ses admirables rivages.

Au nord la côte rougeâtre du cap Baba s'avance dans la mer, dominée par une citadelle turque; puis, en suivant la vaste courbure du golfe, on rencontre Assos, avec les ruines de ses trois temples, de son théâtre, de sa jetée gigantesque, Antandros, où s'embarqua Énée; Chrysa, la ville d'Apollon Sminthien et de la belle Briséis. Il faut s'avancer à quatre mille toises du rivage pour atteindre Adramitti, que les flots baignaient autrefois; cité florissante encore aux derniers temps de l'empire grec, aujourd'hui bourgade chétive, au milieu d'une admirable plaine, à l'ombre de coteaux couverts de vignes

et d'oliviers. Enfin le long de la côte, et en laissant sur la route Pelle-Kévi (l'ancienne Koriphas) et Cisthéna, on arrive à des ruines, habitées par des pauvres familles qui n'ont pas voulu quitter la terre natale. C'est là que naguère encore s'élevait Kydonia ou Cydonie (Aiwali), l'ancienne Héraclée, qui renfermait au commencement de ce siècle près de trente mille habitants, un beau collége dirigé par des maîtres formés à Paris, et où affluait la jeunesse grecque. La guerre de l'indépendance a tout anéanti. — « Toute cette contrée, dit « M. Choiseul-Gouffier (1), exposée au « midi, à couvert des vents du nord par « une muraille de hautes montagnes, « et partout arrosée des eaux qui en dé- « coulent, est peut-être le plus beau et « le plus fertile pays de la terre. »

Entre Lesbos et le continent, au sud de Kydonia, se trouve un groupe d'îles, connu dans l'antiquité sous le nom des Hécatonnèses, aujourd'hui désignées par celui de Musconisi, à cause d'un polype qu'on y pêche en abondance, et dont l'odeur n'est pas sans rapport avec celle du musc. Une ancienne chaussée, réparée à neuf, de 470 mètres de longueur sur 4 de largeur relie Kydonia à la petite île de Cromidonisi. On franchit de là, au moyen d'un pont volant, un bras de mer étroit et peu profond, et l'on arrive à la plus grande île, que les anciens nommaient Pordo-séléné, ou Poroséléné. On y voyait autrefois une ville qui était admise dans la confédération de l'Éolie, et un temple consacré à Apollon. Encore aujourd'hui on rencontre quantité de ruines, au milieu d'arbres fruitiers. C'est avec la pierre de ces ruines qu'on a rétabli la chaussée détruite. Les Musconisi sont au nombre de trente-deux, dont les principales, Cappano, Descalia, Codon, Pera, Mosco, Lio, An-

---

(1) On peut consulter pour les temps anciens l'excellente monographie de Plehn : *Lesbiacorum Liber*, in-8°, 1826, Berlin; — Zander, *Beiträge zur Kunde der Insel Lesbos*, in-4°, 1827, Hambourg. Ces deux ouvrages, réunis et fondus ensemble, ont été traduits en grec moderne sous ce titre : Τὰ Λεσβιακὰ ἤτοι ἱστωρία τῆς νήσου Λέσβου, μεταφρασθεῖσα ἐκ τοῦ λατινικοῦ, ἐπαυξηθεῖσα μετὰ διαφόρων προσθήκων καὶ ἐκδοθεῖσα ὑπὸ Εὐσταθίου Γεωργιάδου τοῦ Λεσβίου; Ἀθήνησι, 1849, in-8°. Les additions du traducteur se réduisent à bien peu de chose, et consistent dans la vie de Théophraste par Coray, celle du philosophe Benjamin et quelques inscriptions prises dans Bœckh.

(1) *Voyage pittoresque dans l'empire Ottoman*, t. II, 134, 2ᵉ édition.

ghestri, Pyrgos, sont très-bien cultivées et très-fertiles.

Au sud des Musconisi, sur les côtes mêmes de l'Anatolie, en face la pointe la plus méridionale de Lesbos, se trouvent trois petites îles connues autrefois sous le nom d'Arginuses, et fameuses par la défaite des Spartiates, commandés par Callicratidas. Les anciens désignaient aussi sous le nom de Leucæ Insulæ (les îles Blanches) trois gros rochers placés sur les côtes de Lesbos, au nord-est de Mytilène.

Les anciens (1) plaçaient Lesbos au septième rang (2) parmi les plus grandes îles connues. Agathémère fait trois classes d'îles, et lui assigne dans la troisième la seconde place. Il est d'ailleurs d'accord avec Strabon pour attribuer à Lesbos (3) 1100 stades de tour, tandis qu'Eustathe, qui d'ordinaire suit exactement Strabon, se sépare ici de son guide, et ne reconnaît à l'île que 1000 stades (4). De nos jours M. Lapie à trouvé 1270 stades de 500 au degré, en suivant assez exactement le contour des côtes, et 1200 d'après des mesures moins rigoureuses.

DIFFÉRENTS NOMS DE LESBOS. — Le premier nom de l'île semble avoir été Issa, qui était, dit-on, celui d'une de ses cités. A l'arrivée des Pélasges, elle le quitta pour prendre le nom de Pélasgie, et bientôt celui de Macarie, qui rappelait à la fois et le bonheur dont elle jouissait, et le roi à qui elle en était redevable. Au moment où Lesbus succéda à son beau-père, Macare, elle prit le nom de Lesbos, qu'elle porta durant toute l'antiquité grecque, jusqu'à l'époque incertaine où elle le changea pour celui de Mitylène, sa capitale. Eustathe, qui vivait au douzième siècle, observe que cette transformation avait eu lieu depuis peu de temps.

Ce ne furent point là d'ailleurs les seules dénominations que porta Lesbos. On l'appela encore quelquefois Himerte, par allusion à ses mœurs dissolues ; Lasia, à cause de ses forêts; Æthiope, en souvenir de la domination que l'on attribue sur cette île aux Amazones, originaires de l'Éthiopie ; Ægira, du nom d'Ægirus, une des villes au nord-est de Mytilène, etc. Tous ces noms se rencontrent plus fréquemment dans les fantaisies des poëtes que dans les récits véridiques de l'histoire, et le seul nom sérieux qu'ait porté Lesbos est celui qu'elle illustra pendant plus de dix siècles, et qu'elle a repris de nos jours.

GÉOGRAPHIE PHYSIQUE. — C'était une tradition admise de plusieurs historiens que lors de la commotion qui brisa les barrières du Pont-Euxin, et lui ouvrit le Bosphore de Thrace, l'irruption subite de ses flots dans la mer Égée détacha Lesbos du continent. Dans ce système, les groupes des îles voisines ne seraient que les sommets de montagnes submergées, ayant fait autrefois partie de la chaîne de l'Ida. L'aspect physique de Lesbos est tout à fait propre à confirmer cette opinion. Nulle part, en effet, de côtes plus inégales et plus tourmentées, et à l'intérieur, de traces plus manifestes de l'action violente des volcans.

Lesbos est parcourue de l'est à l'ouest et du nord au sud par deux chaînes de montagnes, que les anciens désignaient sous différents noms. Les plus considérables étaient le mont Lépéthymnus, à l'est, Ordymnus ou Ordynnus (1) à l'ouest, Créon au centre et Olympus au sud. On mentionne encore les monts Macistus, Syléus (2), Tantalus (3). Le Lépéthymnus était de tous le plus élevé et aussi le plus remarquable. On y voyait, au témoignage de l'historien lesbien Myrsile, un temple d'Apollon, et une chapelle du héros Lépéthymnus, qui donnait son nom à la montagne. Palamède (4) y avait aussi un temple et peut-être même son tombeau. C'est sur le Lépéthymnus, au rapport de Théophraste, que s'éta-

---

(1) Arist., Περὶ Κόσμου, t. I, p. 392, in-4°, édition Bekker.
(2) Bochart, partant de cette opinion, croit trouver l'origine du nom de Lesbos dans le mot phénicien Esbu, qui signifie sept. (Voyez le Dictionnaire de Trévoux, au mot LESNOS.)
(3) Quarante et une lieues.
(4) Voir Pline V, 31, qui donne une mesure à peu près équivalente.

(1) Théophr., Hist. Plantar., III, 18.
(2) Strab., l. XIII; Tauchn., t. III, p. 136.
(3) Et. de Byzance : Τάνταλος.
(4) Philostrate, Heroic., p. 716, édit. Olear.; Tzetzès, ad Lycophron., 384-1097.

blit, pour observer les astres, l'astronome Matricétas.

Ces chaînes de montagnes, prolongeant leurs ramifications jusqu'à la mer, formaient aux trois extrémités de l'île trois caps : à l'est le cap Argennum, droit en face le golfe d'Adramyttium; à l'ouest le cap Sigrium; enfin, au sud le cap Maléa.

Les dimensions de Lesbos ne lui permettent pas d'avoir de grands fleuves; mais on y trouve de nombreux torrents, et les sources abondent partout. La température y était si douce, le climat si salubre, que les anciens en avaient fait une des îles Fortunées.

PRODUCTIONS. — Malgré la nature de son sol, Lesbos avait été de tout temps renommée pour sa fécondité; ses vallées profondes, ses vastes plaines, ses riches collines se couvraient d'une puissante végétation. Le blé de Lesbos était célèbre, surtout le blé d'Érésus, qui sur ses monnaies mettait un épi. « La farine
« plus parfaite, celle qui est préparée
« avec le froment le plus pur et le plus
« beau, est à Lesbos, à Érésus, sur sa
« colline battue par les flots. La neige du
« ciel ne l'égale pas en blancheur : si les
« dieux mangent du pain, c'est là que
« vient l'acheter Mercure (1). »

La truffe venait abondamment sur la colline de Tiares, et dans le temps des pluies, s'il y avait débordement, les eaux en répandaient la graine jusque sur tout le territoire (2) de Mitylène. Les montagnes de Lesbos, toutes ombragées de forêts, fournissaient, et au delà, le bois nécessaire à la construction des navires ; le hêtre, le cyprès, le pin y croissaient partout, le pin surtout autour de Pyrrha, et Pline, après Théophraste, rapporte, comme une particularité remarquable, que le feu ayant dévoré ces forêts, elles repoussèrent d'elles-mêmes (3). Les montagnes de l'île contenaient encore d'inépuisables carrières, d'où les anciens tiraient un marbre tacheté de couleurs diverses, et, quoique plus brun, estimé par les statuaires à l'égal du (4) marbre de Thasos. On y trouvait aussi l'agate (1) et une pierre noire (2) que l'on nommait lesbias.

Sur les côtes, les baies profondes creusées par la nature étaient peuplées de poissons d'espèces rares et recherchés, dont la pêche alimentait le commerce des Lesbiens. Les huîtres de Mitylène n'avaient pas de rivales.

Comme productions singulières (3), Pline place à Lesbos l'éringion blanc, appelé par les Latins l'herbe aux cent têtes. L'homme qui trouvait cette plante dans certaines conditions était sûr de se faire aimer, et ce fut là, dit-on, le bonheur de Phaon dont s'éprit Sapho. Enfin Théophraste et Pline (4) décrivent longuement l'arbre évonimus (*evonimus euripæus* de Linné) qui croissait particulièrement sur l'Ordymnus. La pousse en est en décembre, la floraison au printemps. Les feuilles tiennent le milieu entre les feuilles de l'olivier et celles du grenadier. La fleur, d'une odeur forte, ressemble à la violette blanche. Le fruit et les feuilles de cet arbre sont un poison mortel pour les animaux.

Mais ce qui faisait surtout la richesse de l'île, c'était son vin, ce vin de Lesbos que tous les poëtes ont chanté :
« Pour votre dernière coupe, prenez-
« moi d'un vin vieux, blanchi par les
« ans, dont vous couronniez la tête
« humide d'une blanche guirlande de
« fleurs, du vin né à Lesbos, l'île battue par les flots. Celui qui nous vient
« de Byblos, de la Phénicie, terre sacrée, certes je le prise; mais je n'ai
« garde de le comparer à celui-là! car
« si tout d'abord vous y goûtez sans y
« être fait, le vin qui semble avoir le plus
« de fumet, ce n'est pas celui de Lesbos.
« Le sien, il le trouve dans sa vieillesse
« même. Mais buvez toujours, et vous
« me direz quel est le meilleur. Ce n'est
« plus du vin, c'est de l'ambroisie. Que
« des fanfarons vains et bavards se mo-
« quent et disent : de tous le plus déli-
« cieux est encore le vin de Phénicie !
« je n'y prends garde. Et le vin de

---

(1) Archestrate, cité par Athénée, III, p. 111.
(2) Pline, XIX, c. XIII.
(3) Id., XVI, c. XIX.
(4) Id., XXXVI, c. VI.

(1) Plin., XXXVII, c. LIV.
(2) Id., XXXII, c. LXII.
(3) Id., XXII, c. IX.
(4) Theophr., III, c. XVIII. Pline, XIII, 38, 1.

« Thasos aussi est généreux. Quand du
« moins il a vieilli maintes belles an-
« nées! Je sais plus d'une autre ville en-
« core où la vigne ruisselle aux vendan-
« ges, dont je fais cas, qu'il ne tient qu'à
« moi de nommer. Mais aucun vin, c'est
« tout dire, aucun n'est comparable au
« vin de Lesbos. Après cela, il y a des
« gens qui aiment à vanter ce qui vient
« de chez eux (1). » Cet enthousiasme
du gastronome émérite était partagé de
toute l'antiquité. On renommait surtout
les coteaux de Méthymne et d'Érésus,
pour le goût délicieux et le parfum exquis de leurs vendanges. Les vignes de
Lesbos n'étaient pas, comme en Grèce
et en Italie, entrelacées aux ormeaux ou
aux peupliers. Elles s'appuyaient sur
des pieux peu élevés ou traînaient à
terre : « Car (2) les vignes du vignoble
« de l'île sont toutes basses, au moins
« non eslevées sur arbres fort haultz,
« tellement que les branches pendent
« jusques contre terre, et s'estendent
« çà et là comme lierre, si qu'un enfant
« de mammelle, par manière de dire,
« atteindroit aux grappes. »

Le vin de Lesbos était recommandé
par les médecins à leurs malades comme
un fortifiant (3); les anciens lui trouvaient naturellement un goût de mer
qu'ils prisaient beaucoup et que l'art n'obtenait des autres vins qu'à grand' peine.
Tous ces mérites lui donnaient le plus
grand prix. Les Romains, qui avaient
leur Falerne, le délaissaient pour le vin
de Lesbos, que se disputaient aussi les
marchés de la Grèce et de l'Égypte.

ANCIENNES VILLES DE LESBOS. —
Avec tous ces éléments de prospérité,
Lesbos dut vite se couvrir de cités florissantes. C'est au nord du cap Malée, sur
la côte orientale de l'île que s'élevait
Mitylène (4). « C'est une forte ville,
« belle et grande, environnée d'un ca-
« nal d'eau de mer, qui flue tout à l'en-
« tour, sur lequel il y a plusieurs ponts
« de pierre blanche et polie, tellement
« qu'on diroit à la voir que c'est une
« isle et non pas une ville. » Longus ne

parle dans ce passage que de l'ancienne
ville, située en effet dans une petite île
d'environ un mille de circuit, en face de
la ville neuve, placée sur la côte même
de Lesbos. Celle-ci s'étendait dans la
plaine qui longe la mer et sur la colline
qui s'élève au midi. De là elle dominait
un territoire des plus riches et des plus
fertiles. Dans cette position Mitylène se
trouvait avoir deux ports communiquant
par un étroit canal et protégés en partie
par l'île qu'occupaient les quartiers de
la ville antique : le premier au midi, petit et ouvert; le second au nord, vaste,
profond et défendu par une jetée. Il était
malheureusement aussi ouvert au nord-
est et battu ainsi par le vent qui venait
des côtes d'Asie. Mais la ville elle-même
souffrait encore bien plus de certains
désavantages de sa situation, qui parfois rendaient le séjour de Mytilène insupportable. « Les vents du midi et du
« nord-ouest, dit Vitruve (1), y produi-
« sent différentes maladies; le vent du
« nord les guérit; mais alors il est im-
« possible de rester sur les places ou
« dans les rues, tant le froid y est ri-
« goureux! » Néanmoins la grandeur
de l'enceinte de Mitylène, la beauté de
ses édifices, le nombre et l'opulence de
ses habitants (2) l'ont toujours fait regarder comme la capitale de Lesbos. Elle
comptait parmi ses monuments les plus
splendides le Prytanée, et le théâtre,
dont Pompée prit le modèle pour le reproduire à Rome.

En descendant vers le sud, on franchit le cap Malée. La côte se creuse alors,
et s'enfonce profondément dans les terres en formant un golfe, au fond duquel
s'élevait la ville d'Hiéra. Cette ville était
déjà détruite du temps de Pline. Il en
était de même au temps de Strabon
de la ville de Pyrrha, qui, à l'exception d'un faubourg, était complétement
anéantie. Elle n'avait jamais eu d'ailleurs
grande importance. Elle était située au
nord-ouest d'Hiéra, au point le moins
large de Lesbos, à l'endroit où l'île semble se tordre sur elle-même, et rapprocher ses deux extrémités, pour former
un golfe profond et presque fermé. Les

(1) Archestrate, cité par Athénée, I,
ch. LI, p. 23.
(2) Longus, II, trad. d'Amyot.
(3) Pline, XIV, c. VII.
(4) Longus, I, init.

(1) Vitruv., I, c. I.
(2) Barthélemy, *Voyage d'Anacharsis*, ch. III.

eaux de ce golfe sont si froides, selon Aristote (1), qu'en hiver les poissons s'en vont tous, à l'exception du goujon, et s'en reviennent avec le printemps. C'est dans ce golfe que viennent pondre tous les poissons qui vivent sur les côtes de Lesbos, tant ceux du golfe même que ceux de la pleine mer.

Entre le golfe de Pyrrha et la ville d'Érésus s'avançait le promontoire Brisa, que surmontait une statue de Bacchus. La ville d'Érésus, située sur une colline, descendait jusqu'à la mer, et avait un port. De là on arrivait, en suivant la côte, au cap Sigrium, puis à la ville d'Antissa (2), ainsi nommée de ce qu'elle avait été fondée, au temps où Lesbos s'appelait Issa, sur une petite île, depuis réunie à la côte voisine. A l'extrémité nord-ouest, en face les deux villes de Polymédium et d'Assus, situées à une distance de soixante stades sur le continent asiatique, se trouvait Méthymne, la seconde ville de l'île, qui pendant quelque temps avait essayé de disputer le premier rang à Mitylène. Malheureusement les historiens anciens ne nous ont laissé absolument aucun détail ni sur sa grandeur ni sur ses monuments. Sur le territoire de Méthymne s'élevait la ville de Napé, et non loin de là sans doute Arisba, une des six grandes villes que les Éoliens avaient fondée à Lesbos. Les Méthymnéens l'anéantirent, en réduisirent les habitants en esclavage, et s'emparèrent du territoire, qu'ils réunirent à celui de leur cité. Enfin, en se rapprochant de Mitylène, on trouvait encore, à vingt stades de Pyrrha, Œgyrus, et plus bas Agamède, villes inconnues, dont la dernière n'existait déjà plus au temps de Pline.

Quelques commentateurs ont parlé aussi d'une ville qui aurait porté le nom de Lesbos ; mais ou elle n'exista jamais, ou elle disparut si vite qu'elle n'a laissé aucune trace dans l'histoire.

LESBOS MODERNE, OU MÉTELIN. — En mer, l'île de Métélin se présente sous un double aspect. Sur la côte occidentale ce ne sont de loin que montagnes incultes, collines rudes et pelées, précipices et rochers nus ; le voyageur qui vient de Constantinople ou de Smyrne s'en éloigne à toutes voiles, de peur que la tramontane ne le surprenne en vue de l'île et ne le force à s'y réfugier. Mais si, au contraire, doublant la pointe de terre (*capo San-Maria* ou *Amali*), qui s'avance du côté du port Olivetti, on s'enfonce dans le canal qui sépare l'île de l'Asie, il n'est point d'aspect plus pittoresque et plus enchanteur que la côte de Métélin.

« (1) Des bois de pins et de chênes
« couronnent la cime des montagnes ; au
« penchant des coteaux jusqu'à la mer,
« on ne voit que des forêts d'oliviers,
« des terres couvertes de moissons,
« des vignes au pampre vert, des jar-
« dins plantés d'orangers et de myrtes.
« Des villages bien bâtis, des maisons
« élégantes et peintes en rouge se mon-
« trent çà et là entre les arbres touffus. »

« (2) Après avoir eu si longtemps des
« vents contraires, je me plaignais que
« notre vaisseau, poussé alors avec rapi-
« dité par un vent en poupe me dérobât
« trop promptement cette vue enchan-
« teresse. » Au milieu de ces paysages apparaît la capitale de l'île, Métélin, l'antique Mitylène, qui n'est plus aujourd'hui qu'un grand village. L'île d'autrefois est maintenant réunie à la terre par un isthme, sur lequel est bâtie la ville, qui s'étend de là sur les deux côtés du rivage et jusqu'à la montagne. Un beau promontoire escarpé du côté de la mer au nord-ouest, et en pente douce vers la ville, sépare deux havres très-commodes, mais que la négligence des Turcs laisse encombrer par les sables. Le plus grand, qui est encore aujourd'hui fort beau, n'a plus à son entrée que douze ou treize pieds de profondeur, et deviendra bientôt impraticable. Il est dominé par un magnifique château fort (3), l'un des ouvrages les plus étendus et les plus parfaits qu'ait laissés le Bas-Empire ou la domination des Vénitiens. Il est défendu par deux rangs de murailles à créneaux, fort éle-

---

(1) *Hist. des Animaux*, t. I, p. 621 ; Bekker. Voir aussi p. 548, 603, 544, où le même auteur indique d'autres particularités.

(2) Ovide, *Métam.*, XV, 287.

(1) Michaud et Poujoulat, *Correspondance d'Orient*, t. I.

(2) Didot, *Notes d'un voyage fait dans le Levant*, p. 368.

(3) Dallaway, *Constantinople ancienne et moderne*, t. II, p. 129.

vées, garnies de tours ouvertes du côté de l'intérieur; et tout l'espace qu'elles renferment est couvert de maisons, de mosquées, de cyprès, qui en rendent l'aspect des plus pittoresques. Il contenait autrefois cinq ou six cents janissaires, qui y étaient établis avec leurs familles. C'était une espèce de ville, et le nom de *Castro* est même souvent pris pour celui de Métélin. Dans les dernières (1) guerres avec les Grecs, on a eu l'idée d'élever autour de la ville des murailles à grands frais, et aux dépens des habitants; mais on ne peut donner à ce grossier ouvrage le nom de fortifications. Les rues de Métélin sont étroites et sales; elle se composent de 700 maisons grecques, 400 turques; on y trouve de plus 30 ou 40 familles juives; en tout à peu près 9 ou 10,000 habitants. D'ailleurs, aucun monument remarquable, aucune image de sa grandeur antique. Les ruines même ont péri. Déjà du temps (2) de Pococke et de Tournefort on n'y voyait que des tronçons de colonnes, la plupart de marbre blanc, quelques-unes gris cendré ou de granit, cannelées en lignes droites ou en spirales, un nombre incroyable de chapiteaux, de frises, de piédestaux, des fragments d'inscriptions plus ou moins mutilées. Rien de tout cela ne se retrouve maintenant, et il y a longtemps déjà que les voyageurs (3) se plaignent de leur désappointement. A peine rencontre-t-on encore quelques rares débris de colonnes et de chapiteaux, près du château fort; dans la ville, les ruines d'une église dédiée à saint Roch, bâtie avec les restes d'un temple d'Apollon dont les colonnes gisent à terre; à l'entrée de l'église épiscopale, une chaise antique d'un seul bloc de marbre blanc, curieuse par son antiquité et son travail, qui porte cette inscription, citée par tous les voyageurs : *chaise de Potamon, fils de Lesbonax*; enfin, dans une mosquée, un marbre creusé, que la tradition donne comme le cercueil de Sapho. Entre les montagnes, à une lieue et demie au midi de Métélin, près du village de Palfa, subsistent les ruines d'un aqueduc qui traversait la vallée, et dont les deux rangs inférieurs d'arcades, en marbre gris, sont surmontés d'un troisième rang en briques. Au nord, à deux lieues à peu près de la ville, une belle colonnade, dont les piédestaux sont debout encore, conduisait à des bains chauds, dont l'eau est beaucoup plus salée que celle de la mer, et qui aujourd'hui, comme autrefois, sont encore très-fréquentés.

Le chemin de Métélin au port Olivetti (ou Hiéro) est des plus pittoresques. Pendant plusieurs heures la route s'ouvre à travers de riches plantations d'oliviers, protégés à leur racine, selon la mode du pays, par de petites enceintes de pierres; des coteaux couverts de vignes, des bois, et de temps en temps s'offre la vue de la mer, qui pénètre dans les terres et forme de petites anses d'un gracieux aspect.

Le port Olivetti a son ouverture près de la pointe orientale de l'île, à six lieues au nord du cap Coloni, qui s'avance du continent de l'Anatolie au nord. L'entrée en est assez difficile, et si étroite qu'on ne la découvre pas facilement de la mer. Une fois franchies, les deux pointes de terre qui en forment l'embouchure, se rapprochent et se recourbent en dedans, de sorte qu'on ne voit plus d'issue. On dirait alors un joli lac dont les bords, singulièrement gracieux, s'arrondissent entre des montagnes et des forêts d'oliviers. C'est sans doute un des plus vastes ports que la nature ait formés, puisqu'il contiendrait aisément toutes les flottes de l'Europe (1). Il a plus de deux lieues de long sur une lieue de large, et on peut y donner fond partout sur quinze et seize brasses d'eau.

Pour aller du port au village, on traverse une plaine magnifique, couverte d'oliviers d'une grosseur remarquable (2); puis on gravit la montagne, couverte de vignes et d'arbres fruitiers. Le village est dans une heureuse position. Les habitants, Grecs pour la plupart, ont l'air aisé et content; le commerce du golfe fournit à tous leurs besoins, et

(1) Michaud et Poujoulat, *Correspondance d'Orient*, t. III, p. 307.
(2) Tournefort, t. 1, p. 388. (Paris, 1707, in-4°.)
(3) Dallaway, II, p. 130.

(1) Didot, *Notes d'un Voyage*, p. 36.
(2) Fontanier, *Voyages en Orient, de l'année 1821 à 1829*, t. 1, p. 306.

consiste à peu près dans la vente d'une huile excellente, qu'ils fabriquent eux-mêmes. « Les bâtiments (1) la viennent « recueillir là, malgré les malédictions « des Turcs, et malgré les cinq ou six « mauvaises baraques qu'on appelle la « douane, qui sont placées à trois heu- « res de marche de Métélin. »

Des sentiers délicieux, serpentant sous le feuillage de myrtes touffus, ou suspendus au-dessus de baies pittoresques, conduisent à Porto Coloni (Euripus Pyrrhæus). C'est une très-grande anse, peu fréquentée, qui s'avance à près de quatre lieues dans les terres, sur une lieue de large. Au fond s'ouvre une vaste plaine, qui produit abondamment du blé, du coton, des olives, des figues et des légumes de toutes espèces. On y trouve plusieurs villages, qui sont très-peu habités (2). L'air y est vicié; les fièvres intermittentes et les fièvres putrides y sont à demeure, comme la lèpre. Les propriétaires des champs évitent d'y séjourner, et s'établissent soit à Métélin, soit à Molivo. Il n'y a en cet endroit que des colons salariés.

En suivant la côte, le long des montagnes sans végétation, on trouve Érisso (Érésus), située aujourd'hui à près de deux lieues de la mer. C'est un bourg de deux cents maisons, entouré de quelques champs d'orge ou de froment, de vignobles et de plantations d'oliviers. Depuis le bord de la mer jusqu'au penchant des collines au sud-est d'Érisso, on ne voit partout que ruines ou fragments de marbres antiques. C'est là qu'était Érésus; il est facile encore de suivre la trace de ses murailles. A un quart d'heure de la mer se présentent les ruines d'une chapelle grecque, bâtie elle-même avec d'anciennes ruines. « De « quelque côté (3) qu'on porte ses pas, « on rencontre des chapiteaux et de « vieux débris, des colonnes de marbre « blanc ou de granit encore debout. »

Près de là, du côté de la mer, s'élève une petite montagne de forme conique, baignée au midi par les flots. A son sommet était construite l'ancienne citadelle d'Érésus. Dans les débris d'une tour veille un musulman, chargé par l'aga du village de signaler les navires qui entrent dans la baie d'Érisso. L'ancien port a disparu; la mer chaque jour se retire devant les sables amoncelés par les vents qui descendent des montagnes et par la petite rivière Callagra, qui à quelque distance de la baie va se perdre dans un étang couvert de roseaux.

Au nord d'Éresso se trouve un fort bon port, formé par de petites îles. L'entrée septentrionale en est basse et étroite, et les grands vaisseaux n'y peuvent pénétrer que du midi. Entre la pointe méridionale et le port même s'élève un grand « et haut rocher, environné de « plusieurs autres à fleur d'eau (1) ». Quand souffle le vent du nord, le vent renvoyé par cet obstacle rend l'abord très-difficile aux vaisseaux.

Toute cette côte, d'un aspect inculte et sombre, s'égaye en approchant vers le nord. Les montagnes, noires et desséchées, se couvrent de verdure. Les vallées, jusque là sauvages, se garnissent d'arbres; la végétation reparaît, et devient de plus en plus riche et vigoureuse.

Sur le bord de la mer, dans une petite plaine, ceinte de montagnes volcaniques, se trouve Pétra. C'est une petite bourgade près d'un port très-peu fréquenté, qui doit son nom à un gros rocher granitique isolé au milieu du village. Une vingtaine de familles grecques ou musulmanes en composent la population.

En suivant la plaine au nord on arrive à Molivo (Méthymne), bâtie au bord de la mer, sur le penchant d'une colline composée de rochers de basalte. Les maisons s'échelonnent en degrés pittoresques sur les flancs du coteau, qui, par une pente douce, s'abaisse vers le couchant, et forme à la pointe de l'île une espèce de plaine peu étendue, mais très-fertile. C'est là qu'était Méthymne; les fondements des murailles au midi de la montagne, des décombres d'une grosse tour, à quatre milles vers l'orient sur le rivage, et les ruines d'un bain, c'est là tout ce qui reste pour en attester l'emplacement. Le cap sur lequel est Molivo forme, avec la petite pointe de terre qui est au midi, une baie au sud-est, proté-

---

(1) Didot, p. 371.
(2) Olivier, *Voyage dans l'Empire Ottoman*, t. I, p. 265, in-4°.
(3) Michaud et Poujoulat, t. I, p. 322.

(1) Dapper, *Descript.*, etc., p. 233.

gée contre les vents par une petite île. Au milieu de la ville s'élève un rocher inaccessible de tous côtés, excepté au nord, où les habitants avaient coutume de se réfugier avec tous leurs biens, quand ils étaient attaqués par les corsaires. — La position de Molivo est une des plus belles de l'île. L'air pur dont on y jouit, l'admirable spectacle que présente la côte de l'Asie et les vastes contours du golfe Adramitti font de cette ville un des séjours préférés des Turcs. Molivo compte à peu près deux mille; cinq cents habitants.

Tout le reste de la côte qui s'étend à l'orient, de Molivo jusqu'à Métélin, est d'un aspect délicieux. Mais c'est un pays délaissé, sans culture, sans commerce. Au milieu de cette belle nature, à peine rencontre-t-on quelque pauvre village inconnu, quelque masure chétive de pâtre ou de pêcheur ; toute l'activité de l'île a reflué vers Métélin.

Si maintenant on pénètre dans l'intérieur du pays (bien peu de voyageurs ont eu ce courage)', ce sont des montagnes tristes et noires, couvertes d'épaisses forêts, ou affreusement désolées ; des vallées semées de pins, de chênes, d'oliviers ; de rares plaines aux épis jaunissants ; quelques champs de coton ou de calamboc ; çà et là des plants de thym et de serpolet, ou d'autres herbes chétives, flétries par la tramontane ; parfois, à l'approche d'un village isolé, de gracieux vallons parsemés de jardins rustiques ou de masures aux murailles de terre, de profondes allées de tamaris ou de lauriers-roses, et de longs peupliers au bord d'un ruisseau ; puis la montagne recommence, et les chemins horribles, à travers le roc ou le lit des torrents.

II.

HISTOIRE ANCIENNE DE LESBOS.

ANCIENNES TRADITIONS. — L'histoire de Lesbos, comme l'histoire de toutes les cités grecques, n'a pour origine que des traditions incertaines ou de fabuleux récits.

L'île était déserte, dit-on (1), quand y aborda Xanthus, fils de Triopas. Parti d'Argos, à la tête d'une colonie de Pélasges, il se dirigea vers la Lycie. y demeura quelque temps, puis, emmenant avec lui ses compagnons, il vint débarquer à Lesbos. Dès ce moment l'île, appelée jusque là Issa, prit le nom de Pélasgie. Sept générations s'étaient à peine écoulées que le déluge de Deucalion inonda la Grèce. Lesbos eut surtout à souffrir de cette catastrophe, et sa population fut anéantie. Elle ne fut pas longtemps à recevoir de nouveaux habitants. Macare, l'un des Héliades, ayant tué son frère, s'exila, et vint s'établir à Lesbos, dont la beauté l'avait séduit. Il amenait d'Achaïe une colonie composée partie d'Ioniens, partie d'hommes de toutes races, accourus de tous côtés autour de lui. A peine installé dans sa nouvelle résidence, Macare, grâce aux richesses de l'île et à la justice du gouvernement qu'il y établit, se trouva assez puissant pour conquérir les îles voisines et en partager les terres à ses compagnons. Bientôt la colonie se grossit par l'arrivée de nouveaux émigrants. Lesbus, fils de Lapithès, conduit par l'oracle, aborde dans l'île, et est accueilli avec amitié par Macare, dont il épouse la fille. Les deux peuples se mêlent, et vivent fraternellement. Alors Macare songe à étendre sa domination : il envoie à Cos un de ses fils, un autre à Chio ; un troisième, Cydrolaüs, se dirige vers Samos, en divise les champs à sa troupe, et règne paisiblement sur l'île. Enfin Leucippe, avec une grande multitude de colons, débarque à Rhodes : l'île était presque déserte ; le petit nombre d'habitants qu'il y trouve l'accueillent avec empressement. Partout la domination de Macare est acceptée sans résistance. Le bonheur en effet dont jouissaient ses États semblait être un don de ces dieux dont on le disait descendu (1). Le continent de l'Asie à ce moment même était en proie à des fléaux de tous genres ; les tremblements de terre, les déluges, puis la famine, suite naturelle du trouble des éléments, puis la peste, en avaient fait une solitude. Pendant ce temps les îles, rafraîchies par les vents de mer, couvertes de riches moissons, se remplissaient d'une population accrue sans cesse par de nouvelles

(1) Diod. de Sicile, V, 81.

(1) Hésiode, cité par Diodore, V, 82.

colonies. La fertilité des terres, l'heureuse situation des campagnes, l'excellence d'un air pur et toujours renouvelé semblait en avoir fait le séjour de la richesse et du bonheur. Aussi les îles qui formaient le royaume de Macare furent-elles bientôt connues sous le nom d'*Îles Fortunées* (1). Le créateur de cette félicité voulut la rendre durable, et publia une constitution qu'il appela le Lion, comme pour lui donner la force de l'animal dont il lui donna le nom. A la mort de Macare, Lesbus, son gendre, lui succéda, et l'île prit dès lors le nom de Lesbos.

La tradition parle plus tard d'une Amazone, Myrine, qui aurait conquis Lesbos et fondé Mitylène, en l'honneur de sa sœur. Mais ce n'est là qu'un de ces souvenirs poétiques qu'on retrouve sur toute cette côte de l'Asie, à Cyme, à Smyrne, à Éphèse, et qu'aucun historien n'a pris la peine de préciser.

Puis viennent les temps de la guerre de Troie. Lesbos était alors une des îles les plus riches et les plus florissantes de la mer Égée. Ulysse (2) y aborda avec les Grecs. Défié au combat du pugilat par Philomélide, le roi inhospitalier de Lesbos, il le tua, aux applaudissements de l'armée confédérée. Achille (3) non plus n'oublia pas Lesbos dans les courses aventureuses par lesquelles il préluda au siége de Troie. Il paraît que lorsqu'il aborda dans l'île, elle avait passé on ne sait comment sous la domination des Troyens; elle faisait partie du royaume de Priam, et était gouvernée en son nom par le roi Phorbas. Achille le tua, et emmena captive sa fille Diomédé. Les romanciers des âges suivants, enjolivant le récit d'Homère, ont raconté que les habitants de Méthymne opposaient à Achille la plus vive résistance, quand un secours inattendu lui vint de la ville même. Pisidice (c'est ainsi qu'ils nomment la fille du roi), ayant vu le héros du haut des murailles, une violente passion s'empara de son cœur. Elle dépêcha sa nourrice vers Achille, promettant de lui livrer la ville, s'il s'engageait par serment à la prendre pour épouse (1).
« Elle lui livra les clefs de sa patrie...
« Elle eut le cœur de voir en face ses
« parents frappés par la lance de l'en-
« nemi et le cortége des femmes esclaves
« entraînées aux vaisseaux étrangers; et
« tout cela pour devenir la fille de Thétis,
« la déesse des mers, pour entrer dans la
« famille des Éacides, pour habiter le
« palais de Phthie, épouse honorée du
« plus grand des hommes ». Mais Achille une fois maître de la ville, indigné de cette action odieuse, fit lapider Pisidice par ses soldats. — Homère (2) nous montre encore Ménélas, au retour de Troie, s'arrêtant à Lesbos avec Diomède, « incertains s'ils devaient naviguer
« au-dessus de l'âpre Chio, en côtoyant
« l'île de Psyrie et la laissant à leur
« gauche, ou naviguer au-dessous de
« Chio près du promontoire élevé de
« Mimas ».

COLONIE ÉOLIENNE; LES PENTHILIDES. — La guerre de Troie fut dans toute la Grèce suivie de bouleversements politiques, résultats naturels d'une lutte qui avait remué tant de passions et tant de peuples. A la suite des mouvements violents qui survinrent, des populations alors vivant sur le continent européen, les unes se trouvèrent réduites en esclavage, et disparurent; les autres, jetées hors de leurs demeures, cherchèrent une nouvelle patrie. C'est l'époque des grandes migrations, et c'est l'époque où fut renouvelée toute la côte de l'Asie Mineure et en particulier Lesbos. Une (3) colonie part d'Argos, dirigée par Oreste, qui meurt en Arcadie; Penthilus, son fils, la conduit à Aulis pour y préparer une flotte; il est rejoint en Béotie par une partie des habitants de la contrée et par un certain nombre des conquérants Béotiens, revenus avec les Éoliens d'Arné. Le grand nombre de ces derniers ou leur influence dominante fit que l'émigration, composée primitivement d'A-

---

(1) Μακάρων νῆσοι. On y comprenait sous ce nom Lesbos, Chios, Samos, Cos et Rhodes. (Diod., V, 82; Pomponius Méla, II, 7.)

(2) Hom., *Iliad.*, XXIV, 544; *Odyss.*, IV, 341; *Eustath., ibid.*

(3) Hom., *Iliad.*, IX, 660.

(1) Parthénius, *Narrationes amatoriæ.* (*Mythographi, ed. Westermann*, p. 173).

(2) *Odys.*, III, 169.

(3) Strabon, XIII, p. 682; Tauchn., II, 136.

chéens fut considérée dès lors comme une émigration éolienne (1). Mais Penthilus ne put la conduire que jusqu'en Thrace. Échélatus, son fils, traverse l'Hellespont, et s'avance jusqu'à Cyzique (cent-quinze ans après la guerre de Troie). Enfin Graïs, fils d'Échélatus, revient dans le Péloponnèse recruter de nouveaux colons parmi les Achéens et les anciens habitants de la Laconie ; et retournant en Asie, il s'avance à l'aide de ces renforts jusqu'au Granique ; de là il passe avec d'autres chefs dans l'île de Lesbos, dont il s'empare (cent-trente ans après la guerre de Troie). Une quatrième bande, sous la direction de Cléoüs et de Malaüs, descendants d'Agamemnon, s'établissait vingt ans plus tard sur la côte de l'Asie Mineure, et y fondait Cyme. C'est ainsi que les Éoliens se trouvèrent maîtres de Lesbos et des rivages voisins. Leurs plus anciennes villes sur le continent furent Cyme. Larisse. Néontichos, Temnus, Cilla, Notium, OEgiroessa, Pitane, Æges, Myrine, Grynée, Smyrne, qui, au témoignage d'Hérodote (2), ne fut occupée que plus tard par les Ioniens. Les onze premières villes, jointes à cinq villes de Lesbos et à une autre ville des Hécatonnèses, formèrent ensemble une confédération, dont furent exclues les villes secondaires, qui s'étaient élevées près de l'Ida. Les cinq cités de Lesbos qui y participaient étaient Mitylène, Méthymne, Antissa, Érésus et Pyrrha. Arisba (3) était déjà tombée au pouvoir des Methymnéens ; les autres, telles qu'Issa, Penthilé, Xanthus, Napé, Lesbos, si jamais cette dernière a existé, n'avaient aucune importance.

Bientôt le continent voisin dut recevoir tout l'excédant de population et de richesses qui sortit de Lesbos et de Cyme, ces métropoles des villes éoliennes. Tout l'espace compris entre Cyzique et le Caïcus, jusqu'à l'Hermus même, se couvrit de leurs colonies. Toute la Troade était peuplée d'établissements lesbiens ; des cités mityléniennes bordaient toutes les côtes du golfe d'Adramytte ; c'étaient Coryphantis, Héraclée, Attée, et bien d'autres, que Strabon ne mentionne pas, Antandros, Assus, Gargare, Adramyttium, Cilla, Chrysa ; Sigée et Achilleum avaient été construites par les Mityléniens avec les débris d'Ilion. Tout ce pays était lesbien par la population, les mœurs, les intérêts ; et les insulaires de Lesbos avaient quelque raison de le revendiquer contre les prétentions des Athéniens. Enfin, jusque dans la Chersonèse, les habitants de Sestos et de Madytos reconnaissaient pour leurs aïeux les Éoliens de Lesbos.

À Lesbos, comme dans le reste de la Grèce, il est vraisemblable que la première forme de gouvernement fut la royauté. Les descendants des anciens rois formaient à Mitylène la famille puissante des Penthilides, du nom de ce Penthilus, fils d'Oreste, que la tradition faisait mourir à Lesbos, et à qui l'on rendait les plus grands honneurs. Enorgueillis de la noblesse et de l'antiquité de leur race, les Penthilides se rendirent insupportables aux Mityléniens, et un jour qu'ils parcouraient les rues en frappant à coups de massue ceux qu'ils rencontraient, Mégaclès, aidé de ses amis, les assaillit, et les massacra (1).

DISSENSIONS DES LESBIENS ; GOUVERNEMENT DE PITTACUS. — Par l'extinction de cette famille où se recrutait la royauté, toutes les espérances et toutes les haines se trouvèrent ranimées. Dans chaque ville des factions s'élevèrent, et la lutte s'engagea entre le parti populaire et le parti des grands. Chaque citoyen se crut le droit de gouverner sa cité, et chaque cité celui d'être la première de l'île. Méthymne tint longtemps tête à Mitylène, et Mitylène, enfin victorieuse et souveraine, usa impitoyablement de sa victoire. Les lois les plus rigoureuses furent portées contre les vaincus ; toute liberté, toute participation au gouvernement fut enlevée aux autres cités ; la moindre révolte fut sévèrement punie ; toute défection entraînait un châtiment terrible (2). La ville coupable était vouée à l'ignorance ; défense

---

(1) Certains auteurs veulent que Penthilus et même Oreste soient allés jusqu'à Lesbos. Pindare *Nem.*, XI, v. 34 ; Pausanias, III, 2-1, etc.
(2) Hérodote, I, c. 149.
(3) Id. I, 151.

(1) Aristote, *Politiq.*, V, 9, 12.
(2) Élien, VII, c. xv.

était faite d'y apprendre à lire aux enfants. Mitylène, épuisée par son despotisme même, devient à son tour la proie de tyrans qui se succèdent sans obstacle. Enfin, secondé par Cicis et Antiménide, les frères du poëte Alcée, Pittacus délivre sa patrie en égorgeant Mélanchrus, qui l'opprimait (612). Ensuite commence une période complétement inconnue de luttes intestines; un désordre effroyable règne à Mitylène. Après des victoires et des défaites successives du parti populaire, des tyrannies d'un jour aussitôt renversées, on retrouve Alcée, le chef du parti des grands, qui, exilé, s'est mis à la tête des autres proscrits, et tente de rentrer de force dans sa patrie. Alors les Mityléniens, dans l'intérêt de la défense commune, défèrent de leur plein gré la tyrannie à Pittacus. Cette tyrannie que ne donnait pas la violence, mais les libres suffrages des citoyens, avait un nom chez les Grecs : c'était l'æsymnétie (1). « Elle différait de la royauté
« chez les barbares, non pas pour n'être
« pas fondée sur les lois, mais pour
« n'être pas héréditaire. Car les uns
« avaient l'autorité pour tout le temps
« de leur vie, et les autres ne l'avaient
« que pour un temps limité et pour
« certaines entreprises déterminées. »
Pittacus, nommé pour repousser les bannis, accomplit rigoureusement cette entreprise; il honora sa victoire par une amnistie complète, et, une fois sa patrie sauvée, il obéit à la loi en déposant le pouvoir (591). Ses concitoyens furent bientôt obligés d'avoir de nouveau recours à sa sagesse. Les Athéniens prétendant que le territoire d'Ilion n'appartenait pas plus aux Éoliens qu'aux autres Grecs qui avaient pris part avec Ménélas à la destruction de Troie, s'étaient emparés de Sigée. Les Mityléniens se renfermèrent dans les murs d'Achilléum, et soutinrent la guerre. Elle durait depuis longtemps déjà, et chaque jour les partis en venaient aux mains; c'est dans un de ces combats qu'Alcée, le poëte qui avait dit : « Il est beau de mourir dans
« les combats », tourna le dos en laissant son bouclier aux Athéniens, qui le suspendirent à Sigée dans le temple de Minerve. Enfin Pittacus, nommé général par les Mityléniens, provoque en combat singulier Phrynon, le général ennemi, et l'enveloppant (1) d'un filet qu'il tenait caché sous son bouclier, le perce de son poignard. C'est un des traits les plus admirés des anciens. Quelque chose d'aussi beau, sans doute, c'est le désintéressement que montra le sage en se dépouillant des honneurs pour aller vivre dans la retraite. Les Mityléniens voulaient à toute force lui faire accepter de vastes champs et lui assurer une existence opulente. « Non, leur dit-il (2), non, ne me forcez pas à prendre une fortune, cause de haine et objet d'envie pour la foule. J'ai assez de cent arpents : cela doit bien suffire et à la simplicité de ma vie et à votre reconnaissance ». Il vécut dans cette retraite, paisible et content, refusant les présents de Crésus, et (3) l'éclairant de ses conseils, aimé, honoré de tous, inspirant à ses concitoyens le goût de la sagesse par ses préceptes et ses exemples. Lorsqu'il était au pouvoir, il ne s'était pas ému des grossières injures d'Alcée, et il s'était contenté de lui répondre par cette excellente maxime : « Ne médis pas d'un ami, d'un ennemi non plus ». Au faîte de la puissance, entouré de courtisans, il avait résisté à l'ivresse de l'une et aux séductions des autres, et il disait : « Le tyran est le plus méchant des animaux sauvages; mais des animaux domestiques, c'est le flatteur ». Souverain à Mitylène, comme il voulait sa patrie heureuse et grande, il s'attacha toujours à faire régner la loi sur la volonté de tous, sur la sienne propre. En butte aux haines de ses adversaires, à leurs calomnies, à leurs complots, à ceux qui lui conseillaient la vengeance, il répondait : « Une punition me laisserait du repentir. Je sais, mes amis, quelque chose qui vaut mieux encore : le pardon ». Enfin, retiré dans son petit domaine, il occu-

---

(1) Aristote, *Politiq.*, III, 9, 5; Den. d'Halicarnasse, V, 73.
(2) Hérodote, V, 94-95.

(1) Diogen. Laerce, *Pittac.*, 74; Festus, au mot RETIARIO, p. 93; Suidas, au mot Πιττακός; Polyen, I, 25; Hérodote n'en parle pas. Ce qui indigne beaucoup Plutarque (*de la malignité d'Hérodote*, c. xv.).
(2) Cornél. Népos, *Thrasyb.*, 4.
(3) Hérodote, I, 27.

pait sa vieillesse aux rustiques travaux, et longtemps les femmes de Lesbos répétèrent à l'ouvrage le refrain populaire (1) : « Travaille, travaille, ô meule ; Pittacus aussi travaillait, le roi de Mitylène la Grande ». Il vécut ainsi jusqu'à l'âge de soixante-dix ans, selon les uns, de cent ans, selon les autres; et quand il mourut, ses concitoyens lui élevèrent un magnifique tombeau.

LES ATHÉNIENS ET LES LESBIENS SE DISPUTENT SIGÉE. — Cependant la guerre de Sigée n'était pas terminée par la mort de Phrynon. Mais Périandre, tyran de Corinthe, offrit son arbitrage. Il fut accepté ; et sa décision ayant été que les deux parties garderaient ce qu'elles se trouvaient posséder, Athènes resta maîtresse de Sigée.

Les Lesbiens prirent ensuite parti pour Milet, qui était en guerre avec Polycrate, tyran de Samos (568). Toutes leurs forces furent mises sur pied pour défendre leur alliée. Un combat naval se livra ; Polycrate (2) en sortit vainqueur, et les Lesbiens, prisonniers, furent condamnés à creuser les fossés qui devaient entourer Samos.

C'est vers cette époque que le roi d'Égypte, Amasis (3), ouvrant ses ports aux étrangers, donna à ceux qui voulurent s'établir dans le pays la ville de Naucratis. Ceux qu'un intérêt seulement passager attirait pour le commerce reçurent des emplacements pour y construire des autels et des temples à leurs dieux. Onze cités se réunirent pour élever à frais communs un temple magnifique. Des cités éoliennes, Mitylène seule consentit à y contribuer.

A la mort de Périandre, les Mityléniens s'étaient empressés de reprendre Sigée. A peine au pouvoir, Pisistrate l'enleva de nouveau aux Mityléniens, pour la donner à son fils naturel, Hégésistrate. Il s'ensuivit des guerres sans fin, qui n'eurent pour résultat que d'assurer aux Athéniens leur conquête.

LESBOS SOUS LA DOMINATION DES PERSES. — Cependant Cyrus avait achevé de soumettre la Lydie ; plus d'une fois déjà il avait sommé les Ioniens et les Éoliens d'abandonner le parti de Crésus ; il se résolut enfin (1) à leur déclarer la guerre. Retenu lui-même par l'expédition qu'il entreprenait contre Babylone, il confia le soin de soumettre les cités rebelles à Mazarus d'abord, puis à Harpagus. Les Grecs du continent, après des prodiges de valeur, furent forcés de déposer les armes, et les insulaires, sans attendre le vainqueur, envoyèrent leur soumission. Lorsque Cambyse envahit l'Égypte, il avait dans son armée la flotte lesbienne (2). Les Égyptiens, vaincus, s'étaient renfermés dans Memphis, et faisaient bonne contenance. Cambyse leur envoya un héraut perse monté sur un vaisseau de Mitylène. Les Égyptiens, sans respect pour le caractère sacré de l'ambassadeur, se répandent par troupes hors de la ville, entourent le navire, massacrent les hommes qui le montaient, et les coupent en morceaux. Cambyse, maître de Memphis, vengea le meurtre de ses alliés en punissant de mort dix des principaux Égyptiens pour chacun des matelots égorgés. Quand Darius, fils d'Hystaspe, marcha contre les Scythes (513), les Éoliens de Mitylène le suivirent encore. Ils étaient commandés par Coës, fils d'Erxandrus. C'est lui qui persuada à Darius de ne point couper le pont jeté sur l'Ister, mais d'en confier la garde aux Ioniens (3). Darius promit de se souvenir de ce bon conseil. Une fois de retour à Sardes, il accorda à Coës, sur sa demande, la tyrannie de Mitylène. Celui-ci n'en jouit pas longtemps. L'expédition des Perses contre Naxos ayant échoué, les villes grecques, à l'instigation d'Aristagoras, essayèrent de s'affranchir des étrangers, et commencèrent par se débarrasser de leurs tyrans. Coës, livré par Aristagoras aux Mityléniens, fut traîné hors de la ville et lapidé.

La guerre ainsi commencée, les Lesbiens la soutinrent avec énergie. Leur coopération était une des plus utiles à la cause de l'indépendance; car la marine de Mitylène à cette époque n'avait pas d'égale. Quand, cédant aux conseils d'Aristagoras, les Pœoniens (4), que Méga-

---

(1) Plut., *Banquet*, c. II.
(2) Hérodote, III, 39.
(3) Id., II, 178.

(1) Hérodote, I, 141, 160, 169, 171.
(2) Id., III, 13-14.
(3) Id., IV, 97 ; V, 11, 36, 37.
(4) Id., V, 98.

baze avait déportés en Phrygie, entreprirent de revenir, malgré Darius, dans leur patrie, Lesbos fournit des vaisseaux qui les portèrent à Dorisque, d'où ils purent regagner par terre la Pœonie. Quand Histiée, chassé de Milet, rebuté de Chio, se réfugia à Mitylène, les Lesbiens lui donnèrent huit trirèmes, avec lesquelles il alla croiser à Byzance, s'emparant de tous les navires ennemis, qui sortaient du Pont-Euxin (1). Enfin, quand le Panionium eut résolu de réunir toutes les forces grecques pour tenter la fortune d'un combat décisif près de la petite île de Ladé, Lesbos, seule des colonies éoliennes, envoya ses vaisseaux, au nombre de soixante-dix, à la confédération de l'Ionie. Mais placée dans l'ordre de bataille près des Samiens, qui firent lâchement défection, sa flotte, se trouvant tout à coup à découvert, fut forcée de prendre la fuite et d'abandonner la victoire (494). Milet fut saccagée et anéantie. A cette nouvelle, Histiée, qui croisait à Byzance, remet à Bysalte l'Abydénien le soin des affaires de l'Hellespont, et, suivi des Lesbiens qui étaient à son service, fait voile pour Chio : reçu en ennemi, il aborde de vive force, et s'empare de l'île tout entière.

« L'armée navale des Perses passa « l'hiver à Milet, et ayant mis en mer « l'année suivante, s'empara sans diffi- « culté de toutes les îles voisines du con- « tinent, telles que Chio, Lesbos, Ténédos. A mesure qu'ils occupaient une « île, les barbares en prenaient tous les « habitants comme au filet, et voici quel « moyen ils employaient. Ils formaient « une chaîne en se donnant la main « d'homme à homme, et partant du bord « de la mer, au nord, ils s'avançaient « vers le midi. En marchant ainsi sur « toute la longueur de l'île, rien ne « pouvait leur échapper, et ils chas- « saient comme du gibier les hommes « qu'ils rencontraient.. Ce genre de « chasse n'était pas praticable sur le « continent (2). » Ainsi la soumission de Lesbos était achevée quand Xerxès déclara la guerre à la Grèce; et elle dut comme tous les autres Grecs d'Asie suivre le grand roi, dans son expédition en Europe. Selon Hérodote, les Éoliens fournirent soixante vaisseaux à Xerxès, et quarante seulement, selon Diodore (1).

LESBOS SOUS LA DOMINATION D'ATHÈNES. — Après Mycale et Platée, les Lesbiens, comme tous les autres insulaires, formèrent une ligue défensive et offensive avec les Grecs d'Europe. Les Lesbiens en particulier accompagnèrent les Athéniens au siège de Sestos, que défendaient les Éoliens de la Chersonèse, et la ville conquise ils reprirent à leur tour le chemin de leur patrie (2).

La guerre s'étant élevée au sujet de Priène entre Milet et Samos, les Milésiens appelèrent Athènes à leur secours. Périclès débarque à Samos, y rétablit le gouvernement populaire, et, laissant une garnison, emmène cent otages à Lemnos. Ce fut bientôt à recommencer. Les Samiens fugitifs rentrèrent dans leur île, parvinrent à enlever furtivement leurs otages de Lemnos, et se déclarèrent en pleine révolte. Une nouvelle expédition, commandée par Périclès et d'autres généraux, se dirige sur Samos. Le poëte Sophocle, un de ses collègues, est chargé d'aller demander des renforts aux alliés. Lesbos et Chio fournissent leur contingent, qui est de vingt-cinq vaisseaux (3), auxquels elles en ajoutèrent bientôt trente autres. Les Samiens, après une résistance de neuf mois, furent enfin forcés de céder, d'abattre leurs murailles, de livrer leurs vaisseaux et de payer 200 talents. Après Samos, ce fut le tour des autres alliés d'Athènes; profitant habilement de leurs dissensions, par la ruse ou par la force, elle sut les amener à faire tous successivement l'abandon de leurs vaisseaux, de leur argent, de leur liberté. Chio seule et Lesbos surent se défendre contre ses empiètements. Lesbos naturellement était en garde contre Athènes; quand les circonstances ou un intérêt passager la jetait dans son parti, un irrésistible instinct la portait à se défier d'elle, et à l'abandonner au premier jour (4); car,

(1) Hérodote, VI, 5 et suiv.
(2) Id., VI, 31.

(1) Hérodote, VII, 195; Diod. Sicul., IX, 106.
(2) Thucydide, I, 89.
(3) Id., I, 115-116-117; Athénée, XIII.
(4) Thucydide, III, 10-11-12.

comme dit Thucydide, il ne peut exister d'amitié sûre et durable entre des particuliers, ni aucune alliance entre républiques, sans conformité de mœurs. Or la forme du gouvernement de Lesbos était oligarchique; aussi, même avant la guerre du Péloponnèse, les Lesbiens avaient-ils offert à Lacédémone de passer dans son alliance; mais celle-ci ne les avait pas accueillis alors (1). Au commencement de cette guerre, ils se trouvaient donc encore du parti d'Athènes, comme alliés autonomes (2), fournissant des vaisseaux, mais point d'argent. Ils prirent part avec Chio à l'expédition des Athéniens contre Épidaure et Potidée (3) (431).

Révolte de Mitylène (428). — Mais aussitôt après l'invasion des Péloponnésiens dans l'Attique, Mitylène se déclara en pleine révolte. Les Thébains, alléguant une origine commune, l'avaient entraînée à cette démarche. On s'y prépara longtemps; on releva les murailles, on construisit des vaisseaux, on combla les ports; on fit venir du Pont-Euxin des archers, du blé, tout ce qu'il fallait pour soutenir un long siége (4). Cependant, de Ténédos, ennemie des Lesbiens, de Méthymne, sa rivale humiliée, de Mitylène même des avis nombreux, dictés par une basse envie ou par des intérêts blessés arrivaient chaque jour à Athènes (5). Il était temps d'accourir si l'on ne voulait pas perdre Lesbos.

Les Athéniens, qui avaient beaucoup souffert de la peste et de la guerre, reçurent avec effroi la nouvelle de ce fâcheux événement, et se refusèrent d'abord à croire ce qu'ils avaient tant de raisons de redouter. Ils envoient sur-le-champ des délégués à Mitylène, et n'ayant pu faire suspendre les préparatifs de guerre, ils commencèrent par retenir dix trirèmes auxiliaires de Mitylène qui pour lors se trouvaient au Pirée, et en mirent les équipages sous bonne garde. Puis, voulant prendre les devants, ils envoyèrent soudain quarante vaisseaux qui se trouvaient prêts à mettre en mer pour le Péloponnèse. Le commandant de cette flotte était Cléippide, fils de Dinias, et deux autres généraux l'assistaient (1). On rapporta aux Athéniens qu'il y avait hors de la ville de Mitylène une fête en l'honneur d'Apollon de Malée, célébrée par tout le peuple des Mityléniens. On pouvait espérer de les surprendre en les attaquant à l'improviste. Les vaisseaux partirent; mais un particulier ayant passé d'Athènes en Eubée, vint à pied à Géreste, y trouva un vaisseau marchand qui mettait à la voile, et par un vent favorable arrivant le troisième jour à Mitylène, il y annonça l'expédition. Les habitants, au lieu de sortir pour célébrer la fête d'Apollon, placèrent des postes sur la côte, et se remirent avec plus d'ardeur qu'auparavant aux travaux commencés. Les Athéniens arrivent, se voient attendus, font leurs propositions à la ville. Les Mityléniens livreront leurs vaisseaux, raseront leurs murailles, sinon la guerre est déclarée. Sur le refus des Mityléniens, les hostilités commencent. Bientôt à la grande joie des deux partis, qui veulent également gagner du temps pour doubler leurs forces, un armistice est conclu. Des ambassadeurs de Mitylène partent pour Athènes, en même temps qu'une trirème, évitant (2) adroitement la flotte athénienne, en transportait d'autres à Lacédémone. Athènes ne veut rien céder : Mitylène se décide à soutenir la guerre; les autres villes de Lesbos étaient dans sa cause. Méthymne seule avait pris le parti contraire, et avec Imbros, Lemnos et quelques autres des îles voisines, s'était rangée du côté d'Athènes. Une sortie des Mityléniens échoue ; force est d'attendre les secours que promet Lacédémone ; une seconde trirème part pour les presser. Les Athéniens aussi profitent de l'inaction de leurs ennemis. Aux deux côtés de la ville ils fortifient deux camps, et établissent des croisieres devant les deux ports : la mer était ainsi complétement interdite, mais toute la campagne était libre.

Cependant les députés envoyés sur la première trirème étaient arrivés à Lacédémone, et de là à Olympie, où les Lacédémoniens leur avaient donné rendez-

---

(1) Thucydide, III, 2-13.
(2) Id., II, 9.
(3) Id., II, 56; VI, 31.
(4) Id., III, 3.
(5) Aristote, *Politiq.*, V, 3, 3.

(1) Thucydide, III, 3.
(2) Id., III, 4.

ILE DE LESBOS.

vous pour exposer aux alliés l'objet de leur mission (1). L'assemblée, acceptant leurs propositions, reçut les Lesbiens dans l'alliance commune : il fut arrêté qu'on se réunirait au plus vite dans l'isthme pour faire une invasion dans l'Attique. Les Lacédémoniens y furent les premiers, et se mirent à préparer les machines pour traîner les vaisseaux et les transporter de la mer de Corinthe à la mer d'Athènes, afin d'attaquer à la fois par terre et par mer. On espérait ainsi par une invasion subite faire rappeler la flotte qui pressait Lesbos. Mais, sans s'inquiéter de ces préparatifs menaçants, les Athéniens arment sur-le-champ cent vaisseaux, qu'ils envoient croiser le long de l'isthme, faisant montre de leurs forces, et opérant sans obstacle des descentes dans le Péloponnèse. Les Lacédémoniens, ne voyant point arriver les alliés, reprirent le chemin de leur pays.

Vers la même époque les Mityléniens, avec leurs troupes auxiliaires, font par terre une expédition contre Méthymne; l'entreprise échoue. Alors, passant par Antissa, Érésus, Pyrrha, ils font partout renforcer les murailles, et se hâtent de rentrer chez eux. A leur tour, les Méthymniens marchent contre Antissa; mais battus et repoussés, ils ont peine à regagner leur ville. A ces nouvelles, les Athéniens s'empressent d'envoyer des renforts pour accélérer la conclusion des événements. Mille hoplites partent, au mois de septembre, sous le commandement de Pachès, fils d'Épicure (2). Ces hoplites, remplissant eux-mêmes les fonctions de rameurs sur les vaisseaux, arrivent bientôt devant Mitylène, et l'environnent d'un mur de circonvallation. Mitylène se trouve alors bloquée par terre et par mer.

Au mois de mars arriva le lacédémonien Salæthus (3). Il avait débarqué à Pyrrha, et il avait pénétré dans Mytilène sans être aperçu. Il annonçait l'invasion imminente de l'Attique, en même temps que l'arrivée prochaine de quarante vaisseaux spartiates. Les assiégés se ranimèrent un peu à ces nouvelles. En effet,

l'Attique fut envahie par Cléomène et affreusement ravagée (1). Mais les Athéniens s'obstinaient devant Mitylène, et les vaisseaux tant attendus de Sparte n'arrivaient pas. Ils étaient partis cependant; mais, au lieu de faire force de voiles, ils s'étaient arrêtés à d'inutiles captures, et perdaient un temps précieux. Salæthus lui-même désespérait; ce retard lui semblait inexplicable, et voulant essayer d'une résolution suprême, il fait donner des armes à tout le peuple pour tenter une sortie générale contre les Athéniens. Mais alors ce fut bien un autre danger. Le peuple, une fois armé, refusa d'obéir plus longtemps, se prit à accuser les riches, à dénoncer, comme toujours, des accapareurs de blé, à se rassembler en masse, menaçant, si la famine, qu'il imputait aux manœuvres de l'égoïsme ou de la trahison, ne cessait sur l'heure, de livrer la ville aux Athéniens (2). Les chefs, impuissants à conjurer le péril, essayèrent au moins de le détourner de leur tête en envoyant des ambassadeurs au camp ennemi pour capituler à ces conditions : ils se livreraient à merci; l'armée athénienne prendrait immédiatement possession de la ville; les Mityléniens enverraient à Athènes implorer la clémence du peuple vainqueur. De son côté, Pachès s'engageait à attendre le retour de l'ambassade et les ordres de la mère patrie (avril 427). Les citoyens compromis par leur zèle pendant la guerre, saisis de frayeur, se réfugient au pied des autels. Pachès les rassure, promet de ne leur faire aucun mal, et les met en dépôt à Ténédos en attendant l'ordre d'Athènes. Il envoie ensuite recevoir la reddition d'Antissa; puis, apprenant que les vaisseaux lacédémoniens, arrivés trop tard au secours de Mytilène, longeaient la côte mal défendue de l'Ionie avec l'intention d'y débarquer, il se lance à leur poursuite, les chasse jusqu'à l'île de Patmos, et s'en revient content, ayant hâte d'achever sa conquête. De retour à Lesbos (3), il soumet Érésus, et Pyrrha, prend le Lacédémonien Salæthus, caché à Mitylène, et l'envoie à Athènes avec tous les Mityléniens

(1) Thucydide, III, 8-14-15-16.
(2) Id., III, 13.
(3) Id., III, 25.

(1) Thucydide, III, 26.
(2) Id., III, 27-28.
(3) Id., III, 35.

qu'il avait laissés à Ténédos, et tous ceux qu'il regardait comme les chefs de la défection. Puis, libre et maître assuré de l'île tout entière, il s'occupa d'y remettre l'ordre et d'organiser la servitude.

Salæthus, à peine arrivé à Athènes, malgré ses offres de service, fut mis sur-le-champ à mort. Le peuple, convoqué à l'agora, délibère sur le sort du reste des Mityléniens. Cléon monte à la tribune; démagogue violent et farouche, il s'adresse aux passions de la multitude et parle à ses mauvais instincts. Il propose, et l'on vote d'acclamation, que tous les Mityléniens en âge de porter les armes seront mis à mort, les femmes et les enfants vendus. Des députés sont envoyés à Mitylène pour porter au préfet des troupes l'ordre d'exécuter la loi. Mais chez ce peuple aux sentiments vifs et mobiles la colère ne pouvait durer : Cléon était à peine descendu de la tribune, que déjà la générosité athénienne avait repris le dessus et ramené les esprits à l'indulgence. Sur les instances des citoyens, une nouvelle assemblée est convoquée par les magistrats; et malgré Cléon, qui essaye de défendre le décret de la veille, la sentence est rapportée, et l'on s'empresse d'envoyer une seconde trirème pour atteindre celle qui portait l'ordre de l'exécution, et qui déjà avait un jour et une nuit d'avance. Les députés de Mitylène, inquiets sur le sort de leurs compatriotes, approvisionnent largement le vaisseau de farine et de vin, et promettent de grandes récompenses à l'équipage s'il devance l'autre vaisseau. Les matelots firent telle diligence, qu'à la fois ils ramaient et mangeaient de la farine pétrie avec du vin et de l'huile; ils dormaient et ramaient tour à tour. Par bonheur aucun vent ne fut contraire ; le premier vaisseau, chargé d'une horrible mission, ne s'était point hâté d'arriver. Il venait d'entrer dans le port, et Pachès tenait encore en main la dépêche, quand survint le second vaisseau, apportant l'ordre contraire.

Cependant le châtiment fut terrible; ceux que Pachès avaient envoyés à Athènes comme partisans de Sparte furent mis à mort, quoique au nombre de plus de mille. Les murs de Mitylène furent rasés, la flotte confisquée; le territoire de l'île, celui de Méthymne excepté, divisé en trois mille lots; trois cents furent réservés pour les Dieux, le reste fut distribué à des colons athéniens, à qui le sort les fit échoir en partage. Mais les Lesbiens les prirent à ferme, et, sous la condition de payer annuellement deux mines d'argent pour chaque lot, ils cultivèrent eux-mêmes la terre. Toutes les villes que Mitylène possédait sur le continent (1), Assus, Antandrus, Rhœtium, etc., passèrent aux Athéniens, et leur obéirent désormais. Bien que, suivant Thucydide, les clérouques (κληροῦχοι, les colons choisis par le sort) aient été réellement envoyés, il n'est pas vraisemblable que deux mille sept cents Athéniens soient restés à Lesbos ; ils eussent alors difficilement laissé la totalité des terres à cultiver aux Lesbiens. Un grand nombre sans doute repartit; les autres restèrent en garnison, et formèrent probablement avec les anciens habitants la communauté du peuple. Les États formés par les clérouques retournaient par diverses voies à un assujettissement aussi grand que les alliés dépendants, avec cette seule différence qu'ils renfermaient des citoyens ayant le droit de cité dans Athènes (2).

Au printemps de la huitième année de la guerre du Péloponnèse, les habitants de Lesbos, et le nombre en était grand, qui après la conquête des Athéniens s'étaient enfuis pour éviter la servitude, prennent à leur solde des troupes auxiliaires du Péloponnèse, en rassemblent d'autres sur le continent, et s'emparent de Rhœtium, d'Antandrus, qu'ils fortifient pour s'assurer un refuge dans leurs sorties contre les Athéniens. A cette nouvelle Démodocus et Aristide, qui commandaient la flotte athénienne destinée à recueillir les tributs, arrivent de l'Hellespont à force de voiles, et après plusieurs combats s'emparent d'Antandrus, mettent à mort une partie des exilés, et ne partent qu'en laissant dans la ville une forte garnison. La seizième année de la guerre du Péloponnèse (416),

---

(1) Les villes Actées, comme les appelaient les Grecs.
(2) Bœckh., *Économ. Politiq. des Athéniens*, t. II, p. 211.

deux vaisseaux lesbiens, peut-être de Méthymne, prennent part à l'expédition des Athéniens contre Mélos (1). L'année suivante, la flotte de Méthymne accompagne encore la flotte d'Athènes contre Syracuse. Méthymne était assujettie à fournir des vaisseaux, mais sans payer de tributs, tandis que ceux de Ténédos et d'Ænos étaient tributaires. « Ces « peuples éoliques faisaient forcément la « guerre contre des Béotiens, leurs fon- « dateurs, Éoliens aussi, qui étaient « alliés de Syracuse (2) ».

CONDUITE DES LESBIENS PENDANT LES DERNIÈRES ANNÉES DE LA GUERRE DU PÉLOPONNÈSE. — A la nouvelle du désastre des Athéniens en Sicile, leurs alliés cherchèrent de tous côtés à faire défection. Sollicité par les Eubéens, Agis, roi de Lacédémone, alors à Décélie, sur le territoire de l'Attique, se préparait à leur porter secours, quand il reçut une députation des Lesbiens, qui le suppliaient de prêter aide à leur révolte contre Athènes. Cédant à leurs prières et à celles des Béotiens, qui font cause commune cette fois avec eux et promettent dix vaisseaux, Agis ordonne à la flotte lacédémonienne qui se dirigeait sur l'Eubée de passer à Lesbos; mais le grand nombre des alliés qui briguaient à l'envi les secours tout-puissants du vainqueur, ayant jeté l'irrésolution dans les conseils de Lacédémone, une troisième destination fut donnée à la flotte. Il fut arrêté par l'assemblée générale qu'on ferait voile d'abord pour Chio, sous le commandement de Chalcidéus; de là on passerait à Lesbos (3). Mais avant que tout pût être prêt, Athènes était avertie, envoyait sa flotte au-devant de la flotte lacédémonienne, et, l'enfermant dans le port de Pirœus sur la côte de la Corinthie, dégoûtait pour quelque temps Sparte d'envoyer aucune expédition en Asie. Les habitants de Chio continuent alors l'entreprise commencée, et se dirigeant avec treize vaisseaux sur Lesbos, font soulever Méthymne, où ils laissent quatre vaisseaux; le reste de la flotte se dirige vers Méthymne, et y proclame l'indépendance. Mais les Athéniens, commandés par Léon et Diomédon, arrivant à l'improviste avec vingt-cinq trirèmes dans le port de Mitylène, y surprennent les vaisseaux de Chio, et, après une vigoureuse résistance, s'emparent enfin de la ville. Astyochus, stratége des Lacédémoniens, qui avec quatre vaisseaux avait pris part à l'entreprise des habitants de Chio, essaye en vain de lutter contre la fortune d'Athènes. Il fait insurger Érésus, arme les hoplites de sa flotte, et les envoie par terre à Antissa et à Méthymne, pour rendre le courage aux habitants. Mais comme tout lui était contraire à Lesbos, il est forcé de se rembarquer. L'île tout entière rentra bientôt sous la domination des Athéniens (1).

La même année, au mois d'octobre, une nouvelle tentative de révolte eut lieu (2). Une députation des Lesbiens vint chercher Astyochus, qui se trouvait aux environs de Cyme et de Phocée; mais, dégoûté par son échec récent et par le peu d'empressement que témoignaient les alliés, il passa à Chio sans céder à ces instances. Une seconde députation l'y vint trouver, et n'eut pas plus de succès. Lesbos, pour cette année, resta donc sans conteste au pouvoir d'Athènes; mais l'année suivante (411), au mois de juillet, Érésus lui échappa, pour la troisième fois. Des proscrits de Méthymne, des plus considérables de la cité, ayant fait passer de Cyme à Lesbos une cinquantaine d'hoplites, qu'ils s'étaient associés, et quelques mercenaires réunis sur le continent, en tout à peu près trois cents hommes, s'en vinrent d'abord attaquer Méthymne; mais à deux reprises la garnison athénienne de Mitylène accourut, et les repoussa; alors, traversant la montagne, ils se rejetèrent sur Érésus, et s'en emparèrent (3). Thrasyllus, le général Athénien, accourt avec cinquante-cinq vaisseaux; il se trouve devancé par Thrasybule, qui avec cinq vaisseaux s'était porté au point menacé. Deux navires qui revenaient de l'Hellespont et ceux de Méthymne s'étant joints à cette flotte, il se trouva en peu de

---

(1) Thucydide, V, 84.
(2) Id., VII, 57.
(3) Id., VIII, 5 à 14.

(1) Thucydide, VIII, 22-23.
(2) Id., VIII, 32.
(3) Id., VIII, 100.

temps soixante-sept bâtiments réunis devant Érésus, montés par de nombreux soldats, et munis de toutes les machines de guerre (1). Mais Mindare et la flotte lacédémonienne qui était à Chio étant partis pour l'Hellespont, les Athéniens levèrent en toute hâte le siége pour poursuivre un plus dangereux ennemi. Érésus se trouva donc ainsi délivrée d'une manière inespérée, et jouit quelque temps de l'autonomie; elle la perdit bientôt sans doute, mais aucun historien n'en fait mention d'une manière précise.

Au mois de juillet (410) Thrasyllus, général des Athéniens, vaincu près d'Éphèse par Tissapherne et les Syracusains, passe à Lesbos; mais comme il entrait au port de Méthymne, il aperçoit les vingt-cinq galères victorieuses de Syracuse : il se précipite sur elles, en prend quatre avec leur équipage, et poursuit le reste jusqu'à Éphèse, d'où elles étaient parties (2).

BATAILLE DES ÎLES ARGINUSES (406). — La vingt-sixième année de la guerre du Péloponnèse, Callicratidas, successeur de Lysandre, riche de l'argent fourni par Milet et par Chio, qui a elle seule paie cinq drachmes à chaque soldat, fait voile vers Méthymne, ville ennemie. Les habitants lui en refusent l'entrée. Ils étaient gardés par une garnison athénienne, et les magistrats qui pour lors dirigeaient les affaires tenaient contre Sparte (3). Callicratidas emporte la ville de vive force, et la livre au pillage; les esclaves, réunis sur la place publique, sont vendus à l'encan. Les alliés voulaient qu'on vendît de même tous les habitants : « Tant que je serai général, répondit Callicratidas, il ne sera pas dit qu'un Grec a été asservi et que j'aie souffert ce crime. » Le lendemain il congédia avec la garnison athénienne tout ce qui était de condition libre. En vain Conon, chef de la flotte athénienne, essaye de porter secours aux Lesbiens; ses forces sont trop inégales pour qu'il ose se mesurer avec l'ennemi. Il parvient à atteindre Mitylène, toujours poursuivi par Callicratidas, qui avec soixante-dix galères essaye de lui disputer l'entrée du port. Conon est forcé d'accepter le combat, et perd trente vaisseaux, dont l'équipage parvient cependant à gagner la terre. Callicratidas qui n'a pu empêcher Conon de se réfugier dans le port de Mitylène, l'y bloque de toutes parts. Tandis que ses vaisseaux interdisent la mer, il fait venir par terre, de Méthymne et de Chio, de nombreux renforts, qui enferment les troupes d'Athènes. Rien ne manque ni à la flotte ni au camp lacédémonien : l'argent de Cyrus suffit à tout. Conon était à l'extrémité. Les vivres diminuaient chaque jour; il n'avait aucun moyen d'en faire venir de la ville, qui regorgeait d'habitants, et nul espoir d'en recevoir d'Athènes, qui ignorait sa position désespérée (1). Il résolut à tout prix de sortir de ce mauvais pas. Choisissant dans sa flotte les deux meilleurs voiliers, il les arme avant le jour de rameurs choisis, de soldats d'élite, et les lance à travers la flotte lacédémonienne; un de ces vaisseaux est pris, l'autre s'échappe, et regagne Athènes. En peu de jours, Diomédon arrive dans le golfe de Mitylène avec douze galères; mais Callicratidas les charge à l'improviste, en prend dix, et force les deux autres à s'enfuir.

Athènes apprend ce nouvel échec; elle fait un effort énergique pour sauver Conon; l'envoi d'une flotte de cent dix vaisseaux est décrété à l'unanimité. Tous les gens en âge de porter les armes s'embarquent, hommes libres et esclaves. La cavalerie presque tout entière fait partie de l'expédition. Au bout d'un mois, tout s'était trouvé prêt, les soldats armés, la flotte construite, équipée en guerre. On met à la voile : Samos en passant fournit dix galères; trente autres viennent s'y joindre, envoyées par le reste des alliés. Cent cinquante voiles composent bientôt la flotte athénienne. Callicratidas, apprenant l'arrivée de l'ennemi, laisse Étéonice au siége avec cinquante vaisseaux, et se mettant en mer avec cent vingt autres, va attendre les Athéniens au cap Malée de Lesbos. Ceux-ci passaient la nuit aux Arginuses. Le lendemain les deux flottes

---

(1) Thucydide, VIII, 103.
(2) Xénoph., *Hist. grecq.*, I, 2, 12.
(3) Id., I, 6, 13, 15.

(1) Xénoph., I, 6, 18, 19, 24; Diod. de Sicile, XIII, 79.

s'abordèrent. Le pilote de Callicratidas, Hermon de Mégare, voyant que les Athéniens étaient de beaucoup les plus nombreux, lui représenta qu'il ferait bien peut-être d'éviter le combat : « Qu'importe ma mort à Lacédémone, répond Callicratidas, c'est ma fuite qui la déshonorerait. » Et il donne le signal du combat. La lutte dura longtemps entre les deux flottes, d'abord serrées et ligne contre ligne, puis dispersées. Au premier choc de son vaisseau, Callicratidas tombe dans la mer qui l'engloutit. Enfin l'aile droite des Péloponnésiens est enfoncée; une partie s'enfuit à Chio. Le plus grand nombre gagne Phocée. Les Athéniens, vainqueurs, retournèrent aux Arginuses; ils avaient perdu vingt-cinq galères avec les équipages, à l'exception d'un petit nombre d'hommes qui put prendre terre. Mais du côté des Péloponnésiens, le désastre était bien autrement grand. Neuf vaisseaux lacédémoniens avaient péri sur dix qui avaient combattu; leurs alliés en perdirent plus de soixante. Étéonice, qui enfermait Conon, en apprenant la mort et la défaite de son général, se hâta de lever le siége, et d'envoyer sa flotte à Chio; puis, brûlant son camp, il gagna Méthymne avec l'armée de terre (1). Conon, enfin libre, prend la mer, et par un bon vent s'en vient rencontrer la flotte athénienne qui arrivait des Arginuses. Elle s'arrêta quelque temps à Mitylène, puis en repartit pour se rendre à Samos.

SITUATION POLITIQUE DE LESBOS AU QUATRIÈME SIÈCLE. — Après la bataille d'Ægos-Potamos, Lysandre avec deux cents voiles aborda à Lesbos, imposa une constitution oligarchique aux villes de l'île, entre autres à Mitylène, et fit reconnaître la suprématie de Lacédémone (2). Ce ne fut pas pour longtemps. Après la victoire de Cnide, Mitylène fut une des villes qui rentrèrent dans l'alliance d'Athènes (3). Le reste de l'île refusa de suivre son exemple. En 390, Thrasybule entreprit de rendre à Athènes cette importante possession. Il commence par enrôler à Mitylène les bannis des différentes cités qui s'y étaient réfugiés, et leur associe les plus braves des Mityléniens; il promet à ceux-ci la souveraineté de Lesbos, aux proscrits un retour assuré dans leurs foyers, aux soldats de sa flotte abondance et richesse. Du premier pas il marche contre Méthymne. Thérymaque, gouverneur de la ville pour les Lacédémoniens réunit ses soldats aux Méthymniens et aux bannis de Mitylène, et va jusqu'aux frontières au-devant de l'ennemi. Il est tué dans le combat; ses soldats sont mis en déroute, et Méthymne ouvre ses portes. Les autres villes tombent au pouvoir du vainqueur, les unes de force, les autres de leur plein gré (1).

Le traité d'Antalcidas enlève de nouveau Lesbos aux Athéniens. A la faveur de ce traité, Lacédémone parvint à rétablir son autorité sur toute la Grèce. Les villes de Lesbos furent du nombre de celles qu'elle soumit d'abord; mais bientôt, lassées de cette tyrannie rude et superbe (2), elles réclamèrent à l'envi l'ancienne alliance des Athéniens (378).

Après la paix conclue entre les Grecs par l'intervention d'Artaxerxès (375), Lesbos semble avoir joui de l'autonomie. Lors de l'alliance nouvelle qui réunit les Athéniens et les Lacédémoniens (369), il est probable qu'elle revint sous la domination d'Athènes.

LESBOS PASSE SOUS LA DOMINATION DES MACÉDONIENS. — Après la guerre sociale, on retrouve le régime oligarchique établi à Mitylène (3). Sans doute l'influence du grand roi était pour beaucoup dans cette révolution. Mais après le passage du Granique, Alexandre reçut dans son alliance les Lesbiens, et chassa le parti des grands. Au printemps de l'année 334, Memnon le Rhodien, rassemblant une nombreuse troupe de mercenaires et une flotte de trois cents vaisseaux bien équipés, se dirigea d'abord contre Chio; de là passant à Lesbos, il n'a pas de peine à se rendre maître d'Antissa, de Méthymne, de Pyrrha, d'Érésus; mais Mitylène, grande, riche, défendue par

---

(1) Xénophon, I, 6, 37-38; Diodore, XIII, 79.
(2) Xénoph., II, 2, 5.
(3) Diod., XIV, 84.

(1) Xénoph., IV, 8, 28, 30.
(2) Diod., XV, 28.
(3) Démosthène, *Disc. contre les Béot.*, t. II, p. 274, éd. Bekker; *pour la délivrance des Rhodiens*, p. 176.

de bons remparts et une population nombreuse et décidée, ferma ses portes, et soutint le siége. Memnon l'enferme d'un double retranchement dominé par cinq citadelles ; une partie de la flotte bloque le port de Mitylène ; le reste, se portant au cap Sigrium, intercepte les secours. Sur ces entrefaites une maladie emporte Memnon, qui laisse le commandement à Autophradate et à Pharnabaze, son fils. Le siége n'est point interrompu ; la famine se met dans la ville : Mitylène est forcée d'accepter les conditions imposées par l'ennemi : Les exilés rentreront dans leur patrie, et recevront la moitié des biens qu'ils possédaient à leur départ. Les colonnes sur lesquelles était gravé le traité conclu avec le roi de Macédoine, seront abattues par la main des Mityléniens. Mitylène reviendra à l'alliance persane ; d'ailleurs, les mercenaires fournis par Alexandre seront libres de partir. Ces conditions sont acceptées ; mais à peine entrés dans la ville, Autophradate et Pharnabaze introduisent une garnison perse, avec Lycomédon le Rhodien pour chef, et imposent aux citoyens la tyrannie de Diogène, l'un des exilés revenus avec les vainqueurs ; non contents de ces violences, ils mettent sur la ville une contribution énorme, qu'ils se font payer par force (1).

En 332, Hégélochus, chargé par Alexandre de délivrer les îles grecques tombées sous la domination des Perses, s'empare de Chio. Aristonicus, tyran de Méthymne, ignorant ce qui s'était passé, et prenant, sur la foi des gardiens du port, la flotte d'Hégélochus pour celle de Pharnabaze, aborde à Chio avec cinq vaisseaux de pirates, et est fait prisonnier. Aussitôt Hégélochus fait voile vers Lesbos, et met le siége devant Mitylène ; elle était défendue par une garnison perse de deux mille hommes. L'Athénien Charès, qui la commandait, livre la ville pour avoir la vie sauve. Les autres cités se rendent sans tenter de résistance ; et Hégélochus en conduit les tyrans à Alexandre. Celui-ci se contente de renvoyer chacun d'eux à la ville qu'il opprimait ; les citoyens les précipitent du haut des murailles. Pour récompenser la fidélité des Mityléniens, Alexandre leur rend leurs otages et double leur territoire (1).

LAOMÉDON ET ÉRIGYIUS AUPRÈS D'ALEXANDRE. — On peut voir sans invraisemblance dans cette faveur dont jouit Mitylène une preuve de l'influence puissante exercée à cette époque sur le jeune roi par Laomédon et Érigyius, tous deux Mityléniens. Contraints sous le règne de Philippe à fuir de Macédoine, Alexandre ne les avait rappelés que pour les combler d'honneurs. Laomédon, qui connaissait les deux langues, la langue barbare et la langue grecque, avait été mis à la tête des barbares prisonniers, Érigyius, de la cavalerie des alliés ; et c'est à ce titre qu'il prit part à la bataille d'Arbelles (2). Lors de la marche d'Alexandre à travers l'Hyrcanie, Érigyius fut chargé de conduire les bagages et les chars (3). Bientôt, avec Artabaze et Caranus, il reçut la mission de ramener à l'obéissance les Ariens révoltés (4). Une lutte acharnée s'engagea ; les barbares soutinrent le choc des armées macédoniennes jusqu'à ce qu'Érigyius s'attaquant corps à corps à Satibarzane, le général ennemi, lui enfonça son javelot dans la poitrine, et l'étendit à ses pieds. A cette vue, les barbares prirent la fuite (329). Quand Alexandre soumit au conseil de ses amis le projet de franchir l'Iaxarte (5) et de faire la guerre aux Scythes, Érigyius fut un de ceux qui s'opposèrent avec le plus d'énergie à cette expédition stérile. Il mourut dans le même temps que Philippe, frère de Lysimaque, et Alexandre lui fit de magnifiques funérailles (6).

Quant à Laomédon, après la mort d'Alexandre, il obtint le gouvernement de la Syrie. Il le garda dans la nouvelle division des provinces faites par Antipater ; mais Ptolémée, s'étant rendu maître de l'Égypte, envoya contre la Syrie son général Nicanor, qui vainquit Laomédon et le dépouilla (7).

(1) Arrien, III, 2, 4, 6, 7, 9 ; Quinte-Curce, IV, 5, 8, 15, 22.
(2) Diod., XVII, 57 ; Arrien, III, 11, 17.
(3) Arrien, III, 23, 6.
(4) Diod., XVII, 83 ; Arrien, III, 28, 3, 5 ; Quinte-Curce, VII, 4, 33, 38.
(5) Quinte-Curce, VII, 7, 21.
(6) Id., VIII, 2, 40.
(7) Diod. Sicul., XVIII, 3, 39, 43.

(1) Arrien, II, 1, 1, 9 ; Diod., XVII, 29.

LESBOS PASSE SOUS LA DOMINATION DES ROMAINS. — Après la mort d'Alexandre, le silence commence à se faire dans l'histoire de Lesbos. Il faut glaner dans les historiens, sur les médailles et les inscriptions, dans les débris et les ruines de sa grandeur passée, une trace, un souvenir d'existence.

Polybe nomme une fois Mitylène pour rappeler qu'elle travaille à conclure la paix entre Philippe et les Étoliens (1). Une autre fois, c'est Méthymne qui devra être dédommagée par Prusias des pertes éprouvées pendant une guerre entre ce prince et Attale (2). Antissa a l'audace de recueillir et d'aider un général de Persée, roi de Macédoine, pour lors en guerre avec Rome (3). Aussitôt Labéon est chargé d'anéantir la ville coupable, et d'en transporter les habitants à Méthymne (4). Un mot de Pline atteste le succès de l'expédition romaine.

Cependant la cause de Mithridate est devenue la cause de toute l'Asie. Un entraînement irrésistible détache chaque jour les villes de l'alliance romaine. Les Lesbiens suivent l'exemple général. Ils appellent Mithridate, et, exagérant tout d'abord leur zèle, ils livrent à ses soldats Aquillius, qui, vaincu et malade, s'était réfugié à Mitylène (5). Après la défaite de Mithridate, Mitylène refusa de poser les armes. Minucius Thermus la prit, et la saccagea. C'est dans cette expédition que Jules-César mérita une couronne civique (6).

Plus tard, Théophane de Mitylène, ami intime de Pompée (7), obtint de lui la liberté pour sa patrie. Pompée vint à Mitylène en 62. Il y assista aux jeux et aux combats de poésie, dans lesquels on ne célébra que ses exploits. Le théâtre de Mitylène lui plut; et il en fit prendre le plan pour en construire un dans Rome du même genre, mais plus grand et plus vaste. Après la bataille de Pharsale, Pompée vint chercher à Mitylène Cornélie et son fils, qu'il y avait déposés loin du tumulte des armes; mais il se refusa à toutes les instances des citoyens, et ne voulut pas entrer dans la ville (1). Là même bienveillance que Pompée avait trouvée à Mitylène, son fils Sextus l'y retrouva, aussi vive et aussi dévouée, quand, vaincu lui-même par Agrippa, il vint demander asile à Lesbos (2). A son tour, Agrippa, qui devait plus tard être le gendre d'Auguste, s'indignant de se voir préférer M. Marcellus, vint chercher à Mitylène un asile contre les disgrâces de la fortune (3). Dans sa retraite il combla les Mityléniens de bienfaits, et la ville lui éleva un monument de sa reconnaissance. Sur le rivage de Lesbos on a trouvé cette inscription (4) :

LE PEUPLE
AU DIEU SAUVEUR DE LA VILLE MARCUS AGRIPPA
LE BIENFAITEUR ET LE FONDATEUR.

Germanicus, désigné consul, passe à Lesbos (18 après J.-C.) avec sa femme Agrippine, qui devint mère pendant son séjour dans l'île mère de Julie (5). Des médailles en consacrent le souvenir (6).

Enfin peu à peu l'histoire se tait tout à fait. De nombreuses médailles de Mitylène, de Méthymne, d'Érésus, frappées en honneur des princes ou en souvenir d'événements sans importance, attestent seules encore l'existence de ces cités. Les autres villes de l'île ne donnent pas signe de vie. Lesbos est désormais pour des siècles immobile et silencieuse, sous la domination des Romains.

III.

ÉTAT POLITIQUE, SOCIAL, INTELLECTUEL DE LESBOS PENDANT LES TEMPS ANCIENS.

ÉTAT POLITIQUE; GOUVERNEMENT. — De l'état politique de Lesbos pendant cette longue série de siècles que nous

---

(1) Polyb., XI, 5, 1.
(2) Id., XXXIII, 11, 8.
(3) Id., XLV, 31.
(4) Pline, V, 31.
(5) Appien, G. de Mithridate, c. XXI; Vell. Paterc., II, 18.
(6) Suet., Cæs., c. 2.
(7) Vell. Paterc., II, 18; Plut., Vie de Pompée, 42.

(1) Appien, Bell. civ., II, 83; Plut., c. 74, 75; Lucain, V, 725; VIII, 108.
(2) Diog. Cass., XLIX, 17.
(3) Tacit., Annal., XIV, 53; Suet., August., c. 66.
(4) Chishull., Antiq. Asiatiq., p. 186.
(5) Tacit., Annal., II, 54.
(6) Eckhel., Pl. I, vol. II, p. 505.

venons de parcourir, ce que nous savons est bien peu de chose. Les violences des guerres étrangères ou la confusion des discordes civiles remplissent à peu près toutes les pages de son histoire. Ses villes étaient-elles en paix avec Athènes, ou Sparte, ou le grand Roi, qu'elles tournaient aussitôt leurs armes les unes contre les autres, et qu'elles s'épuisaient dans de continuelles dissensions. Une rivalité acharnée existait entre Méthymne et Mitylène; c'eût été pour elles un déshonneur de défendre la même cause, fût-ce celle de l'indépendance ; et les luttes ne cessaient entre les cités rivales que pour donner à chacune d'elles le temps d'étouffer les discordes intestines qui les déchiraient. Là, comme par toute la Grèce, c'était l'éternelle lutte des petits contre les grands, des pauvres contre les riches, du peuple contre les nobles familles réunies et coalisées. Dans ces alternatives de victoires ou de défaites, signalées dans chaque parti par le massacre ou l'exil des vaincus, la cause qui avait le dessous cherchait des secours à l'étranger. Sparte était la protectrice invoquée par l'oligarchie, et le peuple désarmé et opprimé adressait ses vœux à la démocratie d'Athènes. Ainsi s'expliquent ces changements subits de fortune et d'alliances qui à chaque guerre faisaient de Lesbos l'auxiliaire d'un nouveau parti.

Après l'abolition de la royauté, on trouve des prytanes à Mitylène (1) et à Érésus (2). Il est probable qu'il en était de même dans toutes les villes de Lesbos ; mais on ne sait quelles étaient les fonctions de ces prytanes. Plusieurs inscriptions parlent d'un sénat fonctionnant concurremment avec l'assemblée du peuple ; le premier indice de cette institution remonte à peine au temps d'Alexandre le Grand. Les autres monuments nous montrent le peuple, décernant seul des honneurs aux grands citoyens. Sous les empereurs, il est souvent aussi fait mention de stratèges. Étaient-ce seulement des chefs militaires, ou bien encore des magistrats civils ? On ne le sait pas.

Lois; mœurs. — Que dire de la législation des Lesbiens? une ou deux lois sont connues à peine. Les fautes commises en état d'ivresse étaient passibles d'une double peine (1). Défense était faite d'aller aux funérailles d'un étranger (2); les parents seuls y étaient admis. — Ces deux lois sont de Pittacus. Ne faut-il pas aussi regarder comme une institution publique cette fête consacrée de tout temps à la beauté, dans laquelle les femmes de Lesbos se réunissaient dans le temple de Junon, et où l'on couronnait la plus belle. « Agamemnon, dit Ulysse à Achille, te donnera encore sept femmes habiles dans les beaux ouvrages, sept Lesbiennes, qu'il avait choisies pour lui, lorsque toi-même t'emparas de Lesbos, bien bâtie, et qui remportèrent alors sur toutes les femmes le prix de la beauté (3). » Ce passage d'Homère semble indiquer que déjà ce concours existait du temps de la guerre de Troie.

Quoi qu'il en soit, les femmes de Lesbos ont toujours eu dans l'antiquité une grande réputation de beauté et d'esprit : leur éducation ajoutait à la force et à la vivacité de leurs facultés intellectuelles, et les mœurs publiques à Lesbos leur permettaient de se produire au dehors et d'exercer par tous leurs dons naturels une grande influence dans leur patrie. « Les Éoliens et les Doriens en usaient plus noblement que leurs frères d'Athènes ou d'Ionie.... Ils ne renfermaient pas, comme eux, les femmes dans le gynécée ; ils cultivaient leur esprit, et ne craignaient point de les voir s'élever à la gloire littéraire. Il y avait à Sparte même des associations féminines que présidaient les femmes les plus en renom par leurs vertus et leurs talents, et où les jeunes filles se formaient aux nobles manières, en même temps qu'elles apprenaient à chanter et à bien dire. A Lesbos... l'éducation des femmes avait un caractère plus poétique et plus relevé encore.... Les femmes n'y rougissaient pas de leurs talents;

---

(1) Athénée, X, p. 425 a; Spon., *Miscell. Erudit.*, p. 348.

(2) Phanias, d'Érésus, avait fait un ouvrage sur les prytanes de sa patrie. (Athén., VIII, p. 333 a.)

(1) Arist., *Polit.*, II, 9, 9; Plut., *Banquet*, XIII.

(2) Cicéron, *des Lois*, II, c. 28.

(3) Hom., *Il.*, IX, 273.

elles s'en vantaient avec fierté, et l'ignorance même opulente, même entourée de luxe et d'honneurs, ne trouvait pas grâce devant elles (1). » Par malheur cette liberté, cette culture intellectuelle ne servirent pas à les rendre meilleures. Les femmes de Lesbos avaient une détestable réputation, et de nombreux témoignages nous attestent la corruption et la perversité de leurs mœurs. Il est difficile de croire, plus difficile encore de prouver que les Lesbiennes ont été calomniées.

POETES DE LESBOS. — Il ne faut pas s'étonner si la poésie parut de bonne heure et s'éleva à une grande perfection chez ce peuple riche, élégant et cultivé. L'île de Lesbos, si obscure aujourd'hui, n'a pas dans toute l'antiquité d'autre rivale peut-être qu'Athènes, à qui rien au reste ne peut être comparé.

On raconte que la tête et la lyre d'Orphée, jetées dans l'Hèbre par les Ménades, avaient été portées par le fleuve jusqu'à la mer et poussées de là, par les courants, sur la côte d'Antissa à Lesbos. Le son limpide de la lyre remplissait la mer, les îles, et les grèves battues par les flots. A ces bruits inconnus, les habitants accourent et recueillent la tête d'Orphée; la lyre mélodieuse fut placée dans le même tombeau, et elle enchantait les roches insensibles, et les flots retentissants. Depuis ce temps les fêtes et les chansons divines habitent dans cette île; c'est la bien-aimée des Muses (2). La tête d'Orphée rendait des oracles, et l'on délaissait les temples de Claros, de Grynée et de Delphes pour venir consulter le prophète de Lesbos (3). Apollon avait béni cette terre où l'on rendait tant d'honneurs à ses favoris, et il doua de dons spéciaux les musiciens et les poëtes qui y naissaient. Il n'était pas jusqu'aux rossignols qui ne chantassent avec plus de charme, sous les ombrages frais de Lesbos (4).

« Cette gracieuse légende avait son fondement sans nul doute dans les traditions domestiques de la nation. Les Éoliens de Lesbos étaient venus de l'ancienne Béotie, c'est-à-dire du pays des Muses et des aèdes piériens ou thraces. En apportant dans leur nouveau séjour les rudiments de la poésie, ils y avaient apporté aussi le respect de ces noms sacrés, qui étaient comme le symbole des premiers efforts du génie poétique et de ses premières merveilles; il n'est donc pas surprenant qu'ils aient rendu des honneurs particuliers à la mémoire d'Orphée, et qu'ils aient cru sentir revivre en eux-mêmes l'inspiration de l'antique aède (1). »

TERPANDRE. — Le premier des successeurs d'Orphée que désignent des témoignages certains est Terpandre, le contemporain de Callinus et de Tyrtée (696).

Terpandre naquit à Antissa (2), et descendait, dit-on, d'Hésiode ou même d'Homère. Il fut le premier, au témoignage d'Hellanicus, qui remporta le prix aux jeux Carniens, dont l'institution remonte à la vingt-sixième Olympiade, (676) et fut couronné quatre fois aux jeux Pythiques (3). Une sédition s'étant élevée à Lacédémone, l'oracle d'Apollon conseilla aux habitants de faire venir un poëte de Lesbos. Terpandre était alors en exil pour un meurtre dont on l'accusait. Appelé par les Spartiates, il fut si bien inspiré qu'à sa voix la discorde s'évanouit, et les citoyens s'embrassèrent en fondant en larmes (4). Les Lacédémoniens gardèrent en si haute estime le génie de Terpandre, qu'ils le placèrent au-dessus de tous les autres poëtes, et que le plus grand éloge que l'on pût obtenir à Sparte, c'était d'être mis *après le chantre de Lesbos*. Terpandre demeura longtemps dans sa patrie adoptive; il enseigna aux Doriens les

---

(1) Pierron, *Hist. de la Littérat. Grecq.*, p. 146.
(2) Stobée, LXII, p. 399; Ovid., *Met.*, XI, 50.
(3) Philostrat., *Vie d'Apoll. de Tyanes*, IV, 14.
(4) Voyez une plaisante réfutation de cette légende dans les *Épisodes littéraires en Orient*, de M. de Marcellus, II, 136.

(1) Al. Pierron, *Hist. de la Litt. Grecq.*, p. 137.
(2) Diodore et Tzetzès veulent que ce soit à Méthymne; d'autres le font même originaire d'Arné ou de Cymes, ce qui n'empêcherait pas d'ailleurs qu'il ne fût Lesbien. (Suidas.)
(3) Plutarq., *Sur la Musique*, c. 4.
(4) Id., *ibid.*, c. 42, etc.

sons plus doux de la musique Lydienne, et en ajoutant à la lyre trois cordes nouvelles, il lui permit d'exprimer toutes les nuances du sentiment. Il s'en vante lui-même dans un des fragments qui nous sont restés « : Pour nous, dédaignant « le chant à quatre sons, nous entonnerons des hymnes nouveaux sur le « phorminx à sept cordes. » On prétend que pour cette innovation Terpandre fut cité (1) au tribunal des Éphores, et condamné à une amende : ce qui ne s'accorde guère ni avec la reconnaissance que les Spartiates professaient pour le poëte qui avait assoupi leurs discordes, ni avec le respect qui leur fit conserver si fidèlement l'usage de cette lyre inventée par Terpandre.

Une autre innovation de Terpandre fut d'appliquer à ses poésies et aux ouvrages d'Homère des récitatifs d'un mode constant et déterminé (2). « Mais il ne s'était pas borné à perfectionner la déclamation des aèdes et des rhapsodes. Les airs guerriers que chantaient les Lacédémoniens, ces nomes qu'ils tenaient pour la plupart de Terpandre, devaient être autre chose que des chants épiques. Les noms d'orthien et de trochaïque, sous lesquels sont mentionnés deux de ces nomes, suffiraient à prouver que Terpandre s'était servi de quelques-uns des mètres inventés de son temps. Il y a d'ailleurs un fragment de Terpandre uniquement spondaïque, et non moins grave par le ton du style que par la forme de la versification : « Jupiter, principe de « tout, ordonnateur de tout, Jupiter, « c'est à toi que j'adresse ce commencement de mes hymnes (3). »

Enfin, on attribue encore à Terpandre l'invention de ces chansons de table que les Grecs nommaient scolies. Quand la coupe s'était vidée à plusieurs reprises, on se passait de main en main la lyre, et l'on applaudissait le convive qui savait le mieux faire parler la Muse. Le sujet était laissé au choix du poëte, le rhythme se pliait plus d'une fois aux exigences de l'inspiration. Terpandre fut sinon l'inventeur de ce genre de poésie, au moins un des premiers qui y produisirent des chefs-d'œuvre (1).

ARION. — L'école de Terpandre se continua dans de nombreux disciples qui en conservèrent les traditions. Elle semblait cependant s'éteindre, quand tout à coup elle brilla d'un plus vif éclat dans une génération nouvelle, représentée par Arion (628).

Il était de Méthymne, et passa une grande partie de sa vie à Corinthe, à la cour du tyran Périandre. De là il se rendit en Italie et en Sicile, où il s'enrichit (2). On connaît la légende qui le fait revenir dans sa patrie porté par un dauphin qu'avaient attiré les sons de sa lyre. On prétend qu'Arion lui-même avait consacré le souvenir de cet événement par une statue élevée à ses frais dans le temple d'Apollon, et Élien nous a conservé un hymne (3), les seuls vers qui nous resteraient du poëte s'ils étaient authentiques, où Arion, s'adressant à Neptune, rappelle le secours qui lui sauva la vie. Quelque peu de croyance que mérite cette histoire, l'antiquité tout entière y a ajouté foi, et l'a célébrée par le génie de ses artistes et de ses poètes.

Il n'est pas probable, quoi qu'en dise Hérodote, qu'Arion ait inventé le dithyrambe. Ce chant consacré à Bacchus existait depuis longtemps, mais désordonné et tumultueux; Arion en régla le rhythme et la cadence, ajouta un récit où se racontait les aventures du dieu dont on célébrait la fête, et forma un chœur qui dansait autour de l'autel. On ne sait même s'il ne mêla pas à ces danses une sorte d'action tragique, que représentaient, dit-on, des satyres.

Voici venir d'autres poëtes, qui continuent dignement la gloire de ces pères de la lyre et de la mélopée antique.

LESCHÈS. — Leschès, fils d'Eschylénus, était né à Pyrrha ou à Mitylène (4). Il était un peu plus âgé qu'Arion, puisqu'il florissait vers l'an 664. C'est un de ces poëtes cycliques, produits par le génie

---

(1) Plut., *Inst. des Lacédém.*, p. 251, édit. Hutten.
(2) Id., *Sur la Musique*, III, 7.
(3) Pierron, p. 139.

(1) On peut voir sur Terpandre les mémoires de Burette, *Académie des Inscriptions*, tome X, ancienne série.
(2) Hérod., I, 24; Oppien, V, 450, etc.
(3) Élien, XII, c. 45, *Hist. des Anim.*
(4) Pausan., X, 26-27.

d'Homère, qui semblaient s'être proposé de compléter, en l'imitant, l'œuvre de leur divin maître. Le poëme de Leschès avait quatre livres, et se nommait la *Petite Iliade :* « Je chante Ilion, et la « Dardanie féconde en coursiers, où « souffrirent mille maux les Grecs ser- « viteurs de Mars. » Dans ce poëme il racontait la dispute entre Ajax et Ulysse pour posséder les armes d'Achille, l'arrivée de Philoctète devant Troie, la mort de Pâris, le mariage d'Hélène et de Déiphobe, la mort d'Eurypyle, fils de Téléphus, tué par Néoptolème, le cheval d'Épéus, l'entrée d'Ulysse à Troie sous un déguisement, ses intrigues avec Hélène, l'enlèvement du Palladium et enfin le sac d'Ilion. Il nous reste plusieurs fragments de Leschès, assez arides et peu dignes d'intérêt. Cependant son poëme fut la source féconde où vinrent s'inspirer de grands poëtes des âges postérieurs. Pindare et Virgile furent de ceux qui ne dédaignèrent pas d'y puiser largement ; et la Muse des tragiques athéniens y trouva souvent de grandes scènes et de nobles tableaux.

ALCÉE. — Alcée était de Mitylène. De ses deux frères, Cicis et Antiménide, qui avaient aidé Pittacus à renverser le tyran Mélanchrus, le dernier s'était particulièrement illustré en combattant pour les Babyloniens, et Alcée avait consacré une de ses plus belles odes à célébrer leur gloire. Le poëte lui-même quittait souvent la lyre pour l'épée, et sa maison, remplie d'armes guerrières, semblait être plutôt la demeure d'un soldat que celle d'un enfant des Muses. Fort sans doute de sa conscience, et de son courage, maintes fois éprouvé, il avait accepté gaiement sa mésaventure de Sigée, et les railleries des Athéniens sur la perte de son bouclier. Banni, à la suite de la défaite du parti aristocratique, dont il était un des champions le plus énergiques, il fit maints voyages, qu'il prit pour sujet de ses chants, et il alla jusqu'en Égypte. Puis ayant cru l'occasion favorable, il réunit les bannis, et envahit sa patrie. Mais Pittacus le repoussa, et, vainqueur, il proclama une amnistie. Il est probable qu'Alcée mourut à Lesbos.

Alcée, homme de parti avant tout, ne put sentir tout ce qu'il y avait de grand dans la simplicité de Pittacus. Ses odes politiques, que les anciens admiraient surtout, étaient des satires pleines de fiel et d'outrages, de ces outrages honteux pour celui-là seul qui s'abaisse à s'en servir. Quand il aura bien ri des pieds plats, du ventre, des engelures de Pittacus, le sage n'en avait pas moins sauvé deux fois sa patrie, qu'Alcée n'avait jamais su défendre (1). On sent trop souvent le dépit et la colère là où l'on n'aurait voulu entendre que les nobles inspirations du patriotisme. Mais quand il chantait les combats, quand il poursuivait la tyrannie de ses invectives ardentes, quand il représentait le vaisseau de la patrie, battu par les tempêtes civiles, près de s'enfoncer dans les flots, Alcée avait trouvé des accents dignes de son génie, et l'antiquité tout entière avait rendu hommage à la grandeur des pensées, à la verve, à l'émotion du poëte. Quintilien compare le style rapide et magnifique d'Alcée au style d'Homère (2). Horace fait plus ; il l'imite, et le traduit souvent.

Cependant la muse menaçante d'Alcée savait sourire quelquefois, et de retour des camps ou de l'exil, s'asseoir à un joyeux banquet pour chanter les dieux du plaisir. La perte de ses poésies, quoique beaucoup moins estimées que les odes politiques, ne laisse pas d'être regrettable encore. On y eût entendu le chef farouche de l'aristocratie soupirer pour Sapho, devenue tout à coup insensible. « Couronnée de violettes, ô Sapho, au sourire si chaste et si doux, je veux dire quelque chose, mais la honte me tient. » Et Sapho : « Si tu avais la passion du bien et du beau, et si la langue n'eût pas conçu quelque chose de mauvais, la honte ne couvrirait pas tes yeux, mais tu parlerais sur ce qui est juste. »

Alcée, comme tous les aèdes primitifs, avait consacré une partie de ses chants aux dieux. Il reste de lui quelques fragments d'hymnes à Apollon, à Mercure, à Vulcain. Les odes d'Alcée se distinguent par les innovations qu'il introduisit dans le rhythme. « Les mètres lyriques d'Alcée

(1) Diog. Laerce (*Vie de Pittacus*) rapporte les différents mots grecs créés par Alcée pour les besoins de sa violente polémique.

(2) *Inst. Orat,* X, 1.

sont fort variés, et il est probable que la plupart étaient de son invention. Il est certain du moins que la strophe nommée alcaïque.... était inconnue en Grèce avant Alcée. Cette strophe est une des plus heureuses combinaisons possibles des anciens pieds, dactyle et spondée, avec le trochée et l'iambe; elle est courte, nette, et preste, et je ne sache rien de mieux approprié à l'expression des sentiments passionnés, rien de plus animé, rien enfin de plus lyrique (1). »

SAPHO. — Sapho était née à Mitylène, vers l'an 612. Son père, qu'elle perdit à l'âge de six ans, se nommait Scamandronyme, sa mère Cléis. Sapho épousa un riche habitant d'Andros, Cercolas, dont elle eut une fille, « sa belle enfant, sa Cléis chérie, dont la beauté égaie la beauté des fleurs dorées. » On induit d'un mot de la Chronique de Paros qu'ayant pris part à la conspiration d'Alcée et d'Antiménide contre Pittacus, elle fut forcée de s'exiler de Mitylène. Peut-être trouva-t-elle quelque temps un asile à Érésus, d'où elle passa en Sicile. On ignore à quelle époque elle y mourut.

Quoi qu'il en soit, les anciens égalèrent Sapho aux plus grands poëtes, et lui rendirent des honneurs extraordinaires. Partout on voyait son image, sur les places publiques, dans les musées, dans les bains, dans les temples. On admirait surtout dans le Prytanée de Syracuse une statue d'airain, chef-d'œuvre de Silanion, enlevée plus tard par Verrès. Enfin, les Mityléniens, compatriotes de Sapho, et les habitants d'Érésus, soit qu'ils revendiquassent sa naissance, soit qu'ils eussent souvenir de son séjour dans leur cité, lui décernèrent l'honneur de figurer sur leurs monnaies (2).

ÉRINNA. — On connaît les noms de plusieurs des compagnes, des élèves de Sapho : Anagora la Milésienne, Gongyla de Colophon, Eunica de Salamine; mais celle qui de toutes obtint le plus de gloire est Érinna, morte à dix-neuf ans. Elle était aussi de Mitylène, ou du moins elle y passa sa vie. Érinna y composa un poëme de trois cents vers : *La Quenouille*. Elle l'avait conçu, assise, occupée à manier la quenouille ou le fuseau, à l'insu de sa mère, qui lui défendait de cultiver la poésie. « Ce n'est pas là un long ouvrage, « dit une épigramme de l'Anthologie, « c'est l'ouvrage d'une vierge de dix-neuf « ans. Mais que d'autres ne surpasse-t-il « pas! Ah! si la mort n'était venue si « vite, est-il un nom qui eût égalé le sien? » Érinna mourut au début de sa gloire naissante, avant d'avoir eu le temps de la confirmer par d'autres chefs-d'œuvre (1).

MUSICIENS; PHRYNIS, ETC. — Après cette glorieuse génération qui avait produit Arion, Alcée, Érinna, Sapho, la décadence commence pour la poésie lesbienne. Mitylène, la patrie des chantres inspirés et des aèdes mélodieux, est aussi la patrie de Phrynis, qui partageait avec Cinésias d'Athènes et Timothée de Milet le reproche d'avoir hâté la ruine de l'art musical (2).

Phrynis, selon l'historien Ister, aurait été d'abord cuisinier chez Hiéron le Tyran, qui, s'intéressant à ses premiers essais, fit cultiver ses talents par les meilleurs maîtres. Aristoclite, un des descendants de Terpandre, fut son maître de cithare, et Phrynis profita si bien de ses leçons, qu'il fut, dit-on, le premier qui remporta le prix de cet instrument aux Panathénées (457). Plus tard il fut vaincu dans la même lutte par Timothée de Milet. S'étant présenté à Lacédémone avec sa cithare à neuf cordes, l'Éphore Ecprepès se mit en devoir d'en couper deux, lui laissant seulement le choix entre celles d'en haut et celles d'en bas. Jusqu'au temps de Phrynis (3), des règles sévères présidaient à la composition des morceaux de musique faits pour la cithare et au jeu de cet instrument. L'air devait être composé sur un certain mode, partir d'une certaine corde de la cithare, y revenir souvent, s'y terminer; chaque son s'entonnait, chaque corde se pinçait toujours d'une seule et unique manière;

---

(1) Al. Pierron, p. 144.
(2) Aristote, *Rhétoriq.*, II, 23; Pollux., On., IX, 84; cf. Pierron, p. 144 et suiv.

(1) On attribue cependant encore à Érinna un hymne *à la Force* (εἰς τὴν ῥώμην), plein de poésie et d'inspiration; mais il est plus probable que le titre doit se traduire ainsi : *A Rome*; ce qui en reporte la composition beaucoup plus tard.
(2) Voir Burette, *Acad. des Inscript.*, t. X, p. 220.
(3) Burette, *ibidem*.

et si parfois on admettait quelques ornements, ils étaient fixes et invariables pour chacun des sons où on les daignait souffrir. Phrynis, abandonnant ce ton austère et grave de la mélopée grecque, commença par ajouter deux cordes nouvelles à la lyre, qui depuis Terpandre en avait sept, et, rompant la cadence simple et retenue de l'ancienne école, amollit et fatigua la voix, jusque alors si mâle, de la musique dans un embarras d'inflexions et d'intonations doucereuses. « Qui vous a pu mettre dans ce bel état, ma sœur? dit la Justice à la Musique, qui arrive en habits de femme, le corps tout meurtri.... Hélas, c'est Mélanippide, qui a commencé à m'énerver... Puis Cinésias, ce maudit Athénien, avec ses inflexions de voix placées contre toute harmonie dans les strophes, m'a perdue et défigurée, au point qu'il en est de ses dithyrambes comme des boucliers : on n'en voit ni la droite ni la gauche. Vous n'auriez jamais dit cela. Mais Phrynis en m'entravant dans je ne sais quels roulements qui lui sont particuliers, en me faisant fléchir, pirouetter à son gré, m'a mise à la mort pour vouloir trouver dans cinq cordes douze harmonies différentes. » Ainsi parle la musique dans une comédie de Phérécrate (1); et il faut bien croire que Phrynis avait quelque talent, puisqu'elle ajoute : « Toutefois ce n'était « pas assez pour moi qu'un tel homme! « car la faute faite, il la rachetait. Mais « c'est Timothée qui m'a achevée..... »

Les noms qui se présentent après le nom de Phrynis sont, peu s'en faut, inconnus; c'est Agénor, de Mitylène, qui fonda une école de musique; c'est Denys, également de Mitylène, surnommé *Bras de cuir*, ou *le Cordonnier*. Il avait écrit plusieurs poèmes épiques, dont l'un était intitulé : l'*Expédition de Bacchus et de Minerve*; six livres des *Argonautes*, en prose, ainsi qu'un recueil de *Récits Mythologiques*. Denys semble avoir joui d'une certaine réputation, et son autorité est souvent invoquée par le scoliaste d'Apollonius de Rhodes et même par Diodore de Sicile. On ne sait d'ailleurs le temps où il vécut; mais ce doit être à une époque assez reculée. On ignore de même le temps de Théolyte, de Méthymne. Athénée cite trois vers d'une histoire de Bacchus qu'il lui attribue; on croit qu'il avait composé encore en vers l'histoire de Lesbos ou de Méthymne. — Æschrion, de Mitylène, accompagna Alexandre dans ses expéditions; c'était un poëte épique, le familier, l'ami intime d'Aristote. Enfin on connaît quelques épigrammes et un scolie d'Alphée de Mitylène, et les noms de Xénophane, poëte antique, de Crinagoras, auteur d'épigrammes, d'Archytas et de Cratinus, tous deux musiciens, le premier de Mitylène, le second de Méthymne.

HISTORIENS: HELLANICUS, MYRSILE, THÉOPHANE, etc. — Le plus ancien historien qu'ait produit Lesbos est Hellanicus, qui naquit à Mitylène, en 496, et mourut en 415. Quoiqu'il ait été accusé souvent de négligence ou de partialité, les fragments qui nous restent de lui font regretter ce qu'on a perdu. Les anciens citent de cet auteur un nombre considérable d'ouvrages; mais la plupart semblent n'être que des parties, des chapitres d'histoires particulières. Hellanicus avait écrit « dans le genre de Phérécyde et d'Hécatée des descriptions ethnographiques, des généalogies, des chroniques nationales et étrangères. Un de ses écrits intitulé : *les Prêtresses de Junon d'Argos* contenait la liste des femmes qui avaient desservi, dès la plus haute antiquité, le sanctuaire de Junon, et le récit des événements plus ou moins authentiques auxquels s'étaient mêlées ces prêtresses ou dont d'Argos avait été le théâtre (1). »

Myrsile ou Myrtile était de Méthymne. L'époque où il vécut est tout à fait incertaine. Il avait écrit une histoire de Lesbos, fort estimée. Strabon, Pline, Denys d'Halicarnasse et bien d'autres invoquent et confirment son autorité (2).

Herméas, de Méthymne, avait composé une histoire de Sicile depuis les temps les plus reculés jusqu'à la première année de la 101e Olympiade (376).

Héraclite était auteur d'une histoire de Macédoine.

Charès de Mitylène avait écrit au moins dix livres sur les actions d'Alexandre; Athénée, Plutarque citent souvent son

(1) Plutarq., *Sur la Musiq.*, ch. xxx.

(1) Alex. Pierron, p. 203.
(2) Strabon, I, 1; Pline, *Hist. Nat.*, III, 7, IV, 12; Den. d'Halic., I, 23, 28.

ouvrage (1). Athénée en rapporte même de nombreux fragments. On voit par ces passages que Charès ne s'était pas borné à raconter sèchement les exploits du roi de Macédoine, mais qu'il avait mis tous ses soins à recueillir toutes les notions possibles sur les pays conquis. Le style de Charès est clair, élégant; les morceaux que nous possédons de lui sont des plus intéressants (2).

Théophane de Mitylène est de tous les historiens de Lesbos le plus célèbre par son génie comme par les services qu'il rendit à sa patrie. Tout à la fois historien, poëte, et homme d'État, il eut la gloire d'avoir pour ami Pompée, qui lui demandait souvent conseil et l'interrogeait dans toutes les affaires d'importance (3). L'époque précise de sa naissance, comme les commencements de sa vie sont ignorés. A peine sait-on qu'il était d'une famille plébéienne (4). Quoique sa liaison avec Pompée ait dû se former de bonne heure, Théophane n'apparaît pour la première fois sur la scène que dans la guerre contre Mithridate, dont il raconta l'histoire. Pompée, charmé de cet ouvrage (5), décerna à son auteur le titre de citoyen romain en présence de toutes ses légions. C'est dans cette histoire sans doute que Théophane, se vantant d'avoir vu les papiers de Mithridate, accusait Rutilius Rufus, l'homme le plus honnête de son siècle, d'avoir donné au roi vaincu le conseil d'égorger les Romains (6); cette calomnie, qui avait pour but de venger Pompée des révélations produites contre son père par Rutilius, n'excita que l'indignation et le mépris public. A son retour en Italie, Pompée, cédant aux instances de Théophane, eut la complaisance de visiter Mitylène. Il y fut reçu avec les plus grands honneurs chaque année : on y célébrait des jeux, où se récitaient diverses pièces de poésie; cette fois elles roulèrent toutes sur les grandes actions de Pompée. Touché de cet accueil flatteur (1), Pompée rendit à Mitylène ses anciens priviléges. Cette amitié illustre avait mis Théophane en rapport avec les principaux Romains; il avait des relations avec Atticus, et par lui avec Cicéron. L'an 59 avant J.-C., il fut chargé de porter à Ptolémée Aulète le décret du sénat qui lui confirmait la souveraineté de l'Égypte. On le soupçonna d'avoir dans cette ambassade sacrifié les intérêts de la république à ceux de Pompée. « Timagène assure que Ptolémée abandonna ses États sans y être forcé, et le tout à la persuasion de Théophane, qui en cela se proposait uniquement de procurer à Pompée le commandement d'une armée et de nouveaux moyens de s'enrichir ». Plutarque rejette cette opinion de Timagène (2), mais par estime pour les sentiments désintéressés de Pompée, et non pour le caractère de Théophane. Celui-ci n'était pas marié, ou au moins n'avait pas d'enfants, quand il s'embarqua pour l'Égypte. Autrement, il se serait bien gardé d'adopter Cornélius Balbus, qui par là devenait son héritier.

Théophane eut le bonheur de contribuer plus tard au rappel de Cicéron, proscrit, et enfin dans la guerre civile, il embrassa le parti de Pompée, et par ses avis, décidés et résolus, il fit tomber tout espoir de réconciliation. Après Pharsale, les raisons de Théophane prévalurent, et l'on prit la route d'Égypte, où la mort attendait Pompée (3). Après l'assassinat du dictateur, on ignore ce qu'il devint. Il est probable qu'il mourut peu après la mort de Pompée. Les Mityléniens, reconnaissants de l'immense service qu'il leur avait rendu, lui accordèrent les honneurs divins. On possède plusieurs médailles qui représentent ses traits. Le plus important et le plus curieux des ouvrages de Théophane était sans contredit l'histoire des guerres de Pompée. Il n'en reste que quatre fragments, trois dans Strabon, qui témoignent du soin et de l'exactitude de l'au-

---

(1) Plut., *Alex.*, 20, 24; *Phoc.*, 17, etc.
(2) Voir notamment Athénée, XII, XIII, VII passim.
(3) César, *Guer. civil.*, III, c. 18; Strab., XIII.
(4) C'est ce qu'on n'admet pas toujours, tant s'en faut, mais ce qui nous semble ressortir du passage de Cicéron : *Ad Atticum*, V, *Epist.*, 7.
(5) Val. Max., VIII, 14, 3.
(6) Plut., *Vie de Pompée*, 37.

(1) Plut., *Vie de Pompée*, 42.
(2) Id., *ibid.*, 53.
(3) Id., *ibid.*, 76.

teur, et le quatrième, dans Plutarque, qui au reste a largement usé de cet ouvrage dans la vie de Pompée. Diogène Laerce cite de Théophane un livre de *la Peinture*, sorte d'histoire des peintres; quant à ses poésies, il n'en reste que deux épigrammes dans l'Anthologie (1).

Les descendants de Théophane remplirent des postes éminents, et son fils et sa petite-fille, Marcus Pompeius Macer et Pompeia-Macrina eurent la gloire d'être persécutés par Tibère. Condamnés à l'exil, ils se donnèrent la mort (2).

PHILOSOPHES : PITTACUS; THÉOPHRASTE, etc. — Pittacus n'était pas seulement le plus grand citoyen de Mitylène, c'était aussi un poëte éminent, comme Solon, son contemporain et son émule. On sait par Suidas et par Diogène Laerce qu'il avait composé plus de six cents vers élégiaques. Il avait aussi adressé un discours en prose à ses concitoyens pour leur conseiller le respect des lois. Comme philosophe, c'était un de ces hommes d'une vertu pratique et exemplaire, simple et accessible à tous, indulgent envers les autres, désintéressé, fidèle à sa parole, humain, prévoyant, habile au besoin; c'était ce que les Grecs appelaient un sage.

Épicure à trente-deux ans vint à Mitylène, et y établit une école, qu'il laissa par son testament à Hermachus, fils d'Agémarque. Aristote aussi s'établit deux ans à Mitylène ; son disciple le plus aimé et le plus illustre fut Théophraste.

Théophraste était né à Érésus (371). C'était le fils d'un foulon, nommé Mélantas. Il eut pour premier maître Alcippe, son concitoyen, qui jeune encore se rendit à Athènes pour suivre les leçons de Platon ; c'est là qu'il se lia avec Aristote, qui avait à peine douze ans de plus que lui. Quand plus tard le chef du Lycée fut forcé de fuir à Chalcis, pour se soustraire à une accusation d'impiété portée contre lui, il choisit Théophraste pour lui succéder, de préférence à Eudame de Rhodes. La renommée de Théophraste, déjà si grande dans toute la Grèce, accrue par ce choix éclatant, attira de toutes parts de nombreux auditeurs, avides de recueillir ses leçons. Simple, mais entraînant dans son langage, de mœurs austères et d'un abord aimable, dans un temps où Athènes, épuisée par vingt-sept ans de guerre et deux révolutions, voyait ses places publiques, son théâtre vides et silencieux, il eut la gloire de réunir autour de lui plus de deux mille élèves, et parmi eux le fils d'Aristote, Nicomaque, Ménandre le poëte comique, et Démétrius de Phalère. Forcé un instant de s'exiler d'Athènes pour obéir à la loi de Sophocle, qui proscrivait toute philosophie et toute école non approuvée par l'État, il y rentra l'année suivante quand le peuple eut rapporté la loi. Théophraste refusa constamment les offres du roi d'Égypte Ptolémée, et celles du roi de Macédoine Cassandre, et mourut à quatre-vingt-cinq ans, entouré de ses élèves, dans sa patrie d'adoption. Toute la ville d'Athènes assistait à ses funérailles. Il laissa, par son testament, presque tout son bien aux deux fils de son frère, et sa bibliothèque, qui contenait celle d'Aristote, à Nélée, son disciple. On sait qu'elle tomba ensuite dans les mains d'Apellicon de Téos, puis de Sylla, qui sauva de la destruction ce précieux dépôt. — Théophraste avait écrit plus de deux cents ouvrages, dont Diogène Laerce donne les titres : ils traitaient de la grammaire, de la logique, de la rhétorique, de la poésie, de la musique, des mathématiques, de la morale et des sciences naturelles. Nous avons quelques fragments de l'Histoire des Animaux, un traité des Pierres, et surtout l'Histoire des Plantes, le traité des Causes de la Végétation, et le livre des Caractères. Mais ce dernier ouvrage n'est à vrai dire qu'un recueil de fragments extraits par des copistes plus ou moins habiles du véritable ouvrage de l'auteur. Cet ouvrage était une poétique ou une rhétorique à la manière d'Aristote. Ces fragments mêmes, réunis ensemble et précédés d'une préface apocryphe, suffisent pour nous donner une idée du talent de Théophraste. Tandis qu'Aristote, son maître, se borne à des traits généraux et embrasse l'ensemble de la vie humaine, Théophraste prend

---

(1) Voir sur Théophane un mémoire de l'abbé Sévin, *Acad. des Inscript.*, t. XIV, p. 143.

(2) Tacit., *Ann.*, VI, 18.

un homme, dont il fait un type ; il le met en scène, il le fait agir et parler, puis le dessine et le décrit en détail. Les traits sont assez bien choisis, les observations fines et piquantes, le style aisé et rapide. Ce qui manque surtout, c'est la naïveté. Le livre est d'ailleurs plein de renseignements curieux sur les mœurs du temps.

Phanias d'Érésus, ami de Théophraste, dont la vie d'ailleurs est complétement ignorée, avait composé cinq livres sur les plantes, deux sur les poètes, un sur la mort des tyrans, plusieurs livres contre les sophistes, deux livres sur les prytanes d'Érésus, et plusieurs autres ouvrages, souvent cités par l'antiquité. On trouve encore du temps de Théophraste, Échécratide de Méthymne et, plus tard, Cratippus de Mitylène, regardé par Cicéron comme le chef des péripatéticiens. Il était dans la députation qui vint, après Pharsale, prier Pompée d'aborder à Lesbos, et il chercha en vain à le consoler en lui parlant des dieux. Les philosophes Aristote, Praxiphane, Primigène étaient aussi de Mitylène, ainsi que Lesbonax. Ce dernier vivait sous Auguste. Il avait étudié la philosophie à l'école de Timocrate. Doué d'un certain talent, il enseigna avec beaucoup de succès l'éloquence, c'est-à-dire la rhétorique. On possède encore deux des discours qu'il donnait sans doute à ses élèves comme des modèles à imiter. Son fils Potamon fut l'héritier de ses talents et de sa réputation. Il enseigna la rhétorique à Rome, et jouit de la faveur de Tibère. Quand il voulut revenir à Mitylène, l'empereur, pour sauvegarde, lui donna une lettre écrite de sa main. Elle ne contenait que ces mots : « C'est Potamon, fils de Lesbonax. Si « quelqu'un osait lui faire tort, qu'il voie « s'il est de force à me faire la guerre. » — Potamon avait écrit plusieurs ouvrages, un entre autres sur Alexandre le Grand, et les éloges de Brutus et de Tibère. On connaît encore les noms d'Æschine, de Callias, de Scamon, d'Adæus, commentateurs ou grammairiens, tous quatre de Mitylène.

Pour n'oublier aucun genre de gloire, citons encore Lesbothemis, le seul sculpteur qu'ait produit Lesbos, Ariston et Eunicus, célèbres ciseleurs de Mitylène ; Héraclite, escamoteur, qu'Alexandre emmenait avec lui dans ses campagnes, enfin Léon, qui ne trouva jamais son égal aux échecs.

IV.

HISTOIRE DE L'ÎLE DE LESBOS PENDANT LES TEMPS MODERNES.

ÉTAT DE LESBOS SOUS LA DOMINATION DES EMPEREURS BYZANTINS. — Lesbos, comprise après Théodose dans l'empire d'Orient, vécut paisible et oubliée tant que la domination byzantine fut solide et bien affermie (1). Mais dès que les barbares commencèrent à s'aventurer sur les mers de l'Archipel, chaque guerre nouvelle lui apporta des malheurs nouveaux. Placée sur le chemin des coureurs de mer, qu'elle abritait derrière ses côtes immenses, elle ressentait chaque secousse donnée à l'empire. Sa situation aux portes des Dardanelles, en face de l'Asie, en faisait le but du premier ambitieux qui visait au trône de Byzance, ou de l'avide étranger qui ne cherchait que le pillage. Les premiers siècles du moyen âge ne présentent qu'une succession confuse d'invasions et de tremblements de terre, qui semblent également se produire à des intervalles réguliers. Lesbos eut à souffrir surtout des Scythes en 376, des Esclavons en 769, des Sarrasins d'Espagne et d'Afrique en 821, 881, 1035, des Russes en 864, 1027. Quelques faits épars dans les Byzantins viennent de temps en temps interrompre la monotonie de cette désastreuse histoire.

On lit dans Procope que Bélisaire avait fait transporter à Byzance les prisonniers vandales, et qu'on les envoya dans l'Orient pour combattre les Perses. En 538, quatre cents d'entre eux, en arrivant à Lesbos, se révoltent, forcent les matelots à se détourner de leur route, et, se dirigeant d'abord vers le Péloponnèse, parviennent à gagner l'Afrique, leur terre natale (2). En 741 les pro-

---

(1) Constantin Porphyrogénète la place dans le dix-septième thème de l'Empire d'Orient. Ιζ θέμα, τὸ καλούμενον Αἰγαῖον πέλαγος, t. III, p. 41, édit. Nieb. Elle eut deux évêchés, à Mitylène et à Méthymne, relevant de la province de Rhodes ; Lequien, t. I, col. 953, 961. Voy. plus haut, p. 133.

(2) Procope, Guerre des Vandales, l. II, c. 14, t. I, p. 471, édit. Bonn.

diges du temps d'Orphée se renouvellent : les reliques de Sainte-Euphémie, jetées à la mer par le fanatisme iconoclaste de Constantin Copronyme, sont portées doucement par les flots jusqu'aux rivages d'Érésus, où la piété des habitants les recueille avec honneur (1). — Le commencement du neuvième siècle vit se terminer à Lesbos une grande infortune. Après s'être élevée de la pauvreté au trône de Constantinople et avoir un moment songé à la main de Charlemagne, l'impératrice Irène est détrônée par l'hypocrite Nicéphore et reléguée à Prinkipo, puis à Lesbos (802). Là, prisonnière et gardée à vue, elle manquait du nécessaire, réduite à filer pour gagner sa vie. Elle mourut l'année suivante, et fut enterrée à Lesbos même, dans un monastère qu'elle avait fondé. Les Grecs, oubliant les tristes exemples qu'elle avait donnés au temps de sa puissance, et touchés par le délaissement, la misère et le repentir de ses derniers jours, l'ont mise au rang des saintes, et célèbrent sa fête le 15 août (2).

La septième année du règne de Michel (849), le patriarche Ignace, qui reprochait sans cesse au César Bardas ses honteuses amours avec Eudoxie, sa bru, ayant osé lui refuser les sacrements, est arraché de l'autel, et, après d'affreuses tortures, relégué à Mitylène. Mais, plus heureux qu'Irène, il ne termina pas ses jours dans cet exil (3). En 945 la discorde et les crimes de la famille impériale rejettent à Lesbos une nouvelle race de proscrits. Étienne et Constantin, fils de Romain Lécapène, s'étaient à peine emparés du trône en jetant leur père dans un cloître, qu'à leur tour ils sont renversés par leur beau-frère Constantin VII Porphyrogénète. Saisis tous deux à table, tous deux sont tondus et faits moines. Étienne, relégué dans l'île de Proconèse, puis à Rhodes, est enfin déporté à Mitylène. Il y vécut dix-neuf ans, sans impatience, sans regrets. Enfin, un samedi saint, au retour de la messe, où il avait communié, il tomba mort, empoisonné par ordre de l'impératrice, à qui il faisait ombrage (1). — Quelques années plus tard, tandis que l'empereur Jean Zimiscès était occupé à repousser les Russes, éclate la révolte de Bardas Phocas (971). L'île de Lesbos était le principal foyer de l'agitation. Léon Curopalate, père du général rebelle, exilé par l'empereur à Mitylène, était parvenu à entretenir de là des rapports avec Étienne, évêque d'Abydos, et par son entremise il promettait aux Macédoniens honneurs et argent pour les soulever contre Zimiscès. Celui-ci, averti à temps, ordonna qu'on lui crevât les yeux (2). Mais le soldat chargé de son supplice, soit qu'il se fût senti saisi de pitié pour une si grande infortune, soit que l'empereur, se repentant de cet ordre sévère, l'eût lui-même secrètement adouci, épargna sa victime. Les paupières de Léon étaient restées saines, et sa vue intacte. Aussi l'année suivante il parvint à corrompre ses gardes et à s'enfuir. Arrêté tout d'abord à Constantinople, avant de pouvoir donner suite à ses projets ambitieux, il fut cette fois livré à des agents sûrs, qui l'aveuglèrent sans miséricorde, et de là il fut relégué à Calonimi Besbicus (3).

Au siècle suivant, Lesbos vit encore d'autres illustres victimes des caprices de la fortune. Constantin Monomaque était depuis sept ans gardé à vue à Mitylène, quand un ordre arrivé de Constantinople vint changer sa fortune. Sa passion pour l'impératrice Zoé avait causé sa perte. Zoé, débarrassée de son époux par la violence, rappelait son favori, le nommait gouverneur de la Grèce, et bientôt après s'unissait à lui (11 juin 1042). A son tour, Constantin Monomaque put se venger de ses ennemis. L'eunuque Jean, frère de l'empereur Michel le Paphlagonien, vivait au delà du Bosphore, dans un monastère. Monomaque, qui lui imputait son exil, le fit transporter à Mitylène, avec ordre de lui cre-

---

(1) Michel Glycas, *Annales*, part. IV, p. 530, in-8°. Zonaras dit qu'elles furent poussées vers les rivages de Lemnos et non de Lesbos. Actuellement elles sont à Constantinople. Voir une note de Banduri, *Imperium Orientale*, t. II, p. 672.
(2) Voir la *Vie d'Irène*, par l'abbé Millot.
(3) Siméon Magister, p. 667, in-8°.

(1) Théophrastes Contionatus, VI, p. 439; Lebeau, t. XIV, 74, c. 2, édit. Saint-Martin.
(2) Léon Diacre, VIII, 1, 2.
(3) Id., IX, 3, p. 145.

ver les yeux. Jean mourut douze jours après (1) (12 mai 1043).

INCURSIONS DES TURCS. — Au milieu des guerres qui agitèrent l'empire à la fin du onzième siècle, un aventurier turc, nommé Tsachas, rassemblant quarante barques et des matelots expérimentés, se prit à courir l'Archipel et à en ravager toutes les côtes. Phocée, Clazomènes tombent entre ses mains. Fier de ses succès, il mande alors officieusement au gouverneur de Lesbos, Alopus, qu'il va se présenter avec toutes ses forces. Il lui conseillait, s'il était sage, de lui laisser la place libre, ou sinon qu'il le ferait pendre. Alopus ne se le fit pas dire deux fois, et partit de nuit pour Constantinople. Tsachas vint à Lesbos, et l'île tout entière fut à lui. Il ne trouva de résistance qu'à Méthymne, qui soutint un siége. Mais Tsachas, ne la jugeant pas digne du temps qu'elle lui ferait perdre, se rejeta sur Chio, qu'il conquit sans peine (2). A ces nouvelles, l'empereur Alexis Comnène (1089) arme une flotte, et la confie à Nicétas Castamonite. A la première rencontre, Nicétas est vaincu, et laisse une partie de ses vaisseaux au pouvoir de Tsachas. Une seconde flotte impériale, commandée par Constantin Dalassène, va reprendre Chio, et retourne en toute hâte à Constantinople pour porter secours à l'empereur contre les Scythes. Alexis, enfin libre de ce côté, se retourna vers Tsachas, qui déjà se faisait nommer empereur et prenait Smyrne pour capitale de son empire (3). Cette fois il eut pour adversaire Jean Ducas, le vainqueur des Scythes. Ducas commandait en personne l'armée de terre, et Dalassène qui, sous sa direction, conduisait la flotte, avait ordre de longer le rivage en modérant la marche des vaisseaux, de telle sorte que l'armée et la flotte pussent aborder à la fois à Mitylène. Dès que Jean Ducas fut débarqué, on se mit aux travaux du siége. Galabaze, frère de Tsachas, défendit la ville. Tsachas lui-même accourut bientôt. Pendant trois mois on se battit presque tous les jours. Tsachas se décida pourtant à parler de paix. Il ne demandait qu'à se retirer librement à Smyrne, promettant de respecter les Mityléniens et de n'en emmener aucun avec lui. Il y eut suspension d'armes ; un traité fut juré de part et d'autre, on échangea des otages. Mais des incidents inattendus ranimèrent les haines et les défiances : la paix fut violée ; et l'amiral grec, malgré Jean Ducas, qui voulait respecter les serments donnés, se mit à la poursuite de Tsachas, l'atteignit, détruisit la flotte turque et en massacra les équipages. Tsachas eut peine à s'échapper, déguisé en matelot. Après cet exploit, Dalassène vint rejoindre Ducas, et tous deux, ayant reçu la soumission de Samos et des îles voisines, retournèrent à Constantinople (1092).

INCURSIONS DES VÉNITIENS, DES CATALANS, DES GÉNOIS. — Lesbos était à peine remise de cette guerre, que la rupture de Venise avec l'empire grec attira sur cette île de nouveaux ennemis. Les Vénitiens s'irritant d'une insulte faite à leur doge, se répandirent dans l'Archipel. En 1128 Dominique Michieli met à feu et à sang Scio et Lesbos, et ne lève l'ancre qu'en emmenant une multitude d'enfants des deux sexes, pour les vendre comme esclaves.

Les historiens font mention, vers cette époque, d'un intrigant lesbien, qui, par son esprit rusé et persévérant, avait su s'élever d'un rang infime à la hauteur d'une grande fortune. L'eunuque Thomas, né à Mitylène, d'une famille misérable, fut élevé sans soin, et comme il convenait au sort qui lui semblait réservé. Son ardente ambition le poussa à Byzance. Il y vécut quelque temps du métier de chirurgien, ne pratiquant d'ailleurs que la saignée. Mais son adresse, sa complaisance, son esprit plurent aux malades. On le recommanda ; il s'introduisit au palais ; admis auprès de l'impératrice, il entra bientôt chez l'empereur. Manuel I, qui régnait alors (1170), comprit le parti qu'il pouvait tirer de son talent pour l'intrigue ; il l'employa dans les affaires, les négociations, les ambassades. Les honneurs vinrent en foule, les richesses avec les honneurs. Non content d'être riche, Thomas voulut

---

(1) Zonare, t. II, p. 251 ; l. XVII, c. 22, édit. de Paris, in-fol.

(2) Anne Comnène, VII, p. 205 et suivantes ; édit. de Paris, in-folio, 1651. Voyez plus haut, p. 276.

(3) Id., IX, p. 245.

être noble ; mais l'intrigue, par laquelle il espérait arriver à ce terme suprême de son ambition, ayant échoué, il tomba en disgrâce, et fut enfermé dans la prison du palais, où il resta jusqu'à sa mort. — C'est là le seul nom qu'ait à nous présenter dans tout le moyen âge la patrie d'Alcée et de Pittacus, de Théophraste et de Potamon (1).

Lors du partage des terres de l'empire grec entre les Français et les Vénitiens, plusieurs îles de l'Archipel, Lesbos entre autres, échurent aux Français (1204). Mais après la bataille de Pémanène, où Robert de Courtenay fut vaincu, Jean Ducas Vatace, le vainqueur, s'empare des côtes de l'Asie, et en plein hiver passe à Lesbos, qu'il reprend sans résistance. Une paix conclue la même année restitue cette possession importante à l'empire latin de Constantinople (1224). Mais la guerre ayant repris, après maintes alternatives de succès et de revers, Vatace assure définitivement à l'empire grec de Nicée la possession de Chio, Samos et Lesbos (1247). Douze ans plus tard, le fils de Vatace, Théodore Ducas Lascaris, meurt dans les bras de l'évêque de Mitylène, son confesseur (1259) (2).

En 1305, des aventuriers, connus sous le nom de Catalans ou Almogavares, viennent, sous la conduite de Roger de Flor, se mettre au service de l'empire grec. Mais, presque aussi cruels que les Turcs qu'ils allaient combattre, ils rançonnent chemin faisant les provinces de leurs nouveaux alliés. Partout où ils sentaient de l'or (3), qu'il appartînt à un moine, à un prêtre ou à un officier impérial, ils l'arrachaient par des menaces de mort et des tortures. Qui n'avait point de richesses à livrer payait de sa vie le malheur d'être indigent. C'est ce qui arriva à l'infortuné Machrama, à Mitylène.

(1) Jean Cinname, VII, p. 297, in-8°; Nicétas, VI, c. 1, etc. Lesbos a fourni encore à Constantinople deux patriarches, Pachomius Batistas, qui s'étant emparé par la violence du patriarcat fut à son tour expulsé et exilé à Rhodes, sous le règne du sultan Sélim, et Raphael de Méthymne (1605).
(2) Ephrœmius, V, 9257 ; Gregor. Acropol., *Chronocompend.*, n. 74.
(3) George Pachymère, V, p. 437 ; in-8°.

C'était un des principaux officiers impériaux, tout-puissant dans la faveur du prince. Il avait sa demeure habituelle près du Scamandre ; dans la terreur causée par les invasions des barbares, les populations, pleines de confiance, s'étaient réfugiées spontanément sous sa protection, et il était resté dépositaire des richesses de ceux qui émigraient. Mais, forcé de fuir à son tour, il était passé à Mitylène, avec le reste des habitants de la côte. A l'arrivée des Catalans, il fut le premier désigné à leur avidité. Il est pris, enchaîné ; on lui impose pour rançon cinq mille pièces d'or. En vain proteste-t-il qu'il ne peut les payer ; après mille tortures, il est décapité.

En 1336, sous le règne d'Andronic III, le Génois Dominique, fils d'André Catanes, qui tenait de la faveur de l'empereur le gouvernement de la nouvelle Phocée, se voyant maître d'immenses richesses, que lui apportait la succession de son père, songea à s'emparer de Lesbos et à s'y faire une principauté. Les chevaliers de Rhodes et le prince des Cyclades, Nicolas Sanudo, se joignirent à lui. Mitylène, dans la terreur et la surprise d'une attaque inattendue, livrée peut-être par la trahison, fut emportée sans peine. On se préparait à s'en partager les richesses et à conquérir le reste de l'île, quand Catanes introduisit par ruse une garnison dans Mitylène ; et devenu seul maître de la ville, il refusa d'y recevoir ses alliés. A lui seul il avait fourni dix trirèmes à la confédération, les chevaliers quatre, les Cyclades sept. Catanes se sentait donc aussi fort que Sanudo uni aux Rhodiens. Outrés de ce manque de foi, les alliés repartirent sans vouloir entendre aucune proposition. Catanes commença par chasser de Mitylène les anciens habitants, et faisant venir sa femme et ses enfants, qu'il avait laissés à Phocée, il prit le parti de s'établir dans sa nouvelle conquête. Toutes les autres bourgades et tous les châteaux de l'île se rendirent sans résistance. Érésus seule et Méthymne repoussèrent victorieusement toutes les attaques (1).

A ces nouvelles, l'empereur, qui se trouvait alors à Constantinople, entra dans une violente colère, et reprocha vi-

(1) Nicéphore Grégoras, l. XI, t. I, p. 525.

vement aux Génois leur fourberie et leur parjure. Puis il fit ses préparatifs de guerre. En vingt jours une flotte de quatre-vingt-quatorze vaisseaux, dont vingt-quatre étaient à deux et trois rangs de rames, se trouva prête à partir. Suivaient d'autres navires, portant les soldats de terre, les vivres et les machines de guerre (1). A l'époque de la canicule, dans la saison où les vents du septentrion se précipitent sur la mer inférieure, l'empereur mit à la voile avec toutes ses forces, et se dirigea sur Mitylène (2) (1337). A la hauteur de Gallipoli, des éclaireurs découvrirent la flotte impériale, et l'annoncèrent aux vaisseaux génois. On n'était pas en force pour combattre. Cinq trirèmes furent chargées de porter des renforts et des vivres à Calloni, ville (3) alors très-opulente de Lesbos. Le reste de la flotte alla couvrir Mitylène. L'empereur, abordant à Érésus, félicita les habitants de leur fidélité, qu'il promit de récompenser, et se dirigea sur Chio. Le long de la côte, une de ces vigies placées sur les hauteurs pour dénoncer l'approche des vaisseaux, héla la flotte au passage : A qui la flotte? — On répondit que c'était celle de l'empereur, montée par l'empereur lui-même. — Mais les trirèmes de Calloni, à qui donc sont-elles? repartit le veilleur. — L'empereur crut comprendre que toute la flotte ennemie qu'il savait à Mitylène, s'était transportée à Calloni, et il fit virer le bord pour l'atteindre. Il n'y trouva que les cinq trirèmes échouées à terre, vides et sans maîtres. Il fit donner la chasse aux matelots, réfugiés dans les bois, et repartit emmenant ses prises. Son oncle, Alexis Philanthropène, resta à Lesbos avec un nombre suffisant de cavaliers et de soldats. Toutes les villes de l'île, proie facile du premier venu, se rendirent à lui. Il lui fallut faire cinq mois le siége de Mitylène, à qui on avait laissé le temps de se pourvoir et de se fortifier. Enfin, grâce à son esprit conciliant et aux nombreuses largesses faites aux mercenaires de la garnison ennemie, Philanthropène parvint à remettre les choses dans leur premier état et à faire rentrer l'île tout entière sous l'obéissance de l'empire grec.

LESBOS SOUS LE GOUVERNEMENT DE LA FAMILLE DES GATELUZI. — En 1355 Lesbos changea de maître. Jean Paléologue Ier, pour récompenser François Gateluzio, qui l'avait aidé à purger l'Archipel des pirates catalans, lui donna en mariage la princesse Marie, sa sœur, et pour dot l'île de Lesbos. Aussitôt après la noce, les deux époux partirent pour Mitylène (1). Peu à peu les possessions du prince génois s'accrurent de la ville d'Aïnos, des îles d'Imbros, Thasos, Lemnos, Samothrace, et il eut peine à protéger tout son vaste domaine contre les incursions continuelles des Turcs. Sous Orkan, Oumourbeg, émir des côtes d'Ionie, ravage Lesbos (2). Sous Amurat Ier, Younis, officier des janissaires, assiège, mais sans succès, Méthymne (3). Bajazet s'y prit autrement pour réduire les insulaires, ses ennemis : il leur coupa les vivres; à peine est-il maître de la côte asiatique, qu'il interdit toute exportation de blé du continent dans les îles, spécialement dans les îles de Lemnos, Rhodes, Chio et Lesbos (1380). On en était là lorsque se livra la bataille de Nicopolis, où le duc de Nevers et tant d'autres restèrent prisonniers aux mains de Bajazet. Jacques, fils de François Gateluzio, lui avait succédé sur la souveraineté de l'île. *Ce moult vaillant baron, qui étoit assez en la grâce et amour de l'Amorah*, intervint avec le sire d'Abydos en faveur des captifs; il resta même en gage pour le sire de Coucy, *un sien cousin*, qui malade et trop faible pour suivre l'émir, était demeuré à Brousse, où il mourut peu après (4). Quand le prix de la rançon eut été arrêté d'un commun accord à 200,000 ducats, les sires de Métélin et d'Abydos en firent leur dette, et en répondirent à l'émir (5); et quand les prisonniers eurent leur congé et délivrance, Jacques Gateluzio vint les chercher à Brousse, « et tant ex-

(1) Cantacuzène, II, c. 29, p. 477; in-8°.
(2) Nic. Grégoras, XI, c. 3, p. 533.
(3) Chalcondyle, X, p. 519, in-8°.

(1) Ducas, c. XII, p. 46, in-8°.
(2) Pachymère, IV, c. 29; V, c. 26; Ducas, VII, p. 27, in-8°.
(3) Chalcondyle, X, principio.
(4) Froissard, édition Buchon, in-8°, t. XIII, p. 428-430.
(5) Ducas, XIII, p. 52, in-8°.

ploitièrent par mer les gallées de Métetin, qu'elles vinrent à port. Si furent le comte de Nevers et tous les seigneurs de France reçus à grand joie. La dame de Métetin, femme au dit seigneur, étoit moult révérente.... si se tint la bonne dame à bien parée et honorée quand elle vit venir en son hôtel le comte de Nevers, messire Henry de Bar, messire Gui de la Trémouille et tous les autres, et en fut moult réjouie; et les recueillit joyeusement et doucement, et se ordonna de tous les points à leur faire plaisir. Et premièrement elle revêtit tous les seigneurs de France, et rafraîchit et renouvela de nouveaux draps, linges, et de robes et vêtures de fins draps de Damas, selon l'ordonnance et coutume de Grèce, et après tous les serviteurs des seigneurs, chacun selon son état de degré en degré; et le fit la dame pleinement bonnement sans rien épargner. De quoi les seigneurs lui surent bon gré, et dirent grand bien d'elle en recommandant son état et ordonnance, et aussi du bon seigneur de Métetin et du seigneur d'Abyde, qui les honoroient tant qu'ils pouvoient et leur administroient tous leurs nécessités. » Quand on sut que les seigneurs français se tenaient à Métetin, Jacques de Braquemont, maréchal de Rhodes, équipa deux galères, et vint au-devant d'eux.

« Et depuis qu'il fut venu, il se rafraîchit quatre jours, et au cinquième les gallées furent toutes prêtes et chargées de l'ordonnance et pourvéance nouvelles des seigneurs de France, dont elles furent rafraîchies. Le comte de Nevers et les seigneurs de France, qui avec lui étoient prirent congé de la dame de Métetin, et la remercièrent grandement, et aussi firent-ils aux seigneurs de leurs bienfaits et courtoisies à desservir au temps à venir; et par spécial le comte de Nevers, qui chef étoit de tous, se disoit et obligeoit de bonne volonté à être grandement tenu. La dame à tous comme bien pourvue répondit sagement, et ainsi se firent les départies. Si entrèrent les seigneurs de France és gallées au port de Métetin, et jusques à tant qu'ils furent dedans la mer, le sire de Métetin les convoya de paroles et de vue, et puis retourna en arrière.... (1). »

(1) Froissard, t. XIV, p. 52 et suiv.

Il est à croire que ces prévenances et ces égards étaient peu du goût de Bajazet; aussi les seigneurs génois ne le faisaient-ils que pour *complaire au roi de France, car sans ce moyen ils n'en eussent rien fait* (1). Mais l'allié qu'ils recherchaient était loin, et le barbare n'avait qu'un pas à faire pour s'emparer de ces richesses, qu'il convoitait. Les seigneurs génois pour conjurer le danger de ce terrible voisinage redoublèrent de zèle et de servilité. Quand Tamerlan, vainqueur de Bajazet, se fut emparé de Smyrne (1402), les seigneurs de Lesbos, épouvantés, vinrent se reconnaître tributaires du Tartare, et se firent honneur de recevoir de Mohammet-Mirza, son petit-fils, un riche sceptre d'or, en échange des somptueux présents qu'ils lui apportaient (2). Quand Mahomet Ier vint à son tour soumettre Smyrne, révoltée (1414), les seigneurs de Lesbos étaient dans cette foule de vassaux empressés qui vinrent le chercher sur le continent, pour lui apporter leur tribut, et renouveler leur hommage. En 1425 ils étaient encore à Éphèse, où Amurat II avait convoqué tous ses vassaux d'Europe et d'Asie. Mais s'ils retardèrent ainsi leur ruine, ce ne fut pas pour longtemps.

Le métropolitain de Métetin assista au concile de Bâle (1438), et prit place après ceux de Trébizonde, de Cyzique, de Nicée et de Nicomédie.

Le 3 décembre (1441) Métetin était en fêtes; Géorges Phrantza, l'historien, venait de débarquer avec mission d'accomplir les fiançailles du César Constantin (3) et d'Ecatérina, fille de Notaras Paléologue Gateluzi, prince de l'île; et le 27 juillet suivant Constantin lui-même venait sur les galères impériales célébrer le mariage. Il repartit bientôt, laissant dans le palais de son beau-père sa jeune épouse; il la revint chercher l'année suivante, pour la conduire à Lemnos, où elle devait mourir (4). En 1444 l'É-

(1) Froissard, *ibid*.
(2) Ducas, XVII, p. 75, in-8º.
(3) Plus tard l'empereur Constantin XII Dragasès, avec qui finit l'empire grec de Constantinople.
(4) Georg. Phrantza, II, c. 19, p. 192; in-8º.

glise de Mitylène étant sans pasteur, par la mort de Dorothée, le pape Eugène IV nomma à sa place Léonard de Chio. Deux ans plus tard le même pontife lui donna pour mission d'aller auprès de l'empereur Constantin, que des liens de famille rattachaient, comme nous l'avons dit, au prince de Lesbos, renouveler et confirmer l'alliance des deux Églises Grecque et Latine, conclue au concile de Florence. Il était trop tard. Cette réunion, opérée le 12 décembre 1452, n'arrivait plus à temps pour empêcher Mahomet II d'anéantir l'empire de Constantinople, qui avait refusé jusque là les secours de l'Occident. Après la prise de la capitale de l'empire, Léonard se réfugia à Chio, d'où il envoya au pape le récit authentique des événements auxquels il avait assisté. Il revint à Lesbos, et y resta jusqu'à la prise de l'île par les Turcs. Il n'attendit pas longtemps.

A l'avénement de Mahomet II (1451) les ambassadeurs de Métélin, comme ceux de Rhodes et de Chio, étaient venus le féliciter à Andrinople (1). Le 30 juin 1455, Doria Gateluzio, prince de Lesbos, mourut. Le 1er août suivant l'historien Ducas, qui tenait un rang considérable à la cour de Métélin, partit pour porter au sultan et les tributs de l'année pour les îles de Lesbos et de Lemnos, et les hommages du nouveau prince. Admis tout d'abord à l'audience, il obtint la faveur de baiser la main du sultan et de s'asseoir en face de lui jusqu'à ce qu'il eût achevé de dîner. Les vizirs comptèrent l'argent qu'il apportait, puis, feignant d'ignorer la mort du vieux prince de Metelin, ils s'informèrent de sa santé. — « Elle est bonne, répondit Ducas, et il vous salue. — Nous parlons, dirent les vizirs, du vieillard. — Mais, repartit Ducas, il y a quarante jours qu'il est mort. Le prince actuel est depuis six ans reconnu. Son père, épuisé par la maladie, lui avait dès lors et spontanément confié les affaires; et il a eu déjà l'honneur deux fois d'apporter à Constantinople ses adorations au grand sultan. » — Et les vizirs : « Laissons cela. Aujourd'hui il n'y a qu'un moyen de se dire prince de Métélin, c'est de venir et de recevoir ce titre du très-sublime sultan. Va donc

(1) Ducas, XXXIII, p. 233, in-8°.

à ton maître, et reviens avec lui. Sinon, il sait ce qu'il doit attendre. » Il fallut que Ducas repartît et amenât le nouveau prince à la cour du sultan, qu'il eut grand peine à atteindre près d'Izlati chez les Bulgares. La réception du premier jour fut des plus gracieuses. Mais le lendemain tout changea. Les vizirs, parlant au nom de Mahomet, exigèrent la cession de Thasos ; il fallut l'accorder ; puis un double tribut : « Hélas ! disait le jeune « prince, Lesbos tout entière est à vous ; « mais ne me demandez pas l'impos- « sible. » On se contenta d'augmenter le tribut d'un tiers; au lieu de trois mille écus (1), il en fallut payer quatre mille. Le sultan rappela de plus au Génois qu'il avait à sa charge la surveillance de l'Archipel et des côtes Asiatiques depuis Baïram (Assos) jusqu'au Krimakh (le Caïcus), le rendant responsable de toutes les pertes éprouvées par les vaisseaux turcs dans ces parages. Ces conditions acceptées, bon gré mal gré, il offrit à son vassal et aux principaux officiers des vêtements d'honneur. Gateluzio repartit enfin pour Métélin, content d'en être quitte à si bon marché et remerciant le Dieu qui l'arrachait aux mains du barbare (2). A peine était-il de retour, que la flotte ottomane jeta l'ancre en vue de Métélin. Elle revenait de faire une tentative impuissante sur Rhodes, et était montée par le capitan-pacha, Hamza. Ducas, par ordre du prince, fit servir à l'amiral turc un magnifique repas à bord. Déjà, lors de son passage, Hamza s'était arrêté dans les eaux de Métélin, s'étant fait cependant un scrupule d'entrer dans le port, de peur d'exciter des troubles dans la ville. Ducas s'était lié alors avec lui d'une étroite amitié et lui avait remis les dons de chaque année. C'étaient huit habits de soie et de laine, 6,000 florins d'argent, vingt bœufs, cinquante moutons, plus de huit cents mesures de vin, du pain, du biscuit, dix quintaux de froment et des légumes à foison. La flotte n'avait pris le large qu'après un séjour de quarante-huit heures. Ces prévenances ne pu-

(1) Selon Ducas Selon Chalcondyle il était annuellement de deux mille statères d'or. X, p. 520, in-8°.
(2) Ducas, XLIV, p. 328-331, in-8°.

rent rien contre les desseins arrêtés du sultan (1).

CONQUÊTE DE L'ÎLE DE LESBOS PAR LES TURCS. — Mahomet avait consenti à s'arrêter dans ses exigences, et à ne pas s'emparer de Lesbos pour l'heure. Mais il enleva de force au jeune prince la nouvelle Phocée d'abord, puis Lemnos, une de ses principales dépendances, et dès l'année suivante les prétextes ne manquèrent pas de s'attaquer directement à lui. En 1457, onze trirèmes, envoyées par le pape Callixte III, arrivèrent dans l'Archipel, montées par de hardis pirates, et s'emparèrent de Lemnos, de Samothrace, de Thasos. Il est à croire aussi que les Gateluzi ne devaient pas mettre grand zèle à réprimer les brigandages des pirates ; le commerce des esclaves qui en résultait leur rapportait d'assez gros bénéfices. Partant de Lesbos pour piller les mers, les corsaires y revenaient à leur aise chargés de butin, conduisant de nombreuses prises ; ils faisaient alors les parts, et celle du duc de Lesbos n'était pas la plus mince (2). Mahomet, irrité de la conduite équivoque du prince de Mételin, envoya contre lui une flotte considérable, commandée par Ismael. Encouragés par les paroles et l'exemple d'une jeune fille inspirée, les Lesbiens attendirent de pied ferme, et anéantirent complétement l'armée musulmane. La victoire fut telle, que le pape la fit annoncer dans toutes les cours chrétiennes, pour y réveiller le zèle endormi. Le sultan, occupé ailleurs, laissa pendant cinq ans reposer son ressentiment ; mais vers la fin de l'été 1462, à son retour de Valachie, il songea au vassal qui recevait ainsi ses armées.

Mételin était alors gouvernée par Nicolas Gateluzio, qui pour s'emparer du pouvoir avait étranglé son frère Dominique (3). Mahomet, pour se faire un parti dans l'île même, s'annonça comme le vengeur du prince assassiné. Soixante galères et sept navires, chargés d'un grand nombre de canons, de mortiers, et de plus de deux mille boulets de pierre, arrivèrent sous les murs de Mételin, conduits par Mahmoud-Pacha. En même temps Mahomet amenait par terre plusieurs milliers de janissaires. Il donna ses instructions a son lieutenant, surveilla les travaux commencés, et, confiant dans l'activité éprouvée de Mahmoud, il repassa sur le continent. La ville assiégée était en état complet de défense. Nicolas Gateluzio commandait dans la citadelle, son cousin Lucio dans la ville proprement dite. Cinq mille soldats, vingt mille habitants, déterminés à se défendre, se tenaient derrière les murailles. Après un bombardement de vingt-sept jours ; la partie de la cité nommée *Melanudion* (1), se trouva ruinée ; mais le courage de ses défenseurs repoussa tous les assauts. Mahmoud, impuissant à vaincre, eut recours à l'intrigue. Des offres furent faites à Lucio, qui défendait la ville. La promesse de la souveraineté de l'île le tenta. La ville fut livrée aux Turcs. Nicolas, pressé dans la citadelle consent à partir, si on lui assure une existence honorable. Mahmoud promet tout ; mais il exige que Nicolas installe lui-même les troupes ottomanes dans les différents postes de l'île.

Cependant Mahomet lui épargna cette humiliation ; il fit grâce aux deux Génois, qui vinrent l'implorer à Constantinople. Il installa dans l'île deux cents janissaires et trois cents soldats, et ayant saisi à Mételin trois cents corsaires, auxiliaires des Génois, il les fit scier en deux. Il fit ensuite trois catégories des habitants de l'île : 1° la classe pauvre, qui resta dans la ville ; 2° la classe moyenne, qu'il donna en propriété aux janissaires ; 3° la classe des riches, qu'il envoya à Constantinople (2). Pour lui-même, il se réserva dans les familles nobles huit cents filles et garçons choisis. La population de l'île fut ainsi à peu près renouvelée. Une partie même des an-

---

(1) Ducas, c. XLIII, p. 321 ; p. 326, in-8°.
(2) Chalcondyle, X, p. 519, in-8°.
(3) Dominique avait épousé Marie Justiniani, fille d'un riche habitant de Chio. Marie ayant été atteinte de la lèpre, il refusa constamment de se séparer d'elle, garda le même lit, la même table, et fut tué dans ses bras. *Annali... di Genoa per... Giustiniano*; Genoa, 1537, in-4°, folio 206, 5.

(1) Ducas, p. 346, in-8°.
(2) Chalcondyle, Ducas, etc.; De Hammer, *Hist. de l'Empire Ottoman*, t. III, p. 95 et suiv.

ciens habitants qui avaient obtenu d'y rester, fut bientôt après transportée par Kilidj-Ali-Pacha à Samos, qu'il s'agissait de repeupler (1). En revanche, une foule d'étrangers vinrent s'établir à Mételin. Parmi ces derniers se trouvait le spahis roumiliote Yacoub d'Yénidjéwardar, qui vint se fixer dans la capitale de l'île avec ses quatre fils Ishak, Ouroudj, Khizr ou Khaïreddin et Élias. Le premier se fit commerçant, les trois autres corsaires; Élias périt dans un combat contre les chevaliers de Saint-Jean; les deux autres devinrent les corsaires si fameux sous le nom de Barberousse (2).

Quant aux Gateluzi, ils ne jouirent pas longtemps de la bienveillance du vainqueur. Lucio, qui était resté à Lesbos, fut mandé bientôt à Constantinople sous l'inculpation d'avoir converti un jeune enfant à la religion chrétienne. Il y répondit en se faisant circoncire, et son cousin l'imita. La réponse parut bonne, et Mahomet eut l'air de s'apaiser; mais bientôt, sous le plus léger prétexte, il leur fit à tous deux trancher la tête (1462).

EFFORTS DES CHRÉTIENS POUR RECONQUÉRIR LESBOS. — La conquête de l'île fut complète et définitive; mais c'était une place trop importante pour que la possession n'en fût pas longtemps encore contestée par les armes chrétiennes. Le jour de Pâques 1464, Orsato Giustiniano, successeur de l'amiral vénitien Loredano, fait une descente à Mételin, dont il assiège la capitale pendant six semaines. Le 15 mai un dernier assaut est repoussé, et l'approche d'une flotte considérable, conduite par Mahmoud-Pacha, force l'amiral vénitien à lever le siége (3). Il se rembarqua, emmenant avec lui tous les Grecs qu'il put recueillir. Il alla les déposer à Négrepont, et revint le 10 juillet jeter l'ancre au port San-Théodoro, où l'attendaient encore de nombreux proscrits.

En 1500 l'amiral français Ravestein, nommé gouverneur de Gênes par Louis XII, équipe une flotte et va croiser dans les mers de l'Orient. Ses dix-huit vaisseaux se réunissent à trente-quatre trirèmes vénitiennes qu'ils rencontrent, et d'un commun concert on fait voile sur Mételin. La ville soutenait le siége depuis vingt jours, quand Korkoud, gouverneur de Magnésie, accourt avec de nombreux renforts. À son approche, Ravestein repart, sans attendre l'arrivée de vingt-neuf voiles que lui amenait le grand-maître de Rhodes. À la hauteur de Cérigo, la flotte française, surprise par un ouragan, périt presque tout entière (1).

ÉTAT DE LESBOS SOUS LA DOMINATION DES TURCS. — Dès lors Mételin fut à l'abri de toute agression de ce genre. Respectée par les galères européennes, elle n'eut plus guère à souffrir que de ces corsaires asiatiques qu'elle avait si longtemps protégés. La population de l'île, presque entièrement renouvelée, s'attacha à ses derniers maîtres, et prit parti pour eux au besoin. En 1560 la flotte du sandjak de Mételin, commandée par Mustafa-Beg, prend part à la conquête de l'île de Djerbé (l'ancienne Ménix, ou île des lotophages). Mustafa-Beg fut même un instant généralissime de la flotte turque tout entière. En 1565 cinq cents spahis et deux galères de Mételin se trouvaient dans l'armée qui tenta inutilement de prendre Malte. Enfin à la bataille de Lépante (1571) peu s'en fallut que Mahmoud, sandjak de Mételin, ne décidât la défaite des chrétiens. Survenant à propos avec cinq vaisseaux au secours de l'amiral turc, il fut sur le point de faire prisonniers les trois chefs de la flotte alliée. L'arrivée en toute hâte de l'arrière-garde, commandée par Santa-Croce, vint changer la fortune. Mahmoud périt dans l'action.

En 1632, au commencement de la décadence ottomane, profitant de toutes les tentatives d'usurpation et de l'anarchie militaire qui agitaient Constantinople, Élias-Pacha, gouverneur de Karasi, s'était proclamé en pleine révolte contre la Porte. Deux de ses lieutenants, Kara-Mahmoud et Sari-Osman,

---

(1) *Nouvelles Annales des Voyages*, première série, t. XXV : Géographie de Samos.
(2) De Hammer, t. V, p. 237.
(3) *Historia Veneta* di Alessandro Maria Vianoli, nobile Veneto; in-4°, Venetia, 1680, t. II, p. 662.

(1) Bizarus, *Senatus populique Genuensis Rerum domi forisque gestarum Historiæ*; Anvers, 1759, in-folio, p. 404.

à la tête de forces considérables, se dirigèrent par son ordre sur Mételin. Mais les habitants résistèrent à l'usurpation, et les deux chefs furent exterminés avec tous leurs soldats.

C'est à la hauteur de Mételin que se rencontrèrent en 1698 la flotte vénitienne et la flotte turque, commandées celle-là par Dolfino, celle-ci par Mezzo-Morto. La bataille n'eut qu'un résultat douteux, et les deux amiraux s'attribuèrent la victoire.

Le dix-huitième siècle ne nous offre aucun fait remarquable à recueillir. Les corsaires qui s'abritent derrière les Musconisi, ou dans les profondeurs du golfe d'Adramitti, s'enhardissent et ravagent fréquemment les côtes de l'île. Ils passent de l'Asie sur de petits bateaux, s'embusquent derrière les rochers et dans les bois, pillent et s'en retournent impunément (1). En 1755 la ville de Mételin, que de violents tremblements de terre avaient réduite depuis longtemps à n'être plus qu'une chétive bourgade en comparaison de sa grandeur passée (2), manque d'être anéantie par une dernière secousse qui ébranle l'île dans toute son étendue. Au commencement du dix-neuvième siècle c'est le feu qui la détruit tout entière; on relève chaque fois les ruines, on rebâtit à la place où l'on habitait la veille, mais sans ordre, sans précautions; sans que le désastre du jour serve de leçon pour le lendemain.

LESBOS AU TEMPS DE LA GUERRE DE L'INDÉPENDANCE. — Quand éclata l'insurrection grecque, les raias de Mételin étaient de beaucoup inférieurs en nombre aux Turcs. Ils furent tous désarmés sans résistance. Les plus riches, soupçonnés d'être en secret favorables à la cause de l'indépendance, furent pris et décapités. L'île, considérée dès lors comme un poste sûr, devint l'entrepôt général et le rendez-vous de la marine ottomane. Cependant l'un des premiers exploits des Hydriotes se passa sur les côtes de Mételin. La flotte turque s'y était donné rendez-vous ; elle n'y arriva que poursuivie par soixante-dix bricks des insurgés, et eut le temps à peine de se réfugier dans le port Olivetti. Dix-huit brûlots grecs s'apprêtent à l'y aller chercher. Sur l'ordre de l'amiral ottoman, un conseil de guerre s'assemble en toute hâte. Il s'agit de sortir de ce mauvais pas. La flotte turque, comptant cinq vaisseaux de ligne, quatre frégates, quatre corvettes ne se croit pas de force à livrer bataille ; et tandis que l'amiral grec, changeant de dessein, se retire vers Samos, pour engager les ennemis à prendre le large, un vaisseau turc, portant soixante-quatorze canons, fait force de voiles pour aller chercher du secours à Constantinople. Il avait traversé le golfe d'Adramitti, et touchait déjà au cap Baba, quand quatre bricks, envoyés en éclaireurs, l'atteignent et lui barrent le passage. Le vaisseau turc veut rebrousser chemin, et se lance à pleines voiles dans le port Sigri ; l'eau lui manque ; il s'échoue. Les Grecs s'avancent sur lui, d'avant et d'arrière, par brigades de deux bricks, portant chacun douze canons et 150 hommes d'équipage ; et tandis que le vaisseau ennemi, immobile, fait feu de toutes pièces, ils l'abordent dirigés par un vieux marin, Papa Nicolas, qui avait assisté à l'incendie de Tchesmé ; ils s'y cramponnent, clouent dans son immense carène des chemises de soufre et de goudron, et y mettent le feu. Quelques instants après le vaisseau turc éclate et saute avec ses neuf cent-cinquante matelots. A peine une barque montée par quelques hommes parvint-elle à gagner la terre. A cette nouvelle l'amiral ottoman, qui manquait de résolution pour combattre, en trouve pour fuir et donne l'ordre de regagner Constantinople (mai 1821) (1).

Par ce brillant début les Grecs préludaient aux triomphes qui les attendaient à Ténédos. Mais ils ne tentèrent pas de descentes à Mételin ; ils se contentaient de croiser le long des côtes, bien défendues, bien surveillées, et ne se hasardaient que sur le continent, où le butin était abondant et facile et les villes

---

(1) Pococke, t. IV, p. 383.
(2) Benedetto Bordonne, *Libro nel quale se ragiona de tutte l'Isole del Mondo, overo l'Isolario...* in-folio, 1547, fol. 51.

(1) Pouqueville, *Hist. de la Régénérat. de la Grèce*, t. III, p. 13; Jucherault de Saint-Denis, *Hist. de l'Empire Ottoman*, t. III, p. 147.

mal protégées. En janvier 1823 les matelots d'Ipsara, pénétrant dans le golfe d'Adramiti, enlèvent de riches magasins turcs déposés aux Mosconisi, et parviennent à débarquer à Sigri. Mais la garnison, aidée des musulmans des campagnes, intercepte toute communication avec les chrétiens. Dans l'impossibilité de s'établir à terre, force est de se rembarquer. Une trentaine de Grecs restent morts sur la plage. A peine les assaillants partis, un massacre général des raias commence à Sigri et à Molivo. Les chrétiens, co.ons pour la plupart, et répandus dans les champs, se réfugient sur les montagnes. L'Olympe surtout se peuple de fugitifs. Mais les marins d'Ipsara en partant avaient promis au vizir, campé alors à Métélin, de revenir lui faire visite. Une grande expédition grecque est résolue. On comptait sur des intelligences dans l'île, sur les proscrits des montagnes, sur le courage des opprimés, sur la fortune de la bonne cause. Au commencement d'octobre, deux escadres abordent à Métélin, l'une au port Sigri, l'autre à Coloni. 4,000 soldats se précipitent à terre; tout ce qui est musulman tombe sous leurs coups. La petite armée grecque est bientôt plus que doublée par les auxiliaires qui lui arrivent de toutes parts. Elle se divise : la moitié marche sur Molivo; le reste ravage la campagne. En peu de jours le nord de l'île est aux chrétiens ; c'est pour eux le moment de la vengeance. Les vainqueurs font partout place nette sur leur passage : d'abominables représailles ensanglantent tout le pays.

Cependant l'aga de l'île rassemble des troupes, et, sans plus attendre, marche au-devant des Grecs. 12,000 hommes sont bientôt réunis sous ses ordres ; chaque jour grossit cette armée des fuyards de Sigri et de Coloni. Les chrétiens, atteints deux fois, sont deux fois battus ; ils sont contraints de laisser la plage et de reprendre le large. Avec eux partent tous les proscrits qui peuvent les suivre. Ceux que leur malheureux sort condamne à rester regagnent leurs montagnes ; mais là, soutenus par l'espérance de secours prochains, ils ne déposent pas les armes, et entretiennent une guerre de partisans contre les Turcs de la plaine. Ce fut là le seul avantage que retira la cause grecque d'une expédition si heureusement (1) commencée. De temps en temps les hardis insulaires d'Ipsara tentaient bien quelque course nouvelle, pillant la côte, rançonnant les villages ; mais les Turcs étaient maîtres du pays. Dans la seule année 1824 leur flotte vient s'y rallier deux fois. Lors de l'expédition de Samos, les bâtiments de transport et une division de guerre y restèrent en permanence. L'amiral ottoman ne sortait jamais qu'à regret de cette bonne rade de Métélin, où il était à l'abri des brûlots des Grecs. A la paix définitive, Métélin resta à l'empire ottoman, comme toutes les autres îles grecques de l'Asie Mineure.

SITUATION ACTUELLE DE L'ÎLE DE LESBOS. — S'il est une terre qui porte la trace des funestes effets de la conquête ottomane, c'est Métélin. Ses campagnes, autrefois si fertiles, sont devenues des marais ou des déserts, et l'on ne voit plus que des ruines sur l'emplacement de ses antiques cités. De ces treize cents châteaux, qu'y laissait, dit-on, la domination génoise, de cette prospérité qui la désignait encore à un auteur du dix-septième siècle (2) pour y placer l'idéal de sa république aristocratique, il ne reste plus que d'informes débris. C'est une possession oubliée, dont on ne parle au divan que lorsqu'il s'agit d'y nommer un gouverneur ou de lever un impôt. La population générale de l'île monte à peine à 60,000 habitants, dont les Turcs forment la majorité. Les Grecs disséminés dans l'île, rares dans les villes, plus nombreux dans les campagnes, vivent dans un grand dénûment. Mais, comme tous les paysans grecs, ils se sont faits des mœurs simples, et savent supporter patiemment la misère. Leur plus grand fléau était la fiscalité des Turcs ; il n'y a pas longtemps encore que l'aga comptait les gerbes de la moisson ; que les gerbes battues il mesurait le blé ; que le muzelim de l'île venait ensuite prendre la dîme, lever la capitation, puis fixer le

---

(1) Raffenel, *Récit des derniers Événements de la Grèce*, t. II, p. 265 ; Pouqueville, t. III, p. 305.

(2) *Republica di Lesbo, overo della Ragione di Stato in un Dominio Aristocratico, Libri X*, dell' abbate D. Vicenzo Sgualdi Casinense ; Bologne, 1642, in-12.

prix des denrées et, bon gré mal gré, les acheter au taux qu'il lui plaisait d'indiquer. Ainsi faisait-on de toutes les récoltes. Les dernières réformes, en assignant aux officiers un traitement fixe, ont à peine arrêté ces abus.

Au milieu d'une telle oppression, le caractère national des habitants s'était dépravé. De commerçants qu'ils étaient jadis, ils s'étaient faits pirates ou voleurs de mer. Aimables, hospitaliers au temps de leur liberté antique, ils étaient devenus farouches, et leur visage même, type de la beauté grecque, s'est empreint d'une expression sinistre, qui effraye et surprend les voyageurs. « Seigneurs Pères, disait l'évêque grec aux missionnaires jésuites, prêchez mes peuples tant qu'il vous plaira, vous ne ferez pas peu si vous les faites gens de bien; car j'ai bien de la peine à en venir à bout (1). » Enfin le proverbe Grec dit : « Les Athéniens, les Chypriens ne sont pas bons ; mais les Mityléniens, non plus (2). » Les femmes y sont toujours belles ; mais, dit-on, elles ne sont guère moins sobres que ne les dépeignait autrefois la malignité athénienne (3). La coquetterie a eu plus de puissance ici que le patriotisme ; et tandis que rien dans le costume actuel des hommes ne reproduit celui des temps antiques, il est tel village de l'île, à Erisso, à Calloni, à Molivo même, où les vêtements des femmes rappellent au voyageur, par leur grâce et leur élégance, qu'il est dans le pays de Sapho et d'Érinna. A Pétra le costume est plus sévère, et se borne à une ample robe, assez semblable à celle des caloyers. En général la coiffure est d'une forme peu gracieuse ; c'est une espèce de cône renversé que les femmes ajustent avec art sur leur tête et qu'elles recouvrent de voiles précieux (4).

Le sol de l'île est toujours puissant et fertile, et ne demande qu'à être cultivé pour produire. On trouve encore abondamment dans les montagnes le pin, l'arbousier, l'andrachné. le lentisque, le térébinthe, le laurier, le myrte, l'agnus castus, l'orme, le platane, le hêtre, le cyprès. Dans les jardins, les statices sinués, aux larges feuilles, à la tige ailée, les scabieuses, les fleurs purpurines des lavatères, la fleur gracieuse d'une espèce de safran, fort recherché pour le fard des dames (carthamus corymbosus) s'étalent derrière des haies de phyllirea, arbuste toujours vert, que l'on cultive en palissades et en bosquets (1). Les oliviers, principale richesse de l'île, s'y élèvent jusqu'à quinze toises de hauteur.

Les forêts sont pleines de cerfs, de gazelles, et de chevaux sauvages, bas et trapes, comme dit Bélon (2), « qui « sont néanmoins si fermes des pieds « et des jambes, qu'il est surprenant de « les voir grimper et courir avec un « homme sur le dos par les montagnes « et les rochers et vers des lieux si rudes et si raboteux qu'à peine les chèvres y pourroient monter. On en transporte une fort grande quantité à Constantinople (3). » M. Arnoul, intendant des galères à Marseille « en envoya six « à Monseigneur le Dauphin, pour servir d'attelage à sa calèche. On n'avoit « point encore vu en France de chevaux « si petits et en même temps si forts « pour leur taille. » Du reste, les bœufs et les moutons, le gros et le menu bétail abondent partout à Lesbos.

Le blé y est toujours excellent et fort recherché des Turcs. Les raisins sont délicieux ; les Turcs en font un raisiné qu'ils affectionnent, et les Grecs, de l'eau-de-vie. Les insulaires exposent les

---

(1) Nouveaux Mémoires des Missions de la Société de Jésus dans le Levant, p. 86, 1715, in-8°.

(2) Didot, Notes d'un Voyage dans le Levant, p. 369.

(3) Pococke, t. IV, 382.

(4) William Wittmann, Travels in Turkey, Asia Minor, Syria, and across the Desert into Egypt, during the years 1799, 1800, and 1801;... London, 1803, in-4°, p. 455. Cf. Didot, Notes d'un Voyage au Levant, p. 370; Michaud et Poujoulat, Correspondance, t. III.

(1) Enumeratio Plantarum quas in insulis Archipelagi detexit ac collegit Dumont d'Urville; Paris, 1822, in-8°.

(2) Les Observations de plusieurs singularitez et choses mémorables, trouvées en Grèce, Asie, Judée, Égypte, Arabie et autres pays estranges, rédigées en trois livres par Pierre Belon; du Mans, in-12. En Anvers, de l'imprimerie de Christophe Plantin, 1555, l. I, fol. 147 verso, c. VII, livre rarement cité, plus souvent copié : Pococke, Dapper entre autres, y puisent sans cesse.

(3) Dapper, p. 235.

grappes qu'ils réservent au soleil pendant plusieurs jours de suite, pour donner au vin plus de force et de douceur. Ils savent encore lui faire prendre de la couleur avec des baies de sureau ou d'hièble; mais préparé, conservé sans soin et sans art, le vin de Lesbos, quoique payé fort cher à Constantinople, n'a point soutenu son antique réputation.

Les richesses du sol, si faciles, si abondantes ont détourné les habitants du commerce. La navigation est à peu près abandonnée. Mételin seule n'est pas absolument sans industrie; elle contient une douzaine de manufactures de savon, dont les plus belles sont celles du pacha, un chantier qui tous les dix ans donne un vaisseau, et plusieurs bazars, assez bien fournis, et très-fréquentés. Mais c'est tout, et le reste de l'île se borne à exporter d'immenses cargaisons d'huile d'olive, d'une qualité médiocre, des sardines, du tabac, des pipes. Les figues de Molivo, enfilées en colliers, se vendent par tout l'Archipel, et sont fort recherchées.

Une coutume locale, qui date du temps où les habitants se livraient tous à la marine, accordait en dot à la fille aînée l'héritage de la famille avec la maison paternelle. Le clergé de Constantinople, aidé du clergé et de l'évêque de Mételin, est parvenu, à grand'peine, à la modifier de la manière suivante : l'aînée prend le tiers de l'héritage; le second enfant, le tiers des biens qui restent après la part de l'aînée; le troisième, le tiers de ce que lui ont laissé les autres. Cette réforme date à peine du commencement de ce siècle.

Mételin ou Midilli est un des six livas que comprend le gouvernement de Djézaïr (c'est-à-dire, des îles de l'Archipel). Un gouverneur, sous le nom de Nasir y représente le sultan. Il y a à Mételin un juge de premier rang, dont les appointements mensuels, d'après l'ordonnance de Mahmoud II, sont de 400 aspres; et un des dix-sept bureaux de santé institués spécialement pour combattre la lèpre dans tout l'empire ottoman.

ILE DE TÉNÉDOS.

DESCRIPTION DE L'ÎLE DE TÉNÉDOS. (1) — Ténédos, appelée encore aujourd'hui Ténédo par les Grecs, et Boghaz-Adassi, ou île du détroit, par les Turcs, est située en face de la côte de l'ancienne Troade, dont elle est séparée par un détroit, qui a selon Strabon quarante stades de largeur (2). Le même auteur ne donne à cette île que quatre-vingts stades de circonférence, mais elle en a bien le double. Selon Pline (3), Ténédos est située à cinquante-six milles au nord de Lesbos, et à douze milles au sud du promontoire Sigée, qui forme l'entrée du détroit de l'Hellespont, appelé plus tard détroit de Gallipoli et enfin des Dardanelles. Ténédos serait assez arrondie si elle n'avait une pointe qui s'allonge vers le sud-ouest; ses rivages sont garnis de rochers qui la rendent presque partout inabordable; son territoire est montagneux et pierreux, peu fertile en grains et en légumes; mais la vigne y réussit parfaitement.

Tous les voyageurs modernes s'accordent à faire l'éloge du muscat de Ténédos. « Je ne pardonnerai jamais aux anciens, dit Tournefort, de n'avoir pas fait le panégyrique de cette liqueur, eux qui ont affecté de célébrer les vins de Scio et de Lesbos. On ne saurait les excuser en disant qu'on ne cultivait pas la vigne à Ténédos dans ce temps-là; il est aisé de prouver le con-

(1) Voyez sur cette île dans l'antiquité la monographie de Lud. de Hemmer, *Respublica Tenediorum*, Lugd. Batav., 1735. Cf. Dapper, *Descr.*, p. 236; Pococke, *Voyage*, t. IV, p. 383; Tournefort, I, p. 392; Dallaway, II, p. 204; Chandler, I, p. 34; Michaud et Poujoulat, III, p. 266, etc.
(2) Strab., XIII, éd. Tauchn., III, 116.
(3) Pline, *Hist. Nat.*, V, 39.

traire par la médaille de Ténédos où l'on voit à côté de la hache à deux tranchants une branche de vigne chargée d'une belle grappe de raisin. » Le vin ordinaire de Ténédos ressemble un peu au vin de Bordeaux ; mais il ne supporte pas la mer et ne se conserve pas longtemps dans les caves. Du haut du promontoire le plus élevé de l'île, on en aperçoit toute la surface sillonnée de coteaux couverts de petites vignes basses et cultivées à peu près comme dans nos vignobles de la Bourgogne, avec cet avantage que ni la grêle ni la gelée ne viennent jamais détruire la récolte. De ce point de vue, le spectacle de la mer et des terres environnantes est grandiose et varié ; « à l'ouest, dit Dallaway, Lemnos et son volcan épuisé forment un cône immense, dont la pointe perce les cieux ; au nord-ouest sont les îles d'Imbros et de Samothrace ; et au delà, des sommets de montagnes plus élevées qui les dominent, l'entrée de l'Hellespont, et un peu plus loin le cap Sigée et toute la forêt au long de laquelle Alexandrie est située, et la chaîne de montagnes de l'Ida. On ne distingue le mont Athos qu'au soleil couchant à l'ouest. »

Outre ses vins, Ténédos produit d'excellents melons. On n'y voit guère d'autres arbres que des figuiers et des amandiers. Elle est remplie de perdrix rouges, beaucoup plus grasses que les nôtres, mais moins délicates ; et dans le temps du passage des cailles tout le territoire est couvert de ces oiseaux voyageurs. L'eau de Ténédos est excellente. Dans toutes les parties de l'île il y a des sources ; mais on n'y retrouve plus cette fontaine, dont parle Pline (1), qui au solstice d'été débordait toujours de trois heures à six heures de nuit.

Dans l'antiquité, Ténédos avait une ville appelée Éolis ou Éolica, deux ports, un temple d'Apollon Sminthien, comme l'atteste, dans Homère (2), l'invocation du prêtre Chrysès. On sait l'origine de ce surnom, tout local, donné au dieu de Delphes. Des mulots, que les Crétois, les Troyens, les Éoliens appellent σμίνθοι, faisaient de grands ravages dans la plaine de Troie. On con-

(1) Pline, II, 106, 9.
(2) Cf. Strab., loc. cit.; Hom. Il., I, 38.

sulta l'oracle de Delphes, qui ordonna de sacrifier à Apollon Sminthien. Nous avons deux médailles sur lesquelles sont représentés des mulots avec la tête radiée d'Apollon. Pococke croit que ce temple d'Apollon Sminthien était sur la belle esplanade qui est au pied du château, qui domine encore la ville actuelle, et où il a vu éparses sur le sol plusieurs colonnes cannelées de marbre blanc d'environ deux pieds et demi de diamètre. Du reste on ne retrouve presque aucun vestige de l'ancienne Eolica, dont la prospérité datait du temps de la guerre de Troie, et dont la décadence et la ruine sont antérieures à l'ère chrétienne. Un sarcophage, quelques inscriptions, des monnaies, des tronçons de colonnes cannelées, des fragments de piliers, des morceaux de pavé de marbre, tels sont les seuls débris que l'on ait retrouvés sur le sol de Ténédos. Et encore, que de villes antiques n'ont pas laissé autant de souvenirs !

La ville actuelle de Ténédos est petite et mal bâtie ; elle n'a pas trois mille habitants, avec la garnison du fort. C'est là toute la population de Ténédos ; car dans toutes les autres parties de l'île il n'est pas un seul lieu qui soit habité. La ville compte à peu près autant de Grecs que de Turcs ; aussi a-t-elle une mosquée et une église. Ténédos est adossée à un coteau que domine une forteresse de forme triangulaire, bâtie par les Turcs. Elle est environnée de fortes murailles de pierre de taille, et garnies de quelques tours. Autrefois le château était la seule partie de la ville habitée par les Turcs. Le port de Ténédos était formé par un môle qui est aujourd'hui entièrement couvert par les eaux ; mais on a entassé de grosses pierres sur ses fondations, et elles servent à amortir les vagues. Une chaîne de montagnes entoure le bassin. Au midi on voit une rangée de moulins à vent et un petit fort.

On a parlé très-diversement du port de Ténédos. Virgile le traite fort sévèrement, et déclare que les vaisseaux n'y trouvent qu'un méchant abri, *statio malefida carinis* (1). Mais voici Dapper qui dit que Ténédos a un fort

(1) Virg., Æn., II, 24.

bon port pour des saïques et d'autres barques turques de moyenne grandeur, de même que pour d'autres bâtiments légers. Seulement les grands navires n'y peuvent mouiller; mais les vaisseaux des anciens, et surtout ceux du temps de la guerre de Troie, pouvaient s'y trouver fort à l'aise. Chandler est encore plus favorable. Le port de Ténédos, dit-il, offre un abri commode aux vaisseaux destinés pour Constantinople, et ils trouvent dans la rade un mouillage sûr pendant les vents étésiens ou vents contraires, ainsi que dans le gros temps. D'un autre côté, Pouqueville affirme que l'île de Ténédos n'a qu'un mauvais port (1); Pocoke était aussi de cet avis. Il est certain que l'on fréquente peu le port de Ténédos; la plupart des vaisseaux que les vents retiennent à l'entrée des Dardanelles vont mouiller dans la rade qui est près du continent. Voilà donc des témoignages qui peuvent rétablir l'autorité de Virgile, et je conseille d'y regarder à deux fois avant de contredire son assertion à cet égard.

HISTOIRE ANCIENNE DE TÉNÉDOS; SA FONDATION. — On lit dans Diodore de Sicile (2). « L'île de Ténédos fut peuplée de la manière que nous allons exposer. Tenès, fils de Cycnus, roi de Colone, dans la Troade, était un homme distingué par son courage. Ayant rassemblé un certain nombre de colons, il partit du continent, et vint occuper l'île appelée Leucophrys, qui était située en face et déserte. Il en distribua le territoire à ses sujets; il y fonda une ville et l'appela de son nom Ténédos. Il gouverna sagement, et, comblant les habitants de bienfaits, il s'acquit pendant sa vie une grande réputation, et mérita après sa mort les honneurs divins. On lui éleva un temple, et on institua en son honneur des sacrifices dont l'usage a subsisté jusqu'à ces derniers temps. » Voilà le fait dépouillé de tous ses ornements; mais les Ténédiens avaient une légende au sujet de leur Tenès (3). Cycnus, disaient-ils, était fils de Neptune; il épousa Proclée, sœur de Calétor, qui fut tué par Ajax dans le temps qu'il voulut brûler les vaisseaux de Protésilas. De ce mariage étaient nés un fils et une fille, Tenès et Hémithée. Après la mort de Proclée, Cycnus épousa Philonome, fille de Cragasus. Devenue belle-mère de Tenès, Philonome conçut pour ce jeune homme une passion criminelle; repoussée par Tenès, comme Phèdre par Hippolyte, elle passa de l'amour à la fureur, et se plaignit à son époux que son fils avait voulu l'outrager. Étienne de Byzance ajoute qu'elle produisit pour témoin un joueur de flûte de sa cour. Cycnus, confiant, comme Thésée, dans la vertu de sa femme, ordonna le supplice de Tenès. Il le fit enfermer dans un coffre et jeter à la mer, avec sa sœur Hémithée, qui voulut partager son sort. Le coffre flottant sur la mer, fut poussé par les vagues sur la côte de l'île de Leucophrys. Tenès en devint roi, et l'appela Ténédos. Bientôt Cycnus est détrompé; il reconnaît l'innocence de son fils, et se rend à Ténédos pour se réconcilier avec lui. Mais Tenès ne veut point pardonner; et bien loin de recevoir son père repentant, il va au port et coupe avec une hache le câble qui tenait attaché le vaisseau de Cycnus. Plus tard, cette hache fut consacrée dans le temple de Delphes par le Ténédien Périclytus, et les Ténédiens en consacrèrent deux dans le temple de leur ville.

Ces aventures firent du bruit, et donnèrent lieu à deux proverbes. Quand on voulait parler d'un faux témoin, on disait que c'était un joueur de flûte de Ténédos, Τενέδιος αὐλήτης; et l'on citait la hache de Ténédos lorsqu'il était question d'une affaire qu'il fallait décider sur-le-champ, ou quand il s'agissait de rendre une justice prompte et rigoureuse. Du reste, le proverbe de la hache de Ténédos avait encore une autre origine. Le roi Tenès était un sévère justicier; il avait ordonné que la hache et le bourreau fussent toujours près du juge pour exécuter le coupable. Aristote, cité par Étienne de Byzance, donne encore une autre explication. Il dit qu'un roi de Ténédos ayant porté une loi qui condamnait les adultères à être décapités avec la hache, le premier qui encourut ce châtiment

---

(1) *Voyage de la Grèce*, VI, 301.
(2) Diod. Sicul., V, 83; Cic., *Nat. Deor.*, III, 15.
(3) Pausan., X, 14, 1.

fut son propre fils. Le géographe ajoute qu'on représenta sur les médailles de l'île les têtes des deux coupables adossées, et au revers la hache, instrument de leur supplice. Goltzius a donné le type d'une semblable médaille, dont l'interprétation a fort occupé des savants qui n'ont pas voulu se contenter de celle d'Étienne de Byzance.

Une autre question, plus importante dans le sujet qui nous occupe, serait de savoir quelle était la situation politique de Ténédos avant l'époque de Tenès, qui fut contemporain de la guerre de Troie, et que l'on ne peut raisonnablement regarder comme le premier fondateur de la ville de Ténédos, ainsi que le fait Diodore de Sicile. Comment supposer, en effet, que Ténédos se soit tout à coup élevée de l'état d'île déserte à la condition de cité riche et célèbre, ainsi que l'atteste Virgile quand il fait dire à Énée :

> Est in conspectu Tenedos, notissima fama
> Insula, dives opum, Priami dum regna manebant ?

Cette prospérité ne peut s'expliquer que par l'existence d'une population industrieuse et commerçante, antérieure à l'émigration de Tenès. D'ailleurs, la légende relative à ce héros nous le montre accueilli par les habitants de l'île, qui, charmés de sa beauté et de ses vertus, le proclament leur roi. Cette population primitive de Ténédos devait être en communauté d'origine avec celle des côtes et des îles voisines. De plus, si l'on remarque que parmi les noms anciens de cette île, qui s'est appelée tour à tour Calydna, Lyrnessus, Leucophrys, on trouve aussi celui de Phénice, on en pourra conclure qu'elle reçut un établissement de Phéniciens. Son heureuse situation à l'entrée de l'Hellespont dut la faire rechercher de ces hardis navigateurs, qui furent autrefois les maîtres du commerce de toute la Méditerranée; et il y a lieu de croire qu'ils ne négligèrent pas cette importante position. Bochart va jusqu'à donner une origine phénicienne au nom de Ténédos, qu'il fait dériver de *Ten-edan*, qui signifie dans la langue des Phéniciens argile ou terre rouge, dont il prétend que l'on faisait dans cette île une excellente poterie, semblable à celle de Samos. Je n'admets pas cette étymologie, qui supprime l'histoire de Tenès, parce qu'une légende, même une légende grecque, a plus d'autorité à mes yeux qu'une conjecture d'érudit systématique. Mais je ne renonce pas à croire à l'établissement dans Ténédos d'un comptoir phénicien, par lequel s'expliquent très-bien la célébrité et l'opulence de cette île au temps de la guerre de Troie (1).

La grande expédition des Grecs contre la cité de Priam vint arrêter le cours de cette prospérité; ils ravagèrent Ténédos, lorsque Tenès y régnait encore ; ce prince périt de la main d'Achille, et les insulaires portèrent une loi qui défendait de prononcer le nom d'Achille dans le temple de celui qu'ils regardaient comme leur fondateur.

C'est de Ténédos que Virgile fait partir les deux prodigieux serpents qui traversent la mer pour venir dévorer Laocoon et ses fils :

> Ecce autem gemini a Tenedo tranquilla per alta
> (Horresco referens) immensis orbibus angues
> incumbunt pelago, pariterque ad littora tendunt.

C'est aussi derrière les hauteurs de Ténédos que la flotte grecque alla se cacher, pour faire croire aux Troyens qu'elle avait regagné les rivages de la Grèce et préparer le succès de la ruse d'Ulysse :

> Huc se provecti deserto in littore condunt.

Le souvenir de ces poétiques aventures, rendu impérissable par les beaux vers de Virgile, s'empare aussitôt de l'esprit du voyageur qui s'arrête un instant à Ténédos, pendant l'aller ou le retour du chemin de Constantinople. Impatient de vérifier les détails de ces fictions, qui l'ont charmé autrefois, par l'étude des contrées qui en furent le théâtre, il demande s'il n'y a pas dans l'île quelques serpents dont la forme et la vue puissent rappeler les traditions de l'épopée.

(1) M. Raoul-Rochette, *Hist. de l'Établissement des Colonies Grecques*, II, 148, 150, donne à Ténédos une origine crétoise, « Les villes de Cilla, de Chrysé, de Ténédos, célèbres dans l'histoire poétique par le culte qu'elles consacraient exclusivement à Apollon, paraissent appartenir à l'émigration crétoise qui s'établit en Troade. » Mais la Crète elle-même n'était-elle pas une île à moitié phénicienne ?

On lui répond qu'il n'y a pas de reptiles à Ténédos. Que s'il veut savoir où la flotte des Grecs se cacha la veille du sac d'Ilion, on lui montre une petite anse entre deux rochers nus qui s'élèvent sur le rivage, mais où douze petites barques pourraient à peine trouver place (1). Si l'on s'avise d'entretenir les Ténédiens des souvenirs héroïques de Priam et d'Hector, d'Agamemnon et d'Achille et de la catastrophe d'Ilion, dont la plaine s'étend sous leurs yeux, on n'en obtient pas de réponse. Tout ce qu'ils savent en fait d'histoire des temps passés, c'est que les Russes, à la fin du siècle dernier, ont fait une descente dans l'île, alors assez florissante, et devenue misérable depuis les ravages de cette invasion. Le peuple grec a presque entièrement oublié ses antiquités, à la connaissance desquelles on est si familiarisé dans notre Occident. En Grèce il n'y a qu'un petit nombre de lettrés qui s'en souviennent et qui puissent en parler raisonnablement ; dans ce pays tout est ruiné, tout est détruit, dans la mémoire des hommes comme sur la surface du sol. Quant à ces petits mécomptes du touriste qui veut retrouver dans la réalité tous les décors du théâtre de la poésie antique, c'est une juste punition d'une curiosité indiscrète. En voyage, il ne faut pas y regarder de trop près avec les poëtes, ni leur demander ce qu'on n'est en droit d'attendre que des historiens et des géographes. Qu'on lise leurs fictions dans le même esprit avec lequel elles ont été composées, sans trop s'embarrasser de ces vérifications exigeantes qui souvent préparent au voyageur lettré de fâcheuses déceptions.

ÉTABLISSEMENT DES ÉOLIENS A TÉNÉDOS (1210). — Détruite par les Grecs, Ténédos fut plus tard repeuplée et relevée par eux. Vingt ans avant le retour des Héraclides dans le Péloponnèse, l'an 1210 avant l'ère chrétienne selon la chronologie de Larcher, commença l'émigration éolienne. La première expédition fut conduite par Pisandre, un des principaux citoyens de Lacédémone, et même par Oreste, que Pindare lui associe, et qui aurait conduit « sur les rives de Ténédos une troupe éolienne aux armes d'airain (1). » Mais il est certain qu'Oreste mourut en Arcadie, dans un âge très-avancé, et paisible possesseur du trône de ses pères. Reste Pisandre, qui seul colonisa Ténédos et en fit une cité éolienne. « Hellanicus, dans le premier livre de ses *Éoliques*, parlait de l'émigration de Pisandre, sur laquelle il ne nous reste plus d'autres documents que ceux que je viens de citer d'après Pindare et son scoliaste. Cependant Ténédos fut toujours, dès cette époque, comptée au nombre des colonies éoliennes ; les fragments publiés par Hudson lui donnent l'épithète d'éolienne ; Denys le Périégète applique spécialement à cette île aussi bien qu'à celle de Lesbos le titre d'îles des Éoliens ; et son commentateur dit que Ténédos renfermait une ville éolienne, témoignage qu'il avait tiré d'Hérodote (2). »

L'émigration éolienne continua à se porter du côté où elle avait pris sa première direction. Pendant un siècle elle versa une nombreuse population grecque sur les côtes de la Mysie et dans les îles voisines. Ainsi se forma l'amphictyonie éolienne, qui se composait de Ténédos, la plus ancienne de toutes, des cinq villes de Lesbos, de la capitale des Hécatonèses, de Temnos, Cilla, Notium, Ægirœssa, Pitana, OEges, Myrine et Gryneum sur le continent. Les assemblées générales de ces villes qu'Hérodote appelle Αἰολέων πόλεις ἀρχαῖαι, les anciennes villes des Éoliens, se tenaient dans le temple d'Apollon Grynéen (3). Les autres cités éoliennes postérieures à la fondation de cette amphictyonie n'y furent jamais admises.

ÉTAT DE TÉNÉDOS DEPUIS LE SIXIÈME SIÈCLE JUSQU'A L'ÈRE CHRÉTIENNE. — Après l'époque de l'établissement des Éoliens, Ténédos ne reparaît dans l'histoire qu'au sixième siècle, au temps où la domination des Perses s'établit sur les Grecs d'Asie Mineure et des îles. Les Éoliens avaient pris part à la révolte d'Ionie ; les habitants des

(1) Michaud et Poujoulat, III, 267 ; Dapper, *Description*, etc., p. 238.

(1) Pind., *Ném.*, XI, 44 ; et le Scol.
(2) Raoul-Rochette, *Col. Grecq.*, II, 446 ; Hérodote, I, 151.
(3) Raoul-Rochette, *Col. Grecq.*, III, 44.

îles avaient soutenu l'insurrection des villes du continent, auxquelles les unissaient les liens de leurs amphictyonies. Les îles échappèrent à la conquête de Cyrus, qui ne possédait point de marine; mais leur liberté succomba après la bataille de Lada, où les Perses furent vainqueurs. Darius avait à sa disposition les forces de la marine phénicienne. Il existait une antique rivalité entre les Phéniciens et les Grecs, qui se disputaient depuis tant de siècles le commerce de la Méditerranée. Grâce à ces divisions, les Perses, nation purement continentale, purent assujettir et contenir l'un par l'autre ces deux peuples commerçants. Quand la révolte de l'Ionie eut été comprimée (498), la flotte des Perses se répandit sur les côtes d'Asie, et enveloppa toutes les Sporades. Ténédos fut prise dans ce grand coup de filet (1). Elle suivit Xerxès dans son expédition contre les Grecs et fournit son contingent dans les quarante navires que lui envoyèrent les Éoliens asiatiques (2). Après les batailles de Salamine et de Mycale, elle fit partie de l'empire maritime fondé par les Athéniens, qui bientôt comprit mille cités de l'Europe, de l'Asie et des îles. Ces villes étaient de trois sortes : 1° les villes sujettes, 2° les villes alliées, 3° les colonies. Ténédos était de la première classe, et fut assujettie à un tribut (3). C'est sans doute à cette époque que se rapporte la médaille de Ténédos où l'on voit l'empreinte d'une chouette. Les Ténédiens restèrent fidèles aux Athéniens pendant toute la guerre du Péloponnèse; ils leur dénoncèrent la révolte de Lesbos, ils fournirent des contingents pour l'expédition de Syracuse. Soumise aux Lacédémoniens après la chute d'Athènes, Ténédos rentra dans la confédération athénienne en 378. Sparte, qui avait alors sur les bras à la fois Thèbes du côté de la terre et Athènes du côté de la mer, perdit son double empire continental et maritime. Dans ce conflit, Ténédos fut ravagée par Nicoloque, lieutenant du Spartiate Antalcidas, qui tira de cette île une grosse contribution. Les généraux athéniens accoururent de Thasos et de Samothrace pour la secourir (1); mais ils ne purent arriver à temps : Nicoloque avait regagné Abydos, après avoir fait aux insulaires tout le mal qu'il avait pu.

Déjà affaiblie par la guerre sociale (358) (2), la domination d'Athènes sur les îles d'Asie fut tout à fait renversée par les progrès de la Macédoine et l'expédition d'Alexandre en Asie. Les Ténédiens se donnèrent à ce prince, et consacrèrent des stèles en son honneur. Pendant la diversion que le Rhodien Memnon fit dans la mer Égée, pour la replacer sous l'autorité du grand roi, Ténédos fut reprise par les Perses (3). La mort de Memnon fit échouer cette tentative, si habilement conçue, et Alexandre apprit en Égypte que Ténédos, qui n'avait cédé aux Perses qu'à contre-cœur, s'était replacée sous sa domination (4).

Il est difficile de dire précisément quelle fut la condition de Ténédos pendant les conflits suscités par l'ambition et les rivalités des successeurs d'Alexandre. Comme la plupart des îles de la côte d'Asie, elle parvint sans doute à conserver sa liberté civile et intérieure, tout en subissant le patronage des rois qui s'emparèrent successivement de la domination des contrées occidentales de l'Asie Mineure, les Seleucides d'abord, et ensuite la dynastie de Pergame. Au temps où les Romains commencent à se mêler des affaires des Grecs asiatiques, Ténédos paraît entraînée dans le mouvement général qui portait ceux-ci vers un peuple dont ils attendaient leur délivrance. Il est plus d'une fois fait mention de cette île dans les guerres maritimes par lesquelles se prépara la chute des dynasties de Macédoine et de Syrie (5). Sa position y attirait souvent les escadres des puissances belligérantes, et son port recevait continuellement les navires des Romains, des Rhodiens et des rois de Pergame.

Après la formation de la province

---

(1) Hérodote, VI, 31.
(2) Diod. Sicul., XI, 3.
(3) Thucydide, VII, 57.

(1) Xénoph., Hellen., V, 1.
(2) Voyez plus haut, p. 110.
(3) Arrien, Exp. d'Al., II, 2, 2.
(4) Id., Ibid., III, 2, 3.
(5) Polybe, XVI, 34, 1; XXVII, 6, 15; Tite-Live, XXXI, 16; XLIV, 28.

d'Asie (129), Ténédos fut à la disposition des Romains, qui ne lui laissèrent qu'une ombre de liberté. Verrès, qui dévasta tout l'archipel, comme un pirate, extorqua aux Ténédiens des sommes d'argent considérables, et leur enleva, malgré leurs supplications et leur désespoir, la statue de Ténès, héros fondateur de leur cité, qui était un chef-d'œuvre de sculpture (1). C'est près de Ténédos que peu de temps après, en 73 avant J.-C., Lucullus détruisit une partie de la flotte que Mithridate envoyait en Italie au secours de Spartacus (2), et dont il acheva le reste auprès de Lemnos; exploit que Cicéron célèbre en termes magnifiques. On sait encore par Cicéron que les Ténédiens adressèrent des réclamations à Rome pour obtenir le maintien de leurs immunités, souvent violées sans doute par les gouverneurs romains, comme le prouve la conduite de Verrès. « La liberté des Ténédiens, dit-il dans une lettre à Quintus, a donc été tranchée à la ténédienne, par la hache ! Excepté Bibulus et moi, Calidius et Favonius, personne n'a dit un mot pour eux (3). » Cette allusion, suffisante pour le frère de Cicéron, qui était au courant des affaires de Ténédos, est incomplète pour nous, et nous laisse incertains sur la décision prise par le sénat au sujet des réclamations de cette cité. Mais peu importe notre ignorance sur ce point : la sujétion de Ténédos nous apparaît ici tout entière, et bien longtemps avant d'être déclarée, avec les autres îles, sous Vespasien, province de l'empire, Ténédos était, comme elles, à la discrétion du peuple romain, devenu par sa politique et ses armes le protecteur et le maître de tous les Grecs du continent et des îles.

TÉNÉDOS APRÈS L'ÈRE CHRÉTIENNE. — Le premier évêque connu de Ténédos est Diodore ou Dioscore, qui assista au concile de Sardique (347), assemblé sous la protection de l'empereur Constant, et où l'on condamna l'arianisme. Au siècle suivant Anastase, évêque de Ténédos, se signale par son zèle à combattre l'hérésie de Nestorius, qui distinguait en Jésus-Christ deux personnes comme deux natures, et niait l'union substantielle de la divinité et de l'humanité dans le Sauveur. Au concile de Chalcédoine (451,) qui condamna Eutychès, auteur de l'hérésie des monophysites, paraît l'évêque Florentius, dont la juridiction s'étendait à la fois sur Ténédos, Lesbos, et d'autres Églises voisines (1). Ce diocèse dépendait de la province ecclésiastique de Rhodes.

Au sixième siècle, l'empereur Justinien fit construire à Ténédos un magasin pour y déposer les blés apportés d'Alexandrie, lorsque les vaisseaux qui en étaient chargés seraient arrêtés par les vents contraires à l'entrée de l'Hellespont. Ce magasin était un vaste bâtiment de deux cent quatre-vingts pieds de long sur quatre-vingt-dix de large. Par ce moyen les cargaisons faites dans les ports d'Égypte risquaient moins de se perdre, et le grain se conservait sans avarie jusqu'à ce qu'il pût être transporté dans la capitale.

Dans la suite, Ténédos éprouva différentes vicissitudes pendant les troubles du Bas-Empire. Elle fut souvent saccagée par les pirates qui infestèrent si longtemps l'Archipel ; les Arabes ne l'épargnèrent pas dans leurs courses ; les Vénitiens s'en emparèrent après la quatrième croisade ; Vatace la leur reprit. Elle fut ensuite exposée aux incursions des Turcs, qui sous le règne d'Othman, en 1307, commencèrent à dévaster toutes les îles de la Méditerranée, depuis le Bosphore jusqu'au détroit de Gibraltar (2).

Néanmoins Ténédos resta jusqu'au quinzième siècle au pouvoir des chrétiens. En 1353, Jean Paléologue Ier, chassé de Constantinople par Jean Cantacuzène, se réfugia dans l'île de Ténédos avec son second fils, Manuel, et sa femme, Hélène. Cantacuzène avait résolu de dépouiller les Paléologues et d'assurer le trône à sa maison. Il fit proclamer empereur son fils Matthieu ; mais il fallait qu'il fût couronné par le patriarche de Constantinople, et l'on connaissait l'attachement de Calliste au jeune Paléologue. Néanmoins, Cantacuzène essaya de le gagner ; il lui envoya une députation, dont faisait partie Josèphe, évêque de Ténédos. Mais rien ne put ébranler

---

(1) Cic., *Verr.*, I, 19.
(2) Id., *Pro Mur.*, 15 ; *pro Arch.*, 9.
(3) Id., *ad Quint.*, II, 11.

(1) Lequien, *Or. Christ.*, t. I, col. 948.
(2) Hammer, *Hist. des Ottom.*, t. I, p. 92.

Calliste. « Puisque vous êtes si opiniâtre, lui dit l'évêque d'Aïnos, il ne reste plus qu'à nommer un autre patriarche. — C'est tout ce que je souhaite, répliqua avec vivacité l'inflexible prélat. » Calliste fut déposé par une assemblée d'évêques dévoués à Cantacuzène; car cette Église grecque, qui ne voulait pas se réunir au saint-siège, était à la merci du pouvoir temporel. Le patriarche déposé se retira à Ténédos, auprès du prince pour lequel il s'était sacrifié.

Deux ans après, Jean Paléologue rentrait triomphant à Constantinople, et Cantacuzène s'enfermait volontairement dans un monastère (1355). En quittant Ténédos, Paléologue en avait confié le gouvernement à un Italien appelé Martin. Or, les Grecs voyaient avec jalousie les Latins s'établir dans leur île et y devenir plus riches et plus puissants qu'eux. L'un des principaux Grecs de Ténédos, Pergamène, engagea ses compatriotes à se révolter contre l'empereur pour se débarrasser des Latins. Au premier bruit de cette conspiration, Jean Paléologue équipa plusieurs galères, et fit voile vers Ténédos. Dès qu'il parut, tout rentra dans l'ordre; les habitants se soumirent, et livrèrent Pergamène, que l'empereur envoya à Thessalonique pour y être renfermé dans une étroite prison. Jean Paléologue resta dans l'île pendant quelque temps, pour y éteindre jusqu'aux dernières étincelles de la rébellion (1).

Cependant ces dissensions des princes grecs avaient favorisé les progrès des Turcs. Cantacuzène les avait appelés en Europe : ils dominaient sur les deux rives de l'Hellespont; le commerce des Italiens était menacé de perdre ses voies de communication. Les Vénitiens voulaient au moins s'assurer Ténédos, qui était à la fois un rempart contre les Turcs et un établissement très-propre à protéger leur commerce dans l'Archipel et dans la mer Noire. Ils chargèrent Nicolo Faliero, leur bayle ou consul à Constantinople, de proposer à l'empereur de leur céder Ténédos. Mais Jean Paléologue ne voulut point consentir à cette cession, quelque avantageuses que fussent les offres qui lui furent faites

(1) Lebeau, *Hist. du Bas-Empire*, l. CXIV, t. XX, p. 326.

(1364); mais peu de temps après il se vit forcé d'abandonner cette île, sans compensation. Renversé du trône par une révolte de son fils Andronic, et jeté en prison, Jean Paléologue s'était adressé pour trouver les moyens de recouvrer sa liberté au Vénitien Carlo Zeno. Venise était particulièrement intéressée à cette délivrance; car la rébellion du jeune Andronic était soutenue par les Génois, dont elle favorisait les intérêts commerciaux (1377). Pour stimuler le zèle de Carlo Zeno, l'empereur captif lui envoya un diplôme signé de sa main, par lequel il cédait aux Vénitiens cette île de Ténédos, dont ils convoitaient la possession depuis si longtemps, et qu'il avait refusé de leur vendre à des conditions avantageuses. Il y avait alors à Constantinople une escadre de dix galères, chargée d'escorter le convoi des marchandises de la mer Noire et commandée par Marc Justiniani. Dès que Carlo Zeno lui eût remis la concession impériale, Justiniani se hâta de cingler vers Ténédos. L'officier grec qui commandait dans l'île ne fit aucune difficulté de la livrer, en voyant la signature de l'empereur son maître. Justiniani établit dans la capitale de l'île une forte garnison; puis il remit à la voile pour Venise. Le sénat vénitien fit équiper des renforts, et décida que Carlo Zeno et Antonio Venieri seraient chargés du gouvernement et de la défense de cette importante acquisition.

Cependant les Génois de Galata, apprenant ce qui venait de se passer, en conçurent de vives inquiétudes. Ils sentaient que les Vénitiens, devenus maîtres de Ténédos, pourraient profiter de la position de cette île pour leur intercepter toute communication, non-seulement avec Gênes, leur métropole, mais encore avec presque toutes les nations de l'Europe, et que leur commerce en souffrirait un préjudice inappréciable. Ils se concertèrent avec Andronic, qui avait aussi de vifs ressentiments contre les Vénitiens. On équipa une flotte de vingt-deux galères; Andronic en prit le commandement, et vint mettre le siége devant Ténédos (novembre 1377). Mais la bravoure de Carlo Zeno et de ses soldats lui fit éprouver de telles pertes, qu'il fut bientôt obligé de se rembarquer honteusement avec ses alliés les Génois (1). Mais ceux-ci ne se tinrent pas pour battus; la guerre continua entre Gênes et Venise, et devint générale. Gênes se dédommagea de son échec sur Ténédos par la prise de Famagouste; elle pressa si vigoureusement les hostilités, que Venise se vit à deux doigts de sa perte. Mais Victor Pisani sauva sa patrie par la victoire de Chiozza (1380), qui détermina les Génois à consentir à la paix. Elle fut conclue à Turin, au mois d'août 1381, sous la médiation du comte de Savoie. Par ce traité Venise gardait Ténédos; mais elle était obligée d'en démolir les fortifications. Ce ne fut que deux ans après que cette convention de la paix de Turin reçut une entière exécution (2).

Ténédos fut enlevée aux Vénitiens par Mahomet II. Ils ne désespérèrent pas de la recouvrer. Pendant la guerre de Candie, la flotte vénitienne reparut dans l'Archipel, et s'empara en 1656 de Ténédos, après un siège de quatorze jours. L'Hellespont fut bloqué : le prix des vivres renchérit subitement à Constantinople; l'oque de riz monta à cent cinquante aspres, et le prix de toutes les denrées suivit une progression proportionnée (3). Les Turcs équipèrent une flotte de trente-deux galères pour débloquer les Dardanelles et reprendre Ténédos; mais à deux reprises différentes un furieux vent du Nord les empêcha de prendre terre, et ils ne purent rien faire de toute l'année. Ce ne fut qu'en 1657 qu'ils purent forcer le Vénitien Loredano, qui défendait la place avec une garnison de sept cents hommes, à se rendre à composition. Depuis ce temps Ténédos ne sortit plus des mains des Ottomans. Les Grecs de cette île ne prirent pas part à la guerre de l'indépendance : Ténédos resta la principale station navale des Turcs pendant cette guerre; mais le 9 novembre 1822 leur flotte y fut incendiée par Canaris.

« Nous étions deux brûlots pour l'expédition de Ténédos, disait Canaris à un capitaine anglais qui l'interrogeait sur cet exploit, un Hydriote et moi. Les garde-côtes de Ténédos nous voient sans défiance doubler un des caps de l'île. Nous portions pavillon turc, et paraissions fuir la poursuite de quelques bâtiments grecs. Obligés de passer entre la terre et les vaisseaux turcs, il me fut impossible de m'accrocher comme la première fois au bossoir de l'amiral. Je profitai donc du mouvement de la vague pour faire entrer mon beaupré dans un des sabords du navire turc, et dès qu'il fut ainsi engagé, j'y mis le feu en criant aux Ottomans : *Cornus, vous voilà brûlés comme à Chios!* La terreur se répandit aussitôt parmi eux; fort heureusement, car mon brûlot ne s'étant pas bien enflammé, je remontai à bord pour y mettre une seconde fois le feu, et je pus me retirer dans mon canot sans aucun danger, car ils ne tirèrent pas même un coup de fusil. » Le vaisseau amiral s'embrasa avec une telle rapidité, que de plus de deux mille hommes qui le montaient, le capitan-pacha et une trentaine des siens parvinrent seuls à se dérober à la mort. Cependant, le second brûlot, commandé par l'Hydriote Cyriaque, mettait le feu à l'un des plus gros navires de la flotte turque; les canons, qui s'échauffent, tirent successivement ou par bordées, et quelques-uns, chargés de boulets et d'obus, propagent l'incendie. Les soldats de la forteresse, croyant les Grecs entrés dans le port de Ténédos, canonnent les vaisseaux musulmans. Ceux-ci sortent confusément de la rade, se brisant, s'incendiant les uns les autres. Dans le canal de Ténédos, ils sont assaillis par une violente tempête. Pendant que les

---

(1) Lebeau, *Hist. du Bas-Empire*, l. LXV, t. XX, p. 415, 448.

(2) On trouve dans le sixième volume des *Libri dei Patti* sept pièces relatives à la démolition des fortifications de Ténédos. Le traité de Turin sert de base à tous ces documents, qui sont publiés dans le dixième volume de l'*Histoire des Ottomans* de M. de Hammer, comme pièces justificatives. Le recueil des *Libri Pactorum* ou *Libri commemoralium*, désignés plus communément sous les noms de *Patti* ou *Commemoriali*, se trouve à Venise, dans les archives qui occupent les dépendances de l'ancien couvent de *Santa Maria gloriosa de' Frari*. Il se compose de neuf volumes in-fol. dont M. de Mas-Latrie vient de publier récemment le catalogue. Voyez *Archives des Missions scientifiques*, juin 1851.

(3) Hammer, *Hist. des Ottom.*, X, 393; Dapper, p. 239.

Turcs se débattaient au milieu des flammes et des flots, les équipages des brûlots, formant un total de dix-sept hommes, assistaient à la destruction de la flotte du sultan. Les deux vaisseaux incendiés par les brûlots sautèrent avec un épouvantable fracas; deux frégates et une corvette, abandonnées de leurs équipages, furent emportées par les courants jusqu'aux atterrages de Paros; d'autres périrent, corps et biens; deux autres frégates et douze bricks firent côte sur les plages de la Troade. « O Ténédos ! Ténédos! s'écrie Pouqueville (1), s'exaltant par le récit de cette œuvre de destruction, ton nom rendu célèbre par la lyre d'Homère et de Virgile, ne peut plus être oublié quand on parlera de la gloire des enfants des Grecs. » Quant aux Grecs de Ténédos, ils restèrent entièrement étrangers à cet enthousiasme, et ne bougèrent pas plus qu'auparavant. Leur île demeura sous la domination des Turcs.

(1) *Hist. de la Régénération de la Grèce*, l. IX, c. 1, t. IV, p. 221.

Lorsque MM. Michaud et Poujoulat visitèrent l'Orient, en 1830, ils trouvèrent les Ténédiens très-satisfaits de leur condition. « Les Grecs de Ténédos ne ressemblent point à ceux que nous avions vus sur les côtes d'Asie; la révolution de Morée ne les occupe point; ils paraissent plus tranquilles et plus heureux. Il y a quelques mois que la Porte a mandé à Stamboul quatre primats de Ténédos, pour savoir si les Grecs avaient des plaintes à former; les primats ont répondu que la population grecque de l'île était contente du gouvernement (1). » Ces gens-là, du reste, sont fort pauvres. Ils n'ont aucun genre d'industrie; ils vivent du commerce de leurs vins, et quand leurs vendanges sont finies, ils n'ont plus rien à faire, et ils passent leur temps au café. Mais enfin si chétive que soit leur existence, ils ont le bon esprit de s'en contenter, et cela vaut mieux pour leur bonheur que toutes les richesses qu'ils n'ont pas.

(1) *Corresp. d'Orient*, t. III, 268.

ILES DE LA PROPONTIDE.

Après Ténédos, si l'on se dirige vers le Nord, en longeant la Troade, on aperçoit sur la gauche un petit groupe d'îles basses, que les anciens appelaient les Calydnes ou les Laguses, et que les vieilles cartes marines désignaient sous le nom d'îles Mavarea, Mauria, ou Mauros. Elles sont nommées dans des cartes plus récentes Taouchan-Adassi ou îles des Lapins, traduction du nom de Laguses, que les anciens leur avaient donné pour désigner les seuls habitants qu'on y trouve (1). « Puis l'Hellespont prend son essor; la mer presse la terre, battant de son flot tourbillonnant la barrière qui l'arrête, et arrachant l'Europe de l'Asie » (2). L'Hellespont est ce détroit qui met en communication la mer Égée et la Propontide, autrement dites l'Archipel et la mer de Marmara. On l'appelait encore détroit de Gallipoli, ou bras de Saint-Georges; mais aujourd'hui on le désigne communément par le nom de détroit des Dardanelles. A l'entrée du détroit sont les caps Sigée en Asie, et Mastusia en Chersonèse de Thrace, aujourd'hui cap Janissari et cap Grego. Plus loin, le détroit se resserre et la côte d'Asie projette vers l'Europe le cap Trapeza, aujourd'hui cap Berbier, sur lequel était située la ville d'Abydos, vis-à-vis de Sestos, qui occupe la côte de Thrace. En cet endroit l'Hellespont n'a que sept stades de large (1288 mètres) (1). C'était là que s'effectuait ordinairement du temps des anciens le passage d'Europe en Asie; c'est là que Xerxès établit ce pont de bateaux sur le-

(1) Dapper, *Description de l'Archipel*, p. 239.
(2) Plin., *Hist. Nat.*, V, 40, 1.

(1) Plin., *Hist. Nat.*, IV, 18, 11.

quel son immense armée franchit ce bras de mer qu'il a appelé si justement *une rivière salée*. Les anciennes Dardanelles occupent l'emplacement de Sestos et d'Abydos. Plus tard à l'entrée du détroit, sous Mahomet IV, au milieu du dix-septième siècle, les Turcs construisirent les nouvelles-Dardanelles, ou château d'Europe et château d'Asie, afin de compléter la défense de ce détroit qui ouvre aux flottes ennemies le chemin de Constantinople. En 1717 Alexis Orloff, qui venait de brûler la flotte des Turcs à Tchesmé et de détruire le château de Ténédos, voulut forcer les Dardanelles. Elles furent défendues par un Français, le baron de Tott, qui fit élever de nouvelles fortifications sur les deux rives du détroit. Néanmoins tous ses travaux de défense sont réputés peu formidables; et c'est dans le droit des gens et dans la politique du système européen, qui interdit le détroit aux navires de guerre, que réside la vraie garantie de l'inviolabilité des Dardanelles.

Les rives de l'Hellespont présentent une suite d'admirables points de vue. « Rien n'est au-dessus de l'aspect que nous avions le soir, dit Dallaway, du lieu où notre vaisseau était à l'ancre, et d'où nous voyions les deux châteaux opposés. L'air était doux comme dans le printemps, et les feuilles des arbres commençaient à revêtir leur couleur d'automne. Environ une lieue au-dessus des châteaux, le canal tourne si considérablement et sa direction est tellement dissimulée, qu'on croit voir un lac immense dont les bords sont garnis de villes et de villages avec leurs tours et leurs minarets; des vignobles et des troupeaux de chèvres sont répandus sur les pentes des montagnes; enfin l'on aperçoit tous les accidents de la scène la plus pittoresque. Dans le centre est une belle baie, dont les eaux semblent enfermées par le promontoire, de sorte qu'on n'aperçoit pas qu'elles débouchent dans la mer de Marmara. En cet endroit l'épithète de large Hellespont, qu'Homère donne au détroit, peut n'être pas considérée comme une licence poétique, surtout si on l'entend d'une largeur relative et comparée.... A mesure que le vent nous favorisait, nous avancions dans notre voyage. Nous observions que la côte d'Asie était la mieux cultivée et la plus agréable pour la variété de la verdure et la beauté de ses contours formés en quelque sorte par les racines du mont Ida se prolongeant jusqu'à la mer (1). »

Voici, selon Pline, quelles sont les îles de la Propontide. « En face de Cyzique, Élaphonnesus, d'où vient le marbre de Cyzique, appelée aussi Nébris et Proconnesus; puis Ophiuse, Acanthus, Phœbé, Scopelos, Porphyrione, Halone avec une ville; Delphacia, Polydora, Astacæon, avec une ville; — en face de Nicomédie, Demonnésos; au delà d'Héraclée, en face de la Bithynie, Thynias, que les barbares appellent Bithynia; Antiochia en face de l'île du Rhyndacus, Besbicus, de dix-huit mille pas de tour; Élæa, les deux îles Rhodussa, Érébinthodes, Mégalé, Chalcitis, Pityodes (2). »

ÎLE DE PROCONNÈSE.

De toutes ces îles, dont plusieurs sont aujourd'hui inhabitées, oubliées et sans nom, la plus considérable est l'ancienne Proconnèse, que l'on appelle maintenant Marmora ou Marmara. Scylax distingue Proconnèse d'Elaphonèse, île voisine, plus petite et plus rapprochée de la côte. Strabon signale deux Proconnèses, l'ancienne et la nouvelle, mais on ne sait pas bien s'il entend parler de deux villes ou de deux îles différentes (3). Quoi qu'il en soit, l'île actuelle de Marmara est située à l'entrée de la Propontide, à qui elle a donné aujourd'hui son nom, et se présente sur la droite au navigateur qui débouche des Dardanelles, comme une masse de rochers escarpés. Cette île est assez fertile, mais peu habitée. Elle était renommée dans l'antiquité pour ses abondantes carrières de marbre, qui fournirent à la construction de tant d'édifices (4), et d'où on tira tout le marbre qui fut employé dans les monuments de Constantinople.

Au septième siècle avant l'ère chrétienne, Proconnèse reçut une colonie

---

(1) Dallaway, *Constantinople*, etc., II, 210.
(2) Plin., V, 44.
(3) Strab., XIII; Tauchn., III, 92.
(4) Plin., XXXVI, 6; XXXVII, 70.

milésienne, comme toutes les villes des côtes voisines, Cyzique, Priapus, Abydos, Percote, etc. Plus tard elle fut occupée par une colonie athénienne, dont l'établissement nous est attesté par le grand Étymologue (1). Après la répression de la révolte des Ioniens, Proconnèse fut prise et brûlée par les Phéniciens de la flotte de Darius (2). Après la guerre médique, elle fit partie de l'empire maritime des Athéniens; mais son histoire se perd au milieu des événements généraux de l'histoire grecque.

Proconnèse est la patrie d'Aristée, poëte épique qui avait voyagé chez les Scythes et qui avait composé un poëme en trois livres sur la guerre des Arimaspes avec les Gryphons, peuples du Nord de l'Europe au sujet desquels Aristée débita et accrédita beaucoup de fables. « Aristée de Proconnèse, fils de Caystrobius, dit Hérodote (3), écrit, dans son poëme épique, qu'inspiré par Phébus, il alla jusque chez les Issédons; qu'au-dessus de ces peuples on trouve les Arimaspes, qui n'ont qu'un œil; qu'au delà sont les Gryphons qui gardent l'or, etc.... On a vu de quel pays était Aristée, ajoute l'éminent conteur, mais je ne dois pas passer sous silence ce que j'ai ouï raconter de lui à Proconnèse et à Cyzique. Aristée était d'une des meilleures familles de son pays; on raconte qu'il mourut à Proconnèse, dans la boutique d'un foulon où il était entré par hasard; que le foulon ayant fermé sa boutique, alla sur-le-champ avertir les parents du mort; que ce bruit s'étant bientôt répandu par toute la ville, un Cyzicénien, qui venait d'Artacé, contesta cette nouvelle, et assura qu'il avait rencontré Aristée allant à Cyzique et qu'il lui avait parlé; que pendant qu'il soutenait son dire avec force, les parents du mort se rendirent à la boutique du foulon avec tout ce qui était nécessaire pour porter le défunt au lieu de la sépulture; mais que lorsqu'on eut ouvert la maison, on ne trouva Aristée ni mort ni vif; que sept ans après il reparut à Proconnèse, il y fit ce poëme épique que les Grecs appellent maintenant Arimaspies,

(1) Raoul Rochette, *Col. Grec.*, III, 254.
(2) Hérodote, VI, 33.
(3) Id., IV, 13, suiv.; Plut., *Rom.*, 28.

et qu'il disparut pour la seconde fois. » Ce n'est pas tout, trois cent quarante ans après cette seconde disparition, Aristée vivait encore, et Hérodote retrouva la trace de son passage chez les Grecs d'Italie. « Les Métapontins content, dit-il, qu'Aristée leur ayant apparu leur commanda d'ériger un autel à Apollon, et d'élever près de cet autel une statue à laquelle on donnerait le nom d'Aristée de Proconnèse; qu'il leur dit qu'ils étaient le seul peuple des Italiotes qu'Apollon eût visité; que lui-même, qui était maintenant Aristée, accompagnait alors le Dieu sous la forme d'un corbeau, et qu'après ce discours il disparut. Les Métapontins ajoutent qu'ayant envoyé à Delphes demander au Dieu quel pouvait être ce spectre, la Pythie leur avait ordonné d'exécuter ce qu'il leur avait prescrit, et qu'ils s'en trouveraient mieux; et que sur cette réponse, ils s'étaient conformés aux ordres qui leur avaient été donnés. On voit encore maintenant sur la place publique de Métaponte, près de la statue d'Apollon, une autre statue qui porte le nom d'Aristée, et des lauriers qui les environnent. Mais en voilà assez sur Aristée. »

Ce fut pendant le moyen âge que Proconnèse prit le nom de Marmara ou Marmora, qu'elle donna aussi à la Propontide. On a pensé qu'elle fut ainsi appelée à cause de ses carrières de marbre. Selon d'autres, ce nom lui vint de Georges Marmora, prince de la famille des Comnènes, à qui la souveraineté de Proconnèse fut concédée en 1224 par Emmanuel Comnène, despote et duc de la Morée. Les lettres patentes contenant cette investiture méritent d'être rapportées. En voici la traduction telle qu'on la trouve dans le livre de Dapper (1).

Emmanuel Comnène, par la grâce du Dieu tout-puissant duc du Péloponnèse, despote de Romanie et défenseur de l'empire des Grecs :

Sachant qu'il n'y a rien de si juste que de prendre soin que ceux qui exécutent avec fidélité et avec zèle les ordres des Princes et des Rois, et les servent suivant les désirs de leur cœur, en soient récompensés par toutes sortes d'honneurs et de présents; et principalement ceux qui, s'exposant à toutes sortes

(1) *Descript. des Îles*, p. 491.

de dangers durant le cours d'une cruelle guerre, n'ont point épargné leur vie, et ont passé leur jeunesse au service de leur empereur dans la guerre qu'il avait à soutenir contre des ennemis barbares et infidèles : c'est aussi ce que nous faisons, honorant de présents ceux qui nous ont assisté de tout leur pouvoir, dans la guerre qu'on avait entreprise contre nous, partout où la nécessité de nos affaires l'a demandé.

Ayant donc reconnu que le principal instrument dont Dieu s'est servi pour notre défense a été le très-noble et très-magnanime seigneur George Marmora, le plus illustre rejeton de noble race; ce seigneur généreux, honorable, vertueux et célèbre par son courage, qui est rempli de prudence, de sagesse et de la connaissance des belles choses, qui a souvent méprisé la mort en s'exposant volontairement à divers périls pour le bien de notre empire, et principalement lorsque, étant accouru en toute diligence à notre secours, nous obtînmes sur les Français cette célèbre victoire par laquelle nous les chassâmes de notre ville capitale et de toutes les terres de notre empire: nous lui cédons pour jamais l'île de Proconnèse, avec toutes ses places et contrées; en outre, une autorité absolue, et puissance de vie et de mort sur tous ceux qui y habitent, et inspection sur toutes choses selon son bon plaisir, sans aucun empêchement, et sans qu'aucun des habitants s'y puisse jamais opposer, ou demander compte ou exiger de pension. Mais nous la lui donnons, afin qu'il en jouisse en propre, et ses descendants après lui, comme s'il en était le premier fondateur. Nous avons même d'autres raisons de lui faire ce présent; en ce que le très-clément empereur Emmanuel de glorieuse mémoire donna cette île à très-noble et très-magnanime seigneur Jean Comnène, grand-père de George susnommé; ce qu'il fit graver sur une médaille d'or, avec certaines réserves et obligation de le secourir dans tous ses besoins et dans toutes les guerres qu'il aurait à soutenir. C'est pourquoi nous voulons aussi à présent faire la même chose, savoir qu'en temps de guerre quatre vaisseaux, que nous aurons fait bâtir, soient pourvus comme il faut de rameurs, de soldats et d'armes de l'île même, pour défendre l'empire et empêcher qu'il ne puisse être envahi par aucun ennemi.

Donné et scellé, comme de coutume, dans notre cour royale, et ratifié par une bulle d'or, délivrée au susdit George, le douzième du mois de juillet la septième indiction de l'année 6732, suivant les Grecs, et de la naissance de Notre-Sauveur 1224.

EMMANUEL COMNÈNE, duc.

Aujourd'hui Marmara n'est qu'un assez gros bourg, avec un bon port. Il y a dans l'île d'autres villages : Palatra et Camiato, environnés d'un paysage assez agréable et d'un aspect pittoresque; Klassaki, autre village de l'île, dont les habitants, tous Grecs, voulant se soustraire à la capitation, déclarèrent au siècle dernier qu'ils étaient prêts à se faire musulmans. Mais la Porte, ne voulant pas encourager les progrès de l'islamisme aux dépens du revenu public, et craignant les suites de cet exemple, a doublé leur imposition; décision, ajoute Dallaway (1), à qui j'emprunte ce fait, qui montre la connaissance que les Turcs ont du caractère des Grecs modernes. Ceux des Grecs qui sont employés dans les carrières de marbre jouissent de quelques exemptions, d'après la même politique qui est pratiquée dans l'île de Chio pour la population employée à la culture de l'arbre à mastic.

Selon Dapper, il y avait dans l'île de Marmara plusieurs couvents et ermitages qui pourraient bien passer en Europe pour des abbayes et des prieurés. Ces couvents et ces ermitages étaient habités par des caloyers qui y observaient une discipline fort rigoureuse.

ÎLES VOISINES DE MARMARA.

Marmara est la plus considérable d'un petit groupe d'îles situées en face du rivage de la Mysie et au nord-ouest de la presqu'île de Cyzique. Ces îles sont :

Avésia, qui est la plus grande après Marmara. Elle a un bourg principal du même nom, et deux autres bourgs, dont l'un s'appelle Aloni et l'autre Arabkioi, c'est-à-dire le bourg des Arabes, parce qu'il n'est habité que par des Arabes et leurs descendants. Avésia doit être l'île Halone de Pline; elle est située à l'ouest de la presqu'île de Cyzique, en face d'Artaki. Elle est désignée sur plusieurs cartes sous le nom d'île Liman-Pacha.

Coutalli, à l'ouest de la précédente, est d'une médiocre grandeur; elle a un village du même nom.

Gadaro, qui est la plus petite de toutes, a plusieurs bourgs et lieux habités, avec quelques couvents de caloyers. On y trouve en abondance du blé, du vin, des fruits, du coton, du bétail et des pâtu-

---

(1) *Constantinople*, etc., t. II, 215.

rages; la pêche y est aussi fort abondante. Cette mer entretient une grande quantité de poissons, dit Dapper (1); ce qui est un grand avantage pour les Turcs et pour les Grecs, qui se nourrissent beaucoup plus de poisson que de chair. On voit en été une grande quantité de ces poissons, et surtout de marsouins et de dauphins, nager par troupes au travers de la mer de Marmara pour se rendre dans la mer Noire, d'où ils reviennent pour passer l'hiver dans la mer de Marmara et l'Archipel.

Plus loin, vers l'est, l'on trouve l'île anciennement appelée Besbicus, aujourd'hui Kalolimni ou Calonimi. Pline la place à l'embouchure du Rhyndacus, et lui donne dix-huit mille pas de tour. Elle est vis-à-vis le cap Bouz-Bouroun, autrefois Posidium, qui sépare les deux golfes de Moudania et d'Ismid, autrefois golfe de Cia et golfe de Nicomédie. La mer jette sur les rivages de cette île et sur les côtes voisines une matière légère comme de l'écume, qu'on vend fort cher à Venise et en plusieurs autres endroits. On trouve aussi cette écume de mer dans les îles voisines de l'Hellespont, et les habitants d'Imbros et de Lemnos l'appellent en langue vulgaire *arkeli* (2).

ÎLES DES PRINCES.

C'est un groupe d'îles situées à l'autre extrémité de la Propontide, à l'entrée du Bosphore de Thrace, au sud-est de Constantinople. Les anciens les appelaient les îles Démonèses; dans la géographie moderne elles portent différentes dénominations : îles de Papas-Adassi ou Papadonisia, c'est-à-dire îles des Prêtres, à cause des nombreux couvents qui s'y trouvaient; îles des Princesses, parce que, dit-on, les princesses grecques de la famille impériale qui gardaient le célibat y avaient fondé des monastères et y embrassaient la vie religieuse, Isole-Rosse ou îles Rousses, dans de vieilles cartes marines italiennes; enfin îles des Princes, qui est le nom par lequel on les désigne communément aujourd'hui, et qui leur vient sans doute des fréquents séjours qu'y faisaient autrefois les princes des différentes dynasties qui régnèrent sur le Bas-Empire.

Des hauteurs de Galata, du Champ des Morts par exemple, les îles des Princes terminent fort agréablement un point de vue admirable; et quoique placées à douze milles de distance, on les aperçoit distinctement. Elles sont au nombre de quatre principales, entourées d'autres petits îlots, qu'on ne voit pas de là; et leur situation peut être dépeinte à un Anglais en lui disant qu'il n'a qu'à se représenter l'île de Wight vue de Portsmouth, partagée en quatre îles très-voisines les unes des autres (1).

Proté, la première, appelée Tinaki par les Turcs, est couverte de bruyères et sans culture. Elle a environ trois milles de tour; son port est comblé, et la ville ainsi que deux monastères sont détruits. L'île a deux hauteurs, l'une au nord, l'autre au midi. On y voit encore deux larges citernes, qui étaient à l'usage des couvents.

Plus bas, vers le sud, sont les îlots d'Oxya et de Platys. Oxya est un rocher pointu, plus élevé que les collines de Constantinople, et inaccessible dans la plus grande partie de sa circonférence. On y voit des citernes, des traces d'antique habitation; certains empereurs y construisirent un château, qui leur servit plus d'une fois de retraite dans les troubles de leur capitale. On y pêche en abondance des huîtres fort délicates. L'île de Platys, qui en est voisine, est basse et unie comme une plaine.

L'île Antigoni est presque aussi stérile que Proté, elle est formée de rochers, qui sont couverts d'arbousiers, de romarins et du lada ou sestus, qui porte la gomme appelée ladanum. On y voit, sur une hauteur, des ruines considérables,

---

(1) Dapper, *Description*, p. 491.
(2) Dapper, p. 498. On ne visite plus ces îles; je suis obligé de m'en tenir aux renseignements fournis par Dapper, qui vivait du reste dans un temps où ces parages étaient mieux connus qu'aujourd'hui. On manque d'une bonne description des îles de la Propontide et de leur état actuel. Ce serait une excursion facile à faire de l'école d'Athènes, si elle offrait assez d'intérêt littéraire et archéologique pour qu'on dût l'entreprendre.

(1) Tous ces détails sur les îles des Princes sont empruntés à Dallaway, t. II, p. 215, et à Dapper, p. 492. Voyez aussi dans les *Voyages* de Walpole, t. I, p. 84, et t. II, p. 7, des relations des docteurs Hunt et Sibthorp.

parmi lesquelles on distingue des arcades et le dôme d'une grande église.

A un mille plus loin on trouve Kalké, anciennement Chalcitis, ainsi nommée à cause d'une mine de cuivre autrefois en grande estime pour la qualité du métal. Selon Aristote, il y avait dans le temple d'Apollon à Sicyone une statue faite de ce métal. Étienne de Byzance appelle cette île Démonésus, nom que quelques-uns donnent à tout le groupe, et il dit qu'on y trouve du borax, de l'or et le coronarium, qu'on employait beaucoup en collyre pour les yeux. Pierre Gilles, voyageur français qui visita le Levant par l'ordre de François Ier, dit avoir vu à Kalké de grands morceaux de scories de cuivre et de borax, et conjecture qu'avec un examen attentif on retrouverait la mine d'or dont les anciens font mention. L'île de Kalké a trois grands monastères, qui étaient encore très-florissants à la fin du dernier siècle. Une température délicieuse, des vues variées à l'infini et toujours pittoresques, et, plus que cela, l'absence des Turcs, étaient des motifs suffisants pour y attirer beaucoup de Grecs riches, qui venaient y habiter de fort beaux appartements dans les bâtiments des couvents, pendant le printemps et l'été. C'est dans cette île que l'empereur Manuel passait l'été avec sa nièce Théodora. L'abbé Sévin visita ces monastères en 1729 pour y rechercher des manuscrits; et quoiqu'il en ait trouvé plus de deux cents, aucun n'avait trente feuilles entières de suite. De la montagne où est situé le monastère de la Sainte-Trinité, on a une vue admirable sur la mer, terminée par tout l'ensemble de Constantinople et du rivage opposé. La beauté de ce spectacle, surtout au coucher du soleil, est, dit Dallaway, au-dessus de toute expression par le discours et du pouvoir même du plus riche et du plus heureux pinceau. Près du grand monastère de Panagia, on remarque la tombe de sir Édouard Barton, le premier ambassadeur anglais à la Porte, envoyé par la reine Élisabeth, qui mourut dans cette île, le 25 décembre 1597, à l'âge de trente-cinq ans. Dapper a reproduit son épitaphe. Il est à croire que ce monument existe encore.

Prinkipo est la plus grande des îles de ce groupe et la plus éloignée vers le golfe de Nicomédie. Elle a pareillement ses couvents, ressemblant beaucoup aux autres dans leur plan et par leur belle situation sur les hauteurs. Elle a de plus l'avantage d'avoir un village plus peuplé, quelques bois et quelques vignobles. Ce sont des bois de pins, d'une assez grande étendue; on en fait du charbon et des cendres pour les engrais. C'est dans cette île que Nicéphore relégua l'impératrice Irène, qui s'y retira dans un couvent qu'elle avait fait construire. Prinkipo a soixante stades ou huit milles de tour; elle surpasse en hauteur toutes les îles circonvoisines.

Au commencement du dix-huitième siècle, sous Achmet III, le vizir Djin-Ali-Pacha, homme violent, proposa d'obliger tous les ministres étrangers à faire leur résidence dans les îles des Princes, au lieu d'habiter Péra; mais il ne put l'emporter sur leur résistance. C'est avec des vues plus nobles et plus utiles que Raghib-Pacha, vizir de Mustapha III, (1757) avait formé le projet d'établir un lazaret à Antigoni, où l'on aurait envoyé les malades attaqués de la peste, pour affaiblir les ravages de cette terrible maladie à Constantinople. Sa mort en 1765 a empêché l'exécution de ce plan salutaire.

Aujourd'hui les îles des Princes sont très-fréquentées par les Francs établis à Constantinople, qui y vont de temps en temps s'y divertir, ou s'y reposer du tracas des affaires. Tous les voyageurs s'empressent de visiter ce petit archipel, si gracieusement encadré entre les côtes de l'Europe et de l'Asie. Un service régulier de bateaux à vapeur rend facile et prompte cette traversée, qui n'est plus qu'une partie de plaisir, et qui autrefois, à cause des caprices d'une mer souvent agitée, dégoûtait par beaucoup de hasards et de lenteurs.

LES ROCHES CYANÉES.

Le Bosphore ou canal de Constantinople, qui conduit de la Propontide dans le Pont-Euxin ou mer Noire, se termine par deux promontoires, dont l'un, le cap Ancyreum, est situé en Asie, et l'autre, le cap Panium, forme la pointe de l'Europe. Près de ces deux caps se trouvent deux groupes de rochers, que les anciens appelaient les îles Cyanées ou Symplégades, et qui doivent une certaine célébrité aux poëtes qui ont chanté les aventures de Jason et des Argonautes.

Ces deux groupes de rochers sont très-rapprochés de chacun des deux continents, et sont séparés par un assez large intervalle, de sorte que s'ils offrent quelques dangers, ils ne sont pas un obstacle à la navigation. Les Cyanées d'Asie, qui sont près du Fanal, ne sont autre chose que les pointes d'une île ou d'un écueil séparé de la terre ferme par un petit détroit, lequel reste à sec quand la mer est calme et se remplit d'eau à la moindre bourrasque. Alors, dit Tournefort (1), on ne voit que la pointe la plus élevée de l'écueil, les autres étant cachées sous l'eau, et c'est ce qui rend ce passage si difficile. Aussi le roi Phinée, que les Argonautes avaient délivré des harpies et qui leur donna une généreuse hospitalité, conseilla-t-il à Jason de ne passer à travers les Cyanées que par un beau temps : « Autrement, disait-il, votre navire Argo se briserait, fût-il de fer. » Malgré ces avertissements, les Argonautes coururent de grands risques dans ce passage. Leur vaisseau s'accrocha si fort sur ces rochers, qu'il fallut que Minerve descendît du ciel pour le pousser de la main droite dans l'eau, tandis qu'elle s'appuyait de la gauche contre les parois du rocher.

Dans les fictions des poëtes, les Cyanées n'offrent pas seulement les dangers des écueils ordinaires, qui est de briser les navires que le vent ou les courants leur jettent. Comme on les supposait flottant sous les eaux, ou se promenant le long des côtes, s'entre-choquant les unes les autres, ce qui les avait fait nommer Symplégades, il était presque impossible d'éviter leur rencontre, et elles inspiraient un indicible effroi aux navigateurs. Cette tradition sur la mobilité des Cyanées, qui devinrent fixes après le passage des Argonautes, peut n'être qu'un embellissement de la poésie, ou une exagération des marins, qui aiment à en conter sur ce qu'ils ont vu et éprouvé, ou bien le souvenir altéré de quelque révolution physique qui aura pu remuer et déplacer ces écueils. Il y a encore beaucoup d'autres explications probables. Voici celle de Pline : « La fable, dit-il, rapporte que les Cyanées se heurtaient l'une l'autre : c'est que, séparées par un intervalle étroit, on ne les voit distinctes que de face en entrant dans le Pont-Euxin, et qu'elles semblent s'être réunies pour peu que les yeux aient pris une direction oblique (1). » Tournefort a une autre manière de se rendre compte de la fiction des poëtes : tout cela était fondé, selon ce voyageur, sur ce qu'on voyait paraître et disparaître les pointes de ces rochers, suivant que la mer les couvrait dans la tempête ou les laissait voir dans le calme. On ne publia qu'ils s'étaient fixés qu'après le voyage de Jason, parce qu'apparemment on les cotoya de si près, qu'on reconnut enfin qu'ils n'étaient pas mobiles.

Les îles Cyanées d'Europe, de même que celles d'Asie, ne sont proprement qu'une île hérissée, dont les pointes paraissent autant d'écueils séparés lorsque la mer est fort agitée. Le bras de mer qui est entre cet îlot et le fanal d'Europe n'est que de trois cent cinquante pieds. Il est souvent à sec. Sur la plus haute des cinq pointes de cet écueil s'élève une colonne à qui on a donné sans raison le nom de Pompée. On reconnaît facilement que la base et le fût n'ont pas été faits l'un pour l'autre. La colonne a douze pieds de haut et se termine par un chapiteau corinthien. Quoique sur la base on lise cette inscription :

CAESARI AUGVSTO E. CL. ANNIDIVS L. F. CLA FRONTO.

ce n'est point une raison suffisante de croire que ce monument était primitivement consacré à Auguste. Denys le Périégète nous apprend que les Romains avaient consacré sur les Cyanées un autel à Apollon. La forme de cette base, ses ornements qui sont des festons de laurier et des têtes de bélier, conviennent mieux à un autel qu'à un piédestal de colonne. Ce n'est que plus tard que ce monument aura changé de destination, et qu'il aura été surmonté d'une colonne élevée en l'honneur d'Auguste.

Les poëtes, comme Apollonius de Rhodes, Valerius Flaccus, Lucain, Martial, Ovide, ne voient dans les Cyanées ou les Symplégades que des rochers,

---

(1) Tournefort, *Voyage au Levant*, II, 149.   (1) Plin., IV, 27.

concurrentia saxa. Les géographes, Strabon, Pline, Denys le Périégète, les appellent des îles; ce qui est également juste, selon le sens que l'on veut donner à ces deux dénominations. On comprend suffisamment la signification du nom de Symplégades. Le nom de Cyanées vient de l'aspect de ces rochers qui sont d'une couleur grisâtre, et tirant sur un bleu plus ou moins foncé.

ILE DE LEMNOS.

DESCRIPTION DE L'ÎLE DE LEMNOS (1). — L'île appelée Lemnos par les anciens et Stalimène dans les temps modernes est située sous le 23ᵉ degré de longitude et par 39° 20′ de latitude nord. C'est la plus considérable des îles qui occupent le fond de la mer Égée, dans le voisinage des côtes de la Thrace. Pline lui donne cent douze milles de tour (2); elle a environ quinze lieues de longueur, d'orient en occident, sur cinq à six de large, du nord au sud. Elle est en face de Ténédos à l'est, et du mont Athos à l'ouest. Plusieurs auteurs anciens ont observé que l'ombre de cette montagne s'étend jusqu'à l'île de Lemnos, et qu'au jour du solstice elle vient sur la place de Myrine, la principale ville de l'île dans la partie du couchant. Le voyageur français Bélon a observé ce phénomène, au seizième siècle. « L'île est étendue plus en longueur qu'en largeur, dit-il, d'orient en occident, de sorte que quand le soleil se va coucher, l'ombre du mont Athos qui est à plus de huit lieues de là, vient respondre sur le port, et dessus le bout de l'isle qui est au côté sénestre de Lemnos; chose que observasmes le deuxième jour de juin. Car le mont Athos est si haut qu'encore que le soleil ne fût bien bas, néanmoins l'ombre touchoit la sénestre corne de l'île (3). » Il n'y a dans tout ce passage qu'un point inexact, c'est l'évaluation de la distance du mont Athos à Lemnos, que Bélon a beaucoup trop réduite. De leur côté les auteurs anciens ont été au delà de la réalité : Pline évalue cette distance à quatre-vingt-huit milles, et Plutarque à sept cents stades (1). « Je sais bien, dit Plutarque dans un de ses *Dialogues,* que ni l'un ni l'autre de nous n'a esté en l'île de Lemnos, mais aussi que l'un et l'autre a bien souvent ouï dire ces vers :

Le mont Athos couvrira le côté
Du bœuf qui est dedans Lemnos planté.

Car l'ombre de cette montagne atteint l'image d'un bœuf de bronze, qui est en Lemnos, s'estendant une longueur par dessus la mer non moindre que de sept cents stades (2). » Le vers cité ici par Plutarque,

Ἄθως καλύψει πλευρὰ Λημνίας βοός,

était devenu proverbial, et s'appliquait à tous ceux qui tâchaient d'obscurcir la gloire et la réputation des autres par leurs calomnies.

L'aspect de cette île est fort diversifié. Le terrain y est très-inégal; le rivage est couvert de rochers, l'intérieur parsemé de collines et de montagnes. On y trouve aussi des champs assez vastes et bien cultivés. Les montagnes de Lemnos ont peu d'élévation : on remarque seulement de loin deux sommets s'élevant au-dessus de la surface de l'île, qui, vue de la mer, paraît basse et unie. L'une de ces hauteurs est le mont Mosychle,

---

(1) Car. Rhode, *Res Lemniacæ;* Vratislaviæ, 1829, in-8°; Bayle, *Dictionnaire historique,* au mot LEMNOS.
(2) Plin., IV, 208; Strab., II, p. 124; VII, p. 350.
(3) Bélon, *Observations,* etc., l. I, ch. 26.

(1) Voir à ce sujet la longue dissertation de Choiseul-Gouffier sur la hauteur du mont Athos et la distance de l'île de Lemnos, qu'il évalue, d'après des calculs de Delambre, la première à 713 toises, la seconde à 53,200 toises, égalant 69,967 pas romains, ou 26 lieues environ. *Voyage en Grèce,* t. II, p. 140.
(2) Plut., dialogue *De facie in orbe lunæ,* c. 22, trad. d'Amyot.

nommé par Hésychius et Nicander, et qui vomissait des flammes. Il est souvent question, dans les anciens, de l'ardente, de la brûlante Lemnos. Aussi avait-elle été appelée Æthalie (Αἴθω, brûler), à cause de sa nature volcanique. « Nous aperçûmes du côté de Lemnos, dit l'auteur du *Voyage d'Anacharsis*, des flammes qui s'élevaient par intervalles dans les airs. On me dit qu'elles s'échappaient du sommet d'une montagne; que l'île était pleine de feux souterrains; qu'on y trouvait des sources d'eaux chaudes, et que les anciens Grecs n'avaient pas rapporté ces effets à des causes naturelles. Vulcain, disaient-ils, a établi un de ses ateliers à Lemnos; les Cyclopes y forgent les foudres de Jupiter. Au bruit sourd qui accompagne quelquefois l'éruption des flammes, le peuple croit entendre les coups de marteaux (1). » Cette île n'a point de rivières, mais quelques ruisseaux et de nombreuses sources. L'une d'elles, voisine de la ville capitale, que les Turcs appellent Lemno ou Limio, et les chrétiens Stalimène (εἰς τὰν Λῆμνον), jaillit d'un rocher d'où elle tombe en cataracte, se répand ensuite dans la campagne, qu'elle arrose en divers sens, et coule jusqu'aux murs de la ville et à la mer, où elle vient se perdre.

PRODUCTIONS DE L'ÎLE DE LEMNOS. — La partie orientale de l'île est fort aride. C'est à celle-là seule que peuvent s'appliquer les traits de la description que Fénelon donne de Lemnos, quand il fait dire à Philoctète : « Je demeurai presque pendant tout le siège de Troie, seul, sans secours, sans espérance, sans soulagement, livré à d'horribles douleurs, dans cette île déserte et sauvage, où je n'entendais que le bruit des vagues de la mer qui se brisaient contre les rochers. » La partie du couchant et du midi est mieux arrosée et plus verdoyante. En général, l'île est fort dépourvue de bois de chauffage et de construction. Les habitants font du feu avec des tiges d'asphodèles et d'autres plantes desséchées. A défaut de forêts, les arbres fruitiers y viennent bien : on y trouve des figuiers, des noyers, des amandiers, mais fort peu d'oliviers. Dans le voisinage du bourg Rapanidi, vers la pointe nord de l'île, se trouvent des hêtres qui forment le seul bois de l'île, et dont les insulaires tirent cette espèce de tan qu'on appelle la vallonée (1). Les champs cultivés de Lemnos produisent en abondance du vin, des céréales et des légumes. Le bétail y est nombreux; mais plusieurs espèces de serpents y infestent les campagnes.

TERRE SIGILLÉE OU DE LEMNOS. — Les habitants de Lemnos avaient un remède contre les morsures des reptiles vénimeux, c'était la fameuse terre sigillée, qui servait à tant d'usages, et qui est encore fort recherchée des Turcs et des Grecs. Cette terre de Lemnos est rougeâtre, semblable à cette craie que les anciens appelaient sinopis, parce qu'on la trouvait dans des cavernes voisines de Sinope, et qui était très-employée dans la peinture et la médecine. « Quelques-uns, ajoute Pline, ont prétendu que la sinopis n'était qu'une rubrique de seconde qualité; ils ont en effet regardé comme rubrique de première qualité la terre de Lemnos : celle-ci approche beaucoup du minium, et elle a été très-vantée chez les anciens, ainsi que l'île qui la produit; on ne la vendait que cachetée; ce qui la fit appeler sphragis. On l'emploie en couche sous le vermillon, ou en mélange. En médecine on en fait grand cas. En liniment autour des yeux, elle adoucit les fluxions et les douleurs de ces organes; elle empêche le flux de l'égilops; on l'administre à l'intérieur, dans du vinaigre, contre l'hémoptysie; on la fait boire aussi pour les affections de la rate et des reins, et pour les pertes; on l'emploie de même contre les poisons et contre les blessures faites par les serpents terrestres et marins; aussi entre-t-elle dans tous les antidotes (2). » Dioscoride et Galien se sont aussi occupés des propriétés de la terre de Lemnos, sous le rapport médical. Galien même se rendit dans cette île pour étudier l'extraction, la nature et les applications de cette terre, et il re-

---

(1) Barthél., *Anacharsis*, t. I, c. 2.

(1) Dapper donne, d'après Bélon, quelques détails assez intéressants sur les productions végétales de Lemnos, *Description*, p. 244.
(2) Plin., *Hist. Nat.*, XXXV, 14; XXXVIII, 24; XXIX, 33.

connut qu'elle avait la propriété de guérir les plaies invétérées, les morsures des vipères, et qu'elle avait de puissantes vertus pour remédier à certains cas d'empoisonnement (1).

On trouvait la terre sigillée dans une colline située à quatre portées de trait de la ville d'Héphæstia, dans la partie orientale de Lemnos. Cette colline était célèbre par la tradition qui rapportait qu'elle avait reçu Vulcain précipité du ciel. L'extraction de cette terre se faisait avec certaines cérémonies auxquelles présidait un prêtre de Vulcain. Au temps de Dioscoride, on la mêlait avec du sang de bouc, qui lui donnait la consistance d'une pâte dont on formait des petits pains, sur lesquels on imprimait avec un cachet la figure d'une chèvre. Cette empreinte ne fut pas toujours la même, et elle varia selon les temps; à une certaine époque on y avait marqué l'image de Diane. Mais jusque dans les temps modernes, l'extraction de la terre sigillée est restée pour les Lemniens une sorte de solennité religieuse. Bélon ne put en être témoin, parce que cette cérémonie n'avait lieu qu'une fois l'an, le 6 août; il se contenta de visiter la colline du sein de laquelle on tirait ce précieux produit. Cette colline est près du village de Cochino et d'une petite chapelle, appelée Sotira. Mais il se fit raconter tous les détails de cette fête par les gens du pays, et il les reproduit de la manière suivante : « Les plus grands personnages et les principaux de l'isle s'assemblent, tant les Turcs que les Grecs, prêtres et caloières, et vont en cette petite chapelle, nommée Sotira, et en célébrant une messe à la grecque, avec prières; vont tous ensemble accompagnez des Turcs, montent sur la colline, qui n'est qu'à deux trajets d'arc de la chapelle et font beicher la terre par cinquante ou soixante hommes, jusques à tant qu'ils l'avent découverte, et qu'ils soyent venus à la veine : et quand ils sont venus jusques à la terre, alors les caloières en remplissent quelques turbes ou petits sacs de poil de bestes, lesquels ils baillent aux Turcs qui sont là présents, savoir au soubachi ou au vayvode; et quand ils en ont prins autant qu'il leur en faut pour cette fois, alors et dès l'heure même ils referment et recouvrent la terre par les ouvriers qui sont encore là présents. En après le soubachi envoye la plupart de la terre qui a esté tirée, au Grand Turc à Constantinople. Le reste il la vend aux marchands..... Ceux qui assistent quand on la tire de sa veine en peuvent bien prendre chacun quelque petite quantité pour leur usage; mais ils n'en oseroyent vendre qu'il fust sceu. Les Turcs sont moins scrupuleux que les Grecs et que beaucoup d'autres nations. Ils permettent que les Grecs chrétiens facent leurs prières sur la terre scellée en leur présence, et eux mesmes assistent et aydent aux Grecs. Et s'il est vray ce que nous en ont dit les plus vieux, telle façon de faire d'avoir éleu un seul jour en un an, leur fut introduite du temps que les Vénitiens dominoyent à Lemnos et aux isles de la mer Égée (1). » Comme au temps des anciens, cette terre, réduite en petits pains, est marquée du sceau du Grand Seigneur; et du sérail elle se répand, par cadeaux ou par commerce, dans toute l'Europe.

GÉOGRAPHIE POLITIQUE. — L'île de Lemnos avait deux villes, d'où elle tirait le surnom de Dipolis; l'une se nommait Hephæstia, à l'est : de Vulcain, appelé par les Grecs Héphæstos; l'autre était Myrine, à l'ouest. La première est aujourd'hui le village de Cochino. Bélon croit que le château de Lemnos est élevé sur les ruines de la seconde. Cette île était célèbre par son labyrinthe, l'un des quatre monuments de ce genre dont les anciens fassent mention. Celui d'Égypte était le premier, celui de Crète le second; le troisième est le labyrinthe de Lemnos, et le quatrième celui d'Italie, construit en Etrurie par l'ordre de Porsenna. Le labyrinthe de Lemnos, dit Pline (2), est semblable aux trois autres; seulement, il est plus remarquable, à cause de ses cent cinquante colonnes, dont les fûts dans l'atelier étaient si parfaitement suspendus qu'un enfant suffisait pour faire aller le tour où on les travaillait. Il a été construit par les architectes Smilis, Rhœcus et Théodore.

---

(1) Galen., *De Simpl. Med. temp.*, l. IX, c. 2.

(1) Belon, *Observations*, l. I, ch. 29, p. 67.
(2) Pline, XXXVI, 19, 6.

Il en subsiste encore aujourd'hui des restes, misérables il est vrai, mais ceux de Crète et d'Italie ont entièrement disparu. » Au temps de Bélon, au seizième siècle, il ne restait plus aucun vestige du labyrinthe de Lemnos.

Cochino a un fort beau port. On y voit, dit Dapper (1), un vieux château, qui est presque entièrement démoli, et dont les murailles, battues par les flots de la mer, tombent tous les jours en ruine. La capitale de l'île, appelée Lemno, Limio ou Stalimène, est située sur le penchant d'une colline qui vient se terminer au bord de la mer, et qui en est environnée des deux côtés. Le coteau sur lequel la ville est bâtie est environné de vieilles murailles, et porte à son sommet un château autrefois séjour de la garnison turque et du gouverneur. L'accès de ce château est très-difficile, de sorte qu'il est beaucoup plus fort par son assiette que par ses fortifications. Les coteaux qui environnent la ville sont couverts de vignes, dont l'aspect justifie l'épithète d'Ἀμπελόεσσα, donnée à Lemnos par Quintus Calaber (2). Au temps de Bélon cette île était bien peuplée et très-florissante; on y comptait soixante-quinze villages, habités par des Grecs, riches, laborieux, et adonnés à l'agriculture. Ses ports étaient fréquemment visités par les négociants italiens, et sa géographie moderne est plus connue que l'ancienne et a une plus riche nomenclature. Les anciens ne nous ont conservé que le nom du cap Hermæum, qui est la pointe septentrionale de l'île; c'est aujourd'hui le cap Blava. Les voyageurs et géographes modernes nous donnent les noms du cap Stala au sud-est, du cap Koudia au sud-ouest et de la pointe Palæo-Castro au nord-ouest. Ils donnent à la montagne qui est près de Lemno le nom de Therma, et ils énumèrent les ports Paradis au nord-est, Koudia au sud, qu'une presqu'île formée par le mont Saint-Antoine sépare du port Saint-Antoine, vaste golfe qui creuse profondément la côte sud de Lemnos et qui la sépare presque en deux parties (3).

(1) Dapper, *Description*, p. 243.
(2) Quint. Calab., IX, 337.
(3) Voyez l'*Atlas* du *Voyage* de Choiseul-Gouffier, planches 42 et 14.

TRADITIONS MYTHOLOGIQUES; VULCAIN A LEMNOS; CRIMES DES LEMNIENNES; LES ARGONAUTES. — Il ne suffirait pas que Lemnos ait eu un volcan pour expliquer les merveilleuses légendes relatives au séjour de Vulcain dans cette île. Beaucoup d'autres îles de l'archipel ont eu des volcans, sans avoir eu de Vulcain. Dans le culte de Vulcain il ne faut pas voir seulement l'adoration d'une force de la nature, mais aussi la déification d'une puissante industrie de l'humanité, qui fut de bonne heure établie et florissante à Lemnos. Selon Hellanicus et le scoliaste d'Homère, les habitants de cette île furent les premiers qui s'appliquèrent à forger des armes. C'était parmi les armuriers de Lemnos qu'Homère pouvait avoir trouvé le type de ce « divin forgeron d'une taille prodigieuse, tout noir de cendre et de fumée, qui boite des deux côtés, et qui avec ses jambes frêles et tortues ne laisse pas de marcher d'un pas ferme (1). » Après cela, comme le feu et les arts viennent du ciel, c'est-à-dire de Dieu, Homère pouvait très-bien supposer ou répéter la légende qui racontait comment Vulcain était tombé du ciel. C'est ce qu'il fait deux fois et de deux manières différentes. L'une de ces traditions rapporte que Junon, honteuse de la difformité de son fils, le précipita du ciel; qu'Eurynome et Thétis, filles de l'Océan, le cachèrent sous les eaux, et le sauvèrent. Ailleurs il est dit, dans l'*Iliade,* que Jupiter prit Vulcain par le pied, qu'il le jeta hors du ciel, et qu'étant descendu tout le jour, le Dieu tomba dans l'île de Lemnos au coucher du soleil; qu'il était à demi mort, et que les habitants lui donnèrent des soins et le ranimèrent. Valerius Flaccus, dans ses *Argonautiques*, reproduit cette dernière tradition, qui devint populaire (2), et dont les Lemniens racontèrent encore à Bélon, en 1548, les principaux détails.

Vulcain s'établit à Lemnos, où on

(1) Hom., *Iliade*, l. XVIII, v. 410; Cf. Lucien, VIII, 15; *Dialogue des Dieux*. On trouvera plus bas, au chapitre de Samothrace, un article sur le culte des dieux Cabires.
(2) Hom., *Iliade*, I, 591; Val. Flac., *Argon.*, II, 78.

l'avait bien reçu. Il y monta une forge; il y épousa Vénus. Mars survint, séduisit la femme du forgeron. Le soleil dévoila cet odieux adultère, et Vulcain, enchaînant les deux coupables, montra leur crime à tous les dieux. Les femmes de Lemnos, qui étaient encore vertueuses, blâmèrent très-sévèrement la conduite de Vénus. La déesse, irritée, les frappa d'un fléau qui éloigna d'elles leurs époux. Ces femmes, furieuses de leur abandon, commirent alors le premier de ces crimes lemniens, ἔργα Λήμνια, qui inspirèrent dans l'antiquité tant d'horreur, et qui servaient à caractériser toute action atroce (1). Elles massacrèrent tous les hommes de l'île. Ce meurtre fut exécuté pendant la célébration des mystères de Bacchus, dont les fêtes réunissaient et fanatisaient les femmes, d'ailleurs excitées au mal par la colère de Vénus. Une seule, Hypsipyle, sauva son père Thoas, en le cachant, la nuit du massacre, dans le temple de Bacchus. Thoas était alors roi de l'île, et fils de Bacchus et d'Ariane, ce qui suppose l'établissement d'une colonie crétoise à Lemnos. L'action d'Hypsipyle étant restée secrète, les Lemniennes la prirent pour reine.

Quelque temps après, les Argonautes, montés sur le navire Argo, et réunis, sous la conduite de Jason, pour l'expédition de Colchide, abordèrent à l'île de Lemnos. Les Lemniennes, craignant une invasion des Thraces, leurs ennemis, et bien décidées d'ailleurs à ne pas recevoir auprès d'elles les premiers venus, accoururent tout armées sur le rivage, pour s'opposer à l'invasion. Mais quand elles surent qu'elles avaient affaire aux héros de l'expédition de la Toison-d'Or, elles les accueillirent dans leur île (2). Elles les y retinrent pendant deux ou trois ans. Jason, devenu l'époux d'Hypsipyle, en eut deux fils, OEneus et Thoas. C'est ainsi que l'île se repeupla. Cependant Hercule, qui seul de toute l'expédition avait eu la force de demeurer dans le vaisseau, reprocha à ses compagnons d'oublier leur entreprise

(1) Voyez tous les détails et toutes les citations dans l'article de BAYLE.
(2) Apollonius, I, 773; Ovid., Her. Epist., VI; Valer. Flacc., II, v. 370.

au milieu des plaisirs, et il les força à se rembarquer (1).

Bientôt les femmes de Lemnos ayant découvert qu'Hypsipyle avait sauvé son père du massacre, voulurent la mettre à mort. Hypsipyle prit la fuite; mais elle fut rencontrée en mer par des pirates, et vendue par eux comme esclave nourrice à Lycurgue, roi d'Argos.

Les descendants des Argonautes et des Lemniennes s'appelèrent les Minyens, nom d'une race ou tribu pélasgique établie à Iolcos en Thessalie et à Orchomène en Béotie, et dont il est naturel de retrouver le nom dans tous les lieux où elle fonda des colonies.

PHILOCTÈTE A LEMNOS. — Une génération après l'expédition des Argonautes, la Grèce entière prit les armes pour conquérir la ville de Troie. Philoctète, l'ami d'Hercule, l'héritier de ses flèches, sans lesquelles on ne pouvait renverser la puissante cité de Priam, partit avec les héros armés pour venger l'injure de Ménélas. En passant dans l'île de Lemnos, il se blessa au pied avec une de ces flèches d'Hercule, trempées dans le sang de l'hydre de Lerne. Les Grecs, ne pouvant l'emmener avec eux dans cet état, l'abandonnèrent dans l'île de Lemnos, où les prêtres de Vulcain devaient le guérir au moyen de la terre sigillée. Selon Philostrate, il fut « incontinent guéri par le moyen de cette terre lemnienne, qu'on tire au propre endroit où Vulcain jadis cheut du ciel »; de sorte qu'il ne souffrit pas à Lemnos ces longues douleurs dont les poëtes ont tant parlé. Dans leurs fictions, dans Sophocle, par exemple, que Fénelon a si admirablement imité, Lemnos est une terre stérile et solitaire. On n'y tient aucun compte de l'établissement de la colonie des Minyens qui avait suivi le massacre de tous les hommes de l'île et qui l'avait repeuplée (2). « Il n'y a ni

(1) Sophocle avait traité toute cette histoire dans la tragédie des *Lemniennes*. Voy. *Soph.*, Didot, p. 321.
(2) Du reste, toutes ces contradictions s'expliquent, si l'on admet, comme le prétendent plusieurs auteurs, que ce n'est pas dans l'île de Lemnos, mais sur le rocher de Chrysè, que Philoctète fut abandonné par les Grecs. Cet îlot était situé en vue des côtes de Lemnos.

port, ni commerce, ni hospitalité, ni homme qui y aborde volontairement. On n'y voit que les malheureux que les tempêtes y ont jetés, et on n'y peut espérer de société que par des naufrages ; encore même ceux qui venaient en ce lieu n'osaient me prendre pour me ramener ; ils craignaient la colère des dieux et celle des Grecs (1). » Jamais en réalité Lemnos n'était devenue un si affreux désert ; mais quel puissant moyen pour émouvoir sur l'abandon et les douleurs de Philoctète que le triste tableau de

Voici ce que nous en apprend Choiseul-Gouffier, t. II, p. 131. « Sur cet écueil inhabité Jason et les hardis Argonautes avaient élevé un autel avant de s'engager dans le Pont-Euxin, dont ils allaient les premiers braver les dangers. Hercule et Philoctète avaient les premiers sacrifié sur ce même autel, lors de leur expédition contre Troie. Les oracles prescrivirent aux Grecs réunis sous Agamemnon de mériter par les mêmes sacrifices la protection des dieux. C'est en leur indiquant cet autel, et en essayant de le dégager des ronces qui le couvraient, que Philoctète fut piqué par un serpent et délaissé par le conseil du perfide Ulysse durant dix années de souffrances et de misère. Du temps d'Appien, c'est-à-dire au commencement du second siècle, on montrait encore dans cette île déserte l'autel de Philoctète, sa cuirasse, un serpent d'airain, et des bandelettes, témoins des longues douleurs du héros. Mais Pausanias, qui écrivait peu d'années après, nous apprend que l'île fut engloutie dans le même temps où l'île d'Hiéra sortit du sein des eaux, c'est-à-dire vers l'an 197 avant J.-C., époque que j'ai déterminée en décrivant l'île de Santorin. » Ainsi tout ce que les poëtes ont inventé au sujet de Lemnos conviendrait parfaitement au rocher inhabité de Chrysé. La disparition de cet écueil doit être attribuée au travail des feux sous-marins qui ont entraîné aussi toute la partie volcanique de Lemnos où l'on ne retrouve plus ni les cratères, ni les laves qu'elle avait jadis. Mais elle est entourée de récifs et de bas-fonds qui ne sont autre chose que cette portion de l'île maintenant affaissée sous les eaux. « C'est là qu'était le volcan, dit Choiseul-Gouffier ; les feux intérieurs ont miné les fondements de ce promontoire maintenant recouvert par les flots ; la montagne brûlante qui menaçait d'anéantir l'île entière a péri, et elle a entraîné dans sa chute les terres voisines. »

(1) *Télémaque*, l. XV.

cette terre inhospitalière, où le héros délaissé gémit pendant dix ans loin du commerce de ses semblables. Et cependant cette île sauvage, si repoussante tant que Philoctète y souffre, il la regrette quand il doit la quitter, et l'art de l'écrivain sait presque nous la rendre aimable et chère par ces plaintifs et touchants adieux : « Adieu, cher antre! Adieu, nymphes de ces prés humides : je n'entendrai plus le bruit sourd des vagues de cette mer! Adieu, rivage où tant de fois j'ai souffert les injures de l'air! Adieu, promontoires où Écho répéta tant de fois mes gémissements! Adieu, douces fontaines! qui me fûtes si amères. Adieu, ô terre de Lemnos! »

LES PÉLASGES TYRRHÉNIENS S'ÉTABLISSENT A LEMNOS (1160). — Les premiers habitants de Lemnos sont appelés par Homère et Strabon les Sintiens : c'était une tribu d'origine thrace, qui parlait une langue (1) que le poëte qualifie de barbare ; ce qui n'empêche pas qu'on ne puisse les rattacher à la nation pélasgique, qui peupla la première toutes ces îles et les contrées voisines. Les Minyens, descendants des Argonautes, qui dominèrent ensuite à Lesbos, appartiennent aussi à la même race. Enfin, quelque temps après la guerre de Troie, Lemnos reçoit une nouvelle colonie de Pélasges, qui portent le nom particulier de Tyrrhéniens. Selon Hérodote, ces Pélasges, qui avaient construit la muraille de la citadelle d'Athènes, ayant outragé les filles des Athéniens, furent chassés par ces derniers, et allèrent se réfugier dans l'île de Lemnos (2). L'arrivée de ces nouveaux colons força les Minyens à émigrer ; ils se retirèrent en Laconie, où ils furent accueillis avec hospitalité, en considération de Castor et Pollux, les héros tyndarides qui avaient fait partie de l'expédition des Argonautes, et qui comptaient parmi les ancêtres de ces Myniens. Lemnos ne fut pas la seule contrée où les Tyrrhéniens s'établirent. Il paraît certain qu'une nation appelée les Tyrrhéniens, et à laquelle on donne souvent l'épithète de Pélasgique, avait

(1) Hom., *Iliade*, I, 594 ; *Od.*, VIII, 294 ; Strab., X, p. 457.
(2) Hérod., VI, 137 ; IV, 95.

occupé autrefois les côtes occidentales de l'Asie Mineure et les îles voisines. Strabon prouve, par les témoignages d'un grand nombre d'auteurs, que les contrées de l'Asie voisines de la Lydie, qui reçurent plus tard tant de colonies helléniques, avaient eu d'abord des Pélasges pour habitants. Ces Pélasges s'appelaient les Tyrrhéniens ou Tyrséniens. Anticlide, cité par Strabon, disait que c'étaient les Pélasges de Lemnos et d'Imbros qui avaient suivi Tyrrhénus en Italie. Porphyre, dans la *Vie de Pythagore*, disait que Mnésarque, père de ce philosophe, était originaire de cette nation tyrrhénienne qui occupait Lemnos, Imbros et Scyros. On pourrait prouver encore par d'autres témoignages l'existence de cette tribu pélasgique des Tyrrhéniens établie au nord de l'Archipel, nation maritime, industrieuse, commerçante, qui eut sans doute d'étroites relations avec la dynastie lydienne des Atyades, et dont elle accompagna l'un des princes en Italie, où l'on retrouve une puissante nation tyrrhénienne, évidemment d'origine asiatique.

Ce qui nous permet d'introduire ici ces considérations générales, qui paraissent étrangères à l'émigration des Pélasges de l'Attique, c'est que Plutarque les appelle des Tyrrhéniens, et que c'est toujours ce nom qui domine toutes les fois qu'il est question dans les anciens auteurs de la population primitive de Lemnos et des îles circonvoisines (1).

Ces Pélasges tyrrhéniens de Lemnos, irrités contre les Athéniens, qui les avaient chassés, cherchèrent les moyens de se venger d'eux. « Comme ils connaissaient très-bien leurs jours de fête, dit Hérodote, ils équipèrent des vaisseaux à cinquante rames, et, s'étant mis en embuscade, ils enlevèrent un grand nombre d'Athéniennes qui célébraient la fête de Diane dans le bourg de Brauron. Ils remirent ensuite à la voile, et les menèrent à Lemnos, où ils les prirent pour leurs concubines. De ces unions illégitimes naquirent beaucoup d'enfants, à qui leurs mères apprirent la langue et les usages d'Athènes. Ces enfants ne voulaient pas, par cette raison, avoir aucun commerce avec ceux des femmes des Pélasges ; et si quelqu'un d'entre eux venait à en être frappé, ils accouraient tous à son secours, et se défendaient les uns les autres. Ils se croyaient même en droit d'être leurs maîtres, et ils étaient bien plus forts. Le courage et l'union de ces enfants firent faire de sérieuses réflexions aux Pélasges. Quoi donc ! se disaient-ils dans leur indignation, s'ils sont déjà d'accord pour se donner du secours contre les enfants des femmes que nous avons épousées vierges, s'ils tâchent dès à présent de dominer sur eux, que ne feront-ils pas quand ils auront atteint l'âge viril ! Ayant pris là dessus la résolution de tuer tous les enfants qu'ils avaient eus des Athéniennes ils exécutèrent ce projet, et massacrèrent aussi les mères en même temps. » Tel fut le second de ces crimes atroces qui ont rendu proverbiale la cruauté des Lemniens. (1139, selon la chronologie de Larcher.)

Après ce massacre, la colère des dieux ne tarda pas à se faire sentir. « La terre cessa de produire des fruits, continue Hérodote, et les femmes et les troupeaux devinrent stériles. Affligés par la famine et par la stérilité de leurs femmes, les Lemniens envoyèrent à Delphes prier le dieu de les délivrer de leurs maux. La Pythie leur commanda de donner aux Athéniens la satisfaction que ceux-ci jugeraient à propos d'exiger. Les Pélasges se rendirent à Athènes, et promirent de subir la peine qu'on leur imposerait en réparation de leur crime. Les Athéniens dressèrent un lit dans le Prytanée avec toute la magnificence possible, et, ayant couvert une table de toutes sortes de viandes et de fruits, ils dirent aux Pélasges de leur livrer l'île de Lemnos dans le même état où était cette table. Nous vous la livrerons, reprirent les Pélasges, lorsqu'un de vos vaisseaux arrivera par un vent de nord-est de votre pays à Lemnos, en un seul jour. Ils firent cette

---

(1) Plut., *De Mulier. virt.*, VIII, p. 247 ; Thuc., IV, 109. Les Tyrrhéniens nous paraissent être une tribu de la grande race pélasgique, particulièrement en rapport avec l'Asie par le commerce et la navigation. Voyez les développements de cette opinion, dans l'*Univers, Italie anc.*, t. I, p. 12.

(1) Hérodote, VI, 139.

réponse, parce que l'Attique étant située au midi de Lemnos, et à une distance considérable de cette île, il leur paraissait impossible de faire un si long trajet en un jour par un vent de nord-est. »

CONQUÊTE DE L'ÎLE DE LEMNOS PAR LES ATHÉNIENS (510). — Pour le moment les choses en restèrent là, et les Pélasges tyrrhéniens continuèrent à occuper Lemnos jusqu'au temps des guerres médiques, sans que pendant cette longue suite de siècles il soit jamais parlé d'eux et de leur île. Mais les Athéniens n'oublièrent ni la vengeance qu'ils avaient à tirer des Pélasges de Lemnos, ni la prédiction qui leur avait été faite, et qui devait se réaliser d'une façon singulière.

Pendant la tyrannie de Pisistrate, Miltiade l'ancien, fils de Cypsélus, riche Athénien qui remporta aux jeux Olympiques le prix de la course des chars, et qui descendait d'Æacus, avait fondé une principauté dans la Chersonèse de Thrace (1). A sa mort, en 531, son neveu Stésagoras, fils de Cimon, lui succéda dans le gouvernement de cette possession importante, par laquelle Athènes commençait l'établissement de son empire maritime. Quelque temps après, Stésagoras ayant péri de mort violente, les Pisistratides envoyèrent dans la colonie son frère Miltiade pour le remplacer (515). C'était bien malgré eux qu'ils confiaient un tel pouvoir à un homme dont ils avaient assassiné le père (2); mais la famille de Miltiade était trop bien affermie dans la Chersonèse pour que la jalousie des Pisistratides pût songer à l'en déposséder. Cependant Miltiade, sachant tout ce qu'il avait à craindre de ses puissants et soupçonneux ennemis, résolut de se mettre à l'abri de toute tentative, et de se donner en Chersonèse une autorité égale à celle des Pisistratides à Athènes. C'était un homme aussi rusé que brave, et qui, avant de remporter la victoire de Marathon, s'était signalé plutôt par des traits d'adresse que par des actions d'éclat. Dès qu'il fut arrivé en Chersonèse, il songea donc à s'emparer de la tyrannie. Sous prétexte d'honorer la mémoire de son frère, il affecta de se tenir renfermé dans son palais, comme s'il eût été inconsolable de sa perte. Aussitôt tous les principaux citoyens du pays s'assemblent, et vont le trouver, pour essayer de le distraire de sa douleur. Les voyant réunis sous sa main, Miltiade les fait arrêter, prend une garde de cinq cents mercenaires, et devient maître absolu dans la Chersonèse.

C'est alors que Miltiade se vit en état de remplir la condition, en apparence impossible, que les Lemniens avaient mise à leur soumission, et de satisfaire la vengeance de ses compatriotes. La Chersonèse de Thrace, où régnait depuis longtemps sa famille, pouvait être appelée une terre athénienne, et elle se trouvait à peu d'heures et au nord des îles Pélasgiques d'Imbros et de Lemnos. Il passa donc en un jour, à la faveur des vents étésiens, de la ville d'Éléonte dans l'île de Lemnos, et il somma les Pélasges de sortir de leur île. Les habitants d'Héphæstia obéirent ; mais ceux de Myrine, ayant répondu à Miltiade qu'ils ne reconnaissaient pas la Chersonèse pour l'Attique, ils soutinrent le siège jusqu'à ce qu'ils se vissent forcés de se rendre (1) (510). Bientôt après, Miltiade se vit enlever sa conquête. Darius, roi de Perse, ayant échoué dans son expédition contre les Scythes, avait chargé son général Mégabase, et après lui Otanès, de lui soumettre toute la partie orientale de l'Europe, c'est-à-dire la Thrace et la Macédoine. Otanès ne se borna pas à ces conquêtes sur le continent ; il soumit aussi les îles du nord de la mer Égée. Avec l'aide d'une escadre fournie par les habitants de Lesbos, il attaqua les îles d'Imbros et de Lemnos, dont la population était encore toute pélasgique. Lemnos ne se rendit pas sans une vive résistance : elle fut remise à Lycarète, frère de Mæandrius, tyran de Samos (2).

Miltiade, trop compromis avec les Perses pour rester dans la Chersonèse,

(1) Hérodote, VI, 34 et suiv.
(2) Id., VI, 103.

(1) Hérodote, VI, 140. Cf. Le récit de Cornelius Nepos, *Milt.*, 1, qui diffère de celui d'Hérodote sur plusieurs points.
(2) Diod. Sic., X, 196, *Fragm.*; Hérod., V, 26.

fut obligé de se réfugier à Athènes, qui perdit momentanément ses possessions de Thrace et des îles. Mais après leurs grandes victoires de Marathon et de Salamine, les Athéniens s'emparèrent de l'empire de la mer Égée, et ils n'eurent pas de peine à se rétablir dans Lemnos et Imbros, qui furent dès lors comme des annexes du territoire de l'Attique. La population de ces deux îles devint tout athénienne de langage, de mœurs et de coutumes (1). Les Pélasges tyrrhéniens furent expulsés entièrement ou se mêlèrent aux colons qui vinrent d'Athènes. A partir de cette époque les îles de Lemnos, d'Imbros, et même de Scyros, restent invariablement rattachées à la domination d'Athènes, qui ne perdit ces possessions que lorsqu'elle cessa elle-même d'être une cité libre. Dans la guerre du Péloponnèse, les soldats d'Imbros et de Lemnos sont de toutes les entreprises des Athéniens. Ils servent dans le siége de Mitylène, dans l'expédition de Sphactérie, dans les campagnes en Chalcidique contre Brasidas, dans la grande expédition de Sicile (2). Après Ægos-Potamos, 405, Lysandre enlève ces îles aux Athéniens, et Conon les leur rend après la bataille de Cnide (396). Aux négociations du traité d'Antalcidas, les Athéniens obtinrent qu'on leur laisserait la possession de ces trois îles. Lemnos, Imbros et Scyros furent exceptées en leur faveur de cet affranchissement général de toutes les cités grecques que proclamait la politique perfide de Sparte et de la Perse (387).

Dans la guerre Sociale, Lemnos et Imbros restèrent fidèles, ainsi que les colons samiens. Les alliés les en punirent par des ravages. Cent vaisseaux de Cos, de Rhodes, de Byzance et de leurs auxiliaires parcoururent la mer Égée, maltraitant partout ceux qui persévérèrent dans leur attachement aux Athéniens. Lemnos, Imbros et Samos furent les îles qui souffrirent le plus de cette expédition (3). Après la guerre Lamiaque (322), où ils furent vaincus par An-

tipater, les Athéniens perdirent tout ce qui leur restait de leurs possessions extérieures. Leurs colons furent chassés de Samos, et on leur enleva Lemnos, Imbros et Scyros.

Détachée d'Athènes, Lemnos eut beaucoup à souffrir des prétentions des divers princes qui se disputaient la suprématie de la Grèce, et cherchaient à l'asservir tout en lui promettant la liberté. Elle changea plusieurs fois de mains, occupée tantôt par Cassandre, fils d'Antipater, tantôt par Démétrius fils d'Antigone (1). Enfin elle resta à la Macédoine.

Après la défaite de Persée (168 avant Jésus-Christ), les Athéniens, qui étaient en faveur auprès des Romains, se firent rendre leur possession de Lemnos, réclamation que Polybe trouve très-fondée, puisque Lemnos leur avait appartenu autrefois (2). Bientôt après (146), la Grèce fut réduite en province romaine; Athènes perdit encore sa possession de Lemnos, et cette fois c'était pour ne jamais la recouvrer.

On ne connaît aucune médaille qui porte le nom de Lemnos; celles que Choiseul-Gouffier a fait graver sont d'Héphæstia. Deux de ces médailles représentent un tête de femme et un bélier; au revers de la troisième est une torche entre deux bonnets, symboles de Castor et de Pollux.

LEMNOS DANS LES TEMPS MODERNES. — Après les temps anciens, l'histoire de Lemnos n'offre plus rien de remarquable. On ne sait rien sur la révolution religieuse qui a substitua le nom de Jésus-Christ au culte de Minerve et des dieux Cabires. Au quatrième siècle Lemnos était chrétienne. Au concile de Nicée figure Stratégius, évêque de Lemnos. Héphæstia fut d'abord le siége de l'évêché de Lemnos. Plus tard on dit Stalimène. Au dix-septième siècle l'évêque de l'île résidait au monastère de Saint-Paul, près du bourg de Livado-Chorio (3). Les Annales ecclésiastiques racontent comment en 790, sous le règne de Constantin et d'Irène, on fit la translation du corps de sainte Euphémie de

---

(1) Thuc., VIII, 57; ce furent les Lemniens d'Athènes qui consacrèrent la Minerve de Phidias. *Voy.* Pausan., I, 28, 2.
(2) Thuc., III, 4; IV, 28; V, 8; VII, 58.
(3) Diod. Sicul., XVI, 21, 2.

(1) Diod. Sicul., XIX, 68; XX, 46.
(2) Polyb., XXX, 18; Vitruv., l. VII, c. 7.
(3) Lequien, *Oriens Christ.*, t. I, col. 951.

Lemnos à Chalcédoine. Cette sainte, qui avait souffert le martyre dans cette dernière ville, en 307, pendant la persécution de Galerius, était honorée dans toutes les églises d'Orient. Les habitants de Lemnos virent avec regret qu'on leur enlevait ces précieuses reliques; ils réclamèrent avec vivacité, et en vinrent presqu'à un soulèvement. La prudence de leur évêque les calma, et assura l'exécution des ordres de l'empereur et de Tarasius, patriarche de Constantinople.

Lemnos, appelée communément Stalimène dans les écrivains du moyen âge, fit partie de l'empire grec jusqu'à l'époque de la quatrième croisade. Ensuite elle fut disputée aux Byzantins par les Vénitiens et les Génois. Au quatorzième siècle, elle fit partie du petit État que les Gateluzi avaient fondé à Métélin. Mais alors les Turcs Ottomans commençaient à infester l'Archipel et à piller toutes les îles grecques. Les papes excitaient continuellement les princes chrétiens à se réunir et à s'armer pour repousser les infidèles. Ils n'étaient entendus que par ceux qui étaient intéressés à ces guerres, comme les Génois et les Vénitiens. Seuls, les chevaliers de Rhodes étaient animés du zèle de la religion, et combattaient comme soldats de la foi. Leurs galères parurent souvent dans les eaux de Lemnos et des îles voisines, et y eurent de fréquents engagements avec l'ennemi. En 1457, l'expédition dirigée par Louis, patriarche d'Aquilée, à l'instigation de Callixte III, ne put empêcher la chute des Gateluzi (1), que Mahomet II dépouilla en 1462. Les Vénitiens défendirent Lemnos encore pendant quelques années. Les Turcs l'assiégèrent l'an 1475, et furent contraints de lever le siège. Ce fut alors qu'éclata le grand courage d'une fille nommé Marulla. « M. Moreri, dit Bayle, en a fait mention; mais il a cru faussement qu'elle vivait dans le quatorzième siècle. Il ajoute que Mahomet II enleva cette île aux Vénitiens. Cela n'est point exact, puisqu'il ne l'obtint que par un traité de paix, l'an 1478 (2). Les Vénitiens la conquirent l'an 1656; les Turcs la reprirent l'année suivante, après un long siège. »

Après la destruction de la flotte ottomane à Tchesmé (1770), l'escadre russe, repoussée des Dardanelles, alla former le siège de la citadelle de Lemnos. Hassan-bey, qui fut depuis capitan-pacha, la délivra par un coup de main d'une audace extraordinaire. Sans bâtiment de guerre, sans une seule pièce de canon, il s'engage dans cette téméraire entreprise avec trois mille volontaires déterminés, montés comme lui sur de chétives barques. Une seule frégate d'observation suffisait pour détruire cette escadre singulière. Mais les Russes n'avaient pris aucune précaution pour surveiller la mer. Hassan débarque sans être aperçu, et marche au camp des assiégeants, qu'il culbute aussitôt. Rien ne lui résiste, il poursuit jusqu'au port Saint-Antoine les fuyards, qui se précipitent dans leurs vaisseaux, et les Turcs, maîtres du terrain, voient l'escadre ennemie lever l'ancre et s'éloigner à toutes voiles.

C'est dans Choiseul-Gouffier que se trouvent les derniers renseignements sur l'île de Lemnos, qui a été peu visitée dans ces derniers temps. « L'île de Lemnos, dit-il, est une des mieux peuplées de l'Archipel, en raison de son étendue; et, d'après des renseignements assez probables, si je ne puis dire parfaitement sûrs, il paraît que l'on peut porter jusqu'à trente mille le nombre de ses habitants.

« Le port de Myrina, ou de Lemnos, offre tous les avantages que l'on peut désirer; la ville l'entoure et un fort avancé le protège. On y construit des bâtiments de toutes espèces, et même des vaisseaux de guerre avec des bois apportés des côtes de la Thrace et de la Macédoine. Le fort est ordinairement occupé par une très-faible garnison turque : le reste de l'île jouit assez paisiblement des abondantes productions du sol le plus fertile; et de nombreux troupeaux se multiplient dans toutes les parties qui ne sont pas aussi favorables à la culture. De vastes prairies s'étendent au nord du port de Moudros; ce sont sans doute ces pâturages que Strabon appelle Eubœa, nom qui indique un endroit propre à nourrir des bœufs. A l'orient de cette prairie sont des terrains

(1) Voy. plus haut, p. 333.
(2) Voy. Vianoli, *dell Historia Veneta*, tome I.

montueux, couverts de vignes, où l'on rencontre plusieurs villages, qui n'ont pas été déterminés sur le terrain, et que l'on n'a pas placés sur la carte (1). »

ÎLE D'IMBROS.

L'île que les anciens ont appelée Imbros ou Imbrus, qui se nommait Embaro, Lembro, Imbro, dans les temps modernes, est située à vingt-cinq milles à l'ouest de la Chersonèse de Thrace (2). Pline lui donne soixante-douze milles de circuit. Elle est arrosée par un cours d'eau appelé l'Ilissus. Cette île est haute et montueuse, et Homère lui donne l'épithète de Παιπαλόεσσα, la Rocailleuse (3), cependant elle s'élève moins que Samothrace au-dessus de la mer, puisque lorsqu'on sort de l'Hellespont, on découvre par-dessus l'île d'Imbros le mont Saoce.

Imbros a suivi constamment le sort des îles voisines. Comme celles-ci, elle fut consacrée aux dieux Cabires; elle fut occupée par les Pélasges tyrrhéniens et conquise par les Athéniens (4), qui la gardèrent aussi longtemps que Lemnos. Philippe la leur avait enlevée; Antigone la leur rendit. Elle retomba plus tard sous la domination des rois de Macédoine, puisque nous voyons les Romains stipuler dans le traité qu'ils imposèrent à Philippe, après la bataille de Cynocéphale, qu'Imbros serait rendue aux Athéniens avec Delos et Scyros (5). Antiochus le Grand passa à Imbros quand il se rendit en Grèce dans l'espérance d'enlever ce pays à l'influence romaine (6), et Ovide s'y arrêta quelque temps, lorsqu'il quitta Rome pour se rendre au lieu de son exil (7).

Dans les temps modernes l'histoire d'Imbros est aussi stérile que dans l'antiquité. Le P. Lequien déclare qu'il n'en est fait aucune mention dans les Annales Ecclésiastiques, et que le siége épiscopal d'Imbros y est entièrement oublié (1). Dans les derniers temps du Bas-Empire, Imbros fut disputée aux empereurs grecs par les républiques maritimes de l'Italie, qui ne négligeaient rien pour s'assurer des positions avantageuses dans l'Archipel. Comme Lemnos et Samothrace, elle fut enlevée aux derniers Paléologues par la famille Gateluzi, qui déjà régnait à Lesbos, et qui fut dépouillée de toutes ses possessions par Mahomet II. Alors Lucio Gateluzi était prince d'Imbros et de Lemnos. Lucio avait aidé son parent Nicolas, prince de Lesbos, à détrôner et à étrangler son frère Dominique. Ces deux perfides reçurent un châtiment mérité; vaincus et dépouillés par Mahomet, ils furent emmenés captifs, et envoyés au supplice, après avoir enduré de cruels tourments. Depuis ce temps cette île est restée aux Turcs.

Imbros contient aujourd'hui, disait Choiseul-Gouffier, trois mille habitants, distribués dans quatre villages. Celui qui porte le nom de l'île est situé sur la côte orientale, et près d'une anse où l'on mouille par quinze et vingt brasses. Non loin de là l'on reconnaît les ruines de l'ancienne ville et les vestiges d'un temple. « Des bateaux prêts à exporter les productions de l'île, ou que le mauvais temps a forcés d'y relâcher, le bruit des ouvriers qui en radoubent ou qui en construisent d'autres, et les pêcheurs rentrant avec une riche récolte de rougets, de dorades et de coquillages, dont chaque enfant vient solliciter sa part, répandent un peu de mouvement dans le petit port d'Imbros (2). » Dans l'intérieur on trouve toutes les hauteurs couronnées de bois, où abondent des animaux de toutes espèces, surtout des sangliers, lièvres et lapins. « Un gentilhomme flamand de notre vaisseau, disent Spon et Wheler (3), y alla avec son fusil et son chien, et en moins de deux heures il tua un sanglier et une

---

(1) Choiseul-Gouff., *Voyage Pittor. de la Grèce*, t. II, p. 137. Voir la carte, qui est très-complète, à la planche 14 de l'Atlas.
(2) Plin., V, 23, 7.
(3) Hom., *Il.*, XIII, 33.
(4) Hérod., VI, 140.
(5) Tit.-Liv., XXXIII, 30.
(6) Id., XXXV, 43.
(7) Ov., *Trist.*, I, 10.

(1) « Episcopum nullum hujus reperi, qui in ea remotiori ævo sederit, sed nec in ulla episcopatum notitia occurrit Imbrus. » *Or. Christ.*, t. I, col. 951.
(2) Choiseul-Gouffier, *Voyage*, t. II.
(3) Spon et Wheler, *Voyage d'Italie*, etc., t. I, p. 202, éd. de Lyon; 1678.

laie avec ses quatre marcassins. » Toute l'île d'Imbros est un charmant pays. Au pied des hauteurs boisées s'étendent des vallées délicieuses et de fraîches prairies, qui pourraient nourrir de nombreux troupeaux. Des eaux abondantes y entretiennent une belle végétation, et l'on peut s'y reposer à l'ombre de figuiers chargés de fruits, de myrtes, de lauriers-roses; et de vieux ceps qui embrassent le tronc et les branches des plus hauts platanes sont parvenus déjà depuis un siècle à leurs sommets, les chargent et les décorent de raisins, et n'en ressortent que pour passer sur les cimes voisines.

Sous les Turcs, Imbros a été longtemps un lieu d'exil pour les pachas, comme l'Athos pour les patriarches, et Mitylène pour les princes grecs. Le célèbre vizir Baltadji Mehemet, qui enferma Pierre le Grand sur les bords du Pruth, y fut relégué, après une disgrâce que provoquèrent les réclamations de Charles XII. Tranquille sous la domination musulmane, Imbros n'a pris aucune part à la guerre de l'indépendance.

ILE DE SAMOTHRACE.

DESCRIPTION DE L'ÎLE DE SAMOTHRACE; SES DIFFÉRENTS NOMS. — Le mot composé de Samothrace n'était pas en usage du temps d'Homère, qui appelle cette île *la Thracienne Samos*, ou la Samos de Thrace, pour la distinguer de la Samos voisine des côtes d'Ionie. Il ne la désigne par le nom seul de Samos que lorsqu'il énumère avec elle quelqu'une des îles environnantes, comme Imbros et Lemnos; ce qui sert à éviter toute confusion (1). Les poëtes latins se servent ordinairement de la dénomination homérique, et le nom de *Threicia Samos* revient souvent dans les vers de Virgile et d'Ovide (2). La fusion de ces deux noms était déjà opérée du temps d'Hérodote, qui, écrivant, comme Homère, dans le dialecte ionien, emploie le mot Samothrace. Plus tard celui de Samothrace prévalut, et resta seul usité des géographes et des historiens. D'après Strabon (3), cette île aurait porté primitivement le nom de Mélite, nom commun, comme celui de Samos, à plusieurs îles de la Méditerranée. Certains scoliastes lui donnent aussi celui de Leucosia, ou Leuconia, ou Leucania. Enfin, selon Diodore, elle aurait eu pour premier nom celui de Saonèse, que lui donna Saon, son premier roi. Strabon ne croit pas que Samothrace ait dû son nom à l'établissement de colons venus de la Samos ionique. « Une opinion plus probable, dit-il, est que Samothrace fut originairement nommée Samos, parce que le terme *Sami* désigne des lieux élevés, tel qu'est le terrain de Samothrace. Quelques-uns veulent que cette dénomination primitive, Samos, dérive du nom des *Saji*, peuples thraces, qui jadis, occupant toute la côte continentale dont Samothrace n'est pas éloignée, s'étaient pareillement établis dans l'île. Ces *Saji*, selon certains auteurs, ne diffèrent point, soit des *Sapæi*, soit des *Sinti*, appelés Sinties par Homère (1). »

Samothrace est située au nord-ouest d'Imbros, à trente-huit milles au sud des côtes de Thrace, et presqu'en face l'embouchure de l'Hèbre. Elle a trente-deux milles de tour. Cette île n'est, à proprement parler, que la base de l'immense cône qui la surmonte, et que l'on appelle le mont Saoce, dont la cime, plus élevée, dit-on, que celle de l'Athos, domine de sa hauteur de cinq à six mille pieds toutes les îles, toutes les mers et toutes les côtes environnantes. Aussi Neptune pouvait-il du haut de cette montagne

---

(1) Hom., *Il.*, XIII, 12; XXIV, 78.
(2) Virg., *Æn.*, VII, 208; Ov., *Trist.*, I, 10, 20.
(3) Strab., X, p. 472.

(1) Strab., X, p. 457, trad. fr., t. IV.

regarder le combat des Grecs et des Troyens. « Car, dit Homère, de là on découvrait le mont Ida, la ville de Priam et les vaisseaux des Grecs. » On s'est demandé quelquefois si Homère était resté fidèle, dans ce détail, à la vérité géographique, et on en a quelquefois douté. Voici un témoignage qui doit suffire pour mettre désormais l'exactitude du poëte à l'abri de toute contestation. « En entrant dans la plaine de Troie, une charmante surprise vint frapper mes yeux. Pendant notre séjour à Constantinople, nous avions, Methley et moi, pâli ensemble sur la carte. Nous étions tombés d'accord sur ce point, que, quel qu'ait été d'ailleurs le véritable emplacement de Troie, le camp des Grecs devait se trouver presqu'en face de l'intervalle que laissent entre elles les îles d'Imbros et de Ténédos,

Μεσσηγὺς Τενέδοιο καὶ Ἴμβρου παιπαλοέσσης.

Mais mon camarade Methley (qui regorgeait d'Homère, et l'adorait de toute la sincérité de son cœur) me fit souvenir d'un passage de *l'Iliade* où Neptune est représenté regardant la scène des grands combats qui se livraient devant Troie *assis sur le plus haut sommet de Samothrace*. Et cependant Samothrace, selon notre carte, nous paraissait rester non-seulement hors de la vue de la Troade, mais encore tout à fait cachée derrière Imbros, île plus grande, qui s'allonge précisément en travers de la ligne droite tirée de Samothrace à Ilion. Tout en admettant dévotement que *le grand agitateur de notre globe* aurait fort bien pu des profondeurs même de son royaume azuré voir ce qui se passait sur notre globe, je n'en pensais pas moins que, voulant choisir une place d'où l'on vît l'action, le vieil Homère, si positif dans ses énoncés, si ennemi de toute mystification et de toute tromperie, aurait dû assigner à Neptune une station que l'on pût apercevoir de la plaine de Troie; et il me semble que cette confrontation des vers du poëte avec la carte et la boussole avait un peu ébranlé ma foi en ses lumières géographiques. — C'est bien; maintenant j'arrive sur les lieux. J'avais en effet à droite Ténédos et Imbros à gauche, comme dans ma carte; mais voilà qu'au-dessus d'Imbros,

bien loin par-delà, dans le ciel, se dressait Samothrace, la guérite de Neptune. Tout était donc ainsi qu'Homère l'avait déterminé. La carte avait de son côté parfaitement raison; mais elle ne pouvait, comme le poëte, examiner la vérité tout entière. Voilà comment sont vaines et fausses les conjectures purement humaines, et comment contre les souverains arrêts d'Homère viennent se briser toutes les incertitudes et tous les doutes (1). »

L'île de Samothrace n'offrait aucun avantage pour le commerce. Elle n'avait pas de port, à moins qu'on n'appelle de ce nom le mouillage de Cérès, le Démétrium, qui est situé sur le rivage septentrional, en face de la Thrace, et près duquel on croit reconnaître les ruines d'un temple de Déméter. Aussi Pline lui donne-t-il l'épithète *d'importuosissima*. Son territoire était peu fertile. Elle produisait cependant une espèce d'oignons renommée. On y trouvait aussi une plante médicinale appelée le *peucedanum*. « La tige en est menue, dit Pline, longue, semblable au fenouil, garnie de feuilles près de terre; la racine, noire, épaisse, d'une odeur forte, juteuse. Il croît sur les montagnes couvertes de bois. On le tire de terre à la fin de l'automne. On recherche les racines les plus tendres et les plus longues. On les coupe de quatre doigts en quatre doigts avec de petits couteaux d'os, et on les laisse rendre leur suc à l'ombre.... Ce suc, ainsi que la racine et sa décoction, entre dans beaucoup de compositions médicamenteuses; toutefois, c'est le suc qui a le plus de vertu : on le délaye avec des amandes amères ou de la rue, et on le prend en

(1) *Eothen;* Paris, 1846. « Ce voyage, malgré son épigraphe et son titre grec, s'éloigne, comme par système, des souvenirs de l'antiquité, et parle aussi peu que possible de tout ce qui fut jadis. L'auteur affecte de montrer partout et à propos de tout un esprit original, sceptique et piquant. Son témoignage en faveur d'Homère, arraché à la conscience du touriste, n'en sera donc que plus flatteur et plus apprécié. » J'emprunte ce jugement sur le livre intitulé *Eothen*, ainsi que la traduction du passage cité ci-dessus, aux *Épisodes littéraires en Orient* de M. de Marcellus, II, 99, savante et spirituelle fantaisie, qui abonde en piquants détails, dont je profite toujours à l'occasion.

boisson contre le venin des serpents. Il garantit aussi ceux qui s'en frottent avec de l'huile. » Les hauteurs boisées de cette île étaient peuplées de chèvres sauvages. On mentionnait aussi une pierre de Samothrace, qui était noire, légère et semblable à du bois; Pline n'en indique pas l'usage. Le seul produit de l'industrie des habitants de cette île était ces anneaux de fer appelés *Samothracia ferrea*, qui étaient ornés d'or, et dont les esclaves aimaient à se parer (1).

Dépourvue de marine, de commerce, d'industrie, Samothrace a dû toute sa célébrité à ses mystères religieux et aux antiques traditions qui s'y rapportent. A l'époque de cette grande révolution physique où les eaux du Pont-Euxin se mirent violemment en communication avec la mer Égée, les hauts sommets de Samothrace devinrent l'asile de l'antique religion. Ce grand bouleversement, attesté par Platon, par Pline et par Strabon, avait laissé dans la mémoire des peuples des souvenirs profonds, transmis sous la forme légendaire particulière à ces temps, et dont Diodore de Sicile nous a conservé les principaux traits. « Les Samothraces, dit cet historien, racontent qu'avant les déluges arrivés chez les autres nations, il y en avait eu chez eux un très-grand, causé par la rupture de la terre qui environne les Cyanées, et par suite de celle qui forme l'Hellespont. Le Pont-Euxin ne formait alors qu'un lac tellement grossi par les eaux des fleuves qui s'y jettent, qu'il déborda, versa ses eaux dans l'Hellespont, et inonda une grande partie du littoral de l'Asie. Une vaste plaine de la Samothrace fut convertie en mer; c'est pourquoi longtemps après quelques pêcheurs amenèrent dans leurs filets des chapiteaux de colonnes de pierre, comme s'il y avait eu là des villes submergées. Le reste des habitants se réfugia sur les lieux les plus élevés de l'île. Mais la mer continuant à s'accroître, les insulaires invoquèrent les dieux; et, sauvés du péril, ils marquèrent tout autour de l'île les limites de l'inondation, et y dressèrent des autels où ils offrent encore aujourd'hui des sacrifices. Il est donc évident que la Samothrace a été habitée avant le déluge (1). »

Les mêmes traditions racontent ensuite comment se recomposa la société humaine, désorganisée par ce déluge. Saon, fils de Jupiter et d'une nymphe, ou, selon d'autres, de Mercure et de Rhénée, rassembla les hommes dispersés, leur donna des lois, et distribua la population de Samothrace en cinq tribus, auxquelles il imposa les noms de ses cinq fils. Bientôt après, Samothrace vit naître Dardanus, Iasion et Harmonie, enfants de Jupiter et d'Électre, une des Atlantides. Dardanus alla en Asie jeter les fondements de la ville de Troie et du royaume des Dardaniens. « Jupiter, voulant également illustrer le second de ses fils, lui enseigna les rites des mystères. Ces mystères existaient déjà anciennement dans l'île, ils furent alors renouvelés d'après la tradition; mais personne excepté les initiés ne doit en entendre parler. Iasion paraît y avoir le premier admis des étrangers, ce qui rendit ces mystères très-célèbres. Plus tard, Cadmus, fils d'Agénor, cherchant Europe, arriva chez les Samothraces, fut initié, et épousa Harmonie, sœur d'Iasion. Ce fut le premier festin de noces auquel les dieux assistèrent. Cérès, éprise d'Iasion, apporta le blé en présent de noces, Mercure la lyre, Minerve son fameux collier, un voile et des flûtes; Électre apporta les instruments avec lesquels on célèbre les mystères de la grande déesse des dieux, les cymbales et les tympanons des Orgies. Apollon joua de la lyre, les muses de leurs flûtes, et les autres dieux ajoutèrent à la magnificence de ce mariage par des acclamations de joie. Ensuite Cadmus, selon l'ordre d'un oracle, vint fonder Thèbes en Béotie. Iasion épousa Cybèle, et en eut un fils, appelé Corybas. Après la réception d'Iasion au rang des dieux, Dardanus, Cybèle et Corybas, apportant en Asie le culte de la mère des dieux, vinrent aborder en Phrygie.... Les mythes disent que Plutus fut fils d'Iasion et de Cérès; mais le vrai sens est que Cérès, par suite de sa liaison avec Iasion, lui avait donné, aux noces d'Harmonie,

---

(1) Athén., I, 28; Plin., XIX, 32, 1; XXV, 70, 1; XXXIII, 6, 7; XXXVII, 67, 1; Varr., R. r., II, 1, 5; Lucret., VI, 1043.

(1) Diod. Sicul., V, 47 et suiv.; cf. l. III, 55.

le blé, source de la richesse. Mais les détails des cérémonies saintes, on ne les révèle qu'aux initiés. On dit que ceux qui participent à ces mystères sont plus pieux, plus justes et en tout meilleurs. C'est pourquoi les plus célèbres des anciens héros et des demi-dieux furent jaloux de s'y faire initier. Iasion, les Dioscures, Hercule et Orphée, qui y étaient initiés, ont réussi dans toutes leurs entreprises, grâce à l'assistance des dieux. »

DES MYSTÈRES DE SAMOTHRACE; LES DIEUX CABIRES. — Ce passage de Diodore est un exemple de la confusion et de l'incertitude qui règnent dans presque toutes les légendes religieuses des Grecs, et surtout dans celles qui ont rapport aux mystères des dieux Cabires de Samothrace et des îles voisines d'Imbros et de Lemnos. On ne doit pas s'attendre à voir dans cette histoire, si générale, des îles grecques une étude spéciale sur ce sujet, auquel les anciens ne comprenaient plus rien du tout, surtout à mesure qu'ils s'éloignaient des temps primitifs, et qui reste encore une énigme pour les savants modernes. « Ce qui concerne les Cabires, disait Fréret au siècle dernier, est un des points les plus importants et les plus compliqués de la mythologie grecque ; les traditions qui les regardent sont tellement confuses et si souvent opposées les unes aux autres, que l'analyse en paraît à peine possible. Les anciens eux-mêmes se contredisaient, faute de s'entendre, et les modernes, en accumulant avec plus d'érudition que de critique leurs différents témoignages, ont embrouillé la matière au lieu de l'éclaircir (1) ». Fréret avait certes plus de critique que ses devanciers et non moins d'érudition ; et cependant il n'est arrivé à aucun résultat définitif, et sa dissertation n'a paru de nature à décourager personne. Après lui des hommes fort savants, fort habiles, MM. Schelling, Welcker, O. Müller, Gérhard, sans compter le livre de Creuzer et de M. Guigniaut, sont revenus sur cette question, en ont étudié tous les détails, l'ont retournée dans tous les sens, ont tenté des solutions, érigé des systèmes spécieux, sans jamais avoir réussi à convaincre le lecteur qu'ils avaient dit le vrai et le dernier mot. Il faut bien en croire sur ce point le savant rapporteur de tous ces travaux de l'érudition allemande, M. Guigniaut, qui termine ses analyses critiques par cette réflexion, que les contradictions de tous ces systèmes ne justifient que trop : « En quittant ce sujet des Cabires et des Dioscures, si attachant pour le mythologue par sa difficulté même et sa complication, qui tient aux racines les plus cachées de la religion des Grecs, a son double lien avec l'Orient et avec l'Occident, et qui a exercé dans des sens si divers de si grands esprits, des savants si profonds et si ingénieux, nous ne pouvons nous défendre d'une pensée qui n'est sans doute que l'aveu secret de notre faiblesse, c'est que le problème n'est point et ne sera peut-être jamais complétement résolu (1). »

Après une telle déclaration, on comprendra pourquoi nous n'essayerons pas de donner à notre tour une solution que de plus habiles que nous n'ont pas trouvée, ni même de reproduire les principaux systèmes enfantés pendant cette grande discussion scientifique, qui en définitive est restée stérile, puisqu'elle n'a pas encore produit ses conclusions. Cependant nous ne pouvons abandonner ce sujet sans soumettre à l'appréciation du lecteur les passages les plus décisifs des anciens auteurs sur la nature des dieux Cabires, adorés dans les îles dont nous venons de présenter l'histoire. Le plus remarquable de tous les récits de l'antiquité sur les Cabires nous paraît être celui de Phérécyde, non-seulement à cause de l'époque relative de cet écrivain, mais parce que son témoignage s'accorde à merveille avec les doctrines égyptiennes et phéniciennes. Suivant lui les Cabires sont enfants d'Héphæstus ou de Vulcain et de Cabira, fille de Protée. Ce sont trois êtres femelles (les nymphes Cabirides) qui reçoivent un culte dans les îles de Lemnos, Imbros et les villes de la Troade. Ils portent des noms pleins de mystère. Le vieil historien Acusilaüs connaît également Cabira comme femme d'Héphæstus ; il cite trois Cabires, et

(1) *Acad. des Inscriptions*, t. XXVII.

(1) *Religions de l'Antiquité*, t. II, 3ᵉ partie, p. 1102.

trois nymphes Cabirides. Voilà l'ogdoade sacrée des Égyptiens et des Phéniciens. La seule différence, c'est qu'ici Phtha-Sidyk et Esmun, pères des sept Cabires, sont présentés sans épouses, peut-être à titre d'androgynes engendrant de leur propre substance, selon la croyance antique des Orientaux. D'ailleurs, nous ne connaissons pas exactement la généalogie des Cabires primitifs. On peut croire que déjà ils avaient été hellénisés en Grèce au temps de Phérécyde; l'idée fondamentale d'une ogdoade divine n'en subsiste pas moins. » Seulement, en descendant de l'Orient dans la Grèce, ces notions théogoniques s'éloignant de leur source, c'est-à-dire de l'enseignement divin d'où l'homme avait reçu la religion primitive, s'appauvrissent et perdent de leur grandeur. En effet, le dieu androgyne des Orientaux est bien supérieur au couple divin des Hellènes, qui dès l'origine trahissent leur tendance à l'anthropomorphisme.

Dans le scoliaste d'Apollonius de Rhodes on trouve, d'après l'historien Mnaséas, un précieux fragment des dogmes originaux de Samothrace, qui paraît emprunté à un ordre d'idées plus élevé encore que celui de l'ogdoade. « Ce sont d'abord les noms véritables d'une triade de divinités, que voici : *Axiéros, Axiokersos, Axiokersa*. A cette triade vient s'ajouter un dieu subordonné, appelé *Casmilus*. Tous ces noms paraissent décidément orientaux, et voici maintenant les étymologies, plus ou moins vraisemblables, que l'on en donne. Axiéros signifie en égyptien le *Tout-Puissant*, le *Grand*, et ne saurait être que Phtha ou Hephæstus-Vulcain. La seconde personne, Axiokersos, veut dire le *grand fécondateur* : ce doit être Arès-Mars, la planète nommée en langue égyptienne *Ertosi*, mot qui présente la même idée. Axiokersa est conséquemment la *grande fécondatrice*, Aphrodite ou Vénus, compagne de Mars. Quant au quatrième personnage, Casmilus, Zoéga l'explique aussi d'après l'égyptien, et traduit son nom le *tout sage;* Bochart, avec plus de probabilité, l'avait rapproché de l'hébreu *Cosmiel*, qui signifie un *serviteur, un ministre de Dieu* (1). »

(1) *Religions de l'Ant.*, t. II, p. 291 et suiv.

Telle est la curieuse indication de Mnaséas, enfouie sous le fatras d'un scoliaste, et qui nous laisse entrevoir dans la doctrine primitive de Samothrace le dogme de la Trinité, qui forme le fond des plus anciennes religions de l'Asie. Mais, transportées en Grèce, cette notion et toutes les autres vérités précieuses que révélait l'enseignement des mystères furent peu à peu étouffées sous un monceau d'erreurs, entassées par l'imagination et la subtilité du plus inventif et du plus disputeur de tous les peuples. A la fin des temps du paganisme le culte des Cabires (de l'hébraïco-phénicien *Kabirim*, *les puissants, les forts*; θεοὶ μέγαλοι, χρηστοί, δυνατοί) pouvait bien encore être pour Germanicus un objet de curiosité (1); mais, déchus de leur grandeur première, réduits à des proportions mesquines par les fictions de la mythologie, ces dieux puissants, ces dieux forts, n'étaient plus aux yeux du vulgaire que les deux fils de Jupiter et de Léda, les deux jumeaux Castor et Pollux.

HISTOIRE ANCIENNE DE SAMOTHRACE. — On sait fort peu de chose sur

(1) Tac., *Ann.*, II, 54. Choiseul-Gouffier fait à ce sujet cette sage réflexion, dont il ne me paraît pas, du reste, avoir compris toute la portée. « Les connaissances vulgaires, dit-il, ont besoin d'observation, d'expérience, et ne s'affermissent que par des tâtonnements; ce n'est donc qu'à la longue qu'elles se dégagent, se complètent et parviennent à cette clarté qui les consacre. Celles, au contraire, qui ont pour objet la divinité, *quelles que soient les sources d'où elles découlent*, ne sauraient être plus simples que dans leur origine. Elles n'ont rien à espérer du temps. Il ne peut que les altérer. » Par le temps on ne peut entendre ici que les hommes; et il n'est que trop vrai que *les connaissances qui ont pour objet la divinité* ne peuvent que s'altérer entre leurs mains, et se tarir tout à fait, s'ils ne reviennent sans cesse puiser à la source d'où elles découlent. C'est ce que démontrerait suffisamment l'histoire de tous les peuples civilisés de l'antiquité, où le progrès de l'esprit humain dans les connaissances de l'ordre naturel correspond toujours à un amoindrissement considérable de toutes les notions de l'ordre surnaturel. De là, au milieu de ces richesses de l'industrie et de la science, cette indigence morale et religieuse qui a précipité ces civilisations incomplètes vers leur décadence.

l'histoire de cette île dans l'antiquité. Le fond de sa population était pélasgique, comme celui des îles d'Imbros et de Lemnos. Des Ioniens de Samos s'y établirent au onzième siècle, et, confondus avec les Pélasges, ils restèrent indépendants jusqu'au temps des guerres médiques (1). A cette époque les Samothraces possédaient aussi la côte de la Thrace située en face de leur île, où ils occupaient plusieurs villes fortes, telles que Salé, Zoné, Serrhion et Mésambrie. Après l'expédition de Darius contre les Scythes (508), ils se reconnurent sujets du grand roi. Les vaisseaux de Samothrace combattirent contre les Grecs à Salamine, et le courage qu'ils déployèrent dans cette action contribua à confondre les calomnies des Phéniciens, qui accusaient les Ioniens de lâcheté. Du haut du mont Ægaléon, Xerxès avait vu un vaisseau samothrace attaquer un vaisseau athénien et le couler à fond. En même temps un vaisseau éginète avait attaqué ce navire samothrace et l'avait brisé; mais les Samothraces avaient eu le temps de se jeter sur le navire ennemi, et comme ils étaient excellents archers, ils chassèrent à coups de flèches les marins éginètes, et s'emparèrent de leur bâtiment, qui avait coulé le leur (2). Cet exploit sauva les Ioniens, et les capitaines phéniciens furent décapités, comme calomniateurs.

Quand les Athéniens devinrent maîtres de la mer Égée, Samothrace reconnut leur domination. Une inscription citée dans les *Éléments d'Épigraphie grecque* de Franz nous apprend qu'elle payait à Athènes un tribut de 2,400 drachmes. Samothrace subit les mêmes vicissitudes que les îles voisines; tour à tour perdue et recouvrée par les Athéniens, elle leur fut définitivement enlevée par Philippe, et resta à la Macédoine jusqu'au temps des Romains. Elle n'avait plus d'indépendance; mais les mystères des dieux Cabires lui conservaient un reste de célébrité. Le temple de ces divinités était un lieu d'asile. Arsinoé, sœur de Ptolémée Céraunus, s'y réfugia après le meurtre de ses deux fils (1). Lorsque Antiochus Épiphane s'empara de l'Égypte (170), Ptolémée Physcon se retira à Samothrace avec tous ses trésors, tandis que son frère Ptolémée VI, Philométor, restait prisonnier du roi de Syrie (2). Cette île appartenait alors à Persée, qui bientôt après, vaincu à Pydna, et dépouillé de son royaume, courut aussi chercher un asile dans le sanctuaire vénéré des dieux de Samothrace. Il transportait avec lui 2,000 talents, qui lui restaient de ses trésors, et il était accompagné du Crétois Évandre, agent fidèle et dévoué, qui autrefois, sur l'ordre de son maître, avait essayé d'assassiner Eumène, roi de Pergame, dans le temple même de Delphes.

Aussi les dieux de Samothrace, que Plutarque appelle les Dioscures, refusèrent-ils de protéger ces suppliants sacriléges. Peu de temps après l'arrivée du roi dans l'île, un jeune Romain de distinction, Atilius, qui se trouvait alors à Samothrace, se présenta sur la place publique de la ville, où le peuple était assemblé avec ses magistrats. « Samothraces, nos hôtes, s'écria-t-il, est-il vrai ou faux que cette île soit sacrée, et que son territoire soit tout entier auguste et inviolable, comme la renommée le publie? » Il n'y eut qu'une voix pour répondre que Samothrace était bien réellement une île sainte. « Pourquoi donc, reprit alors Atilius, la laissez-vous violer par un meurtrier encore souillé du sang du roi Eumène? Pourquoi, au mépris de la formule des sacrifices, qui écarte de l'autel tous ceux qui n'ont pas les mains pures, permettez-vous que le sanctuaire soit profané par un assassin tout couvert de sang? » Cette accusation ne désignait que le Crétois Évandre, mais le Romain savait combien elle embarrasserait Persée, dont Évandre n'avait été que l'instrument. Il y avait à Samothrace un tribunal chargé de juger ceux qui s'étant rendus coupables d'un sacrilége avaient pénétré dans l'enceinte sacrée du temple. Théondas, roi de Samothrace, car les insulaires donnaient ce titre à leur premier magistrat, fit assigner Évandre devant le tribunal.

---

(1) Hérod., II, 51; VII, 59, 108. Voy. plus haut, page 237.
(2) Her., VIII, 101.

(1) Justin, I. XXIV, 3.
(2) Polyb., XXVIII, 17; XXIX, 1, f.

Prévoyant toutes les conséquences de cette affaire, Persée engagea Évandre à échapper par une mort volontaire à une condamnation inévitable. Évandre se montra disposé à mourir; mais il fit en secret des préparatifs pour assurer sa fuite. Persée en fut informé, et, craignant d'attirer sur sa tête le ressentiment des Samothraces, qui l'accuseraient d'avoir soustrait le coupable au châtiment, il lui fit donner la mort. Mais par ce meurtre Persée devenait responsable du sacrilége dont Évandre était accusé; il se chargeait du forfait de sa victime, auquel il ajoutait le sien, et il se trouvait, dit Tite-Live, avoir profané les deux temples les plus respectés de l'univers. Persée savait qu'il devenait à son tour justiciable du tribunal sacré de Samothrace; mais son argent le sauva. Il corrompit le roi Théondas, qui annonça au peuple qu'Évandre s'était donné la mort. Mais les Samothraces ne s'y trompèrent pas : un cri d'horreur s'éleva contre le roi assassin de son dernier et plus fidèle serviteur, et l'île entière passa aux Romains. Persée comprit qu'il ne lui restait plus de ressource que dans une prompte fuite (1).

Cependant Cnéus Octavius, qui commandait la flotte de Paul Émile, étant abordé à Samothrace, ne voulut point, par respect pour les dieux, violer l'asile de Persée. Mais il s'occupa de lui ôter les moyens de s'embarquer et de s'enfuir. Néanmoins Persée gagna secrètement un Crétois, nommé Oroandès, qui avait un petit vaisseau, et l'engagea à le recevoir à son bord, lui et ses richesses. Oroandès en usa envers lui à la crétoise; il embarqua à la faveur de l'obscurité tout ce que Persée avait de précieux, et lui dit de se rendre vers le milieu de la nuit au port voisin du promontoire de Démétrium, avec ses enfants et ceux de ses serviteurs qui lui étaient indispensables. Persée parvint avec beaucoup de peine à sortir de sa retraite et à gagner le bord de la mer; mais il n'y trouva pas le navire : Oroandès avait mis à la voile le soir même, emportant les richesses du roi. Le jour commençait à poindre, tout espoir était perdu. Persée se met à fuir vers l'enceinte sacrée. On l'aperçut cette fois; mais il avait gagné son lieu de refuge avant que les Romains pussent l'atteindre. Persée avait encore avec lui ses enfants et quelques-uns de ses serviteurs; mais Octavius ayant promis une amnistie pleine et entière à ceux qui l'abandonneraient, alors la désertion devint générale, et Ion de Thessalonique, à qui Persée avait confié ses enfants, les livra aux mains d'Octavius. Ce dernier coup réduisit Persée au désespoir, et, renonçant à disputer plus longtemps sa liberté, il vint, dit Plutarque, comme une bête féroce à qui on a enlevé ses petits, se rendre lui-même à la discrétion de ceux qui tenaient ses enfants en leur pouvoir (1). Il sortit du temple en accusant la Fortune et les dieux d'avoir été sourds à ses prières; il oubliait par combien de mauvaises actions il s'était rendu indigne de la protection de ces dieux, qu'il avait tant de fois outragés.

Après la conquête de la Macédoine, Samothrace passa sous la domination des Romains, qui la laissèrent se gouverner par ses lois. Au premier siècle de l'ère chrétienne, Pline l'appelle encore une ville libre. Au temps de la guerre de Sylla contre Mithridate (85), les pirates, qui infestaient déjà toute la mer Égée, pillèrent le temple de Samothrace, dont le trésor contenait de nombreuses et riches offrandes. Et ce n'étaient pas seulement les Grecs qui avaient enrichi le trésor des dieux Cabires, les Romains aussi y avaient contribué, puisque l'on voit Marcellus consacrer dans leur temple des statues et des tableaux pris au pillage de Syracuse. Aussi les pirates purent-ils enlever de Samothrace un butin de la valeur de mille talents (2).

SAMOTHRACE DANS LES TEMPS MODERNES. — La religion chrétienne en détruisant toutes les superstitions du paganisme, et notamment les mystères de Samothrace, enleva à cette île ce qui avait fait sa célébrité pendant les temps anciens. Aussi à partir de l'ère chrétienne Samothrace n'a plus d'histoire. Elle fait partie de l'empire grec jusqu'en 1204.

(1) Plutarque, *Paul-Émile*, 26.
(2) Plut., *Marc.*, 30; *Pompée*, 24; App., *Mithr.*, 63.

(1) Tite-Live, XLV, 5, 6.

Alors elle passe aux Vénitiens, et devient, ainsi que quelques îles voisines, le patrimoine de la famille Dandolo. Reconquise par Vatace, elle est encore enlevée aux empereurs grecs par les princes de Lesbos, de la famille des Gateluzi. Elle resta entre leurs mains depuis le quatorzième siècle jusqu'en 1462, époque à laquelle ce petit État fut conquis par Mahomet II (1). Depuis ce temps Samothrace, appelée désormais Samandrachi ou Mandrachi, est restée soumise à la domination des Ottomans, qui la dévastèrent impitoyablement pendant la guerre de l'indépendance.

(1) Voir les détails de cette histoire plus haut, p. 330.

ILE DE THASOS [1].

GÉOGRAPHIE ET DESCRIPTION DE THASOS. — L'île de la mer Égée la moins visitée, la moins connue de nos jours, et qui renferme incontestablement le plus de vestiges de son ancienne splendeur, est celle de Thasos. Cette île, appelée quelquefois Édonis, Aeria, Æthria, Ogygia, Chrysé, est le plus communément désignée sous le nom de Thasos ou Thassos, qu'elle a gardé jusqu'à présent « avec quelque peu d'altération, dit Dapper, étant connue sous celui de Tasso parmi les Turcs, les Italiens et les Grecs d'aujourd'hui ». Thasos est située en face des côtes de Thrace, dont elle n'est séparée que par un canal d'environ deux lieues, tout près de l'embouchure du Nestus. A l'ouest, elle a devant elle la côte de Macédoine et le golfe du Strymon. Pline la place à vingt-deux milles d'Abdère et à soixante-deux milles du mont Athos (2). Sa longueur d'orient en occident est de quinze milles d'Italie et son circuit de quarante.

L'île de Thasos est peut-être la plus fertile de la mer Égée. Les anciens l'avaient surnommée le rivage de Cérès (Ἀκτὴ Δημήτρος). Elle abondait en vin comme en blé (3). Pline place le vin de Thasos à côté de celui de Chio. On avait transporté en Italie des plants du muscat de Thasos, appelé aussi *vigne apiane*, parce que les abeilles en sont très-friandes. La vigne a la propriété merveilleuse de contracter la saveur des plantes voisines ; à Thasos, et c'est toujours à Pline que j'emprunte ces détails, on semait entre les vignes l'ellébore, ou le concombre sauvage, ou la scammonée. On disait aussi que Thasos produisait deux espèces de vins à propriétés contraires; l'une provoquant, l'autre chassant le sommeil. Les mais en général doux et humide, ce qui est très-favorable à la végétation. Voyez dans la collection des œuvres d'Hippocrate le premier et le troisième livre des *Épidémies*, où la constitution atmosphérique de Thasos pendant plusieurs années est décrite et mise en rapport avec l'état sanitaire de la population.

Voici un échantillon des observations faites par le médecin-naturaliste qui a composé ce curieux traité, et qui dut longtemps séjourner à Thasos. « Dans l'île de Thasos, durant l'automne, vers l'équinoxe, et pendant que les pléiades furent sur l'horizon, pluies abondantes, doucement continues, avec les vents du midi; hiver austral, petits vents du nord, sécheresse; en somme, tout l'hiver eut une apparence de printemps. Le printemps, à son tour, eut des vents du midi, des fraîcheurs et de petites pluies. L'été fut en général nuageux et sans eau; les vents étésiens ne soufflèrent que peu, avec peu de force et sans régularité. » Vient ensuite la description des maladies locales causées par toutes ces circonstances atmosphériques. *OEuvres complètes d'Hippocrate*, trad. de M. Littré, t. II, p. 598, t. III, 45 et suiv.

(1) Dissertations spéciales sur Thasos : Hasselbach, *De insula Thaso;* Marbourg, 1830, in-8°. — Prokesch d'Osten, *Dell' isola di Taso*, dans les *Dissertazioni della pontificia Academia romana di Archeologia*, t. VI, p. 181; Roma, 1835, in-4°.

(2) Dapper, *Description*, p. 253; Pline, *Hist. Nat.*, IV, 23, 8.

(3) Le climat de Thasos est fort variable,

Thasiens appelaient thériaque une vigne dont le vin et le raisin sont un remède contre les morsures de serpent. On faisait à Thasos un bon vinaigre, qui entrait dans la composition de l'hiéracium, sorte de collyre très-employé pour les maladies des yeux (1). Thasos avait aussi des bois de construction et des arbres fruitiers. On cite surtout les amandes de cette île. Elle était riche en productions minérales. Son marbre servit pendant toute l'antiquité, et était aussi recherché des sculpteurs que des architectes. On y trouvait des opales étincelantes, de l'espèce appelée *pæderos*, qui est la plus belle, et des améthystes, qui du reste n'étaient ni bien pures ni bien estimées (2). Mais la plus grande richesse de Thasos consistait dans ses mines d'or, qui avec celle de Scapté-Hylé, sur la côte voisine, rapportaient au temps d'Hérodote de deux à trois cents talents par an. « J'ai vu aussi ces mines, dit l'historien voyageur. Les plus admirables de beaucoup étaient celles que découvrirent les Phéniciens, qui, sous la conduite de Thasos, fondèrent la ville à laquelle il donna son nom. Les mines de cette île découverte par les Phéniciens sont entre Cœnyres et le lieu nommé Ænyres. Vis-à-vis de Samothrace est une grande montagne que les fouilles précédentes ont détruites. Tel est l'état actuel des choses (3). » D'après cette indication d'Hérodote, les géographes modernes placent les mines de Thasos du côté de Samothrace. M. de Prokesch, qui a parcouru tout ce rivage, déclare qu'il n'a trouvé de ce côté aucun vestige des anciennes exploitations.

Les habitants de cette île fortunée furent pendant longtemps puissants et libres. Les ruines encore subsistantes de leur cité montrent quelle fut son importance et sa splendeur. Thasos était située sur la côte septentrionale de l'île, sur des collines qui dominent une rade assez spacieuse, que couvre l'îlot de Thasopoulo. Au pied des collines, au fond de la rade, était le port des Thasiens. Les ruines de la ville s'appellent aujourd'hui Palæo-Castro, et le port Pyrgo, d'une tour vénitienne, construite avec d'antiques pierres de marbre. Outre ce débris du moyen âge, on voit encore les restes de l'ancien môle du port, qui pouvait contenir cinquante grands bâtiments. Aujourd'hui il est presque comblé de sable, et le môle est à fleur d'eau. Çà et là sur le rivage on voit des tombeaux décorés de quelques ornements de sculpture.

Au pied de substructions en belles pierres de marbre, comme celles du môle, s'étendaient l'arsenal et le chantier de construction, sur une superficie de cinq à six cents toises. La ville proprement dite occupait trois collines, que séparent de profonds ravins. Toutes ces trois hauteurs sont couvertes de ruines. Celle du nord était l'acropole de la ville; elle a été habitée jusque dans ces derniers temps, comme le prouvent des restes d'église et de maisons qu'on voit dans son enceinte. Cette citadelle servit aux Vénitiens, qui y firent des réparations, et qui y ouvrirent une porte nouvelle, que l'on reconnaît à sa construction grossière et au lion de Saint-Marc sculpté dessus (1). En descendant de la troisième de ces hauteurs vers le sud, par un escalier taillé dans le marbre du rocher, on aperçoit les carrières d'où furent tirées toutes les pierres qui servirent à la construction de l'acropole et de l'enceinte de la cité. En continuant à descendre cet escalier, qui suit le mur d'enceinte, on rencontre une porte antique, d'un aspect imposant, une des plus belles ruines de ce genre qui nous soient conservées, et que l'on peut comparer, préférer même à la porte de Mycènes, ou à celles de Salonique, d'Éphèse ou de Nicée. Toute la longueur des murs encore debout est de deux mille six cents pas. Au sud-ouest se trouve la nécropole de l'ancienne Thasos, qui occupe une vallée verdoyante, de quinze cents pas de longueur sur trois cents à six cents de largeur. On y voit une centaine de sarcophages, placés sur de grands degrés, superposés les uns aux autres. Tous ces sépulcres ont été ouverts et dévastés, et ils servent souvent de refuge aux pâtres de l'île. Aucune autre nécropole grecque n'est aussi

(1) Pline, XIV, 4, 4; 16, 1; 19, 7; 22, 1; XXXIV, 27, 1.
(2) Idem, XV, 24, 5; XXXVI, 5, 1; XXXVII, 22, 2; 40, 1.
(3) Hérod., VI, 47.

(1) Voy. dans le mémoire de M. de Prokesch la descrip. de toutes ces ruines, p. 184 et suiv.

bien conservée, si ce n'est celle de la ville d'Assos, sur le golfe d'Adramitti.

Les hauteurs situées à l'est de l'acropole offrent encore des ruines imposantes, au milieu desquelles croissent le lierre et la vigne sauvage. De toutes ces éminences on domine l'île presque tout entière, qui vous apparaît, ainsi que le disait le poëte Archiloque, comme un dos d'âne couvert de forêts sauvages, et l'on découvre au loin la Samothrace, et les plaines de Philippes, où périrent Brutus et Cassius, et le mont Pangée et l'Athos et la vaste mer.

Aujourd'hui la population de Thasos est dispersée dans neuf villages, qui sont, en partant de Pyrgos, Panagia ou Leinan au sud ; il est situé au milieu de hauteurs boisées et est arrosé par des eaux limpides et abondantes. A une lieue au sud est Potamia, au pied des montagnes. A cinq heures de marche de Leinan se trouve Theologo, le plus gros bourg de l'île. A une demi-lieue au nord-ouest de Theologo est Castro, placé comme un nid d'aigle sur des rochers. A une demi-lieue à l'ouest de Castro on rencontre Mariess, dans une vallée plantée de pins. A trois lieues au sud-est Kaisaraki. Puis, à deux lieues de distance, Cassarvith, où l'on voit des ruines antiques. Au nord-ouest, après deux heures de marche, on arrive à Volgaro, qui est situé au milieu d'une prairie couverte de beaux platanes. Enfin, de la, en une demi-heure, on retourne, par une route vénitienne, à Pyrgo, qui complète le nombre des villages de l'île.

RÉSUMÉ DE L'HISTOIRE DE THASOS. — L'île de Thasos avait reçu son nom et ses premiers habitants d'une colonie phénicienne, qui s'y était établie vers le temps de Cadmus, au seizième siècle avant l'ère chrétienne (1). Le nom d'Édonis, qu'elle porta dans les anciens temps, donne à penser qu'elle fut aussi occupée par des Édoniens de la Thrace. Elle reçut une colonie de Pariens, que conduisit Télésiclès, père du poëte Archiloque. Cet établissement dut avoir lieu dans la 15ᵉ olympiade, vers l'an 720 avant l'ère chrétienne. Déjà depuis longtemps, ceux de Paros avaient des relations intimes avec les Thasiens, puisqu'on voit dans Pausanias qu'une prêtresse de Paros, nommée Cléobée, porta la première à Thasos le culte de Cérès, et que cette prêtresse était contemporaine de Tellis, de qui descendait Archiloque à la troisième génération. De même, les Phéniciens avaient établi dans cette île le culte de Melcarth ou l'Hercule Tyrien, dont Hérodote visita le temple.

A Thasos, comme dans l'île de Cypre et tant d'autres de la Méditerranée, les Phéniciens, qui avaient devancé les Grecs, se trouvèrent dépossédés par eux, lorsque l'activité de la race hellénique eut pris son essor. Les ressources qu'ils trouvaient dans les produits de leurs mines d'or permirent aux Thasiens de se donner une puissante marine et de se livrer à un commerce étendu, qui augmenta leurs richesses. Thasos était renommée pour son opulence, et on lui donna le surnom de Chrysé. Elle s'était entourée de fortes murailles, et c'est dans ses chantiers que l'on construisit les premiers vaisseaux longs pontés (1). C'est avant les guerres Médiques qu'il faut placer l'époque de la plus grande prospérité des Thasiens, qui formaient alors une république indépendante, gouvernée par des Prytanes. Ce fut alors aussi qu'ils fondèrent, sur les côtes voisines, de nombreuses colonies, savoir : Parium en Troade, ville déjà fondée par Parius, neveu de Dardanus ; Datum, au pied du mont Pangée ; toutes les cités du rivage de Thrace opposé à leur île, qu'Hérodote désigne sans les nommer : Galepsus, près du Strymon, dont la première fondation remonterait à l'époque phénicienne, puisqu'on l'attribue à Galepsus, fils de Thasos ; OEsyme, voisine de la précédente, et également fort ancienne, puisque Homère en fait mention ; enfin Lissus et Strymé, dans le voisinage de Mésambrie. Au delà, la côte appartenait aux habitants de Samothrace.

La première attaque contre l'indépendance des Thasiens fut dirigée par Histiée de Milet, qui après la répression de la révolte d'Ionie s'était fait chef de bande, et cherchait partout du butin. Thasos était une riche proie : il vint l'assiéger ; mais il leva le siége, par crainte de la

(1) M. Raoul Rochette, *Colonies Grecques*, II, 226 ; Pausan., V, 25, 12 ; Hérod., III, 44.

(1) Hérod., VI, 46 ; Plin., VII, 57, 17.

flotte phénicienne (497). Les Thasiens, qui avaient repoussé Histiée, ne purent échapper à la domination des Perses. Ils se soumirent à Mardonius, sans essayer de résister (493). Darius leur ordonna d'abattre leurs murailles et de lui livrer tous leurs vaisseaux, qui furent conduits à Abdère. L'expédition de Xerxès acheva d'épuiser les ressources des Thasiens, qui trouvèrent ainsi le terme de leur prospérité.

Bientôt la puissance maritime d'Athènes délivra la mer Égée de la domination des Perses, par laquelle les Phéniciens espéraient se relever et reprendre leur ancienne supériorité commerciale. Thasos entra à titre d'alliée dans la confédération dont les Athéniens se firent les chefs. Mais bientôt un différend s'éleva entre Thasos, qui voulait conserver son indépendance, et Athènes, qui empiétait tous les jours. La querelle commença au sujet des mines et des comptoirs des Thasiens sur les côtes de Thrace (1). Les Athéniens envoyèrent une flotte contre Thasos, furent victorieux dans un combat naval, et firent une descente dans l'île (466). Alors les Thasiens implorèrent le secours de Lacédémone, qui s'apprêtait à faire une diversion en Attique, lorsqu'un tremblement de terre et la révolte des Messéniens retinrent ses guerriers dans le Péloponnèse. Abandonnés à eux-mêmes, les Thasiens résistèrent encore pendant trois ans; mais enfin il fallut se rendre. Les Athéniens les contraignirent à détruire leurs murailles, à livrer leurs vaisseaux, à céder leurs mines et leurs établissements du continent, et à payer un tribut (463 av. J.-C.). Ce fut le dernier coup porté à l'indépendance et à la prospérité de Thasos, que les Perses et les Athéniens avaient accablée tour à tour.

Pendant la guerre du Péloponnèse, Thasos servit de poste militaire aux Athéniens pour défendre leurs possessions de Thrace et de Macédoine. C'est là que Thucydide, l'historien, trouva l'escadre avec laquelle il arrêta les progrès de Brasidas dans la Chalcidique. Cependant les Thasiens supportaient impatiemment le joug; ils le secouèrent après l'expédition de Sicile, et entrèrent dans le parti des Lacédémoniens (411)(1).

Mais la domination de Lacédémone fit regretter celle d'Athènes. D'ailleurs, Thasos était une île ionienne, et c'était toujours aux Athéniens que revenaient ces cités maritimes, ces îles de la mer Égée, quand elles avaient reconnu leur impuissance à se conserver libres. En 393 les partisans d'Athènes reprirent le dessus, et Thasos fut livrée à Thrasybule (2). Philippe, père d'Alexandre, l'enleva aux Athéniens, et elle resta à la Macédoine jusqu'au moment où les Romains, vainqueurs à Cynoscéphale, forcèrent Philippe III à rendre la liberté aux cités grecques qu'il possédait. Thasos fut affranchie par ce décret (3), et resta libre, sous le patronage des Romains, jusqu'au temps où les îles furent réduites en province. Dès lors il n'est plus question de Thasos dans l'histoire. Cependant il en est fait mention dans l'histoire des guerres civiles qui suivirent la mort de César; elle servit de quartier général à la flotte de Brutus et de Cassius; et après la première bataille de Philippes, où Cassius périt, Brutus fit porter son corps dans l'île de Thasos, où l'on célébra ses funérailles, loin de la vue des soldats, que cette lugubre cérémonie aurait découragés (4).

Thasos est la patrie de Polygnote, l'un des plus grands peintres de l'antiquité. Son père, Aglaophon, était peintre lui-même, et il fut le premier maître de son fils. « Polygnote, dit Pline, fut le premier qui peignit les femmes avec des vêtements brillants, leur mit sur la tête des mitres de différentes couleurs; il contribua beaucoup aux progrès de la peinture, car le premier il ouvrit la bouche des figures, il fit voir les dents, et introduisit l'expression dans les visages, à la place de l'ancienne roideur. Il y a de lui dans le portique de Pompée un tableau placé jadis devant la curie de Pompée. Il a peint le temple de Delphes, à Athènes le portique appelé Pœcile; et

(1) Thucyd., I, 100 · Diod. Sic., XI, 70.

(1) Thucyd., IV, 104; VIII, 64; Xénoph., *Hellen.*, I, 1.
(2) Démosth., *Adv. Lept.*, 474.
(3) Polyb., XVIII, 31.
(4) App., *Bell. civ.*, IV, 114.

il a travaillé gratuitement à ce dernier ouvrage avec Micon, qui se fit payer. Aussi Polygnote eut-il plus de considération; et les Amphictyons, qui formaient le conseil général de la Grèce, décrétèrent qu'il aurait des logements gratuits (1). » Polygnote florissait vers la 90ᵉ olympiade (420 ans avant J.-C.). Un autre peintre de Thasos, Nesée, fut, dit-on, maître de Zeuxis.

C'est à Thasos aussi que naquit le fameux athlète Théagène, qui remporta quatorze cents couronnes dans tous les jeux publics de la Grèce. Aussi avait-il une immense réputation; on le disait fils d'Hercule Thasien. On lui dressait partout des statues. Après sa mort, un de ses rivaux s'étant mis à injurier une de ses statues à Thasos, celle-ci se détacha de sa base, tomba sur cet homme, et l'écrasa. Les fils du mort poursuivirent la statue juridiquement, et, conformément à une loi de Dracon, les Thasiens reconnurent la statue coupable d'homicide, et la firent jeter à la mer. Mais quelque temps après étant affligés d'une grande famine, et ayant consulté l'oracle de Delphes, ils la firent retirer de la mer, et lui rendirent de nouveaux honneurs (2).

La richesse de Thasos est attestée par les nombreuses médailles d'or et d'argent qui nous en restent. Ces médailles représentent tantôt Bacchus, tantôt Hercule, ou bien Cérès; elles portent la légende ΘΑΣΙΟΝ ou ΘΑΣΙΩΝ (3).

Thasos avait joué un certain rôle dans le temps que la Grèce était libre. Assujettie par les Romains, elle disparaît tout à fait dans l'immensité de leur domination. Même silence sur Thasos pendant la plus grande partie des siècles du Bas-Empire. Reléguée dans un coin reculé de l'Archipel, elle doit sans doute à cette position l'avantage d'échapper à tant de dévastations qui affligèrent les autres îles. Cependant les Vénitiens s'en emparèrent en 1204; elle fut donnée à la famille Dandolo, et l'on y voit encore des vestiges de son occupation. Elle retourna aux Grecs, quand leur empire fut restauré par Vatace et Michel Paléologue. Occupée ensuite par les princes Gateluzi de Lesbos, elle leur fut enlevée par le conquérant de Constantinople, en 1462 (1).

Depuis ce temps Thasos est restée paisiblement soumise aux Turcs, qui ont assez doucement traité sa population. Comme ses habitants n'inspiraient aucune défiance, ils n'ont rien eu à souffrir pendant la guerre de l'indépendance. Ils sont tous Grecs; on ne voit aucun Musulman parmi eux. Leurs neuf villages comptent mille vingt maisons, habitées par quatre à cinq mille personnes. Toutes les familles sont dans l'aisance. Leur île, féconde, produit en abondance tout ce qui est nécessaire à la vie, et ils exportent des bois de construction, du vin, du maïs, de l'huile et du miel. Les mœurs de ces insulaires sont douces et hospitalières. Les femmes y sont belles; leur costume est resté conforme aux traditions antiques : elles portent une tunique bleue, à manches, et agrafée au cou; au-dessus un vêtement plus ample, d'un bleu plus foncé, sans manches, qui se drape autour de la taille, et qui forme en retombant ces beaux plis qu'on admire dans les statues antiques. Aux jours de fête, elles ajoutent à ces vêtements un surtout rouge, ouvert par-devant et qui descend jusqu'aux genoux. Leur coiffure est un bonnet rouge, retombant sur le front, de la forme du bonnet phrygien, et entouré d'une bande d'or, qui ressemble à un diadème. L'île de Thasos est la seule où cette belle et simple coiffure se soit conservée.

Je le répète, d'après M. de Prokesch, (ancien ministre d'Autriche en Grèce, aujourd'hui ambassadeur à Berlin), cette île n'est qu'imparfaitement connue, et mérite d'être explorée attentivement. Des fouilles habilement dirigées y produiraient sans doute d'importantes découvertes (2).

(1) Plin., *Hist. Nat.*, XXXV, 35.
(2) Pausan., VI, 11.
(3) Eckhel, *Doctr. Num. vet.*, t. II, p. 52.

(1) Voyez plus haut, p. 330, 332.
(2) Voyez aussi de M. de Prokesch ses *Denkwürdigkeiten und Erinnerungen aus Orient*, III, 611.

ILES DU NORD DE L'EUBÉE.

Au nord de l'île d'Eubée et à l'est de la Thessalie on rencontre un groupe d'îles, qui semble être comme un prolongement interrompu de la chaîne du Pélion. Ces îles, qui sont au nombre de neuf, à ne compter que les plus considérables et celles à qui on peut assigner des noms, étaient, en commençant par le nord, Irrhésia, Gérontia, Polyaigos ou Solymnia, Péparèthe, Ikos, Scandile, Halonèse, Sciathos et Scyros.

Les trois premières n'ont ni géographie ni histoire; elles correspondent aujourd'hui aux trois îles d'Arsoura-Nisi, ou île Plane, de Joura-Nisi, ou île du Diable, et de Pélérisse ou Pelagnisi.

PÉPARÈTHE. — Péparèthe est plus connue dans l'antiquité; elle était renommée pour ses vins et son huile. Pline (1) dit qu'elle était surnommée Evœnus, Εὔοινος. Elle avait une ville, située sur son rivage oriental, et qui s'appelle aujourd'hui li Dromi, ou *Chélidromia*. Cependant la concordance de la géographie ancienne et de la moderne est fort difficile à établir pour ces petites îles obscures, qui se confondent les unes avec les autres et auxquelles les cartes assignent des positions différentes. Selon les unes Péparèthe serait l'île actuelle de Lanio, dans d'autres elle est appelée Selidromi, ou Pipéri. Ailleurs on trouve le nom de Pipéri donné à un petit îlot situé à l'est de Joura-Nisi, et qui ne peut être l'ancienne Péparèthe. Forbiger lui donne actuellement le nom de Skopelo (2), tandis que pour d'autres Scopelo représenterait l'ancienne Halonèse. Il y en a, au contraire, qui mettent Halonèse à l'endroit où nous plaçons Péparèthe. Mais sur tous ces points il n'y a qu'incertitude, et je ne sais si l'on pourra jamais parvenir à quelque résultat définitif sur ces questions, qui du reste ne valent guère l'honneur d'une discussion (3).

Cette île dut appartenir aux Athéniens dans le temps qu'ils eurent la domination de la mer Égée; elle leur fut enlevée par la Macédoine. On voit dans Polybe (1) qu'Attale, roi de Pergame et allié des Romains, y fit une descente, et que Philippe III le repoussa. Ce prince avait fait établir à Péparèthe des signaux de feu qui l'avertissaient de tous les mouvements des flottes ennemies. Ces signaux de feu, télégraphes des anciens, existaient dès le temps de la guerre de Troie, comme on le voit dans l'*Agamemnon* d'Eschyle, où la sentinelle placée sur le toit de la maison du roi d'Argos « épie sans cesse le signal enflammé, ce feu, éclatant qui doit annoncer que Troie est prise ».

HALONÈSE. — Halonèse, dont la position est souvent confondue avec celle de Péparèthe, doit être prise au sud de la précédente. Telle est du moins la place que lui donne Kieppert, dont le grand Atlas hellénique me sert de guide. Forbiger lui donne le nom de Khiliodromia. Mais Khiliodromia ou Sélidromi nous paraît être plutôt Péparèthe; et Halonèse doit correspondre à l'île appelée aujourd'hui Scopelo. Quoi qu'il en soit de sa position, Halonèse a sur toutes ses voisines l'avantage d'être le sujet principal d'un discours qui se trouve dans la collection des harangues de Démosthène (2). Il est vrai que Libanius prétend qu'il n'est pas de Démosthène, mais d'Hégésippe, un autre orateur du temps. Ce discours était une réponse à une lettre que Philippe avait adressée aux Athéniens, au sujet d'Halonèse. Halonèse appartenait depuis des siècles aux Athéniens; elle avait été récemment occupée par des pirates. Philippe, plus puissant et plus actif qu'Athènes, où l'on parlait plus qu'on n'agissait, les en chassa, et garda l'île pendant quelque temps; puis, sur les réclama-

---

(1) Plin., IV, 23, 7.
(2) *Handbuch der alt. Geogr.*, t. III, p. 1022.
(3) On ne peut rien inférer de précis des vagues énumérations que Strabon et Pline font de ces îles. Cf. Plin., loc. c; Strab., IX, p. 436.
(1) Polyb., X, 42; M. de Marcellus, *Épisodes*, II, p. 75.
(2) Dem., *de Halon*, p. 75, coll. Didot, p. 40.

tions du peuple athénien, il écrivit une lettre où il se prétendait légitime possesseur d'Halonèse, ajoutant qu'il était prêt à en faire présent au gouvernement d'Athènes. C'est à cette offre insultante que répondait le discours de Démosthène ou d'Hégésippe; l'orateur y soutient que l'on ne devait pas recevoir Halonèse des mains de Philippe comme un don, mais comme une restitution. Mais, selon l'usage, on discourut beaucoup sur l'Agora, et Halonèse resta au roi de Macédoine.

Aujourd'hui Scopelo et tout le groupe voisin appartiennent au royaume de Grèce. Elle est le chef-lieu de l'éparchie de ce nom, qui fait partie de la monarchie de l'Eubée.

SCIATHOS. — L'île de Sciathos, dit Dapper, est encore appelée **Sciatho** et **Sciathi** par les Italiens, et **Scietta** dans les cartes marines. Elle est située à deux lieues à l'extrémité septentrionale de Scopelo ou Halonèse et à la même distance du cap Saint-George ou Sépias, qui termine la chaîne du mont Pélion, aujourd'hui Zagora. Elle a vingt-deux ou trente milles d'Italie de circuit. C'est une île rocailleuse et stérile. Dans le temps de l'invasion de Xerxès, les Grecs avaient établi à Sciathos trois vaisseaux d'observation et des signaux de feu. Aussi en est-il souvent question dans Hérodote (1), pendant tout le récit des combats de l'Artémisium.

Sciathos fut possédée successivement par les Athéniens et les Macédoniens; quand la Macédoine succomba sous les coups des Romains et de leurs alliés, Sciathos fut, comme toutes les îles de ce groupe, en butte aux attaques d'Attale, des Rhodiens et des Romains confédérés. Alors Philippe III prit ses précautions. « Sciathos et Péparèthe, dit Tite-Live (2), villes qui n'étaient pas sans importance et pouvaient offrir à la flotte ennemie une conquête utile et fructueuse, furent détruites par ordre du roi. » Après que les Romains eurent conquis la Macédoine, ils négligèrent beaucoup toutes ces petites îles, qui devinrent le repaire des pirates. Pendant la guerre contre Mithridate (87), Bruttius Sura

(1) Hérodote, VII, 179, 181, 182; VIII, 7.
(2) Tite-Live, XXX, 28.

leur reprit Sciathos (1), et fit couper les mains à tous ses prisonniers. Mais alors la piraterie infestait toute la Méditerranée, et pour un point où elle était réprimée, elle jouissait de l'impunité dans cent autres. Pompée débarrassa les mers de ce fléau, 66 avant Jésus-Christ (2). Pendant la guerre de l'indépendance Sciathos servit de refuge aux Grecs de l'île d'Eubée (3); aujourd'hui elle fait partie, comme les îles voisines, de l'éparchie de Scopelo.

ICOS; SCANDILE. — Ces deux îles sont situées à l'est de Péparèthe, dans la direction de Scyros. La première s'appelle aujourd'hui Sarakino ou Péristéri, et l'autre Scangero ou Scantzoura, ou encore Scanda, selon Dapper. Dans ces trois noms on reconnaît du reste l'ancienne dénomination, plus ou moins altérée. Dans Scylax, on voit que l'île d'Icos, toute petite qu'elle est, renfermait deux villes, ce qui l'avait fait surnommer Dipolis. Toutes ces îles sont entourées de rochers et d'écueils, qui rendent la navigation très-difficile dans cette partie de l'Archipel. Les Vénitiens occupèrent ces îles avant les Turcs, et le commerce italien, qui les fréquentait beaucoup alors, les a depuis abandonnées. On peut voir dans Dapper des détails assez circonstanciés sur la navigation de ces parages (4).

ILE DE SCYROS.

Scyros doit son nom à son sol inégal et rocailleux. Au moyen âge elle fut appelée par les Italiens San-Georgio di Sciro ou simplement Scyro, nom qu'elle porte encore aujourd'hui. Elle est située au nord de l'île d'Eubée, et à l'est du groupe dont nous venons d'énumérer les principales îles. Elle s'étend du nord au

(1) App., *Bell. Mithr.*, 29. Voyez dans *Bell. civ.*, V, 7, la générosité d'Antoine à l'égard des Athéniens, auxquels il restitue ces îles.
(2) Eckhel donne les types et les légendes des monnaies d'Halonèse, d'Irrhesia, de Péparèthe et de Sciathos. Voyez aussi dans Bœckh, *Corp. Inscr.*, t. II, p. 178, une inscription en l'honneur de Septime-Sévère, trouvée à Sciathos.
(3) Pouqueville, *Hist. de la Grèce*, IV, 439.
(4) Dapper, *Description*, etc., p. 255 et suiv. Voir aussi Buondelmonti, *Liber Insularum*, p. 130.

sud, par 22° 10′ de longitude et 39° 50′ de latitude, sur une longueur de cinq à six lieues. Ses côtes sont extrêmement découpées, et les vaisseaux y trouvent facilement un abri. Cette île est fort élevée; elle a deux sommets qui la dominent à ses deux extrémités, le mont Cochila au sud et le mont Saint-Élie au nord. Elle est terminée au sud par le cap Rena. Son principal cours d'eau est le Céphise, qui se jette dans une baie, sur la côte occidentale de l'île. Sur cette baie, dont quelques îlots défendent l'entrée, et qui forme un grand port, était l'ancienne ville de Scyros (1). La principale richesse de Scyros consistait dans ses carrières de marbre de diverses couleurs. Elle avait des mines d'argent, où l'on trouvait le sil foncé, matière colorante employée dans la peinture. Les eaux qui coulent dans ses mines et ses carrières ont la propriété de pétrifier tous les arbres qu'elles arrosent. Les anciens s'étonnaient beaucoup de la propriété singulière d'une pierre de Scyros qui flottait sur l'eau sous un grand volume, et qui tombait au fond quand elle était réduite en fragments (2).

Les chèvres de Scyros, selon Strabon, donnaient un excellent lait; mais elles avaient le défaut de renverser souvent les vases où on venait de les traire. Aussi appelait-on chèvres de Scyros les gens qui ne savaient pas soutenir leur bonne conduite et chez qui de grands défauts venaient se mêler à de bonnes qualités. En somme, Scyros était une île pauvre et chétive; et quand on voulait donner l'idée de quelque chose de misérable on disait proverbialement : *C'est le royaume de Scyros.*

L'île de Scyros fut primitivement habitée par des Pélasges et des Cariens; mais elle n'a pas d'histoire avant le règne du roi Lycomède, qui doit toute sa célébrité aux souvenirs de Thésée et d'Achille. Thésée, devenu odieux aux Athéniens, « s'embarqua pour Scyros : » il pensait, dit Plutarque, y avoir des amis, et il possédait dans l'île quelques biens paternels. Lycomède était alors roi de

(1) Ptol., III, 13, 47. Voy. Forbiger, III, p. 1138.
(2) Plin., II, 106, 13; XXXI, 20, 1; XXXIII 56, 1; XXXVI, 26.

Scyros. Thésée alla le trouver, et le pria de lui rendre ses terres, disant que son intention était d'y faire son séjour; il lui demanda, suivant d'autres, du secours contre les Athéniens. Lycomède, soit pour la crainte que lui inspirait la renommée d'un tel homme, soit dans le but de complaire à Ménesthée, le conduisit sur les montagnes de l'île, soi-disant pour lui montrer de là ses terres, et le précipita du haut des rochers. Thésée périt dans la chute. Quelques-uns disent qu'il tomba en faisant un faux pas, comme il se promenait après souper, selon son usage. Personne dans le temps ne tint compte de sa mort. Après les guerres Médiques, Phédon étant archonte, la Pythie ordonna aux Athéniens, qui l'avaient consultée, de recueillir les ossements de Thésée, de leur donner une sépulture honorable, et de les garder avec soin. Mais il n'était pas facile de s'en saisir, ni même de reconnaître le tombeau, à cause de la férocité des barbares de l'île, qui n'avaient aucun commerce avec les autres peuples. Cependant Cimon, s'étant rendu maître de Scyros, s'occupait activement de cette recherche, lorsqu'il aperçut, dit-on, un aigle qui frappait à coups de bec sur une sorte de tertre, et y fouillait avec ses serres. Cimon, saisi tout à coup comme d'une inspiration divine, fit creuser en cet endroit, et on y trouva la bière d'un homme d'une grande taille, et à côté un fer de pique et une épée. Cimon fit charger ces restes sur la trirème. Les Athéniens, ravis de joie, les accueillirent avec des processions et des sacrifices; c'était comme si Thésée lui-même fût revenu dans la ville. » Le temple qu'ils élevèrent alors en l'honneur de Thésée se voit encore au pied de l'Acropole, et c'est le mieux conservé de tous les anciens monuments de la Grèce.

Lycomède régnait encore au temps de la guerre de Troie (1184). Achille avait fait alliance avec lui, en épousant sa fille Déidamie, dont il eut un fils, Néoptolème ou Pyrrhus, qui fut élevé dans l'île de Scyros. Des poètes bien postérieurs à Homère supposèrent qu'Achille avait été caché à Scyros par sa mère Thétis, qui voulait le dérober aux dangers de la guerre de Troie. C'est la légende chantée par Stace dans l'*Achilléide.* « Sur les rochers qui bordent la mer, et où les vagues retentissent, Thétis, inquiète, délibère en elle-même pendant la nuit, et cherche dans sa pensée le pays où elle doit cacher Achille. La Thrace est très-rapprochée sans doute, mais trop belliqueuse ; la Macédoine, trop sauvage ; Athènes, trop amie de la gloire ; Sestos et les ports d'Abydos sont trop accessibles aux vaisseaux. Restent les Cyclades. Mycone et Sériphe lui déplaisent, ainsi que Lemnos, injuste envers le sexe masculin, et Délos, visitée de tous les peuples du monde. La cour du paisible Lycomède, les nombreuses jeunes filles et les bruits joyeux du rivage de Scyros..... Voilà l'abri qui plaît pour son enfant à la craintive mère (1). »

Au lieu de cette fade et fausse légende, voyez la vigoureuse tradition des temps homériques. Achille, soit qu'il ait épousé ou non Déidamie, fille de Lycomède, vient assiéger Scyros, où régnait alors le roi Enyée. Il prend cette ville, à laquelle Homère donne si justement l'épithète d'αἰπεῖα ; il la pille, et parmi le butin se trouve la belle Iphis, qu'il donne à son ami Patrocle. Sur le point de marcher contre Troie, il y laisse son fils Néoptolème (2). « Hélas, s'écrie-t-il, quand Patrocle n'est plus, je n'aurais pas été plus sensible à la perte de mon fils qu'on élève à Scyros, si tant est que mon cher Néoptolème vive encore : j'avais toujours espéré que je périrais seul sur ce rivage, que tu me survivrais, mon cher Patrocle, que tu t'en retournerais à Phthie, que tu prendrais mon fils à Scyros, que tu le mènerais dans mon palais, et que tu le mettrais en possession de mon royaume. » Ce fut Ulysse qui alla chercher Néoptolème à Scyros pour le mener contre Troie, où il avait son père à venger. Le jeune homme partit emmenant une troupe de belliqueux habitants de Scyros (3).

D'après le scoliaste d'Homère, cet Enyée, dépouillé par Achille, était le chef d'une colonie de Crétois. Cette émigration, dit M. Raoul Rochette n'était sans doute qu'un détachement de la colonie qui, sous les ordres de Staphylus, s'établit dans les îles de Péparèthe et d'Icus, au témoignage de Scymnus de Chio. Il est certain, d'après de nombreuses indications, que les Crétois, unis aux Cariens, dominèrent dans ces parages avant la guerre de Troie. Peut-être avaient-ils renversé Lycomède à Scyros : ce qui aurait attiré les armes d'Achille contre cette île. Au retour de la guerre de Troie, Néoptolème trouva ses États héréditaires envahis par Antiphus et les Doriens. Le vieux Pélée, captif, était allé périr misérablement dans l'île de Cos. Dépouillé de ses États, Pyrrhus se décida à en conquérir d'autres. Il avait des droits, du chef de sa mère, sur l'île de Scyros ; mais cette île était alors occupée par des rebelles ou des étrangers : il ne put s'en emparer, et il passa en Épire (1).

Au huitième siècle, selon Scymnus, Scyros et les îles voisines de Péparèthe et de Sciathos étant reconnues désertes, les Chalcidiens les repeuplèrent toutes (2). Plus tard Scyros fut occupée par les Dolopes. Ce fut aux Dolopes que les Athéniens l'enlevèrent, la troisième année de la 77ᵉ olympiade (469 avant J.-C.). Voici comment Plutarque raconte cette conquête, qui fut opérée par Cimon. « Scyros, dit-il, était habitée par des Dolopes, gens peu entendus dans la culture des terres, et qui infestaient de tout temps la mer par leurs pirateries. Ils allèrent même jusqu'à dépouiller ceux qui abordaient chez eux pour y trafiquer. Des marchands thessaliens, qui étaient à l'ancre dans le port de Ctésium, furent pillés par eux et jetés en prison ; mais ils rompent leurs chaînes, s'évadent, et vont dénoncer cette violation du droit des gens aux amphictyons. La ville fut condamnée à dédommager les marchands de la perte qu'ils avaient faite. Le peuple refusa de contribuer, et soutint que l'indemnité devait être payée par ceux qui avaient pillé les marchands. Les corsaires, qui craignaient d'être forcés à payer, écrivirent à Cimon, et le pressèrent de venir avec sa flotte prendre possession de la ville, qu'ils lui remettraient

---

(1) Stace, *Achill.*, I, 210.
(2) Hom., *Il.*, IX, 668 ; XIX, 326.
(3) Id., *Odyss.*, XI, 509.

(1) Raoul Rochette, *Col. Grecq.*, t. II, 157, 379.
(2) Id., *ibid.*, III, p. 203.

entre les mains. Cimon y alla, s'empara de l'île, en chassa les Dolopes, et rendit libre la mer Égée (1). »

Scyros fut enlevée aux Athéniens à la suite de la guerre du Péloponnèse ; mais elle leur fut rendue par le traité d'Antalcidas (387). Après la mort d'Alexandre le Grand, Athènes, excitée par Démosthène, souleva la Grèce contre la Macédoine ; mais elle succomba dans la guerre Lamiaque, et Antipater la priva de ses dernières possessions maritimes, entre autres de Scyros, qui dès lors appartint aux Macédoniens. Après la bataille de Cynoscéphale, Quintius Flamininus la rendit aux Athéniens (2).

Il n'est pas nécessaire de dire que cette île fut ensuite soumise à l'empire romain, puis à celui des Grecs. André et Jérôme Ghizi se rendirent les maîtres de Scyros après la prise de Constantinople par les Français et par les Vénitiens. Elle passa sous la domination des ducs de Naxos. Guillaume Carcerio en fit la conquête, et la laissa à ses descendants. Son petit-fils Nicolas Carcerio, neuvième duc de l'Archipel, en fit fortifier le château avec beaucoup de soin, sur l'avis que les Turcs, qui commençaient à passer des côtes d'Asie en Grèce, avaient dessein de s'en emparer, pour avoir une retraite dans l'Archipel (1345). Les Turcs vinrent, en effet ; mais ils furent si vigoureusement repoussés, qu'il n'en resta pas un seul. On voit encore les ruines de ces fortifications, que les Turcs, qui en furent maîtres depuis la destruction du duché de Naxos, ont laissées périr (1). Scyros n'a qu'un seul village ; il est situé sur un rocher escarpé, à dix milles du port Saint-Georges. Outre ce port, qui est spacieux et d'un très-bon mouillage, il y a encore dans cette île le port *des Trois-Bouches*, où l'on pénètre par trois passages, que forment deux îlots placés à son entrée. Le monastère de Saint-Georges, situé près du village, possède une image d'argent, en feuille très-mince, sur laquelle on a ciselé grossièrement saint Georges et représenté ses miracles : cette feuille, qui a près de quatre pieds de hauteur, sur environ deux pieds de largeur, est clouée sur une pièce de bois qui a un manche comme une croix et que l'on porte comme une bannière. C'est cette image, échappée, dit-on, à la fureur des iconoclastes, qui opère tant de miracles et qui châtie surtout ceux qui n'accomplissent pas les vœux qu'ils ont faits à saint Georges (2). L'île de Scyros produit assez de blé et d'orge pour la subsistance de ses habitants ; le vin forme sa principale richesse ; elle est abondamment pourvue de bois, lentisques, myrtes, chênes verts, lauriers-roses, pins. On y trouve de nombreux troupeaux de moutons, beaucoup de gibier, des perdrix surtout, et toutes les roches donnent des fontaines d'une eau excellente.

Aujourd'hui elle appartient à la Grèce, et fait partie de l'éparchie de l'Eubée.

(1) Plut., *Cim.*, VIII, 4 ; Thuc., I, 98 ; Diod., Sicul., XI, 60, 2.
(2) Tit.-Liv., XXXIII, 30.

(1) Tournefort, *Voy. du Levant*, I, 447.
(2) Id., t. I, p. 449 ; Sauger, *Histoire nouvelle des Ducs de l'Archipel*, p. 177.

ILE D'EUBÉE.

I.

DESCRIPTION ET HISTOIRE DE L'ÎLE D'EUBÉE PENDANT LES TEMPS ANCIENS (1).

GÉOGRAPHIE GÉNÉRALE; POPULATION. — La plus grande des îles de la mer Égée, l'Eubée, se prolonge du nord-ouest au sud-ouest, parallèlement à toute l'étendue actuelle des côtes orientales de la Grèce du nord, depuis le golfe de Lamia jusqu'à la pointe du Sunium, ou peu s'en faut. Très-voisine du continent, elle en suit à peu près les contours, et semble, au delà de l'étroit canal qui l'en sépare, en continuer le développement, en même temps qu'elle en termine constamment l'horizon par la ligne belle et variée de ses hauts sommets. Elle est considérée par les géologues comme le prolongement méridional de la chaîne de l'Olympe ; elle se dirige dans le même sens. Sa longueur, mesurée par les anciens, atteint le chiffre de douze cents stades, c'est-à-dire environ quarante-huit lieues; sa largeur, fort inégale, s'élève au plus à celui de cent cinquante stades (six lieues), et descend souvent beaucoup au-dessous. Sa constitution est montagneuse, comme celle de toutes les îles grecques : dans les bouleversements ou les modifications du globe, c'est par les montagnes qu'elles se sont fait jour au milieu de la mer, ou ont résisté à ses envahissements. Mais dans aucune île peut-être il n'est plus facile de saisir d'une manière générale le travail d'enfantement de la nature, et de reconnaître jusqu'à quel point, en formant une nouvelle terre, elle a pu marquer d'avance aux hommes où et comment ils devaient y vivre et s'y développer.

Au centre de l'Eubée, au point où elle se rapproche le plus du continent, semble avoir porté surtout l'effort de cette création : là s'est élancée en forme de pic la plus haute montagne, le Delphi actuel (1,743 mètres); et en même temps, comme pour lui fournir une base suffisante, l'île s'est développée dans sa plus grande largeur, en étendant vers la Béotie les plaines destinées à former les territoires de Chalcis et d'Érétrie.

A ce système central du Delphi se rattache, pour ainsi dire, la charpente du reste de l'île. Vers le sud descend une chaîne secondaire, dont les plans irréguliers sont étroitement resserrés des deux côtés par la mer, jusqu'à ce qu'ils aient joint la masse des sommets de l'Ocha, qui terminent l'île en l'élargissant de nouveau. Au pied de cette montagne, et au fond d'une baie favorablement tournée vers l'Attique et les Cyclades, devait s'élever Carystos.

---

(1) Tout ce travail sur la géographie et l'histoire de l'île d'Eubée pendant les temps anciens n'est que la reproduction abrégée d'un mémoire de M. Girard, membre de l'École Française d'Athènes. Ce mémoire a été publié intégralement dans le deuxième volume des *Archives des Missions scientifiques;* c'est là que je renvoie pour les citations et certains développements. Chargé par l'Académie des Inscriptions et Belles-Lettres *d'explorer l'île d'Eubée et de la décrire exactement*, M. Girard l'a parcourue en tous sens dans trois voyages successifs, et nous en a donné ainsi la description la plus exacte et la plus complète que nous ayons. Je suis heureux d'avoir pu disposer, grâce à l'obligeance de mon confrère, de cette intéressante étude, qui ajoutera tant d'intérêt à mon livre, et qui fera connaître à ses lecteurs toute l'importance des travaux d'exploration entrepris sur le sol de la Grèce par les membres de l'École Française d'Athènes.

Voyez encore sur l'île d'Eubée : Pelugk, *Rerum Euboicarum Specimen,* 1829, in-4°. — Dans la collection de Walpole, *Travels in various Countries of the East,* 2 vol. in-4°, 1818, la relation du docteur Sibthorp, t. II, p. 34, et la *Description des Ruines du mont Ocha,* par Hawkins, t. II, p. 285. — Une *Dissertation* d'Ulrichs sur le temple de Junon du mont Ocha, insérée dans les *Annali dell' Instituto di Correspondenza Archeologica,* 1842, p. 5. — Dans les *Kleine Schriften* de F. G. Welcker, t. III, p. 376, se trouve un article qui résume tous les travaux des archéologues sur les ruines du mont Ocha.

Du côté du nord le rétrécissement de l'Eubée est beaucoup moins sensible. La haute chaîne du *Kandili* longe la côte occidentale, et presque partout s'élève à pic de la mer; son dernier prolongement va former à l'ouest, au delà du golfe de *Lipso*, la presqu'île de *Lithada*; dans la direction opposée, elle étend ses ramifications jusqu'au promontoire d'Artémisium, ouvrant ainsi sur le canal de *Trikéri* une belle plaine et de riches vallées. Cette partie était naturellement désignée au développement d'Oréos, la quatrième ville de l'Eubée qui ait un nom dans l'histoire.

Ainsi une disposition de la nature paraît avoir déterminé au centre de l'île et à ses deux extrémités les trois points qui devaient acquérir de l'importance. On serait même tenté d'attribuer à un soin providentiel ce fait, que ces positions sont marquées dans le voisinage et en regard du continent. En général, les côtes orientales sont inhabitables, ou tout au moins désavantageuses à l'habitation. Le Delphi plonge dans la mer Égée, dont il est plus voisin, les pentes abruptes de ses grands contreforts. Entre cette montagne et l'Ocha, à peine dans une pareille étendue se présente-t-il une rade mal abritée auprès de vallées d'une importance secondaire; celles de *Koumi*; et de même, en remontant vers l'Artémisium, on ne trouve guère de place que pour le petit port d'une ville obscure, l'antique Cérinthe. Au contraire, c'est sur les rivages de l'ouest et du nord, près du canal d'Eubée ou de celui de Trikéri, que se développent les plus grandes plaines, de même que s'y élèvent les villes historiques; en même temps les ports et les abris sûrs s'y multiplient. On dirait même que ces rivages ont modifié leur nature suivant l'importance des pays continentaux qu'ils regardent : ainsi, tandis qu'en face de la Locride et des parties les plus obscures de la côte béotienne, les falaises escarpées du Kandili s'interrompent à peine un instant entre la plaine de Chalcis et la baie de Lipso, Chalcis, Érétrie, Carystos et d'autres villes intermédiaires sont situées vis-à-vis de l'Attique ou à la hauteur de Thèbes et des points principaux de la Béotie.

Telle est, d'une manière générale, la contexture de l'Eubée. C'est un des pays les plus heureusement dotés par la nature; il offre une étonnante variété de productions et de richesses : les céréales de toutes sortes, qui dans le nord et dans le midi sont magnifiques; la soie, le coton, la garance; le vin, dont le centre fait un commerce considérable; les produits des troupeaux, célèbres dès l'antiquité, n'en eût-on pour preuve que le bœuf type ordinaire des monnaies anciennes de toute l'île; les bois de construction, fournis par les grandes forêts du nord; des mines de cuivre et de fer, fameuses chez les anciens; des lignites, exploités par les modernes; l'amiante et d'autres minéraux précieux; enfin, des sources chaudes, d'une efficacité reconnue.

Aussi l'Eubée fut-elle habitée dès les époques les plus reculées. C'est d'abord la mythologie qui se charge de la peupler. Dans les traditions obscures, dont il ne nous est parvenu que des lambeaux, on distingue deux catégories.

Les unes se rattachent à la formation volcanique de l'île. L'Eubée se ressent des luttes des Titans et des Centimanes, dont les montagnes voisines, l'Othrys, le Pélion et l'Ossa en Thessalie, et les champs de Phlégra, dans la presqu'île de Pallène, furent le théâtre. Elle semble particulièrement consacrée à un Centimane vainqueur, Briarée, dont le culte se conserva sous ce nom à Carystos, et sous celui d'Œgéon à Chalcis. Elle recouvre les demeures profondes du monstre, dans lesquelles elle le sent encore s'agiter. Elle est également le séjour du géant Tityos, qui y reçoit la visite de Rhadamante, conduit par les Phéaciens. Tityos était honoré dans l'île, où un héroum lui était consacré; et on y montrait un antre appelé Élarium, du nom de sa mère. Le fils du titan Phaéton fonde Érétrie. Enfin Orion, fils de la Terre, fut élevé en Eubée, ou s'y rendit en venant de Sicile. La ville d'Oréos, d'après une étymologie, lui doit son nom. Située entre les bois, des montagnes et la mer, elle méritait d'être choisie par ce héros, amant de Diane et protégé de Neptune. Ces deux divinités, auxquelles le mythe d'Orion se rattache, furent en Eubée l'objet d'un culte particulier.

Ces légendes sur les géants sont justifiées par ce que nous savons des révolutions physiques de l'Eubée. C'est sans doute, comme le croyaient les anciens, l'une de ces révolutions qui la sépara du continent béotien, et forma ce canal, le plus étroit que l'on connaisse. Cette explication est plus vraisemblable que la tradition rapportée par Lucien, d'après laquelle l'idée de percer l'isthme de Corinthe aurait été inspirée à Néron par le souvenir d'un roi des Achéens qui creusa l'Euripe. Pline prétend qu'un tremblement de terre arracha de l'Eubée l'île de Céos, qui fut presque entièrement dévorée par les flots. Nous trouvons dans l'antiquité d'autres témoignages, dont plusieurs appartiennent déjà à l'histoire. Des villes furent submergées ou détruites en partie, des rivages déchirés, comme les falaises du Kandili ou les ravins de l'Ocha l'attestent aujourd'hui par leur aspect aussi certainement que les écrits des anciens. Maintenant encore des secousses fréquentes se font sentir à Chalcis.

Les secondes traditions mythologiques semblent avoir été apportées en Eubée, principalement par les Curètes de l'île de Crète. Elles ont d'abord rapport aux premières années de Jupiter et de Junon; ces deux divinités s'unissent sur le mont Ocha. Les Curètes viennent avec Jupiter, qui les laisse pour garder l'île et le temple de Junon; puis l'Eubée devient le théâtre des jalousies de la déesse, parce qu'elle recèle les fruits des amours du roi des dieux. Dans une caverne située du côté de la mer Égée (1), et appelée *l'étable de la vache*, Βοὸς αὐλή, Io, métamorphosée, enfante Épaphus. Son gardien, Argus le Panoptès, est tué par Mercure dans un lieu qui emprunte à ce souvenir le nom d'*Argoura*. Aristée reçoit en Eubée, des mains des femmes thébaines fugitives, la ciste mystique qui renferme le jeune Bacchus, et le fait élever par sa fille Macris. Cette nymphe s'attire ainsi le courroux de Junon, qui la chasse de l'île.

Ici, dans le mythe d'Aristée, est le lien des traditions crétoises, avec d'autres, qui sont communes à toutes les Cyclades et font de Diane et d'Apollon les plus antiques divinités de ces îles. On vient de voir que dans le mythe d'Orion le culte des Enfants de la Terre et de la mer se rapprochait également de celui de Diane.

Aristée, fils d'Apollon et de la nymphe chasseresse Cyrène, partage plusieurs des attributions de son père, et est quelquefois confondu avec lui dans les honneurs religieux dont il est l'objet. C'est Apollon, bienfaiteur des hommes sur la terre, et se mêlant à leur vie de plus près qu'il ne convient au plus brillant habitant du ciel. Aristée organise la vie pastorale, enseigne aux hommes le soin des troupeaux, l'art d'élever les abeilles et d'extraire l'huile du fruit de l'olivier; il protège chez eux l'enfance de Bacchus; comme sa mère, qui dompte les lions, il chasse et extermine les animaux malfaisants; comme son père, il connaît les vertus des herbes salutaires.

Tous ces attributs conviennent parfaitement à l'Eubée, pays de pâturages et de chasse, riche en vignes et en oliviers, où le nord et le midi produisent un miel célèbre, et dont une montagne, l'antique Téléthrion, était fameuse par ses plantes médicinales. Une ville de Nisa, complètement inconnue du reste, avait conservé, comme souvenir du séjour de Bacchus, une propriété merveilleuse : un jour suffisait à la vigne pour fleurir et porter des grappes mûres.

Au milieu de cette mythologie confuse, que les Grecs eux-mêmes se souciaient peu de mettre en ordre, si l'on en juge d'après l'incohérence de leurs témoignages, l'histoire a déjà commencé. Les Curètes sont une colonie crétoise. Dans un temps qui n'est plus qu'à demi fabuleux, Minos passe pour avoir dominé sur les mers et conquis ou peuplé le plus grand nombre des Cyclades. L'Eubée fut évidemment comprise dans ce grand mouvement de colonisation, et en garda des traces plus durables qu'aucune autre île.

A une date contestée, soit antérieure à Minos, soit postérieure au règne de ce prince et même à la guerre de Troie, des Cariens et des Phéniciens occupèrent les îles. Il s'établit des Phéniciens en Eubée, dit Strabon, qui fournit ainsi un argument à la première opinion. Le

---

(1) Peut-être sur le mont Dirphis, le Delphi actuel, où Junon était honorée.

ILE D'EUBÉE.

voisinage de Thèbes donne de la valeur à la tradition qu'il rapporte. La colonie des Curètes a dû être la dernière ou la principale. Ils prirent plus tard le nom d'Abantes, d'Abas, petit-fils du second Érechthée et prince ionien, qui régna sur l'île; et il semble que même sous des maîtres étrangers ils aient formé la plus grande partie de la population, car Homère nous montre au siége de Troie les Abantes d'Éléphénor fidèles à la coutume dont les Curètes tiraient leur nom, ὄπιθεν κομόωντες.

Mais la population qui finit par dominer en Eubée est celle des Ioniens venus de l'Attique. Ils s'établirent dans l'île en plusieurs fois : d'abord sous le règne du premier Érechthée, dont le fils, Pandorus, passe pour le fondateur de Chalcis. Vers la même époque, Æclus et Cothus, fils de Xuthus, dont Strabon fait à tort des chefs de colonies postérieures à la guerre de Troie, s'établissent dans Érétrie, et fondent Cérinthe dans le nord. Ellops, leur frère ou fils d'Ion, fonde Ellopie à l'extrémité septentrionale, et possède toute cette partie. Des établissements subséquents confirmèrent la prédominance de la race ionienne, particulièrement dans le centre et dans le nord.

Les deux principales villes du sud, Carystos et Styra, fondée par des Dryopes de Thessalie, gardèrent toujours leur population primitive. La première tirait son nom d'un fils de Chiron, venu probablement de la Phthiotide. Il était naturel que l'Eubée reçût des habitants du nord de la Grèce, dont elle était voisine. C'est de la Phthiotide que lui vinrent les Éoliens, à une époque reculée; plus tard ils s'y arrêtèrent aussi, lors de leur émigration générale, sous la conduite de Penthilus, soixante ans après la guerre de Troie. Ils occupèrent même, à une date incertaine, une grande partie de l'île. Les Perrhèbes contribuèrent à la fondation d'Histiée, ancien nom d'Oréos.

Le Péloponnèse fournit aussi son contingent à la population de l'Eubée. Une tradition veut que le héros Eurytus, roi d'OEchalie en Messénie, soit venu mourir dans cette île, après que son royaume eut été ravagé par Hercule. Le premier nom d'Érétrie Mélanéis viendrait de Mélanéos, père d'Eurytus, et celui-ci serait mort dans une autre OEchalie, qu'il aurait fondée sur le territoire de cette ville. Des Doriens d'Élide et des Triphyliens de Maciste s'établirent à Érétrie.

Enfin, en même temps que les Doriens, les Éoliens et les Ioniens, il semble que la quatrième branche hellénique ait eu aussi ses représentants en Eubée. Une ville y portait le nom d'Ægée, comme celle d'Achaïe, et était, comme son homonyme, consacrée à Neptune. Cette double communauté de noms et de traditions religieuses est au moins une présomption. Lucien parle d'un roi des Achéens en Eubée.

De toutes ces traditions sur les origines de la population de l'Eubée sont venus la plupart des différents noms de l'île : *Macris*, nom que l'on explique aussi par sa forme allongée ; *Eubæa*, que les étymologies mythologiques font venir ou de la grotte d'Io (Βοὸς αὐλή), origine bizarre, ou de la nymphe Eubée, fille d'Asopus, le principal fleuve de la Béotie, et que les explications naturelles attribuent à ses pâturages et à ses cultures; *Asopis*, dénomination fréquente chez les poëtes; *Abantès*; *Ocha*, nom qu'elle emprunte à sa montagne la plus poétique; *Chalcis*, qu'elle doit à un autre nom de la nymphe Eubée, ou à ses mines de cuivre.

La forme longue et la position géographique de l'Eubée la divisent naturellement en trois parties : le centre, le nord et le sud; divisions que l'histoire a consacrées, comme nous l'avons indiqué plus haut.

PREMIÈRE PARTIE.

CENTRE DE L'EUBÉE.

CHALCIS. — Lorsque des montagnes voisines de Thèbes ou de Tanagre on regarde le canal d'Eubée, on le voit successivement se rétrécir, disparaître dans ses propres détours, puis tout à coup, réduit aux proportions d'un fleuve étroit, passer entre des fortifications, sous les arches d'un pont. Jusque sur ce pont s'avance une petite ville turque, présentant ses tours et ses murailles crénelées, dessinant sur le ciel ses minarets, blanche et gracieuse d'aspect. Cette vue a un charme tout particulier, mais aussi elle montre en

25ᵉ *Livraison*. (ILE DE L'EUBÉE.)

un instant tout ce que Chalcis a de séduisant et de remarquable : l'effet que produit de loin son caractère oriental, sa merveilleuse position sur l'Euripe. De près, comme il arrive trop souvent en Orient, on éprouve une impression toute différente : l'intérieur du *Kastro*, pour employer l'expression grecque, est sale, misérable et triste ; il renferme peu de maisons habitables et beaucoup de masures en ruine. La ville, il est vrai, s'est transportée presque tout entière dans un grand faubourg qui s'étend au nord et à l'est. Là est le port, le marché, tout le mouvement du commerce et de l'industrie ; là se construisent les nouvelles et les plus belles habitations. Mais cependant l'ensemble n'a rien que de fort ordinaire dans un pays où les villes valent rarement beaucoup de nos villages de France. Autour, la plaine, les hauteurs sont sèches et nues.

Qui reconnaîtrait ici la ville décrite par Dicéarque au moment où y vivait Aristote? la colline ombragée où elle s'élevait, et les nombreux monuments ornés de statues et de peintures, les gymnases, les portiques, les temples, les théâtres qui remplissaient une enceinte de soixante-dix stades(1) ? On chercherait inutilement le moindre débris de cette ancienne splendeur. Aujourd'hui tout se borne, en fait de monuments, à ce qu'ont laissé les conquérants qui se sont disputé Chalcis depuis le moyen âge. Le toit élevé et pointu, la tour carrée et les fenêtres gothiques d'une église, attestent la possession vénitienne avant la conquête de Mahomet II, en 1470; plusieurs mosquées, dans la ville extérieure comme dans le Kastro, ruinées ou converties en églises et en caserne, élèvent encore leurs minarets tronqués, souvenirs de l'occupation des Turcs ; enfin les fortifications rappellent aussi bien ceux-ci que les Vénitiens, à qui elles ont tour à tour nui et servi. Le lion de saint Marc figure dans plusieurs endroits au-dessous de créneaux turcs. Peut-être un observateur expérimenté reconnaîtrait-il dans la construction de plusieurs tours carrées la trace des possesseurs francs du treizième siècle.

Le Kastro, situé sur un promontoire,

(1) Environ trois lieues.

décrit à peu près un triangle dont le sommet aboutit au pont, et que la mer protége de deux côtés. Au troisième côté, le mur d'enceinte est entouré d'un fossé, que l'on passe sur deux ponts pour arriver à deux portes. Pour mieux défendre l'accès de la ville, les Turcs, au commencement du siècle, avaient élevé un rempart de terre muni de palissades, qui fermait tout le promontoire et le traversait de l'une à l'autre des deux baies qu'il sépare. On le franchit encore aujourd'hui par une porte pour aller à Érétrie.

Le pont est, comme de juste, le point le plus fortifié. Il est double, l'Euripe étant divisé, par un rocher, en deux parties inégales. Sur la plus étroite, qui est seule profonde, est jeté un pont en bois, d'une trentaine de pieds de long ; il aboutit d'un côté à la porte du Kastro, pratiquée dans une tour qui s'avance en dehors du mur d'enceinte, et de l'autre au rocher. Ce pont pouvait se lever, au temps des Turcs, pour laisser passer les navires ; il est maintenant immobile. On avait eu l'idée fort naturelle de le rétablir dans son ancien état ; faute d'y avoir donné suite, on prive le commerce d'une communication précieuse, et Chalcis d'un revenu considérable.

Sur le rocher s'élève un petit fort carré, en partie construit par les Vénitiens lors de leur première occupation. Coronelli, dont le voyage a été publié en 1686, un an après la prise de Négrepont par Morosini, parle d'une tour vénitienne au pied de laquelle on passait après avoir traversé le grand pont, et où restait encore, au-dessus de la porte, le lion de saint Marc, quoique la possession des Turcs datât de deux cents ans : c'est sans doute la tour ronde qu'on voit aujourd'hui à l'angle nord-ouest. Le reste est de construction turque.

On passe le grand bras de l'Euripe sur un pont en pierre, d'une cinquantaine de pieds, qui communique avec le petit fort par un pont-levis. Il touche la côte béotienne au pied d'une petite montagne qui surmonte la forteresse turque de *Kara-Baba*.

PONT DE L'EURIPE. — Il a existé dès l'antiquité un pont sur l'Euripe, mais assez tard, soit que les Chalcidiens n'osassent pas entreprendre au-dessus de leurs courants mystérieux un travail qui n'eût été qu'un jeu pour le puissant génie des Romains ou pour l'industrie moderne, soit que ce petit peuple crût son indépendance menacée par une communication si directe avec le continent. Nous voyons en effet dans Thucydide que les premiers travaux sur l'Euripe datent de la vingt et unième année de la guerre du Péloponnèse, à un moment où, les Eubéens ayant contracté une alliance avec Thèbes contre Athènes, le pont devait toucher une terre amie. L'entreprise fut énergiquement secondée par les Béotiens, qui avaient intérêt à ce que « l'Eubée fût île pour les autres, continent pour eux. » On conçoit le projet de combler en grande partie l'Euripe au moyen de deux jetées établies sur chaque rivage, de manière à ne laisser de place que pour le passage d'un vaisseau, et on l'exécuta avec une ardeur inouïe. Toutes les villes béotiennes se mirent à l'œuvre ; tous les citoyens, et même des étrangers domiciliés, eurent ordre d'y contribuer. A l'extrémité de chacune des deux jetées furent élevées des tours, et des ponts de bois furent placés sur le canal intermédiaire. Au commencement, le général athénien Théramène, envoyé avec trente vaisseaux, tenta de s'opposer au travail ; mais la multitude des défenseurs le contraignit de s'éloigner.

Du témoignage de Diodore paraissent résulter plusieurs conséquences : des deux ponts actuels, le plus petit seul a succédé au pont antique ; à la place du plus grand s'avançait la jetée du rivage béotien, qui aura été détruite par l'impétuosité de l'Euripe ; le peu de profondeur du grand bras au-dessous des arches en est une preuve ; le petit fort bâti sur l'îlot, qui peut-être n'est qu'un reste de la jetée béotienne, et la tour en saillie, dans laquelle est percée la porte du Kastro, tiennent la place des fortifications élevées pendant la guerre du Péloponnèse.

Pendant l'expédition d'Alexandre en Asie, les Chalcidiens fortifièrent le pont avec des tours, des murailles et des portes, et, pour mieux en défendre l'accès, enfermèrent dans l'enceinte de leur ville le Canéthus, situé sur le continent. Selon toute probabilité, le Canéthus est le nom ancien de la montagne occupée par le fort *Kara-Baba*.

Tite-Live fait trois fois mention du pont de l'Euripe, et remarque que son existence rend l'accès de Chalcis plus facile par terre que par mer.

Strabon parle d'un pont de deux pléthres, c'est-à-dire de deux cents pieds. Ce chiffre, supérieur à la largeur actuelle de l'Euripe devant Chalcis, ferait supposer que de son temps, sous le règne d'Auguste, les anciens travaux avaient été remplacés par d'autres, ou plutôt il prouve l'inexactitude du renseignement : il n'est pas probable que l'Euripe ait été élargi, puis réduit plus tard aux proportions qu'on lui voit aujourd'hui. Comment, d'ailleurs, Strabon ne parle-t-il pas de la petite île de l'Euripe, qui devait certainement exister alors si le travail béotien était détruit ?

Le pont existait au temps de Pline. Sous le règne de Justinien il était remplacé par une communication accidentelle qu'on établissait au moyen de planches. Ce fait paraît encore indiquer que l'Euripe avait gardé la même largeur depuis l'époque de Thucydide ; car on ne conçoit guère que des planches aient pu être jetées et retirées facilement au-dessus d'une grande étendue.

L'Euripe. — L'Euripe proprement dit n'est que la partie la plus étroite du canal d'Eubée, comprise entre la muraille occidentale du Kastro et le pied du mont Kara-Baba. Ce nom d'Euripe, qu'une célébrité particulière a spécialement attribué au canal de Chalcis, désignait dans l'antiquité les détroits très-resserrés où un courant se faisait sentir, comme ceux de Messine et de Byzance, ou simplement des bras de mer étroits, comme ceux qui séparaient Cnide et Mitylène des côtes qui leur sont opposées. Il était également appliqué au canal plein d'eau qui entourait, à Sparte, le Plataniste. On sait que les Romains pratiquaient des euripes dans les jeux du cirque. C'étaient des canaux artificiels dont la disposition variait : Héliogabale donna une naumachie sur des euripes remplis de vin.

Le flux et le reflux de l'Euripe, l'un des phénomènes les plus merveilleux de la nature, ont vivement frappé l'imagination des anciens. Les naturalistes, les poëtes, comme les historiens et les géographes, n'ont pas manqué une occasion de les citer. L'Euripe a même eu cet honneur, réservé exclusivement aux choses remarquables, de passer à l'état de métaphore usuelle pour désigner, par exemple, les caprices d'un homme. Comment se fait-il qu'une préoccupation aussi vive et aussi constante n'ait pas amené sinon une explication, qui est encore à trouver aujourd'hui, au moins une observation plus attentive?

La croyance générale, invariablement reproduite par les poëtes latins curieux d'une fausse érudition géographique, c'est qu'il y avait sept changements de courant pendant le jour, et autant pendant la nuit. Tite-Live seul combat cette opinion, et prétend que l'Euripe est poussé au gré du vent, tantôt d'un côté, tantôt de l'autre. Pline, tout en suivant la tradition commune, croit que le mouvement (*œstus*) s'arrêtait trois jours par mois, pendant la septième, la huitième et la neuvième lune. Les premières observations sérieuses qui aient été publiées sont celles du jésuite Babin au dix-septième siècle. Elles concilient les deux opinions extrêmes sur la régularité ou l'irrégularité constante de l'Euripe, et diffèrent peu de ce témoignage de la commission de Morée : « On sait seulement
« que pendant les six premiers jours
« de la lune, puis du quatorzième au
« vingtième, et pendant les trois der-
« niers, les marées sont régulières ; tan-
« dis que pendant tous les autres, c'est-
« à-dire du septième au quatorzième
« et du vingtième au vingt-cinquième,
« elles sont tellement irrégulières, que
« le nombre s'en élève quelquefois jus-
« qu'à onze, douze, treize et même qua-
« torze dans l'espace de vingt-quatre
« heures. »

Aristote, qu'une tradition suspecte fait mourir volontairement dans l'Euripe, du désespoir de n'avoir pu en pénétrer la cause, n'en prononce qu'une fois le nom, en invoquant le phénomène de ses marées comme un exemple populaire à l'appui d'une théorie sur le flux et le reflux de la matière subtile à laquelle il attribue les tremblements de terre.

L'Euripe, sous le rapport militaire, est un des principaux points de la Grèce, et de l'importance attachée à sa possession a dépendu en grande partie l'histoire de Chalcis. L'Eubée et Chalcis en particulier lui doivent leur nom moderne : *Egripo, Egripo-nisi* (Εὔριπος, Euripos). Dans la seconde guerre médique, les Grecs avaient songé à y concentrer leur défense, et fondaient sur la position de l'Euripe les mêmes espérances que sur celle des Thermopyles. Lorsque, malgré leurs efforts, les Perses s'y furent engagés, le rétrécissement extraordinaire du détroit inspira des inquiétudes au commandant de la flotte, Mégabate; se croyant trahi et attiré dans un bras de mer sans issue, il fit tuer le Béotien Salganéus, qui lui servait de guide. Ce souvenir était consacré par le nom d'une petite ville située à l'entrée de l'Euripe, autour d'un tombeau que Mégabate, détrompé, avait fait élever à sa victime.

PORT DE CHALCIS. — Des deux baies qui avoisinent l'Euripe et entourent les murs du Kastro, celle qui est au sud n'est facilement navigable que pour les barques. En face, la côte béotienne est baignée par une baie beaucoup plus grande, dont le nom, *port Vourco* (de βούρκα, boue), indique le peu de profondeur; elle est presque fermée d'un côté par l'Euripe, de l'autre par un canal à peu près aussi resserré. A peu de distance, au sud, sur une presqu'île *pierreuse*, comme du temps d'Homère, s'élevait Aulis. La baie septentrionale de Chalcis, dans l'antiquité comme aujourd'hui, formait le port; on le nomme maintenant *Hagios Minas*. L'eau y est profonde jusqu'au pied des murs, grand avantage pour le commerce. Autrefois, de même qu'aujourd'hui, le bazar, le marché principal, touchait au port, nouvelle facilité pour le transport des marchandises que la mer apportait d'elle-même des deux côtés jusqu'à la maison des marchands, ou pour l'écoulement des produits. Aussi Chalcis voyait-elle se presser sous ses murs des navires étrangers. Rien ne justifie la terrible description de Tite-Live, qui représente ce port agité nuit et jour, soit par des ouragans furieux qui s'élancent des hautes montagnes des deux rivages, soit par le mouvement de l'Euripe, qui se précipite comme un torrent. Il faut seulement reconnaître que tout le canal de l'Eubée est sujet à de violents coups de vent.

Points de la ville antique et de son territoire cités dans les auteurs anciens ; traditions diverses. — L'Euripe et le dessin de ses rivages, voilà tout ce que le temps nous a laissé de Chalcis ; c'est-à-dire qu'il en a emporté tout ce qu'il pouvait. L'imagination même ne peut pas reconstituer d'une manière précise la ville ancienne, faute de témoignages antiques. La seule position indiquée dans la description générale de Dicéarque est celle de l'Agora, qui était contiguë au port. Elle était grande et ornée de trois portiques. On y voyait encore du temps de Plutarque un tombeau, surmonté d'une grande colonne, élevé par les Chalcidiens en l'honneur de Cléomaque de Pharsale, qui était mort en combattant pour eux contre les Érétriens.

Le même auteur nous transmet encore une autre tradition en nous désignant un autre point : des tombeaux placés le long de la route qui conduisait de la ville à l'Euripe faisaient donner à l'endroit où ils étaient le nom de *sépulture des enfants*, ὁ παίδων τάφος. Quelle pouvait être cette route, puisque plusieurs témoignages nous montrent la ville ancienne, comme la moderne, touchant à l'Euripe et pressée des deux côtés par la mer ? Voici la tradition : Lorsque Cothus et Æclus vinrent habiter dans l'Eubée, occupée en grande partie par des Éoliens, un oracle avait prédit au premier qu'il réussirait dans son entreprise, et qu'il aurait l'avantage sur ses ennemis, s'il achetait le sol. Cothus, étant descendu à terre avec peu de monde, rencontra des enfants qui jouaient sur le rivage : il s'approche d'eux d'un air bienveillant, se mêle à leurs jeux, et leur donne des jouets étrangers ; puis quand il voit leurs désirs excités, il leur dit qu'il ne leur en livrera les objets qu'en échange d'un peu de terre. Aussitôt les enfants ramassent des poignées de sable, qu'ils lui donnent, prennent les jouets, et s'en vont. Instruits de ce qui s'était passé, et se voyant envahis par des ennemis, les Éoliens tuèrent les enfants, C'est des tombeaux de leurs victimes dont il s'agit.

Il ne serait pas plus facile de déterminer la position de la célèbre Aréthuse, la sainte fontaine, comme l'appelait un antique oracle. Strabon rapporte qu'à la suite d'un tremblement de terre les bouches de l'Aréthuse se fermèrent, et que quelques jours après seulement ses eaux se frayèrent un autre passage. Il se peut que la répétition de la même cause l'ait fait disparaître pour toujours. Cette source, dans l'antiquité, était assez abondante pour suffire à la population de Chalcis. Sous la domination des Romains, elle semble avoir été l'objet de leurs soins et de leur magnificence. On y admirait des poissons apprivoisés, des mulets, des anguilles parées de pendants d'oreille en or et en argent, qui venaient recevoir de toute main les entrailles des victimes et des fromages frais. Elle fournissait une eau fraîche et saine, mais un peu saumâtre. Ce défaut était beaucoup plus sensible dans les autres sources qui entretenaient les ombrages de la ville. C'est sans doute pour cette raison que les Vénitiens et peut-être avant eux les Romains avaient construit l'aqueduc qui développe derrière le Kastro la ligne de ses arches ruinées.

Les seuls restes de l'époque grecque sont des tombeaux, qu'on trouve enfouis dans les jardins, en dehors de la ville basse, et surtout taillés dans le rocher d'une petite montagne qui est située tout près de Chalcis, au bord de la mer. La route d'Érétrie passe au pied sur une chaussée turque ruinée et envahie par les eaux. Deux sources abondantes en sortent par plusieurs bouches, et se mêlent immédiatement à la mer dans de petits marécages ; la carte de l'état-major a voulu reconnaître en elle la fontaine Aréthuse. Le sommet de la montagne est occupé à la fois par une ruine vénitienne et par quelques débris helléniques.

Environs de Chalcis. — Derrière cette montagne est la seule partie des environs de Chalcis qui ne soit pas nue et desséchée. C'est une petite plaine plantée de vignes, comme l'indique son nom *Ambélia*, où ont poussé quelques beaux oliviers, restes des grandes plantations qui entouraient la ville ancienne. Elle est arrosée par un cours d'eau qui va se jeter dans la mer, à un petit promontoire très-rapproché de la côte béotienne ; ce point a été choisi par les Turcs pour y construire le fort *Bourzi*, qui commande l'entrée méridionale de l'Euripe. Le colonel Leake fait de cette plaine le territoire de l'ancienne Lélante, dont la possession fut entre les Chalcidiens et les Érétriens le sujet d'une lutte acharnée. La plaine de Lélante, mentionnée par Homère et connue par ses vignobles, est en effet placée par Strabon dans le voisinage de Chalcis, et était traversée par un fleuve du même nom. Le tremblement de terre qui boucha la fontaine Aréthuse dura « jusqu'à ce « qu'il se fût ouvert au milieu de cette « plaine un torrent de boue enflam- « mée. » Cette tradition, rapportée par Strabon, semble constater la naissance des sources chaudes dont il parle ailleurs, et dont il dit que Sylla fit usage. Personne aujourd'hui ne connaît l'existence d'eaux thermales dans le voisinage de Chalcis. Sans doute le désir de donner un nom ancien à une ruine hellénique située près du village de Sténi, au pied du sommet principal du Delphi, a fait former avec le pays voisin le *dême des Lélantiens*. Cette dénomination administrative paraît tout arbitraire.

La plaine d'*Ambélia* touche au sud à la plaine, plus grande, de *Vasiliko*, gros village, au milieu duquel s'élève une tour carrée, ouvrage des Francs ou des Vénitiens, et, au nord, à la plaine de Chalcis proprement dite. Celle-ci est séparée par quelques collines seulement d'une autre, plus étendue, en partie cultivée par les habitants de plusieurs villages, et enfermée entre la mer et les contre-forts du *Delphi* à l'est et ceux du *Kandéli* au nord. La seconde montagne se détache de la première pour aller rejoindre le canal d'Eubée, près du village de Politika, à quatre ou cinq lieues de Chalcis. Au nord-est de la plaine la plus septentrionale, une hauteur régulière, qui est située à l'extrémité d'une petite chaîne, paraît désigner par sa forme et par sa position l'emplacement de l'acropole d'où a dû primitivement dépendre le territoire environnant, avant que la domination de Chalcis ne se fût étendue sur tous les lieux voisins. Au moins paraît-il certain que là a dû s'élever une des petites villes inconnues qu'on est obligé de supposer, pour ne pas faire de l'Eubée ancienne une solitude. Auprès sont une tour du moyen âge ruinée et quelques cyprès isolés qui appartenaient sans doute à un djiflik turc. A quelques pas du petit village de *Kastréla*, on voit dans un champ une colonne cannelée et un chapiteau ionique, qu'on est obligé de remarquer, tant les moindres traces de l'art antique sont rares dans toute l'île.

Ces trois plaines d'*Ambélia*, de *Vasiliko* et de *Kastréla*, ont dû former, sur le rivage du canal d'Eubée, le territoire de Chalcis au temps de son indépendance. Jusqu'où cette ville a-t-elle pu étendre ses possessions dans l'intérieur du Kandili et du Delphi, c'est ce qu'on ne saurait déterminer. Il paraît probable qu'elles comprenaient la masse principale de la seconde de ces montagnes, parvenaient ainsi jusqu'à la mer Égée, et partageaient avec Érétrie le pays compris aujourd'hui entre le cap de *Koumi* et le mont *Ochthonia*. Le nom d'un seul point nous est conservé, sans aucune indication topographique, *Argoura*, petite ville d'où Phocion fit venir des chevaliers athéniens pendant la guerre de Tamynes. Par conséquent, elle devait être entre Chalcis et Érétrie.

La division actuelle attribue à l'éparchie de Chalcis tout le versant occidental du Delphi jusqu'à *Vathya*, près de l'ancienne Érétrie au sud, et une grande partie du nord de l'Eubée jusqu'à *Mandoudi* et *Limmi*. Cet ensemble forme cinq dêmes : ceux des *Chalcidiens*, des *Lélantiens*, des *OEgéens*, des *Kironiliens* et des *Psariens*, et est habité par une population de 21,000 âmes.

Histoire de Chalcis. — Chalcis a toujours été la principale ville de l'Eubée, et à plusieurs époques en a représenté à elle seule toute l'importance. Dans les premiers temps, comme aujourd'hui, elle en a partagé le nom ; elle s'est appelée *Eubée*, comme toute l'île. Son nom le plus connu lui a été donné par Comoé ou Combé, fille d'Asopus, qui portait elle-même aussi ceux de Chalcis et d'Eubée. Une étymologie fait venir Chalcis du mot *chalcos* (χάλκος, cuivre), parce que ces habitants travaillèrent les premiers ce métal. On l'avait aussi appelée Hypochalcis, de sa position au pied du mont Chalcis, et Stymphèle, Στύμφηλος, même nom que celui de la ville pélasgique d'Arcadie, Stymphale. Enfin, du temps d'Étienne de Byzance on la nommait Halicarna.

Occupée d'abord par les Curètes ou Abantes, c'est sous ce dernier nom, comme les autres villes énumérées par Homère, qu'elle envoie ses guerriers au siége de Troie, et comme elles, on peut croire qu'elle obéissait à Chalcodon, puisque le fils de celui-ci, Éléphénor, était reconnu comme chef commun de l'expédition. Plusieurs opinions anciennes attribuent sa fondation à Pandorus, fils d'Érechthée, longtemps par conséquent avant la guerre de Troie. Postérieurement à ce fait, elle se ressentit, avant le reste de l'île, de l'invasion des Ioniens attiques partis sous la conduite d'Æclus et de Cothus.

Un roi des Curètes, Phorbas, fut tué dans une guerre par le second Érechthée ; et une dynastie s'établit à partir d'Alcon, fils du vainqueur, qui fut luimême père d'Abas, grand-père de Chalcodon et aïeul d'Éléphénor. Chalcodon vainquit dans une guerre les Thébains, et les assujettit ; mais lui-même fut tué à Leuctres, dans un autre combat, et les Thébains, commandés par Amphitryon, recouvrèrent leur indépendance. Le dernier roi de Chalcis, Amphidamas, contemporain d'Hésiode, fut tué dans un des combats qui se livrèrent au sujet de Lélante. Mais cette guerre de Lélante, bien qu'elle soit un des faits les plus remarquables des premiers temps de l'histoire grecque, ne répond pas à une date mieux déterminée que l'époque de la vie du poëte. Le nom d'Hésiode en indique seulement la haute antiquité.

Ce qu'il y a de particulier dans cette lutte, c'est que pendant tout ce grand intervalle qui sépare les guerres médiques de la guerre de Troie elle seule présente le spectacle de plusieurs peuples grecs associés pour un but commun : le reste de la Grèce se divisa pour se ranger du côté de Chalcis ou d'Érétrie ; on vit même figurer dans les deux partis Samos et Milet, une île éloignée et une ville de l'Asie Mineure. Une inscription curieuse, qui existait encore du temps de Strabon dans le temple de Diane Amarysia, près d'Érétrie, prouve l'acharnement des deux ennemis ; elle défendait l'usage des projectiles, et ordonnait de combattre de près : c'était la tradition des belliqueux Abantes.

La bonne intelligence se rétablit, on ne sait comment, entre les deux villes ; mais elles tombèrent pour toujours de ce haut degré d'importance qui avait mis un instant chacune d'elles à la tête d'une moitié de la Grèce.

A la royauté succéda dans Chalcis le gouvernement aristocratique. Les premiers citoyens, chefs de l'État, portaient le nom d'Hippobotes, et devaient être assez riches pour nourrir des chevaux. Cette aristocratie de chevaliers subsista longtemps au milieu des révolutions intérieures qui agitaient la ville et des vicissitudes qu'elle subit. On la voit mentionnée immédiatement avant les guerres médiques, et soixante ans plus tard, sous Périclès, qui la ruine. Peutêtre pourtant en retrouve-t-on encore les derniers restes au moment où la guerre d'Achaïe se termine par la réduction de la Grèce en province romaine : il est alors question de la cavalerie chalcidienne, impitoyablement massacrée par les Romains.

L'histoire ne nous détaille pas toutes les dissensions qui de la forme aristocratique jetèrent les Chalcidiens, tant qu'ils eurent un gouvernement à eux, dans des alternatives de démocratie, d'oligarchie et de tyrannie. Deux ou trois noms de tyrans, qu'il faut placer avant ou peu après les guerres médiques, ne rappellent aucune date précise : Antiléon, à la tyrannie duquel succéda l'oligarchie ; Phaxus, qui fut tué par le peuple ; en même temps furent massacrés les citoyens de la première classe : ce fut donc une révolution démocratique. Probablement avant tous les deux, Tynnondas, antérieur à Solon, à qui les Chalcidiens, dans un moment de fatigue, avaient offert la tyrannie. Plus tard, les influences étrangères vinrent encore ajouter aux troubles du gouvernement.

Toute cette période peu connue de l'histoire de Chalcis, qui s'étend depuis ses rois jusqu'à la fin du sixième siècle, fut pour cette ville, comme pour toute l'Eubée, la plus florissante. L'extension extraordinaire de ses colonies atteste à la fois sa puissance maritime, le développement de sa population et l'activité du caractère de ses habitants. Les dissensions qui la déchiraient, loin de ralentir ce mouvement de colonisation, l'accrurent encore, en portant les vaincus et les mécontents à s'expatrier, et Chalcis devint une des métropoles les plus fécondes de toute la Grèce.

COLONIES DE CHALCIS. — C'est de cette ville que partit la plus ancienne des colonies que la Grèce envoya vers l'Occident; elle alla fonder Cumes en Italie, dès le onzième siècle avant Jésus-Christ. Strabon lui donne pour chefs Mégasthène, de Chalcis, et Hippoclès, de Cumes en Asie; mais comme il résulte des témoignages de Velléius Paterculus et d'Eusèbe que la fondation de Cumes en Italie précéda celle de Cumes en Asie, il se peut qu'Hippoclès soit venu d'une autre ville de Cumes en Eubée. Cumes d'Italie fonda elle-même *Nola* et *Abella*, *Dicearchi* et *Palæpolis* (Naples) dans l'Italie; et dans la Sicile, *Zancle*, *Tauromenium*, *Callipolis* et *Eubæa*. Mais c'est surtout au huitième siècle que l'esprit aventureux des Chalcidiens se développe en multipliant les entreprises lointaines. Il fut aidé par la situation de la Grèce à cette époque, agitée elle aussi par des révolutions, et particulièrement par la situation du Péloponnèse, où plus d'une ville voulut échapper à l'oppression lacédémonienne. Chalcis, dont la population eût été insuffisante, a dû souvent demander aux pays étrangers des compagnons et les entraîner à la suite de ses chefs. Ses émigrations se reportent vers la Sicile et l'Italie. En Sicile elle fonde *Naxos*, dans la première année de la onzième olympiade. Six ans après, *Leontium* est fondée par les Chalcidiens de Théoclès, déjà chef de la colonie de Naxos; *Catane*, par ceux d'Évarchus.

Les Chalcidiens, associés à des Messéniens, fondent *Rhegium*. Ils vont augmenter la population de Zancle et celle d'Himère, sa colonie, où ils se confondent avec les Syracusains, d'origine Corinthienne.

En même temps, ils opèrent un mouvement encore plus important vers la Thrace, où les appelle un certain Théoclus. Trente-deux villes leur durent leur existence; elles formèrent plus tard une confédération, à la tête de laquelle fut Olynthe. La presqu'île de la Chalcidique a pris son nom de ces colonies. Érétrie contribua à peupler l'Athos. Enfin Chalcis fut la métropole des îles d'Ios, de Sériphe et de Péparèthe.

Ce nombre inouï des colonies de Chalcis en même temps que les agitations intérieures qui en étaient les causes devaient l'épuiser et l'affaiblir. On voit cependant par l'importance que les Athéniens attachaient à une victoire remportée sur elle dans les dernières années du sixième siècle, qu'à cette époque elle était encore une ville puissante.

Les Chalcidiens s'étaient unis aux Béotiens pour attaquer Athènes, au moment où sa liberté naissante était menacée par le roi de Sparte Cléomène. Une fois délivrée de ce pressant danger, Athènes songea à punir l'agression des deux peuples alliés. Une double victoire remportée le même jour sur les Béotiens, près de l'Euripe, et dans l'Eubée même sur les Chalcidiens, procura aux Athéniens une vengeance éclatante : ils laissèrent quatre mille colons sur les propriétés des Hippobotes, retinrent quelque temps enchaînés les prisonniers qu'ils avaient faits, et ne leur rendirent la liberté que pour une rançon de deux mines par tête (506). Ce succès d'Athènes fut la première marque sensible de l'accroissement de sa puissance. Il semble, d'un autre côté, avoir porté un coup décisif à la prospérité de Chalcis. Du moins est-on surpris du rôle secondaire que cette ville joue bientôt après dans les guerres médiques. Chalcis, la métropole de tant de colonies lointaines, est obligée d'emprunter des vaisseaux à Athènes pour paraître à Artémisium et à Salamine. Cependant le nombre de vingt, qui lui est nécessaire, lui conserve même alors son rang, au moins en Eubée.

SITUATION DE CHALCIS ET EN GÉNÉRAL DE L'ÎLE D'EUBÉE APRÈS LES GUERRES MÉDIQUES. — Désormais, l'indépendance de Chalcis et de l'Eubée en général n'existe plus, et les circonstances particulières où sont jetées les différentes villes de l'île ne suffisent pas pour leur composer une histoire qui leur appartienne en propre. Pour Chalcis, comme pour les autres, la protection d'Athènes, après l'expulsion des Perses, s'était changée en domination. Toute l'Eubée se révolta après la victoire des Béotiens à Coronée sur Tolmidas, général athénien. Périclès passa dans l'île avec cinq cents vaisseaux et cinq mille hommes, et la soumit tout entière. Chalcis fut en particulier l'objet de sa vengeance. Il chassa les Hippobotes, et partagea leurs propriétés à deux mille colons. Il consacra dans la plaine de Lélante des temples à Minerve, et afferma le reste du territoire : les loyers furent inscrits sur des colonnes placées près du Portique-Royal ; les captifs furent retenus enchaînés en prison (446).

Pendant la guerre du Péloponnèse, la possession de l'Eubée était de la plus haute importance pour les Athéniens, et sa perte leur porta un coup funeste. Lorsque, d'après le conseil de Périclès, ils quittent la campagne pour se renfermer dans la ville, c'est principalement dans cette île qu'ils envoient leurs troupeaux. C'est elle qui les approvisionne, et quand l'occupation de Décélie par les Lacédémoniens intercepte la route de l'Euripe, Athènes, privée de ressources et bloquée, est réduite à la plus grande détresse.

Aussi les Athéniens entretiennent-ils une flotte pour garder l'Eubée, soit contre les incursions des Béotiens et des Locriens, soit contre les vaisseaux du Péloponnèse. C'est une victoire navale qui décide, dans la 21e année, la conquête de l'Eubée par les Lacédémoniens : toute l'île, sauf Oréos, se soulève et reçoit leur organisation. Pendant toute cette période, Chalcis, qui garde le souvenir de l'expédition de Périclès, joue un rôle complètement passif. Les Chalcidiens ne sont les soldats d'aucune cause ; Athènes préfère qu'ils ne soient pas organisés pour la guerre et ne fournissent que des contributions d'argent. C'est de cette manière qu'ils concourent à l'expédition de Sicile.

L'Eubée n'était pas destinée à rester sous la domination de Sparte ; ses maîtres les plus naturels étaient les deux grands peuples dont elle était voisine, les Athéniens et les Thébains. Elle combattit avec eux, et partagea leur défaite à Coronée (393). De même aussi, peu de temps après elle était associée aux succès d'Épaminondas et le suivait deux fois dans le Péloponnèse. Après le déclin si rapide de la puissance thébaine, elle tombe dans une période d'agitation qui ne se termine que par la domination macédonienne.

Athènes tenta d'y rétablir son influence, d'abord en luttant contre les Thébains, puis bientôt en combattant un ennemi plus dangereux, qui devait l'emporter par l'habileté de sa politique, plus encore que par les armes. Démosthène fit les plus grands efforts pour empêcher Philippe de faire de cette île « une forteresse menaçante pour sa patrie » et de consommer une conquête fatale à la liberté de la Grèce.

Alors, par un rare privilége, l'histoire de l'Eubée pendant quelques années se lit dans les pages éloquentes des deux plus grands orateurs d'Athènes, Démosthène et Eschine, qui dans leurs luttes oratoires tirent de la conduite qu'ils ont tenue pour la liberté de cette île d'inépuisables motifs d'accusation ou d'apologie. Néanmoins, c'est une triste histoire. Les luttes de partis, les intrigues, les exemples de vénalité et de trahison se multiplient dans chaque ville au point de rendre la connaissance de la vérité presque impossible ; le résultat seul n'est pas douteux, c'est la malheureuse situation du pays où se passent ces misérables scènes. Voici quelques faits qui se dégagent de cette confusion.

En 358, les tyrans Mnésarque et Thémison dominaient, le premier à Chalcis, le second à Érétrie. Tous deux avaient commis des actes d'agression contre Athènes, Thémison surtout, en s'emparant d'Oropos au mépris de la paix (365). Cependant, lorsque plus tard ils sont menacés par les Thébains, Athènes les secourt avec la plus grande activité ; trois jours lui suffisent pour terminer son expédition. Démosthène, qui y contribua comme triérarque, rappelle souvent ce succès, et le propose comme un exemple de salutaire énergie à ses apathiques admirateurs. Il répète les vives exhortations par lesquelles Timothée fit décider l'entreprise d'enthousiasme : « Vous délibérez quand les Thébains sont « dans l'île ! vous ne remplissez pas la « mer de vos galères ! vous ne vous élan-

« cez pas dès maintenant pour courir
« au Pirée !..... »

Cette première expédition d'Athènes semble avoir été suivie presque aussitôt d'une seconde, dirigée dans le même but et contre les mêmes ennemis. Eschine en parle avec autant d'éloges :
« En cinq jours vous secourûtes les
« Eubéens de vos vaisseaux et de votre
« armée ; en moins de trente vous chas-
« sâtes les Thébains, réduits à capituler. »

Diodore, au contraire, représente cette guerre comme le résultat des divisions des Eubéens, dont les uns appellent le secours de Thèbes, les autres celui d'Athènes. Il dit qu'elle se traîne dans de petits engagements où l'avantage est partagé, et que les deux partis, fatigués et ruinés, finissent par faire la paix.

Dès lors le parti thébain disparaît presque complétement, et est remplacé en Eubée par celui de Philippe. Grâce aux soldats, à l'argent, aux promesses du roi de Macédoine, les troubles augmentent, les tyrannies se succèdent et s'établissent plus fermement ; les ambitieux se multiplient et changent impudemment de parti, suivant l'avantage du moment. Telle est la conduite de Callias, fils de Mnésarque, l'homme le plus influent de Chalcis. Callias agit contre les intérêts des Athéniens, puis obtient son pardon, c'est-à-dire revient à leur cause. Bientôt après, « sous prétexte d'assem-
« bler à Chalcis un congrès eubéen, dit
« Eschine, il arme l'Eubée contre Athè-
« nes, et se fraye un chemin à la tyran-
« nie. Espérant l'appui de Philippe, il
« court en Macédoine, s'attache aux
« pas du prince et compte parmi ses fa-
« voris. Ensuite il l'offense, s'enfuit, et
« se jette dans les bras des Thébains. Il
« les abandonne aussi, plus variable
« dans ses tours et retours que l'Euripe,
« dont il habitait les bords, et il tombe
« entre la haine de Thèbes et celle de
« Philippe. Alors il achète l'alliance
« d'Athènes. » Tel est pourtant l'homme que Démosthène est forcé d'associer à ses efforts. C'est son ami, de même que les tyrans protégés par Philippe, Clitarque et Philistide, sont ceux d'Eschine.

Athènes pendant ce temps n'a d'autre politique que d'attaquer les partisans de Philippe et de soutenir tous ceux qui se déclarent contre lui. Ainsi elle répond imprudemment, et malgré l'avis de Démosthène lui-même, à l'appel de Plutarque, tyran d'Érétrie, qui se voyait menacé par le prince macédonien. Engagés, près de Tamynes, dans une position difficile, sans espérance de secours ni par mer ni par terre, pressés à la fois par les ennemis qu'ils sont venus combattre, et par Callias et son frère, Taurosthène, qui arrivent avec des mercenaires de Phocide pour les écraser, les Athéniens ne sortent de tant de périls que par une victoire inespérée de Phocion, leur général (341). Aussi la nouvelle de ce succès causa-t-elle la plus grande joie à Athènes ; Eschine en fut le porteur, et fut couronné par le peuple : une couronne lui avait déjà été décernée par les chefs, sur le lieu même du combat.

Cette expédition des Athéniens fut stérile pour leur influence. Phocion, après avoir été obligé de chasser Plutarque d'Érétrie, abandonna cette ville à ses divisions. La tyrannie de Plutarque y est bien vite remplacée par celle des trois principaux partisans de Philippe, Hipparque, Automédon et Clitarque. Leur protecteur, en les établissant sur les Érétriens, envoie Hipponicus avec mille soldats étrangers détruire les murs de Porthmos, point fortifié dans le voisinage d'Érétrie.

C'est à ce moment que Démosthène déploie en Eubée la plus grande activité ; c'est alors qu'il veut, comme le répétait ironiquement Eschine, par l'alliance de Thèbes et de l'Attique, élever sur les frontières d'Athènes un rempart d'airain et de diamant. Il faut croire, malgré les attaques de son ennemi politique, à la pureté de ses intentions et même au succès dont elles furent d'abord suivies. Athènes le reconnut en lui décernant une couronne ; et si l'on met en doute la valeur de ce témoignage, trop prodigué en effet pour n'être pas suspect, on doit avoir confiance dans la tradition honorable qui s'est établie chez les anciens au sujet de la conduite du grand orateur.

Démosthène réussit donc à organiser une alliance générale de toute l'Eubée avec Athènes. Chalcis était à la tête de cette espèce de confédération eubéenne ; c'est dans ses murs que se tenaient les assemblées générales. Érétrie et Oréos prirent part à l'entreprise. Malheureusement, soit par les lenteurs des Athéniens, soit par l'ascendant de la fortune de Philippe, soit surtout par la profonde corruption du pays, ce projet échoua. Érétrie, même sous la tyrannie de Clitarque, et Oréos payèrent chacune exactement cinq talents, leur part de la contribution générale de toutes les villes d'Eubée (40 talents). On ne sait ce que devint cet argent entre les mains de Callias, l'organisateur de l'entreprise, et là se bornèrent tous les résultats. A Oréos, l'amour de la patrie et de la liberté semble vivre avec plus d'énergie ; mais, ruinée par la guerre contre Philippe, épuisée complétement par cette contribution de cinq talents, déchirée par des factions, enfin, quand l'ennemi est sous ses murs, elle lui est livrée par Philistide et par le reste du parti macédonien. Philistide, en possession de la tyrannie, établit son autorité par des violences. Érétrie reste sous la domination du tyran Clitarque, et deux tentatives qu'elle fait plus tard pour recouvrer sa liberté n'aboutissent qu'à rendre son asservissement plus complet et plus dur. Philippe punit les Érétriens en leur prenant leur territoire et en le faisant occuper par des troupes étrangères, d'abord sous la conduite d'Eurylochus, puis sous celle de Parménion. La victoire de Chéronée (338), remportée sur Thèbes et sur Athènes, confirma la domination macédonienne en Eubée.

Sous le règne d'Alexandre l'Eubée n'a pas d'histoire ; après sa mort elle est, comme toute la Grèce, disputée par ses généraux. Possédée d'abord par Antipater, elle resta presque constamment entre les mains de Cassandre, malgré deux conquêtes momentanées d'Antigone et de Démétrius Poliorcète, et il la transmit avec son royaume à ses successeurs. Le nom de l'île est complétement oublié au milieu des agitations subséquentes de la Grèce, et ne reparaît plus qu'au moment de l'arrivée des Romains.

A partir d'Alexandre, seule de toute l'Eubée, Chalcis voit grandir son importance par le fait même de l'abaissement général de la Grèce. La Grèce, perdant son rang de puissance active, est devenue elle-même, comme l'Eubée, une proie disputée par des maîtres étrangers. De là vient la valeur des positions avantageuses pour une conquête générale du pays. Chalcis, de même que Démétriade et Corinthe, est appelée par Philippe, ennemi des Romains, une des trois chaînes de la Grèce. Son rôle consiste surtout à recevoir de ses maîtres des garnisons que lui enlèvent les prétendus libérateurs de la Grèce, pour donner un témoignage éclatant de leur sincérité. Elle est ainsi délivrée par Démétrius Poliorcète et plus tard par Flamininus, après la proclamation solennelle qu'il fit faire aux jeux isthmiques.

Pendant la première guerre de Macédoine, un coup de main rendit C. Claudius Centhon maître de Chalcis, qu'une navigation heureuse lui permit de surprendre la nuit (200) : les greniers de Philippe sont incendiés, les prisonniers qu'il avait placés dans cette ville, comme dans le lieu le plus sûr, délivrés ; les Romains, trop faibles pour garder leur conquête, se retirent après l'avoir saccagée. Philippe accourt de Démétriade, mais n'arrive que pour voir fumer les ruines de Chalcis, à demi brûlée. « Il y laisse quelques hommes pour ensevelir les morts, » et se porte en toute hâte, à travers la Béotie, sur Athènes, occupée par les Romains. Il ne peut la prendre, mais lui fait supporter de barbares représailles : il incendie le Lycée, le Cynosarge, détruit les tombeaux, les temples, les statues, et, dans son ardeur de vengeance, fait briser jusqu'aux pierres des monuments renversés.

Après la guerre contre Philippe, c'est naturellement le parti romain qui domine à Chalcis. Au commencement de la lutte contre Antiochus, en 192, il fit échouer, avec le secours d'Érétrie et de Carystos, une tentative de Thoas, chef des Étoliens. Il résista de même aux instances d'Antiochus, qui vint se présenter aux portes de la ville, et qui fut obligé de partir sans en faire le siège, faute de troupes suffisantes. Mais le roi de Syrie revint bientôt avec des forces plus considérables, et cette fois, malgré les efforts des partisans de Rome, qui furent eux-mêmes obligés de quitter Chalcis, les portes furent ouvertes sans résistance. Quelques soldats romains, dans le petit fort de l'Euripe, et des Achéens, à Salganéa, se défendirent seuls. Ce succès entraîna la soumission de toute l'Eubée. Antiochus passa l'hiver à Chalcis, et y donna, à cinquante ans passés, le ridicule spectacle de son amour et de ses folies pour une jeune Chalcidienne, nommée Eubée, qu'il épousa.

Malgré les promesses des Romains et l'étalage de leur générosité, Chalcis eut à souffrir plus d'une fois de l'oppression des préteurs destinés à la protéger; elle porta ses plaintes au sénat, qui en tint compte et entoura d'égards son ambassadeur, Miction, le plus chaud partisan de l'alliance romaine. Néanmoins, dans la guerre d'Achaïe on voit les Chalcidiens entraînés à la suite des Béotiens et vaincus avec eux aux Thermopyles par Q. Cœcilius Metellus. Ils payèrent cette révolte contre des maîtres trop puissants par la destruction de leur ville et une amende de cent talents, qu'ils payèrent de moitié avec les Thébains.

L'Eubée fut comprise dans la province romaine d'Achaïe. Au siècle suivant elle fut soumise, avec toutes les Cyclades, à Mithridate par son lieutenant Archélaüs. Ce fut la dernière de ses épreuves; plusieurs siècles de tranquillité lui furent désormais assurés sous la domination de Rome. L'empereur Justinien, en faisant réparer ses fortifications, la mit en état de jouer pendant le moyen âge le rôle auquel l'appelait d'ailleurs sa position.

Telle est dans l'antiquité l'histoire de la principale ville de l'Eubée, histoire vide, malgré tant de vicissitudes; rarement intéressante, quoique le sort de toute l'île y ait souvent été attaché, et qu'elle ait été impliquée elle-même dans les luttes les plus importantes de la Grèce. Ce fut la destinée de ce malheureux pays de l'Eubée, que tous ses éléments de prospérité, la richesse du territoire, les avantages de position, n'aboutissent qu'à en faire une proie ardemment disputée. Les discordes civiles, les mouvements désordonnés des factions consumèrent les forces des villes : aucune ne put élever une puissance assez solidement établie ni se constituer une existence assez forte pour se garder une place au moment du développement, si prompt et si énergique, des grandes villes de la Grèce. Les maîtres se succèdent dans l'île, rien ne s'y établit et n'y tombe que par la force; et dans toutes ces luttes dont elle est le théâtre il n'y a jamais de victoire pour elle, il n'y a que les dévastations et les calamités. Les efforts de ses habitants se perdent dans des intrigues misérables ou des calculs d'ambition personnelle; elle est déchirée par des partis qui travaillent pour des étrangers. Tout germe d'indépendance est de bonne heure étouffé en elle, comme tout élan de l'intelligence arrêté. Aussi de cette histoire agitée n'a-t-elle conservé ni la triste gloire qui reste aujourd'hui à d'autres provinces de la Grèce, celle des ruines; ni les illustres souvenirs du développement artistique et littéraire. Les pierres s'y sont écroulées et dispersées, au point qu'elles nous laissent à peine non pas un seul fragment reconnaissable d'un beau monument, mais deux ou trois murs de villes, dont les restes ne présentent qu'un aspect froid et sans grandeur. Chalcis, la première cité de l'île, Carystos, Oréos ont disparu sans laisser de traces; et, à défaut de ruines, on demanderait inutilement à l'Eubée un chef-d'œuvre littéraire, ou même un de ces noms populaires, quoique dépossédés par le temps, que nous révérons sur la foi de l'admiration antique.

HOMMES ILLUSTRES DE L'EUBÉE. — Chalcis cependant semblait destinée à occuper une place brillante dans le développement du génie grec. Elle était la patrie de Linus, mystérieux représentant des âges les plus reculés. Quand la poésie née en Thrace tend à descendre, par le Parnasse, l'Hélicon et Thèbes, vers Athènes, une tradition veut qu'elle se soit rencontrée à Chalcis avec la poésie, plus douce, née en Ionie, et que cette ville ait été le théâtre de leur lutte : Hésiode, l'élève d'Orphée, et Homère, le poëte de Smyrne, s'y seraient livré un combat poétique, où le premier aurait été vainqueur; jugement que le sentiment postérieur de l'esprit grec n'a pas confirmé. Le poëte d'Ascra parle lui-même avec orgueil de son triomphe, sans nommer ses rivaux, et dit qu'il a consacré aux muses de l'Hélicon le trépied proposé comme prix de la victoire par les fils d'Amphidamas. A l'époque de Pausanias on voyait encore près de la fontaine Aganippe le trépied d'Hésiode.

Plus tard, Chalcis, et avec elle Érétrie, sans rester étrangères au mouvement d'Athènes, leur voisine, qui est devenue la patrie presque unique des arts, de la poésie et de l'éloquence, ne font que le suivre d'assez loin; ensuite, elles se rattachent à l'école d'Alexandrie quand cette ville prend le rôle glorieux d'Athènes.

A la première époque, Chalcis fournit l'orateur Isée, qui développe son talent loin de sa patrie, et va recevoir des leçons d'Isocrate pour en donner lui-même à Démosthène; et un peintre, Timagoras, qui, dans une lutte de peinture aux jeux pythiques, vainquit Pancœnus, frère de Phidias et artiste célèbre, et chanta lui-même sa victoire. Érétrie produit le poëte tragique Achœus, rival d'Agathon, et le philosophe Ménédème, l'un des pères de l'éclectisme, celui qui dispute à Phédon l'honneur d'avoir fondé l'école d'Élide. Dans les arts on ne connaît de cette ville que le nom du peintre Philoxénus et celui du sculpteur Philésias. Le chef-d'œuvre du premier représentait une victoire d'Alexandre sur Darius; il avait été fait pour Cassandre, roi de Macédoine. Pline le vante beaucoup, et parle aussi d'un tableau du genre comique où était représenté le festin de trois silènes. Philoxénus appartenait à une école qui se piquait de peindre avec une surprenante rapidité. Il perfectionna les procédés anciens, et en trouva de nouveaux. Philésias était l'auteur d'un bœuf en bronze, consacré à Olympie par les Érétriens.

Pendant la période Alexandrine, Chalcis seule représenta le mouvement littéraire de l'Eubée. Elle vit naître Lycophron, l'un des poëtes les plus prétentieux de la pléiade qui brilla à la cour de Ptolémée-Philadelphe : ses tragédies étaient déjà des énigmes pour Tzetzès, sous le Bas-Empire; Euphorion, qui fut bibliothécaire à Antioche, auteur d'élégies, d'épigrammes, historien et grammairien; enfin l'historiographe Philippe.

En somme, ni l'Eubée ni Chalcis en particulier n'ont eu de vie qui leur appartînt en propre, pas plus sous le rapport intellectuel que sous le rapport politique. Chalcis a fourni un faible contingent aux grands centres qui l'ont attirée. Il est à remarquer cependant que, soit par l'agrément de sa position au milieu de sources ombragées, au bord de l'Euripe et près des grandes villes de Thèbes et d'Athènes, soit à cause du caractère et des dispositions de ses habitants, ce fut un séjour aimé des étrangers. Théognis, au sixième siècle, quitta plus d'une fois pour Chalcis Thèbes, sa résidence habituelle depuis qu'il avait abandonné Mégare, sa patrie. Aristote, poursuivi par l'hiérophante Eurymédon, vint y chercher la tranquillité, et y finit sa vie. Dans son testament, il laisse à Herpyllis, sa fille adoptive, un logement à Chalcis, près de son jardin. On sait que, par sa mère, Aristote était d'origine chalcidienne. C'est également dans cette ville que vint mourir le philosophe Bion, originaire d'Olbia sur les bords du Borysthène. Après une vie fort impie, elle le vit à son dernier moment s'efforcer, par une foule de pratiques religieuses, de désarmer la colère des dieux.

Dicéarque vante les Chalcidiens, la pureté de leur race et de leur langage, leur amour des arts, leur nature généreuse et libérale, qui avait resisté à l'influence avilissante de la servitude, et cite à l'appui de son jugement un vers du poëte Philiscus : « Chalcis est habitée par la vraie et bonne race des « Hellènes, χρηστῶν σφόδρ' ἐστ' ἡ Χαλκὶς « Ἑλλήνων πόλις. »

Les Chalcidiens étaient primitivement célèbres par leur habileté dans le maniement de la lance. On représente les premiers Abantes comme une race guerrière, qui méprisait dans la guerre l'usage de l'arc et de la fronde, mais combattait de près l'épée à la main.

A tant de qualités il faut opposer un défaut, si nous en croyons les railleries des poëtes comiques sur l'avarice des Chalcidiens, passée en proverbe. Cette disposition avait pu être développée par le commerce, qui florissait chez eux, grâce à la position de leur ville. Aux époques les plus agitées de leur histoire, leurs affaires n'étaient point interrompues; il y avait à Chalcis de très-grandes fortunes. Lors de la tentative de l'Étolien Thoas, c'est un riche marchand, Hérodote Cianus, qui favorise le plus cette entreprise.

ÉRÉTRIE. — Au sud-est de *Vasiliko*, après avoir suivi pendant trois heures un chemin resserré entre la mer et les dernières pentes du mont *Olymbos*, on trouve, à l'entrée d'une plaine, la ville d'Érétrie. Un rocher escarpé se détache des montagnes qu'on vient de longer, et s'avance du côté de la mer; c'est l'emplacement de l'antique acropole. Au bas s'étend jusqu'au rivage la ville moderne *Aletria*, Ἀλέτρια, comme l'appellent les habitants. C'est un curieux exemple des entreprises avortées du gouvernement grec. Il a sérieusement songé à ressusciter l'ancienne rivale de Chalcis; sur un espace suffisant pour une grande ville, il a dessiné un plan, tracé des rues larges et régulières ; mais il a négligé de dessécher un marais voisin, et les fièvres ont arrêté le développement de la nouvelle fondation. Il en résulte un ensemble singulièrement triste : sur ce vaste terrain sont disséminées des ruines toutes récentes, et de distance en distance sont quelques maisons habitées ; dans une seule partie, elles se suivent à des intervalles assez rapprochés pour former à peu près un côté d'une rue. Cependant, malgré la persistance du fléau, un certain nombre de constructions récentes indiquent de nouvelles et courageuses tentatives d'habitation ; et même nulle part en Eubée, sauf à Chalcis, les maisons ne sont plus belles.

Le mur d'enceinte de l'acropole avec ses tours carrées reste en grande partie; on en suit la ligne sur toute la pente orientale de la hauteur ; à l'ouest il est remplacé suffisamment par des rochers escarpés. C'est une forte position, défendue d'un côté par un marais, et de l'autre par un ravin profond. Au pied de l'acropole, à l'est, à l'ouest et surtout au sud, jusque sur l'emplacement de la ville moderne, des traces de murs et de constructions antiques couvrent un grand espace, mais nulle part elles ne s'élèvent à un pied au-dessus du sol. Du côté occidental, sur une colline artificielle, est un théâtre, tourné vers la mer : à peine reconnaît-on quelques pierres des gradins au milieu des herbes ; la forme seule subsiste.

Il y avait eu dans l'antiquité deux villes d'Érétrie, celle que les Perses ont renversée et celle qui fut construite après leur départ. On a cru à tort, d'après un passage de Strabon mal à propos pris au pied de la lettre, que ces deux Érétries étaient situées à une assez grande distance l'une de l'autre, et la nouvelle au nord-ouest de l'ancienne. Il n'en est rien ; les deux Érétries se sont également placées l'une et l'autre sous la protection de cette acropole qu'on voit encore aujourd'hui, qui existait avant l'invasion des Perses, et qui a, en partie au moins, survécu à leur destruction ; seulement la ville ancienne s'étendait au pied et à l'est, et la ville nouvelle s'est élevée à côté, à l'ouest et au sud. On pouvait ainsi voir, comme dit Strabon, auprès de la seconde Érétrie les fondations de la première. La place occupée par les débris antiques est assez étendue pour justifier cette assertion.

Bien certainement Érétrie renferma autrefois de nombreux monuments ; son importance parmi les villes secondaires de la Grèce ne permet pas d'en douter. Mais ni les témoignages des anciens, ni jusqu'ici ceux des ruines n'en ont gardé aucun souvenir. Cette mosaïque trouvée en construisant une maison prouve seulement que les Romains avaient aimé cette position d'Érétrie, au bord de la mer et en vue des côtes douces et verdoyantes de l'Attique. Sans aucun doute, des fouilles amèneraient d'autres découvertes du même genre.

AMARYNTHE. — Amarynthe était un bourg situé à sept stades des murailles d'Érétrie. La principale déesse de l'Eubée y recevait les plus grands honneurs. Dans la fête qui se célébrait à l'époque de la plus grande prospérité d'Érétrie figuraient en procession trois mille hoplites, six cents cavaliers et soixante chars. Pendant la guerre de Macédoine, on voit les Carystiens prendre part annuellement à cette solennité. C'est dans le temple que se conservaient les actes les plus importants, comme celui qui fixait les conditions du combat dans la guerre de Lélante. Le culte de Diane-Amarysia se célébrait également avec beaucoup de pompe en Attique.

Cérès était honorée à Érétrie ; Plutarque nous transmet une circonstance particulière de son culte et une tradition curieuse. Les femmes érétriennes faisaient cuire les viandes au soleil, et non pas au feu, et n'adressaient pas à la déesse l'invocation d'usage sous le nom de Calligénie, peut-être en souvenir de ce qu'en ce lieu, au moment où les captives emmenées de Troie par Agamemnon célébraient les Thesmophories, le vent favorable s'était élevé et les avait obligées de laisser, pour partir, le sacrifice inachevé.

HISTOIRE D'ÉRÉTRIE. — La Grèce est le seul pays où des villes aient pu, s'élevant à côté les unes des autres, conserver une existence, un développement et une prospérité à part. Nulle part ce fait n'est plus frappant qu'à Érétrie, située à cinq lieues de Chalcis. Quoique le mouvement général de la politique en Grèce ait plus d'une fois lié son sort à celui de la ville principale de l'île, pendant de nombreux siècles, jusqu'à la domination romaine, elle forma un État séparé, et, sous le régime de la tyrannie comme sous celui de la république, elle resta indépendante de sa voisine.

On sait déjà comment elle fut peuplée. Surtout ionienne d'origine, elle emprunta son dernier nom au dème attique des Érétriens, plutôt sans doute qu'à Érétrius, fils du Titan Phaéton. Auparavant elle avait porté celui de *Mélanéis* et celui d'*Arotria*, qui faisait sans doute allusion à une richesse de territoire dont les landes actuelles ne donnent guère l'idée.

La colonie d'Éléens qu'elle avait reçue à une époque incertaine avait été assez considérable pour y laisser une habitude de prononciation que raillaient les poëtes comiques d'Athènes, et que Platon remarquait. Elle consistait à multiplier hors de l'usage la lettre R au milieu et à la fin des mots.

La guerre de Lélante est un témoignage de l'importance qu'avait acquise Érétrie dès le début des temps historiques. Ses nombreuses colonies dans le nord et sa domination sur plusieurs îles, entre autres sur celles d'Andros, de Ténos et de Céos, en sont une nouvelle preuve. Sa constitution, aristocratique de la même manière et à la même époque que celle de Chalcis, fut, comme dans cette ville, changée par des révolutions. A une date inconnue, Diagoras, offensé par un des chevaliers à l'occasion d'un mariage, renverse leur oligarchie. Néanmoins, un fait démontre qu'Érétrie fut primitivement moins éprouvée que sa rivale par les agitations politiques; c'est qu'elle garda pendant quinze ans l'empire de la mer, et ne le transmit à Égine que dix ans avant l'invasion des Perses.

De même que Chalcis, vers cette époque, elle est l'alliée de Thèbes contre Athènes. C'est dans ses murs que Pisistrate, chassé par Mégaclès, trouve asile et prépare son retour.

Sa puissance sur mer devait être pour elle une cause de ruine, en lui permettant d'aller provoquer les Perses en Asie Mineure. Par reconnaissance pour les Milésiens, ses anciens alliés dans la guerre de Lélante, elle joignit cinq galères aux vingt que les Athéniens envoyèrent au secours de Milet. De là vint le ressentiment de Darius contre les Érétriens. C'est contre eux que sont officiellement dirigées la première expédition que fit échouer une tempête près du mont Athos, et, trois ans après, la seconde. Celle-ci devait réussir aux moins contre Érétrie. Mais déjà les dissensions civiles et la trahison devaient être de moitié dans le succès des Perses. A l'approche des ennemis, parmi les citoyens, les uns parlaient de se réfugier dans les montagnes, les autres songeaient d'avance à livrer la ville. Cependant le parti des bons citoyens semble l'emporter ; les Érétriens restent renfermés dans leurs murailles, et se défendent six jours avec énergie. Le septième, deux traîtres, Euphorbe et Philagros, ouvrent les portes aux assiégeants; triste manifestation des causes honteuses qui devaient empêcher Érétrie de reprendre jamais un rang parmi les peuples de la Grèce, 490 av. J. C.

La vengeance des Perses fut complète; la ville fut pillée et brûlée avec ses temples, en souvenir de l'incendie des Sardes, et les habitants emmenés en esclavage. Darius avait dit qu'il voulait voir de ses yeux les Érétriens prisonniers: Datis et Artapherne, à leur retour en Asie, les lui amenèrent à Suze. Le roi de Perse se contenta cependant de leur assigner pour séjour un de ses domaines appelé Ardéricca, dans le pays de Cissia, à deux cent dix stades de Suze. Ils y vécurent et y restèrent Grecs pendant plusieurs siècles. Cent soixante ans plus tard, Alexandre y trouvait leurs descendants encore fidèles aux institutions et à la langue de leur patrie. Cependant une partie des habitants d'Érétrie avaient échappé à la déportation. Ils revinrent, rebâtirent leur cité, combattirent avec ardeur contre les Perses, et pendant l'invasion de Xerxès, alors que Chalcis n'avait plus de marine, Érétrie s'était assez relevée pour se faire représenter par sept vaisseaux à Artémisium et à Salamine. Elle envoyait à Platée, avec le concours de Styra, six cents combattants.

Érétrie avait assez souffert pendant les guerres médiques pour avoir sa part de cette liberté si péniblement défendue contre les barbares. Aussi subit-elle à regret la domination d'Athènes; et quand la défection devint possible, c'est elle qui en donna le signal. Avant même que la révolte ne fût déclarée, elle aida les Béotiens à prendre Oropos; et elle hâta par ses instances l'arrivée de la flotte péloponnésienne, dont la victoire combla ses vœux. Les Athéniens n'avaient pu réunir que trente-six vaisseaux contre les quarante-deux navires péloponnésiens. Les ruses des Érétriens contribuèrent puissamment à assurer la victoire à leurs ennemis. Les Athéniens furent complétement défaits dans la bataille navale qui se livra entre Érétrie et Oropos; tous ceux d'entre eux qui se réfugièrent à Érétrie, comme dans une ville amie, furent massacrés, et vingt-deux de leurs vaisseaux furent pris (411).

On a vu comment Érétrie s'était réservé son triste rôle pendant cette période d'intrigues et de calamités, qui aboutit à la domination macédonienne. Désormais, associée au destin général de toute l'île, elle changea de maîtres avec elle. Pendant la guerre des Romains contre Philippe, comme tous les points fortifiés de l'Eubée, elle reçut une garnison macédonienne, et fut prise en 198 par les Romains. Trois flottes l'assiégeaient à la fois, une romaine, une autre rhodienne, et la troisième amenée par le roi Attale. L'attaque fut poussée avec la plus grande vigueur, et la défense fut d'abord très-énergique, grâce à la présence des soldats macédoniens, qui faisaient aussi peu aux assiégés que les Romains. Mais les Érétriens commencèrent à céder, quand ils apprirent qu'ils n'avaient plus de secours à attendre de Philoclès, le commandant placé par Philippe à Chalcis. Ils envoyèrent des orateurs à Attale, pour implorer son pardon et son alliance; en même temps ils se relâchèrent de leur vigilance habituelle. Le général romain, L. Quintius, frère du consul Flamininus, en profita pour prendre Érétrie d'assaut et pour la piller. Mais le pillage produisit peu d'or et d'argent; la malheureuse ville n'en était pas à sa première ruine. Une garnison romaine succéda à la garnison de Philippe, puis fut renvoyée trois ans plus tard, lorsque, par l'influence de Flamininus, il eut été décidé qu'Érétrie jouirait, elle aussi, de la liberté solennellement rendue à la Grèce. Il avait été question de faire cadeau de cette ville, ainsi que d'Oréos, à Eumène, fils d'Attale.

On voit qu'après la conquête définitive de Rome elle avait été donnée aux Athéniens; car Auguste l'enleva à ce peuple, pour le punir de ce qu'il avait suivi le parti d'Antoine.

A cette époque Érétrie était complétement déchue de son ancienne importance, même relativement au reste de l'île, et était loin de disputer à Chalcis le premier rang. Déjà, deux siècles auparavant, lorsque les Romains la prirent, ne se doutant pas de sa prospérité passée, ils étaient étonnés de trouver dans une ville aussi petite et aussi faible autant de tableaux, de statues et autres œuvres d'arts. Nous avons vu en effet que si la proximité d'Athènes avait été funeste à l'indépendance des Érétriens, ils avaient dû à son influence un certain amour des arts et même quelques noms célèbres dans l'antiquité. De leurs richesses artistiques ou littéraires, nous ne possédons aucun reste; en somme, c'est un peuple que nous ne connaissons pas.

TERRITOIRE ET DÉPENDANCES D'ÉRÉTRIE. — La plaine d'Érétrie s'étend environ pendant deux heures le long de la mer; au bout de ce temps, elle rencontre la fin de la chaîne du Delphi, qui la borne à l'est; à l'ouest, derrière la ville, une ramification de la même chaîne, l'*Olymbos*, descend de même jusqu'au rivage, et ainsi se trouve enfermé dans un triangle irrégulier le territoire immédiat de l'ancienne cité. A proprement parler, il n'y a pas de plaine; des mouvements de terrain assez doux montent irrégulièrement depuis le bord de la mer jusqu'aux montagnes. Ce ne sont en grande partie que des landes, occupées par quelques villages, dont le plus important et le plus oriental est *Vathya*, situé à peu de distance du rivage, mais déjà sur la hauteur.

PORTHMOS. — C'est dans cet espace qu'il faut chercher la position de Porthmos, place fortifiée, dont il est souvent question dans Démosthène. Philippe en chassa les Érétriens et en détruisit les murs. Son nom paraît indiquer qu'elle était au bord de la mer, et son importance pour la liberté des Érétriens ne permet pas de croire qu'elle ait été éloignée de leur ville. Deux positions satisfont à cette double condition : une petite éminence, surmontée d'un reste de tour ronde, à moitié chemin environ entre Érétrie et *Vathya*, et, au-dessous de ce dernier point, une colline plus considérable, où l'on voit maintenant quatre ou cinq chapelles ruinées. Cette colline ne porte aucune trace de murs ni de fortifications; mais on y trouve de nombreux fragments de marbres antiques, et même quelques sculptures, romaines il est vrai, enclavées dans les murs des chapelles, et plusieurs pierres helléniques, éparses au pied, à peu de distance. Ce dernier emplacement semble plus probable, comme ayant plus de valeur au point de vue militaire : il pouvait défendre une entrée de la plaine, de même que l'acropole d'Érétrie défendait l'autre.

De cette colline on se rend, à l'est, dans la plaine d'*Alivéri*, par un de ces chemins dont le nom grec, *Kakiskala*, dit la nature. Pressé entre la mer et une montagne escarpée, c'est pendant plus de deux lieues une alternative de montées et de descentes rapides sur les rochers, tantôt au niveau de l'eau, tantôt beaucoup au-dessus. D'anciens blocs de pierre soutiennent le rivage, à l'entrée. C'était évidemment une route antique. *Alivéri* est un gros village, qui, d'une hauteur où il est placé, domine une plaine riche, mais en partie marécageuse. A l'ouest sort de la montagne un torrent, qui arrose, au bas du village, des vignes et des jardins. Si on le suit, en descendant vers la mer, on trouve bientôt, sur sa rive droite, dans une partie à peu près inculte, des ruines de tours carrées, d'une construction ancienne, qui marquent une ligne d'enceinte au pied d'une montagne rocheuse, et en apparence inhabitable.

TAMYNES. — L'emplacement antique indiqué par ces ruines est probablement celui de Tamynes, ville dépendant d'Érétrie, qui donna son nom à un champ de bataille mentionné dans l'expédition dirigée par Phocion au secours de Plutarque. A Tamynes était un temple d'Apollon suivant Strabon, et suivant Étienne de Byzance un temple de Jupiter. Les sommets voisins, ceux par conséquent qui séparent la plaine d'Alivéri de celle d'Érétrie, formaient le mont Cotylé, consacré à Diane. C'est peut-être à cette divinité qu'était élevé un petit temple qu'on voit sur la crête de la montagne, au-dessus du village actuel de Parthéni. Les premières assises de la cella sont conservées.

Dans le voisinage de Tamynes, et probablement du côté d'Érétrie, étaient Chœrées et Ægilia, points du territoire érétrien que virent aborder les Perses.

D'Alivéri dépend un petit port; à peu de distance, au sud, s'élève un fort vénitien, sur l'un des premiers et des plus bas sommets des montagnes, qui rejoignent la mer à cet endroit pour ne plus la quitter avant la plaine de *Stoura*.

Si l'on trace par la pensée une ligne d'*Alivéri* au cap *Ochthonia*, vers le nord-est, entre cette ligne et le versant oriental du Delphi, sera comprise la région la plus peuplée de toute l'île. Au-dessus d'Alivéri même, jusqu'à la petite chaîne qui joint le Delphi aux montagnes de Dystos, les mouvements doux et variés du sol, de beaux chênes verts et de nombreux villages heureusement situés dans la verdure des arbres, composent un fort joli pays. L'intérieur des montagnes, qui depuis Chalcis paraissaient âpres et desséchées du côté de la mer, reproduit dans de frais ravins toutes les richesses de la végétation grecque.

En redescendant vers l'est, du côté de la mer Égée, on tombe au pied du mont Ochthonia, dans une longue vallée cultivée en partie.

Cette montagne domine plusieurs villages, dont le plus considérable est *Avlonari*. Ses maisons vont rejoindre, par des jardins, les grands platanes qui ombragent le lit, presque toujours desséché, d'un fleuve, tributaire fort avare de la baie de *Koumi*. Près des jardins est une église de Saint-Dimitri, célèbre dans le pays, ainsi qu'une autre, consacrée à saint Jean, qui est séparée de la première par une colline. Toutes deux sont de construction byzantine, comme un grand nombre d'autres en Grèce; mais une tradition particulière les recommande à l'admiration des habitants : elles seraient le résultat d'une lutte de talent entre deux grands artistes dont l'un était l'élève de l'autre; et le maître, vaincu, serait mort de dépit. Une hauteur voisine est couverte de morceaux de briques, traces communes aux ruines modernes et aussi aux ruines anciennes. Peut-être appartenaient-elles à un village récemment détruit, peut-être sont-ce les derniers débris de l'antique OEchalie, la ville fondée sur le territoire d'Érétrie par le héros Eurytus. Il est certain que toute cette vallée a dû nourrir, dans l'antiquité, des habitants ; mais le silence complet des auteurs anciens au sujet d'une grande partie de l'Eubée nous réduit aux conjectures les plus vagues.

Une autre vallée aboutit également à la baie de *Koumi;* mais celle-ci lui apporte le tribut constant d'un courant véritable. C'est peut-être l'un des deux fleuves nommés par Strabon comme les principaux de l'île, dont l'un avait la propriété de rendre blanches les brebis qui s'y abreuvaient; l'autre, celle de les rendre noires. L'embouchure de ce fleuve est voisine d'une petite montagne, *l'Oxylithos*, terminé par un sommet très-aigu, comme l'exprime son nom, sur la pente et au pied de laquelle restent quelques pierres de l'époque hellénique. Il prend sa source dans le Delphi, descend vers le sud-est, puis, faisant un grand détour, remonte un peu vers le nord pour se jeter dans la mer.

L'antiquité n'a laissé aucun souvenir dans la vallée qu'il arrose, non plus que sur les hauteurs voisines; mais nulle part les monuments de la domination franque ne se multiplient d'une manière plus remarquable. Déjà les défilés et les montagnes derrière Chalcis, *Ghymno*, dans la plaine d'Érétrie, le port *d'Alivéri*, *Bélousia*, à l'entrée des montagnes de Dystos, *Avlonari*, et de nombreux points dans tout le centre de l'île, montrent encore les demeures fortifiées des seigneurs du moyen âge. Mais ici, sur chacune des rives très-habitées du fleuve, chaque village est dominé par sa tour, et il n'y a guère d'éminence ni de vallée voisine où de pareilles ruines ne s'élèvent.

Indépendamment de l'effet qu'elles produisent, toute cette partie a par elle-même un curieux aspect. C'est une succession de collines formées de terrains blanchâtres sur lesquelles croissent des vignes innombrables. C'est la richesse du pays : il fournit en quantité un mauvais vin, qui n'en est pas moins l'objet d'un commerce considérable, particulièrement avec l'Anatolie et avec la mer Noire : aussi les villages y abondent-ils ; *Kastrovola*, *Konistrœs*, les plus importants, semblent même avoir dépassé cette ligne imperceptible aux yeux d'un étranger qui sépare en Grèce une ville d'un village, et avoir acquis des droits au premier titre. Mais la ville incontestée de tout ce côté de l'île, c'est *Koumi*, dont la situation est la plus remarquable.

KOUMI. — Le Delphi, après avoir étendu vers l'orient sa pointe la plus avancée et formé ainsi le cap de *Koumi*, arrête le développement de ses sommets abruptes et de ses ravins impraticables, qu'il a longtemps prolongés vers le nord, et descend, par des plans de plus en plus doux, jusqu'à la vallée d'Avlonari. Ainsi est produite, depuis le cap de Koumi jusqu'au cap Ochthonia, cette suite de hauteurs et de collines qui s'abaissent successivement, et qui, dans leurs vallées ou sur leurs pentes, offrent des points nombreux à l'habitation. Précisément à l'endroit où ce changement s'opère dans la nature du pays, au sortir de montagnes inaccessibles, et à l'entrée de la partie habitable, s'élève la ville de *Koumi*, qui jouit de l'avantage, unique sur toute cette côte, d'un port sinon excellent, du moins capable de servir d'abri. Par là elle est maîtresse du commerce de tout le pays environnant. Elle n'est pas bâtie au bord de la mer, mais elle domine le rivage du haut d'un plateau qu'entoure presque complétement un cercle de montagnes, et où l'on ne pénètre que par des défilés étroits, entre des murailles de rochers. Cette petite ville, irrégulièrement bâtie, est entourée de cultures et de jardins, et a vue sur la mer et sur l'île de Scyros. Plusieurs villages, qui occupent alentour les ravins de la pente des montagnes, sont considérés comme ses dépendances, ses *makhalas*, nom turc qu'ils ont conservé. Cet ensemble représente une population d'environ quatre mille habitants. Leur principale industrie, comme celle de leurs voisins, est l'exploitation de la vigne. Ils fournissent aussi un certain nombre de marins. Quelques maisons, auxquelles on descend par les détours d'un chemin rapide, forment le port.

Sur la côte septentrionale du cap de Koumi, et au-dessus du monastère du Saint-Sauveur (Ἅγιος Σωτήρ), un rocher est occupé par une forteresse vénitienne. A peu de distance on trouve du minerai de fer, témoignage d'un des produits antiques de l'île. Mais Koumi possède particulièrement une richesse géologique inconnue ou négligée des anciens, sur laquelle le gouvernement grec avait fondé des espérances ; il l'avait même jugée digne d'une exploitation organisée sous sa direction, qui fonctionne encore à demi : ce sont des mines de lignites d'une très-grande étendue (1). Leurs couches sont recouvertes d'un calcaire argileux dont les plaques, en se séparant, montrent des pétrifications de poissons et de plantes.

LE DELPHI. — De Koumi l'on revient à Chalcis par une route presque constamment admirable, en traversant, à un point très-élevé, la crête du Delphi. On y retrouve tous les jolis détails que présentent les montagnes de Grèce quand elles sont boisées ; trop de places, malheureusement, sont brûlées et dépouillées par les bergers pour nourrir leurs troupeaux. La vue embrasse, entre les deux mers de l'Eubée, toutes les montagnes du midi de l'île ; leurs divers plans se superposent jusqu'au double sommet de l'Ocha, qui les domine toutes, et borne l'horizon avec sa ligne dentelée.

La masse du Delphi, en s'étendant vers le nord, couvre la partie la moins accessible et la moins peuplée de toute l'île. Près du sommet le plus élevé après le pic principal, est le monastère de *Stropanœs* ; de rares villages se cachent dans les ravins. Ces lieux n'ont jamais existé pour l'histoire. Mais l'on est étonné que l'ensemble de la montagne et le grand effet que produit la vue des rivages privilégiés de l'Attique et de la Béotie n'aient pas plus vivement touché les anciens. Ils lui ont même refusé son titre incontestable de plus haute montagne de l'île ; et, loin de nous léguer sur elle aucune de ces poétiques légendes qu'elle semblait faite pour inspirer, c'est à peine s'ils nous ont transmis l'antique nom de *Dirphys* ou de *Dirphé*.

DEUXIÈME PARTIE.

NORD DE L'EUBÉE.

ASPECT DU PAYS. — Il faut faire commencer le nord de l'Eubée à partir de l'endroit où le Kandili, fermant une grande plaine qui dépend encore de Chalcis, va joindre le canal et lui faire un rivage escarpé. Là est la limite d'un nouveau pays. Au-dessous, l'île renferme sans doute beaucoup de points verts et boisés, principalement dans l'intérieur de l'Ocha ; mais l'aspect général est celui de la sécheresse. Au-dessus, au contraire, s'étend une région de forêts qui couvrent de leur puissante végétation les pentes des montagnes et enferment dans des cercles de verdure de belles vallées. Toute cette partie est un magnifique ensemble qui réunit les beautés habituelles de la Grèce du centre et du sud et les richesses plus vi-

---

(1) Voir les extraits d'un rapport adressé en 1846 à M. Piscatory, ministre plénipotentiaire de France, sur les lignites de Koumi, insérés dans l'ouvrage intitulé *Étude économique de la Grèce*, par Casimir Leconte, p. 429.

goureuses de certaines provinces septentrionales, de la Doride, par exemple, et du nord de la Thessalie. Dans les vallées domine l'arbre des fleuves grecs, le platane; mais il y atteint d'immenses proportions, et se presse le long des rives, au-dessus desquelles il penche ses branches énormes. Sur les montagnes s'élèvent surtout des forêts de pins séculaires, dont la vieillesse ou le vent a étendu de temps en temps les grands corps sur le sol. Ce ne sont malheureusement pas les seules causes de mort pour ces beaux arbres : il faut encore y ajouter les ravages faits par l'exploitation des bois de construction et ceux du feu mis par la malveillance. Plusieurs endroits conserveront toujours les traces d'une vengeance barbare exercée, il y a peu d'années, en représailles de l'application d'un code forestier peut-être trop sévère pour le pays. Cependant le nord de l'Eubée garde de quoi défier encore longtemps une industrie imprévoyante, sinon les efforts irrésistibles des incendiaires.

Outre les pins, les sommets se couronnent aussi de grands chênes, surtout vers le nord-ouest. Qu'on se figure tous ces bois garnissant les formes diverses des montagnes, plus abruptes vers l'ouest, plus douces du côté opposé; qu'on y mêle les cimes plus humbles des chênes verts et des arbousiers, et toutes les richesses de la basse végétation de la Grèce; qu'on y joigne les effets de grands rochers aux couleurs éclatantes, aux ombres transparentes et mystérieuses; autour de tous ces beaux détails, qu'on se représente les magnifiques horizons formés soit dans l'île même, par les hauts sommets du Delphi et du Kandili, sur lesquels se détache la sombre verdure des sapins, soit par les poétiques montagnes du continent voisin, le Parnasse, le Pélion, l'Olympe, soit enfin par la mer, qui sépare l'Eubée des rivages étrangers, ou se perd au loin avec le ciel ; surtout qu'on répande sur tous ces ensembles la lumière de la Grèce, tour à tour si resplendissante et si douce, et l'on concevra l'infinie variété des grandes scènes et des tableaux gracieux que compose avec ces éléments la puissante imagination de la nature.

Avec ces beautés sauvages, l'Eubée septentrionale présente dans plusieurs parties, surtout près du canal de *Trikéri*, les productions d'un sol remarquablement fertile, les cultures les plus variées, de belles plantations d'oliviers qui s'élèvent particulièrement derrière *Roviœs*, vers le nord de la côte occidentale. Aussi les propriétaires, grecs ou étrangers, y sont-ils nombreux ; et les biens des derniers possesseurs turcs, à mesure qu'ils sont abandonnés, passent vite, ou tout entiers entre les mains des acquéreurs assez riches, ou morcelés entre celles des paysans.

Oréos; Histiée. — Le territoire immédiat de la principale ville du nord de l'Eubée est une belle plaine que les montagnes forment en s'éloignant du rivage de la mer de *Trikéri*. En face est la pointe de l'antique Phthiotide et l'entrée du golfe de *Volo;* mais il s'élève quelques difficultés sur la position de la ville antique. D'abord, quelle était cette ville? Les anciens auteurs, auxquels il faut recourir, la nomment tantôt *Histiée*, tantôt Oréos, en nous assurant que le second nom a succédé au premier. D'un autre côté, à une certaine époque ils paraissent distinguer deux villes, et au même moment ils désignent les habitants d'Oréos sous le nom d'Histiéens. Comment résoudre ces difficultés? Y a-t-il eu deux villes, n'y en a-t-il eu qu'une seule ? S'il y en a eu deux, quelle était la position de chacune d'elles?

Ces difficultés sont plutôt apparentes que réelles. L'examen attentif des auteurs anciens nous prouve qu'Histiée et Oréos sont deux villes distinctes. L'exploration des localités confirme cette conclusion, en nous montrant qu'il y a sur ce rivage les emplacements de deux cités.

L'emplacement le plus naturel et le plus apparent, celui qui est près du village actuel d'*Oréos*, fut celui où s'établirent les premiers maîtres de toute cette partie de l'Eubée : c'est l'acropole d'Histiée, la ville homérique aux raisins abondants, πολυστάφυλος; autour, dans la plaine, croissaient comme aujourd'hui les vignes qui lui ont valu cette épithète. Elle a donné primitivement, et jusqu'à une date assez avancée, son nom à tout le nord de l'île, qui s'est appelé Histiéotide.

Oréos était dans la montagne, circonstance d'où lui est venu son nom (ὄρος, montagne), et au bord de la mer ; conditions remplies par la position d'une hauteur fortifiée, située à l'ouest de la plaine précédente, et qui dépend des dernières ramifications du Kandili, c'est-à-dire du groupe des montagnes du cap *Lithada*, l'antique Cenæum.

Oréos n'était au commencement qu'un dème, une dépendance d'Histiée, et le nom d'*Oria* ne s'appliquait qu'à son territoire particulier. Une ville d'Ellopie, fondée d'après la tradition par Ellops, fils d'Ion, dans l'Oria, était donc voisine d'Oréos. Peut-être même était-ce la même ville ; du moins les Ellopiens et les Orites semblent-ils plusieurs fois confondus, et il paraît probable que le nom d'Ellopie désignait toute cette partie montagneuse qui forme au nord l'extrémité occidentale de l'Eubée.

Cette distinction d'Oréos et d'Histiée subsiste longtemps, et est fidèlement observée par les historiens. C'est à Oréos que Périclès envoie deux mille Athéniens, après avoir ruiné Histiée et dépossédé les Histiéens exilés. Oréos, ville athénienne, reste fidèle à Athènes pendant la guerre du Péloponnèse ; si les colons qui l'habitent sont désignés par le nom d'Histiéens, c'est que l'ancienne dénomination donnée par la ville principale prévaut encore et est commune à tous les habitants de la province, quelle que soit leur ville particulière. Quand il s'agit, au contraire, de la haine conservée par les Histiéens contre Athènes, depuis le traitement que leur a fait subir Périclès, c'est Histiée elle-même que nomme Diodore. Jusqu'au temps de la guerre de Thèbes et de Sparte, la distinction d'Oréos et d'Histiée est toujours nettement marquée dans les auteurs anciens.

Mais à partir de cette époque s'accomplissent les événements qui produisent la réunion de ces deux cités, et la substitution du nom d'Oréos à celui d'Histiée. Préparée par la tyrannie de Néogène, cette réunion fut achevée par celle de Philistide, quelque temps après la bataille de Leuctres. Dès lors disparaissent les noms d'Histiéens, d'Ellopiens, souvent usités dans les géographes et les historiens ; celui des Orites seul subsiste, et désigne à son tour les habitants de tout le pays. Les Orites de Démosthène occupent le quart de l'Eubée ; et pour lui il n'y a que la ville d'Oréos. Elle seule désormais existe dans l'histoire.

Ainsi, l'acropole voisine du village actuel d'Oréos a été successivement celle d'Histiée, puis, à partir de la domination macédonienne, dont la tyrannie de Philistide est le commencement, celle d'Oréos. C'est elle qui fut assiégée et prise d'abord par Sulpicius et Attale, puis par Apustius et le même roi, pendant la guerre contre Philippe. Tite-Live, à propos de ces siéges, nous donne des détails sur la topographie de la ville antique. Il dit que l'acropole était double ; que ses deux parties étaient séparées par une vallée jusqu'où s'étendait la ville, et qu'entourait un mur fortifié ; que les murailles de l'une d'elles, qu'il désigne sous le nom de citadelle maritime, *arx maritima*, dominaient le port et communiquaient avec le rivage par un chemin souterrain, *cuniculus*, que défendait une tour à cinq étages ; enfin que l'autre citadelle s'élevait au milieu de la ville, *urbis media*.

Les lieux s'accordent-ils avec ces indications ?

La citadelle maritime occupait la hauteur détachée où sont les fortifications modernes ; car entre cette hauteur et la mer le terrain est uniformément plat ; l'autre devait occuper la colline sur la pente de laquelle est le village actuel ; et l'intervalle de ces deux points formait la vallée défendue par le mur de la ville. Mais il y a une difficulté, c'est que la distance qui sépare de la mer l'acropole la plus voisine, un quart de lieue au moins, est bien grande pour permettre de dire que ses murs dominaient le port. Peut-être une observation la résoudra-t-elle. Cette partie intermédiaire entre la mer et l'acropole est marécageuse, et toute la plaine voisine est un sol d'alluvion : il est donc certain que la mer s'est avancée autrefois beaucoup plus loin dans les terres. En Grèce, il y a plus d'un exemple du rapide accroissement des rivages sous l'influence de cette cause.

Sur le continent voisin, le plus frappant est fourni par la vallée du Sperchius, où une plaine marécageuse d'une lieue de long, en se formant auprès du défilé des Thermopyles, l'a fait disparaître.

HISTOIRE D'HISTIÉE ET D'ORÉOS. — Selon la mythologie, la première de ces villes fut fondée par l'héroïne Histiée, fille du Béotien Hyriéus et sœur d'Oréos. A une époque incertaine, Histiée fut ruinée et occupée par les Perrhèbes, et ses habitants, transportés en Thessalie, y peuplèrent l'Histiéotide, qu'ils nommèrent. Lors des grands mouvements de la race ionienne, Ellops, fils d'Ion, vint fonder Ellopie près d'Oréos, et régna sur tout le pays. Histiée reçut encore d'autres colonies ioniennes, peut-être une du dème attique des Histiéens, à laquelle elle a pu devoir son nom. Elle-même envoya dans l'île de Chio Amphiclus, à la tête d'une colonie. Un descendant d'Amphiclus, Hector, roi de l'île, en chassa des Abantes, venus aussi autrefois d'Eubée, et y établit ainsi la domination de la race ionienne.

Histiée envoya son contingent au siége de Troie. Il n'est plus question d'elle avant les guerres médiques. Son territoire fut le premier envahi par la flotte de Xerxès et vit les premiers efforts des Grecs pour résister à leur formidable ennemi. Par la nécessité de leur position, les Histiéens devaient être sacrifiés. Sans doute ils donnèrent la plus forte part de ces trente talents qui décidèrent les Grecs à ne pas abandonner leur position près d'Artémisium.

Quand, après de glorieux efforts, la retraite de la flotte fut décidée, sûrs du traitement qui les attendait de la part des barbares, ils en eurent comme le prélude en voyant leurs troupeaux égorgés par les Grecs, à qui Thémistocle avait conseillé de ne pas laisser cette proie aux ennemis. Ainsi furent punis les Eubéens d'avoir négligé cet oracle de Bacis : « Songe, lorsqu'un barbare « imposera à la mer un joug de papy« rus, à éloigner de l'Eubée les chèvres « bêlantes. »

Pour toutes les périodes suivantes, l'histoire d'Histiée et d'Oréos nous est déjà presque entièrement connue. Elle est nécessairement écrite dans celles de Chalcis et d'Érétrie, aux époques où des influences étrangères pèsent puissamment sur toute l'île. Les points qui s'y rattachent spécialement ont trouvé leur place naturelle dans les récits précédents, ou viennent d'être indiqués dans la discussion des textes qui concernent les emplacements antiques.

Comme les deux villes principales du centre, Oréos et Histiée furent déchirées par des troubles et agitées par des révolutions. Aristote nous apprend que dans la première l'oligarchie fut détruite par un certain Héracléodore, démocrate imprudemment élevé à la dignité d'archonte ; et que dans la seconde, après les guerres médiques, la querelle de deux frères au sujet d'un héritage suffit pour entraîner tout le peuple à leur suite dans deux factions, celle des riches et celle des pauvres, partagés d'après la fortune de chaque frère.

Soumise aux Athéniens à l'époque du développement de leur puissance, on sait comment Histiée fut punie de sa révolte par Périclès. Elle s'était attiré ces rigueurs en tuant tous les hommes d'un vaisseau athénien qu'elle avait pris. C'est à ce moment qu'Oréos obtient pour la première fois de l'importance, grâce à cette colonie de mille Athéniens suivant Thucydide, de deux mille suivant Théopompe, qui succédèrent dans la possession du territoire aux Histiéens chassés. De là s'établissent entre cette ville et les Athéniens des rapports plus étroits ; pendant la guerre du Péloponnèse, elle est leur alliée, et non pas leur sujette.

Sous la domination lacédémonienne il ne semble pas que son importance, au moins relative, ait beaucoup décru, puisqu'à l'époque de la fusion des deux populations c'est le nom d'Oréos qui prévaut dans la ville et dans toute l'Eubée septentrionale. Mais en réalité, au moment où l'influence macédonienne s'inaugurait par la tyrannie de Philistide, la situation du pays était des plus misérables. Déchiré longtemps par les dissensions des citoyens, il s'était vu successivement ravagé par les Athéniens qu'y avait conduits Chabrias au commencement de la période béotienne (378), et par les troupes de Philippe avant la trahison de Philistide.

Au commencement de la première

guerre des Romains contre la Macédoine, les Orites souffrirent du brigandage des Étoliens. Deux fois assiégés par les Romains, leurs portes furent ouvertes aux ennemis par trahison dans le premier siége; après le second siége, pendant lequel ils s'étaient énergiquement défendus, tombés sous la domination romaine, ils virent leur ville détruite de fond en comble par Atilius. Plus tard, Oréos est complétement oubliée par l'histoire de l'antiquité.

A l'époque de Pausanias, l'ancien nom d'Histiée était encore quelquefois employé. C'est le seul qui ait jamais paru sur les monnaies; cette circonstance suffisait pour l'empêcher de périr.

VILLES ET POSITIONS ANTIQUES DE L'HISTIÉOTIDE ET DU NORD DE L'EUBÉE. — La ville moderne du nord de l'Eubée est Xérochori; après Chalcis et Koumi, c'est la plus considérable de l'île. Siége d'éparchie, elle ne comprend que deux dèmes, ceux des *Histiéens* et des *Edepsiens*, qui ne forment guère qu'une population de huit mille habitants. Aussi, sur plusieurs points, son administration est-elle rattachée à celle de Chalcis. Proportionnellement, c'est la partie la plus riche de l'Eubée et celle dont l'État tire les plus gros revenus; ils sont surtout produits par les céréales. Les Histiéens actuels labourent leurs fertiles plaines avec des buffles empruntés à la Thessalie. Elles sont arrosées par un large torrent, le plus considérable de toute cette partie, qui passe près de la ville moderne.

ARTEMISIUM. — A partir de ce torrent, les montagnes recommencent, mais douces et basses. Dans leurs gracieuses vallées, non plus que sur les jolis rivages qu'elles forment en descendant au bord de la mer, aucune position antique ne nous est indiquée jusqu'au cap *Pondiki*, l'ancien Artemisium, situé à l'extrémité orientale. Sur ce cap était un temple de Diane Proseoa. Mais il doit sa célébrité aux premières luttes navales que les Grecs osèrent soutenir contre la flotte des Perses. Il fut témoin de toutes les péripéties de ce drame, si vivement dépeint par Hérodote; il assista aux alternatives d'épouvante, d'espérance, de découragement des Grecs; il les vit enfin aller attaquer un ennemi qui les méprisait, et suppléer si énergiquement par leur courage à l'infériorité du nombre, qu'en apprenant leur retraite, les barbares doutaient de la nouvelle et qu'ils pouvaient à peine en croire leurs yeux quand ils vinrent la vérifier à Artemisium. On chercherait vainement aujourd'hui sur les rochers et près des sources de ce glorieux rivage cet appel pathétique que Thémistocle, avant de partir, y avait adressé au nom des Grecs à leurs frères d'Ionie, dans le double but de les émouvoir et de les rendre suspects à Xerxès. Les pierres du temple de Diane ont de même disparu.

De l'antique Artemisium au petit port *Péléki*, sur une étendue d'une dizaine de lieues, on avance au milieu d'un magnifique pays : du haut des montagnes se succèdent des vues sur la Thessalie, sur les plans de l'Othrys, sur le Pélion avec ses villages grecs, sur l'Olympe qui confond avec les dernières lignes du ciel la couronne blanche de ses sommets, Sciathos et les îles du nord de la Grèce, et enfin sur la vaste étendue de la mer; c'est un superbe horizon qui se déroule peu à peu, depuis l'OEta jusqu'aux grandes montagnes de l'Eubée elle-même. De distance en distance, des villages occupent des plateaux sur les hauteurs, les creux ombragés des vallons : le principal est *Hagia-Anna*. A peu de distance, au sud-est, est le port *Péléki*.

CÉRINTHE. — Près de l'embouchure et sur la rive droite d'un fleuve s'avance, pressé entre la mer et une petite plaine, un rocher allongé et de médiocre étendue, qui forme un plateau détaché. Plusieurs restes, particulièrement à l'extrémité qui est tournée vers le nord-ouest, y désignent l'emplacement d'une ville ancienne. Ces restes consistent en quelques assises de murs d'une construction grossière. Du côté de la mer, les rochers sont assez escarpés pour se passer de fortifications artificielles. Il est facile de reconnaître, à la surface également nivelée et à l'apparence de la petite plaine qui est de l'autre côté de l'acropole, qu'elle est un produit d'alluvions : les terres apportées par le fleuve voisin ont pu s'arrêter et s'accumuler facilement dans ce demi-cercle de rochers qui l'entoure. Des degrés taillés sur la pente de l'acropole, à l'entrée de cette plaine, semblent annoncer l'existence d'un ancien port à cette même place : ils ne sont pas circulairement disposés et ne peuvent avoir appartenu à un théâtre.

Ce peu de pierres encore debout représente toutes les ruines du nord de l'Eubée. Aussi était-il important de leur donner un nom. On leur a conféré sans contestation celui de l'antique Cérinthe, qui fut fondée par l'Ionien Cothus, dès les temps d'Érechthée, et qui envoya des guerriers au siége de Troie. Plusieurs motifs viennent à l'appui de cette opinion : l'épithète particulière qu'Homère donne à Cérinthe, ἔφαλος, (sur la mer), et encore mieux celle qu'emploie Scymnus, ἐναλία (dans la mer), sont pleinement justifiées par le rocher de l'acropole en question, qui formait autrefois une presqu'île. D'après d'anciens témoignages rapportés par Eustathe, les ruines de Cérinthe étaient baignées par la mer.

Strabon nomme auprès de Cérinthe le Boudoros : or, le fleuve voisin de l'acropole étant le plus considérable de toute l'Eubée, mérite assurément l'un des cinq noms cités par le géographe.

Depuis Homère, Cérinthe n'a pas d'histoire ; elle fut sans doute de bonne heure détruite et abandonnée. Quels que fussent ses beautés et ses avantages naturels, le rivage oriental de l'île n'était pas destiné à voir prospérer ses habitants : c'est du continent voisin que l'Eubée a tiré toute son existence.

Le Boudoros est formé, une demi-lieue avant son embouchure, par la réunion des deux plus grands cours d'eau qu'il y ait dans l'île : aussi les érudits du pays ont-ils songé à faire de ces fleuves le Kiréus et le Niléus, nommés par Strabon ; leur rapprochement rendrait plus frappant le contraste des deux propriétés différentes que leur attribuait la superstition. Mais cette accumulation de noms antiques n'est qu'une hypothèse gratuite.

PRESQU'ÎLE DE LITHADA. — La presqu'île de *Lithada* est une exception dans le nord de l'Eubée ; ses montagnes nues et ses rochers arides n'admettent pas la riche et puissante végétation du pays voisin. Elle s'avance en pointe jusque dans le golfe Maliaque, et touche presque la côte de l'ancienne Locride Épicnémidienne. La baie profonde de Lipso, en creusant son rivage méridional, forme l'isthme étroit qui l'unit au continent.

CENÆUM. — Le promontoire qui termine cette presqu'île est l'antique Cenæum, nom qui paraît avoir été étendu à la presqu'île elle-même. Sur ce promontoire était un temple de Jupiter Cénéen, où sacrifiait Hercule lorsque Déjanire lui envoya la tunique de Nessus. A peu de distance paraissent dans la mer de petits îlots de rochers : ce sont les îles Lichades de l'antiquité. Du haut des montagnes de Lithada on voit près de soi les sommets de l'OEta et la scène de la tragédie des Trachiniennes ; on domine en même temps la belle vallée du Sperchius jusqu'aux premières chaînes du Pinde.

Il semble que la presqu'île de Lithada et le tour de la baie de *Lipso* aient été les points occupés d'abord par la colonie ionienne d'Ellops, et aient formé la partie principale de l'ancienne Ellopie. Hérodote raconte que les soldats de Xerxès, après avoir quitté Artemisium et pris possession d'Histiée, vinrent ravager les bourgs maritimes de l'Ellopie. Ces bourgs maritimes ne seraient-ils pas ces petites villes obscures qui peuplaient les rivages voisins du Cenæum ? Les eaux ellopiennes, dont parle Pline, étaient probablement celles d'Édepse, l'une de ces villes, et, en supposant même qu'elles aient été différentes, il est naturel de les placer dans la seule partie du nord de l'île où l'on trouve des sources thermales.

SOURCES D'ÉDEPSE. — Ces sources sont remarquables, tant par leur situation que par leur nature. A l'entrée orientale de la baie de Lipso, au bord de la mer et au pied de montagnes sauvages, on les voit sourdre en plusieurs endroits. Elles jaillissent de terre verticalement en une multitude de petits jets qui semblent poussés par des chaudières souterraines. Les courants qu'elles forment disparaissent bientôt sous un sol de soufre qu'ils exhaussent tous les jours, puis, après un court trajet, arrivés à une côte escarpée et taillée à pic, ils s'élancent par des bouches nombreuses, et tombent dans la mer en cascades abondantes, au milieu d'un nuage de fumée blanche. Ces eaux sont très-chaudes, et passent pour très-efficaces. Une masure délabrée sur le rivage représente un établissement de bains, qui attire quelquefois des malades grecs. C'étaient dans l'antiquité les bains d'Hercule. C'est probablement là, plutôt qu'à Lélante, que Sylla vint se faire soigner.

Ces sources ont une correspondance évidente avec celles des Thermopyles, situées à peu de distance sur le continent. Strabon rapporte les effets d'un tremblement de terre, à la suite duquel les sources chaudes d'Édepse et des Thermopyles s'arrêtèrent pendant trois jours. En même temps la plus grande partie des îles Lichades et du Cenæum furent submergées.

La ville d'Édepse, qui devait sa célébrité à ses eaux thermales, ne pouvait pas être éloignée de celles qu'on voit aujourd'hui. Le gros village de *Lipso*, dont le nom semble dériver d'Édepse (Αἰδεψος), situé à une lieue de là, n'est peut-être pas assez rapproché. Beaucoup plus près des sources, une colline par sa forme et sa position conviendrait à une acropole antique. Les débris anciens qu'on trouve de ce côté se bornent à des colonnes de marbre dans une chapelle ruinée, au bord de la mer et un peu au nord de Lipso.

Sur une hauteur voisine d'Édepse devait être la ville de *Dium*, nommée par Homère Δίου αἰπὺ πτολίεθρον; car, d'après le témoignage de Pline, une source y pétrifiait la terre; et auprès était Athènes Diades, fondation athénienne. Dium dut avoir une certaine importance, puisqu'elle envoya son contingent à Troie. De ses murs était sortie une colonie qui s'établit en Éolide.

La ville de *Périas*, nommée par Strabon en même temps qu'Édepse, était peut-être dans une position voisine.

Depuis la baie de Lipso jusqu'au village de *Politika*, les falaises du Kandili et de la montagne qui les continue vers le nord se rapprochent tellement du rivage, que la route n'est pas praticable au bord de la mer pendant plus de deux ou trois lieues. A chacune des deux extrémités de cet intervalle, deux points présentent une certaine étendue de plaine, ou des pentes plus douces.

Il n'y a pas à hésiter : c'est là qu'il faut marquer les deux seuls emplacements anciens qui nous soient désignés sur cette côte, savoir : Orobiæ et Ægæ.

OROBIÆ. — Le plus septentrional est celui d'*Orobiæ*, occupé aujourd'hui par le petit village de Roviæs. Outre que la ressemblance des noms est frappante, la situation est d'ailleurs indiquée par un fait que rapporte Thucydide. Pendant la sixième année de la guerre du Péloponnèse, un tremblement de terre détruisit à la fois un fort bâti dans l'île d'Atalante et Orobiæ; la mer envahit et submergea une partie de la ville. Le village actuel de Roviæs est précisément en face de la baie d'Atalante. A Orobiæ, dit Strabon, était un oracle très-véridique d'Apollon Sélinontien.

ÆGÆ. — La seconde position antique est celle d'*Ægæ*, probablement près du lieu occupé par le village actuel de *Limni*, et comme lui au bord de la mer, d'après l'épithète de Stace, « humiles Ægas ». A Ægæ d'Eubée, comme à celle d'Achaïe, il y avait un temple de Neptune; il était bâti sur la montagne voisine. Strabon veut qu'Ægée d'Eubée soit désignée par Homère dans ses vers du treizième chant de l'Iliade, où il dit que « Neptune vint « à Ægée, où est son palais magnifique « au fond de la mer, et y arrêta ses « coursiers ».

Limni est en grande partie habitée par des marins et par des pêcheurs; les habitants cultivent aussi des vignes sur les coteaux voisins, et font du charbon.

Tous les noms anciens que l'on rencontre dans l'Eubée sont sur ses rivages; malgré son étendue, de même que les petites îles, c'est de la mer, c'est de l'extérieur qu'elle semblait attendre ses ressources et sa vie. N'étant pas elle-même un centre, elle n'était connue qu'autant qu'elle était en rapport avec les étrangers; ce qui restait dans l'intérieur des terres y était enfoui. C'est ainsi que l'on ignore quels ont été les habitants de cette charmante vallée d'*Achmet-Aga*, qui se cache entre la plus haute partie de la chaîne du Kandili et les dernières ramifications du Delphi. Elle est pourtant traversée par la route qui menait directement d'Oréos à Chalcis.

Cette route pendant l'occupation des possesseurs modernes et les guerres qui les agitaient avait une grande importance; aussi était-elle sur un point remarquablement fortifiée. Pendant une demi-heure elle est étroitement serrée entre l'un des plus magnifiques ravins de la Grèce, si riche en beautés de ce genre, et les rochers escarpés d'une haute montagne. Sur le sommet presque inaccessible de cette montagne s'élèvent les ruines d'une grande enceinte et ses tours carrées. Dans l'intérieur, au milieu des buissons et des grands arbres qui ont tout envahi, on distingue deux citernes et quelques débris de maisons. Du côté opposé à la route, la forteresse est protégée par un précipice sauvage. Là, dans cette position hardie jusqu'à l'invraisemblance, au milieu de cette vaste citadelle, un seigneur du moyen âge pouvait vivre avec un nombreux entourage de chevaliers, en sûreté contre toute attaque, ou bien guetter de loin ses ennemis et descendre pour leur fermer le défilé. On se souvient encore dans le pays d'avoir vu au point le plus étroit de la route une porte pratiquée entre la côte à pic de la montagne et un rocher escarpé qui s'avance au-dessus du ravin. Telle est la force naturelle de cette position, que cette porte fermait véritablement l'entrée de tout le nord de l'Eubée.

TROISIÈME PARTIE.

SUD DE L'EUBÉE

CARYSTOS. — Carystos est une des plus jolies villes de la Grèce, non qu'elle soit mieux bâtie ou réponde plus qu'aucune autre, il s'en faut de beaucoup, à l'idée qu'éveille en Europe le nom de ville; mais les conditions particulières dans lesquelles elle est construite lui donnent un aspect singulièrement original et agréable. Au fond de la baie circulaire qui lui emprunte son nom, l'*Hagios Ilias*, l'Ocha des anciens, dresse à plus de quatorze cents mètres son pic principal, laissant tomber brusquement d'une telle hauteur ses pentes abruptes et ravinées. Un mamelon escarpé, de forme régulière et conique, se détache en avant d'un ravin et domine la plaine, qui s'étend pendant une demi-lieue environ jusqu'au rivage.

C'est là bien certainement que s'est élevée l'acropole de la ville ancienne, quoique les travaux des Francs, des Vénitiens et des Turcs, en succédant à la tradition antique, en aient fait disparaître toutes les traces. Le castro actuel enferme dans une enceinte triangulaire une partie de la pente méridionale, et la coupe par les lignes superposées de ses murailles et de ses tours, jusqu'au sommet, qu'occupe la forteresse. Dans l'intérieur sont un grand nombre de maisons; la pierre dont elles sont bâties a conservé du sol où elle a été arrachée une couleur rougeâtre, qui de loin donne à leur ensemble un aspect analogue à celui du quartier turc de Smyrne, et justifie le nom vénitien de *Castel-Rosso*.

La ville, à proprement parler, n'est pas autre chose que le Castro; il y a une vingtaine d'années c'est là que se trouvaient les principales habitations des Turcs, maîtres du pays. Aujourd'hui, au contraire, l'enceinte fortifiée est presque abandonnée, et la plupart des maisons y sont en ruines. Presque toute la population habite des espèces de faubourgs ou *machalas*[1], où l'on conçoit sans peine que la vie leur soit plus agréable. Ces faubourgs longent de chaque côté la montagne, dont ils suivent les mouvements, s'arrêtant surtout dans les ravins où coulent des sources nombreuses et abondantes. Ce sont, en allant du sud-est au nord-ouest, *Aétos*, *Pigadaki*, *Mili*, *Palæa Khora* au-dessous de l'Acropole, *Mékoumida* au-dessus, *Spaïdès*, *Kalyvia*, *Nikasi* et *Lala*. Le plus grand des ces quartiers est celui de Mili. Il occupe le ravin principal, qu'on y traverse sur un pont de pierre grand pour la Grèce, et communique plus facilement que les autres avec la citadelle.

Là chaque maison a son jardin et se perd au milieu de la verdure et des arbres; il y a deux ans, avant l'hiver désastreux de 1850, les orangers et les citronniers y étaient magnifiques; dans la partie la plus basse, où les eaux des diverses sources se réunissent dans un

(1) Dénomination turque encore en usage à Carystos et même à Koumi.

beau ravin, au milieu des accidents d'une végétation variée, de superbes saules baignent leur pied dans l'eau du torrent.

C'était au bord de la mer, à l'endroit où est le port, que le gouvernement grec avait voulu élever la ville officielle, chargée de faire revivre la ville et le nom antiques; un des officiers d'état-major envoyés par la France pour faire la carte de Grèce fut prié d'en tracer le plan. Mais ce projet est bien loin d'être exécuté; à peine commence-t-on à bâtir quelques maisons. On comprend que les Carystiens se décident difficilement à échanger pour l'habitation d'une plage découverte et brûlée par le soleil le séjour frais et vert de leurs jardins, où ils ont d'ailleurs tout ce qu'il leur faut pour vivre et où la ville existe de fait pour eux. Le port est médiocre et mal abrité contre le vent du nord-ouest.

La plaine de Carystos, qui s'étend en amphithéâtre du cap Paximadi à l'ouest au cap Mandélo à l'est, est bien cultivée; elle est formée d'une terre riche, et sans être d'une très-grande étendue, elle suffit amplement avec les jardins aux besoins des habitants. Elle est arrosée par deux cours d'eau principaux : l'un, le *Mégalo-Revma*, vient de l'ouest, et se jette dans la mer à l'extrémité de la plaine, après avoir contourné les montagnes du cap; l'autre est le résultat des divers torrents qui coulent autour de la citadelle, et il a son embouchure près du port. Dans le territoire où la ville antique devait trouver le plus de ressources, il faut comprendre, outre cette plaine, une belle et gracieuse vallée, qui n'en est séparée que par un petit col et la continue presque en montant vers le nord-ouest. Cinq ou six jolis villages, dont le plus élevé et le principal est *Mélissona*, la dominent sur la hauteur.

Carystos est le chef-lieu d'une des trois éparchies de l'Eubée. Des divisions administratives y rattachent tout le pays jusqu'à Koumi d'un côté et jusqu'à *Alivéri* de l'autre, réparti entre cinq dèmes, ceux des *Kyméens*, des *Cotyléens*, des *Conistriens*, des *Styriens* et des *Dystiens*, auxquels il faut ajouter celui des *Carystiens*. Cet ensemble, beaucoup plus considérable que ne l'ont jamais été les possessions de la ville antique, est peuplé de plus de 22,000 habitants. Dans ce nombre sont comprises quelques familles turques, qui habitent encore la citadelle. Les anciens propriétaires ont presque complétement disparu; ils ont dû quitter leurs délicieux jardins, où la vie leur était si douce : peu à peu ils ont vendu ce qu'ils possédaient dans un pays où ils ne sont plus les maîtres. Toute une administration est installée à Carystos. L'instruction y est donnée à deux degrés par deux maîtres d'école.

Dans le territoire immédiat de la ville, qui forme le dème des *Carystiens*, la dépopulation est peut-être moins sensible que dans le reste de l'île. Les Albanais y occupent une vingtaine de villages, dont la plupart ne se composent que de quelques maisons. Le plus considérable est *Platanistos*, situé dans le principal des ravins qui se dirigent vers l'est entre le cap *Mandélo* et le cap *Dor*.

Il reste quelques débris de l'ancienne Carystos dans le quartier nommé *Palæa-Khora*. Immédiatement placé au-dessous de la citadelle, il représente parfaitement la situation ordinaire des villes antiques par rapport à leur acropole; ce sont deux culées d'un pont autrefois jeté sur le cours d'eau qui arrose ce quartier, un petit autel circulaire trouvé dans un jardin, et quelques inscriptions, qui sont enclavées dans des murs. On voit près du port quelques fondations de constructions anciennes; sur la rive du petit fleuve dont l'embouchure est voisine, quelques fragments de marbre taillés annoncent l'emplacement d'un monument antique. Parmi d'autres débris, qu'on trouve près du Mégalo-Revma, la figure du serpent consacré à Esculape tracée sur une pierre y a fait supposer l'existence d'un temple de ce dieu.

En somme, il reste bien peu de chose de l'antique Carystos, qui, à en juger par le silence des écrivains anciens, n'a jamais dû être une ville remarquable. Sa principale illustration dans l'antiquité vient de ses carrières de marbre. Les colonnes carystiennes furent en grande estime chez les Romains, et souvent célébrées par leurs auteurs. Pline, d'après Cornelius-Nepos, rapporte, comme un fait qui fit scandale, la prodigalité de Mamurra, contemporain de César et de Catulle, qui le premier fit faire toutes les colonnes de sa maison tout entières en marbres de Luna et de Carystos. Le marbre carystien est un cipollin vert, qui semble bien inférieur pour la qualité du grain ou pour la beauté de la couleur à tant d'autres qui ont également orné la capitale du monde. On serait tenté d'en attribuer uniquement le fréquent usage à la richesse des carrières, à la facilité d'y tailler des blocs considérables d'un seul morceau, et à l'avantage qu'offrait pour le transport la proximité de la mer. Mais l'admiration des anciens n'est pas douteuse ; ils étaient frappés de cette disposition des veines du marbre, qui leur représentait la couleur et les ondulations des flots.

Il est facile de retrouver aujourd'hui les carrières. Il y en a près d'Aétos, où se voient d'énormes colonnes déjà détachées et à moitié dégrossies sur place. La montagne renferme d'autres carrières, plus considérables, au-dessus de Mili ; on peut y voir une colonne qui ne tient plus au rocher que par un point. Le marbre carystien se trouve en abondance dans toute la partie occidentale de la montagne, entre Caryste et Stoura, et les restes d'exploitation antique y sont fréquents.

Carystos était célèbre par un autre produit de son territoire, l'amiante, que Strabon définit avec admiration une pierre que l'on peut carder et tisser, et dont on fait des serviettes qu'on jette dans le feu pour les nettoyer. Avec ce fait, Solin rapporte la fable d'oiseaux merveilleux qui volent impunément à travers les flammes ; curieux excès de l'imagination populaire, une fois frappée par le spectacle de l'impuissance de la plus terrible force de la nature. On trouve encore aujourd'hui de l'amiante sur une petite colline près de Mélissona, et surtout dans les environs de Stoura : il y vient sous forme d'efflorescence, à la surface du sol, sur la hauteur et même au bord de la mer, circonstance rare aux yeux des géologues. Il n'y a plus de traces d'une exploitation tentée au dernier siècle.

Théophraste et après lui Pline vantent une espèce de froment carystien, que le dernier appelle *bimestre*. Il poussait avec une rapidité merveilleuse, était mûr quarante jours après avoir été semé, et donnait un grain plus lourd et plus ferme que celui du blé ordinaire. Il n'en est plus question aujourd'hui.

A toutes ces richesses perdues ou négligées, qui faisaient l'orgueil de leurs ancêtres, les Carystiens actuels n'en opposent qu'une, et encore n'est-elle l'objet que d'un commerce bien restreint et n'a-t-elle pas étendu sa célébrité au delà de l'Orient : c'est leur miel de rose. Près du petit village de *Kalianou*, dans un des ravins septentrionaux de l'Ocha, les abeilles le composent avec une plante précieuse des montagnes qu'il n'est pas donné à tous les printemps de produire avec un égal bonheur. Sous la domination turque, ce miel parfumé partageait avec le mastic de Chio l'honneur d'être réservé pour le harem du sultan. Aujourd'hui que toute exclusion jalouse a cessé, il est difficile de se le procurer pur.

HISTOIRE DE CARYSTOS. — On sait déjà que Carystos fut fondée par les Dryopes, auxquels se mêlèrent plus tard des Ioniens, et qu'une tradition attribue l'origine de son nom à un fils de Chiron. La fable lui donne pour premier maître Briarée, et une légende, acceptée par l'antiquité, y fait régner au temps de la guerre de Troie Nauplius, père de Palamède : au moins possédait-il à peu de distance le cap Capharée. Elle est nommée dans le dénombrement de l'Iliade.

Son histoire est inconnue avant les guerres médiques. Dès le commencement de la lutte, sa position, qui l'assimilait aux Cyclades et la plaçait sur la route des vaisseaux perses, l'exposa à leurs premières attaques. Assiégée et prise par Datis et par Artapherne, il lui fallut, comme à la plupart des îles, suivre dans la seconde guerre Xerxès à Salamine. Après avoir d'abord souffert de l'occupation des barbares, elle fut ensuite victime de la fourberie de Thémistocle, qui lui vendit chèrement des promesses menteuses de sécurité, et de la vengeance des Grecs, qui vinrent ravager son territoire.

Hérodote parle d'une guerre qu'elle soutint seule contre les Athéniens après le combat de Mycale : c'est sans doute celle que mentionne Thucydide, au moment des expéditions de Cimon et de l'accroissement de la puissance d'Athènes.

Il dit qu'elle se termina, avec le temps, par un accord. Ce fait prouve qu'à cette époque Carystos avait une existence indépendante du reste de l'Eubée, et qu'elle était parvenue à un certain degré de prospérité. Mais bientôt, comme toute l'île, elle fut rangée sous la domination athénienne. Elle ne joua aucun rôle particulier pendant toute la période de la guerre du Péloponnèse. On voit les Carystiens, dans la septième année, suivre les Athéniens dans une expédition sur le territoire de Corinthe et partager la victoire de Nicias. Ils fournirent leur contingent forcé à l'expédition de Sicile. Dans la vingt et unième année Athènes avait assez de confiance en eux, ou assez besoin de troupes étrangères, pour garder dans ses murs, parmi ses défenseurs, trois cents de leurs citoyens armés, qui se mêlaient assez intimement à ses dissensions pour entrer dans le complot des Quatre Cents contre le sénat. On ne voit pas cependant que les Carystiens aient fait exception au mouvement de toute l'île, qui fit défection peu de temps après. Dans les périodes suivantes ils partagèrent le sort de l'Eubée en général, et passèrent avec elle sous la domination macédonienne. Pendant la première guerre de Macédoine, leur territoire fut ravagé, puis leur ville prise sans résistance par une flotte des Romains. Enfin, après avoir eu leur part de la liberté illusoire proclamée par Flamininus aux jeux isthmiques, ils allèrent définitivement se perdre parmi les nombreux sujets de Rome. Sous Auguste, Carystos était devenue, grâce à la chute d'Érétrie, la seconde ville de l'île par son importance et par sa richesse.

Un médecin, Dioclès, qui vécut un siècle après Hippocrate et le suivit immédiatement dans l'estime des anciens; Antigone, contemporain de Ptolémée Philadelphe, qui composa des vies d'hommes célèbres et sous le nom duquel nous avons un recueil d'histoires merveilleuses (Ἱστοριῶν παραδόξων συναγωγή); voilà les seuls noms de Carystiens qui soient parvenus jusqu'à nous. Pour ne rien oublier, ajoutons un athlète célèbre, Glaucus, descendant du dieu marin dont il portait le nom, dit Pausanias. On sait quelle gloire attachaient les villes anciennes à une victoire remportée aux jeux solennels de la Grèce. La statue de Glaucus figurait dans l'Altis à Olympie. C'était un monument de son premier triomphe, sur lequel une légende a été conservée. Il avait commencé par travailler à la terre. Son père, Démilus, le voyant un jour se servir de sa main comme d'un marteau pour rajuster le soc de sa charrue, admira cette preuve de force, et eut l'idée de le conduire à Olympie pour y disputer le prix du pugilat. Au commencement, Glaucus, inexpérimenté dans l'art de combattre, avait le désavantage; mais il entendit retentir à ses oreilles cet encouragement paternel : « Enfant, frappe comme sur la charrue; » et Glaucus frappa si fort que sa victoire fut immédiatement décidée. Une fois entré dans la carrière d'athlète, il poussa plus loin qu'aucun de ses contemporains la science de l'art où il avait d'abord vaincu sans étude.

L'Ocha et ses ruines. — Le nom ancien de l'*Hagios-Ilias*, Ocha, se rencontre chez presque tous les auteurs qui ont fait de l'Eubée une description générale ou même partielle. Étienne de Byzance lui attribue les origines les plus diverses et les plus bizarres. Il le fait venir ou bien de l'union de Jupiter et de Junon (ὀχεία), dont cette montagne a été témoin, ou bien de la vertu fécondante qu'y éprouvaient les brebis (ὀχευόμενα), ou bien enfin d'un aliment appelé ὀχή par les Achéens. Eustathe donne une autre étymologie, tirée du sens de l'adverbe ὄχα, synonyme d'ἐξόχως, qui exprime l'idée de supériorité, la montagne de l'Ocha, d'après une fausse opinion des anciens, s'élevant au-dessus de toute l'île.

L'Ocha renferme les ruines les plus curieuses qu'il y ait en Eubée; la principale, un temple, mérite même une place particulière parmi les restes de l'antiquité grecque. Sur le plus haut et le plus méridional des deux sommets de la montagne, qui est en même temps le plus voisin de Carystos, une petite plate-forme s'est naturellement formée entre deux masses de rochers qui la protègent au nord-est et au sud-ouest. Elles lui laissent ainsi la vue, d'un côté, sur les Cyclades, de l'autre, sur une autre partie de la mer Égée et sur toute la suite des rivages et des montagnes de l'Eubée jusqu'à la chaîne du *Delphi*, dont le pic se dresse en face. Cette belle position a été choisie par les antiques et obscurs constructeurs du temple. Je vais essayer de donner une idée de leur œuvre, bien que privé du secours indispensable des connaissances spéciales.

C'est un édifice carré, ayant en longueur une quarantaine de pieds et environ la moitié en largeur. Les murs, qui paraissent avoir conservé leur hauteur primitive, ont à peu près neuf pieds. Il est orienté de manière à ce que les deux façades longues regardent le sud et le nord.

Les parties vraiment remarquables de cette construction sont la porte et la toiture. La porte est au milieu de la longue façade qui est tournée vers le midi ; elle a vue par conséquent sur les Cyclades, dont les plus méridionales sont dans son axe. Deux grandes pierres, minces et larges se dressent de chaque côté et servent de chambranles ; elles supportent un linteau en deux morceaux dont l'élévation au-dessus du sol est de six pieds au plus : la largeur moyenne de la porte, qui est plus étroite en haut qu'en bas, peut être de trois pieds et demi. Toutes ces parties sont régulièrement taillées ; on distingue même une petite moulure sur le côté externe de l'épaisseur des chambranles.

Le linteau est surmonté d'une énorme pierre disposée en pente, de manière à s'avancer un peu en saillie au-dessus de la porte du côté extérieur, et à s'élever de là dans la direction générale du toit. Du côté intérieur de l'édifice elle est soutenue par deux pierres placées elles-mêmes sur les extrémités du linteau, au-dessus duquel elles laissent maintenant un vide. Mais pour comprendre cette disposition, et pour en saisir l'effet, il faut d'abord connaître l'arrangement de la toiture.

Le toit est formé de grandes plaques de rocher, qui, s'appuyant sur chacun des quatre murs, se superposent et montent en pente douce. Cette pente est déterminée par deux lignes de pierres qui s'étagent elles-mêmes entre les murs et le premier rang de tuiles, et ne sont visibles que de l'intérieur du temple. Les tuiles qui partent des angles des murs prennent une forme et une direction concentriques, et ainsi toutes tendent à se réunir à une arête centrale, comme dans les toits ordinaires de nos maisons actuelles. Seulement, trois étages de ces immenses tuiles ont dû suffire pour atteindre le sommet du toit, et l'on en compte au plus une dizaine de rangs juxtaposés sur un grand côté. Quelques-unes semblent uniquement placées dans un but d'équilibre pour peser sur les points de jonction des différents étages, ce qui paraît indiquer dans la toiture une double épaisseur.

La grande pierre qui est au-dessus du linteau de la porte s'avance à elle seule plus loin que les deux étages de tuiles qui restent seuls de ce côté.

Dans l'intérieur du temple, les matériaux des murs sont beaucoup plus petits qu'à l'extérieur. Le plafond est formé des tuiles mêmes de la toiture, auxquelles il faut ajouter les deux étages de pierres qui les soutiennent intérieurement au-dessus des murs, et déterminent la pente du toit. Ce système est simple, et l'on en comprend le résultat : le plafond n'est autre chose que la saillie de plusieurs lignes de pierres superposées. A mesure qu'il s'élève, la saillie augmente et l'épaisseur des pierres diminue ; la construction et l'effet y gagnent en légèreté ; ainsi s'atténue un contraste peu naturel, produit par la petitesse des matériaux intérieurs des murs et par les dimensions écrasantes des pierres du plafond.

Ce temple est une œuvre primitive et grossière ; malheureusement, à défaut de la valeur qu'il n'a pas par lui-même, on ne peut lui accorder une place importante dans l'histoire de l'art. On n'y reconnaît le commencement d'aucune de ces traditions qui, dans un cercle en apparence borné, ont produit les plus beaux chefs-d'œuvre de l'architecture antique. C'est simplement un exemple de construction laissé par un âge très-reculé : à ce point que, pour ne pas admettre une petite exception à cet enchaînement, si remarquable et si naturellement logique, que présente en Grèce le développement des arts, on pourrait songer à se demander s'il s'agit ici d'un temple ; mais le doute n'est pas possible. Quel autre but qu'un but religieux aurait fait construire un monument sur cet emplacement inhabitable? On sait d'ailleurs que le culte des divinités grecques a consacré souvent des sommets beaucoup plus élevés encore que celui de l'Ocha, ceux du Taygète et de l'Olympe, par exemple.

De plus, quelque barbare que soit l'édifice en question, on doit y constater certains efforts pour atteindre à une perfection relative, et pour en faire une maison digne d'un dieu. Ce fait ressort d'une comparaison de ce temple avec les autres ruines de l'Ocha, et d'où il résulte que le temple a peut-être été le chef-d'œuvre, bien modeste il est vrai, d'un art destiné à disparaître sans bruit, comme la race elle-même qui l'avait créé.

En effet, à quelques lieues de là, derrière *Stoura*, dans un coin de la ramification de l'Ocha, qui remonte vers le nord, se cache une ruine que tout le pays connaît sous le nom de *la maison du dragon*, parce qu'on la regarde comme le séjour de génies malfaisants. Aussi, bien peu d'habitants consentent à y conduire les voyageurs.

La maison du dragon est un ensemble de trois monuments adossés à la montagne et symétriquement disposés : deux s'avancent parallèlement et laissent entre eux un intervalle égal à la largeur du troisième, qui est placé en arrière et, par suite de la pente du terrain, un peu au-dessus. Les deux premiers sont les copies réduites et grossières du temple de l'Ocha. C'est exactement le même système de construction, mais avec des matériaux beaucoup plus petits, plus mal joints et plus mal taillés, quand ils le sont. Comme pour compléter la ressemblance et pour marquer jusqu'à quel point il était donné à cette architecture barbare de résister à l'action du temps, l'état de conservation des toitures est aussi le même : ce sont les pierres du sommet qui ont cédé, sans cependant qu'il en résulte une large ouverture. Les portes, percées au milieu de deux des longs côtés, se font face et ouvrent par conséquent sur l'espace vide qui sépare les deux monuments. La porte du troisième y donne aussi.

Ce dernier est une petite rotonde, construite, malgré cette différence de forme, d'après les mêmes principes. Les tuiles de la toiture, disposées en rayons et plus larges à la base qu'au sommet, montent vers un centre commun que devait remplir une pierre de forme circulaire ; elle manque seule aujourd'hui. On conçoit quelle doit être l'espèce de coupole qui résulte de cette disposition, et quel en est l'effet intérieur. Comme les plafonds des monuments carrés, elle est formée de rangs de pierres superposées, dont chacun suit une pente douce, dont la saillie augmente et dont l'épaisseur diminue à mesure qu'ils approchent du sommet. Cette construction présente une analogie sensible avec celle du Trésor d'Atrée à Mycènes.

Qu'était-ce que ces trois monuments? Faut-il voir dans le principal un trésor, et dans les deux constructions accessoires les demeures des familles privilégiées de ses gardiens. Ou bien fera-t-on de leur ensemble le palais d'un ancien roi, composé des parties destinées à l'habitation et d'une salle solennelle de conseil ou d'apparat : merveille d'industrie admirée de la peuplade barbare campée à l'entour? Ou bien, sans chercher si loin, se tirera-t-on d'affaire par le mot de temple, si commode pour désigner les restes inexpliqués de l'antiquité grecque? Toutes ces hypothèses sont également bonnes ou plutôt également mauvaises, parce qu'à toutes les bases manquent également. Ruines sans nom, témoignages mystérieux de l'existence ignorée d'un peuple obscur, ces humbles monuments ont seulement le mérite de constater les efforts et les progrès des hommes qui ont construit le temple de l'Ocha, et de confirmer la haute antiquité de cet édifice.

A côté du temple de l'Ocha est une petite chapelle consacrée à saint Élie, le patron des pics les plus élevés de la Grèce et le successeur ordinaire d'Apollon, divinité particulièrement honorée des Eubéens. C'est à ce Dieu par conséquent que le temple a pu être dédié. Très-grossièrement construite avec des éclats de roches, la chapelle n'en est pas moins le but d'un pèlerinage annuel, dernier reste peut-être d'une tradition antique, qu'accomplissent tous les habitants de Carystos et des villages environnants, le jour de la fête du saint.

C'est pour eux une partie de plaisir autant qu'un acte de dévotion ; en descendant de la chapelle, les groupes s'arrêtent dans un grand bois de châtaigniers qui s'étend sur une des pentes occidentales.

L'Ocha, lorsqu'on a passé cette partie âpre et nue qui domine Carystos, offre aux yeux une nature toute différente, et découvre des richesses de végétation et une variété d'effets que le premier aspect ne faisait pas soupçonner. Un des effets les plus beaux est celui que présente un petit vallon situé à une grande hauteur, à l'est et au bas du pic principal. Les rochers gris de ce sommet au-dessus de toute la scène, au milieu quelques énormes troncs de châtaigniers brûlés au temps de la guerre de l'indépendance, et sur plusieurs des pentes environnantes de grands chênes verts qui se détachent en noir sur un sol blanchâtre, suffisent, avec certaines conditions de lignes et de couleurs qu'aucune plume ne pourrait rendre, pour donner à l'ensemble de ce petit désert un charme singulier et un air de grandeur. Le caractère général de la montagne est sévère. Presque toujours les arêtes hardies de ses flancs conservent une nudité imposante ; mais les profonds ravins qui la sillonnent renferment le plus souvent de gracieux détails que la nature ne se lasse pas de varier avec une fécondité inépuisable : des cascades ombragées de grands platanes, des torrents dont les détours disparaissent au milieu de la jolie végétation des chênes verts et des arbousiers, et d'harmonieux mélange de verdure qui montent sur les pentes, autour des petites maisons éparses dont se composent les rares villages de l'Ocha.

LES CAPS GÉRESTE ET CAPHARÉE. — Dans toute cette partie, les souvenirs antiques n'illustrent que les deux caps qui la terminent au sud et au nord, le Geræstos et le Capharée, maintenant *Mandélo* et *Capo-Doro*. Leur position est bien nettement indiquée par les auteurs anciens.

Le nom de Geræstos s'appliquait aussi à un petit port bien abrité par le cap et par les montagnes voisines. Il était célèbre dans l'antiquité, malgré le voisinage de celui de Carystos, soit parce que le mouillage y était plus sûr, soit parce qu'il se trouvait plus directement sur la route de la Troade et de Byzance, pour les navigateurs qui venaient de l'Attique ou du Péloponnèse. Geræstos reçut Nestor, Diomède et Ménélas au retour de Troie. C'est dans ce même port qu'Agésilas rassembla ses troupes avant de partir pour son expédition d'Asie. Les avantages de sa situation pour le commerce et pour les opérations militaires sont prouvés par plusieurs textes. Auprès de Geræstos était un temple de Neptune, d'une grande célébrité. Son importance est attestée par Strabon.

Là aussi avait été enseveli l'Athénien Hermolycus, qui de tous les Grecs s'était le plus distingué au combat de Mycale. Il avait été tué dans une guerre entre les Athéniens et les Carystiens. Du tombeau d'Hermolycus, pas plus que du temple, on ne trouve aujourd'hui de traces reconnaissables. Le port s'appelle le *port Castri*, nom venu sans doute de quelques misérables fortifications vénitiennes ou turques, dont on voit les ruines sur un petit promontoire qui le ferme au nord.

Étienne de Byzance fait de Geræstos le nom d'un fils de Jupiter ; il donne aussi l'origine du nom de Capharée, mais d'une manière bizarre, si l'on songe aux souvenirs éveillés par le lieu auquel il s'appliquait. Καφηρεὺς viendrait de Καθηρεὺς, nom primitif d'une rade (ἐπίνειον) « où les Eubéens faisaient purifier les navigateurs ». S'agissait-il de cérémonies religieuses ou d'une espèce de quarantaine ?

On connaît la vengeance de Nauplius, le naufrage de la flotte grecque et la mort dramatique du fils d'Oïlée. A partir de ce moment les écueils de Capharée ont eu leur réputation bien établie chez les poètes et même chez les historiens. Ces traditions semblent s'être conservées dans le nom expressif de *Hylafago*, qui a précédé le nom actuel. Les habitants assurent qu'un courant se dirige des Dardanelles sur le cap *Dor ;* ils s'appuient sur ce fait, qu'ils trouvent assez fréquemment sur le rivage des débris de naufrages lointains. Ce phénomène avait aidé les projets de Nauplius ; il a pu en préparer l'exécution à son aise, car du haut de la montagne qui domine le cap, on voit jusqu'aux îles de *Psara* et de *Chio* et jusqu'à la côte d'Anatolie. Dans un rayon moins étendu, on est frappé du curieux effet produit par la suite des rivages escarpés de l'île, dont les lignes, diversement coupées, tombent à pic dans la mer, les unes derrière les autres, depuis le pied même du cap jusqu'à la pointe de Koumi, en face de l'île de Scyros. A peu de distance, au delà d'une baie, s'élève, sur le petit promontoire de *Philagra*, une fortification importante d'où Venise surveillait autrefois les mers qui lui appartenaient. On dit qu'auprès sont des mines de cuivre, où l'on reconnaît des traces d'exploitation antique. Le Capharée est aujourd'hui occupé par deux petits villages; on y cultive un tabac estimé en Grèce.

RUINES SITUÉES ENTRE LES CAPS GERÆSTOS ET CAPHARÉE. — Entre ces deux caps, dont aucune ruine ne rappelle aujourd'hui les noms anciens, deux ravins renferment des restes antiques, qui en échange ne se rattachent à aucun souvenir : ce sont les ravins de *Platanistos* et de *Kapsouli*. Le premier est le principal et le plus beau de toute la montagne, de même que Platanistos en est le village le plus important. A quelques minutes de ce village, sur le rivage gauche du torrent, se trouve la ruine, appuyée contre la pente de la montagne.

C'est un grand soubassement destiné à supporter une plate-forme parallélogramme, et se dirigeant, dans le sens de sa plus grande longueur, de l'ouest à l'est. A cause de la disposition du terrain, il n'a jamais eu que trois faces, dont deux sont vite arrêtées dans leur développement par le mouvement du sol. La face méridionale, la plus considérable, est en grande partie encore debout. Elle avait au moins deux cents pieds de long; sa hauteur, qui s'est conservée dans presque toute l'étendue de l'édifice, n'en dépassait pas une quinzaine. La construction est régulièrement formée de grosses masses schisteuses, plus larges que hautes. Il faut distinguer dans le monument deux parties : l'une, qui reste tout entière et comprend à la fois le mur occidental et la moitié du mur sud jusqu'à l'angle sud-ouest, est mieux taillée et polie extérieurement. A l'angle surtout se voit une espèce de plinthe à deux étages, faite en pierres plus petites et proportionnellement plus basses. On distingue près de la ligne de jonction de cette partie de mur avec l'autre une inscription en caractères archaïques, irrégulièrement tracés, qui a été recueillie.

La seconde partie de la construction, qui est à moitié détruite et comprend l'autre angle, est beaucoup plus grossière; le plus souvent la surface des pierres n'est pas polie; quelques-unes dépassent même la ligne de l'angle.

Le caractère de toute cette ruine et l'inscription qu'elle a conservée attestent une antiquité qu'on ne peut faire remonter moins haut que le septième siècle. Tout ce qu'on peut dire de ce vaste ensemble, c'est qu'il servait sans doute à former une enceinte religieuse. Dans la partie nord-ouest, une chapelle seule offre quelques restes; un de ces murs paraît être le mur en place d'un petit temple : les matériaux, petits et bien ajustés, sont en marbre; au bas est sculptée une moulure. Une fouille, qui permet de voir ce détail, n'a fait découvrir, d'après le témoignage d'un paysan, qu'un petit vase.

Les autres ruines, celles du ravin de *Kapsouli*, sont connues en Eubée sous le nom d'Archambolis (Ἀρχαία πόλις, la ville antique), et produisent sur l'imagination des gens du pays un effet qu'explique leur position extraordinaire. Quand on arrive de *Dramesi*, l'un des villages intermédiaires entre Platanistos et ces ruines, on voit tout à coup se creuser à ses pieds un ravin extrêmement profond et étroit; des rochers escarpés, dont les déchirures se correspondent d'un côté à l'autre, semblent prêts à s'emboîter de nouveau, s'il pouvait se faire qu'un effort immense les rapprochât; au moins gardent-ils des traces frappantes du bouleversement qui les a séparés autrefois pour livrer passage au torrent qui roule au fond : tel est l'emplacement de la ville ancienne. De l'autre côté du torrent, à une trentaine de pieds au-dessus, on aperçoit les restes de cette cité suspendus sur une saillie de rocher inaccessible. Ce sont quelques constructions carrées, grossièrement formées avec la pierre de la montagne voisine, qui se détache en plaques dures et minces. Petites et adossées à une pente rapide, il n'en reste que les murs d'appui, qui du côté du ravin peuvent s'élever à une dizaine de pieds. Il serait difficile de décider s'il faut y voir des maisons ou des essais de fortifications. Peut-être s'est-on proposé les deux buts; car on ne peut guère expliquer que par la crainte du danger l'idée singulière qui a porté les anciens habitants à choisir cette position de préférence à d'autres, beaucoup plus naturelles, dans des parties plus larges du même ravin. Le voisinage de la mer fait penser aux pirates. Il est probable que ces étranges demeures ont été de bonne heure abandonnées, et l'on y comprend mieux que partout ailleurs le silence de l'histoire. Après un dernier détour des rochers qui cachent ces ruines, le torrent arrive à la mer. On trouve sur le rivage des ossements pétrifiés, nouvelle preuve de la révolution géologique qui a produit ce ravin déchiré.

POINTS ANTIQUES VOISINS DE CARYSTOS. — Dans le voisinage immédiat de Carystos et de la masse principale de l'Ocha doivent se placer quelques noms anciens. Entre Amarynthe, dépendance d'Érétrie, et Carystos, l'énumération de Ptolémée nomme le *Port du Lion*. La désignation est vague : peut-être, à défaut d'indication plus sûre, peut-on s'aider d'une tradition rapportée par Héraclide de Pont :

« Les Nymphes, dit-il, habitaient au« trefois cette île (Céos), riche en sources; « mais un lion les ayant effrayées, elles « s'enfuirent à Carystos. De là vient qu'un « promontoire de Céos s'appelle *le Lion*. » De ce texte ne pourrait-on pas induire à la fois la position du cap de l'Eubée et l'origine de son nom? Des deux caps qui avoisinent Carystos, celui qu'on désigne aujourd'hui sous le nom de *Paximada* est situé entre cette ville et l'emplacement d'Amarynthe ; c'est en même temps le point de l'Eubée le plus rapproché de Céos. Les Nymphes ont donc pu y aborder et y consacrer, comme à Céos, par ce nom *du Lion*, le souvenir de leur exil et de sa cause. Les rivages du cap Mandéli, point le plus méridional de l'Eubée, portaient le nom de *Leucé-Acté*, rivage Blanc.

POSITION DES CREUX OU CŒLA. — Un point plus difficile à déterminer est celui que plusieurs textes anciens désignent sous le nom de *Cœla* d'Eubée, τὰ Κοῖλα. Cette dénomination a été plusieurs fois appliquée dans l'antiquité à des vallées profondes et à des défilés encaissés. En Eubée il s'agit, si l'on peut s'exprimer ainsi, de certaines concavités du rivage, qu'il faille entendre par là une disposition générale de forme dans une assez grande étendue des côtes, ou bien un ensemble de plusieurs petites anses.

Hérodote raconte que deux cents vaisseaux détachés de la flotte perse, postée aux Aphètes sur la côte de la Magnésie, pour faire le tour de l'Eubée et pénétrer dans l'Euripe par le sud, à l'insu des Grecs, furent assaillis par la tempête en face des Cœla d'Eubée et brisés contre les rochers; et il remarque qu'ils souffrirent plus que le reste de la flotte, parce qu'ils étaient en pleine mer. Ce texte semblerait indiquer que les Cœla étaient ou sur le rivage oriental, ou tout au moins, pour ne pas exagérer la valeur des mots grecs, sur la côte occidentale au-dessous de Styra, point à partir duquel le canal se resserre beaucoup.

Dans les Troyennes d'Euripide, Minerve, préparant avec Neptune le naufrage des Grecs au Capharée, l'exhorte à remplir de morts les Cœla, qu'il faut sans doute reconnaître dans son expression κοῖλον Εὐβοίας μυχὸν. Voilà une indication plus précise, bien que chez un poète, et elle s'accorde avec la précédente : il n'est pas invraisemblable que les vaisseaux des Perses se soient brisés au point le plus périlleux de leur navigation.

Longtemps après, conservant la même tradition, Dion Chrysostome, dans sa *Pastorale du Chasseur*, fait aborder aux Cœla un naufragé qui, en venant de Chio, a brisé son vaisseau sur les rochers du Capharée.

Cette position paraît encore désignée par d'autres textes. Ptolémée nomme les Cœla après Geræstos et le Capharée; et son interprète, Agathodémon, les place dans sa carte un peu au nord de ce dernier cap. Le nom y serait suffisamment justifié par les anfractuosités escarpées du rivage.

Tite-Live prononce le nom des Cœla, et en parle lui aussi comme d'un lieu dangereux pour les marins, *sinus suspectus nautis*. A cause de la crainte qu'ils inspirent, la flotte romaine, après la prise d'Oréos, se hâte de retourner au Pirée avant les tempêtes de l'équinoxe d'automne. Ce passage ne contient aucun renseignement topographique; mais comme à cette époque Chalcis était au pouvoir de Philippe, en guerre avec les Romains, on peut conclure que leur flotte ne prit pas le chemin de l'Euripe, qui lui était fermé, et que par conséquent dans le récit de Tite-Live, les Cœla doivent être sur la côte orientale.

D'un autre côté, Strabon appelle Cœla la partie des côtes d'Eubée comprise entre Aulis, ou, suivant une autre leçon, entre Chalcis et les points voisins de Geræstos. D'autres textes viennent au secours de celui du géographe ancien, et donnent, dans un sens analogue, une indication plus précise. Valère-Maxime et après lui Lucain racontent la mort du Romain Appius près des Cœla. Pendant la lutte de César et de Pompée, désireux d'en connaître l'issue, il s'adressa à la pythie de Delphes, qui lui fit cette réponse : «-Cette guerre ne te concerne en rien ; « tu occuperas les Cœla d'Eubée; *Nihil* « *ad te hoc, Romane, bellum : Eubœæ* « *Cœla obtinebis.* » Sur la foi de cet oracle ambigu, il s'imagina qu'Apollon lui désignait une retraite où il allait vivre à l'abri de tout danger, et se faire, dit Lucain, un royaume paisible au milieu du fracas d'une guerre où se disputait l'empire du monde. Ces espérances égoïstes furent trompées; il alla mourir de maladie près des Cœla avant la bataille de Pharsale, et y fut enseveli. C'est la manière dont il prit possession de ce rivage, et réalisa la prédiction du dieu.

Les Cœla, pour Valère-Maxime, sont situés entre Carystos et Rhamnonte, le point de la côte attique le plus rapproché de l'Eubée; ainsi ils comprenaient la baie de Styra et celle qui est fermée au sud par les îles Pétalides.

En résumé, on a sur la position des Cœla d'Eubée des indications tellement opposées qu'on serait tenté de les appliquer à deux parties différentes de la même île. Pour sortir d'indécision, il faudrait être autorisé par quelque monument antique, par exemple par le tombeau d'Appius; mais sur toute la côte méridionale d'Eubée les monuments sont rares ou muets.

MARMARION. — Marmarion, où Strabon indique des carrières de marbre carystien et un temple d'Apollon Marmarinos, ne pouvait être que sur le rivage de la baie qui est située derrière les îles Pétalides. « De là, dit-il, on passe « à Halæ-Araphénides. » C'était en effet le point correspondant de la côte de l'Attique. Aujourd'hui encore, quand la traversée est difficile jusqu'au port de Carystos, c'est dans cette baie que les marins vous conduisent. On aborde près d'un petit village nommé *Marmara*. Ce nom n'est point un souvenir de Marmarion, mais, comme le nom antique, il doit évidemment son origine au voisinage des carrières.

Le temple de Marmarion est une nouvelle preuve du culte particulier rendu en Eubée à Apollon et à Diane. Les Carystiens se réunissaient aux Érétriens pour célébrer la fête de Diane Amarysia. Une tradition rapportée par Hérodote montre le zèle avec lequel ils honoraient cette déesse. Un envoi sacré, destiné à Délos par les Hyperboréens, fut transmis de peuple en peuple et traversa ainsi toute l'Eubée. Les Carystiens, qui le reçurent les derniers de l'île, le transportèrent jusqu'à Ténos, quoique Andros fût plus rapprochée.

STYRA. — Cette ville était située sur le canal d'Eubée, à l'entrée d'une petite plaine, la plus considérable que l'on trouve à l'ouest de Carystos. Le rivage, jusque là presque toujours très-escarpé, s'abaisse, les montagnes se reculent vers l'est, et en même temps l'île se resserre. Nulle part elle n'est plus étroite, si l'on excepte l'isthme qui précède au nord la presqu'île de *Lithada*; à une journée de là seulement, à partir d'*Alivéri*, elle se développe de nouveau pour atteindre en largeur sa plus grande étendue.

De la ville antique il ne reste que les deux premières assises d'une tour carrée, à partir de laquelle l'acropole a dû suivre la pente d'une colline étroite et allongée qui s'appuie sur la montagne. Au bas, du côté de la plaine, sont beaucoup de tombeaux. Du côté opposé est un petit port bien fermé, dont un écueil rend la sortie difficile par le vent du nord; il sert d'échelle à la ville moderne de *Stoura*.

L'emplacement antique est complétement abandonné; Stoura s'est élevée dans une position plus commode et plus saine, à une lieue des rochers de l'acropole ancienne et des marais du rivage. De la ville, ou plutôt du village de Stoura proprement dit, en dépendent plusieurs autres, qui sont considérés comme ses faubourgs, de même qu'à Koumi et à Carystos. Cet ensemble, qui fournit au plus le chiffre de quinze cents habitants, occupe une situation agréable, sur les dernières pentes de la montagne, où des cultures et des landes couvertes d'une jolie végétation se partagent un sol accidenté. De grands champs d'orge et de maïs sont au bord de la mer. Un cours d'eau assez considérable coule au bas des villages modernes, et va chercher son embouchure à peu de distance de l'acropole antique.

Ruines du mont Kliosi. — Quand on vient de Carystos, si, au lieu de descendre à Stoura par les pentes boisées qui y conduisent, on suit la crête de la montagne qui tourne du côté de l'est, on trouve sur le point le plus élevé, aujourd'hui le mont *Kliosi*, un fragment de mur ancien. Ce sont quelques grosses pierres, irrégulièrement taillées, qui joignent deux parties de rocher très-escarpées, étroites, hérissées de pointes et en apparence inhabitables. Auprès est une petite chapelle consacrée à saint Nicolas, le patron des marins, autour de laquelle les bergers ont construit contre le rocher des abris grossiers pour leurs troupeaux. Malgré la singularité de cette situation, il faut reconnaître là une acropole ou tout au moins une fortification antique; elle était destinée sans doute à servir de poste d'observation plutôt que de retraite en temps de guerre. On pourrait supposer que là furent les demeures premières des Styriens, avant qu'une civilisation plus avancée et une sécurité plus constante leur eussent permis de descendre au bord de la mer et d'y rechercher les avantages du commerce. Les ruines qu'on voit sur le rivage n'appartiennent pas à une antiquité très-reculée.

En face de la baie qui creuse le rivage, à partir de Styra, est une petite île qui partage le nom de la ville actuelle. C'est l'île antique d'*Ægiléa*, où Hippias laissa les prisonniers érétriens avant de conduire les Perses à Marathon, dont le cap se voit à peu de distance.

Histoire de Styra. — Styra, de même que Carystos, fut fondée par les Dryopes, chassés du Parnasse par Hercule. Plus tard, elle reçut des colonies de la Tétrapole marathonienne, et en particulier du dème des Styriens. Sans importance par elle-même, elle confond constamment son histoire tantôt avec celle de Carystos, dont elle dépendait naturellement, tantôt avec celle d'Érétrie. Elle est citée dans le dénombrement de l'Iliade; elle put envoyer au siège de Troie les habitants de la *maison du Dragon*. L'époque des guerres médiques est sa période de gloire : à un moment où Carystos est forcée de suivre Xerxès et où Chalcis emprunte des vaisseaux aux Athéniens, les Styriens fournissent à la flotte d'Artémisium et à celle de Salamine deux vaisseaux qui leur appartiennent. Ils figurèrent à Platée, et leur nom était écrit sur le piédestal d'Olympie à côté de celui des Érétriens, auxquels ils s'étaient réunis pour envoyer à Platée six cents hommes. Plus tard, on les voit, sous la domination athénienne, contribuer à l'expédition de Sicile. Ils payaient à Athènes un tribut annuel de onze cents drachmes. Dans la guerre lamiaque, leur ville fut détruite par le général athénien Phédros. Du temps de Strabon, leur territoire était devenu la possession des Érétriens.

Si à plusieurs époques, et particulièrement à la dernière, dont s'occupe l'histoire, nous voyons les Érétriens maîtres de Styra, il n'est pas douteux qu'ils n'aient eu plus souvent encore sous leur autorité les points intermédiaires entre cette ville et la plaine d'*Alivéri*, qui semble avoir toujours appartenu à leur territoire. De *Stoura* à *Alivéri*, les montagnes occupent presque tout l'étroit espace que l'île dispute à la mer. Quelques villages cependant ont pu s'y élever. Le principal, *Armyropotamos*, qui a environ une centaine de maisons est joliment situé dans un vallon, auquel conduit un beau ravin. Sur le pic le plus élevé des montagnes voisines se voit un palæo-kastro vénitien, et un peu plus au nord, près de *Zarka*, est une tour hellénique également placée sur la hauteur, et qui est peut-être l'antique Zarétra prise par Phocion.

RUINES DE DYSTOS. — A deux heures d'Armyropotamos, vers le nord-ouest, est une ruine relativement importante, dans laquelle on s'accorde à reconnaître l'antique Dystos. On donne aujourd'hui ce nom à un petit village albanais, où sans doute aucune tradition ne l'a conservé. Dans une plaine assez grande, presque entièrement inculte, et en partie marécageuse, s'élève une ancienne acropole. Elle occupe une hauteur isolée, de forme conique, qui s'avance du côté de l'ouest et du nord dans un petit lac. On suit toute la ligne du mur d'enceinte sur la pente qui descend vers la plaine; on la voit à partir des ruines de la porte principale monter de chaque côté, surtout vers le sud, jusqu'à ce qu'elle ait rejoint des rochers escarpés, qui du côté du lac suffisaient à la défense. Cette ligne est double vers l'est. La construction des murs est polygonale; c'est un mélange bien agencé de grandes pierres d'une épaisseur médiocre, et de petites, en moins grand nombre, qu'a fournies le rocher même de l'acropole, tout entier formé d'un marbre blanc grossier. De distance en distance sont des tours carrées dont le travail est plus régulier que celui des murs.

La porte principale, qui est à peu près complète, est remarquable par les détails de sa construction, et offre en même temps un curieux exemple des premières combinaisons des Vaubans antiques. Elle est percée dans un petit mur qui joint perpendiculairement une tour au mur d'enceinte, et en face d'une seconde tour, qui s'élève à peu de distance; de telle sorte que les assaillants ne pouvaient y arriver qu'en tournant et en s'exposant à recevoir par-devant et par-derrière les projectiles des ennemis placés sur les tours. Cette porte est large, évasée par le bas, et construite avec des pierres plus grandes et plus régulières que celles des murs. Le linteau est d'un seul bloc. Les deux pierres qui le soutiennent s'avancent en saillie de chaque côté, sur l'épaisseur de la porte, et sont taillés de manière à représenter des espèces de consoles grossières.

On trouve plus au sud une autre porte plus petite et plus simple. Percée d'après une disposition analogue, elle donne entrée dans un ouvrage de fortification, d'où l'on ne pénètre dans l'acropole que par une seconde porte, plus petite encore, dont l'axe est perpendiculaire à celui de la première. Ainsi l'on n'arrivait dans l'enceinte qu'après avoir changé deux fois de direction.

L'acropole renferme plusieurs ruines de constructions antiques, des fondations diverses, les premières assises d'un édifice carré, mais surtout des restes fort curieux situés au-dessus de la petite porte. Voici en quoi ils consistent.

Un mur formé d'énormes matériaux soutient la pente de la montagne, et cet appui solide sert de fond à plusieurs maisons dont on reconnaît les chambres, petites et nombreuses. Autant qu'on peut en suivre le plan, ces chambres semblent le plus souvent n'ouvrir que sur des couloirs communs. On voit un grand nombre de portes, toutes avec leur linteau. On entrait dans la principale maison par une porte placée latéralement tout près du mur d'appui. Extérieurement, cette maison est construite, comme les tours, avec de grosses pierres. Trois des chambres qu'elle renferme, à l'intérieur, offrent une disposition remarquable, qui paraît annoncer une intention d'élégance : parallèlement construites, chacune d'elles a une double porte, dont les deux parties sont séparées par une pierre mince dressée verticalement et se présentant en face sur l'épaisseur. Au-dessus, les différents linteaux suivent une même ligne.

L'ensemble de ces ruines porte le caractère d'une antiquité reculée ; sans prétendre leur assigner une date plus précise, on peut les rapporter à l'époque intermédiaire entre la guerre de Troie et le sixième siècle.

Cette forte acropole porte des traces d'occupation plus moderne. Une partie du mur d'enceinte a été réparée, et au sommet s'élève, au milieu de débris de murs, une tour franque en ruine. Un fragment de Théopompe nous apprend que Philippe, le père d'Alexandre, fit avancer son armée contre la ville de Dystos en venant d'Érétrie.

Le lac, après avoir baigné le pied du rocher de l'acropole, longe la montagne à l'ouest pendant une demi-lieue; il est profond dans toute cette partie, et y communiquait autrefois avec la mer par un catavothre aujourd'hui bouché. Du côté opposé, il se termine dans des marécages. Dans la plaine sont semés deux ou trois pauvres villages comme celui de Dystos, auprès desquels on remarque quelques oliviers. Les montagnes qui l'enferment de tous côtés sont grises, et le rocher s'y montre sous de maigres buissons : tout cet ensemble est triste d'aspect.

La plaine de Dystos communique d'un côté, par une route dans les montagnes, avec la plaine d'*Alivéri*, et de l'autre, par un petit col, avec la vallée d'*Avlonari*. On rentre ainsi dans la partie centrale de l'Eubée, par laquelle nous avons commencé la description géographique et l'histoire ancienne de cette île.

II.

PRÉCIS HISTORIQUE SUR L'ÎLE D'EUBÉE PENDANT LE MOYEN AGE ET LES TEMPS MODERNES.

L'EUBÉE JUSQU'A CONSTANTIN PORPHYROGÉNÈTE. — Comme la plupart des îles de l'Archipel célèbres dans l'antiquité, l'île d'Eubée disparaît de l'histoire après la conquête romaine et pendant presque tout le moyen âge. Dans les premiers siècles de l'ère chrétienne tout ce qu'on en sait se borne à quelques renseignements officiels sur son administration politique et religieuse. Ainsi on sait que sa capitale, Chalcis, eut d'assez bonne heure un évêque, qui, d'abord attaché au siége métropolitain de Corinthe, devint plus tard premier suffragant d'Athènes (1). L'un de ces prélats fut le Syrien Anatolius, mentionné parmi ceux qui assistèrent au concile convoqué à Alexandrie par saint Athanase, quelques années après la mort de Constantin. Parmi ses successeurs, Jean Damascène se distingua par quelques discours sur les mystères de la religion chrétienne, et en 943 Georges, qui occupait le siége épiscopal, eut le bonheur de retrouver un manuscrit de Jean Chrysostome contenant des explications de l'Évangile (1).

Quant à l'état politique de l'île, il dut être en tout pareil à celui des îles voisines : un gouverneur, nommé directement par l'empereur, l'administrait, et depuis 359, époque à laquelle Constance avait établi à Constantinople un préfet de la ville, les appels de l'Eubée et de toute la mer Égée ressortissaient de ce magistrat (2). A l'époque de la division de l'empire en thèmes, l'île, avec les Cyclades et Égine, fut rangée dans le cinquième thème d'Europe (3), qui comprenait toute la Grèce.

ENTREPRISES DES SARRASINS SUR L'EUBÉE. — Dans les siècles qui suivirent l'hégire, l'île d'Eubée ne put échapper aux incursions des Musulmans, bien que par sa position géographique, rapprochée du continent grec, elle se trouvât moins exposée à leurs courses que la Crète ou la Sicile. En 880, sous le règne de Basile, un chef musulman, émir de Tarse en Cilicie, Esman, animé par les succès de ses coreligionnaires, qui s'étaient emparés de Syracuse, vint mettre le siége devant Chalcis, sur l'Euripe. OEniatès, gouverneur de la Grèce, rassembla les troupes de sa province, et mit la ville en état de défense. L'attaque et la résistance furent également vives; les Eubéens ne le cédèrent pas en courage aux soldats qui étaient venus à leur secours; ils firent un heureux emploi du feu grégeois, en usage dans les sièges depuis environ deux cents ans ; et, malgré la persistance du chef ennemi, ils furent vainqueurs. Esman périt dans un dernier assaut, et les Musulmans, taillés en pièces, retournèrent avec précipitation en Cilicie (4).

PREMIÈRES TENTATIVES DES VÉNITIENS POUR S'EMPARER DE L'EUBÉE.

---

(1) Lequien, *Oriens Christ.*, t. II, col. 212-217.

(1) Montfaucon, *Paléogr.*, p. 44.
(2) Lebeau, *Hist. du Bas-Empire*, édit. Saint-Martin, t. II, p. 274.
(3) Const. Porphyrog. *De Themat.*; lib. II, édit. Niebuhr. t. III, p. 51.
(4) Lebeau, *Hist. du Bas-Empire*, t. XIII,

— L'île d'Eubée fut exposée aux ravages des Sarrasins, surtout dans la période où ceux-ci furent possesseurs de la Crète. Au temps des croisades, de nouveaux ennemis de l'empire tentèrent de s'en emparer; ce furent les Vénitiens. En 1171 Venise prépara contre l'empire un armement formidable, sous le commandement du doge Vital Michieli. La flotte vint, après quelques ravages, débarquer ses troupes dans l'Eubée. Toutes les places de l'île étaient en état de défense; cependant, le gouverneur, soit par crainte, soit pour gagner du temps, engagea les Vénitiens à députer vers l'empereur. Manuel traîna les négociations en longueur; la peste se déclara dans l'île, et sévit particulièrement dans l'armée vénitienne. Le doge, craignant que les Grecs n'eussent empoisonné les fontaines, fit rembarquer ses troupes. C'est vers cette époque que l'île d'Eubée commença à s'appeler Negrepont, dénomination dont l'origine a été indiquée plus haut.

COMMENCEMENTS DE LA DOMINATION VÉNITIENNE. — La quatrième croisade arracha aux Grecs les îles de l'Archipel, comme tout le reste de l'empire. Venise, n'étant pas encore assez forte pour conserver les possessions considérables que lui assignait le traité de partage, accorda à tout Vénitien le droit de s'emparer des îles et des villes grecques des côtes (1207). C'est ainsi que Marc Dandolo fonda le duché de Gallipoli : un noble véronais, Ravin ou Regnier Carcerio, s'associa avec lui et s'empara de l'île de Négrepont. Quelques années après, menacé dans sa conquête par une flotte vénitienne, il reconnut la suprématie de la république et gouverna sous son autorité. Une inscription latine placée sur l'une des murailles du palais de Chalcis nous apprend qu'à l'année 1273 les Vénitiens exerçaient leur domination par l'intermédiaire d'un bailli et de conseillers (1). Dès les premiers temps de la conquête de Négrepont par Carcerio et de la domination vénitienne, la grande affluence des Latins dans l'île fit remplacer l'évêque grec de Chalcis par un évêque du culte romain (2).

SIÉGE DE CHALCIS OU NÉGREPONT PAR LES GÉNOIS. — Les avantages que Venise retirait de la possession de l'Archipel et du commerce de la mer Noire lui furent disputés par les Génois; et en 1351 l'amiral Paganino Doria vint mettre le siége devant Chalcis. L'année précédente, onze galères génoises qui se rendaient à Caffa avaient été détruites ou prises par les Vénitiens. Doria voulut venger cet échec, et se mit à la poursuite de l'amiral Pisani, qui commandait dans l'Archipel à la tête de vingt galères. Pisani se réfugia à Constantinople avec trois vaisseaux, et son vice-amiral, avec les dix-sept autres, se retira dans le port de Chalcis, où, avec l'aide des Eubéens, il se mit en état de défense. Les Génois, n'ayant pu forcer l'entrée du port, en entreprirent le blocus, et assiégèrent la ville du côté de terre, à l'aide de fortes machines. La peste se mit parmi les troupes vénitiennes, et la république se voyait hors d'état de les secourir, quand Pierre IV d'Aragon prit parti pour Venise, et envoya de Barcelone une flotte vers Négrepont. Doria n'attendit pas l'armée combinée des Vénitiens et des Espagnols; il leva le siége (1).

PRISE DE NÉGREPONT PAR LES TURCS. — Aucune entreprise depuis celle des Génois ne semble avoir menacé dans l'île de Négrepont la domination vénitienne. Mais, après la prise de Constantinople, Mahomet II destina un vaste armement contre Négrepont, pour mettre un terme aux ravages que les Vénitiens ne cessaient d'exercer, de cette île, sur les îles et les côtes environnantes. En 1468 Nicolas Canale, amiral vénitien, avoit fait une descente en Thessalie et ravagé une grande étendue de territoire; puis l'année suivante, avec vingt-six galères, il avait pillé Lemnos, Imbros, la ville d'Éno, et emmené deux mille captifs à Négrepont. Mahomet II s'engagea par un vœu solennel à chasser les Vénitiens de l'Archipel, et il commença immédiatement ses préparatifs. Avant que les Turcs se fussent emparés des passages de l'Euripe, Canale fortifia Chalcis, et y transporta tout ce qu'il put rassem-

(1) Voir l'inscr. dans Dapper, p. 291. p. 313.
(2) Lequien, *Oriens Christ.* t. II, col. 216.

(1) Matteo Villani, l. I, c. 84, 85; l. II, ch. 26 et 34.

bler de vivres ; mais la garnison, sous les ordres du capitaine Luigi Calvo, du provéditeur Jean Bondomieri, et du podestat Paul Érizzo, était insuffisante. Mahomet arriva en Béotie avec une armée de terre qu'on porte à cent-vingt mille hommes, fit jeter des ponts sur l'Euripe, passa dans l'île, et fit battre Chalcis par cinquante-cinq canons de gros calibre. En même temps, sa flotte, composée de trois cents vaisseaux et de cent trente galères, s'empara de tout le détroit, ferma l'entrée du port de Chalcis, et commença de son côté le siége. A cette nouvelle, le sénat vénitien, qui considérait Négrepont comme le centre des possessions de la république dans l'Archipel, fit armer le plus de galères qu'il lui fut possible, et les envoya à Nicolas Canale avec ordre de tout tenter pour délivrer l'île. Trois assauts avaient déjà été livrés, lorsque Canale, rompant les chaînes qui fermaient l'Euripe, parut en face de la ville. Chalcis pouvait être délivrée : les hésitations de l'amiral perdirent tout. Une partie de sa flotte seulement l'avait suivi. Il voulut, malgré les conseils et l'audace de ses principaux officiers, attendre le reste de ses vaisseaux. Cependant, Mahomet livrait à la ville deux terribles assauts consécutifs. Les Chalcidiens se défendirent avec le dernier courage, ils se firent tous tuer en présence des voiles vénitiennes, qui ne bougeaient pas Lorsque Canale se détermina à faire un mouvement, les Turcs étaient entrés dans la ville sur un monceau de cadavres (12 juillet 1470) ; deux des chefs vénitiens avaient péri les armes à la main, le troisième, Paul Erizzo, enfermé dans la citadelle, se rendit sous condition d'avoir la vie sauve ; Mahomet le fit scier par le milieu du corps. Après la prise de la capitale, les Turcs eurent peu à faire pour s'emparer du reste de l'île. A Venise, l'indignation fut universelle contre Canale : vainement cet amiral tenta de racheter sa honte par une attaque sur Négrepont, il fut repoussé, et son successeur, Pierre Mocenigo, conduisit la flotte dans les ports de la Morée (1). Toutes les tentatives que firent par la suite les Vénitiens pour reprendre cette île échouèrent ; leur amiral Grimani, envoyé pour la recouvrer, à la tête d'une flotte considérable, ne sut pas même sauver Lépante, assiégée par les Turcs (1499).

NÉGREPONT SOUS L'ADMINISTRATION DES TURCS. — La domination vénitienne fut favorable à l'île de Négrepont ; la république avait laissé le titre de souverain dans l'île à Ravin Carcerio, qui le transmit à ses enfants ; mais elle eut soin d'adjoindre à ces maîtres nominaux ses propres magistrats, qui étaient : un provéditeur chargé du gouvernement général et de l'administration financière, un podestat préposé à la justice et un capitaine placé à la tête des troupes. A cette époque l'île, bien cultivée, rendait en abondance du blé, du vin et du coton ; des troupeaux nombreux peuplaient de vastes et beaux pâturages ; les laines et les fromages qu'on en tirait, l'huile et le miel recueillis par toute l'île, en étaient les principaux objets d'exportation. Enfin, outre les villes principales et les gros bourgs, on comptait huit cents villages. La domination turque changea tout ; à la vérité Mahomet, frappé de l'importance de l'île pour ses possessions grecques, en fit la capitale d'un vaste sandjiakat, qui comprenait, avec l'île de Négrepont, les vallées du Sperchius, du Mavro Patamos (Céphise), de l'Asopus, des cantons maritimes de Boudonitza et Talanta, de la Phocide, l'Attique et la Mégaride.

Mais là, comme dans les autres conquêtes musulmanes, l'administration fut arbitraire et eut une action funeste. La classe grecque fut opprimée, surchargée d'impôts, livrée au caprice des Turcs, et réduite à abandonner l'agriculture pour chercher un peu d'indépendance et quelques ressources dans le pâturage. Il y avait un proverbe au seizième siècle qui, pour signaler un homme injuste et de mauvaise foi, l'appelait *Turc de Négrepont* (1). Le capitan-bacha, commandant général de la flotte ottomane, résidait à Négrepont ; au-dessous de lui un kyaïa, ministre général, était chargé du soin des affaires en son absence, puis

(1) Pour tout ce siége voir Sismondi, *Hist. des Républiq. Ital.* t. VII, p. 6-14.

(1) *Hist. Nouv. des anciens Ducs de l'Archipel*, p. 127, 379. Jucherault de Saint-Denis, *Hist. de l'emp. Ottoman.* t. I, p. 113.

des beys étaient préposés au gouvernement des diverses places de l'île. Les Turcs fortifièrent la ville de Négrepont, l'agrandirent et élevèrent un château devant le port ; eux seuls et les juifs habitaient l'intérieur de la ville, les chrétiens étaient répartis dans les faubourgs ; la population entière pouvait être de 14 à 15,000 âmes. Les jésuites avaient été autorisés à entretenir à Négrepont une maison collégiale pour l'éducation des jeunes insulaires ; les Turcs y avaient construit pour l'exercice de leur culte quatre mosquées, deux dans la ville, deux dans les faubourgs, et leur capitan-pacha occupait le château, autrefois élevé par les Vénitiens pour le provéditeur (1).

CONDUITE DES HABITANTS DE NÉGREPONT PENDANT L'INSURRECTION GRECQUE. — La domination turque, plus ou moins tyrannique selon le caractère ou les caprices des gouverneurs envoyés par le sultan, se maintint dans l'île de Négrepont jusqu'à l'époque de la grande insurrection grecque. En 1821, animés par l'exemple et le contact des Athéniens, qui avaient pris part au soulèvement, les habitants de Négrepont arborèrent l'étendard national. Cette île n'avait qu'un très-petit nombre de Turcs commis à la garde des forts ; ils s'y retirèrent au premier signal du mouvement populaire. Le peuple, sachant qu'ils avaient eu la précaution de s'approvisionner d'armes et de munitions, ne les y inquiéta pas, et se contenta d'observer la citadelle. La jeunesse de l'île prit les armes, et alla se joindre aux Grecs du Continent à la voix d'une femme, Modéna Mavrogénie, qui déclara que sa main, destinée à un homme libre, serait le prix du vainqueur des Turcs (2). Modéna, issue d'une noble famille qui pendant de longs siècles avait possédé des fiefs dans l'île d'Eubée, avait été élevée à la cour de Constantinople, où sa famille était en possession de la charge de drogman. Son père avait été égorgé par l'ordre du sultan. Depuis cette époque la jeune fille vivait retirée dans l'île de Mycone. Ce fut elle qui, au moment de l'insurrection, souleva cette île et l'Eubée (1). Les Turcs enfermés dans les deux villes de Négrepont et Carystos s'y défendirent avec opiniâtreté ; à plusieurs reprises, ces places reçurent des renforts du continent, et les Grecs essuyèrent plus d'un revers devant les murs.

ÉCHEC DES GRECS DEVANT CARYSTOS. — En 1822, un des capitaines de l'Éleuthéro-Laconie, Élias, fils de Pietro-Bey, qui déjà s'était illustré à la prise de Tripolitza, débarqua à la tête de sept cents hommes près de Carystos, qu'il vint assiéger. Mais ses soldats, emportés par une valeur imprudente, s'engagèrent trop avant ; ils furent accablés par la multitude de leurs ennemis, et Élias fut obligé de se donner la mort pour ne pas tomber vivant au pouvoir des Turcs (2).

SIÉGE DE NÉGREPONT PAR LES GRECS. — Les Hellènes ne pouvaient cependant renoncer à la conquête de deux places qui par leur position commandaient la Béotie et l'Attique. De Négrepont, les Turcs, s'ils n'étaient réduits, pouvaient aisément descendre sur le rivage opposé et le ravager. Carystos, à l'extrémité méridionale de l'île, était un point de ralliement pour les flottes de Constantinople. C'était leur route pour se rendre sur les côtes du Péloponnèse, et elles pouvaient également y débarquer les troupes destinées contre la Grèce septentrionale. Cependant on pressait plus vivement encore le siége de Négrepont que celui de Carystos. Une armée de Maniotes, qui avaient puissamment contribué à la réduction de l'acropole d'Athènes, formait l'élite des troupes grecques réunies devant la capitale de l'Eubée. La peste et la famine joignaient leurs ravages à ceux de la guerre dans la garnison musulmane. Le pacha, d'autant plus découragé qu'il avait connaissance des derniers revers de la flotte turque à Malvoisie, offrit aux assiégeants de se rendre. Mais Pietro-Bey avait pris la direction du siége et juré de venger la mort de son fils par le massacre de tous les Turcs de Négrepont. Ce terrible serment ne fut pas exécuté :

(1) Dapper, p. 290-291.
(2) Raffenel, *Hist. compl. des Évén. de la Grèce*, t. I, p. 98.

(1) Pouqueville. *Hist. de la Régénér. de la Grèce*, 2ᵉ édit., t. II, p. 505.
(2) Id., *Ibid*, t. III, l. VI, ch. VII, p. 290.

un commissaire du gouvernement vint d'Athènes proposer aux défenseurs de la ville une capitulation; cinq mille des habitants en profitèrent pour se réfugier sur le continent; la garnison turque, restée seule, refusa de céder, et continua à défendre la citadelle (1). De son côté, l'un des principaux chefs hellènes, Ulysse, pressait le blocus de Carystos. Néanmoins, la guerre sur le continent ralentit les opérations militaires dans l'île. Méhémet-Chousrou-Pacha, sorti de Constantinople à la fin d'avril 1823 avec quarante bâtiments de guerre de toutes grandeurs, ravitailla la place de Carystos, et débarqua trois mille hommes sur la côte. Animés par ce renfort, les Turcs de Carystos firent une sortie générale; les Grecs, pris d'une terreur panique, se dispersèrent. Au lieu de les poursuivre, les musulmans se répandirent dans les villages voisins, et les pillèrent; puis ils ne craignirent pas de s'enfoncer par petites troupes dans les gorges de la chaîne de montagnes qui traverse l'Eubée. Les chefs grecs profitèrent de cette imprudence pour se jeter sur leurs ennemis, dont un grand nombre furent massacrés; le reste regagna la ville, et quelques jours après le blocus de Carystos était rétabli (2).

DÉFAITE DES MUSULMANS DANS L'EUBÉE. — Cependant Joussouf, pacha de Précovetcha, avait été chassé de Larisse, et battu en Béotie. Pressé avec les débris de son armée contre le rivage, il parvint à gagner le pont qui traverse l'Euripe et à se jeter dans l'île de Négrepont. Cette arrivée imprévue surprit les troupes grecques occupées au siége de la citadelle, et, avant qu'elles eussent pu se reconnaître et chercher un refuge dans les montagnes, le pacha leur tua trois cents hommes. L'armée de Joussouf et les troupes de la citadelle se réunirent, et remportèrent quelques autres avantages. Un village chrétien, qui n'avait pas été abandonné, fut livré au pillage et ses habitants furent massacrés; toute l'île semblait retombée sous la domination turque. Mais l'un des chefs les plus braves et les plus renommés des Hellènes, Diamantis, se trouvait en ce moment à Carystos, dont il était venu presser le siége après une victoire remportée à Catavothra. A la nouvelle de l'arrivée de Joussouf dans l'Eubée, il se met à la tête d'environ 3,000 hommes, Grecs de l'île et soldats qu'il avait emmenés de Thessalie, et marche contre les Turcs. D'abord, il essaya d'attirer l'ennemi dans les montagnes, où l'avantage de la position pouvait compenser l'infériorité du nombre. Le pacha se refusa à l'y suivre; forcé de combattre en ligne, Diamantis descendit en plaine, le 5 août 1823, et rangea sa petite armée en bataille devant une bourgade grecque qui venait d'être ravagée par des soldats de Joussouf. Le combat fut long et acharné; les Musulmans, quoique plus nombreux, furent contraints de céder à l'impétuosité de leurs adversaires. Youssouf combattit bravement, et sut protéger sa retraite avec deux-cents cavaliers bulgares qui l'avaient suivi. Le surlendemain il posta avantageusement les restes de son armée dans un village qu'il avait à demi ruiné, et couvrit sa position de quatre pièces de campagne placées sur les rives escarpées d'une petite rivière, dont le cours le protégeait. Diamantis, aussi prudent que courageux, sut contenir l'impétuosité de ses troupes, et passa quelques jours en observation. La cavalerie turque, enhardie par l'inaction apparente de leur ennemi, faisait des incursions jusque dans son camp; mais une nuit Diamantis fit creuser de vastes fossés recouverts de terre et de sable, et deux jours après quand les Bulgares passèrent la rivière, leurs chevaux vinrent s'abîmer dans le piége des Grecs, qui firent un grand nombre de prisonniers. Pendant un mois encore, Diamantis différa d'attaquer les musulmans; enfin, quand il leur eut inspiré une complète sécurité, il songea à tourner leur ligne de défense. Ce fut la nuit du 5 septembre, qu'après avoir allumé dans son camp de grands feux et laissé quelques soldats pour dissimuler son mouvement, il se mit en marche à travers les montagnes. Il était en vue du camp de Youssouf deux heures avant le jour: l'attaque n'eut lieu qu'au lever du soleil; les ennemis, pleins de sécurité, étaient encore endormis. Ils furent pres-

(1) Raffenel, *Évén. de la Grèce*, t. II, p. 236-240.
(2) Raffenel, *id.*, p. 365-369.

que tous massacrés. La victoire des Grecs fut telle, que le chef ennemi s'enfuit seul, sans armes avec quelques Bulgares vers Négrepont. Le commandant de cette place refusa de l'ouvrir aux fuyards. Youssouf eut la lâcheté d'abandonner les débris de son armée et de s'y réfugier seul. Quelques centaines de Turcs avec son lieutenant parvinrent à repasser le détroit, et regagnèrent péniblement la Thessalie (1).

EXPÉDITIONS D'ULYSSE EN EUBÉE. — Après sa victoire, Diamantis repassa sur le continent, laissant un corps de troupes dans l'Eubée. L'année suivante, 1824, Ulysse, qui avait pris ses cantonnements dans l'Attique, franchit l'Euripe, et essaya de surprendre Négrepont, où les Turcs, après la défaite de Youssouf, avaient concentré toutes les forces de la province. Son projet échoua; les ennemis avaient été prévenus et se tenaient sur leurs gardes. Ulysse s'établit alors autour de la ville pour en faire le blocus, s'emparant des chevaux des ennemis, massacrant leurs maraudeurs et s'efforçant toujours, mais en vain, de les attirer à une affaire générale. Enfin, pour mettre Négrepont en état de pourvoir elle-même à sa délivrance, il enrégimenta la jeunesse de l'île, la disciplina, lui fournit des armes et des munitions, et lui donna pour l'exercer et l'aguerrir une division de ses troupes; puis il la dirigea sur Carystos, qui fut bloquée comme Négrepont. Depuis le commencement de l'insurrection dans l'île d'Eubée, les Turcs n'avaient cessé d'occuper Négrepont et Carystos, où, plus d'une fois réduits à l'extrémité, ils étaient toujours parvenus à se maintenir. Carystos, moins fortifiée que Négrepont, se rendit; mais les discordes des chefs de la Grèce continuèrent à protéger les Turcs enfermés dans Négrepont. Ulysse, privé de renforts, et rappelé sur le continent par les intérêts de la guerre générale, ne put s'emparer de cette ville.

DERNIERS ÉVÉNEMENTS DE LA GUERRE EN EUBÉE. — Les Turcs profitèrent de l'abandon forcé de l'Eubée par Ulysse pour y faire une nouvelle tentative. Un lieutenant de Dervisch-pacha, établi dans la presqu'île de Volo, traversa le détroit dans des barques fournies par les Turcs de Négrepont, s'empara de toutes les parties non fortifiées de l'île, et bloqua les chrétiens dans Carystos (juillet 1824). Il eût pu reprendre cette place; mais il préféra tenter un coup de main sur Athènes. Battu dans la plaine de Marathon, il fut pris, et quelques soldats seulement regagnèrent l'île, qui ne resta pas longtemps en leur pouvoir. Ulysse y reparut, et s'empara de tout le pays, à l'exception de Négrepont, que peut-être il eût forcé à se rendre si des desseins ambitieux et les préoccupations d'une défection prochaine n'eussent affaibli son ardeur (1). Gouras, qui lui succéda dans le gouvernement de la province d'Athènes, ne put empêcher les Turcs de reprendre le dessus en Eubée. Ils s'emparèrent de Carystos, sur laquelle le colonel Fabvier et le chef d'escadron Regnault de Saint-Jean d'Angely firent, en mars 1826, une tentative infructueuse. Ils avaient d'abord remporté quelques succès et forcé les Turcs à se réfugier dans la forteresse, quand un renfort inattendu de deux mille hommes leur survint. Les Turcs reprirent l'offensive, coupèrent à leurs ennemis toute retraite, et sans un prompt secours, que les Grecs d'Ipsara, d'Hydra et de Syra envoyèrent, tous les hommes de l'expédition eussent péri (2).

L'ÎLE D'EUBÉE RÉUNIE A LA GRÈCE; SON ÉTAT ACTUEL. — Ce fut la dernière tentative armée des Grecs dans l'île de Négrepont. Les discordes de leur gouvernement, leurs revers consécutifs sur le continent permirent aux Turcs de Négrepont et de Carystos de s'étendre par toute l'île, et ils en restèrent maîtres jusqu'à l'époque où, grâce à la triple intervention de la France, de l'Angleterre et de la Russie, et à la victoire de Navarin, la liberté hellénique fut consacrée. Il fut résolu dans les conférences de Londres que l'Eubée appartiendrait, avec les Cyclades, au nouvel État. Cette décision était déterminée par la situation géographique de l'île, qui ne permettait pas qu'elle pût être laissée aux mains

(1) Raffenel, Évén. en Grèce, t. III.
(2) Mémoires histor. et milit. sur les Évén. de la Grèce, de 1822 à 1827, par Jourdain; t. II, p. 240.

(1) Raffenel, Événem. de la Grèce, t. II, p. 371-381.

des musulmans, sans que l'existence et l'indépendance de la Grèce fussent incessamment compromises et menacées. Cette décision devait grandement contribuer à la dépopulation de l'Eubée; car les musulmans y étaient seuls détenteurs et cultivateurs de la terre, les chrétiens, dans tout le cours de leur domination, n'ayant trouvé d'autre moyen d'échapper aux exactions de toutes sortes que de s'adonner à la vie pastorale. Il fut à la vérité résolu, lorsque le traité définitif replaça Samos sous la domination des Turcs, que ceux des Samiens qui chercheraient un asile en Grèce obtiendraient des concessions de terre dans Négrepont; mais la nécessité où on les mit de désintéresser les musulmans propriétaires du sol rendit ces donations illusoires. Presque tous refusèrent, et depuis l'expulsion des Turcs l'île est devenue en beaucoup d'endroits un véritable désert [1].

Aujourd'hui la grande île d'Eubée, qui a repris son nom, compte, en y comprenant la population de l'éparchie de Scopélo, 59,550 habitants au lieu de 300,000 qu'elle eut au temps de sa prospérité. Elle forme une nomarchie dont la capitale est Chalcis, et se subdivise en quatre éparchies, dont trois pour l'Eubée, savoir : Chalcis, Xérochori, Carystos, et celle de Scopélo pour le groupe des îles thessaliennes. Chacune de ces éparchies a un chef-lieu du même nom. On conçoit qu'avec une si faible population la plus grande partie du territoire de l'Eubée reste inculte. L'agriculture n'est développée que sur quelques points du littoral, principalement dans les environs de Chalcis et de Carystos. Les montagnes de l'intérieur ne sont habitées que par des pâtres, qui suivent leurs troupeaux de pâturage en pâturage. Le gouvernement actuel de la Grèce a fait quelques efforts pour ranimer l'agriculture en Eubée : il a ordonné le dessèchement des marais de Chalcis, il a fait greffer les oliviers sauvages, il a tracé des routes qui doivent conduire d'Athènes au chef-lieu de l'île; mais, malgré ces louables tentatives, cette grande et belle île d'Eubée offrira encore longtemps la trace des maux qu'elle a soufferts depuis trois siècles, avant que de retrouver tous les éléments de son ancienne prospérité.

---

[1] Jucherault de Saint-Denis, *Hist. de l'emp. Ottoman*, t. III, p. 367 et 396.

LES CYCLADES[1].

I.

NOTIONS GÉNÉRALES SUR LA GÉOGRAPHIE ET L'HISTOIRE DES CYCLADES.

Nous désignons par le nom de Cyclades le groupe des îles de l'Archipel qui est compris entre les 21° 40′ et 24° 20′ de longitude et 35° 40′ et 38° de latitude nord, et nous y réunirons toutes les îles du golfe Saronique et celles qui avoisinent les côtes de l'Argolide (1). La petitesse de ces îles, leur ressemblance d'aspect et de nature, leur concentration dans un coin de la mer Égée, leur proximité du rivage de la Grèce d'Europe, la nullité historique du plus grand nombre, et la similitude de leurs destinées dans les temps anciens et modernes, telles sont les principales raisons qui nous ont déterminé à leur appliquer spécialement cette dénomination de Cyclades, dont l'emploi n'a jamais été bien défini, et que les géographes et les voyageurs étendent quelquefois à toutes les îles de la mer Égée (2). Notre groupe des Cyclades se composera donc des îles rangées dans l'ordre suivant, à partir de la pointe méridionale de l'Eubée : Andros, Ténos, Gyaros, Céos, Hélène, Cythnos, Syros, Délos, Rhénée, Myconos, Sériphos, Syphnos, Oliaros, Paros, Antiparos, Naxos, Cimolos, Mélos, Polyaigos, Pholégandros, Sikinos, Ios, Amorgos, Astypalée, Anaphé, Théra, la plus rapprochée de la Crète au sud; et, en suivant les sinuosités du continent hellénique, nous rencontrerons Salamine, Égine, Calaurie, Hydria, Typarénus et quelques écueils et îlots que nous signalerons en passant.

ASPECT GÉNÉRAL DES CYCLADES. — « L'aspect de presque toutes les Cyclades, dit Villoison, au premier abord est

(1) Voyez toute la bibliographie relative aux Cyclades dans les indications de Forbiger, *Handbuch der alten Geographie*, t. III, p. 1024.
(2) Voyez plus haut, p. 192.

uniforme. On n'aperçoit en arrivant que des rochers pelés, secs et arides, souvent taillés à pic; plusieurs n'ont pas de port, mais seulement une rade, une calanque pour les barques, les caïques, les saccolèves et autres petits bâtiments. A l'approche du premier bateau on voit accourir une foule d'oisifs qui s'empressent de vous crier de toutes parts τί μάνδατα? *quelles nouvelles?* et qui se hâtent de recevoir les lettres qu'apportent le χαραδόκυρις ou patron de barque, et qui les interceptent souvent ou les lisent à la dérobée..... Les anciens avaient coutume de placer quelques-uns de leurs temples assez près de la mer, comme celui d'Apollon Æglète à Anaphe, ou Namfi, d'Esculape, que j'ai retrouvé à Astypalie ou Stampalie, d'autant plus que les villes anciennes étaient proches du rivage. Maintenant la crainte des corsaires, qui ont souvent dévasté l'Archipel, a forcé les insulaires à bâtir leurs villages sur le haut d'une montagne, quelquefois à une ou deux heures de distance de la marine. C'est ce que firent les premiers Grecs, au rapport de Thucydide. Les modernes ont construit de petites chapelles assez près du bord de la mer; c'est là qu'on se met à l'abri quand on veut s'épargner la peine de monter au village. C'est aussi la demeure la plus ordinaire des matelots qui restent au port..... Le chemin qui mène au village est ordinairement rude et escarpé, et quelquefois même dangereux et fort long..... La première chose qu'on aperçoit en arrivant dans les bourgs, c'est une longue file de moulins à vent, placée à l'entrée du village. Les rues sont ordinairement étroites, inégales; la plupart ne sont pas pavées, et sont pleines de boue dans l'hiver, le seul temps de l'année où il pleut dans l'Archipel. On y rencontre à chaque pas des cochons, des poules. Dans quelques îles, les escaliers avancent dans la rue et en occupent la moitié. Toutes les maisons sont couvertes d'une terrasse, revêtue d'une couche de terre, qui laisse souvent passer la pluie, et qu'il faut renouveler tous les ans. Il n'y a qu'à Santorin où elles soient plus solides et faites de pierre..... L'usage des terrasses est très-ancien dans le Levant, comme on le voit dans la Bible. Les maisons sont basses, occupent peu d'emplacement, ne renferment ordinairement qu'une pièce d'une médiocre grandeur, et une autre, très-petite, où on monte par une échelle de bois. Au lieu de carreaux, on ne trouve que de la terre, et dans très-peu des planches. Le feu n'y prend presque jamais. Il est vrai que celui de la cuisine n'est jamais ardent chez les Grecs, et que, grâce à la douceur de leur climat, ils n'ont presque pas besoin de se chauffer. Ils n'ont pas de cheminées dans leurs chambres, et se servent de réchauds..... On ne trouve de fenêtres dans presque aucune île, mais seulement des contrevents ou volets de bois, qu'on laisse ouverts toute la journée.

« L'hiver est très-doux dans les Cyclades. C'est le seul temps de l'année où il tonne. Les pluies n'y sont pas rares dans cette saison, et commencent la fin du mois de décembre. Le siroc règne alors ordinairement, comme la tramontane dans l'été, ce qui rend le climat tempéré. Il n'y a pas à proprement parler de vent fort ni durable dans l'hiver, qu'Anacréon a raison d'appeler δυσέγγυος ὥρα. En général, les vents y sont très-inconstants. Il faut se défier du calme plat, qui ordinairement présage la tempête. On est sûr d'en voir bientôt s'élever une quand on trouve une foule de dauphins qui bondissent. Il tombe rarement de la neige, excepté sur les montagnes; la glace y est presque une chose inouïe (1). »

Des impressions de voyage plus ré-

(1) J'ai emprunté tous ces détails aux manuscrits de Villoison, amas confus, mais précieux de renseignements de tous genres sur la Grèce, et particulièrement sur les îles, recueillis dans les auteurs anciens, dans les voyageurs de tous les temps, dans les Byzantins, les Pères de l'Église, les Lois des empereurs, etc., que cet infatigable savant lisait la plume à la main, en faisant force extraits et commentaires. C'est une mine inépuisable de matériaux; mais, sauf sur quelques points, la mise en œuvre y est à peu près nulle. Voyez à la Bibliothèque Nationale les manuscrits 362, 9-3.

centes que celles de Villoison nous présentent les choses sous le même aspect. « Les Cyclades, dit un spirituel voyageur, enlevé récemment par une mort déplorable (1), que les poëtes nous dépeignent si riantes, sont en général d'une aridité désespérante pour l'imagination. Que d'illusions s'envolent quand on arrive en Grèce! Lorsque, venant d'Europe, quelques heures après avoir, pour la première fois, entrevu dans un vague lointain la terre du Péloponnèse, le voyageur double enfin le cap Matapan, il éprouve un premier mécompte. On lui désigne à droite sous le nom de Cérigo un rocher chauve et aride comme les côtes de Provence. Cérigo n'est autre que cette île des amours dont le climat était si énervant, dont les myrtes, les citronniers fleuris exhalaient de si suaves parfums au temps où elle se nommait Cythère, où Vénus était sa souveraine. Puis vous rangez Milo, Antimilo avec son turban de nuages qui la couvre perpétuellement comme une ombrelle, Paros, Antiparos, Syra ; partout la même désolation. Si vous poussez plus loin votre voyage, vous retrouvez encore à l'autre bout de l'Archipel la même stérilité; et jusqu'à Nicaria et Patmos, la plupart des îles ne sont que des masses de rochers, non-seulement sans végétation, mais sans apparence de terre végétale. Cependant, nier que ces îles aient été cultivées, ce serait contredire un trop grand nombre de témoignages. Autrefois, assurent les anciens, elles étaient couvertes de forêts. Il faut croire alors que la destruction de ces forêts est la cause de la stérilité actuelle des Cyclades; c'est du moins la seule raison qu'on en puisse donner. Si sauvages, si arides qu'ils paraissent d'abord au voyageur, les rochers des Cyclades (dont quelques-uns enveloppent dans leurs côtes désolées des vallées, des plaines d'une fécondité admirable) n'en forment pas moins *un horizon à souhait pour le plaisir des yeux*. Nus, dépourvus de tous les dons de la nature, n'ayant pour ainsi dire pas même de couleur, ils se parent merveilleusement de toute la richesse du climat, de toute la beauté de l'atmos-

(1) M. Alexis de Valon, *Revue des Deux Mondes*, 1843. *Ile de Tine*.

phère, et revêtent les teintes splendides que le ciel leur envoie. Ce sont des prismes admirables établis sur la mer pour refléter le soleil, et reproduire plus belles encore les nuances, changeantes à chaque heure, de l'horizon oriental. Le matin, avant le lever du soleil, au milieu de cette mer unie et blanche comme un lac de mercure, les îles se colorent d'un bleu tendre, délicieusement fondu, impossible à définir, qui n'est pas l'indigo et qui n'est pas l'azur, mais qui souvent m'a rappelé cette couleur d'un instant qui aux heures de rosée s'attache comme une poudre légère aux prunes sauvages de nos haies, et disparaît plus tard à la chaleur. Le soleil levé, la mer s'enflamme, les rochers se dorent, et scintillent comme les topazes. Le soir ils subissent dans toute sa splendeur l'incendie du couchant (1), et plus tard rendent dans toute leur transparente pâleur les teintes roses qui lui succèdent. La nuit enfin, au clair des étoiles, on croit voir d'immenses coupoles bleues, gouachées par la lune, qui se lève, d'un large reflet blanchâtre, et entourées d'une ceinture d'argent par la mer qui se brise sur leurs rivages. »

C'est à l'impression produite par ce spectacle enchanteur qu'il faut surtout attribuer les sentiments enthousiastes des insulaires grecs pour les petits nids rocailleux qui les ont vus naître. Il faut en chercher la cause, dit M. Bronsted, non-seulement dans l'attachement ordinaire au sol natal, mais encore dans des circonstances locales, surtout dans l'influence qu'exerce depuis l'enfance sur le physique et le moral d'un peuple doué d'un naturel heureux, sensible et mobile, une mer superbe, remarquable par sa variété infinie, par la richesse des teintes, et par un horizon immense. L'exclamation de Callirhoé, dans le roman de Chariton, est donc aussi vraie que pathétique, lorsque, sur le point d'être conduite dans l'intérieur de l'Asie et à Babylone, elle s'écrie : Être transportée sur les bords de l'Euphrate, moi pauvre insulaire, être emprisonnée dans ces vastes plaines où je ne verrai plus la mer! « Un jour, continue M. Bronsted (1), pendant que j'admirais sur les hauteurs d'Ampelakia, auprès de la vallée de Tempé, la beauté du paysage qui se présentait devant moi, les masses imposantes de l'Olympe et le fleuve qui en baignait le pied, un Grec de l'île de Tine, qui était présent, me dit : « Certes, c'est beau; mais où est la mer? Elle est loin d'ici ». Cette prédilection pour les îles de la mer Égée, qu'un rhéteur grec comparait aux belles taches foncées d'une peau de panthère, image qui rappelle les vers d'Horace, *interfusa nitentes æquora Cycladas*, reste la passion dominante, le trait distinctif de leurs habitants, qui préfèrent la vie chétive qu'ils mènent sur leurs rochers à tout le bien-être dont ils pourraient jouir dans toute autre partie de la terre. Heureuse disposition de ces insulaires, intéressante à observer pour le voyageur qui les visite, et qui sous les apparences de la misère y découvre plus de contentement réel qu'on n'en voit ordinairement chez les peuples surexcités par certains abus de la civilisation!

POPULATION DES CYCLADES. — La population des Cyclades est essentiellement grecque d'origine. Hérodote dit en général que les habitants de ces îles étaient de race pélasgique, et que plus tard ils furent appelés Ioniens, par la même raison que les douze villes ioniennes fondées par les Athéniens (2). Avant la domination des Ioniens dans la mer Égée, les îles avaient d'abord été soumises aux Phéniciens et au sceptre du Crétois Minos; les Cariens y établirent ensuite leur empire; « et ils en furent chassés, dit Isocrate (3) par nos ancêtres, qui, n'osant point s'y transporter eux-mêmes, firent passer dans ces îles les citoyens que l'indigence poursuivait dans leur patrie. Après cela, devenus plus entreprenants, ils fondèrent sur le continent de nombreuses et puissantes cités. »

Il n'y a aucun doute à cet égard : la diffusion de la race ionienne, qui se

(1) Ὅταν ὁ ἥλιος βασιλεύει, comme disent si heureusement les Grecs modernes, pour exprimer la magnificence du soleil couchant.

(1) M. Bronsted, *Voyages dans la Grèce*; île de Céos, p. 8.
2) Hérodote, VII, 95.
(3) Isocr., *Panath.*, § 26, p. 241; éd. Coray.

confond par tant de côtés avec celle des Pélasges, est un fait incontestable, principalement en ce qui concerne ce que nous appelons les Cyclades. Deux ou trois îles seulement, comme Mélos et Théra, échappèrent aux Ioniens, et furent peuplées par des colons d'origine dorienne. Mais ce n'est là qu'une exception, qui ne détruit pas le fait général. Le passage d'Isocrate qui vient d'être cité confirme l'assertion d'Hérodote, qui, à son tour, trouve sa preuve dans mille renseignements de détails. Hérodote dit lui-même, en parlant de quelques peuples insulaires, tels que ceux de Céos, de Naxos, de Siphnos, de Sériphos, d'Andros et de Ténos, *qu'ils étaient Ioniens et originaires d'Athènes*. Thucydide, dans le curieux dénombrement des peuples entraînés par Athènes dans l'expédition de Sicile, nomme la plupart de ces insulaires, et assure également qu'ils étaient Ioniens et sortis d'Athènes. « Velléius Paterculus (1), entre autres îles qui furent occupées par la colonie ionienne, cite celle d'Andros, de Délos, de Ténos et de Paros, et il ajoute : *aliasque ignobiles*, expression par laquelle il désigne sans doute le reste des Cyclades. Enfin, le scoliaste anonyme de Denys le Périégète non-seulement nomme toutes les Cyclades où s'établirent les colonies ioniennes, mais encore il cite les noms des chefs qui conduisirent ces colonies. Ce passage, un des plus curieux que les anciens nous aient conservés, est aussi le seul, à ma connaissance, où nous trouvions ces lumières. Le chef de la colonie conduite à Céos se nommait Thersidamas ; à Siphnos, Alcénor ; à Délos, Antiochus ; à Sériphe, Éteoclès ; à Naxos, Archétime et Teuclus ; à Rhénée, Délon ; à Scyros, Hippomédon ; à Mycone, Hippoclès ; à Andros, Cenœthus et Eurylochus ; à Cythnos, Cestor et Céphallénus ; à Paros Clythius et Mélas. L'île d'Amorgos fut la seule où les Athéniens n'envoyèrent pas directement une colonie de leur sein. Ce furent les Naxiens qui s'y établirent. »

Cette émigration ionienne s'effectua l'an 1130 avant l'ère chrétienne. A cette époque l'Attique était encombrée d'habitants ; elle avait reçu tous les peuples fuyant l'invasion des Doriens et des Héraclides dans le Péloponnèse. Aussi toute cette population, se sentant trop à l'étroit dans la stérile Attique, ne tarda pas à s'écouler vers les îles et l'Asie Mineure. L'ambition de régner ayant divisé les fils de Codrus, et la Pythie ayant favorisé de son suffrage les prétentions de Médon, Nélée et ses autres frères résolurent de s'expatrier, et devinrent naturellement les chefs de tous ceux qui se trouvaient disposés à émigrer. Ainsi un fonds primitif de race pélasgique, sur lequel se superposent des établissements de peuples navigateurs, Phéniciens, Crétois, Cariens, le tout recouvert ensuite d'une sorte d'inondation de colonies d'Ioniens, race sortie peut-être du vieux tronc des Pélasges, tels sont les éléments qui composèrent la population des Cyclades et en général de presque toutes les îles de la mer Égée (1).

SITUATION HISTORIQUE DES CYCLADES PENDANT L'ANTIQUITÉ. — Prise dans le sens géographique la dénomination de Cyclades est absolument fausse ; dans le sens politique et religieux elle est rigoureusement exacte ; et ce sens-là est le seul vrai et primitivement accepté et compris par les Grecs. Les Cyclades formaient, en effet, un *cercle* ou confédération, ou Amphictyonie, dont l'île de Délos était le centre, et où tous les insulaires envoyaient des théories sacrées aux Panégyries, ou assemblées générales. Il est à croire, avec M. Bronsted, que la véritable cause de la discordance notable des anciens relativement au nombre d'îles désignées sous le nom de Cyclades et comprises dans le groupe délien, c'est que les amphictyons déliens, ou les membres de cette fédération d'îles y entraient ou s'en retiraient selon que la ligue était favorisée ou opprimée. Quoi qu'il en soit, il y a beaucoup de faits qui autorisent à croire qu'il s'était formé de bonne heure entre ces îles une fédération qui ne dépendait d'abord ni d'Athènes ni des villes d'Asie unies par les Panionia. Cette confédération formait sans doute une amphictyonie particu-

---

(1) Raoul Rochette, *Col. Grecq.*, III, p. 80.

(1) Bronsted, *De l'île de Céos*, p. 56.

lière, et Délos, ou le sanctuaire des divinités déliennes, en était le centre.

Au reste, sur ce point, comme sur tout ce qui regarde l'état historique des Cyclades avant le sixième siècle, on en est réduit à de simples conjectures. « Avant la guerre des Perses, dit encore M. Bronsted, on trouve peu de données vraiment historiques sur les Cyclades. Cependant cette période reculée fut le temps de leur plus grande prospérité. Ces petites républiques insulaires, en possession de l'autonomie dans toute l'acception du mot, virent se développer leur industrie et leur activité commerciale par leurs relations avec les villes grecques d'Asie Mineure, et, après Psammitichus, avec l'Égypte. » Mais les progrès de la domination des Perses, en troublant la paix qui s'était maintenue entre les États civilisés de l'Europe et de l'Asie, apporta de grands changements dans la situation des Cyclades, et leur prépara un nouvel ordre de choses.

A la fin du sixième siècle elles furent attaquées par les Perses. Aristagoras, neveu d'Histiée de Milet, avait entraîné le satrape de Lydie dans une expédition contre Naxos, en lui faisant espérer la soumission de toutes les Cyclades. Cette entreprise échoua, et fut suivie de la révolte d'Ionie, qui força les Perses à ajourner leurs projets contre la liberté des îles. Après avoir replacé la Grèce d'Asie sous sa domination, Darius envoya contre Athènes Datis et Artapherne, avec l'ordre de soumettre en passant les Cyclades. De toutes ces îles il n'y eut que Naxos qui eut à souffrir de la rigueur des Perses; Délos fut traitée avec un religieux respect, et le reste, excepté Siphnos, Sériphos et Mélos, avait conjuré l'orage en faisant une prompte soumission et en donnant des otages. C'est ainsi que les Perses dominèrent quelque temps dans ces parages. Après la bataille de Marathon, Miltiade entreprit de leur enlever ces îles; mais il échoua devant Paros, et dans les dix années qui s'écoulèrent depuis l'entreprise de Datis et d'Artapherne jusqu'à la grande expédition de Xerxès et la bataille de Salamine, il n'y eut rien de changé dans la situation des Cyclades à l'égard de la Perse : ces insulaires fournirent dix-sept vaisseaux à la flotte de Xerxès (1). Mais dès que les armes grecques eurent obtenu quelques succès, les insulaires rejetèrent l'alliance forcée et peu naturelle de la Perse, et s'engagèrent résolument dans la cause de l'indépendance. Dans les combats de l'Artemisium, les vaisseaux de Céos combattent dans les rangs de la flotte grecque. A Salamine il se trouve déjà des vaisseaux de six ou de sept des Cyclades, savoir, de Naxos, Céos, Cythnos, Sériphos, Siphnos et Mélos, et une trirème de Ténos échappée des rangs des Perses, la veille de la bataille (2). Aussi le nom de toutes ces îles figurait-il glorieusement sur le trépied consacré à Delphes par les peuples grecs qui avaient pris part à cette mémorable journée.

Après la victoire de Salamine, les Grecs poursuivirent la flotte perse à travers les Cyclades; et Thémistocle, avec son activité ordinaire et son habileté peu scrupuleuse, se hâta de profiter des circonstances pour étendre l'empire maritime de sa patrie et augmenter sa fortune privée aux dépens des îles qui s'étaient laissé entraîner à trahir la cause commune. « Je viens à vous, disait Thémistocle aux habitants d'Andros, avec deux divinités puissantes, la Persuasion et la Nécessité. — Nous en avons deux autres, répondirent-ils, qui ne quittent jamais notre île, la Pauvreté et l'Impuissance. » Les Athéniens se bornèrent pour cette fois à assiéger Andros, qui résista, et à rançonner les îles les plus compromises avec les Perses. Ce n'était là que le prélude de la domination qu'ils devaient bientôt imposer aux Cyclades.

L'année suivante, 479, les Grecs vainquirent Mardonius à Platée. Après la bataille, tous les peuples qui y avaient pris part consacrèrent une statue à Jupiter Olympien. Le voyageur grec Pausanias vit cette statue, dont il donne une description très-détaillée, et copia l'inscription qui l'accompagnait. C'est l'acte le plus authentique qui nous ait été conservé sur la composition de l'armée confédérée qui remporta la victoire de Platée. Cette inscription donne une liste

(1) Hérodote, VII, 95.
(2) Bronsted, *Ile de Céos*, p. 72.

de vingt-sept cités, parmi lesquelles six États des Cyclades, savoir : les Céiens, les Méliens, les Téniens, les Naxiens, les Cythniens, et les Éginètes (1).

Tant que la guerre médique avait été défensive et continentale, Sparte avait conservé l'hégémonie ou le commandement suprême des forces coalisées de la Grèce. Mais bientôt la guerre changea de caractère; elle fut transportée dans les îles et sur les côtes d'Asie Mineure, et elle devint tout agressive de la part des Grecs, et presque exclusivement maritime. Alors la supériorité de la marine athénienne devait amener le déplacement de l'hégémonie. La retraite de Léotychide, roi de Sparte, qui laissa les Athéniens diriger seuls le siège de Sestos, et travailler à l'affranchissement des Grecs d'Asie et des îles, l'orgueil et les excès de Pausanias contribuèrent à dégoûter les alliés, qui se jetèrent dans les bras d'Athènes, et se rangèrent sous le commandement d'Aristide et de Cimon.

D'ailleurs, ce n'était pas de la grande cité dorienne du Péloponnèse que les îles et cités d'Asie, presque toutes ioniennes, pouvaient attendre leur délivrance. Dans un conseil tenu à Samos après la bataille de Mycale, les Péloponnésiens avaient déclaré qu'il était impossible de protéger et de défendre continuellement les Ioniens, et ils avaient proposé de les transporter dans d'autres établissements. Les Athéniens n'avaient point été de cet avis, et ils avaient soutenu qu'il ne convenait pas aux Péloponnésiens de délibérer sur le sort de leurs colonies (2). Ceux-ci n'y contredirent pas, et laissèrent à la métropole des États Ioniens le patronage de toutes les cités maritimes, que la communauté d'origine et d'intérêt rapprochait tout naturellement d'Athènes. Toutes les Cyclades entrèrent dans cette alliance, dont Aristide organisa les conditions en 477. Il régla les contingents que chaque cité devait fournir pour l'entretien de la guerre contre les barbares. Alors fut établi chez les Athéniens la magistrature des *Hellénotames*, chargés de recevoir les tributs, dont le montant fut fixé d'abord à 460 talents (2,484,000 francs); le trésor fut déposé à Délos, l'ancien centre de la confédération des Cyclades, et les assemblées générales durent se réunir autour du temple d'Apollon (1).

Dans le commencement, les Athéniens administrèrent avec justice et modération les affaires de la ligue hellénique; mais bientôt leur pouvoir dégénéra en une oppression qui devint presqu'aussi odieuse que celle des Perses. Le trésor commun fut transporté de Délos à Athènes; la contribution fut portée de 460 talents à 600. Les assemblées de Délos tombèrent en désuétude. « La cessation de la diète de Délos entraîna une autre innovation. En formant la confédération, les alliés avaient très-certainement décidé que la diète jugerait les affaires fédérales. Ce droit de haute juridiction passa de Délos à Athènes avec la garde du trésor commun. Mais cette juridiction, bornée sans doute dans l'origine à toute cause regardée comme une infraction à l'alliance, empiéta sur la juridiction civile. Cet empiétement fut favorisé par l'assentiment des petites cités, qui se trouvèrent ainsi protégées contre la violence des grandes; et par l'idée, familière aux Grecs malgré leur égoïsme municipal, d'une justice quelquefois cherchée et rendue hors de leurs murs (2) ». Quelques-unes des îles puissantes de l'Ionie, Samos, Chio, Lesbos, protestèrent contre les empiétements successifs de la puissance d'Athènes; mais les petites Cyclades s'en accommodèrent facilement, et acceptèrent volontiers son autorité judiciaire, comme déjà elles avaient reconnu sa suprématie politique. Dans la guerre du Péloponnèse, toutes ces îles, excepté Egine et Mélos, que les Athéniens ruinèrent, restèrent fidèlement attachées à la fortune d'Athènes, dont elles ne furent séparées qu'après la bataille d'Ægos-Potamos (405).

Mais elles regrettèrent l'alliance athénienne quand elles eurent éprouvé les rigueurs de la domination spartiate.

---

(1) Pausan., V, 23, 1. Voyez dans Bronsted, p. 101, la conciliation de cette inscription avec la liste d'Hérodote, qui ne nomme que vingt-quatre peuples réunis à Platée.
(2) Hérod., IX, 95.

(1) Thucyd., I, 96.
(2) M. Duruy, *Histoire Grecque*, p. 268, ch. XIII.

Aussi, lorsque les talents et l'activité de Conon, d'Iphicrate, de Chabrias, de Timothée eurent remonté Athènes à son rang, les Cyclades se replacèrent sous la direction de leur ancienne métropole. Ainsi se reforma le second empire athénien, qui opposa Démosthène et Phocion à Philippe, et qui fut renversé par le triomphe de la Macédoine. A partir de cette époque, les Cyclades, qui avaient perdu plus que jamais leur *autonomie*, furent obligées de dépendre, comme de petits satellites, soit de la dynastie de Macédoine, soit de celle des Ptolémées d'Égypte.

La célèbre inscription d'Adula, que l'on doit au navigateur Cosmas Indicopleustès, attribue à Ptolémée-Philadelphe la souveraineté des Cyclades. Quelque temps après, les Lagides furent privés de la plupart de leurs possessions maritimes par les rois de Syrie et de Macédoine : les rois de Pergame et les Rhodiens se créèrent des marines assez imposantes; les Étoliens étendirent leurs pirateries jusque dans la mer Égée. Les Cyclades devinrent la proie de toutes ces puissances ennemies, parmi lesquelles dominait la Macédoine. Chacune se fit sa part dans ce groupe d'îles, vouées désormais à la servitude. Cependant Délos, l'île sainte, continuait à être l'objet de la vénération des peuples et de la munificence des rois. Les Lagides, les Séleucides, les rois de Macédoine l'embellirent d'édifices consacrés, et remplirent son trésor de riches offrandes. Quand les Romains eurent abattu toutes les puissances grecques d'Asie et d'Europe, ils délivrèrent les Cyclades des garnisons étrangères; quelques-unes seulement furent cédées aux Athéniens, qui s'étaient faits les flatteurs du sénat. Les autres redevinrent libres, et Délos continua à être entourée d'hommages. Bien plus, après la ruine de Corinthe, en 146, les Romains ayant accordé la franchise au port de Délos, cette île devint le centre du commerce de la mer Égée, et le principal marché d'esclaves du monde ancien (1). Cette prospérité dura jusqu'au temps de Mithridate. Ce prince, après avoir chassé les Romains de l'Asie (88),

(1) M. Wallon, *Histoire de l'Esclavage dans l'antiquité*, t. II, p. 45, 47.

répandit ses flottes dans la mer Égée, et Archélaüs, son général, soumit Délos et la plupart des Cyclades, qui furent données à Athènes, où l'on avait embrassé le parti du roi de Pont. Mais Délos, attachée à l'alliance romaine, se hâta d'y revenir à la première occasion, et se crut en sûreté sous la protection d'une garnison de Romains. Cependant elle ne put échapper à la vengeance implacable de Mithridate. La ville fut renversée de fond en comble par Ménophane, lieutenant du roi de Pont, les habitants égorgés, le temple d'Apollon dévasté, et la statue du dieu fut jetée à la mer. Tout fut détruit, et depuis cette époque Délos ne fut plus qu'une plage désolée.

Après la défaite de Mithridate, qui occupa tour à tour les armes de Sylla, de Lucullus, de Pompée, l'empire de la mer fut assuré aux Romains, qui la purgèrent de la piraterie. Le repos succéda à ces guerres furieuses dont les îles avaient tant eu à souffrir, et les Cyclades purent s'adonner librement et en paix au commerce, à l'ombre de cette protection romaine qui les sauva en les assujettissant. Sous Vespasien elles furent converties en province romaine, mais leur prospérité se maintint jusqu'au temps où l'empire commença à s'affaiblir.

C'est au quatrième siècle de l'ère chrétienne que les barbares se montrent pour la première fois dans l'Archipel. Les Goths, les Scythes ravagent les Cyclades, en 376, sous l'empereur Valens. Après la division de l'empire romain, les Cyclades font partie de l'empire d'Orient, dont les maîtres ne peuvent leur assurer qu'une insuffisante protection contre les courses des Sarrasins. En 727, les îles, où tant d'églises et de monastères avaient succédé aux anciens temples, se révoltèrent contre Léon l'Isaurien, qui avait ordonné partout la destruction des saintes images. Cosmas fut mis à la tête de la rébellion et proclamé empereur; mais il périt au siége de Constantinople, et Léon l'Iconoclaste rétablit son autorité par des supplices. En 769 irruption des Esclavons, qui dévastent plusieurs Cyclades. En 821, sous Michel le Bègue, les Sarrasins d'Espagne y répandent le pillage, s'installent en Crète, d'où pendant cent trente-cinq ans ils inquiètent continuellement les malheureuses Cyclades, vouées pour des siècles aux ravages des barbares et des pirates.

Après la conquête de Constantinople par les guerriers de la quatrième croisade, les Cyclades furent comprises dans le lot qui échut à la république de Venise. Mais cette république, embarrassée de ses acquisitions, et ne pouvant elle-même se charger du soin de réduire et d'administrer tant de possessions dispersées dans une vaste mer, fit proclamer qu'elle donnerait en fief à ceux qui voudraient bien les conquérir les îles dont ils se seraient rendus maîtres. Ce décret jeta l'émulation la plus vive parmi la noblesse vénitienne; séduits par l'espoir de devenir souverains, des seigneurs opulents ou aventureux firent des armements à leurs frais, et commencèrent la conquête des îles. Ils y formèrent plusieurs duchés, dont quelques-uns durèrent plusieurs siècles. André et Jérôme Ghizzi prirent les îles de Tine, de Scyros, Scopelos, Mycône, où existent encore des familles de ce nom, et peut-être de leurs descendants; Raban ou Ravin Carcerio, gentil-homme véronais, se rendit maître d'une bonne partie de Négrepont; les Pisani s'établirent à Néa ou Ramnisia près de Lemnos, les Querini à Astypalée; enfin Marc Sanudo compléta l'établissement du régime féodal dans les Cyclades en s'emparant de Naxie, qui devint sa résidence, de Paros, Antiparos, Milo, l'Argentière, Sifanto, Policandro, Nanfio, Nio et Santorin (1207). L'empereur Henri, successeur de Baudoin au trône de Constantinople, donna à Sanudo le titre de duc de l'Archipel et de prince de l'empire. Toutes ces îles soumises à la domination des ducs de Naxie s'appelaient en grec *Ducanisia*, et plus tard, par corruption, *Dodécanisia*, les douze îles. Les ducs régnèrent dans les Cyclades pendant plus de trois cents ans, et cette dynastie, composée des maisons Sanudo et Crispo, compta vingt-et-un ducs, dont nous donnerons l'énumération à l'article de Naxos. En 1566, Sélim II détruisit cette principauté, qu'il donna d'abord au juif Michel Nassy, après lequel ces îles relevèrent immédiatement du grand-seigneur.

Les Cyclades furent traitées avec assez de ménagements par les Turcs. La Porte n'y envoya ni officiers ni gouverneurs pour y présider en son nom; c'était d'abord l'intention du Divan, et chaque île considérable eut son bey et son cadi qui la gouvernait. Mais les Vénitiens et autres armateurs chrétiens, qui couraient ces mers, en enlevèrent un si grand nombre qu'ils allaient vendre à Malte ou à Livourne, que les Turcs prirent le parti de ne plus résider dans ces îles et de ne les gouverner que de loin. Depuis ce temps, chaque île forma comme une petite république qui élisait tous les ans ses magistrats appelés *épitropes*. Ces épitropes avaient des attributions très-étendues; ils rendaient la justice, ils levaient le tribut qu'on devait payer au grand seigneur. Dès que le capitan-pacha paraissait avec sa flotte à Drio, port situé au sud-est de l'île de Paros, ils allaient le trouver et lui porter l'impôt de leurs îles respectives. En se soumettant aux Turcs, les insulaires du duché de Naxie obtinrent une capitulation, ou *ahd-namé*, qui leur assurait le libre exercice de la religion chrétienne, avec le droit d'avoir des cloches, de réparer leurs églises et de les réédifier s'il était nécessaire (1).

Quelle que fût, du reste, la condition des insulaires grecs, sous la domination des Turcs, ils n'en restèrent pas moins fidèles aux deux sentiments qui devaient produire plus tard le réveil de la nationalité hellénique, c'est-à-dire le désir de la liberté et la haine de l'islamisme. Lorsque la révolution éclata, il y avait longtemps que des projets d'insurrection couvaient sourdement dans le cœur des Grecs. Déjà ils avaient fait une première tentative en 1770, à l'instigation de Catherine II, impératrice de Russie, qui les poussait à un mouvement, pour réaliser ses ambitieux desseins contre l'empire ottoman. Sur la foi d'une vieille prédiction accréditée parmi eux, que l'empire turc devait être détruit par une nation blonde, les Grecs regardaient les Russes comme leurs futurs libérateurs. A l'arrivée des secours promis par Cathe-

(1) Voyez le texte de cette capitulation dans l'*Histoire de Santorin* de l'abbé Pègues, p. 609.

rine II, ils prirent les armes ; un certain nombre d'insulaires passa en Morée, pour soutenir les opérations d'Alexis Orloff; mais la mésintelligence divisa bientôt les alliés, et les Grecs, revenus de leurs espérances, et s'apercevant que les Russes ne songeaient qu'à les compromettre avec les Turcs, ajournèrent pour un temps plus favorable leur soulèvement définitif. Les Russes continuèrent la guerre avec de grands armements; et en 1774 ils s'emparèrent des îles de l'Archipel, qu'ils occupèrent en partie pendant quatre ou cinq ans.

Cependant la domination des Turcs se rétablit dans les Cyclades, et le temps qui précéda l'explosion de la guerre de l'indépendance fut pour quelques-unes de ces îles une époque de prospérité qui, au lieu de les attacher davantage au gouvernement de la Porte, augmentait leur désir de s'affranchir, en leur en fournissant les moyens. Pourtant, toutes les îles ne se précipitèrent pas avec empressement dans le mouvement insurrectionnel. Excepté les plus riches et les plus puissantes, comme Hydra et Spetzia, qui sacrifièrent avec enthousiasme leur prospérité présente à l'espoir incertain de la liberté, la plupart hésitèrent à rompre avec les Turcs, dont l'habitude rendait la domination assez douce, et plusieurs ne s'y laissèrent entraîner que malgré elles. Aussi l'ancien état, d'où l'on sortait si violemment, inspira à bon nombre d'insulaires des regrets qui, dans les commencements anarchiques de la révolution grecque, ont fait plusieurs fois maudire, dit un témoin oculaire (1), la nouvelle liberté qu'on venait de conquérir. L'augmentation des taxes, des actes de violence et de brigandage que rien ne pouvait réprimer, l'anéantissement des institutions locales, les usurpations et la tyrannie de chefs aventureux, qui s'imposaient par la terreur à des populations trop paisibles à leur gré, le soulèvement des Grecs contre les catholiques, des pauvres contre les riches, l'anarchie, la misère, résultats nécessaires du déchaînement de passions quelquefois généreuses, toujours violentes, tels furent les maux qui fondirent sur les Cyclades, et qui accompagnèrent pour elles le douloureux enfantement de la liberté hellénique.

Après la première période de la guerre de l'indépendance, si singulièrement mélangée d'héroïsme et de crime, de grandeur et de misère (1821-1827), où la Grèce sortit du néant, mais où elle resta dans le chaos, commence le travail d'organisation de tous les éléments dont le nouveau peuple grec devait se composer. Ce fut la bataille de Navarin qui sauva les Grecs d'une ruine totale et inévitable, qui raffermit l'autorité chancelante de leur gouvernement. Déja Capo-d'Istria avait été appelé à la direction des affaires. « Soutenu par la France, l'Angleterre, et la Russie, cet homme fait disparaître tous les pirates qu'on disait encouragés par la politique des puissances étrangères, établit le gouvernement sur de nouvelles bases, remplit peu à peu tous les postes d'hommes plus intègres, moins farouches et moins barbares. Dès lors (1830) la police est mieux réglée et mieux servie, la justice mieux administrée, les lois sont mieux observées, les crimes mieux réprimés, et le bon ordre qui règne alors partout, et auquel il a commencé à accoutumer la nation, promet de jour en jour à la Grèce un avenir plus heureux, et toute la tranquillité des États civilisés (1). »

Le 21 septembre 1831, Capo-d'Istria meurt assassiné par deux des Mavromichalis, en entrant dans l'église de Saint-Spiridion, à Nauplie. Alors l'anarchie recommence; les prétentions rivales, les animosités personnelles des chefs entretiennent le désordre; la commission provisoire présidée par Condouriottis ne peut se faire obéir; l'Assemblée nationale de Pronoia ne peut enfanter une constitution. « Justement préoccupées de l'avenir d'une nation qui, par son inexpérience, compromettait les fruits de son héroïsme, les trois puissances protectrices, la France, l'Angleterre, la Russie, s'étaient concertées depuis longtemps, et avaient décidé que la couronne de la Grèce, constituée en monarchie héréditaire, serait offerte au prince Léopold de Saxe-Cobourg, aujourd'hui roi des Belges. L'offre fut déclinée, et l'on a prétendu, à tort ou à

---

(1) L'abbé Pègues, *ibid.*, p. 591-627.

(1) L'abbé Pègues, *ibid.*, p. 641.

raison, que le président Capo-d'Istria, dans des vues d'ambition personnelle, avait puissamment contribué au refus du prince Léopold. La conférence de Londres se tourna alors du côté de la Bavière, dont le roi, dit-on, avait paru désirer la couronne hellénique pour son second fils, le prince Othon. Ce prince fut en effet proclamé souverain par le protocole du 13 février 1832, et il débarqua à Nauplie, le 6 février 1833, au milieu des acclamations d'un peuple qui commençait à se lasser d'une soi-disant indépendance politique, qui ne produisait que l'anarchie, et d'une prétendue liberté individuelle, qui avait pour cortége la stérilité du sol et la misère des familles (1) ». A son avénement le roi Othon était encore mineur ; pendant vingt-huit mois, la régence fut exercée par MM Maurer, Abel et Armansberg. Le 1er juin 1835 le roi fut déclaré majeur. Quelques mois auparavant, décembre 1834, le siége du gouvernement avait été transféré de Nauplie à Athènes. En 1843, à la suite d'un mouvement insurrectionnel dont l'armée donna le signal, le gouvernement de la Grèce devint constitutionnel ; et, après les travaux d'une assemblée nationale, la constitution qui régit aujourd'hui le royaume hellénique fut publiquement acceptée par le roi Othon, et promulguée le 30 mars 1844. Ainsi, après vingt siècles de vicissitudes, après avoir obéi tour à tour à toutes les puissances qui ont dominé dans le Levant, après avoir subi toutes les invasions des barbares qui l'ont ravagé, les Cyclades, par un retour aussi heureux qu'inattendu, se retrouvent rattachées de nouveau à Athènes, leur ancienne métropole, devenue la capitale d'un gouvernement mille fois plus doux et plus équitable que celui que les vainqueurs de Marathon et de Salamine avaient imposé à leurs alliés.

II.

PARTICULARITÉS SUR LES CYCLADES.
ÎLE D'ANDROS.

A dix milles au sud-est du cap Géreste, pointe méridionale de l'Eubée, se trouve l'île d'Andros, qui a quatre-vingt-

(1) C. Leconte *Étude Économique de la Grèce*, p. 21.

seize milles de tour. Pline énumère ses autres noms et épithètes poétiques : Cauros, Antandros, Lasia, Nonagria, Hydrussa, Épagris (1). Le nom d'Andros lui vint d'Andréos ou d'Andros. D'après Conon, cet Andros était fils d'Anius, fils d'Apollon et de Créuse ; selon Diodore, c'était un des généraux que Rhadamante établit dans cette île, au temps de la domination des Crétois sur les Cyclades. Andros avait une capitale du même nom située sur la côte sud-ouest, près du port Gaurion, aujourd'hui Gaurio. On en voit l'emplacement à l'endroit appelé Palépolis, où il reste des quartiers de murailles très-solides, surtout dans un lieu très-remarquable, où suivant les apparences était la citadelle dont Tite-Live fait mention. L'édifice le plus considérable de cette belle cité était le temple de Bacchus, la principale divinité d'Andros.

Cette île renferme des plaines et des vallées d'une grande fécondité. La plaine de Livadia, qui est à gauche de Cato-Castro, l'ancienne forteresse des Turcs, est plantée d'orangers, de citronniers, de mûriers, de jujubiers, de grenadiers et de figuiers. A droite, on entre dans la vallée de Mégnitez, aussi agréable que l'autre, et arrosée de ces belles sources qui viennent des environs de la Madona de Cumulo, chapelle fameuse, tout au haut de la vallée. La ville actuelle d'Andros est sur la côte nord-est de l'île. Tournefort énumère les vingt-six villages de l'île, dont il évalue la population à 4,000 âmes seulement.

Dans l'antiquité Andros a partagé le sort de toutes les Cyclades. Au sixième siècle ses habitants étaient soumis aux Naxiens, et ils furent les premiers à embrasser le parti des Perses. Après la bataille de Salamine Thémistocle s'en empara de vive force : elle fut assez maltraitée par les Athéniens, puisque Périclès y envoya une colonie de 250 hommes. Dans la guerre du Péloponnèse elle se donna aux Spartiates. Alcibiade essaya vainement de la reprendre; les insulaires, renfermés dans le fort de Gaurium, lui résis-

(1) Plin., IV, 22, 1 ; cf. Tournefort, I, p. 347 ; Dapper, p. 269 ; Forbiger, *Handb. der alt. Geogr.*, III, 1024 ; Choiseul-Gouffier, t. I, etc.

tèrent. Reconquise par les Athéniens, soumise ensuite aux rois de Macédoine, elle fut bientôt après vivement disputée par les successeurs d'Alexandre. Ptolémée Lagus, s'étant présenté dans la mer Égée pour y combattre l'influence d'Antigone et de son fils Démétrius, promit la liberté aux Andriens. La garnison d'Antigone fut obligée de se retirer, et la ville d'Andros recouvra son indépendance. Pendant la guerre contre Philippe III, Andros, qui était revenue à la Macédoine, fut assiégée par Attale et les Romains. Ils s'en emparèrent, et, selon leurs conventions, le butin fut donné aux Romains, et le roi de Pergame garda l'île. Quand les Romains héritèrent du royaume de Pergame, 129, Andros passa entre leurs mains, et y resta jusqu'au temps des empereurs grecs.

Quelque temps après la prise de Constantinople (1204), Marino Dandolo se saisit de l'île d'Andros. Elle fut ensuite possédée par la maison de Zéno, et donnée pour dot à Cantiana Zéno, épouse de Caoursin de Sommariva, comme le remarque le P. Sauger, dans la Vie de Jacques Crispo, onzième duc de Naxie. Caoursin, troisième du nom et septième seigneur d'Andros, fut dépouillé par Barberousse; mais à la sollicitude de l'ambassadeur de France, Soliman II le rétablit dans son domaine. Jean-François de Sommariva fut le dernier seigneur de cette île; et ses sujets du rit grec, après avoir voulu l'assassiner, se donnèrent aux Turcs pour se délivrer tout à fait de la domination des Latins. Dans la guerre de l'indépendance, Andros se souleva en même temps que les Psariotes; et l'on y massacra les Turcs qui y résidaient. Cette île forme aujourd'hui une éparchie de la nomarchie des Cyclades. Ses habitants vivent du produit de leurs vignes et de leurs oliviers; ils possèdent beaucoup d'arbres fruitiers; on y trouve plus d'orge que de froment. Ils font des liqueurs spiritueuses avec le fruit de l'arbousier et du mûrier noir. Leur principale richesse consiste dans la récolte de la soie.

ILE DE TÉNOS (1).

Un canal qui n'a pas plus d'un mille de largeur sépare Andros de l'île de Ténos (Τῆνος, Tino, Tine); mais on ne peut le franchir qu'en caïque, car les six rochers qui en occupent le milieu en interdisent le passage aux gros bâtiments. Ténos a été appelée Hydrussa, l'île couverte d'eau; Ophiussa, l'île aux serpents. Hésychius prétend que le mot de ténia, vipère, vient du nom de Ténos. Bochard fait dériver Ténos, ou Tanos en dialecte dorien, du phénicien Tannoth, qui signifie serpent et dragon. Mais Étienne de Byzance fait venir ce nom de celui d'un certain Ténos, qui s'y établit le premier.

Ténos a soixante milles de tour; elle est creusée circulairement en forme d'entonnoir très-évasé; elle s'étend du nord-ouest au sud-est, tout hérissée de montagnes pelées, mais la mieux cultivée de l'Archipel. Au dire de Strabon, l'ancienne Ténos avait une petite ville; rien ne subsiste de son beau temple de Neptune, témoignage de la reconnaissance des habitants, délivrés jadis par ce dieu des serpents qui couvraient leur île. Des monnaies de Ténos représentent un trident autour duquel est enroulé un serpent; d'autres portent une grappe de raisin et la tête de Jupiter-Ammon. Le bourg de Saint-Nicolo, capitale actuelle de Tine, est bâti sur les ruines de l'ancienne ville. Au lieu de port, il n'a qu'une méchante plage qui regarde le sud, et d'où l'on découvre Syros. A une bonne heure de chemin du bourg, est l'ancienne forteresse vénitienne, située sur le sommet le plus élevé de l'île, et de très-difficile accès. Un peu avant d'arriver au château, dont il ne reste que des débris, on traverse un village qui est tout à fait abandonné; quelques maisons en ruines portent encore les écussons armoriés de leurs anciens propriétaires. Du haut de ce rocher on découvre une partie des Cyclades, et la vue s'étend jusqu'à Samos et aux côtes d'Asie; on plane sur toute l'île, dont on distingue parfaite-

---

(1) Markaky-Zallony, *Voyage à Tine*, Paris, 1809; Alexis de Valon, *l'Ile de Tine*; *Revue des Deux Mondes*, 1843, t. II, 787.

ment les creux, les reliefs et les sinuosités. « A défaut de forêts, dit un voyageur, les coteaux sont revêtus d'un grand nombre de figuiers et de mûriers qui, sans atteindre jamais une haute croissance, n'en donnent pas moins un ton vert et riant au paysage. Une soixantaine de villages blancs, à toits plats, et d'églises avec leurs clochers en forme de minarets, qui annoncent l'Orient, se dressent au milieu de ces arbres et se détachent vigoureusement sur leur sombre feuillage. Un ruisseau, pompeusement nommé *Fiume*, traverse l'île et la féconde. Au lever d'un beau soleil de mai, tout cela était éclatant de lumière et de verdure; toutefois, la fertilité de Ténos n'est remarquable que par le contraste qu'elle oppose à la désolation des îles voisines; son éclat n'est que relatif. » Elle n'est la plus verdoyante des Cyclades que parce qu'elle est la plus cultivée, et souvent en dépit de la nature. « A défaut de terre, on y laboure les pierres; et nous pûmes voir que des champs de blé ou d'orge chétifs et un assez bon nombre de figuiers récompensent le travail des habitants : ce jour-là, ils faisaient leur récolte. Ces pauvres Grecs coupant avec peine la paille rabougrie qui croît dans leurs petits champs entourés de murailles, nous faisaient tristement songer à nos belles moissons de France, si animées, si joyeuses. »

Les anciens Téniens étaient fort adonnés à la navigation. Leur île possède à son côté nord-est un port appelé Porto-Palermo, où les plus grands vaisseaux peuvent mouiller à l'aise. Toutes les médailles de Ténos représentent des attributs maritimes, Neptune, le trident, les dauphins. Nous avons vu la condition de Ténos dans l'antiquité, où les Athéniens la possédèrent, avant qu'elle passât aux Romains. Dans les temps modernes, Tine est longtemps restée au pouvoir des Vénitiens. André Ghizzi se rendit maître de cette île l'an 1207 et les Turcs ne purent s'en emparer qu'en 1714. Barberousse faillit la surprendre en 1537, lors de sa grande expédition dans l'Archipel. Mais les habitants le forcèrent à abandonner son entreprise. En 1570, sous Sélim II, au moment de la guerre de Chypre, huit mille Turcs débarquèrent dans l'île, la pillèrent, sans pouvoir s'emparer de la forteresse. Deux ans après Tine fut exposée à une troisième incursion des Turcs; et ces attaques se renouvelaient à chaque guerre qui éclatait entre Venise et la Porte. « Dans la dernière, dit Tournefort, Mezzo Morto, capitan-pacha, écrivit au provéditeur, à la noblesse et au clergé de l'île qu'il feroit mettre tout le pays à feu s'ils ne lui payoient pas la capitation; on répondit qu'il n'avoit qu'à venir la recevoir; et lorsqu'il parut avec ses galères, le provéditeur Moro, bon homme de guerre, fit sortir mille ou douze cents hommes des retranchements de la marine à San-Nicolo. Ces troupes empêchèrent par leur grand feu qu'on n'abordât, et le capitan-pacha, voyant qu'on s'y prenoit de si bonne grâce, fit retirer ses galères. »

Les Vénitiens n'entretenaient pas de troupes réglées dans cette île; mais ils en avaient organisé les habitants en milices que des exercices, de fréquentes revues tenaient en haleine, et qui pouvaient fournir cinq mille hommes au premier signal. Quand Tournefort visita l'île, il ne trouva dans la forteresse qu'une garnison de quatorze soldats mal vêtus, au nombre desquels étaient sept déserteurs français. Les Vénitiens tinrent bon à Tine jusqu'en 1714. Le provéditeur d'alors, Bernardo Balbi, était un homme sans courage et sans résolution. Il s'effraya à l'apparition des vaisseaux turcs; et malgré les prières et les larmes des habitants, qui à grands cris demandaient à se défendre, il se rendit à la première sommation. On le laissa s'embarquer avec sa garnison, et il arriva à Venise, où il fut condamné à passer en prison le reste de sa vie. Mais Tine était perdue pour la république, et deux cents familles tiniotes furent déportées sur les côtes d'Afrique.

Le long séjour des Vénitiens dans Tine y fit prévaloir la religion catholique. La population grecque n'y avait pas d'évêque, et ses prêtres recevaient leur dimissoire de l'évêque latin. Dans les processions le clergé latin avait toujours le pas sur le clergé grec. On comptait dans l'île cent vingt prêtres latins, un établissement de jésuites, et deux cents papas grecs ayant pour chef un protopapas. Aujourd'hui encore Tine est la plus catholique de toutes les Cyclades.

Sur une population d'environ vingt mille âmes, on compte plus de huit mille catholiques, établis la plupart dans la partie septentrionale de l'île, tandis que les Grecs occupent le côté sud.

Au moment où éclata la guerre de l'indépendance, les Grecs de Ténos se soulevèrent spontanément. Quand l'archinavarque Tombasis se présenta pour les entraîner dans la confédération, il y trouva la population groupée autour du labarum et tout en armes. L'évêque grec avait dirigé le mouvement. Les Latins refusèrent d'y prendre part, et se retirèrent à Xinara, qui servit aussi d'asile à l'aga musulman. Le zèle des Tiniotes se soutint pendant toute la guerre; leurs barques pontées servirent aux croisières, ou furent transformées en brûlôts; malgré leur détresse, ils payèrent exactement les contributions. Leur île devint le refuge d'une multitude de fuyards; aussi sa population en reçut de l'accroissement. Elle est aujourd'hui plus considérable qu'au siècle dernier. Ses ressources sont, du reste, toujours à peu près les mêmes; son industrie capitale est encore celle de la soie. Dans ces derniers temps, cette île s'est enrichie du pèlerinage célèbre de l'Évangélistria. En 1824 on découvrit une image de la madone enfouie en terre; cette découverte fit grand bruit dans toute l'Église grecque; des quêtes furent faites de tous côtés par les papas, et leur produit fut si considérable qu'on put élever la vaste et magnifique église de *Notre-Dame de la Bonne-Nouvelle* et le couvent de l'Annonciation, qui sont les plus beaux édifices de la Grèce moderne, et où tous les ans les pèlerins arrivent en foule des îles, de la Grèce et de l'Asie Mineure.

ILE DE GYAROS.

Cette île, appelée aujourd'hui *Ghioura*, *Joura*, est située entre Andros, Céos et Syra, et n'est séparée de ces îles que par des distances de douze ou dix-huit milles. Pline lui donne douze milles de tour, et cette mesure est fort exacte. Cette île n'est qu'un affreux rocher, inhabité et inhabitable. Elle avait autrefois une cité; mais, au rapport de Pline, les habitants en furent chassés par de gros mulots, qui sont restés jusque aujourd'hui maîtres du terrain. Du reste, ces animaux faisaient maigre chère sur leur rocher; après la retraite des Gyariens, ils se mirent, au dire de Théophraste, à ronger du fer, ce qui fait croire à Tournefort qu'il y avait des mines de ce métal à Gyaros.

« Joura, continue ce voyageur, est tout à fait abandonnée aujourd'hui, et l'on n'y voit aucuns vestiges d'antiquité. Il est vrai qu'elle a toujours été fort pauvre. Strabon n'y trouva qu'un chétif village, habité par des pêcheurs, dont l'un fut député à Auguste, après la bataille d'Actium, pour obtenir une diminution de leur tribut, réglé à cent cinquante deniers. Nous nous rappelâmes l'idée de cette misère à l'aspect de trois malheureux bergers qui mouraient de faim depuis dix ou douze jours; ils se présentèrent à nous hâves et décharnés, et sans autre cérémonie allèrent chercher dans notre caïque le sac au biscuit qu'ils avalèrent sans mâcher, quelque dur qu'il fût, avouant qu'ils étoient contraints de manger leur viande sans pain et sans sel depuis que le mauvais temps n'avoit pas permis aux bourgeois de Syra, leurs maîtres, de leur envoyer le secours ordinaire. »

On comprend tout ce qu'il y a d'affreux dans la nécessité de séjourner à Joura. Sous Tibère il fut question d'en faire un lieu d'exil pour les criminels d'État. Tacite rapporte qu'on proposa dans le sénat d'y reléguer Silanus, et, dans un autre procès, Vibius. Mais par deux fois Tibère rejeta ce châtiment, comme inhumain, alléguant que cette île n'offrait aucune ressource, qu'elle manquait d'eau, qu'elle était inhabitée; et il fit préférer Cythère et Amorgos (1). Philoctète avait trouvé sur la côte déserte où on l'abandonna une grotte et une claire fontaine. Le malheureux relégué à Gyaros n'y aurait pas même rencontré un abri : un tel exil eût été une condamnation à mort. On se borna donc à parler de relégation à Gyaros, jamais on n'y envoya personne; seulement cette menace passa dans l'usage familier, et devint comme proverbiale, ainsi que l'atteste ce vers de Juvénal.

Aude aliquid brevibus Gyaris et carcere dignum,
Si vis esse aliquis.

(1) Tac., *Ann.*, III, 68, 69; IV, 30.

Joura a été appelée aussi Trava dans les temps modernes. Cette île est *courte*, comme le dit Juvénal, mais assez élevée ; elle présente l'aspect d'une grosse montagne qui sort de la mer.

ILE DE CÉOS (1).

L'île de Céos (Κέως), aujourd'hui Zéa, appelée quelquefois Cos ou Cianos, est située à l'ouest de la précédente et au sud de l'Eubée, dont Pline raconte qu'elle fut séparée par un tremblement de terre. Cette île est de forme à peu près ovale : son terrain, rocailleux, s'élève graduellement jusqu'au point central, où se trouve le mont Élie, qui domine l'île entière, et d'où la vue s'étend au loin sur la mer, l'Attique et les Cyclades. La cime du mont Élie est à 570 mètres au-dessus du niveau de la mer, et elle se trouve exactement en latitude à 37° 37' et en longitude orientale de Paris à 22° 1'. « Cette île charmante, dit Bronsted, s'annonce au premier abord comme fertile et bien cultivée ; elle abonde en vins d'une très-bonne qualité, en miel, que beaucoup de personnes préfèrent même à celui d'Hymette, en excellents fruits, tels que figues, citrons, oranges, etc. Outre ces articles de commerce, la soie et la vallonnée, fruit d'un très-beau chêne (βαλανιά), dont le gland s'appelle valani (βαλάνι), et la gousse de celui-ci, qui sert de tan, velanidi (βελανίδι) sont au nombre des objets d'exportation les plus considérables. A l'égard de la vallonée, Tournefort, dans son estimable ouvrage, est entré dans des détails suffisants. » Le beau climat de cette île, sa température salubre et bienfaisante pour les hommes, les animaux et les plantes, la fertilité qui en résulte sont souvent vantés par les anciens. L'abondance de ses eaux l'avait fait surnommer Ὑδροῦσσα ; ces vers des Géorgiques de Virgile :

Et cultor nemorum, cui pinguia Ceæ
Ter centum nivei tondent dumeta Juvenci,

font allusion à la beauté de ses pâturages. Brousted a réuni dans un supplément de sa notice sur Céos tous les témoignages des anciens à cet égard (2).

(1) *De l'île de Céos*, par le chevalier Bronsted ; in-4°, Paris, 1826.
(2) *Ile de Céos*, p. 8, 34, 79.

Dicéarque, Scylax, Strabon et Pline, ainsi que les compilateurs plus récents, Stephanus de Byzance et Suidas, s'accordent à donner à Céos la qualification de Τετράπολις, l'île aux quatre villes. Ils ne diffèrent pas non plus sur les noms de ces quatre cités ; c'étaient Carthæa, Pœessa, Coressos ou Coressia, et Iulis ou Ioulis. Carthæa et Iulis en étaient les plus considérables ; et Strabon ainsi que Pline rapportent que lorsque Pœessa et Coressia furent détruites, les habitants de la première se réfugièrent à Carthæa et ceux de la seconde à Iulis ; Ptolémée ne donne que trois villes à Céos, savoir : Coressos, Iulis et Carthæa.

Les explorations et les fouilles de M. Bronsted ont déterminé d'une manière certaine l'emplacement de ces quatre villes. Avant lui on plaçait au sud, à l'endroit appelé *Tès Polès*, les ruines d'Iulis ; les inscriptions qu'il a trouvées dans les vestiges d'un temple d'Apollon démontrent que cet emplacement était celui de Carthæa. Les restes de Pœessa se retrouvent à Coundouro, au sud-ouest de l'île. La ville actuelle de Zéa occupe le revers nord-ouest du mont Élie, et correspond à l'ancienne Ioulis, dont on retrouve de nombreux restes, colonnes, chapiteaux, inscriptions, tombeaux, etc. A un quart de lieue de la ville est un lion colossal, taillé sur place dans un rocher, et dont voici les proportions : depuis le nez en passant sur le front et le long de l'eschine, jusqu'à la naissance de la queue, vingt-huit pieds ; de la gueule en passant du côté droit du cou, jusqu'à la partie supérieure de la crinière, onze pieds ; de l'articulation de la jambe de devant jusqu'au milieu de l'échine, c'est-à-dire la hauteur de la partie antérieure du corps, neuf pieds. Ce lion est couché sur le flanc gauche ; il dresse la tête, et regarde d'un œil inquiet et menaçant. « Les nymphes, dit Héraclide de Pont, habitaient anciennement cette île, riche en sources ; mais un lion les ayant effrayées, elles s'enfuirent à Caryste : de là vient qu'un promontoire de Céos s'appelle *Lion*». » Il est à croire que ce mythe, absolument local, se rattache à l'existence du curieux monument que nous venons de décrire. La quatrième ville de Céos, Coressia, correspond au port actuel de Zéa : c'était aussi l'ancien port d'Iulis. L'éloignement de la ville répond aux vingt-cinq stades de Strabon. Les traces de l'ancienne bourgade de Coressia se retrouvent en cet endroit; et l'Élixos, dont parle le même auteur, est le ruisseau qui se précipite de la montagne devant la ville de Zéa, continue à serpenter dans les profondeurs du ravin, reçoit d'autres petits ruisseaux, et se jette enfin dans la mer, près des magasins actuels, dans la partie méridionale du bassin de ce port.

Le port de Zéa est un des plus beaux de l'Archipel, et des plus heureusement situés pour le commerce. Mais les habitants de Zéa ont toujours préféré l'agriculture à la navigation; et ils ont laissé à d'autres le soin de venir chercher leurs fruits, leurs pins, leur vallonée et leur soie. Il n'y a plus qu'une ville dans l'île, celle de Zéa, située à une lieue du port; elle compte cinq cent cinquante maisons et trois mille habitants. Le pays est assez bien cultivé, et l'on voit çà et là dans les campagnes des granges ou petites maisons rustiques appelées καλύϐια où les paysans, qui demeurent tous à la ville, passent le temps des semailles, des récoltes, ou des autres grandes opérations agricoles qui les retiennent dans les champs.

Signalons encore, pour achever la description topographique des antiquités de Zéa, la tour hellénique du couvent de Sainte-Marine, qui s'élève dans la cour du cloître. Elle est carrée; ses côtés ont vingt-quatre pieds de largeur; sa hauteur est considérable; elle est bâtie de blocs rectangulaires d'une espèce d'ardoise, joints artistement sans l'aide du mortier. Elle est divisée en trois étages, et l'ancien escalier existe encore en partie. C'est assurément la plus belle tour antique de ce genre qui existe actuellement en Grèce. A un quart de lieue au nord d'Agia-Marina, on voit encore sur deux petites collines des ruines de deux autres tours antiques de la même construction.

Avant l'établissement de la colonie ionienne, Céos avait reçu ses premiers habitants de l'Arcadie et de la Locride. C'étaient Aristée et Céos qui étaient venus dans cette île, le premier avec des Parrhasiens, le second avec des habitants de Naupacte. Mais Aristée n'était pas seulement un héros, c'était aussi un personnage divin, et sa légende, qu'on retrouve en tant de lieux, en Thessalie, en Béotie, en Eubée (1), en Arcadie, à Cyrène, en Sardaigne, en Sicile, à Corcyre, était indigène à Céos, et y faisait le fond des croyances religieuses des insulaires.

Partout où s'établit le culte d'Aristée, le mythe nous montre que « ce fils merveilleux d'Apollon et de Cyrène a bien mérité des mortels : 1° en organisant la vie pastorale, la conduite des troupeaux, et en enseignant à recueillir le lait pour en faire le fromage, et en général pour en tirer parti; 2° en apprenant à broyer les olives et à en extraire de l'huile; 3° en inventant les ruches et l'art d'élever les abeilles; 4° en perfectionnant l'art de la chasse; en extirpant par la force et par des moyens ingénieux les animaux ennemis de l'homme, et en protégeant par les mêmes moyens et contre la fureur des bêtes fauves les animaux domestiques et les plantations ; 5° en recherchant, d'après les instructions de son père, les qualités salutaires des herbes (2). »

Particulièrement en ce qui concerne Céos, Aristée éleva un autel à Jupiter Ikmæique, ou Pluvieux, sur une montagne de cette île, où il avait été appelé comme prêtre et favori des dieux, *lorsque Sirius brûlait tout dans les Cyclades*. Aristée fit cesser ce fléau en offrant un sacrifice au dieu dispensateur de l'humidité et à Sirius, et les vents étésiens vinrent rafraîchir les hommes, les animaux et les plantes. Ainsi toute l'archéologie mythologique des Céiens a pour objet principal *ce héros de la bonté et de la bienfaisance* ("Ἄριστος, Ἀρισταῖος) auquel sont aussi associés son divin père Phébus, le grand dieu des Cyclades, et le joyeux Bacchus, et les nymphes qui servent ordinairement de cortège à ces divinités. L'étoile Sirius, la grappe de raisin et l'abeille qui figurent sur la plupart des médailles de Céos se rapportent à ces légendes et sont les symboles de la religion de cette île. Quant aux deux autres cultes qui s'introduisirent aussi à Céos, c'est-à-dire le culte

---

(1) Voy. plus haut, p. 384.
(2) Brousted, *Ile de Céos*, p. 41.

d'Aphrodite, particulier à la ville d'Iulis, et le culte de Minerve, établi sur la côte occidentale de l'île, ils ne s'annoncent pas comme indigènes ; ils paraissent avoir été introduits plus tard à Céos, et être d'importation étrangère.

Nous avons dit plus haut quelle fut la condition de Céos dans l'antiquité ; mais cette île offre encore quelques particularités dignes de remarque. D'après les auteurs les plus dignes de foi, parmi lesquels se trouve au moins un témoin oculaire, il était d'usage chez les Céiens que les gens très-vieux des deux sexes, qui hors d'état de se livrer à l'activité et aux jouissances de la vie, n'en sentaient plus que le fardeau, se détruisissent par le poison, afin de faire place à leur postérité. « J'ai vu cette coutume observée dans l'île de Céos, dit Valère-Maxime (1), à l'époque où, allant en Asie avec Sextus Pompée, j'entrai dans la ville de Iulis. Il arriva qu'une femme de la plus haute distinction, mais extrêmement âgée, résolut, après avoir rendu compte à ses concitoyens des motifs qui la faisaient renoncer à la vie, de mourir par le poison. Elle se flattait d'ailleurs que la présence de Pompée donnerait plus d'éclat à sa mort. Sa prière fut accueillie par cet illustre personnage, qui joignait à toutes les vertus le mérite de la plus rare humanité. Il alla donc la trouver, lui tint ces éloquents discours qui coulaient de sa bouche comme d'une source intarissable ; et après de longs et vains efforts pour la détourner de son dessein, il se résolut à le lui laisser accomplir. Cette femme, plus que nonagénaire, mais parfaitement saine d'esprit et de corps, était couchée sur son lit, qui semblait paré avec plus de soin qu'à l'ordinaire. S'appuyant alors sur le coude : « Sextus Pompée, lui dit-elle, puissent les dieux que je quitte, et non ceux que je vais trouver, m'acquitter envers vous qui n'avez dédaigné ni de m'exhorter à vivre ni de me voir mourir ! Pour moi, qui ai toujours vu la fortune me sourire, je veux, dans la crainte que l'amour de la vie ne m'expose à des retours cruels, échanger le reste de mes jours contre une fin bienheureuse, qui me permet de laisser après moi deux filles et sept petits-fils. » Ensuite elle exhorta ses enfants à la concorde, leur distribua ses biens, remit à sa fille aînée tous les objets sacrés du culte domestique, prit d'une main ferme la coupe où était le poison, fit des libations à Mercure, en le priant de la conduire, par un chemin facile, dans la plus heureuse région des enfers, et but avidement le mortel breuvage. Elle indiqua successivement de quelles parties de son corps le froid s'emparait, et quand elle l'eut senti gagner les entrailles et le cœur, elle pria ses filles de lui rendre le dernier devoir en lui fermant les yeux, puis elle nous congédia. Malgré la stupeur où nous jeta un spectacle si nouveau, nous nous retirâmes les yeux remplis de larmes. »

Voilà ce qui restait au premier siècle de l'ère chrétienne de cet ancien et barbare usage des Céiens qui avait été établi pour éviter, dit-on, l'encombrement d'une trop grande population. Ces insulaires, qui mouraient si facilement, s'affligeaient peu de la mort des leurs ; les hommes ne prenaient pas le deuil, et ne se rasaient pas la barbe quand ils avaient perdu un de leurs proches. Seules les mères portaient un an le deuil pour la mort d'un enfant en bas âge. En général on ne faisait pas grand cas de la vie dans cette île : Strabon rapporte que les Athéniens levèrent le siège de Iulis parce qu'ils apprirent qu'on avait résolu de faire mourir tous les enfants d'un certain âge.

L'éducation des femmes était sévère à Céos ; on ne leur permettait pas, aux jeunes gens non plus, l'usage du vin avant le mariage. Le séjour des villes céiennes était interdit aux courtisanes et aux joueuses de flûte.

Céos est la patrie de plusieurs hommes illustres de l'antiquité : Simonide naquit à Iulis, en 556 ; il vécut la plus grande partie de sa vie à Athènes, où il mourut, en 467, comblé de gloire et d'années. Il chanta les héros et les dieux. Bacchylide, autre poëte lyrique, neveu de Simonide, rival de Pindare, florissait vers la 77ᵉ olympiade, 472 avant J.-C. Le philosophe et sophiste Prodicus, également natif d'Iulis, était contemporain de Démocrite et d'Hippocrate. C'est de lui qu'est l'apologue d'Hercule sollicité à la fois par le Vice et la Vertu. Théramène

(1) Val. Max. II, 68.

fut son disciple. Athénée lui reproche avec raison les vices de son élève. Érasistrate, célèbre comme médecin, écrivain et fondateur d'une école particulière de médecine, florissait en même temps qu'Épicure, vers les 120ᵉ et 125ᵉ olympiades (300-280 avant J.-C). Son principal ouvrage paraît avoir été un traité sur toute la médecine, Ἡ περὶ τῶν καθόλων πραγματεία. Enfin le Julien Ariston, philosophe péripatéticien et écrivain, vivait dans le milieu du troisième siècle avant notre ère (1).

L'histoire ancienne de Céos se confond avec celle d'Athènes, à laquelle elle appartint presque sans interruption depuis les guerres médiques jusqu'au temps de l'empire romain. Elle passa ensuite dans le domaine des empereurs grecs. « Je ne sais, dit Tournefort, en quelle année elle fut annexée au duché de Naxie; mais Pierre Justiniani et Dominique Michel s'en emparèrent sous l'empire d'Henri II, empereur latin de Constantinople. Le P. Sauger a remarqué que pendant les guerres des Vénitiens et des Génois, Nicolas Carcerio, neuvième duc de l'Archipel, s'étant déclaré pour les premiers, Zia, qui étoit de sa dépendance, fut assiégée par Philippe Doria, gouverneur de Scio; sa garnison, qui n'étoit que de cent hommes, se rendit à discrétion dans la citadelle du Bourg. M. Ducange, qui rapporte cette expédition à l'année 1553, a cru que l'île de Zia appartenoit aux Génois; mais il vaut mieux s'en tenir au P. Sauger, qui a examiné sur les lieux des archives de Naxie. Zia fut ensuite rendue aux ducs de l'Archipel, qui la conservèrent jusqu'à la décadence de leur État. Jacques Crispo, le dernier duc, la donna en dot à sa sœur Thadée, épouse de Jean-François de Somme-Rive, huitième et dernier seigneur d'Andros, dépouillé par Barberousse, sous Soliman II (2). »

Quand Tournefort visita cette île, il la trouva bien cultivée et dans un état assez prospère. Il n'y avait que cinq ou six familles du rit latin. Tout le reste appartenait à l'Église grecque. Le clergé y était très-riche et les moines y avaient cinq beaux couvents. Aujourd'hui toute cette prospérité est bien déchue. La récolte de la soie, la fabrication de capots de poil de chèvre, et la caprification, dont Tournefort décrit au long les curieux procédés, telles sont les principales occupations des insulaires de Zéa.

Les Zéotes se sont toujours montrés très-impatients du joug des Turcs. Dès l'an 1787 un habitant de cette île, Lambros Catzonis, était placé par l'impératrice Catherine à la tête de l'escadre de corsaires grecs qui devait courir contre les Turcs sous pavillon russe; le port de Zéa devint le rendez-vous de tous les aventuriers patriotes de l'Archipel. Aussi en 1821 Zéa embrassa avec ardeur la cause de l'indépendance, et vengea la mort du patriarche Grégoire par le massacre de quinze musulmans. Les Zéotes prirent une part très-active à toutes les opérations de la guerre, et leur courage contribua à démentir l'épithète de *Taouchans* (lièvres), dont les Turcs flétrissaient depuis des siècles les insulaires de l'Archipel. Zéa est aujourd'hui la seconde éparchie du département des Cyclades.

ÎLE D'HÉLÈNE.

Cette île, rocailleuse, basse et plus longue que large, est à douze milles de Zéa, si l'on compte d'un cap à l'autre, et elle est séparée du cap Colonne ou Sunium par un canal qui n'a que sept ou huit milles de largeur. La forme de cette île lui avait valu le nom de *Macris*, et aujourd'hui encore elle s'appelle *Macronisi*, île longue. Strabon assure qu'on la nommait autrefois *Cranaé*, l'île rude, mais qu'elle reçut le nom d'Hélène après que Pâris y eut conduit cette belle Grecque, qu'il venait d'enlever, ainsi qu'Homère le lui fait dire à lui-même (1). Euripide, dans sa tragédie d'*Hélène*, avait aussi adopté cette tradition. Hécatée, Pausanias suivaient une indication différente. D'après ces auteurs, l'île de Cranaé, où Pâris conduisit d'abord Hélène, était vis-à-vis de la ville et du port laconien de Gythium; et l'île pierreuse du cap Sunium aurait été appelée Hélène parce que cette princesse y aurait abordé en revenant en Grèce, après la destruction de Troie.

(1) Brousted, *Ile de Céos*, p. 67.
(2) Tournefort, *Voyage*, t. I, 333.

(1) Hom., *Il*, III, 444.

L'île est aujourd'hui dans le même état que Strabon l'a décrite, c'est-à-dire que c'est un rocher sans habitants ; on douterait même qu'elle en ait jamais eu si Goltzius ne mentionnait deux médailles qui portent sa légende. Macronisi est relevée en dos d'âne par une crête de rochers fort hérissée, et percée de grandes ouvertures par où on passe d'un côté à l'autre. Elle n'a qu'une méchante cale dont l'entrée regarde l'est ; à peine y trouve-t-on de l'eau à boire ; cependant, au dire de Tournefort, c'est l'île la plus agréable de l'Archipel pour l'herborisation ; les plantes y sont plus grandes, plus fraîches et plus belles que partout ailleurs. C'est là qu'on trouve l'*helianthemum*, que Pline appelle l'*helenium*, et qu'il dit avoir été produit par les larmes d'Hélène.

Macronisi n'est plus maintenant qu'un pâturage appartenant aux Zéotes. Les cavernes de ses rivages servent de retraite à des veaux marins, qui pendant certaines saisons y font durant la nuit un vacarme épouvantable. Dès que le jour paraît ils quittent leur lieu de repos, et se plongent dans la mer.

ILE DE CYTHNOS.

L'île que les anciens ont appelée *Cythnos* ou *Cythnus*, du premier qui y conduisit des colonies, portait aussi le nom d'*Ophiusa* et de *Dryopis* ; mais elle est à présent désignée sous le nom de Thermia, qui lui a été donné à cause de certaines eaux chaudes et sulfureuses qu'on y voit sourdre. Par corruption, ou par confusion du Φ avec le Θ, on dit souvent *Phermia* ou *Phermina*. Les eaux chaudes de Thermia sont voisines du port ; elles sortent par plusieurs sources, et forment un petit ruisseau qui va se rendre dans la mer, d'où elles viennent, « car elles sont très-salées, et s'échauffent sans doute en traversant la terre, parmi des mines de fer ou des matières ferrugineuses ; ces matières sont les véritables causes de la plupart des eaux chaudes ; celles de Thermia blanchissent l'huile de tartre, et ne causent aucun changement à la solution du sublimé corrosif, non plus que les sources chaudes de Protothalassa à Milo, lesquelles sont incomparablement plus chaudes que celles dont nous parlons. Les anciens bains de Thermia étoient au milieu de la vallée ; on y voit encore le reste d'un réservoir bâti de briques et de pierres, avec une petite rigole par le moyen de laquelle l'eau du gros bouillon, se distribuoit où l'on vouloit : ces eaux ont conservé leur vertu (1) ». Longtemps négligées pendant l'occupation musulmane, ces eaux sont redevenues assez fréquentées depuis l'établissement du royaume de Grèce. Les anciens estimaient beaucoup les fromages de brebis qu'on faisait à Cythnos.

On trouve à Cythnos les ruines de deux anciennes villes, Hébréocastro et Paléocastro. Hébréocastro, ou la Ville des Juifs, est au sud-ouest sur le bord de la mer et sur le penchant d'une montagne, auprès d'un port où il y avait un petit écueil ; on reconnaît à la grandeur et à la magnificence de ces ruines que c'était une puissante cité, et celle même dont Dicéarque fait mention. Paléocastro est dans la partie méridionale de l'île, et la ville, qui est tout à fait abandonnée, n'est pas si ruinée que l'autre, mais on n'y trouve ni marbres ni aucuns restes de magnificence. La ville actuelle de Thermia est au nord-ouest de l'île, près du port de Sainte-Irène, et sur la pente d'une hauteur assez considérable. Plus bas se trouvent le village de Silaca et le port Saint-Étienne.

L'histoire de Cythnos se confond avec celle des autres Cyclades. Cythnus, son héros éponyme, était probablement un chef de Dryopes venus de Styra en Eubée. Ces Dryopes de Cythnos allèrent fonder un établissement en l'île de Cypre. Il est fait mention dans Hésychius d'une expédition d'Amphitryon, père d'Hercule, à Cythnos, dont il extermina presque tous les habitants. De là l'expression proverbiale de *Calamités de Cythnos*, pour exprimer un grand malheur. Le plus célèbre des Cythniens fut le peintre Cydias, qui florissait vers la 114ᵉ olympiade (323), au temps d'Alexandre le Grand. L'orateur Hortensius, dit Pline (2), donna 144,000 sesterces (30,240 fr.) de son tableau des Argonautes, pour lequel il

---

(1) Tournefort, I, 328 ; *Expédit. Scientifique*, III, p. 19 ; M. Landerer, Περὶ τῶν ἐν Κύθνῳ θερμῶν ὑδάτων. Les *Voyages* de Ross, Fiedler, etc.

(2) Plin., XXXV, 6.

fit construire exprès un bâtiment dans sa villa de Tusculum. C'est à Cythnos qu'un des imposteurs qui voulurent se faire passer pour Néron termina sa destinée. C'était un esclave habile à chanter et à jouer de la lyre, et qui avait les yeux, la chevelure de Néron et son expression de férocité. Accompagné d'une troupe de dupes et de vagabonds, il s'embarqua pour soulever l'Orient. La tempête le jeta à Cythnos, où il ne tarda pas à être saisi et mis à mort par l'ordre d'Asprénas, gouverneur de la Galatie et de la Pamphylie pour Galba (1).

Après le gouvernement des empereurs grecs et celui des ducs de Naxie, Thermia tomba au pouvoir des Turcs. Au commencement du dix-huitième siècle cette île renfermait 6,000 habitants, tous grecs, excepté dix ou douze familles latines qui avaient pour pasteur un vicaire de l'évêque de Tine. La situation de l'évêque grec était assez prospère. Il y avait quinze ou seize églises à Thermia, dont la principale était dédiée au Sauveur.

L'île de Thermia n'est pas escarpée comme la plupart des îles de l'Archipel; son terroir est bon et bien cultivé. On y recueille peu de froment, beaucoup d'orge, assez de vin et de figues pour les habitants, du très-bon miel, mais presque pas d'huile. On y travaille la soie et le coton, et on y fait ces voiles jaunes dont les femmes des îles se couvrent la tête. Thermia est très-abondante en gibier, surtout en perdrix, qu'on porte en cages aux marchés des îles voisines. Elle fut une des premières à s'insurger contre les Turcs après la mort du patriarche Grégoire.

ÎLE DE SYRA (2).

Syra ou Syros, comme l'appelaient les anciens, est située presque au centre des Cyclades, par 37° 22' de latitude et 22° 35' de longitude du méridien de Paris.

(1) Tac., *Hist.*, II, 8, 9.
(2) L'ouvrage le plus considérable sur Syra est le livre intitulé : *Traité complet sur les abeilles, avec une méthode nouvelle de les gouverner, telle qu'elle se pratique à Syra, île de l'Archipel, précédé d'un précis historique et économique de cette île*, par l'abbé della Rocca, vicaire général de Syra, 3 vol. in-8°; Paris, 1790.

Sa longueur du nord-ouest au sud-est est d'environ quatorze milles, et sa largeur de l'ouest à l'est de six à sept milles; ce qui lui donne au moins quarante milles de côtes, quoiqu'on ne les estime communément qu'à trente-six dans le pays. Elle était déjà renommée du temps d'Homère, par sa fertilité en blé et en vin, par le grand nombre de ses bestiaux, par la pureté et la salubrité de son air, et par un monument astronomique qui y indiquait les solstices et les équinoxes. « Au delà de l'île d'Ortygie, dit Eumée racontant ses aventures à Ulysse, est une île appelée Syrie, si jamais vous avez entendu ce nom. C'est dans cette île que se voient les conversions du soleil. Elle n'est pas très-grande, mais elle est très-fertile; car on y nourrit de grands troupeaux de bœufs et de moutons, et elle porte beaucoup de vin et de froment. Jamais la famine n'a désolé ses peuples, et les maladies contagieuses n'y ont jamais fait sentir leur venin. Ses habitants ne meurent que lorsqu'ils sont parvenus à une extrême vieillesse, et alors c'est Apollon lui-même ou sa sœur Diane qui terminent leurs jours avec leurs douces flèches. Il y a dans cette île deux villes qui partagent tout son territoire. Mon père Ctésius, fils d'Orménée, et semblable aux immortels, en était roi (1). »

Il n'y a rien à ajouter à ce tableau, si rapidement tracé et pourtant si complet. Ce qu'on sait de Syra dans les temps postérieurs confirme tout ce que dit Homère de la patrie du fidèle Eumée. Quant à sa stérilité actuelle, c'est un effet de l'incurie des hommes et de l'action du temps; trop de raisons nous en rendent compte, pour qu'on se croie autorisé à taxer Homère d'inexactitude.

C'est encore à Homère que nous devons le récit le plus intéressant sur l'ancien état de Syros au temps de ses rois, et sur la situation générale des îles et des côtes de la Méditerranée orientale, à l'époque où les Phéniciens et les Grecs s'en disputaient l'exploitation par le commerce et la piraterie. « Un jour, continue Eumée, quelques Phéniciens, gens célèbres dans la marine et grands trompeurs, abordèrent à nos côtes, apportant dans leurs vaisseaux mille parures. Il y avait

(1) Hom., *Odyss.*, XV, 402.

alors dans le palais de mon père une femme phénicienne, grande, belle, et très-habile à toutes sortes de beaux ouvrages. Ces Phéniciens séduisirent cette femme par leurs fourberies. Un jour qu'elle lavait des vêtements près de leur vaisseau, l'un d'eux s'unit d'amour avec elle. Et quelle femme, même la plus vertueuse, résiste aux voluptés? On lui demanda ensuite qui elle était et d'où elle était. Elle indiqua aussitôt le palais de mon père, et dit : « Je me glo-
« rifie d'être de l'opulente Sidon. Je suis
« la fille d'Arybas, homme très-riche
« et très-puissant ; mais des corsaires
« Taphiens m'enlevèrent comme je re-
« venais des champs, et m'emmenèrent
« dans l'île de Syrie, où ils me vendirent
« à cet homme, qui donna de moi un
« grand prix. — Mais, lui répondit le Phé-
« nicien qui l'avait abusée, voulez-vous
« venir avec nous, pour vous retrouver
« dans votre maison et revoir votre père
« et votre mère ; car ils vivent encore et
« sont toujours riches? — Je le veux bien,
« repartit cette femme, si toutefois vous
« me promettez tous avec serment de me
« ramener chez moi sans me faire nul
« outrage. » — Tous aussitôt firent le ser-
« ment qu'elle demandait ; après quoi elle
« leur dit : « Tenez maintenant ce complot
« secret, et qu'aucun de vous ne s'avise de
« m'aborder ni de me parler, soit dans le
« chemin, soit à la fontaine, de peur que
« quelqu'un ne le voie et ne coure au
« palais le rapporter au vieillard, qui,
« entrant d'abord en quelque soupçon,
« ne manquerait pas de me charger de
« chaînes et de trouver les moyens de
« vous faire tous périr. Quand votre
« vaisseau sera chargé, vous n'aurez
« qu'à m'envoyer un message pour m'en
« donner avis. Je vous apporterai tout
« l'or que je trouverai sous ma main. Je
« tâcherai même de vous payer un prix
« encore plus grand pour mon passage ;
« car j'élève dans le palais le jeune prince,
« qui est déjà fort avisé et qui commence
« à sortir avec moi : je vous l'amènerai.
« En quelque contrée que vous vouliez
« l'aller vendre, vous en aurez un prix
« convenable. » En finissant ces mots elle les quitte, et s'en retourna dans le palais. Ces Phéniciens demeurèrent encore un an entier dans le port, d'où ils venaient tous les jours à la ville vendre leurs marchandises et acheter des provisions. Quand le vaisseau eut sa charge et fut en état de s'en retourner, ils dépêchèrent un de leurs matelots à cette femme pour l'en avertir. C'était un homme très-rusé, qui vint dans le palais de mon père comme pour y vendre un collier d'or entrelacé de brins d'ambre. Toutes les femmes du palais, et ma mère, le maniaient, l'examinaient, et en offraient une certaine somme. Cependant le fourbe fit signe à notre Phénicienne, et s'en retourna au vaisseau. En même temps, cette femme me prend par la main, et me mène dehors. En sortant, elle trouva dressées dans le vestibule les tables où mon père traitait ceux qui gouvernaient avec lui. Elle prit aussitôt trois coupes, les cacha dans son sein, et continua sa route. Je la suivais sans me douter de rien. Après le soleil couché, et les chemins étant déjà couverts de ténèbres, nous arrivâmes au port, où était le vaisseau des Phéniciens. Ils nous font embarquer promptement et mettent à la voile, poussés par un vent favorable que Jupiter leur envoya. Nous voguâmes dans cet état six jours et six nuits. Le septième jour, Diane décocha ses flèches sur la Phénicienne, qui mourut tout d'un coup, et tomba au pied du mât. On la jeta dans la mer, où elle servit de pâture aux poissons. Je restai seul, le cœur affligé ; sur le soir, le même vent nous poussa à Ithaque, où Laerte m'acheta. »

Après les temps héroïques, il n'est fait dans l'histoire aucune mention de l'île de Syros. Le seul nom dont on ait conservé le souvenir est celui du philosophe Phérécyde, qui fut le maître de Pythagore, et qui naquit dans la quarante-cinquième olympiade, dont la première année répond à l'an 598 avant J.-C. Phérécyde était du nombre de ces philosophes que les Grecs appelaient Αὐτοδιδάκτους, c'est-à-dire *qui se sont instruits eux-mêmes*. « On assure, dit Hésychius, qu'il n'eut aucun maître, mais qu'il se poussa lui-même dans les sciences, après avoir trouvé quelques ouvrages cachés, ou commentaires secrets des Phéniciens. » Le savant Huet, évêque d'Avranches, résout ainsi, dans sa *Préparation Évangélique*, la question de savoir quels sont ces livres qui tombèrent entre les mains de Phérécyde. « Phérécyde, dit-il, fut disciple des Égyptiens et des Chaldéens, mais surtout des Phéniciens, des livres secrets desquels on dit qu'il tira une grande connaissance des choses divines, n'ayant point eu d'ailleurs d'autres maîtres. J'entends par ces livres secrets des Phéniciens ceux de Moïse, auxquels Juvénal donne le nom d'*Arcanum*. On les attribue aux Phéniciens, qui, comme je l'ai déjà remarqué plus d'une fois, sont souvent pris dans les auteurs profanes pour les Juifs, leurs voisins; ou bien on peut entendre par là l'écrit de Sanchoniaton, qui avait été tiré des livres de Moïse. » Sans être aussi explicite sur ce point, Bochart n'hésite pas à regarder les Phéniciens comme les maîtres de Phérécyde. Appuyé sur le témoignage d'Homère, il établit que les Phéniciens faisaient de longs séjours dans l'île de Syros; qu'ils lui avaient donné son nom, et qu'ils y avaient répandu dès la plus haute antiquité leurs connaissances astronomiques. « C'est de là, ajoute-t-il, qu'il faut tirer l'explication de τροπαὶ ἠελίοιο, et il est aisé de voir que c'est ἡλιοτρόπιον, l'héliotrope, c'est-à-dire le cadran; et par là Homère nous apprend que les Phéniciens avaient fait dans cette île un cadran, dont le style ou aiguille, par le moyen de son ombre, indiquait les solstices; et comme c'était une chose fort rare et merveilleuse dans ces temps-là, Homère, fort curieux et bien instruit de tous ces points d'antiquité, le marque comme une rareté qui distinguait cette île..... ; et il y a bien de l'apparence que ce cadran, que Phérécyde fit à Syros ne fut fait que sur les découvertes des Phéniciens. » On sent bien que sur ces questions-là les plus savants hommes ne peuvent donner que des hypothèses, et qu'on ne peut établir de conclusions certaines. Voici un mot du scoliaste d'Homère qui contrarie bien la supposition, fort raisonnable du reste, de Bochart : « On dit qu'il y a à Syros une caverne du soleil, par le moyen de laquelle on remarque les conversions de cet astre. » Il ne s'agit plus ici d'un héliotrope ou cadran artificiel, mais d'une grotte, qui, comme le puits de Syène, était disposée de manière à marquer les conversions du soleil, ou la position de son ombre aux solstices. Mais ce mot du scoliaste n'est aussi lui-même qu'un on-dit, ou peut-être encore qu'une hypothèse.

La mort de Phérécyde est diversement racontée. Selon Diogène-Laerce il périt à Delphes, où il se précipita du haut des rochers du mont Corycius. Selon d'autres, il mourut d'une affreuse maladie, qu'Élien décrit de la manière suivante : « Phérécyde, maître de Pythagore, étant tombé malade, transpirait d'abord une sueur chaude et semblable à des mucosités, qui le jeta ensuite dans la phthiriase. Toutes ses chairs se réduisirent en poux, la corruption s'y mit, et il finit ainsi ses jours. » Défiguré par cet horrible mal, Phérécyde s'était enfermé dans sa maison, et ne recevait plus personne. Un de ses amis s'étant présenté à sa porte pour savoir comment il se portait, Phérécyde lui fit voir par un trou son doigt tout décharné, et lui dit que tout le reste de son corps était de même. Diodore de Sicile raconte que Pythagore, apprenant l'affliction de son ancien maître, quitta l'Italie pour le rejoindre à Délos, où il était tombé malade; qu'il l'assista jusqu'à ses derniers moments, et qu'il lui donna une honorable sépulture. On a retrouvé parmi les antiquités de Syros un buste, d'une belle et grave expression, que les archéologues se plaisent à regarder comme celui du philosophe Phérécyde.

Cicéron loue ce philosophe d'avoir enseigné le premier l'immortalité de l'âme; mais Suidas l'accuse d'avoir créé le système de la métempsycose.

Syra, comme les autres Cyclades, obéit successivement aux Perses, aux Athéniens, aux Macédoniens, aux Romains, aux empereurs byzantins, aux ducs de l'Archipel et enfin aux Turcs. Sous ces derniers maîtres, Syra devint le refuge d'un grand nombre de familles franques chassées des îles voisines, qui y apportèrent la religion et le rit romain, et en firent l'île la plus catholique de l'Archipel. « Pour sept ou huit familles du rit grec, dit Tournefort, on y compte plus de six mille âmes du rit latin; et lorsque les Latins s'allient avec les Grecs, tous les enfants sont catholiques romains; au lieu qu'à Naxie, les garçons suivent le rit du père, et les filles celui de la mère. On est redevable de tous ces biens aux pères capucins français, missionnaires apostoliques, fort aimés dans cette île, et fort appliqués à instruire un peuple porté au bien, honnête, ennemi déclaré des voleurs, plein de bons sentiments, et si laborieux, qu'on ne saurait reposer dans cette île la nuit, à cause du bruit universel des moulins à bras que chacun exerce pour moudre son blé, et le jour, à cause des rouets qui servent à filer le coton. La maison et l'église des capucins sont assez bien bâties; la bannière de France arborée au coin de leur terrasse nous réjouit; et le père Jacinthe d'Amiens, homme d'esprit, substitut du consul de France à Tine, nous reçut avec tous les agréments possibles. Ces pères dirigent vingt-cinq religieuses du tiers ordre de Saint-François, filles d'une vertu exemplaire, quoique non cloîtrées. Les Grecs n'ont que deux églises dans Syra, desservies par un papas. Il n'y a de Turc qu'un cadi; encore vient-il se réfugier chez les capucins lorsqu'il paraît quelque corsaire autour de l'île. On y élit tous les ans deux administrateurs. En 1700 la capitation et la taille réelle montaient à 4,000 écus. »

L'évêque de Syra est nommé par la cour de Rome et placé sous la protection de la France.

Ce fut sous Louis XIII que fut fondée à Syra la maison des capucins; sous Louis XV les jésuites s'y établirent. Après la destruction de l'ordre, les lazaristes les remplacèrent. Tous les catholiques répandus dans l'empire ottoman reconnaissaient alors le roi de France pour leur protecteur; cette protection s'étendait particulièrement sur ceux qui suivent le rit latin, et les habitants de Syra en particulier en ont de tout temps ressenti les heureux effets.

« La reconnaissance des Syriotes envers le roi de France, dit l'abbé della Rocca, se manifeste à Syra de la manière la plus éclatante; on pourrait même dire la plus incroyable. Quoi de plus singulier en effet que d'entendre au milieu des peuples livrés à l'erreur, dans les églises et chapelles particulières retentir au loin le chant mélodieux du *Domine, salvum fac regem.* Et pour qu'on ne puisse se méprendre sur le nom de celui qui est l'objet de cette prière, on y ajoute ces mots : *Nostrum Ludovicum* (1). » Les navires français trouvaient toujours chez les Syriotes l'accueil le plus empressé et tous les secours nécessaires dans le cas de peste, d'incendie, de tempête, ou lorsqu'ils étaient attaqués par des pirates.

Cette protection toute spéciale accordée par la France à l'île de Syra s'étendit indirectement à tous les insulaires de l'Archipel lors de l'insurrection grecque. A l'abri des horreurs de la guerre, comme cliente de la France, la catholique Syra devint le lieu d'asile de toutes les populations des îles où les Turcs avaient porté leurs ravages. Au pied de la montagne qui domine l'ancienne Syra latine, il se forma une agglomération de fugitifs, venus de toutes les îles voisines, qui en peu de temps donna naissance à une cité nouvelle, où l'on compte aujourd'hui plus de quatre mille maisons, des églises, des hôpitaux et des écoles publiques dans lesquelles se réunissent quatorze à quinze cents enfants. Les Chiotes, les Ipsariotes, les Hydriotes ont le plus contribué à fournir la population de la ville d'Hermopolis, qui compte environ 25,000 âmes, et qui est maintenant le port le plus fréquenté de l'Archipel, le centre du commerce de la Grèce et son principal chantier de construction maritime. Hermopolis, la ville de Mercure ou du commerce, est après Athènes la première cité du nouveau royaume grec. Elle est située au bord de la mer, à la base du rocher dont l'ancienne Syra occupe toujours le sommet, et où réside encore un évêque latin, délégué apostolique du saint-siége, et toujours protégé et soutenu par la France (2).

(1) *Traité*, etc., t. I, p. 93.
(2) Surtout par l'OEuvre de la Propagation de la Foi, qui est commune à toute la catholicité, mais où la France contribue à elle seule pour les deux tiers. J'ai extrait du dernier compte rendu des opérations de la société tout ce qui a rapport aux îles de la Grèce. Il n'est hors de propos de produire ici ces chiffres, qui donneront une idée de la situation de l'Église latine dans le Levant, et de

ÎLES DE DÉLOS ET DE RHÉNÉE.

Ces deux îles, que les Grecs modernes appellent *Dili*, et que les anciens distinguaient par les noms de *petite* et de *grande Délos*, à cause de la différence de leurs dimensions, ne sont plus, depuis bien des siècles, que deux méchants écueils tout à fait abandonnés. Mais le souvenir de ce qu'elles ont été jadis rend à jamais leur nom impérissable, recommande leur histoire aux recherches infatigables des savants, et attire sans cesse vers leurs débris les explorations des pèlerins de la science antique. Depuis plusieurs siècles, la petite Délos, l'île sacrée d'Apollon, et la grande Délos ou Rhénée, sa nécropole, ont été visitées par de nombreux voyageurs, qui ont eu à constater, les uns après les autres, les progrès de la destruction de leurs ruines, contre lesquelles se sont conjurées l'action du temps et la main des hommes. Je laisserai parler ici le dernier d'entre eux (1), dont la relation réunit l'étendue des ressources mises par l'œuvre à la disposition des établissements catholiques qu'elle soutient en partie.

Il a été recueilli dans les îles grecques :

Diocèse de Syra. 227,77 drachmes = 203 fr. » c.
— de Tine. 2,012,»   —   = 1,780 »
— de Zante,   1,182 75
— de Scio, 1,489 piastres   = 336 25

Il a été distribué dans ces îles :

A Mgr Alberti, évêque de Syra et délégué apostolique pour la Grèce . . . . fr. 12,000
A la mission des RR. PP. capucins à Syra. 500
A Mgr Zaloni, évêque de Tine 1,800
Aux missions de la compagnie de Jésus en Grèce 7,800
A Mgr Castelli, archevêque de Naxie. . . : . 1,800
A Mgr Cuculla, évêque de Santorin 1,000
A la maison des lazaristes et établissements des sœurs de charité à Santorin 6,000
A la mission des RR. PP. capucins à Paros. 8,200
Au diocèse de Zante. . . . . : 800
A la maison des RR. PP. capucins à Céphalonie 2,800
A la maison des RR. PP. capucins dans l'île de Candie 2,800
A Mgr Justiniani, évêque de Scio 2,000
A la maison des RR. PP. mineurs réformés à Rhodes 2,500
A la maison des RR. PP. mineurs réformés à Métélin 4,000
Missions de l'île de Chypre 6,800

Voyez *Annales de la Propagation de la Foi*, mai 1852, p. 166; compte rendu de l'année 1851.

(1) M. Ch. Benoît, mon ancien confrère à

à l'exactitude des détails archéologiques l'intérêt de la description et l'agrément des impressions personnelles.

DESCRIPTION DES RUINES DE DÉLOS. « Cette dévastation de Délos dépasse tout ce qu'on peut imaginer, et le cœur se serre en promenant ses yeux sur ce morne rocher, où pas une ruine même n'est restée debout, mais où toute pierre a été renversée, brisée, réduite en menus éclats. Tout s'est conjuré, depuis quelques siècles, pour en faire disparaître les vestiges de quelque valeur, que Spon et Wheler y trouvaient encore en si grande quantité quand ils visitèrent cette île en 1675, et Tournefort au commencement du dix-huitième siècle. La curiosité impie des savants et des amateurs d'antiquités n'a pas été moins fatale aux ruines de Délos que la barbarie des habitants des îles voisines exploitant ces grands débris comme des carrières : car il y a plus de mille ans que les gens de Mykonos, de Syros, de Ténos viennent y chercher des matériaux pour bâtir. Les pierres étaient toutes taillées; à quelques vestiges de sculpture on les reconnaît parfois aux environs, maçonnées dans les murailles des plus sales masures; et non loin de l'emplacement du temple s'élève encore un vieux four à chaux dans lequel ont été calcinés bien des statues et des marbres précieux, destinés à faire du mortier. Les derniers débris conservant quelque figure et qui n'avaient pas été depuis longtemps déjà transportés à Venise ou à Constantinople, ou pillés par des bâtiments russes ou anglais, ont servi, il y a vingt-cinq ans, à la construction d'une grande église que j'avais vue, quelques jours auparavant, dans l'île voisine de Ténos. Les magnifiques linteaux des portes en marbre blanc qu'on y admire ont été enlevés ici du temple d'Apollon. Le gouvernement du roi Othon, à peine constitué,

l'école d'Athènes, qui a inséré l'intéressante notice dont je donne ici l'abrégé, dans les *Archives des Missions Scientifiques* de juillet 1851. On peut consulter encore Dapper, p. 361; Tournefort, I, 287; l'abbé Sallier, *Histoire de l'île de Délos*, Acad. des Inscr., III, 376; Schwenck, *Deliaca*, in-4°, 1825, etc. Cf. Forbiger, *Handbuch*. III, p. 1027.

s'est empressé, il est vrai, d'interdire dans toute la Grèce cette dévastation sacrilége; mais ici il était trop tard : il n'y avait plus rien à sauver.

« Le *temple d'Apollon* s'élevait aux bords du canal qui sépare Délos de Rhénée, vis-à-vis de l'écueil qu'on appelle aujourd'hui la grande Rhematia, et qui était autrefois consacré à Hécate. Les monceaux de fragments du marbre le plus blanc de Paros, dont le sol est au loin couvert, indiquent encore quelles furent les proportions de cet édifice immense, construit à la même époque que les grands temples de l'acropole d'Athènes : quelques chapiteaux doriques mutilés, des tronçons de colonnes de plus d'un mètre de diamètre permettent même de le restaurer en partie par la pensée. Les colonnes de la Cella étaient rondes et cannelées dans toute leur circonférence; mais les tambours des grosses colonnes, qui formaient le périmètre du temple, au lieu d'être cylindriques, quelques-uns du moins, sont ovales, et seulement cannelés sur les deux côtés les plus arrondis. Quel fut le dessein de l'architecte? Quelle illusion voulait-il produire ainsi? On sait avec quelle science profonde et délicate les artistes du grand siècle combinaient dans leurs moindres détails les lignes de leurs édifices, selon de mystérieuses harmonies. Les études de nos jeunes architectes sur les ruines du Parthénon et des Propylées leur révèlent chaque jour quelqu'un de ces merveilleux secrets de l'art antique, que l'art moderne n'avait pas soupçonnés jusque alors. Malheureusement à Délos on ne peut guère qu'entrevoir le problème, sans trouver, avec si peu de restes mutilés, les moyens de le résoudre.

« Avec les débris de ce temple se confondent presque les ruines de l'immense *portique* que Philippe III, roi de Macédoine, avait consacré à Apollon, et qui s'étendait du côté du sud le long du rivage, dans un espace de cent cinquante pas environ. On y distingue quelques énormes chapiteaux doriques en beau marbre gris sans veines et du grain le plus fin, des fragments de frise avec leur triglyphes, des architraves, dont le dessus avait été creusé sans doute pour les rendre plus légères, et sur plusieurs desquelles on recueille encore ces mots mutilés : ΦΙΛΙΠΠΙ.... ΒΑ. ΙΛΕΩΣ.... ΟΛΛΩΝΙ, restes de l'inscription votive, *Philippe fils de Démétrius, roi de Macédoine, à Apollon*; enfin, de nombreux tronçons de colonnes doriques, de près d'un mètre de diamètre à leur base, lesquelles n'étaient cannelées que dans les deux tiers supérieurs de leur hauteur, et taillées à pans seulement dans leur partie inférieure. Mais je ne veux point m'arrêter à ces ruines, quoiqu'elles soient les plus considérables de Délos; on en trouve une minutieuse description dans les livres de Spon et de Tournefort, qui les ont vues, il y a plus d'un siècle et demi, bien plus entières qu'elles ne sont aujourd'hui.

« On croit que c'est à l'entour de ces édifices que se groupaient le *temple de Latone*, τὸ Λητῷον, dont parle Strabon, la *chapelle d'Aphrodite*, que Thésée avait érigée jadis sur ce rivage à son retour de Crète, le *temple d'Artémis*, et maints autres. Cette cité des temples était enveloppée d'un même bois sacré, que peuplaient par milliers des statues de marbre ou de bronze. Quel spectacle! lorsque entrant dans le canal aux eaux d'émeraude, les théores entendaient au loin les pæans sacrés montant au ciel avec l'encens et la fumée des sacrifices; quand ils apercevaient, à travers le feuillage du saint bosquet, ces temples étincelants de l'éclat de leurs marbres et des vives couleurs, dont ils étaient peints; quand alentour ils entrevoyaient cette multitude de statues, ce peuple de dieux et de héros, sous les ombrages des palmiers, des myrtes et des lauriers-roses! Mais aujourd'hui, pas une colonne debout en ces lieux, pas un tronçon de statue, pas un arbre, pas seulement un palmier, pour marquer l'endroit où Latone mit au jour Apollon et Artémis; rien que de basses broussailles, des lentisques nains rampant sur les décombres, et où les pâtres de Myconos viennent parfois faire paître leurs moutons et leurs chèvres.

« Lorsqu'en 1422 l'Italien Bondelmonte visita Délos, il trouva encore couchées par terre d'innombrables statues, et parmi elles une statue colossale, qu'il essaya en vain de redresser avec tous les engins de ses galères. Tous ces restes de l'art antique ont été pillés et dispersés depuis dans tous les coins du monde. Il n'en demeure qu'un énorme fragment, encore reconnaissable, de la gigantesque *statue d'Apollon*, qui avait étonné Bondelmonte, et qui jadis avait été érigée au seuil du temple par les habitants de Naxos, après la guerre Médique. C'est un torse énorme depuis le cou jusqu'à la ceinture; j'ai mesuré d'une épaule à l'autre 2^m,20. Tout à côté de ce débris, que les chaufourniers n'ont pu entamer, gît un gros bloc carré de 6 mètres de long, 3^m,50 de large et 1^m,25 d'épaisseur, évidé au centre, lequel a certainement appartenu au *piédestal* de la statue, car on y lit encore sur un des côtés l'inscription votive ΝΑΞΙΟΙ ΑΠΟΛΛΩΝΙ. L'Ionie entière suivit l'exemple des Naxiotes : en ces jours d'allégresse où Athènes victorieuse restaurait le vieux culte de Délos, cités et particuliers venaient à l'envi consacrer dans l'île sainte un monument de leur reconnaissance. C'est auprès de la statue colossale de Naxos que le pieux Nicias érigeait son palmier de bronze doré : voisinage fatal! ce palmier, bientôt déraciné par la tempête, tomba sur le colosse et le renversa. Depuis ce temps la statue est demeurée par terre, entière encore au temps de Bondelmonte, mais depuis sans cesse mutilée par des amateurs.

« Quand on quitte ce lieu des sanctuaires, pour remonter le canal vers le nord, et suivre ensuite le rivage qui regarde Ténos, on marche au milieu des ruines de la *ville* même de Délos, ville jadis magnifique (à en juger encore par ses débris), qui, descendant des pentes du mont Cynthos, s'étendait le long de la plage septentrionale. Là, depuis la destruction de la population antique, nulle population nouvelle n'est venue, comme en d'autres lieux de la Grèce, recouvrir de ses constructions, ainsi que d'une alluvion, le sol d'autrefois. Plus d'un quart de la ville subsisterait encore, comme une autre Pompéi, si d'avides exploiteurs n'étaient venus depuis deux siècles en bouleverser les restes de fond en comble, les uns pour y chercher des trésors, les autres des reliques de l'art antique, d'autres, enfin, pour en tirer des matériaux à bâtir. Les pierres des angles surtout ont été arrachées pour être employées ailleurs : il ne reste plus guère que des tas de moellons d'un schiste micacé ou d'un granit bleu, que fournissaient les carrières ouvertes au pied du Cynthos; et çà et là quelques fragments d'un beau marbre blanc sur lesquels on distingue des traces de couleur. Nul doute que ces décombres ne recouvrent encore maintes choses précieuses, des morceaux de sculpture, d'intéressantes mosaïques; tout au moins pourrait-on, en déblayant avec soin, reconnaître en plus d'un endroit le plan d'une maison antique. Par places se dressent encore en effet des tronçons de colonnes en granit, de un à deux pieds de diamètre, qui par leur solidité et la grossièreté de la matière ont échappé aux ravageurs. Elles sont le plus souvent par groupes de huit ou douze ensemble, et disposées de façon à former, ici un portique extérieur, ailleurs la galerie intérieure d'une cour. On en compte ainsi par centaines dans l'île. Sous la plupart de ces maisons, on remarque une citerne recouverte par une voûte ou simplement par des travées de granit, selon qu'elle est plus ou moins large. C'est qu'à Délos, comme dans beaucoup de ces îlots volcaniques de l'Archipel, l'eau était rare. Le ruisseau de l'*Inopos* ne pouvait suffire aux besoins des habitants, et il y fallait suppléer en recueillant les eaux pluviales. Cet Inopos lui-même, aujourd'hui qu'est-il devenu? Après bien d'autres, j'ai cherché vainement ce ruisseau; il a disparu et rendu l'île à son aridité première. On se demande même, en considérant ces lieux, s'il a jamais pu exister; car, lors même que le Cynthos, aujourd'hui si brûlé des traits d'Apollon, aurait été jadis couronné d'arbres, comment une île si petite, et presque entièrement formée de granit et de calcaire, aurait-elle pu avoir un vrai cours d'eau, ou seulement une fontaine intarissable? Les citernes effondrées que l'on voit partout montrent assez que les habitants n'y comptaient guère; et j'incline à penser avec Tournefort, lequel suivait en cela déjà l'avis de Pline, que cet Inopos, dont Strabon a fait une vraie rivière (sans doute d'après les poëtes, qui depuis l'antiquité ne cessaient de l'enfler de leurs vers), n'était autre chose que cette source profonde qu'on voit à la pointe que forme l'île vers le nord-est, vis-à-vis de Mykonos. C'est une sorte de puits de cinq ou six mètres environ de diamètre, enfermé en partie par des rochers, en partie par une muraille; le niveau de l'eau y varie suivant les saisons, et quelquefois l'hiver la source, dit-on, inonde par-dessus ses bords. De là, sans doute, la vieille légende qui mettait cette source intermittente en communication mystérieuse avec le Nil, le fleuve sacré, et lui en faisait suivre les crues. En Grèce ces traditions ne périssent pas, elles se transforment : aujourd'hui c'est du Jourdain que les habitants de Mykonos font venir cette eau merveilleuse.

« Aussi vainement vous chercheriez encore les eaux de ce petit *lac circulaire*, τροχοειδής λίμνη, au bord duquel Latone mit ses enfants au monde. De bonne heure, à ce qu'il semble, ce lac s'était desséché; et les anciens, qui ne manquaient jamais pour construire leurs stades ou leurs théâtres, de profiter de la disposition naturelle des lieux en firent, en le rectifiant, un amphithéâtre. Car, en continuant à suivre la côte septentrionale de l'île, on reconnaît aisément, à peu de distance de la mer, l'ancien lit du marais sacré, que l'art a transformé en un amphithéâtre ovale, mais d'une courbe irrégulière, plus arrondie du côté de l'est, vers l'ouest plus aplatie. Un petit mur assez bien conservé, d'un mètre environ de hauteur, en borde le pourtour; au-dessus, sur un tertre en pente, se rangeaient circulairement des gradins de marbre blanc. Mais les marbres ont été arrachés; de petits buissons de lentisques revêtent seuls aujourd'hui les bords de la corbeille. Le fond, parfaitement sec quand je le vis, mais revêtu d'une fine couche de salpêtre, attestait que cette enceinte pouvait bien encore être inondée pendant l'hiver. Voilà sans doute pourquoi Tournefort a signalé ce petit bassin sous le nom de *naumachie*. Mais évidemment cet espace était trop étroit pour les luttes navales; et d'ailleurs à quoi bon une naumachie artificielle, à quelque cent pas seulement du canal de Rhenée, qui semble si merveilleusement propre à de tels spectacles? Ce ne fut, selon toute probabilité, qu'un amphithéâtre ordinaire, destiné aux jeux publics, et dont la construction peut bien remonter aux beaux jours de la Grèce. Le lac sacré n'avait plus d'eau, mais ne devait pas pour cela s'effacer : l'art s'en empara, et en consacra la place.

En poussant plus loin, jusqu'à la côte orientale, qui regarde Mykonos, on est arrêté par des ruines monumentales, que Tournefort a signalées, mais dont le sagace M. Ross a le premier, je crois, retrouvé le sens. Là s'élevait un *gymnase* complet, avec son stade et son portique. Le *stade* s'étendait le long de la mer, du nord au sud, sur une longueur de 200 mètres et une largeur de 20 environ. Adossé du côté droit, ou occidental, contre un tertre qui en supportait les gradins, il était ouvert du côté de l'orient et dégarni de bancs; seulement, de ce côté, et au milieu de la longueur, on avait bâti en pierres une tribune, longue d'environ quarante-cinq pas, et qui pouvait avoir trois ou quatre rangs de siéges. C'était donc un stade à un seul côté, στάδιον μιᾷ πλευρᾷ. Au stade se rattachait un *portique* en marbre bleu mat, dont les colonnes étaient surmontées et unies entre elles, non par les plates-bandes ordinaires, mais par des arceaux taillés d'une seule pièce, et mesurant 1^m,68 de long, 1^m,02 de hauteur, et 0^m,48 d'épaisseur. Rien n'est demeuré debout de cet édifice, et les fragments ne sont plus ni assez nombreux ni assez entiers pour être relevés. Le tout, du reste, m'a paru d'un travail médiocre, et doit être une œuvre des bas siècles. Une inscription, jadis retrouvée parmi ces ruines, et qui depuis a disparu, nous apprend que Délos était redevable de son gymnase au roi Mithridate Évergète, le père du grand Mithridate. Celui-ci avait aussi en ces lieux sa statue, ainsi que l'attestait une autre inscription, recueillie autrefois sur la base même du piédestal. Cette statue lui avait été érigée par le gymnasiarque Dionysios, pour perpétuer le souvenir des bienfaits dont ce prince avait comblé Délos : singulière ironie du destin, qui dans le saccage de l'île sainte, ordonné par Mithridate pendant sa guerre avec Rome, n'a laissé subsister que ce monument de reconnaissance à l'impitoyable exterminateur!

« Jamais depuis cette ville ne s'est relevée de cette épouvantable ruine, où elle s'était soudainement abîmée, comme par un tremblement de terre : aussi quelques maisons pouvaient-elles être encore, avant les fouilles du dernier siècle, dans l'état de ruine où elles se trouvaient au lendemain de la catastrophe. Au pied du Cynthos, en remuant des décombres, on a rencontré plusieurs statuettes de marbre inachevées, qu'on peut voir aujourd'hui à Athènes, et sur lesquelles il est intéressant d'étudier les procédés techniques des anciens dans la statuaire. L'œuvre interrompue rappelle que l'artiste a été sans doute arrêté dans son travail par la vengeance de Ménophanès, comme par un coup de foudre.

« Le mont *Cynthos*, dont je m'étais rapproché, s'élève presque au centre de l'île, un peu plus près toutefois de la côte orientale. C'est une colline formée, comme tout le reste du sol, d'un granit bleu à gros grain, rempli de quartz, de granules de fer oxydulé et de gros cristaux de feldspath. J'évaluai sa hauteur à 150 mètres environ : ce n'est donc qu'une bien petite éminence en comparaison de ces puissantes montagnes dont se hérissent les îles voisines. Mais qu'importe? elle domine dans l'imagination des hommes sur toute cette couronne de montagnes gigantesques et obscures : la Muse a grandi le Cynthos jusqu'au ciel. J'en fis d'abord le tour. Sur ses flancs, vis-à-vis Rhenée, mais en inclinant un peu vers le sud-ouest, s'adossait le *théâtre*, dans une de ces situations charmantes, telles que les Grecs les savaient choisir pour charmer les yeux pendant la durée, souvent si prolongée, de leurs spectacles dramatiques.

« Ce théâtre, comme tous ceux de la Grèce, forme un immense hémicycle, ou même un peu plus : car ici (chose remarquable) le demi-cercle commence à se refermer, en se rapprochant de la scène, à ses deux ailes. Il est taillé en étages dans un repli de la colline, et complété aux deux extrémités de son pourtour, où le roc a manqué, par une belle construction de marbre. Sur les gradins se retrouvent encore par endroits les tablettes de marbre blanc dont ils étaient revêtus; mais en général cette ruine a été dévastée comme tout le reste, et l'on dirait d'une vieille carrière abandonnée. Au-devant de l'hémicycle, sous l'emplacement du προσκήνιον, on a défoncé, en fouillant, une vaste citerne divisée en neuf grands compartiments, qui s'étendait dans toute la largeur de la scène, et qui sans doute était destinée à recueillir les eaux de ce coin de la montagne.

« En partant du théâtre, je tournai vers le sud de la colline, et j'y reconnus les carrières d'où les anciens habitants de l'île avaient tiré leurs pierres de bâtisse : les coins de fer dont les ouvriers se servaient pour en détacher les blocs sont encore empreints sur le rocher. J'achevai mon circuit, sans rien remarquer aux flancs de la montagne, jusqu'à ce que j'arrivasse à une ruine imposante qui s'élève à mi-côte du côté du nord-ouest : c'est la *Porte de pierre* (comme on l'appelle), où le colonel Leake a voulu voir l'entrée d'un trésor, et que d'autres ont prise pour la porte d'une enceinte sacrée qui aurait entouré le Cynthos, mais qui m'a semblé bien plutôt avoir appartenu à un *adyton*. Je gravis par là au sommet de la colline, et j'y trouvai confondus avec des débris plus grossiers les restes mutilés d'un temple d'ordre ionique, des volutes de chapiteaux brisés, des bouts d'architraves, des tronçons de colonnes non cannelées. Avec les débris de ce temple, mêlés à de gros blocs de granit, on avait reconstruit au moyen âge sur ce plateau un château, qui ceignait de ses murs crénelés toute la plate-forme, et qui a été détruit à son tour.

« Je suis resté assis jusqu'à la nuit sur cette cime du Cynthos, sans pouvoir rassasier mes regards de ce vaste horizon, ni mon âme de tous les souvenirs que ces lieux rappellent. Non, je ne saurais jamais rendre l'impression de ce spectacle, que mes yeux n'oublieront jamais : les plus glorieuses des Cyclades, Ténos, Syros, Paros, Naxos, qui reçut Bacchus enfant sur son sein, toutes comme autant de nymphes, soulevant leur chevelure d'or au-dessus de l'azur des eaux, et menant leur chœur harmonieux autour de l'île sainte :

Σὲ μὲν περὶ τ' ἀμφίτε νῆσοι
Κύκλον ἐποιήσαντο, καὶ ὡς χορὸν ἀμφεβά-
[λοντο (1),

(1) Callimaq. *Hymne à Délos*, v. 300.

et sous mes pieds Délos, que le Poseidon des abîmes fit, d'un coup de trident, sortir des eaux, pour servir d'asile à Latone. La nuit, qui était venue, en effaçait peu à peu la désolation actuelle. C'était une de ces belles nuits si communes en Grèce, qui n'ont pas de ténèbres : le ciel, dans l'absence de la lumière, reste limpide, et on lirait à la clarté des étoiles. Voilà l'heure favorable en ce pays pour voir les ruines, noyées dans une demi-obscurité vague et fantastique, qui les voile sans les cacher ; heure de rêverie, propice à l'illusion, où les souvenirs du passé reviennent en foule à l'imagination, sans être troublés par le spectacle trop saisissant des misères actuelles. Je remontais le cours des siècles écoulés ; j'étais entièrement sous le charme ; et quand je relevais la tête, le ciel achevait mon illusion, avec ses constellations immuables qui guidaient déjà autrefois Latone vers ces bords.

SUR LES DIVINITÉS ET LE CULTE DE DÉLOS. — « On sait que les anciens habitants de la Grèce ont été témoins de la naissance de Délos, qui fut comme le fruit des dernières convulsions de cette mer, souterrainement travaillée par des volcans. Depuis longtemps déjà la plupart des fournaises qui avaient embrasé les Cyclades étaient éteintes. Vaincus enfin, les Géants, fils de la Terre, restaient écrasés sous les rochers de l'Eubée, du Ténare, de Sériphos, de Théra, de Mélos. Zeus régnait sans partage sur le monde pacifié. Dans l'antique champ de bataille du titan Égéon, on ne ressentait plus qu'à des intervalles de plus en plus éloignés quelques rares secousses, comme pour rappeler que là s'était livrée cette lutte formidable des puissances de la terre en insurrection contre le ciel, qui avait laissé dans les traditions religieuses un ineffaçable souvenir. Alors on voyait soudain, au milieu des tempêtes, surgir sur les flots des îles nouvelles (comme il en parut maintes fois depuis aux environs de Santorin ou sur les côtes de Sicile), lesquelles disparaissaient ensuite. Délos sembla ainsi s'essayer à plusieurs reprises : on croyait qu'elle errait sur les vagues. « Libre de tous liens, tu flottais sur la mer, dit Callimaque..... Mais depuis que tu as offert à Apollon un asile pour y naître, les nautoniers t'ont donné le nom caractéristique de Délos, parce que tu ne flottais plus mystérieuse, et que tu fixas enfin tes racines au milieu des flots de la mer Égée (1) »

« Il n'est pas de mon sujet de raconter ici avec Callimaque les terreurs de Latone cherchant, à travers la Grèce, des rives du Pénée aux vallons de l'Arcadie, une retraite secrète pour y déposer, à l'abri de l'implacable jalousie d'Héra, le double fruit son amour avec Zeus. C'est ainsi que la légende mythologique aimait à raconter les difficultés qu'avait rencontrées jadis le culte d'Apollon et d'Artémis pour s'introduire en Grèce. Proscrite d'abord dans tous les lieux où elle essayait de s'établir, par la vieille religion pélasgique des dieux agraires, cette religion étrangère fut forcée de se réfugier sur une roche déserte, qui s'était soulevée la veille du sein des mers, et de s'y envelopper de mystère (d'où peut être le nom de Λητώ), jusqu'au jour où elle devait éclater enfin dans cette île de la manifestation (Δῆλος), et s'imposer à la Grèce à genoux. C'est une question pleine d'obscurité, que celle de savoir ce qu'était originairement et d'où venait ce culte que la Grèce repoussait d'abord, et qu'elle a fini par adopter, en le transformant selon son génie. Qu'était-ce que ces divinités étrangères, auxquelles la Grèce a donné, comme à tous ses dieux, la forme humaine, et dont elle a traduit, suivant son usage, les mystiques symboles en légendes romanesques, pour les faire entrer dans la famille des Olympiens ? Selon toute vraisemblance, c'était la religion orientale du Soleil et de la Lune ; et quiconque a suivi la controverse engagée par les plus savants mythologues de l'Allemagne sur l'origine du culte d'Apollon et d'Artémis n'hésite pas, malgré les métamorphoses que ces divinités ont subies, à reconnaître que ce dieu auteur de la lumière (λυκηγενής), d'une jeunesse éternellement florissante, au visage resplendissant, à la chevelure d'or, aux traits enflammés, n'a pu être primitivement que le Soleil ; et qu'à son tour c'est la Lune elle-même que rap-

(1) Callimaq., *Hymne à Délos*, v. 36.

pelle toujours cette sœur divine de Phœbus, comme lui sans hymen, comme lui armée de flèches, qui régnait sur les femmes et terminait leur vie.

« Quelques traditions obscures s'étaient conservées à Délos sur l'antique institution de ce culte dans l'île. Les rites du sanctuaire y avaient été réglés, dit-on, par Olen, le prêtre inspiré venu de Lycie ou du pays des Hyperboréens, et de vieux cantiques chantés aux fêtes solennelles étaient attribués à ce prophète. On gardait aussi à Délos le souvenir de jeunes prêtresses qui jadis y auraient apporté cette religion des régions hyperboréennes habitées par les blonds Arimaspes. Hérodote, dans son histoire, a recueilli cette tradition, et nomme Argé et Opis ces vierges saintes, qui avaient accompagné Apollon et Artémis aux rivages de Délos ; et de son temps encore, par la route même qu'avaient suivie jadis les filles de Borée, ces peuples perdus du Nord envoyaient aux fêtes du dieu cynthien leurs offrandes enveloppées dans de la paille de froment, lesquelles, transmises à travers la Scythie jusqu'à Dodone, étaient portées de là au golfe Maliaque, puis, par l'Eubée, à Carystos, et enfin à Délos. Cette légende est reproduite à peu près dans les mêmes termes par Callimaque, qui appelle les vierges Arimaspes *Hécaergé*, *Oupis* et *Loxo*, noms dans lesquels il est facile de reconnaître quelques-unes des épithètes mystiques d'Apollon ἑκάεργος, λοξίας, et d'Artémis, invoquée souvent sous le titre d'Οὖπις, c'est-à-dire l'œil de la nuit. Délos avait voué un culte à la mémoire de ces mystérieuses étrangères : on répandait sur leurs tombeaux la cendre des victimes, et les jeunes filles avant leur mariage y faisaient l'offrande de leur chevelure coupée. Ainsi la Grèce, quoique toujours si jalouse de l'autochthonie de ses dieux, reconnaissait que ce culte d'Apollon et d'Artémis lui avait été apporté du dehors, et le faisait descendre, dans son ignorance, de ces régions septentrionales à demi fabuleuses, d'où plus tard le mystérieux Abaris, le prêtre des expiations, devait venir encore parler au nom de Phœbus.

« Il serait téméraire de pousser cette recherche plus loin : au delà, il n'y a plus que des conjectures. Dès le temps d'Hérodote le pays des Hyperboréens n'était déjà plus qu'une chimère. Toutefois, j'ajoute que, dans ma pensée (en donnant cette opinion sous toutes réserves), cette religion pourrait bien être descendue originairement de ces montagnes de la Perse haute, où aujourd'hui encore quelques tribus proscrites de Guèbres pratiquent l'adoration du soleil, de la lune, de la terre, du feu, de l'eau et des vents, professée il y a plus de trois mille ans en ces lieux par les mages. Cette religion des astres, presque aussi vieille en Orient que le monde, s'étendit à l'Occident et au Nord, et c'est par la Thrace sans doute qu'elle s'efforça de pénétrer en Grèce. Puis, plus tard, lorsque après bien des révolutions les Grecs, reconnaissant l'unité de leur race, entreprirent de mettre en harmonie leurs diverses croyances religieuses et de réconcilier leurs dieux ennemis, la facilité de Zeus à de clandestines amours offrait toujours aux théologiens une ressource commode pour étendre, selon le besoin, la famille des immortels. Du commerce obscur du père des dieux avec la mystérieuse Léto naquirent Apollon et Artémis, et peu à peu ces enfants d'une mère étrangère, dans la fréquentation de l'Olympe hellénique, perdirent ce qui leur restait de leur physionomie orientale. Ils sont devenus Grecs, et pourtant ils semblent se souvenir toujours que l'Asie fut leur berceau. Dans le partage des dieux d'Homère entre les deux armées aux prises sous les murs de Troie, Apollon et Artémis protègent les fils de la Phrygie. Bien des siècles plus tard, les Perses, inondant de leurs flottes la mer des Cyclades dans leur guerre contre la Grèce, semblèrent reconnaître et respectèrent dans la religion de Délos leur religion nationale. On sait qu'à l'approche des barbares, qui partout ailleurs dévastaient les sanctuaires, les Déliens s'étaient enfuis, mais Datis, le chef de la flotte persane, les rappela dans leur île avec des paroles amies, et fit brûler trois cents talents d'encens sur l'autel d'Apollon.

« Le temple de Délos avait été, dès les plus anciens temps, l'un des lieux de pèlerinage les plus fréquentés de la

Grèce. C'était le sanctuaire commun des peuples de race ionienne, comme était Delphes pour les Doriens; et ses fêtes, où l'on voyait accourir les députés de toutes les cités ioniennes dispersées en Attique, dans le Péloponnèse, les îles de la mer Égée et sur les rivages de l'Asie Mineure, formaient le lien d'une sorte de confédération religieuse et politique (1). Thucydide, qui mentionne ce concours antique des Ioniens à Délos, et les spectacles de musique et de gymnastique où leurs villes envoyaient des chœurs, s'appuie à ce sujet de l'autorité du vieil Homéride, auteur de l'hymne à Apollon : « O Phœbus, tu chéris surtout Délos, où se rassemblent, avec leurs enfants et leurs chastes épouses, les Ioniens aux robes traînantes; tu te plais aux jeux qu'ils célèbrent en ton honneur ; tu aimes à les voir s'exercer au pugilat; tu jouis de leurs danses et de leurs chants. » A la fin de la guerre médique, lorsque Athènes voulut entraîner toutes les cités ioniennes dans une grande confédération dont elle serait la tête, elle s'attacha à rendre aux fêtes de Délos leur éclat d'autrefois, afin de faire de l'île sainte le centre et le lien de l'alliance. Comme jadis, c'était aux solennités du dieu que se réunissaient alors les députés des villes confédérées pour discuter les intérêts de l'union ; c'est dans le trésor de son temple qu'on déposait la contribution commune, jusqu'à ce que Périclès, s'enhardissant à la fortune de sa patrie, transporta le trésor dans le Parthénon, et à l'alliance substitua la domination d'Athènes. Mais en même temps qu'ils retiraient à eux la puissance, les Athéniens restituaient aux fêtes de Délos, longtemps négligées, leur ancienne splendeur, et y ajoutaient encore. Les jeux quinquennaux d'autrefois furent rétablis par eux après la peste d'Athènes, et l'on y joignit le spectacle nouveau de courses de chevaux (2). L'île sacrée fut alors purifiée solennellement, on enleva tous les cercueils qui s'y trouvaient, pour les transporter sur la plage opposée de Rhénée, et l'on décréta qu'à l'avenir mourants ou femmes sur le point d'accoucher seraient également transportés sur ce rivage, afin que nul homme désormais ne naquît ou ne mourût dans la terre sainte. »

ILE DE RHENÉE. — « On reconnaît toujours dans Rhenée l'île des tombeaux. Cette île, appelée aujourd'hui la grande Délos, n'est (comme nous l'avons vu) séparée de la petite Délos que par un étroit canal, d'un demi-mille environ de large, qui se dirige du nord au sud, et dont l'entrée et la sortie sont défendues par deux écueils, la petite et la grande Rhématia. Je n'ai pu parcourir que fort rapidement la cité des morts, mais j'ai vu qu'elle n'avait guère été plus respectée que la cité des dieux. Depuis même que Tournefort l'a visitée elle a essuyé bien des dévastations nouvelles. Ce voyageur y comptait encore par centaines des espèces d'autels cylindriques ornés de têtes d'animaux et de guirlandes de fruits et de fleurs. Pour moi j'en ai retrouvé à peine une cinquantaine, dans le plus triste état de dégradation ; à quelques restes d'inscriptions funèbres j'ai dû, malgré leur forme, y reconnaître des monuments tumulaires. Alentour le sol est jonché de débris innombrables d'architecture, roulant pêle-mêle dans les décombres. La nécropole s'étendait le long de la plage qui regarde Délos. C'est une longue suite de chambres souterraines, qui s'enfoncent dans le flanc du rocher, et dont le devant seulement était bâti ; quelques-unes sont voûtées, mais la plupart recouvertes d'un toit plat, toutes revêtues de stuc à l'intérieur. L'entrée est tournée vers l'orient; un couloir partage par le milieu chacune de ces maisons des morts, et de chaque côté sont rangés quatre ou six longs et étroits sarcophages. Aucune de ces sépultures n'est restée inviolée ; on y marche sur des couvercles de tombes brisés, dont beaucoup étaient plats et quelques-uns taillés en forme de toit à quatre pans avec un petit plateau au centre pour y poser une urne ou un buste. — Cette désolation des tombeaux à Rhenée m'attrista plus encore que celle des temples à Délos. La mythologie grecque n'est plus qu'un souvenir poétique pour notre imagination, mais la religion des tombeaux demeure éternel-

---

(1) Voy. plus haut. p. 432.
(2) Voyez la brillante description de ces fêtes dans le 76ᵉ chapitre de Barthélemy : *Voyage à Délos et aux Cyclades*.

lement la religion de nos âmes. Ici, comme à Délos, nulle habitation; je n'y ai rencontré qu'un vieux chevrier de Mykonos, laid, sale, qui ne rappelait guère Apollon gardant les troupeaux d'Admète. »

ÎLE DE MYKONOS.

L'île de Mycone est au nord-est de Délos, dont elle est séparée par un canal qui n'a que trois milles de largeur, depuis le cap Alogomandra de Mycone jusqu'à la plus proche terre de Délos. Cette île a 36 milles de tour; elle est à 30 milles de Naxie, à 40 de Nicaria et à 18 du port de Tine. Elle a toujours conservé le même nom, malgré les différentes altérations qu'il a subies : *Micoli*, *Michono*, *Micheno*, *Micona*. L'île de Mycone est fort aride et ses montagnes sont peu élevées. Les deux plus considérables portent le nom de Saint-Élie : l'une est près du cap Trullo à l'entrée du canal de Mycone et de Tine; l'autre est à l'extrémité de Mycone, vis-à-vis Tragonisi. Le nom de *Dimastos*, que Pline donne à la plus haute montagne de l'île, convient également à toutes les deux, puisque chacune a le sommet fendu en deux parties. D'anciennes fables rapportaient que Mycone était le tombeau de géants défaits par Hercule; de là, dit Strabon, le proverbe πάνθ' ὑπὸ μίαν Μύκονον, *Tout est dans Mycone*, pour désigner ceux qui traitent de choses différentes sous un même titre. J'aurais voulu que Strabon me fît comprendre le rapport de ce proverbe au mythe des géants ensevelis à Mycone. Les habitants de cette île étaient chauves de bonne heure; mais Pline a exagéré en disant qu'ils naissent sans cheveux. Il paraît certain qu'ils étaient de grands parasites; Archiloque et le comique Cratinus leur en font le reproche, mais ce dernier les excuse sur la pauvreté de leur île.

Cependant Mycone n'est pas sans ressources. On y trouve assez d'orge pour les habitants, beaucoup de figues, peu d'olives, d'excellents raisins, de bons fromages mous, des herbes salutaires, une incroyable quantité de gibier, cailles, bécasses, tourterelles, lapins, becfigues, qui permet à l'étranger d'y faire bonne chère pourvu qu'il ait son cuisinier; car, dit Tournefort, les Grecs n'y entendent rien. L'île manque de bois et d'eau; il n'y a qu'un puits pour toute la ville, qui renferme environ trois mille habitants. Cette ville regarde l'ouest; son port est fort découvert, mais le golfe qui l'avoisine est bon pour le mouillage des gros vaisseaux. Le port d'Ornos est adossé au golfe de Mycone. Les autres ports de l'île sont le port Palermo, qui est fort grand, mais trop exposé aux vents du nord, et le port Sainte-Anne, qui est aussi très-ouvert, et qui regarde le sud-est.

Il n'y a rien de particulier à dire de l'histoire de Mycone. Son fondateur fut un certain Myconos, fils d'Ænius, fils de Carystus et de Rhyas. Elle fut soumise par Datis et Artapherne, et fit ensuite partie de l'empire athénien. Au moyen âge elle fut conquise par André Ghizzi, après la quatrième croisade; puis elle devint une possession des ducs de Naxie. Elle fut comprise avec Zea dans la dot de Thadée, fille de Jean Crispo, vingtième duc de l'archipel, lors de son mariage avec François de Sommerive. Les Vénitiens s'en emparèrent ensuite, et la placèrent sous le gouvernement du provéditeur de Tine. Elle leur fut enlevée par Barberousse, qui la soumit à Soliman II.

Mycone possède de nombreuses églises, toutes grecques, et plusieurs monastères, dont plusieurs sont abandonnés aujourd'hui. Les femmes de cette île sont belles, et avaient un costume tout particulier, dont on peut voir la description dans Tournefort. Lors de l'insurrection grecque, les gens de Mycone, qui sont très-bons marins, entraînés par l'enthousiasme d'une femme, Modéne Mavrogénie, réunirent leurs navires à l'escadre que commandait Tombasis, et qui fut augmentée ainsi de vingt-deux bâtiments armés de cent trente-deux canons. En 1822 le capitan-pacha ordonna une descente dans l'île de Mycone. Les Myconiens, conduits par Mavrogénie, qui avait à venger la mort de son père, repoussèrent avec vigueur les musulmans, qui laissèrent sur la place dix-sept morts et soixante blessés. Au rétablissement de la paix, Mycone fut comprise dans le nouveau royaume hellénique.

ILE DE NAXOS (1).

Naxos aujourd'hui Nixia, Naxia, Naxie, fut nommée du nom d'un chef de Cariens qui s'y établit. On l'appela aussi Strongyle, la ronde, Dia, la divine, Dionysias, l'île de Dionysos ou Bacchus. Bochart fait dériver le mot de Naxos du phénicien *Nacsa* ou *Nicsa*, qui signifie une offrande. Quelques étymologistes grecs donnent en effet ce sens au mot de Naxos, sans toutefois lui attribuer une origine orientale. Naxos est située au 23ᵉ degré 10′ de longitude et sous le 37ᵉ degré de latitude, à six ou sept lieues au sud de Délos et de Mycone. Elle est à l'est de Paros, au nord-est d'Amorgos, et au sud-ouest de Nicaria. L'aspect des côtes est loin d'annoncer la beauté de l'intérieur de cette île. « Mais si l'on avance dans les terres, on trouve des vallées délicieuses, arrosées de mille ruisseaux, et des forêts d'orangers, de figuiers et de grenadiers. La terre par sa fécondité semble prévenir tous les besoins de ses habitants. Elle nourrit une grande quantité de bestiaux et de gibier. Le blé, l'huile, les figues et le vin y sont toujours abondants. On y recueille aussi de la soie. Tant d'avantages l'avaient fait nommer par les anciens la petite Sicile. Tous les poëtes l'ont célébrée. Properce, dans son poëme à Bacchus lui dit :

Et tibi per mediam benrolenti flumine Naxon,
Unde tuum potant Naxia turba merum.

Athénée compare ses vins au nectar des Dieux. C'est en effet de tous les vins de Grèce celui qui m'a paru le plus mériter sa réputation; mais il est si délicat, qu'on ne peut le transporter même aux îles les plus voisines (2). »

Malheureusement Naxos n'a pas un bon port; le principal, le port des Salines, ne peut servir pour les gros batiments; les autres, ceux de Calados, Panormo, Saint-Jean-Triangata, Philolimnarez, Potamidès et Apollona sont plus petits encore, et mal exposés. Cependant Naxos fait un trafic considérable en orge, vins, figues, coton, soie, lin, fromage, sel, bœufs, moutons, mulets, émeri et huile. Elle est riche en bois et en charbon ; on y trouve du laudanum. La pêche est très-abondante sur ses côtes. Les plus riches plaines sont celles de Naxie, d'Angarez, de Carchi, de Sangri, de Sideropétra, de Potamidès, de Livadia, ainsi que les vallées de Mélanès et de Pérato. On trouve dans les auteurs anciens les noms des deux plus hautes montagnes de Naxie, Drion au centre, Coronon au nord-est. Ce sont aujourd'hui les monts Zia et Corono ; la première était consacrée à Jupiter, comme le prouve cette inscription qu'on y a trouvée :

ΟΡΟΣ ΔΙΟΣ ΜΗΛΩΣΙΟΥ,

« *Montagne de Jupiter conservateur des troupeaux* » : l'autre rappelait l'enfance de Bacchus et la nymphe Coronis, l'une de ses nourrices. L'ancienne ville de Naxos était située sur la côte nord-ouest, qui regarde vers Délos. Sa beauté avait fait donner à l'île le nom de *Callipolis*. Il reste peu d'antiquités dans cette île. A une portée de fusil de la ville s'élève un petit écueil sur lequel on dit qu'était construit un temple de Bacchus; il en reste une belle porte de marbre, parmi quelques grosses pierres de même nature et quelques morceaux de granit. Au milieu de la ville actuelle se trouve une tour carrée, seul débris du palais des anciens ducs. Non loin de là on montre la grotte où l'on prétend que les bacchantes célébraient leurs orgies. Au commencement du dix-huitième siècle, Tournefort comptait dans l'île environ quarante villages, et il n'en évaluait la population qu'à 8,000 âmes.

« L'île de Naxos changea souvent d'habitants. Les premiers dont le souvenir ait été conservé dans l'histoire sont les Thraces ; et l'on peut présumer qu'unis aux Pélasges dans plusieurs de leurs établissements, ils s'y fixèrent conjointement avec eux. Selon une tradition rapportée par Étienne de Byzance et par Eustathe, elle avait reçu postérieurement une colonie d'Éléens, commandée par un fils d'Endymion. Mais celle qui y laissa le plus de traces, quoiqu'elle ne fut pas la dernière, ce fut celle des Cariens, unis sans doute aux Crétois. On fait même dériver le nom de cette

---

(1) *Dissertations spéciales sur Naxos :* Guill. Engel, *Quæstiones Naxicæ*; Goth., 1835, in-8°; Ern. Curtius, *Ueber Naxos*; Berl., 1846.

(2) Choiseul-Gouffier, I, 65.

île de celui d'un roi des Cariens. Mais comme Suidas et le scoliaste de Pindare font mention d'une ville de Naxos en Crète, il est très-probable que cette dernière fut la métropole de l'autre, et lui donna son nom, comme il paraît que ce fut l'usage des colonies crétoises de cette époque (1). »

Diodore et Pausanias nous ont conservé d'assez riches détails sur les temps fabuleux de l'histoire de Naxos. D'après ces légendes, le chef de la colonie des Thraces était Butès, fils de Borée ; les Thraces ne trouvant pas de femmes dans l'île en allèrent enlever sur le continent, dans les États d'Alœus, dont ils prirent la femme et la fille ; les deux fils d'Alœus, Otus et Ephialtes, punirent les ravisseurs en s'emparant de l'île. Mais, après leur mort, les Thraces restèrent maîtres de Dia, qu'une sécheresse les contraignit à abandonner plus tard. Après eux vinrent les Cariens et Naxos, qui eut pour successeur son fils Leucippus ; celui-ci fut père de Smardius, sous le règne duquel Thésée, revenant de Crète avec Ariane, aborda dans l'île, où il abandonna la fille de Minos à Bacchus, dont les menaces l'avaient épouvanté dans un songe.

Je dirai comme Tournefort : ce n'est pas ici le lieu de débrouiller l'histoire de Bacchus. Les habitants de Naxos prétendaient que ce dieu avait été nourri chez eux, et qu'il les avait comblés de toutes sortes de biens. On comprend que le culte du dieu dont le principal attribut était de présider à la vigne se soit facilement établi dans une île où cet arbuste croissait en abondance, et produisait d'excellents vins. Indépendamment de cette raison toute naturelle, et suffisante à défaut d'autres pour expliquer la dévotion des habitants envers le dieu qui les avait si libéralement dotés, il faut remarquer que Bacchus était une des principales divinités de la Thrace et de la Crète, qui toutes deux avaient fourni à Naxos sa première population. Une fois fixés dans cette île, les colons thraces et crétois approprièrent leur religion à la nature de leur nouvelle patrie ; et de tous les dieux qu'ils connaissaient, ils lui donnèrent pour divinité principale le dieu de la vigne, dont l'île ressentait la protection toute particulière(1). Les médailles de Naxos rappellent toute la fécondité de ses vignobles et le culte qu'on y rendait à Bacchus. Des trois pièces gravées dans l'atlas de Choiseul-Gouffier, la première représente la tête de Bacchus, avec la barbe, ornée d'un diadème et de feuilles de lierre ; au revers le nom des Naxiens, et le vieux Silène accroupi, tenant un vase et un thyrse. Sur la seconde on voit la tête du même dieu, couverte de pampres et de raisins ; au revers, un vase, un thyrse, et un nom de magistrat joint à celui des habitants. La troisième offre d'un côté la tête de Bacchus jouant, orné de lierre ; de l'autre, Silène appuyé sur une outre, tenant un vase et une branche de lierre.

Au onzième siècle avant l'ère chrétienne, Naxos, comme toutes les autres Cyclades, reçut des colons ioniens. Selon Élien (2), lorsque Nélée partit pour l'Asie, des vents contraires le forcèrent de relâcher à Naxos, et s'opposèrent à ce qu'il remît à la voile. Les devins, consultés sur ce prodige, lui dirent qu'il fallait pour rendre les dieux propices à son expédition, la purger de tous ceux qui n'y apportaient pas des mains et des intentions assez pures. Pour parvenir à les découvrir, il feignit de s'être rendu lui-même coupable d'un homicide, et d'avoir besoin d'être purifié. Ceux à qui leur conscience reprochait quelque forfait semblable, entraînés par l'exemple de leur chef, se séparèrent du reste de l'armée, et Nélée connut alors ceux dont il devait se débarrasser. Il les laissa à Naxos, où ils s'établirent, et partit avec le reste (3).

Au sixième siècle les Naxiens étaient les plus riches et les plus puissants de tous les insulaires des Cyclades. Quoique leur île fût dépourvue de ports, ils avaient une belle marine, parce qu'ils possédaient les îles d'Andros et de Paros, dont les ports sont excellents. Ils pouvaient lever huit mille hoplites. Mais Naxos, comme tout État grec, était déchirée par

(1) Voyez les *Religions de l'Antiquité*, t. III, et les notes et éclaircissements du livre VII°.
(2) Ælian., *Hist. Var.*, VIII, 5.
(3) Raoul Rochette, *Col. Grecq.*, VI, 81.

(1) Raoul Rochette, *Col. Grecq.*, II, 154.

des dissensions intestines. Le parti des grands, chassé par le peuple, appela à son secours Aristagoras, neveu d'Histiée de Milet. Celui-ci intéressa les Perses à l'entreprise; et une flotte de deux cents navires fit voile sur Naxos, par laquelle elle devait commencer la conquête des Cyclades. Mais les Naxiotes, avertis secrètement par Mégabate, général des Perses, avec qui Aristagoras s'était brouillé, se préparèrent à le bien recevoir. Il fut obligé de se retirer après quatre mois de siége, laissant les exilés naxiens établis dans une forteresse qu'il leur avait construite (504 av. J.-C.). Ce fut l'insuccès de cette expédition qui poussa Aristagoras à exciter la révolte d'Ionie, et à donner ainsi le signal de la guerre médique (1).

Près de quinze ans après (490) les Perses firent une seconde descente dans l'île. N'y trouvant pas de résistance, Datis et Artapherne en firent brûler les temples, et emmenèrent un grand nombre de captifs. Pour se venger de ce mauvais traitement, les Naxiens envoyèrent quatre vaisseaux, qui se battirent bravement à Salamine. Il y avait dans Naxos un parti pour les Perses; mais le triérarque Démocrite, l'un des principaux de l'île, entraîna ses concitoyens à se joindre aux défenseurs de la Grèce. A Platée les Naxiens donnèrent aussi des marques de leur valeur (2). Mais après la guerre Naxos fut obligée de reconnaître la suprématie d'Athènes. Déjà elle lui avait été soumise au temps de Pisistrate, qui l'avait fait gouverner par son ami le tyran Lygdamis. Quand Athènes obtint la domination de la mer, Naxos entra dans la ligue comme ville alliée; mais, ayant affecté des airs d'indépendance, elle fut assiégée par les Athéniens et réduite à la condition de sujette. « C'est, dit Thucydide, la première ville alliée qui, au mépris du droit public, ait été subjuguée (3). » Pour prévenir de nouvelles défections, les Athéniens y envoyèrent des colons, à qui on fit un partage de terres, et qui devaient maintenir les habitants dans l'obéissance. Plutarque parle de cinq cents hommes envoyés à Naxos par ordre de Périclès; Diodore parle de mille Athéniens qui y furent conduits par Tolmidès. Ainsi, Naxos était tombée dans une complète servitude.

Pendant la guerre du Péloponnèse, elle resta dans le parti d'Athènes avec les autres îles des Cyclades, excepté Mélos, Théra et Égine. Après la chute de l'empire athénien, elle changea de maître autant de fois qu'il s'en présenta pour la soumettre. Ensuite elle tomba sous la puissance des Romains. Après la bataille de Philippes, Marc Antoine la donna aux Rhodiens; mais il la leur ôta quelque temps après, parce que leur gouvernement était trop dur. Elle fut soumise aux empereurs romains, ensuite aux Grecs, jusqu'à la prise de Constantinople par les Français et par les Vénitiens. Car trois ans après, ce grand événement, comme les Français travaillaient, sous l'empereur Henri, à la conquête des provinces et des places de terre ferme, les Vénitiens, maîtres de la mer, donnèrent la liberté aux sujets de la république qui voudraient équiper des navires, de s'emparer des îles de l'Archipel et autres places maritimes, à condition que les acquéreurs en feraient hommage au gouvernement de Saint-Marc. C'est alors que Marc-Sanudo fonda le *Dhucanisa*, ou duché de l'Archipel, dont Naxos devint la capitale (1207), recouvrant ainsi sur les Cyclades voisines la suprématie qu'elle y avait autrefois exercée.

Naxie resta la capitale de l'Archipel pendant plus de trois cents ans. Dans cette période, elle fut gouvernée par vingt et un ducs, dont les uns étaient de la maison de Sanudo, les autres de la famille Crispo. En voici les noms (1) :

1º Marc Sanudo (1207-1220), le fondateur de cette principauté nouvelle, homme prudent, courageux, et d'une extrême ambition. Il essaya, mais en vain, de conquérir l'île de Candie. Il soutint l'empereur Henri de Flandre dans toutes ses guerres. Libéral, bienfaisant, magnifique, il se fit aimer des insulaires qu'il avait assujettis, et il affermit sa

---

(1) Hérodote, V, 30.
(2) Diod. de Sicile, V, 52; Hérodote, VI, 96; VIII, 46.
(3) Thucyd. I, 137, 98.

(1) Le P. Sauger, *Histoire nouvelle des Ducs de l'Archipel*, l. I; Della Rocca, *Précis historique sur Syra*, I 16.

maison dans la principauté des îles.

2° **Ange Sanudo** (1220-1244). « Ce prince eut toutes les grandes qualités du duc son père, sans en avoir les défauts. Il fut presque toujours en armes pour le service de la religion et de l'empire, intrépide, entreprenant, d'une adresse et d'une expérience consommées, adoré de ses peuples, considéré de ses alliés, craint et respecté de ses plus fiers ennemis; prince vraiment digne d'une vie plus longue, et qui méritait l'empire d'Orient, s'il eût plu à Dieu de proportionner sa fortune à ses vertus. » (Le P. Sauger.)

3° **Marc Sanudo II** (1244-1263). La plupart des historiens confondent ce duc avec le premier de ce nom, sans faire mention d'Ange Sanudo. Le P. Sauger a rectifié cette erreur. Marc II était digne de ses prédécesseurs. Il mourut à Milo, où il s'était rendu pour réprimer un soulèvement. Les Latins perdirent infiniment à la mort de ce prince, dans les circonstances fâcheuses où la prise de Constantinople par Paléologue (1261) les avait mis. Il était leur conseil et leur appui. La douleur publique fit son éloge; et si l'on en croit les mémoires de ces temps-là, il s'est vu peu de souverains plus aimés, plus respectés et plus regrettés que lui.

4° **Guillaume Sanudo** (1263-1283) succéda à son père, à l'âge de vingt ans. C'était un prince plein d'honneur et de probité, à qui la perfidie faisait horreur. Il eut à lutter pendant toute sa vie contre les entreprises de Michel Paléologue, et il sut préserver sa petite principauté de ses atteintes.

5° **Nicolas Sanudo** (1283) fut habitué dès son bas âge à tous les exercices militaires. Aucun duc de Naxie n'avait encore eu une si grande réputation de valeur. Il seconda puissamment les tentatives des Vénitiens dans la Propontide et la mer Noire. C'est le dernier des princes guerriers de la dynastie des Sanudo.

6° **Jean Sanudo** fut un duc tout pacifique, renommé par sa douceur et sa bonté. Son règne n'a été illustré par aucun exploit; il fut troublé par des démêlés avec son frère Marc, qui se rendit indépendant dans l'île de Milo. Tous deux moururent sans enfants mâles, laissant chacun une fille appelée Florence. Le duc maria la sienne à Jean Carcerio, l'un des seigneurs de Négrepont. Le prince Marc donna la sienne à François Crispo, qui devint seigneur de Milo après la mort de son beau-père.

7° **Jean Carcerio**, de la famille des Dalle Carceri, de Vérone, succéda à Jean Sanudo, et défendit son duché contre les Catalans. A sa mort il ne laissait qu'un fils, encore en bas âge et hors d'état de le remplacer. Sa veuve Florence Sanudo, qui était encore assez jeune, épousa son cousin le brave Nicolas Sanudo, surnommé *Spezza-Banda*.

8° **Nicolas II Sanudo** eut à combattre les Turcs, qui commençaient à infester l'Archipel. Son courage et son intrépidité le firent surnommer Spezza-Banda, c'est-à-dire *qui taille en pièces*. C'est de ce duc que Marino Sanuto, l'auteur du *Liber Secretorum Fidelium Crucis*, parle dans ses lettres, où il en donne l'idée d'un des plus grands hommes de son temps. Spezza-Banda était la terreur des ennemis du nom chrétien; on raconte que surpris par les Turcs, bien supérieurs en nombre, il périt en faisant des prodiges de valeur, l'an 1345.

9° **Nicolas Carcerio**, fils de Jean Carcerio et de Florence Sanudo, fut reconnu duc de l'Archipel après la mort de son beau-père. Il fut de toutes les ligues organisées entre les chrétiens pour résister aux Turcs, et dans toutes les circonstances il se distingua par sa prudence et sa valeur. Il fut assassiné par François Crispo, prince de Milo, qui s'empara du duché de Naxie, quoique l'héritage dût en revenir à Gaspard de Sommariva, seigneur de Paros et gendre de Spezza-Banda.

10° **François Crispo** descendait d'une famille fort ancienne et fort illustre, puisqu'il comptait des empereurs grecs parmi ses ancêtres; mais ses crimes et surtout sa perfidie à l'égard du duc Carcerio en font un odieux personnage; et sa haute naissance n'a servi qu'à le rendre un illustre scélérat. Il mourut au commencement du quinzième siècle, quelque temps après la défaite de Bajazet par Tamerlan. Sous les Crispo le duché de l'Archipel tombe en décadence. Cette famille dut une triste célébrité à son auteur, qui lui transmit la responsabilité de ses crimes et l'héritage de ses vices.

11° Jacques Crispo, fils de François, eut à lutter contre ses frères, dont l'ambition jeta le désordre dans ses États. Le P. Sauger dit de ce prince, qu'il avait de la valeur et de la prudence, et qu'il était assez homme de bien pour un Crispo. Il mourut sans enfants, en 1438.

12° Jean Crispo, son frère, lui succéda. Ce prince, d'une complexion délicate, ne manquait ni de valeur, ni d'expérience, ni même de probité et de bonne foi, « vertus dont on se piquait fort peu dans sa famille » (1). Par ses qualités il sut rétablir l'ordre dans ses États.

13° Jacques II Crispo succéda à son père, à l'âge de dix-huit ans. Ce fut sous ce prince que Mahomet II s'empara de Constantinople. Les Vénitiens, dont il était l'allié, obtinrent qu'il serait reconnu par le sultan pour duc de l'Archipel et pour ami et allié de la Porte. Jacques II mourut de phthisie, la deuxième année de son mariage, âgé de vingt-cinq ans.

14° Sa veuve accoucha quelque temps après d'un fils, qui fut appelé Jean-Jacques Crispo. Mais cet enfant mourut à treize mois; et sa mort laissa l'État dans le dernier désordre.

15° Guillaume Crispo, son grand oncle, fils de François Crispo, l'assassin de Carcerio, fut reconnu duc, à l'âge de soixante ans. Après un règne très-court, il laissa le trône à son neveu, le seigneur de Santorin.

16° François II Crispo, seizième duc, fut pendant tout son règne engagé comme allié de Venise dans les guerres soutenues par cette république contre les Ottomans. Il ne manquait pas de mérite; et il rendit de grands services aux Vénitiens. Il mourut en 1472.

17° Jacques III Crispo s'allia avec David Comnène, empereur de Trébizonde. A sa mort (1481) il laissa le trône à son frère, au préjudice de sa fille, mariée à Dominique Pisani.

18° Jean II Crispo, frère du précédent, mourut après cinq ans d'un règne troublé par les révoltes de ses sujets (1487).

19° François III Crispo, son fils, qui lui succéda, fut obligé de prendre les armes pour Venise, qui venait de rompre encore une fois avec la Porte. Il se distingua dans cette guerre, et mourut quelques années après le rétablissement de la paix, vers 1510.

20° Jean III Crispo, son fils, hérita de ses États et de son attachement pour Venise. Ce fut sous ce prince que le duché de Naxos, depuis longtemps en décadence, reçut de la main des Turcs le coup mortel. Barberousse fit une descente à Naxie en 1535, la saccagea d'une extrémité à l'autre. Le vieux duc ne put survivre à ce désastre.

21° Son fils Jacques IV Crispo, qui lui succéda, vit bientôt se consommer la ruine de sa maison.

« Le duché de Naxie se trouvoit sous Jacques, son dernier duc, dans un déplorable état (1). Depuis la descente de Barberousse, qui avoit dévasté l'île de Naxie, sous le duc précédent, ce qui avoit rendu tributaire le même duc de 6,000 écus d'or par an, depuis ce temps-là dis-je, les Grecs ne voulurent plus ni obéir, ni contribuer aux dépenses publiques. Le duc étoit sans argent, sans vaisseaux, et, selon la destinée ordinaire des malheureux, sans appui. Mais quand il auroit eu tout cela, on peut dire que, de l'humeur dont il étoit, il n'en auroit pas moins avancé sa ruine et celle de toute sa maison. Le danger, qui réveille et qui inquiète les autres, sembloit comme l'avoir assoupi; il ne songeoit uniquement qu'à ses plaisirs, et pour avoir de quoi y fournir il n'y eut point de violences auxquelles il ne se portât. Les nobles qui composoient sa petite cour n'étoient pas en cela plus sages que lui; on eût dit que, se sentant sur le bord du précipice, ils se hâtoient de mettre à profit pour leurs plaisirs le peu de temps qui leur restoit. Ce n'étoit dans toute l'île de Naxie que débauches et dissolutions continuelles; ces scandales avoient même passé jusqu'aux gens d'église. Le duc souffroit qu'ils vécussent dans un désordre qui fait horreur. Aussi la colère de Dieu ne tarda-t-elle pas à éclater sur l'indigne souverain qui donnoit lieu à ces abominations (2).

---

(1) Le P. Sauger, p. 219.

(1) Della Rocca, *Précis historique* dans son *Traité sur les Abeilles*, I, p. 21.

(2) « On voit par là qu'il est toujours vrai

« Les Grecs, ravis de trouver dans les vexations de leurs ducs et dans les désordres des Latins de quoi autoriser la haine furieuse qui les excitoit toujours contre eux formèrent sourdement le projet de changer de maître; et les choses allèrent si loin, qu'enfin, après plusieurs délibérations secrètes, ils envoyèrent deux députés à la Porte, pour se plaindre des violences de Jacques Crispo, et demander au grand-seigneur un duc qui fût plus digne de les commander. Le départ des députés et leur dessein ne purent être si secrets, que Crispo n'en eût connaissance. Il crut devoir aller lui-même après eux à Constantinople; et comme il n'ignoroit pas qu'à la Porte tout se faisait à force d'argent, il eut soin de porter avec lui 12,000 écus, sur lesquels il comptoit extrêmement. Mais les députés de Naxie étoient déjà écoutés, et sa perte étoit résolue. A peine fut-il arrivé, que, sans avoir égard à la dignité de sa personne, il fut dépouillé de tous ses biens et jeté en prison. Il y demeura cinq ou six mois, et n'en put sortir qu'à la sollicitation de ses sujets, qui avoient appris que Sélim II, successeur de Soliman, vouloit leur donner un juif pour maître. Ils mirent tout en usage pour l'empêcher et obtenir le rétablissement de Crispo; mais il n'y avoit plus d'espoir. Le sultan venoit de donner le duché à ce même juif, Jean Michez, dont il avait reçu de grands services, et qu'il fut bien aise de récompenser.

« Le duc prétendu n'osa pourtant jamais venir lui-même dans l'Archipel; il se contenta d'y envoyer un gentilhomme chrétien, espagnol de naissance, nommé François Coronello, qui gouverna sous son nom. Jamais duc n'avoit encore été plus chéri ni plus respecté que ne le fut Coronello durant tout le temps de son administration, qui ne finit qu'avec sa vie. Il maria Coursin, son fils, avec une des nièces de Jacques Crispo. Sa famille s'est perpétuée jusqu'à nos jours, et a produit des sujets d'un grand mérite. Après la nomination de Jean Michez, Crispo et ses enfants se réfugièrent à Venise. La république les reçut avec de grandes marques de compassion et de tendresse; et comme ils étoient dénués de tout, on leur assigna des fonds suffisants pour les faire subsister d'une manière conforme à leur naissance et au rang illustre qu'ils avoient tenu. Le malheureux duc n'eut pas la consolation d'en jouir longtemps; il mourut bientôt, accablé d'ennuis et de regrets; et cette famille, autrefois si considérable en Orient, est entièrement éteinte. » Ainsi finit la souveraineté de l'Archipel, l'an 1566, après avoir été plus de trois cents ans entre les mains des princes latins. Le juif Michez ne la garda que peu d'années; et depuis elle a toujours relevé immédiatement du grand-seigneur.

Après la chute du duché de Naxos, les nobles latins continuèrent à séjourner dans cette île; ils occupaient la partie haute de la ville, c'est-à-dire le château construit par le premier duc. Les Grecs, qui étaient en bien plus grand nombre, en occupaient la partie basse, depuis le château jusqu'à la mer. La haine des noblesses grecque et latine fut longtemps irréconciliable; elles ne contractaient pas d'alliances entre elles; elles se surveillaient de si près et avec tant de jalousie, que les Turcs n'avaient pas lieu d'appréhender de révolte dans cette île. « Dès qu'un Latin se remue, dit Tournefort, les Grecs en avertissent le cadi; et si un Grec ouvre la bouche, le cadi sait ce qu'il a voulu dire avant qu'il l'ait fermée. » Les nobles naxiotes, surtout les femmes, étalaient un faste ridicule. Il y a deux archevêques dans l'île, l'un grec, l'autre latin. Le clergé latin de Naxos était considérable et riche autrefois. Il y avait un chapitre attaché à la cathédrale; une maison de jésuites, un couvent de capucins. Aujourd'hui il n'y a plus que des lazaristes à Naxos. L'île était remplie d'églises grecques et de monastères basiliens. En 1700 les habitants payèrent aux Turcs 5,000 écus de capitation, et 5,500 écus de taille. Un cadi, un vaivode et sept ou huit familles étaient les seuls musulmans qui résidassent ordinairement à Naxie.

Malgré les divisions des deux races qui occupaient Naxie, ou plutôt à cause de ces divisions même, les Grecs de l'île se jetèrent avec ardeur dans la guerre de l'Indépendance. De son côté, la no-

que la corruption générale des mœurs est l'avant-coureur de la perte des États. » (*Note de l'abbé Della Rocca.*)

blesse latine se retrancha dans ses tourelles, et resta fidèle au grand-seigneur. Néanmoins le plus grand nombre des habitants de l'île étant Grecs, Raphtopoulo, chef du mouvement, put réunir un bataillon de huit cents hommes, avec lequel il s'embarqua pour soutenir l'insurrection des Candiotes. Ceux qui ne combattirent pas acquittèrent les redevances avec empressement, et les descendants de la noblesse des croisades finirent par fournir aussi leurs contingents (1). Après la guerre, Naxie fut détachée de l'empire ottoman et donnée au royaume grec, où elle forme maintenant une éparchie du département des Cyclades.

Naxie est entourée d'îlots et d'écueils, principalement au sud-est, vers la direction d'Amorgos : ce sont les îles, Lelandros, Nicasia, Phakussa, Schœnussa, Donusa ou Héraclée, appellées aujourd'hui Sténosa, Acariès, Karos ou Chera, Schinosa et Raklia. Du reste, toutes ces îles sont désignées souvent par le nom général de groupe des îles Kouphonisia.

ÎLE DE PAROS.

Paros, l'une des plus célèbres d'entre les Cyclades, est située à l'ouest de Naxos, dont elle est séparée par un canal de sept milles de largeur. Elle est à 38 milles au sud de Délos, et à 25 milles à l'est de Siphnos. Pline dit qu'elle est moitié moins grande que Naxos, à laquelle il donne 75 milles de circuit. Elle garde encore aujourd'hui son nom de Paros, le seul qu'elle ait porté communément. Cependant on lui a aussi donné quelquefois d'autres dénominations, telles que celle de Platéa, Minoa, Démétrias, Zacynthus, Hyria, Hyléessa et Cabarnis. Ce dernier nom lui vint, dit la légende, d'un certain Cabarnus, qui donna connaissance à Cérès du ravissement de sa fille Proserpine par Pluton. Les prêtres de Cérès étaient appelés Cabarniens par les insulaires de Paros (2). Bochart prétend que *Cabarnis* est un nom phénicien, qui signifie *sacrifier*. Paros est fertile en céréales ; elle est bien cultivée, dit Tournefort ; on y nourrit beaucoup de troupeaux ; le commerce y consiste en froment, orge, vin, légumes, sésame, coton. On trouve beaucoup de fruits, et du gibier en abondance.

Dans l'antiquité, ce qu'il y avait de plus recherché à Paros, c'était son marbre. Il y en avait de deux sortes ; l'une servait aux architectes, l'autre aux sculpteurs. « Les carrières dont les anciens ont extrait les marbres pour la construction de plusieurs temples, comme celui d'Esculape à Paros et d'Apollon à Délos, sont situées sur le mont Marpèse, au-sud de la ville de Naussa. Ces carrières ne sont qu'à une demi-heure au nord de la ville de Parkia, l'ancienne Paros. A une demi-heure plus loin se trouvent situées les carrières qui fournissaient le marbre fameux recherché avec tant de soin par les sculpteurs de l'antiquité. Les premières carrières, qui appartiennent aujourd'hui à la commune de Parkia, ont toutes été exploitées à ciel ouvert : j'en ai compté jusqu'à cent cinquante. La quantité de blocs extraits de ces nombreuses carrières dépasse de beaucoup celle qu'ont fournie les carrières du Pentélique. Les carrières qui ont fourni aux sculpteurs de l'antiquité ce marbre dont la couleur, d'après Platon, était agréable aux dieux, sont au nombre de trois. Elles sont situées à dix minutes au nord du monastère de Saint-Mynas, dans une gorge au fond de laquelle roule, en hiver, un torrent impétueux qui va se jeter à la mer près de la ville de Naussa. Deux de ces carrières sont percées dans le mamelon même sur le haut duquel se trouve un moulin à vent appartenant au monastère ; l'autre s'ouvre de l'autre côté du torrent, sur un versant du mont Marpèse qui s'étend du sud-est au nord-ouest (1) ».

Cette dernière carrière est la plus riche en filons de marbre à grain très-fin ; les uns sont d'une blancheur éclatante (*Nivea Paros*, dit Virgile), d'une cristallisation tout à fait saccharoïde ; les autres sont un peu jaunes, et présentent cette

---

(1) Pouqueville, *Histoire de la Régénération*, t. III, IV ; passim.
(2) Dapper, *Descript.*, p. 260.

(1) Note extraite d'un mémoire rédigé en 1844, à la demande du ministre de l'intérieur, qui songeait à faire employer les marbres de Paros pour le tombeau de l'empereur Napoléon. Voyez Leconte, *Étude économique de la Grèce*, p. 440.

couleur et cette transparence qui a tant de charme dans les statues antiques. On voit dans cette carrière une galerie dont l'exploitation a été à peine commencée, dans l'antiquité. On y a trouvé une grande quantité de ces lampes qui servaient à éclairer les travailleurs dans l'obscurité, et qui avaient fait donner à ce marbre le nom de *lychnites lapis*, ou λυχναῖος λίθος, *pierre extraite à la lampe*. De tous côtés on aperçoit sur ses parois les traces d'une exploitation commencée et brusquement interrompue. Ici des blocs sont à moitié détachés ; là sur le mur un sculpteur ou un entrepreneur a gravé son nom et le nombre de pieds romains qu'il avait sans doute le droit d'extraire : HERMO. Loccc. Lxxxvi. Il y a six inscriptions de ce genre ; ce qui prouve que cette galerie était en pleine exploitation à l'époque romaine. Deux chemins devaient servir à diriger les blocs extraits de la carrière, soit vers le port de Naussa, soit vers celui de Parkia ; mais il n'en reste aujourd'hui aucun vestige.

L'île de Paros est pourvue d'excellents ports : à l'ouest le port Parkia ou Parechia, près de la ville de ce nom, qui occupe l'emplacement de l'antique Paros, dont les débris ont servi à la cité moderne. Au nord, le port de Naussa, moins vaste que celui de Milo, mais mieux abrité, mieux défendu, d'une situation plus avantageuse. Naussa n'est qu'un très-petit village. Sainte-Marie est le meilleur port de l'île : la plus grande flotte y peut mouiller en sûreté, et plus commodément que dans celui d'Agoula, qui en est tout près. On estime fort le port de Drio, sur la côte ouest. C'était là que venait ordinairement stationner la flotte turque. On y trouve de belles sources pour faire aiguade. Outre Parkia, les principaux villages de l'île sont Costou, Lefkis, Marmora, Chepido, Kéfalo, et Dragoula. Au siècle dernier, Tournefort disait que Paros était habitée par mille cinq cents familles ; sa situation n'a guère changé à cet égard.

Ses premiers habitants furent peut-être des Phéniciens ; ensuite vinrent des Crétois et des Arcadiens. Le nom de Minoa, qu'elle avait porté d'abord, atteste une colonie fondée par Minos, ou par des sujets de ce prince, auxquels Diodore donne pour chef un certain Alcée. Cet Alcée fonda une ville de Minoa sur la côte occidentale de l'île. Selon Apollodore, Minos était à Paros quand il apprit la mort de son fils Androgée, tué par les jeunes Athéniens, jaloux de sa supériorité aux jeux des Panathénées. Le même mythologue nous apprend que cette île était au pouvoir d'autres fils de Minos, Eurymédon, Chrysès, Néphalion, Philolaüs, lorsque Hercule la visita. Deux des compagnons du héros ayant été tués par les Minoïdes, Hercule les assiégea dans leur ville. Les meurtriers ne se rachetèrent qu'en cédant à Hercule deux des leurs, à son choix. Il choisit les deux fils d'Androgée (1). Le chef de la colonie arcadienne qui vint à Paros s'appelait Parus, et c'est de lui que l'île reçut son nom. Plus tard Clythius et Mélos s'y établirent avec des Ioniens. Au huitième siècle Paros était assez puissante pour envoyer une colonie dans l'île de Thasos (2).

Au temps des guerres médiques elle obéissait à Naxos ; elle fut, comme elle, soumise par les Perses, avec lesquels les Pariens combattirent à Marathon. Après sa victoire, Miltiade accourut pour châtier ces insulaires. Paros fut assiégée par terre et par mer ; les habitants, effrayés des progrès de l'ennemi, demandèrent à capituler ; mais, ayant aperçu un grand feu du côté de Mycone, ils s'imaginèrent que c'était le signal de l'arrivée des Perses, et ils ne voulurent plus entendre parler de capitulation ; c'est ce qui a donné lieu au proverbe, *tenir sa parole à la manière des Pariens*, ἀναπαριάζειν. Du reste, Hérodote et Cornelius-Nepos diffèrent beaucoup sur les détails de ce siège. Ils s'accordent seulement à dire que Miltiade échoua dans cette entreprise, et que ce fut la cause de sa disgrâce (490). Après la bataille de Salamine, Thémistocle, plus heureux, força Paros à se reconnaître tributaire d'Athènes. Agitée par des dissensions intestines pendant la guerre du Péloponnèse, Paros fut rendue à elle-même après la chute de l'empire athénien. Elle fonda une colonie dans l'île de Pharos, en Adriatique, avec l'aide de

(1) Apoll., *Bibl. Grec.*, II, 5. 9, 3.
(2) Voyez plus haut, p. 374.

Denys l'Ancien (1). Puis elle se rapprocha d'Athènes, qui la défendit contre les attaques d'Alexandre, tyran de Phères. Les Macédoniens, les Lagides, Mithridate, les Romains l'occupèrent les uns après les autres. Enfin, les empereurs grecs en furent les maîtres jusqu'au temps que Marc-Sanudo fonda le duché de l'Archipel, dans lequel Paros était comprise. Elle en fut démembrée par Florence Sanudo, duchesse de l'Archipel, qui la donna pour dot à Marie, sa fille unique, épouse de Gaspard de Sommerive. Celui-ci aspirait à la souveraineté de l'Archipel; mais François Crispo le força à se contenter de la possession de Paros. Quelques années après, Paros passa dans la maison des Venieri, par le mariage de François Venieri avec l'héritière des Sommerive. Ce François est le grand-père de ce fameux Venieri qui ne céda l'ile de Paros à Barberousse, capitan-pacha, sous Soliman II, que parce qu'il se trouva sans eau à Képhalo, dans le fort Saint-Antoine. Paros prospéra sous le gouvernement des Turcs. Elle possédait la plus belle église de l'Archipel, celle de Katapoliani, dédiée à la Panagia, près de Parkia. Les Latins y étaient peu nombreux : néanmoins les capucins y avaient un joli couvent, qui a été détruit par les Albanais au service de la Russie. Les Russes ont fait beaucoup de mal à cette île pendant la guerre de 1770. Ils avaient choisi le port de Naussa pour en faire le rendez-vous de leurs forces; ils y avaient construit des casernes pour loger 4,000 Russes, 1,000 matelots, 12,000 Albanais, 3,000 Grecs. Le séjour de ces troupes fit fuir les habitants, et livra l'île aux dévastations de la soldatesque. Immobiles lors de l'expédition des Russes, les insulaires n'eurent pas besoin d'excitation étrangère pour se soulever en 1821. Paros se signala dès le commencement de l'insurection : elle envoya dans le Péloponnèse un contingent de soldats qu'on vit figurer au siége de Tripolitza, sous la conduite de Constantin Trantas et de Toussaint, fils de Démétrius. Aujourd'hui Paros relève de l'éparchie de Naxos.

De tout temps les habitants de Paros ont toujours passé pour gens de bon sens; et les Grecs des îles voisines les prennent souvent pour arbitres dans leurs différends. Hérodote les connaissait déjà comme tels, puisqu'il raconte que les Milésiens, ne pouvant vivre en paix entre eux, eurent recours à l'arbitrage de quelques sages Pariens. Ceux-ci visitèrent la campagne de Milet, et nommèrent administrateurs de la ville les habitants dont les terres leur parurent les mieux cultivées (1); persuadés avec raison que ceux qui savaient administrer leurs biens sauraient gouverner la chose publique. Cette solidité de bon sens pratique fait plus d'honneur aux Pariens que la célébrité que leur île devait à ses marbres, où même à ses galettes, pour parler comme le comique Alexis, cité par Athénée. « Fortuné vieillard, toi qui habites l'heureuse Paros, ton île a deux produits qui l'emportent sur les produits des autres îles : le marbre pour les dieux, et les galettes pour les mortels. »

Cependant le plus célèbre des Pariens, Archiloque, fait peu d'honneur à sa patrie :

Archilochum proprio rabies armavit iambo.

Dans sa fureur, Archiloque invectivait si cruellement ses ennemis, qu'il les réduisait au désespoir. Lycambe et ses enfants ne purent survivre à ses outrages. Du reste, ce poëte, qui avait prostitué ses talents à la satyre personnelle, ne se ménageait pas plus que les autres. « On lui reproche, dit Élien, d'avoir mal parlé de lui-même ; sans lui nous n'aurions jamais su qu'il était le fils d'une esclave; qu'il avait abandonné Paros, sa patrie; que pauvre et dénué de tout à Thasos, il y avait maltraité ses hôtes, exercé des haines violentes, se défiant et médisant de ses amis comme de ses ennemis, s'avouant adultère, sensuel, lâche, etc. » A ces traits, que j'affaiblis, dit M. de Marcellus, ne croirait-on pas reconnaître Jean-Jacques? Aussi ajoute-t-il spirituellement : « J'ai mis dans ma tête que le poëte de Paros n'était pas seulement l'inventeur des ïambes, assez mal famés, mais encore qu'il avait créé les *Confessions*, genre de littérature relevé sans doute par la pieuse humilité de saint Augustin, mais dont ses orgueil-

(1) Diod. Sicul., XIII, 47; XV, 13, 34.

(1) Hérodote, V, 25.

leux émules ont tant abusé depuis (1). »

Quelques fragments d'Archiloque donnent une haute idée de son talent ; il y en a même qui expriment de grandes et nobles pensées morales; ce qui prouve qu'il savait prendre tous les tons. Mais en somme on peut dire comme Bayle : « S'il n'est presque rien resté des ouvrages d'Archiloque, c'est plutôt un gain qu'une perte par rapport aux bonnes mœurs; » car il n'y a rien de si dangereux qu'un poëte de talent qui sait semer çà et là quelques belles maximes sur un fond de corruption et de méchanceté. Archiloque vécut méprisé de ses contemporains; il mourut comme il le méritait, assommé par un Naxien dont il avait dit du mal. Archiloque est le plus remarquable mais non le seul des hommes illustres de Paros. Évenus se distingua dans la poésie élégiaque; Scopas, Agoracrite, élève de Phidias, dans la sculpture; c'est lui qui sculpta la Némésis de Rhamnonte (2); Arcésilas et Nicanor, contemporains de Polygnote, qui comme lui furent des premiers à peindre en cire et à l'encaustique. Paros a toujours son marbre, mais elle n'a plus ses artistes. On ne voit dans cette île, disait déjà un voyageur du dernier siècle, que de misérables faiseurs de salières et de mortiers, au lieu de ces grands sculpteurs qui ont tiré des chefs-d'œuvre de ses carrières. Les médailles de Paros offrent tantôt une tête de femme, ou une chèvre, avec le nom de l'île et du magistrat, tantôt une tête de Méduse avec un taureau.

On regrette de ne pas savoir le nom de l'auteur de la plus curieuse antiquité qui ait été découverte à Paros : je veux parler de ce célèbre monument de chronologie appelé indistinctement marbres d'Oxford ou d'Arundel, ou chronique de Paros. C'était un Français, le savant Peiresc, conseiller au parlement d'Aix, qui avait ordonné à Paros les fouilles d'où on tira ces marbres avec plusieurs autres inscriptions. Le commissionnaire de Peiresc, Sampso, était sur le point de faire embarquer cette collection dans le port de Smyrne lorsque ses ennemis, ou ses créanciers le mirent en prison.

(1) *Épisodes litteraires*, t. I, p. 205.
(2) Plin., XXXVI, 4, 6.

Un agent de Thomas Howard, comte d'Arundel et de Surrey, acheta pour le compte de son maître la précieuse cargaison de Sampso, et les marbres de Paros furent envoyés en Angleterre en 1627. L'année suivante, le savant Selden envoya à Peiresc l'édition et le commentaire qu'il avait fait des marbres d'Arundel. C'était le nom qu'on donnait au monument que Peiresc avait attendu avec tant d'impatience. Il reconnut aussitôt le trésor qui avait été détourné de ses mains; mais cet excellent homme, chez qui l'amour de la science était plus fort que l'amour-propre, se consola facilement de la perte de ses marbres quand il vit l'usage qu'on en faisait en Angleterre. La chronique de Paros contient les principales époques de l'histoire grecque, à commencer depuis Cécrops, fondateur d'Athènes, jusqu'au temps d'Alexandre. Elle embrassait un intervalle de 1318 ans, et se prolongeait jusqu'à l'an 263 avant J.-C. Mais le temps a détruit les dernières époques et occasionné dans le corps de l'inscription des lacunes qui ont fait le tourment de ses interprètes, Selden, Palmer, Lydiat, Marsham, Prideaux, Bentley, Maffei, Dodwell, Maittaire, et Boeckh (1).

ÎLE D'OLIAROS OU ANTIPAROS.

Antiparos est l'ancienne île d'Oliaros dont parlent Pline, Strabon, Étienne de Byzance et Héraclide de Pont. Ce dernier ajoute que les Sidoniens y fondèrent une colonie. Sa stérilité, son peu d'étendue, le petit nombre de ses habitants l'ont vouée aux dédains des historiens et des géographes de l'antiquité, qui ne connaissaient pas cette grotte fameuse à laquelle elle doit aujourd'hui une juste célébrité. Cette île est à dix-huit stades de Paros : c'est, dit Tournefort, un écueil de seize milles de tour, plat, bien cultivé, lequel produit assez d'orge pour nourrir soixante à soixante-dix familles enfermées dans un méchant village à un mille de la mer. Le port d'Antiparos n'est bon que pour des barques et des tartanes, mais les grands vaisseaux peuvent mouiller dans le canal

(1) Voyez dans la collect. grecque de A. F. Didot, *Fragmenta Historicorum Græcorum*, t. I; et l'*Introduction*, p. 535.

de Paros où se trouvent les rochers de Strongilo, de Despotico et plusieurs autres écueils sans nom.

L'entrée de la grotte est à quatre milles du village, à près d'un mille et demi de la mer, à la vue des îles de Nio, de Sikino, de Policandro, qui n'en sont qu'à trente-cinq ou quarante milles. C'est une voûte de rochers assez basse, et qui n'a d'abord rien d'imposant. Au milieu est une colonne naturelle, à laquelle, dit Choiseul-Gouffier, à qui j'emprunte la description de cette grotte, nous attachâmes la corde qui devait faciliter notre descente et assurer notre retour. Passant ensuite sur la droite, on tourne en suivant une pente assez douce, qui ramène au-dessous de la colonne; on trouve alors une cavité par laquelle on s'introduit; puis tenant la corde on se laisse couler perpendiculairement à six ou sept pieds de profondeur, sur une petite plate-forme. C'est là ce que Tournefort appelle un précipice horrible. Il débute ainsi par une exagération, à laquelle répond parfaitement la suite de son récit. Ce judicieux écrivain s'est un peu oublié dans la description de la grotte d'Antiparos; et il y a beaucoup à rabattre de ce qu'il en raconte. D'autres auteurs sont tombés après lui dans des exagérations bien plus ridicules. De la plate-forme dont il a été parlé plus haut, on descend par un talus fort roide à environ vingt-trois mètres de profondeur, et on arrive sur un rocher dont la partie supérieure est arrondie en forme de cul de lampe. C'est l'endroit le plus difficile et le seul qui puisse paraître dangereux; car si l'on glisse à droite, on risque de tomber dans des précipices sans fond. De là on descend à pic la hauteur de douze ou quinze pieds, avec une corde ou une échelle. Lorsqu'on a franchi cet endroit, on continue à descendre par une pente extrêmement roide, en appuyant toujours sur la gauche, pour éviter les abîmes qui sont sur la droite; peu à peu la pente s'adoucit, et à la moitié de cette galerie la corde devient tout à fait inutile. Enfin, après avoir tourné un gros rocher qui semble d'abord fermer le passage, on entre dans la salle qui termine ce souterrain. Quoique de toutes les grottes connues celle d'Antiparos soit la plus vaste et la plus riche, elle est cependant loin de répondre aux descriptions pompeuses qu'en ont faites quelques voyageurs; ils semblent ouvrir le palais du Soleil, et leur imagination exaltée dépeint une architecture de cristal dont les faces lisses et brillantes varient, renvoient et multiplient la clarté des flambeaux. « On se croit transporté, dit un auteur moderne, dans les grottes de Thétis, au jour des noces de Pélée. » Ce langage poétique est-il celui de la vérité? doit-il être celui du voyageur? Mais si les productions qui se trouvent dans la grotte d'Antiparos n'ont pas tout l'éclat qu'on leur suppose, elles n'en sont pas moins intéressantes, par les formes variées et les contrastes piquants que leur prête une formation toujours incertaine, toujours diversifiée par le hasard. Les stalactites produites par l'infiltration des eaux tombent des voûtes en pendentifs coniques; les stalagmites que la cristallisation produit par en bas s'élèvent du sol en affectant la même forme. Quelquefois leur accroissement en sens inverse, rapproche stalactites et stalagmites, les joint ensemble et forme des colonnes qui s'achèvent et se perfectionnent peu à peu. La pièce la plus remarquable de cette salle souterraine est la superbe stalagmite qui occupe la salle d'Antiparos, et que l'on nomme l'autel, depuis que M. de Nointel, ambassadeur de Louis XIV à la Porte, y fit célébrer la messe de minuit, l'an 1673, comme on l'apprend par cette inscription, qu'on y lit encore:

HIC IPSE CHRISTVS ADFVIT
EIVS NATALI DIE MEDIA NOCTE CELEBRATO
MDCLXXIII

Cette stalagmite a vingt-quatre pieds de hauteur; sa base a environ vingt pieds de diamètre. Toute cette partie du souterrain est remplie de congélations dont les formes variées présentent une espèce de décoration, et peuvent avoir servi de prétexte aux peintures exagérées des voyageurs. Plusieurs masses de cette même substance, étendues en longs rideaux, tiennent de leur peu d'épaisseur une transparence dont on peut jouir à l'aide de quelques torches adroitement disposées. Mais cette lumière, ou plutôt cette lueur n'a jamais aucun éclat. Ces concrétions, quelques formes qu'elles aient affectées, sont toutes ternes et opaques; leur surface extérieure, souvent mamelonnée, toujours raboteuse, usée par le contact de l'air et corrodée par l'acide qu'il contient, ne peut jamais offrir un spectacle qui ne peut être que du domaine de la féerie, et que beaucoup y sont allés chercher sur la parole menteuse des voyageurs qu'ils ont eu la patience de lire et la simplicité de croire (1). Jusqu'au temps de l'ambassadeur de Nointel, personne n'osait plus descendre dans ce souterrain, que les Grecs n'avaient connu eux-mêmes que fort tard, et qui était redevenu ignoré depuis des siècles. Depuis 1673 il a été fréquemment visité; mais il n'est encore qu'incomplétement connu; la dernière salle est environ à deux cent cinquante pieds de profondeur perpendiculaire : mais on dit qu'elle n'est pas l'extrémité de ce vaste souterrain, qui s'étendrait sous les eaux jusqu'aux îles voisines (2).

ÎLE DE SIPHNOS.

L'île appelée anciennement Siphnos ou Siphanos, a été nommée par corruption Siphano, Siphana ou Siphanto. Elle avait porté aussi dans l'antiquité les noms de Méropia et d'Acis; elle reçut de Siphnos, fils de Sunius, celui de Siphnos, qu'elle porta depuis. Elle est située à l'ouest de Paros, et elle a selon Pline vingt-huit milles de circuit; mais des géographes modernes lui donnent jusqu'à quarante milles de circonférence. L'île de Siphnos jouit d'un climat très-sain. On y voit des vieillards de cent vingt ans. Quoiqu'elle soit couverte de granit et de marbre, elle est fertile et bien cultivée. Elle abonde en grains, en vignes, en fruits, en huile, et en gibier. On y recueille une soie très-recherchée. Elle était célèbre autrefois par ses mines d'or et d'argent; mais à peine sait-on aujourd'hui où

(1) Choiseul-Gouffier, *Voyage*, t. I, p. 115 et suiv.
(2) Cette grotte célèbre appartient aujourd'hui à M. Piscatory. Elle lui a été donnée par la famille grecque qui la possédait, et qui lui a cédé ses titres de propriété, alors qu'il était ministre plénipotentiaire de France en Grèce.

elles se trouvaient. Le plomb y est aussi fort commun. On y faisait du temps des anciens, avec une pierre molle particulière à l'île, des vases qui supportaient très-bien le feu. Les gobelets ($\pi o\tau\eta\rho\iota\alpha$) de Siphnos étaient aussi fort recherchés. L'ancienne ville de Siphnos s'appelait Apollonia; elle était située sur la côte nord-est, vis-à-vis d'Antiparos et du rocher de Prépésinthos, aujourd'hui Despotiko. Il n'en reste plus rien. Tournefort signale pour toutes ruines, dans cette île, les restes d'un temple de Pan, et quelques sarcophages çà et là dispersés. La ville actuelle, appelée Kastro, occupe l'emplacement de l'ancienne. Elle a un port, très-fréquenté au dix-septième siècle. Outre le port de Castro, on cite encore ceux de Faro, de Vathi, de Kitriani, et de Kironisso. Au siècle dernier Siphanto possédait plusieurs villages et une population évaluée à 5,000 âmes. Elle était couverte de couvents, de chapelles; et elle avait un grand monastère, où les femmes de l'Archipel qui voulaient entrer en religion venaient faire leurs vœux.

Son histoire est celle de toutes les Cyclades. Pour toute particularité, nous trouvons dans Hérodote (1) que cette île, très-florissante au sixième siècle avant J.-C., tomba en décadence, au temps de Polycrate, tyran de Samos. Des Samiens exilés étaient venus s'y réfugier; mal reçus par les Siphniens, ils leur firent la guerre, et les mirent à contribution. Puis leurs mines d'or et d'argent furent détruites par une inondation. Ils avaient refusé de payer la dîme à Apollon Delphien : le dieu les ruina par cette calamité. Il paraît que les Siphniens étaient de mauvaise foi envers les dieux comme envers les hommes ; $\Sigma\iota\varphi\nu\iota\dot{\alpha}\zeta\epsilon\iota\nu$ signifiait manquer de parole. Le plus haut sommet de l'île s'appelle l'Hagios Ilias.

Après avoir appartenu aux Romains et aux Byzantins, Siphanto fut conquise par Sanudo, et fit partie du duché de l'Archipel. Plus tard elle en fut séparée, et elle passa à la famille Coronia, puis à la famille Gozadini, qui la posséda jusqu'au temps où Barberousse en fit la conquête. Les Gozadini avaient aussi

(1) Hérodote, III, 57, 58.

la seigneurie de Thermia, et Tournefort raconte que de son temps le consul de France à Siphanto, M. Guion, conservait encore le cachet d'Angelo Gozadini, seigneur de Siphanto et Thermia, qui avait succédé à Otuly de Coronia, fils de Yandoly Coronia de Bologne, qui s'était établi dans l'île au milieu du quatorzième siècle.

ÎLE DE SERIPHOS.

Sériphos (Serpho, Serphou, Serphanto) au nord-ouest de la précédente, dont elle est séparée par un bras de mer de 12 milles de large. Mais d'un port à l'autre la distance est de 24 milles; Pline ne lui donne que douze milles de circuit, elle en a cependant plus de trente-six. C'est une île terriblement rocailleuse et escarpée; elle contient des mines d'aimant et de fer ; mais elle est stérile; il n'y vient qu'un peu d'orge et de vin. Cependant on trouve des oignons fort doux et très-nourrissants, que les habitants cultivent parmi leurs rochers, dans de petits fonds humides. Ces oignons sont l'orgueil des Sériphiens, qui n'ont rien autre chose à faire valoir dans leur pauvre île; aussi avait-on d'eux et de leur pays l'idée la plus méprisante. « Quand même il serait né dans l'île de Sériphe, dit Origène répondant à Celsus, qui reprochait à Jésus-Christ sa naissance, quand même il serait né le dernier des Seriphiens (1), il faut convenir qu'il a fait plus de bruit dans le monde que les Thémistocle, que les Platon, que les Pythagore, que les plus sages des Grecs, que les plus grands de leurs rois et de leurs généraux. » Il ne faut pas chercher d'antiquités dans Sériphos, qui n'a jamais été puissante ni magnifique. Cependant son port est excellent; et c'est une des bonnes relâches des Cyclades. Il n'y a dans l'île qu'un bourg du même nom, et un méchant hameau appelé San-Nicolo. Il y avait autrefois le couvent de Saint-Michel, situé au nord de l'île, dont les caloyers possédaient les meilleures terres, ainsi que le méchant îlot de Serpho-Poulo. Les anciens prétendaient que les grenouilles de Sériphos étaient muet-tes; de là le proverbe: *C'est une grenouille de Sériphos*, pour désigner un sot qui ne sait rien dire.

Sériphos était célèbre par les traditions mythologiques relatives à Persée (1). Acrisius ayant découvert la naissance de Persée, le fit enfermer avec sa mère Danaé dans une caisse, et ordonna qu'on les jetât dans la mer. Cette caisse fut poussée jusqu'à Sériphos, où des pêcheurs la tirèrent de l'eau avec leurs filets. Dictys, qui régnait alors dans cette île, accueillit parfaitement Danaé et son fils. Mais Polydecte, son frère, voulant épouser Danaé, Persée, qui avait été obligé d'aller combattre les Gorgones, rapporta de cette lutte la tête de Méduse, avec laquelle il pétrifia Polydecte et les Sériphiens. C'est ainsi qu'il délivra sa mère; c'est ainsi que se formèrent les affreux rochers de Sériphos.

L'histoire de Sériphos n'est pas longue à faire. Cette île fut occupée par les Ioniens venus de l'Attique. Elle refusa aux Perses l'hommage de la terre et de l'eau. Elle combattit à Salamine. Sous les Romains, Sériphos devint un lieu d'exil. L'orateur Cassius Sévérus avait été relégué par Auguste dans l'île de Crète sous Tibère. Comme cet orateur se livrait toujours à son goût pour l'intrigue et la médisance, il fut condamné à l'exil; et on l'envoya finir ses jours sur le rocher de Sériphos, *Saxo seriphio consenuit* (2). Sériphe passa successivement sous la domination des Grecs, des Francs et des Turcs. En 1700 les Sériphiens ne payaient que 800 écus pour toute contribution. L'île de Sériphos est restée une des plus misérables de tout l'Archipel.

ÎLE DE CIMOLOS.

Cette petite île, aujourd'hui nommée l'Argentière, des mines d'argent qu'on y exploita jadis, est située au sud de Sériphos et de Siphnos, et à une lieue au nord de Milo. Elle n'a que dix-huit milles ou six lieues de circonférence. Le sol, extrêmement aride, est dépourvu de source; on n'y trouve que de l'eau de citerne, ou celle qu'on va chercher à Milo. Les

---

(1) *Contra Cels.*, l. I; Ap. Tournefort., I, 180.

(1) Apollod., II, 4; Pherec., Fr., 26; *Religions de l'Antiquité*, l. VIII, c. 2.
(2) Tacit., *Ann.*, IV, 21.

monts, les vallées et toute la campagne, dépouillés d'arbres, n'offrent pas un seul ombrage contre les ardeurs du soleil. Les Vénitiens pendant leurs guerres contre les Turcs coupèrent tous les oliviers, et causèrent un dommage irréparable à l'île. Ce ne sont partout que collines hérissées de rochers, dépouillées de verdure, des vallées où croissent de tristes arbrisseaux et des buissons épineux. Elles sont la plupart couvertes d'une argile blanche et grasse, que les anciens appelaient *la terre cimolée* et que les habitants emploient en guise de savon, pour blanchir leur linge. Il n'y a qu'un pauvre village dans l'Argentière et une population évaluée au siècle dernier à cinq cents personnes. On n'y sème de l'orge et du coton qu'aux environs du village : la vigne n'y fournit de raisins que pour manger; le vin vient de Milo. « Cette île est devenue tout à fait pauvre, dit Tornefort, depuis que le roi ne souffre plus de corsaires français au Levant. L'Argentière étoit leur rendez-vous; et ils y dépensoient en débauches horribles ce qu'ils venoient de piller sur les Turcs : les dames en profitoient; elles ne sont ni des plus cruelles ni des plus mal faites. Tout le commerce de cette île roule donc sur cette espèce de galanterie sans délicatesse qui ne convient qu'à des matelots (1). » Cimolos avait été appelée Échinuse, l'île aux Vipères; on n'y voit plus aucun reptile de cette espèce.

Il n'est pas fait mention de Cimolos dans l'histoire ancienne. Cette île a toujours suivi la destinée de Mélos. Dans le renversement de l'empire des Grecs par les Latins, Marc Sanudo la réunit au duché de Naxie. Elle se trouva ensuite enveloppée dans la conquête de l'Archipel par Barberousse. Les Musulmans n'osèrent l'habiter, par la crainte des corsaires qui la hantaient; mais tous les ans les habitants de l'Argentière payaient mille écus de capitation au capitan-pacha, outre les présents que ses agents leur extorquaient. « Pendant mon séjour en ce pays, dit Savary, j'étais logé chez M. Brest, vice-consul de France. C'est un homme de beaucoup d'esprit; il a un caractère ferme et une âme généreuse. Il connaît parfaitement tous les ports de la Méditerranée, et a servi souvent de pilote aux vaisseaux que la France envoyait dans ces parages. Il s'est fait adorer des habitants, en les sauvant du pillage des corsaires, et en intercédant auprès des officiers que le grand amiral envoyait pour les mettre à contribution. Aussi peut-on le regarder comme le roi de l'île, comme le chef de cette petite république. Cet honnête homme, qui habite l'Argentière depuis plus de quarante ans, s'y est établi. Il a deux fils, qui ont beaucoup navigué. Ils sont bien élevés, bons marins, parlent parfaitement le français, l'italien, le grec, le turc et paraissent dignes de succéder à leur père ». Ils lui ont succédé en effet; ils ont même agrandi leur petite principauté, pour ainsi dire, en s'établissant à Milo, où les Brest représentent encore honorablement la France, comme les Alby à Santorin. Il y a dans les Cyclades plusieurs familles consulaires françaises ou italiennes, dont la situation, relativement très-importante, rappelle, sauf les différences des temps, celle des familles féodales du temps des croisades. Les gens de l'Argentière, qui sont bons pilotes, ont arboré l'étendard de la Croix pendant la guerre de l'Indépendance.

ÎLE DE MÉLOS.

De l'Argentière on voit à découvert l'île de Mélos (1) (Μῆλος), qui n'en est éloignée que d'une demi-lieue. On la nomme actuellement Milo ou le Milc. On voit dans Étienne de Byzance et Festus qu'elle fut appelée ainsi par Mélos, navigateur phénicien. D'autres veulent que ce nom lui ait été donné à cause des meules à moulin qu'on y trouve en fort grande quantité. Le nom de Byblos, qu'elle a aussi porté, atteste encore l'occupation de cette île par les Phéniciens. On la désignait encore aussi quelquefois par les noms ou épithètes de Zéphyria, Mimallis, Siphnis et Acytos. Cette île a presque la forme d'un arc fortement tendu. Pline dit qu'elle est la plus ronde

---

(1) Tournef., I, p. 142; Savary, *Lettres sur la Grèce*, p. 351.

(1) Dapper, *Descript.*, p. 358; Tournef., I, 145; Savary, *Lettres*, p. 356; Choiseul-Gouffier, I, 14; De Prokesch, Fiedler, Leake, etc.; *Expédition de Morée*, III 12.

de toutes les îles. Elle a environ soixante milles de circonférence. Dans sa partie méridionale elle est dominée par deux hautes montagnes, dont la plus élevée s'appelle le mont Saint-Élie et l'autre le mont Calamo. Son port est le plus beau des Cyclades. Il s'ouvre vers le nord-ouest, s'avance dans les terres, en formant diverses sinuosités, et s'élargit tout à coup en un spacieux bassin. Les vaisseaux de toute grandeur peuvent y mouiller à l'abri de tous vents, et la flotte la plus nombreuse s'y trouverait fort au large. Au sud elle a un autre port, plus petit, appelé port Saint-Dominique.

L'ancienne ville de Mélos était située au fond du port, à l'est, sur les hauteurs qui le dominent. Les restes d'antiquités qu'on y trouve sont : au sud de la ville actuelle, à peu de distance de la mer, et sur le penchant de ces hauteurs, une partie de murs d'enceinte, de construction polygonale, lesquels n'ont subi presque aucune dégradation ; sur une petite montagne conique, où était sans doute l'Acropole, des gradins de marbre blanc, et bien conservés, appartenant à un théâtre qui paraît n'avoir jamais été terminé, car on remarque encore les tenons qui ont servi pour la pose des marbres ; non loin de là quelques corniches de style romain et d'un assez mauvais goût. On voit aussi, en tournant autour de cette ancienne acropole, une partie de mur régulièrement bâti, et au-dessous un plateau sur lequel, parmi les constructions modernes, on remarque quelques fragments de marbre qui font supposer qu'à cet endroit il y avait autrefois un temple. Près de là, un peu au-dessus du mur d'enceinte, sont des tombeaux creusés dans le roc de la montagne. Enfin, il existe au sud-est, tout à fait sur le bord de la mer, d'anciennes ruines, qui sont probablement des restes du port de l'antique Mélos. La découverte de tous ces vestiges a servi à déterminer la position de cette ancienne cité, sur une colline qui regarde l'entrée de la rade, et qui est au sud de Castro ou Sixfours, bourg moderne élevé au haut du pic qui domine cette partie de l'île, et nommé ainsi par nos marins provençaux, parce qu'il leur rappelait l'aspect d'un village du même nom situé auprès de Toulon.

Mais tous ces débris vulgaires ne sont rien auprès du chef-d'œuvre de sculpture antique qui porte le nom de Vénus de Milo, et que possède notre musée national. Cette statue fut trouvée par un paysan grec qui bêchait dans un jardin situé à cinq cents pas environ de l'amphithéâtre. Il découvrit en remuant la terre une sorte de renfoncement souterrain dont la construction était enfouie de six à huit pieds au-dessous du sol. Ayant déblayé cette ruine, il y trouva pêle-mêle, et confusément couchés, trois Hermès, des morceaux de marbre, une plinthe portant des inscriptions à demi conservées, et la statue de Vénus séparée en plusieurs morceaux. C'était à la fin de février 1820. Le paysan grec, qui se doutait bien qu'il avait trouvé autre chose que des pierres ordinaires, proposa à M. Brest, agent consulaire de France à Milo, l'acquisition de la statue à un prix très-modique. Malheureusement M. Brest, avant de conclure le marché, crut devoir demander des ordres au marquis de Rivière, ambassadeur du roi à Constantinople. De là des retards, qui faillirent compromettre le succès de la négociation et priver la France de la possession de cette statue. En effet, tandis que le marquis de Rivière envoyait M. de Marcellus pour faire en son nom l'acquisition de la statue et des marbres déterrés à Milo, les primats de l'île résolurent de donner la statue à un prince grec en grand crédit à Constantinople, et amateur d'antiquités. Au moment où M. de Marcellus arrivait à Milo, le 23 mai, il eut la douleur de voir passer la statue sur un canot qui la transportait à bord d'un bâtiment grec portant pavillon turc. Mais il ne se tint pas pour battu ; et à force de persévérance et de courage, en employant tour à tour la menace, les promesses et les libéralités, il parvint à renouer le marché commencé autrefois avec le paysan grec, à désintéresser les primats, à intimider le papas qui s'était porté acquéreur pour le prince grec, et à reconquérir le chef-d'œuvre qu'il s'était vu sur le point de perdre. Transporté à bord de la goëlette *l'Estafette*, la statue arriva en France après quatre mois de navigation. Elle fut offerte au roi Louis XVIII par le marquis de Rivière ;

elle a été ensuite déposée au musée des antiques du Louvre, dont elle est aujourd'hui la pièce la plus précieuse. Cette statue a deux mètres trente-huit millimètres de hauteur, six pieds trois pouces trois lignes. Elle est d'un beau marbre de Paros, à petit grains, que les sculpteurs désignent sous le nom de *grechetto*. On a supposé que la déesse était représentée au moment où elle vient de recevoir la pomme de Pâris, et on l'a surnommée *Vénus Victrix*. L'absence de ses deux mains, qui n'ont point été retrouvées, empêchera toujours de donner une solution définitive à cette question (1).

Pendant longtemps l'île de Milo a été fertile et florissante. Jusqu'au milieu du siècle dernier elle produisait en abondance du blé, du vin, des fruits, et elle possédait environ vingt mille habitants. Tournefort, qui la visita en 1700, en fait une description très-avantageuse. « La terre, sans cesse échauffée par des feux souterrains, y produit presque sans se reposer, du blé, de l'orge, du coton, des vins exquis et des melons délicieux. Saint-Élie, le plus beau monastère de l'île, situé dans l'endroit le plus élevé, est entouré d'orangers, de citronniers, de cèdres et de figuiers. Une source abondante en arrose les jardins. Les oliviers, rares dans les autres parties, sont multipliés autour du monastère. Les vignobles d'alentour donnent d'excellents vins. En un mot, toutes les productions de l'île sont d'une bonté que rien n'égale. On estime beaucoup ses perdrix, ses cailles, ses chevreaux, ses agneaux, et cependant on les achète à très-bon marché. »

A la fin du dix-huitième siècle la situation de Milo était bien changée. « Si M. Tournefort revenait à Milo, dit Savary, il ne retrouveroit plus la belle île qu'il a décrite. Il y verroit encore l'alun de plume aux filets argentés, suspendu aux voûtes des cavernes, des morceaux de soufre pur qui remplissent les fentes des rochers, une foule de sources minérales, des bains chauds, et les mêmes feux qui de son temps échauffoient le sein de la terre et la rendoient si féconde (1). Mais au lieu de cinq mille Grecs payant la capitation (ce qui, avec les autres habitants, peut former vingt mille âmes) il ne rencontreroit aujourd'hui, sur une surface de dix-huit lieues de circonférence, qu'environ sept cents habitants. Il gémiroit de voir les meilleures terres sans culture et les vallées fertiles changées en marais. Depuis cinquante ans, le Mile a entièrement changé de face. »

Quand Choiseul-Gouffier visita cette île, il en trouva la population dans l'état le plus misérable. « Ces malheureux, dit-il, sont jaunes et bouffis; leur ventre énorme, et leurs jambes, horriblement enflées, leur permettent à peine de se traîner dans les décombres de leur ville, belle autrefois, et qui n'est plus qu'un monceau de ruines. L'origine de cette influence pestilentielle me paraît remonter précisément à l'époque du nouveau volcan qui s'ouvrit un chemin dans les eaux, en face de Santorin, et vomit une île nouvelle à travers un torrent de flammes avec un bruit et des secousses qui ébranlèrent toutes les villes voisines. Cet embrasement souterrain s'est sans doute propagé jusqu'à Milo, par les matières combustibles que la terre y renferme, et qui sont elles-mêmes une continuation des mêmes couches qui ont donné lieu à la formation des volcans. Les vapeurs malignes qui s'exhalent de ces immenses soupiraux infectent l'air, en diminuent le ressort, et reproduisent sans cesse son influence destructive. Les parties voisines du port et de la ville, où les émanations sont plus abondantes, en ont ressenti d'abord les funestes effets. Peut-être ces feux, se communiquant ainsi successivement, occu-

(1) *Sur la statue antique de Vénus Victrix*; par M. de Clarac. Voyez aussi la notice de M. Quatremère de Quincy; M. de Marcellus, *Souvenirs de l'Orient*, t. I, p. 231.

(1) Toutes les richesses géologiques de Milo et sa formation volcanique sont complétement décrites dans Tournefort, et surtout dans un article de M. Sauvage, ingénieur des mines. Voir dans les *Annales des Mines*, 4ᵉ série, t. X, p. 69, l'article intitulé *Description géologique de Milo*, où M. Sauvage établit que cette île doit avoir la même origine que les environs de Naples, que l'île d'Ischia, et que ses terrains trachytes sont contemporains de ceux des champs phlégréens.

peront-ils toute la surface de l'île, et corrompant partout l'air qu'on y respire, finiront-ils par dévaster deux ou trois villages éloignés, qui jusqu'à présent n'ont pas été aussi maltraités? » Les prévisions de Choiseul-Gouffier se sont malheureusement réalisées; Milo est devenue aujourd'hui presque une solitude, et sa population ne s'élève pas au delà de trois mille âmes.

L'excellence du port de Mélos y avait de bonne heure attiré les Phéniciens, dans le temps où ils étaient les maîtres du commerce de la mer Égée, que les Grecs leur enlevèrent plus tard. Mais tandis que le reste des Cyclades fut occupé par les Ioniens, Mélos fut occupée par une colonie dorienne. L'an 1116 les Minyens de Lemnos et d'Imbros, que les Spartiates avaient reçus chez eux et établis à Amycles, abandonnèrent la Laconie avec les Doriens, qui y étaient venus après la conquête du Péloponnèse, et qui n'avaient pas été accueillis en frères par les compagnons des Héraclides (1). Cette émigration, commandée par Polis et Crathœis, se dirigea vers la Crète; mais, arrivée à la hauteur de Mélos, elle y jeta une portion des Doriens qui s'y établirent avec Crathœis. C'est de là, dit Conon, que les Spartiates s'attribuent la fondation de Mélos, et en considèrent les habitants comme un peuple qui leur est uni par le sang. Hérodote et Thucydide donnent également à cette île le nom de colonie lacédémonienne.

Cet établissement dorien à Mélos subsista pendant sept cents ans. Dans la guerre médique, les Méliens refusèrent de se soumettre aux Perses, et restèrent fidèles à la cause nationale. N'ayant point été délivrés par les Athéniens d'une servitude qu'ils avaient su repousser, les Méliens ne reconnurent pas la suprématie athénienne, et ils se maintinrent constamment dans l'alliance de leur métropole. Cette courageuse fidélité attira sur eux la vengeance des Athéniens, qui ne pouvaient souffrir que cette île dorienne restât plus longtemps indépendante, au milieu de toutes les Cyclades subjuguées par eux. Déjà, au commencement de la guerre du Pélo-

ponnèse, Nicias avait fait une descente à Mélos et ravagé l'île sans pouvoir prendre la place. Quelques années après, en 416, les Athéniens y renvoyèrent une flotte de trente-huit galères, et une armée de trois mille hommes commandée par Cléomène et Tisias. Avant de commencer le siége, ces généraux eurent avec les Méliens une conférence, qui ne put amener aucun accommodement. On la trouve tout au long rapportée dans Thucydide (1). « Pour donner le meilleur tour possible à notre négociation, dirent les Athéniens, partons d'un principe dont nous soyons vraiment convaincus les uns et les autres, d'un principe que nous connaissons bien, pour l'employer avec des gens qui le connaissent aussi bien que nous : c'est que les affaires se règlent entre les hommes par les lois de la justice, quand une égale nécessité les oblige à s'y soumettre; mais que ceux qui l'emportent en puissance font tout ce qui est en leur pouvoir, et que c'est au faible à céder. — Nous ne craignons pas non plus, disent-ils plus loin, que la protection divine nous abandonne. Dans nos principes et dans nos actions, nous ne nous écartons ni de l'idée que les hommes ont conçue de la divinité ni de la conduite qu'ils tiennent entre eux. Nous croyons, d'après l'opinion reçue, que les dieux, et nous savons bien clairement que les hommes, par la nécessité de la nature, dominent partout où ils ont la force. Ce n'est pas une loi que nous ayons faite; ce n'est pas nous qui les premiers nous la sommes appliquée dans l'usage, nous en profitons et nous la transmettons aux temps à venir : nous sommes bien sûrs que vous, et qui que ce fût, avec la puissance dont nous jouissons, tiendriez la même conduite. » « La théorie de la force, dit à ce propos M. Duruy, a été rarement exprimée d'une manière aussi nette. Au reste, ajoute-t-il avec beaucoup de raison, rien ne prouve que ce dialogue ait réellement eu lieu. Thucydide a peut-être voulu réduire en formules, en maximes, la politique qui alors était instinctivement suivie par les deux partis. C'est précisément un des faits pour lesquels Denys d'Halicarnasse

---

(1) Raoul Rochette, *Col. Grecq.*, III, 59.

(1) Thucyd., V, 85.

lui reproche d'avoir à dessein calomnié la ville qui l'avait exilé (1). »

Après ces pourparlers inutiles, les chefs athéniens commencèrent les opérations du siége; mais les Méliens renversèrent leurs travaux. Enfin, Philocrate ayant amené un nouveau secours d'Athènes, les insulaires furent obligés de se rendre à discrétion. On délibéra à Athènes sur leur sort, et l'assemblée du peuple, réalisant les effroyables théories émises dans la conférence, condamna tous les Méliens à mort. Ce fut Alcibiade qui fit passer cet horrible décret. Tous les habitants de Mélos furent massacrés, excepté les femmes et les enfants, que l'on mena en esclavage en Attique. Les Athéniens envoyèrent une colonie, composée de cinq cents de leurs compatriotes; mais cette colonie, établie par la violence, ne demeura pas longtemps à Mélos; et les enfants des Méliens, qui avaient grandi dans l'esclavage, furent rétablis par Lysandre, aussitôt après la guerre du Péloponnèse, dans la possession de l'île qui avait appartenu à leurs pères. Mais il faut bien qu'Athènes l'ait reprise plus tard, puisque les médailles de Mélos portent toutes la chouette ou la Pallas athénienne.

Mélos eut ensuite le même sort que les autres Cyclades, c'est-à-dire qu'elle tomba sous la domination des Macédoniens, puis des Romains (2), et enfin sous celle des empereurs grecs. Marc Sanudo joignit cette île au duché de Naxie, en 1207. Elle en fut ensuite détachée par Jean Sanudo, sixième duc de l'Archipel, qui céda cette île au prince Marc, son frère; celui-ci la donna pour dot à sa fille Florence, qui épousa François Crispo. Ce Crispo, qui descendait des anciens empereurs grecs, s'empara de tout le duché de Naxie, en faisant assassiner Nicolas Carcerio, qui en était le neuvième duc. Milo fut conquise par Barberousse, et réunie à l'empire ottoman, avec tout le duché de l'Archipel, en 1537.

Sous ce nouveau régime, Milo continua à prospérer. Les Miliotes, qui étaient bons matelots, servaient de pilotes à la plupart des navires étrangers. La domination des Turcs s'y faisait à peine sentir, et l'île était devenue le rendez-vous des corsaires français qui tenaient les mers du Levant et y inquiétaient par une guerre incessante le commerce des Ottomans. « On y parle encore, dit Tournefort, des grandes actions de MM. de Benneville Téméricourt, du chevalier d'Hocquincourt, du marquis de Fleuri, d'Hugues Cruvelier, du chevalier d'Entrechaut, de MM. Poussel, L'Orange, Lauthier, et autres qui amenoient leurs prises dans cette île, comme à la grande foire de l'Archipel. Les marchandises s'y donnoient à bon marché, les bourgeois les revendoient à profit, et les équipages des vaisseaux y consommoient les denrées du pays. » En 1677 un Miliote, bon corsaire, appelé Jean Capsi, se rendit maître de l'île, et fut accepté par ses compatriotes comme juge et chef; cette espèce de règne dura environ trois ans. Les Turcs, qui avaient à recommencer sans cesse la conquête des îles de l'Archipel, parurent en 1680 dans le port de Milo. Avec un peu de ruse le capitan-pacha sut attirer dans sa galère Jean Capsi, que la bonne fortune avait étourdi. Dès qu'il se fut livré, le capitan lui fit charger de chaînes, et quelques jours après on pendait à Constantinople, à la porte du bagne, le petit roi de Milo (1). Depuis cette époque les Turcs surveillèrent cette île avec plus de soin, et la traitèrent avec plus de rigueur. Savary croit que c'est au despotisme de la Porte et à sa police détestable qu'il faut attribuer la destruction de Milo. Il se trompe assurément, et la condition matérielle des Miliotes ne changea pas sensiblement depuis la tentative de Jean Capsi, avant le temps où les conditions physiques du sol et de l'atmosphère de Milo furent bouleversées. Depuis cette révolution volcanique, l'île tomba dans cet état de misère que nous avons retracé plus haut, et dans laquelle elle végète encore.

Autour de Milo se groupent plusieurs petites îles, qui en sont comme des fragments détachés. A l'entrée du port sont deux petits écueils appelés *Acraries*,

(1) V. Duruy, *Hist. Grecque*, p. 353.
(2) Voyez, sur le nombre et l'importance des Juifs établis à Mélos sous les empereurs, Josèphe, *Ant. Jud.*, XVII, 12; *Bell. Jud.*, II, 7.

(1) P. Sauger, *Histoire nouvelle*, p. 319.

les éminences. Au nord-ouest s'élève, comme un pain de sucre, le rocher que les Francs appellent Antimilo, et les Grecs Remomilo. Paximadi et Prasonidi sont deux autres îles, situées en face le cap sud de Milo, qui est la pointe du Saint-Élie ; les Peignes ou Peteni et l'île Saint-Georges sont du côté oriental. Au nord-est de Milo, et à l'est de l'Argentière, se trouve la petite île de Polyægos, appelée plus tard par les Grecs Polino, et par les Francs île Brûlée. Il y a encore d'autres petits écueils autour de Milo ; mais ce n'est pas ici le lieu de les énumérer. Ceux qui voudraient connaître la navigation de ces parages doivent consulter les cartes marines, où tout est indiqué avec une exactitude scrupuleuse. Encore faut-il toujours prendre un pilote grec dès qu'on s'aventure dans cette mer dangereuse de l'Archipel.

ÎLE DE PHOLÉGANDROS.

Cette île, appelée aujourd'hui Policandro, est située au sud-est de Milo. Elle reçut son nom et ses premiers habitants d'une colonie crétoise qui y fut amenée par Pholégandrus, fils de Minos. L'épithète de Σιδηρέα, île de Fer, lui est donnée par Aratus, à cause de sa nature rude et âpre; en effet, Policandro est toute hérissée de rochers. Bochart fait venir son nom du mot phénicien *Phelekgundari*, qui signifie contrée pierreuse. « Cette île n'a point de port, dit Tournefort ; nous débarquâmes le 2 octobre à la cale, dont l'entrée regarde l'est-sud-est. Le bourg, qui en est à trois milles du côté du nord-est, assez près d'un rocher effroyable, n'a d'autres murailles que celles qui forment le derrière des maisons, et contient environ cent vingt familles du rit grec, lesquelles en 1700 payèrent pour la capitation et pour la taille réalle 1020 écus. Quoique cette île soit pierreuse, sèche, pelée, on y recueille assez de blé et assez de vin pour l'usage des habitants. Ils manquent d'huile, et l'on y sale toutes les olives pour les jours maigres. Le pays est couvert de tithymale, arbrisseau que l'on y brûle faute de meilleur bois. L'île d'ailleurs est assez pauvre, et l'on n'y commerce qu'en toiles de coton. »

Au moyen âge cette île fit partie du duché de Naxie. Les ducs y construi-sirent un château fort, Castro, sur l'emplacement de l'ancienne ville, qui portait le même nom que l'île. On voit à peine aujourd'hui quelques vestiges de la forteresse des Sanudo. Policandro possédait autrefois quelques jolies chapelles, construites en partie avec les restes des édifices anciens. Il y a une belle grotte dans ce rocher qui supportait le Castro. Elle a son issue vers la mer ; mais on n'y peut entrer qu'en temps de calme, et les flots sont souvent agités en cet endroit (1).

ÎLE DE SIKINOS.

Sikinos (Σίκινος, Σίκηνος), aujourd'hui Sikino, est située à l'est de Pholégandros. Dans le canal qui les sépare se trouvent plusieurs îlots, dont le plus considérable, appelé Cardiotissa était peut-être l'ancienne Lagousa de Strabon. Il y avait sur cet écueil une chapelle de la Sainte-Vierge, où les habitants des îles voisines venaient en célébrer la fête avec de grandes réjouissances. Sikinos s'appela aussi OEnoé, à cause de sa fertilité en vin.« Il y a encore assez de vin dans Sikino, dit Tournefort, pour mériter son ancien nom; beaucoup de figues, peu de coton. Les figues fraîches sont excellentes ; il n'en est pas de même des sèches, parce qu'on les passe par le four pour les garantir des vers. Cette île, qui n'est qu'à huit milles de Nio, et qui n'a qu'environ vingt-milles de tour, s'étend du sud-ouest au nord-est, assez étroite d'ailleurs quoique élevée en montagnes ; elle nous parut bien cultivée. Le froment qu'on y recueille passe pour le meilleur de l'Archipel. » L'île de Sikino n'a point de port, mais une mauvaise cale appelée San-Burnias, située au sud-est ; quand on y mouille, il faut tirer les caïques à terre, pour qu'ils soient en sûreté. Le bourg, qui porte le même nom que l'île, est sur une hauteur à l'ouest-sud-ouest, tout près d'une roche effroyable qui penche et semble tomber dans la mer. Sicinos est dominée par deux montagnes : l'ancienne ville était sur le penchant de la montagne septentrionale. Au bord de la mer, on voit les restes d'un temple

---

(1) Voyez dans Boeckh, *Inscript. Grecq.*, II, quatre inscriptions de Pholégandros, n°s 2442-2446.

d'Apollon-Pythien sur lequel M. Ross a savamment disserté (1).

Cette île avait reçu son nom de Sicinus, fils de Thoas, fils de Bacchus et d'Ariane. Après le massacre de tous les hommes de Lemnos par leurs femmes, Thoas, sauvé par Hypsipyle, se sauva dans l'île d'OEnoé, où il fut bien reçu par la nymphe qui l'habitait. Il en eut un fils, appelé Sicinus, qui donna son nom au pays. Sikinos n'a pas d'histoire particulière; elle eut le sort de toutes les autres Cyclades. Au treizième siècle elle fit partie du duché de Naxie. Elle fut ensuite réunie à l'empire Ottoman. En 1700 elle était encore très-fréquentée par des corsaires français, dont plusieurs s'y étaient établis et y avaient pris femme, malgré les défenses du roi, qui avait ordonné que nul de ses sujets ne se marierait dans le Levant sans la permission de son ambassadeur ou de quelqu'un de ses délégués. Dans les guerres des Russes Sikino, ainsi que Policandro, fut ravagée par des pirates, et tomba dans le misérable état où la vit Choiseul-Gouffier, et où elle se trouve encore. Elle appartient aujourd'hui au royaume de Grèce.

ÎLE D'IOS.

L'île d'Ios, aujourd'hui Nio, avait été appelée primitivement Phœnice; quand les Ioniens s'y établirent, ils lui donnèrent le nom d'Ios. Elle est située à vingt-quatre milles au sud de Naxie, à huit milles à l'est de Sikino, à trente milles au nord de Théra ou Santorin. Nio a quarante milles de circonférence; elle est montagneuse et surmontée de deux principaux sommets. On y voit plusieurs bons ports : celui qui est au-dessous du bourg sur la côte sud-ouest est un des meilleurs de l'Archipel; vers l'est est le port Manganari, qui peut aussi recevoir les plus grands vaisseaux. Le territoire de Nio est bon pour les céréales; mais l'île manque de bois et d'huile. Au temps de Tournefort elle était assez bien cultivée. L'ancienne ville d'Ios occupait probablement le même terrain que le bourg actuel, c'est-à-dire sur la hauteur, à quelque distance de la marine. On lit en effet dans la vie d'Homère que les habitants d'Ios descendaient de leur ville pour donner des soins à ce grand poëte, qui était tombé malade dans leur port. C'est à cet événement, vrai ou supposé, que l'île d'Ios doit toute sa célébrité. Voici le récit que nous en donne l'auteur, quel qu'il soit, de la vie d'Homère, attribuée faussement à Hérodote. « Au commencement du printemps, Homère voulut partir de Samos pour se rendre à Athènes. Il mit à la voile avec quelques Samiens, et aborda à l'île d'Ios. Ils ne débarquèrent pas à la ville, mais sur le rivage. Homère, se voyant attaqué par une maladie grave, se fit porter à terre. Les vents contraires ne permettant pas de continuer la navigation, on resta plusieurs jours à l'ancre. Homère reçut la visite de quelques habitants de l'île d'Ios, qui ne l'eurent pas plus tôt entendu parler qu'ils furent pénétrés d'admiration.... Homère mourut de cette maladie à Ios. Il fut enterré sur les bords de la mer par ses compagnons de voyage et par ceux des habitants d'Ios qui l'avaient fréquenté pendant sa maladie. Longtemps après, et lorsque ses poëmes, devenus publics, furent admirés de tout le monde, les habitants d'Ios inscrivirent sur la tombe ces vers élégiaques : « La terre recèle ici dans son sein la tête sacrée du divin Homère, dont la poésie a illustré les héros (1). » Strabon, Pline, Pausanias (2) parlent de ce tombeau d'Homère dans l'île d'Ios. Ce dernier ajoute qu'on y montrait aussi celui de Clymène, sa mère, qui était née dans cette île. Du reste, Ios était aussi du nombre des sept villes qui se disputaient l'honneur d'être la patrie d'Homère; et Aulu-Gelle prétend qu'Aristote a écrit qu'il était né dans l'île d'Ios (3). « Quoi qu'il en soit, dit Tournefort, nous cherchâmes inutilement les restes de ce tombeau autour du port; on n'y voit qu'une excellente source d'eau douce, qui bouillonne, au travers d'une auge de marbre, à un pas seulement de l'eau salée. »

---

(1) Dans le *Kunstbl.* 1837, n° 103, *Ueber den Tempel des Apollo Pythius;* Boeckh, *Inscr. Græcq.*, II, 2447.

(1) *Vie d'Homère*, ch. 34.
(2) Strab., X, 484; Plin., IV, 23, 2; Pausan., X, 24, 2.
(3) Aul. Gell., III, 11.

Pendant l'occupation des Cyclades par les Russes, lors de la guerre de 1770, un officier hollandais au service de la Russie, ayant eu occasion de débarquer à Nio, y fit quelques recherches, et en rapporta quelques marbres. Puis toutes les gazettes du temps annoncèrent que le comte Pusch van Krienen avait retrouvé le tombeau d'Homère. Une dissertation publiée en 1773 par cet officier hollandais ne put persuader les savants de l'authenticité de cette découverte, qui alla grossir le nombre, déjà bien grand alors, des bévues ou des supercheries archéologiques (1). Mais voici une tradition locale sur la sépulture d'Homère à Nio, qui vaut presque la découverte des débris matériels de son tombeau. Elle a été recueillie par M. de Marcellus, de la bouche d'un pilote grec qu'il fait parler en ces termes. « Vous apercevez sans doute, seigneur, là bas, à l'endroit où le rivage de Nio paraît s'avancer vers nous, un petit tertre couvert d'arbrisseaux. C'est le tombeau d'une vieille femme qui vivait il y a bien longtemps ; elle avait une petite maison, loin du village, où elle s'était retirée avec son fils. Les forbans pénétrèrent une nuit dans la cabane ; ils égorgèrent la mère, et ils crevèrent les yeux du fils. Après leur départ, cet homme, malgré sa cruelle blessure, eut le courage d'enterrer sa mère à l'endroit que vous voyez. Puis, quittant son île, il alla mendier partout l'Archipel. Comme les aveugles aiment la musique, il apprit à jouer du théorbe, et il composa des chansons qu'il répétait dans toutes les villes de la Grèce. Ceux qui les ont entendues disent qu'elles sont plus belles que celles du pauvre *Riga*, et *Petraki de Lesbos* n'est si fameux aujourd'hui que parce qu'il les sait et les chante presque toutes ; cet aveugle devint vieux, et cependant il chantait encore. Enfin il mourut ; on dit qu'il a voulu être enseveli là, près de sa mère, dont nous venons de dépasser le tombeau (2). »

(1) Voyez dans les *Kleine Schriften* de Welcker deux articles sur cette prétendue découverte : *Grab und Schule Homers in Jos*, und die *Betrugereien des Grafen Pusch van Krienen*, t. III, p. 284.

(2) M. de Marcellus, *Souvenirs de l'Orient*, I, p. 273.

Comme les autres Cyclades, Nio appartint successivement aux Athéniens, aux successeurs d'Alexandre, aux Romains et aux empereurs grecs. Après la conquête de Constantinople, en 1204, Marc Sanudo la réunit à son duché de Naxie. Cette île n'en fut démembrée que par Jean Crispo, douzième duc, qui la donna au prince Marc, son frère. Ce prince fit bâtir un château fort, sur la hauteur, à deux milles au-dessus du port, pour protéger Nio contre les pirates et les mahométans. Puis, voyant que les terres de l'île, quoique naturellement fertiles, demeuraient incultes faute de laboureurs, il y attira des familles albanaises, qui la repeuplèrent. Nio passa ensuite entre les mains de la famille Pisani, par le mariage d'Adrienne Sanudo, fille unique du prince Marc, avec Louis Pisani, noble vénitien. Après l'expédition de Barberousse dans l'Archipel, Nio se soumit aux Ottomans, 1537. En 1700 ses habitants payèrent 2,000 écus de capitation, et 3,000 pour la taille réelle. L'excellence de ses ports en fit un des rendez-vous des corsaires et des armateurs chrétiens : aussi les Turcs l'appelaient-ils la Petite-Malte. On n'oubliera jamais dans Nio, dit Tournefort, les grandes actions des chevaliers d'Hocquincourt et de Téméricourt, qui firent tant de mal aux Turcs dans la guerre de Candie (1). Le célèbre Tourville fit ses premières armes sous les auspices du chevalier d'Hocquincourt. Les pilotes de Nio passaient, avec ceux de Milo, pour être les plus habiles de tout le Levant. Choiseul-Gouffier vante les mœurs bienveillantes et hospitalières des habitants de Nio, qui aujourd'hui encore est une des plus jolies et des plus agréables villes de la province grecque des Cyclades.

ÎLE D'AMORGOS.

Cette île a été appelée successivement Hypéra, Patagé ou Platagé, Pankalé, Psychia, Amorgos, Morgo ou Murgo. Elle est située au nord-est de Nio, au sud-est de Naxos, à quarante milles environ de chacune d'elles. Dapper lui donne quatre-vingts milles de circonférence, ce qui paraît exagéré ; mais le

(1) Voyez le P. Sauger, p. 216.

chiffre de trente-six milles donné par Tournefort me semble à son tour trop réduit (1).

Cette île s'étend en longueur du nord-est au sud-ouest; elle est horriblement escarpée du côté du sud-est; à l'occident le terrain est plus bas et moins rocailleux : aussi ce canton s'appelait-il *Catomérie*. C'est de ce côté que sont les champs cultivés. Amorgos est assez fertile en huile, en vin et en blé; on y pouvait subsister facilement : c'est pour cela que Tibère y envoya en exil Vibius Serenus, plutôt qu'à Gyaros. Autrefois Amorgos possédait trois cités, qui sont nommées par Étienne de Byzance, savoir : Arcésine, Minoa, Ægiale, toutes situées sur le rivage occidental, dans la Catomérie. Ægiale était au nord, près du port appelé aujourd'hui port Sainte-Anne, Minoa au centre, au fond du port Vathy, et Arcésina à la pointe sud. Non loin d'Ægiale s'élevait un temple de Minerve Poliade, dont on a retrouvé quelques vestiges. La ville actuelle d'Amorgos est à trois milles du port Vathy, bâtie en amphithéâtre, autour d'un rocher où s'élevait le vieux château des ducs de l'Archipel. Sur la droite du port on voit les ruines de l'ancienne ville de Minoa.

Le nom de cette cité, qui paraît avoir été la principale de l'île, suffit, à défaut de témoignage positif, pour nous apprendre qu'Amorgos fut colonisée par les Crétois. Plus tard elle reçut, non pas directement d'Athènes, mais de Naxos, une colonie ionienne. Enfin, en 864, des Samiens vinrent s'y établir, sous la conduite d'un chef appelé Simmias, à qui Suidas donne la qualification de grammairien (2). C'est assurément là ce qu'il y a de plus curieux dans cette indication du lexicographe. Il est à peine fait mention d'Amorgos dans l'histoire ancienne. Elle partagea le sort commun à toutes les autres Cyclades, sans qu'il se soit conservé à son sujet aucun souvenir particulier. Ses habitants paraissent avoir été adonnés uniquement aux arts, aux lettres et à l'industrie. Les médailles d'Amorgos sont empreintes d'un côté de la tête d'Apollon, de l'autre de la sphère et du compas. Cette île fut la patrie du poëte iambique Simonide, ὁ τῶν ἰάμβων ποιητής, qu'il ne faut pas confondre avec le célèbre Simonide de Céos, que Strabon appelle ὁ Μελοποιός (1). C'était à Amorgos que se fabriquait une étoffe qui portait le nom de l'île, de même que la couleur rouge dont elle était teinte. Cette couleur était probablement tirée du suc d'une espèce de lichen très-commun sur les rochers de l'île, et qui sert encore au même usage (2).

Amorgos fut comprise dans le duché des Sanudo, qui la munirent d'une bonne forteresse. Quand François Crispo eut traîtreusement assassiné Carcerio, les habitants d'Amorgos refusèrent de le reconnaître, et se défendirent dans la citadelle; mais ils furent obligés de capituler. Sous les Turcs cette île jouit d'une grande liberté; elle savait bien se défendre contre les pirates, qui redoutaient le courage et la hardiesse de ses habitants. « Ces insulaires, dit le P. Sauger, surpassent les Grecs de l'Archipel en beaucoup de choses. Ils sont plus grands de corps, plus hardis et plus courageux. Ils sont extrêmement unis, bien différents en cela des autres Grecs. S'il survient entre eux quelque démêlé, il y a dans le bourg trois vieillards qui sont comme les juges, et qui terminent sur-le-champ tous les procès, sans que personne ose en appeler à un autre tribunal... Il y a dans Amorgos, dit-il encore, deux choses curieuses à voir : la première est le monastère de Notre-Dame, la seconde l'urne de saint George, qui n'est guère moins fameuse dans tout l'Archipel que l'image de Schiro (3). » Ces deux merveilles d'Amorgos sont longuement décrites par Tournefort et le P. Sauger, qui les ont vues dans toute leur célébrité. Aujourd'hui tout cela est bien déchu : l'île entière n'a plus que 2,600 habitants et est devenue inculte et déserte dans sa plus grande partie.

---

(1) Dapper, p. 184; Tournef., I, 234; Le P. Sauger dit qu'elle n'a pas plus de cinquante milles de tour, p. 194.
(2) Raoul Rochette, *Col. Grecq.*, III, 151.

(1) Strab., X, éd.; Tauchn., II, 389.
(2) Tournef., *Voy. dans le Lev.*, I, 233.
(3) Voyez plus haut, p. 381; cf. P. Sauger, p. 195, et Tournefort, I, 235.

ÎLE D'ASTYPALÉE.

Cette île est située au sud-est d'Amorgos, à l'occident de l'île de Cos, dont elle est séparée par un bras de mer de sept lieues. Strabon la place à huit cents stades de Chalcia, et Pline à cent vingt-cinq milles de Cadistus, ville de Crète. Il lui donne quatre-vingt-huit milles de circonférence. Astypalée se compose de deux massifs de montagnes, réunis l'un à l'autre par un isthme très-étroit, qui à l'endroit où il l'est le plus n'a que cent soixante-trois pas de largeur (1). La mer, qui vient baigner les deux côtés de l'isthme, forme au nord et au sud deux baies profondes. La ville est située dans un renfoncement de la baie du sud, et voisine de la portion occidentale de l'île. Elle a conservé son ancien nom d'Astypalée, que les navigateurs italiens ont transformé en celui de Stampalie. Cette ville est surmontée d'une acropole que couronne un château du moyen âge. On y voit de nombreuses églises et chapelles, à la construction desquelles on a employé des débris d'édifices anciens. On y trouve beaucoup de fragments antiques et d'inscriptions (2).

Dès les premiers temps Astypalée fut occupée par les Phéniciens. D'antiques traditions, rapportées par Étienne de Byzance, font d'Astypalée la fille de Phénix, fils d'Agénor et frère de Cadmus. Astypalée eut de Neptune un fils appelé Ancée, qui devint roi des Lélèges, et qui fonda des colonies à Samos et en Asie Mineure (3). Ainsi, Astypalée était un des anneaux de cette chaîne d'établissements maritimes jetés par les Phéniciens sur la Méditerranée, depuis Cypre jusqu'à Gadès.

Plus tard les Cariens s'y établirent; et enfin elle reçut une colonie dorienne de Mégare. Sous ces différentes dominations, Astypalée changea plusieurs fois de nom; elle fut appelée tour à tour Pyrrha, Pylæa, et la Table des Dieux ou Θεῶν τράπεζα, parce qu'elle était couverte de fleurs, dit Étienne de Byzance. En effet, cette île est d'une grande fertilité. On y nourrit d'excellents chevaux, et on y fait une pêche considérable. Les escargots d'Astypalée étaient très-renommés chez les anciens. On s'en servait pour les maux de gorge, les maladies de l'estomac, l'hémoptysie et pour certaines maladies de femmes (1).

Astypalée n'a pas d'histoire particulière dans l'antiquité. Elle fut la patrie de l'athlète Cléomède. « C'était, dit Plutarque, un homme d'une taille et d'une force extraordinaires, mais sujet à des accès de démence et de fureur, pendant lesquels il s'était souvent porté à des actes de violence. Un jour il entra dans une école d'enfants, et rompit par le milieu, d'un coup de poing, la colonne qui soutenait le comble; le toit s'écroula, et tous les enfants furent écrasés. Cléomède voyant qu'on courait après lui, se jeta dans un grand coffre qu'il ferma, et dont il tint le couvercle si fortement que plusieurs personnes, en réunissant leurs efforts, ne purent venir à bout de l'arracher. Il fallut briser le coffre; mais on n'y trouva point l'homme, ni mort ni vif. L'étonnement fut extrême, et l'on envoya consulter l'oracle de Delphes. Voici ce que dit la pythie : *Cléomède d'Astypalée est le dernier des héros* (2). » On lui éleva des autels. Achille recevait aussi à Astypalée des honneurs divins.

Au moyen âge Astypalée, qui avait été ruinée par les ravages des Turcs, fut restaurée par un noble vénitien, Jean Quirini, qui s'y établit au commencement du quinzième siècle (3), et qui prit le titre de comte d'Astypalée, *comes Astineas*, comme le porte une inscription de 1413, qu'il fit graver sur la chapelle de son château-fort. Plus tard Astypalée fut conquise par les Turcs. Elle se souleva pendant la guerre de l'indépendance; mais elle fut rendue à la Porte par la conférence de Londres, qui fixa les limites du royaume grec. Elle fait partie du liva de Rhodes. C'est à Astypalée (1828) que périt l'héroïque Bisson, lieutenant de vaisseau de la marine française. Bisson avait été

---

(1) Ross, *Reisen.*, II, 56.
(2) Bœckh, *Inscr. Græcq.*, 2483-2500.
(3) Pausan., VII, 4, 1; Ross, p. 58; Raoul Rochette, *Col. Grecq.*, II, 227.

(1) Plin., VIII, 59, 2; XXX, 11, 1; 15, 22; 43, 3.
(2) Plutarq., *Rom.*, 28.
(3) Ross, *Inselr.*, p. 59.

chargé de commander un petit brick enlevé aux pirates que poursuivait l'escadre de l'amiral de Rigny. Il fut surpris sur ce petit bâtiment, et avec six hommes d'équipage seulement, dans le port de Maltesana à Astypalée, par deux trattes (longs bateaux), montés chacun par une cinquantaine de pirates. Bisson, après une défense désespérée, préféra se faire sauter avec son navire, plutôt que de tomber aux mains de ces brigands (1).

ÎLE D'ANAPHÉ.

Anaphé fut appelée d'abord Membliaros, du phénicien Membliarès, l'un des compagnons de Cadmus dans ses voyages entrepris pour rechercher sa sœur Europe. Anaphé fut donc, comme tant d'autres îles de l'Archipel, occupée primitivement par un établissement phénicien. Bochart fait même dériver ce nom d'Anaphé d'un mot phénicien qui signifie ombragé, obscur, à cause des forêts épaisses et touffues qui, au témoignage d'Apollonius, couvraient alors cette île, aujourd'hui toute pelée. Cependant les Grecs revendiquent pour leur langue l'étymologie de ce nom, et prétendent qu'Anaphé vient d'ἀναφαίνειν, comme Délos de δηλοῦν, parce que cette île s'était un jour subitement montrée, s'élevant du fond de la mer. De nos jours cette île s'appelle indistinctement Nanfio, ou Anaphi. Elle est située entre Astypalée et Théra, mais beaucoup plus rapprochée de cette dernière. C'est une des plus petites Cyclades; elle n'a que dix-huit milles de tour. Elle est sans port; mais elle a des sources abondantes, qui pourraient la féconder si elles étaient employées utilement. Comme Délos, Anaphé était consacrée à Apollon, qui y avait un temple, dont les restes subsistent encore. « Du côté de la marine, vers le sud, en allant à la chapelle de Notre-Dame du Roseau, on voit sur un petit tertre les ruines du temple d'Apollon Æglète, ou brillant de lumière. Strabon, qui parle de ce temple, ne dit pas à quelle occasion il fut bâti; c'est Conon de qui nous l'apprenons : suivant cet auteur, la flotte de Jason revenant de la Colchide fut battue d'une si furieuse tempête, qu'on eut recours aux prières et aux vœux. Apollon vint de fort bonne grâce au secours de tant de héros; la foudre, qui tomba du ciel, fit sortir du fond de la mer une île pour les recevoir. On y dressa un autel à Apollon, sauveur des Argonautes; ce dieu fut remercié parmi les verres et les pots; Médée et les dames de sa cour firent les honneurs de la fête; le vin et la joie leur inspirèrent de belles saillies, « et surtout, dit Conon, on ne manqua pas de railler les héros, sans doute sur la peur qu'ils n'avoient pu cacher dans la tempête. Les héros de leur côté n'étoient pas muets. Toute la nuit se passa en railleries piquantes. Je ne sais qui laissa par écrit cette histoire dans Anaphé. Mais Conon assure qu'après que cette île fut peuplée, les habitants en célébrèrent tous les ans l'anniversaire; on y sacrifioit à Apollon : le vin n'y étoit pas épargné, et, suivant l'esprit de l'institution, les plaisanteries n'y étoient pas non plus oubliées : les Grecs sont admirables pour s'escrimer à ces jeux d'esprit. Les ruines de ce temple consistent en quelques morceaux de colonnes de marbre qui en indiquent la situation; on y voit une belle architrave de même pierre, sur laquelle il y a eu une inscription fort longue: mais elle est si usée, qu'à peine connoit-on qu'il y ait eu des caractères sur ce marbre. On a bâti à quelques pas de là une chapelle des débris du temple; la carrière de marbre en est tout proche, du côté de la mer, au pied d'une des plus effroyables roches qui soit au monde, et sous laquelle est bâtie la chapelle de la Vierge. On voit aussi dans ce quartier les ruines d'un bel édifice de marbre, qui ne paroît pas de la première antiquité, mais du temps des ducs de Naxie (1). »

Nanfio est en effet une des îles qui firent partie du duché de l'Archipel. Jacques Crispo, douzième duc, la donna en apanage à son frère Guillaume, qui y fit bâtir la forteresse qu'on voit sur le rocher qui domine le bourg. Après la mort du petit duc Jean-Jacques, son

---

(1) L'abbé Pègues, *Histoire de Santorin*, p. 635.

(1) Tournefort, *Voyage du Levant*, I, p. 276.

neveu Guillaume devint duc de Naxie. Sa fille unique, Florence Crispo, resta dame de Nanfio, et l'île ne fut réunie au duché qu'après sa mort.

Sous les Turcs les Nanfiotes payaient en 1700 cinq cents écus pour toutes sortes de droits. Population pauvre et paresseuse, tout leur négoce consistait en oignons, en cire et en miel. Ils cultivaient assez de vignes et de blé pour leur consommation. Mais presque partout on ne voit que des chardons et des épines, sur une terre excellente de sa nature. On prétend que cette terre est mortelle aux reptiles. Pour du bois, dit Tournefort, je ne crois pas qu'il y en ait assez pour faire rôtir les perdrix que l'on y pourrait manger. On en détruit les œufs au printemps pour préserver la moisson. Malgré cette précaution, ces oiseaux y sont en prodigieuse quantité. La race en est ancienne. Elles sont venues d'Astypalée. S'il faut en croire Athénée, un habitant de cette île n'en porta qu'un couple à Anaphé; mais il multiplia si fort que les habitants faillirent en être chassés. C'est depuis ce temps-là peut-être qu'ils se sont avisés d'en casser les œufs. Au temps de la guerre de l'indépendance les insulaires d'Anaphé armèrent leurs caïques, et combattirent bravement contre les Turcs. Cette île fait aujourd'hui partie du royaume de Grèce, dont elle est un des points les plus éloignés.

ÎLE DE THÉRA OU SANTORIN (1).

« Le premier aspect de cette île de Santorin est effrayant. Vous êtes au centre du vaste cratère d'un volcan, dont la mer a ébréché les bords par intervalles pour se précipiter dans cet abîme sans fond. Autour de vous s'élève une noire couronne de falaises escarpées, entièrement rompues en trois endroits, qui forment la circonférence de ce cratère immense, d'une lieue et demie au moins de diamètre. Et au milieu de ce lac infernal s'entassent en désordre quelques montagnes de lave, un pêle-mêle de roches de basalte et de trachyte, que les derniers efforts du volcan ont soulevées au-dessus des eaux, et qui sont comme les soupiraux encore mal éteints de la fournaise.

« Cette île, ainsi déchirée, fut pourtant dans les temps les plus anciens appelée la Belle (Καλλίστη); on la nommait aussi l'île Ronde (Στρογγυλή), ce qui ferait croire que la catastrophe qui la brisa ainsi en plusieurs îlots, et en abîma le centre sous les eaux, fut postérieure à l'établissement des premières colonies phéniciennes. A quelque époque, du reste, que soit arrivée cette première révolution, il est facile aujourd'hui, à la vue des flancs déchirés de ces falaises, de retrouver toute l'histoire de cette île volcanique dans ces anciens âges mêmes dont les hommes n'ont conservé aucun souvenir.

« A une époque antérieure à toute histoire, alors que brûlait dans toute son activité cette grande chaîne de volcans, qui depuis l'Auvergne et le Vivarais se prolonge le long des Apennins à travers toute l'Europe méridionale et la Méditerranée, et dont les îles de Milo et de Santorin furent sans doute le dernier enfantement, un cratère, s'élevant du fond de la mer au centre même de ce grand bassin que forment aujourd'hui les îles de Théra et de Thérasia, éclata au-dessus des eaux, et commença sa tâche infernale. Il vomit d'abord des masses considérables de laves et de cendres, dont les couches, en se répandant autour de sa bouche, se superposaient régulièrement les unes sur les autres, et il forma ainsi une grande île circulaire, dont la périphérie s'élevait par une pente douce au-dessus de la mer, et montait vers le cratère en formant une sorte de dôme d'au moins 700 mètres de haut. Le dernier effort du Titan fut de rejeter une pluie monstrueuse de cendres et de pierres ponces, qui recouvrit toute la surface de l'île d'une couche blanchâtre, dont l'épaisseur varie de 7 à 13 mètres environ. Alors le travail de la

---

(1) Toute la partie descriptive de cet article sur Santorin est empruntée *aux Fragments d'un Voyage dans l'Archipel*, publiés par mon confrère et ami, M. Ch. Benoit, dans les *Archives des Missions Scientifiques*, novembre 1850. Voyez pour l'histoire et la statistique de Santorin : l'abbé Pègues, *Histoire et phénomènes du Volcan et des îles volcaniques de Santorin*, in-8°, 1842; De Cigalla, Γενική στατιστική τῆς νήσου Θήρας, in-8°. Ἐν Ἑρμουπόλει, 1850.

création fut achevé : le volcan put rentrer dans son repos. Il suffisait désormais de l'air et de la pluie du ciel pour faire de ces débris volcaniques une terre fertile, propre à recevoir les hommes et à subir la culture.

« C'est alors que le Phénicien Cadmus, qui courait les mers à la recherche d'Europe, sa sœur, charmé par la beauté de cette île, y fonda une première ville, dont il laissa le gouvernement à Membliarès, son parent, pour poursuivre sa route vers la Béotie. Mais ce dôme volcanique était miné. Voilà que tout d'un coup le cratère même s'effondre, entraînant avec lui dans l'abîme tout le centre de l'île, et ne laissant plus que des rebords ébréchés, tels qu'on les voit encore aujourd'hui. Du côté de l'orient, et sur les deux tiers presque de la circonférence, s'étend l'île principale de Théra, qui forme comme un grand croissant; au nord-ouest est l'île de Thérasia; au sud-ouest, et entre les deux, la petite île d'Aspronisi. Au milieu de ces débris de l'ancienne Calliste, la mer forme depuis ce temps un vaste canal, large de plus d'une lieue, qui se dirige du nord au sud-ouest entre d'affreux escarpements, et semé seulement au centre de quelques noirs îlots d'une époque postérieure.

« Je ne fais point là une téméraire conjecture sur les anciennes révolutions de cette île : on y retrouve en effet les traces encore toutes fraîches de sa terrible histoire, telles qu'on les aurait pu voir au lendemain de la catastrophe. Que du centre de ce bassin on regarde avec attention de part et d'autre cette déchirure circulaire, ces falaises de Théra, de Thérasia et d'Aspronisi, qui se dressent perpendiculairement à plus de 200 mètres encore au-dessus du gouffre, et l'on reconnaîtra des deux côtés dans les flancs déchirés de ces îles une entière symétrie de couches horizontales de diverses couleurs, rouges, grises, verdâtres, noires, jaunâtres et blanches, qui se correspondent à une même hauteur et dans un ordre semblable. On ne peut douter en voyant ainsi à nu ces stratifications régulières, qu'elles n'aient formé une seule île dans l'origine. — Les premiers habitants avaient sans doute péri dans cette épouvantable ruine. Une seconde colonie, 360 ans environ après la première, vint de Lacédémone s'établir à son tour dans cette île, sous la conduite de Théras, un descendant de Cadmus. Théras, après avoir régné à Sparte au nom des enfants de sa sœur, dont il était le tuteur, quand il fallut leur remettre la royauté, quitta le pays, et, à la tête de quelques aventuriers de Sparte et des exilés minyens depuis longtemps déjà établis en Laconie, il alla chercher fortune ailleurs. Il s'arrêta dans l'île de Calliste, bien déchue alors de sa première beauté, et y bâtit une ville, à laquelle il donna son nom. Calliste s'appela désormais Théra (Θήρα), ou le *Monstre sauvage*, nom qui lui convenait bien mieux depuis sa dernière catastrophe, et qu'elle conserva jusqu'à la fin du troisième siècle. Car c'est seulement alors que l'île, devenue chrétienne, prit le nom de *Sainte-Irène*, sa patronne, lequel, en se corrompant, est devenu plus tard *Santorin*.

« Mais depuis la résurrection de la Grèce, l'administration s'est montrée justement jalouse de restituer aux villes relevées leurs anciens noms. Quand on a en effet une telle histoire, on ne saurait trop faire pour en ranimer et en consacrer les grands souvenirs. C'est ainsi qu'on a relevé une ville de Sparte au pied du Taygète; et qu'on en a fait le chef-lieu de la nomarchie de la Laconie, afin qu'un tel nom ne disparût pas de la carte de la Grèce. Pareillement, comme on ne pouvait changer le nom de Santorin, on rendit du moins à la ville principale de l'île son nom antique de Thira, ou Phira (Φηρά) avec l'altération éolienne.

« Cette ville est située au centre intérieur du croissant, au bord de la falaise, où elle se tient suspendue comme des nids d'hirondelles au sommet d'un mur. De petites maisons blanches, et bâties en dômes ou en terrasses, semblent se soutenir en étage les unes sur les autres, et en s'accrochant aux moindres saillies des rochers, courent le long de la crête avec une effrayante hardiesse. On dirait que la ville, en se pressant au bord de l'abîme, craint de rien dérober à la culture de ces champs d'une merveilleuse fertilité, qui du bord de la falaise descendent en pente douce du côté de l'orient jusqu'à la mer.

« Les bâtiments ne peuvent mouiller au pied de cette falaise, que couronne Phira; car à quelques pieds du roc où l'on débarque commence une mer sans fond. On n'y arrive qu'en canot. Au bas de ce mur de rochers on ne trouve qu'un quai étroit de béton rompu par la lame, qui y déferle toujours avec violence, et quelques huttes voûtées en forme de tombeaux qui s'enfoncent autant que possible sous les excavations de la montagne, pour s'abriter contre les avalanches de roches que les orages détachent parfois de la couche friable de cendres où elles étaient enchâssées. Une rampe étroite, taillée dans le flanc vertical de la falaise, grimpe en zigzag jusqu'à la ville. De là, quand le temps est sombre et que le vent du sud-ouest soulève dans l'abîme sur lequel on est suspendu des vagues noires et bordées d'écume, c'est un spectacle à donner le vertige. Assurément il y a dû avoir en tout temps de terribles légendes sur les divinités souterraines de ces lieux.

« Les écueils vomis du fond du gouffre où s'était jadis abîmé le centre de l'île, dans les convulsions postérieures du volcan, sont de différentes époques, relativement fort récentes. La dernière même de ces petites îles, et de beaucoup la plus considérable, n'a commencé à apparaître qu'en 1707 : on la nomme la *Nouvelle* ou encore la *Grande Ile brûlée* (Νέα ou Μεγάλη Καυμένη); elle est au milieu du groupe. Au sud-ouest de celle-là s'étend la *Vieille île brûlée* (Παλαιὰ Καυμένη), dont l'origine remonte au second siècle avant l'ère chrétienne. Enfin la *Petite Ile brûlée* (Μικρὰ Καυμένη), située au nord-est de la grande, date du commencement de l'empire romain. Les catastrophes qui ont accompagné la formation de ces écueils sont nettement décrites dans les histoires contemporaines.

« Strabon mentionne l'éruption de la *Palæa-Caïmeni*, qu'on s'accorde à fixer à l'année où Philippe III, roi de Macédoine, entamait avec Rome des négociations pour la paix (Ol. CXLV, 4; 197 av. J. C.). « Entre Théra et Thérasia, dit-il, des flammes commencèrent pendant quatre jours à jaillir du fond de l'abîme : toute la mer était en feu. Au milieu de cet embrasement, une île formée de blocs de lave montait peu à peu, comme soulevée par une machine : elle avait douze stades de circuit. Quand cet enfantement terrible eut cessé, les Rhodiens, les premiers, qui étaient alors les maîtres de la mer, osèrent approcher de ce nouvel écueil et y élever une chapelle à *Poseidon Asphaleios* [1]. » Cette île fut nommée *l'île Sainte*, Ἱερά, à cause de sa mystérieuse origine. J'y cherchais inutilement quelques vestiges du temple élevé par les Rhodiens, je ne trouvais plus (à la même place sans doute) qu'une misérable chapelle de Saint-Nicolas, qui sert actuellement de quarantaine.

« Deux siècles et demi plus tard (46 ap. J. C.), sous le règne de Claude, une second île de trachyte, la *Micra Caïmeni*, dans une nouvelle convulsion du volcan, monte à son tour sur la mer à deux mille mètres environ au nord-est de la première; on l'a nommée l'*île Divine* (Θεία). Dans les temps qui suivirent, le volcan continua à agiter l'île entière, tantôt soulevant quelque nouvelle montagne de lave, qui s'ajoute aux écueils déjà formés, tantôt abîmant dans la mer des plages de l'île jadis bâties, maintenant submergées. Mais ces mouvements n'ont laissé dans les souvenirs que des traces obscures. Seulement, on sait que sous le règne de Léon l'Isaurien, en 726, la plus ancienne des deux îles, l'Hiéra, reçut de notables accroissements, encore reconnaissables aujourd'hui : c'est un énorme cône formé de blocs de trachyte, qui s'élève au nord-est de l'îlot. Dès lors le Titan s'est-il rendormi, pour ne se plus réveiller que sept cents ans plus tard? ou y eut-il dans cet intervalle mal connu de nouvelles secousses? On ne sait. Jusqu'au milieu du quinzième siècle, on n'en trouve plus aucune mention dans l'histoire.

« Mais de ce moment les phénomènes volcaniques se multiplient autour de Santorin. C'est, en 1457 (25 nov.) un tremblement de terre qui agite l'une des Caïmènes, la soulève encore au-dessus de la mer, et en détache d'énormes blocs, qui retombent dans l'abîme; c'est, en 1570, un abaissement subit de la côte méridionale de l'île, qui submerge les ruines d'Eleusis; c'est, en 1573, une

---

(1) Strabon, I, 8, p. 91.

courte éruption qui agrandit le cône de soulèvement que l'on voit encore au sud de la *Micra Caïmeni*.

« Mais les deux plus mémorables éruptions des temps modernes sont celles de 1650 et de 1707. Dans la première, on eût dit que le volcan cherchait à s'ouvrir un cratère loin de son foyer ordinaire. Après plusieurs jours de tremblements de terre (16 sept.), on vit en dehors du golfe, entre le cap Coloumbos, situé au nord-est de l'île de Nio et d'Amorgopoulo, monter à la surface de la mer un îlot nouveau, formé de ponces toutes blanches. Ce laborieux soulèvement fut suivi longtemps encore de secousses violentes, d'explosions de flammes, de tempêtes. La mer envahit avec fureur les plages basses situées à l'est de Santorin, et y dispersa entièrement les ruines antiques de Périssa et de Camari, qu'on n'avait pas encore reconnues. Enfin, après quelques mois, ces convulsions s'apaisèrent; mais l'île nouvelle avait disparu, ne laissant d'autres traces qu'une immense quantité de ponces, que les vents balayèrent par tout l'Archipel. Le Titan, après cet avortement, se reposa encore pour un demi-siècle; mais ce fut pour éclater bientôt plus terrible et plus puissant que jamais. Le 23 mai 1707, un nouveau cratère s'ouvrant soudain sur la mer, vis-à-vis du cratère éteint de la *Micra Caïmeni*, se mit pendant un an sans relâche des torrents de fumée, de flammes, de cendres, de pierres rouges, qui retombaient dans la mer à plus d'une demi-lieue de là. L'île entière de Santorin chancelait dans ses fondements; la terre tremblait avec d'effrayantes détonations; la mer était furieuse : c'était une scène de la fin du monde : on mourait de frayeur. Cela dura un an; à partir de l'année suivante, les explosions devinrent plus rares. Une dernière éruption éclata encore, le 14 septembre 1711; mais c'était le suprême effort de cet enfantement volcanique. Une nouvelle île de laves plus considérable que toutes les autres, venait de sortir de la mer, toute fumante encore. C'était la *Megali Caïmeni*. On constata, après l'éruption, que l'île entière de Santorin s'était abaissée; mais les falaises surtout sur lesquelles la ville de Phira est bâtie descendirent de plusieurs mètres, comme l'attestent encore des réduits qu'on avait creusés dans le tuf à cinq ou six pieds au-dessus du niveau de l'eau, pour servir de magasins, lesquels, à demi noyés aujourd'hui, ne servent plus qu'à remiser les barques des pêcheurs. On a aussi remarqué que depuis cette époque l'île de Milo, si fertile encore et si populeuse au temps où Tournefort la visitait, commença à être empoisonnée par ces vapeurs sulfureuses qui en rendent aujourd'hui le climat malsain et le sol ingrat.

« Maintenant le volcan semble éteint sous les fournaises des îles brûlées. Peut-être cependant ne fait-il que sommeiller encore. Peut-être ces dômes de noir basalte s'entr'ouvriront-ils pour des éruptions nouvelles? Ou peut-être est-ce quelque nouvel îlot qui viendra éclater sur la mer. Au-devant de la Petite *Caïmeni*, les pêcheurs ont observé un plateau de rochers, encore noyé sous les eaux, qui monte d'année en année. La sonde donnait encore trente mètres pour le point le plus élevé de cet écueil, au commencement du siècle : le sommet n'était plus qu'à huit mètres de profondeur en 1830, qu'à cinq mètres en 1834. Il semble que depuis ce temps le soulèvement se soit ralenti. On remarque aussi, au sud-est de la *Megali Caïmeni*, une grande tache jaunâtre qui se prolonge au loin sur le sombre azur de la mer; c'est une source d'eau ferrugineuse très-puissante, qui jouit d'une propriété singulière. Tout bâtiment qui vient mouiller pendant quelques jours dans ces eaux, en sort tout brillant, avec son doublage entièrement nettoyé de la rouille qui le salissait. On dit aussi, dans le pays, que cette source est comme l'évent ou la soupape de sûreté du volcan, et que toutes les fois que la tache jaune disparaît sur la mer, il faut s'attendre à quelque tremblement de terre. »

Si l'on détourne son regard du spectacle sublime et horrible à la fois qu'offre le golfe de Santorin, pour le diriger vers la surface même de l'île, cette nouvelle perspective forme avec l'autre un contraste extraordinaire, qui produit la plus agréable surprise. La vue, récréée à l'instant, s'élance avec plaisir sur les champs de vignes qui se développent en pente douce, pendant l'espace de plusieurs milles, depuis les bords du précipice, que l'on contemple d'un côté avec effroi, jusqu'à l'autre rivage, que borde une mer parsemée d'îles brillantes, et sur laquelle l'œil se repose dans une douce contemplation. Mais c'est surtout du mont Saint-Élie, au sud de l'île, que le point de vue est le plus magnifique. Cette montagne a environ sept cents mètres de hauteur. A l'extrémité de sa croupe, le Saint-Élie se divise pour projeter à l'est le promontoire Saint-Étienne, et au sud-ouest celui d'Exomytis. Entre le cap Saint-Étienne et le mont Saint-Élie est le Messavouno, sur lequel se trouvent les ruines de l'ancienne cité de Théra. A l'ouest s'élance le mont Acrotiri; au nord s'élèvent les monts Mérovigli et Kokkino-Vouno. Ces montagnes dominent quatre belles et fertiles plaines, couvertes de vignobles, que l'on appelle la plaine de Messa, celle de Mégalochorio, celle d'Emporion, et celle d'Épanomérie.

La terre de Santorin est d'une nature toute particulière : « Presque partout le sol est formé d'un tuf épais de ponces assez dur à entamer. On croirait d'abord que cette terre ne saurait jamais rien produire; mais quand on l'a péniblement défrichée, elle devient cendreuse, légère et excellente pour la vigne. C'est que ces pierres spongieuses au temps même des plus grandes sécheresses conservent encore à un décimètre de profondeur une certaine humidité suffisante pour les petites plantes. Point de haute végétation sans doute ; je n'ai vu partout que des arbres chétifs et rabougris, excepté à la ville pourtant, où l'on trouve quelques beaux oliviers, des figuiers et des cyprès, qui n'y grandissent qu'à force de soins. Mais en pleine terre, la vigne, l'orge, le coton, viennent à merveille. Cependant la culture du coton et de l'orge diminue chaque année : c'est la vigne qui envahit tout. A peine aujourd'hui récolte-t-on assez de coton pour la consommation de l'île, et assez d'orge pour nourrir seulement le quart de la population. Hors le vin, tout manque donc à Santorin; il faut tout acheter des îles voisines : habits, chaussures, bétail, froment, charbon, lin, fer, planches, bois de construction pour les navires et les tonneaux, tout vient du dehors. Parfois même, dans les temps de sécheresse, quand les citernes sont épuisées et que les deux uniques sources qu'on trouve dans l'île, cachées sous un repli schisteux du Mesa-Vouno, sont taries, il faut aller chercher de l'eau douce à Nio et à Amorgos. La vigne fait donc l'unique richesse de l'île : aussi l'y cultive-t-on avec le plus grand soin. Les ceps sont plantés en quinconce à huit pieds les uns des autres, afin qu'ils puissent étendre leurs racines à leur aise dans ce sol léger. Quelques-unes de ces souches ont plus de deux cents ans, et sont encore pleines de vigueur. On coupe les branches près du tronc chaque année, et l'on ramène les nouvelles pousses à l'entour en forme d'entonnoir. En même temps que cela empêche le cep de s'épuiser en jets inutiles, cela permet de semer dans l'intervalle des pieds un peu d'orge, qu'on coupe à la fin d'avril, pour en nourrir les bêtes de somme. — On distingue ici plus de soixante espèces de raisins. L'espèce dominante est l'*assyrticon*, gros raisin noir, dont on fait le vin ordinaire. Ce vin, fort estimé en Russie, et trop peu connu, à mon avis, en Occident, ressemble assez à nos bons crus du Rhin, ou encore au madère, avec un léger arrière-goût de soufre. Mais rien surtout n'est comparable, comme vin de dessert, au *vino santo* blanc ou rouge de Santorin : il se fait avec un raisin nommé *mavro tragano*, qu'on laisse exposé pendant quinze jours au soleil sur les terrasses des maisons avant de le porter au pressoir. Au bout d'un an, c'est une liqueur exquise, mais capiteuse, qui surpasse les meilleurs malvoisies de l'Archipel, et même le muscat de Samos (1). » C'est principalement aux Russes que se vendent les vins de Santorin. Il s'en débite pour cinq cent mille drachmes dans le seul port de Taganrok, au fond de la mer d'Asof. Une quarantaine de bricks, une soixantaine de goëlettes sont occupées annuellement pour l'exportation de cette denrée, qui entretient la prospérité de la marine marchande de ces insulaires.

(1) M. Ch. Benoit, *Archives des Missions*, I, 616

ILE DE CHYPRE.

Couvent de Saint-Jean.

On voit que Santorin est restée ce qu'elle était autrefois, une des îles les plus prospères du groupe des Cyclades. On ne connaît que les noms de trois de ses anciennes cités ; ce sont celles de Théra, d'Éleusis, et d'Œa. Théra était située sur la pente de Mesa-Vouno (1). « On trouve sur cette montagne, écrivait encore le P. Richard au dix-septième siècle, les ruines d'une belle et ancienne ville. C'est un prodige de voir la grandeur des pierres dont les murailles sont bâties. Parmi ces ruines se sont trouvées de belles colonnes de marbre tout entières et de riches sépulcres, mais surtout quatre tombeaux qui ne le céderaient en rien à ceux de nos rois. Plusieurs statues taillées à la romaine gisent sur le sol, etc. » Les gens du pays parlent encore des innombrables marbres qu'on a enlevés de ces lieux au siècle dernier, statues, bas-reliefs, autels, tombeaux, fragments de corniches, colonnes entières : on en remplissait des vaisseaux. Pendant la guerre de 1770, qui rendit un moment les Russes maîtres de l'Archipel, des officiers de cette nation firent à leur tour des fouilles assez heureuses, et emportèrent sur leurs vaisseaux une prodigieuse quantité de marbres, de bas-reliefs, d'inscriptions (2). M. Fauvel, qui

(1) De Cigalla, p. 41 ; l'abbé Pègues, p. 13.

(2) Malgré toutes ces dévastations, on pourrait faire encore à Santorin des fouilles très-productives. On y trouve des ruines de tous côtés. Il y a quelques années, M. Alby, qui exerce héréditairement dans cette île, comme les Brest à Milo, la charge d'agent consulaire de la France, a trouvé dans un de ses champs une belle statue de femme drapée à la grecque, et très-bien conservée. On l'a appelée la Muse de Santorin, comme on dit la Vénus de Milo. Il me semble avoir entendu dire à M. Alby lui-même que c'était M. Raoul Rochette qui avait ainsi nommé sa statue, et fait ce rapprochement si glorieux pour elle et probablement un peu flatteur. Au reste, la muse de Santorin peut être belle sans l'être autant que la Vénus de Milo ; elle pourrait ne pas soutenir la comparaison, et être digne de contribuer à l'ornement d'un musée. Mais les lois grecques interdisent formellement l'exportation des antiques, et il faut renoncer à l'espérance de cette nouvelle conquête.

fut longtemps consul de France à Athènes, sut encore, après tant d'autres, recueillir ici quelques beaux morceaux de sculpture, et entre autres une mère qui allaite son enfant, sujet touchant trouvé dans un tombeau. Mais on peut penser si après tant de fouilles, le sol est bouleversé de fond en comble. Ce n'est plus qu'un tas de décombres, parmi lesquels on retrouve çà et là quelque fût de colonne brisée, un bout de chapiteau ou de statue presque méconnaissable, partout aussi des fondations de quelques petites maisons aujourd'hui rasées jusqu'au niveau du sol, et qui ne laissent plus voir que leurs citernes défoncées, au fond desquelles un myrte ou un figuier croît par aventure. Quelques endroits même sont labourés et semés d'orge (1). La nécropole de Théra, dont les tombeaux sont creusés dans le roc, comme ceux de l'Égypte, comme ceux de Cyrène, colonie des Théréens, est signalée par M. Ross comme très-importante pour l'histoire de l'architecture. On a trouvé dans ces ruines de nombreuses inscriptions, mais presque toutes de l'époque des Césars. La ville d'Œa, qui occupait l'emplacement de Camari, celle d'Éleusis, qui était au pied de l'Exomiti, sont aujourd'hui submergées. On trouve encore deux villes abîmées dans la plaine de Périssa, une autre en ruine au cap Couloumbo, et une septième cité à moitié engloutie à l'extrémité septentrionale de Thérasia.

Dès les temps héroïques Théra était devenue une cité assez florissante pour fonder à son tour des colonies, et entre autres la ville de Cyrène, tant célébrée dans les Pythiques de Pindare. Médée s'arrêtant à Théra en avait prédit la future grandeur : « Écoutez-moi, avait-elle dit, enfants des héros et des dieux ; apprenez qu'un jour de cette terre battue des flots sortira la fille d'Épaphus, qui ira jeter les racines d'une cité chère aux mortels non loin du temple de Jupiter Ammon. Au lieu des dauphins aux rapides nageoires, ses habitants lanceront des cavales légères ; au lieu de rames ils manieront le frein, et au lieu de vaisseaux ils conduiront des chars aussi vite que la tempête. Cette faveur du des-

(1) *Archives des Missions*, I, 618.

tin finira par rendre Théra la mère de plusieurs grandes cités, etc. (1). » La prédiction de Médée se réalisa. Grynus, fils d'Æsanius, roi de Théra, et dix-septième descendant de Théras, alla consulter l'oracle de Delphes, accompagné de Battus, fils de Polymneste, descendant des Minyens. La Pythie déclara qu'il fallait envoyer une colonie en Libye, et Battus fut désigné pour la conduire. Mais on ne savait pas le chemin de la Lybie, et cet ordre fut négligé. Bientôt la sécheresse désola Théra, et ramena Grynus aux pieds de l'oracle, qui donna les mêmes instructions. Alors on s'informa de la position de la Libye, et un teinturier en pourpre d'Itanos, ville de Crète, appelé Corobius, se chargea d'en montrer le chemin à l'émigration, qui partit sous le commandement de Battus. C'est dans Hérodote qu'il faut lire les détails de cette histoire, et toute la merveilleuse légende relative à l'enfance de Battus (2), fondateur de la florissante cité de Cyrène, 631 avant J.-C. Quelle fut la fortune de Théra dans les temps qui suivirent? On l'ignore à peu près. Il paraît qu'elle consentit, comme les autres Cyclades, à faire hommage au roi des Perses, puisque Hérodote ne la range pas parmi celles qui osèrent se dérober à cette humiliation. Mais n'ayant pas voulu reconnaître la suprématie d'Athènes, elle resta fidèle à Sparte, sa métropole, et on ne voit pas que cette résistance de Théra ait attiré sur elle comme sur Mélos, le courroux des Athéniens (3). Plus tard Théra fut réunie à l'empire romain (4), puis elle passa aux Grecs, qui la gardèrent jusqu'à la quatrième croisade.

Santorin fit partie du duché de Naxie. Mais Jean Crispo, qui en fut le douzième duc, la céda au prince Nicolas, son frère, que l'on appela le seigneur de Santorin. Elle fit retour au duché après la mort de Guillaume Crispo, quinzième duc, lequel par son testament nomma pour successeur le seigneur de Santorin, son neveu. Elle fut ensuite engagée au seigneur de Nio par Jacques Crispo, dix-septième duc de l'Archipel, qui fut obligé d'emprunter des sommes excessives pour soutenir la guerre contre Mahomet II, dans cette fameuse ligue où il était entré avec les Vénitiens et le roi de Perse. Enfin, Santorin se rendit à Barberousse, sous Soliman II (1537). Les principaux catholiques, la noblesse de l'île, continuèrent à habiter dans le Castro de Scaurus ou Scaro, ancienne résidence des seigneurs de l'île. Ce château, dont on attribue la construction à un sénateur romain exilé, occupait la pointe d'un promontoire qui se détache de l'escarpe affreuse qui environne le golfe, et il semble suspendu sur l'abîme qui l'entoure à moitié. C'est là aussi que s'établirent les jésuites en 1462, appelés par l'évêque Sophiano, qui leur donna la place de la chapelle ducale pour y bâtir une église. Mais depuis la révolution tous les habitants de Scaro se sont transportés à Phira. Aujourd'hui Scaro n'offre plus que des ruines, et le plateau qui le supporte, ébranlé par les tremblements de terre, semble lui-même sur le point de disparaître dans l'abîme. Pyrgos, Acrotiri, Épanomérie, anciennes villes fortifiées comme Scaro, sont habitées encore; mais on ne peut décider non plus d'une manière certaine si leur fondation remonte à l'antiquité.

Les Turcs se montrèrent toujours modérés envers les habitants de Santorin, si ce n'est en temps de guerre avec les chrétiens, et surtout avec Venise, qui fit plusieurs tentatives pour reprendre cette île (1).

A part ces moments de crise, où les Turcs devenaient exigeants et rigoureux, par précaution et par défiance, Santorin jouissait d'une entière liberté civile et religieuse. On n'y payait en tout que la somme de quatre mille piastres, qui, selon la valeur de notre monnaie, pouvait valoir à cette époque une vingtaine ou une trentaine de mille francs. Si le chiffre augmenta ensuite quant aux espèces, il ne fit que représenter toujours la somme primitive quant à la valeur intrinsèque. Aussi Santorin eut de la peine

---

(1) Pind., *Pyth.*, IV.
(2) Hérodote, IV, 150, 159.
(3) Diod. Sicul., XII, 42, 5.
(4) La plupart des inscriptions et des médailles de Santorin datent du temps des empereurs. Voyez l'abbé Pègues, p. 90 et suiv.; Bœkh., *Inscr. Grecq.*, II, 2448-2476.

(1) L'abbé Pègues, p. 597.

à prendre part à l'insurrection contre les Turcs. Les catholiques y formaient alors le tiers de la population. Satisfaits de la tolérance des Turcs, ils redoutaient plutôt qu'ils ne désiraient de voir le triomphe de la cause hellénique. Chose singulière! autrefois les Grecs, en haine des Latins, qui les dominaient, s'étaient jetés d'eux-mêmes dans la servitude, en contribuant presque partout à favoriser les progrès des Turcs. Aujourd'hui c'étaient les Latins qui aimaient mieux rester soumis à la Porte que de voir les Grecs s'affranchir et rétablir leur suprématie. Mais la population grecque s'était prononcée ; et les catholiques se soumirent par crainte des violences dont ils commençaient à être victimes. Aujourd'hui Santorin fait partie du royaume grec. Elle forme avec Nio, Amorgos et Anaphé une éparchie dont Phira est le chef-lieu. D'après la nouvelle division administrative établie par le gouvernement grec, Santorin a été distribuée en quatre démarchies, qui comprennent quinze villes ou villages. La première démarchie est celle de Théra, au centre; la seconde celle de Calliste, au sud; la troisième celle d'Emporion, au sud-ouest; la quatrième celle d'OEa, au nord.

« Chaque démarchie, sous un seul gouverneur, représente à peu près ce que sont nos communes en France, avec un démarque, δήμαρχος, assisté d'un conseil municipal ; il est comme nos maires, mais avec des attributions un peu plus étendues. Il y a encore un conseil général, où toutes les démarchies envoient des membres municipaux, choisis par le peuple dans une assemblée des plus imposés de la commune. Ce conseil délibère sur toutes les affaires qui intéressent l'île entière; alors le démarque de Théra en est, après le gouverneur, le premier membre, et en son absence président de droit. Les autres autorités de l'île sont : un receveur général, εἰσπράκτωρ; un receveur de contributions, ἔφορος, pour toutes les démarchies; un juge de paix, εἰρηνοδίκης ; un receveur de douanes, τελώνης; un brigadier de gendarmerie, πολιτάρχης, avec quatre gendarmes, χωροφύλακοι; enfin un commissaire de police, ἀστύνομος, dont les attributions sont quelquefois confondues avec celles du maire de Théra, qui punit et réprime certains délits. Tout Grec de nation, comme aussi tout étranger naturalisé, peut être admis, sans distinction de rang ou de religion, à toutes les fonctions publiques. Les catholiques nés en Grèce sont tous regardés comme sujets grecs. Les lettres de naturalisation s'obtiennent après trois ou quatre ans de résidence dans le pays, et chaque commune peut les accorder (1). » L'île de Santorin possède aujourd'hui une population de 13,072 habitants (2). On n'y compte plus que 683 catholiques, résidant presque tous à Phira, ainsi que l'évêque et son chapitre. La nouvelle cathédrale latine a été consacrée en 1825, sous l'invocation de Saint-Jean-Baptiste. Le chapitre se compose de sept chanoines. Il y a dans cette ville trois maisons religieuses : celle des missionnaires lazaristes, celle des Dames de Saint-Dominique et celle des Sœurs de la Charité, établie en 1841 pour l'éducation des jeunes filles, pour le soin et le soulagement des pauvres et des malades.

Cette maison de Saint-Lazare établie à Phira est vraiment la providence des pauvres du pays : grecs ou catholiques, les sœurs trouvent le moyen de soulager tous les nécessiteux, sans acception de croyances. Une pharmacie parfaitement montée est attachée à l'établissement; une jeune sœur fort instruite y distribue les remèdes gratuitement, panse chaque jour tous les infirmes qui s'y présentent, et va chez les malades prodiguer ses soins avec ses consolations.

« C'est un grand plaisir, dit M. Ch. Benoît, de visiter en détail cet établissement, où sont réunies une soixantaine de jeunes filles appartenant aux meilleures familles catholiques de la Grèce continentale et des îles ; salles d'études, classes, ouvroirs, dortoirs, y sont tenus avec un ordre et une propreté exquis : partout un air d'aisance, de simplicité élégante, de bonheur, qui charme. Ces petites filles, en même temps qu'elles y apprennent tout ce qui fait une solide éducation, viennent se former ici, sous la direction de nos sœurs, à des habitudes de pro-

(1) L'abbé Pègues, *Histoire de Santorin*, p. 302.
(2) De Cigalla, p. 46.

preté, d'économie, de travail, qu'elles porteront un jour dans leurs ménages. Toutes parlent un peu le français; quelques-unes commencent à l'écrire assez bien. On se croirait presque en France dans cette maison de Santorin. Du reste, catholiques ou grecs, tous vivent en bonne intelligence, animés des mêmes sentiments de foi vive et de piété sincère, et le zèle religieux qui éclate ailleurs en un fanatisme intolérant tourne ici en charité fraternelle. C'est que ces insulaires comprennent qu'ils sont placés immédiatement sous la main de Dieu, dont la colère s'est tant de fois appesantie sur la population de cette roche volcanique, encore agitée aujourd'hui de commotions souterraines. Ils entendent chaque jour cette terrible leçon, et ils en sont toujours touchés; nulle part en Grèce on n'est plus grave et plus religieux que dans cette île. Aussi la prière reste en honneur chez ce peuple, parce qu'il croit, et cette croyance est de la vraie science, que c'est la prière qui désarme la colère de Dieu, et qui retient depuis cent quarante ans le volcan enchaîné (1). »

Au sud-ouest de Santorin est la petite île appelée Christiane, que les anciens nommaient Ascania.

(1) *Archives des Missions*, t. I, p. 622.

ILES DU GOLFE SARONIQUE.

La mer de Myrtos en s'enfonçant entre l'Attique et le Péloponnèse forme le golfe Saronique, aujourd'hui golfe d'Égine ou d'Athènes, ainsi nommé, dit-on, de Saron, roi de Trézène, qui s'y serait noyé. Ce golfe commence au cap Sunium, baigne les côtes de l'Attique, de la Mégaride, de la Corinthie, et de l'Argolide, et se termine au cap Scyllœum (Skylli), à la pointe de la Trézénie. Le golfe Saronique fut autrefois le centre de la plus grande activité commerciale; Corinthe, Égine, Athènes y avaient leurs ports, se le disputèrent et y dominèrent tour à tour. Comme toutes les mers grecques, celle-ci est parsemée d'îles nombreuses; mais à part deux d'une certaine étendue, Égine et Salamine, dont la première a seule une véritable importance historique, les autres ne sont que des rochers ou des îlots dont nous n'aurons à indiquer que la position et les noms.

BELBINA. — Lorsque l'on quitte la mer des Cyclades pour se diriger vers Athènes, on trouve en pleine mer, à quelques lieues au sud du cap Sunium et à l'ouest des îles de Céos et de Cythnos, une île haute et passablement longue, que les anciens avaient appelée Belbina. Elle est désignée dans les cartes modernes sous le nom de Saint-Georges d'Arbora. Les vieilles cartes italiennes ou hollandaises la nommaient San-Giorgio de l'Albero, ou autrement le Chapeau-du-Cardinal, à cause de la figure qu'elle paraît avoir quand on la regarde de loin. Cette île est escarpée et raboteuse. « Quand on la voit de loin, dit Dapper, elle paraît toute de tertres et de côteaux; et comme elle s'élève plus haut que toutes les autres îles d'alentour, on la peut plutôt et plus facilement découvrir (1). » Le docteur Ross a trouvé cette île habitée par un riche Hydriote, qui la cultive avec ses serviteurs, et qui y récolte beaucoup de vin et de blé. Belbina appartient à la famille de cet Hydriote depuis plus d'une soixantaine d'années, où elle lui fut donnée par le capitan-pacha de cette époque.

ÎLE DE PATROCLE. — En suivant la côte de l'Attique, à partir du cap Sunium, on rencontre d'abord l'île de Patrocle, Πατρόκλου νῆσος ou χάραξ, petite île déserte, dit Pausanias (1), ainsi nommée parce que Patrocle, amiral de Ptolémée Lagus, envoyé par ce prince au secours des Athéniens contre Démétrius, fils d'Antigone, en fit son quartier général et s'y fortifia. Cette île est appelée aujourd'hui *Gaidaronisi*, l'île aux Ânes, ou encore *Ebanonisi*, l'île d'Ébène, parce que cet arbriseau, dont le bois dur et noir était employé par les anciens à de fréquents usages, y croissait abondamment. On l'appelait aussi île Provençale.

ELEUSA. — A l'ouest de la précédente, au delà du golfe d'Anaphlyste, est l'île connue sous le nom d'Elisso, qui est apparemment celle que Strabon appelle Eleusa ou Eleoussa, et qu'il place vis-à-vis le promontoire d'Astypalée. On la trouve désignée dans quelques cartes sous le nom d'île Française ou Élisa.

PHAURA. — Cet îlot est placé par Strabon à l'extrémité du cap Zoster; il est appelé aujourd'hui Phelcida, Falcoudi, ou Phléga.

COMBONISSA. — On désigne ainsi un petit groupe de cinq rochers situés à la pointe d'Halaï-Exonidès. On les appelle aussi Halicas ou Selicas, les salines.

ÎLE DE SALAMINE.

C'est la plus grande, mais non la plus importante des îles du Golfe Saronique. Toutefois, la victoire remportée par Thémistocle dans le détroit de cette île et de l'Attique l'a rendue à jamais célèbre. Avant de porter le nom que la défaite de Xerxès a illustré, Salamine avait été appelée Skiras, Cychréa ou Cychria, du héros Cychréus, et Pityussa, à cause de

---

(1) Dapper, *Descr.*, p. 271; Ross, *Inselr.*, II, p. 172.

(1) Pausan., I, 1, 1; 35, 1.

la grande quantité de pins qui croissent sur ses montagnes. Elle est située au fond du golfe Saronique, tout près du rivage d'Éleusis, et encore plus près de la côte de la Mégaride. Le détroit qui la sépare de l'Attique n'a que deux stades dans sa moindre largeur et quinze dans sa plus grande. Cette île a cinquante milles (un peu plus de quinze lieues) de circonférence. Strabon lui donne soixante-dix ou quatre-vingts stades de longueur. Salamine est d'une forme très-irrégulière; elle est creusée vers son côté sud-ouest par une baie profonde, qui forme un port magnifique et qui lui donne la forme d'un fer à cheval. De là le nom de *Coulouri*, qu'elle a porté sous la domination des Turcs. Toute sa partie sud-est est très-montagneuse. C'est là que croissent les pins dont les habitants recueillent la poix, et le lentisque dont ils brûlent la cendre pour en faire du savon. La partie nord-ouest a des plaines et des coteaux fertiles, qui ne demandent qu'une bonne culture. Elle était arrosée autrefois par deux petits cours d'eau que Strabon appelle le Bocarus ou Bocalius et le Céphise.

L'ancienne Salamine, celle de Télamon, était située à la pointe méridionale de l'île, en face d'Égine. Plus tard cette position fut abandonnée, à cause de l'insuffisance de son port, pour celle du village actuel d'Ambélaki. La nouvelle Salamine vint s'établir à la pointe nord-est, au fond d'un port assez commode et spacieux situé vis-à-vis du Pirée, à l'ouest. On y retrouve quelques vestiges de l'ancienne cité: au bord de la mer, des pierres du quai; à Ambélaki, des tombeaux, quelques inscriptions funéraires, des cippes, des fragments de pierres taillées (1). A la pointe du cap Cynosura, qui s'allonge au nord-est d'Ambélaki, se trouvent plusieurs flots, dont le plus considérable est celui de Psyttalie (Lipsocoutalie) qu'on supposait être fréquenté par le dieu Pan.

Les premières traditions relatives à l'île de Salamine se confondent avec celles qui concernent Égine; et nous y reviendrons à propos de cette dernière. Elles font de Salamine et d'Égine deux des douze filles du fleuve Asopus de la Phliasie, et de Métope, fille du Ladon (1). Neptune, ayant enlevé Salamine, la transporta dans l'île qui porte son nom, et en eut un fils appelé Cychréus ou Cenchréus, qui délivra le pays d'un terrible serpent qui l'infestait. Cette légende indique bien clairement l'établissement d'une colonie de Phlionte dans Salamine et sa parenté avec les Éginètes. Cychréus, le premier roi ou héros de l'île, donna sa fille Glaucé en mariage à Télamon, fils d'Éaque, roi d'Égine, et banni par son père pour avoir blessé son frère aîné Phocus, en jetant le disque. Après la mort ou la fuite de Cychréus, qui, selon quelques-uns, fut chassé de ses États par Euryloque, et devint prêtre de Cérès à Éleusis, Télamon régna dans l'île. Télamon est un des plus célèbres héros de cette fameuse famille des Éacides, si chantée par les poëtes. Il était frère de Pélée, père d'Achille. Il prit part à l'expédition des Argonautes. Il accompagna Hercule au premier siége de Troie. Hercule lui donna pour épouse Hésione, fille de Laomédon, sœur de Priam. Plus tard il épousa encore Péribée, fille d'Alcathoüs. Il eut pour fils Teucer et Ajax. Après le second siége de Troie, irrité contre Teucer, qui revenait sans son frère Ajax, il le bannit de sa présence. Teucer alla fonder Salamine dans l'île de Cypre.

Après l'extinction de la famille des Éacides, Salamine retomba dans l'obscurité. Athènes s'en empara, mais Mégare, devenue puissante, lui disputa cette possession, également importante pour ces deux cités. Au temps de la tentative de Cylon, Mégare eut le dessus, et enleva Salamine aux Athéniens (612). Les Athéniens firent de grands efforts pour la reprendre; mais découragés par leurs pertes, ils y renoncèrent entièrement, et même ils décrétèrent la peine de mort contre celui qui oserait proposer de recommencer une entreprise désespérée. Solon, qui était de Salamine, résolut de relever le courage de ses concitoyens (2).

Indigné d'une telle honte, et voyant d'ailleurs que les jeunes gens ne demandaient qu'un prétexte de recommencer la

---

(1) Chandler, *Voyage*, t. III, p. 210; Prokesch, *Denkwurdigk*, t. II, p. 356, 707.

(1) Diod. Sicul., IV, 72.
(2) Thirlwall, *Hist. de la Grèce ancienne*, ch. XI.

guerre, et qu'ils n'étaient retenus que par la crainte de la loi, il imagina de contrefaire le fou, et fit répandre dans la ville, par les gens mêmes de sa maison, qu'il avait perdu l'esprit. Cependant il avait composé en secret une élégie, et l'avait apprise par cœur, et un jour il sortit brusquement de chez lui, un chapeau sur la tête, et courut à la place publique. Le peuple l'y suivit en foule; et là, Solon, monté sur la pierre des proclamations, chanta son élégie, qui commence ainsi :

Je viens en héros de la belle Salamine. [vers.
Au lieu d'un discours, j'ai composé pour vous des

Ce poëme est appelé Salamine, et contient cent vers, qui sont d'une grande beauté. Quand Solon eut fini, ses amis applaudirent, Pisistrate surtout encouragea si bien les Athéniens à suivre son avis que le décret fut révoqué et la guerre déclarée.

« Voici sur cette expédition la tradition vulgaire. Solon, dit Plutarque (1), fit voile avec Pisistrate, vers Coliade, où il trouva toutes les femmes athéniennes rassemblées pour faire à Cérès un sacrifice solennel. De là il envoie à Salamine un homme de confiance, qui se donne pour un transfuge, et propose aux Mégariens s'ils veulent s'emparer des premières femmes d'Athènes, de partir avec lui pour Coliade. Les Mégariens, sur sa parole, dépêchent à l'heure même un vaisseau rempli de soldats. Solon ayant vu le vaisseau sortir de Salamine, fait retirer les femmes, et accoutre de leurs vêtements, de leurs coiffures, de leurs chaussures, les jeunes gens qui n'avaient point encore de barbe. Ceux-ci cachèrent des poignards sous leurs robes, et allèrent, d'après son ordre, jouer et danser sur le rivage, jusqu'à ce que les ennemis fussent descendus à terre et que le vaisseau ne pût échapper. Cependant les Mégariens, abusés par ce spectacle, débarquent, et se précipitent à l'envi pour enlever les prétendues femmes; mais ils furent tous tués, sans qu'il en réchappât un seul, et les Athéniens firent voile vers l'île, et s'en emparèrent en un instant.

« D'autres prétendent que ce fut un autre moyen de surprise qu'employa Solon. D'abord l'oracle de Delphes lui aurait dit : « Rends-toi propices par tes « offrandes les héros indigènes, patrons « du pays, ceux que les champs de l'Aso- « pus enferment dans leur sein, et dont « les tombeaux regardent le couchant. » Solon passa donc de nuit à Salamine, et immola des victimes aux héros Périphémus et Cychrée. Ensuite les Athéniens lui donnèrent trois cents volontaires, à qui ils avaient assuré, par un décret, le gouvernement de l'île, s'ils s'en rendaient les maîtres. Solon les embarqua sur un certain nombre de bateaux de pêcheurs escortés par une galère à trente rames, et alla jeter l'ancre vers une pointe de terre qui regarde l'Eubée. Les Mégariens qui étaient à Salamine n'avaient eu sur sa marche que des avis vagues et incertains; ils coururent aux armes en tumulte, et envoyèrent un vaisseau à la découverte. Le vaisseau s'approcha de la flotte des Athéniens, et fut pris. Solon mit aux fers les Mégariens qui le montaient, et les remplaça par les plus braves de sa troupe. Il enjoint à ceux-ci de cingler vers Salamine en se tenant le plus couverts qu'ils pourraient; lui-même il prend le reste de ses soldats, et va par terre attaquer les Mégariens. Pendant qu'il en était aux mains avec eux, les Athéniens du vaisseau surprirent Salamine, et s'en emparèrent.

« Il y a des usages qui semblent confirmer ce récit. Tous les ans un vaisseau partait d'Athènes et se rendait sans bruit à Salamine. Des habitants de l'île venaient au-devant du vaisseau, tumultueusement, en désordre; et un Athénien s'élançait sur le rivage, les armes à la main, courait, en jetant de grands cris, du côté de ceux qui venaient de la terre. C'était au promontoire de Sciradium, et l'on voit encore, non loin de là, un temple de Mars que Solon fit bâtir après avoir vaincu les Mégariens.

« Tous ceux qui n'avaient pas péri dans le combat restèrent libres, par le bénéfice du traité. Cependant les Mégariens s'obstinaient à vouloir reprendre Salamine. Les deux peuples se firent réciproquement tous les maux qu'ils purent; mais à la fin ils prirent les Lacédémoniens pour arbitres et s'en

(1) Plut., *Solon*, X. et suiv.

rapportèrent à leur décision. On dit généralement que Solon allégua, dans la dispute, l'autorité d'Homère ; qu'il intercala des vers dans le dénombrement des vaisseaux, et lut ainsi devant les juges : « Ajax amena de Salamine douze « vaisseaux, et les rangea au lieu où « étaient les phalanges athéniennes. » Mais les Athéniens traitent ce récit de conte puéril ; ils assurent que Solon prouva clairement aux juges que Philéus et Eurysacès, fils d'Ajax, ayant reçu le droit de cité dans Athènes, avaient abandonné leur île aux Athéniens, et s'étaient établis en Attique l'un à Braurone, l'autre à Mélitte, et que Philéus avait donné son nom au dême des Philaïdes, d'où était Pisistrate.

« Solon, pour détruire plus sûrement la prétention des Mégariens, se fit un argument de la manière dont on enterrait les morts à Salamine, qui ressemblait à l'usage d'Athènes, et qui différait de celui de Mégare. Les Mégariens tournaient les morts du côté du levant et les Athéniens vers le couchant. Il est vrai qu'Héréas le Mégarien soutient qu'on tournait à Mégare le scorps des morts du côté du couchant ; il ajoute de plus qu'à Athènes chaque mort avait un cercueil séparé, et qu'à Mégare on en mettait trois ou quatre dans un même cercueil. Mais on prétend que Solon eut pour lui des oracles de la Pythie, dans lesquels le dieu donnait à Salamine le nom d'Ionienne. Ce procès fut jugé par cinq Spartiates : Critolaïdas, Amompharétus, Hypséchidas, Anaxilas et Cléomène. »

Trente ans après, en 480, les Grecs confédérés, et forcés à vaincre par Thémistocle, remportèrent sur la flotte des Perses cette célèbre victoire de Salamine qui commença la délivrance de la Grèce, que la bataille de Platée acheva bientôt. Un oracle de Bacis avait prédit ce grand événement en termes formels. « Quand ils auront couvert de leurs vaisseaux le rivage sacré de Diane et celui de Cynosure, et que, pleins d'un fol espoir, ils auront saccagé l'illustre ville d'Athènes, la vengeance des dieux réprimera le Dédain, fils de l'Insolence, qui, dans sa fureur, s'imagine faire retentir l'univers entier de son nom : l'airain se mêlera avec l'airain, et Mars ensanglantera la mer. Alors le fils de Saturne et la Victoire respectable amèneront aux Grecs le beau jour de la liberté. Aussi, ajoute le sage Hérodote, quand je réfléchis sur les événements qui se sont accomplis, je ne puis contester la vérité des oracles, et je ne cherche point à les détruire lorsqu'ils s'énoncent d'une manière aussi claire que celui-là, et je n'approuve point que d'autres le fassent (1). » En effet, Xerxès, après avoir brûlé Athènes, avait réuni sa flotte dans la rade de Phalère, et il fut convenu dans un conseil de guerre qu'on attaquerait celle des Grecs, qui s'était réunie dans la baie de Salamine, derrière la pointe de Cynosure. Le bruit se répandit bientôt que ceux-ci avaient formé le projet d'abandonner leur position, et de se disperser derrière les côtes du Péloponnèse. C'était Thémistocle qui, craignant de voir le faisceau si mal joint des Grecs se rompre par la division encore plus que par la peur, avait secrètement donné ce faux avis à Xerxès, pour qu'il se hâtât d'attaquer, et que les confédérés fussent mis dans la nécessité de combattre, alors qu'ils étaient encore réunis. Ce stratagème désespéré eut un plein succès. L'immense flotte des Perses déploya ses lignes sur tout le rivage depuis Munychie jusqu'à Cynosure, et ferma le détroit. L'îlot de Psyttalie fut occupé par un corps d'élite de Perses qui devaient recueillir ceux des leurs qui seraient en détresse, et achever, au contraire, les ennemis qui viendraient s'y réfugier. Xerxès avait fait dresser son trône sur le revers de l'Égaléon, pour assister au combat et jouir de la victoire qui semblait certaine.

« Bientôt, dit Eschyle, le jour aux blancs coursiers répandit sur le monde sa resplendissante lumière ; à cet instant une clameur immense, modulée comme un cantique sacré, s'élève dans les rangs des Grecs ; et l'écho des rochers de l'île répond à ces cris par l'accent de sa voix éclatante. Trompés dans leur espoir, les barbares sont saisis d'effroi ; car il n'était pas l'annonce de la fuite cet hymne saint que chantaient les Grecs. Pleins d'une audace

---

(1) Hérod., VIII. 77.

intrépide, ils se précipitaient au combat. Le son de la trompette enflammait encore les courages. Le signal est donné; soudain les rames retentissantes frappent d'un battement cadencé l'onde salée, qui frémit; bientôt leur flotte apparaît toute entière à nos yeux. L'aile droite marchait la première en bel ordre; Le reste de la flotte suivait, et ces mots retentissaient au loin : « Allez, ô fils de « Grèce, délivrez la patrie, délivrez vos « enfants, vos femmes, et les temples « des dieux de vos pères, et les tombeaux de vos aïeux : un seul combat « va décider de tous vos biens! » A ces cris nous répondons par le cri de guerre des Perses : Il n'y a plus à perdre un instant. Déjà les proues d'airain se heurtent contre les proues, un vaisseau grec a commencé le choc : il fracasse les agrès d'un vaisseau phénicien. Ennemi contre ennemi, les deux flottes s'élancent. Au premier effort, le torrent de l'armée des Perses ne recula pas. Puis, entassés dans un espace resserré, nos innombrables navires ne furent les uns pour les autres d'aucun secours. Ils s'entrechoquent mutuellement de leur bec d'airain; ils se brisent les unes aux autres leurs rangs de rames, tandis que la flotte grecque, par une manœuvre habile, les enveloppe, et porte de tous côtés ses coups. Nos vaisseaux sont renversés; la mer disparaît sous un amas de débris flottants et de morts; les rivages, les écueils se couvrent de cadavres. Tous les navires de la flotte des barbares ramaient pour fuir en désordre : comme des thons, comme des poissons qu'on vient de prendre au filet, à coups de tronçons de rames, de débris de madriers, on écrase les Perses, on les met en lambeaux. Enfin la nuit montra sa sombre face et nous déroba le vainqueur. Je ne détaille point; à énumérer toutes nos pertes, dix jours ne suffiraient pas. Sachez seulement que jamais en un seul jour il n'a péri une telle multitude d'hommes.

« Artembarès, le chef de dix mille cavaliers, a été tué sur les rochers escarpés de Silénie. Dadacès, qui commandait mille hommes, frappé d'un coup de lance, est tombé de son bord. Ténagon, le plus brave de tous les guerriers bactriens, est resté dans cette île d'Ajax tant battue par les vagues. Lilée, Arsame, Argeste, abattus tous les trois sur les rivages de l'île chère aux colombes, se sont brisés la tête contre les rochers.... Celui qui commandait à trente mille cavaliers montés sur des coursiers noirs, Matallos de Chryse, est mort; sa barbe rousse, épaisse, au poil hérissé, dégouttait de son sang; son corps s'est teint de la couleur de la pourpre. Le mage Arabos, Artame le Bactrien ne sortiront plus de l'âpre contrée.. Ah! la ville de Pallas est une ville inexpugnable! Athènes contient des hommes : c'est là le rempart invincible! »

C'est ainsi que dans *Les Perses* d'Eschyle le courrier raconte à la reine Atossa, la mère de Xerxès, tous les détails de cette journée si lamentable pour le grand roi, si glorieuse pour Athènes. Aussi le poëte n'omet rien de ce qui signale Athènes dans cette grande action, et à côté du stratagème héroïque de Thémistocle, il raconte l'exploit d'Aristide dans l'île de Psyttalie : « Cette jeunesse de Perse, si brillante par son courage, si distinguée par sa noblesse, par sa fidélité au roi, a péri misérablement d'une mort sans gloire. Une île est en face de Salamine, petite, d'un accès difficile aux vaisseaux, où le dieu Pan mène souvent ses chœurs. C'est là que Xerxès envoie ses guerriers. Quand la flotte des ennemis serait en déroute, ils devaient faire main basse sur tous les Grecs qui se réfugieraient dans l'île, et recueillir ceux des leurs qu'y jetterait la mer. Il lisait mal dans l'avenir. Les dieux donnèrent la victoire à la flotte des Grecs; et ce jour-là même les vainqueurs, armés de toutes pièces, débarquent dans l'île, la cernent tout entière : les Perses ne savent plus par où fuir; la main des Grecs les écrase sous une grêle de pierres; ils tombent percés par les flèches des archers ennemis. Puis les assaillants s'élancent tous ensemble d'un même bond; ils frappent, ils hachent; tous sont égorgés, jusqu'au dernier. Xerxès sanglote à l'aspect de cet abîme d'infortunes; car il était assis en un lieu d'où l'armée tout entière se découvrait à sa vue : c'était une colline élevée, non loin du rivage de la mer. Il déchire ses vêtements, il pousse des cris de désespoir, et, donnant le signal, il fuit avec son armée de terre, précipitamment, en désordre (1). »

Après la délivrance de la Grèce, Salamine reste soumise ou plutôt réunie à Athènes, qui l'avait peuplée de ses colons. Aussi, pendant la tyrannie des Trente, des Salaminiens (2), unis à ceux d'Éleusis, conspirent pour le rétablissement de la liberté. Jusque sous les empereurs romains Athènes garda Salamine, qui ne lui fut enlevée qu'avec les derniers restes de son indépendance. Au moyen âge Salamine subit les mêmes vicissitudes que l'Attique. A partir du treizième siècle elle fut comprise dans le duché d'Athènes, qui relevait de la principauté d'Achaïe, et qui appartint successivement aux La Roche, aux Brienne, aux Catalans, à Frédéric II Barberousse et aux Acciauoli de Florence. François Acciauoli la possédait lorsque Mahomet II conquit le duché d'Athènes, en 1456. Depuis ce temps jusqu'à la guerre de l'indépendance Salamine est restée au pouvoir des Turcs. En 1676 les habitants de Salamine, ainsi que ceux d'Égine et de Poros ou Calaurie, s'étaient cotisés pour racheter du capitan-pacha, de qui ils relevaient, l'affranchissement de tout redevance. Cette franchise leur avait été vendue sept cent quatre-vingt-cinq piastres. Ils sont demeurés libres depuis ce temps-là (3).

Au temps de l'insurrection grecque, comme au temps de l'invasion de Xerxès, les Grecs du continent, fuyant l'approche des Turcs, se réfugièrent dans l'île de Salamine avec les images des saints et les objets sacrés de leurs églises. « Réunis aux populations d'Éleusis et de Condura, les Grecs vivaient campés par familles au milieu d'une île *nourricière d'abeilles*, mais qui ne fournit presque rien aux besoins des hommes. Le couvert d'un olivier rabougri, l'ombre d'un rocher, les grottes, étaient des lieux enviés, qu'on tirait parfois au sort

pour abriter les vieillards, les malades, les femmes et les enfants. On éprouvait les plus cruelles privations, et la plus pressante de toutes était la soif (1). » Ce fut dans cette situation que l'amiral Halgan, qui croisait dans ces parages avec *la Guerrière*, trouva les Grecs réunis à Salamine. Le rapport qu'il en fit à son gouvernement contribua pour beaucoup à augmenter l'enthousiasme qu'excitait en France la cause des Hellènes. Plus tard, Colocotroni, chef du pouvoir exécutif, s'installa dans cette île, dont la position était si avantageuse pour couvrir à la fois le Péloponnèse, et diriger les opérations de la guerre dans la Grèce centrale et en Eubée. Cependant Mavrocordato, son rival, restait à Tripolitza avec le corps législatif, dont il était le président. En 1823, après la démission de Mavrocordato, le sénat alla retrouver à Salamine le chef du pouvoir exécutif (2), et tout le gouvernement fut concentré dans cette seule île, sauf l'amirauté d'Hydra. Le nombre des réfugiés augmentait aussi tous les jours. On en compta bientôt plus de 200,000 (3); mais la difficulté des approvisionnements en força une partie à se transporter sur Égine, Calaurie et les côtes de l'Épidaurie. Salamine ne resta pas longtemps le siège du gouvernement hellénique; à la fin de 1823, les circonstances étant devenues plus favorables, il quitta cette position de fugitif, et vint s'installer une première fois à Nauplie. Pendant toute la durée de cette guerre les Turcs ne purent pénétrer une seule fois à Salamine. Aujourd'hui cette île fait partie de la nomarchie de l'Attique et Béotie. Le bourg principal, et presque unique, de cette île, qui a repris son ancien nom, est Coulouri. Il est situé au pied d'une montagne appelée Hagios-Ilias, et au fond de cette baie magnifique qui donne à l'île la forme d'un fer à cheval. Coulouri a deux mille habitants, pêcheurs,

---

(1) Eschyle, *Perses*, trad. de M. A. Pierron; voyez pour compléter le récit d'Eschyle celui d'Hérodote, VIII, 84 et suiv.

(2) Diod. Sicul., XIV, 32, 4; Raoul Rochette, *Col. Grecq.*, IV, 65.

(3) Dapper, *Descr.*, p. 283.

---

(1) Pouqueville, *Hist. de la Régén. de la Grèce*, III, 263.

(2) Idem, *Ibid.*, IV, p. 393.

(3) C'est le chiffre donné par Pouqueville; mais son histoire n'est qu'une hyperbole continuelle. L'higoumène du couvent de Salamine n'a évalué le nombre des réfugiés qu'à 70,000; ce qui est plus probable.

marchands de poix et de résine, bateliers, laboureurs, population d'origine albanaise. On y trouve des églises ornées d'assez jolies peintures byzantines, principalement celles de Saint-André et de Saint-Dimitri. Mais ce qu'il y a de plus curieux à visiter aujourd'hui dans l'île de Salamine, c'est le monastère de Phanéroméni.

Ce vaste couvent est situé à la pointe nord-ouest de l'île, tout près du détroit ou πέραμα qui la sépare du rivage de la Mégaride, et que l'on traverse avec un bac. Dans une grande cour carrée, au milieu de bâtiments de toutes formes et de toutes grandeurs, et qui servent à l'habitation des moines, à leurs travaux d'agriculture, à l'installation des malades ou des prisonniers qu'ils sont chargés de soigner ou de garder, car en Grèce un couvent est aussi un hôpital ou une prison, s'élève l'église de la Panagia, la plus grande sans contredit de la Grèce actuelle, avec celle de Tinos, mais bien plus intéressante et plus précieuse que cette dernière, à cause de la grande quantité de peintures dont elle est décorée, *historiée* à l'intérieur. « J'avais lu dans le voyage de M. Pouqueville, dit le savant investigateur des antiquités gothiques et byzantines, M. Didron, que la grande église de la Panagia-Phanéroméni, à Salamine, était complétement couverte de fresques, et que le nombre des figures qu'on y voyait peintes s'élevait à cent cinquante mille. L'exagération est effrayante, on le sent bien. Cependant, ce nombre étant écrit en toutes lettres et non en chiffres, on ne pouvait croire à une erreur typographique; l'hyperbole même indiquait par sa monstruosité que la quantité de ces peintures devait être considérable. Effectivement, lorsqu'on entre dans cet édifice par un soleil de deux heures de l'après-midi, ainsi qu'il nous est arrivé, avec une lumière qui éclaire également l'église tout entière, on est bien près d'absoudre M. Pouqueville (1). Malgré l'habitude qu'on peut avoir de compter les figures d'entablement, ou les personnages qui tapissent un monument, on est étourdi à la vue de ces figures hautes depuis six pieds jusqu'à six pouces, qui s'alignent le long des murs, qui s'enroulent autour des archivoltes, qui escaladent les tambours des coupoles, qui se promènent au pourtour des absides, qui sortent de partout, s'enfoncent dans toutes les longueurs, et montent à toutes les hauteurs. Cependant, il faut rabattre singulièrement du nombre donné par M. Pouqueville; car tous les personnages, comptés avec la meilleure envie de n'en passer aucun, ne s'élèvent qu'à trois mille cinq cent trente, ou à trois mille sept cent vingt-quatre, en y ajoutant les cent vingt-six qui décorent la chapelle adjacente, où les religieux font l'office quotidien. Mais ce nombre ramassé dans un petit espace vous enlève de surprise à la première vue; il peut justifier M. Pouqueville, qui n'avait pas le temps de compter ces figures une à une, ainsi que je l'ai fait.

« La quantité de ces figures est du plus haut intérêt; mais leur disposition générale et l'arrangement de tous les groupes en particulier importent plus encore. La cathédrale de Chartres, l'unique en ce genre, est habitée à l'intérieur et à l'extérieur par neuf mille figures peintes et sculptées. Tous ces êtres, créés par l'art, sont disposés dans un ordre remarquable et suivant lequel défile régulièrement sous nos yeux l'histoire figurée de la religion, depuis la création jusqu'à la fin du monde, en passant par les patriarches, les juges, les rois et les prophètes; par la Vierge et Jésus-Christ; par les apôtres, les martyrs, les confesseurs et tous les saints. Cet ordre est exactement le même, et se montre aussi complet sur les fresques de Salamine. Il était naturel, puisqu'il est chronologique.

« Mais entre Salamine et Chartres on constate de singulières analogies. A

---

(1) J'ai pu constater par moi-même l'effet saisissant de ce splendide spectacle, pendant mon passage à Salamine, en 1847. Je me souviens que l'higoumène du couvent, le P. Auxentios, qui nous fit la réception la plus cordiale, vint nous chercher mes compagnons de voyage et moi, au moment que le soleil commençait à illuminer l'intérieur de l'église, où il nous accompagna pour jouir de notre surprise et de notre admiration, qui ne lui manquèrent pas, non plus que nos remerciments.

Chartres, comme a Salamine, le Jugement dernier est à l'entrée de l'église, contre la paroi occidentale, tandis qu'une grande Vierge, tenant l'enfant Jésus, se montre à l'orient, au fond de l'apside. A Salamine, comme à Chartres, l'Ancien Testament se développe sur le côté gauche de l'église; le Nouveau sur le côté droit. Ce système de décoration, épars ou incomplet dans les autres églises byzantines que nous avions visitées jusque alors, nous le trouvions concentré et parfaitement développé dans ce curieux édifice de Salamine. Du reste, à Salamine chaque personnage ressemble exactement au même personnage peint à Athènes, en Livadie, ou en Morée; chaque tableau, lorsqu'il représente le même sujet, est partout traité et disposé de même. Les saints portent des banderolles sur lesquelles sont écrites des sentences tirées de leurs ouvrages ou de leur biographie ; aux tableaux sont attachées des inscriptions extraites de l'Écriture Sainte, dont ils offrent les histoires. Ces sentences et ces inscriptions sont presque les mêmes partout.

« Si de nos jours en France, où nos grands peintres sont assez instruits, un seul artiste était chargé de figurer dans un monument, dans la cathédrale de Paris, je suppose, l'histoire universelle de la religion exposée par les héros et les faits de cette histoire, il est douteux qu'il pût exécuter une aussi vaste composition sans faire des études longues et approfondies. Je dis plus, nous n'avons pas un seul peintre capable de mener à bien un pareil travail; il n'y en a pas un seul assez instruit et assez fort pour porter un pareil fardeau. Mais à Salamine on n'a pas seulement peint des personnages et figuré des scènes; on y a encore baptisé les individus et les traits historiques au moyen d'inscriptions ou d'épigraphes qui les désignent ou les expliquent, et ces épigraphes sont extraites de toute la Bible d'abord, et ensuite d'une grande quantité de livres religieux. Les OEuvres des Pères, la Vie des Saints, le Grand Ménologe du Métaphraste ont été mis à contribution. Sur la banderole que tient saint Jean Damascène est écrite une sentence tirée des ouvrages de ce grand docteur; il en est de même pour saint Grégoire de Nazianze, saint Basile, saint Jean Chrysostome et pour tous les autres. La difficulté augmente ainsi, et la science que devrait posséder l'artiste français chargé d'un pareil travail ne se trouverait assurément chez personne. Quel homme devait être ce peintre de Salamine pour avoir accompli une pareille entreprise ! Je ne revenais pas de mon étonnement, que mes compagnons partageaient au plus haut degré.

« J'interrogeai les moines du couvent, surtout les plus instruits, et je n'en pus rien tirer. Enfin, sur la paroi occidentale de l'église, à l'intérieur, je vis une inscription que portait un ange peint, et dont voici la traduction :

1735.

« Ce temple vénérable et sacré a été
« peint.... par la main de Gorgios Marcos, de
« la ville d'Argos, avec l'aide de ses élèves,
« Nicolaos Benigelos, Georgakis et Antonis. »

« Qu'était-ce que ce Georges Marc? Un grand homme assurément. Sa patrie est Argos, d'où j'arrivais, et qui est à deux journées seulement de Salamine. Il peignait en 1735, à cent quatre ans seulement du jour où je faisais des questions sur lui et sur ses élèves, et personne ne put me répondre. Cependant j'étais à Salamine, dans l'église même où il avait dû passer sa vie, et je m'adressais à des moines dont les prédécesseurs immédiats avaient été les contemporains du peintre. Rentré dans Athènes, je pris auprès des hommes les plus instruits des informations sur Marc d'Argos et ses trois élèves : toutes mes questions restèrent sans réponse (1). »

Certes il y a lieu de s'étonner de l'oubli profond dans lequel est tombé le peintre savant et habile qui a fait une telle œuvre, dans un siècle aussi rapproché du nôtre. Mais le mystère s'explique dès qu'on sait que les artistes de l'école de peinture byzantine, dont le mont Athos est encore aujourd'hui le centre, sont tous des religieux instruits dans leur art, par un enseignement traditionnel, travaillant obscurément dans l'intérieur des monastères, sans nul souci d'une réputation personnelle qu'ils n'ont

(1) M. Didron, *Manuel d'Iconographie Chrétienne*, Introd., p. ix et suiv.

aucun motif, aucune occasion de désirer et d'acquérir, et ne voyant dans l'art qu'ils exercent qu'un moyen d'enseigner la religion et de procurer la gloire de Dieu. Leur condition actuelle est restée la même que celle de ces nombreux artistes inconnus du moyen âge qui ont sculpté les portails, qui ont peint les vitraux de nos cathédrales et dont on admire les œuvres sans même savoir leurs noms. Il est du plus haut intérêt d'observer dans les couvents du mont Athos les derniers vestiges de ces mœurs de l'art chrétien, fondé par l'Église, et qui a instruit et charmé nos ancêtres, dont les œuvres, longtemps méconnues et dédaignées par des générations uniquement entichées de l'antiquité grecque et latine (1), reprennent peu à peu leurs droits sur les esprits dégagés des préjugés d'une éducation exclusive et incomplète, et dont les principes, les règles, les traditions, les procédés, redeviennent l'objet d'une étude enthousiaste, d'où ce grand art chrétien peut espérer de voir sortir à son tour sa propre renaissance (2).

La fondation du couvent n'est pas de beaucoup plus ancienne que l'exécution des peintures de son église. Elle est de la fin du dix-septième siècle, et fut déterminée par la découverte d'une image de la sainte Vierge. On raconte que Lambros, paysan de Mégare, s'endormit un jour en travaillant dans son champ. Pendant son sommeil, la sainte Vierge lui apparut et lui ordonna d'aller chercher son image et de lui élever une église. Trois fois de suite, Lambros eut cette vision merveilleuse, toujours doutant, et n'y obéissant pas. Enfin menacé d'un châtiment à la quatrième apparition, il se décida à se conformer aux ordres pressants qu'il recevait. Il alla fouiller à l'endroit indiqué, dans Salamine, et y construisit, en 1682, le couvent et l'église de la Panagia Phanéroméni (Φανερομένη), la sainte Vierge de l'apparition. Lambros se fit moine dans le monastère qu'il avait fondé, et prit le nom de Laurentios. Son fils aîné, le père Joachim, dirigea la communauté après lui. Il fit continuer les travaux commencés par Laurentios et exécuter la décoration de l'église. Laurentios était mort en 1707 : il est vénéré comme un saint dans cette communauté dont il est le fondateur, et une messe fut composée en son honneur par un moine de Phanéroméni. Dans ces derniers temps, l'évêque d'Athènes, Néophyte, a retouché cette messe et en a publié le texte, en le faisant précéder d'une vie du saint d'où sont tirés tous ces détails.

Aujourd'hui le couvent de Salamine, bien déchu de son ancienne prospérité, ne contient plus qu'une vingtaine de moines, dont les occupations sont, comme pour tous les caloyers grecs, les exercices de dévotion et les travaux de l'agriculture.

Des hauteurs de Salamine on aperçoit, en jetant les yeux vers les côtes de la Corinthie et de l'Argolide, le golfe Saronique, parsemé de rochers, d'écueils, d'îlots, auxquels il est bien difficile d'assigner leurs noms anciens, et qui n'ont pas tous des noms modernes. Ce sont : à l'ouest, près du *Pérama* de Mégare, les Méthurides, aujourd'hui les Révitiouses, deux rochers qui dominent les hauteurs du couvent de Phanéroméni ; au sud, à la pointe de la vieille Salamine, les Éleusai, aujourd'hui îles Pelesteria, ou Liansa ; Crangion à l'ouest du groupe précédent, peut-être Fractèra ; Dendros, Kaikiai, Sélachusa, qui correspondent

---

(1) Il ne s'agit pas ici bien entendu de notre époque, où toutes ces questions d'art sont plus largement comprises que dans les deux derniers siècles.

(2) M. Didron a publié sous le titre de *Manuel d'Iconographie Chrétienne* le livre d'après lequel tous les peintres du mont Athos apprennent et pratiquent leur art. Cet ouvrage, dont chacun d'eux possède un manuscrit qu'il étudie sans cesse, est intitulé Ἑρμηνεία τῆς ζωγραφικῆς, *Guide de la Peinture*. Il a été rédigé à une époque ancienne par le moine Denys, peintre du couvent de Fourna, près d'Agrapha, en Thessalie, qui s'était formé par l'étude des peintures de Pansélinos, le plus célèbre des artistes du mont Athos, qui vivait au onzième siècle. Ce traité s'est complété de siècle en siècle jusqu'à notre époque, et résume ainsi tout l'ensemble du système de la peinture grecque. J'ai pu me convaincre par une comparaison attentive avec quelle exactitude, sauf quelques dérogations peu importantes, les prescriptions de ce livre avaient été observées par Georgios Marcos dans l'exécution des peintures de Salamine.

sans doute aux Penténisia, Aspis, Cenchréis, dont l'une des deux est Hebræo-Castro. Tous ces îlots sont inhabités; tour à tour écueils ou abris, selon les caprices des vents et des flots, pour les nombreux caïques qui sillonnent le golfe d'Égine (1).

(1) Forbiger, *Handb. der alt. Geogr.*, III, 1017.

ILE D'ÉGINE.

POSITION GÉOGRAPHIQUE DE L'ÎLE D'ÉGINE. — Au centre du golfe Saronique, et au milieu d'un rempart d'écueils, fortification naturelle sortie des flots à la voix d'Éaque, suivant la tradition mythique que rapporte Pausanias (1), s'élève l'île d'Égine, Αἴγινα, aujourd'hui *Égina*, ou *Engia*. Autour sont semées quelques petites îles, qui faisaient sans doute partie du royaume d'*Æacus* (*Æacidia regna*, Ovid.), et dont les plus considérables sont Pityonèse et Cécryphalée, actuellement Anghistri et Kyra, à l'ouest, vers la côte de l'Épidaurie. La distance d'Égine aux trois rivages de l'Épidaurie, de la Corinthie et de l'Attique n'est pas exactement de 100 stades, comme le dit Strabon; mais on doit compter du port de l'île 27 kilomètres, ou 146 stades olympiques, au port de Mégare; 41 kilomètres, ou 220 stades, au port de Cenchrée; 29 kilomètres, ou 157 stades, au Pirée; et 26 kilomètres, ou 140 stades, au port d'Épidaure.

La latitude du mont Oros, ou pic Saint-Élie, le point culminant de l'île, et de 37° 41′ 52″ 9‴; sa longitude à l'ouest du méridien de Paris est de 21° 9′ 39″ 6‴, et sa hauteur au-dessus du niveau de la mer, 534^m, 2. La surface de cette île, qui lutta contre Athènes et lui disputa l'empire de la mer, est à peine de 85 kilomètres carrés. Sa circonférence était évaluée à 180 stades par Strabon et à 20 milles par Pline (2).

ANCIENNES TRADITIONS. HISTOIRE PRIMITIVE D'ÉGINE. — L'histoire d'Égine remonte à l'époque mythique de la Grèce. Les chants de Pindare (3), où se trouve racontée comme dans les épopées d'Homère, l'histoire poétique et légendaire de l'Hellade primitive, nous montrent les Éginètes déjà célèbres dans les siècles héroïques. Éaque et ses descendants les Éacides, Télamon, Pélée, Achille, Néoptolème reviennent sans cesse dans les odes qu'il consacre à chanter la gloire des Éginètes vainqueurs aux jeux publics de la Grèce : et grâce aux poétiques récits du lyrique thébain, les traits les plus intéressants des traditions nationales d'Égine nous ont été conservés.

L'ancien nom de l'île était OEnone (1). La tradition mythique rapporte que Jupiter enleva Égine, fille d'Asopus, fleuve de la Phliasie, et la transporta dans l'île d'OEnone, jusque là déserte. Cette île reçut alors du dieu le nom de la nymphe Égine, qui l'y rendit père d'Éaque. La fable ajoute que Jupiter, voulant donner des sujets à son fils, changea les fourmis en hommes, et fit naître ainsi le peuple des Myrmidons. Une autre tradition fait venir ce nom de la vie souterraine des premiers habitants de l'île, qui avaient creusé leur sol ingrat, en avaient retiré la terre pour en faire une sorte de marnage, et, fertilisant ainsi les rochers qu'ils habitaient, s'étaient logés dans les cavernes doublement utilisées par leur industrie (2).

Ottfried Müller, dans ses *Æginetica*, prélude de son grand ouvrage sur les Doriens (3), croit reconnaître, à travers

(1) Pausanias, II, 24.
(2) Puillon Boblaye, *Description d'Égine*.
(3) Pind., *Ném.*, III-VIII, et *Isthm.*, IV.

(1) Pind., *Isthm.*, VII, 21; Ovide, *Mét.*, VII, 472.
(2) Strabon, VIII, 376 ed. Cas.
(3) Ottfr. Müller, *Æginetica*, p. 12 et suiv. Cf. Raoul Rochette, *Col. Grecq.*, II, 187; M. H. Fortoul, *de l'Art en Allemagne*; His

les vagues indications de ces légendes, la trace de deux colonisations, l'une partie de Phlionte, et l'autre de la Phthie. Il pense que Budion, venu des côtes de l'Attique, fut le chef de la première colonie qui peupla l'île d'OEnone. Quoi qu'il en soit, tous ces antiques événements demeurent enveloppés de doute et de ténèbres, et les traditions ne commencent à présenter quelque clarté qu'au moment où elles font mention d'Eaque et de ses descendants.

Éaque était le plus pieux des princes. Ottfried Müller l'appelle avec raison le Numa de la Grèce. Lorsqu'on avait un différend à terminer, une demande à adresser aux dieux par une voix propice, c'était aux pieds d'Éaque que l'on accourait de toutes les vallées et de toutes les plages. Ovide parle d'une peste dont les prières de ce roi délivrèrent les Grecs. Au rapport de Pausanias, la Grèce, depuis longtemps désolée par la sécheresse, était réduite à une stérilité funeste. Les Grecs envoyèrent consulter l'oracle de Delphes sur la cause de cette calamité, et sur les moyens de la conjurer. La Pythie leur répondit qu'il fallait apaiser Jupiter irrité, et ajouta que les prières, pour être exaucées, devaient être offertes au dieu par Éaque. Chaque ville envoya donc des ambassadeurs à ce prince, qui, après avoir offert des sacrifices et adressé des prières à Jupiter Panhellénien, obtint enfin de la pluie pour la terre desséchée. Pausanias, qui vivait sous Marc-Aurèle, avait vu encore à Égine un antique tombeau de marbre, sur lequel étaient représentés les députés de la Grèce délivrée du fléau par l'intercession du fils de la nymphe Asopide. La mémoire d'Éaque, après sa mort, fut tellement vénérée, que les croyances religieuses le placèrent parmi les trois juges des enfers (1).

Éaque fut le seul roi d'Égine. Il avait trois fils : Pélée et Télamon, nés de la nymphe Eudéis, et Phocus, né de Psammathée, fille d'un roi d'Argos (2). Phocus, jouant au palet avec ses frères, fut tué par Pélée. Éaque, au désespoir, chassa de son royaume ses deux fils aînés. Les fils de Phocus allèrent établir leur demeure dans la Phocide, dont ils étendirent le territoire jusqu'à celui des Minyens d'Orchomène, et jusqu'à Scarphée dans la Locride. Pélée passa dans la Thessalie, où il retrouva Ménœtius, son oncle, qui le reçut dans son royaume de Phthie; il fit partie de l'expédition des Argonautes, combattit les Amazones, épousa Thétis, et devint le père d'Achille. Après la guerre de Troie, Néoptolème, fils d'Achille, fonda le royaume d'Épire. Télamon n'alla pas aussi loin que Pélée; il s'arrêta à Salamine, dont il devint roi. Il fut aussi associé aux exploits des Argonautes, participa aux travaux d'Hercule, triompha avec lui de Laomédon, roi de Troie, épousa la fille du vaincu, et en eut deux fils, Ajax et Teucer. Ajax, le cousin d'Achille, fut après lui le plus vaillant des Grecs; il disputa les armes du fils de Pélée à Ulysse, qui lui fut préféré; dans sa fureur, il se tua, donnant ainsi le premier exemple de suicide dont l'histoire fasse mention. Teucer, qui se présenta devant son père sans avoir vengé son frère, fut chassé par lui, et alla conquérir l'île de Chypre (1).

« Ainsi, dit M. Fortoul, de ce point imperceptible de la Grèce, qui s'appelle Égine, est sortie toute la race des héros qui ont prélude aux illustrations politiques de la Grèce. Tous ces grands hommes portent le nom général d'Éacides. Leurs images sont déposées dans les temples d'Égine, et ont la réputation de rendre les Éginètes indomptables. La veille de la bataille de Salamine les Grecs envoient prendre les images des Éacides pour les porter au combat, et les Grecs sont vainqueurs (2) ».

PROSPÉRITÉ D'ÉGINE. — Lorsque l'invasion dorienne, provoquée par les Héraclides, bannis du Péloponnèse, vint renouveler la face de la Grèce et interrompre les progrès de cette civilisation naissante qu'elle devait à ses rapports avec l'Égypte et l'Orient, Égine reçut de nouveaux habitants. Une co-

---

toire de l'art grec d'après les marbres d'Égine, I, 28.
(1) Isocrate, *Evagoras*, 5.
(2) Apollodore, III, XI, 7.

(1) Hérodote, VIII, 46; Pausanias, II 29, 5; Cf. Raoul Rochette, *Col. Grecq.*, II, 218.
(2) *De l'Art en Allemagne*, I, p. 28.

lonie, conduite par l'Argien Triacon, partit d'Épidaure, port de l'Argolide, et vint s'établir à Égine. Les anciens habitants de l'île eurent bientôt opéré une fusion complète avec les nouveaux possesseurs ; ils quittèrent à tout jamais leur premier nom de *Myrmidons,* pour prendre celui d'Éginètes (Αἰγινῆται), devinrent Doriens de mœurs et de langage, et reconnurent pour métropole Épidaure, dont ils acceptèrent la souveraineté. Au nombre des successeurs des Héraclides, qui avaient conquis le Péloponnèse, figura Phidon, roi d'Argos, qui vivait vers l'an 895 av. J.-C. Parmi les différentes institutions qu'on attribue à ce prince on doit compter celle de la monnaie, dont il passe pour l'inventeur, et dont il donna le privilége à Égine ; d'où l'on peut conclure que cette île faisait partie de ses États et que les arts y étaient déjà cultivés avec succès dès cette époque.

Égine, placée à l'entrée du golfe Saronique, était environnée des villes les plus florissantes par leur industrie et par leur commerce : Athènes, Éleusis, Mégare, Corinthe, Épidaure, Trœzène. Elle avait devant elle, du côté de la mer, les Cyclades, la Crète, Rhodes et Chypre, placées entre la Grèce et l'Asie ; cette île se trouvait ainsi sur la route que suivaient les nombreux navires qui allaient des îles de l'Archipel au continent de la Grèce, et du continent aux îles de la Méditerranée et aux entrepôts de la mer Noire. Égine possédait sur sa côte occidentale trois ports contigus. Le plus fréquenté, suivant Pausanias, était celui près duquel s'élevait le temple de Vénus. Outre les avantages de leur position, les Éginètes étaient encore poussés vers les entreprises maritimes par le peu d'étendue et de fertilité de leur territoire. Aussi les voit-on de bonne heure tourner leurs efforts du côté de la navigation. Dès le temps de la guerre de Troie, Égine possédait une marine, et ses navires allèrent à cette expédition, sous la conduite du vaillant Diomède (1). Antérieurement à cette époque, elle avait, comme la plupart des autres îles, exercé la piraterie. Mais elle y avait renoncé depuis que Minos, à la tête des flottes crétoises, avait rétabli la police et la sûreté des mers (1). Plus tard, les Éginètes, pour se rendre en Élide, avaient doublé plusieurs fois le cap Malée, célèbre par mille naufrages, et celui du Ténare, dont l'aspect seul faisait pâlir les navigateurs grecs les plus expérimentés. De bonne heure la marine d'Égine laissa loin derrière elle celle des autres puissances de la Grèce occidentale. Cette supériorité, elle la devait à la hardiesse de ses marins et à l'habileté de ses constructeurs. Tandis que les autres Grecs n'avaient encore que des vaisseaux ronds, Égine possédait des galères longues, dont les rames étaient plus longues aussi, et dont la proue et la poupe étaient travaillées avec une science et un art déjà assez avancés. Les Éginètes étendirent au loin leurs opérations commerciales : ils fondèrent Cydonie, dans l'île de Crète, déjà peuplée de colonies doriennes, et envoyèrent une colonie chez les *Ombrici* en Italie (2). Bientôt aussi ils se dirigèrent vers les côtes de l'Égypte, à l'époque où le pharaon Amasis, s'attachant à développer les relations que ses prédécesseurs avaient établies entre les Grecs et les Égyptiens, épousa lui-même une Grecque, et lui fit présent, pour ses compatriotes, du port de Naucratis, qui devait servir d'entrepôt à leur commerce. Il assigna, suivant Hérodote, à ceux qui ne voudraient pas fixer leur séjour dans ce port, et qui ne voyageraient en Égypte que pour leur commerce, des emplacements pour y établir leurs comptoirs et pour y élever des temples. Déjà les Samiens s'y étaient installés. Les Éginètes imitèrent leur exemple, et prirent à tâche de les effacer par leur magnificence. Ces deux peuples s'étaient rencontrés plusieurs fois sur la Méditerranée, où leur rivalité les mit souvent aux prises. Les proues des navires samiens capturées dans un combat naval, l'an 518 av. J. C., et consacrées, à Égine, dans le temple de Minerve, attestaient que les Éginètes avaient eu l'avantage (3) dans la lutte.

L'île des Éacides prenait donc rang parmi les puissances politiques de la

(1) Voy. Homère., *Il.* II,, 562 et suiv.

(1) Thucyd., I, 4.
(2) Strabon, VIII, 376, B, ed. Cas.
(3) Hérodote, III, 59.

ILE LE CHYPRE.

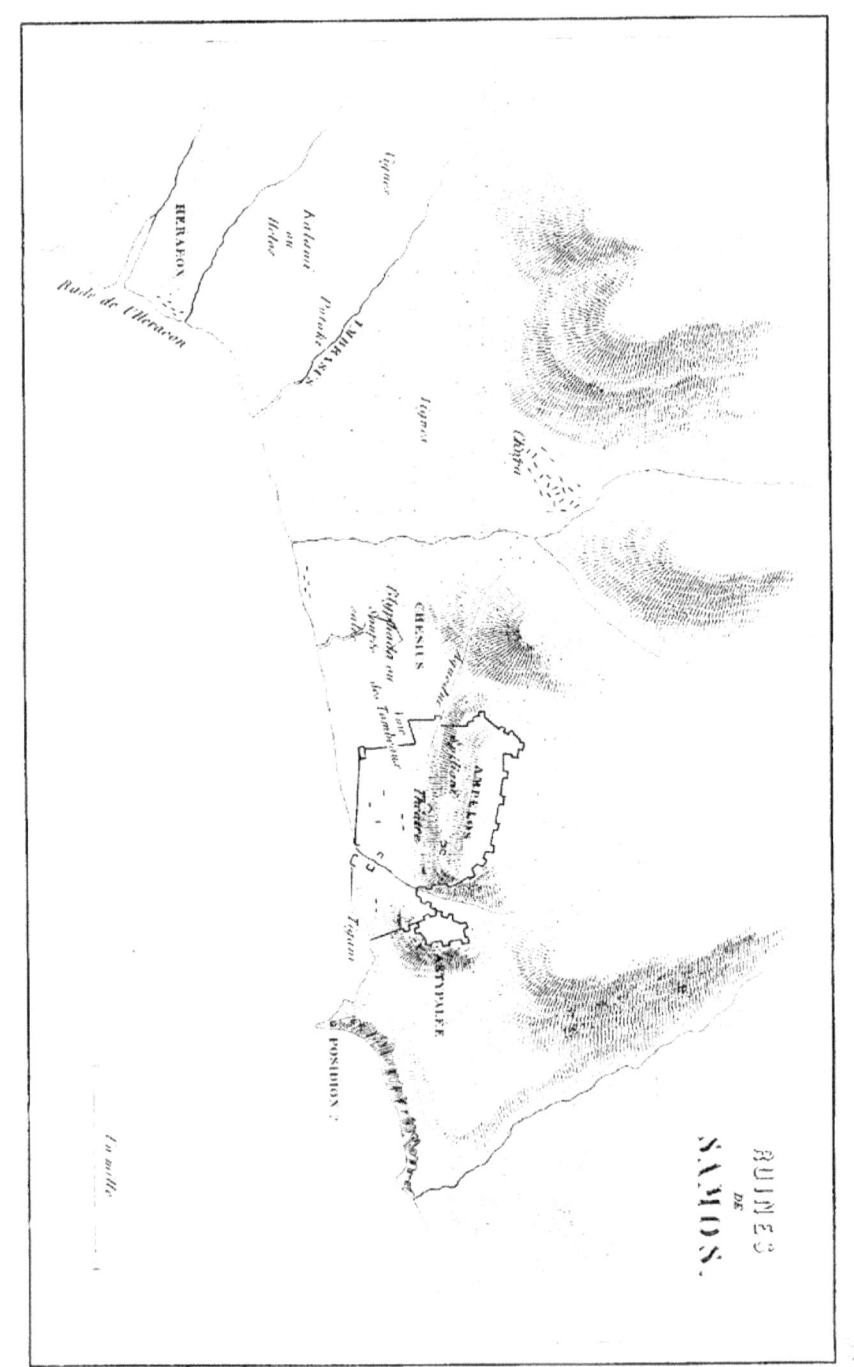

Grèce. Jusque alors les Éginètes avaient reconnu la souveraineté d'Épidaure, et leurs procès étaient jugés par les tribunaux de cette ville. Mais ce rôle secondaire et dépendant ne pouvait plus convenir ni à leur ambition ni à leur prospérité toujours croissante. Bientôt l'orgueilleuse colonie allait se révolter contre sa métropole, ravager son territoire, enlever ses dieux, et du même coup commencer contre Athènes cette guerre implacable, qui, née avec la haine de la race dorienne contre la race ionienne, devait traverser l'invasion Persique, et ne se terminer que par l'anéantissement des Éginètes. Un motif religieux servit de prétexte aux hostilités. Les Épidauriens, affligés d'une grande stérilité, avaient consulté l'oracle de Delphes. Le dieu leur avait ordonné d'ériger à Damia et Auxesia, divinités qui étaient les mêmes que Cérès et Proserpine, des statues sculptées en bois d'olivier sauvage. Les Épidauriens, persuadés que les oliviers de l'Attique étaient les plus sacrés, demandèrent aux Athéniens d'emprunter cette offrande à leur sol. Les Athéniens y consentirent, à la condition que tous les ans les Épidauriens amèneraient des victimes à Minerve Polias et à Érechthée.

Rivalité d'Égine et d'Athènes. — Ce pacte religieux et politique était fidèlement observé, lorsque les Éginètes, devenus maîtres de la mer, armèrent une flotte, déclarèrent la guerre aux Épidauriens, ravagèrent leur territoire, et enlevèrent les statues consacrées, qu'ils placèrent dans un lieu appelé OEa, environ à vingt stades de leur ville. Après s'être ainsi emparés des divinités protectrices de leur métropole, ils consacrèrent à chacune d'elles des chorèges, et instituèrent en leur honneur des sacrifices, et des chœurs de femmes qui s'adressaient des invectives, à l'imitation des cérémonies observées à Épidaure. Les Épidauriens depuis l'enlèvement des statues sacrées cessèrent de s'acquitter des sacrifices dont ils étaient convenus avec les Athéniens. Aux menaces d'Athènes, Épidaure répondit que tant qu'elle avait possédé les divinités tutélaires, les engagements avaient été remplis, mais que désormais les Éginètes, qui les avaient ravies, devaient payer le tribut. Les Athéniens envoyèrent à Égine demander les statues; les Éginètes accueillirent la réclamation par un défi. Une flotte athénienne vint bientôt opérer une descente dans l'île et tenter de reprendre à main armée les statues contestées. Les Éginètes, avertis du projet d'Athènes, avaient fait une alliance avec les Argiens, qui s'embarquèrent à Épidaure, et vinrent réunir leurs forces à celles d'Égine. Ils tombèrent à l'improviste sur les Athéniens, au moment où, croyant ne rencontrer aucune résistance, ils avaient passé des cordes autour des statues et, cherchant à les enlever de leur base, les avaient contraintes à s'agenouiller sous leurs efforts, posture, ajoute Hérodote (1), qu'elles ont conservée depuis cette époque. Les dieux, irrités d'une telle profanation, firent trembler la terre sous les pas de l'armée sacrilège, qui fut anéantie aux lueurs de la foudre. Un seul homme survécut pour aller annoncer à Athènes la vengeance céleste; et encore, pour que l'expiation fût complète, au moment où il racontait ce désastre, les femmes de ceux qui avaient été de l'expédition s'attroupèrent autour de lui, et lui demandant compte de la mort de leurs maris, le firent périr en le piquant avec les agrafes de leurs robes. L'atrocité de cette action parut aux Athéniens encore plus déplorable que leur défaite même, et ne sachant quelle autre punition infliger aux coupables, ils les obligèrent à prendre les habits des Ioniennes. Elles portaient auparavant l'habillement dorien. On changea donc leur ancien vêtement en tuniques de lin, afin de supprimer les agrafes homicides. Les Argiens, au contraire, ainsi que les Éginètes, en souvenir de cette action, qui complétait leur vengeance, décidèrent qu'à l'avenir leurs femmes porteraient des agrafes une fois et demie plus grandes qu'auparavant; que la principale offrande des femmes aux déesses Damia et Auxesia consisterait en agrafes consacrées; que dans la suite on n'offrirait à leur temple aucune chose qui vînt de l'Attique, pas même un vase de terre, et que dans les sacrifices aucune libation

(1) Hérodote, V, 79-90.

ne pourrait être faite qu'avec des coupes du pays. Telles furent les premières hostilités d'Égine et d'Athènes ; ainsi prit naissance la haine de ces deux cités, que la religion, l'instinct de races ennemies, et surtout la rivalité d'industrie, d'art et de commerce devaient constamment mettre aux prises.

Après la réduction de Chalcis en Eubée par les Athéniens (506 av. J.-C.), les Thébains, cherchant à tirer vengeance de cette victoire, envoyèrent consulter le dieu de Delphes. La Pythie leur répondit qu'ils ne pourraient se venger par eux-mêmes, et leur conseilla de s'adresser à *leurs plus proches*. Le peuple s'assembla, et les avis se partagèrent sur la question de savoir quel peuple désignait ainsi l'oracle. Un citoyen se leva s'écriant : « Égine et Thébé, filles d'Asopus, étaient sœurs. Le dieu nous ordonne de prier les Éginètes de nous venger. » Les Thébains envoyèrent immédiatement demander le secours des citoyens d'Égine. Ceux-ci, fiers de leurs richesses, et animés par leur ancienne inimitié contre Athènes, se rendirent aux prières des Thébains, et, sans aucune déclaration de guerre, commencèrent immédiatement les hostilités. Leur flotte vint opérer une descente dans l'Attique, et en dévasta les côtes. Les Athéniens se préparaient à tirer vengeance de cette agression, lorsqu'il survint de Delphes un oracle qui leur ordonnait de suspendre le châtiment des Éginètes pendant trente ans à compter de leurs premières insultes. Si, après avoir élevé un temple à Æacus, ils les attaquaient la trente et unième année, l'oracle leur promettait la victoire. Les Athéniens construisirent le temple, et attendirent (1). Ce fut dans l'intervalle de cette trêve entre les deux puissances rivales (493 av. J.-C.) que les hérauts de Darius vinrent demander en son nom aux Grecs la terre et l'eau en signe de soumission. Plusieurs peuples du continent et la plupart des insulaires obéirent. L'oligarchie d'Égine, dorienne de mœurs et d'instincts, et par conséquent ennemie de la démocratie ionienne, que le grand roi voulait châtier, se sentait plus disposée à s'unir aux Perses qu'à les combattre : elle donna au lieutenant de Darius le gage de servitude. A peine cet acte fut-il connu dans la Grèce, que les Athéniens accusèrent à Sparte les Éginètes de trahison envers la Grèce. Sur cette accusation (492 av. J.-C.), Cléomène, fils d'Anaxandridas, roi de Sparte, passa à Égine pour arrêter les instigateurs de la défection. Comme il se disposait à les saisir, toute l'aristocratie de l'île s'y opposa, et, entre tous, Crios, fils de Polycrite, qui, agissant d'après le conseil de Démarate, l'autre roi de Lacédémone, lui dit qu'il n'emmènerait impunément aucun habitant d'Égine ; qu'il agissait ainsi sans l'aveu de la république de Sparte et seulement à l'instigation des Athéniens, qui l'avaient gagné à prix d'argent ; qu'autrement il serait venu avec l'autre roi pour les arrêter. Cléomène, étonné de cette opposition énergique, lui demanda son nom. « Je m'appelle Crios » dit l'Éginète. — « Eh bien, Crios, repartit Cléomène, arme bien tes cornes, car tu auras à lutter contre un rude adversaire. » Crios en grec signifie bélier (1).

Cléomène, ayant réussi à faire déposer Démarate, fit nommer roi à sa place Léotychide, et marcha avec lui contre les Éginètes. Ceux-ci, voyant venir contre eux les deux rois de Lacédémone, ne crurent pas devoir tenter une plus longue résistance. On choisit dix des citoyens les plus distingués par leur naissance et par leurs richesses, et ils furent remis entre les mains des Athéniens, leurs plus grands ennemis. Parmi ces otages se trouvait Crios, dont Cléomène s'était ainsi vengé (491 av. J.-C.) (2).

Après la mort de Cléomène, les Éginètes envoyèrent à Sparte des députés pour accuser Léotychide au sujet de la détention de leurs otages à Athènes. Les juges s'étant assemblés décidèrent que les Éginètes avaient été traités indignement par Léotychide, et le condamnèrent à être remis entre leurs mains. Les Éginètes, craignant qu'un jour la colère des Spartiates ne vînt à se réveiller, renoncèrent à l'exécution du jugement, à condition que Léotychide les suivrait à Athènes pour faire

(1) Hérodote, V, 79 et suiv.

(1) Hérodote, VI, 49, 50.
(2) Hérodote, VI, 73.

délivrer leurs concitoyens. Ce prince alla vainement redemander aux Athéniens les otages. Les Éginètes alors se disposèrent à se venger. S'étant mis en embuscade, ils enlevèrent, à la hauteur du promontoire Sunium, *La Théoris*, cette galère à cinq rangs de rames qui tous les ans allait à Délos accomplir le vœu de Thésée, et mirent aux fers les citoyens les plus distingués d'Athènes, qui montaient le vaisseau. Les Athéniens mirent tout en œuvre pour tirer vengeance de cet attentat. Ils soulevèrent la démocratie d'Égine contre l'oligarchie qui la gouvernait. Nicodrome, citoyen appartenant à l'aristocratie, mécontent de ses compatriotes, s'était d'abord banni lui-même de sa patrie. Instruit des projets des Athéniens, il leur promit de leur livrer Égine. Au jour dit, Nicodrome s'empara, ainsi qu'il avait été convenu dans le complot, de cette partie d'Égine qu'on appellait la vieille ville. Mais la flotte d'Athènes, forte cependant de soixante-dix vaisseaux, se trouva trop inférieure à celle des Éginètes pour livrer le combat : l'insurrection fut écrasée. Nicodrome s'enfuit sur une barque jusqu'à Sunium, où il trouva un asile, et l'aristocratie éginète répondit à la révolte par le massacre. Exaspérée à la fois par la haine et par le succès, elle accomplit un sacrilége qui laissa parmi les Grecs un long et odieux souvenir. Comme on conduisait au supplice sept cents hommes du peuple qui avaient été faits prisonniers, un d'entre eux s'échappa des liens qui le retenaient, et se réfugia dans le temple de Cérès-Thesmophore. Il saisit le marteau de la porte, et s'y tint fortement attaché. Les exécuteurs réunirent tous leurs efforts pour lui faire lâcher prise. Comme on n'y pouvait réussir, et qu'il fallait à la fois observer le droit d'asile et satisfaire la vengeance des grands, on scia au fugitif ses mains suppliantes, et elles restèrent attachées à la poignée de la porte pendant que le malheureux fut traîné au supplice. Les nobles, dit Hérodote (1), ne purent expier un tel sacrilége par aucun sacrifice, et furent chassés de l'île avant d'avoir apaisé la colère de Cérès-Thesmophore.

La flotte des Athéniens, renforcée de quelques vaisseaux de Corinthe, se décida enfin à livrer le combat ; elle remporta une victoire complète, et les Éginètes furent réduits à implorer le secours des Argiens, qui permirent seulement à mille volontaires, commandés par Eurybate, de passer au service d'Égine. Cette petite armée, défaite dans l'île par les Athéniens, fut exterminée presque entière, après avoir perdu son chef. Mais la flotte d'Égine reprit le dessus ; profitant de la négligence et de la confiance extrêmes des Athéniens, elle les surprit, les mit en déroute, et enleva quatre vaisseaux avec les troupes qui les montaient (1).

Ce fut au milieu de ces alternatives de victoires et de défaites des deux puissances rivales que Xerxès entraîna contre la Grèce toutes les forces de l'Asie. Les Grecs, réconciliés par le danger commun, coururent aux armes, et lorsque la flotte médique pénétra dans le golfe d'Égine, elle n'y trouva que des ennemis. A la journée de Salamine, le 30 septembre de l'an 480 av. J.-C., ce furent les quarante-deux trirèmes d'Égine, les meilleures voilières de toute la Grèce, dit Hérodote (2), qui décidèrent la victoire. Elles occupaient l'aile droite de la flotte confédérée (3). Le reste de la marine éginète avait été laissé en croisière pour protéger l'île.

Au moment où les Perses, mis en fuite, tâchaient de gagner le port de Phalère, les Éginètes, placés dans le détroit, les reçurent avec vigueur. Poursuivis impitoyablement par les Athéniens, les barbares n'échappaient à leurs armes que pour tomber sous les coups des Éginètes.

Parmi les Grecs qui se signalèrent à la journée de Salamine nous retrouvons un descendant de Crios, cet opiniâtre ennemi d'Athènes. Polycrite, son fils, avait attaqué un vaisseau sidonien et le pressait vivement. Au plus fort de l'engagement paraît Thémistocle, lancé à la poursuite des Perses. Polycrite reconnaît le vaisseau amiral d'Athènes à la figure dont il est orné. Il appelle alors à haute voix Thémistocle, et, sans cesser de com-

(1) Hérodote, IV, 85, 93.

(1) Hérodote, IV, 85-93.
(2) Hérodote, VIII, 46.
(3) Diodore de Sicile, XI, 19.

battre : « Chef des Athéniens, lui crie-t-il, reconnais l'attachement qu'Athènes reproche aux Éginètes pour les Mèdes. » A ces mots il s'élance à l'abordage sur le vaisseau sidonien, et s'en empare.

Après la victoire, on décerna le prix de la valeur aux Éginètes. Au second rang vint Athènes (1). Ces héros de la journée de Salamine n'étaient pas seulement épris de la gloire; restés fidèles à leur instinct commercial, ils surent tirer profit de leur triomphe. Les prémices de l'immense butin ayant été envoyées à Delphes, les Grecs demandèrent au dieu, au nom de tous les confédérés, s'il en avait reçu de complètes et qui lui fussent agréables. Le dieu répondit qu'il en avait reçu de tous les Grecs, excepté des Éginètes, dont il exigeait un présent, parce qu'ils s'étaient distingués entre tous au combat de Salamine. Sur cette réponse, les Éginètes furent contraints de faire leur tardive offrande, et consacrèrent au dieu trois étoiles d'or élevées sur un mât d'airain (2), hommage forcé et peu coûteux. Ils conservèrent ainsi la plus grande partie des dépouilles médiques, et ils grossirent encore leur lot par une habile spéculation que leur suggéra leur esprit mercantile. Après la bataille de Platée (479 av. J.-C.), les Ilotes chargés par Pausanias de réunir en un seul lieu tout le butin fait sur les barbares en détournèrent une grande partie, qu'ils vendirent aux Éginètes. Ceux-ci profitant de l'ignorance de ces esclaves, leur achetèrent des masses d'or au même prix que si c'eût été du cuivre (3).

La puissance d'Égine était arrivée à son apogée. L'île comptait au moins 5,000 citoyens. A cette population libre et indigène il faut ajouter un grand nombre d'étrangers domiciliés et une multitude prodigieuse d'esclaves, qui s'élevait au nombre de 470,000, si le calcul d'Aristote dans Athénée est exact (4). Cette prospérité devait nécessairement, une fois le danger commun évanoui, ranimer les rivalités des deux peuples. Les Athéniens tournèrent tous leurs efforts vers l'accroissement de leur marine. Ils eurent jusqu'à quatre cents trirèmes. Alors Athènes pouvait écraser Égine. Tous les moyens lui furent bons pour satisfaire sa vengeance; elle déploya à l'égard de son antique ennemie un si grand acharnement, qu'il devint proverbial, et qu'Aristote en fait un exemple de lieu commun dans sa Rhétorique (1). Ce fut entre les deux cités une guerre d'extermination. Périclès avait dit, en parlant d'Égine, qu'il fallait détruire cette taie placée sur l'œil du Pirée (2). Dès que la guerre eut recommencé, elle fut marquée par d'atroces cruautés; les Athéniens firent couper le pouce de la main droite à tout Éginète fait prisonnier, afin de le mettre dans l'impossibilité de se servir de la lance, sans pourtant que cette mutilation l'empêchât de manier la rame sur les galères athéniennes, où il serait employé comme esclave (3). En présence d'un tel adversaire, les Éginètes auraient dû faire cesser leurs différends. Loin de là, leur cité se déchirait de ses propres mains, et préparait par ses dissensions, la victoire d'Athènes.

En 457 (av. J.-C.) les Athéniens, commandés par Léocrate, livrèrent à la flotte éginète une bataille décisive. La victoire des Athéniens fut complète, et soixante et dix trirèmes capturées sur l'ennemi en furent le prix; ils poursuivirent jusqu'à terre les vaincus, et vinrent mettre le siége devant la ville (4). Les Éginètes firent une défense héroïque et désespérée. Tous leurs efforts échouèrent devant l'acharnement des Athéniens. En vain les Péloponnésiens firent-ils passer à Égine trois cents hoplites qui occupèrent les hauteurs de la Géranie; en vain les Corinthiens, alliés d'Égine, essayèrent-ils une diversion, en opérant une descente dans la Mégaride, les Athéniens, malgré la faiblesse à laquelle les réduisaient les troupes nombreuses qu'ils avaient en Égypte, ne rappelèrent pas un soldat d'Égine. Leurs enfants et leurs vieillards prirent l'épée, quittèrent Athènes, et allèrent secourir Mégare sous le

(1) Hérodote, VIII, 91, 92, 93.
(2) Hérodote, VIII, 122.
(3) Hérodote, IX, 79.
(4) Athén. Deipn., liv. VI, ch. xx; — Voy. aussi Bœck, Économie politique des Athéniens, I, 7.

(1) Arist., Rhét., liv. II, ch. xxii.
(2) Plutarque, Périclès, 8; Démosthène, 1.
(3) Cicéron, de Officiis, liv. III, ch. 11.
(4) Diodore de Sicile, XI, 78.

commandement de Myconides (1). Enfin les Éginètes, réduits à la dernière extrémité, durent consentir à une capitulation : ils furent contraints de raser leurs murailles et de payer au vainqueur un tribut annuel (2).

Quelque temps après, la guerre du Péloponnèse éclata; Égine reprit quelque espérance. Pendant le siége de Potidée (430 av. J.-C.) les Éginètes avaient travaillé secrètement avec les Corinthiens à hâter la rupture de Sparte et d'Athènes (3). Les Athéniens, instruits de ces manœuvres, les accusèrent de conspirer avec Lacédémone, opérèrent une nouvelle descente dans l'île, chassèrent sans pitié les habitants, femmes, enfants et vieillards, et distribuèrent leurs terres aux colons ou *clérouques*, citoyens pauvres de l'Attique, qu'on envoyait habiter le territoire des vaincus. Les Lacédémoniens, en haine d'Athènes, et par reconnaissance des secours qu'ils avaient reçus des Éginètes lors de l'insurrection des Ilotes, accueillirent les fugitifs, et leur donnèrent pour séjour Thyrée, dont le territoire fertile confine à l'Argolide et à la Laconie, en descendant jusqu'à la mer. Une partie des Éginètes s'y établirent; les autres se dispersèrent dans le reste de la Grèce (4). Mais peu d'années après leur établissement à Thyrée les Athéniens les attaquèrent de nouveau. A leur approche, les Éginètes abandonnèrent le mur de fortification qu'ils construisaient sur le bord de la mer, et tentèrent de défendre la ville haute. Abandonnés d'une partie de la garnison lacédémonienne, ils succombèrent bientôt dans cette lutte désespérée. Les Athéniens débarquèrent avec toutes leurs forces, accablèrent les assiégés sous leur nombre, et réduisirent la ville en cendres, après l'avoir mise au pillage. Ils emmenèrent prisonniers tous ceux des soldats d'Égine qui n'avaient pas péri dans l'action, et, revenus à Athènes, ils les livrèrent au bourreau (5). Quelques années plus tard (404 av.

J.-C.), après la journée d'Ægos-Potamos, quand le vaisseau paralien arriva apportant la désastreuse nouvelle, et annonçant l'arrivée de Lysandre, on se souvint du massacre des Éginètes : « Cette nuit-là personne ne dormit, dit Xénophon; ils pleuraient les morts, et se demandaient comment les Lacédémoniens allaient venger leurs amis les citoyens d'Égine exterminés (1). Lysandre, maître d'Athènes, réunit les débris épars de la population éginète, et les rétablit dans leur patrie.

L'île d'Égine recouvra alors un semblant de nationalité, pâle reflet cependant de sa splendeur évanouie. Réduite à subir la protection dominatrice de son ancienne alliée, elle devint tributaire de Sparte, et dut accepter la tutelle d'un *harmoste* lacédémonien. Ses marins formèrent les équipages des flottes lacédémoniennes, et elle devint un centre d'opérations maritimes contre l'Attique. Protégés par la puissance de Sparte, les corsaires d'Égine firent la course contre les navires d'Athènes, et allèrent enlever jusque dans le Pirée les trirèmes, les vaisseaux de commerce et les barques de pêcheurs. Mais bientôt Athènes se releva de son abaissement, et reprit sa supériorité sur Égine, qu'elle rendit de nouveau tributaire, après la victoire navale remportée à Naxos sur les Lacédémoniens par Chabrias (376 av. J. C.).

Depuis cette dernière et suprême lutte contre les armes athéniennes jusqu'à la réduction de la Grèce en province romaine, l'existence d'Égine se révèle à peine dans l'histoire. Lors du siège d'Athènes par Cassandre (319 av. J.C.), ce prince fait de cette île sa place d'armes; elle reste sous la domination des rois de Macédoine jusque vers l'an 233 av. J. C., époque à laquelle elle entre avec Athènes dans la Ligue achéenne.

Enfin, lors des guerres des Romains contre Philippe, après avoir tenté un essai de résistance, les Éginètes sont réduits à la prière. Ceux d'entre eux qui n'avaient pu trouver leur salut dans la fuite se présentent en suppliants devant le général romain, Publius Sulpitius, pour obtenir de lui la permission d'envoyer des députés vers leurs alliés, afin de

---

(1) Thucydide, I, 105.
(2) Id., I, 108.
(3) Id., I, 67.
(4) Id., II, 27.
(5) Id., IV, 57 et suiv.

(1) Xénophon, *Helléniques*, II. 2.

rassembler le prix de leur rançon. Publius leur fait d'abord durement sentir leur défaite et leur impuissance. Le lendemain, cependant, ayant réuni tous les captifs, il leur dit que les Éginètes ne sont dignes d'aucune pitié ; mais que cependant, par considération pour les autres Grecs, il leur permet de donner à quelques-uns d'entre eux la mission de recueillir l'argent nécessaire à leur rachat (1). La rançon, il paraît, ne put être réunie, et les débris de ce peuple qui avait possédé 470,000 esclaves furent livrés comme appoint d'un traité, par le Romain Sulpitius, aux Étoliens, qui les vendirent au roi Attale pour la faible somme de 30 talents (environ 160,000 francs) (2).

Dans toute la suite de cette guerre, Égine servit de quartier général aux Romains, à Attale, aux Rhodiens, dans leurs opérations maritimes contre la Macédoine. Après la chute du royaume de Pergame, elle tomba sous la domination du sénat, qui lui laissa son administration particulière. Plus tard Marc-Antoine fit don de l'île aux Athéniens, qui l'avaient flatté (3).

Cette période obscure de l'histoire d'Égine a été éclaircie de la manière la plus heureuse par les recherches de M. Philippe Lebas, dans son savant travail sur une inscription grecque d'Égine, extrait du tome II des *Nouvelles Annales* pu-

(1) Polybe, IX, 42.
(2) Polybe, XXIII, 8.
(3) Dapper (*Description des Iles de l'Archipel*) parle d'un tremblement de terre qui aurait renversé la capitale de l'île, et touché de compasssion l'empereur Tibère au point qu'il aurait accordé aux habitants une immunité d'impôts de trois ans. Ce malheur fut peut-être le seul qui manqua dans la longue série d'infortunes que parcourut Égine depuis sa déchéance. C'est à *Ægium*, ville de l'Achaïe, confondue par quelques traducteurs de Tacite avec Égire, ville du même pays, et de là, par similitude, avec Égine, que se rapporte le fait que nous venons d'énoncer. (Voy. Tacite, *Annales*, IV, 13.) En terminant cette note, nous voyons que nous sommes rencontré avec M. Ph. P. Lebas, qui avait constaté la même erreur, et l'avait rectifiée dans son travail sur une inscription grecque d'Égine, extrait des *Annales de l'Institut Archéologique*.

bliées par la section française de l'*Institut archéologique*. « Il me reste, dit-il, à résumer en peu de mots les différentes questions qui ont été discutées dans ce mémoire, et à constater quelles nouvelles lumières l'archéologie et l'histoire doivent aux deux décrets que je viens d'examiner.

« On ignorait jusqu'ici quelles avaient été les destinées politiques de l'île d'Égine depuis 405 avant J.-C jusqu'à l'époque où elle s'associa à la ligue achéenne. On savait bien qu'en 376 elle était encore dans la condition où l'avait placée Lysandre après la bataille d'Ægos-Potamos, puisque le Spartiate Pollis vint y mouiller, et tint de là Athènes assiégée (1). On avait bien aussi quelque soupçon, d'après un passage d'Aristote, que Charès, en 367, l'avait rendue à Athènes ; et l'Éginétique d'Isocrate, qui suppose des relations intimes entre Égine et Athènes, l'exil de Demosthène à Égine, d'où il fut, par ordre du gouvernement, ramené en Attique sur une galère de l'État (2), enfin l'asile qu'Hypéride, Aristonique de Marathon, Himérée, frère de Démétrius de Phalère, et d'autres encore vinrent chercher dans l'*Æaceium*, d'où Archias les arracha, soit par force, soit par ruse (3), prêtaient à cette opinion quelque vraisemblance ; mais comme ensuite l'histoire montrait Égine occupée par ceux des successeurs d'Alexandre qui furent en guerre avec Athènes, et leur servant d'arsenal et de point d'attaque, les uns avaient supposé que le fait en question se rapportait à une autre époque (4), d'autres l'avaient considéré comme incertain (5).

« Aujourd'hui, ce me semble, d'après les nouvelles lumières que jette sur cette question le décret en l'honneur du stratége pergaménien, il n'est plus permis de douter qu'Égine n'ait été reconquise par Athènes en 367, grâce au courage et aux talents militaires de Charès, et

(1) Xén., *Hell.*, liv. V, ch. iv, § 61.
(2) Plut., *Vie de Dém.*, ch. xxvi et xxvii.
(3) Ibid., ch. xxviii, et Arrien, *Succ. d'Alex.*, dans la Bibl. de Photius, Ms. XCII.
(4) Voy. Casaub. sur Polyb., p. 185 ; Gronov. Wesseling sur Hérod., p. 479 ; Schneider sur Xén., *Hell.*, p. 209.
(5) Voy. M. Müller, p. 191.

conservée, malgré les tentatives de révolte des habitants, grâce à la fermeté et à l'énergie de ce général; que dans ces jours malheureux où Antipater persécuta les derniers défenseurs de la liberté d'Athènes, cette île appartenait encore aux Athéniens; qu'à partir de cette époque, souvent occupée de vive force, mais toujours temporairement, tantôt par Cassandre, tantôt par Démétrius, Égine dut relâcher de plus en plus le lien qui l'unissait à Athènes, sans cependant le rompre entièrement. Aussi la voyons-nous, dès qu'Athènes est délivrée par Aratus, s'unir, sans doute à son exemple, aux Achéens, dont le chef héroïque vient de rendre l'indépendance à la ville de Périclès. Bien qu'affranchie en quelque sorte par l'extrême faiblesse où est tombée Athènes, et par ce dernier acte qui la fait entrer comme état libre dans une confédération puissante, Égine n'en conserve pas moins l'organisation et les institutions que Charès lui a données, et la prudente politique des rois de Pergame, quand ils l'achètent des Étoliens, ne change rien en apparence à cet état de choses, qui se maintient pendant tout le temps de leur domination. Seulement un gouverneur militaire, envoyé par eux, représente leur autorité dans l'île, et leur en garantit l'obéissance. De leur côté, les habitants apportent à leurs institutions religieuses quelques modifications, qui ont pour but de flatter leurs dominateurs. Lorsque, en 130 avant J.-C., le dernier rejeton des Attalides eut succombé sous les efforts de Rome, Égine, qui sans doute lui était restée fidèle, est envahie par les anciens partisans de la ligue achéenne, probablement Doriens pour la plupart, qui s'étaient exilés lors de l'arrivée d'un maître. Une révolution politique s'opère dans l'île : elle redevient dorienne, et reste dans cette situation malgré la guerre de Mithridate, malgré les incursions des pirates, jusqu'au jour où Antoine la rend aux Athéniens, qu'Auguste en dépouille peu après. Alors l'île recouvre l'autonomie jusque sous Vespasien, qui la lui enlève encore une fois; mais Hadrien la lui rend, et elle en jouissait encore sous le règne de Caracalla.

« Ainsi avec le seul secours de quelques inscriptions, passablement mutilées, j'ai pu, avec une certaine certitude, restituer aux Éginètes près de six cents années de leur histoire (1). Je m'estime

(1) C'est ce que rendra sensible le tableau chronologique suivant, où j'indique par un astérisque les dates qui ne sont que conjecturales :

Av. J.-C. 367. Égine est reconquise par Charès, qui y reste probablement quelques années en station avec la flotte athénienne. — Rétablissement de la démocratie et des institutions athéniennes.
*366. Une conspiration éclate; elle est comprimée.
324. Démosthène exilé à Égine. Plut., *Dem.*, ch. XXVI.
323. Il est rappelé, et ramené sur un vaisseau envoyé par le gouvernement. *Ibidem*, ch. XXVII.
322. Hypéride est tué à Égine. *Ibid.*, ch. XXVIII.
318. Cassandre force les Éginètes à s'associer à lui. Diod. Sic., liv. XVIII, ch. LXIX.
307. Démétrius, sorti d'Égine et de Salamine, s'empare du Pirée. Polyen, liv. IV, ch. VII, § 5. Cf. Plut., *Dém.*, ch. VIII.
229. Athènes est délivrée du joug macédonien par Aratus. Égine s'unit à la ligue achéenne. Plut., *Arat.*, ch. XXXIV.
211. Elle est prise par Sulpicius et par les Étoliens, qui en chassent sans doute une garnison macédonienne.
211. Égine et ses habitants sont achetés par Attale Ier au proconsul Sulpicius et aux Étoliens. Polybe, XXIII, 8. — Émigration de la population dorienne. Voyez p. 134 et 139.
*210. Attale envoie un de ses gardes du corps pour gouverner l'île en son nom.
208. Attale vient à Égine. Tite-Live, XXVII, 30. Il y passe l'hiver avec P. Sulpicius. *Ibid.* 33, et XXVIII, 5.
207. P. Sulpicius ramène la flotte à Égine. Tite-Live, XXVIII. 7.
201. Attale et les Rhodiens, après avoir poursuivi Philippe III, qui se retire en Macédoine, vont mouiller à Égine, et de là le roi se rend à Athènes, où il est comblé d'honneurs. Polybe, XVI, 25, et Tite-Live, XXXI, 14. Il retourne auprès de sa flotte, et va chasser les garnisons macédoniennes qui occupent les îles. Tite-Live, *ibid.*, 15. Il s'arrête ensuite à Égine pour attendre les députés que de cette île il a envoyés en Étolie. *Ibid.*
*200 Philétère, fils d'Attale, est envoyé comme stratége à Égine.

d'autant plus heureux d'un pareil résultat, que jusqu'ici la plus grande obscurité avait régné sur cette époque, malgré les recherches consciencieuses du savant à jamais regrettable qui le premier s'est occupé de reconstituer les archives d'une contrée non moins illustre dans les fastes de la régénération de la Grèce que dans l'histoire de cette lutte solennelle et décisive où ses guerriers méritèrent le prix de la valeur à Salamine. »

ÉGINE DANS LES TEMPS MODERNES.

Sous les empereurs grecs, Égine traverse obscurément les longs siècles qui s'écoulent entre l'invasion des barbares et les croisades. Ce n'est qu'après la prise de Constantinople par Baudouin et les croisés en 1204 qu'il est de nouveau question de cette île. Lors du partage de l'empire grec, elle échut à la république de Venise, et Galeas Malatesta, gendre d'Antoine le Bâtard, seigneur d'Athènes, prit le titre de prince d'Égine (1). Venise y envoya ses provéditeurs, comme autrefois Sparte y avait placé ses *harmostes*, et sous l'impulsion d'une république de marchands le génie d'Égine se réveilla encore une fois. On vit renaître à la fois sa population et son commerce; elle alimenta avec Venise, sa suzeraine, les comptoirs de Tyr, Béryte, Alep, Constantinople, Sinope, Trébizonde, et les villes commerçantes situées aux embouchures du Phase et du Tanaïs.

198. Attale passe l'hiver à Égine. Tite-Live, XXXII, 39.

197. Attale est confirmé dans la possession d'Égine à la paix conclue par les Romains avec Philippe III.

192. Eumène s'arrête longtemps à Égine, incertain s'il doit retourner en Asie pour défendre ses États contre Antiochus ou rester auprès des Romains. Tite-Live, XXXVI, 42.

186. Cassandre proteste contre la vente d'Égine, et demande que l'île soit rendue à la ligue achéenne. Polybe, XXIII, 8, 9.

172. Eumène, attaqué et blessé par les émissaires de Persée, se réfugie à Égine. Tite-Live, XLII, 16.

*171. Philétère est rappelé; il est remplacé par Cléon, garde du corps du roi.

*155. Décret des Éginètes en l'honneur de Cléon.

*132. Le stratége pergaménien d'Égine se déclare pour Aristonique.

*131. Il lui envoie des secours levés en Achaïe.

*130. Défaite d'Aristonique. — Les Romains rétablissent en Grèce les confédérations κατὰ ἔθνος, celle des Achéens exceptée. Ces confédérations, qui sont doriennes, favorisent le retour des bannis d'Égine.

*129. Retour des Doriens à Égine; révolution dans l'île.

82 et suiv. L'île d'Égine est envahie par les pirates; la ville résiste.

*66. Décret en l'honneur de l'agoranome Diodore.

41. Antoine donne Égine aux Athéniens. Réaction athénienne.

30. Auguste hiverne à Égine; il écrit de cette île aux Athéniens.

11-74. Auguste enlève Égine aux Athéniens. Elle reste libre sous Vespasien.

74. Égine perd son autonomie sous Vespasien.

122. Elle la recouvre sous Adrien.

161-180. Elle en jouit encore sous Marc-Aurèle.

196-211. Sous Septime-Sévère.

211-217. Sous Caracalla.

Au seizième siècle, les Turcs ravirent à Venise cette possession; c'était le temps où sur toutes les plages, dans tous les replis de la Méditerranée le croissant faisait la guerre à la croix. Soliman II venait (l'an 1536 du Christ) de mettre en mer une flotte de 400 voiles, qui devait porter la guerre en Italie. Il alla d'abord ravager Corcyre, et dirigea ensuite sa route vers Égine. Par son ordre, le capitan-pacha Barberousse, le terrible héros des sanglantes légendes de l'époque, parut un matin avec toutes ses voiles devant le port de l'île (1538). Il envoya un héraut au gouverneur pour le sommer de se rendre. Sur son refus, l'attaque commença. En vain les Éginètes opérèrent une sortie dans laquelle ils firent un immense carnage des Turcs : écrasés par le nombre sans cesse renaissant de leurs ennemis, ils furent contraints de se replier dans la citadelle. Mais la ville et la forteresse furent en quelques heures réduites en cendres par l'artillerie de Barberousse. Tous les hommes furent massacrés jusqu'au der-

(1) Daru, *Hist. de Venise*, IV, 37.

nier, et les femmes et les enfants transportés avec le butin à Constantinople (1). L'amiral turc disait à cette occasion que la conquête de la plupart des îles de l'Archipel tombées en son pouvoir n'aurait de valeur à ses yeux qu'autant qu'il serait maître d'Égine. Lorsque François Morosini la reprit pour Venise, en 1654, elle était entièrement livrée à la barbarie musulmane, et servait de repaire aux corsaires de l'Archipel. La ville même s'était déplacée; elle avait quitté le bord de la mer, pour se transporter au centre de l'île, en gravir les rochers et se transformer à leur sommet en une forteresse redoutable, que ruinèrent les Vénitiens. En 1695, Morosini, secondé par Sébastien Mocenigo, préfet du golfe Adriatique, releva les ruines de la ville qu'il avait détruite, et construisit, pour défendre l'entrée du port contre les Turcs, une tour qui existe encore. Puis il transporta dans l'île une partie des habitants du Pirée, dont il avait rasé la forteresse. Venise vengeait Égine des dévastations d'Athènes. En 1699, après une longue guerre où l'empire ottoman vit commencer sa période de décadence, le traité de Carlowitz, qui réglait les possessions des Turcs, de l'empereur et de la république de Venise, laissa à cette dernière la souveraineté de l'île d'Égine (2).

Enfin, en 1714 l'île, dont la prospérité commençait à renaître, sous la protection vénitienne, se rendit sans coup férir aux Turcs, subjuguée par l'effroi que lui causèrent les massacres de Corinthe (3). Depuis cette époque Égine, ainsi que le reste de la Grèce, ne fit que payer des tributs et fournir des esclaves à la Turquie, jusqu'au moment où, levant l'étendard de la croix avec les marins d'Hydra et d'Ipsara, les Éginètes donnèrent le signal de l'insurrection, et commencèrent cette guerre justement appelée la guerre de l'indépendance. Le 8 juin 1828 le comte Jean Capo d'Istrias, proclamé président du gouvernement hellénique, en établit le siége à Égine, d'où il le transféra à Nauplie en juin 1829. Aujourd'hui Égine est une éparchie du département de l'Attique et Béotie.

ÉTAT DE LA CIVILISATION DANS L'ÎLE D'ÉGINE.

COMMERCE DES ÉGINÈTES. — L'île d'Égine, dont nous venons de suivre les luttes politiques depuis les premiers temps de l'histoire grecque, dut principalement sa prospérité à l'activité du génie de ses habitants, à la fois commerçants, industriels et artistes. Comptoir commun de la Grèce (1), Égine, qui jusqu'à la guerre du Péloponnèse conserva la liberté de commerce avec Athènes (2), voyait se centraliser chez ses *trapézites* ou banquiers toutes les transactions des peuples ses voisins. L'usage de la monnaie avait été importé chez les Éginètes par Phidon, roi d'Argos (3), et le change était resté une des branches les plus importantes de leurs profits commerciaux. La monnaie d'Égine était généralement plus forte que celle d'Athènes, ainsi que nous l'apprend Julius Pollux (4) : « La drachme éginétique était plus forte que la drachme attique, car elle valait dix oboles (on sait que la drachme attique valait six oboles). Les Athéniens l'appelaient drachme *épaisse* (forte), ne voulant pas la nommer drachme d'Égine, par haine des Éginètes. » Le même auteur ajoute plus loin : « Le talent attique valait soixante mines, mais le talent éginète en valait cent, selon la proportion établie. » Ce fait peut donner une idée de la richesse métallique des Éginètes.

Les vaisseaux d'Égine allaient chercher dans les ports de la Syrie et de l'Égypte la soie, les épices, les aromates, l'ivoire, les perles, les pierres précieuses, les substances tinctoriales de l'Inde; les riches étoffes de soie, d'or et d'argent de l'Assyrie et de la Perse; les parfums de l'Arabie; les éclatants tissus, les vases de bronze, et autres objets provenant des fabriques phéniciennes; les blés,

---

(1) Dapper, *Description des Îles de l'Archipel*, p. 280.
(2) Daru, *Hist. de Venise*, XXXIV, 8.
(3) Daru, *Id.*, id.

(1) Voy. Schol. Aristoph., ad *Ran.*, 363.
(2) Xénophon, *Helléniques*, liv. V.
(3) Le type des anciennes monnaies d'Égine était ordinairement une tortue ou une tête de bélier. (Voy. Ottfr. Müller, *Æginetica*, p. 56, 88 et suiv.)
(4) Jul. Pol., *Onom.*, IX, 76, 86.

le lin, brut et ouvré, le papyrus, le natron, les poteries fines, les verreries colorées ou gravées, et les dattes de l'Égypte; les esclaves noirs, l'ivoire, la poudre d'or et les parfums de l'Éthiopie, et enfin les précieuses marchandises de l'Inde et de la Perse, arrivant par le Phase et la mer Caspienne dans les ports de la mer Noire, d'où les navires éginètes emportaient aussi des fourrures, des pelleteries, des poissons salés, de la poix, des cordages, du bois de construction, du bétail, des laines, des blés, de la cire, du miel et des esclaves (1). Égine, dont les habitants ne méprisaient aucun moyen de s'enrichir, avait aussi donné à la fabrication et au commerce des poteries une extension qui lui avait valu dans l'antiquité l'épithète de χυτρόπωλις, *marchande de marmites* (2). Les ouvriers d'Égine possédaient aussi à un degré très-avancé l'art de la métallurgie, et Pline rapporte que bien que l'île ne renfermât pas de mines de cuivre, ses habitants travaillaient ce métal avec un art admirable. Il ajoute qu'à Égine se trouvait un bœuf de cuivre si bien fondu et ciselé qu'on le porta à Rome pour le placer au milieu du *forum boarium* (3).

Il serait assez difficile, par suite du défaut de documents authentiques, d'évaluer d'une manière bien exacte l'étendue des richesses de l'île; on peut néanmoins s'en faire une idée en calculant la valeur des esclaves qu'elle possédait. Selon Xénophon et d'autres écrivains, le prix moyen d'un esclave était de quatre *mines*; ainsi les quatre cent soixante-dix mille esclaves d'Égine représentaient un capital d'environ 174 millions de notre monnaie. Cette somme était énorme dans un temps où une fortune de 70 à 100 talents (390 à 550 mille francs) passait à Athènes pour considérable (4).

LES LETTRES A ÉGINE. — Égine retentit des accords sublimes de la lyre de Pindare. Ce chantre de la gloire y vint célébrer au foyer de Lampon, un des plus illustres citoyens de l'île, les victoires que les fils de ce dernier, Pythias et Phylacidas, avaient remportées aux jeux Néméens et Isthmiques. Peu d'années séparaient cette solennité de la bataille de Salamine. Le poëte saisit cette occasion pour exalter la valeur des Éginètes dans les temps héroïques et à l'époque actuelle. Après avoir rappelé les héros dont les exploits inspirent les chants de la Muse dans les autres cités de la Grèce, il s'exprime ainsi : « Mais c'est dans OEnone que sont célébrés les grands cœurs d'Éaque et de ses enfants; ceux qui marchent avec Hercule et les Atrides ont deux fois renversé par leurs armes la ville des Troyens. Muse, prends maintenant ton essor, et redis-moi qui a tué Cycnus, qui a tué Hector, et l'intrépide chef des Éthiopiens, Memnon à l'armure d'airain; dis-moi qui blessa de sa lance le vaillant Télèphe sur les rives du Caïcus. Le nom de la patrie des auteurs de tant d'exploits est dans toutes les bouches. C'est Égine, l'île noble et gracieuse, Égine, qui depuis longtemps s'élève comme une tour puissante, fortifiée par des vertus trop hautes pour qu'on puisse y atteindre. Ma langue, déliée par la Muse, pourrait faire entendre encore plus d'un trait à sa louange; et aujourd'hui, pour les travaux de Mars, j'aurais le témoignage de la ville d'Ajax, de Salamine, sauvée par les marins éginètes dans cette inondation de barbares, où d'innombrables bataillons tombaient comme une grêle sanglante. (1) »

Nous ne rapporterons pas ici la liste des vainqueurs olympiques, enfants d'Égine, dont Pindare célèbre les palmes : Alcimédon et Timosthène, tous deux frères et tous deux vainqueurs; Aristomène le lutteur; Sogenès, couronné au pentathle; Dinis, le héros de la course du stade, et tant d'autres dont le chantre thébain a fait parvenir les noms jusqu'à nos jours. Nous rappellerons qu'Égine, rivale en tout d'Athènes, avait comme elle un stade, et que Pindare met au nombre des hauts faits qui ont illustré le célèbre athlète Diagoras le Rhodien les six victoires qu'il remporta aux jeux célébrés dans l'île en l'honneur d'Éaque (2).

(1) Henri La Blanchetais, *Notice historique sur Égine*, pag. 20 et suiv.
(2) Julius Pollux, *Onom.*, VII, 197.
(3) Pline, *Hist. Nat.*, XXXIV, 2.
(4) Henri La Blanchetais, *Notice*, etc., p. 22.

(1) Pind., *Isthm.*, IV, V, v. 34, 45.
(2) Pind., *Olymp.*, VIII; *Pyth.*, VIII; *Ném.*, VII; *Ném.* VIII; *Olymp.*, VII, 151-83.

Égine, dont la déchéance donna lieu au proverbe grec : « Il est comme Égine : il a mis au monde ses meilleurs enfants les premiers (1), » fut à l'époque de sa puissance la patrie et le séjour des esprits les plus distingués de la Grèce. Si l'on prenait au sérieux ce que dit Aristophane dans ses *Acharnéens*, v. 653, il aurait été, comme enfant ou habitant de l'île d'Égine, la cause réelle de l'insistance que les Lacédémoniens mettaient à revendiquer la possession de cette île. Suivant lui, le puissant monarque de l'Asie lui-même, connaissant l'utile et sévère franchise avec laquelle le célèbre comique parlait aux Athéniens, aurait dit aux ambassadeurs de Lacédémone que le peuple qui possédait un pareil conseiller ne pouvait manquer d'obtenir des succès constants dans la guerre. « Voilà pourquoi, dit-il, les Lacédémoniens poussent à la paix, et revendiquent Égine, non qu'ils tiennent beaucoup à cette île, mais afin de vous ravir le poëte qui vous donne de si salutaires conseils. » Selon l'auteur grec anonyme de la vie d'Aristophane, dans l'antiquité, les uns le considéraient comme Éginète, parce que son père était né à Égine, les autres parce qu'il y résidait le plus souvent, qu'il y avait des propriétés. Un de ses scoliastes nous apprend même que ses biens provenaient du lot qui lui était échu dans le partage fait des terres des Éginètes (2), après leur réduction par les Athéniens. Peut-être la crainte de perdre ces fruits de la conquête était-elle le motif réel qui l'engageait à occuper la scène de la conservation d'Égine. La manière assez équivoque dont il s'exprime, peut-être à dessein, peut prêter à cette dernière interprétation. Quoi qu'il en soit, il paraît certain que le grand comique athénien avait de puissants intérêts qui l'attachaient à l'île des Éacides.

Le célèbre médecin grec Paul Éginète,

(1) Suidas, t. III, p. 430, éd. Küst. — Diogenianus, VII, 38.

(2) Il était cléruque, κληροῦχος, nom qui se donnait à ceux qui étaient entrés par le droit de conquête en possession des terres des vaincus, partage qui se faisait par la voie du sort (κλῆρος). Voy. Bœckh, *Econom. pol. des Athéniens*, liv III, ch. 18.

qui vivait au milieu du septième siècle après J.-C., et qui a tracé un abrégé de toute la médecine en sept livres, ouvrage estimé encore de nos jours, était né à Égine, d'où il prit le nom d'Ægineta. Du reste, l'histoire des lettres et des sciences à Égine offre bien des lacunes et exigerait des recherches toutes spéciales.

HISTOIRE DE L'ART ÉGINÉTIQUE. — L'histoire de l'art éginétique est mieux connue par les témoignages des anciens, et surtout par les monuments qui nous en restent (1).

Lorsque Pausanias fit son voyage en Grèce, il admira près du port de l'île un théâtre d'une belle architecture, dit-il, et semblable pour la grandeur et le style à celui d'Épidaure. Derrière le théâtre s'étendait le stade, dont l'un des côtés était appuyé au théâtre. Au même endroit s'élevaient trois temples peu distants l'un de l'autre, et consacrés le premier à Apollon, le second à Diane, et le troisième à Bacchus (2). A quelque distance on apercevait le temple d'Esculape, où l'on déposait, ainsi que nous l'apprend Aristophane (3), les malades qui venaient demander au Dieu lui-même la santé que ses disciples n'avaient pu leur rendre. Le voyageur cite ensuite un temple de Vénus, un temple d'Hécate, la divinité la plus honorée des Éginètes, un temple d'Aphœa, sujet d'un hymne de Pindare, et enfin, dans l'endroit le plus apparent de la ville, l'*Æaceum* (Αἰακεῖον), temple en marbre blanc, élevé en l'honneur d'Éaque. Sous le péristyle étaient appendues les couronnes remportées dans les jeux gymniques (4), et se trouvaient les bas-reliefs représentant les députations envoyées à Éaque pendant la sécheresse qui désola la Grèce (5). Ce temple contenait aussi sans doute les statues des Éacides (6). Dans l'enceinte existaient de toute antiquité un

(1) Voy. l'*Histoire de l'Art grec d'après les marbres d'Égine* et la description de la *Glyptothèque* de Munich, dans le livre de M. H. Fortoul, *De l'Art en Allemagne*.

(2) Pausanias, II, 24-30.

(3) Aristophane, *les Guêpes*, V, 122.

(4) Pind., *Nem.*, V, 53 ; Schol. Apollon. Rh., IV, 1770.

(5) Pausan., II, 29.

(6) Ottfr. Müller, *Æginetica*, p. 161.

olivier et un autel peu élevé au-dessus du sol. Suivant une tradition mythique, cet autel renfermait le tombeau d'Éaque. Hérodote parle aussi d'un temple de Cérès Thesmophore (1). Enfin, au nord-est de la ville, sur le sommet d'une montagne, dont les premiers escarpements s'avancent dans la mer, s'élevait le temple de Jupiter Panhellénien, dont les ruines, élégantes colonnes doriennes encore debout, peuvent donner une idée de la gracieuse et simple architecture de l'édifice. Suivant les Éginètes, tous les monuments de leur île remontaient à Éaque. Ils racontèrent à Pausanias la tradition suivant laquelle c'était ce prince qui avait élevé le temple à Jupiter. Il est plus vraisemblable de conjecturer avec Ottfried Müller, dans ses *Æginetica*, que sur les débris de l'antique et primitif édifice d'Éaque s'était élevé ce nouveau temple, dont les élégantes ruines n'offrent guère de ressemblance avec le premier et rude style dorique, dont on a retrouvé des traces à Corinthe et à Sicyone. L'art et l'opulence d'une riche cité s'étaient réunis pour enrichir le sanctuaire du dieu, et le nouveau temple, rebâti sur les ruines pélasgiques, orné d'un colosse d'or et d'ivoire, fait probablement avec le butin de Salamine et de Platée, avait été réédifié après la guerre médique, et, comme le pense Ottfried Müller, avait changé son ancien nom d'Hellénien contre celui de Panhellénien, symbole de la délivrance et de la fraternité passagère des Grecs.

En 1811, M. Cockerell, architecte de la banque de Londres, M. le baron Haller de Hallerstein, MM. Forster et Linck exploraient l'île d'Égine, cherchant à reconstruire l'antiquité avec ses ruines. En faisant des fouilles parmi les débris du temple de Jupiter Panhellénien, ils découvrirent, cachées à peine sous quelques pieds de terre, dix-sept figures en ronde bosse, ayant appartenu au fronton de ce temple. Ils les firent transporter à Rome; Thorwaldsen les restaura, et le roi Louis de Bavière, alors prince héréditaire, les acheta au prix de 10,000 ducats, pour en faire don à son pays. L'étude de ces figures, qui font maintenant partie de la Glyptothèque de Munich, et sont connues sous le nom de marbres d'Égine, est venue jeter un nouveau jour sur l'histoire de l'art grec.

Dès l'époque de Dédale, personnage à moitié mythologique, auquel la ville de Minerve attribua l'invention des arts, pendant que Samos inventait la plastique, la Crète et Sicyone l'art de sculpter le marbre, Égine, rivale en tout d'Athènes, voyait naître et grandir l'école de ses artistes. Smilis et ses élèves faisaient leurs premiers essais de sculpture sur bois (ξόανα). Pausanias cite avec éloge une statue de bois représentant Junon, sculptée par cet artiste, et placée dans le temple de la déesse à Samos. Il avait vu aussi à Élis, dans le temple de Junon, des statues des saisons par Smilis (1); enfin, près de Tégée, en Laconie, il admirait, dans le temple de Diane Limnatide, une statue représentant la déesse, et faite en bois d'ébène. « C'est un ouvrage, ajoute-t-il, dans le style connu sous le nom d'Éginétique » (2).

Les noms des artistes Éginètes cités par ce voyageur, artiste lui-même, et qui a enregistré avec soin tout ce qui se rattache aux productions des arts dans la Grèce, sont presque aussi nombreux que ceux de l'école d'Athènes. C'est d'abord Callon, auteur de la statue de Minerve Sthéniade, dans la citadelle de Trézène (3), élève de Tectæus et d'Angelion, de l'école de Smilis, et que les témoignages contradictoires de Pline et de Quintilien placent avant la bataille de Marathon ou après celle d'Ægos-Potamos; Glaucias, qui fit les statues de plusieurs athlètes vainqueurs dans les jeux; Anaxagoras, statuaire, qui paraît avoir vécu sous Cassandre; Myron, auteur de la statue d'Hécate, qui ornait le temple de cette déesse dans l'île; Philotimus, Ptolichus, Sérambus, Simon, Synnoon, élève d'Aristoclès, statuaires; Théopropus, sculpteur et fondeur, dont on voyait un taureau de bronze dans le temple de Delphes (4). En avant, et bien au-dessus de cette

(1) Hérodote, IV, 85-92.

(1) Pausanias, VII, 4; V, 17.
(2) Id., VIII, 53.
(3) Id., II, 32.
(4) Pausanias, V, 22-23; 11, 14, 27, 17, 9. — X, 9.

génération d'artistes, Pausanias cite Onatas, dont il parle plus en détail, auquel il reconnaît une véritable suprématie, et qui, il le déclare formellement, « n'est inférieur à aucun de ceux qui sont sortis de l'école d'Athènes fondée par Dédale ». Onatas était contemporain d'Hégias d'Athènes et d'Agéladas d'Argos (1), le maître de Phidias, et vivait entre la guerre des Perses et celle du Péloponnèse (de la 72ᵉ à la 88ᵉ olympiade, 490-431 av. J.-C.). Les œuvres de cet artiste, à la fois peintre, statuaire et fondeur, étaient répandues et recherchées dans toute la Grèce. « Les Phigaliens avaient *obtenu* de lui qu'il leur fît une statue de Cérès. » (2) La Sicile montrait aux voyageurs son Hercule et ses statues des héros grecs qui se présentèrent pour combattre Hector après son défi; le bouclier d'Idoménée portait cette inscription : « Ces ouvrages sont, ainsi que beaucoup d'autres, le fruit du travail du savant Onatas, à qui l'île d'Égine donna le jour. » Plusieurs statues offertes au temple de Delphes par les Tarentins étaient dues à son ciseau; enfin, on admirait de lui à Platée deux tableaux, l'un représentant le combat d'Étéocle et Polynice, l'autre, placé dans le temple de Minerve Aréa, ayant pour sujet la première expédition des Argiens contre Thèbes (3). Ce maître, évidemment l'un des plus distingués de l'art grec, appartenant, par son époque et par son talent, à la brillante période qu'illustra Phidias, peut être considéré comme le plus glorieux représentant de l'art éginétique. Rival de l'école d'Athènes pour la perfection de la forme, il était resté fidèle à la nationalité de son art, et c'était souvent aux œuvres des vieux maîtres éginètes de la famille de Smilis qu'il allait demander des inspirations. La vue d'une de ces anciennes statues de bois lui avait donné l'idée de se mettre à couler le bronze (4), et il avait fait de ce métal, pour les habitants de Pergame, une statue colossale d'Apollon, aussi remarquable par ses dimensions que par son exécution. Pausanias insiste sur ce fait, intéressant pour la filiation des artistes éginètes, et l'un des anneaux qui peuvent servir à rattacher la chaîne des origines de l'art d'Égine à l'histoire et à l'étude des œuvres de la seconde manière de son école.

Malgré les progrès qu'avait faits l'art grec vers la 50ᵉ olympiade, il se ressentait encore de la démarche chancelante et embarrassée de l'enfance. Le style primitif, enchaîné par toutes les difficultés pratiques de l'exécution, se reconnaissait toujours dans la raideur et l'absence de naturel des attitudes, dans la gêne des agencements, et dans le défaut de mouvement des personnages. Joignons à cela la loi imposée à tout art qui commence, et dont les premiers essais sont toujours destinés à célébrer la partie sacrée et mythique de l'histoire des peuples; reconnaissons cette tradition originelle, hiératique, conventionnelle et inaltérable que nous retrouvons plus tard dans les œuvres byzantines de l'art chrétien, et dont les artistes s'affranchirent avec effort au temps de la Renaissance. Dans les productions de l'art grec, le type conventionnel se répétait surtout dans la manière de traiter la figure, la chevelure, la barbe et les vêtements. L'art ne commence guère à sortir de cette voie toute tracée que vers la 58ᵉ olympiade, lorsque l'usage s'établit de doter les cités de la Grèce de la statue des athlètes couronnés dans les jeux gymniques. On sait l'importance que les Grecs attachaient à ces triomphes, et les images sculpturales durent reproduire avec le plus d'exactitude possible les belles formes des athlètes vainqueurs. Une voie plus large fut donc ouverte, et les artistes se hâtèrent de s'y élancer. Ils commencèrent à s'écarter de ce respect qui commandait de conserver religieusement le type primitif et conventionnel dans la représentation des dieux et des héros mythiques. Sous l'influence d'un réalisme plus éclairé, l'étude des formes du corps fit de grands progrès, les personnages sortirent de cette immobilité primitive, caractère des œuvres de l'Égypte, et enfin la révolution opérée par les statues d'athlètes dans la représentation de la forme chez les mortels,

(1) Pausanias, VIII, 42.
(2) Id., ibid.
(3) Pausanias, X, 4, 5.
(4) Pausanias, VIII, 42.

s'étendit aussi à la reproduction des images sacrées des dieux. Tout en obéissant à cette impulsion générale donnée à l'art grec, chaque école dut nécessairement continuer à marcher dans sa voie, et perfectionner mais conserver sa manière caractéristique. C'est ce que Pausanias ne manque pas de reconnaître, et souvent il distingue le style éginétique de l'ancien. style attique, et tous deux du style égyptien. Un passage du voyageur grec est tellement positif et concluant à cet égard, qu'il pourrait presque suffire à constater l'existence du style éginète. Parlant d'un Hercule qui se trouvait à Érythrée en Ionie, il dit : « Cette statue ne ressemble ni à celles qu'on appelle éginètes, ni à celles qui appartiennent aux plus anciennes statues attiques. Si elle a un autre caractère, c'est exactement le caractère égyptien (1). »

L'existence de l'école d'Égine et de son style particulier n'était donc nullement douteuse; définir et caractériser sa manière était chose difficile. Les archéologues de la France et de l'Allemagne étudièrent la question, sans pouvoir la résoudre d'une manière bien positive, faute de données suffisantes, et surtout de monuments authentiques et complets à étudier. Winckelmann s'est borné à reconnaître l'existence d'une école éginétique, sans en déterminer les principes; Quatremère de Quincy l'a assimilée au style étrusque. La découverte des marbres d'Égine a permis aux historiens de l'art de quitter le terrain des conjectures, et de juger les artistes éginètes sur leurs œuvres. A la première inspection de ces statues, il est facile de constater dans la manière dont les corps sont étudiés, dans l'aisance, le naturel et la vigueur de toutes leurs attitudes, une habileté, une science que la main d'un artiste fort exercé pouvait seule atteindre. On est en même temps frappé d'un contraste pénible dans la façon dont sont traitées les têtes, les cheveux, la barbe et les vêtements ; on est choqué tout d'abord par l'immobilité de la physionomie des personnages. C'est qu'ici reparaît la tradition : les héros représentés par l'artiste appartiennent à l'histoire mythique de la Grèce ; ils sont placés sur le fronton d'un temple; le type hiératique, conventionnel, a dû être religieusement conservé. Cette réunion de la perfection et de l'imperfection de l'art dans une même œuvre est ce qui caractérise la seconde manière de l'école éginète, et l'on peut reconnaître ici le τρόπος τῆς ἐργασίας; ὁ Αἰγιναῖος καλούμενος ὑπὸ Ἑλλήνων, « le faire appelé éginétique par les Grecs », ainsi que s'exprime Pausanias (1).

Conformément au génie de la race dorienne, à laquelle ils appartenaient, les Éginètes, tout en accueillant les progrès du naturalisme dans l'exécution des différentes parties du corps de leurs personnages, étaient restés religieux observateurs du type traditionnel établi par le dogme dans les traits caractéristiques des statues consacrées au culte, la tête, la chevelure, la barbe et le costume. Les Attiques, au contraire, entraînés par la mobilité propre à la race ionienne, étendirent l'imitation de la nature à la figure entière, sans pouvoir cependant triompher de cette roideur particulière dans les attitudes qui caractérise la période de l'art attique renfermée entre la 50ᵉ et la 80ᵉ olympiade (2).

DESCRIPTION DES MARBRES D'ÉGINE. — Nous emprunterons la description des marbres d'Égine au livre *De l'Art en Allemagne*, dans lequel M. Hippolyte Fortoul a su faire révéler par l'art tous ses secrets à l'érudition. Lire ces pages, c'est avoir sous les yeux l'œuvre même, un des plus curieux et des plus admirables monuments de l'art grec. Il est impossible de faire avec un meilleur guide une visite à la Glyptothèque de Munich :

« Au centre du fronton, dans un reculement dont les règles de l'architecture et celles de la sculpture s'accordent à procla-

---

(1) Pausanias, VII, 3, 5.

(1) Pausan., VIII, 53, 11.
(2) *Voy.* Wagner, *Jugement sur les Statues d'Égine*, accompagné de remarques sur l'*Histoire de l'Art* par Schelling, 1817 ; Hirt, dans les *Analectes de Wolf*, IIIᵉ cahier, p. 167 ; et *Histoire de la Statuaire chez les Anciens*, p. 98 ; Thiersch, *Amalthée*, I, p. 137 ; Ottfr. Müller, *Æginetic. lib.*, p. 98 et suiv., et *Manuel de l'Archéologie de l'Art*, p. 68 ; *Expédition scientifique de Morée*, sect. *Archéol.*, t. III.

mer la nécessité, s'élève Minerve, tenant le bouclier d'une main, la lance de l'autre. La tête de la déesse est couverte d'un casque qui repose sur une chevelure dont les petites boucles sont rangées par étages ; sa robe à longs plis droits et symétriques rappelle le travail antérieur des statues de bois ; ses yeux sont fendus en amande, légèrement relevés par les coins : comme ceux des autres statues, on les dirait empruntés à l'art chinois. Sur les lèvres, dont les segments sont minces et durs, et dont les extrémités sont également tirées en haut, s'épanouit un sourire qui erre aussi sur toutes les autres figures; enfin, comme dans celle-ci, le menton est étroit et aigu. Ainsi que M. Quatremère de Quincy l'avait pressenti, c'est, de la tête aux pieds, une figure semblable à celles qu'on avait jusqu'à ce jour classées dans les productions de l'art étrusque, et que Winckelmann, le premier, avait soupçonné pouvoir tout aussi bien appartenir à l'ancien style grec.

« Aux pieds de Minerve, et devant elle, sont deux guerriers nus ; l'un tombe mourant en arrière, l'autre s'élance et se penche vers lui pour le secourir ; c'est au-dessus et au delà d'eux qu'apparaît la déesse. Le premier de ces guerriers a reçu le nom de Patrocle ; son casque, qui a quitté sa tête à moitié, laisse voir une grande partie de sa chevelure, pareille à la perruque dont Minerve est affublée ; ses lèvres sourient en rendant l'âme, comme celles des guerriers qui l'entourent. Celui qui le secourt ne porte point de casque sur sa tête bouclée ; en sorte qu'il est entièrement nu. L'absence de toute espèce de signe ayant empêché qu'on ne lui donnât un nom historique, on l'a tout simplement appelé un héros. A gauche, derrière Patrocle, on voit Hector qui vient de le frapper. Il est debout, nu, et porte le bouclier d'une main ; de l'autre, qu'il tient haute, il brandissait sans doute le fer qui a tué son ennemi. Sa tête, plus belle que celle des autres, semble indiquer sa supériorité. Son casque laisse voir la partie antérieure de la chevelure bouclée qui lui cache le front. La barbe de son menton lui donne un air plus mâle ; mais comme elle est sensiblement pointue, et qu'à la forme pointue Winckelmann a attaché le seul indice à peu près certain qui pût faire distinguer les œuvres du style étrusque de celles de l'ancien style grec, il s'ensuit qu'il est désormais difficile d'établir une différence essentielle entre l'un et l'autre de ces deux arts. Pour faire pendant à Hector, et à droite du héros qui vient au secours de Patrocle, se trouve un autre guerrier, debout comme le fils de Priam, nu comme lui, et comme lui portant la barbe au menton, le casque en tête, le bouclier au bras. C'est ce personnage qui a reçu le nom d'Ajax, fils de Télamon. La manière dont il est opposé à Hector rend cette désignation très-vraisemblable.

« La dénomination des autres chefs représentés derrière ceux-ci n'est pas aussi facile à justifier. Les deux héros qui suivent immédiatement d'un côté Hector, de l'autre Ajax, sont à genoux, les carquois suspendus à leur flanc, et une de leurs mains levée à la hauteur de l'œil ne permettent pas de douter que leur autre main ne tînt un arc. A la différence des guerriers précédents, qui sont nus, ceux-ci sont vêtus ; leur poitrine est prise dans une casaque collante, leurs jambes sont enfermées dans une sorte de pantalon qui adhère complètement à la peau, et qui descend jusqu'à la cheville. On ne saurait méconnaître à ces traits des archers d'Orient, et c'est là une des raisons sur lesquelles M. Müller se fonde pour rapporter à la guerre des Perses le sujet de ce fronton. Le vêtement de ces sagittaires est, il est vrai, plutôt phrygien que perse ; mais, Winckelmann l'a dit, les artistes grecs employaient le costume de Phrygie indifféremment à la place de tous les autres costumes étrangers. Les casques de ces deux guerriers ne ressemblent point à ceux des autres ; celui du guerrier qui est placé à droite derrière Ajax offre surtout une forme bizarre, que sa pointe brisée a permis de prendre pour un bonnet phrygien, et c'est aussi sans doute ce qui a déterminé les antiquaires bavarois à appeler du nom de Pâris l'archer qui en est coiffé. Le guerrier qui lui sert de pendant, et qui est placé derrière Hector, a reçu le nom de Teucer, frère d'Ajax, quoique son costume ne diffère guère de celui de Pâris. Teucer et Pâris sont appuyés des deux côtés par deux autres guerriers, plus inclinés qu'eux, et qui, aussi à genoux, mais pliant l'épaule, au lieu de la renverser en arrière pour tirer la flèche, secondent leur attaque la lance à la main. A Munich, on a donné le nom d'Ajax, fils d'Oïlée, au guerrier qui accompagne Teucer, celui d'Énée au guerrier qui suit Pâris. Viennent enfin, aux deux angles extrêmes du fronton, deux guerriers renversés en arrière. Blessés mortellement, ils sont tombés, mais ils ne cessent pas de sourire; leurs casques s'échappant de leur tête, dans la chute, ont laissé leur chevelure bouclée se déployer en longues nattes jusque sur le milieu de leurs épaules. Ces deux figures, dont la maigreur a quelque chose de plus doux et de plus féminin que celles des autres personnages, n'ont pas reçu de nom particulier. Quoique ces deux statues puissent avoir, auprès de certains esprits, le tort d'être profondément marquées d'une manière particulière, elles sont entre les plus admirables morceaux qu'on puisse voir; elles réunissent la grâce à l'austérité, l'harmonie au mouvement; elles sont le type de cette beauté qui résulte d'une grande quantité de nombres différents ramenés à l'unité par un rapport simple et mystérieux.

« Du fronton antérieur, ou occidental, il ne reste que quatre figures; elles sont légèrement plus fortes que celles que je viens de décrire; elles sont néanmoins encore inférieures à la taille ordinaire de l'homme. C'est à l'inclinaison extrême des frontons doriens, dont l'angle est plus obtus que celui des autres ordres d'architecture, qu'il faut surtout attribuer cette proportion des statues. Les conjectures faites pour désigner ces quatre figures me paraissent excessivement arbitraires. Celle qui, de toutes, est la plus digne d'admiration est connue sous le nom du héros blessé; elle est renversée sur le dos, couchée dans son bouclier, où elle s'agite encore pour combattre, et où sa main brandissait sans doute une arme inutile. L'unité qui règne dans la divergence multipliée de ses lignes et l'harmonie qui naît sans efforts de l'agitation même de ses membres devraient être longuement méditées par les artistes qui accusent, de nos jours, le repos absolu de l'art antique, et qui en cherchant le mouvement oublient de poursuivre la grâce et la beauté.

« Indépendamment de ces statues, et avec elles, on a trouvé à Égine deux statuettes qui donnent lieu aux plus curieuses dissertations; elles sont en tout semblables l'une à l'autre, si ce n'est que leurs draperies sont combinées de manière à ce qu'elles se servent mutuellement de pendant. Toutes deux relèvent de la main leurs longues robes à plis symétriques et verticaux. M. Cockerell, qui a dessiné une restauration du temple de Jupiter Panhellénien, les a placées au sommet de l'angle extérieur du fronton, et il a supposé qu'elles y servaient d'accompagnements à l'ἀετός qui couronnait tous les ornements du temple. Les savants allemands ont salué ces deux déesses du nom de Damia et d'Auxésia (1). »

Ces statues, ainsi que le monument qu'elles décoraient, paraissent devoir appartenir à l'époque de l'art grec qui est renfermée entre la victoire de Salamine et la réduction des Éginètes par les Athéniens, c'est-à-dire de la 75e à la 80e olympiade, de l'an 480 à l'an 459 avant J.-C.

Il existe au Louvre une épreuve moulée des marbres d'Égine. Ils ont été gravés par les soins de M. de Clarac, dans la neuvième livraison de son grand ouvrage sur notre musée de sculpture.

ÉTAT ACTUEL DE L'ÎLE D'ÉGINE. — Malgré les révolutions opérées par les siècles dans les terrains volcaniques qui composent le sol d'Égine, les écueils dont elle était entourée, et que célèbrent les historiens de l'antiquité, sont encore debout et rendent ses abords dangereux, même pour les petits bâtiments de la marine grecque. La forme générale de l'île est un trapèze compris au sud entre les caps Perdica et Hagios Antonios, et au nord entre le cap du Tumulus et le cap Tourlo, qui regarde l'Attique. Son sol présente trois formations distinctes : les calcaires secondaires, les trachytes, et le terrain tertiaire. Égine doit être divisée en trois régions physiques : la plaine, qui occupe la partie du nord-ouest, les col-

(1) M. H. Fortoul, *De l'Art en Allemagne*, I, p. 56.

lines au nord-est et les montagnes au sud.

La ville nouvelle, située sur le bord de la mer, dans la partie nord-ouest de l'île, occupe en grande partie l'emplacement de l'ancienne ville des Éacides; elle est exposée au couchant, et décrit un demi-cercle autour du rivage. A l'extrémité de l'une des jetées qui ferment le port, on voit encore la tour construite en 1693 par Morosini. Le mouillage de la rade est mauvais; les navires de la marine militaire sont obligés de jeter l'ancre à mille ou quinze cents mètres du rivage. La ville est mal construite; les rues, irrégulières, sont bordées de maisons basses, à toit plat, et presque toutes bâties en bois et en terre battue. Les seules constructions que l'on puisse citer sont le lazaret, la grande église, une grosse tour carrée appelée Pyrgos de Favier, du nom de l'illustre phil-hellène français, et l'Orphanotrophion, gymnase fondé pour l'éducation des orphelins de la Grèce par le comte Capo d'Istrias lorsqu'il était président du gouvernement hellénique, installé à Égine en 1828. Si les édifices modernes de l'île n'offrent que peu d'intérêt, en revanche les regards de l'artiste et du voyageur s'arrêtent à chaque instant sur d'admirables ruines, traces glorieuses de l'ancienne civilisation hellénique. Ce sont les débris du temple de Vénus au bord de la mer, ceux des travaux sousmarins qui composaient le port secret ou caché (κρυπτὸς λιμήν) qui était derrière le temple et dont parle Pausanias (1); les restes de l'aqueduc qui approvisionnait d'eau toute la ville; les cryptes, cité souterraine, composée de chambres sépulcrales, où les anciens Eginètes déposaient leurs morts; les ruines de Palæochora, cette citadelle scellée comme une aire d'aigle au faîte d'un rocher, ruinée et reconstruite par le Vénitien Morosini, et qui datait de l'époque où les habitants, pour échapper aux pirates de l'archipel, avaient été contraints d'abandonner le bord de la mer, et de se réfugier dans les escarpements du centre de l'île; enfin, sans parler des autels antiques, des élégantes colonnes, des frontons écroulés et des marbres

(1) Pausan., II, 24, 30.

précieux dont le sol est semé, ce sont les restes du temple de Jupiter Panhellénien, où l'on a retrouvé ces marbres d'Égine, l'une des pages les plus intéressantes de l'histoire de l'art grec. Du milieu des ruines du temple, on aperçoit au sommet de l'une des montagnes voisines le riche monastère de la Panagia (la sainte Vierge), d'où s'élèvent maintenant vers le ciel les prières de l'Égine chrétienne. C'est un grand édifice carré, sans autre ouverture à l'extérieur qu'une porte susceptible d'une vigoureuse défense. Les moines possèdent, dit-on, les deux tiers des terres labourables de l'île.

Une des plus merveilleuses perspectives de l'archipel est l'horizon qui se déroule du sommet du mont Oros, ou pic Saint-Élie. De cette plate-forme, élevée de 530 mètres au-dessus de la mer, la vue s'étend sur le golfe entier de l'Attique, et embrasse à la fois le cap Sunium, les montagnes de l'Attique, de l'Eubée et de la Béotie, Salamine, les monts de la Mégaride, l'Isthme, l'Acrocorinthe, les sommets de l'Argolide et de l'Épidaurie, les cimes de Méthana, le cap Scylleum, et le rocher d'Hydra.

Dans la ville, et dans toute la plaine qui s'étend à ses pieds, le climat d'Égine est sain et tempéré; la côte orientale au contraire est ravagée par des fièvres mortelles.

En 1829 la population de l'île a été évaluée par M. Scharnost à 9,000 habitants. Le plus grand nombre se compose de fugitifs de l'Attique, de la Morée, de Chio et d'Ipsara. Les Ipsariotes forment la partie la plus riche de la population; les Athéniens, au contraire, sont plongés dans la plus déplorable misère.

La culture à Égine reçoit peu de développements; l'île ne produit plus qu'en très-faible quantité, suffisante à peine à sa consommation, ces figues et ces amandes autrefois célèbres. Ses récoltes consistent surtout en céréales, produits très-incertains, à cause des sécheresses qui règnent le plus souvent. C'est encore du commerce que l'île tire ses ressources les plus positives; on y rencontre, comme dans l'ancienne Égine, une nombreuse classe de marchands et de brocanteurs, dignes descendants de ceux qui après la bataille de Platée achetèrent aux ilotes l'or des dépouilles persiques. Au pied du mont Tschaskali existent aussi quelques familles de potiers, héritiers de l'antique industrie nationale, et qui, mettant en œuvre les fines argiles qu'ils rencontrent sous leurs pas, ont su reproduire avec assez de bonheur les vases antiques, dont ils ont étudié les modèles (1).

ILE DE CALAURIE.

D'Égine à Calaurie, aujourd'hui Poros, on compte à peine deux heures de navigation par un bon vent. Cette île touche presque à la côte de la Trézénie, dont elle n'est séparée que par un canal de quatre stades selon Strabon, de cinq cents pas selon Pline. Entre Poros et la presqu'île de Methana est un boghaz de deux ou trois milles de largeur, qui est comme l'entrée de la rade de Poros, vaste bassin bien abrité par les hauteurs de l'île et les côtes de l'Argolide. Au fond de cette rade se présente la ville de Poros, qui s'élève en gradins sur la partie inférieure de l'île. Cette partie de l'île de Calaurie forme comme un appendice rattaché à la masse de l'île par un isthme très-bas et fort étroit. C'était sans doute autrefois une petite île distincte, celle de Sphæria, où Æthra, fille de Pitthée, roi de Trézène, et mère de Thésée, fut séduite par Neptune, et où elle éleva un temple à Minerve Apaturie (2). Poros contient troi milles habitants. On y a établi l'arsenal de la marine militaire du royaume grec. Les habitants en sont de race albanaise, et les femmes y ont conservé le costume hydriote dans toute son originalité.

Après avoir franchi l'isthme qui unit Sphæria à Calaurie, on monte peu à peu le long du rivage par un chemin rocailleux et sinueux qui vous mène au monastère de Poros, l'un des plus considérables et des plus agréablement situés de la Grèce. Ce couvent occupe la partie centrale d'un ravin qui débouche vers la mer, et qui en se resserrant à peu de distance du rivage se rattache au système général des montagnes de l'île. A quelques pas du couvent, en remontant le ravin par un chemin bordé de pins et d'oliviers, on rencontre une source d'une eau limpide et salutaire, appelée la ζωοδοχὴ πηγή; ses vertus merveilleuses sont célèbres au loin; elles attirent de nombreux pèlerins au couvent, qui a pris le nom de cette source. L'eau qui descend du haut des rochers est reçue dans un vaste bassin de pierre. Les ombrages, le murmure, le site de cette fontaine sont pleins de charme. De là on aperçoit les côtes de la Trézénie, couvertes de bois de citronniers, la mer, qui, resserrée d'abord comme un lac entre l'île et le continent, s'ouvre vers la gauche, se déploie au loin dans un horizon sans bornes, et à l'extrémité de l'Argolide la pointe de l'île d'Hydra.

Au centre de l'île, en un lieu appelé aujourd'hui Palati, se trouvent les ruines du célèbre temple de Neptune de Calaurie. Le chemin qui y conduit est très-inégal, tantôt montant, tantôt descendant selon les sinuosités du terrain, ou plutôt des rochers tapissés de verdure à travers lesquels on circule. L'emplacement de ces ruines est un plateau élevé, ondulé, dominant la mer de plusieurs côtés et dominé lui-même par les deux plus hauts sommets de l'île, l'Hagios Ilias et la Viglia. Ce plateau, d'où la vue s'étend jusqu'aux rivages de l'Attique, est comme le col qui unit ces deux pointes. Les premières ruines qu'on y rencontre sont celles du temple. Il ne reste que les substructions, formant une enceinte carrée, à fleur de terre; çà et là on voit ses débris épars, un fragment de marbre pentélique, un morceau de marbre hymettien, un petit chapiteau dorique en trachite, sorte de pierre qui avec la serpentine forme la masse de l'île de Poros (1). Tout à l'entour, jusqu'au pied du mont Saint-Élie, on voit des substructions de maisons, des débris de pierres pour soutenir la terre et les champs cultivés, des morceaux de céramique, pots, tuiles, indiquant l'existence d'une ville qui a dû se former autour du temple, très-fréquenté des Grecs. Aussi Calaurie avait-elle le surnom de Posidonia. Toutefois Pausanias raconte qu'elle avait d'abord appartenu à Latone, et Délos à Neptune, et qu'ils en

---

(1) Voy. *Description d'Égine,* par Puillon-Boblaye.
(2) Plut., *Dem.,* 29.

(1) Boblaye, *Expéd. de Morée,* p. 59.

avaient fait l'échange entre eux. Ce temple de Neptune de Calaurie, dont les débris ont servi à la construction des couvents de Poros et d'Hydra, est à jamais illustre par la mort de Démosthène.

« Archias, informé que Démosthène avait trouvé un asile dans le temple de Neptune à Calaurie, dit Plutarque, passa dans l'île sur de petits bateaux, et, étant débarqué avec une troupe de soldats thraces, il voulut persuader à Démosthène de sortir du temple et de venir avec lui trouver Antipater, affirmant qu'il ne lui ferait aucun mal. Mais Démosthène avait eu, la nuit précédente, pendant son sommeil un songe étrange. Il avait cru se voir luttant contre Archias à qui jouerait le mieux une tragédie : pour l'action, c'était lui-même qui l'emportait, mais son rival triompha par la richesse des costumes et des décorations. Aussi Archias eut beau faire, dans ses discours, un grand étalage d'humanité, Démosthène, levant les yeux sur lui, assis comme il était : « Archias, dit-il, jamais je n'ai cru à tes paroles quand tu jouais ton rôle au théâtre, tu ne me feras pas davantage croire aujourd'hui à tes promesses. » A cette réponse Archias s'emporte et commence à menacer. « Maintenant, reprit Démosthène, tu parles en homme inspiré par le trépied de Macédoine; tout à l'heure ce n'était que le langage d'un comédien : attends donc un peu que j'aie écrit chez moi pour donner mes derniers ordres. En disant ces mots, il se retira dans l'intérieur du temple; puis, prenant ses tablettes comme pour écrire, il porta le roseau à sa bouche et le mordit, geste qui lui était habituel quand il méditait ou composait quelque discours. Après l'y avoir tenu quelque temps, il se couvrit de sa robe, et pencha la tête. Les soldats qui se tenaient à la porte du temple se moquaient de ce qu'ils prenaient pour de la pusillanimité, et le traitaient de lâche et de mou. Archias s'approcha de lui, et l'engagea à se lever; et lui répétant les mêmes propos, il lui promit derechef sa rentrée en grâce auprès d'Antipater. Démosthène, qui sentit que le poison avait produit tout son effet, se découvrit, et, fixant ses regards sur Archias : « Tu peux maintenant, lui dit-il, jouer le rôle de Créon dans la tragédie, et faire jeter ce corps sans sépulture. O Neptune! ajouta-t-il, je sors encore vivant de ton temple; mais Antipater et les Macédoniens n'ont pas laissé ton sanctuaire même pur de leurs profanations. » Comme il disait ces mots, il se sentit trembler et chanceler : il demanda qu'on le soutînt pour marcher; et, au moment où il passait devant l'autel du dieu il tomba, et rendit l'âme en poussant un soupir. (1) »

C'est là le seul fait important de l'histoire de Calaurie, qui était une dépendance de Trézène, et qui partagea toutes les destinées de sa métropole. Aujourd'hui c'est Trézène qui n'est qu'un misérable village (Damalos), et c'est Poros qui domine sur toute la côte voisine. Les bois de citronniers qui bordent la pointe septentrionale de l'Argolide appartiennent aux gens de Poros. Des massifs de figuiers et d'oliviers forment les abords de ce bois, où l'on circule par de petits sentiers couverts, bordés d'eaux vives et murmurantes; on s'élève peu à peu sur les pentes du rivage, et le bois s'épaissit de plus en plus. Arrivé sur la plate-forme qui le domine, on jouit d'un spectacle enchanteur, on a devant ses yeux Poros, la mer unie et brillante, le cap Colonne, la côte vaporeuse de l'Attique, et à ses pieds le bois de citronniers, qui forme depuis la colline jusqu'à la mer comme un tapis de verdure dorée, et qui parfume l'air de ses douces exhalaisons. C'est un des endroits les plus délicieux du monde, où l'on retrouve le type de ces gracieuses descriptions que les anciens faisaient des Champs-Élysées :

Devenere locos lætos et amena vireta
Fortunatorum nemorum sedesque beatas.

Aujourd'hui Poros ou Calavria est le chef-lieu de l'éparchie de Trézène, section du département de l'Argolide et Corinthie.

(1) Pausan., II, 33, 1.

ILES DU PÉLOPONNÈSE.

Les îles qui bordent les côtes du Péloponnèse sont peu nombreuses, peu considérables, et sauf deux d'entre elles, Hydra et Spetzia, qui ont joué momentanément un rôle important dans la guerre de l'indépendance, toutes les autres sont sans histoire. Nous aurons dit tout ce qu'il en faut savoir, quand nous aurons indiqué leur situation géographique. Voici l'énumération de ces îles en suivant les côtes du Péloponnèse depuis le cap Scyllæum, qui marque la sortie du golfe Saronique : à la pointe du cap, les trois îles d'Haliusa, de Pityusa et d'Aristera, aujourd'hui îles des Corsaires; en face de l'Hermionie, Hydréa (Hydra), Apéropia (Hydron ou Dhoko), Trikrana (Trikéra), Tiparenos (Spetzia), Kolonis (Speziepoulo); dans le golfe d'Argos : Ephyra (Hypsilé, ou île du Diable), Iriné (Cavouro ou Caronisi), Pityusa (île du Port-Tolon); au sud du Péloponnèse, à la pointe de la Messénie ; Théganussa (Isola-di-Cervi), les deux îles OEnusses, aujourd'hui Sapienza et Cabrera ; à l'ouest : les îles de Sphactérie (Sphagia), de Prote (Prodano); et dans la pleine mer : les Strophades, aujourd'hui Stribali. Quant à Cythère, qui est au sud-ouest du cap Malée, nous l'omettons dans cette énumération, parce qu'elle se trouvera réunie dans le chapitre des îles Ioniennes (1).

ILES D'HYDRA ET DE SPETZIA (2).

C'est à peine si pendant les temps anciens il est fait mention de ces îles deux ou trois fois dans Pausanias, dans Pline, dans Étienne de Byzance. Hérodote parle d'Hydra pour apprendre qu'elle appartenait aux Hermioniens, qui la donnèrent aux Samiens exilés par Polycrate (3), que ceux-ci, ne voulant pas s'y établir, l'engagèrent aux Trézéniens pour une somme d'argent. Même silence sur Hydra et Spetzia pendant le moyen âge et les temps modernes jusqu'à la fin du dix-huitième siècle. Mais à cette dernière époque, après les événements de 1770, des colonies albanaises s'y établissent, et l'on commence à parler de ces deux rochers jusqu'alors inconnus. Le commerce de la Méditerranée passe en grande partie par les mains de ces insulaires : leurs navires fréquentent tous les ports. Une nouvelle puissance maritime vient de naître. Villoison avait remarqué ce fait, et le signale ainsi dans ses manuscrits, que j'ai eu déjà l'occasion de citer. « La marine grecque, dit-il (1), est plus considérable maintenant qu'elle n'a jamais été. Les patentes données aux καραϐοκύριδες, ou patrons de barque, par le vicaire de Mycone de la part du grand maître de Malte détruisent la caravane et le commerce des Français. Autrefois on était obligé d'avoir recours à eux exclusivement, parce que les Grecs et les Turcs craignaient d'être pris par les corsaires. Il n'y a guère d'îles à présent qui n'aient plusieurs caïques, saccolèves, au moins six à sept. La petite Hydra seule en a deux cents. Ce sont les meilleurs mariniers de la Grèce, et ceux qui, connaissant le mieux l'Archipel, vont le plus vite et perdent le moins de temps Ce qui fait d'ailleurs que les capitaines français ne peuvent pas soutenir la concurrence, c'est qu'ils dépensent beaucoup plus pour leur nourriture et pour celle de leur équipage, que les Grecs, qui ne mangent que de mauvais biscuit gâté et des olives pourries, et point de vin.

« Hydra est un rocher aride, qui ne produit rien, et où l'on ne vit que par le commerce. Ceux d'Hydra font à présent le commerce d'Ancône, de Naples, de Venise, de l'Égypte, de la mer Noire, et vont jusqu'à Marseille. A Hydra il naît plus de garçons que de filles; et on les emploie à la marine dès l'âge le plus tendre. Les καραϐοκύριδες hydriotes sont plus respectés de leurs matelots que les autres, se font obéir avec plus d'autorité, et sont exacts à remplir leurs engagements. » On peut en dire autant de ceux

---

(1) Voy. Forbig., Handb. der alt. Geogr., III, p. 1016.
(2) Les Grecs écrivent ce nom Πέτζας.
(3) Hérod., III, 59.

(1) Mss. Villoison, Bibl. Nation., 362, 9 3, p. 498.

de Spetzia et d'Ipsara, dont les habitants partageaient avec les Hydriotes les bénéfices du commerce du Levant et de la mer Noire.

« Certaines causes générales, qu'il est à propos d'indiquer ici, avaient contribué à entretenir chez les Grecs de l'Archipel la pratique de la mer, et cet instinct de la navigation que leur inspire dès l'enfance leur situation géographique.

« A l'origine des conquêtes maritimes des Turcs, les prisonniers de guerre ramaient seuls à bord des galères; mais quand les galères du sultan devinrent plus nombreuses, on recourut aux rayas grecs, et on en plaça sur les flottes à l'instar des forçats. Plus tard, la rigueur de l'islamisme, qui interdit de confier la défense du trône des califes à des mécréants, céda devant la nécessité; par la raison qu'on avait remplacé les navires à rames par des bâtiments à voiles, ou pensa que ceux qui n'avaient été que rameurs pouvaient devenir matelots. La Turquie se trouva si bien du concours des marins grecs, qu'elle donna en fief les îles au capitan-pacha, à l'effet d'inféoder le plus possible la population de ces îles à sa marine; et comme à quelque chose malheur est bon, les Grecs sous le courbach et le bâton des Turcs, acquirent encore une audace nautique qui leur servit plus tard (1). »

Cette exploitation des insulaires de l'Archipel au profit de la marine turque pouvait produire et entretenir parmi cette population un personnel nombreux de marins exercés; mais il fallait d'autres causes pour les mettre en état de se créer une puissance maritime indépendante et imposante.

Pendant longtemps les îles grecques n'eurent d'autres navires que les corsaires qui parcouraient les mers du Levant, et qui à une certaine époque attaquaient les pavillons dont Venise redoutait la concurrence commerciale. La piraterie que Venise entretenait dans l'Archipel avait, du reste, son analogue dans les mers d'Amérique, où la France ne répugnait pas à mettre à profit le courage et l'audace des flibustiers. Malgré tous leurs efforts, les Vénitiens ne purent empêcher les Anglais et les Français de s'introduire dans le commerce du Levant, dont les Français étaient presque les maîtres à la fin du dix-huitième siècle (1); mais la révolution française ruina le commerce de Marseille, et laissa le champ libre à ses rivaux. Il y avait donc un grand vide commercial à combler, puisque Marseille et ses navires ne fréquentaient plus les mers du Levant. Alors la marine marchande des Grecs, dont Villoison signalait déjà l'essor quelques années auparavant, prit des accroissements considérables. A Hydra, à Mycone, à Andros, à Santorin, à Spetzia on groupa de petites sommes. Les Sciotes, qui avaient des capitaux, cherchèrent des marins pour utiliser leur argent, et les Spetziotes se présentèrent. On construisit tant bien que mal des navires qui allaient prendre du blé, soit dans les ports de la Méditerranée, soit dans les ports de la mer Noire, et qui le portèrent, selon les temps et selon les circonstances à Livourne, à Marseille, ou à Gênes, malgré les escadres et les blocus. On doublait, on triplait les capitaux dans un voyage; et au retour, avec l'argent gagné, on construisait de nouveaux navires. Les disettes de 1812 et de 1816 redoublèrent l'ardeur des marins grecs, et portèrent la richesse et la prospérité des îles à ce point que lors de l'insurrection, Hydra, Ipsara et Spetzia comptaient plus de trois cents navires marchands, qui tous devinrent des navires de guerre et luttèrent contre les escadres turques.

Depuis près d'un demi-siècle des projets d'affranchissement et des idées d'indépendance fermentaient dans toute la Grèce. Déjà les Hellènes s'étaient agités à l'apparition des Russes dans l'Archipel en 1770; puis ils avaient compté sur l'ambition d'Ali-Pacha de Janina, avec lequel ils furent sur le point de se liguer contre le sultan Mahmoud, leur ennemi commun. En 1815 commença le mouvement des hétéries; et en 1821 l'insurrection éclata dans

---

(1) De Ségur-Dupeyron. *La marine marchande grecque dans l'Archipel*. Revue des deux Mondes. Octobre 1839, t. XX, p. 106.

(1) Volney, *Voyage en Égypte*, ch. x; *en Syrie*, ch. xiv.

les provinces du Danube et en Morée. Alors les Hydriotes et les Spetziotes furent entraînés par ce mouvement, dont ils n'auraient peut-être pas donné le signal, mais dans lequel ils s'engagèrent résolument (2). En ce moment un démagogue, Antoine Æconomos, excite le peuple d'Hydra contre les riches. Les trésors des Condouriotis, des Tombazis, des Tzamados, des Boudouris et de tant d'autres Hydriotes, qui dans la suite seront prodigués pour la délivrance de la Grèce, sont menacés du pillage par une multitude effrénée (1). Mais le jeune Antoine Criésis, l'un des plus intrépides capitaines d'Hydra, dispersa les insurgés, et força leur chef à se rendre. Après avoir contenu l'explosion populaire par leur fermeté, les grands d'Hydra s'attachèrent à en prévenir le retour par leur dévouement à la cause de l'indépendance. Lazare Condouriotis donna l'exemple par ces nobles paroles. « Depuis trente ans, dit-il, je travaille pour amasser des trésors ; je m'estimerai heureux s'ils peuvent aujourd'hui servir à l'indépendance de mon pays. Je suis certain que tous les riches d'Hydra partageront mes sentiments ; mais s'ils reculent devant des sacrifices d'argent, ne vous découragez pas : je suis en état de faire à moi seul toutes les dépenses de la marine (3). »

(1) Voy. plus haut, p. 294.
(2) Pouquev., II, 436; Alex. Soutzo, p. 71.
(3) Voici l'état approximatif des offres pécuniaires que les riches d'Hydra ont faites dans tout le cours de cette révolution :

Les frères Lazare et Georges
  Condouriotis. . . . . 1,500,000 fr.
Les frères Stamatis et Basile
  Boudouris.   550,000
La famille de Tzamados. . . .   400,000
Les frères Jacob et Emmanuel
  Tombasis   350,000
Jean Orlandos   300,000
André Miaoulis.   250,000
Ses deux oncles Jean et François Bulgaris.   200,000
Ses frères Anagnostes et Nicolas Æconomos. , ...   200,000
Le beau-père du capitaine Salsinis.   250,000
Anagnoste Phonos   150,000

Voy. Soutzo, *Histoire de la Révolution Grecque*, p. 107.

Cependant les chefs d'Ipsara et de Spetzia s'entendent avec ceux d'Hydra, qui devient le centre de l'insurrection maritime. On prend des mesures pour soulever tout l'Archipel : on rassemble toutes les forces navales dont on peut disposer pour le moment, soixante-cinq vaisseaux d'Hydra, cinquante de Spetzia, trente-cinq d'Ipsara, et on élit pour navarque ou amiral de la flotte confédérée Jacob Tombazis, qui met aussitôt à la voile pour faire insurger Chio et défendre Samos. Les succès remportés par l'escadre grecque sur la marine turque, les progrès de D. Hypsilantis dans le Péloponnèse avaient pour toujours rompu les liens qui enchaînaient les Grecs au joug des Turcs. Le 13 janvier 1822 Mavrocordatos et Négrios réunissaient à Épidaure les représentants de la nation, et lui donnaient une constitution républicaine, dont on ne put jamais tirer un gouvernement régulier. Mais la guerre maritime continuait avec plus de vigueur que jamais. Le conseil d'amirauté qui siégeait à Hydra venait de remplacer Jacob Tombaris par André Miaoulis, qui osa le premier affronter les Turcs sur mer en bataille rangée. Il les chassa des côtes du Péloponnèse, et il leur fit expier cruellement, par les ravages de ses brûlotiers, le massacre de Chio (1).

Quelque temps après, la flotte turque, commandée par Abdallah-Pacha, fit voile vers le Péloponnèse, pour anéantir les deux îles dont les richesses et les vaisseaux offraient à la république grecque d'inépuisables ressources. Dans la nuit du 19 septembre 1822 la vigie de Spetzia signala la présence de l'ennemi. La prise de cette île par les Turcs aurait entraîné celle d'Hydra et la ruine de toutes les forces maritimes de la Grèce. Mais les insulaires étaient sur leurs gardes. Les points les plus accessibles étaient défendus par des postes échelonnés sur le rivage, et Miaoulis croisait avec cinquante bricks devant les côtes de l'île. A la nouvelle de l'arrivée des Turcs, il marcha à leur rencontre, et engagea un grand combat naval, que les femmes d'Hydra et de Spetzia regardaient avec anxiété du haut de leurs rochers. La valeur de Criésis

(1) Voy. plus haut, p. 283.

assura aux Grecs la victoire, un instant compromise. Après cette défaite, la flotte turque se retira dans le golfe de Nauplie. De nouvelles tentatives dirigées de nouveau contre Spetzia ne furent pas plus heureuses que la première ; et le pacha, craignant de voir sa flotte entièrement consumée par les brûlots de Canaris et de Pipénas, abandonna les côtes du Péloponnèse, et se retira vers l'Asie, honteusement chassé par les Grecs à travers les îles de l'Archipel. L'infatigable Miaoulis ne cessa de harceler l'amiral turc jusque dans les eaux des Dardanelles, et il détruisit une partie de sa flotte dans la rade de Ténédos (1).

Jusque là tout avait favorisé les projets des Grecs, et la fortune n'avait cessé de leur sourire ; mais tout à coup la situation change d'aspect. La discorde, jusque là contenue à grand'peine, éclate partout. Les primats du Péloponnèse, les généraux rouméliotes, les sénateurs d'Hydra, forment différents partis ; Colocotronis et Mavrocordatos se disputent le pouvoir. Hypsilantis, las des intrigues de ses adversaires, se condamne à l'inaction. Le sénat est sans président, le corps exécutif sans autorité, et l'amirauté d'Hydra en rupture ouverte avec le gouvernement (2). Malgré leurs dissensions, les Grecs purent encore détruire l'armée de Dram-Ali, envoyé pour reconquérir la Morée, 1823. Mais l'année suivante, 1824, Ibrahim, fils de Méhémet-Ali, pacha d'Égypte, le plus puissant et le plus redoutable des vassaux du sultan, envahit la péninsule avec une forte armée. Depuis ce moment les affaires des Grecs allèrent en déclinant. Leurs dissensions, de plus en plus acharnées, leur faisaient oublier la défense de la nationalité à peine reconquise. Au milieu de cette agitation funeste, la chute d'Ipsara produisit une terrible et salutaire impression, en ramenant les Grecs sur le champ de bataille. De brillants faits d'armes vengèrent la ruine des braves Psariotes, et la flotte ottomane fut encore obligée de se retirer après de grandes pertes devant l'escadre des Grecs.

Tant de services rendus à la cause nationale avaient placé les Hydriotes à la tête du gouvernement. George Condouriotis avait été nommé par le sénat président du conseil exécutif. Condouriotis réprima les mouvements des primats du Péloponnèse, Zaïmis, Sistinis, les Delianis, Londos, Notaras, Colocotronis, qui furent mis en jugement et transférés dans l'île d'Hydra. Cette mesure rétablit pour quelque temps le calme dans la Grèce, qui ressentit pour la première fois, sous le président Condouriotis, les bienfaits d'un bon gouvernement. Mais dès l'année suivante, 1825, la rivalité naissante de Mavrocordatos et de Colettis avait déjà rallumé partout les feux de la discorde.

Aussi Ibrahim-Pacha, qui s'était retiré dans l'île de Candie, reparut en Morée, avec la ferme résolution de faire définitivement la conquête de ce pachalik, que le sultan avait ajouté au vaste gouvernement que son père possédait déjà. Cette fois ni Condouriotis par terre ni Miaoulis par mer ne purent défendre Modon et Navarin. Sphactérie fut emportée par Soliman-bey le 8 mars. Dans cette affaire Hydra perdit plusieurs de ses braves capitaines, et surtout Tramados, qui ne le cédait qu'à Miaoulis. Celui-ci vengea la mort de son ami en brûlant une partie de la flotte égyptienne mouillée à Modon, dont la poudrière fut incendiée et les magasins et fortifications en partie détruits. Cette victoire n'empêcha pas Navarin de succomber; il fallut rendre Colocotronis à la liberté pour ramener l'ardeur guerrière des Moraïtes, qui ne voulaient pas combattre sous un autre chef. Tandis que les Grecs luttent péniblement sur terre contre Ibrahim, les Hydriotes, informés que Méhémet-Ali a juré d'anéantir leur île, vont le braver jusque dans le port d'Alexandrie. Canaris et les autres brûlotiers poussèrent leurs brûlots contre des navires qui étaient à l'ancre devant le palais du vice-roi ; mais le vent contraire repoussa ces machines incendiaires, qui se consumèrent inutilement. Poursuivis par les navires du port, les brûlotiers regagnèrent l'escadre que commandaient Tombasis et Criesis, et qui rentra le 25 août dans le port d'Hydra, d'où elle était sortie le 4 du même mois. Quoique le but de l'entreprise ait été manqué, elle n'en est

(1) Voy. plus haut, p. 346.
(2) Al. Soutzo, p. 293.

pas moins digne d'être consignée dans les annales de cette guerre comme une des preuves les plus éclatantes de l'intrépidité des marins grecs.

Cependant cette lutte inégale et trop prolongée épuisait les ressources de l'aristocratie d'Hydra. Depuis longtemps son commerce était ruiné : le peuple, qui autrefois trouvait facilement à travailler et à vivre quand les affaires étaient florissantes, n'ayant plus d'autre profit que le butin fait dans les courses en mer, était tombé dans le dénûment et murmurait contre ses chefs. André Zaïmis, chef des primats péloponnésiens, travaillait à fomenter une insurrection qui pût perdre les Condouriotis. Elle éclata en effet dans les premiers jours de décembre 1825. A différentes reprises les plébéiens d'Hydra se rassemblèrent dans la place publique, au son du tocsin ; ils insultèrent les Condouriotis, et menacèrent de mort les autres primats de l'île, s'irritant ou s'apaisant au gré des meneurs secrets qui les dirigeaient à leur gré. C'était comme au temps des républiques de l'ancienne Grèce, où l'aristocratie et la démocratie étaient toujours aux prises. Les primats d'Hydra parvinrent à rétablir la tranquillité dans leur île, et les Condouriotis, pour éviter le retour d'une pareille crise, provoquèrent la réunion d'une assemblée nationale à Hermion. De son côté Zaïmis organise un congrès à Égine : les deux assemblées se disputent la prépondérance, tandis que Karaïskakis et ses amis, voulant mettre fin à l'anarchie, déférèrent la présidence de la république grecque au comte Jean Capo-d'Istrias, 1826. Sous ce nouveau gouvernement, Athènes fut prise par les Turcs. Karaïskakis fut tué dans les marais de Phalère en combattant pour la défense de cette place, dont la prise entraînait la perte de la Grèce centrale. Ibrahim était sur le point d'achever la conquête de la Morée. Il ne restait plus aux Grecs que les rivages de l'Argolide et les îles de l'archipel occidental. L'indépendance hellénique allait succomber dans cette lutte trop inégale ; elle fut sauvée par l'intervention armée des trois puissances chrétiennes. La France, la Russie et l'Angleterre résolurent enfin de venir en aide aux Grecs épuisés. La bataille de Navarin, 1827, anéantit la marine turque sur les côtes de l'Élide. En 1828 une armée française sous les ordres du général Maison chassa les Égyptiens de la Morée, et en assura l'indépendance. A partir de ce moment, les Hydriotes, les Spetziotes et les autres insulaires se retirent de la lutte, ou n'y remplissent qu'un rôle secondaire, laissant le champ libre aux généraux alliés, qu'ils se sont conciliés par leur héroïque constance, et qui leur assurent enfin la possession de cette liberté politique pour laquelle ils avaient tout sacrifié. Cependant les puissances qui s'étaient entendues pour délivrer la Grèce ne pouvaient tomber d'accord pour la constituer définitivement. La présidence de Capo-d'Istrias fut encore agitée par des dissensions intestines. Quand on s'aperçut qu'il affectait le pouvoir absolu et qu'il se livrait exclusivement à l'alliance russe, les hommes les plus éminents du pays se séparèrent de lui. Le Magna se déclara indépendant ; Hydra suivit cet exemple. Les Russes marchèrent pour le soutenir; ils attaquèrent Hydra et Poros, où était réunie la flotte grecque, que ses marins incendièrent pour ne point la laisser tomber aux mains de l'ennemi, 13 août 1831. Le 5 octobre suivant, Capo-d'Istrias fut assassiné. L'anarchie déchira encore la Grèce pendant les premiers mois de 1832 ; mais la paix lui fut rendue bientôt par la proclamation du roi Othon, qui prit possession de son royaume le 14 janvier 1833 (1). Hydra, Spetzia et les autres îles des côtes de l'Argolide furent comprises dans le nouvel État grec. Elles forment aujourd'hui deux éparchies du département de l'Argolide et Corinthie ; mais elles ont englouti dans cette terrible guerre de l'indépendance leur marine et leur prospérité commerciale, dont il est bien difficile d'espérer et de prévoir jamais le retour.

Les îles du Golfe Argolique, Ephyra, Irine, Pityusa, ne sont nommées que par Pline et Pomponius Mela (2).

THÉGANUSA est mal à propos placée par Pline dans le Golfe de Laconie. C'est peut-être cette erreur qui a pro-

---

(1) Buchon, *La Grèce continentale et la Morée*, p. 159.
(2) Plin., IV, 19, 15 ; Pomp. Mela, II, 7, 10.

duit celle de plusieurs cartes modernes, où l'île de Cervi est mise à l'ouest du cap Saint-Ange, au nord de Cérigo, à la place de la presqu'île que les anciens appelaient Onugnathos. Théganusa ou Cervi est en face le cap Akritas, aujourd'hui cap Gallo, qui forme avec le cap Matapan l'autre extrémité du Golfe de Coron ou de Messénie (1).

Les OEnusses. — C'est un petit groupe de trois îles, situées à la pointe sud-ouest de la Messénie, presque en face de Modon et de l'ancienne rade de Phœnicus. Les deux plus grandes de ce groupe s'appellent aujourd'hui Sapienza et Cabrera; la troisième et la plus petite, l'île Verte, est placée entre les deux autres. Ces îles ont été concédées au royaume de Grèce lors de sa composition par les trois puissances protectrices.

Ile de Sphactérie. — Cette île, appelée aujourd'hui Sphagia (2), sert de barrière et de rempart à la rade de Pylos, qui porte maintenant le nom de Navarin. Elle a quinze stades de longueur : elle était autrefois couverte de bois; ce n'est plus maintenant, comme tant d'autres îles grecques, qu'un rocher nu et inhabité. Sphactérie a été illustrée par deux faits d'armes séparés l'un de l'autre par un intervalle de plus de deux mille ans. L'un est la prise de cette île par Cléon et les Athéniens, pendant la guerre du Péloponnèse, l'an 425 avant l'ère chrétienne; l'autre est la bataille navale de Navarin, où la flotte turco-égyptienne fut défaite par les flottes combinées de la France, de l'Angleterre et de la Russie en 1827. En 1825, elle avait été prise par les Égyptiens, que commandait Soliman-Bey, malgré la vigoureuse défense des Grecs, qui y firent des pertes cruelles. C'est dans ce combat que périt le piémontais Santa-Rosa, à qui un cénotaphe fut érigé dans une caverne de l'île, à l'endroit où il avait succombé les armes à la main (1).

Proté, aujourd'hui Prodano, est au nord de Sphactérie, tout près de la côte de Messénie. Elle est restée une île déserte, comme au temps de Thucydide (2), qui est, je crois, le seul historien qui en fasse mention.

(1) Plin., IV, 19, 5; Mela, II, 7, 10; Ptol., III, 16, 23.
(2) Les anciens lui donnaient aussi ce nom; on le trouve dans Xénophon, *Hell.*, VI, 2, 31; Strab., VIII, 348.

(1) Voyez l'article sur Santa-Rosa de M. Cousin, *Revue des Deux Mondes*, mars 1840.
(2) Thuc., IV, 13.

ILE DE CRÈTE [1].

I.

DESCRIPTION ET GÉOGRAPHIE DE L'ILE DE CRÈTE.

NOMS PRIMITIFS. — L'île de Crète, appelée par les Vénitiens *Candie* et par les Grecs d'aujourd'hui *Icriti*, porta dans l'antiquité un grand nombre de noms. Elle s'appela *Macaronesos* et *Aeria*, à cause de la douceur de sa température et de la beauté de son climat ; *Doliché*, pour sa forme oblongue, enfin Chthaonia, Telchinia et Idæa. Quant au nom de Crète lui-même, qui a prévalu, il serait difficile d'en indiquer d'une manière précise l'origine, tant les historiens et les étymologistes anciens sont peu d'accord sur ce point. Suivant les uns, il viendrait de *Curétes*, comme Telchinia vient de *Telchines*, deux peuples qui jouèrent un rôle considérable dans la civilisation et l'histoire primitives de cette île. Suivant d'autres, la Crète aurait été appelée ainsi du nom de la nymphe Créta, l'une des Hespérides. Au dire d'Eusèbe (1), Crès, indigène, premier roi de Crète, lui aurait donné son nom. Enfin, Diodore de Sicile (2) rapporte qu'Ammon, « pressé par la famine, se réfugia en Crète, où il épousa Créta, l'une des filles de Curètes, alors régnant, et qu'il fut reconnu roi de cette île, qui, nommée auparavant Idæa, fut appelée Crète, du nom de la femme du roi. »

POSITION ASTRONOMIQUE ET GÉOGRAPHIQUE. — La Crète, la plus grande des îles de l'Archipel, est comprise entre :

---

(1) Ouvrages spéciaux sur l'île de Crète : Meursius, *Creta, etc* ; Hoeck, *Kreta*, 3 vol. in-8° ; Manso, *Sparta* ; Car. Fred. Newman, *Creticarum rerum specimen*, Gott. 1820 ; Sainte-Croix, *Des anciens gouvernements fédératifs* ; Mannert, *Geogr.*, VIII, p. 675-727 ; Voyages de Pococke, Tournefort, Olivier, Savary, Sonnini, Torres-y-Ribera, Cockerell, Sieber, et Pashley ; Boschini, *Il Regno di Candia.*, atlas, in-fol.

(2) Eus., *in Chron. Can.*

(3) Diod., III, 71

---

lat. nord 34°-35° et long. est 21°-24°. Elle s'étend sur une longueur d'environ 140 kilom. depuis le promontoire Corycos (aujourd'hui Capo Buso), à l'ouest, jusqu'au promontoire Sidéro, à l'est. Mais sa plus grande largeur, entre le promontoire Dium (aujourd'hui Capo Sassoso) et le promontoire Metallum (aujourd'hui Punta Matala) n'est que d'environ 40 kilom. Au sud elle est baignée par la mer Libyenne, et au nord par la mer de Crète (aujourd'hui canal de Cerigo et mer de Candie) et la mer Carpathienne (aujourd'hui canal de Scarpanto), qui la séparent de Cythère (aujourd'hui Cérigo), des Cyclades et de la petite île de Casos (aujourd'hui Cazo). Située entre la Grèce, la Cyrénaïque et la Phénicie, à peu près à égale distance de l'Europe, de l'Afrique et de l'Asie, l'île de Crète était comme le point de contact de ces trois continents, et le centre de l'ancien monde.

ASPECT GÉNÉRAL ; DESCRIPTION DES CÔTES. — Cette île présente un circuit très-irrégulier. Ses côtes, particulièrement au nord, sont fort découpées et à quelques endroits profondément creusées par la mer. Aussi est-elle loin d'avoir dans toute son étendue la même largeur. La côte occidentale, depuis le cap Corycos au nord-ouest, jusqu'au cap Criù-Metopon (aujourd'hui Capo-Crio ou Saint-Jean) au sud-ouest, est d'environ 32 kilom. A partir du premier de ces promontoires, les terres rentrent considérablement, et font place à une baie profonde, pour projeter de nouveau dans la mer, à quelque distance de là, vers l'est, une assez grande presqu'île qui se termine au promontoire Psacum (aujourd'hui Capo Spada). Un peu plus loin, l'île se retrécit de nouveau jusqu'à l'embouchure du Pycnus (aujourd'hui Canæa). Là se détache une péninsule qui s'arrondit sensiblement en s'avançant dans la mer, et ne tient au continent que par un isthme fort étroit, resserré entre les bouches du

Pycnus à l'ouest et le golfe d'Amphimala (aujourd'hui Golfo della Suda) à l'est. Cette péninsule se termine, au nord, au cap Ciamum ou Cydonium (aujourd'hui Capo-Maleca ou Acrotiri). Au cap Drepanum (aujourd'hui Capo-Drapano) l'île s'élargit, mais pour se rétrécir encore jusqu'à l'embouchure de l'Amphimatrium (aujourd'hui Armiro). Entre les bouches de ce fleuve et celles de Massatia (aujourd'hui Megla-Potamo) on ne compte que 16 kilom. Depuis cet endroit la côte se relève progressivement jusqu'au cap Dium. Entre ce cap et le cap Métallum, la pointe la plus méridionale de l'île, celle-ci atteint sa plus grande largeur, évaluée à environ 40 kilom. A partir du cap Dium la côte va de nouveau se rétrécissant graduellement jusqu'au promontoire Cétium (aujourd'hui cap Saint-Zuane). A cet endroit la mer s'engouffre fort avant dans les terres et creuse, entre ce dernier cap et le cap Sitye, une large et profonde baie, ayant la forme d'un triangle dont le sommet se trouve près d'Istros. Ici l'on ne mesure plus qu'environ 10 kilom. de largeur ; c'est l'endroit où les deux côtes sont le plus rapprochées. Celle que baigne la mer Libyenne est loin d'être aussi coupée de baies, aussi hérissée de promontoires. Elle s'étend de l'est à l'ouest, sur une ligne à peu près droite, du cap Ampelos (aujourd'hui Capo-Nacro) jusqu'au cap Métallum. A partir de cette pointe jusqu'au cap Criu-Métopon, elle présente plus d'inégalités, sans être toutefois assez accidentée pour mériter une description détaillée.

MONTAGNES ET CAPS. — Comme en général toutes les îles de l'Archipel, la Crète est traversée par une longue chaîne qui court, de l'est à l'ouest, d'un rivage à l'autre. Cette chaîne se compose de trois montagnes bien distinctes qui s'en détachent en saillie, et semblent, au premier aspect, former autant de massifs isolés ; mais qui n'en sont pas moins reliés en un même système. Ce sont : le Dicté (aujourd'hui Lassiti ou Cittia), à l'est ; l'Ida (aujourd'hui Psiloriti), au centre, et les Monts Blancs (Leucaori, aujourd'hui Asprovouna ou Monts-Sphakiottici), à l'ouest.

L'Ida, la *Haute-Montagne*, s'élève au milieu de l'île à l'endroit où elle est le plus large. C'est un énorme massif, qui atteint une hauteur de 1,200 toises au-dessus de la surface de la mer. De son sommet, couvert d'une neige éternelle, on aperçoit les deux mers, Cythère, Mélos, plusieurs autres îles de l'Archipel, et même Rhodes, les côtes de l'Asie Mineure et celles de la Laconie. Vers la moitié de sa hauteur, où il présente une base de forme conique, il s'élève entièrement isolé ; mais de son pied partent dans toutes les directions de nombreuses branches qui le relient, à l'est et à l'ouest, aux deux autres groupes. Une de ces branches se dirige vers le nord, et se termine au cap Dium, après avoir elle-même envoyé à l'ouest un contre-fort qui s'étend jusqu'au fleuve Oaxes. Une autre court au nord-est, jusqu'au fleuve Triton ; une troisième, à l'ouest, va rejoindre les monts Blancs, aux sources de l'Armiro ; une quatrième, au sud-ouest, sépare le fleuve Electra du mont Cédrias. Au sud, l'Ida baigne son pied dans le Lethaios, et borde la riche plaine de Gortyne. Son versant oriental s'abaisse sensiblement, et ne se relie que par de légères ondulations à une montagne du territoire de Cnossos, située à égale distance de l'Ida et du Dicté, mais rattachée au premier par les géographes anciens. Enfin, un autre bras de l'Ida s'étend jusqu'au fleuve Pothereus, qui sert de limite entre cette montagne et le Dicté au sud-est, comme le fleuve Cératos au nord-est.

Ainsi que l'Ida, le Dicté se détache de la grande arête qui parcourt l'île à égale distance des mers de Crète et de Libye, auxquelles il touche également par les nombreuses ramifications qu'il incline vers les deux côtes. Cette montagne est moins élevée que l'Ida et les monts Blancs. Elle forme comme deux groupes distincts. Le premier s'étend jusqu'au cap Cétium et la ville de Hiérapytna, à l'est ; le second, séparé du précédent par un petit fleuve qui arrose Istros, couvre la partie la plus orientale de l'île, où il forme les caps Sitye, Sidéro et Samonium (aujourd'hui C. Salamo).

A l'autre extrémité de l'île, derrière les fleuves Massatia et Armiro, qui servent de limite occidentale à l'Ida, s'élèvent les monts Blancs (Leuka), ainsi nommés soit à cause de la couleur blanchâtre de leurs rochers, qui consistent en pierres calcaires, soit à cause des neiges qui couvrent leur cime pendant une grande partie de l'année. Cette montagne atteint presque la hauteur de l'Ida. Du nœud central rayonnent dans toutes les directions plusieurs branches, dont les plus considérables sont : le mont Corycos, qui se termine, au nord-ouest, au promontoire de ce nom; le mont Tityros, au sud-ouest, qui s'étend jusqu'au cap Criu-Métopon; le mont Dictinéos, qui finit au cap Psacum (aujourd'hui cap Spada), au nord; le mont Bérécynthos, au centre; enfin le mont Cadistos, aux sources de l'Amphimatrium.

FLEUVES. — La chaîne qui court d'une extrémité à l'autre de l'île de Crète, la partage naturellement en deux grands versants, l'un septentrional et tributaire de la mer de Crète, l'autre méridional et tributaire de la mer de Libye. Au premier appartiennent : le Jardanus et le Pycnus (aujourd'hui Canea), dans la région des monts Blancs; l'Amphimatrium (aujourd'hui Armiro), l'Oaxes (aujourd'hui Arcadi-Fiume), le Tetthrys (aujourd'hui Gasi), le Triton (aujourd'hui Geofiro), l'Amnisos (aujourd'hui Cartero), et le Cœratos (aujourd'hui Aposolemi), dans la région de l'Ida; la partie de l'île où s'élève le Dicté n'est arrosée que par quelques cours d'eau sans importance. Tous les fleuves considérables du versant méridional appartiennent à la région de l'Ida ; ce sont, de l'ouest à l'est : le Massatia (aujourd'hui Megla Potamos), l'Electra (aujourd'hui Galigni), le Lethacus ou plutôt le Lethaios (aujourd'hui Malogniti), et le Pothereus ou Catarractus (aujourd'hui Zuzuro).

DIVISIONS NATURELLES ET POLITIQUES. — L'île de Crète est partagée naturellement par ses montagnes en trois régions distinctes : celle de l'est, ou du Dicté ; celle du centre, ou de l'Ida, et celle de l'ouest, ou des monts Blancs. Chacune de ces contrées, avec sa montagne particulière et sa grande cité, se détache si nettement des deux autres, que cette division physique est devenue de bonne heure la division politique de l'île. Il ne faudrait pas toutefois prendre ce mot dans son acception rigoureuse. La Crète n'ayant guère connu, dans l'antiquité, l'unité politique, ne présente à aucune époque de son histoire ancienne les divisions régulières d'un État compacte. Il faut aller, pour y en trouver, jusqu'aux temps de la domination vénitienne. L'île fut alors partagée en châtellenies (castelli) : il y eut celle d'Amari, de Sphakia, de Milo-Potamo, de Temenos, de Mirabello, etc. Les Turcs, qui s'en rendirent maîtres en 1669, la divisèrent en quatre pachaliks : ceux de Candie, de la Canée, de Rethimo et de Setia. Ce dernier fut supprimé dans la suite.

VILLES DE LA CRÈTE ANCIENNE. — L'antiquité a célébré les cent villes de la Crète. Poëtes et historiens se sont accordés sur ce point (1). Meursius en cite même jusqu'à cent vingt (2). Mais diverses calamités en firent disparaître un grand nombre. Déjà Homère, qui dans l'*Iliade* célèbre la *Crète aux cent villes*, n'en mentionne plus dans l'*Odyssée* que quatre-vingt-dix (3). Dix villes, en effet, furent détruites de fond en comble dans une guerre civile, après la chute de Troie. Sous les empereurs Valentinien et Valens, un tremblement de terre en renversa plus de cent (368 ap. J.-C.) Sous Gratien, une grande partie de l'île fut submergée par une inondation. S'il faut en croire le commentateur de Virgile les cent villes auraient été successivement réduites à vingt et à deux, Cnossos et Hiérapytna (4). Aujourd'hui de toutes ces cités il ne reste que des ruines.

VILLES DE LA RÉGION ORIENTALE. — Lyctos, au pied du Dicté, une des plus anciennes villes de la Crète. Rhéa y fut envoyée, suivant la tradition, pour donner le jour à Jupiter. Dans la suite, Lyctos fut une puissante colonie lacédémonienne, et lutta contre Cnossos, dont les habitants la surprirent et la détruisirent. Les Lyctiens fugitifs trouvèrent un asile hospitalier chez les Lampiens. Les autres villes de cette contrée étaient : Chersonesos, port de Lyctos, sur la mer de Crète; Olûs, Miletos, Lato ou Camara, au nord; Arcadia; Minoa Lyction, un des meilleurs ports de l'île

(1) Hom., *Il.*, II, 649 ; Virg., *Én.*, III, 106 ; Hor., *Od.*, III, 17 ; Pline, IV, 12.
(2) Meurs., *Creta*, lib. I, cap. v et 199.
(3) Hom., *Odys.*, XIX, 169.
(4) Servius, *ad Æn.*, III, 106.

dans les temps anciens; Istros; Oleros, avec un temple de Diane; Étea, Itanos, à l'est; sur la côte méridionale on remarquait Hierapytna, au pied du mont Sacré, un des premiers sanctuaires du culte de Zeus; aussi sa fondation est-elle attribuée à Corybas, l'un des Curètes; Erythræa et Hystæ sur les promontoires Erythræum et Dictæum, qui s'avancent dans la mer de Libye; enfin à l'ouest, Apollonia, sur le cap Zephyrium (aujourd'hui Ponta di Tigani).

VILLES DE LA RÉGION CENTRALE. — C'est autour de l'Ida que se trouvaient les villes les plus anciennes et les plus considérables de l'île. C'est d'abord Cnossos. Aux lieux où les dernières hauteurs de l'Ida s'abaissent en riants coteaux vers la mer de Crète, s'élevait la grande cité de Minos. Deux fleuves, l'Amnisos et le Cératos, une mer immense et une haute montagne, formaient comme une magnifique ceinture autour de cette ville célèbre, dont les environs rappelaient aux Crétois les plus augustes traditions de leur antique religion. Là était le berceau de Jupiter, là son tombeau, dont les Crétois montrent encore aujourd'hui les ruines sur une éminence appelée le mont Icare (1). Là coulait le Triton, sur les bords duquel tomba le cordon ombilical du Dieu, lorsque les Curètes l'emportèrent au moment où il venait de naître, événement qui fit consacrer cet endroit sous le nom d'*Omphalos* (Nombril), et la campagne environnante sous celui d'*Omphalium* (2). Là enfin, sur les rives du Théron, furent célébrées les noces de Jupiter et de Junon. Ces traditions ne permettent pas de douter que Cnossos ne dût son origine à une des colonies qui s'établirent, dans les temps les plus reculés, autour de l'Ida, et qu'elle ne fût un des premiers sanctuaires du culte primitif des Crétois. Mais l'époque de sa plus grande puissance fut le règne de Minos. Elle devint alors la capitale de l'île. Après l'établissement des colonies doriennes, elle se maintint encore au premier rang. Elle aspira même à dominer sur l'île entière, et s'unit dans ce but avec Gortyne. Mais dans la suite elle éprouva des revers dont elle ne se releva jamais entièrement. Après la conquête de l'île par Métellus, elle reçut une colonie romaine. La treizième année du règne de Néron (67 ap. J.-C.), un tremblement de terre la détruisit de fond en comble. Elle ne s'est pas relevée de ses ruines. « Des monceaux de pierres, d'anciens murs à moitié démolis, des restes d'édifices, et le nom de *Cnossou*, » que l'emplacement qu'elle occupait a conservé, font seuls connaître le lieu où s'élevait la superbe *ville de Minos*.

Cnossos avait deux ports sur la côte septentrionale: Heracléion et Amnisos, le premier à l'endroit où s'élève aujourd'hui Candie, le second à l'embouchure du fleuve du même nom.

Sur le versant opposé de l'Ida, à l'endroit où commence la riche plaine que bordent, au nord, cette montagne et le Lethacos ou Lethœos, était située la ville de *Gortyne*. Le nom de Larissa, qu'elle portait primitivement, atteste une origine pélasgique. Elle dominait sur toute la plaine qui s'étend au-dessous d'elle. Là se trouvaient Phœstos et Rhytion, villes déjà célèbres au temps d'Homère; Pyranthos, Lisia, Bœbé, Matalia, Bienna; Métallon et Lébéna, deux ports sur la mer Libyenne, et peut-être les seuls de la côte méridionale dans les temps anciens.

Gortyne possédait plusieurs temples célèbres; celui d'Apollon était en grande vénération parmi les Grecs. Cette ville avait plus de huit kilomètres de circuit. Ses ruines, dispersées sur un grand espace de territoire, attestent encore aujourd'hui son étendue. Parmi ces ruines on remarque une porte de ville, en grosses briques et à large façade; au delà, un double rang de piédestaux dont la base plonge dans le sol: on dirait les portiques d'un temple; plus loin, une église à moitié en ruines, d'une architecture simple, sans colonnades, et dont la construction paraît remonter aux premiers temps du christianisme.

A l'ouest de Gortyne et de Cnossos, on trouvait encore Rhaucos, sur la rive gauche du Pothéreus; Lycastos, au pied du mont Argœos; Præsos, sur le Pothéreus, ville habitée primitivement par les Étéocrètes, et détruite dans la suite par ceux d'Hiérapytna. Elle avait un

(1) Savary, *Lettres sur la Grèce*, p. 194.
(2) Diod. v, 70.

temple de Jupiter-Dictéen. De l'autre côté de l'Ida, il faut citer Rhytimna (auj. Rétimo), Éleuthéra, Oaxos sur le fleuve de ce nom; Aulon, Éleutherna, Sybritia, et Psychium; enfin, sur la côte septentrionale, Dium, Cytæion, Matium, et Apollonia. De toutes ces villes nous ne connaissons guère que les noms.

VILLES DE LA RÉGION OCCIDENTALE. — Ce que Lyctos était pour la région du Dicté, et Cnossos pour celle de l'Ida, *Cydonia* (auj. la Canée) l'était pour celles des monts Leuca : le principal centre politique et le siége des premiers habitants de la contrée des Cydoniens. Elle s'élevait entre le Jordanos et le Pycnos. Les traditions crétoises lui donnaient pour fondateur Minos. Mais son titre de *Mère des villes* semble indiquer une origine plus ancienne. Homère ne la cite point; mais il mentionne les Cydoniens, qui furent sans contredit les premiers fondateurs de cette ville (1). Cydonia ne s'éleva pas à la puissance de Cnossos et de Gortyne; mais elle venait immédiatement après elles; et au milieu des rivalités de ces cités, elle assurait toujours la suprématie à celle dont elle embrassait le parti (2).

A l'ouest de Cydonia, le long de la côte septentrionale, s'étendait la *région pergaméenne*. Là se trouvait Pergamos, où mourut, dit-on, Lycurgue, le législateur de Sparte. Les traditions ne s'accordent pas sur l'origine de cette ville : Virgile lui donne pour fondateur Énée (3). Suivant Velléius Paterculus, elles auraient été bâtie par Agamemnon, en mémoire de la prise de Troie (4). Plus au nord, sur le flanc oriental du mont Dictynnien, était située Dictynna, avec un temple de la déesse Britomartis, qui était aussi connue sous le nom de Dictynna. A l'est de cette ville, sur le golfe d'Amphimala (auj. Golfo della Suda) : Amphimala, Cisamos (auj. Cisamo), port d'Aptère, ville située plus à l'ouest; au sud des précédentes : Polychna, Lappa ou Lampa, fondée, dit-on, par Agamemnon. Elle reçut dans ses murs les Lyttiens fugitifs après la destruction de leur ville par les Cnossiens. Phœnix, port sur la mer Libyenne; Tarrha et Elyros, deux des principaux centres du culte d'Apollon dans cette partie de l'île. Cette dernière ville passait pour la patrie de Thalétus, poëte lyrique, antérieur à Homère; elle avait pour port Syia sur la mer de Libye; Phalasarna, port sur la côte occidentale, près des îles Mylæ; enfin Polyrrhénia, au sud de la précédente, avec un temple de Britomartis. C'est dans cette ville que, suivant la tradition, Agamemnon, jeté par la tempête sur les côtes de l'île, offrit un sacrifice aux Dieux.

VILLES PRINCIPALES DE LA CRÈTE MODERNE. — *Candie*, la Kandaks des Arabes, près de l'embouchure du Géofiro, sur l'emplacement de l'ancienne Héracléion, à douze kilomètres de l'île de Dia (Standia), et à quatre du village de Cnossou, situé au milieu des ruines de l'antique Cnossos, dont il a gardé le nom. Attaquée par les Turcs en 1646, Candie soutint un siége célèbre, et ne capitula qu'en 1670. Devenus maîtres de cette ville importante, les Turcs réparèrent rapidement les ravages de ce long siége. « Les murs qui l'entourent, disait un voyageur du dernier siècle, ont plus d'une lieue de circuit, sont bien entretenus, et défendus par des fossés profonds; mais ils ne sont couverts d'aucun fort extérieur. Du côté de la mer, elle est inattaquable, parce que les vaisseaux n'ont pas assez de fond pour s'en approcher. Candie est le siége du gouvernement turc. La Porte y envoie ordinairement un pacha à trois queues. Les principaux officiers et les divers corps de la milice ottomane y sont rassemblés. Cette ville riche, commerçante et bien peuplée pendant que les Vénitiens la gouvernaient, est bien déchue de son ancienne puissance. Le port, qui forme un joli bassin où les navires sont à l'abri de tous les vents, se comble de jour en jour. Il ne reçoit plus que des bateaux et de petits bâtiments allégés d'une partie de leurs marchandises. Ceux que les Turcs frètent à Candie sont obligés d'aller presque sur leur lest attendre leur chargement dans les ports de Standié.... Candie, embellie par les Vénitiens, percée de rues droites, ornées de maisons bien bâties, d'une belle place

---

(1) Hom., *Odys.*, XIX, 176.
(2) Polybe, IV, 55.
(3) *Æn.*, III, 133.
(4) Vell. Paterc., I, 1.

et d'une fontaine magnifique, ne renferme dans sa vaste enceinte qu'un petit nombre d'habitants. Plusieurs quartiers sont presque déserts.... Les mahométans ont converti la plupart des temples chrétiens en mosquées. Cependant ils ont laissé deux églises aux Grecs, une aux Arméniens, et une synagogue aux Juifs (1) ».

La seconde place de l'île est la Canée, sur l'emplacement de l'ancienne Cydonia, dont on trouve encore des ruines dans les environs. Cette ville, bâtie par les Vénitiens, qui la perdirent en 1645, n'a pas plus de deux milles de circuit. Mais depuis que les ports de Gira-Pétra, de Candie et de Rétimo sont comblés, presque tous les négociants se sont retirés dans ses murs, et l'on y compte au moins 16,000 habitants.

Non loin de la Canée, on trouve la Suda, sur le golfe de ce nom, le meilleur port de l'île ; Cisamo (Cisamos), sur ce même golfe ; Grabuse, fort bâti sur un écueil, et qui résista longtemps aux Turcs ; Paléocastro, qui paraît occuper l'emplacement de l'ancienne Aptère ; plus à l'est, sur les côtes méridionales, Gira-Pétra rappelle Hiérapytna. Sur la côte opposée, au sud du cap, est située Spina-Longa, forteresse et port, sur la mer de Crète. Enfin, entre l'Armiro et l'Arcadi-Fiume s'élève Retimo (Rhytimna), à l'entrée d'une riche plaine que bordent au midi les dernières hauteurs de l'Ida. Cette ville, la troisième de l'île, est la résidence d'un pacha. Sa population est d'environ 6,000 habitants.

C'est à trois kilomètres d'Arcadi qu'est situé le célèbre monastère de ce nom. « Il semble, dit Tournefort (2), que ce couvent, qui est le plus beau et le plus riche de tous les monastères de l'île, ait retenu le nom de l'ancienne ville d'Arcadia.... Du temps des chrétiens, Arcadia fut honorée du troisième évêché de l'île : il n'y reste plus qu'un grand couvent, situé dans une plaine, en manière de plate-forme, sur la hauteur d'une montagne, au pied du mont Ida. On aborde à cette plate-forme par une agréable vallée, partagée en vergers, vignes et terres labourables, couverte dans les lieux incultes de chênes verts, de kermès, d'érables, de Phililyrea, de myrthes, de lentisques, térébinthes, pistachiers, lauriers francs, cyprès, storax. Les eaux y coulent de toutes parts. On y reconnaît encore l'ancienne Crète. La maison d'Arcadi est grande et bien bâtie : l'église à deux nefs, enrichies de tableaux gothiques. N'est-il pas bien surprenant que les Grecs, dont les pères ont si bien imité la nature, aient enfin donné dans le goût des Goths, qui la copiaient si mal ?.... On compte près de cent religieux dans ce monastère, deux cents à la campagne, occupés à cultiver leurs fermes.... » — « Parmi ce grand nombre de religieux il se trouve peu de prêtres. La plupart n'entrent point dans les ordres sacrés. Ils servent dans l'état de frères, et sont employés aux plus rudes travaux de l'agriculture (1). »—« La cave est un des plus beaux endroits du monastère : il n'y a pas moins de deux cents pièces de vin, dont le meilleur est marqué au nom du supérieur, et personne n'oserait y toucher sans son ordre. » Ce monastère possède des terres immenses, qui s'étendent jusqu'à la mer, du côté de Rétimo, et que les nombreux caloyers ou religieux qui l'habitent cultivent avec soin ; l'huile, le vin, les blés, la cire qu'ils recueillent chaque année, montent à des sommes considérables.

CLIMAT. — « De tous les pays que j'ai habités, dit Savary (2), il n'en est point dont la température soit aussi saine, aussi agréable que celle de Crète. Les chaleurs n'y sont jamais excessives, et les froids violents ne se font point sentir dans la plaine. Pendant une année d'observations faites à la Canée, j'ai remarqué qu'à compter du mois de mars jusqu'au commencement de novembre, le thermomètre ne variait que depuis 20 jusqu'à 27 degrés au-dessus du terme de la glace.... D'ailleurs, dans les jours les plus chauds de l'été, l'atmosphère était rafraîchie par les vents de la mer. L'hiver proprement dit ne commence qu'en décembre, et finit en janvier. Pendant cette courte saison, la neige ne tombe jamais dans la plaine, et ra-

---

(1) Savary, *Lettres Sur la Grèce*, XXI, p. 186 et suiv.

(2) Tournefort, *Voyage du Levant*, p. 51.

(1) Savary, *Lettre* XXVI, p. 239.

(2) *Lettre* XXI, p. 266.

rement on y voit la surface de l'eau gelée... On a donné le nom d'hiver à ces deux mois, parce qu'alors il tombe des pluies abondantes, que le ciel se couvre de nuages et qu'on y éprouve des vents du nord très-violents, mais ces pluies sont utiles à l'agriculture. Les vents chassent les nuages vers les hautes montagnes, où se forme le dépôt des eaux qui fertiliseront les campagnes, et l'habitant des plaines ne souffre point de ces intempéries passagères. Dès le mois de février la terre se pare de fleurs et de moissons. Le reste de l'année n'est presque qu'un beau jour... Le ciel est toujours pur et serein : les vents sont doux et tempérés..... Les nuits sont fort belles. On y goûte une fraîcheur délicieuse.... Aux charmes de cette température se joignent d'autres avantages qui en augmentent le prix. L'île de Crète n'a presque point de marais. Les eaux n'y restent guère stagnantes. Elles coulent du sommet des montagnes en ruisseaux innombrables, et forment çà et là des fontaines superbes ou de petites rivières qui se rendent à la mer... Aussi l'air n'est point chargé des vapeurs dangereuses qui dans les contrées humides s'élèvent des lieux marécageux. »

Cette douce température, cet air salubre, qui firent appeler la Crète *Macaronésos*, l'Ile-Fortunée, étaient appréciés dans l'antiquité. Hippocrate envoyait ses malades se rétablir dans cette île. Encore aujourd'hui l'influence de ce climat privilégié se fait remarquer dans la haute stature, la forte constitution et la longévité des Candiotes.

II.

HISTOIRE DE L'ILE DE CRÈTE PENDANT LES TEMPS ANCIENS.

HABITANTS PRIMITIFS DE L'ILE DE CRÈTE. — Les Crétois, comme tous les peuples en général, plaçaient leur berceau dans les lieux mêmes où s'est développée leur civilisation. Ils se prétendaient autochthones. Quoi qu'il en soit de cette prétention, c'est dans Homère que nous trouvons la première et la plus importante mention de l'ancienne population de l'île. « Au sein des mers, dit le poëte (1), est la Crète, contrée riche et fertile, battue de tous côtés par les flots. Elle a une population immense, qui habite quatre-vingt-dix villes. Là sont des peuples divers et de langues diverses : des Achéens, des Étéocrètes, des Cydoniens, des Doriens, et des Pélasges. »

L'époque qu'Homère a en vue ici est celle du règne de Minos. Il énumère les différents peuples qui habitaient l'île au temps de ce prince. Quant à l'ordre chronologique dans lequel ils sont venus s'y établir, il ne faut pas le chercher dans ce passage. Le poëte se contente de signaler la diversité de leur origine, laquelle se révèle dans la diversité de leurs idiomes. Nous trouvons, en effet, ici trois groupes de population bien distincts : 1° des Étéocrètes et des Cydoniens, 2° des Pélasges, 3° des Doriens et des Achéens.

Les Étéocrètes sont généralement considérés comme autochthones. Leur nom d'Étéocrètes (*vrais Crétois*) prouve qu'ils passaient aux yeux des Grecs pour être nés sur le sol même de l'île. Il leur a été évidemment donné pour les distinguer des peuples venus du dehors. Les Étéocrètes habitaient aux environs de l'Ida et du Dicté. Præsos, à soixante stades de la côte méridionale, était leur principal centre. Mais il est probable qu'ils occupèrent aussi l'autre versant des deux montagnes jusqu'à l'époque de l'invasion dorienne. Refoulés alors dans le midi, ils furent longtemps sans se mêler aux autres peuples de l'île. Cette espèce d'isolement que perpétuait leur orgueil national, et que favorisait si bien leur établissement entre l'Ida et le Dicté au nord, et la mer Libyenne au sud, durait encore après la mort de Minos. Seuls, avec les Polichnites, ils ne prirent point part à l'expédition de Sicile, entreprise pour venger ce héros (1).

Comme les Étéocrètes, les Cydoniens passaient pour indigènes, bien qu'ils ne fussent pas compris sous la dénomination de *vrais Crétois*. Ils dominaient dans la partie occidentale de l'île. Cydonie était leur principale ville. Ils honoraient particulièrement la déesse Britomartis, et avaient aussi leur idiome

(1) Hom., *Odys.*, XIX, 174 et suiv.

(1) Hérodote, VII, 170.

propre, dont quelques termes nous ont été conservés. Le nom de Britomartis appartient à ce dialecte, et signifie *douce vierge* (1).

A côté de ces peuples, que nous pouvons considérer comme autochthones ou tout au moins comme les plus anciens habitants connus de l'île, se placent des Pélasges, venus, selon toutes les probabilités, de l'Arcadie. Il n'est guère possible de déterminer l'époque précise de leur arrivée en Crète. Mais ils y précédèrent certainement de plusieurs siècles les Hellènes, qu'amena Teutamos vers 1415, et parmi lesquels se trouvèrent mêlés d'autres Pélasges. Quant aux lieux où ils s'établirent, ce fut principalement la plaine où s'élevait Gortyne. Cette ville elle-même, comme nous l'avons vu, portait primitivement le nom pélasgique de Larissa, ainsi qu'une autre ville, qui fut dans la suite réunie à Hiérapytna (2). Des restes de constructions cyclopéennes attestaient le passage sur le sol crétois de cette première colonie de Pélasges.

Cette colonie n'est pas la seule que reçut la Crète dans ces temps reculés. Deux autres races, également célèbres, dans l'antiquité, par leurs systèmes religieux et leur civilisation précoce, vinrent mêler leur sang et leurs idées aux habitants primitifs de cette île : les Phrygiens et les Phéniciens. Les premiers ne sont autres que les Dactyles-Idéens et les Curètes. Ces noms appartiennent plutôt à la théologie qu'à l'histoire de l'ancienne Crète. Ils désignent une colonie sacerdotale venue des environs du mont Ida, en Phrygie, et qui apporta en Crète les idées religieuses et les arts de l'Asie occidentale. L'arrivée de cette colonie remonte à une si haute antiquité, qu'elle est souvent confondue avec la population primitive de l'île. « Les premiers habitants de Crète, dit Diodore de Sicile (3), demeuraient aux environs du mont Ida, et s'appelaient Dactyles-Idéens. » Nous verrons ailleurs l'influence de cette colonie sur la religion et la civilisation primitives de l'île.

L'influence des Phéniciens ne fut pas moins grande. Leur présence en Crète se révèle particulièrement dans deux mythes importants. Quand Hercule se rendit dans l'Ibérie pour enlever les vaches de Géryon, qui paissaient sur les côtes de ce pays, il rassembla ses troupes dans l'île de Crète; « car cette île est avantageusement située pour faire partir de là des armées sur toute la terre. Les Crétois accueillirent Hercule avec de grands honneurs ; et, pour leur témoigner sa reconnaissance, il purgea l'île des bêtes féroces ; c'est depuis lors qu'on n'y trouve plus ni ours, ni loups, ni serpents, ni d'autres animaux semblables. Il voulut aussi par cette action illustrer un pays où Jupiter était né, et où il avait été élevé (1). » Parti de cette île, Hercule relâcha en Libye, la parcourut jusqu'à l'Océan qui baigne Gadès, et éleva deux colonnes sur les bords de l'un et de l'autre continent. Cette légende de l'Hercule-Tyrien ne permet pas de douter que les Phéniciens n'aient de bonne heure fondé des établissements en Crète. Les avantages de la situation maritime de cette île devaient frapper ces entreprenants navigateurs. Située sur la grande route commerciale qu'ils parcouraient, elle pouvait servir de relâche à leurs vaisseaux et de centre à leur colonisation. C'est de la Crète, en effet, comme on le voit dans cette légende, que les colonies phéniciennes se répandirent dans les contrées de l'Occident, sur les côtes de l'Afrique et de l'Espagne.

L'autre mythe n'a pas une moins importante signification historique. Nous voulons parler de l'enlèvement d'Europe. Jupiter, dit la fable, sous la forme d'un taureau, transporta Europe, fille de Phœnix, de la Phénicie en Crète. Europe, on le sait, est la personnification du culte de la Lune. Elle s'unit avec Jupiter, le dieu indigène de la Crète. Cet hymen des deux divinités n'est autre chose que le symbole de l'alliance des deux religions, phénicienne et crétoise, et de la fusion des anciens habitants avec les nouvelles colonies.

Quant aux lieux où s'établirent ces colonies, pour les déterminer il suffit de suivre en quelque sorte la trace du mythe, et de recueillir les souvenirs qu'il

---

(1) Voy. Hoeck, *Kreta*, I, p. 46.
(2) Raoul-Rochette, *Col. Gr.*, I, p. 5.
(3) Diod. Sicul., V, 64, 3.

(1) Diod. Sicul., IV, 17, 3.

a semés sur le sol crétois. Or, tous ces souvenirs se groupent aux environs de Gortyne. C'est en descendant le cours du Lethœos qu'Europe s'est rendue dans cette ville, située sur ce fleuve. Non loin de là s'élevait le platane dont le feuillage étendit comme un voile de verdure sur ses premières amours avec Jupiter. Gortyne elle-même s'appela anciennement *Hellotis* ou *Hellotia*, d'un des noms d'Europe (1). Enfin, il reste de cette ville des monnaies sur lesquelles ce mythe est figuré. Nul doute qu'elle ne fût le principal centre de la colonisation phénicienne en Crète. Mais elle ne fut pas le seul. Cette colonisation paraît s'être étendue sur la plus grande partie de la région orientale de l'île. Des monnaies de Phœstos, ville située à l'est de Gortyne, sont marquées à l'effigie d'un taureau, et la fondation d'Itanos, à l'extrémité orientale de l'île, est attribuée à un Phénicien.

Tous ces peuples furent confondus par les Grecs sous la désignation commune de *Barbares*. Hérodote (2) donne encore aux Crétois de l'époque de Minos cette qualification, qui exclut tout élément hellénique de la population à laquelle elle s'applique. Cependant nous avons vu des Doriens et des Achéens mentionnés par Homère parmi les anciens habitants de l'île, et plusieurs historiens, s'appuyant sur ce passage de l'Odyssée, parlent d'une colonie dorienne en Crète, antérieure d'environ trois siècles à la guerre de Troie. Cette colonie, conduite par Teutamos ou Tectamos, fils de Dorus, serait partie des environs du mont Olympe, et aurait été renforcée par des Achéens de la Laconie, des Éoliens et même des Pélasges (3). « Quant aux établissements particuliers formés par cette colonie, nous n'avons aucune lumière. Stophylus, cité par Strabon, dit que les Doriens se fixèrent dans les régions les plus orientales de l'île. Quoi qu'il en soit, on ne peut douter des progrès rapides qu'obtint cet établissement, puisque Minos, qui réunit l'île entière sous sa domination,

descendait de Teutamos ; et ce n'est qu'à cette colonie que les habitants de la Crète durent l'avantage d'être comptés, dès l'époque de ce prince, au nombre des *nations helléniques* (1). »

De nombreux témoignages attestent la réalité de cette colonie. Mais il est difficile de les concilier avec ce que nous connaissons des Doriens. Les émigrations de ce peuple sont postérieures de près d'un siècle à la prise de Troie. Elles ne commencent que vers 1104. Jusqu'à cette époque, il resta cantonné dans les montagnes de la Dryopide. Il paraît peu vraisemblable d'ailleurs qu'une colonie de ce petit peuple soit allée, à travers la Hellade et le Péloponnèse, s'établir dans une des îles les plus méridionales de la mer intérieure, à une époque où les Lélèges et les Cariens eux-mêmes, adonnés de si bonne heure à la navigation, commençaient à peine à lancer leurs barques sur la mer, et à exercer la piraterie d'une île à l'autre. Ajoutons que Teutamos ne figure nulle part dans les vieux mythes de la Crète, et que son nom ne se trouve pas dans la plus ancienne généalogie des rois de cette île. Cette colonie paraît avoir été imaginée pour rattacher Minos, le héros national de la Crète, aux Doriens, qui ne s'établirent dans l'île qu'environ deux siècles après sa mort. On donne en effet à Teutamos pour fils Astérios, qui épousa Europe après Jupiter, et adopta les fils du dieu, Minos, Rhadamanthe et Sarpédon. Puis à Minos lui-même on fait épouser Itoné, fille de Lyctios, parce que Lyctos fut une des plus célèbres colonies doriennes de l'île. Enfin Lycastos, né de cette union, devient père d'un second Minos, celui qui domina sur les mers. L'intention de faire de Minos un Dorien est évidente. Elle explique la colonie de Teutamos, imaginée par l'orgueil dorien, ainsi que les deux Minos, l'un fils de Jupiter, l'autre de Lycastos (2).

Mais si la Crète, dans les temps antérieurs à Minos, demeura étrangère aux Hellènes, elle compta du moins parmi ses habitants deux peuples qui flottaient en quelque sorte entre le

---

(1) Steph. Byz., V ; Γόρτυν.
(2) Hérodote, I, 173.
(3) Diod., IV, 60 ; V, 80 ; Strabon, X, p. 789.

(1) Raoul-Rochette, *Col. Grecq.*, p. 73-74.
(2) Cf. Hoeck, *Kreta*, II, p. 15 et suiv.

monde barbare et le monde grec, et qui firent connaître de bonne heure aux Crétois la langue et la religion de la Grèce. Nous voulons parler des Cariens et des Lélèges. Nous verrons plus loin leurs rapports avec Minos. Longtemps avant le règne de ce prince ils furent mêlés aux Crétois ; et ils faisaient sans doute partie de cette quatrième classe formée d'un mélange de barbares dont parle Diodore (1). Les rapports de la Crète avec ces deux peuples, depuis longtemps en contact avec le monde grec marquèrent, en quelque sorte, son passage de la barbarie à la civilisation hellénique.

LA CRÈTE AVANT MINOS. — Deux peuples indigènes, les Étéocrètes et les Cydoniens ; plusieurs peuples de colons, des Pélasges, des Phrygiens, des Phéniciens, peut-être même des Égyptiens ; enfin des Cariens et des Lélèges, tels sont les divers éléments de la population de la Crète à l'époque où paraît Minos.

Minos, qui est une des personnifications de la royauté héroïque, n'est pas le premier roi de Crète. Cet honneur revient à Jupiter, frère d'Uranus. Jupiter eut dix enfants, nommés Curètes. Deux de ces derniers, Crès et Mélitheus régnèrent successivement après lui. En ce temps-là, dit la légende, Ammon, roi d'une partie de la Libye, vint chercher un refuge en Crète. Il avait épousé Rhéa, fille d'Uranus et sœur de Saturne et des autres Titans. « En visitant son royaume, il trouva, près des monts Cérauniens, une fille singulièrement belle, qui s'appelait Amalthée. Il en devint amoureux, et en eut un fils, Bacchus, d'une beauté et d'une force admirables... Craignant la jalousie de Rhéa, Ammon cacha avec soin cet enfant, et le fit transporter secrètement dans la ville de Nyse, située dans une île environnée par le fleuve Triton. Le jeune Bacchus y fut instruit dans les plus belles sciences.... Il aimait les arts, et inventa plusieurs choses utiles. Étant encore enfant, il découvrit la nature et l'usage du vin, en écrasant des raisins des vignes sauvages... Sa renommée s'étant répandue parmi les hommes, Rhéa, irritée contre Ammon, résolut de s'emparer de Bacchus. Mais ne réussissant pas dans son entreprise, elle quitta Ammon, et, retournant auprès des Titans, ses frères, elle épousa son frère Saturne. Celui-ci, à l'instigation de Rhéa, marcha contre Ammon et le défit en bataille rangée. Pressé par la famine, Ammon se réfugia en Crète. Là, il épousa Créta, fille de Curètes, alors régnant, et il fut reconnu roi de cette île.... » Saturne et les Titans l'y poursuivirent. Mais Jupiter envoya des soldats égyptiens au secours d'Ammon, et la guerre s'allumant dans cette île, Bacchus, Minerve et quelques autres dieux, y accoururent. Il s'y livra une grande bataille. Bacchus resta vainqueur, et tous les Titans furent tués. Après cela, Ammon et Bacchus échangèrent le séjour terrestre contre les demeures des immortels, et Jupiter régna, selon la tradition, sur tout l'univers (1). Crès, son fils, lui succéda en Crète et donna son nom à l'île. Ensuite Meursius signale une lacune considérable dans la série des rois de Crète. « Eusèbe, dit-il, ne mentionne aucun roi entre Crès et Cydon, c'est-à-dire durant un espace de trois cent quatre-vingt-seize ans (2). »

Toutefois, parmi les nombreux rois qui ont dû se succéder dans ce long intervalle, Meursius cite Cécrops, en s'appuyant sur le témoignage de Gotfried de Viterbe (3). Plaute semble confirmer cette assertion en appelant la Crète *l'île de Cécrops* (4). Puis vient, après un espace de temps qu'il est impossible de déterminer, Cydon, qui aurait régné, suivant Eusèbe, dans la quatre-vingt-dixième année de la servitude des Hébreux en Egypte (5), c'est-à-dire vers le milieu du dix-huitième siècle avant J.-C. Ce Cydon immola sa fille Eulimène, pour obéir à un oracle. Mais ce fut un autre roi de ce nom qui fonda, longtemps après, la ville de Cydon et lui donna son nom (6). A ce prince succéda Aptère, fondateur

---

(1) Diod., V, 80.

(1) Diod., III, 68, 71-73.
(2) Meurs., *Creta*, lib. III, cap. II.
(3) Meurs., *ibid.*, lib. III, cap. II.
(4) *Cecropia insula* ; Plaute, *in Trinummo*, act. IV, sc. II, v. 83.
(5) Meurs. l. c.
(6) Steph., v. Κυδώνια.

de la ville de ce nom, et contemporain de Moïse. Puis vient Lapès, à qui on donne pour successeur le Dorien Teutamos, qui amena en Crète une colonie d'Hellènes et de Pélasges, et devint roi de l'île. Il épousa la fille de Créthès, et en eut un fils nommé Astérios. C'est pendant le règne de ce dernier que Jupiter enleva, dit-on, Europe, fille d'un roi phénicien, la transporta en Crète, et eut d'elle trois fils, Minos, Rhadamanthe et Sarpédon. Astérios épousa Europe après le dieu ; et, comme il n'avait point d'enfants, il adopta ceux de Jupiter, et leur laissa son royaume (1). Sarpédon passa, suivant la tradition, en Asie, avec une armée, et conquit la Lycie. Évandre, son fils, lui succéda dans ce royaume. Rhadamanthe, si fameux comme juge aux enfers, et appelé même par Diodore de Sicile législateur des Crétois, domina sur une grande partie des îles de la mer Égée et du littoral de l'Asie. Quant à Minos, il régna en Crète même, épousa Itone, fille de Lyctios, et en eut Lycaste. Parvenu au trône, Lycaste épousa Itone, fille de Corybas, et engendra le second Minos, que quelques-uns disent fils de Jupiter.

Cette généalogie, donnée par Diodore de Sicile (2), diffère en plusieurs points de celle qui nous a été transmise par les logographes. On y aperçoit l'effort que nous avons déjà signalé, de rattacher les Doriens à Minos. Comme nous avons vu une colonie dorienne comptée, contre toute vraisemblance, parmi les anciens habitants de la Crète, nous trouvons ici un prince dorien, Teutamos, ajouté aux souverains de l'île, et donné pour père à Minos. Pour la même raison on fait épouser à celui-ci Itone, fille du Dorien Lyctios. L'ancien mythe donnait pour femme à Minos Pasiphaé. Mais celle-ci étant, et par son nom et par son origine, étrangère à la race dorienne, on supposa un premier Minos, à qui l'on fit épouser la Dorienne Itone. Ainsi s'expliquent les deux Minos, dont le premier est représenté comme législateur, et le second comme dominateur des mers, et séparés l'un de l'autre par une génération entière. Toutefois, il est à remarquer que dans

(1) Diod., IV, 60 ; Apollod., III.
(2) Diod., l. c.

un autre passage de Diodore de Sicile, il n'est question que d'un seul Minos, fils de Jupiter et d'Europe, et à la fois législateur et conquérant. Ajoutons que ni Homère, ni Hésiode, ni les poëtes ou les logographes qui vinrent après eux, ni Platon, ni Aristote, ni Strabon, ne font mention de deux princes de ce nom. D'ailleurs l'unité ou la dualité dans ce personnage est d'une médiocre importance historique. Qu'il y ait eu un ou deux Minos, une chose est hors de doute, c'est que dans les deux siècles qui précédèrent la guerre de Troie, ce nom domine toute l'histoire de la Crète, et se trouve souvent mêlé à celle de la Grèce elle-même (1400-1200).

Jusqu'à Minos nous avons été en pleine mythologie. Avec lui nous sommes loin d'en sortir entièrement. L'histoire est encore dans les légendes. S'il est nécessaire de l'en dégager, il n'est guère possible de l'en séparer tout à fait. Nous rapporterons donc telles que nous les trouvons dans les historiens anciens les légendes relatives à ce personnage, sauf à détacher ensuite de ce fond merveilleux les faits d'une réalité historique incontestable.

RÈGNE DE MINOS. — (Deux générations avant la guerre de Troie, c'est-à-dire vers le milieu du quatorzième siècle avant J.-C.)

Minos n'est pas seulement le représentant et comme la personnification de la royauté héroïque en Crète ; son nom domine presque toute l'histoire de cette île. Avant lui tout l'intérêt est concentré dans les mythes religieux. Nous ne voyons en scène que les dieux. Il n'y a pas, à proprement parler, de peuple. Les différentes races qui habitent l'île s'effacent en quelque sorte derrière les sanctuaires de leurs divinités, qui seules agissent et se meuvent, tandis que la nation reste immobile. Aussi nul événement important, nulle entreprise nationale qui témoigne d'un commencement de vie politique. Avec Minos tout change. Les dieux font place aux héros. A une sorte de théocratie succède la royauté héroïque, telle que nous la retrouvons en Grèce, avec ses légendes merveilleuses sans doute, mais aussi avec son caractère humain et sa réalité historique. Minos marque admirablement la transition entre ces deux ordres de choses. Il tient encore au premier par son origine, et il appartient déjà au second par ses actes. Il est fils du dieu Zeus et de la déesse Europe, époux de la déesse Pasiphaé, et père de plusieurs divinités qui se rattachent, comme ces deux dernières, au cycle mythique de la lune et du soleil; mais en même temps il nous apparaît comme le type du législateur ancien, et comme le fondateur d'une grande puissance maritime. Sous ces deux derniers points de vue, il est du domaine de l'histoire. Sans doute il n'est pas l'auteur de toutes les lois qu'on lui a quelquefois attribuées, le héros de toutes les aventures qu'on a mises sur son compte. Comme la période à laquelle il appartient est la seule époque glorieuse de l'histoire des Crétois, on a rapporté à son règne tout ce que ce peuple a fait de grand pendant les deux siècles qui précédèrent la guerre de Troie. Mais s'il est difficile de déterminer sa part véritable parmi tant d'événements, et son œuvre propre dans une constitution qui s'est développée avec le temps, il est du moins incontestable qu'il a fondé en Crète un certain ordre politique, et rendu cette île puissante au dehors par sa marine et ses colonies. En un mot, dépouillé du merveilleux qui entoure son nom, et réduit aux proportions humaines, Minos reste le héros national et le législateur de la Crète.

Nous avons vu quels peuples occupaient cette île à l'époque où se place le règne de Minos. Entre eux nul lien politique. Différents d'origine, de langue et même de religion, ils trouvaient encore dans la nature même de l'île, coupée partout de hautes montagnes, une nouvelle cause d'isolement. Suivant Diodore, Minos et Rhadamanthe seraient parvenus, après de longs efforts, à ramener ces diverses races à l'unité (1). Strabon (2), de son côté, rapporte que Minos divisa l'île entière en trois parties, dans chacune desquelles il fonda une ville. Mais la fondation de ces villes, qui furent Cnossos, Cydonia et Gortyne ou Phæstos, est incontestablement an-térieure au règne de Minos. Quant à la division de la Crète en trois parties, elle ne paraît avoir d'autre origine que la division naturelle de cette île en trois régions. L'unité politique dont parle Diodore n'a pas existé davantage. Jamais la Crète n'y atteignit complètement. Elle fut à toutes les époques, sous le rapport politique, ce qu'elle était physiquement, morcelée entre plusieurs peuples, toujours isolés les uns des autres, souvent même en lutte entre eux. Toutefois, si Minos lui-même ne forma pas de l'île entière un État compacte, s'il n'en réunit pas toutes les parties sous une loi commune, du moins sa domination s'étendit-elle sur une grande portion du territoire, et en aucun temps, ni avant ni après son règne, la Crète n'approcha autant de l'unité. Il régna sur tout le centre de l'île, où Cnossos, sa capitale, exerçait une sorte de suprématie sur toutes les villes qui s'élevaient autour de l'Ida et du Dicté. La mention particulière qu'Homère fait de cette cité (1), l'opinion qui y plaçait l'origine de la fameuse constitution crétoise (2), enfin l'importance qu'elle tirait du culte national de Zeus, dont elle était le principal sanctuaire, ne permettent pas de douter qu'elle ne fût, au temps de Minos, un centre politique très-considérable. Mais la région occidentale, celle où s'élevait Cydonia, paraît être restée étrangère à la domination et même à l'influence de ce prince. Cette partie de l'île avait et conserva son idiome et son culte particuliers; elle conserva sans doute aussi une existence politique distincte. Des villes même du centre, telles que Prœsos, se maintinrent dans une sorte d'indépendance. C'est du moins ce qui semble résulter d'un passage d'Hérodote, où cet historien nous apprend que les Prœsiens et les Polichniens ne prirent point part à l'expédition que les Crétois firent en Sicanie, pour venger la mort de Minos (3).

PUISSANCE MARITIME DE LA CRÈTE SOUS MINOS. — Quoi qu'il en soit, ce prince fit de la Crète ce qu'elle n'avait pas été avant lui, un État. Il concentra

---

(1) Diod., V, 80.
(2) Strabon, X, p. 730.

(1) Il., II, 645.
(2) Plat., de Leg., I, 1.
(3) Hérodote, VII, 170.

ses forces jusqu'alors éparses, et les dirigea vers la mer. La mer était l'élément naturel des Crétois. Tout les y appelait. La situation de leur île, une grande étendue de côtes, des ports nombreux, de vastes forêts, tout ce qui excite aux entreprises navales et développe chez un peuple le génie maritime se réunissait pour tourner vers la mer l'activité et l'ambition de ces insulaires. « La nature, dit Aristote (1), semble avoir placé l'île de Crète dans la position la plus favorable pour tenir l'empire de la Grèce. Elle domine sur la mer et sur une grande étendue de pays maritimes, que les Grecs ont choisis de préférence pour y former des établissements. D'un côté elle est près du Péloponnèse ; de l'autre elle touche à l'Asie, par le voisinage de Triope et de l'île de Rhodes. Cette heureuse position valut à Minos l'empire de la mer. »

Cette grande puissance maritime est attestée par de nombreux témoignages. C'est un fait qui a tous les caractères d'un fait historique. « De tous les souverains dont nous avons entendu parler, dit Thucydide (2). Minos est celui qui eut le plus anciennement une marine. Il était maître de la plus grande partie de la mer qu'on appelle maintenant Hellénique ; il dominait sur les Cyclades, et forma des établissements dans la plupart de ces îles. »

Mais cette domination ne s'établit pas sans lutte. Différents peuples, à cette époque, couvraient cette mer de leurs vaisseaux, et occupaient ces îles. Les Phéniciens, les Cariens et les Lélèges étaient adonnés à la navigation dès la plus haute antiquité. C'étaient d'aventureux corsaires, qui lançaient leurs barques d'une île à l'autre, ou les promenaient le long des côtes, qu'ils désolaient de leurs brigandages. Dans un temps où la force et le courage étaient considérés par-dessus tout, ce métier n'avait rien de déshonorant (3). Le pirate était même peut-être plus estimé que le marchand. D'ailleurs ces deux professions étaient souvent exercées simultanément. Jusqu'au temps de la guerre de Troie, et encore longtemps après, la piraterie se lie étroitement au commerce maritime. Elle est aussi bien que le négoce l'objet de la navigation dans les mers de la Grèce, et les mêmes hommes trafiquent et pillent tout à la fois. Aussi, nulle sûreté sur ces mers. La plupart des îles étaient devenues des repaires de brigands. Toutes les communications étaient interceptées. Minos fit cesser cet état de choses. Il rendit la navigation plus libre, déporta les malfaiteurs qui occupaient les îles, et y envoya des colonies (1). Dans la plupart des Cyclades il forma ainsi des établissements qui remplacèrent ceux des Cariens, des Lélèges et des Phéniciens. Toutefois si ce dernier peuple disparaît presque complétement de la mer Égée pendant tout le temps que dura la puissance maritime des Crétois, il n'en est pas de même des deux premiers. On les trouve comme auparavant sur les mers helléniques, dans les îles et sur les côtes de l'Asie Mineure, mais étroitement unis aux Crétois. Ils ont cessé d'être les rivaux de ce peuple, pour s'associer à ses entreprises et à sa colonisation. Qu'ils aient cependant subi la loi de la victoire, c'est ce dont le passage suivant d'Hérodote ne permet pas de douter. « Les Cariens, dit cet historien, avaient été anciennement sujets de Minos ; on les appelait Lélèges. Ils habitaient alors les îles, et ne payaient aucune sorte de tribut.... Mais ils fournissaient à Minos des hommes de mer toutes les fois qu'il en avait besoin (2). » Comment, en effet, ce prince aurait-il pu entreprendre toutes ses expéditions avec les seuls Crétois, sans épuiser son petit royaume, s'il n'avait assujetti les peuples vaincus à une sorte d'impôt du sang ? Pour cette même raison, il leur dut faire leur part dans les nombreux établissements qu'il forma. Ainsi s'explique l'union étroite des Cariens et des Crétois, et le mélange des deux peuples dans les colonies fondées par ces derniers.

COLONIES CRÉTOISES AU TEMPS DE MINOS. — L'établissement de ces colonies est sans contredit un des principaux événements de l'histoire des Crétois. Il

---

(1) Arist., *Polit.*, II, 8.
(2) Thuc., I, 4 ; cf. Hérodote, III, 122.
(3) Thuc., I.

(1) Ibid., 8.
(2) Hérodote, I, 171.

remplit la plus belle époque de leur existence politique. Ce peuple, jusqu'alors renfermé dans son île, où se poursuivait obscurément la lente formation de sa nationalité, composée de tant d'éléments divers, se répand tout à coup au dehors, prend possession de la mer qui l'environne, et envoie dans toutes les directions des colonies qui vont porter sa civilisation sur les côtes de l'Asie Mineure, dans les îles de la mer Égée, en Grèce et jusqu'en Italie. Minos commence ce grand mouvement colonial, qui se continue après lui pendant les deux siècles qui précèdent la guerre de Troie.

La première colonie partie de la Crète sous le règne de Minos paraît avoir été celle qui fonda Milet. Elle eut pour chef Milétos, un des principaux citoyens de la Crète, sans doute chassé de l'île avec les partisans de Sarpédon, qui avait vainement disputé le trône à Minos. Milétos débarqua d'abord dans l'île de Samos; de là il passa sur le continent voisin, où il bâtit Œconte, ville qui dans la suite fut réunie par un pont à Milet. D'après une tradition plus généralement suivie, Milétos, admis par les Cariens et les Lélèges à habiter parmi eux avec ses Crétois, donna bientôt à la nouvelle ville, appelée avant lui Anactoria, le nom de Milet, qui lui est resté. Ce premier établissement donna naissance aux deux villes de Caunis et de Biblis.

Après avoir contribué à l'établissement que Milétos fonda en Carie, Sarpédon passa dans la Myliade, pays appelé depuis Lycie. « L'influence de la civilisation crétoise apportée dans cette contrée par les compagnons de Sarpédon durait encore au temps d'Hérodote, puisqu'à cette époque les Lyciens suivaient encore en partie les lois de Crète (1). » Ces colonies s'étendirent, vers le nord, sur la côte appelée depuis Ionie. L'une d'elles alla fonder en Phocide Zélia, Cilla, Chryse et Ténédos. Colophon dut aussi son origine à une colonie crétoise. L'établissement formé par cette colonie devint sans doute très-florissant, puisque les Ioniens, en venant à leur tour prendre possession d'une partie du littoral de l'Asie Mineure, consentirent à partager avec les Crétois de Colophon l'habitation et le gouvernement de cette ville. Érythrée rapportait également son origine à une colonie crétoise, dont le chef Érythrus, fils de Rhadamanthe, lui donna son nom, que la colonie ionienne lui conserva.

A la même époque Œnopion, fils d'Ariane et de Minos, conduisit une colonie dans l'île de Chio. Une foule d'autres îles de la mer Égée furent, dans cette même période, occupées et colonisées par les Crétois : telles que Délos, Andros, Paros, Naxos, Amorgos, Casos Scyros, Lemnos et beaucoup d'autres. « Le prince qui présidait à l'établissement de ces colonies avait fixé son séjour sur le continent asiatique. La douceur et l'équité de son gouvernement ne contribuèrent pas moins efficacement que les armes de Minos à l'affermissement de cette vaste domination (1). « Rhadamanthe, dit Diodore (2), possédait de nombreuses îles et une partie du littoral de l'Asie; toutes ces contrées s'étaient livrées volontairement à lui sur la réputation de sa justice. »

Rhodes aussi reçut une colonie crétoise, mais longtemps après les îles que nous venons de citer. Cette colonie eut pour chef Althémène, fils de Catrée, petit-fils de Minos. Condamné par le destin à tuer son père, ce prince s'exila avec une troupe de volontaires. Il aborda à Camire, dans l'île de Rhodes, et éleva sur le mont Atabyre, d'où l'on aperçoit la Crète, le temple de Jupiter-Atabyrien. Il fut lui-même honoré des habitants; mais il ne put échapper à la loi du destin. Impatient de retrouver son fils, Catrée fit voile pour Rhodes, et périt atteint d'une flèche qu'Althémène lui lança sans le reconnaître (3).

Sur le continent de la Grèce, Delphes paraît aussi devoir sa fondation à une colonie crétoise. Dans l'hymne à Apollon, attribué à Homère, on voit que les premiers prêtres du temple de cette ville furent des Crétois (4). Ce fut sans doute vers la même époque qu'une autre co-

(1) Raoul-Rochette, *Col. Gr.*, l. c.
(2) Diod. V, 79.
(3) Diod., V, 59.
(4) Hom, *Ad. Apol.*, v, 388 et sqq, 535 et sqq.

(1) Raoul-Rochette *Col. Gr.*, II, p. 170.

Ionie, sous la conduite du Crétois Tettix, fonda Ténare, en Laconie (1).

Mais ce ne fut pas seulement dans les îles de la mer Égée et sur les côtes baignées par cette mer que s'établirent des colonies crétoises. Minos entreprit d'étendre son empire sur la partie occidentale de la Méditerranée. C'est dans ce but qu'il porta ses armes en Sicile. Suivant la tradition, Dédale, menacé de la colère de Minos pour avoir favorisé le commerce secret de Pasiphaé avec le Minotaure, s'était enfui dans cette île, et avait trouvé asile auprès de Cocalos, roi des Sicaniens. A cette nouvelle, « Minos équipa une flotte considérable, et vint relâcher près d'Agrigente, dans un endroit qui reçut de lui le nom de Minoa. Après avoir fait débarquer ses troupes, il envoya des messages pour engager le roi à lui livrer Dédale. Cocalos invita Minos à un entretien, lui promit de le satisfaire, et le reçut hospitalièrement; Cocalos lui donna un bain, et l'y fit tenir si longtemps, que Minos étouffa de chaleur. Cocalos rendit son corps aux Crétois, en leur faisant accroire que Minos était mort pour être tombé malheureusement dans un bain d'eau chaude. Les soldats enterrèrent le corps du roi avec pompe, et élevèrent en son honneur un tombeau double. Ils déposèrent les os dans la partie la plus secrète de ce monument; dans la partie ouverte, ils consacrèrent une chapelle à Vénus. Les indigènes ont vénéré ce monument pendant plusieurs générations, en y sacrifiant à Vénus, comme si c'était le temple de cette déesse. A une époque plus récente, pendant la fondation d'Agrigente, on démolit le tombeau de Minos, on découvrit ses ossements, et on les rendit aux Crétois (2). »

L'impulsion donnée par Minos ne s'arrêta pas après sa mort. Ceux qui l'avaient suivi en Sicile ayant perdu leurs vaisseaux, restèrent dans cette île, et y fondèrent une ville qu'ils appelèrent Minoa, en mémoire de leur roi. Quelques-uns errèrent dans l'intérieur du pays; et, après avoir rencontré un emplacement naturellement fortifié, ils y élevèrent une ville qu'ils appelèrent Engyon, du nom d'un ruisseau qui la traversait (1).

D'autres colonies vinrent se joindre à eux. Toutes les villes de Crète, à l'exception de Polichna et de Prœsos, prirent part à cette nouvelle expédition, entreprise pour venger la mort de Minos. Arrivés en Sicanie, les Crétois assiégèrent Camicos. Mais, après cinq ans d'inutiles efforts, ils furent contraints par la famine de lever le siége. Une tempête les assaillit alors sur les côtes de l'Iapygie, et brisa leurs vaisseaux. Privés ainsi des moyens de retourner dans leur patrie, ils restèrent dans le pays, et y bâtirent la ville d'Hyria. Ils prirent alors le nom d'Iapyges-Messapiens, et d'insulaires ils devinrent habitants de terre ferme (2).

Cette colonie en fonda d'autres dans la suite, telles que Brundusium. Elle occupa aussi Tarente et son territoire; car, lorsque Phalante vint s'établir dans cette ville avec des Lacédémoniens, il fut obligé d'en chasser les Crétois.

Une partie de la colonie iapygienne quitta l'Italie méridionale à la suite de troubles domestiques, s'avança le long de la mer Adriatique, pénétra dans la Macédoine, et s'établit dans un canton appelé Bottiène, du nom de Botton, chef de cette émigration. « Le nom des Crétois se conserva fort longtemps dans la Macédoine, puisque Jean Cantacuzène fait mention d'un lieu appelé *Cretensium* au voisinage de Thessalonique, et par conséquent dans un canton peu éloigné de l'ancienne Bottiène (3). »

Successeurs de Minos jusqu'a l'époque de l'émigration dorienne. (1184-1049 avant J.-C.) — Le règne de Minos fut l'apogée de la royauté héroïque en Crète et de la puissance de cette île. Après lui l'une et l'autre commencent à décliner. Deucalion, son fils et son successeur, soutint une guerre malheureuse contre Thésée, roi d'Athènes, qui avait refusé de lui livrer ce même Dédale que Minos avait déjà poursuivi en Sicile. Catréus, autre fils de ce prince, régna ensuite sur les Crétois. Il donna sa fille

---

(1) Raoul-Rochette, *Col. Gr.*, II, p. 172.
(2) Diod., IV, 79.

(1) Diod., l. c.
(2) Hérodote, VII, 170.
(3) Raoul-Rochette, *Col. Gr.*, II, p. 183.

Aérope en mariage à Plisthènes, fils obscur d'Atrée et père d'Agamemnon et de Ménélas. Cette tradition, qui rattache les Atrides à la race de Minos, témoigne des rapports qui existaient déjà avant la guerre de Troie entre la Crète et le Péloponnèse.

Cette guerre rendit ces rapports encore plus étroits. La Crète y prit une part considérable (1). Ses princes, Idoménée et Mérion, l'un fils de Deucalion, l'autre de Molos, et tous deux petits-fils de Minos, y figurent au premier rang des héros grecs. Idoménée prétendit même partager le commandement avec Agamemnon. C'est à ce prix qu'il mit d'abord ses secours. Ses propositions ayant été rejetées par les Grecs assemblés à Aulis, il n'en joignit pas moins leur armée à la tête des Crétois. « Ceux qui habitent Cnossos et Gortyne entourée de remparts, et Lyctos, et Milétos, et la blanche Lycastos, et Phæstos et Rhytion, cités bien peuplées, et les autres qui occupent la Crète aux cent villes, marchaient sous la conduite du vaillant Idoménée et de Mérion, semblable à l'homicide Mars. Quatre-vingts noirs vaisseaux les suivaient (2)..... Après la prise de Troie, Idoménée ramena en Crète tous ceux des siens qui avaient échappé aux combats; nul d'entre eux ne périt dans les flots (3). »

C'est sans doute sur ce passage de l'Odyssée que Diodore de Sicile s'appuie lorsqu'il dit qu'Idoménée et Mérion revinrent heureusement dans leur patrie, où ils reçurent, après leur mort, une magnifique sépulture et les honneurs immortels. « On montre à Cnossos leur tombeau avec cette inscription. « Pas« sant, tu vois ici le tombeau d'Idomé« née de Cnossos, et moi, Mérion, fils « de Molos, je repose auprès de lui. » Les Crétois les honorent par des sacrifices comme des héros célèbres ; et dans les dangers de la guerre, ils invoquent leurs secours (4). »

Suivant une autre tradition, Idoménée, en partant pour la guerre de Troie, aurait confié l'administration de son royaume à Leucos, son fils adoptif. Celui-ci fit périr la femme et la fille de son bienfaiteur, et s'empara du trône. Idoménée, obligé de fuir, aborda sur les côtes de la Calabre, et y fonda Salente (1). Cette colonie devint mère de plusieurs autres, telles que Lapiæ, non loin de Brundusium, de Castrum Minervæ, de Callipolis et peut-être même de Vienne en Gaule. Cette même émigration grossit aussi la population des anciennes colonies cretoises de l'Italie. Celles-ci occupèrent alors toute la partie de la péninsule, connue anciennement sous le nom d'Iapygie. Quant à Idoménée, les traditions ne s'accordent pas sur le lieu de sa mort. Diodore, comme nous l'avons vu, le fait mourir en Crète, d'autres en Italie ou même en Ionie.

Quoi qu'il en soit, la guerre de Troie eut pour la Crète les mêmes conséquences que pour tous les États grecs. Cette île avait jeté sur les côtes de l'Asie Mineure la meilleure partie de sa population. Ce fut une première cause d'affaiblissement. Il y en eut d'autres. En l'absence de ses princes, le lien politique, qui unissait ses peuples sous l'antique sceptre de Minos, se relâcha. Dans les troubles qui suivirent le retour d'Idoménée, après la chute de Troie, ce lien acheva de se dissoudre, et en Crète comme dans le reste de la Grèce, l'ancienne royauté disparut dans les divisions et dans l'anarchie. Aux déchirements politiques s'ajoutèrent d'autres calamités ; la peste et la famine ravagèrent l'île et achevèrent de la dépeupler (2).

COLONIES DORIENNES EN CRÈTE. (1049, avant J.-C.) — Telle était la situation de la Crète lorsque les Doriens, sous la conduite des Héraclides, envahirent le Péloponnèse (1104 avant J.-C.), cette invasion, en déplaçant la plupart des peuples helléniques, produisit le plus grand mouvement colonial dont l'histoire grecque fasse mention. Une foule d'émigrations grecques sillonnèrent la mer intérieure dans toutes les directions, et allèrent s'établir dans les îles et sur les continents voisins. La Crète

---

(1) Hérodote, VII, 171.
(2) Hom., Il., II, 645 et sqq.
(3) Id., Odys., III, 191.
(4) Diod., V, 79.

(1) Virg., Æn., III, v. 121 et 400 ; Serv., ad Virg., l. c.
(2) Hérodote, VII, 171.

où s'étaient déjà rencontrées et fondues ensemble tant de races diverses, vit alors se mêler à sa population l'élément hellénique, qui devait absorber tous les autres. Épuisée d'habitants, hors d'état par son affaiblissement et ses divisions de résister à une invasion, rapprochée d'ailleurs des côtes du Péloponnèse, elle devait naturellement attirer une partie de ces peuples que la Grèce bouleversée rejetait de son sein, et qui cherchaient, au hasard des vents, une autre patrie.

La première de ces colonies fut celle que conduisirent Polis et Delphos, environ soixante ans après le retour des Héraclides (vers 1049 avant J.-C.). Elle partit des environs d'Amyclée, en Laconie. L'Achéen Philonomos, qui avait livré Lacédémone aux Doriens, avait obtenu ce territoire pour prix de sa trahison, et l'avait peuplé de Minyens que les Pélasges avaient chassés des îles de Lemnos et d'Imbros. Ceux-ci s'étant révoltés trois générations après, Sparte les envoya sous la conduite de chefs doriens, fonder une colonie en Crète. Cette colonie, dont une partie s'établit dans l'île de Mélos, occupa en Crète presque toute la région du Dicté, où s'élevait Lyctos, et le versant méridional de l'Ida, où s'étendait la plaine de Gortyne, jusqu'à Thérapnœ, qui paraît avoir marqué, du côté de l'ouest, l'extrême limite des établissements qu'elle forma dans l'île. Lyctos fut le plus important de ces établissements. C'est la grande cité dorienne. Nulle part, en Crète, l'ordre politique et social fondé par les Doriens ne s'établit aussi complètement que dans cette ville; nulle part la civilisation apportée par ce peuple ne se maintint aussi longtemps.

La colonie qui prit possession de Lyctos paraît avoir abandonné, en grande partie du moins, aux anciens habitants, réduits sous le nom de Périèques à la condition de sujets, la ville de Gortyne, ainsi que la plaine où s'élevaient Rhytios, Phœstos, Pyranthos, Pyloros, Bœbe, Béné, Holopyxos, etc. Ces villes, si l'on excepte Gortyne, n'eurent jamais aucune importance politique. Situées dans cette plaine fertile qu'arrose le Lethæos, elles furent habitées principalement par la population sujette, à laquelle le fier Dorien abandonnait dédaigneusement la terre à cultiver, tandis qu'il se réservait à lui-même l'exercice des droits politiques, les charges publiques et la profession des armes, comme les seules occupations dignes de la noblesse de sa race. On comprend aisément, d'après cela, que l'activité politique fût concentrée dans quelques cités où s'était concentré davantage le peuple vainqueur et souverain, qui seul formait l'État.

Une autre colonie dorienne occupa la partie occidentale de la Crète, la région des monts Blancs. Cette colonie, conduite par Althémène, fils de Cissos, roi d'Argos, se composait d'Achéens partis d'Argos et de Corinthe, et d'Éoliens de cette dernière ville. Elle bâtit plusieurs villes dont la fondation est attribuée à Agamemnon lui-même, qu'une tempête avait jeté sur les côtes de la Crète, à son retour de Troie (1). Ces villes sont Mycènes, Pergame et Lampa ou Lappa. Cydonia fut également occupée par cette colonie ainsi que Polyrrhénia, sur la côte occidentale.

D'autres villes, telles qu'Aulon aux sources de l'Armiro, Étéia au sud-est, dont les noms rappellent des villes de la Laconie, et qui ne se rattachent à aucune des deux émigrations précédentes, attestent une plus grande extension de la colonisation dorienne en Crète.

Cette colonisation changea la face de l'île. Elle devint entièrement dorienne. Sa langue, ses mœurs, sa constitution politique, son organisation sociale, tout dans sa civilisation porta désormais l'empreinte du génie dorien. Cette rapide transformation fut singulièrement facilitée par l'affaiblissement dans lequel était tombée la Crète à l'arrivée des Doriens. Ceux-ci trouvèrent la plupart des villes presque désertes. Ils renouvelèrent en partie la population épuisée par l'immense effort qu'elle avait fait au temps de Minos et décimée depuis par les discordes civiles.

LA CRÈTE DORIENNE (1049-190 avant J.-C.). — L'invasion de la Crète par les Doriens fut, ainsi que nous l'avons vue, le contre-coup de l'invasion du Péloponnèse. Ils ne conquirent pas cette île, comme la Laconie, en corps

(1) Vell. Paterc., I, 1.

de nation, sous la direction de chefs communs, et d'un seul coup. Mais ils l'occupèrent successivement, par émigrations partielles; ils y formèrent des établissements isolés. Aussi la colonisation dorienne, bien qu'elle s'étendît sur l'île entière, n'en fit-elle pas un même État. La Crète resta divisée. Les différentes colonies, dispersées dans les principales villes, demeurèrent séparées les unes des autres, sans autre lien qu'une origine commune, et un ordre politique à peu près semblable. Chaque ville avec son territoire forma un État particulier.

Ainsi morcelée, cette île ne fit plus rien de grand. Elle ne paraît plus guère désormais dans l'histoire que comme une pépinière de soldats mercenaires et un repaire de pirates. Ses archers et ses frondeurs recherchés pour leur adresse, combattent, moyennant salaire, pour tous les peuples et toutes les causes. Les Crétois ne prennent pas d'autre part aux événements qui s'accomplissent en Grèce, à quelque distance de leurs côtes. La guerre Médique et celle du Péloponnèse les trouvent également indifférents. Sollicités par les députés des Grecs à fournir des secours pour repousser Xerxès, ils s'en font dispenser par l'oracle de Delphes. « Insensés! leur répondit la Pythie, vous vous plaignez des maux que Minos vous a envoyés dans sa colère à cause des secours que vous donnâtes à Ménélas, et parce que vous aidâtes les Grecs à se venger du rapt d'une femme que fit à Sparte un barbare, quoiqu'ils n'eussent pas contribué à venger sa mort, arrivée à Camicos; et vous voudriez encore les secourir! Sur cette réponse les Crétois refusèrent aux Grecs les secours qu'ils leur demandaient (1). »

Comment, après cela se seraient-ils intéressés à la rivalité d'Athènes et de Sparte! Cette guerre, qui passionna tous les peuples grecs, et fit naître même dans les îles deux partis, l'un dévoué à la cité ionienne, l'autre à la cité dorienne, cette guerre ne fut pour les Crétois qu'une occasion de gain. Ils n'y parurent qu'une fois, dans l'expédition de Sicile, et ce fut en qualité de mercenaires. Doriens, ils se mirent à la solde des Ioniens. « Il arriva, dit Thucydide, que les Crétois, qui avaient fondé Géla avec les Rhodiens, firent la guerre, non pas en faveur de leur colonie, mais contre elle, et non par inclination, mais pour gagner l'argent qu'on leur offrait (1). »

Cette indifférence des Crétois, en présence des grands événements dont la Grèce est le théâtre, explique le peu d'intérêt qu'offre leur histoire à cette époque. Cet intérêt va s'affaiblissant. La Crète s'isole de plus en plus du monde hellénique. Il faut aller jusqu'à la dernière période de l'existence politique des peuples grecs pour la retrouver en rapport avec eux. Alors elle apparaît, mêlée aux luttes intestines dans lesquelles la Grèce épuise ses dernières forces. Elle intervient dans ces discordes avec ses propres divisions. Au commencement du second siècle avant J.-C. elle renfermait jusqu'à dix-sept États distincts : Istos, Arcadia, Lato, Præsos, Rhaucos, Cnossos, Sybritia, Eleutherna, Oaxos, Lappa, Cydonia, Polyrrhenia, Lyctos, Gortyne, Hierapytna, Olûs et Allaria.

Parmi ces villes Cnossos, Gortyne, Cydonia et Lyctos étaient toujours les plus considérables. Mais aucune d'elles n'était assez puissante pour dominer sur les autres et se faire le centre politique de l'île. Cnossos, qui n'avait pas oublié qu'elle avait tenu le premier rang au temps de Minos, aspirait à ressaisir sa suprématie. Elle s'allia dans ce but avec Gortyne, et soumit, avec le secours de cette ville, la plus grande partie de l'île. Mais alors un parti nombreux se forma contre elle. L'île entière se partagea en deux camps. Les Étoliens et les Rhodiens d'un côté, Philippe et les Achéens de l'autre, intervinrent dans cette guerre, qui n'a d'autre intérêt que de montrer les sanglantes rivalités et les déplorables déchirements du monde grec, qui ne doivent finir que dans la *paix romaine*. Laissons Polybe raconter lui-même toutes ces discordes. « Les habitants de Cnossos, unis à ceux de Gortyne, avaient soumis à leurs lois la Crète entière, à l'exception des Lyctiens. Irrités de les voir seuls indociles, ils

(1) Hérodote, VII, 169.

(1) Thucy., VII, 57.

résolurent de les combattre, afin de les détruire, et d'imposer, par un tel exemple, au reste de la Crète. Les confédérés agirent d'abord contre les Lyctiens avec accord; mais bientôt quelque sujet frivole éveilla leur susceptibilité, et comme c'est l'ordinaire en Crète, ils se divisèrent. Les Polyrrhéniens, les Cérètes, les Lampiens, les Oriens, et avec eux les Arcadiens se détachèrent des Cnossiens, et résolurent de secourir les Lyctiens. Parmi les habitants de Gortyne elle-même, les plus âgés étaient favorables à Cnossos, les plus jeunes aux Lyctiens; de là des divisions nouvelles. Les Cnossiens, en présence du mouvement soudain opéré parmi leurs alliés, se hâtèrent d'appeler d'Étolie, comme alliés, mille soldats. Aussitôt les Gortyniens, partisans de Cnossos, s'emparèrent de la citadelle, y introduisirent les Cnossiens et les Étoliens, bannirent une partie des jeunes gens, tuèrent l'autre, et livrèrent enfin à Cnossos leur ville entière.

« Or, un jour les Lyctiens étaient sortis en masse pour quelque expédition sur le territoire ennemi : les Cnossiens, avertis à temps de cette circonstance, s'emparèrent de Lyctos, restée sans défense, envoyèrent à Cnossos les femmes et les enfants, mirent le feu à la ville, la détruisirent de fond en comble, et après l'avoir impitoyablement dévastée, regagnèrent leurs foyers. Les Lyctiens, de retour de leur campagne, à la vue d'un tel désastre, furent saisis d'un si violent désespoir, qu'aucun d'eux n'eut le cœur de rentrer dans sa patrie en ruines; tous en firent le tour, après avoir, par de longs gémissements et d'abondantes larmes, déploré leur sort et celui de leur pays, et se réfugièrent sur le territoire des Lampiens. Ils y reçurent l'accueil le plus flatteur et le plus empressé, et, devenus, en un jour, de citoyens qu'ils étaient, étrangers et bannis, ils allèrent avec leurs alliés combattre les Cnossiens. Ainsi périt, par un coup inattendu et terrible, Lyctos, cette colonie de Lacédémone, cette alliée d'Athènes par le sang, la ville la plus ancienne de la Crète, celle qui formait, sans contredit, les citoyens les plus distingués de l'île tout entière.

« Les Polyrrhéniens, les Lampiens et leurs alliés, voyant les Cnossiens s'appuyer sur les Étoliens, n'avaient pas oublié que ceux-ci étaient ennemis du roi Philippe et des Achéens. Ils envoyèrent donc des ambassadeurs en Achaïe et en Macédoine, pour demander secours et alliance. Les Achéens et Philippe les admirent à leur amitié, et leur envoyèrent comme subsides trois cents Illyriens, commandés par Platore, deux cents Achéens et cent Phocidiens. L'arrivée de ces troupes avança beaucoup les affaires des Polyrrhéniens et des confédérés. En peu de temps ils enfermèrent dans leurs murs les Éleutherniens, les habitants de Cydonia, les Aptériens, et les forcèrent à quitter le parti de Cnossos pour partager leur propre fortune. Ces succès obtenus, ils envoyèrent à Philippe et aux Achéens cinq cents Crétois. Les Cnossiens en avaient peu auparavant fait partir mille pour l'Étolie, et ainsi les Crétois se trouvèrent mêlés des deux côtés à la guerre achéenne. Les exilés gortyniens s'étaient, dans l'intervalle, emparés du port des Phestiens. Ils avaient même avec une singulière audace occupé celui de Gortyne, et de cette position ils belligéraient contre leurs concitoyens (1). »

Les deux partis paraissent s'être rapprochés quelque temps après, et avoir également accepté la protection de Philippe (216 avant J.-C.). Mais cette paix et l'influence macédonienne durèrent peu. Philippe, en guerre avec les Rhodiens, sollicita vainement les Crétois à entrer dans son alliance; ils refusèrent de prendre parti pour lui, et chargèrent même les prytanes de placer la liberté de leur île sous la protection des Rhodiens (205). Nous les voyons ensuite faire cause commune avec Nabis, et l'admettre de moitié dans leurs pirateries. Ils lui fournirent des mercenaires qui servaient de satellites à ce cruel tyran. Celui-ci traquait alors partout les proscrits de Sparte. « Dans la ville où ils se retiraient, il achetait, sous le couvert d'hommes non suspects, les maisons contiguës à celles que ces infortunés occupaient, et envoyait des Crétois qui, pratiquant des trous dans les murs

(1) Polybe, IV, 53 et suiv., trad. de M. Bouchot.

mitoyens, lançaient par ces tranchées des flèches et tuaient ainsi les exilés, soit couchés, soit debout (1). »

Pendant ce temps les divisions intérieures continuaient. Dans ces guerres de surprises que ces perfides insulaires se faisaient, embusqués derrière leurs montagnes, aucun coup décisif ne pouvait être frappé. Les guerres ne finissaient jamais. « La perpétuité des guerres civiles et les excessives rigueurs des habitants entre eux, font qu'en Crète le commencement et la fin sont même chose lorsqu'il s'agit de troubles; et ce qui semblerait ailleurs une exception est dans ce pays habitude (2). » Plutarque nous donne une idée de la manière dont les Crétois se combattaient. « Lorsque Philopœmen était en Crète, guerroyant dans le camp des Gortyniens (201), ce n'était plus le capitaine péloponnésien ou arcadien, faisant une guerre noble et franche; il avait adopté la manière des Crétois; il usait contre eux de leurs expédients et de leurs ruses, de leurs embûches et de leurs coups de main à la dérobée (3). »

Cependant des essais d'association politique furent parfois tentés. En présence d'un danger commun, quand un ennemi extérieur menaçait l'île, les Crétois faisaient trêve à leurs discordes, et s'unissaient en une sorte de fédération connue sous le nom de *syncrétisme*. On ne saurait déterminer l'époque où cette association se forma pour la première fois. Elle existait déjà au temps de la guerre de Rome contre Persée, lorsque les Rhodiens, flottant entre le sénat et le roi de Macédoine, cherchèrent à se fortifier de l'alliance crétoise contre toutes les éventualités. « Ils adressèrent des ambassadeurs en Crète pour renouveler leur ancienne alliance avec *tous les Crétois*, et les engager à examiner l'état des choses, à s'unir à eux, et à avoir les mêmes amis et les mêmes ennemis. Ils députèrent aussi vers chaque ville en particulier des commissaires chargés de répéter ces conseils (4). »

L'union cessait avec le danger. Bientôt les divisions recommençaient. L'unité nationale reconnue impossible, il se forma des associations partielles. Des villes dont les territoires se touchaient s'unirent entre elles. Ainsi firent Prœsos et Hiérapytna, cette dernière ville et Gortyne, Lato et Olûs, Cydonia et Apollonia. L'association reposait sur une sorte d'isonomie. Les citoyens de chacun des États confédérés jouissaient dans l'autre d'une entière égalité de droits. Ils avaient mêmes charges, mêmes immunités que ceux de l'État. Toutes les lois, en un mot, étaient communes au citoyen et à l'allié (1).

L'alliance était conclue de la manière la plus solennelle. Les villes se liaient par serment, en présence de leurs cosmes. Les serments étaient gravés sur des tables placées dans un temple, auprès de la statue d'une divinité vénérée, comme pour prendre celle-ci à témoin de la foi jurée. Mais on peut voir par un exemple que rapporte Polybe quel cas les Crétois faisaient de ces serments si solennellement prêtés. « Les Cydoniates commirent à cette époque (171), le plus épouvantable, le plus horrible, le plus noir des forfaits. Bien que les perfidies soient assez communes en Crète, celle que nous allons dire semble l'avoir emporté sur toutes les autres. Les habitants de Cydonia étaient unis aux Apolloniates, non-seulement par l'amitié, mais par le droit de cité et par la communauté de tout ce que les hommes appellent droits. Les tables où leur serments étaient gravés se trouvaient auprès de la statue de Jupiter-Idéen. Cependant, au mépris de la foi jurée, ils envahirent la ville d'Apollonia, tuèrent les hommes, pillèrent leurs biens, et se partagèrent ensuite les femmes, les enfants, la ville et le territoire (2). »

Il est permis de croire que ce n'était point là un fait isolé. Ainsi les tentatives d'association partielle entre les villes ne réussirent pas mieux que cellse

---

(1) Polybe, XIII, 7.
(2) Id., XXV, 9.
(3) Plut., *Philop.*, c. xiii.
(4) Polybe, XXIV, 4.

(1) Κοινωνία πάντων τῶν ἐν τοῖς ἀνθρώποις νομιζομένων δικαίων. Polybe, XXVII, 15; Cf. Hœck, *Kreta*, III, p. 472 et suiv.; et Boekh, *Græcarum inscriptionum Corpus*, Creta.
(2) Polybe, XXVII, 15; cf. Diod., *Fragm. excerpt., De Virt. et Vit.*

qui avaient été faites pour amener l'île entière à une certaine unité. La Crète, morcelée par ses montagnes, habitée par un peuple sans esprit national et sans autre intérêt général que celui de la défense commune contre les ennemis extérieurs, était condamnée aux divisions; et elle ne devait retrouver un peu d'union qu'à ses derniers jours, pour résister aux Romains.

RAPPORTS DE LA CRÈTE AVEC ROME, JUSQU'A LA CONQUÊTE DE CETTE ÎLE (190-66 avant J.-C.).

Florus dit un peu légèrement que Rome attaqua la Crète par le seul désir de vaincre cette île célèbre (1). Rome avait bien d'autres motifs. La soumission de la Crète complétait l'œuvre de sa conquête dans la Méditerranée orientale. Cette mer n'était pas romaine tant qu'un peuple libre y pouvait lancer ses vaisseaux. La Crète d'ailleurs offrait une admirable position militaire d'où il serait facile de surveiller à la fois la Grèce soumise, l'Asie et l'Égypte à soumettre.

Les griefs ne manquaient pas. Dans leurs guerres en Orient les Romains avaient rencontré les archers crétois sur presque tous les champs de bataille. Philippe et Nabis avaient recruté leurs armées de ces mercenaires à la solde de tous les ennemis de la république. Dès ce moment le sort de la Crète fut comme décidé. Déjà dans le traité que Flamininus dicta au tyran de Lacédémone, il fut stipulé « qu'il ne conserverait sous sa dépendance aucune ville de l'île de Crète, et qu'il remettrait aux Romains celles qu'il y possédait; qu'il s'abstiendrait de toute alliance et de toute guerre avec les Crétois. (2) » Après la défaite d'Antiochus, le préteur Q. Fabius Labéon passa dans l'île avec une flotte (190). On avait répandu le bruit qu'il s'y trouvait un grand nombre de prisonniers romains réduits à la condition d'esclaves. C'était l'époque où les Cydoniates étaient en guerre avec les Gortyniens et les Cnossiens. Fabius fit sommer les habitants des diverses villes de déposer les armes, de rechercher par toute l'île et de lui livrer les prisonniers, enfin de lui envoyer des députés pour traiter avec lui des affaires qui intéressaient à la fois les Crétois et les Romains. « Les Crétois furent effrayés de la menace d'une guerre. L'île entière renvoya quatre mille prisonniers, et Fabius, sans avoir rien fait d'autre, obtint pour cette seule raison, les honneurs du triomphe naval (1). »

Ces honneurs décernés pour une pareille expédition témoignent assez de l'importance que le sénat attachait à la conquête de la Crète. Cependant les guerres civiles continuent. « Les Gortyniens, jaloux d'abattre de toute manière la puissance des Cnossiens, avaient entamé le territoire de ces derniers... Une ambassade, ayant pour chef Appius, rétablit la concorde entre les deux cités rivales (2) (185). » Nouvelle intervention en 174; Q. Minucius arrive dans l'île avec dix vaisseaux et fait cesser les hostilités. Celles-ci recommencent bientôt après avec acharnement, cette fois entre les Cydoniates et les Gortyniens. Les premiers demandent des secours à Eumène qui leur envoie son lieutenant Léon avec trois cents hommes. Ils livrent à cet officier les clefs de leur ville et s'abandonnent à sa discrétion (3). L'année suivante a lieu l'odieuse surprise d'Apollonie par les Cydoniates (171).

Cependant Rome, qui jusqu'alors s'était contentée d'intervenir comme médiatrice dans les dissensions de l'île, commençait à changer de rôle, son langage devenait impérieux. Elle parlait déjà en maîtresse. Les Crétois avaient fourni à Persée plus d'archers qu'aux Romains; sur les menaces du sénat, ils s'empressèrent d'envoyer une ambassade à Rome pour se justifier (170). « Les ambassadeurs des Crétois représentèrent qu'ils avaient envoyé en Macédoine le nombre d'archers qu'avait exigé d'eux le consul P. Licinius; mais, comme ils se virent forcés de convenir qu'ils en avaient un plus grand nombre sous les étendards de Persée que sous ceux des Romains, il leur fut répondu que quand les Crétois prouveraient de manière à ce qu'on n'en pût douter, qu'ils préfé-

---

(1) Florus, III, 7.
(2) Liv. XXXIV, 35.

(1) Liv., XXXVII, 60.
(2) Polybe, XXIII, 15.
(3) Id., XXVIII, 15.

raient l'amitié du peuple romain à celle du roi Persée, le sénat romain, de son côté, leur ferait la réponse qu'il convenait de faire à des alliés sur lesquels on pouvait compter; qu'en attendant, ils annonçassent à leurs concitoyens, que, pour plaire au sénat, il fallait qu'ils rappelassent chez eux, le plus promptement possible, tous ceux de leurs soldats qui étaient au service du roi Persée (1). »

Au milieu de leurs discordes et en présence des exigences menaçantes de Rome, les Crétois trouvèrent encore moyen, par leurs pirateries, d'attirer sur eux les armes de Rhodes (155). Des deux côtés on demanda des secours aux Achéens. Antiphate de Gortyne fut député vers eux. L'assemblée était réunie à Corinthe. Les Achéens penchèrent d'abord pour les Rhodiens. « Antiphate, à cette vue, demanda une nouvelle audience que le stratége lui accorda, et son langage fut plus noble et plus sérieux qu'on ne pouvait l'espérer d'un Crétois. En effet, ce jeune député n'avait rien du caractère de sa nation. Il avait su échapper aux perverses maximes de l'éducation crétoise. Les Achéens applaudirent à sa franchise, d'autant plus que son père Télémnaste était venu, suivi de cinq cents Crétois, faire bravement la guerre contre Nabis avec les Achéens. Cependant, après le discours d'Antiphate, ils se montraient encore disposés à secourir de préférence les Rhodiens, lorsque Callicrate s'écria qu'on ne devait ni faire la guerre ni envoyer des secours à qui que ce fût sans l'agrément des Romains (2). » Cet avis l'emporta.

La guerre n'en continua pas moins entre les deux îles. Elle ne paraît pas avoir été à l'avantage des Rhodiens. Leur amiral Astymède se rendit à Rome en qualité d'ambassadeur. « Introduit dans le sénat, il parla longuement de la guerre avec la Crète. Le sénat prêta à ses discours une sérieuse attention; et aussitôt Quintus partit comme député pour mettre un terme à ces hostilités (3). »

Rome n'intervenait encore que pour pacifier. Le moment de conquérir ne lui semblait pas venu. Fidèle à sa politique patiente, elle laissait la Crète user elle-même ce qui lui restait de forces. Sa proie était sûre, Rome pouvait attendre. D'ailleurs, dans l'état d'anarchie et de troubles où se trouvait l'île, il eût fallu, après l'avoir subjuguée, y maintenir une armée permanente, et Rome avait alors besoin de ses forces sur d'autres points. La présence des légions eût été d'autant plus nécessaire, que la Crète était devenue un centre de piraterie. Ses habitants étaient retournés au métier qu'ils avaient exercé avant Minos. Ce prince avait fait cesser leurs brigandages, en les constituant jusqu'à un certain point, un corps de nation, et en leur donnant l'empire de la mer. Ils avaient alors intérêt à réprimer les pirateries des Cariens et des Léléges. Mais à l'époque où nous sommes parvenus, l'absence de tout grand intérêt national et les guerres civiles les avaient de nouveau jetés sur les mers. Leur île était devenue après la Cilicie une seconde pépinière de pirates (1). Ils faisaient cause commune avec les Ciliciens et tous les aventuriers qui infestaient la mer Intérieure et menaçaient de servir de lien entre Sertorius et Mithridate. Les Crétois fournirent même des secours au roi de Pont (2). C'était par trop braver la puissance romaine. Dès 103 la Cilicie avait été attaquée par l'orateur Marc-Antoine. Dans une autre expédition, Servilius avait pris et détruit plusieurs de ses villes (79-76). En 77 ce fut le tour de la Crète. Le préteur Marcus Antonius, le père du triumvir, conduisit contre elle une flotte « avec une telle espérance et même une telle confiance, qu'il portait plus de chaînes que d'armes sur ses vaisseaux. Il fut puni de sa folle témérité. Les Crétois lui enlevèrent la plus grande partie de sa flotte, pendirent les prisonniers aux antennes et aux cordages, et, déployant toutes leurs voiles, regagnèrent leurs ports, comme en triomphe (3). » Cette victoire valut aux Crétois une paix honorable. Mal-

(1) Liv., XLIII, 7.
(2) Polybe, XXXIII, 15.
(3) Polybe, ibid.

(1) Plut., *Pompée*, c. xxix.
(2) Florus, III, 7.
(3) Florus, ibid.

heureusement elle était conclue par le préteur, sans l'aveu du sénat et du peuple, et Rome n'avait pas l'habitude de traiter en vaincue. Elle ne pouvait accepter la honte de l'entreprise téméraire du préteur. Les Crétois le comprirent bien, et ils résolurent de conjurer l'orage : « Dans un conseil réuni pour délibérer sur les intérêts de l'État, les plus âgés et les plus sages proposèrent d'envoyer des députés à Rome, de se défendre des crimes qu'on leur imputait, et d'essayer d'apaiser le sénat par des caresses et des prières. Les Crétois envoyèrent donc en députation à Rome les citoyens les plus distingués. Ceux-ci, visitant tous les sénateurs indistinctement dans leurs maisons, s'adressaient d'une voix suppliante à ceux qui jouissaient de quelque autorité dans le sénat. Enfin, ils furent introduits dans l'assemblée, se justifièrent habilement des crimes dont on les accusait, et, après avoir rappelé en détail les services qu'ils avaient rendus à Rome, ainsi que leur ancienne alliance, ils finirent par prier les sénateurs de rétablir les Crétois dans l'ancienne amitié et alliance de Rome. Le sénat écouta ces discours avec bienveillance, et rendit un décret par lequel les Crétois étaient absous de toutes les accusations, et reconnus alliés et amis de la république. Mais Lentulus, surnommé Spinther, fit en sorte que ce décret ne reçût pas son exécution (1). » Dans le sénat il fut encore souvent question des Crétois. On ne pouvait oublier qu'ils avaient fait cause commune avec les pirates. « C'est ce qui détermina le sénat à publier un décret, d'après lequel les Crétois devaient envoyer à Rome tous leurs bâtiments, jusqu'aux embarcations à quatre rames, remettre en otage trois cents citoyens des plus considérables, livrer Lasthènes et Panarès, et payer, comme une dette publique, quatre mille talents d'argent (vingt-deux millions) (2). »

« Les Crétois, informés de la teneur de ce décret, se réunirent en conseil. Les plus sages étaient d'avis qu'il fallait se soumettre à tous les ordres du sénat ; mais Lasthènes et ses partisans, qui se sentaient coupables, craignirent d'être envoyés à Rome, et d'y être punis ; ils excitèrent donc le peuple à défendre son antique liberté (1). »

Le sénat résolut alors d'en finir avec la Crète. Le consul Q. Cœcilius Métellus fut chargé de la guerre (69). Il débarqua avec trois légions près de Cydonia. Lasthènes et Panarès avaient organisé la résistance. Une armée de vingt-quatre mille hommes était réunie sous leurs ordres. Elle fut mise en déroute sur le territoire de Cydonia. Métellus s'empara de cette ville, puis de Cnossos, de Lyctos et de plusieurs autres. Il fut implacable pour les vaincus. Les assiégés se tuaient plutôt que de se rendre à lui. Pour se venger de tant de cruautés les Crétois imaginèrent de lui enlever l'honneur de subjuguer l'île, en appelant Pompée pour lui faire leur soumission. C'était au moment où Pompée venait d'être investi du commandement des mers et de toutes les côtes de la Méditerranée. « Les Crétois députèrent vers lui pour le supplier de venir dans leur île, qui faisait partie de son gouvernement... Pompée accueillit leur demande et écrivit à Métellus pour lui défendre de continuer la guerre. Il manda aussi aux villes de ne plus recevoir les ordres de Métellus, et envoya pour commander dans l'île Lucius Octavius, un de ses lieutenants (2). » En voyant sa conquête lui échapper, Métellus poursuivit la guerre avec une nouvelle vigueur. Il redoubla de cruauté, et n'épargna même plus ceux qui s'étaient soumis à lui. Octavius prit alors ouvertement parti pour les Crétois. Arrivé dans l'île sans armée, il s'en forma une de tous les aventuriers qui se présentaient, mais il ne put tenir la campagne contre Métellus. Celui-ci acheva la soumission de l'île, et obtint les honneurs du triomphe avec le surnom de *Creticus* (66 avant J.-C.)

L'existence politique de la Crète, depuis la guerre de Troie, avait été sans gloire, sans intérêt. Elle honora du moins ses derniers jours par une défense courageuse. Sa résistance avait duré trois ans. Sa défaite illus-

---

(1) Diod., excerpt., *de Legat.*, p. 631, 632.
(2) Ibid.

(1) Ibid.
(2) Plut., *Pompée*, c. XXIX.

tra un des grands noms de Rome (1).

Cnossos reçut colonie romaine, et fut la résidence des gouverneurs de l'île. Celle-ci, réunie à la Cyrénaïque, forma, sous Auguste, une province sénatoriale, et fut gouvernée par un préteur. Elle eut ensuite un proconsul, puis un questeur, que Tibère y envoya la première année de son règne. Sous Adrien, elle eut de nouveau un proconsul, et sous Septime-Sévère un questeur. Quand l'empire fut divisé en préfectures, elle fut gouvernée par un consulaire, et comprise dans la préfecture d'Illyrie. Sous Constantin, elle fut séparée de la Cyrénaïque, et après lui elle fit partie des provinces assignées à Constance (2).

III.

TABLEAU GÉNÉRAL DE LA CIVILISATION CRÉTOISE DANS LES TEMPS ANCIENS.

INSTITUTIONS POLITIQUES DE LA CRÈTE ANCIENNE. — Dans les institutions, comme dans l'histoire proprement dite de la Crète, un seul nom domine, c'est le nom de Minos. Minos est le législateur de la Crète, comme il en est le héros. On lui a attribué les lois qui régirent cette île, comme on lui a fait honneur de toutes les grandes choses que les Crétois ont accomplies durant l'espace de deux siècles. On a fait de lui comme le type du législateur. Homère et après lui Platon nous le montrent s'entretenant, tous les neuf ans, avec Jupiter, son père, et rédigeant, d'après les réponses du dieu, les lois qu'il donna à son peuple (3).

Les Doriens, venus trois siècles plus tard, recueillirent cette tradition ; comme ils rattachèrent Minos à leur race, ils en firent aussi leur législateur. Ce fut sous l'invocation de son nom vénéré qu'ils placèrent les institutions qu'ils apportèrent ou qu'ils fondèrent dans l'île. Cependant tout, dans ces institutions, porte l'empreinte du génie dorien. Et si l'ancienne constitution ou plutôt les vieilles coutumes ne disparurent pas complètement après l'établissement des colonies doriennes, c'est chez les Périèques, parmi les vaincus et les sujets, qu'il en faut chercher la trace. L'existence même de cette classe inférieure témoigne d'un ordre politique entièrement nouveau, né de la conquête.

POPULATION. CONDITION DES VAINCUS. PÉRIÈQUES, MNOÏTES, CLAROTES.—SUJETS ET ESCLAVES. La division des habitants en guerriers et en laboureurs est la base de tout État dorien. Elle apparaît en Crète aussitôt après l'établissement des colonies venues du Péloponnèse. Suivant Aristote, l'existence de ces deux classes distinctes, l'une agricole, l'autre militaire, remonte à la plus haute antiquité. « Sésostris, dit-il, l'établit en Égypte, Minos en Crète, et cette institution se maintient encore dans l'un et l'autre pays (1). » Ainsi c'est Minos qui aurait établi cette division. Mais il n'est pas douteux qu'Aristote n'ait en vue, dans ce passage, les Périèques, les Mnoïtes et les Clarotes. Or, avant l'époque d'Homère, on ne trouve nulle trace d'un pareil classement des habitants. Nulle part, dans ce poëte, on n'aperçoit des distinctions sociales aussi marquées, des différences de condition aussi tranchées. C'est dans les États doriens qu'elles apparaissent pour la première fois, longtemps après la guerre de Troie. Sans doute, de très-bonne heure, nous voyons dans la société grecque, des peuples réduits par d'autres peuples à une condition inférieure. C'est ce qui arriva dans l'Attique après l'invasion des Ioniens, et dans le Péloponnèse après celle des Achéens. Mais ni dans l'une ni dans l'autre de ces contrées, la conquête n'eut pour résultat cette profonde déchéance sociale des vaincus, cette rigoureuse distinction dans les conditions et dans les travaux de la vie. En Attique les laboureurs avaient leur noblesse; et dans le Péloponnèse les plus nobles s'adonnaient à l'agriculture et à d'autres travaux que dédaigna plus tard le fier Dorien. Il en fut de même en Crète. Bien des races, comme nous l'avons vu, se sont mêlées dans cette île. Nulle ne fut tenue par l'autre dans une pareille dépendance. Entre elles, entière égalité de droits. Les différents peuples étaient

---

(1) Creta dedit magnum, majus dedit Africa nomen, Scipio quod victor, quodque Metellus babet. Mart., II, 2.

(2) Cf. Meursius, *Creta*, lib. III, cap. 6.
(3) *Odys.*, XIX ; Plat., *De Leg.*, I.

(1) *Polit.*, VII, 9 et 10.

établis les uns à côté des autres, sans ces rapports de vainqueur à vaincu, de souverain à sujet. En un mot, point de classement rigoureux, point de hiérarchie sociale, si l'on excepte l'esclavage proprement dit, qui se trouve à toutes les époques dans les sociétés anciennes.

Vainement on alléguerait la colonie de Teutamos. Eût-elle existé, qu'elle n'eût pas été assez nombreuse pour fonder dans un pays aussi peuplé que l'était alors la Crète un ordre de choses qui ne s'établit et ne se maintint que par la force. D'ailleurs, on sait que ce fut seulement après leur établissement dans le Péloponnèse que les Doriens, vainqueurs des Achéens, se constituèrent, du droit de la victoire, en race dominante, et réduisirent les anciens habitants à l'état de sujets et d'esclaves.

Ce qu'ils firent dans le Péloponnèse, ils le firent également en Crète. Dans cette île, comme sur le continent grec, le glaive du Dorien marqua le front du vaincu du signe de la servitude. Il y eut une race noble, souveraine et oppressive, formant seule l'État, ayant seule des droits politiques, composant l'assemblée du peuple et le sénat, remplissant, en un mot, toutes les charges publiques; et, au-dessous d'elle, une race en quelque sorte déchue, exclue de la cité et vouée à la glèbe. De cette dernière classe la loi ne s'occupe que pour régler ses rapports avec ses maîtres, pour organiser la servitude.

Cette classe comprenait les *Périèques*, les *Mnoïtes*, et les *Aphamiotes* ou *Clarotes*.

La condition des Périèques était la même en Crète qu'en Laconie; et elle offre beaucoup d'analogie avec celle des *villani* du temps de la domination vénitienne dans l'île. Ils formaient la population sujette. Quand le Dorien prit possession de l'île, il abandonna aux anciens habitants une partie des terres, moyennant tribut. Leur situation, d'ailleurs, ne paraît pas avoir été bien malheureuse. S'ils n'avaient point de droits politiques, du moins les laissait-on vivre d'après leurs anciennes coutumes. En possession de la plus grande partie du sol, ils pouvaient encore s'enrichir par l'industrie et le commerce, que leurs vainqueurs dédaignaient.

Au-dessous de cette classe, à un degré bien inférieur, se trouvaient les *Mnoïtes*. Comme les Périèques ils appartenaient à la race vaincue; et ils furent sans doute réduits à une condition plus dure pour avoir résisté plus longtemps ou pour s'être révoltés contre les conquérants. Leur origine est donc la même que celle des Hilotes. Comme ceux-ci, ils étaient les esclaves de l'État. Chaque ville, en effet, s'était réservé, après la conquête, une certaine portion de territoire, qui formait le domaine public. Une partie du produit de ces terres était affectée aux sacrifices et au culte des dieux, l'autre aux repas communs. Il fallait des bras pour cultiver ces terres. On y employa les Mnoïtes. Ceux-ci différaient toutefois en un point des Hilotes. Ces derniers étaient tout à la fois les esclaves de l'État et des particuliers; les Mnoïtes ne servaient que l'État (1). En cela leur situation était meilleure que celle des *Aphamiotes* ou *Clarotes*. Comme les Mnoïtes, ceux-ci étaient attachés à la glèbe; mais à la différence des précédents, ils étaient voués au service des particuliers. Chez les Crétois, ainsi que chez les Spartiates, à côté du domaine de l'État, il y avait des propriétés privées; c'est à ces propriétés que les Clarotes se trouvaient attachés. Leur nom de *parèques* (πάροικοι) semble indiquer qu'ils habitaient sur les terres de leurs maîtres. Quant à leur origine, elle est vraisemblablement la même que celle des Mnoïtes, avec cette différence qu'après avoir été pris à la guerre ils furent partagés au sort, comme l'indique leur nom de *Clarotes*. Leur condition, plus misérable que celle des autres esclaves, parce qu'ils dépendaient du caprice d'un seul, était cependant moins intolérable que celle de l'Hilote. On leur laissa leur culte national. Ils avaient même leurs saturnales. A la fête d'Hercule, ils étaient servis par leurs maîtres, et pouvaient même les battre. Athénée rapporte qu'une fête semblable se célébrait à Sparte (2).

A ces trois classes d'esclaves indigènes il faut ajouter ceux qui s'achetaient au

---

(1) Hœck, *Kreta*, t. III, p. 30 et suiv.
(2) Athén., IV, p. 139; O. Müller, tom. II, p. 155.

dehors, et que pour cette raison l'on appelait *Chrysonètes* (χρυσώνητοι). Leur nombre dût être peu considérable dans un pays dont toute l'ancienne population avait été réduite en esclavage. Ils étaient employés aux travaux domestiques. Quant à leur condition, elle ne différait en rien de celle des esclaves de même origine dans le reste de la Grèce. On distinguait encore les *thérapontes* (θεράπων), espèce de valets d'armes; les *ergatones* (ἐργάτωνες) et les *catacautes* (καταχαῦται), esclaves chargés de brûler les corps morts, et d'avoir soin des sépultures. Ils formaient une classe à part, et jouissaient même de certains priviléges (1).

En général, l'esclavage fut moins dur en Crète qu'à Sparte. Aussi n'y eut-il point, dans cette île, de révoltes d'esclaves, comme à Lacédémone, où l'Hilote était toujours prêt à profiter des calamités publiques pour tirer vengeance de l'oppression de ses maîtres. Aristote cherche à expliquer cette différence. « Les pénestes thessaliens ont souvent causé des troubles en Thessalie; il en est de même des Hilotes de Lacédémone; tous ces esclaves spéculent sans cesse sur les désastres publics. Il n'en est pas de même en Crète. Peut-être les Crétois doivent-ils cet avantage à des circonstances locales. Lorsque les petits États de cette île se font la guerre, ils ne favorisent jamais la révolte des esclaves, attendu qu'ils en ont aussi dont la condition est la même. Mais les Lacédémoniens ont pour voisins et souvent pour ennemis, les peuples de l'Arcadie, de l'Argolide et de la Messénie, qui n'ont point d'Hilotes. Il en est de même des Thessaliens. Pendant leurs guerres contre les Achéens, les Magnésiens et les Pérrhébiens, qui n'ont point de pénestes, ceux-ci ont souvent conspiré (2). » Rien n'est plus dangereux pour l'esclave, comme le remarque un historien distingué (3), que de faire peur à son maître. En Crète l'esclavage suivit en quelque sorte le morcellement territorial. Chacun des nombreux États de cette île ayant ses esclaves, ceux-ci ne se trouvèrent point concentrés en aussi grand nombre qu'en Laconie, sur un même point du territoire. Il en résulta que leurs maîtres, ayant moins à craindre, ne les traitèrent pas aussi durement. C'est sans doute pour toutes ces raisons, qu'on ne trouve pas la *cryptie* chez les Crétois.

Constitution crétoise. — Nous venons de voir les résultats de la conquête dorienne en ce qui concerne les vaincus. Entrons maintenant dans l'État dorien lui-même. Ici encore nous trouverons bien des traits de ressemblance avec Sparte. Il n'y a pas moins de rapports dans la constitution politique de la Crète avec celle de Lacédémone, que dans l'organisation sociale et la condition des personnes dans les deux États. Mêmes peuples, mêmes principes de gouvernement, mêmes institutions. Cette ressemblance a frappé les anciens. Callisthènes, Éphore, Aristote et Platon, l'ont signalée. Essayons de l'expliquer.

Une constitution comme celle que Lycurgue donna à Sparte, réglant toute la vie d'un peuple, même dans ce qu'elle a de plus intime, n'est pas une création du législateur. Avant d'être formulée et décrétée, elle existe, comme en germe, dans les mœurs et les idées du peuple qu'elle est appelée à régir. C'est l'œuvre du législateur de tirer en quelque sorte des entrailles d'une nation le code qui doit régler ses destinées. Ainsi fit Lycurgue : ses institutions eurent sans doute une immense influence sur l'esprit public des Spartiates; elles fixèrent leur existence politique; elles furent comme la loi suivant laquelle se développa le génie national de ce peuple. Mais par cela même elles devaient être profondément empreintes de ce génie. Puis, une pareille constitution n'est point non plus l'ouvrage d'un jour; elle ne se forme point pour ainsi dire tout d'une pièce. De vieilles coutumes, une première ébauche d'organisation la précèdent et la préparent. Il n'est pas douteux que longtemps avant Lycurgue les Doriens n'eussent un certain ordre politique analogue, sur bien des points, à celui qu'il établit à Lacédémone. Ainsi s'expliquent les ressemblances de la constitution crétoise avec celle de Sparte.

(1) Hœck, *Kreta*, t. III, p. 42.
(2) Arist., *Polit.*, II, 7.
(3) M. Duruy, *Hist. Gr.* p. 54.

La Crète reçut des colonies doriennes près de deux siècles avant Lycurgue. Ces colonies apportèrent dans l'île leurs coutumes nationales, leurs institutions, qui se compliquèrent des rapports nouveaux nés de la conquête. L'ordre de choses qu'elles établirent de la sorte était entièrement constitué lorsque Lycurgue vint en Crète. Il s'y arrêta longtemps, et particulièrement à Lyctos, la plus considérable des colonies doriennes de l'île. « Il observa avec soin les institutions du pays et conversa avec les personnes le plus en renom. Il approuva fort quelques-unes de leurs lois, et les recueillit pour en faire usage quand il serait à Sparte (1). » Toutefois il ne faudrait pas chercher ici une organisation politique bien régulière. « En se représentant la Crète comme un gouvernement aristocratique et fédéral, il ne faut pas prendre ces mots dans la plénitude de leur sens. Nous n'assistons pas au développement complet d'une société régulière, mais à des essais d'ordre et de bonne police, souvent interrompus par des révolutions. Ce point capital indiqué par Aristote (2) a trop échappé aux modernes, même à Montesquieu. La Crète est le chaos fécond dans lequel Sparte chercha quelques principes; mais elle-même ne put s'asseoir et se pondérer. La raison de ces orages était la rivalité des villes. Quand l'une d'elles conquérait la suprématie, c'était le despotisme; quand elles luttaient ensemble, sans avantage décisif pour aucune, c'était l'anarchie (3). »

« Dans chaque ville, ajoute le même écrivain, il y avait à la tête des affaires dix magistrats; ils s'appelaient κόσμοι, *cosmes*, tirant leur nom de l'ordre même, et de la nécessité de le faire régner, tant se manifesta toujours dans les cités crétoises un incorrigible penchant à la sédition (4). » Aristote, qui compare les cosmes aux éphores de Sparte, fait remarquer que l'institution des premiers avait de plus graves inconvénients que celle des seconds. « Même vice, dit-il, dans le mode d'élection; c'est le hasard qui décide du choix; mais on ne retrouve pas en Crète l'avantage politique que l'on remarque à Lacédémone. A Sparte, tous les citoyens ont droit à l'éphorie, et l'espoir d'arriver à cette éminente dignité attache le peuple au gouvernement. En Crète, les cosmes ne sont pas choisis parmi le peuple entier; car l'éligibilité est la prérogative de certaines familles (1). »

« Comme ils succédaient à l'autorité royale, ils en eurent les prérogatives : ils commandèrent les troupes, conclurent les traités, administrèrent souverainement la cité, avec un pouvoir arbitraire sur les personnes et les choses. A cette sorte de despotisme, incontestable débris de la royauté, les mœurs crétoises donnèrent un singulier contre-poids. Quand des cosmes mécontentaient par leur conduite quelques-uns de leurs collègues ou des particuliers, on les chassait. Ils pouvaient aussi à leur convenance abdiquer le pouvoir. Ce n'était pas la loi qui régnait, mais la volonté des hommes, qui n'est pas une règle sûre. Les Crétois avaient aussi l'habitude, au plus vif de leurs divisions, de recourir à une sorte de monarchie provisoire pour se faire plus facilement la guerre entre eux.... (2). »

Les fonctions des cosmes duraient un an. Sortis de charge, ils prenaient place dans une assemblée de vieillards qui composaient le *sénat*. Les membres de ce conseil paraissent avoir été, comme à Sparte, au nombre de trente. Leur autorité était viagère et irresponsable; de plus, ils n'avaient pas de loi écrite et décidaient arbitrairement de toutes les affaires (3).

Les résolutions prises par les cosmes et par les sénateurs étaient soumises à une *assemblée générale*, où tous les citoyens étaient admis, et avaient droit de suffrage. Mais cette assemblée n'avait aucune initiative politique. Son droit se bornait à ratifier, sans discussion, ce qui lui était proposé (4).

Le peuple n'avait donc, de fait, aucune

---

(1) Plut., *Vie de Lyc.*
(2) *Polit.*, II, 7.
(3) Lerminier, *Hist. des Législat. et des constit. de la Grèce ant.*, I, p. 67 et suiv.
(4) *Ibid.*

(1) *Polit.*, II, 8.
(2) Lerminier, *Hist. des Lég.*, t. I.
(3) Arist., *Polit.*, II, 8.
(4) Arist. *Ibid.*

part au gouvernement. Tout le pouvoir était concentré aux mains des cosmes et du sénat. Cette oligarchie ne pouvait être supportée longtemps par ce peuple remuant, naturellement attaché à la liberté, et chez qui les agitations politiques contribuaient à entretenir ce sentiment. Au temps de Polybe, il s'était déjà opéré un changement considérable dans l'État : toutes les magistratures étaient devenues annuelles, et le gouvernement démocratique (1). Des monuments antérieurs d'environ un demi-siècle à l'historien que nous venons de citer, attestent déjà cette révolution. Il y a un déplacement complet de la puissance politique. Celle-ci a passé des cosmes à l'assemblée du peuple, devenue souveraine. C'est à elle que s'adressent maintenant les ambassadeurs des États étrangers ; à elle seule appartient le droit de régler les relations extérieures, de former des alliances, de conclure des traités. Si dans ces traités les cosmes sont nommés, c'est uniquement parce que leurs noms servent à marquer l'année où ils sont conclus. C'est le peuple qui stipule, qui dicte les conditions ; lui seul rend des décrets. Ceux-ci sont copiés par le secrétaire de l'assemblée, et déposés dans un temple. Notification en est donnée aux cosmes, qui apposent à l'acte le sceau de la nation. Souvent le peuple est seul mentionné comme décernant des récompenses, élevant des monuments. Quelquefois le *protocosme* est chargé de ces soins, mais alors c'est au nom du peuple qu'il les exécute.

Déchus de leur ancienne puissance, les cosmes sont devenus entièrement dépendants de l'assemblée, dans l'exercice de leurs fonctions. Pouvoir responsable, ils sont justiciables du peuple, et peuvent être traduits devant le tribunal commun que les États confédérés forment entre eux. Tout citoyen a le droit de les accuser. Ils sont tenus de porter à la connaissance de tous le pacte par lequel les deux cités se sont unies; d'en surveiller l'exécution ; d'en donner, chaque année, lecture au peuple ; de dresser les colonnes sur lesquelles sont gravés les articles du traité ; de faire donner satisfaction au citoyen qui a été maltraité ou dépouillé dans la ville alliée, etc. S'ils manquent à quelqu'un de ces soins, ils sont passibles d'une amende déterminée, payée à titre d'indemnité à l'État confédéré. Ainsi, à l'inverse des Éphores de Sparte, qui, réduits d'abord aux plus modestes attributions, finirent par devenir la première magistrature de l'État, les cosmes, tout-puissants dans le principe, ne furent plus à la fin que les ministres responsables du peuple.

Ajoutons, toutefois, qu'ils conservent encore la présidence des tribunaux et la direction des débats judiciaires. Mais les juges sont tirés de l'assemblée du peuple, soit par la voie du sort, soit par l'élection. Comme le gouvernement lui-même, la justice a reçu une organisation démocratique.

Le sénat, aussi bien que les cosmes, a subi les conséquences de la révolution populaire. Il a perdu toute importance politique. Ses membres ne sont plus nommés à vie, mais pour un an seulement. Quant à leurs attributions, il serait difficile de les déterminer avec quelque précision ; sur ce point on en est à peu près réduit à des conjectures. Ils paraissent avoir été chargés de la police, dans les fêtes publiques, et de la surveillance ainsi que de l'éducation de la jeunesse. Il y a loin de ces fonctions tout honorifiques à l'autorité dont le conseil des anciens se trouvait autrefois revêtu.

Nous sommes partis de l'oligarchie ; nous aboutissons à la démocratie. Deux siècles séparent les deux ordres politiques tels que nous venons de les décrire. Que s'est-il passé durant ce long espace de temps ? Par quels changements successifs s'est opérée la révolution? On l'ignore. Elle ne s'est pas faite, sans doute, brusquement, sans ces transitions par lesquelles les peuples passent d'ordinaire d'une forme de gouvernement à la forme opposée ; mais le défaut de documents ne permet pas de suivre la marche de cette révolution ni le développement progressif de la constitution crétoise. On peut croire, toutefois, que ce développement n'eut pas, dans les villes de Crète, la régularité imposante que l'on remarque dans le mouvement des institutions chez d'autres peuples. L'état violent de ces villes, leurs perpétuelles agitations,

---

(1) Polyb., VI, 46.

leurs guerres sans fin, rendent invraisemblable un effort soutenu du peuple, pour arriver graduellement, de conquête en conquête, à la souveraineté politique. Quoi qu'il en soit, la démocratie fut aussi impuissante que l'oligarchie à rendre à la Crète ce qu'elle avait perdu depuis Minos : l'ordre et la paix à l'intérieur, la puissance au dehors.

COUTUMES, REPAS PUBLICS, ÉDUCATION, MŒURS. — « Tous les instincts des sociétés qui commencent se développèrent dans la Crète avec énergie. Les Crétois aimaient le mouvement, la chasse, la fatigue, la lutte; ils vivaient en commun, et se partageaient les biens de la terre. Ces dispositions et ces habitudes firent le fond des institutions crétoises. Le travail du législateur fut de confirmer les mœurs sur certains points; sur d'autres, de les redresser ou de leur imprimer une impulsion vive. Il faut se représenter les lois dites de Minos comme des coutumes qui ne furent jamais écrites (1), comme des traditions qui, à travers la suite des générations, s'altérèrent.

« Entrons dans une des villes de Crète, à Lyctos, et nous aurons le spectacle de la vie en commun. A Lyctos, chacun contribuait du dixième de ses produits à l'entretien de l'association dont il était membre, et aussi aux revenus de la ville. Cette contribution était répartie par les chefs de la cité entre toutes les familles. Les citoyens se trouvaient partagés en petites sociétés appelées ἀνδρία; le soin des repas communs était confié à une femme qui dirigeait le service de trois ou quatre esclaves publics dont chacun s'adjoignait deux porteurs de bois, καλοφόροι (2).

« Dans toutes les villes de Crète, il y avait deux édifices publics dont l'un, consacré aux repas, se nommait ἀνδρεῖον, et dont l'autre, servant d'asile aux étrangers, s'appelait κοιμητήριον. Dans l'édifice où se faisaient les repas, étaient dressées deux tables dites hospitalières, où les étrangers s'asseyaient. Les autres tables étaient destinées aux citoyens. On donnait une part égale à chacun des convives; seulement, les jeunes gens n'avaient qu'une moitié de part de viande, et ne touchaient à aucun autre mets. On plaçait sur la table un vase de vin, mêlé d'eau, tous les convives en buvaient, et après le repas, on en apportait un autre. Les enfants n'avaient pour eux qu'un seul vase où l'eau se mêlait avec le vin; aux hommes et aux vieillards le vin n'était pas mesuré. La femme qui présidait à l'ordonnance du repas choisissait les meilleurs morceaux et les faisait servir à ceux qui s'étaient distingués par leur valeur ou leur prudence. Après le repas, on délibérait sur les affaires publiques, puis on racontait les grandes actions; on louait ceux qui s'étaient illustrés par leur courage; on les proposait pour modèles à la jeunesse (1).

« La guerre, en effet, était le but de toutes les institutions. Sur ce point Platon et Aristote ne se contredisent pas. Notre législateur, dit Clinias le Crétois, l'un des interlocuteurs de Platon, a voulu tout ordonner pour la guerre; il s'est attaché à nous faire comprendre que sans la supériorité dans les combats, ni les richesses, ni la culture des arts ne nous serviraient de rien, puisque les biens des vaincus passent entre les mains des vainqueurs (2). Aristote a remarqué qu'en Crète, comme à Sparte, et aussi comme chez les Scythes, les Perses, les Thraces et les Celtes, l'homme était un soldat vivant sous une discipline uniforme, dans une communauté continuelle de nourriture, de périls et de plaisirs, toujours prêt à marcher, à combattre; il n'était estimé que s'il était hardi, vigoureux, agile et adroit. La prudence et le repos restaient le partage de la vieillesse.

« Dès qu'ils savaient lire, les enfants apprenaient les poëmes renfermant les lois, τὰς ἐκ τῶν νόμων ᾠδὰς (3), avec les éléments de musique, et ils étaient soumis à un régime dont la sévérité n'était

---

(1) C'est ce qui rend si plaisante la méprise de Hérault de Séchelles, qui, pour rédiger la constitution de 1793, demandait qu'on lui envoyât de la Bibliothèque nationale le volume des lois de Minos. (Note de M. Lerminier.)

(2) Athén., *Deipnos*, lib. IV, sect. 22.

(1) Athén., *Ibid*.
(2) *De legibus*, lib. I.
(3) Strab., lib. X, cap. IV.

adoucie dans aucune saison. Vêtus de mauvaises casaques, les petits Crétois mangeaient assis par terre, se servaient les uns les autres, et servaient aussi les hommes faits. Devenus plus grands, ils entraient dans les compagnies, ἀγέλαι, dont chacune avait un conducteur choisi parmi les jeunes gens de leur âge les plus distingués par leur naissance ou le crédit de leurs familles. Les chefs des compagnies menaient ceux qu'ils commandaient à la chasse, à la course ; ils avaient sur eux presque l'autorité d'un père, et punissaient les récalcitrants. A des jours marqués, les compagnies se livraient bataille aux sons de la flûte et de la lyre ; les enfants s'attaquaient les uns les autres, tantôt avec leurs mains, tantôt avec des armes. C'est ainsi qu'on les dressait à la guerre.

« Les villes de Crète, comme les autres cités de la Grèce, eurent des édifices publics, des gymnases consacrés aux exercices du corps; plus tard on y joignit ceux de l'esprit. Là les corps, dépouillés de tout vêtement, contractaient de l'agilité, de la souplesse; là aussi les mœurs pouvaient se corrompre. Platon a signalé les avantages et les inconvénients des gymnases, qui développaient le courage, et aussi pervertissaient l'usage des plaisirs de l'amour tel que l'a réglé la nature (1). »

Ces désordres étaient très-répandus chez les Crétois. Ils passaient même pour en avoir les premiers donné l'exemple. L'amour du sexe masculin n'avait, à leurs yeux, rien dont on eût à rougir. Cette habitude dépravée avait tellement envahi leurs mœurs, que c'était un déshonneur pour un jeune homme de n'être pas aimé d'un autre adolescent. En Crète, il se faisait des enlèvements de jeunes garçons, comme ailleurs de jeunes filles. La manière dont la chose se pratiquait est assez singulière. Le ravisseur avertissait quelques jours d'avance les amis du jeune homme qu'il se proposait d'enlever. Au jour fixé, il exécutait le rapt en leur présence. Au bout de deux mois, durant lesquels les plaisirs de la table et de la chasse étaient mêlés à ceux de l'amour, l'adolescent enlevé re- tournait chez les siens avec les présents qu'il avait reçus. C'étaient en général un habit de guerre, une coupe et un bœuf, qu'il immolait ensuite à Jupiter. Ceux qui avaient été l'objet d'un enlèvement étaient tenus en grand honneur. Dans les courses et dans les autres réunions solennelles, ils avaient la première place. Ils se paraient avec une sorte d'orgueil du vêtement qu'ils avaient reçu en présent, et même à un âge plus avancé, ils le portaient encore comme une marque de l'amour qu'ils avaient inspiré. La loi encourageait les unions contre nature, parce qu'elles étaient un obstacle à l'accroissement de la population. Pour la même raison elle autorisait le divorce (1).

Aucun peuple n'a été aussi maltraité par les historiens que les Crétois; aucun n'a laissé une réputation aussi triste. Cette réputation est-elle méritée? malheureusement il n'est pas possible d'en douter. L'opinion des anciens sur ce point est unanime. L'inimitié des Athéniens ne suffit pas à l'expliquer. Sans doute il est dangereux, comme le remarque Plutarque, de s'attirer la haine d'une ville *qui sait parler* (2). Mais les poëtes athéniens, qui n'étaient jamais plus applaudis que quand ils maltraitaient Minos et les Crétois, ne firent pas seuls la mauvaise réputation de ces derniers.

Plusieurs causes expliquent la dégradation du caractère national et la dépravation des mœurs publiques chez les Crétois : l'absence de tout intérêt général capable de les porter aux grandes choses et de diriger leur activité vers quelque but glorieux ; les perpétuelles guerres civiles, dans lesquelles ils rivalisaient entre eux de ruses, de perfidies, aussi bien que de cruauté ; enfin leur vie de forbans et de mercenaires, qui développa chez eux tous les vices attachés à ces deux métiers.

Parmi ces vices l'avarice, la perfidie et le mensonge sont les traits les plus saillants et comme le fond même de leur caractère. Les Crétois étaient par-dessus tout cupides. « L'argent est en si grande estime auprès d'eux qu'il leur paraît non-seulement nécessaire, mais glorieux d'en posséder. Bref, l'avarice

---

(1) Lerminier, *Hist. des législat. et des constit. de la Gr. ant.* t. I, p. 75 et suiv.

(1) Arist., *Polit.*, II, 8.
(2) Plut. *Vie de Thésée.*

et l'amour de l'or sont si bien établis dans leurs mœurs, que seuls dans l'univers les Crétois ne trouvent nul gain illégitime (1). »

Voici un trait qui les peint admirablement. « Dans la guerre sociale un Crétois vint trouver le consul Julius (César), et s'offrit comme traître : Si par mon aide, lui dit-il, tu l'emportes sur les ennemis, quelle récompense me donneras-tu en retour ? Je te ferai, répondit César, citoyen de Rome, et tu seras en faveur auprès de moi. A ces mots le Crétois éclata de rire, et reprit. Un droit politique est chez les Crétois une niaiserie titrée ; nous ne visons qu'au gain, nous ne tirons nos flèches, nous ne travaillons sur terre et sur mer que pour de l'argent. Aussi je ne viens ici que pour de l'argent. Quant aux droits politiques, accorde-les à ceux qui se les disputent et qui achètent ces fariboles au prix de leur sang. » Le consul se mit à rire, et dit à cet homme : « Eh bien, si nous réussissons dans notre entreprise, je te donnerai mille drachmes en récompense (2). » Voici un autre trait rapporté par Polybe. Il s'agit d'un certain Bolis. « C'était un Crétois qui depuis longtemps occupait à la cour d'Alexandrie le rang de général... Sosibe sut le gagner en quelques entrevues... Il lui dit qu'il ne saurait en nulle circonstance complaire à Ptolémée d'une manière plus certaine qu'en imaginant le moyen de sauver Achéus (vivement pressé par les armes d'Antiochus). Bolis répondit qu'il y réfléchirait... Après deux ou trois jours de réflexion, il revint vers Sosibe, et lui déclara qu'il prenait sur lui cette affaire : Il avait habité Sardes assez longtemps, et connaissait parfaitement les localités ; d'ailleurs Cambyle, chef des Crétois au service d'Antiochus, n'était pas seulement pour lui un compatriote, mais encore un parent et un ami. Or, Cambyle et ses troupes étaient préposés à la garde d'un des ouvrages avancés placés derrière la citadelle, en un endroit qui ne pouvait recevoir aucune fortification, et qui n'était protégé que par la présence continuelle de Cambyle et de ses gens... Sosibe remit à Bolis assez d'argent pour qu'il ne lui en manquât pas dans son entreprise, et lui promit des récompenses magnifiques s'il réussissait. Dès lors, prêt à agir, Bolis, sans tarder davantage, se mit en mer muni de lettres de recommandation et de dépêches secrètes pour Nicomaque, à Rhodes,.... et aussi pour Mélancome, à Éphèse. C'était par eux qu'Achéus était en rapport avec Ptolémée, et qu'il entretenait en général ses intrigues au dehors.

« De Rhodes il se rendit à Éphèse, fit part de ses desseins à Nicomaque et à Mélancome, et envoya un de ses officiers, Arien, demander une entrevue à Cambyle.... Cependant, Bolis, avec l'astuce raffinée d'un Crétois, pesait soigneusement toutes les chances de succès et combinait ses artifices. Le jour de l'entrevue arriva, il donna à Cambyle une lettre, et sur cette lettre, ils discutèrent en vrais Crétois. Il ne fut question ni du salut d'Achéus en danger, ni de la fidélité à garder envers ceux qui s'en étaient remis à leur parole ; ils ne songèrent qu'à leur sûreté et à leurs propres intérêts. Aussi, ces deux hommes au cœur également perfide furent bientôt d'accord. Il fut convenu qu'ils se partageraient d'abord les dix talents remis par Sosibe, puis qu'ils instruiraient Antiochus de leur dessein, et s'engageraient à lui livrer Achéus s'il voulait les soutenir, et s'ils recevaient en outre de l'or sur-le-champ et des promesses dignes de leurs services. » Antiochus accepta la proposition avec joie, et Bolis se rendit auprès d'Achéus. Celui-ci se montra défiant, et prit, pour se garantir de la fraude, toutes les précautions possibles ; « mais il avait oublié qu'il faisait le Crétois avec des Crétois, » et malgré sa prudence, il tomba dans le piége et fut livré à Antiochus (1).

Il serait aisé de multiplier les exemples de ce genre. Ceux que nous avons cités ne sont pas des faits exceptionnels. Ils tiennent au caractère de la nation. Ce caractère était tellement dépravé que Polybe cite comme une exception remarquable Antiphate de Gortyne, député vers les Achéens pour leur demander des secours contre les Rhodiens. « Ce

(1) Polybe, VI, 46.
(2) Diod., *Excerpt. Vatic.*, p. 118-120.

(1) Polybe, VIII, 18 et suiv.

jeune député n'avait rien du caractère de sa nation. Il avait su échapper aux perverses maximes de l'éducation crétoise (1). » « Il serait impossible, dit ailleurs le même historien, en exceptant quelques villes, de trouver des mœurs privées plus corrompues que celles des Crétois, et par suite des actes publics plus injustes (2). » On sait que leur nom était devenu synonyme de menteur ; il était passé en proverbe qu'il est permis de crétiser avec un Crétois, πρὸς Κρητᾶ χρητίζειν.

RELIGION DES CRÉTOIS. La religion des Crétois est la même que celle des autres peuples grecs ; elle s'est formée de la même manière, a subi les mêmes modifications ; elle a passé par les mêmes phases, péri pour les mêmes causes et dans le même temps. Il semble donc qu'il nous suffirait de renvoyer le lecteur à la partie de cette collection de l'Univers qui traite de la religion hellénique en général, pour qu'il pût avoir une idée exacte et complète de la religion adoptée et suivie en Crète. Il y aurait pourtant une lacune grave dans notre étude sur la Crète, si nous nous bornions à cette indication sommaire. Sans doute la religion crétoise ne présente aucune différence essentielle avec la religion hellénique, ni dans sa nature, ni dans sa forme ; mais la Crète revendiquait l'honneur d'avoir été le berceau du grand dieu de la Grèce, de *Zeus*, que les Latins ont nommé et que nous appelons d'après eux Jupiter. De plus, une multitude de légendes particulières à l'île de Crète sont dignes d'intérêt, et méritent de notre part un examen sérieux. C'est pour ces deux motifs que nous croyons devoir consacrer un chapitre spécial à la religion crétoise.

Selon les théogonistes les plus accrédités, Ouranos, ou le Ciel, avait d'abord régné sur le monde. Il fut le plus ancien des dieux, avec la Terre, sa compagne. Après lui vint son fils, Cronos, chez les Latins Saturne. Cronos, devenu fort, détrôna Ouranos, prit sa place, puis épousa Rhéa, sa sœur. Mais, soit qu'un oracle le lui eût annoncé, soit que le sentiment de son propre crime lui fît craindre un sort pareil à celui qu'avait éprouvé Ouranos, il résolut de supprimer tous les enfants mâles qu'il aurait de Rhéa, de peur que l'un d'eux ne vînt à le renverser du pouvoir suprême. Rhéa eut successivement plusieurs fils : aussitôt nés, aussitôt dévorés par Cronos. L'ambition est impitoyable ; mais l'amour d'une mère est ingénieux. Étant accouchée de Jupiter, Rhéa, pour sauver son nouveau-né, le confia aux Curètes, ses fidèles serviteurs, et ne donna à son mari qu'une grosse pierre, bien emmaillotée. Le vieux Cronos, soit que sa vue fût affaiblie par l'âge, soit que sa voracité politique l'ait aveuglé dans cette circonstance, prit la pierre pour l'enfant, et en fit ce qu'il avait fait de ses autres rejetons. Ce premier succès enhardit Rhéa ; elle renouvela son stratagème, et Cronos y fut si bien trompé, que Neptune, Pluton, Junon et Cérès échappèrent à sa dent redoutable et vécurent pour devenir immortels.

Jupiter avait été porté dans une grotte cachée à tous les regards : comme ses vagissements et ses cris auraient pu le déceler aux oreilles de son père, les Curètes, ses sauveurs, eurent soin de se livrer aux danses les plus bruyantes, tandis qu'Amalthée et Mélissa, les deux nourrices, faisaient de leur mieux pour calmer le dieu enfant et le tenir en repos. Grâce à tous ces dévouements, Jupiter échappa, grandit. Dès qu'il fut fort, il s'unit à Neptune et à Pluton, et tous trois renversèrent Cronos, qui se vit réduit à mendier l'hospitalité de l'exil auprès d'un roi du Latium.

Voilà comment Homère et Hésiode exposent le mythe ; voilà quelle fut la croyance de toute la Grèce. Disons maintenant quelle était celle des Crétois. D'abord, ils prétendaient que Jupiter était né dans leur île ; que Rhéa l'avait caché sur le mont Dicté, avant de le donner aux Curètes, qui habitaient autour du mont Ida. Ils montraient l'antre où le Dieu avait été nourri. Lorsque les Curètes emportèrent l'enfant, ajoutaient-ils, le cordon ombilical tomba près du fleuve Triton ; aussi consacra-t-on cet endroit sous le nom d'*Omphalos*, et la campagne environnante s'appela *Omphalion*.

Ainsi la Crète se vantait d'avoir été

(1) Polybe, XXXIII, 15.
(2) Id., IV, 8.

le berceau de Jupiter. Et cet honneur flattait son orgueil national au point que pour confondre les prétentions rivales des autres pays, elle alla jusqu'à montrer le tombeau du dieu. Jupiter, suivant cette nouvelle série de légendes, aurait été roi de l'île, et y serait mort. C'est pourquoi les Cnossiens lui faisaient des sacrifices funèbres. Faute de pouvoir s'approprier exclusivement le dieu, on en faisait un homme.

Cette tradition, particulière aux Crétois, souleva contre eux les colères et les réclamations du monde hellénique tout entier. La Grèce se scandalisa, non sans raison, de voir qu'un de ses peuples osât, dans un accès de folle vanité, décapiter l'Olympe, et que du Jupiter d'Homère et de Phidias, du Dieu qui ébranle le monde par le mouvement de ses sourcils, on fît un simple mortel, un roitelet comme Inachus, Pélée ou Midas. De là vint aux Crétois, assure Callimaque, leur renom de fourberie et de mensonge. Nous avons vu qu'ils avaient d'autres titres encore à cette réputation.

On nous pardonnera d'avoir insisté sur ces vieux récits mythologiques, et l'on ne nous fera pas un crime de ne leur accorder qu'un médiocre respect. Nous suivons en de telles matières l'opinion, si sage et si mesurée, de Strabon. « Je me suis un peu arrêté à ces fables, dit-il, parce qu'elles touchent la religion, et que lorsqu'il s'agit des dieux, il faut rechercher les croyances anciennes et les traditions mythologiques ; car les anciens ont indiqué sous l'enveloppe des fables ce qu'ils ont pensé sur la nature des choses. Il n'est pas possible d'expliquer exactement les énigmes; mais quand on rassemble cette multitude de traits fabuleux, qui tantôt s'accordent entre eux, tantôt se contredisent, on peut, en les comparant, découvrir plus aisément la vérité qu'ils cachent. Ainsi, lorsqu'on feint que ceux qui servent les dieux et que les dieux eux-mêmes se plaisent à courir sur les montagnes et se livrent à l'enthousiasme, c'est probablement par la même raison qui a fait imaginer qu'ils habitent les cieux, d'où ils manifestent leur providence, soit par des signes qui présagent l'avenir, soit de quelque autre manière.

En effet, les courses sur les montagnes mènent à la découverte des métaux, au goût de la chasse, aux recherches sur diverses choses utiles à la vie, et l'enthousiasme tient au merveilleux des cérémonies religieuses, des divinations et des prestiges. »

Qu'y a-t-il de vrai dans ces légendes? quels éléments fournissent-elles à l'histoire? Fréret nous paraît avoir posé les principes fondamentaux de toute critique solide dans une telle question lorsqu'il dit : « Le lieu de la naissance de la plupart des divinités païennes sera celui où ce culte s'était établi d'abord, ou celui qui en fut comme le centre. Les aventures de ces dieux seront l'histoire de l'établissement de leur culte ; leurs combats, leurs exploits, seront les oppositions qu'auront trouvées les prédicateurs de ce culte et les diverses révolutions qu'il a essuyées (1). »

En appliquant les règles établies par Fréret aux légendes qui nous occupent ici, nous arrivons à des conclusions sinon certaines, au moins vraisemblables. Ainsi, l'on ne peut douter que dès les temps les plus reculés Zeus ou Jupiter ne fût en Crète le dieu par excellence, la divinité nationale. Ce qui n'est pas moins évident, c'est que le culte de Zeus ne s'étendit que peu à peu, et ne dominait dans les temps primitifs que sur une partie de l'île, principalement autour du Dicté et de l'Ida. Ainsi la ville de Cnossos, dont la fondation est attribuée aux Curètes, et qui fut la capitale de l'île sous Minos, était à cette époque la métropole religieuse. « Minos, dit Homère, le parèdre de Jupiter, y régna neuf années. » Là était l'antre du dieu, son sanctuaire et son tombeau (2). C'est à Gortyne que la fable plaçait les amours de Jupiter et d'Europe. Rhéa était accouchée à Lyctos, et la capitale des Étéocrètes, Præsos, avait un temple consacré à Jupiter Dictéen. Hiérapytna avait également adopté le culte du dieu, puisque la fondation de cette ville était attribuée à Corybas, l'un des Curètes. Itanos, à l'extrémité orientale de l'île, se donnait une origine semblable, et

(1) Mém. de l'Acad. des Inscr., t. XLVII p. 38.
(2) Plut., de Leg., I.

gravait sur ses monnaies la tête de Jupiter. Biennos avait son temple Biennien. A l'ouest de l'Ida, Éleuthéria et Oaxos, appelée aussi Asos, marquent la limite occidentale où s'arrêtait le culte de Jupiter. Il existe sans doute des monnaies de Cydonia, d'Aptera et de Polyrrénies, frappées à l'effigie du dieu; mais ces monnaies appartiennent à des temps postérieurs. Ces villes adoraient principalement Diane, Dictynna et Apollon. Jamais le culte de Jupiter ne fut le culte dominant dans l'ouest de l'île. Il eut toujours son siége le plus important au centre, dans les environs des deux célèbres montagnes de la Crète, à Cnossos, à Gortyne, à Lyctos, à Prasos et à Hiérapytna.

Il ne nous sera pas plus difficile d'expliquer le mythe du détrônement de Cronos. Appliquons la règle donnée par Fréret. Ce mythe signifie que le culte de Zeus avait été précédé dans l'île de Crète par une religion plus ancienne, qui finit par succomber. M. de Sainte-Croix va jusqu'à préciser la durée de la lutte qui s'établit entre les deux cultes. Il la fixe à dix ans. Il est plus important peut-être de se demander quel était le culte de Cronos. Toutes les traditions nous représentent ce dieu comme un dieu sanguinaire. Plusieurs témoignages ne permettent pas de douter qu'à une époque fort ancienne la cruelle pratique de sacrifier à la divinité des victimes humaines n'existât chez les Crétois. Il paraît même qu'en Crète, comme en Phénicie, ces victimes étaient ordinairement des enfants. Ainsi la chute de Cronos ne fut pas autre chose que celle d'un culte cruel et sanguinaire, que remplaça une religion plus douce.

D'où vient cette religion nouvelle? Zeus est-il indigène ou étranger? Et s'il est étranger, est-il égyptien, phénicien ou phrygien? La légende le présente comme fils de Cronos, et l'orgueil national a fait les plus grands efforts pour faire de Zeus un Crétois. En sorte que la religion nouvelle serait sortie des entrailles mêmes du pays, comme le dieu du sein de Rhéa. Mais il nous paraît bien difficile d'admettre une telle explication. Que faudrait-il supposer en effet? Qu'une réaction énergique se serait faite contre le culte barbare pratiqué dans toute l'étendue de l'île, que le cri de l'humanité, violée chaque jour par ces sacrifices sanglants, aurait été assez puissant pour triompher de l'ignorance et de la peur, ces deux mères des antiques superstitions. Mais les choses ne se passent guère de la sorte. L'histoire ne nous montre pas un seul progrès dans les mœurs générales d'une société qui n'ait été précédé d'un progrès de l'intelligence publique. Il faudrait que la civilisation de la Crète fût autochthone pour que le culte de Zeus le fût aussi. Or il n'est pas possible de nier les rapports nombreux et pour ainsi dire permanents de la Crète avec la Phénicie et l'Asie Mineure. La Crète n'a pu échapper à l'influence de ces deux pays, et ses institutions religieuses, comme les autres, doivent porter l'empreinte de leurs civilisations.

Le culte de Zeus n'est donc pas plus que celui de Cronos d'origine crétoise. Tout porte à croire qu'il est venu d'Orient. Bien entendu que le même nom n'a pas représenté à toutes les époques la même divinité. Le Zeus primitif tenait évidemment au naturalisme oriental; plus tard il se rattacha étroitement au système anthropomorphique de la Grèce.

Que l'influence des mythes phéniciens se soit exercée en Crète, c'est ce que montre la légende d'Europe. Pour l'influence des mythes phrygiens, il suffit d'indiquer l'identité des légendes relatives à Zeus et à Rhéa, la ressemblance des Curètes, des Dactyles et des Corybantes, ressemblance telle que toute l'antiquité les a confondus.

Il est donc probable que dans l'île de Crète, comme dans les autres pays helléniques, la religion pélasgique domina d'abord, barbare dans ses rites et sanguinaire dans ses pratiques. C'est cette époque que la légende appelle le règne de Cronos. Dans la suite, grâce aux rapports qui s'établirent entre la Crète et l'Orient, une religion plus humaine s'introduisit, et finit par l'emporter. C'est ce que la légende appela la victoire de Zeus sur son père Cronos.

Ce premier point établi, nous avons à étudier une des questions les plus embarrassantes et les plus controversées de la mythologie crétoise; nous voulons parler des Dactyles Idéens, des Curètes et des Corybantes.

Laissons de côté les Dactyles Idéens. Si l'on n'a pu leur attribuer pour patrie l'île de Crète, cela tient, selon toute apparence, à l'homonymie des deux montagnes saintes de la Crète et de la Phrygie. Mais le témoignage de Sophocle, d'Éphore, de Diodore, de Strabon et de Saint-Clément d'Alexandrie nous autorise à les regarder comme Phrygiens. Selon Sainte-Croix, « les Dactyles, les Cabires, les Telchines, etc., furent les premiers instituteurs des sociétés, et pour affermir leurs établissements ils eurent soin de les mettre sous la protection de cérémonies religieuses, et de les entourer du voile du mystère. » Ce qui est certain, c'est qu'on attribuait aux Dactyles l'invention du fer et de l'airain, qu'ils exerçaient la médecine, et que, dans le but d'accroître leur influence, ils avaient recours aux prestiges et aux enchantements.

Quant aux Corybantes, Sainte-Croix les croit phrygiens. « Les Corybantes, dit-il, étaient remarquables par leur force. Ils fabriquaient les armes défensives, cultivaient la musique et la danse. » On ne compta d'abord que trois Corybantes, comme trois Cabires et trois Dactyles. Les trois anciens Corybantes étaient Cyrbas ou Corybas, Pyrrhicus et Idœus. Mais ces noms sont évidemment forgés. Celui de Corybas ne se rapporte pas plus à un être réel que ceux d'Ion, de Dorus et d'Achéus, qui personnifient la diversité à la fois et la parenté des races helléniques. Le nom de Pyrrhicus se rapporte à la danse pyrrhique, et pour celui d'Idœus, qui n'y reconnaît le mont Ida?

Tout en admettant avec Sainte-Croix que les Corybantes sont Phrygiens, nous devons reconnaître avec Lobeck (1) qu'ils ont eu, dès la plus haute antiquité, de fréquents rapports avec les Curètes. Lobeck convient d'ailleurs que la question des Dactyles et de leurs confrères les Curètes et les Corybantes lui semble « inexplicable et peu claire même pour les anciens ».

Arrivons aux Curètes, qui paraissent appartenir plus particulièrement à la Crète. D'après quelques récits que rapporte Diodore, les Curètes sont les dix fils d'un roi de Crète nommé Jupiter. Après eux vinrent neuf autres Curètes, indigènes ou descendants des premiers, mais qu'on représente comme pâtres, chasseurs ou inventeurs des armes. Selon d'autres auteurs, cités par Strabon, c'est Rhéa qui fit venir de Phrygie des Curètes, ou bien ce nom fut pris par les Telchines Rhodiens qui vinrent s'établir en Crète, ou encore les Curètes étaient les mêmes que les Corybantes, à moins qu'on n'aime mieux suivre une autre version et les faire descendre des Dactyles.

Voilà quelles sont sur les Curètes les opinions des plus anciennes mythologies. Au milieu d'un tel chaos de témoignages, il nous semble difficile d'arriver, sur tous les points qui concernent l'histoire des Curètes, à une certitude absolue. Aussi les critiques modernes ne sont-ils pas moins divergents d'opinion que les auteurs anciens. Nous avons déjà dit le désespoir de Lobeck. Le président de Brosses se tire d'affaire à force d'esprit. Son opinion est assez ingénieuse pour être citée : « Les Curètes, dit-il, sont les anciens prêtres de cette partie de l'Europe voisine de l'Orient et de la Grèce, assez semblables aux Druides des Celtes, aux Saliens des Sabins, aux sorciers ou jongleurs de Laponie, de Nigritie, ou à ceux des sauvages de l'Amérique, de la Sibérie, du Kamtchatka. C'est assez vainement qu'on a beaucoup disputé sur leur véritable patrie, puisqu'on trouve de ces sortes de prêtres partout où la croyance grossière des religions sauvages fait le fond des préjugés populaires ; mais le plus célèbre de ces collèges de prêtres était en Crète. »

Sans nier l'analogie et les rapports des Curètes avec les Dactyles Idéens et les Corybantes, il nous semble que les plus nombreux et les plus importants témoignages s'accordent à les présenter comme Crétois. Maintenant qu'étaient-ils dans l'origine? Très-probablement ils formaient une caste sacerdotale, et dominaient dans l'île par la légitime influence de la supériorité intellectuelle et morale. C'est à eux qu'on attribuait les premiers travaux de défrichement (1).

---

(1) Lobeck, *Aglaophamus, Orphica, Eleusina*, passim.

(1) Primi cultores Cretæ esse dicuntur. Serv. *ad Æneida*.

L'un d'eux, Jasion, avait eu commerce avec Cérès, dit la légende, dans un champ neuf qui venait de recevoir trois labours, et de ce commerce était né Plutus : belle et simple allégorie, qui ne veut dire rien autre chose si ce n'est que le labourage produit la richesse. Un autre Curète, Philomèle, frère de Jasion, inventa la charrette, et Cérès, en récompense, le plaça au ciel, où on le nomme le Bouvier, comme Jasion et Triptolème avaient formé la constellation des Gémeaux.

Le rôle des Curètes, dans le premier développement de la civilisation en Crète, ne se borna point là. Diodore les représente comme pâtres et éleveurs d'abeilles. Les deux nourrices de Jupiter furent Amalthée et Mélissa, c'est-à-dire une chèvre et des abeilles. Ce sont aussi les Curètes qui inventèrent les épées et les casques. Tout cela répond bien à l'idée que nous nous en faisons comme d'une caste sacerdotale associée à une tribu guerrière, qui mit sous le patronage d'un nouveau culte, celui de Zeus, ses premiers essais d'agriculture et d'industrie.

Rien ne peut nous donner une idée plus claire de ce qu'étaient les Curètes que l'histoire d'Épiménide. C'était un Crétois, qu'on fit venir à Athènes pour purifier la ville, souillée par des crimes et des profanations. « On le disait fils de la nymphe Balté, et on racontait sur lui de mystérieuses histoires. Dans sa jeunesse, un jour que son père l'envoya à la recherche d'une brebis égarée, il entra dans un antre écarté, pour éviter la chaleur du jour. Le sommeil l'y surprit. Il y dormit cinquante-sept ans. Tout était étrange et imposant dans sa personne : ses longs cheveux, son regard sombre et profond, la solennité mystérieuse de ses gestes, sa gravité orientale ; jamais on ne l'avait vu manger. Il avait une merveilleuse connaissance des choses de la religion et de la nature. Il connaissait toutes les propriétés des plantes. Inspiré, il lisait dans l'avenir : sorte de prêtre et de prophète (1). »

Quant il eut accompli son œuvre, on voulut le combler de présents. Il n'emporta qu'une branche de l'olivier de Minerve et un traité d'alliance entre Athènes et Cnossos, sa patrie.

Plus tard les Curètes ne furent plus que des initiateurs de mystères. Ces mystères se pratiquaient, selon Sainte-Croix, près de l'antre où l'on croyait que Jupiter avait été élevé. Ils commençaient par des purifications, faites au moyen des pierres que la foudre avait frappées. L'initié, couronné de la laine d'un agneau noir, couchait le matin étendu sur le rivage de la mer, et la nuit sur les bords d'un fleuve voisin. Tout habillé de laine noire, il était ensuite introduit dans l'antre nommé Idéen, et il y demeurait trois fois neuf jours. La cérémonie était terminée par un sacrifice funèbre, offert à Jupiter.

Il nous reste, pour en finir avec les Curètes, à dire quelques mots de la danse pyrrhique, dont on leur attribuait l'invention. Mais Lobeck a très-bien fait voir, dans son introduction aux mystères d'Éleusis, que l'usage d'honorer la divinité par des danses n'est point particulier à tel ou tel pays, mais commun à tous dans certaines époques de civilisation. Les Curètes dansaient en l'honneur de Jupiter, comme les Saliens, à Rome, en l'honneur de Mars et les Galles en l'honneur de la Bonne Déesse. Mais au lieu que les mouvements des Galles étaient frénétiques, sans règle, et leurs cris discordants, la danse des Curètes était décente, mesurée, et leurs chants harmonieux.

Après Zeus, père et organisateur de la nature, le soleil et la lune, principes et agents de la lumière étaient à l'époque Minoïque les principales divinités de la Crète. Les noms de la race de Minos, surtout ceux des femmes, leur sont empruntés. Ainsi Europe, mère de Minos, est fille de Téléphasa ou Télépha (celle qui luit au loin); sa femme est Pasiphaé (celle qui luit pour tous), fille du soleil. La monstrueuse union de cette dernière avec le taureau marin n'est sans doute qu'une allégorie fondée sur la croyance, si répandue chez les anciens, qu'à l'influence du soleil sur la lune se rattache la fécondité de la terre.

Nous touchons ici à l'une des plus curieuses légendes de la mythologie grecque. Minos avait eu de Pasiphaé quatre

(1) Duruy, *Hist. Gr.*, p. 94.

fils, Catrée, Deucalion, Glaucus et Androgée; et autant de filles, Acallée, Céodice, Ariane et Phèdre. Astérios, roi de l'île, étant venu à mourir sans laisser d'enfants, Minos prétendit à la royauté, soutenant que les dieux la lui avaient donnée.

Pour le prouver, il ajouta qu'il obtiendrait d'eux ce qu'il leur demanderait. Sur-le-champ il se met à l'œuvre, fait un sacrifice à Neptune, et le prie d'envoyer de la mer un taureau, promettant, mais tout bas, de le lui immoler. Le dieu fit aussitôt sortir de la mer un taureau, et comme il se le croyait destiné, il l'envoya de haute taille et d'un embonpoint admirable. Grâce à ce miracle, Minos fut roi. Mais le taureau était si beau qu'il le mit dans ses pâturages, et en sacrifia un autre. Le dieu, irrité, se vengea en rendant le taureau sauvage, et Pasiphaé amoureuse du taureau. Pour satisfaire sa passion, la reine eut recours à Dédale, qui, exilé d'Athènes pour un meurtre, avait trouvé asile et protection auprès de Minos. L'ingénieux artiste construisit une vache de bois, creuse en dedans, montée sur des roulettes, y ajusta la peau d'une vache nouvellement écorchée, plaça le mannequin dans un endroit où le taureau avait coutume de paître, et y cacha Pasiphaé. Grâce à ce stratagème, la reine eut de l'animal divin un fils qu'elle appela Astérios, mais qui est plus célèbre sous le nom de Minotaure. Astérios avait depuis la tête jusqu'aux épaules la figure d'un taureau, y compris les cornes; pour le reste du corps, il ressemblait à un homme. Minos se repentit alors d'avoir offensé les dieux, et dans une si étrange conjoncture il consulta les oracles. D'après leur réponse le Minotaure fut enfermé dans le labyrinthe construit par Dédale (1).

Afin de pourvoir à la subsistance du monstre, on lui donnait en pâture les jeunes garçons et les jeunes filles que les Athéniens étaient obligés d'envoyer chaque année au roi, en expiation du meurtre d'Androgée. Telle est du moins la version la plus tragique. « Mais, suivant Philochorus, les Crétois ne convenaient pas de ce fait. Ils disaient que le Labyrinthe était une prison où l'on n'avait d'autre mal que de ne pouvoir s'enfuir quand on y était enfermé. Minos, ajoutaient-ils, avait institué en l'honneur de son fils des combats gymniques, où les vainqueurs recevaient pour prix ces enfants, qui restaient jusqu'à cet instant détenus dans le Labyrinthe..... Aristote, dans sa *République des Bottiéens*, ne croit pas non plus que ces enfants fussent mis à mort par Minos, mais qu'ils vieillissaient en Crète, asservis à des travaux mercenaires... « On voit, au reste, ajoute spirituellement Plutarque, combien il est dangereux de s'attirer la haine d'une ville qui sait parler et qui cultive les arts. Minos a toujours été décrié et couvert d'outrages sur les théâtres d'Athènes. Rien ne lui a servi d'avoir été appelé par Hésiode le plus grand des rois, et par Homère le familier de Jupiter. Les poëtes tragiques ont prévalu; et du haut des tréteaux de la scène ils ont fait pleuvoir sur lui l'opprobre. Ils l'ont fait passer pour un homme dur et violent; et pourtant Minos est, à les entendre, le roi et le législateur des enfers, tandis que Rhadamanthe n'y est que l'exécuteur des arrêts portés par Minos (1). »

Tout le monde connaît ce qui suivit, la victoire de Thésée sur le Minotaure, les malheurs d'Ariadne et de Phèdre. Nous n'insisterons donc pas davantage sur cette légende.

Nous avons à peu près épuisé tout ce que les auteurs anciens nous offrent d'intéressant sur l'ancienne religion des Crétois. Il nous resterait à dire quels changements elle subit à la suite de l'invasion des Doriens, alors que les divinités helléniques s'introduisirent dans l'île de Crète; mais ce serait recommencer l'exposé général de la religion grecque et nous engager dans des développements qui excéderaient les bornes de cet ouvrage.

DES ARTS UTILES ET LIBÉRAUX CHEZ LES CRÉTOIS. — Le génie dorien était essentiellement politique et guerrier. Il savait fonder des institutions, constituer un État, former des citoyens et des soldats; mais hors de là, il était

(1) Apollod., III, 1.

(1) Plut., *Vie de Thésée*, trad. d'Al. Pierron.

comme frappé de stérilité. En Crète, comme à Sparte, il n'a créé qu'une chose : l'État, c'est-à-dire une sorte de société-machine, que rien n'eût animée sans les agitations de la vie publique. L'industrie et le commerce, qui répandent dans une société le mouvement et la vie, manquaient presque entièrement à cet État ; les arts qui y furent cultivés se rattachent par leur origine et par leur caractère à la civilisation primitive de l'île. Les Doriens en perfectionnèrent quelques-uns, tels que la musique et la danse ; mais ce fut tout.

INDUSTRIE ET COMMERCE. — L'industrie chez les Crétois aurait été presque entièrement nulle, si ces insulaires n'avaient de très-bonne heure et dans tous les temps tiré parti de leur habileté à manier l'arc, en se vendant à tous ceux qui voulaient les acheter. Les archers mercenaires de la Crète se trouvent, dans l'antiquité, sur presque tous les champs de bataille, et il n'était pas rare d'en rencontrer, dans une même guerre, à la solde des deux partis, combattant les uns contre les autres. Leur adresse dans le maniement de l'arc, les profits qu'ils en retiraient créèrent leur seule industrie active, la fabrication de cette arme ; ils n'en connurent ou du moins ils n'en exercèrent pas d'autre. Il est triste qu'un pareil usage alimente toute l'industrie d'un peuple ; mais il n'en pouvait être autrement chez un peuple qui faisait de la guerre même sa principale industrie.

Là où l'industrie manque, le commerce qu'elle alimente ne saurait être bien actif : la Crète en effet ne fut jamais un État commerçant. Cependant, par sa position maritime sur la grande voie des peuples marchands de l'antiquité, par ses ports nombreux, elle semblait destinée à devenir un important centre de commerce. Mais elle ne tira jamais parti de ses avantages naturels. Avant Minos, les Crétois ne songeaient à s'enrichir que par la piraterie. Sous son règne leur activité se tourna encore vers la mer, mais pour conquérir et pour fonder des colonies. L'impulsion donnée par ce prince dura jusqu'à l'époque de la guerre de Troie. Vinrent ensuite les Doriens ; mais l'esprit de ce peuple n'était pas favorable aux entreprises commerciales. Le commerce vit de l'activité individuelle, et ne peut se passer de l'aiguillon du besoin. Dans un État où l'activité de l'individu s'absorbe dans la vie publique du citoyen, où une classe sujette est chargée de fournir aux besoins du peuple souverain, il ne saurait y avoir de commerce. D'ailleurs, l'état de guerre permanent dans lequel s'agitaient convulsivement les villes de Crète ne leur permettait pas d'entretenir au dehors des relations commerciales étendues et suivies. La paix et la sécurité sont nécessaires à ces sortes de transactions. L'une et l'autre ont toujours également manqué aux cités crétoises. Enfin pour satisfaire leur amour du gain, ces insulaires avaient deux ressources : mercenaires ou pirates, ils se vendaient à tous ceux qui les payaient ou se mettaient à écumer les mers.

LETTRES ET ARTS. — Dans les lettres la Crète n'a produit que quelques noms : *Dictys*, de Cnossos, contemporain de la guerre de Troie. Il suivit Idoménée au siége de cette ville, et consigna dans des *Éphémérides* en vers les événements dont il était témoin. Homère emprunta sans doute à ce poëme quelques-unes des légendes dont il composa l'Iliade. Quand Dictys n'aurait eu d'autre mérite que d'avoir fourni des matériaux à la grande épopée grecque, il faudrait encore le mentionner. Une guerre qui n'a pas le merveilleux de la guerre de Troie, mais où la légende tient encore une place considérable, a inspiré un autre poëte crétois. *Rhianos* de Béné ou de Céré a composé sur les guerres de Messénie un poëme épique, qu'a suivi l'historien Pausanias. A ces noms il faut ajouter *Thalétas*, poëte lyrique, dont nous parlerons plus loin ; *Hybrias*, auteur de Scolies ; *Iophon*, de Cnossos, qui mit en vers les réponses des oracles ; *Héraclidès* et *Pételidès*, tous deux historiens ; *Lucillus*, de Tarrha, auteur d'un commentaire sur l'*Argonautique* d'Apollonius de Rhodes ; enfin le célèbre philosophe sceptique *Ænésidême*, de Cnossos, qui a écrit huit livres de *Discours pyrrhoniens*.

Dans les arts la Crète ancienne occupe un rang plus distingué que dans les lettres. L'art dans cette île remonte aux temps fabuleux. Il se lie étroitement aux légendes merveilleuses de l'âge héroïque. De là son caractère tout religieux. Dédale en est l'inventeur et comme la personnification; c'est à lui que les Crétois rapportaient non-seulement tous les monuments réels ou imaginaires auxquels se rattachaient quelques-unes de leurs légendes primitives, mais même les ouvrages d'art qu'on trouvait dans l'île aux temps historiques.

« Dédale était Athénien d'origine, et de la famille des Érechthéides, car il était fils de Métion, petit-fils d'Eupalame, et arrière-petit-fils d'Érechthée. Dédale surpassa par ses talents tous les hommes. Il s'appliqua surtout à l'architecture, à la sculpture et à l'art de travailler les pierres. Inventeur de plusieurs instruments utiles dans les arts, il construisit des ouvrages admirables dans beaucoup de pays de la terre (1). » Il visita l'Égypte, et le plus beau des propylées du temple de Vulcain, à Memphis, passait pour son ouvrage. « Ce monument lui acquit tant de gloire, que l'on plaça dans ce même temple sa statue, faite de ses propres mains. Enfin, son habileté et ses inventions furent si renommées qu'on lui a rendu les honneurs divins; et on montre encore aujourd'hui, dans une des îles situées en face de Memphis, un temple de Dédale, en grande vénération dans le pays (2). » Il ne paraît pas douteux que Dédale n'ait étudié les procédés de l'art égyptien; mais il les perfectionna en les imitant. L'art chez lui se rapproche davantage de la nature; c'est encore l'art égyptien, mais déjà vivifié par le génie grec. Chez les Égyptiens l'art subit l'influence de l'immobilité des institutions. Leurs statues manquaient de souplesse et de grâce; la vie, que l'artiste grec sut si bien faire circuler dans les veines du marbre, ne les animait pas.

« Les statues de Dédale, au contraire, étaient tout à fait semblables à des êtres animés; elles voyaient, elles marchaient, en un mot elles avaient tout le maintien d'un corps vivant. Le premier il avait fait des statues ayant les yeux ouverts, les jambes écartées, les bras étendus; car avant lui les sculpteurs représentaient leurs statues ayant les yeux fermés et les bras pendants et collés aux côtés (1). »

Exilé d'Athènes par suite d'un meurtre, Dédale se réfugia en Crète, où sa grande renommée lui acquit l'amitié du roi Minos. C'est dans cette île qu'il exécuta ses plus fameux ouvrages : la vache de bois au moyen de laquelle Pasiphaé put avoir commerce avec le taureau dont elle était devenue amoureuse; et le labyrinthe dans lequel fut enfermé le Minotaure, monstre né de cette union. Suivant Diodore (2), Dédale construisit ce labyrinthe sur le modèle de celui d'Égypte. Mais déjà du temps de cet historien cet édifice avait entièrement disparu. Hoeck (3) veut qu'il n'ait jamais existé, et que ce prétendu labyrinthe n'ait été autre chose qu'une de ces grottes creusées par la nature dans les profondeurs des rochers, demeures souterraines des premiers habitants de l'île, s'il faut en croire la tradition. Tel fut l'antre de l'Ida, où les Curètes cachèrent et nourrirent Jupiter enfant. Quoi qu'il en soit, la fable du Minotaure a rendu le labyrinthe de Crète aussi célèbre que celui de l'Égypte. Des voyageurs modernes l'ont visité (4). Voici la description qu'en donne Savary. « Le chemin qui conduit à ce lieu mémorable est rude et escarpé; il nous fallut monter pendant près d'une heure. Enfin nous arrivâmes à l'entrée. Nous avions apporté le fil d'Ariane, c'est-à-dire une ficelle de quatre cents toises de long, que nous attachâmes à la porte. Nous y plaçâmes deux janissaires pour la garder et avec défense de laisser entrer personne. L'ouverture du labyrinthe est naturelle et peu large. Quand on s'est un peu avancé dans l'intérieur, on trouve un grand espace parsemé de grosses pierres, et couvert d'une voûte taillée dans l'épaisseur de la montagne. Pour se conduire dans ce lieu ténébreux, chacun de nous tenait un gros flambeau. Deux Grecs portaient le peloton de ficelle, qu'ils déroulaient ou ployaient suivant les circonstances. Nous nous égarâmes d'abord dans diverses allées sans issue, et

(1) Diod., IV, 76.
(2) Diod., I, 97.

(1) Diod., IV, 76.
(2) Diod., I, 97 et 61.
(3) Hoeck, *Kreta*, t. I, p. 56.
(4) Belon Tournefort, Pokocke, etc.

il fallut revenir sur nos pas. Enfin, nous trouvâmes le canal véritable : il est à droite en entrant; on y monte par un sentier étroit, et l'on est obligé d'y ramper sur les pieds et les mains l'espace de cent pas, parce que la voûte est extrêmement basse. Au bout de ce conduit étroit le plafond s'exhaussa tout à coup, et nous pûmes marcher debout. Au milieu des ténèbres épaisses qui nous environnaient, des routes nombreuses qui s'écartaient de chaque côté et se croisaient en différents sens, les deux Grecs que nous avions loués tremblaient de frayeur. La sueur découlait de leur front, et ils ne voulaient pas avancer, à moins que nous ne fussions à leur tête.

« Les allées que nous parcourions étaient ordinairement hautes de sept à huit pieds. Leur largeur variait depuis six jusqu'à dix, et quelquefois davantage. Toutes sont taillées au ciseau dans le rocher, dont les pierres, d'un gris sale, sont posées par couches horizontales. En quelques endroits de grands blocs de ces pierres, à moitié détachés de la voûte, semblent prêts à tomber. Il fallait se baisser pour passer dessous, au risque d'être écrasé par leur chute. Les tremblements de terre, très-fréquents dans l'île, ont sans doute causé ces dégâts.

« Nous errions ainsi dans ce dédale, dont nous cherchions à connaître toutes les sinuosités; lorsque nous avions parcouru une allée, nous entrions dans une autre. Souvent nous étions arrêtés par un cul-de-sac. Quelquefois, après de longs détours, nous étions étonnés de nous trouver au carrefour d'où nous étions partis. Alors nous avions embrassé avec notre corde une grande étendue de rocher; il fallait la replier et revenir sur nos pas. Il n'est pas possible de décrire combien ces routes sont multipliées et tortueuses. Les unes forment des courbes qui conduisent insensiblement à un grand vide soutenu par d'énormes piliers, et d'où partent trois ou quatre rues qui mènent à des lieux opposés. D'autres, après de longs circuits, se divisent en plusieurs rameaux. Celles-ci se prolongent fort loin, et, terminées par le rocher, obligent le voyageur de retourner en arrière. Nous marchions avec précaution dans les replis de ce vaste labyrinthe, au milieu des ténèbres éternelles qui l'habitent, et dont les flambeaux ont peine à percer l'obscurité. L'imagination y crée des fantômes ; elle se figure des précipices creusés sous les pas du curieux, des monstres placés en sentinelle, en un mot mille chimères qui n'existent pas.....

« Après nous être promenés pendant longtemps dans l'antre épouvantable du Minotaure, nous arrivâmes à l'extrémité de l'allée qu'avait suivie Tournefort. Nous y trouvâmes une grande salle, ornée de chiffres, dont les plus anciens ne remontent pas au delà du quatorzième siècle. Une autre, à peu près semblable, est à droite. Chacune peut avoir vingt-quatre à trente pieds en carré. Nous avions déployé presque toute notre ficelle pour y arriver, c'est-à-dire parcouru environ quatre cents toises. Je ne parlerai pas des excursions diverses que nous fîmes. Nous restâmes trois heures dans le labyrinthe, et nous ne cessâmes de marcher, sans pouvoir nous flatter d'avoir tout vu. Je crois qu'il serait impossible à un homme d'en sortir, s'il y était abandonné sans fil et sans flambeau. Il s'égarerait dans mille détours. L'horreur du lieu, l'épaisseur des ténèbres, porterait la frayeur dans son âme, et il périrait misérablement (1). »

Revenons à Dédale. Son nom domine toute l'histoire de l'art en Crète; il appartient à cette île par ses ouvrages. Tous ceux que mentionne Pausanias, si l'on excepte la statue d'Hercule, à Thèbes, et celle de Trophonius, à Lébadée, furent exécutés par lui en Crète. On cite particulièrement la statue de Britomartis à Olûs, celle d'Athénée à Cnossos, enfin une statue de Vénus qu'Ariane emporta en suivant Thésée, et dont celui-ci fit don au temple d'Apollon, à Délos. On attribue encore à Dédale la construction d'un temple consacré au culte de Britomartis. Enfin on le fait l'inventeur des différents instruments et outils employés dans l'exécution de ces sortes d'ouvrages : tels que la scie, la hache, la sonde, le foret, et même la colle et le ciment (2).

(1) Savary, *Lettres sur la Grèce*, p. 209-213.
(2) Hoeck, *Kreta*, t. III, p. 391 et suiv.

Nous avons déjà dit plus haut que l'art dans la première période de son développement était tributaire de la religion ; il le fut encore longtemps. Un siècle avant Phidias, l'influence religieuse dominait encore dans la statuaire. Durant tout ce premier âge, l'art grec se symbolise en quelque sorte dans le nom de Dédale. Nombre de statues des temps postérieurs lui sont attribuées ; et il est considéré comme le maître commun de tous les artistes. C'est ainsi que *Dipœnos* et *Scyllis,* qui vécurent vers le milieu du sixième siècle avant J.-C., passaient pour ses élèves. Tous deux étaient Crétois. Suivant Pline, ils furent les premiers qui taillèrent le marbre. Ambracie, Argos et Cléone étaient remplies de leurs statues. Ils eurent aussi de nombreux élèves, parmi lesquels on cite particulièrement *Anglion* et *Tectœos*. Les admirables bustes d'Apollon Délien, tenant les trois Grâces dans sa main, sont attribués à ces derniers. *Endœos,* selon toute apparence leur contemporain, fut également, suivant la tradition, formé par Dédale. Né à Athènes, il suivit son maître en Crète. Parmi ses statues on cite une Minerve en ivoire, qui se voyait à Aléa, en Arcadie. A la même école appartenaient encore *Chirosophos* et *Aristoclès*. Ce dernier était né à Cydonia. L'époque où il vécut est incertaine ; on sait seulement que de son temps Zancle n'avait pas encore reçu le nom de Messane ; il fleurit donc avant la seconde guerre de Messénie.

L'architecture paraît avoir produit moins de noms célèbres que la statuaire ; mais elle fut illustrée par un chef-d'œuvre. *Chersiphron* de Cnossos, et *Métagénès,* son fils, construisirent le temple de Diane à Éphèse, sur les proportions de l'ordre ionique. L'antiquité admira cet édifice, qui fut une des sept merveilles du monde (1).

Comme les deux arts dont nous venons de parler, la musique et la danse se rattachaient étroitement au culte. Leur origine était toute religieuse : elle remontait aux Curètes. Ceux-ci, comme nous l'avons vu, imaginèrent de former autour de l'antre où ils cachaient le petit Jupiter, des chœurs bruyants, pour empêcher le vorace Cronos d'entendre les vagissements de l'enfant. Ils instituèrent une sorte de danse armée, dont l'usage s'est conservé dans la Crète dorienne. La flûte jouait également un rôle important dans le culte de Zeus. Mais bien que la danse et la musique à cette époque reculée ne manquassent ni de cadence ni d'harmonie, elles ne méritèrent le nom d'arts que lorsque Thalétas eut inventé le *rhythme crétois*. Thalétas, de Gortyne, était contemporain de Lycurgue, qui, pendant son séjour en Crète, se fit instruire par lui des lois de Minos. « C'était un poète lyrique ; mais sous le couvert de la poésie il remplissait, au fond, la charge d'un excellent législateur. Ses odes étaient autant d'exhortations à l'obéissance et à la concorde, soutenues du nombre et de l'harmonie, pleines à la fois de gravité et de charmes, et qui adoucissaient insensiblement les esprits des auditeurs, leur inspiraient l'amour du bien, et faisaient cesser les haines qui les divisaient (1). » La tradition attribue à la lyre de Thalétas une puissance merveilleuse. Appelé à Lacédémone, d'après un oracle d'Apollon Pythien, il arrêta par ses accords enchanteurs les ravages de la peste qui désolait cette ville. Peut-être ne faut-il voir ici qu'une allégorie. Sparte, vers l'époque où Lycurgue entreprit de fixer sa constitution, était pleine de troubles, comme les villes de la Crète. La lyre de Thalétas aurait-elle exercé sur les esprits à Lacédémone la même influence que dans cette île ? Si cette conjecture ne paraît pas trop hasardée, il ne serait pas sans intérêt de rapprocher Thalétas d'Épiménide, appelé à Athènes dans des circonstances semblables, et préparant les voies à Solon, comme Thalétas les prépara à Lycurgue.

De la religion la musique et la danse devaient nécessairement passer dans l'éducation et dans les habitudes domestiques. Les Crétois étaient particulièrement passionnés pour la danse. Les plus nobles s'y livraient avec ardeur. Les jeunes gens combattaient entre eux en dansant. Cette danse militaire appelée *Pyr-*

---

(1) Vitruve, lib. III ; Pline, VII, 37.

(1) Plut., *Vie de Lyc.*

rhique, et dont nous avons déjà parlé à propos des Curètes, qui l'inventèrent, s'est conservée dans les temps modernes, chez les Sphakiotes.

IV.

L'ILE DE CRÈTE PENDANT LE MOYEN AGE ET LES TEMPS MODERNES.

La Crète est parmi les îles grecques une de celles qui ont eu le plus de célébrité pendant le cours du moyen âge; son étendue, ses richesses naturelles, sa position intermédiaire entre l'Italie et Alexandrie, alors entrepôt du commerce de l'Orient, en firent de bonne heure la proie des Sarrasins, et la désignèrent à l'ambition des Génois, des Vénitiens et des Turcs.

PREMIERS APOTRES DE LA FOI CHRÉTIENNE. — C'est à saint Paul que remonte la prédication de l'Évangile dans cette île. Se rendant à Rome, le saint apôtre aborda en Crète, y fit quelques conversions, et laissa son disciple Titus aux nouveaux fidèles, en lui enjoignant de continuer son œuvre et de donner des évêques aux diverses cités; l'administration des premiers prélats fut heureuse, et Philippe, successeur de Titus, parvint à détourner les persécutions et à garder son troupeau contre l'hérésie. Cependant un de ses successeurs, Cyrille, fut mis à mort dans la persécution de Dèce ou dans celle de Dioclétien; sauvé des flammes par un premier miracle, il eut plus tard la tête tranchée (1). Le siége métropolitain de Crète fut établi à Gortyne; par la suite un grand nombre de villes, Gnosse, Hiérapetra, Arcade ou Arcadie, Fappa, Phœnix, Héraclée, Subrite, Apollonie, Éleutherne, Chersonèse, Cydonie (la Canée), Cissame et enfin Cantane devinrent siéges suffragants.

COMMENCEMENT DES INCURSIONS ARABES EN CRÈTE. — Il n'est guère question de l'île de Crète dans les trois premiers siècles du moyen âge; soumise à l'autorité d'un gouverneur impérial, elle subissait le caprice de ce maître presque absolu, et de loin en loin éprouvait le contre-coup des querelles religieuses de Constantinople. C'est ainsi que sous Constantin V Copronyme, son gouverneur, Théophane Lardatyre, pour plaire à l'empereur, se distingua entre tous les courtisans par ses cruautés envers les catholiques (1). Mais dès le premier siècle de l'hégire elle ne put échapper aux ravages des Sarrasins. En 673, pendant le grand siége de Constantinople par Moaviah, sous Constantin IV, deux Arabes, Abd-Allah, fils de Caïs, et Phadalas, firent une incursion en Crète, et y séjournèrent tout l'hiver. En 715, sous Anastase, un chef célèbre exerça de grands ravages sur les côtes de l'île, et peut-être même s'empara d'une partie de son territoire.

GRAND ÉTABLISSEMENT DES MUSULMANS. — C'est vers 825 que l'île de Crète tomba pour un long espace de temps au pouvoir des Musulmans. Les Sarrasins d'Espagne, mettant à profit les troubles que la rébellion de Thomas avait excités dans l'empire, armèrent vingt vaisseaux, et, sous la conduite d'Abouhafs Omar (2), ravagèrent sans obstacle les Cyclades, et de là passèrent en Crète. Séduits par la beauté du climat et la fertilité du territoire, ils résolurent de s'y fixer; on rapporte même que le chef musulman, ravi d'admiration à l'aspect de ces riantes campagnes, crut voir, en descendant sur le rivage, la terre délicieuse *où coule le lait et le miel* et que Mahomet promet à ses croyants. Toutefois, cette année, 824, Abouhafs se borna à exercer quelques ravages, puis il retourna en Espagne chercher du renfort. L'année suivante il revint, et, pour fixer irrévocablement ses soldats sur cette terre, il brûla ses vaisseaux, et établit sur la côte un camp fortifié. Michel II tenta de disputer aux Sarrasins leur conquête; Photin, grand écuyer et commandant des armées d'Orient, fut chargé, de concert avec Damien, d'arracher la Crète à ses envahisseurs; mais les deux généraux furent battus. Damien périt, et Photin, s'échappant presque seul, alla

---

(1) Lequien, *Or. Christ.*, t. II, col. 262. Cf. Flaminius Cornelius, *Creta Sacra*, Ven., 1755, 2 vol, in-4°. t. I, p. 125, 193.

(1) Lebeau, édit. Saint-Martin, t. XII, p. 263.
(2) Zonare, liv. XV, t. II, p. 139; Cedrenus, t. II, p. 508; Deguignes, *Hist. des Huns*, t. I, p. 328.

porter lui-même à Constantinople la nouvelle de son désastre.

ORIGINE DU NOM DE CANDIE. — Les vainqueurs, campés d'abord sur le rivage occidental, songèrent à fonder un établissement durable. Ils choisirent, d'après les indications d'un habitant de l'île, un lieu sur le bord de la mer, qu'ils entourèrent d'un vaste retranchement, en arabe *kandak;* la ville qui s'éleva sur cet emplacement conserva ce nom, qui s'est modifié en celui de Candie et plus tard s'est étendu à l'île entière (1). De ce lieu ils s'emparèrent de tout le pays voisin, et bientôt vingt-neuf villes furent en leur pouvoir; une seule, que l'histoire ne nomme pas, se défendit du pillage, et en se soumettant conserva ses usages et l'exercice de la foi chrétienne. Partout ailleurs le mahométisme fut établi, les églises furent converties en mosquées, et la plupart des habitants, peuple ignorant et grossier, embrassèrent la religion des vainqueurs. Parmi ceux qui persistèrent dans leur croyance on cite le saint prélat Cyrille; pour la deuxième fois un évêque de ce nom subit le martyre en Crète (2); aussi le nom de saint Cyrille est-il resté longtemps dans une vénération singulière parmi les habitants de l'île.

NOUVELLES TENTATIVES DE MICHEL II POUR REPRENDRE LA CRÈTE. — Basile, successeur de Cyrille au siége épiscopal, s'enfuit à Constantinople, et exhorta l'empereur à ne pas laisser une possession aussi considérable que la Crète au pouvoir des infidèles. Michel II envoya une nouvelle armée, portée par une flotte de soixante-dix vaisseaux, sous les ordres de Cratère, gouverneur de Cibyre. Le débarquement fut heureux; le général grec fut même vainqueur dans une sanglante bataille. Mais il ne sut pas profiter de son succès; il laissa son armée passer la nuit en réjouissances. A la faveur du désordre, les Sarrasins firent irruption dans le camp des Grecs, taillèrent l'armée en pièces, prirent le général, qui d'abord s'était échappé, le mirent en croix, et pendant cent trente-cinq ans, jusqu'à Romain Porphyrogénète, la Crète resta en leur pouvoir,

Elle devint comme le centre des pirateries arabes; un proverbe du temps de Constantin Porphyrogénète témoigne combien les Sarrasins l'avaient rendue redoutable; on disait : il y a trois méchants *kappas* (K) : la Cappadoce, la Crète et la Cilicie (1). C'est aussi à la domination musulmane qu'on doit de ne pas voir figurer la Crète dans le livre des thèmes de cet empereur grec.

SUITE DE LA DOMINATION DES SARRASINS. — Parmi les expéditions des Sarrasins de Crète, on signale une descente et des ravages en Thrace, et leur grande victoire maritime près de Thasos sous le règne de Théophile, à l'année 831 (2). Dix ans plus tard, une nouvelle tentative des Grecs pour recouvrer cette île échoua encore. L'impératrice Théodora entreprit d'illustrer sa régence par le recouvrement de la Crète. Dans la deuxième année du règne de son fils Michel III, elle fit équiper une flotte nombreuse; mais les ruses des Sarrasins et les troubles de la cour de Constantinople firent échouer cette expédition (3). A cette époque les Musulmans couraient la Méditerranée en tous sens. En 881, sous Basile, après la conquête de Syracuse par les Sarrasins d'Italie, Sael, émir de Crète, envoya un de ses meilleurs capitaines, Phot, avec vingt-sept vaisseaux et un grand nombre de navires légers, ravager l'Archipel et menacer Constantinople; mais cette flotte fut défaite et presque entièrement détruite par le feu grégeois. Le même chef musulman subit une seconde défaite au golfe de Corinthe (4). Ces revers n'empêchèrent pas les Sarrasins de continuer leurs incursions sur les côtes de la Grèce et de l'Asie, et en 958 ils repoussèrent une tentative de l'empereur Constantin VII sur leur île. Un Paphlagonien, qui ne devait son élévation qu'à de basses intrigues, Constantin Gongyle, avait été mis à la tête de l'expédition, que son incurie et son incapacité firent échouer entièrement (5). Cependant le

---

(1) Cedrenus, t. II, p. 509.
(2) Lequien, *Oriens Christ.*, t. II, col. 263.

(1) Const. Porphyrogénète, édit. Niebuhr, t. III, p. 21.
(2) Lebeau, t. XIII, p. 93.
(3) Lebeau, t. XIII, p. 169.
(4) Id., p. 314-315.
(5) Lebeau, t. XIV, p. 34.

terme de la domination Arabe approchait : deux années plus tard, sous le règne de Romain II, Nicéphore Phocas, depuis empereur, et alors l'un des meilleurs généraux de l'empire, résolut de leur arracher la Crète.

NICÉPHORE REPREND L'ILE DE CRÈTE AUX SARRASINS. — Le général grec eut d'abord à triompher du mauvais vouloir des ministres de l'empereur et de la crainte qu'inspirait le peu de succès des précédentes tentatives. Dès que son avis eut prévalu dans le conseil, il hâta ses préparatifs; leur grandeur montre quelle crainte on avait des Sarrasins crétois dans tout l'empire : des troupes furent réunies d'Asie, de Thrace, de Macédoine; on fit même venir des auxiliaires de Russie et d'Esclavonie, et une flotte considérable se rassembla au port d'Éphèse. Les musulmans, effrayés, prirent mal leurs mesures de défense; ils n'empêchèrent pas le débarquement, et furent battus; Nicéphore marcha aussitôt vers leur capitale, Candie. Quelques-uns des descendants des anciens chrétiens vinrent le joindre; il forma autour de la ville un vaste camp retranché, et pressa le siège. L'émir arabe, Curupe, tenta d'abord de se défendre par ses propres ressources, et battit même un corps ennemi commandé par un des meilleurs chefs grecs, Nicéphore Pastilas, qui périt dans le combat. Mais enfermé dans la ville, réduit presque à l'extrémité, il recourut à l'assistance des Sarrasins d'Espagne et d'Afrique. Ce fut en vain; ceux-ci abandonnèrent les Crétois à leur mauvaise fortune. Néanmoins, comme Candie était dans une très-forte position, Nicéphore convertit le siège en blocus, après avoir vaincu et massacré une armée arabe qui, de l'intérieur de l'île, s'apprêtait à secourir la ville. Le blocus dura dix mois, et les deux armées eurent à souffrir d'une grande disette de vivres; les Sarrasins surtout furent maltraités par la famine. Enfin, malgré leur courage ils furent contraints de céder dans un assaut décisif de l'armée grecque. La plupart furent massacrés, et les richesses qu'un siècle et demi de pillage avait entassées dans la ville devinrent la proie de leurs ennemis. Nicéphore fit raser les murs de Candie construisit sur une hauteur voisine une forteresse qui la tint en respect, et ne quitta l'île qu'après une entière soumission de toutes les villes crétoises, 961 (1). De retour à Constantinople, Nicéphore fut accueilli comme l'un des plus fermes soutiens de l'empire, et la joie fut universelle. L'empereur reçut honorablement l'émir Curupe, que tout son courage n'avait pu sauver, et il envoya en Crète un moine arménien, Nicon, pour ramener les habitants au christianisme.

L'ILE DE CRÈTE JUSQU'A L'ÉPOQUE DE LA DOMINATION VÉNITIENNE. — La conquête de Nicéphore Phocas replaça l'île de Crète sous la domination grecque jusqu'à l'époque de la quatrième croisade. Sous le règne d'Alexis Comnène elle se révolta; deux Crétois, Carycas et Rhapsomate, avaient soulevé l'un une partie de la Crète, l'autre l'île de Chypre. Jean Ducas prit la route de la Crète. A son arrivée l'île était soumise : les Crétois restés fidèles à l'empereur s'étaient réunis contre le rebelle, et l'avaient massacré (2).

A l'époque de la quatrième croisade, lorsque les Francs et les Vénitiens se partagèrent l'empire Grec, Candie fut assignée à Boniface, marquis de Montferrat et roi de Thessalonique. Par une convention du 12 août 1204, il l'échangea avec les Vénitiens contre des terres plus rapprochées de sa capitale, et cette île devint la possession la plus importante de la république dans la Méditerranée (3).

TENTATIVES DES GÉNOIS ET DE MARC SANUDO, DUC DE L'ARCHIPEL, SUR CANDIE. — Les Vénitiens ne conservèrent pas cette île sans contestations. Les Génois, jaloux de leur puissance, et désirant leur enlever un poste si avantageux pour le commerce du Levant, gagnèrent quelques Candiotes, et les portèrent à la rébellion; puis ils envoyèrent le capitaine Veterani et un marin Pierre Maille, surnommé le Pêcheur, depuis

---

(1) Lebeau, t. XIV, p. 42-50. On peut consulter sur cette guerre importante de Crète un poëme en cinq chants, dédié à Nicéphore, par Théodore le Diacre.

(2) Anne Comnène, liv. IX.

(3) Ducange, *Hist. de Const. sous les empereurs français*, l. I, ch. XXI, p. 7.

comte de Mailloc, qui s'emparèrent d'un port de l'île, s'y fortifièrent, et par des promesses et des présents corrompirent les principaux chefs grecs. Les Vénitiens prirent dans une embuscade Veterani, et le pendirent; ce fut le signal d'une insurrection générale dans l'île. A cette nouvelle, le sénat dépêcha un nouveau corps de troupes, sous le commandement de Tepulo, qui fut le premier duc de Candie. Tepulo, ne se jugeant pas assez fort pour apaiser la révolte, imagina de recourir à Marc Sanudo, ancien sujet de la république, qui s'était récemment établi à Naxos avec le titre de duc de l'Archipel. Sanudo intervint; les Vénitiens le reçurent avec empressement, et l'introduisirent dans la capitale de l'île; mais le duc de Naxos traita secrètement avec Pierre Maille, s'engageant à conquérir l'île et à la partager avec Gênes, qui devait se réserver la partie occidentale et lui garantir la possession du reste. Cette intrigue, favorisée par un Grec de distinction, Sevaste, réussit dans Candie : les soldats vénitiens furent en grand nombre massacrés, et Tepulo se réfugia dans Retimo, où il eût été forcé de capituler, sans le secours inattendu d'un corps d'armée, envoyé de Venise, sous le commandement de Dominique Quirini. Tepulo reprit l'offensive, força Sanudo à lever le siége de Retimo, et, profitant de la négligence de ses adversaires, s'empara d'une porte, mal gardée, de Candie. La ville entière fut reprise, Étienne Sanudo, frère de Marc, fait prisonnier; Pierre de Mailloc ne s'échappa que difficilement avec ses galères génoises, et l'île entière rentra sous la puissance des Vénitiens (1).

LES VÉNITIENS ENVOIENT UNE COLONIE A CANDIE.—Mais de nouvelles intrigues de la part des Génois et les résistances locales que les Vénitiens éprouvèrent dans tout le cours du treizième siècle déterminèrent le sénat de la république à envoyer une colonie chez les Candiotes. Pour qu'un nombre suffisant de Vénitiens prît part à cette émigration, on offrit aux colons les plus grands avantages. Cinq cent quarante familles se transportèrent à Candie. Dès leur arrivée on les mit en possession de cent trente-deux fiefs de haubert ou chevaleries et de quatre-cent huit fiefs d'écuyers. A la tête de la colonie, on établit un duc pour représenter le doge. Il était élu tous les ans par le grand conseil de Venise, et assisté, comme lui, par deux conseillers supérieurs. De même qu'à Venise, on voyait à Candie des juges *del proprio*, les seigneurs de la nuit, ceux de la paix, le petit conseil ou seigneurie, le grand chancelier, et le grand conseil, qui, comme à Venise, fut déclaré noble et héréditaire. Aussi, lorsqu'en 1669 la ville de Candie fut prise par les Turcs, et que la colonie fut enlevée à la république, les membres de ce conseil, rappelés dans la métropole, furent considérés comme n'y ayant pas perdu leurs droits héréditaires; tous les nobles Candiotes furent déclarés nobles vénitiens et inscrits en cette qualité sur le Livre d'Or (1).

SUITE DE LA DOMINATION VÉNITIENNE. — La colonisation de Candie doubla pour Venise l'importance de cette île ; elle devint le centre des opérations maritimes contre les Génois. Marco Ruzzini, amiral vénitien, prit, à la hauteur de Négrepont, neuf galères chargées de marchandises, et les conduisit à Candie; mais le commandant de la flotte génoise, Filippino Doria, le poursuivit jusque dans le port de cette ville, en força l'entrée, et reprit ses vaisseaux, en 1350. En 1352, Pisani, amiral vénitien, ayant encombré les hôpitaux de Candie des malades et des blessés de sa dernière campagne, une peste terrible sévit dans l'île, et se communiqua aux vaisseaux du Génois Paganino Doria, qui était venu, avec une flotte, chercher Pisani jusque sous les murs de Candie pour le combattre (2).

La perte de Négrepont ajouta encore à l'intérêt que Venise mettait dans la possession de Candie. Le successeur de Nicolas Canale, l'amiral Pierre Mocénigo, y concentra les forces vénitiennes pour tenter une entreprise sur l'île de

(1) Le P. Sauger, *Hist. nouvelle des anciens Ducs de l'Archipel*; Paris, 1698, p. 14-22.

(1) Ce passage est emprunté à l'*Hist. des Rép. Ital.* de Sismondi, t. II, p. 399, qui a suivi presqu'uniquement *le Livre des Constitutions Vénitiennes* de Vettor Sandi.

(2) Sismondi, t. IV, p. 162-163.

Chypre, en 1473, et, maître de Nicosie, y introduisit une garnison et un grand nombre d'archers crétois, qui, à cette époque, conservaient encore leur ancienne réputation d'habileté. En 1475, le sultan Mahomet II fit pour prendre Candie des préparatifs considérables; mais cette expédition fut détournée de son but et employée au siège de la ville de Caffa, que les Génois possédaient en Crimée.

PREMIÈRES TENTATIVES SÉRIEUSES DES TURCS CONTRE CANDIE. — Candie résista à toutes les entreprises des Turcs jusque vers le milieu du dix-septième siècle. En 1644, sous le règne du faible Ibrahim, le grand vizir, l'entreprenant Méhémet-Pacha, résolut d'arracher cette île à la domination vénitienne. Le premier prétexte que prit le ministre pour renouveler les hostilités contre la république fut une agression des chevaliers de Malte contre une flotte turque. Il fit aux Vénitiens un grief de ce que les vaisseaux de l'ordre étaient venus mouiller avec leur capture sur les côtes de Candie, et, sans déclaration de guerre ouverte, il rassembla dans tous les ports musulmans une flotte et une armée considérables. De son côté, la république fit armer une escadre de vingt-trois galères à Candie, et ordonna d'y rassembler les milices de l'île et de rétablir parmi elles la discipline, désorganisée par une longue paix. La flotte formidable réunie par Méhémet-Pacha parut se diriger sur Malte ou la Sicile; mais lorsqu'elle fut à hauteur de Candie, le ministre turc fit arrêter à Constantinople le baile de Venise, et déroula une série de prétendus griefs que l'empire ottoman avait contre la république. On ignorait encore cette arrestation à Venise lorsque l'on apprit que le 24 juin 1645 les cinquante mille soldats que portait la flotte musulmane, commandée par le capitan-pacha Jussuf, avaient pris terre à la pointe occidentale de l'île, près de La Canée, et qu'aussitôt après leur débarquement ils s'étaient emparés du fort Saint-Théodore, l'un des postes importants de cette région. Le capitan-pacha établit son quartier général à Casal-Galata, et vint mettre le siège devant la Canée, place en assez mauvais état, où le gouverneur avait jeté à la hâte quelques mille hommes des nouvelles recrues.

ÉTAT DE L'ÎLE. — Voici quelle était alors la situation militaire de l'île : on y comptait sept points fortifiés, tous sur la côte septentrionale. Les Grabuses étaient des châteaux situés dans les îles qui touchent le cap le plus occidental; ensuite, en cotoyant la mer, on trouvait La Canée, en ce moment investie par les forces turques. Tout près de La Canée, au fond d'un golfe qui s'avance beaucoup dans les terres, était le port de la Suda. C'était là que se trouvaient les forces vénitiennes, composées de vingt et quelques galères et de treize vaisseaux, sous les ordres d'Antoine Capello. Cet amiral, stationné à quelques lieues de l'armée turque, ne pouvait ni engager le combat contre des forces bien supérieures en nombre, ni se jeter dans La Canée, où il eût couru le risque d'être bloqué et de rendre sa flotte inutile. Plus loin vers l'est était Retimo, puis Candie, capitale de l'île, et résidence du gouverneur Antoine Cornaro, qui rassemblait à la hâte quelques moyens de défense. Vis-à-vis le port de Candie, à cinq ou six lieues en mer, était la petite île de Standia (Dia), poste avancé et bon mouillage surtout pour les gros vaisseaux. A l'est de Candie, à l'extrémité d'un cap, la forteresse de Spina-Longa s'avançait au loin dans la mer : enfin, à la pointe orientale de l'île étaient la place et le port de Settia. On voit que le gouverneur militaire et l'amiral étaient trop éloignés l'un de l'autre, et pouvaient difficilement faire concourir leurs efforts pour la défense de l'île. De plus, le peuple était en général peu affectionné à la république, qui depuis quelque temps avait augmenté les impôts et rendu sa domination vexatoire.

PRISE DE LA CANÉE. — Cependant le capitan-pacha avait vivement pressé La Canée, et s'était emparé de cette place après un siège de cinquante-sept jours. Les assiégés avaient déployé une constance et un courage à toute épreuve; le 17 août 1645 eut lieu l'assaut général. Les débris de la garnison chrétienne soutinrent encore sur la brèche un dernier combat de sept heures; enfin elle capitula, et sortit de la place le 22 avec permission de rejoindre les forces vénitiennes dans le port de La Suda. Cette conquête livrait aux Turcs 860 pièces de canon, et leur donnait un point d'appui pour leur armée, répandue dans l'île, et un port où ils pouvaient faire venir des hommes et des munitions. Mais on dit qu'ils avaient perdu vingt mille soldats dans ce seul siége. De son côté, Venise faisait les plus grands efforts pour sauver l'île, si fortement menacée : le clergé accordait une partie de ses revenus, les dignités du patriciat étaient livrées aux simples citoyens en échange de dons pécuniaires. Le commandant de la flotte, Capello, do la capacité n'inspirait pas assez de confiance, fut remplacé par Jerôme Morosini. Le nouvel amiral reçut le titre de généralissime. Il ravitailla La Suda, ordonna à tout ce qu'il y avait de bâtiments dans l'île de le rejoindre, et à la tête d'une flotte de cent vaisseaux provoqua les ennemis à une bataille. Mais diverses circonstances empêchèrent cette bataille d'avoir lieu. Les alliés des Vénitiens se retirèrent dans leurs ports pour y passer l'hiver; de son côté, la flotte turque regagna Constantinople, et la campagne de 1645 se termina de la sorte, tout à fait à l'avantage des musulmans : ils s'étaient rendus maîtres de l'une des places fortes de l'île, et l'île entière était menacée.

DIVERS ÉVÉNEMENTS PENDANT LES DEUX ANNÉES SUIVANTES. — Les campagnes de 1646 et 1647 n'eurent rien de décisif; cependant elles se terminèrent à l'avantage des Turcs plutôt qu'à celui des Vénitiens. Jérôme et Thomas Morosini bloquèrent inutilement La Canée et firent une croisière sans résultat dans les Dardanelles. Jean Capello, nommé a son tour généralissime, ne sut rien entreprendre de décisif, et les Turcs commencèrent, malgré sa présence, à investir les places de Retimo et de La Suda. La France envoya un secours de neuf vaisseaux à la république, qui, en échange de ce bon office, inscrivit le cardinal Mazarin sur le livre de la noblesse; mais Capello ne profita pas de ce renfor Il fut rappelé et mis en accusation. Son successeur, l'amiral Grimani, soutint une suite de combats heureux à Négrepont, à Chio, à Mitylène; mais les Turcs, favorisés par quelques coups de vent, ravitaillèrent deux fois La Canée. Au commencement de 1648, l'amiral Grimani périt dans une affreuse tempête, qui fit sombrer vingt-huit des vaisseaux de la république. Son successeur, Léonard Moncenigo, concentra ses forces autour de l'île, mais ne put entraver les progrès des ennemis et le ravitaillement constant de La Canée et de Retimo, dont ils venaient de s'emparer.

COMMENCEMENT DU SIÉGE DE CANDIE. — Au commencement de 1648 les Turcs furent assez forts pour mettre le siège devant la capitale de l'île. Une ligne de circonvallation entoura la place, et la tranchée fut ouverte. Les Turcs se montrèrent fort pressants dans les premiers temps de ce siége mémorable, qui devait durer plus de vingt années. Trois assauts consécutifs furent livrés par le capitan-pacha Yussuf; mais le brave Moncenigo opposa la plus courageuse résistance. On dit que vingt mille Turcs périrent devant la place pendant les six premiers mois du siége; le pacha fut réduit à se fortifier dans son camp pour attendre des renforts. Un effort de plus, vingt mille hommes débarqués dans l'île, et, à ce moment, Candie pouvait être sauvée. Mais Venise hésita; l'avis de cesser une guerre dispendieuse et d'abandonner la colonie fut ouvert et discuté dans le sénat; il y eût prévalu si on n'eût appris que le sultan Ibrahim venait d'être déposé, puis étranglé. La nouvelle cour ne se montra pas favorable à la paix et aux demandes que firent les Vénitiens d'une cessation des hostilités et d'une restitution des prises réciproques; cependant le courage et les espérances de la république furent relevés par l'annonce d'une grande victoire navale remportée par ses vaisseaux sur les Turcs dans la rade de Foschia, l'ancienne Phocée, à l'embouchure de l'Hermus. Une armée turque était toujours, pendant ces diverses opérations, campée devant Candie, et poussait vivement le siége. Les chrétiens défendaient de leur côté la ville avec intrépidité; un même bastion fut pris et repris jusqu'à quatre fois : les ouvrages étaient aussitôt ruinés que construits et recommencés que détruits. Les Turcs et les Vénitiens minaient la terre chacun de leur côté; il arriva souvent qu'une mine fit explosion au milieu d'un combat acharné. Les Vénitiens soutenaient une guerre si active au milieu des plus cruelles privations; mais la garnison de Candie était bien insuffisante pour repousser les assiégeants. Les Turcs s'étaient étendus jusqu'à l'extrémité orientale de l'île, et commençaient le siége de Settia. Dans ces conjonctures, le sénat de la république prit la résolution de transporter la guerre au cœur des pays ennemis, et de détruire les forces de la Turquie dans les Dardanelles.

BATAILLES NAVALES ET VICTOIRES DES VÉNITIENS. — L'exécution de ce hardi projet fut confiée à Riva, le vainqueur de Foschia, et au généralissime Moncenigo. Riva gardait les Dardanelles; il laissa passer la flotte ennemie. Moncenigo atteignit le capitan-pacha à Paros, lui prit dix vaisseaux, dont l'un portait soixante canons, en brûla cinq, et fit 4 à 5000 prisonniers. Par cette victoire les Vénitiens devenaient maîtres de l'Archipel. Mais les débris de la flotte turque se jetèrent encore dans La Canée, et y débarquèrent des secours. Malgré sa victoire, le généralissime fut remplacé par Pierre Foscolo. Lorsque ce nouveau chef arriva à Candie, la misère et les privations avaient jeté le désordre dans quelques corps d'armée; il eut à réprimer une sédition des Albanais, qui menaçaient, si leur solde n'était augmentée, de livrer aux ennemis deux bastions dont la garde leur avait été confiée. Aussitôt après avoir augmenté les moyens de défense de Candie, Foscolo se mit sur mer à la poursuite du capitan-pacha, qu'il força à se réfugier à Rhodes après avoir perdu quelques vaisseaux.

SUITE DU SIÉGE. — MONCENIGO REPREND LE COMMANDEMENT. — Les années 1652 et 1653 se passèrent sans événements décisifs; Moncenigo fut de nouveau mis à la tête de toutes les forces de la république dans l'Archipel. L'année suivante, huit vaisseaux vénitiens, commandés par l'amiral Joseph Delphino, soutinrent contre toute la flotte turque le plus disproportionné et le plus glorieux combat de toute cette guerre. Ils ne se rendirent pas, mais ils sombrèrent ou sautèrent tous, à l'exception du bâtiment amiral, qui échappa après des prodiges de valeur. L'inégalité des forces était trop grande entre Venise, épuisée d'hommes et d'argent, et la Porte, qui chaque année pouvait renouveler ses vaisseaux et ses soldats. La république demanda à tous les États des secours : à la France, à l'Espagne, à Cromwell, alors protecteur de l'Angleterre, au pape et même au grand-duc de Moscovie. Tous se bornèrent pour le moment à des vœux stériles. Sur ces entrefaites le brave Moncenigo mourut; il eut pour successeur par interim François Morosini, dont cette guerre a illustré le nom.

VICTOIRES NAVALES DES VÉNITIENS EN 1655, 1656 ET 1657. — Les Vénitiens remportèrent trois grandes victoires au passage des Dardanelles; Lazare Moncenigo, frère du généralissime qui venait de mourir, prit aux Turcs trois vaisseaux, en brûla onze, en coula neuf à fond après un combat de six heures. Le 26 juin 1656, le même général avait, au même endroit, tué aux Turcs dix mille hommes, leur avait fait cinq mille prisonniers, et s'était emparé de quatre-vingts bâtiments. La république n'avait perdu que quatre vaisseaux dans ces deux grandes batailles. Le vainqueur des Dardanelles fut désigné pour remplacer définitivement son frère. En 1657 il remporta aux Dardanelles une troisième victoire, aussi complète que les autres; mais un affreux accident, l'incendie du vaisseau amiral, et la mort de l'amiral Moncenigo même arrêtèrent de nouveau les succès de la république, dont les victoires restèrent sans résultats. Candie était moins pressée depuis ces dernières campagnes, mais elle était toujours assiégée, et le sort de l'île entière dépendait de sa résistance.

SECOURS ENVOYÉS PAR LA FRANCE ET LA SAVOIE. — De nouveaux efforts furent faits par la république, et de nouvelles prières furent adressées aux puissances chrétiennes pour obtenir des secours. La France accorda 4260 quatre mille hommes; le duc de Savoie fournit aux Vénitiens deux régiments commandés par le marquis de Ville, habile homme de guerre; néanmoins les opérations traînèrent encore en longueur pendant quelques années. En 1665 un coup de main fut inutilement tenté sur La Canée; les troupes, fatiguées par une traversée longue et pénible et incommodées par une pluie battante, furent repoussées; le marquis de Ville perdit environ quatre cents hommes, et conduisit son armée dans un camp retranché, sous le canon de la place de Candie. Après avoir essayé inutilement pendant quelques mois de tenir la campagne, cette petite troupe fut forcée de se retirer à l'abri des fortifications, mai 1666.

LA GUERRE DE CANDIE DEVIENT PLUS ACTIVE, 1667.—Les Turcs, las des longueurs du siége de Candie, résolurent de leur côté de terminer la guerre en redoublant d'activité. Le grand-vizir Kiupergli vint en personne prendre le commandement de l'armée musulmane; de leur côté, les Vénitiens rendirent le titre de généralissime à François Morosini. Quelques tentatives de conciliation entre Venise et la Porte avaient déjà eu lieu dans les années précédentes; les négociations recommencèrent avant ces dernières et décisives campagnes, mais elles n'aboutirent à aucun résultat. Les hostilités ne tardèrent pas à recommencer, et l'armée assiégeante se trouva portée à quarante mille combattants et huit mille pionniers; dans la suite elle s'éleva jusqu'à soixante-dix mille hommes.

La ville assiégée n'avait que neuf mille défenseurs; François Morosini, venant prendre en personne la direction des opérations militaires, y amena environ trois mille hommes encore. Il avait sous lui le marquis de Ville, les provéditeurs Bernard Nani, Donato, Pisani, tous les grands noms de la république, le provéditeur des vivres, Justiniani, et quelques volontaires illustres, Spar commandant de l'infanterie auxiliaire, le chevalier d'Harcourt et MM. de Maisonneuve, Langeron, Montausier, de Ganges. L'enceinte de la ville, flanquée de sept bastions, était très-forte. Les fossés étaient larges et profonds; il y avait sur les remparts plus de quatre cents canons, et dans la ville des munitions considérables de guerre et de bouche.

OPÉRATIONS DU SIÉGE. — Le 22 mai 1667 le grand-vizir vint établir son quartier général devant la place; son artillerie lançait des boulets de plus de cent livres, ses canons étaient les plus gros qu'on eût encore vus en Europe; il fit faire des lignes parallèles dans ses tranchées, et il ne se passa plus un jour qui ne fût marqué par quelque entreprise des assiégeants et quelque combat meurtrier. De part et d'autre, les travaux se firent avec une incroyable activité. Morosini avait établi son logement sur un bastion; de ce point il dominait l'attaque et veillait à la défense; du 22 mai au 18 novembre il y eut vingt-deux assauts, dix-sept sorties, et de part et d'autre la mine joua six cent dix-huit fois. La garnison perdit dans cette campagne quatre cents officiers, trois mille deux cents soldats; l'armée Ottomane eut vingt mille hommes tués (1).

Des deux côtés la fatigue était extrême; la peste régnait dans le camp des Turcs; la saison des pluies ralentit pour quelques mois les hostilités. Les musulmans mirent ce temps à profit pour réparer leurs pertes et faire venir de nouveaux secours; les assiégés faisaient des prodiges de valeur, et supportaient sans se plaindre tous les travaux et toutes les misères, mais il ne leur venait pas de renforts. L'Europe assistait à cette grande lutte avec une curiosité froide et égoïste; seulement, quelques braves seigneurs, comme le marquis de La Feuillade, vinrent mettre leur épée au service de la république vénitienne.

PROGRÈS DU SIÉGE. — Les Turcs étaient maîtres d'un bastion; ils entreprirent un travail immense, qui consistait à élever un môle à l'entrée du port pour en battre la passe et pour foudroyer la ville, assez faible de ce côté. En même temps le vizir, qui savait que s'il était repoussé il serait mis à mort par le sultan, fit donner à la place trois assauts consécutifs. Dans l'un d'eux, il perdit deux mille hommes. Les dangers de la ville s'augmentaient chaque jour; les alliés de Venise avaient peu de bonne volonté, et se retiraient avant la fin de la campagne; les jeunes Français amenés par M. de La Feuillade voulurent faire une sortie et commettre au hasard d'un combat tout le reste de la guerre. Morosini s'y opposa prudemment; ils risquèrent néanmoins cet exploit téméraire, et après des prodiges de courage ils rentrèrent ayant perdu

(1) *Mémoires* de Ducros, Philibert Jarry et autres témoins oculaires cités par M. Daru dans son *Histoire de Venise*, d'où sont tirés tous les matériaux de ce récit, t. IV, l. XXXIII, p. 513-632.

ILE DE CRÈTE.

un grand nombre des leurs, parmi lesquels les comtes de Villemor, de Tavannes, un jeune fils du marquis de Fénelon. Cet exploit, au moins aussi inutile que brillant, réduisit à presque rien le secours amené par le duc de La Feuillade; les débris de cette troupe se rembarquèrent peu de jours après.

LOUIS XIV ENVOIE UN SECOURS DE SIX MILLE HOMMES. — On était au commencement de l'année 1669 : les défenseurs de Candie étaient épuisés, et cependant ils persistaient dans leur héroïque résistance; les Vénitiens tentèrent auprès des cours étrangères un suprême effort. Un parent de Morosini intéressa Louis XIV au sort des chrétiens qui se défendaient si héroïquement contre les infidèles. Le grand roi se laissa toucher, et fit partir, aussitôt après l'arrivée du duc de La Feuillade à Toulon, douze régiments d'infanterie, trois cents chevaux et un détachement de sa garde, en tout six mille hommes sur vingt-sept bâtiments escortés par quinze vaisseaux de guerre. De son côté, le pape Clément IX supprima plusieurs couvents sur le territoire de la république, et permit de vendre leurs biens pour en appliquer le produit au service de l'État. Une partie du trésor de Saint-Marc reçut la même destination, et une grande flotte vénitienne put ravitailler la place et y jeter une nouvelle garnison. Morosini et le provéditeur Cornaro donnaient l'exemple du plus pur patriotisme; ils s'étaient dépouillés de toute leur fortune personnelle pour payer les soldats. Ce fut au milieu de ces circonstances que, le 19 juin 1669, la flotte française, sous les ordres du duc de Beaufort, l'ancien *roi des Halles*, débarqua ses troupes de terre commandées par le duc de Navailles.

SORTIE MALHEUREUSE DES FRANÇAIS. — Cette fois encore, comme avec le duc de La Feuillade, les Français nuisirent eux-mêmes au succès de l'expédition par leur imprudence et leur courage présomptueux. La plupart des troupes furent débarquées de nuit; les mousquetaires voulurent attendre le jour pour passer sous les batteries des Turcs, témérité meurtrière pour eux et tout à fait inutile. Morosini avait prié les chefs de l'expédition de s'employer pour faire une diversion du côté de La Canée, afin d'y attirer les Turcs et de laisser la garnison libre d'agir de son côté. Ces avis, dictés par l'expérience, ne furent pas écoutés. Les nouveaux hôtes entrèrent dans la ville, et voulurent faire une sortie dès le lendemain. Rien n'était prêt pour cette opération; Morosini essaya vainement de les détourner de ce dessein. Il fut forcé de les laisser faire. Le 25 juin, les Français, ayant à leur tête les deux chefs de l'expédition, Navailles et Beaufort, un Choiseul, un Castellane et un Colbert, se précipitent sur un corps de troupes qu'ils aperçoivent dans l'ombre; c'était un détachement d'Allemands qui était sorti pour les appuyer. Revenus de cette méprise, ils se jettent dans le retranchement, que les Turcs abandonnent; mais quelques barils de poudre sautent. Les Français croient marcher sur un terrain miné; ils s'effrayent, la confusion se met dans les rangs, la panique et la déroute deviennent générales. Alors les Turcs reviennent au combat, foudroient et massacrent la troupe française, dont les débris rentrent avec peine dans les murs; cinq cents hommes avaient péri, parmi lesquels le duc de Beaufort.

LEUR DÉPART. — Découragé par ce revers, que lui seul avait causé par son imprudence, le duc de Navailles résolut de quitter l'île. Vainement Morosini le supplia de ne pas déserter un poste que sans lui il deviendrait impossible de défendre; vainement il invoqua des raisons d'honneur et de loyauté, et le clergé et toute la garnison mêlèrent leurs prières aux siennes; Navailles quitta Candie le 21 août. Tout ce qui n'était pas vénitien fit comme les Français; Allemands, Maltais, Italiens, ils partirent tous, sans même laisser à Morosini trois mille hommes qu'il demandait pour prolonger sa défense jusqu'à l'hiver.

ÉTAT DE CANDIE. — La place n'était plus qu'un monceau de ruines, défendue par quatre mille habitants et une poignée de braves qui avaient survécu à 69 assauts, 30 sorties, et à l'explosion de 2,000 mines; 30,000 chrétiens, plus de 100,000 Turcs avaient péri devant la place. Morosini, bien que sans pouvoirs pour traiter de la part de la république, préféra s'exposer aux accusations de sa patrie, souvent injuste et jalouse, plutôt que de laisser périr dans un dernier assaut les quelques soldats qui lui restaient, et de tout perdre par une opiniâtreté inutile.

MOROSINI CAPITULE. — Il envoya un émissaire à Kiupergli pour convenir d'un traité de paix. Les pourparlers durèrent du 28 août au 6 septembre 1669; la fermeté du généralissime et son courage imposaient tellement aux ennemis, qu'ils lui accordèrent des conditions avantageuses pour Venise, dans une place démantelée et sans défenseurs, dont un assaut les eût infailliblement rendus maîtres. Il fut convenu que les Vénitiens abandonneraient Candie, et il leur fut accordé douze jours pour leur embarquement; ils emportaient leurs armes, à l'exception de l'artillerie de siége; les habitants étaient libres d'accompagner la garnison; l'île devait appartenir à la Turquie; les Vénitiens y conserveraient trois ports: Les Grabuses, Spina Longa et La Suda, avec les îles qui en dépendent. La république devait garder, en échange de cette cession, ses conquêtes en Dalmatie et en Bosnie.

ABANDON DE CANDIE PAR LES VÉNITIENS, ET PERTE DES TROIS PORTS. — Le traité conclu par Morosini fut accueilli avec mécontentement à Venise, mais ratifié, vu l'impossibilité de continuer la guerre. Ces conditions étaient d'ailleurs les plus honorables qu'on pût obtenir, et Achmet Kiupergli ne les avait accordées qu'à cause de son estime personnelle pour Morosini; quinze bâtiments et une quarantaine de chaloupes transportèrent les Vénitiens Candiotes ainsi que les restes de la garnison. La fortune s'acharna contre ces malheureux; assaillis par une tempête et jetés sur la côte d'Afrique, ils périrent ou devinrent esclaves dans les États barbaresques.

Venise se montra moins généreuse que le sultan envers le héros du siége de Candie; Mahomet avait offert à Morosini un présent, que celui-ci refusa. Il se trouva dans le sénat un accusateur, qui fit mettre le général en jugement pour avoir traité sans autorisation préalable. Morosini eût été condamné si les éventualités d'une guerre nouvelle n'eussent rendu ses services nécessaires. A ce siége, le plus mémorable dont il soit fait mention en Europe dans une longue série de siècles, Venise avait sacrifié sa puissance. La guerre de Candie avait coûté à la république 126,000,000 de ducats, sa dette s'était accrue de 64,000,000.

Venise ne conserva pas longtemps les points que le traité de 1669 lui laissait dans l'île; Les Grabuses furent livrés aux Turcs avant la fin du dix-septième siècle par la trahison de son gouverneur, qui reçut en échange une tonne de sequins; puis des traités particuliers abandonnèrent aux musulmans Suda et Spina-Longa, dans le commencement du siècle suivant.

ÉTAT DE L'ÎLE SOUS LA DOMINATION VÉNITIENNE. — Venise avait possédé la Crète pendant l'espace de près de cinq siècles; nous avons vu que le gouvernement, constitué à l'image même de celui de la république vénitienne, était composé d'un duc assisté de deux conseillers supérieurs, d'un grand, d'un petit conseil et de toute la hiérarchie judiciaire de la métropole. Cette période de la domination vénitienne fut pour l'île l'époque de sa plus grande prospérité; l'agriculture y fut encouragée, et la Crète approvisionna de blé Venise, comme autrefois elle en avait fourni Rome; son commerce profitait, sous la protection de Venise, du monopole des transactions entre l'Orient et l'Occident; quelques voies ferrées, en petit nombre, mais les seules que l'île possède encore aujourd'hui, furent construites; des ponts, souvent d'une architecture hardie, furent jetés sur les torrents que l'hiver grossit et fait déborder; enfin, outre la capitale et les villes diocésaines, la Crète comptait neuf cent quatre-vingt-seize villages florissants.

Malgré les éléments de prospérité que Venise avait apportés à la Crète, elle n'y avait pas sans peine établi, puis maintenu son autorité. Les montagnards de la partie occidentale de l'île s'étaient surtout distingués par leur longue résistance.

LES SPHAKIOTES SOUS LES DOMINATIONS VÉNITIENNE ET TURQUE. — Retirés dans les gorges de la longue chaîne de montagnes à laquelle son aspect neigeux a fait donner le nom de monts Blancs, et qui se termine par les caps Buso et de Spada, ces hardis insulaires, appelés Sphakiotes, du nom de leur bourg, Sphakia, avaient bravé pendant plus d'un siècle les forces que Venise ne cessait de diriger contre eux, et leur longue résistance avait déterminé l'envoi de cette colonie qui rattacha complétement Candie à la république. Mais alors même ils refusèrent de se mêler aux nouveaux arrivants, et évitèrent le contact des Vénitiens, comme autrefois ils avaient fui celui des Grecs et des Sarrasins. A la longue, leur résistance cessa; mais ils continuèrent à se livrer à la piraterie, avec l'autorisation des magistrats vénitiens, qui se bornaient à entretenir chez eux un inspecteur, et les traitaient avec les plus grands égards (1).

La domination turque les trouva tels, et ne changea rien à leurs habitudes; ils continuèrent à vivre dans leurs montagnes, à parler un dialecte plus voisin de la langue primitive que le reste des Candiotes, à vivre de pirateries, de chasse et de la vente de quelques fromages faits du lait de leurs chèvres. Lorsque le voyageur Belon les visita, ils étaient les meilleurs archers de l'île. Plus tard ils se servirent du fusil avec la même habileté; et à la fin du dix-huitième siècle on retrouvait encore chez eux la pyrrhique, cette vieille danse de la Grèce particulièrement en honneur chez les Curètes (2). Revêtus d'une robe courte, serrée par une ceinture, les jambes prises dans de longues bottines, un carquois plein de flèches sur l'épaule, un arc dans la main, une épée au côté, on les voyait s'élancer en trois mesures, tantôt seuls, tantôt deux à deux, se poursuivant, se rejoignant, se formant en cercle et accompagnant la cadence de leurs pas du choc de leurs épées contre leurs boucliers.

Longtemps les Sphakiotes échappèrent au *carach*, contribution imposée par les Turcs au reste de l'île; mais vers 1770 les musulmans semèrent parmi eux la division, et les attaquèrent sous prétexte qu'ils voulaient livrer l'île aux Russes. Comme toujours, ils eussent été inexpugnables dans leurs montagnes, si, pendant que les hommes combattaient courageusement, les jeunes gens, séduits par les présents de leurs ennemis, ne les eussent eux-mêmes introduits par des sentiers détournés sur les sommets de leurs montagnes; des villages furent détruits, beaucoup d'habitants massacrés. Les femmes et les enfants, emmenés en captivité, furent vendus comme esclaves dans les différentes parties de l'empire turc.

ÉTAT GÉNÉRAL DE L'ÎLE SOUS LES TURCS. — Les Turcs ont introduit avec eux dans les pays dont ils se sont successivement emparés le désordre, l'arbitraire et les vexations de toute nature. Les Candiotes, qui avaient subi impatiemment le joug de Venise, essayèrent à plusieurs reprises d'échapper à la tyrannie turque. Des cruautés impitoyables comprimaient les moindres soulèvements; et la population était livrée sans défense aux insultes d'une milice insubordonnée, qui parfois n'épargnait pas ses propres chefs. C'est ainsi qu'en 1688 le gouverneur de l'île, Soul-Fikar-Pacha, fut massacré par les soldats révoltés (1). La plupart du temps le pacha, satisfait de détourner sur une population inoffensive la turbulence de ses troupes, encourageait tous les excès au lieu de les punir. D'ailleurs, comme le gouvernement de Candie était l'un des plus importants et des plus lucratifs de l'empire, il était confié à des favoris du sultan, qui ne devaient leur élévation qu'à l'intrigue, et qui, pour en tirer le meilleur parti possible, pressuraient les habitants. Parfois un acte de justice, venu de la Porte, atteignait le coupable quand les exactions étaient trop criantes; c'est ainsi qu'en 1728 le defterdar de Candie, Osman-Effendi, fut mis à mort pour avoir désorganisé par ses déprédations le service des fermages, et plus encore pour avoir falsifié quatre firmans et contrefait les visas de la chancellerie et jusqu'au chiffre du sultan; (2). Mais un châtiment isolé ne remédiait pas à la misère des populations; et alors même qu'un des premiers fonctionnaires était puni, la tyrannie individuelle des musulmans

---

(1) Dapper, *Descript. des Iles de l'Archipel*, p. 416, 434, 455.
(2) Savary, *Lettres sur la Grèce*, p. 309.

(1) De Hammer, *Hist. de l'Emp. Ottoman*, t. XII, p. 257.
(2) Hammer, t. XIV, p. 209.

sur les chrétiens était sans bornes. Si un Turc désirait la fille d'un Grec, il épiait le moment de la surprendre hors de la maison paternelle, et l'emmenait de force sans que la famille eût aucun recours sur le ravisseur. Au commencement de ce siècle, l'amiral Parseval-Deschênes, reçu à La Canée dans une famille juive, apprit que, par crainte des Turcs, les femmes n'étaient pas sorties de la maison depuis dix-huit ans. Vers 1780 il était encore interdit aux Grecs, à l'exception de l'archevêque, d'entrer à cheval dans les villes. L'évêque de La Canée brava un jour cette prescription; les janissaires qui gardaient la porte par laquelle il entra se crurent insultés : ils ameutèrent la soldatesque, racontèrent leur affront, et résolurent de brûler l'évêque avec tous les prêtres. Déjà ils passaient à l'exécution de ce dessein, quand le pacha intervint, et calma les janissaires par la publication d'un firman qui interdisait à tout Grec, de quelque état qu'il fût, de coucher dans les murs de La Canée. La défense fut rigoureusement observée. Tous les soirs les malheureux sortaient par la porte de Retimo, et allaient chercher un asile dans la campagne; ceux qui ne pouvaient pas louer une chambre n'avaient d'autre refuge que la terre ou le creux des rochers. Les femmes seules restèrent dans la ville; les Turcs voulurent bien faire cette exception en leur faveur (1). Sous tant d'oppression, la culture fut abandonnée, le commerce cessa, partout la misère succéda à l'opulence; les populations s'avilirent; la lèpre fit des victimes nombreuses parmi les Grecs pauvres des plaines, réduits par le délaissement du sol à se nourrir d'olives, de poisson salé et de fromage; puis la destruction des lazarets établis par les Vénitiens pour faire quarantaine permit à la peste de s'introduire, et ce fléau, favorisé par le climat tempéré de l'île, parcourait les provinces et y exerçait quelquefois ses ravages pendant dix-huit mois de suite.

GOUVERNEMENT TURC ET ADMINISTRATION RELIGIEUSE. — Le sultan établit en Crète trois pachas ; à Candie, à La Canée, et à Retimo. Le premier, à trois queues, était une sorte de vice-roi, supérieur aux deux autres ; il avait l'inspection des forts et des arsenaux, nommait aux emplois militaires, et désignait les beys chargés du gouvernement des diverses places de l'île. Au-dessous des beys il y avait un châtelain et trois officiers généraux, pour l'artillerie, la cavalerie et les janissaires. Dans le conseil du pacha entraient un kyaïa, ministre général des affaires et des grâces, le janissaire-aga, colonel général des troupes, chargé principalement de la police, deux topi-bachi (commandants d'artillerie), un defterdar, trésorier général, un garde du trésor impérial et les premiers officiers de l'armée. Le pouvoir du sérasquier-pacha était absolu, et ses décisions prises dans ce conseil militaire ne comportaient pas d'appel. Les gens de loi étaient le muphti, chef suprême de la religion, et le cadi : le premier interprétait les lois qui regardent le partage des biens entre les enfants, les successions, les mariages, et prononçait sur tout ce qui concerne le rit musulman ; le cadi recevait les déclarations, les plaintes, les donations des particuliers et jugeait les différents. Les gouvernements de La Canée et de Retimo étaient constitués sur le modèle de celui de Candie. En 1785 les garnisons turques de ces trois places se montaient à environ quinze mille hommes ; la population musulmane de l'île était à peu près de deux cent mille âmes; les Grecs, dont le nombre diminuait chaque année dans une proportion considérable, n'étaient plus que cent cinquante mille. Dans les temps de sa prospérité, la Crète avait compté plus d'un million deux cent mille habitants (1). Sur les cent cinquante mille Grecs, soixante-cinq mille payaient le carach. Les impôts établis sur les chrétiens étaient de deux sortes : un septième du produit de toute terre, et le carach, ou capitation, payé par les chrétiens mâles au-dessus de seize ans : cet impôt était de cinq piastres et deux médins (dix-sept francs environ). L'impôt foncier pouvait se payer en nature, soit avec du blé, du lin ou du coton. Parmi les produits industriels, la soie était imposée d'un médin l'once. Le gouvernement ecclésiastique de Candie

(1) Savary, *Lettres sur la Grèce*, p. 262.

(1) Savary, *Id.*, p. 331-337.

était ainsi constitué : le patriarche de Constantinople nommait l'archevêque; celui-ci désignait les évêques, et ces derniers les curés des paroisses. L'archevêque, outre les revenus de son diocèse, recevait tous les ans une somme des évêques, qui, pour acquitter le tribut de leur métropolitain au grand-seigneur, imposaient les maisons chrétiennes de cinq médins. Les revenus des évêques consistaient en contributions volontaires, plus une mesure de froment, de vin et d'huile; un droit était aussi prélevé sur chaque mariage. Si une chrétienne épousait un Turc, elle était exclue de la communion jusqu'à sa mort, et pour obtenir le viatique elle devait renoncer à son mari. La multiplicité des impôts religieux et de ceux que les Turcs avaient établis fit que, pour en être exempts, un grand nombre de chrétiens renoncèrent à leur religion; cent vingt ans après la conquête musulmane le nombre des renégats était considérable (1).

ÉTAT DE LA CRÈTE. GUERRE DE L'INDÉPENDANCE. COMMENCEMENTS DE L'INSURRECTION. — Les misères de la population crétoise semblent avoir redoublé dans le commencement du dix-neuvième siècle; l'oppression des agas était à son comble. Les Turcs candiotes avaient dans tout l'empire un renom de férocité qui n'était que trop fondé. Malgré tant de misère et d'opprobres, les Candiotes ne participèrent pas dès le principe à l'insurrection grecque; l'excès même de leurs maux les avait plongés dans une sorte d'apathie, qu'ils ne commencèrent à secouer qu'en juin 1821 (2). Ce mois avait été signalé par le massacre d'une foule de chrétiens, surtout dans la partie septentrionale de l'île; plusieurs ecclésiastiques avaient été pendus, les églises avaient été profanées. Le 24 juin un massacre presque général des Grecs eut lieu à La Canée, et les barbares se crurent assez forts pour exiger que dans tout le midi de l'île les peuplades rendissent les armes. Mais le midi était cette partie montagneuse que nous avons déjà vue habitée par les Sphakiotes; depuis 1770 ils étaient tributaires de la Porte, mais jamais ils ne s'étaient reconnus sujets; et surtout ils eussent considéré comme la plus grande honte l'abandon de leurs armes. Dès que les chefs de Sphakkia connurent les desseins des Turcs, ils députèrent vers les Abadiotes leurs voisins, descendants des Sarrasins dès le neuvième siècle, qui consentirent à s'unir à eux contre les Turcs. Alors les deux tribus alliées descendirent dans la plaine, au nombre de neuf cents soldats. A cette nouvelle, les musulmans marchèrent à leur rencontre; ils furent battus et obligés de se renfermer dans La Canée (2 juillet 1821).

Aussitôt que l'insurrection de Sphakia fut connue, l'île entière arbora l'étendard de la croix, et courut aux armes. Un Crétois de noble famille, qui avait feint d'embrasser le mahométisme, Kourmoulis, se met à la tête des insurgés de Retimo : partout les Turcs sont battus en rase campagne et contraints de s'enfermer dans les places fortes; l'insurrection semblait contagieuse, les vallées de Mirbel, de Messaria, les villages riverains de la rivière Platania s'étaient soulevés (1). Moins d'un mois après les premiers troubles, les Grecs étaient maîtres de l'île presque entière et les pachas étaient bloqués dans Candie, La Canée et Retimo. Ces résultats étaient dus en partie à l'activité et au courage du jeune Crétois Antoine Mélidone.

A la nouvelle du soulèvement de Candie, il était accouru d'Asie Mineure à la tête de tous les Candiotes qui s'y trouvaient dispersés. Enhardi par les premiers succès de l'insurrection, il conçut le projet de traverser la partie septentrionale de la Crète encore gardée par les musulmans, de la soulever, et là, comme dans le midi, d'enfermer les ennemis dans les forteresses. Le village de Monie fut sa première conquête, puis la place d'Armyros, où il prit douze canons; Bryssina tomba encore en son pouvoir. A Rethemna il massacre le Turc Getimalis, l'un des brigands les plus féroces et des plus redoutés de la contrée;

---

(1) Pococke, *Descript. de l'Orient*, t. IV, p. 313, 317.

(2) Pouqueville, *Régénér. de la Grèce*, 2ᵉ édit. t. III, p. 36; Raffenel, *Hist. compl. des Évén. de la Grèce*, t. I, p. 334-342.

(1) Pouqueville, *Id.*, p. 37-43.

deux armées ottomanes sont taillées en pièces à Janacari et à Mérone; une troisième perd toute son artillerie et ses bagages à Thronoclissidi. A Phourphoura, Mélidone est surpris et enveloppé subitement par l'armée du pacha de Megalocastron. En quelques instants il range ses soldats en bataille, et commence le premier la charge; le pistolet dans une main, le sabre dans l'autre, il court en avant, se tient au milieu du feu, jette par son intrépidité la confusion parmi les ennemis, les enfonce et les poursuit jusque dans Megalocastron. Le lendemain un détachement turc qui avait osé sortir est massacré presque entièrement, et deux jours après cette victoire est suivie d'une autre. Le pacha, plein d'admiration pour tant de valeur et de succès, sollicite de Mélidone la permission de le voir. « Dans quelques jours, répond le Crétois, tu seras prisonnier dans ma tente, et tu auras le loisir de me contempler. » Ce ne fut pas une vaine bravade : le pacha devint captif des Grecs.

La renommée des exploits de Mélidone s'était répandue par toute l'île; il était l'idole des populations, et son entrée dans les villages était chaque jour un triomphe. Tant d'honneurs excitèrent l'envie de Rhoussos, chef des Sphakiotes. Rhoussos voulut se défaire de Mélidone, et lui fit savoir qu'un corps de troupes ennemies était campé dans le bourg d'Abadia, à deux lieues de Phourphoura. Il comptait sur la témérité du héros Crétois et sur le nombre des ennemis, beaucoup plus considérable qu'il ne l'avait fait dire. Mais Mélidone prit si bien ses mesures que, à la tête de trois cents hommes, il égorgea presque tout le détachement ennemi, et revint au camp avec trente charges de biscuit et douze tonneaux de poudre. L'animosité de Rhoussos ne fit que s'accroître; il convia son adversaire à un festin : celui-ci accepta sans défiance ; insulté par le chef Sphakiote, accusé d'ambition et de sourdes menées, il se justifia en quelques paroles, pleines de noblesse, adressées aux soldats, et se retira accompagné des acclamations des Sphakiotes mêmes, qui lui promettaient avec serment de combattre et de mourir pour lui. La fureur de Rhoussos, abandonné des siens, ne connut plus de bornes; il feignit de vouloir une réconciliation, et, dans l'entrevue, fendit la tête à Mélidone. Le héros mourut au milieu des gémissements et des regrets des soldats et de toute la population crétoise qui espérait en lui un libérateur (1).

SUCCÈS ET REVERS DES GRECS EN CRÈTE. APHENDALLOS ET TOMBASIS. — Cette mort jeta la consternation parmi les Crétois. Rhoussos, d'une intrépidité sauvage dans les combats, était incapable de remplacer un tel chef; les ennemis, toujours bloqués dans les villes fortes, pouvaient être secourus et reprendre l'avantage si on ne pressait les opérations militaires. Les Crétois recoururent au gouvernement général pour avoir un chef. Un homme qui avait rendu quelques services à l'indépendance grecque, Michel Comnène Aphendallos, fut envoyé de Morée. Ce nouveau général déplut par son extérieur difforme. Il forma une junte, publia un code militaire, une formule de serment, et adressa au peuple des proclamations; mais il ne sut prendre aucune mesure efficace, et laissa respirer les ennemis. Plein d'idées ambitieuses, et rattachant sa famille à la dynastie des Comnènes, il se regardait comme le vice-roi de la Crète, parlant de prélever à son profit les impôts qu'avant l'insurrection les musulmans avaient établis sur l'île, et de réclamer le tribut des Sphakiotes. Fatigués de ce chef, ceux-ci réclamèrent son rappel; et pour le remplacer demandèrent un officier français de distinction, Baleste, qui vint accompagné de plusieurs Philhellènes. Dès son arrivée, le capitaine Baleste, apprenant que les Turcs équipaient à Alexandrie une flotte destinée à agir en Crète, pressa le siège de La Canée, battit le pacha de Rétimo et le força à s'enfermer dans la ville. Le 27 avril 1822, il battit les Turcs sur terre et sur mer; après les affreux désastres de Chio, il envoya un de ses officiers dans cette île recueillir ceux des habitants qui avaient échappé au massacre général. Au milieu de mai, la flotte égyptienne dont la Crète avait été longtemps menacée débarqua douze

(1) Alex. Soutzo, *Hist. de la Révolut. Grecque*, p. 143-157.

mille Turcs dans l'île. Le capitaine français réunit toutes les forces des Grecs, et marcha à la rencontre des ennemis. Il allait remporter une victoire complète, lorsque Comnène Aphendallos prit la fuite, entraînant l'armée, déjà maîtresse du champ de bataille. Baleste périt, en cherchant à rallier ses soldats (1).

Après sa mort tout alla mal : on lui donna pour successeur un Spartiate, qui n'avait ni ses talents ni son courage désintéressé. Un détachement de la flotte égyptienne ravitailla Rétimo; la place, jusque alors pressée vivement, fut dégagée, la garnison fit des sorties heureuses, et tous les Turcs musulmans de l'île reprirent la campagne. Libre de ce côté, le chef égyptien, Ismael, marcha contre l'armée grecque qui assiégeait Candie. Pris à l'improviste, Mano, son chef, fit une vigoureuse résistance; mais il fut forcé de battre en retraite, laissant deux mille hommes sur le terrain (2). Heureusement pour les Grecs de Candie, l'habile Ismael fut rappelé. Les Turcs, livrés à eux-mêmes, ne suivirent pas ses derniers conseils; ils abandonnèrent le plat pays, et rentrèrent dans les places fortes. Les Grecs reprirent l'offensive; Mano redescendit des montagnes avec une nouvelle armée, et recommença le siége de Rétimo. Candie fut bloquée : les Sphakiotes n'osèrent pas assiéger cette ville, réputée imprenable, mais ils tentèrent de la réduire par la famine. En même temps, des navires de Casos, rocher voisin de Candie, et dont les marins s'étaient rendus redoutables, croisaient devant la place pour en interdire l'accès aux vaisseaux neutres, qui à plusieurs reprises avaient secouru les Turcs contre les Grecs, et pour signaler l'approche des forces musulmanes. Dans les premiers jours d'octobre, les affaires des chrétiens étaient entièrement rétablies; leurs armées étaient maîtresses de l'île, Candie, Rétimo et La Canée étaient bloquées par terre et par mer; si le gouvernement central eût fait un effort et envoyé de l'artillerie et des ingénieurs, l'île entière était acquise à la cause hellénique (1). Mais le lâche Aphendallos, dont la fuite avait compromis une fois les armes grecques et fait périr Baleste, commandait encore. Il semblait s'appliquer à ralentir les opérations de la guerre, et des indices presque certains donnaient à penser qu'il était vendu aux musulmans. Pour la troisième fois les Grecs demandèrent son remplacement; le gouvernement céda, et donna aux Crétois pour les commander, avec le titre d'harmoste, Tombasis, d'Hydra, frère du navarque, brave et dévoué comme lui.

Son arrivée releva les affaires; au mois de février 1823, La Canée entra en accommodement, et cette importante forteresse eût capitulé sans l'apparition d'une flotte Ottomane, qui rendit l'espérance aux assiégés (2). Alors tout déclina; les Sphakiotes retournèrent dans leurs villages, pour la récolte des olives; le siége de La Canée fut abandonné. Cependant une escadre égyptienne se rendant à Constantinople avait touché à Casos (3), massacré les habitants de cette île, ruiné ses villages, et se dirigeait sur la Crète. Les vaisseaux entrèrent dans la rade de Candie à l'insu des chrétiens, débarquèrent six mille hommes, auxquels se joignirent les garnisons de Rétimo et de La Canée Cette troupe s'avança dans les montagnes, surprit trente-six villages, massacra femmes et enfants, brûla tout, et reprit le chemin de ses vaisseaux après avoir fait périr près de vingt mille chrétiens. Huit cents soldats sphakiotes, trop faibles pour résister à l'invasion, avaient cherché un refuge dans la vaste grotte de Stomarambellos. Les Turcs, ne pouvant les y forcer, amassèrent à l'entrée des matières combustibles, et les asphyxièrent avec toute la population de plusieurs villages; jamais Candie depuis l'insurrection, n'avait essuyé de telles pertes. Tombasis, instruit trop tard de la descente des ennemis, et désespérant de rallier les Sphakiotes, découragés, prit avec lui les soldats péloponnésiens, et à la tête de cette faible troupe courut aux Turcs, surprit un de leurs détachements, et le détruisit

(1) Pouqueville, *Régénérat. de la Grèce*, t. III, p. 290, 511.
(2) Raffenel, *Dern. Évén. de la Grèce*, t. II, p. 145-149.

(1) Raffenel, t. II, p. 254-256.
(2) *Ibid.*, p. 334, Pouqueville; t. IV, p. 191.
(3) Voyez plus haut, p. 199.

Ce succès rendit le courage aux chrétiens; la population entière descendit des montagnes, assaillit les Turcs dans leur marche rétrograde sur Rétimo, et leur tua sept mille hommes. Mais ce désastre des barbares ne réparait pas les pertes considérables des Grecs. Tombasis eut recours au gouvernement central, qui lui expédia trois mille hommes : avec ce renfort il put reprendre les siéges de La Canée et de Rétimo (1).

EXPÉDITIONS TURCO-ÉGYPTIENNES EN CRÈTE. — De son côté, le sultan lança Méhémet-Ali contre la Crète : le pacha d'Égypte fit activement de grands préparatifs contre cette île, dont la Porte lui avait sans doute promis le gouvernement (2). Cinquante bâtiments de transport partirent au commencement de juillet des côtes de Chypre pour jeter dix mille soldats turcs et égyptiens sur les rivages de Candie ; ils étaient escortés par huit frégates et plusieurs briks. Ismael-Gibraltar était chargé du commandement, en attendant le fils du vice-roi, Ibrahim, qui devait en personne présider aux opérations. Pour la seconde fois, Ismael ravagea l'îlot de Casos ; puis il débarqua sur la plage de Rétimo. La longueur de la guerre, l'alternative des succès et des revers, l'épuisement des deux partis avaient ralenti les hostilités en Crète ; l'arrivée d'Ismael les ranima. Ce général incorpora dans son armée les troupes qui avaient gardé Rétimo et La Canée, renouvela les garnisons de ces places, et, à la tête d'environ douze mille hommes, s'avança à la rencontre des Sphakiotes. Ceux-ci cherchèrent une retraite dans leurs montagnes ; Ismael les suivit jusqu'au pied de l'Ida, s'efforçant de les séduire par des émissaires et de les amener à se soumettre volontairement au vice-roi d'Égypte. Cette conduite artificieuse allait avoir un plein succès. Vainement dans les délibérations du sénat sphakiote une minorité courageuse luttait contre la transaction avec le chef ennemi ; vainement Tombasis, indigné et suppliant, rappelait à ses compagnons leurs engagements envers la Grèce ; les Sphakiotes allaient traiter, lorsque tout à coup on apprit que l'amiral d'Hydra, Saktouris, avait, dans deux victoires, détruit la flotte égyptienne, et qu'il venait de débarquer dans l'île. En même temps une sédition avait éclaté dans l'armée d'Ismael. A cette double nouvelle, les négociations cessent. Le chef égyptien tente l'escalade des gorges de l'Ida. Partout les Sphakiotes, bien inférieurs en nombre, opposent une indomptable résistance. La lutte dura huit jours, avec un acharnement sans pareil ; les ravins étaient inondés de sang, des milliers de cadavres jonchaient le sol ; mais sur tous les points les Grecs avaient gardé l'avantage. Les débris de l'armée d'Ismael regagnèrent avec peine Rétimo, bloqué par la division de Saktouris ; la Sphakie était délivrée de l'invasion. Quelques jours après ces succès, une nouvelle flotte turque parut vers le cap Spada : c'était le vice-amiral ottoman, qui se rendait de la station de Patras à Métélin ; Saktouris courut à sa rencontre, dispersa sa flotte, et lui prit huit vaisseaux (1).

SOUMISSION DE LA CRÈTE AUX MUSULMANS. — Après cette victoire, Saktouris, rappelé par ses concitoyens, quitta l'île, et son départ fut fatal aux chrétiens. Ceux des navires turcs qui avaient échappé à Saktouris trouvèrent un refuge dans les ports de Rétimo et de La Canée, et fournirent à Ismael des forces suffisantes pour reprendre l'offensive contre des ennemis épuisés par leurs succès mêmes, réduits à leurs seules ressources, et toujours forcés de combattre des ennemis nouveaux. Il y avait quatre ans que la terre n'avait été ensemencée. Les courageux Candiotes étaient réduits, pour vivre, aux productions naturelles du sol. Un grand nombre des guerriers étaient morts dans les combats de quatre campagnes consécutives ; les femmes, les enfants offraient le spectacle d'une misère sans égale, et Tombasis demandait vainement quelques secours au gouvernement central. C'est dans ces conjonctures qu'Ismael recommença les hostilités avec des troupes fraîches ; et malgré tant de désavantages les Sphakiotes résistèrent encore, et Tombasis fit tout ce qu'on devait attendre de son patrio-

(1) Raffenel, t. III, p. 15-20.
(2) Ibid., p. 167.

(1) Raffenel, t. III, p. 166-183.

tisme et de son courage. Mais son armée était trop faible; toujours battue, elle se découragea, puis se dispersa par les montagnes; alors il n'y eut plus de guerre : les défenseurs de la liberté avaient disparu, les forteresses étaient au pouvoir des musulmans, l'île pouvait sembler soumise. Tombasis quitta cette terre, théâtre de sa valeur, où sa présence n'était plus utile; il se rendit à Hydra, puis à Anaphé, où il mourut de la peste (septembre 1824).

Candie devint l'arsenal des Égyptiens, et c'est là qu'ils rassemblèrent les troupes destinées à l'invasion du Péloponnèse (1). Parmi les Crétois, un grand nombre abandonnèrent leur patrie, et allèrent sur le continent prendre du service dans l'armée active ; on les retrouve au premier rang dans les combats livrés pendant les années suivantes par le brave Karaïskakis et le colonel Fabvier. En 1825 un bataillon de ces insulaires fugitifs partit de Nauplie, sous le commandement de Manuel Antoniades et de Demetrius Calergis, et fit une tentative sur Candie, dont deux forteresses, Carabusa et Kyssamos, tombèrent en leur pouvoir (2). Ceux des chrétiens qui étaient demeurés dans l'île refusèrent de revenir habiter la plaine; cachés dans les montagnes, toujours en armes, ils n'attendaient qu'un moment favorable pour reprendre ouvertement les hostilités. Mais ce moment, ils l'espérèrent en vain; lorsque les puissances européennes intervinrent dans le démêlé de la Porte Ottomane et de la Grèce, Candie ne fut pas au nombre des îles annexées au nouvel État. Comme Samos, après avoir soutenu aussi courageusement qu'elle la cause de l'indépendance, elle fut sacrifiée et rejetée sous la domination musulmane. Le pacha d'Égypte continua à y exercer son influence, et à l'année 1832 un firman de concession remit à Méhémet-Ali tous les droits de la Sublime Porte sur Candie. Ce n'était pas le sort que méritaient les chrétiens de l'île, et ils protestèrent par les armes, se soulevant sans cesse et faisant aux musulmans une guerre acharnée.

(1) Raffenel, t. III, p. 284-286.
(2) Jucherault de Saint-Denis, *Hist. de l'Emp. Ottom.*, t. III, p. 265.

ÉTAT ACTUEL. — Les soulèvements, soit partiels, soit généraux, furent réprimés avec une rigueur telle, qu'ils furent réduits, au bout de quelques années, à n'être plus que des actes isolés de brigandage. Le rétablissement de la tranquillité en Crète est dû à la fermeté de l'homme qui la gouverne depuis vingt ans, l'Albanais Mustapha-Pacha, que Méhémet-Ali envoya dans cette île en 1832. Doué d'une vive intelligence, à laquelle il joint une grande fermeté de caractère et le don rare chez les musulmans de se faire obéir, le gouverneur a apporté dans le sort des habitants des améliorations réelles, et s'est appliqué à relever l'agriculture. Formé par Méhémet-Ali, il avait appris ce que l'on peut gagner au commerce des Européens; il se conforma en partie à leurs usages, sut prendre un extérieur poli et élégant; il sut discipliner la milice turque et lui faire accepter son joug. La vie, l'honneur et la propriété d'un Grec ont été mis sous la protection de la loi; et la moindre infraction à cet égard est punie sévèrement. Les Albanais, cette milice si redoutée dans tout l'empire, a dû quitter en abordant le sol crétois ses goûts d'insubordination et de pillage; c'est à eux que la police de l'île a été confiée, et ils y emploient assez de zèle et de vigilance pour que le voyageur isolé puisse parcourir de nuit comme de jour le pays en pleine sécurité. Les chrétiens n'ont pas fait le sacrifice de leur plus chère espérance : ils attendent du temps et des circonstances la liberté; mais prévenus par les exemples terribles que Moustapha a déjà faits de l'inutilité d'un soulèvement, et n'ayant plus à craindre les horribles violences qui étaient trop fréquentes avant l'insurrection, ils supportent patiemment le présent. Le gouverneur a affecté à leur égard l'impartialité, et les a placés dans les mêmes conditions que les Turcs pour les actes de la vie civile; pourtant cette égalité est plus nominale que réelle, et on se tromperait si on pensait, sur la foi d'un calme apparent, que les Grecs et les Turcs ont déposé leurs vieilles haines : les deux races sont aussi ennemies, aussi irréconciliables que par le passé; mais Moustapha les contient, et c'est là son mérite principal. Sur bien d'autres points son œuvre est incomplète; ami ou affectant d'être l'ami de la civilisation, il a projeté des améliorations indispensables, fait tracer des plans de routes, des constructions de ponts; mais rien n'a été exécuté : partout les ruines que le temps et la guerre ont faites subsistent sur l'île, appauvrie et dépeuplée. Des soins tout personnels, des préoccupations de fortune occupent trop le gouverneur. Nous avons dit ailleurs que les ponts et les chemins datent presque tous de l'époque vénitienne; on ne les répare pas, et dans la saison des pluies les communications les plus nécessaires sont suspendues tant que les rivières ne sont pas guéables. Chaque hiver quelque voyageur périt dans les torrents, et il n'y a guère de routes que celles que le pied des hommes ou des animaux a battues à force de les fréquenter. Celles que les Vénitiens ont autrefois construites et pavées sont devenues, faute d'entretien, plus impraticables encore que les autres, et aux abords des trois grandes villes, là où l'affluence des voyageurs est plus grande, elles sont devenues des cloaques et des fondrières.

POPULATION. RESSOURCES. INDUSTRIE. — Autant qu'il est permis de fixer le chiffre de la population dans un pays dont la statistique n'a pas été faite depuis de très-longues années, on peut évaluer que de cent mille âmes, où elle était descendue, elle est remontée par accroissement naturel et par suite du retour des émigrés à environ cent soixante mille, dont quarante mille musulmans. De ces habitants, les sept-huitièmes sont adonnés exclusivement aux travaux d'agriculture. Les produits annuels de la terre s'élèvent à une valeur de 18 millions de francs; l'impôt foncier, qui est le dixième des produits, rapporte 1,450,000 francs. La partie montagneuse de l'île, qui occupe à peu près un tiers de son étendue, est en grande partie déserte, et des deux autres tiers un seul est cultivé, faute de bras. Rien n'est d'un plus triste aspect, lorsqu'on parcourt ces campagnes, que les fermes désolées et les maisons des villages en ruines. Il n'est pas rare de traverser des bourgs qui comptaient trois ou quatre cents habitations, sur lesquelles une trentaine seulement sont restées debout. Dans le rayon même des grandes villes, de La Canée par exemple, il est des villages qui, comme au lendemain de la guerre, ne sont qu'un monceau de décombres. Il en sera longtemps ainsi, car la Crète, autrefois si florissante, a plus d'habitations que d'habitants. Le peu de commerce et d'industrie qui, avec l'agriculture, fournit aux besoins des habitants passe entièrement par les mains des chrétiens; de là une décadence nécessaire et un appauvrissement considérable pour la race turque. Dans l'état où se trouvait l'île avant la guerre de l'indépendance, il suffisait d'être musulman pour mettre en réquisition les biens, la fortune et même la vie des Grecs; aujourd'hui il n'en est plus de même, et le raya exige un salaire en échange du labeur qu'on lui demande; sa propriété et sa personne sont inviolables. Le musulman, qui méprise les soins et les travaux mercantiles, voit tous les jours son patrimoine décroître; et si une fois il est obligé de recourir aux emprunts, l'usure, l'une des plaies de la Crète, a vite dévoré ce qui lui reste. Puis, par une mesure qui contribue à ruiner les musulmans, la Porte est rentrée depuis quelques années dans la possession des revenus de plusieurs villages qu'elle avait aliénés en faveur des janissaires ou des agas, au temps où la guerre de l'indépendance rendait impossible la perception des impôts, et l'indemnité qu'elle paye est loin d'équivaloir à ces revenus, qui faisaient la richesse d'un grand nombre de familles turques. Les Grecs, de leur côté, sont laborieux, économes, assez industrieux, toujours prêts à profiter des embarras dans lesquels se trouvent leurs voisins Turcs, et désireux surtout d'acquérir la propriété du sol qu'ils ont longtemps labouré, ensemencé pour autrui. Mais souvent ils sont obligés pour compléter l'argent nécessaire à l'achat d'un morceau de terre de recourir à l'usure, et l'usure exige vingt pour cent; il est peu de Grecs dont la maison et le champ soient libres d'hypothèques. Il n'existe pas en Crète de grandes fortunes, à part celle de l'aga, qui est considérable. Celui qui en biens et en argent réunit 50,000 francs est riche, et dans l'île entière on ne compte pas six personnes qui aient à elles 250,000 francs. La terre rend cependant dix pour cent au paysan qui la cultive, et dans les villes le loyer est de huit à dix pour cent du prix d'achat.

Tel est l'état actuel de l'île de Candie, que la nature avait destinée à être par sa position géographique et par la richesse de ses productions l'un des plus riches pays du monde. Sa condition, aujourd'hui moins misérable que pendant de longues années, laisse encore beaucoup à désirer, et l'avenir doit à cette île la réalisation de bien des promesses, la réparation de bien des calamités.

V.

APPENDICE SUR L'ÉTAT DE L'AGRICULTURE ET LES PRODUCTIONS DE L'ÎLE DE CRÈTE (1).

DESCRIPTION DU TCHIFFLIK OU FERME CANDIOTE. — Le tchifflik, considéré sous le rapport de ses constructions, se divise en trois parties : la première contient les appartements du maître, qui, lorsqu'il n'a pas sa résidence habituelle sur son domaine, s'y rend du moins très-fréquemment. Cette partie ordinairement est composée de deux ou trois chambres seulement, en forme de kiosque élevé; elles sont percées de nombreuses fenêtres sur tous les côtés, et au bas de ces fenêtres, dans l'intérieur, des canapés s'étendent le long du mur pour tous meubles; une natte couvre le plancher. D'autres fois toutes les commodités dont les maisons turques sont susceptibles y sont réunies, particulièrement quand la maison renferme le haremlik et le salemlik. Le premier, destiné aux femmes, est absolument séparé du second, que le propriétaire habite et où il reçoit ses amis. A cette partie sont unis des enclos fermés de murailles et plantés d'arbres fruitiers, qui le plus souvent sont des orangers et des citronniers. La seconde division de la ferme comprend les habitations des hommes de travail, les étables, les réservoirs, les citernes et les fumiers. On trouve quelquefois un second enclos attenant à ces bâtiments. Les familles qui servent dans la ferme en font leur jardin. La troisième partie contient les celliers à huile et à vin, les emplacements pour les pressoirs, les cuves à faire le vin, les greniers, les magasins à provisions, etc. Les chambres destinées aux serviteurs sont construites de manière à former un ou deux côtés de la cour principale; elles sont basses, étroites, éclairées par une fenêtre unique, trop petite pour donner un libre accès à l'air et à la lumière. Quelquefois le sol est d'une ou deux marches plus bas que le pavé de la cour. Le toit en terrasse, formé de poutres mal équarries et recouvertes de roseaux et de branches d'arbres, sur lesquelles on étend une sorte de pisé en terre argileuse, défend mal ces demeures contre les pluies abondantes de l'hiver. Les murailles sont bâties en pierres, cimentées avec de la terre mêlée aux résidus de chaux et de soude des savonniers, et l'air extérieur se fait souvent jour au travers. Telles sont les habitations où vivent dans des espaces de quelques mètres carrés des familles composées de quatre et six individus. Pour meubles ils ont quelques vases en poterie grossière, destinés à la cuisson des aliments, une ou deux mauvaises chaises, des tapis en lambeaux placés sur des planches pour servir de lit, et où chacun se couche tout vêtu et les chaussures aux pieds. Leur nourriture répond à l'aspect misérable qui les entoure : elle se compose d'un pain d'orge mal cuit, de légumes cuits ou crus, d'olives au sel ou à l'huile. Ils ont de l'eau pour boisson. L'usage de la viande leur est à peu près inconnu. Il faut dire, il est vrai, que cette nourriture est celle de tous les paysans, même des propriétaires aisés, car le Crétois est sobre, sauf le goût qu'il a pour le vin.

Les étables sont plutôt des espèces de hangars. L'on y attache les animaux au retour du travail, devant une auge à peine dégrossie; souvent même au lieu d'auge on se sert de quelques

(1) Je dois cet intéressant chapitre à M. Hitier, ancien consul de France à La Canée, aujourd'hui consul à Dublin. Je ne saurais trop reconnaître la rare complaisance avec laquelle M. Hitier a mis à ma disposition le manuscrit où il a consigné les résultats de ses observations sur l'île de Candie, qu'il a longtemps habitée, et qu'il a mieux étudiée qu'aucun voyageur ne peut le faire en passant. C'est aussi à ses renseignements que je dois presque tout ce qui précède sur l'état actuel de l'île de Candie.

et dans les villes le loyer est de huit à dix pour cent du prix d'achat.

Tel est l'état actuel de l'île de Candie, que la nature avait destinée à être par sa position géographique et par la richesse de ses productions l'un des plus riches pays du monde. Sa condition, aujourd'hui moins misérable que pendant de longues années, laisse encore beaucoup à désirer, et l'avenir doit à cette île la réalisation de bien des promesses, la réparation de bien des calamités.

V.

APPENDICE SUR L'ÉTAT DE L'AGRICULTURE ET LES PRODUCTIONS DE L'ÎLE DE CRÈTE (1).

DESCRIPTION DU TCHIFFLIK OU FERME CANDIOTE. — Le tchifflik, considéré sous le rapport de ses constructions, se divise en trois parties : la première contient les appartements du maître, qui, lorsqu'il n'a pas sa résidence habituelle sur son domaine, s'y rend du moins très-fréquemment. Cette partie ordinairement est composée de deux ou trois chambres seulement, en forme de kiosque élevé; elles sont percées de nombreuses fenêtres sur tous les côtés, et au bas de ces fenêtres, dans l'intérieur, des canapés s'étendent le long du mur pour tous meubles; une natte couvre le plancher. D'autres fois toutes les commodités dont les maisons turques sont susceptibles y sont réunies, particulièrement quand la maison renferme le haremlik et le salemlik. Le premier, destiné aux femmes, est absolument séparé du second, que le propriétaire habite et où il reçoit ses amis. A cette partie sont unis des enclos fermés de murailles et plantés d'arbres fruitiers, qui le plus souvent sont des orangers et des citronniers. La seconde division de la ferme comprend les habitations des hommes de travail, les étables, les réservoirs, les citernes et les fumiers. On trouve quelquefois un second enclos attenant à ces bâtiments. Les familles qui servent dans la ferme en font leur jardin. La troisième partie contient les celliers à huile et à vin, les emplacements pour les pressoirs, les cuves à faire le vin, les greniers, les magasins à provisions, etc. Les chambres destinées aux serviteurs sont construites de manière à former un ou deux côtés de la cour principale; elles sont basses, étroites, éclairées par une fenêtre unique, trop petite pour donner un libre accès à l'air et à la lumière. Quelquefois le sol est d'une ou deux marches plus bas que le pavé de la cour. Le toit en terrasse, formé de poutres mal équarries et recouvertes de roseaux et de branches d'arbres, sur lesquelles on étend une sorte de pisé en terre argileuse, défend mal ces demeures contre les pluies abondantes de l'hiver. Les murailles sont bâties en pierres, cimentées avec de la terre mêlée aux résidus de chaux et de soude des savonniers, et l'air extérieur se fait souvent jour au travers. Telles sont les habitations où vivent dans des espaces de quelques mètres carrés des familles composées de quatre et six individus. Pour meubles ils ont quelques vases en poterie grossière, destinés à la cuisson des aliments, une ou deux mauvaises chaises, des tapis en lambeaux placés sur des planches pour servir de lit, et où chacun se couche tout vêtu et les chaussures aux pieds. Leur nourriture répond à l'aspect misérable qui les entoure : elle se compose d'un pain d'orge mal cuit, de légumes cuits ou crus, d'olives au sel ou à l'huile. Ils ont de l'eau pour boisson. L'usage de la viande leur est à peu près inconnu. Il faut dire, il est vrai, que cette nourriture est celle de tous les paysans, même des propriétaires aisés, car le Crétois est sobre, sauf le goût qu'il a pour le vin.

Les étables sont plutôt des espèces de hangars. L'on y attache les animaux au retour du travail, devant une auge à peine dégrossie; souvent même au lieu d'auge on se sert de quelques

(1) Je dois cet intéressant chapitre à M. Hitier, ancien consul de France à La Canée, aujourd'hui consul à Dublin. Je ne saurais trop reconnaître la rare complaisance avec laquelle M. Hitier a mis à ma disposition le manuscrit où il a consigné les résultats de ses observations sur l'île de Candie, qu'il a longtemps habitée, et qu'il a mieux étudiée qu'aucun voyageur ne peut le faire en passant. C'est aussi à ses renseignements que je dois presque tout ce qui précède sur l'état actuel de l'île de Candie.

étant de quinze pour cent, et l'usage ayant consacré que presque toujours au bout de dix ans, et à de certaines occasions solennelles pour le maître, telles qu'un mariage, un décès dans sa maison, on donnât la liberté à l'esclave, il résulte que son travail de dix années a coûté de treize à quatorze cents francs; il faut y joindre les frais de nourriture et d'habillement : et l'on peut calculer ainsi que l'esclave revient à 150 francs environ par an. C'est payer cher le travail d'un serviteur généralement peu intelligent.

Les gages des serviteurs de condition libre sont de 10 à 15 francs par mois. Le propriétaire ne leur fournit aucune nourriture; seulement ils ont la faculté d'amener leur famille à la ferme, où elle loge avec eux. Dans quelques contrées, les serviteurs sont au contraire nourris et vêtus par le propriétaire; ils reçoivent dans ce cas 6 à 7 francs par mois en argent. Dans les moments de grands travaux, outre les domestiques engagés à l'année, on loue des journaliers, dont la paye est de 1 f. 25 par jour. A l'époque de la récolte des olives, on rassemble des femmes en grand nombre pour en faire la cueillette. Elles sont soumises durant leur travail à la surveillance continuelle d'un homme de la ferme. Leur salaire est payé en nature; il est ordinairement des deux septièmes de l'huile produite par les olives que chacune a ramassées. La ramasseuse se nourrit à ses frais, de plus elle doit nourrir l'ouvrier qui broye les olives au pressoir pendant le temps qu'il travaille pour elle; mais en retour celui-ci doit transporter l'huile qui lui revient à la ville voisine.

A l'exception des serviteurs employés dans les fermes, et sauf les nègres esclaves dans les maisons turques, les petits agriculteurs en Crète n'ont pas de domestiques proprement dits. Ils exploitent leur terre par eux-mêmes et avec l'aide de leur famille. S'ils sont obligés de s'adjoindre des serviteurs, ce sont plutôt des aides, des coopérateurs, qui sont appelés à partager les travaux et qui en partagent les profits. Ces hommes sont rarement payés en argent ; ils vivent dans un état de parfaite égalité avec le maître; leur existence est commune, ils ont les mêmes travaux et les mêmes plaisirs.

ANIMAUX EMPLOYÉS AU TRAVAIL DES CHAMPS. — Les animaux de travail employés en Crète sont le bœuf, l'âne et le mulet, rarement le cheval, dont on se sert cependant quelquefois au pressoir pour tourner la meule, ou dans les champs aux prises d'eau, pour tourner la roue des puits. Le labourage s'opère avec des bœufs exclusivement; malgré les services qu'on lui demande, et qu'il rend si largement, le bœuf n'est l'objet d'aucune attention, d'aucun soin véritable. On n'en élève pas en Crète, ou du moins on n'en élève qu'en très-petit nombre; et faute de pâturages, dont ils auraient besoin sans doute pour grandir et se développer, les individus nés dans l'île même portent dès la première génération des signes évidents d'affaiblissement et de décroissance. La plupart de ceux dont on se sert en Crète viennent d'Anatolie. La race généralement en est petite, faible; leur nourriture se compose de paille hachée, de blé et d'orge, de lupin, de semences de coton, mais principalement de cicerols, que l'on fait macérer dans l'eau pendant huit ou dix heures, et qu'on leur donne presque exclusivement pendant la saison des travaux. Les bœufs sont employés à la charrue par couple. Comme on ne prend pas un souci suffisant de leur appareillage, il en résulte que le plus fort fatigue le plus faible : le travail en souffre et les animaux en pâtissent. On n'en attelle jamais plus de deux à chaque charrue. Ils sont attachés au joug par le col. Le travail commence le matin, et ne cesse qu'au soir. Faute des soins qui leur seraient nécessaires, surtout après le travail, ils sont sans vigueur à l'ouvrage, et s'épuisent vite.

L'âne et le mulet servent aux transports. On fait porter à l'âne ce qui est nécessaire au travail des champs. On charge sur lui les petites provisions achetées à la ville; on l'emploie même au labour des terres légères. Le mulet porte les fardeaux plus lourds, tels que les produits agricoles, des champs d'abord à la ferme et ensuite de la ferme à la ville. Il sert surtout de monture pour les voyages. L'âne et le mulet sont très-nombreux en Crète.

INSTRUMENTS D'AGRICULTURE. — Les Crétois emploient un assez grand nombre d'instruments dans leur culture; il est facile de croire qu'ils sont tous informes et grossiers. On va dire le nom et autant que possible décrire la forme particulière de ces instruments ainsi que l'usage que l'on en fait.

L'*alletri*, la charrue, le plus important des instruments de l'agriculture, est d'une simplicité remarquable : c'est un araire en bois à deux oreilles sans versoir, sans coutre et sans roues; elle porte un soc étroit en forme de lance, dont non-seulement les pointes et les côtés sont tranchants, mais qui de plus a un sommet élevé et coupant : elle n'a qu'un seul mancheron, ce qui rend sa direction difficile; le timon en est suspendu au joug au moyen de deux anneaux de fer mobiles ou d'une lanière en cuir. Ce joug sans régulateur est une simple pièce de bois, qui repose sur le cou des bœufs en avant du garot. Il y est fixé par des chevilles passées de manière à emboîter le cou de l'animal, et attachées sous la gorge au moyen d'une baguette pliante, qui se recourbe et s'introduit dans les trous des chevilles.

Le *vérédri* est l'aiguillon à l'aide duquel le laboureur conduit ses bœufs; son extrémité inférieure est garnie d'un croc en fer qui sert à débarrasser la charrue de la terre qui y adhère.

Le *volossiri*, employé fréquemment pour les cultures du printemps, est une planche très-épaisse attachée en travers au joug, au moyen de deux cordes qui passent dans deux anneaux en fer fixés à sa surface supérieure. Cette planche remplace la herse et le rouleau; quand il en fait usage, le laboureur monte dessus.

Le *scapeti* est une houe, dont la lame, quadrangulaire, est large de quatre à cinq pouces; elle est montée sur un manche long.

La *scalida* est une autre sorte de houe, employée principalement dans la culture de la vigne. Elle a également un manche long, mais elle est d'une forme presque triangulaire.

Le *lissico* est une bêche triangulaire, à bords arrondis et à angles aigus. Elle est emmanchée, à un manche long, qui porte à quelques pouces au-dessus du fer une petite traverse, sur laquelle on appuie le pied, pour faire pénétrer la lame dans la terre.

Le *manaro scalida* est une espèce de doloire, dont on se sert pour couper les racines et briser les mottes. La lame en est longue et étroite, avec un marteau de l'autre côté.

Le *scinari* sert aux mêmes usages; il est de la même forme, avec des dimensions plus petites.

Le *trava claditheros* n'est autre que la serpette, à lame forte et légèrement recourbée à sa pointe; elle sert à couper le bois et les broussailles épineuses.

Le *volossiri a pierres* est une planche épaisse, arrondie à l'une de ses extrémités, par laquelle elle est attachée au joug, moyennant une corde qui passe par un anneau en fer. La surface de cette planche est sillonnée d'entailles qui traversent son épaisseur, et dans lesquelles on introduit des silex (pierrres à feu) tranchants, qui font saillie à la face inférieure. Cette planche, sur laquelle monte le conducteur, traînée par des bœufs lors du dépiquage, sert à couper la paille et à faciliter la séparation du grain.

Le *voluti* est une espèce de tamis à peau percé de trous assez larges, à l'aide duquel on sépare le grain des débris de l'épi. Il tient lieu du van, qui est inconnu.

La *trinachi* est une fourche en bois à trois dents, plates par-dessus et triangulaires par-dessous.

Les Crétois ont en outre quelques instruments qui ne diffèrent des nôtres ni par leur forme ni par l'usage auquel on les emploie, tel que la serpe, la hache, la faucille, les pelles en bois, etc., etc. Il n'y a en Crète ni voitures ni chariots; tous les transports se font à dos d'âne ou de mulet. Dans l'intérieur des fermes, on ne connaît ni la brouette ni rien qui y ressemble.

OPÉRATIONS AGRICOLES. — La description particulière et détaillée des différentes opérations agricoles trouvera sa place quand il sera question des divers produits de l'île. On dira alors quels sont les procédés de culture et d'industrie appliqués à chacun d'eux. Cependant il est certaines opérations générales communes, par exemple, à la production de toutes les céréales. Elles tiennent le premier rang dans ce qui constitue une bonne ou mauvaise agriculture. On va dire comment elles sont pratiquées en Crète. Les principales sont : le labourage, l'ensemencement, la récolte, l'emploi de l'engrais, et dans un pays chaud les irrigations, les assolements, le sarclage, etc., etc.

Le labourage est sans contredit de toutes les opérations de l'agriculture la plus importante. De sa nature et du bon emploi des engrais dépend en grande partie la richesse plus ou moins abondante des récoltes; les conditions d'un bon labourage sont la profondeur à laquelle la terre est remuée, la rectitude des sillons, qui doivent être d'égale largeur et également espacés entre eux. Le laboureur crétois est loin de satisfaire à ces conditions. La terre n'est ordinairement remuée que d'une manière superficielle, et quoique la charrue, par sa construction, pût facilement pénétrer à une profondeur de huit pouces environ, le laboureur n'en donne guère plus de quatre à cinq à ses sillons. Qu'il ait affaire à une terre dure, à une terre franche ou à une terre légère, son procédé ne change pas. Ce n'est que dans la culture du jardinage, des melons, des pastèques, par exemple, qui se cultivent en plein champ, qu'il y apporte des soins différents. Dans ce cas il passe la charrue jusqu'à six fois et en tous sens, et a chaque fois le traîneau, le *volossiri*, pour ameublir la terre. Le premier labour est de trois à quatre pouces, mais successivement le fer est allongé jusqu'à porter le dernier labour à une profondeur de huit pouces.

La charrue est tirée par une paire de bœufs que le laboureur dirige sans garçon de charrue; quelquefois cependant un très-jeune enfant en fait l'office. Les sillons sont très-courts, inégaux et à des distances inégales entre eux, ce qui laisse dans le terrain des places non remuées. A chaque tournée le laboureur débarrasse sa charrue de la terre qui s'y est attachée, et ce travail joint au temps que les tournées prennent lui fait perdre au quart au moins de la journée. L'étendue de terre qu'un laboureur peut préparer en un jour est : s'il a à rompre une terre dure, d'un sixième d'hectare environ ; une terre franche, un tiers d'hectare; et une terre légère, deux tiers d'hectare.

La même charrue, telle qu'elle a été décrite, est employée indistinctement dans les terrains en plaine et dans les terrains en pente.

Les semailles sont faites à la main, en tirant la semence d'un sac lié à la ceinture. La main suit le mouvement du pied droit. Le blé et les semences de la plupart des céréales sont recouvertes à la charrue; d'autres, plus menues, le sont à la houe.

La récolte de blé, orge, avoine, et en général de toutes ces céréales, se fait à la faucille; l'usage de la faux est inconnu. Les tiges sont coupées bas, car la paille sert de fourrage et tient lieu de foin, qui n'existe pas. Cependant dans quelques localités les tiges sont coupées par le milieu, et la partie inférieure des éteules abandonnées forme une sorte d'engrais. Généralement la récolte des céréales a lieu quand le grain est déjà trop avancé dans sa maturité ; d'où il résulte que soit en coupant l'épi, soit en transportant les gerbes à l'aire, il se perd beaucoup de grain.

L'aire à battre est un espace circulaire de trente à quarante pieds de diamètre, situé en plein air et légèrement enfoncé en terre. Cette aire est faite d'argile bien manipulée; la surface est dure et polie; on y répand le blé par couche d'un ou deux pieds, et l'on égrène l'épi en le faisant fouler aux pieds du bétail qui marche circulairement traînant derrière lui le *volossiri* à pierres. Quand des hommes eux-mêmes ne montent pas sur cette machine à égrener, on la charge de grosses pierres ou de toute autre matière pesante. Le grain ensuite se nettoie en le jetant d'un point de l'aire à l'autre avec de larges pelles en bois. On choisit pour cette opération un jour où il fait du vent. Autrement on vanne le grain avec le tamis désigné sous le nom de *voluti*.

L'emploi de l'engrais est tellement négligé en Crète, qu'il y a peu de chose à en dire. Quelques produits végétaux et animaux sont les seuls employés à cet usage. Autour des villes on a commencé, et depuis peu de temps seulement, à profiter des immondices pour en faire des engrais ; encore beaucoup de propriétaires, même de ceux dont les champs sont voisins des villes, ne songent-ils pas à tirer parti de cette ressource. Plus loin dans l'intérieur des terres on pourrait dire que le fumier est inconnu. Celui que l'on recueille, mal préparé, et auquel on n'a pas laissé le temps de se former et d'entrer en état de décomposition, est jeté sur la terre sans soin et en trop petite quantité pour produire d'utiles effets. L'usage n'est pas de former dans les étables et les écuries une litière pour les animaux avec de la paille étalée sous leurs pieds. Ils se couchent sur leurs excréments desséchés et pulvérisés, et l'on se trouve ainsi privé de la source abondante dont nos cultivateurs tirent la plus grande partie de leur fumier; mais il existe en Crète, dans diverses parties de l'île, des produits minéraux, fluviatiles, marins, qui seraient facilement réunis. Ils restent abandonnés, tant sur ce point, réputé essentiel pour toute bonne agriculture, la routine a conduit à une insouciance profonde. Quelquefois cependant comme moyen d'engrais on brûle les éteules des champs moissonnés très-haut, des branchages, des broussailles, de petits arbustes dans les lieux où ils croissent abondamment. Les terres fécondées par ces cendres produisent pendant trois ou quatre années, après quoi elles sont mises en jachère, et attendent que les arbustes aient repoussé pour que l'on y mette de nouveau le feu. On verra que l'on fait également usage pour fumer quelques arbres du marc des olives. Cet engrais serait excellent; il abonde en Crète, et il est déplorable que l'on ne sache pas en tirer un meilleur parti.

L'extirpement des mauvaises herbes et le nettoiement du sol sont de même l'objet de très-peu de soins. Le premier se fait cependant en coupant les plantes nuisibles avec la faucille ou en les arrachant à la main, et le second en sarclant et donnant des façons à la houe. Les fèves, les blés sont houés une ou deux fois. Le lupin n'est pas sarclé; mais le sésame, le tabac, le coton sont sarclés et houés. La herse étant inconnue, elle n'est pas employée à ces opérations. Aussi dans les lieux où les bras sont peu nombreux, et presque partout ils font défaut en Crète, le sarclage n'a pas lieu. Le chardon et la nielle croissent abondamment, cette dernière au point d'entrer quelquefois pour un huitième dans le grain.

La jachère est pratiquée en Crète comme on l'a vu et forcément pratiquée, car la terre que l'engrais ne renouvelle pas s'appauvrit promptement. La jachère toutefois n'est pas régulière; et quoique l'on ne sache pas suivre un système d'assolement intelligent et éclairé, on n'en a pas moins appris par une sorte d'expérience à changer les cultures, de manière à faire produire au sol le plus longtemps possible. Ainsi le blé succède à l'orge, celle-ci à l'avoine, et la rotation a lieu jusqu'à ce que le terrain, entièrement épuisé, ne donne plus que deux fois la semence. Alors on l'abandonne pendant une ou deux années, et on le remet en culture en l'ensemençant de coton et de sésame. Cette première culture, bien que peu productive, est très-utile au sol, qui est par là bien de visé, et qui, dans cette condition, reçoit tout l'été la fécondante influence des rayons du soleil.

Quand le cultivateur met son terrain en jachère, il lui donne un premier labour en octobre ou novembre, puis au printemps un second en travers du premier. Quand la jachère dure deux années, il recommence la même opération aux mêmes époques, et la terre se trouve ainsi parfaitement renouvelée pour le moment des semailles, où elle reçoit un dernier travail.

Dans les pays chauds et dans ceux principalement où les pluies cessent de tomber au commencement du printemps pour ne reparaître qu'à la mi-octobre, ainsi que cela est en Crète, les irrigations sont un des éléments indispensables de toute bonne agriculture. Elles ont été autrefois fort soignées en Crète. Des restes de travaux hydrauliques que l'on retrouve dans toutes les parties de l'île en sont le témoignage. Mais le temps et le défaut d'entretien ont fait que les canaux à ciel ouvert se sont comblés et que les conduits en maçonnerie sont tombés en ruines. Ce n'est guère qu'aux environs des villes que l'on a songé à les maintenir en bon état. On y était contraint par la nécessité d'avoir de l'eau pour les besoins domestiques des habitants; il en fallait également pour l'arrosage des jardins qui se trouvent près de ces villes, et dont la population de l'île tire à peu près tout ce qu'elle consomme en fruits et en légumes. Partout ailleurs l'eau fait souvent défaut, non pas seulement aux besoins de l'agriculture, mais encore à ceux des hommes et surtout à ceux des bestiaux. Cependant la nature avait sinon abondamment, du moins suffisamment pourvu la Crète de rivières et de sources; mais le complet déboisement des montagnes a desséché les rivières qui en descendaient, et dans les lieux bas les eaux des sources se perdent, par suite de la destruction des réservoirs et des canaux qui étaient destinés à les recevoir. Quant aux courants, soit naturels soit artificiels, qui continuent à subsister, voici les lois qui en règlent l'usage et la distribution.

Les rivières sont abandonnées à la discrétion de qui veut s'en servir, soit en y élevant des moulins, soit en y pratiquant des canaux de dérivation. L'autorité n'y met empêchement d'aucune sorte, et ne réclame aucun droit à titre de propriétaire public. Chacun seulement demeure responsable des dommages qu'il peut causer à ses voisins.

La jouissance des eaux des sources, réunies ordinairement dans un réservoir commun, près du lieu où elles prennent naissance et dirigées ensuite dans des canaux de distribution, est au contraire une propriété privée, à laquelle nul, excepté les ayant-droit, ne peut prétendre, pas plus qu'au champ ou à tout autre bien qui ne lui appartient pas. Les constructions élevées pour la conservation et la distribution de ces eaux entre les propriétaires remontent, à ce qu'il paraît, à des temps très-anciens; on croit dans le pays qu'elles sont antérieures à l'arrivée des Vénitiens dans l'île. Les règlements d'administration et le mode de partage des eaux entre les riverains, s'il faut en croire l'opinion publique, dateraient également de cette époque reculée. Les travaux, outre le réservoir, se composent d'un canal principal, qui sert de lit à cette rivière artificielle, et d'un nombre plus ou moins considérable d'autres canaux, plus petits, qui des champs voisins aboutissent sur ses deux rives, et qui sont les canaux d'irrigation proprement dits. Une pierre mobile, faisant office de vanne, intercepte leur communication avec le canal principal au point où ils viennent les joindre; les uns et les autres sont construits en pierres cimentées avec de la pouzzolane. La dimension des canaux en largeur et profondeur, celle surtout des canaux d'irrigation, est invariablement fixée pour chacun d'eux. On comprend que les titres sur lesquels elle a pu être établie originairement n'existent plus; mais la notoriété publique l'a consacrée, et les co-partageants ne souffriraient pas qu'on y dérogeât. Le volume d'eau qui court dans le canal principal n'étant jamais très-considérable, et les canaux d'irrigation étant ordinairement fort nombreux, on a divisé le droit de prise non pas en tant d'heures par jour, mais en tant d'heures par semaine. Ce droit se nomme *massourá*. Un canal latéral peut avoir droit à une ou plusieurs *massourás*. Quand l'heure de la *massourá* arrive pour un canal, son propriétaire lève la pierre mobile qui le sépare du canal principal dont il a eu le soin de barrer les eaux un peu au-dessous, et il les reçoit pendant le temps auquel il a droit; ce temps passé et l'heure d'une autre *massourá* étant venue, c'est à celui à qui elle appartient de veiller à détruire le barrage élevé au-dessus de lui, à fermer le canal du propriétaire supérieur et à ouvrir le sien. Les canaux de dérivation desservent souvent dans leur cours d'autres rigoles, qui prennent leurs eaux de la même manière que l'on vient de dire que ces canaux la prenaient de la branche principale.

Les travaux de réparation à faire au réservoir commun sont à la charge de tous ceux qui participent aux eaux, chacun en proportion de ses *massourás*. Si le canal principal se dégrade, les frais de réparation pèsent sur les propriétaires des canaux de dérivation placés au-dessus du point endommagé. Les infractions aux règlements sur les prises d'eau sont punies de cinq à six jours de prison.

Des Productions de l'île de Crète. — Le climat de la Crète est régulier, sec, pur et chaud. En été la chaleur dans les plaines s'y élève à un degré considérable. Le thermomètre y monte à 40 et 45 degrés centigrades au soleil, 30 à 32 à l'ombre, et ces chaleurs pendant plusieurs mois ne sont jamais adoucies par les pluies. Le ciel durant tout ce temps reste sans nuages et constamment d'un bleu d'azur. Les nuits alors sont admirables; ce sont de vraies nuits de l'Orient, calmes, blanches et transparentes; elles amènent ordinairement d'abondantes rosées. En hiver, c'est-à-dire du mois de novembre à la fin du mois de février, les pluies sont fréquentes, souvent torrentielles pendant plusieurs jours. Mais dans cette saison même le ciel reprend souvent sa sérénité, et il n'est pas rare qu'il la garde quinze à vingt jours consécutifs, surtout au mois de janvier. Au mois de février, quand le soleil se dégage des nuages, il est déjà chaud et incommode. Du reste, le froid n'est jamais rigoureux en Crète; on pourrait dire même qu'il ne s'y fait pas sentir, car la température en moyenne se maintient à 8 degrés au-dessus de zéro; elle est de 12 et 15 quand les jours sont beaux. On parle ici de la température telle qu'elle existe aux bords de la mer et dans les plaines, car en hiver la neige couvre les montagnes. Elle commence à tomber vers la fin d'octobre, et elle séjourne sur les cimes élevées jusque vers la fin d'avril. Certains pics en gardent toute l'année dans leurs anfractuosités. Quand les vents soufflent de cette partie, ils portent au loin un air rafraîchi. La ville de La Canée jouit de cet avantage, grâce à sa proximité des montagnes de Sphakia. Elle leur doit aussi d'être mieux abritée que d'autres parties de l'île contre le khamsin, qui deux ou trois fois chaque année arrive des côtes de la Barbarie, et qui, bien que tempéré par son passage sur la mer, n'en apporte pas moins en Crète une chaleur étouffante.

La surface du pays est irrégulière, montueuse; elle a peu de plaines, mais des vallées en grand nombre et très-riches. Le sol, mêlé presque partout à des débris de roches, est varié: argileux et schisteux en quelques lieux, mais généralement léger et sablonneux, il repose sur un fond calcaire.

Les productions naturelles et spontanées de ce pays sont : quelques bois clairs-semés de *chênes verts* et d'*yeuses*: ces arbres sont tous rabougris, sans vigueur, et le peu qui en reste tend chaque jour à disparaître; mais on peut croire que sur ce point l'île a beaucoup changé de ce qu'elle était autrefois; elle a dû être très-boisée dans ses parties montagneuses, et le tarissement de ses anciennes rivières provient sans doute de la disparition des forêts : aujourd'hui elle n'en a plus une seule; des *caroubiers* dans les parties voisines de la mer; de très-beaux chênes à *Vallonée*, près de Rétimo; des *oliviers sauvages*; des *platanes*, dont l'essence paraît être très-appropriée au sol de l'île, car on les rencontre partout; des *pins à pignons* çà et là, et plus nombreux dans les provinces de l'est; dans les provinces extrêmes de l'ouest, des *châtaigniers*; à la pointe orientale de l'île, un bois de *palmiers*. Quoique les arbres de ce bois ne donnent pas de fruit, l'existence d'un bois de palmiers en Crète est en elle-même très-remarquable. On rencontre en effet des palmiers isolés sous des climats plus septentrionaux, mais non des palmiers réunis en grand nombre et formant un véritable bois; ceux de Crète sont assurément les derniers que l'on trouve en s'éloignant des régions tropicales.

Les autres arbres que la terre produit d'elle-même sont le *néflier* et le *merisier* des bois; le *poirier*, le *pommier* et le *prunier* sauvages; mais tous en petite quantité. Parmi les arbustes, outre un certain nombre d'arbrisseaux épineux, qu'il est superflu de nommer, il y a le *laurier daphné*, le *laurier-rose*, le *myrte*, l'*arbousier*, la *bruyère*. Les myrtes en Crète sont renommés, et ils méritent de l'être : on cite surtout ceux qui croissent aux environs de La Canée dans une vaste plaine que l'on nomme la vallée des myrtes; mais chaque partie de la Crète en possède. Ils forment des bosquets touffus et élevés. Un homme à cheval qui les traverse disparaît souvent sous leurs branches. La feuille du myrte sert au tannage et à la préparation des peaux pour chaussures. Le *laurier-rose* atteint de douze à quinze pieds de hauteur; il pousse dans le lit des torrents et le long de tous les cours d'eau, qui en automne ressemblent ainsi à de longs rubans de fleurs. Dans quelques localités, on met les lauriers-roses en coupes réglées, et leur bois s'emploie à faire du charbon, qui est, il est vrai, de fort mauvaise qualité. La *bruyère* couvre le flanc de certaines collines sur un espace quelquefois de plusieurs milles. Chaque trochée est un épais buisson, haut de cinq à six pieds; serrées les unes contre les autres, elles deviennent des fourrés impénétrables. Quand, vers la fin du printemps, ces bruyères sont en floraison, on croirait, à une certaine distance, que l'on a sous les yeux une immense nappe de neige. On ne saurait dire quelle sorte d'étonnement et d'admiration l'on éprouve la première fois que ce beau spectacle tombe sous le regard. Le *laurier daphné*, très-commun dans les terrains secs et pierreux, pousse des jets vigoureux et élevés. Il y en a de plus de dix-huit pieds de hauteur. Les paysans tirent parti de cet arbuste; ils en distillent une huile essentielle fort odorante, dont ils font grand usage pour eux-mêmes, et dont on fait des envois à Bengasi, Tripoli et Tunis. Parmi les plantes, on compte le *ciste*, le *dictame*, le *safran*, le *ricin*, etc., etc.; il en sera question plus bas. Il n'y a pas d'herbages naturels en Crète, si ce n'est peut-être dans une des provinces de l'ouest. Partout ailleurs les terres sèches ne produisent qu'une herbe rare et courte, sur les bords des chemins et des fossés. Dans les terres mouillées et marécageuses, il ne pousse que des roseaux et d'autres herbes aquatiques.

Les productions artificielles, celles qui sont dues au travail et à l'industrie de l'homme, constituent l'agriculture proprement dite. A ce titre elles demandent à être passées en revue en détail et à être traitées avec un certain développement; quoique l'ordre dans lequel on va énumérer et exposer ce qui se rapporte à chacune d'elles ne soit peut-être pas toujours parfaitement méthodique, on a cherché autant que possible à procéder par groupes et à introduire dans chacun d'eux les matières qui se rapprochaient entre elles par la ressemblance ou l'analogie.

Les céréales tiennent le premier rang parmi les objets sur lesquels l'agriculture s'exerce.

Les céréales cultivées en Crète sont :

Le *blé*, dont il y a deux espèces, toutes deux d'hiver. Le grain de l'une est dur, corné, d'un jaune rougeâtre; celui de l'autre est blanc et tendre. Tous deux sont à barbes; le dur est cultivé sur les montagnes, le tendre dans les plaines. Les semailles se font après les premières pluies de novembre, et sont généralement terminées partout vers la fin de décembre. Il existe un autre blé, dit de mars, dur, gris, et à barbes également; il se sème du 15 février au 15 mars, mais il est peu cultivé, car, pour réussir, il exige un terrain très-approprié et un labour profond. On a vu que la charrue ne porte guère au delà de cinq pouces de profondeur. Le blé est fréquemment attaqué de la rouille, mais très-rarement de la carie, de l'ergot jamais. On ne chaule pas la semence; on ne chaule du reste celle d'aucune céréale.

La quantité de semence est d'un hectolitre et demi par hectare. Communément la récolte est de six à sept fois la semence, souvent de deux à trois seulement; mais quand on sème sur un champ qui a été précédemment emblavé de coton ou de sésame, on obtient dix ou douze fois la semence.

Le rendement en farine est d'ordinaire des trois quarts du poids du blé.

On calcule que la récolte du blé, année moyenne, en Crète est de huit millions de kilogrammes environ, dont quatre millions dans la province de Candie, sept cent mille dans la province de Rétimo, et trois millions trois cent mille dans la province de La Canée.

Le prix moyen du froment est de 16 fr. 50 c. les cent kil.

Le *seigle* est cultivé en Crète, mais en très-petite quantité. On le sème dans les parties montagneuses, sur les terres schisteuses. Le meilleur est celui d'automne.

L'*orge* est le grain dont la culture est la plus générale. On le sème dans toutes les parties de l'île et en quantité assez considérable, car ses usages sont nombreux. Le paysan en fait sa nourriture habituelle; en outre, les chevaux, les mulets, les ânes le mangent pendant une grande partie de l'année; on le mêle à cet effet à la paille. La paille de l'orge est courte, mais fine et belle; on ne la sert du reste aux animaux, ainsi que toutes les autres pailles, que brisée et hachée en menus morceaux : cela provient du mode de battage indiqué plus haut. La variété de l'orge préférée en Crète est celle d'hiver. Il y a cependant aussi des orges de mars. On emploie deux hectolitres un quart de semence par hectare ; la récolte est quelquefois de quinze fois la semence, mais le plus ordinairement de huit à dix. La récolte annuelle est de treize millions de kilogrammes, auxquels la province de Candie participe pour cinq millions cinq cent mille, celle de Rétimo pour trois millions, et celle de La Canée pour quatre millions cinq cent mille. Le prix moyen de l'orge est de 11 francs les soixante-dix kil. (1).

Avoine. C'est l'espèce dite avoine commune. Elle est semée aux premières pluies ; en général avant le blé. La quantité de semence d'avoine par hectare est la même que celle de l'orge ; le rendement est le même aussi. La récolte annuelle est de sept millions de kilogrammes : la province de Candie, cinq millions ; celle de Rétimo, deux cent mille, et celle de La Canée, un million huit cent mille. Le prix moyen des cent kilogrammes est de 10 fr.

La moisson de toutes ces céréales est terminée au mois de juin.

Le *maïs* n'est cultivé que dans les champs arrosables. Celui que l'on sème est la variété dite maïs de Grèce, à grains jaunes, qui ne produit qu'un épi, rarement deux.

Excepté dans la province de Candie, où sa culture fait partie des assolements, on ne le plante dans les autres parties de l'île que pour préparer la'semaille des haricots. L'épi est cueilli avant sa maturité, et les grains en sont mangés bouillis ou grillés. On en donne aussi quelquefois aux volailles. L'égrenage des épis mûrs qui sont gardés pour la semence se fait à la main. Les champs implantés de maïs sont souvent arrosés, mais jamais fumés ; la récolte annuelle est de cent mille kilogrammes ; produits exclusivement par la province de Candie. Le prix moyen est de 20 fr. les cent kilogrammes.

Le *riz*, le *sorghi*, le *millet*, le *sarrasin*, les *lentilles* sont inconnus.

On ensemence en Crète une assez grande quantité de champs en *lupins* et *vesces*, mêlés d'un quart d'orge, et semés très-dru. La récolte de ces champs est mangée en vert et avant la maturité. Au mois de mai et d'avril, on y parque les animaux, qui mangent la plante sur pied ; ou bien on la coupe pour la leur porter à l'écurie. Ces champs forment les seuls fourrages de la Crète. Il n'y a pas, ainsi qu'on l'a dit, de pâturages ni prairies naturelles, et il n'y a pas de prairies artificielles, telles que sainfoin, trèfle, luzerne, etc.

Le produit en argent des terres ainsi ensemencées peut être évalué à 100,000 fr., qui se répartissent ainsi : 38,000 fr. la province de Candie, 22,000 la province de Rétimo, et 40,000 celle de Canée.

Parmi les plantes céréales on cultive :

1° Les semences farineuses suivantes :

La *fève.* La fève proprement dite ne se cultive pas en grand : on s'occupe davantage d'une sorte de féverole ; elle est assez répandue, bien qu'elle ne réussisse pas parfaitement, soit que l'orobanche la détruise, soit que le fumier dont elle a besoin soit mal préparé et inégalement distribué sur le terrain. La récolte annuelle des fèves est de deux millions de kil. : Candie fournissant huit cent cinquante mille, Rétimo quatre-vingt-dix mille, et La Canée un million soixante mille.

Le prix des cent kilogrammes est de 17 fr.

Les haricots ne sont cultivés que dans les jardins, pour être consommés en vert.

2° Les racines nourrissantes. le topinambour et la pomme de terre.

Le *topinambour* est en abondance sur les marchés, mais la *pomme de terre* est une importation récente à La Canée et à Candie. Des Européens et, à leur instigation, quelques gens du pays ont fait des essais de cette culture, et les essais ont été assez heureux pour que les cultivateurs fussent engagés à les continuer. Tous les terrains de l'île ou à peu près paraissent être favorables à la culture de cette racine. En faisant choix de ceux qui lui conviendraient le mieux, elle réussirait à merveille, et serait d'une grande ressource dans un pays où la production

---

(1) Ces chiffres, qui ne peuvent être qu'approximatifs, sont le résultat d'informations minutieuses et multipliées.

des céréales est loin de suffire aux besoins des habitants. On pourrait surtout, comme on l'a fait dans quelques jardins, planter des espèces hâtives en octobre, après quelques pluies qui tombent à cette époque, et avoir la récolte en avril et mai. Quant aux autres qualités, dans les localités où les champs ne sont pas abrités contre les vents violents d'ouest et de sud-ouest, on ne peut les planter qu'aux mois de février et de mars. Alors les chaleurs et le défaut de pluie ont pour effet de dessécher les tiges avant la floraison, qui a lieu au mois de juin, et il faut se hâter de récolter; autrement l'ardeur extrême du soleil au mois de juillet tue le fruit. On ne pourrait prolonger leur séjour en terre et par suite leur végétation qu'au moyen de profonds labours, qui leur feraient braver la sécheresse et leur permettraient de fleurir et de conduire leurs fruits à maturité; alors on obtiendrait sans doute de belles et bonnes récoltes.

Les *légumes* sont :

Le *chou* de plusieurs espèces, le *poireau* et le *choufleur*, l'un au fruit blanc, et l'autre de couleur violacée; les *artichauts*, dont on ensemence de grands terrains et dont on fait en outre des bordures aux champs qui avoisinent les villes et les villages ; le *concombre*, qui se consomme en quantité très-considérable ; le *melon*, qui vient en plein champ, mais qui n'est que d'une qualité inférieure; la *pastèque*, belle, très-grosse et bonne, et qui a sur le melon l'avantage de se conserver saine pendant plusieurs mois ; la *courge*, le *potiron*, la *tomate*, fort bonne et en grande abondance; l'*aubergine*, le *gombo*, fruit aqueux, de peu de saveur, ce qui n'empêche pas que les Crétois en soient très-friands ; l'*épinard*, le *cerfeuil*, le *pourpier*; point d'*oseille ;* des *salades* médiocres et d'ailleurs peu cultivées, si ce n'est dans quelques jardins auprès des villes. On ne les fait jamais blanchir ; les habitants préfèrent les manger vertes.

Parmi les racines légumineuses, on a la *carotte*, très-bonne dans les jardins qui avoisinent la ville de Candie, et partout ailleurs dans l'île de fort médiocre qualité; la *betterave*, qui aujourd'hui réussit mal : cependant dans un terrain frais et bien ameubli, la betterave à sucre et champêtre pourrait être semée en mars, résister aux chaleurs de l'été, se développer dans la saison des pluies et donner en mars et avril, avant la floraison, des racines énormes ayant de grandes qualités saccharines ; la *rave*, le *radis*, l'*oignon*, l'*ail*, et le *chou-navet*.

En général, et sauf de très-rares exceptions, tous ces légumes sont de qualité inférieure : non pas sans doute que la terre n'en puisse produire de bons ; mais l'industrie qui leur serait nécessaire manque à ceux qui les cultivent. On suit la routine ; et bien qu'autour d'eux des jardiniers voient des fruits meilleurs dans les champs de quelques Européens, ils ne s'informent pas même des procédés auxquels on en est redevable ; bien plus, ils dédaignent ces fruits meilleurs, par grossièreté de goût d'abord et ensuite par orgueil : quelque singulier que puisse paraître ce sentiment en pareil propos, ils donnent la préférence à leurs herbes insipides. Nos pères, disent-ils, se contentaient de celles-là, pourquoi ne nous en contenterions-nous pas? Ces Européens nous fatiguent avec leurs prétentions de valoir mieux que nous en toutes choses. C'est aux Turcs surtout que l'on entend tenir ce langage, et ce n'est pas de la bouche des gens du peuple qu'il sort le plus fréquemment.

La valeur en argent des légumes cultivés chaque année peut s'estimer à 400,000 fr. : 80,000 fr. dans la province de Candie; dans celle de Rétimo 50,000, et 270,000 dans celle de La Canée.

Les *plantes oléifères* se réduisent à deux ou trois; aucune même n'est cultivée en vue de l'huile que l'on pourrait en extraire. L'olive en donne si abondamment dans l'île, que l'on ne songe pas à en demander à d'autres sources : bien plus, les Crétois répugnent à l'importation de toute plante oléagineuse dans leur pays. Un secret instinct, et déjà l'expérience, leur apprend que ces graines amènent insensiblement la dépréciation du produit de leurs oliviers. Dans leur ignorance, ils ne comprennent pas qu'il ne dépend pas d'eux d'arrêter cette concurrence, qui malgré eux sera faite par d'autres pays; que quant à ce qui regarde la Crète, ce ne sont pas les changements de graines dont tel négociant de Marseille pourrait s'y approvisionner qui empêcheraient ceux qui font le commerce des huiles de continuer à lui en demander selon leurs besoins, et qu'ainsi il y a sottise à se priver des avantages d'un nouveau produit qui aurait pour effet de compenser les pertes dont la culture de l'olivier est menacée. Ce raisonnement si simple dépasse la portée de l'intelligence des gens de ce pays.

Les seules plantes oléifères actuellement connues et cultivées sur une faible échelle sont : le *sésame,* dont les graines s'emploient à saupoudrer la pâte de certains petits pains, ou dont on extrait l'huile pour en faire quelques pâtisseries au levant. On donne en mars et en avril plusieurs labours aux champs destinés à cette culture, et vers le 1er de mai on sème, sur un nouveau labour, le sésame à raison de deux kilogrammes par hectare ; on recouvre la graine au moyen du volossiri. Quand la récolte réussit, ce qui n'arrive pas toujours, car quelquefois la graine ne lève pas, on peut obtenir de dix à douze hectolitres par hectare. Cette graine est exposée aux attaques d'une espèce particulière de moucherons qui détruisent le sommet de la tige au moment de la floraison. En général on tarde trop à semer et on ne consacre aucun engrais à cette plante, qui en aurait besoin.

La production totale du sésame ne s'élève guère au delà de cinq à six mille kilolitres ; il se vend 45 fr. les 70 kilolitres.

Le lin, qui est d'une espèce dégénérée, ne produit qu'une filasse courte et grosse, et ne donne pas en graine au delà de trois fois la semence, quoique les champs où on le sème soient de ceux pour lesquels les cultivateurs ont le soin de réserver leur engrais. Les semailles se font dans le courant du mois d'octobre, sur deux ou trois labours. On le sème à raison de quatre hectolitres par hectare. La production annuelle du lin est de soixante mille kilogrammes : trente-huit mille à Candie, quatorze mille à Rétimo, et huit mille environ à La Canée.

Le rendement de la graine est communément d'un poids double de celui de la matière textile. La récolte de la graine est donc de cent-vingt mille kilogrammes.

Le lin se vend 80 fr. les cent kil., et la graine 20 fr.

Le *ricin* croît naturellement dans l'île ; mais les graines ne sont pas récoltées.

La culture du *chanvre* est inconnue, et comme plante textile et comme plante oléagineuse. Le pavot, dont on ne s'est jamais occupé jusque ici, va être prochainement essayé

Comme plante textile on a le *coton,* cultivé dans quelques plaines et principalement dans celles qui avoisinent les bords de la mer. Plusieurs causes contribuent à rendre cette culture peu productive. La première et la principale, à laquelle il serait facile de remédier, provient de la graine même que l'on emploie. Cette graine est celle d'une espèce abâtardie : le défaut d'engrais, le peu de profondeur des labours, l'époque avancée à laquelle se font les semailles, du 1er au 15 mai environ, et que l'on recule ainsi, afin de ne pas être obligé au sarclage, sont, après la mauvaise qualité de la semence, les autres causes de la détérioration de la plante. Il est rare que l'on arrive à récolter deux cent cinquante kilogrammes de coton dans un hectare. Il est vrai que le paysan tire en outre parti de la graine, qui germée sert de nourriture aux bœufs.

Cependant si on choisissait de bonnes qualités, et si surtout on donnait à cette plante exigeante les soins qu'elle demande ; si on anticipait l'époque des semailles, afin de les faire profiter des petites pluies qui ordinairement tombent vers la fin d'avril, il y aurait de beaux profits à attendre de cette culture. Telle qu'on la pratique maintenant, elle a plutôt pour objet de donner une dernière préparation aux champs déjà reposés par une ou deux années de jachère, et de les approprier pour l'année suivante à un ensemencement en blé. La graine de coton, que l'on sème à la volée, est d'ordinaire mélangée avec des graines de pastèques, de melons et de maïs. La récolte annuelle du coton est de quatre-vingt mille kil. : soixante mille dans la province de Candie, quatorze mille dans celle de Rétimo, et six mille dans celle de La Canée. Le prix moyen du coton est de 110 francs les cent kil.

La *garance* est la seule plante tinctoriale existant en Crète. La culture en a été essayée par deux propriétaires seulement. Les essais ont été faits en petit; mais ils ont réussi, et on pourrait les étendre. La garance trouverait beaucoup de terrains qui lui conviendraient autant que ceux de l'Asie Mineure, dont elle est un des riches produits. Seulement, comme la sécheresse en Crète est plus forte qu'en Anatolie, elle demanderait beaucoup de soins; il lui faudrait ceux qu'on lui donne dans le comtat Venaissin, et l'on ne peut pas les attendre des Crétois.

La province de Candie produit seule de la garance environ 1,000 kil., qui se vendent 200 francs les 100 kil.

Le *tabac* est peu cultivé en Crète. Cependant cette plante peut rendre de 1,800 à 2,000 kil. par hectare. Les semis ont lieu sur planche en janvier et dans les lieux abrités. En avril, on les transplante à trois ou quatre pieds de distance, dans un champ auquel on a donné jusqu'à cinq labours. On arrose chaque pied avec une dissolution de fumier de brebis. Les sarclages, les binages ont lieu à la houe. La récolte se fait feuille par feuille, ce qui rend cette culture fort chère; et comme d'ailleurs aucun cultivateur n'a de local assez vaste pour faire sécher les feuilles, la culture du tabac se borne à quelques ares, que certains propriétaires y consacrent autour de leurs demeures. Le tabac de la Crète est d'une qualité inférieure; celui de Rétimo a cependant quelque réputation.

On rencontre quelques autres plantes pour l'usage domestique qui sont à l'état de nature. On mentionnera en première ligne :

Le *ciste de Crète*, qui produit le laldanum ou laudanum du commerce. C'est une substance visqueuse et odorante, qui transsude et forme un enduit sur les jeunes tiges et sur les feuilles de l'arbrisseau. On le ramasse, pendant les fortes chaleurs de l'été, en passant sur le ciste à plusieurs reprises un fouet formé de plusieurs lanières de cuir. Quand ces lanières sont chargées de laudanum, on l'enlève en les ratissant avec un couteau, et on le met en pains. Un homme peut en recueillir jusqu'à un kilogramme et demi par jour. On en recueille environ 600 kil. dans la province de Candie et 125 dans celle de Rétimo. Le prix fait est de 6 francs 25 centimes le kil.

Le *dictame*, dont on récolte de petites quantités, et seulement dans les montagnes de Sphakia. Le dictame, celui de Crète principalement, était autrefois fort recherché, à cause des vertus médicales qu'on lui attribuait. Aujourd'hui il a perdu sa réputation, et il ne se trouve plus que dans quelques pharmacies. Cependant les quantités que l'on recueille sont facilement vendues au prix de 4 francs le kil.

Les autres plantes de cette classe sont la *réglisse*, la *sauge*, l'*absinthe*, le *safran*, qui existe dans le pays, mais n'est presque pas recueilli. La guimauve, la menthe, la mélisse se trouvent en petite quantité dans quelques jardins.

ARBRES A FRUITS. — Nous arrivons à une des grandes sources de la richesse du pays. Diverses sortes d'arbres y contribuent pour une large part. Le *caroubier*, le *chêne à vallonée*, le *mûrier*, l'*oranger*, la *vigne* particulièrement y apportent chacun leur contingent; mais l'*olivier* surtout y fournit abondamment, et à lui seul plus que tous les autres ensemble. L'huile que l'on en retire peut être estimée, année commune, à une valeur de 7,000,000 de francs. D'autres arbres fruitiers ajoutent leurs produits, quoiqu'en moindre importance, à ceux que l'on vient de nommer : ce sont le *châtaignier*, l'*amandier*, le *pommier*, le *poirier*, le *noyer*, le *cerisier bigarreautier*, qui sont en Crète des arbres de plein champ; et dans les vergers, le *figuier*, le *pêcher*, l'*abricotier*, le *prunier*, et d'autres encore. On va traiter de chacun d'eux, en suivant le rang d'importance qu'ils occupent dans les ressources du pays.

L'*olivier* couvre les campagnes de la Crète; il est la véritable richesse du pays; il en fait aussi l'ornement. Grâce à cet arbre, l'œil trouve à se reposer sur des masses de verdure dans un pays qui sans cela ne présenterait durant la plus grande partie de l'année, quand les récoltes ont été enlevées, que des aspects d'une désolante aridité; mais partout, et à chaque changement d'horizon, on découvre des bois d'oliviers, dont quelques-uns s'étendent sur un espace de plusieurs milles ; et ce ne sont pas ici, comme en Provence, par exemple, des arbres grêles, bas, garnis d'un rare feuillage à la couleur blanchâtre. Les oliviers en Crète sont vigoureux, leur tronc s'élève à près de huit pieds au-dessus de la terre, souvent deux hommes réunis ne parviendraient pas à en embrasser la circonférence. Son branchage est touffu, presque régulier; il n'est pas rare qu'il atteigne vingt et trente pieds de hauteur. Ses feuilles sont d'un beau vert; malheureusement les Crétois ne savent pas sur ce point, non plus que sur les autres, mettre à profit la libéralité dont la nature a usé envers eux. On s'en repose sur elle du soin de produire, et l'industrie ne lui vient guère en aide. Les soins donnés en Crète à l'olivier se bornent à labourer la terre où il est planté; le champ reçoit deux, quelquefois trois labours à la charrue, de février en avril; après le dernier on passe sur la terre la planche qui sert de herse, et l'on attend la récolte. On ignore absolument ce que c'est que la taille, combien elle est nécessaire à l'arbre, et quels avantages on en retirerait. Élaguer les branches gourmandes de manière à ce que l'air circule plus librement, que les fruits soient mieux exposés au soleil et que la sève se fixe dans les parties puissantes, personne n'y songe, personne même ici ne serait en état de le faire d'une manière intelligente et sûre. On se contente d'enlever et souvent très-imparfaitement les branches mortes ; on ne coupe pas toujours celles qui naissent au pied de l'arbre et finissent par l'entourer d'un buisson. L'engrais n'est pas plus en usage que la taille; seulement on dépose au pied des arbres, non pas de tous, mais de quelques-uns, à tour de rôle et à des années d'intervalle, du marc des olives, et cela en masses telles, que l'arbre en est le plus souvent incommodé.

Cependant quelques propriétaires, mieux avisés, ont divisé ces tas d'engrais; ils les ont répartis sur la surface entière du terrain ; et ils ont été récompensés par des récoltes plus abondantes et de meilleure qualité. L'exemple n'a pas profité à leurs voisins; ils se sont obstinés dans leurs anciens errements. Aussi est-il rare que les oliviers produisent deux années de suite en Crète. Il ne faut compter que sur des récoltes qui alternent de deux ans en deux ans.

La récolte des olives se fait de deux manières : dans certaines contrées on emploie la gaule pour les abattre, et on les reçoit sur des draps étendus au pied de l'arbre. Mais généralement l'usage est de les recueillir à la main, et pour cela on attend que la maturité les ait fait toutes tomber, de telle sorte qu'une grande partie des fruits séjourne longtemps sur la terre, exposée à l'humidité des rosées et à la dessiccation, quand le soleil vient ensuite les frapper. Il en résulte un très-grand déchet dans le produit de la récolte. De plus, les olives trop mûres donnent une huile trop grasse, forte et rance, même quand elle est nouvelle. La récolte se fait depuis le mois de septembre jusqu'en février et mars, selon les localités et les espèces d'olives. Ce sont des femmes et des jeunes filles qui sont chargées de les ramasser; quand chacune d'elle en a réuni une quantité suffisante, elle la porte dans le magasin du propriétaire, où elle en fait un tas particulier, jusqu'au moment où on le portera au pressoir, ce qui n'a lieu quelquefois qu'au bout de quatre ou six mois. Pour éviter la fermentation qui pourrirait les olives, on les couvre de sel marin; mais leur propre poids les presse; l'eau de végétation suinte de toutes parts dans le tas, et malgré le sel il s'y forme un principe de fermentation qui diminue d'autant la partie huileuse et communique à ce qui en reste une saveur âcre et fort désagréable. On sait qu'en Provence, pour remédier à ces inconvénients, on construit un faux plancher percé de trous sur lequel on place les olives, et, en établissant sous ce faux plancher un grand courant d'air, on parvient à empêcher la fermentation. Ce serait prendre une peine vaine que de recommander ici de semblables précautions. Mais le principal dommage supporté par les propriétaires d'oliviers lors de la récolte des olives n'a pas pour cause les usages et les procédés peu intelligents que l'on vient de signaler; il résulte surtout du manque de ramasseuses; même dans les années de récolte moyenne, le nombre n'en est pas suffisant pour recueillir tous les fruits ; et dans les années d'abondance, on calcule que plus d'un quart s'en perd, faute de bras; dans ces années, la ramasseuse, avidement recherchée, au lieu des deux septièmes qu'on lui abandonne ordinairement pour sa part sur la quantité qu'elle a recueillie, reçoit le tiers. Du reste, les profits qu'elle retire de ce travail sont toujours faibles, et le travail est très-dur. La rigueur de la saison, les intempéries de l'air et les pluies font que plus d'une journée est une journée de peines et de souffrances. Une bonne travailleuse ne ramasse guère d'olives au delà de ce qui peut fournir trois cent trente kilogrammes d'huile, souvent moins. Sa part calculée au tiers est dans ce cas de cent dix, qui au prix de 60 centimes le kilogramme lui valent de 60 à 70 francs pour cinq mois environ de travail. Toutes cependant attendent impatiemment le temps de la récolte, toutes s'y pressent, les jeunes filles surtout : outre la petite somme qu'elles rapporteront, c'est le moment d'un peu de liberté, du travail en commun pendant le jour et des veillées avec leurs causeries le soir.

Le moulin à huile est à une ou deux pierres, suivant l'importance des récoltes du lieu où il est établi. Les olives sont écrasées par une meule très-pesante, qui tourne verticalement, mue par un cheval ou par un mulet. Lorsqu'elles sont broyées et réduites en pâte, cette pâte est mise dans des sacs en crin et placée sous une forte presse à vis. Au-dessous du plateau de cette presse est une jarre en terre, fixée à demeure dans le sol et placée pour recevoir l'huile qui s'écoule. De temps en temps cette jarre est vidée, l'huile est versée dans des outres faites d'une peau de chèvre retournée le poil en dedans, et transportée soit dans les magasins de la propriété, soit immédiatement à la ville voisine. Le marc qui reste, et qui contient beaucoup d'huile encore, est abandonné pendant une vingtaine de jours dans un lieu où on l'entasse en le pressant avec force, et où il s'échauffe promptement. Alors on le soumet de nouveau à l'action de la meule et à celle de la presse ensuite. Il n'y a pas de moulin à recense. Le produit de cette seconde extraction est joint dans les tines à celui de la première. Toute l'huile de Crète se fabrique de la même manière. On comprend combien ces procédés sont vicieux : ils ont pour effet de mêler ensemble les deux natures d'huile bien distinctes que l'olive contient, celle de la pulpe et celle des noyaux. La dernière communique au tout quelque chose de son âcreté, et dispose l'huile à une prompte rancidité.

Tout se réunit donc pour faire de l'huile de Crète une huile nauséabonde et à peu près immangeable : récolte des fruits déjà détériorés, insuffisance des moyens de conservation en attendant qu'ils soient portés au pressoir, grossièreté des procédés de fabrication ; aussi n'est-elle propre qu'à la fabrication du savon. Le paysan cependant s'en sert comme aliment ; il en fait une grande consommation, et jamais il ne lui est venu à l'esprit d'améliorer, quoique cela lui serait très-facile, la partie qu'il réserve à ses usages domestiques. Depuis quelques années, des habitants des villes, mais en petit nombre, l'ont tenté : ils font cueillir les olives à la main sur l'arbre avant qu'elles aient atteint toute leur maturité, et ils choisissent celles qui sont de plus belle apparence. L'huile qu'elles donnent est de bonne qualité, déjà assez agréable au goût, quoique conservant encore quelque chose de l'âcreté et de l'amertume qu'elle doit au mode de sa fabrication.

Les fruits d'une variété d'olives sont spécialement destinés à être gardés confits, et les habitants de la Crète, les Grecs principalement, durant leurs nombreux et longs carêmes, n'ont souvent d'autre nourriture que ces olives conservées dans le sel marin. Elles sont désagréables au goût, et leurs propriétés malsaines occasionnent de nombreuses maladies. Cependant il existe des procédés simples et faciles de préparer pour les olives une bonne conservation, ceux entre autres qui portent le nom de picholènes. Ils sont inconnus ou du moins ils ne sont pas pratiqués en Crète, si ce n'est dans les maisons de quelques Européens, qui n'ont pas d'imitateurs.

Quelque nombreux que les oliviers soient encore en Crète, cet arbre a, ainsi que toutes les autres productions de l'île, souffert de l'état de guerre et de dévastation qui a si longtemps ruiné le pays : l'immense plaine qui s'étend sous les murs de Candie en était, dit-on, couverte autrefois ; il n'y en a plus un seul aujourd'hui : tous ont été détruits pendant le siége de la ville. D'autres parties de l'île en ont été de même plus ou moins dépeuplées. La reproduction serait aisée. Au sud de l'île on trouve de très-grandes quantités d'oliviers sauvages, qui greffés avec de bonnes variétés, soumis à la taille et à des labours réguliers, donneraient en peu d'années de belles récoltes. Le pacha, il y a dix ans, a fait l'acquisition d'un terrain où l'on comptait vingt mille pieds de ces plants sauvages. On en greffe une partie chaque année, et le produit d'une seule récolte de la partie actuellement en rapport l'a couvert de la totalité du prix d'achat. Ailleurs, là où il n'y a pas d'oliviers sauvages, on pourrait, soit par marcottes ou boutures, soit par semis, former des pépinières et multiplier les olivettes ; plusieurs l'ont fait et le font encore chaque année, mais en faibles proportions. Il faut le redire encore, les bras manquent à la Crète, leur défaut arrête tout progrès sérieux ; et puis l'olivier met près de huit à douze ans avant de donner une récolte véritable. Or, quels sont les hommes en Crète qui ont pris assez de confiance pour compter sur un avenir ajourné à douze années.

La production annuelle de l'huile est de dix à onze millions de kil., ainsi répartis : la province de Candie en produit quatre millions cinq cent mille, celle de Rétimo deux millions cinq cent cinquante mille, et celle de La Canée trois millions cinq cent mille. Le prix moyen peut être fixé à 71 francs les cent kil., c'est donc une valeur de 7 à 8 millions de francs que l'île retire annuellement du produit de ses oliviers.

Si la *vigne* ne tient pas après l'olivier le second rang dans les produits de la Crète, il ne dépendrait que de ses habitants de l'y placer ; car dans toutes les parties de l'île le sol est merveilleusement propre à cette culture. La vigne réussit partout ; elle donne partout des fruits excellents : dans certains cantons elle en donne d'une qualité vraiment remarquable, les uns pour être mangés à la main, les autres pour le vin que l'on en tire. Cependant, on le sait, la vigne, pour prospérer, exige des soins multipliés et intelligents. La fabrication du vin, fort simple en elle-même quand il ne s'agit que d'obtenir du vin, devient un art chez les peuples industrieux, et cet art la transforme. En Crète la culture de la vigne est à peu près abandonnée à elle-même, si on la compare à celle de beaucoup d'autres pays ; les procédés de la fabrication du vin surtout y sont grossiers, tels qu'on doit les attendre d'hommes à qui toute science est étrangère et qu'aucune émulation ne stimule. Vienne le jour où des ouvriers habiles prendront en main cette culture et toutes les opérations qui s'y rattachent, et bientôt les vins de la Crète acquerront dans le Levant, plus au loin peut-être, une grande et juste réputation. Dès à présent on y compte une vingtaine de crus différents, recherchés parmi les autres. Ils sont tous très-spiritueux, se bonifient beaucoup en vieillissant ; mais ce que l'on nomme le bouquet leur manque presque toujours. On ne réussira jamais à en faire des vins légers propres à l'usage ordinaire de la table ; mais des gens entendus en cette matière sont d'avis qu'ils deviendraient facilement des vins de dessert, dont le goût se rapprocherait de ceux de Marsala et même des vins d'Espagne. Comme l'Espagne, la Crète produit des vins secs et d'autres doux et liquoreux.

Les plants de vignes sont généralement placés à un demi-mètre de distance l'un de l'autre ; ils forment des lignes parallèles d'un mètre de largeur. Le cep est tenu très-bas ; les sarments, abandonnés à eux-mêmes, rampent sur le sol. Cependant dans quelques parties de l'île la vigne est accolée à des platanes très-élevés, qu'elle couvre de ses feuilles et de ses fruits ; la tige s'élance alors le long du tronc de l'arbre à plus de trente pieds de hauteur et souvent n'a pas moins d'un pied, un pied et demi, de circonférence. Dans les environs de Candie elle est liée à des treilles semblables à celles d'Italie, mais plus basses. Le terrain destiné à être planté de vignes reçoit plusieurs labours à la charrue, mais n'est pas défoncé. Chaque année ensuite, la vigne reçoit en mars deux labours à la houe très-superficiels et destinés seulement à détruire les mauvaises plantes plutôt qu'à donner une véritable culture. Aussi la vigne exiget-elle près de sept à huit années avant d'entrer en rapport. Mais quand elle a atteint son accroissement, elle dédommage amplement le propriétaire de l'argent qu'elle lui a coûté : une bonne vigne peut rendre de trois à quatre hectolitres de vin par *journée*; et on compte trente-six journées par hectare. Une vigne dans ces conditions se vend jusqu'à 125 fr. la journée, surtout dans la proximité des villes, où il se fait une très-grande consommation de raisin dans la saison.

La vendange se fait lorsque le raisin est arrivé à sa parfaite maturité. Les grappes destinées à faire du vin sont toutes cueillies en même temps, sans distinction des espèces, quelquefois mêlées ensemble dans le même champ et transportées dans les cuves en maçonnerie de deux à trois mètres de profondeur, et de cinq à six de largeur. Ces cuves sont fabriquées en plein air, aux lieux les mieux exposés au soleil. Quand le raisin, que l'on abandonne pendant dix à douze jours et dans lequel en quelques lieux on mêle du plâtre et de la résine, a opéré sa fermentation, on le foule aux pieds, et le jus s'écoule dans des jarres placées à demeure et enfoncées dans la terre au-dessous d'une ouverture pratiquée à la citerne. Le raisin est ensuite soumis à une presse portative très-basse, de petite dimension et fixée par des écrous à une large pierre circulaire. Tout le jus obtenu est versé dans des tonneaux, d'où on le soutire après quarante jours. Le marc sert à faire des eaux-de-vie d'une qualité très-médiocre.

Tous les raisins de la Crète ne sont pas destinés à faire du vin. Outre ceux qui, comme on l'a dit, sont cueillis pour être apportés frais sur les marchés des villes et être mangés à la main, dans certaines provinces toute la récolte est employée à faire des raisins secs : on les exporte en quantités assez considérables à Tunis et à Alexandrie; ils servent à faire des sorbets, que l'on a l'usage de boire en Turquie pendant l'été. Les grains sont petits, peu charnus et trop desséchés. L'espèce de la vigne n'a pas été choisie d'ailleurs en vue de l'emploi que l'on voulait faire de son fruit; et quoiqu'il vienne ici dans les villes des caisses de raisins secs de Smyrne, de ceux principalement dits sultani de Karabournou, bien supérieurs assurément à ceux de Crète, personne n'a tenté de faire l'essai du plant qui les produit, personne non plus n'a songé à s'informer du mode de leur préparation, pour la substituer à celle, fort imparfaite, dont on a l'habitude.

La récolte annuelle du vin est de quatre-vingts à quatre-vingt-dix mille hectolitres, dont quarante mille dans la province de Candie, quinze mille dans celle de Rétimo, et trente mille dans celle de La Canée. La fabrication de l'eau-de-vie est de cinq mille hectolitres environ, deux mille cinq cents à Candie, mille trois cents à Rétimo, et deux mille cinq cents à La Canée. Le prix du vin est de 19 fr. l'hectolitre, et 50 fr. celui de l'eau-de-vie.

Le *mûrier*. En Crète, c'est le mûrier blanc dont la feuille sert à la nourriture des vers à soie. Dans un ou deux cantons on donne la préférence au mûrier noir, qui a une feuille très-épaisse. On a fait quelques essais du mûrier multicaule; mais sa feuille est trop délicate pour résister aux vents d'ouest, qui règnent une partie de l'année, et au printemps surtout, avec violence. Il n'y a pas de champs plantés en mûriers. On ne trouve même que fort rarement ces arbres formant bordure sur les lisières des propriétés. Ils sont disséminés çà et là autour des habitations, où on les abandonne à leur végétation, sans les soumettre à une taille régulière. Aussi deviennent-ils de fort grands arbres; et comme on ne se sert pas de l'échelle pour cueillir la feuille, et que l'on ne prend aucune précaution que celle de l'instinct pour se garantir des chutes, elles sont très-fréquentes et dangereuses. Depuis quelques années on a planté en Crète beaucoup de mûriers; et cette partie de l'économie rurale est un véritable progrès. Cependant la réussite de l'arbre est fort chanceuse; car, outre la nécessité où l'on est de le préserver de la dent des bestiaux, il faut l'arroser souvent pendant l'été de la première année; et dans toutes les localités on n'a pas toujours de l'eau à sa disposition : beaucoup de jeunes plants se dessèchent ainsi sur pied. On ne greffe pas le mûrier; on le laisse croître tel qu'il a été rapporté de la pépinière.

L'industrie séricole, bien que très-peu importante encore, eu égard à ce qu'elle pourrait être, mais qui chaque année prend de l'accroissement, tient une grande place dans les travaux intérieurs des ménages en Crète. Les mœurs du pays astreignent les femmes turques à une réclusion absolue, et les femmes grecques elles-mêmes à une vie sédentaire et retirée. Les unes et les autres trouvent dans l'élève du ver à soie et dans la préparation de la soie une occupation lucrative et appropriée à leurs habitudes; aussi est-il peu de familles de paysans d'où il ne sorte pas chaque année quelques écheveaux de soie. Jusqu'à présent l'industrie séricole n'a pas eu plus d'extension. Aucun établissement ne s'est formé où l'on s'y consacre exclusivement. Il n'y a pas de magnaneries; chaque propriétaire a deux ou trois mûriers au plus dans les champs; il élève chez lui autant de vers à soie que la récolte de ces mûriers peut le lui permettre. Voici quels sont les procédés en usage.

Dans les parties basses de l'île, et c'est là où le mûrier réussit le mieux, l'incubation des vers à soie commence au 21 mars. Dans les parties élevées, elle n'a lieu que quinze ou vingt jours plus tard. Au jour fixé par l'usage, et toujours invariablement suivi, les femmes qui doivent s'occuper de l'éducation des vers à soie placent et portent ensuite nuit et jour la graine entre leurs seins jusqu'à son éclosion totale, qui n'exige pas moins de quinze jours. Pendant les deux premiers âges, les vers sont nourris avec les feuilles les plus tendres, entières et très-rarement coupées en morceaux; au troisième âge à peu près, les vers sont distribués sur des canettes de quatre à cinq pieds carrés, formées de roseaux et recouverts de bouse de vache. Les canettes, disposées quelquefois en deux ou trois étages, sont placées dans une partie de l'habitation que l'on sépare soigneusement du reste par une cloison de roseaux et de broussailles. Cette précaution a pour objet de priver, autant que possible, les vers d'air et de lumière; mais on la prend surtout, afin de les soustraire aux regards des curieux dont ou redoute le *mauvais œil*. Ce qui n'empêche pas que l'on n'attribue à cette maligne influence, si appréhendée en Crète, tous les accidents et les maladies que l'atmosphère viciée, l'entassement et la malpropreté produisent fréquemment. Lorsque les canettes remplissent une chambre entière, on en tient, pour les mêmes motifs, la porte et les fenêtres continuellement fermées, et personne autre que les femmes à qui l'éducation des vers est confiée ne peut y entrer.

La nourriture est distribuée aux vers deux fois par jour, sans interruption et sans avoir égard à leur changement d'âge : il en résulte que les vers qui sont en mue sont quelquefois étouffés sous les feuilles, ou qu'au moins ils en souffrent beaucoup. En général la feuille est donnée au moment même où elle vient d'être cueillie, et encore toute brûlante du soleil qui la frappait. Il est rare que les canettes soient nettoyées : on ne se décide à enlever l'épaisse litière qui les couvre que quand l'état maladif des vers l'a rendue tellement humide, que la feuille se salit rien qu'à être posée dessus. Cette méthode vicieuse a pour effet d'amener la mort de près de la moitié des vers à l'époque où ils entrent dans leur cinquième âge, et souvent en deux ou trois jours le paysan se voit privé du fruit de ses peines. Il n'en renoncera pas plus pour cela l'année suivante à ses usages, et, au lieu d'adopter des procédés différents et meilleurs, il se contentera de faire prononcer des exorcismes par son *papa*. Quelquefois, pour prévenir la maladie des vers, on les arrose de vin, mais très-légèrement. Enfin, quand les vers commencent à monter, on garnit les canettes de bruyères; et comme les vers ne sont pas tous du même âge, on en étouffe un grand nombre, ou bien on cesse de nourrir ceux qui sont plus jeunes, et qui alors ne filent qu'un cocon très-mou.

On voit combien il y aurait de changements et d'améliorations nécessaires à introduire dans l'élève des vers à soie en Crète.

Quand les cocons ont bien réussi, on calcule que six kilogrammes de cocons, bien séchés au soleil, doivent donner au filage un kilogramme de soie. Sitôt que les cocons sont récoltés, on les porte à un moulin établi à cet effet sous un arbre aux environs du village. On met dans la bassine une assez grande quantité de cocons; et le fileur prend avec une baguette le brin de vingt à vingt-cinq cocons pour en former le fil. Les frais du filage sont de 1 fr. 50 à 2 fr. le kilog. On choisit parmi les plus beaux les cocons destinés à donner la graine, qui est reçue sur les feuilles de laurier-rose.

En général, une famille de paysans qui s'occupe de vers à soie récolte de deux à quatre kilogrammes de soie par année; rarement elle va au delà de six. Quelques riches agas turcs dans leurs tchiffliks, où ils ont les femmes et les enfants des serviteurs attachés à la culture des champs, arrivent à produire de quinze à vingt kilogrammes, qui sont divisés par moitié entre le propriétaire et les femmes qui se sont occupées de l'éducation des vers. Le propriétaire a dû fournir la graine, la nourriture et le local, qui généralement est celui où on emmagasine les olives.

La récolte de la soie, qui depuis dix années a augmenté de plus d'un tiers, est évaluée maintenant à vingt-six mille kilogrammes environ. La province de Candie en fournit seize mille, celle de Rétimo cinq mille, et celle de La Canée autant. Le prix du kilogramme est de 26 fr.

Le *caroubier* vit dans les plus mauvaises terres, au milieu des rochers, où toute culture serait interdite. Dans la province de Rétimo et dans celle de Candie surtout, il y a des plaines d'une et deux lieues carrées où l'on ne voit que des caroubiers. Ils y sont venus naturellement; mais ils y sont clair-semés quoiqu'il serait très-facile de transformer ces plaines en véritables bois. Tout autour des arbres, en effet, la graine qui en tombe fait pousser des trochées, dont il suffirait de couper les branches en laissant la branche principale, qui deviendrait un arbre. On néglige cette simple opération; sur trente trochées, sur cinquante peut-être, on en châtre une à peine. Le caroubier pousse trop lentement; on serait trop longtemps à attendre ses fruits. Cet arbre cependant est d'un bon produit pour ceux qui en possèdent. Le rendement d'un bon arbre, année commune, est de soixante kilogrammes environ; et il ne demande aucun soin, aucun entretien : seulement la peine d'en cueillir les fruits quand ils sont mûrs.

Il n'y a des caroubiers que dans deux provinces : celle de Candie, dont la récolte annuelle est estimée à un million trois cent mille kilogrammes, et celle de Rétimo, qui en produit un million cent mille. La récolte totale est donc de deux millions quatre cent mille kilogrammes.

Les cent kilogrammes se vendent au prix moyen de 5 fr.

Le *chêne-vallonée*, qui n'existe que dans les environs de Rétimo, mériterait ainsi que le caroubier d'être multiplié dans tous les lieux où il peut croître, et plusieurs parties de l'île paraissent être d'un terrain approprié à son essence. Non plus que le caroubier, il n'exige ni soins de culture ni avances de fonds; et non-seulement son fruit, recherché pour le tannage des peaux, est d'un rapport considérable et certain, mais l'arbre par lui-même est, avec le platane, le plus beau que l'île produise; sa taille élevée, son branchage touffu embellissent les lieux où il existe. Il fournirait, soit pour les savonneries, soit pour les usages domestiques, un bois de chauffage excellent, meilleur encore pour le charronnage et la charpente, et cette ressource serait précieuse dans un pays où le bois manque et où l'on est obligé de s'approvisionner du dehors. La vallonée qu'un chêne en pleine vigueur peut donner va quelquefois jusqu'à huit cents et mille kilogrammes; communément elle est de deux cent cinquante à trois cents. La récolte annuelle est de cinq cent mille kilogrammes, tous fournis par la province de Rétimo. Les cent kilogrammes se vendent 24 fr.

Les *amandiers* existent dans toutes les parties de l'île; mais ils ne sont en abondance que dans les cantons du sud-est, dont ils constituent un des principaux produits. La qualité des trois espèces qui s'y trouvent est bonne; mais celle à écorce tendre produit le fruit le plus estimé.

La récolte annuelle des amandes, écorce enlevée, est de soixante-dix mille kilogrammes; les cent kilogrammes se vendent 120 fr.

Le *poirier* et le *pommier* doux ne sont à bien dire cultivés que dans les montagnes du canton de Lassiti. Ils y sont très-nombreux; leurs fruits, que l'on estime dans le pays, n'en sont pas moins d'une qualité fort médiocre.

La récolte annuelle des pommes est de cent mille kil., et celle des poires de cinquante mille. Le prix moyen de l'un et de l'autre de ces fruits est de 5 fr. les cent kilogrammes.

Le châtaignier est l'arbre des cantons de Sélino et de Kissamos. Grâce à ces beaux arbres et aux pâturages que l'on rencontre dans les provinces de l'ouest, les seules de l'île où il y en ait, la campagne offre à l'œil des aspects variés et qui rappellent ceux de l'Auvergne. Les fruits du châtaignier y sont fort gros et d'une bonne chair. On en envoie dans toutes les îles environnantes et à Constantinople, mais surtout en Grèce. Le sol des cantons de Kissamos et de Sélino est arrosé par des sources nombreuses; et l'humidité qu'elles entretiennent est une des causes qui y font prospérer le châtaignier. Les cent kilogrammes de châtaignes se vendent 10 fr. : on évalue la récolte à neuf cent soixante mille kil.

Parmi les arbres des vergers, les seuls qui méritent d'être mentionnés sont l'*oranger* et le *citronnier*. Ils sont en Crète d'importation récente. Les premiers y ont paru il y a, dit-on, seulement cinquante à soixante ans. De cette époque à celle où nous sommes ils se sont fort multipliés, et chaque année leur nombre tend à s'accroître. Tout y sollicite la rapide croissance de cet arbre, qui commence à donner des fruits dès la cinquième année : sa gracieuse beauté et plus encore, pour les gens que ce charme touche moins que ne le font des avantages réels et positifs, les bénéfices dont il est la source. Un oranger en plein rapport peut produire de deux mille à trois mille oranges. Les variétés de l'oranger sont l'oranger de Portugal et l'oranger turc. Les fruits en sont aussi délicieux que beaux. Il n'est pas rare que deux ou trois oranges suffisent à former le poids d'un kilogramme. Il y a des oranges bergamottes, mais en petite quantité. Les divers citronniers sont le cédrat, le poncire, le calotin, et le limonier doux. Ces arbres sont cultivés surtout aux environs de La Canée et dans quelques villages près de Candie. Ils font l'ornement de ces lieux, où souvent ils couvrent des terrains de plusieurs ares d'étendue ; leur culture est très soignée ; c'est même en Crète le seul arbre qui soit réellement cultivé. On taille les orangers; on les greffe pour améliorer les espèces, et on leur donne des arrosages répétés, à l'aide de rigoles qui conduisent l'eau dans de larges fossés creusés au pied des arbres.

Les oranges de Crète sont exportées en grande quantité à Constantinople et à Athènes. Dans ces deux villes les marchands crient : Oranges de Crète ! comme à Paris on crie : Chasselas de Fontainebleau ! Les bateaux sur lesquels on les envoie commencent à partir dès le mois de décembre.

La production annuelle est trois millions de fruits. L'oranger n'existe guère que dans la province de La Canée. Le mille d'oranges se vend 12 fr. 50 cent.

Les autres arbres à fruits sont le *prunier*, le *cerisier* à bigarreaux, le *jujubier* commun, l'*abricotier*, le *pêcher*, le *cognassier*, le *figuier*, le *noyer*, le *grenadier*. Tous les fruits de ces arbres, si l'on excepte ceux du figuier, n'ont ni saveur ni goût. Ce sont bien plutôt des fruits sauvages que des fruits cultivés. On peut répéter à leur occasion ce qui a été dit à l'occasion des légumes. Les habitants de la Crète ne savent pas distinguer un bon fruit d'un fruit mauvais. Pour ne pas être accusé d'exagération, bien que la remarque soit fondée, on ne dira pas qu'ils préfèrent celui qui est mauvais à celui qui est bon, mais du moins dédaignent-ils de prendre le peu de peine qu'il leur en coûterait pour se procurer celui-ci.

D'après l'énumération que l'on vient de faire des arbres qui existent en Crète, arbres forestiers et arbres fruitiers, on voit que l'île manque du bois nécessaire aux besoins des habitants. On peut dire qu'il n'y a ni bois de chauffage, ni bois de charpente, ni bois de construction. Plus des deux tiers de ces différentes espèces de bois qui se consomment en Crète viennent en effet du dehors. Cependant on construit de petits bâtiments avec des chênes et des sapins du pays. Ces mêmes bois et le cyprès servent à faire des poutres et des solives. Il y a également du chêne et du sapin que l'on emploie comme bois de chauffage. On trouve enfin à faire un peu de charbon avec de l'yeuse, de l'arbousier et du laurier-rose.

Des animaux domestiques élevés en Crète. — Aux chevaux, mulets, bœufs et ânes, qui ont déjà été nommés, il faut joindre les moutons, les chèvres et les cochons.

Les *chevaux* de la Crète étaient en grande réputation dans les temps anciens. Buffon dit qu'on les estimait pour leur vitesse et leur agilité. Il fait la remarque que maintenant on s'en sert peu dans le pays même, à cause de la trop grande aspérité du terrain qui est presque partout inégal et fort montueux. En général l'observation est vraie. Dans le pays on leur préfère en effet les mulets pour les voyages; on ne se sert que très-peu souvent du cheval lui-même. Quand le cheval est de bonne race, on se hasarde avec lui sur les chemins les plus scabreux et les plus difficiles : sa construction solide, l'aplomb de ses extrémités sur le terrain lui permet de courir à travers les pierres sans danger pour le cavalier et sans fatigue pour lui; c'est que le cheval de Crète a de grandes qualités : il a de la franchise et de la liberté dans ses allures; d'une taille un peu ramassée et de médiocre hauteur, il a des muscles prononcés, et il porte une vigueur soutenue dans l'exercice; la forme de ses jarrets est remarquable; on peut la juger surtout quand le cavalier, ainsi que les Turcs en ont l'habitude, le lance et l'arrête tout court sans qu'il bronche, et cela quelquefois sur un pavé inégal et désuni.

Une allure fort recherchée en Crète, et qui doit être celle du moins de tous les chevaux que l'on peut appeler chevaux de luxe, est l'amble. Il est assez singulier que l'usage de cette allure, qui force le cheval à raser la terre de très-près, et qui par là même avait toujours paru exiger un terrain parfaitement égal, ait été introduit dans un pays montueux et pierreux comme l'est celui-ci. Quelque fatigante qu'elle soit pour l'animal, les chevaux de la Crète la soutiennent avec persévérance. Seulement, à la différence de nos chevaux ambles, qui doivent allonger la jambe de derrière, ceux de la Crète la portent au point même où celle de devant est tombée; non plus d'ailleurs que les chevaux ambles de nos pays, ils ne doivent posséder aucune autre allure. Ils ne vont jamais au trot ni au galop. Les plus prisés et les plus estimés parmi les chevaux de cette allure sont ceux qui l'ont de naissance : ceux-là demandent beaucoup moins de peines et de soins pour qu'on la leur développe. Avec tous ses avantages de vitesse et de douceur, les poulains qui ne la tiennent pas de race et auxquels on veut la donner sont soumis à des marches quotidiennes pendant lesquelles ils portent aux pieds de derrière des anneaux de plomb entourés de drap, ayant de plus chaque pied de derrière attaché par une forte corde au pied de devant correspondant. L'écuyer chargé de les former les monte ainsi entravés, et, par tels ou tels mouvements du mors ou de l'éperon que son art lui enseigne, il les assouplit à l'allure désirée. On envoie chaque année de Crète à Constantinople un certain nombre de chevaux ainsi dressés, et il y en a toujours de spécialement destinés aux écuries du grand-seigneur.

De temps immémorial il a régné dans tous les pays de l'Orient un préjugé bizarre, d'après lequel on attache une grande importance à de certains *signes* ou *marques* qui s'offrent à l'œil sur la robe d'un cheval. Cette opinion se retrouve en Crète; et quoiqu'elle ne soit pas particulière au pays, il a paru qu'il n'était pas hors de propos d'en dire un mot, et d'autant plus que les propriétés attribuées à ces signes varient selon les lieux. On dira donc, mais fort brièvement, quels sont à cet égard les préjugés des Crétois. En Crète on ne tient guère compte que des *mauvais signes*, de telle sorte qu'un cheval qui ne porte aucun de ceux réputés tels n'est plus jugé que d'après ses qualités réelles.

Parmi les signes mauvais, et qui, quand ils existent, sont d'un funeste présage, non pas seulement pour l'animal, mais encore pour son maître, on distingue les trois suivants comme principaux : La *balsane*, quand la marque alterne, c'est-à-dire se fait voir sur un pied et point sur l'autre. La *balsane* encore, même quand elle porte régulièrement sur les quatre pieds, mais n'est pas pure, et se trouve cendrée ou tachetée de points noirs; enfin un *double épi* sur le front, si surtout ces deux épis sont placés verticalement l'un au-dessus de l'autre.

On calcule qu'il y a en Crète six mille cinq cents chevaux environ : quatre mille dans la province de Candie, cinq cents dans celle de Rétimo et deux mille dans celle de La Canée. L'île se remonte de chevaux en en faisant venir de l'Anatolie au nombre de six à huit cents par année. Le prix moyen d'un cheval est de 125 fr.; les bons chevaux sont de 3 à 400 fr.; mais ceux qui vont l'amble montent jusqu'à 1,000 fr., et en général on peut dire qu'un cheval dressé à l'amble, toutes autres qualités étant égales d'ailleurs, se vend un tiers de plus au-dessus de ce qu'il se vendrait s'il n'avait pas cette allure.

Les *mulets* de Crète sont en général de très-beaux et de très-bons animaux; leur pas est doux, aisé et rapide : beaucoup sont comparables aux mulets d'Espagne et de l'île de Malte; leur corsage est gros et rond, la croupe est pendante vers la queue, mais pleine et large, les jambes sont menues et sèches, la poitrine ample, le col long et voûté, la tête sèche et petite. Les plus beaux mulets du pays sont le produit de l'âne et de la jument. Souvent la jument de bonne race amblée donne un mulet qui a naturellement cette allure; on la fait prendre comme aux chevaux, et par les mêmes moyens, aux mulets qui ne l'ont pas. Les principaux parmi les Turcs, qui jamais ne font de route un peu longue qu'à dos de mulet, ont tous un mulet qui va l'amble.

Les mulets servent à la selle et aux transports des denrées. Cet animal est d'autant plus précieux dans ce pays, que les chemins seraient inabordables dans certains lieux à toute autre monture chargée : si l'on était privé de son aide, les transports deviendraient souvent impossibles.

Le nombre des mulets en Crète est de douze mille environ : cinq mille cinq cents dans la province de Candie, mille huit cents dans celle de Rétimo et cinq mille dans celle de La Canée. Le prix moyen d'un mulet ordinaire est de 180 fr.; quelques-uns des meilleurs se vendent 1,000 et 1,200 fr. Il faut d'ailleurs appliquer au prix des mulets qui vont l'amble l'observation que l'on a faite sur le prix des chevaux.

On en tire de l'Anatolie environ 3 à 400 chaque année.

Les *ânes* sont abondants; on en compte près de quarante mille dans l'île; leur prix moyen est 75 fr. Ils sont de médiocre stature, et servent, comme on l'a dit, au transport de provisions et fardeaux peu pesants.

La race des *moutons* de Crète est commune, petite, à laine grossière. Ils trouvent leur vie dans des terrains presque nus et pierreux, où croissent une herbe peu élevée et de courts arbrisseaux dont ils broutent les feuilles. Le nombre des troupeaux et la quantité de bêtes qui les composent sont nécessairement restreints, dans chaque localité, par suite du peu de nourriture qu'ils peuvent y prendre, et à cause de la rareté des herbes, qu'ils ne trouvent à manger que brin à brin; mais l'étendue du sol qui leur est livré supplée à l'abondance qui leur manque partout. Cependant durant l'été, alors que la chaleur a desséché la terre, ces animaux pâtissent : on les mène dans cette saison sur les parties montagneuses du pays, qui étant incultes se couvrent de petits arbustes qui fournissent à l'animal un peu de nourriture, mais très-insuffisante. Aussi le lait manque-t-il absolument en Crète pendant près de huit mois de l'année. Aux premières pluies de novembre, la terre reverdit, les troupeaux descendent dans les plaines; et ils prennent promptement une chair grasse et abondante. Le lait des brebis est excellent, et elles en donnent en grande quantité. La beauté du climat de la Crète où, comme on l'a dit, rarement le froid se fait sentir, permet de laisser les troupeaux dehors nuit et jour. Quand les pluies reviennent assez fortes pour les incommoder, on les conduit vers les rochers; et ils s'abritent dans les grottes, qui y sont en grand nombre. En aucune saison on ne les garde à l'étable; en aucune saison ils n'ont d'autre nourriture que celle qu'ils trouvent à paître.

Quand le moment vient de faire couvrir les brebis, on a l'usage de diviser le troupeau, afin de donner aux mères un espace plus étendu proportionnellement à leur nombre. Aussitôt que les agneaux sont sevrés et commencent à pouvoir vivre de l'herbe seule qu'ils paissent, on en forme, pendant un mois ou deux, un troisième troupeau, isolé des mères : au bout de ce temps une partie des agneaux est vendue ; et le reste rentre dans le troupeau commun.

La viande consommée en Crète étant principalement de la viande de mouton, les troupeaux sont élevés en vue de la consommation journalière du pays ; leur chair est fade et sans goût, ainsi que cela est du reste dans tous les pays chauds. La laine sert à fabriquer des draps grossiers, qui se font dans chaque ménage, et dont les paysans se vêtissent presque exclusivement ; on en emploie une partie à faire des sacs pour les usages domestiques et surtout pour y renfermer le savon exporté au dehors.

Quant au lait, on en fait des fromages assez estimés en Turquie. Ceux de Sphakia passent pour les meilleurs. Près des villes, on vend le lait en nature, ou bien encore on en fait une sorte de caillé, *youghourt*, qui est fort recherché, soit à raison des qualités grasses qu'il renferme, soit à cause des procédés employés pour le faire, procédés particuliers à la Crète. La consommation de ce laitage ainsi préparé est considérable dans le pays, et on en fait des expéditions jusqu'à Constantinople.

L'élève des troupeaux de brebis est fort productive : un troupeau de cent têtes, étant calculé coûter 650 fr., rapporte en lait, fromage, laine et agneaux de 450 à 500 fr. environ par année. Ce produit se partage par moitié entre le propriétaire et le berger ; et l'on voit ainsi qu'en moins de trois années le propriétaire est rentré dans la somme déboursée pour le prix d'achat.

Il y a en Crète près de six cents cinquante mille têtes de brebis ainsi réparties : trois cent soixante mille dans la province de Candie, dans celle de Rétimo quatre-vingt-dix mille et deux cent mille dans celle de La Canée. Le prix moyen d'une brebis est de 6 fr. 50 cent.

La laine recueillie est de sept cent mille kil. ; elle se vend 60 fr. les cent kil.

Le nombre des moutons élevés dans l'île ne suffit pas aux besoins des habitants ; il s'en importe du dehors chaque année environ douze à quinze mille, qui viennent de l'Anatolie et de la Barbarie.

Les *chèvres* sont mêlées quelquefois aux troupeaux de brebis. Le plus souvent elles forment des troupeaux isolés : il n'y a rien de particulier à en dire ; si partout cet animal est destructeur, on comprend qu'il doit l'être beaucoup plus dans un pays où il n'existe aucune mesure d'ordre pour la garde des propriétés. Aussi les dégâts causés par les chèvres ont-ils contribué pour beaucoup à la destruction des arbres de toutes sortes. Leur poil s'emploie à faire des sacs et la plus grande partie des cordes dont les paysans ont besoin. Le prix ordinaire d'une chèvre est de 5 fr.

Leur nombre est de deux cent quarante mille : cent soixante mille dans la province de Candie, soixante-dix mille dans celle de Rétimo et dix mille dans celle de La Canée.

La quantité de fromage produite par le lait réuni des chèvres et des brebis est annuellement de deux millions cinq cent mille kil. ; il se vend 70 fr. les cent kil.

Les peaux de ces animaux se corroient dans le pays. D'une partie de celle des chèvres, on fait des outres pour le transport de l'huile et du vin ; enfin, on exporte au dehors pour Trieste et Smyrne de vingt-cinq à trente mille peaux sèches d'agneaux et de chevreaux au prix de 40 à 50 fr. la pièce.

Les *cochons* s'élèvent dans de certains villages où d'ordinaire il n'y a que des Grecs pour habitants. Ils ne sont pas réunis en troupeaux. Dans les maisons qui en possèdent, on ne leur donne aucun soin particulier ; ils vaguent çà et là autour des habitations et dans la campagne, se nourrissant de toutes les ordures qu'ils rencontrent. Comme ils ne reçoivent aucun aliment approprié et fait pour bonifier leur chair, elle est généralement flasque, d'un goût insipide et dépourvu de graisse : elle ne ressemble en rien à la chair des cochons de nos contrées ; il est fort commun de la trouver affectée de ladrerie, ce qui n'empêche pas les habitants d'en faire usage.

Le nombre des cochons élevés en Crète est estimé être de quarante à quarante-cinq mille : dix-huit mille dans celle de Candie, dix-mille dans celle de Rétimo, et douze mille dans celle de La Canée.

Le prix moyen d'un cochon est de 15 fr.

Les peaux de quelques-uns de ces animaux, mais en petit nombre, sont employées à faire des chaussures.

Pour compléter la nomenclature des

animaux élevés par les Crétois, il faut mentionner les abeilles.

Les *abeilles* sont ordinairement placées dans les enclos qui font partie de la ferme ou dans les champs voisins les mieux abrités contre les vents ; elles ont pour ruches des paniers renversés ou des vases en terre cuite, semblables à de grands pots à fleurs, qui ont à leur base un petit trou pour le passage des abeilles, et dont l'ouverture supérieure est fermée par une planche sur laquelle ils reposent.

Le miel de Crète était estimé dès les temps les plus anciens, et ses qualités actuelles sont encore aujourd'hui celles qui lui ont valu sa grande réputation d'autrefois. La nourriture des abeilles se composant exclusivement du suc des herbes et plantes aromatiques, si abondamment répandues dans le pays, leur miel en acquiert un goût très-parfumé, peut-être un peu trop prononcé. Quelques parties de l'île, parmi les montagneuses principalement, sont citées pour la supériorité de celui qu'elles produisent ; on en fait des envois assez considérables à Constantinople.

La récolte du miel dans l'île, par année, est évaluée à cent cinquante mille kil. : soixante dix-mille dans la province de Candie, quarante mille dans celle de Rétimo et vingt-huit mille dans celle de La Canée ; les cent kil. se vendent 70 fr.

La production de la cire est communément du dixième du poids du miel ; elle est donc de quatorze mille kil. environ par année ; elle se vend 360 fr. les cent kil.

Il y a peu de choses à dire des volailles de la Crète, et les renseignements recueillis sur cet objet ne permettraient pas que l'on en parlât avec quelque certitude. A bien dire d'ailleurs, il n'y a pas d'autres volailles que des *poules* et des *dindes* ; ces dernières assez nombreuses et d'une chair excellente, quoique l'on ne prenne aucun soin particulier pour les élever et pour les engraisser. Les canards et les oies n'existent pas, si ce n'est peut-être quelques individus de ces espèces que l'on trouve isolés çà et là ; le climat et la terre de Crète sont trop secs pour convenir à ces animaux.

Mais un mollusque que l'on doit citer comme étant l'objet de quelques soins et la source de quelques profits pour les villageois de la province de Candie, est le *limaçon*. On en ramasse des quantités assez considérables, et chaque année on en charge plusieurs barques que l'on envoie dans les îles de l'Archipel, où les Grecs en font une grande consommation pendant leurs carêmes : on les entasse dans de vastes paniers, fabriqués exprès pour ces expéditions. Quand on doit les manger, il est d'usage de les engraisser en les nourrissant, pendant une ou deux semaines, de son et de farine. Ils se dégorgent alors, et acquièrent, dit-on, un goût assez agréable et qui est fort prisé dans le pays. Il y en a de trois espèces, distinguées par la différence de leur grosseur ; la moyenne est la plus abondante et la petite est la plus estimée.

ILES IONIENNES [1].

I.

GÉOGRAPHIE DES ILES IONIENNES.

Lorsque, venant de l'orient ou de l'occident et se dirigeant au nord vers le canal d'Otranto, on quitte la Méditerranée pour s'engager dans l'Adriatique, on aperçoit à sa droite la côte d'Italie, à sa gauche des masses confuses qu'on prendrait à distance pour les rochers du continent de la Grèce et de l'Épire, et qui n'est autre chose que le groupe, s'allongeant irrégulièrement du midi au nord, des Iles Ioniennes. Il semble que ces îles, séparées du continent par une faible distance, aient été laissées là par les déluges antiques, impuissants à les submerger.

CORFOU. — La première de ces îles, au nord, et la plus importante par son étendue et sa population est celle de Corfou, la Corcyre des anciens. Cette île est d'une configuration à peu près triangulaire et sa circonférence est d'environ soixante lieues; du nord au sud, sa longueur peut être de vingt lieues; et de l'est à l'ouest, sa plus grande largeur, de dix lieues. Elle fait face, du côté de l'est, à la province turque appelée Delvino,

[1] Je ne puis donner à l'histoire de îles Ioniennes tous les développements qu'elle comporte. L'étendue déjà considérable de ce volume m'oblige à abréger ce dernier chapitre. Je renvoie pour plus de détails aux principaux ouvrages qui traitent de l'histoire de ces îles: Andrea Marmora, *Historia di Corfù*, Ven., 1672, in-4°; Grasset Saint Sauveur, *Voyage historique, etc, dans les îles et possessions ci-devant vénitiennes du Levant*, Paris, an VII, 3 vol. in-8°; Mustoxidi, *Illustrazioni Corciresi*, Milano, 1811-1814, 2 vol. in 8°; Christ. Muller, *Voyage en Grèce et dans les Iles Ioniennes*, trad. de Léon Astouin, Paris, 1822, in-8°; de Bosset, *Parga and The Ionian Islands*, London, 1822, in-8°; Bory de Saint-Vincent, *Histoire et Description des Iles Ioniennes*, Paris, 1823, in-8°; Kendrick, *The Ionian Islands*, 1822, in-8°, avec carte, etc., etc.

qui est comprise dans le gouvernement de l'Albanie; elle regarde à l'ouest la Terre d'Otrante, dont elle est séparée par le canal de ce nom. On trouve autour de Corfou plusieurs îlots qui en dépendent, et qui n'ont aucune importance.

La capitale de l'île porte le même nom, et s'élève en amphithéâtre sur la côte orientale, vis-à-vis l'Albanie. Elle a une population d'environ quinze mille habitants, et l'île tout entière en compte à peu près soixante-dix mille. A l'exception de la ville de Corfou, on ne trouve dans l'île que des villages.

Le climat, comme celui de toutes les Iles Ioniennes, est doux, mais variable, et quelquefois malsain, à cause des vents violents de l'est et du nord. Plusieurs cours d'eau, dont le plus considérable est le Mensogni, sillonnent l'île en divers sens.

On trouve dans l'île du marbre d'une qualité inférieure, du soufre et d'assez mauvais charbon de terre. Il y a aussi quelques salines d'un produit médiocre. Le vin, le blé et l'olive sont les principaux produits de la culture, ainsi que l'orange et le citron.

PAXO. — En s'éloignant de Corfou, et en continuant au sud, on rencontre Paxo, qui est plutôt une îlot, bien qu'elle compte parmi les Ioniennes; elle s'étend en longueur du nord-est ou sud-ouest, et peut avoir six lieues de tour. Sous les rapports du climat et des produits, Paxo n'offre rien d'intéressant. Les habitations sont disséminées dans l'île, à l'exception d'un groupe de maisons placé en face du port, que l'on nomme Porto-Gai. La population est estimée à dix mille âmes.

SAINTE-MAURE. — En suivant toujours, dans la direction du midi, les côtes d'Albanie, on arrive à Sainte-Maure, île à peu près ronde, et d'une circonférence de près de vingt lieues. Saint-Maure est à l'entrée du golfe d'Arta, qui sépare l'Albanie de la Grèce. La capitale de l'île s'appelle Amaxichi, petite ville dont le nom est aujourd'hui presque abandonné pour celui de Sainte-Maure; elle a une forteresse qui domine la ville. En face de cette ville s'étend une vaste plaine, d'une grande fertilité, produisant des grains de toute espèce, de l'huile, du vin, du lin et couverte de magnifiques orangers et citronniers. Les habitants font le commerce du sel; la population de l'île est d'environ vingt mille âmes.

Cette île est la Leucade des anciens.

THIAKI. — Vient ensuite Thiaki, autrefois Ithaque, patrie d'Ulysse. Sa figure est un carré long échancré et sa circonférence d'environ dix lieues. Cette île est environnée d'écueils et de rochers dangereux pour la navigation. Elle a un port, qui est d'un excellent mouillage. En face du port s'élève, aux flancs de la montagne, le village le plus important de l'île, village dont les maisons, en amphithéâtre, viennent jusqu'au rivage. L'île produit du blé et autres grains et de beaux raisins de Corinthe. Elle est sujette, comme presque toutes les Ioniennes, aux tremblements de terre. La population est d'environ dix mille habitants, répandus dans six ou sept agglomérations, dont la plus importante, située en face du port, se nomme Vathi.

CÉPHALONIE. — C'est après Corfou la plus considérable des Iles Ioniennes. Elle est située à l'embouchure du golfe de Patras, en face de la célèbre place de Missolonghi. Elle a soixante lieues de circuit et une configuration à peu près ronde. Son port est vaste, et une escadre entière y serait en sûreté; il s'appelle le port de Saint-Théodore. La capitale de l'île est Argostoli; il y a encore deux autres petites villes, Lixuri, et Axo, où se trouve une forteresse. On compte dans cette île, outre ces trois petites villes, cent trente villages ou hameaux; et la population tout entière dépasse celle de Corfou, et atteint quatre-vingt mille âmes.

L'île de Céphalonie est en grande partie couverte de rochers arides; cependant il reste beaucoup de terrains cultivables, d'une extrême fertilité. Les principaux produits sont les raisins secs de Corinthe, dont on récolte pour la valeur de sept à huit millions de livres, et les huiles d'olive, dont on fait commerce. Le coton y est aussi cultivé avec succès, ainsi que la soie, qui est estimée.

Céphalonie est sujette aux tremblements de terre; dans l'espace de seize ans, de 1736 à 1752, il y en eut trois, qui y firent des ravages considérables.

ZANTE. — L'île de Zante, l'ancienne Zacynthe, située au sud de Céphalonie, n'en est séparée que par un canal de quatre lieues; elle fait face, vers l'orient, à la Morée, à l'ancienne partie du Péloponnèse qu'on appelait Élide. Elle est de figure semi-circulaire et d'une circonférence de vingt lieues à peu près; elle s'étend de quatre à cinq lieues en largeur, et de six à sept lieues en longueur. La capitale de l'île porte le même nom; c'est une ville située sur la côte orientale de l'île : elle est d'un bel aspect, mieux bâtie que les autres villes ioniennes et défendue par une forteresse. Elle a une population d'environ quinze mille âmes, et l'île tout entière renferme à peu près cinquante-cinq mille habitants. On compte dans l'île une cinquantaine de villages.

Zante, comme ses voisines, a essuyé de terribles tremblements de terre. Elle a des sources de goudron, des eaux minérales, des salines, des plantes médicinales. Les autres produits sont : le vin, le grain, l'huile d'olive, le raisin de Corinthe, dont on fait commerce. Le terrain est très-fertile.

Le climat est variable, mais tempéré; il ressemble beaucoup au climat de Corfou. Zante est surnommée *la fleur du levant*.

CÉRIGO. — La septième des Iles Ioniennes que l'on rencontre en se dirigeant au sud-est, après avoir doublé le cap Matapan, à la pointe de la Morée, est l'île de Cérigo, l'ancienne Cythère, où l'on plaçait le séjour de Vénus. Elle a vingt lieues de circonférence.

A part la récolte du blé et autres grains, l'île, qui est rocheuse, ne fournit presque aucune production; les habitants en sont fort pauvres. Elle est sujette à des coups de vent très-violents, qui causent toujours de grands dommages. Cependant le climat en est très-tempéré. La ville de Cérigo, appelée aussi Modara, située à l'ouest, sur une colline, à environ une demi-lieue du rivage de la mer, est peu considérable;

ILES IONIENNES.

elle est défendue par un fort. La population de la ville et des trente villages ou hameaux répandus dans l'île est évaluée à dix mille âmes.

Telles sont les sept îles appelées aujourd'hui Ioniennes, auxquelles il faut joindre un grand nombre d'îlots, moins importants, dont les principaux sont : Merlera, Fano, Samothraki, Antipaxo, Meganisi, Cérigotto, etc., qu'il suffira d'énumérer en passant. Ajoutons aussi quelques détails sur les Strophades ou Strivali, que nous avons déjà mentionnées plus haut, et qui font également partie de la république ionienne, placée aujourd'hui sous le protectorat de l'Angleterre. Les Strophades sont placées par Strabon (1) à quatre cents stades du continent, à l'ouest. Ce sont deux petites îles, qui n'ont de célébrité que par une légende des temps héroïques. Elles étaient le séjour des Harpyes. Ces monstres, que la fable représente avec un visage de femme, un corps de vautour et des ongles crochus, étaient nés de Thaumas et d'Électre. Elles étaient au nombre de trois : Aello, Ocypète et Céléno. Au temps de l'expédition des Argonautes, elles tourmentaient Phinée, roi de Thrace, en venant, au moment de ses repas enlever les viandes à peine servies, et souiller tous les mets, d'une odeur infecte. Calaïs et Zéthès, fils de Borée, les forcèrent à fuir, et leur donnèrent la chasse jusqu'à ces deux petites îles, où ils les abandonnèrent pour rejoindre leurs compagnons. De là le nom de Strophades ou îles du Retour, qui leur fut donné (2). Virgile suppose qu'Énée et ses compagnons furent assaillis par ces monstres, en relâchant aux Strophades, après la prise de Troie, et que Céléno lui fit de terribles prédictions (3). On ne sait trop ce que les poëtes ont voulu désigner par cette rapacité importune des harpyes : ils ont peut-être personnifié ainsi les pirates, ou les vents violents et malsains.

(1) Strab., VIII, p. 359., ed. Tauchn., II., p. 108.
(2) Apollon., *Arg.*, II, 296.
(3) Virg., *Æn.* III, 211.

II.

RÉSUMÉ HISTORIQUE SUR LES ÎLES IONIENNES.

Les Îles Ioniennes ayant été longtemps séparées et indépendantes les unes des autres, surtout dans l'antiquité, il est impossible de mener de front leur histoire. Nous sommes donc obligé d'établir des divisions, comprenant l'histoire spéciale de chaque île jusqu'au temps où elles se trouvent réunies sous une domination commune. Outre ces divisions d'espace, pour ainsi dire, nous sommes obligé d'établir des divisions de temps, comprenant les dominations successives sous lesquelles elles ont passé. Nous commencerons par l'histoire de Corfou.

CORCYRE.

TEMPS FABULEUX. — TEMPS HÉROÏQUES. — L'île de Corfou a eu plusieurs noms; elle s'est appelée successivement Drepanum, Schéria et Corcyre; ce dernier nom est celui qu'elle a porté dans toute l'antiquité. La mythologie grecque y a placé quelques-unes de ses scènes fabuleuses. C'est là que Jupiter et Neptune auraient vidé, l'un armé de sa faulx, l'autre de son trident, une vieille querelle qui les divisait : Neptune fut vaincu. C'est là aussi qu'aurait régné glorieusement un fils de Neptune, appelé Phéace, qui donna son nom aux habitants de l'île (1). Phéace régnait encore lorsque Jason, revenant de l'expédition de Colchide avec Médée, relâcha à Corcyre. Il fut bien accueilli par Phéace, qui le protégea contre Æétès, roi d'Iolcos.

Plus tard, après la guerre de Troie, Ulysse fut jeté par la tempête sur les rivages de Corcyre, où régnait Alcinoüs. Homère raconte avec détails l'accueil que fit Alcinoüs au fils de Laerte (2). Nausicaé, fille d'Alcinoüs, s'étant éprise d'amour pour ce héros naufragé, celui-ci, dont la prudence égalait la sagesse, résolut de quitter l'île; il retourna à Ithaque, où il retrouva la vertueuse Pénélope et son fils Télémaque.

Les historiens commencent enfin à

(1) Diodore de Sicile, IV, 72.
(2) Homère, *Odyss.*, livres VI et VII.

donner quelques notions plus certaines sur l'île de Corcyre. Une colonie de Corinthiens vient s'y établir sous la conduite de Chersicratès, vers la dix-septième olympiade. Ils bâtirent une ville dont parlent Thucydide et Xénophon, et qui était nommée Chrysopolis.

TEMPS HISTORIQUES. — Les Corcyréens, comme toutes les peuplades grecques, eurent le génie de la conquête et de la colonisation lointaine. Ils fondèrent deux colonies importantes, Épidamne et Apollonie. Leurs premières guerres eurent lieu contre les Corinthiens; ils les défirent dans une bataille navale, à la suite de laquelle la paix fut rétablie entre eux.

Lycophron, leur dernier roi, étant mort, les Corcyréens substituèrent à la royauté le gouvernement républicain. Cette révolution s'opéra en même temps que celle qui renversa les Pisistratides à Athènes.

Vers l'an 480, Xerxès, roi de Perse, menaçant l'Occident d'une invasion, une ligue fut conclue entre tous les États grecs contre le redoutable monarque. Les Corcyréens entrèrent dans la ligue, et équipèrent soixante vaisseaux bien armés. Mais soit crainte de s'attirer les colères de Xerxès, soit espoir de profiter de la ruine des Grecs, ils restèrent neutres, s'avancèrent jusqu'à Pylos, où ils apprirent cette victoire fameuse remportée par Thémistocle sur la flotte des Perses. Cette conduite indigna la Grèce, et particulièrement le Péloponnèse, dont Corcyre, par sa position géographique, semblait faire partie. Thémistocle ayant essuyé l'ingratitude de ses concitoyens, malgré ses services et sa gloire, se retira à Corcyre, où il fut accueilli avec de grandes démonstrations de joie et de respect. Néanmoins les Athéniens n'en gardèrent point rancune aux Corcyréens, et ceux-ci bientôt vinrent implorer leur secours contre la ligue de tout le Péloponnèse, qui ne pouvait leur pardonner leur neutralité dans la grande guerre contre les Perses.

GUERRES DES CORCYRÉENS AVEC LES CORINTHIENS. — C'étaient les Corinthiens surtout qui montraient les dispositions les plus hostiles aux Corcyréens, et c'étaient eux qui avaient fomenté la ligue du Péloponnèse contre ces insulaires. La guerre s'engagea à l'occasion de la colonie d'Épidamne, que les Corinthiens prétendaient posséder. Épidamne en effet se plaça sous la protection de Corinthe, qui envoya des troupes et des vaisseaux à cette colonie. Soixante-quinze vaisseaux et deux mille hommes furent mis à la disposition des Épidamniens.

De leur côté, les Corcyréens équipèrent soixante-dix vaisseaux, montés par des hommes à qui la mer était familière, et quarante de ces vaisseaux s'avancèrent au-devant de la flotte corinthienne. Les insulaires, habiles à la manœuvre, battirent leurs ennemis, et à la nouvelle de cette défaite, Épidamne se rendit aux vainqueurs. En mémoire de ce triomphe, les Corcyréens égorgèrent leurs prisonniers, sur un cap élevé de son île.

Les habitants de Leucade (Sainte-Maure) et de Céphallénie, avaient pris parti pour les Corinthiens contre les Corcyréens : ceux-ci s'avancèrent avec leur flotte vers Leucade; mais les Corinthiens, réunis pour couvrir cette île, qui était leur alliée, refusèrent le combat et temporisèrent. Alors les Corcyréens firent retraite; et comme ils voyaient le sénat de Corinthe faire de nouveaux préparatifs, ils envoyèrent des députés à Athènes demander des secours. Périclès détermina les Athéniens en faveur de leur demande; une alliance fut conclue entre les deux peuples.

A cette nouvelle, Corinthe met en mouvement une flotte considérable, composée de cent cinquante vaisseaux; les Corcyréens n'avaient que cent dix vaisseaux, et les secours d'Athènes n'étaient pas arrivés; néanmoins ils ne refusèrent pas la bataille, et ils remportèrent une nouvelle victoire, mais peu décisive; et les Corinthiens se disposaient à offrir une nouvelle bataille, lorsque l'arrivée de trente voiles athéniennes les mit subitement en retraite.

Mais cette retraite cachait de nouveaux projets. Ils resserrèrent leur alliance avec les autres États du Péloponnèse, gagnèrent à leur cause les Lacédémoniens, Perdiccas, roi de Macédoine, quelques villes de Sicile et d'Italie, et firent révolter contre Athènes Samos et Byzance. Mais les Athéniens, unis aux Corcyréens, avaient en mer cent soixante-dix vaisseaux, qui tinrent en échec les forces combinées de la ligue et battirent dans une rencontre la flotte isolée des Leucadiens.

TROUBLES INTÉRIEURS A CORCYRE (427, 425). C'est à la suite de cette campagne que commencent à Corcyre les divisions intestines; l'État se sépare en deux factions, celle du peuple et celle des nobles. On sème dans le peuple la défiance contre Athènes, et Pithias, le chef du sénat, qui était du parti d'Athènes, est un jour massacré avec soixante-dix sénateurs. Athènes était alors l'objet du ressentiment de toute la Grèce. Les Corcyréens lui ayant témoigné de la défiance, et ayant massacré ses partisans, furent abandonnés par elle; et comme ils lui avaient envoyé des députés, ces députés furent reçus avec dédain et mis en prison.

Dans cette lutte on vit Lacédémone prendre parti pour les nobles, et Athènes pour le peuple. Athènes envoya cinq cents hommes au secours du parti populaire; mais les Lacédémoniens arrivèrent avec toute une flotte au secours des nobles. Une bataille s'engagea en vue de Corcyre. Forcés à la retraite par Nicostrate, général athénien, les Lacédémoniens reparurent bientôt avec des forces supérieures, et assiégèrent Corcyre par terre et par mer. Mais, n'observant aucune discipline, ils se répandirent dans l'île, commirent des brigandages et déterminèrent la réconciliation des nobles et du peuple. En même temps, ils apprirent qu'une flotte athénienne, commandée par des chefs braves et expérimentés, s'approchait. Les Lacédémoniens se retirèrent devant cette flotte, et abandonnèrent les nobles. Alors, malgré la réconciliation récente du parti démocratique avec le parti des nobles, le peuple de Corcyre, à la vue des Athéniens, ses protecteurs, ne chercha plus que la vengeance, et n'écouta que son ressentiment. Le parti des nobles fut massacré, les maisons incendiées; de ce parti il ne s'échappa que cinq cents citoyens, qui se réfugièrent dans l'Épire.

Ces cinq cents, aidés par les Épirotes, firent tout à coup irruption à Corcyre; malgré leur courage, ils sont faits prisonniers, et malgré les Athéniens, qui voulaient les sauver, ils sont livrés au bourreau. On n'en épargna que quelques-uns, qui furent mis en esclavage.

Le calme se rétablit enfin à Corcyre. Les Athéniens en profitèrent pour rassembler dans le port une flotte de cent trente-quatre vaisseaux, montée par cinq mille hommes, et destinée à opérer un débarquement en Sicile (415). Nicias, Alcibiade et Lamachus, la commandaient.

Cette flotte s'étant éloignée pour cette expédition, les Lacédémoniens se présentèrent en vue de Corcyre; mais les Corcyréens, dans leur désespoir, firent des prodiges de valeur, et battirent leurs ennemis. Timothée, Athénien, venu à leur secours, rétablit le calme, et rendit le gouvernement au parti populaire.

Dans les guerres qu'Athènes eut ensuite à soutenir soit en Sicile, soit contre Lacédémone, soit contre les colonies révoltées, les Corcyréens se montrèrent ses fidèles alliés. A la paix conclue entre Athènes et Lacédémone sous la médiation d'Artaxerce, roi de Perse, les Corcyréens jouirent des bienfaits de cette paix, et se livrèrent au commerce.

Corcyre servit de retraite à Aristote, qui, pendant son séjour dans cette île, y reçut la visite de son élève Alexandre.

Corcyre dégénéra bientôt de son antique puissance. Elle fut assiégée et prise par Agathocle (317), tyran de Syracuse; mais le vainqueur abandonna cette possession pour tourner ses armes contre l'Afrique.

Pyrrhus, roi d'Épire, ce redoutable ennemi des Romains, (280) attaqua Corcyre, dont il avait besoin pour l'exécution de ses projets sur l'Italie. Repoussé une première fois, il finit par s'en emparer. Dans la guerre contre l'Italie, il tira des secours de Corcyre, qu'il sut habilement ménager. La guerre, qui désolait à ce moment l'Italie et la Grèce, redonna aux Corcyréens du courage et à leur île de l'importance. Ils méditèrent une expédition sur l'île de Crète, y firent une descente, mais furent à la fin obligés de l'abandonner.

Alors les Corcyréens s'attachèrent à développer leur marine commerçante, et s'adonnèrent aux arts. Malheureusement ils eurent à lutter contre un ennemi nouveau, qui leur faisait en détail une guerre acharnée; cet ennemi, c'étaient les pirates illyriens, sur lesquels régnait alors une femme avide et cruelle, du nom de Teuta. Réduits à leurs seules forces, les Corcyréens furent impuissants dans cette lutte, où leurs hardis agresseurs excellaient par la vélocité de leurs navires et l'heureuse témérité de leurs attaques. Les Corcyréens virent souvent leurs navires, leurs marchandises, leurs richesses devenir la proie de ces audacieux et infatigables pirates.

Alors les Corcyréens songèrent à imiter l'exemple de toute la Grèce. Corcyre fit comme Athènes, son ancienne alliée; elle accepta la domination romaine. Elle envoya à Rome des députés chargés de demander au sénat sa protection. Le sénat ne savait pas repousser de pareilles demandes; les députés rapportèrent à Corcyre la protection du sénat et la domination de Rome.

ÉTAT GÉNÉRAL. Nous avons peu de chose à dire des institutions politiques de Corcyre. C'était le gouvernement républicain dans sa plus grande simplicité. Il y avait chaque année une assemblée générale du peuple, qui élisait quatre chefs ou prytanes chargés d'administrer et de rendre la justice; les prytanes avaient chacun leur spécialité.

Les dieux particulièrement invoqués à Corcyre étaient Jupiter, Neptune, Mercure et Apollon. Sur les médailles qui témoignent de leur culte, les insulaires gravaient d'un côté la tête du dieu invoqué, de l'autre des emblèmes significatifs, un trident, une galère, un trépied, une grappe de raisin, un cheval, une vache, etc. Il reste un assez grand nombre de ces médailles dans les musées de Venise.

Les mœurs des Corcyréens n'ont pas la politesse et l'élégance des mœurs grecques et surtout athéniennes; elles restèrent rudes, et ces insulaires n'excellèrent généralement que dans les exercices du corps : ils ont fourni beaucoup d'athlètes aux jeux olympiques.

CORCYRE SOUS LA DOMINATION ROMAINE. — En se plaçant sous la protection de Rome, le but des Corcyréens était de se mettre à l'abri des brigandages des pirates illyriens. En effet, le sénat envoya deux ambassadeurs à Teuta, reine des Illyriens, pour l'inviter à faire cesser toute agression contre les nouveaux alliés des Romains. Teuta, irritée du langage de l'un des ambassadeurs, le fit assassiner, et en même temps une flotte considérable fut mise en mer. Cette flotte attaqua immédiatement Épidamne, colonie corcyréenne; puis elle se présenta devant Corcyre et offrit la bataille aux Corcyréens à la hauteur de l'île de Paxo. Les Corcyréens furent défaits, et le général illyrien, Démétrius, assiégeant Corcyre, s'en empara.

Il était temps que les Romains arrivassent au secours des insulaires, réduits en servitude. Le consul Fulvius s'avança avec deux cents voiles, tandis qu'un autre général romain, Aulus Posthumius, envahissait par terre l'Illyrie, à la tête de vingt mille hommes d'infanterie et de deux mille chevaux. Démétrius, rendu suspect à la reine Teuta, qui venait de faire mettre sa tête à prix, fit alors un pacte avec les Romains; il livra Corcyre au consul, qui, libre de ce côté, fit sa jonction avec Aulus Posthumius. Les Illyriens furent poursuivis à outrance; la reine Teuta, qui avait violé le droit des gens en faisant assassiner un envoyé romain, s'enfuit dans l'intérieur du pays. Les Romains, dont les forces étaient nombreuses, envahirent toute l'Illyrie, et en assurèrent la conquête; une partie devint province romaine, une autre partie fut donnée à Démétrius, pour récompenser le service qu'il avait rendu en livrant Corcyre à Fulvius.

Cette conquête achevée, Posthumius se rendit à Corcyre, et y rétablit le bon ordre, l'empire des lois et le culte des dieux. Il plaça un chef à la tête du sénat, et il déclara les insulaires amis du peuple romain, politique habile que Rome employa souvent vis-à-vis des peuples qu'elle s'adjoignait par les armes ou qui se donnaient à elle. Il leur laissa même quelques vaisseaux, et les Corcyréens devinrent des alliés fidèles et reconnaissants (229).

FIDÉLITÉ DES CORCYRÉENS. — A cette époque, Rome se trouvait dans une des situations les plus critiques qu'offre sa longue et sanglante histoire : Annibal venait de remporter la victoire de Cannes (215); Philippe, roi de Macédoine, se préparait à une expédition en Italie; l'Illyrien Démétrius avait en même temps fait défection. Cependant le consul Émilius commença par replacer sous le joug l'Illyrie, et par en chasser Démétrius. Les Corcyréens combattirent sous ses drapeaux ; ils s'opposèrent aussi à l'expédition du roi de Macédoine, et s'adjoignirent au consul Flamininus contre ce roi, qui, sentant son impuissance contre les Romains, leur demanda la paix.

Persée, fils de Philippe, rompit cette paix, qui était humiliante pour la Macédoine, et dans un premier combat défit les Romains, inférieurs en forces. Mais ils reprirent bientôt le dessus avec Paul-Émile, qui arriva à Corcyre pour agir de là contre Persée. Les Corcyréens fournirent un secours considérable. Paul-Émile livra une bataille sanglante aux Macédoniens, et les écrasa. Persée, vaincu et prisonnier, fut amené par Paul-Émile à Corcyre, où il y eut une entrée triomphale; après quoi Paul-Émile emmena à Rome le roi captif, qui mourut bientôt à Albe.

Une nouvelle prise d'armes des Macédoniens ramena les Romains, commandés par Quintus Métellus. Les Romains furent vainqueurs, avec l'active coopération des Corcyréens.

La guerre s'étant engagée entre Rome et la Grèce, les Corcyréens ne furent pas moins fidèles à leurs alliés dans cette guerre nouvelle, où ils se retrouvèrent aux prises avec leurs vieux ennemis les Corinthiens, qui avaient assassiné les envoyés de Rome. Les Corcyréens prirent place dans les légions du consul Mummius. Corinthe succomba, fut entièrement rasée, et la Grèce fut soumise (146).

Plus tard, dans les guerres civiles, Corcyre se rangea du parti de Pompée; elle devint en quelque sorte le centre de ses opérations navales. Marcus Bibulus, son lieutenant, stationnait dans son port avec cent voiles, et lui-même, recevant de tous côtés des renforts, se tenait à Épidamne, colonie corcyréenne. César, qui avait passé la mer, se retira devant les forces supérieures de son rival, et prit position à Pharsale. On connaît l'issue de cette bataille célèbre : Pompée, vaincu, se retira en Égypte, où il fut assassiné. Caton, à la nouvelle de ce désastre, vint à Corcyre, où il trouva Cicéron et le jeune Cnéus Pompée, fils de l'illustre vaincu. Ils se dispersèrent dans toutes les directions (48).

Les Corcyréens implorèrent alors la clémence de César, qui leur pardonna. La mort de César jeta Corcyre dans de nouveaux embarras. Octave, à la nouvelle de la mort de son oncle, quitta Apollonie, colonie corcyréenne, passa par Corcyre, et se rendit à Rome par Brundusium. La guerre éclata bientôt, et Brutus et Cassius, ayant quitté l'Italie, arrivèrent l'un à Épidamne, l'autre à Apollonie, les deux colonies corcyréennes. Les Corcyréens prirent parti pour eux, ils défirent même Dolabella, lieutenant d'Octave ; mais Brutus et Cassius ayant été battus par Antoine et Octave, les Corcyréens se soumirent, et ce fut dans cette île qu'eut lieu le mariage d'Antoine avec Octavie, sœur de son collègue, laquelle demeura plusieurs années à Corcyre, pendant les campagnes d'Antoine en Orient.

Dans la lutte d'Octave contre Antoine, Corcyre embrassa le parti de ce dernier (31). Octave s'en vengea en l'assiégeant et en la punissant avec rigueur. La bataille d'Actium mit fin aux souffrances qui résultaient pour les Corcyréens des guerres civiles de Rome.

Depuis cette bataille jusqu'à l'avènement de Constantin, l'histoire de Corcyre présente peu d'intérêt. Nous voyons que Germanicus y passa lorsque Tibère l'envoya en Orient, et qu'après sa mort tragique son épouse Agrippine, retournant à Rome avec les cendres de Germanicus, y séjourna quelque temps et y reçut les plus grands honneurs.

Sous Caligula, les Corcyréens envoyèrent à Rome quatre députés solliciter de l'empereur un adoucissement à leur sort. Cet empereur les accueillit avec bonté : Corcyre vit ses fers allégés, ses priviléges rendus et sa liberté rétablie.

De cette époque date l'introduction de la religion chrétienne à Corcyre. Ce furent saint Jason, évêque d'Icone, et saint Sosipatre, évêque de Tarse, qui tentèrent la conversion des Corcyréens. Malgré la persécution, il y eut bientôt dans l'île de nombreux prosélytes.

Jusqu'au règne de Dioclétien, l'histoire de Corcyre est à peu près nulle; on voit seulement que les Corcyréens combattent dans les légions impériales.

Lorsque les Goths envahirent la Macédoine et l'Épire, les Corcyréens et quelques autres villes grecques levèrent une armée, et remportèrent un avantage signalé sur ces barbares. Mais cette victoire fut suivie d'une peste terrible, qui ravagea l'armée et la population; un autre fléau remplaça celui-là. La persécution de Dioclétien contre le christianisme se fit sentir cruellement à Corcyre. Plus tard, Hélène, mère de Constantin le Grand, débarqua deux fois à Corcyre, et donna sa protection aux insulaires, qui avaient tous adopté la religion chrétienne.

CORFOU SOUS L'EMPIRE D'ORIENT. — A la mort de Constantin le Grand (336), Corcyre fit partie des États de son second fils, Constant. Les Corcyréens combattirent en sa faveur contre Constantin, son frère, qui fut vaincu à Aquilée, et contre les Goths, qui renouvelaient incessamment leurs incursions. Dans la lutte de Constance, empereur d'Orient, contre l'usurpateur Magnence, les Corcyréens prirent parti pour l'empereur d'Orient, et en retour de ce service leur république obtint de grands priviléges.

Lorsque l'empereur Gratien accourut d'Occident au secours de l'Orient, toujours menacé par les Goths, il s'arrêta à Corcyre, y trouva une flotte et deux mille soldats, qui se distinguèrent contre les barbares et contribuèrent à leur défaite. Pour témoigner aux Corcyréens sa reconnaissance, il séjourna dans leur île au retour de cette campagne (375).

Corcyre se signala encore sous Théodose II; ce furent quatre mille de ses soldats qui prirent Ravenne, occupée par les ennemis de l'empereur.

Après la prise et le sac de Rome par Genséric, roi des Vandales (455), Corcyre eut à essuyer la cruauté de ces barbares : elle fut ravagée par eux en même temps que la Sicile et la Grèce, à l'exception toutefois de la ville elle-même, qui se défendit courageusement. Genséric ayant été battu par Basiliscus, Corcyre jouit de la paix jusqu'au règne de Justinien.

Sous cet empereur, son général Bélisaire passa à Corcyre, et enrôla sous ses drapeaux la jeunesse corcyréenne pour sa grande expédition d'Italie contre les Goths. Bélisaire reprit sur eux Naples et Rome (535). Alors les Goths, sous la conduite de Vitigès, vinrent assiéger Rome, au nombre de cent cinquante mille. Bélisaire soutint pendant deux ans leurs terribles assauts, et les força enfin à la retraite. Les Corcyréens se signalèrent particulièrement à cette défense. Bélisaire, poursuivant ses succès, serra de près Vitigès, qui faisait retraite, assiégea Ravenne, où il s'était retiré, et s'en empara; mais il fut rappelé à Constantinople, disgracié et remplacé par l'eunuque Narsès.

Totila, successeur de Vitigès (541), ravagea la Grèce, et Corcyre n'échappa point à sa vengeance. Les ravages de Totila furent interrompus par Narsès, qui battit les Goths sur mer et sur terre.

Plus tard, sous l'empereur Maurice (542), nous retrouvons les Corcyréens s'armant contre les barbares, et entre autres contre les Dalmates; ils équipèrent à leurs frais une flotte, qu'ils mirent au service de l'Empire. Nous les retrouvons encore à la bataille de Modène contre les Lombards, où ils méritèrent spécialement les éloges de l'empereur Héraclius (610), qui avait pour eux la plus grande estime.

A cette époque commencent les ravages des Sarrasins, qui envahirent la Grèce et Corcyre. Dans une bataille navale, livrée par Constant II à ces pirates, Corcyre compta cinquante vaisseaux équipés à ses frais. Constantin Pogonat, fils de Constant, ne fut pas moins heureux que son père contre les Sarrasins, et la flotte corcyréenne lui fut de la plus grande utilité.

Constatons ici que Corcyre dans ces temps malheureux, et au milieu de ces guerres épouvantables qui désolent le Bas-Empire, ne cherche son salut qu'en elle-même. Elle crée une flotte, non-seulement pour se protéger, mais encore pour secourir les empereurs, dont elle reste l'alliée fidèle. Cette flotte commence par défaire en plusieurs rencontres les Sarrasins; puis sa simple apparition finit par les intimider, ce qui arrive sous Justinien II (705). Léon l'Isaurien, empereur de Constantinople, étant assiégé dans sa capitale par les Sarrasins, les Corcyréens n'attendent pas qu'on leur demande des secours. Pendant qu'ils se défendent eux-mêmes contre d'autres ennemis, ils détachent une partie de leur flotte vers Constantinople, et contribuent à sa délivrance. Plus tard, malgré ce grand service, les Corcyréens furent accablés d'impôts et maltraités par cet empereur.

Nous voici arrivés à l'époque de Nicéphore et de Charlemagne. Dans la lutte de l'empire d'Orient et de l'empire d'Occident, Corcyre, qui a créé avec patience une véritable puissance navale, reste fidèle à l'empire d'Orient. Sa flotte défait celle de Pepin dans l'Adriatique; elle s'oppose elle-même au passage des Bulgares en Italie. Sous un successeur de Nicéphore, cette même flotte débarque près de Constantinople huit mille hommes, qui se joignent à l'armée de l'empereur et contribuent puissamment à la sanglante défaite des Bulgares.

Sous les empereurs Théophile, Michel, Basile, Léon VI et Constantin VII (820-912), les mêmes gages de fidélité sont donnés à l'empire par les Corcyréens. Ils offrent à Théophile leur flotte et leurs soldats contre les Sarrasins. Les impériaux furent battus dans le golfe de Crotone, et les Sarrasins, vainqueurs, portèrent partout le fer et le feu. Mais Corcyre ne désespère pas de son salut; assiégée par les vainqueurs, elle se défend avec vigueur, et repousse les assiégeants.

Elle fait alliance avec Venise, dont la marine se développe dès cette époque; leurs flottes combinées joignent les Sarrasins dans l'Adriatique, et leur font essuyer une défaite complète. L'empereur Basile leur en témoigne sa reconnaissance en leur octroyant des priviléges. Corcyre envoie ses soldats à Nicétas, général de l'empereur Léon VI (886); ces soldats assistent à la victoire qu'il remporte sur les Sarrasins.

Elle envoie également des secours à Constantin VII (912) contre les Bulgares, qui assiégeaient Constantinople. Quarante vaisseaux corcyréens se joignent à la flotte impériale, et les Bulgares sont forcés de se retirer. L'empereur les récompense par l'ingratitude, et les accuse de rébellion. Saint Arsène, leur évêque, entreprend le voyage de Constantinople pour les défendre, et le fait revenir à d'autres sentiments. Saint Arsène compte parmi les prélats les plus vertueux et les plus illustres de ce temps.

Cette fidélité constante des Corcyréens à l'empire se maintient sous les règnes suivants, dans les guerres que les empereurs ont à soutenir contre les Sarrasins. Phocas utilisa à différentes reprises ce précieux concours. Corcyre devint même la place d'armes de l'empire contre les Sarrasins, et fut le siége des opérations militaires des empereurs Basile et Constantin (959,1025). C'est avec leur flotte que le pape Sergius, le prince de Capoue et Guillaume, baron de Normandie, transportent leurs soldats en Sicile et forcent les Sarrasins à évacuer cette île.

Depuis Constantin VIII jusqu'à Alexis Comnène, l'histoire de Corcyre se mêle dans les mêmes proportions a l'histoire de l'empire d'Orient; mais elle ne présente aucun fait digne de remarque.

Les Corcyréens reparaissent avec quelque éclat dans la lutte de l'Orient contre les Normands Robert, Bohémond et Roger. Dans cette lutte, Durazzo (ancienne Épidamne) assiégé par Bohémond, est défendue victorieusement par une garnison corcyréenne. Sous l'empereur Emmanuel Comnène (1143), Corcyre, toujours fidèle, fut assiégée par Roger II, comte de Sicile. Ce prince s'en empara, par l'inhabileté d'Argio Christoforite, qui la défendait. Mais Roger II étant mort, l'empereur, sentant toute l'importance d'une place qui était en quelque sorte la clef de l'Orient, vint assiéger la garnison normande, et reprit la place sur Guillaume, fils de Robert. Il en fit réparer les fortifications, et donna aux Corcyréens de grandes marques de sa bienfaisance. Les insulaires élevèrent à cet empereur une statue avec cette inscription :

A Emmanuel Comnène
Empereur très-heureux,
Vainqueur des tyrans Siciliens,
Corcyre dédie ce Monument
De ses triomphes.

La puissance des Vénitiens grandissait au milieu des luttes des grands États. Emmanuel leur demanda des secours contre Guillaume de Sicile; ils refusèrent. De là une déclaration de guerre de l'empire à la république vénitienne. Mais cette guerre ne fut pas de longue durée. Emmanuel fit la paix avec Venise, et à la suite de cette paix il érigea en duché Corcyre, l'Épire et l'Étolie, qu'il donna à son fils naturel Alexis.

Le duc Alexis, ayant eu des démêlés avec l'empereur Andronic, appela à son secours les Normands de Sicile. Mais Corcyre, qui avait en horreur les Normands, ne voulut pas les recevoir, et ferma ses portes à Alexis lui-même. Ce prince ayant été fait prisonnier, l'empereur Andronic s'empara du duché qui lui avait été donné en apanage, et envoya ses lieutenants occuper Corcyre. Mais sur ces entrefaites, Andronic fut déposé, Alexis rendu à la liberté et remis en possession de Corcyre et de son duché, dont une nouvelle révolution de palais le chassa pour le reléguer dans un monastère.

Le duché fut maintenu entre les mains de son fils Michel.

C'est sous son règne que s'effectua la quatrième croisade (1204). Les croisés s'arrêtèrent à Corcyre; c'est de là qu'ils se dirigèrent sur Constantinople et détrônèrent Alexis, pour le remplacer par Isaac Ange. Michel garda son duché.

Pendant que Baudouin était élu empereur de Constantinople par les croisés, le duché passait à Michel II, fils de Michel Ier. Michel fortifia Corcyre, de façon à la rendre redoutable; il fortifia également plusieurs places du continent et spécialement Durazzo.

Il eut pour successeur son fils Michel III; mais son oncle et son tuteur, Théodose, prince belliqueux et entreprenant, le chassa, lui et sa mère, et se livra à sa passion pour la guerre. A la tête d'une armée de Corcyréens et d'Épirotes, il battit les Latins, s'empara de Thessalonique, et conquit diverses parties de la Grèce.

Mais ayant attaqué les Bulgares, il fut vaincu, fait prisonnier, et, rendu bientôt à la liberté, il rétablit dans ses États son neveu Michel III. Michel fixa sa résidence à Corcyre, fortifia l'Arta, et bâtit le fort de Butrinto; il éleva aussi plusieurs églises.

Il eut pour successeur Michel IV, qui épousa Marie Lascaris, fille de l'empereur Théodose, empereur sans États, puisque Constantinople était au pouvoir des Latins. Le duc Michel IV eut deux filles de ce mariage, Hélène, qui épousa le Normand Manfred, roi de Sicile, et Anne, qui épousa le prince d'Achaïe. Enorgueilli de ces brillantes alliances, Michel IV prit le titre de *despote* de Corcyre, d'Épire et d'Étolie; il prétendit même à l'empire, du chef de sa femme Marie Lascaris. Accompagné de ses gendres, il marcha sur Constantinople, où régnaient avec faiblesse les deux fils de Baudouin, sous la tutelle d'un Paléologue. Mais, se croyant trahi par ses gendres, le prince d'Achaïe et le roi de Sicile, il prit subitement la fuite, et son armée suivit son exemple. Les gendres, ainsi abandonnés, soutinrent néanmoins le choc de l'armée impériale; mais ils furent défaits : le prince d'Achaïe resta prisonnier, et Manfred ne s'échappa qu'avec des peines infinies. Ce dernier périt malheureusement dans sa lutte contre le célèbre Charles d'Anjou, qui s'empara de ses États (1264).

Alors Michel IV, s'apercevant de sa faute, voulut la réparer; il forma une armée nouvelle, composée de Corcyréens et d'Épirotes, marcha une seconde fois sur Constantinople, et battit Alexis, général de l'empereur Michel Paléologue. Mais il ne profita pas de sa victoire, et conclut la paix avec l'empereur d'Orient. Cette paix ne dura pas longtemps. Paléologue était un prince ambitieux et remuant; la guerre recommença de nouveau, et les armées des deux souverains, sans en venir à une bataille, ravagèrent simultanément les frontières de l'Empire et les frontières du duché. Michel IV mourut au milieu de ces hostilités. Il partagea ses États entre ses enfants; et l'un de ses bâtards, le prince Jean, qu'il aimait beaucoup, eut pour sa part Corcyre et une province de l'Étolie.

CORFOU SOUS LES ROIS DE NAPLES. — Sur les sollicitations de Baudouin, chassé de Constantinople par Paléologue, Charles d'Anjou, roi de Naples, avait armé cent galères et vingt vaisseaux contre l'empire d'Orient. Il s'empara d'abord de Durazzo, et il détacha contre Corcyre, son neveu, Louis d'Anjou. Après une résistance où la bravoure des Corcyréens se manifesta avec éclat, la ville se rendit. Il paraît constant, d'après les chroniqueurs, que ce fut le peuple qui capitula, malgré la noblesse, décidée à s'ensevelir sous les ruines de la place. Charles reçut l'hommage de la ville et de toute la population de l'île; il confirma leurs privilèges, mais il établit un gouvernement de trois juges, dont l'autorité était illimitée, autorité qui dégénéra bientôt en tyrannie. Les habitants supportèrent ce joug avec impatience; mais ils furent surtout blessés par la conduite de leur évêque, qui abandonna le rite grec pour embrasser le rite latin. Ce changement ne put entraîner les Corfiotes, qui, comme tous les Grecs, étaient opiniâtrément attachés au schisme. Du reste, ils demeurèrent fidèles à leurs nouveaux souverains; car la fidélité est le trait dominant de leur caractère dans leurs relations, soit avec les Romains, soit avec l'empire d'Orient, soit avec les rois de Naples, soit plus tard avec la république de Venise. Depuis l'expulsion de leur dernier duc, Jean, de la famille des Comnène, cette fidélité à la maison d'Anjou ne se démentit pas un instant. Dans la longue guerre de cette maison illustre à tant de titres contre les princes d'Aragon, les Corfiotes n'abandonnent jamais sa cause, et nous les voyons résister avec énergie et avec succès aux armes de Jacques d'Aragon, qui avait reçu l'investiture du royaume de Sicile et des possessions ioniennes.

Les Albanais, héritiers fidèles des vieilles traditions des Illyriens, commençaient alors cette vie d'excursions et de brigandages avec laquelle ils n'ont pas rompu, même de nos jours. Philippe, frère de Charles le Boiteux (1285), roi de Naples, s'opposa à leurs excursions, et ce fut surtout avec les Corfiotes qu'il les tint en respect. Pour ce service, Philippe fut investi par son frère Charles de la principauté de Corfou, où il fut accueilli avec amour. Leur attachement à cet Angevin, dont les qualités aimables égalaient les talents militaires, se manifesta vivement lorsqu'une ligue des Aragonais, des Génois et des Vénitiens le menaça dans sa principauté. A leur tête, il résista à ces puissants ennemis, secourut Charles son frère, étendit sa principauté dans la Grèce, où il fit plusieurs conquêtes. Pour témoigner aux Corfiotes sa reconnaissance, le duc Philippe les exempta de tout impôt.

Malheureusement Philippe fut trahi par la fortune, dans une expédition dirigée contre la Sicile au profit de son neveu Robert de Calabre, fils de son frère Charles. Il fut battu et fait prisonnier par Frédéric, roi de Sicile. Sa captivité dura jusqu'à la conclusion de la paix entre Charles et Frédéric, et il revint alors à Corfou, où il fit exécuter des travaux destinés à protéger l'île et la ville contre l'étranger. Il s'attacha la noblesse corfiote en mettant à la tête de ses forces navales un noble corfiote, Nicolo Barbo, et après lui Vincent de Trani. Un autre noble corfiote, Aimonette, fut placé à la tête de l'administration de la justice et chargé en même temps de la direction des travaux publics. La police de la ville fut organisée; dans une assemblée générale, on procédait par l'élection au choix des gouverneurs dans les établissements de terre ferme; deux trésoriers généraux furent créés pour la gestion des finances; il y eut trois intendants de la santé, et une inspection sévère s'exerça sur toutes les branches de l'administration publique.

Philippe laissa deux fils, dont l'aîné, Louis, eut la principauté de Tarente, et dont le second, Robert, entra en possession de Corfou, à charge d'hommage au roi de Naples. Charles le Boiteux, roi de Naples, avait eu pour successeur son fils Robert (1309). Celui-ci, étant mort sans enfant (1343), avait laissé sa couronne à sa nièce Jeanne. Mariée à un fils du roi Charles-Robert de Hongrie, Jeanne le fit étrangler à Capoue, et épousa en secondes noces son cousin Louis, prince de Tarente, et frère de Robert, prince de Corfou (1349).

Robert gouverna cette île avec douceur, et à sa mort en transmit la possession à Philippe II, son fils. Ce prince ne fit aucune action; ce que l'on peut constater sous son règne, c'est la tendance à favoriser la religion grecque, professée par la majorité des Corfiotes.

Ce prince étant mort sans enfants, Corfou dut retourner sous la domination immédiate des rois de Naples. Mais le royaume fut livré pendant de longues années à toutes les horreurs de la guerre civile, et les Corfiotes songèrent à se soustraire à cette domination, que leur rendaient plus lourde encore des impôts onéreux et d'insupportables vexations. Ils chassèrent de Corfou la garnison et l'administration napolitaines, et, pour couronner cet acte d'indépendance nationale, ils rétablirent le régime républicain, qui les avait longtemps gouvernés sous les Grecs, les Romains et les empereurs d'Orient.

PAXOS.

Les antiques traditions prétendent que l'île de Paxos a fait autrefois partie de l'île de Corcyre, dont elle aurait été séparée par un de ces tremblements de terre si fréquents dans les îles Ioniennes. Elle a absolument les mêmes produits et la même qualité de terroir.

Paxos n'a pas, à proprement parler, d'histoire; elle a été dans tous les temps une dépendance de Corfou, et en a suivi toutes les révolutions.

Pline donne à cette île le nom d'Ericusa; on ignore d'où lui vient le nom de Paxos. Elle resta longtemps inhabitée. Dans la belle saison, les Corcyréens y envoyaient paître leurs troupeaux, et ce sont probablement des pasteurs qui en furent les premiers habitants. La population s'en accrut avec le temps, et subit toutes les phases par lesquelles passa la population de Corcyre.

Dans les guerres interminables que les Corcyréens eurent à soutenir, Paxos avait un port qui servit quelquefois de refuge à leurs forces navales et quelquefois aussi aux forces de l'ennemi. Ce port est devenu plus tard un véritable nid de pirates.

Paxos appartint successivement aux Romains, aux empereurs d'Orient, aux rois de Naples et aux Vénitiens. Les Napolitains y bâtirent un petit port, dont on voit encore l'enceinte.

Les Paxinotes appartiennent à la religion grecque; son clergé dépendait du protopapa de Corfou; il y avait une chapelle presque par chaque habitation.

Paxos avait trois ou quatre familles aisées, qui sous la domination vénitienne achetèrent à Venise des titres de comtes et de chevaliers; ces nobles étaient vêtus à la française : ils n'eurent jamais d'influence sur les habitants de l'île.

Il n'y avait point d'administration ni même de conseil dans cette île; de temps en temps, à des intervalles irréguliers, et selon le besoin des circonstances, les princes du pays s'assemblaient et délibéraient. Seulement, l'un de ces primats, désigné par le providéteur vénitien de Corfou, veillait à la police du pays. Ce primat, appelé aussi capitaine, avait sous ses ordres quatre enseignes, qui percevaient les droits à Porto-Gai et dans les autres mouillages; ils commandaient la milice, composée des paysans, et rendaient la justice tant au criminel qu'au civil.

LEUCADE.

TEMPS FABULEUX ET HÉROÏQUES. — L'île de Sainte-Maure a porté primitivement les noms de Néritis et de Leucade. Homère place les Leucadiens sous les ordres d'Ulysse, au siége de Troie. Virgile fait débarquer Énée dans leur île :

Mox et Leucatæ nimbosa cacumina montis,
Et formidatus nautis aperitur Apollo.
Hunc petimus fessi et parvæ succedimus u-
[*bi* (1).

Ce temple d'Apollon, bâti sur le sommet du promontoire de Leucade, eut dans les temps anciens une grande célébrité. C'est là que les amants malheureux venaient implorer le secours du dieu, et la guérison de leurs souffrances. Ils se précipitaient dans la mer du haut d'un rocher : c'est ce qu'on appelle le saut de Leucade. La tradition attribue à Vénus l'origine de ce singulier usage. La déesse pleurait la perte d'Adonis, et le cherchait par toute la terre. Elle le trouva mort dans le temple d'Apollon Érythrée. Apollon, touché de sa douleur, la conduisit sur le haut de la roche de Leucade, et lui conseilla de se jeter dans les flots, où elle trouverait l'oubli de sa douleur. C'était aussi de cette manière que Jupiter, irrité par les refus de Junon, éteignait les feux de son amour et acquérait la force de résister aux charmes de la déesse. Sapho fut, dit-on, la première des mortelles qui tenta le saut de Leucade.

(1) Æn., III, 274.

Longtemps on précipita du haut de ce rocher les criminels condamnés à mort. On leur couvrait le corps avec des plumes longues et fortes, et on attachait à tous leurs membres un grand nombre d'oiseaux, pour les soutenir dans l'air et diminuer la rapidité de la chute. Des barques étaient préparées pour les retirer des flots. Les survivants avaient leur grâce.

TEMPS HISTORIQUES. — Les Leucadiens ne restèrent pas étrangers aux querelles de la Grèce. Ils prirent part à la guerre de Corcyre contre les peuples du Péloponnèse. Ils entrèrent aussi dans la ligue des Grecs contre Philippe de Macédoine. Lorsque Dion entreprit son expédition contre Denys, tyran de Syracuse, il reçut de Leucade un renfort de troupes conduit par Timonides.

Les Leucadiens perdirent leur indépendance dès que Rome envahit la Grèce. Ils n'opposèrent qu'une faible résistance aux armes de Flamininus, et n'imitèrent pas le courage des Céphaloniens. Ils disparaissent alors pour ainsi dire, et semblent comme absorbés dans l'unité de la domination romaine.

Sous l'empire d'Orient, dont elle faisait partie, Sainte-Maure partagea les tristes vicissitudes qui firent tomber en décadence cet empire et le livrèrent successivement aux barbares du Nord, aux Latins et enfin aux Turcs. Pendant cette décadence, elle fut ravagée plusieurs fois par Genséric, par Attila et par les Lombards.

En 1229, dans l'expédition entreprise contre la Grèce par quelques nobles vénitiens et italiens, elle fut conquise en même temps que Janina par le comte de Tochis, et fit partie de la principauté de cette famille aventureuse jusqu'à Léonard II, qui fut chassé par Amurat. Dans l'histoire de Zante et de Céphalonie, nous avons placé les détails de la lutte des comtes de Tochis avec l'empire ottoman.

L'île de Sainte-Maure était définitivement au pouvoir des Turcs depuis 1479, l'année où Legan, général de Mahomet II, s'en était emparé et l'avait ravagée. Dans la grande guerre des Vénitiens contre les Turcs, au commencement du seizième siècle, Pesaro, amiral vénitien, s'empara de Sainte-Maure, qui à la paix fut de nouveau rendue aux Turcs. Jusqu'en 1684, sous la domination ottomane, Sainte-Maure n'est signalée que comme un repaire d'affreux pirates qui désolent l'Archipel, les îles et les côtes voisines. En 1684, la guerre ayant recommencé entre Venise et les Turcs, le général Morosini attaqua Sainte-Maure, et s'en empara définitivement.

A l'est de Sainte-Maure se trouvent les îles appelées autrefois Taphies et Téléboïdes, aujourd'hui Méganisi et les Formighe.

CÉPHALLÉNIE.

TEMPS FABULEUX ; TEMPS HÉROÏQUES. — Les premiers habitants connus de Céphallénie ou Céphalonie sont les Téléboens. Il est difficile de déterminer l'origine de ce peuple. Suivant Strabon, il aurait été chassé du continent par Achille, postérieurement au siége de Troie ; mais ce récit n'est pas d'accord avec la tradition homérique. Pausanias raconte que l'île des Téléboens dut à l'Athénien Céphalus son nom de Céphalonie. Les Téléboens avaient assassiné les frères d'Alcmène, femme du Thébain Amphytrion. Thèbes voulait venger cette injure. Elle accepta les services d'un proscrit, Céphalus, chassé d'Athènes pour avoir tué sa femme Procris. Le banni s'empara de l'île, s'y établit, et l'appela de son nom. C'est durant cette expédition que Jupiter séduisit Alcmène.

La famille de Céphalus régna pendant dix générations, jusqu'à l'abdication de Chalcinus et de Detus, qui, sur l'ordre de la Pythie, quittèrent l'île pour retourner en Attique. Alors succède à la royauté une sorte de république fédérative. Les quatre villes principales de l'île forment des États séparés et indépendants, alliés seulement pour la défense commune. Déjà se développe par des progrès rapides la puissance navale de ces insulaires. De nombreux vaisseaux fréquentent leurs ports, et surtout celui de Crané, où débarquèrent, suivant la légende, Jason et les Argonautes.

Les Céphaloniens prirent une part importante au siége de Troie. Ils y furent conduits par Ulysse. Homère vante leur habileté, leur valeur, et la beauté de leurs vaisseaux, dont les poupes et les proues étaient peintes avec un art admirable.

CÉPHALONIE DANS LES GUERRES DE LA GRÈCE. — Dans la guerre qui éclata entre Corcyre et Corinthe, les Céphaloniens se déclarèrent d'abord contre leurs voisins, qui étaient sans doute aussi leurs rivaux. La ville de Palé fournit quatre vaisseaux aux Corinthiens. Mais lorsque Athènes se fut prononcée en faveur de Corcyre, les Céphaloniens changèrent de parti ; ils s'attirèrent ainsi la vengeance de leurs premiers alliés. Corinthe envoya contre eux quarante navires ; mais elle échoua misérablement dans cette expédition. Céphalonie resta fidèle à la cause d'Athènes. C'est à titre d'alliée et d'auxiliaire que nous la voyons intervenir dans les querelles de la Grèce. Malgré les progrès de sa puissance, elle n'eut point d'ambition personnelle, et sans faire abandon de ses intérêts et de son honneur, elle sut éviter les périls glorieux du premier rang.

CONQUÊTE DE L'ÎLE PAR LES ROMAINS. — L'indépendance de Céphalonie devait succomber sous la puissance de Rome ; mais elle succomba dignement. Tandis que la plupart des cités de la Grèce allaient au-devant de la servitude, Céphalonie repoussa les armes du consul T. Quintus Flamininus ; et pour soumettre la seule ville de Samé ou Samos il fallut à Marcus Fulvius un siége de quatre mois. Samos fut rasée de fond en comble et ses habitants vendus à l'enchère. Tite-Live, qui a raconté les détails du siége, fait l'énumération des richesses apportées devant le consul. C'étaient deux cents couronnes d'or du poids de dix livres ; quatre-vingt-trois mille livres d'argent ; deux cent quarante-trois livres d'or ; cent dix-huit pièces de monnaie athénienne ; dix mille quatre cent vingt-deux pièces macédoniennes ; deux cent quatre-vingt-trois statues de bronze ; deux cent trente de marbre ; une quantité prodigieuse d'armes et de machines de guerre ; plus les sommes distribuées aux tribuns, aux chevaliers, aux centurions, aux soldats même. Ce tableau suffira pour indiquer suffisamment combien la prospérité des Céphaloniens s'était développée par les arts de la paix, et spécialement par la navigation et le commerce. Leur histoire particulière finit au siége de Samé. A partir de la victoire de Fulvius l'île de Céphalonie est comprise dans les possessions romaines ; en 364 de l'ère chrétienne elle passe sous la domination de l'empire d'Orient.

Pendant cette période l'histoire de Céphalonie reste très-obscure, et l'on n'a à ce sujet que des données rares et incertaines. D'après le chroniqueur Jean Martius, Céphalonie dans la grande invasion des barbares, serait devenue la proie des Lombards.

Les Lombards ayant été chassés d'Italie par Charlemagne, vers l'an 800, on suppose que Céphalonie ou recouvra alors son indépendance, ou retourna à l'empire d'Orient.

LE PRINCE DE TARENTE. — En 1125 elle appartenait aux empereurs d'Orient, quand les Vénitiens, au milieu des guerres de la Terre Sainte, et à la faveur de la déplorable faiblesse de l'empire, s'emparèrent du château de Céphalonie ; mais ils ne prirent pas encore définitivement possession de l'île. En effet, en 1207, l'empereur Baudouin donna plusieurs îles grecques et entre autres Céphalonie au prince de Tarente, Galus, qui l'avait suivi à la croisade. Mais Baudouin, renversé par Paléologue, ayant appelé les rois angevins de Naples à son secours, et une guerre sans fin s'étant engagée dans ces contrées, guerre où toutes les ambitions se croisaient, où toutes les prétentions se manifestaient par les armes, où les conquérants grecs ou latins se succédaient les uns aux autres avec une prodigieuse rapidité, Galus jugea prudent d'avoir un point d'appui sur lequel il pût compter. Il s'adressa à la république de Venise (1215), se plaça sous sa protection, et lui paya tribut.

LES COMTES DE TOCHIS. — En 1229 nous voyons plusieurs nobles vénitiens, dirigés par un Napolitain, le comte de Tochis, aller à la conquête de certaines parties de la Grèce. Le comte de Tochis s'empara de Sainte-Maure, de Janina et de plusieurs autres villes. Vers cette époque les rois angevins de Naples faisaient la guerre à l'empire d'Orient, et les aventuriers qu'ils avaient à leur solde ravageaient les côtes de la Grèce et les frontières de l'empire; les îles Ioniennes eurent beaucoup à souffrir de ces ravages, malgré le protectorat vénitien qui couvrait plusieurs d'entre elles. A la fin de cette guerre, quatre de ces îles, Céphalonie, Zante, Sainte-Maure et Ithaque restèrent au comte Charles de Tochis, successeur de celui qui avait pris Janina.

Le comte de Tochis aimait la guerre et les aventures, comme son prédécesseur. Il voulut reprendre Janina, qui avait fait retour à l'empire, et que l'empereur Jean Cantacuzène avait donnée à un certain Spata. Ce Spata, souverain de Janina, appela lui-même contre un de ses voisins le comte Charles de Tochis, qui vint à son secours avec son frère, Léonard de Tochis. Charles de Tochis fut vainqueur, épousa la fille de Spata, et hérita de la principauté de son beau-père. C'était une conquête solide; car l'empereur Emmanuel II lui en donna l'investiture régulière.

A la mort de Charles et de son frère Léonard, Charles II prit possession de la principauté; mais il fut chassé des États de terre ferme par l'empereur turc Amurat, et réduit à ses possessions insulaires, composées de Céphalonie, Zante et Sainte-Maure.

On sait que les comtes de Tochis étaient déjà, pour ces îles, tributaires de Venise. Amurat exigea qu'ils fussent aussi ses tributaires, et qu'ils ne fissent aucun acte de souveraineté sans l'agrément du gouvernement turc.

Léonard II, fils de Charles II, ayant méconnu cette suprématie des empereurs turcs, s'attira leur colère. Le sultan envoya contre lui vingt-neuf vaisseaux et une armée de débarquement. Léonard s'enfuit à Naples, et de là à Rome. Les Turcs arrivés dans les îles Ioniennes s'y livrèrent aux plus grandes cruautés, et malgré l'intervention de Venise, les dépeuplèrent, passant les uns au fil de l'épée, réduisant les autres en esclavage. Puis ils mirent une forte garnison à Céphalonie, et se retirèrent.

Antoine de Tochis, frère de Léonard, aidé des rois de Naples, fit plus tard une tentative sur Céphalonie, mais il eut contre lui les Vénitiens et les Turcs; il fut tué dans un combat, et Céphalonie fut replacée de nouveau sous la domination ottomane.

Au commencement du seizième siècle, Bajazet déclara la guerre aux Vénitiens. Ceux-ci réunirent leurs forces à celles des Espagnols, et vinrent assiéger Céphalonie, les Vénitiens sous la conduite de Pesaro, les Espagnols sous le commandement de Gonzalve Fernandès. Le château de Céphalonie était gardé par six cents Turcs et une forte artillerie : le siége fut long et meurtrier; mais, attaques par des forces supérieures, les Turcs finirent par succomber, et furent en majeure partie massacrés. Pesaro prit possession définitive de l'île au nom de la république vénitienne, et Francesco Léone en fut le premier provéditeur. Depuis cette époque jusqu'à la chute de la république, Céphalonie n'a cessé de faire partie des possessions vénitiennes dans le Levant.

ITHAQUE.

L'île d'Ithaque n'a pour ainsi dire pas d'histoire : elle a partagé la fortune de Céphalonie, sa puissante voisine. Le nom d'Ulysse l'a seul illustrée. C'est dans l'île d'Ithaque que régna le fils de Laerte; c'est là que vécut Pénélope, c'est là que le héros revint châtier les débauches et l'insolence des prétendants. Sans Homère, qui l'a chantée et qui peut-être la visita, cette île, peu étendue, et à peine peuplée, aurait complétement échappé aux regards et à l'attention des historiens. Voisine de Céphalonie, dont elle fut une dépendance, elle en suivit toutes les révolutions, appartint successivement aux Romains, à l'empire d'Orient, aux comtes de Tochis et aux Turcs, et enfin aux Vénitiens.

Il faut lire l'Odyssée pour connaître l'ancienne île d'Ithaque; quant à l'état actuel de Thiaki, il est exactement et complétement décrit dans le livre de William Gell (1).

A l'est d'Ithaque, on aperçoit dans le lointain les sommets rocailleux des anciennes Échinades, aujourd'hui les Îles Curzolaires.

(1) W. Gell., *The Geography and Antiquities of Ithaca*; London, 1807, in-4°.

ZACYNTHE.

TEMPS HÉROÏQUES. — Les Achéens sont les premiers habitants connus de l'île de Zacynthe. Selon la légende, elle dut son nom à Zacynthus, fils du Troyen Dardanus. On place vers l'an 2530 l'arrivée de la colonie conduite par ce héros. Un siècle après, Zacynthe aurait à son tour envoyé en Espagne une partie de sa population. C'est à cette émigration que Sagonte rapportait son origine.

Au siége de Troie, les Zacynthiens combattent sous les ordres d'Ulysse. En l'absence du fils de Laerte, les princes auxquels il a confié le gouvernement de l'île se rendent indépendants, et vont à Ithaque partager avec les autres prétendants les dépouilles du héros. Ils ont aussi leur part dans le châtiment, lorsque Ulysse reparaît avec son fils Télémaque pour venger les outrages faits à Pénélope.

Suivant une tradition, rapportée par Denys d'Halicarnasse, Énée aurait reçu à Zacynthe une généreuse hospitalité, y aurait bâti un temple à Vénus et célébré des jeux magnifiques.

TEMPS HISTORIQUES. — L'histoire de Zacynthe commence avec la guerre du Péloponnèse. Sommés par Athènes de prendre les armes contre Lacédémone, les Zacynthiens refusèrent de s'engager dans la querelle des deux villes rivales; mais ils furent bientôt contraints de renoncer à leur prudente neutralité. Les Athéniens, commandés par Tolmidas, débarquèrent dans l'île, et lui imposèrent, sous le nom d'alliance, leur impérieuse domination. Les Zacinthiens durent payer un tribut en argent et en soldats. Néanmoins, ils restèrent fidèles à Athènes, jusqu'à ce que le général athénien, Timothée se fut avisé d'avoir recours à la force pour réintégrer dans l'île de Zacinthe plusieurs exilés. Ils se révoltèrent, et firent appel aux Lacédémoniens, déjà occupés à soutenir la noblesse de Corcyre contre le peuple de cette île, que soutenait de son côté la démocratie athénienne. Jusque là les Zacynthiens avaient été les alliés des Corcyréens; en se rangeant du parti de Lacédémone, les Zacynthiens se firent de leurs voisins de Corcyre des ennemis; car la faction des nobles fut exterminée dans Corcyre, et le parti populaire triomphant ne pardonna point aux Lacédémoniens et aux Zacynthiens leur intervention.

Thucydide rapporte que Zacynthe revint à l'alliance athénienne. Lacédémone en fut irritée, et médita une vengeance cruelle. Cnémus, alors général, commandant une flotte de cent voiles et mille hommes de débarquement, fit irruption dans l'île et la ravagea. Alors les Zacynthiens en appelèrent à leur désespoir; ils firent une résistance si opiniâtre, qu'ils forcèrent Cnémus à se retirer avec perte.

Dion, chassé de Syracuse par Denys le Tyran, s'était retiré dans le Péloponnèse. Lorsqu'il entreprit de délivrer sa patrie, c'est à Zacynthe qu'il fixa le rendez-vous des conjurés. Les habitants secondèrent ses projets. Après un repas magnifique et un sacrifice solennel dans le temple d'Apollon, huit cents hommes qui formaient toute l'armée, s'embarquèrent sur trois vaisseaux bien approvisionnés de vivres et de munitions. L'appui de Zacynthe facilita le succès de cette expédition téméraire; mais si les Zacynthiens eurent l'honneur de contribuer à la chute du tyran, ils souillèrent leur gloire par une infâme trahison : ils assassinèrent le libérateur de Syracuse. C'était le jour de la fête de Proserpine; une troupe de Zacynthiens, enrôlés par l'Athénien Callippus, enveloppe la demeure de Dion. Les uns se tiennent en dehors, et gardent la porte; les autres pénètrent sans armes dans la maison. Dion était tranquillement assis dans une salle intérieure, au milieu d'un groupe d'amis. Les meurtriers se jettent sur lui pour l'étouffer. Surpris par une attaque imprévue, abandonné sans défense par les hôtes qui l'entourent et que leur lâcheté rend complices du crime, il se débat seul contre tous. La lutte fut longue et cruelle. Pour achever la victime, il fallait une épée. Dion, presque étouffé, refusait de se rendre et de mourir. Enfin, après une horrible attente, un certain Lycon, de Syracuse, jeta par la fenêtre un poignard, qui permit aux assassins de consommer leur crime.

DOMINATION ROMAINE. — Ce fut Lœvinus qui le premier porta dans l'île de Zacynthe les aigles romaines (214). Il y trouva une vigoureuse résistance. Mais les Zacynthiens ne pouvaient longtemps tenir tête au peuple-roi ; ils se soumirent, abandonnèrent le parti de Philippe, et rentrèrent dans la ligue des Étoliens. Lorsque le roi de Macédoine recommença la guerre contre Rome et ses alliés (200), c'est par la conquête de Zacynthe qu'il ouvrit la campagne. Il céda la possession de l'île à Aminander, roi des Athamanes, et obtint en échange le libre passage sur les terres de ce prince. Aminander confia le gouvernement de Zacynthe à Philippe de Mégalopolis ; celui-ci, rappelé en Grèce pour conduire contre les Romains l'armée des Athamanes, alliés d'Antiochus, fut remplacé par Hiéroclès d'Agrigente. La défaite du roi de Syrie à la bataille des Thermopyles amena la ruine d'Aminander. Philippe, profitant des circonstances, s'empara du pays des Athamanes ; il méditait la conquête de Zacynthe ; mais Hiéroclès prévint ses projets, et vendit l'île aux Achéens. C'est alors que Titus Quintius Flamininus vint imposer la paix aux peuples grecs. Dans le conseil de la ligue achéenne, il réclama la possession de Zacynthe, comme appartenant de droit aux Romains, vainqueurs et héritiers d'Aminander (196). L'île, de nouveau soumise à l'autorité de Rome, n'attendit pour se révolter que le départ de Flaminius ; elle s'unit de nouveau à la confédération des Étoliens. Vainement fut-elle punie de cette défection, par une invasion de C. Livius ; elle s'associa de nouveau à la résistance de la ligue. Vaincue par le consul Fulvius, elle sauva du moins son indépendance ; mais elle ne sut pas la conserver longtemps. Elle la perdit dans l'asservissement général de toute la Grèce, après le triomphe de Mummius sur les Achéens (146). Incorporée dans la province d'Achaïe, l'île de Zacynthe eut toujours le même sort que le reste de la Grèce.

Zacynthe ne se ressentit pas, comme l'île de Corcyre, des guerres civiles qui marquèrent la fin de la république romaine. Tandis que Corcyre, à qui sa position et son importance interdisaient le droit de rester neutre, prenait successivement parti pour Pompée contre César, pour Brutus et Cassius contre Antoine et Octave, et en dernier lieu pour Antoine contre Octave, nous voyons au contraire que Zacynthe, ainsi que Céphalonie et les autres îles ioniennes jouissaient d'un calme profond. Seulement Zacynthe est souvent un asile ouvert aux proscrits. Les victimes des grandes guerres civiles de Rome viennent y chercher un abri contre les vengeances de parti.

Zacynthe sous les empereurs n'a plus de rôle dans l'histoire ; elle est administrée par un lieutenant impérial ; et, suivant le caractère du maître et du lieutenant, Zacynthe est plus ou moins libre, plus ou moins tyrannisée. Les habitants se plaisent à consacrer par des médailles, dont plusieurs existent encore, le souvenir de ceux qui ont mérité leur reconnaissance, Marc-Aurèle par exemple, l'impératrice Faustina la jeune et l'empereur Géta.

Zacynthe sous l'empire d'Orient. — Zacynthe, lors de la division de l'empire entre les fils de Théodose, passa sous la domination des empereurs d'Orient. Elle continua à jouir de la paix la plus complète jusqu'aux invasions des barbares. Après le sac de Rome par Genséric, on sait que ce redoutable chef des Vandales, débordant sur la Sicile et la Grèce, ravagea ces contrées. En passant de Sicile en Grèce, les Vandales n'oublièrent pas les Îles Ioniennes, qui se trouvaient sur leur passage : Zacynthe, Céphalonie, Corcyre furent dévastées. Zacynthe éprouva de nouveau le même sort lorsque Attila se jeta sur la Grèce avec son innombrable armée. Plus tard, à l'époque des excursions des Sarrasins, l'île, presque sans défense, devint aussi plusieurs fois la proie de ces barbares du Midi, comme elle avait été auparavant la proie des barbares du Nord.

Les comtes de Tochis. — En 1229 plusieurs nobles vénitiens et napolitains dirigèrent une expédition contre la Grèce. Ils avaient à leur tête le comte de Tochis. Ils s'emparèrent de Zacynthe, de Sainte-Maure et de Céphalonie, et les comtes de Tochis, adjoignant à ces îles quelques parties de la terre ferme qu'ils avaient conquises, en firent une principauté.

Ces comtes eurent des guerres à soutenir contre leurs voisins du continent grec. En 1336 Charles de Tochis s'empara d'une partie de l'Albanie, épousa la fille d'un tyran de ce pays, et à la mort de ce tyran tint du chef de sa femme l'importante place de Janina, dont il reçut d'ailleurs l'investiture régulière des mains de l'empereur Emmanuel II. A la mort de Charles Tochis, son frère Léonard lui succéda, et Léonard eut lui-même pour successeur son fils, nommé Charles comme son oncle. C'était un prince fier, hautain et dur; ses sujets de terre ferme se plaignirent, et se placèrent sous la protection d'Amurat. Les Turcs dépossédèrent le comte Charles, et le forcèrent à se retirer dans ses possessions insulaires, Zacynthe, Céphalonie et Sainte-Maure. De plus, Charles dut leur payer un tribut, comme il le faisait déjà pour Venise, et livra en otage son fils Léonard, que Mahomet fit enfermer au sérail.

Ce Léonard, qui, sorti du sérail, succéda à son père, ne conserva pas longtemps sa principauté. Il dut s'enfuir devant les Turcs, et il se réfugia à Naples et ensuite à Rome, où il mourut misérablement.

DESTRUCTION DE ZANTE PAR LES TURCS. — Mais cette fuite de Léonard ne préserva pas les îles de sa principauté de la vengeance des Turcs. La flotte turque commença par s'emparer de Céphalonie, puis elle se présenta devant Zacynthe, et la somma de se rendre. Pierre Broalius, commandant dans l'île depuis le départ du comte Léonard, résolut de se défendre. Il comptait sur les secours des Vénitiens, dont les forces navales croisaient dans la Méditerranée sous le commandement d'Antoine Lorédan. Lorédan se présenta en effet devant Zacynthe, et réclama pour les sujets vénitiens qui habitaient l'île le bénéfice de leur nationalité. Le général turc reconnut la justesse de cette réclamation, et suspendit les hostilités jusqu'au départ des sujets vénitiens. Un grand nombre d'habitants, profitant de cette occasion favorable, abandonnèrent l'île en même temps que les nationaux de Venise. Les infortunés qui restèrent furent presque tous passés au fil de l'épée; Zacynthe fut dépeuplée, et devint semblable à une île déserte. C'est alors que les Turcs la cédèrent aux Vénitiens moyennant une somme d'argent.

CYTHÈRE.

Cythère (Cérigo), occupée d'abord par les Phéniciens, qui y établirent le culte d'Astarté ou de Vénus, fut peuplée ensuite par une colonie de Lacédémoniens. Son histoire primitive n'est pas connue. La tradition place dans cette île le palais d'Hélène et de Ménélas. Parmi les ruines qui couvrent la côte, on remarque une grotte taillée dans le roc en forme de voûte. Cette grotte, selon la légende, aurait servi aux bains d'Hélène.

Dans la huitième année de la guerre du Péloponnèse, les Athéniens firent une descente à Cythère; dix vaisseaux entrèrent dans le port. Le bourg de Scandée se rendit sans résistance; mais la ville se défendit avec courage. Forcés de céder au nombre, les habitants se retirèrent dans la forteresse, et demandèrent à capituler. Ils obtinrent la vie sauve, à condition de reconnaître la domination d'Athènes. Pour assurer la soumission de l'île, Nicias, qui commandait les Athéniens, fit sortir de la place tous les Lacédémoniens, et les enferma loin des côtes, dans l'intérieur du pays. La possession de Cythère donnait à Athènes beaucoup d'avantages. De ce poste, gardé par une forte garnison, elle menaçait continuellement la Laconie. C'est de là que partit l'expédition dirigée contre Épidaure la Limérienne et contre Thyréa, asile des Éginètes. Dans cette ville, les Athéniens firent prisonniers un certain nombre de Cythériens restés fidèles au parti de Lacédémone, et les traitèrent avec plus d'humanité que les Éginètes : ceux-ci furent tous passés au fil de l'épée; les Cythériens furent seulement relégués dans de petites îles de la mer Égée.

Cythère ne resta pas longtemps sous la domination athénienne; elle fut recouvrée par Lacédémone. Elle servit de retraite au roi Cléomène, lorsque ce réformateur aventureux fut obligé de fuir à l'approche d'Antigone Doson, roi de Macédoine.

Elle suivit le sort de Sparte et se soumit, avec le reste de la Grèce, à l'autorité du peuple romain.

A vrai dire, l'île de Cythère n'a point d'histoire; elle n'a joué qu'un rôle passif dans les révolutions qui ont agité la race hellénique, pourtant elle eut une population intelligente et amie des arts. Pausanias a conservé le nom du Cythérien Hermogène, auteur d'une statue de Vénus qui décorait une fontaine de Corinthe. Un autre Cythérien, le poëte lyrique Philoxène, se laissa condamner aux carrières, plutôt que de louer de mauvais vers composés par Denys, tyran de Syracuse.

Le temple de Vénus à Cythère est un monument fameux dans l'antiquité. C'est à Cythère, suivant Hésiode, que Vénus, au sortir des eaux, fut portée par les zéphirs dans un char de coquillage. Cette légende était, dit-on, représentée dans le temple de la déesse. On y voyait aussi, près de Vénus, Hélène, la plus belle des Grecques, enlevée par Pâris. Comme l'île de Chypre, Cythère était vouée au culte d'Aphrodite, ce qui lui a valu à certaines époques les hommages de bien des poëtes. Aujourd'hui le triste rocher de Cérigo ne répond guère à l'idée qu'en donnent et que s'en font les auteurs et les amateurs de poésie érotique.

Cythère, jusqu'à la possession vénitienne, passa par toutes les dominations qu'eurent à subir le Péloponnèse et les autres îles ioniennes. Rien de particulier n'a marqué le passage de ces dominations. Sous l'empire d'Orient, saint Théodore, originaire de la ville de Coron dans le Péloponnèse, vint dans l'île de Cérigo, où il vécut en ermite. C'est en l'honneur de ce saint et pour consacrer le souvenir de ses nombreux miracles que Romain, empereur de Constantinople, fit ériger à ses frais l'église grecque qui occupe le centre de l'île (1208).

A la chute de l'empire de Constantinople, Cérigo devint la possession de princes particuliers, comme Céphalonie et Zante étaient tombées aux mains des comtes de Tochis. Dans la guerre de Venise contre les Turcs elle passa sous la domination vénitienne.

Au sud-est de Cérigo se trouve la petite île de Cérigotto, l'ancienne Ægiala, qui de tout temps a été habitée par une population de marins et de pirates.

III

LES ÎLES IONIENNES SOUS LA DOMINATION DE VENISE.

CORFOU SE DONNE AUX VÉNITIENS. — Corfou, délivrée de la domination des rois de Naples, ne conserva pas longtemps son indépendance. C'était une proie trop riche et trop facile pour ne pas tenter l'ambition des puissances maritimes qui se disputaient l'empire de la Méditerranée. Gênes commença l'attaque. Impuissante à se défendre, Corfou se jeta dans les bras de Venise. Les conditions de cette soumission volontaire furent ainsi réglées entre les députés de l'île et le sénat de la république :

1° Le gouverneur vénitien sera investi de l'autorité civile, politique et militaire ;

2° La justice sera administrée suivant les lois vénitiennes ;

3° L'île fournira un contingent de troupes, déterminé par le gouverneur ;

4° Le conseil de la noblesse conservera le droit de nommer aux différents emplois tant pour la police du pays que pour son approvisionnement, mais toujours sous l'autorité du représentant de la république ;

5° L'Église conservera, sous le même contrôle, la libre possession de ses biens ;

6° Les propriétaires des biens nobles et en roture ne seront point troublés dans leur possession ;

7° La république ne pourra dans aucun cas vendre ou céder à une puissance étrangère l'île de Corfou, qu'elle s'engageait à protéger et à défendre en tout et toujours.

Le premier gouverneur vénitien fut Marin Malipierre ; il prit le titre de baile et provéditeur général.

LUTTE CONTRE LES TURCS. — A partir de ce moment (1386), l'histoire de Corfou se confond avec celle de Venise. Détachons, du tableau général des luttes soutenues par la république contre les Turcs, les faits particuliers qui se rapportent à notre sujet.

Après la prise de Constantinople (1453), Mahomet II étendit sa conquête vers l'ouest. Deux corps d'armée mirent le siége devant Parga et devant Butrinto. Ces deux postes furent défendus avec succès par les Corfiotes; ainsi que les châteaux de Strivali et de Rignassa. Les insulaires eurent tout l'honneur de cette victorieuse résistance. Venise ne put leur envoyer aucun secours; bientôt elle conclut la paix avec le sultan (1456). Ce fut une trêve de peu de durée. Les Turcs reprirent les hostilités, et s'avancèrent du côté de l'Épire. Cette fois encore ils furent arrêtés par le courage des Corfiotes, près de Butrinto. Corfou leur opposa deux mille hommes armés à ses frais. En 1463 elle leva une troupe de mille hommes à sa solde. Elle envoya une galère et quelques petits bâtiments à l'attaque de Mételin. Enfin, sous la conduite du baile Molino, les insulaires firent une incursion en Épire. Dans la flotte envoyée par Venise au secours de Négrepont (1469), l'île fournit encore plusieurs galères. En récompense de ses services, elle obtint que le conseil de la noblesse nommât les commandants des vaisseaux équipés aux frais des habitants. C'est qu'en effet c'était une lutte personnelle qu'elle soutenait contre les Turcs. En 1480 les infidèles firent une irruption en Calabre; Venise, liée par un traité avec la Porte, garda la neutralité; les Corfiotes envoyèrent un grand nombre de petits bâtiments aux secours de Monopoli, assiégée.

La république ne pouvait pas condamner ces excès de zèle et se montrer ingrate envers des sujets si dévoués. Elle apporta dans l'administration de l'île quelques réformes salutaires. Les provéditeurs et conseillers eurent ordre de maintenir les priviléges et prérogatives de la communauté, sous peine d'une amende de cinq cents ducats et de la perte de tout emploi pendant cinq ans.

Après la conclusion de la paix avec Bajazet (1503), le sénat accorda à la noblesse de Corfou la nomination des gouverneurs de Parga et de Butrinto. En 1528 il fit de nouvelles concessions; les syndics obtinrent la liberté de convoquer l'assemblée de la noblesse, sans que le gouvernement pût y mettre obstacle. Au sénat seul fut attribué le droit de casser les décisions de cette assemblée; il fut décrété que tous les trois ans des censeurs seraient envoyés de Venise à Corfou pour écouter les plaintes des habitants, qui d'ailleurs pouvaient s'adresser directement au sénat. Enfin on accorda à la communauté un terrain assez étendu pour y construire des magasins où devait être déposée une certaine quantité de blé. Les syndics en avaient l'administration. Les marchands qui achetaient les blés de Fanaro et de Panorme ne purent les exporter à Venise, qu'en payant à Corfou quinze pour cent de la valeur de leurs chargements. Un trait caractéristique des mœurs du temps, c'est l'ordonnance qui oblige les juifs d'habiter un quartier séparé et leur défend d'acquérir des biens-fonds. Cette mesure, sollicitée par les Corfiotes, fut accueillie peut-être avec plus de faveur que les règlements qui assuraient la défense et les approvisionnements du pays.

SIÉGE DE CORFOU PAR BARBEROUSSE (1537). — Jusqu'en 1537 la lutte de Corfou contre les Turcs ne présente aucun événement digne d'attention. Les insulaires n'ont pas eu encore à subir les désastres de l'invasion. C'est Soliman qui le premier entreprend la conquête de leur territoire.

Corfou n'avait pas une garnison considérable; mais elle se croyait protégée par la flotte vénitienne, que commandait Pesaro, et par celle de Charles-Quint, sous les ordres du Génois André Doria: elle attendit avec courage l'assaut de Barberousse.

Le siége fut long et terrible. Pesaro n'avait pas eu le temps d'approvisionner la ville; la flotte turque fermait le port. Il fallut jeter hors des murs les vieillards, les femmes, les enfants, toutes les bouches inutiles. Cette mesure désespérée permit aux troupes de prolonger leur résistance. Malgré l'approche de Soliman, qui vint établir son camp sur la côte d'Épire, malgré l'énergie de Barberousse, les Turcs se lassèrent d'une lutte sans fin et sans résultat. Une épidémie occasionnée par les fatigues, les mauvais temps et la famine, acheva de les décourager. Soliman, cédant aux murmures de ses soldats, donna l'ordre de lever le siége.

Corfou devait garder longtemps les traces sanglantes du passage de Barberousse. La campagne était dépeuplée; dans la ville, presque toute la noblesse avait péri les armes à la main. Pour la remplacer on dut faire un choix parmi les familles du second ordre qui s'étaient le plus distinguées. Telle était la détresse des habitants, que Venise dut leur fournir du grain pour les semailles et des bœufs pour le labourage. La paix était nécessaire pour réparer tant de maux; elle fut signée en 1539.

Sous le règne de Sélim les hostilités recommencèrent. En 1571 la flotte chrétienne sortit du port de Corfou; plusieurs des vaisseaux qui la composaient avaient été équipés par les insulaires; ils prirent une glorieuse part à la victoire remportée près des îles Curzolari (anciennes Échinades). Corfou était le rendez-vous des Vénitiens et de leurs alliés; elle se plaignit des désordres commis par les soldats et les marins, et le sénat dut écouter ses réclamations. On bâtit des casernes pour la troupe, qui jusque alors avait logé chez les habitants. Une nouvelle incursion des Turcs, commandés par Sirvan-Pacha, fit comprendre à la république la nécessité d'augmenter les fortifications de la ville. Marteningo fut chargé de la mettre en état de résister à toute attaque; il construisit la nouvelle forteresse, qui couvrait Corfou du côté de terre. Elle était placée sur une hauteur, vis-à-vis du mont Abraham, où Barberousse avait établi ses batteries dans le dernier siége.

Les besoins de la défense n'attirèrent pas seuls l'attention du sénat, un décret assura aux propriétaires le droit de vendre librement les fruits de leurs domaines, les bestiaux et les provisions de toute nature. Les intendants de la santé furent autorisés à juger et à punir toutes les contraventions aux règlements de salubrité publique. Le mont-de-piété, récemment établi, fut fermé de quatre clefs différentes; chacun des trois administrateurs en eut une; la quatrième fut remise au provéditeur général. Trois sénateurs réglèrent le tarif des droits pour les écritures en justice. A ces réformes viennent se joindre, comme toujours, de nouvelles rigueurs contre les juifs, de nouveaux priviléges accordés à la noblesse.

Corfou, sous une administration intelligente, se relevait peu à peu de ses ruines; sa prospérité semblait près de renaître : un fléau terrible vint arrêter ces heureux progrès : en 1617 la peste se répandit dans la ville. La populace fit condamner et mettre à mort un officier suspect d'avoir apporté la contagion. Les ravages de l'épidémie cessèrent, dit-on, le jour des Rameaux. Dans une procession solennelle, on avait exposé les reliques de saint Spiridion. On attribua la cessation de la peste à son intervention, et l'on continua à promener chaque année, à la même époque, les reliques du saint qui avait sauvé Corfou.

Pendant le dix-septième siècle les Corfiotes ne cessèrent pas de prendre part à la lutte contre les infidèles; ils fournirent à la république de l'argent, des troupes, des vaisseaux, et, pour encourager les dons volontaires, ils accordèrent même les titres et les priviléges de la noblesse à tous ceux qui payaient une certaine somme pour les frais de la guerre. Bien défendue, bien fortifiée, Corfou, depuis l'échec de Barberousse, semblait braver la haine des Turcs. La conquête de la Morée par Achmet III vint enfin troubler la sécurité des îles Ioniennes. Venise, menacée dans ses dernières possessions du Levant, invoqua le secours de la chrétienté, prit à sa solde des troupes étrangères, et renforça la garnison de Corfou. Le comte de Schulembourg, élève du prince Eugène, fut chargé du commandement.

Ce fut le 5 juillet 1716 que parut la flotte ottomane. Les deux escadres de la république ne purent lui fermer le passage, et trente mille hommes débarquèrent dans l'île. Le siége commença par l'attaque des hauteurs qui dominent Corfou. Une fois maîtres des monts Abraham et Saint-Sauveur, les Turcs tentèrent l'assaut de la place. Continuellement repoussés pendant vingt jours, ils enlevèrent enfin les premiers postes, pénétrèrent jusque dans la place d'armes, et appliquèrent les échelles aux angles bas de la forteresse. Le combat dura plus de six heures avec une incroyable furie. Les femmes portaient secours aux assiégés, et les moines même, le crucifix à la main, couraient aux remparts, ou se jetaient dans la mêlée. Enfin, une vigoureuse sortie termina cette sanglante journée. Pressés de tous côtés, les ennemis battirent en retraite, et perdirent tous les postes qu'ils venaient de prendre. Une tempête qui s'eleva pendant la nuit acheva de mettre le désordre dans leur camp. Saisis d'une terreur panique, ils s'embarquèrent précipitamment et abandonnèrent, pour accélérer leur fuite, l'artillerie et les bagages. En quarante-deux jours ils avaient perdu quinze mille hommes.

Venise récompensa dignement la valeur et l'habileté de Schulembourg. Il reçut une épée enrichie de pierreries et une pension annuelle de huit mille ducats ; on lui éleva une statue en marbre sur la place de la vieille forteresse, et sur le piédestal fut gravée l'inscription suivante :

MATHIÆ JOHANNI
COMITI SCULEMBURGIO
SUMMO TERRESTRIUM
COPIARUM PRÆFECTO
CHRISTIANÆ REIPUBLICÆ
IN CORCYRÆ OBSIDIONE
FORTISSIMO ASSERTORI
ADHUC VIVENTI SENA
TUS ANNO M. DCC. XVII.

La paix de Passarowitz (21 juillet 1718) mit fin à la guerre des Vénitiens et des Turcs. Dès lors rien ne troubla plus la tranquillité de Corfou, qui continua d'appartenir à la république jusqu'à l'occupation de Venise par les Français (1797). M. Widman fut le dernier provéditeur général.

C'est en 1499 que Pesaro, général des Vénitiens, s'empara de Céphalonie. La garnison turque ne put tenir contre des forces supérieures. François Leone fut nommé provéditeur de toute l'île. Elle a fait partie des possessions vénitiennes dans le Levant jusqu'à la chute de la république. Outre Corfou et Céphalonie, ces possessions comprenaient Thiaki, dépendance habituelle de Céphalonie, Paxos, Sainte-Maure, Zante et Cérigo. Corfou était la capitale ; c'est là que résidait toute l'administration centrale ; chaque île avait son provéditeur particulier, subordonné au provéditeur général. Celui de Céphalonie était envoyé de Venise, nommé par le sénat et tiré du corps de la noblesse vénitienne. Le gouverneur de Thiaki était élu par le conseil d'Argostoli, parmi les nobles céphaloniens. Paxos était sous l'inspection spéciale du provéditeur de la forteresse de Corfou. Sainte-Maure, prise sur les Turcs en 1502, bientôt abandonnée, prise de nouveau en 1684 et de nouveau abandonnée en 1715, recouvrée enfin en 1716, et conservée par Venise jusqu'à l'arrivée des Français, Sainte-Maure était gouvernée par deux nobles vénitiens que le sénat désignait tous les deux ans. L'un, nommé *provéditeur extraordinaire,* avait le commandement des troupes, l'autorité politique et administrative, et la décision des procès quand l'une des parties était un étranger ou un habitant d'une autre île. L'autre, le *provéditeur ordinaire,* jugeait les affaires civiles et criminelles entre les habitants de Sainte-Maure. Le sénat nommait aussi le provéditeur et les deux conseillers de l'île de Zante ; ils étaient toujours pris dans la noblesse vénitienne. Ils avaient les mêmes fonctions et le même rang que les représentants de la république à Céphalonie. Enfin, Cérigo avait également un provéditeur et deux conseillers nobles de Venise, renouvelés tous les deux ans par le sénat.

On le voit, l'aristocratie vénitienne s'était réservé dans toutes ses possessions la haute administration civile, politique et militaire. L'administration municipale était seule abandonnée aux habitants. C'est la noblesse du pays qui en remplissait toutes les charges.

Les nobles conservèrent longtemps la liberté de s'assembler et le privilège de conférer eux-mêmes la noblesse ; mais la crainte des conspirations détermina le sénat à ne plus autoriser les réunions des Corfiotes qu'en présence du provéditeur général, et à s'attribuer le droit de nommer des nobles sans la participation du conseil de Corfou. Chaque année, ce conseil, composé de cent cinquante membres, était élu dans une assemblée générale. Il nommait aux diverses charges de l'île. La première était celle des syndics, au nombre de trois. Les syndics avaient dans leurs attributions une partie de la police, l'inspection des magasins de blé et des vivres qui se débitaient dans les marchés, la décision des procès jusqu'à la somme de dix sequins, la vérification des poids et mesures, la petite voirie; l'approvisionnement des greniers publics, etc. Ils avaient le droit d'assister aux jugements portant peine de mort, d'exiger la révision des procès criminels et même de les annuler; mais ce privilége, sans être aboli, tomba en désuétude. Les honneurs de la charge consistaient à accompagner le provéditeur général dans toutes les cérémonies publiques, à la tête de la noblesse du pays, et immédiatement après le dernier des nobles vénitiens. Les syndics avaient le premier rang parmi les sujets de la république.

Après les syndics venaient les trois intendants de la santé (*proveditori alla sanità*), qui avaient la direction du lazaret, les trois juges de première instance, les trois administrateurs du mont-de-piété, les trois inspecteurs des rues, et les trois juges de paix, chargés de concilier les différends; enfin, les gouverneurs de Parga, de Paxos et du château Saint-Ange; mais ceux-ci ne recevaient d'ordre que du provéditeur de la forteresse, lieutenant du provéditeur général. Toutes ces places étaient gratuites et honorifiques; elles étaient exclusivement réservées à la noblesse. Dans toutes les îles, les nobles jouissaient des mêmes priviléges, sauf à Paxos, où il n'y avait point de conseil permanent. Les nobles de Céphalonie, quand ils se trouvaient à Corfou, avaient le droit de voter dans les assemblées du conseil; les Corfiotes jouissaient de la même prérogative à Céphalonie. Les habitants de Sainte-Maure avaient un corps de noblesse très-nombreux, qui se réunissait chaque année, au mois d'avril, pour élire les syndics, les juges, les intendants de santé, etc. En 1788, le provéditeur général Erizzo réduisit cette assemblée à cinquante membres. Les magistrats sortis de charge l'année précédente et les habitants reçus docteurs en droit a l'université de Padoue assistaient aux séances du conseil. L'assemblée était soumise, comme celle de Corfou, à l'inspection du provéditeur.

En réalité, les îles Ioniennes, dans les derniers temps de la domination vénitienne furent traitées comme des provinces conquises; c'étaient des domaines exploités par l'avidité du sénat et de l'aristocratie. « Lorsque la perte d'une partie de ses États et la décadence de sa marine militaire eurent rétréci les ressources de la république pour l'emploi d'un grand nombre de nobles sans fortune, le gouvernement des îles fut partagé, sous l'inspection du provéditeur général, entre une infinité de patriciens vénitiens. La plupart de ces agents, non-seulement sans fortune, mais réduits souvent à la misère et chargés de famille, n'avaient que des appointements très-médiocres; ils étaient obligés par leur place, et plus encore par la sotte opinion attachée à leur qualité de nobles de Venise, à faire une certaine figure, par conséquent à des dépenses. Ils partaient de Venise fortement imbus de la prévention que la place qui leur était confiée était pour leur avantage, et non pour celui des insulaires qu'ils allaient gouverner. Aussitôt qu'un noble vénitien était nommé à un emploi, on calculait publiquement à Venise même les sommes qu'il devait en retirer. » Ainsi s'exprime un témoin oculaire qui a vu de près et touché du doigt tous les ressorts de l'administration vénitienne dans les îles du Levant. Empruntons au même auteur un exemple qui suffit pour caractériser ce régime de concussions et de rapines. « Un provéditeur arrivait de Venise, muni d'une certaine somme en sequins, souvent prêtée par des juifs. Ces sequins étaient distribués aux habitants de la campagne, obligés de rendre à la fin de l'année le double de ce qu'ils avaient reçu; s'ils ne remplissaient pas cet engagement, l'année suivante ce qu'ils devaient payer était doublé, et toujours ainsi en doublant d'année en année. Le remboursement ne se faisait point en argent. Des fruits de son travail le paysan était obligé de solder sa dette avec son oppresseur. Celui-ci en réglait le prix. En vain le cultivateur représentait-il que ses bras suffisaient pour le nourrir, en vain voulait-il éviter d'accepter une somme qu'on avait l'impudence de lui présenter comme un secours, son refus était un acte de rébellion. Traîné dans les prisons, il subissait la loi que lui imposait la cruelle avarice. »

Une des sources les plus abondantes pour l'avidité des gouverneurs étaient les poursuites pour crimes d'État. Le secrétaire du provéditeur général était l'agent spécial de l'inquisition de Venise. Des trous pratiqués dans le mur de la maison qu'il habitait correspondaient à des boîtes intérieures, où chacun pouvait jeter des dénonciations. Le secret était assuré aux délateurs. « L'inquisition de Venise, dit l'auteur déjà cité (1), entretenait dans les îles une infinité d'espions chargés de surveiller non-seulement la conduite des insulaires, mais même celle des représentants de la république : le nombre de ces vils agents est le thermomètre le plus sûr de la corruption, de la faiblesse et de la décadence d'un gouvernement. En résumé, la maxime fondamentale de l'aristocratie vénitienne était de tenir les provinces éloignées de la capitale dans un état d'oppression et de démoralisation qui en assurassent l'obéissance servile et les missent hors d'état de secouer le joug. »

Sous une telle administration l'agriculture, l'industrie, le commerce devaient nécessairement dépérir.

A la fin du dix-huitième siècle, Corfou ne pouvait nourrir ses habitants. Le vin et les céréales étaient loin de suffire aux besoins de la consommation. Vainement une loi de Venise donnait-elle la propriété d'un terrain laissé en friche pendant cinq ans, à celui qui dénoncerait cet abandon : les bras manquaient pour la culture. Sauf quelques troupeaux de chèvres, le bétail manquait aussi presque absolument. Il en était de même dans toutes les autres îles.

A Corfou, les huiles et le sel étaient les seuls articles de commerce. Le produit principal en huile d'olives s'élevait, année commune, à deux cent cinquante mille jarres, du prix de 11 francs chaque en monnaie de France. Déduction faite de la consommation des habitants, le commerce de l'huile était évalué à deux millions de francs. La somme totale des exportations n'était guère supérieure; en y joignant le sel (80,000 francs), les liqueurs, les poteries, etc., elle montait à 2,180,000 fr. L'huile et le sel étant exclusivement

(1) Grasset Saint-Sauveur, *Voyage dans les îles Vénitiennes*, etc, II, p. 97.

réservés à Venise, la valeur des articles dont le commerce était libre s'élevait à 100,000 francs.

L'huile était soumise à une douane qui variait suivant la qualité de l'expéditeur; 15 pour 100 pour le Corfiote, 16 p. 100 pour le Vénitien, 18 p. 100 pour l'étranger; soit, en moyenne, 16 p. 100; produit total :   220,000 fr.
Le sel payait 9 p. 100 et rapportait :   7,200
Le reste, à 4 pour 100 :   4,000
Total des droits prélevés à
  l'exportation   231,200 fr.
L'huile était à Paxos, comme à Corfou, la production principale (trente-cinq mille jarres, d'une valeur de 385,000 fr., à 11 fr. la jarre); elle entrait aussi dans l'exportation de Zante pour une valeur de 60,000 à 70,000 fr. La vraie richesse de l'île de Zante, c'étaient les raisins dits de Corinthe. On en récoltait année moyenne de neuf à dix millions de livres, à 10 sequins (110 fr.) le mille. Cette denrée, très-recherchée, payait à l'exportation, des droits énormes. La douane était d'abord de 9 p. 100 ; on y ajouta un droit de 4 sequins (44 fr.) par millier; puis, sous le nom de *novissimo*, une nouvelle imposition de 2 sequins par millier. Les droits et les frais de transport doublaient le prix de la marchandise. Le raisin, comme l'huile, devait être expédié à Venise.

La somme des importations était supérieure à celle des exportations; la différence pour Corfou seulement était 480,000 liv.

Pour les céréales et les bestiaux, Corfou était tributaire de la Turquie; l'importation s'élevait à plus de 1,500,000 francs. Les vêtements, les articles de luxe, etc., venaient de Venise (100,000 fr.), de Trieste, de Livourne, et de divers autres ports de la Méditerranée.

Les marchandises importées de Venise payaient 6 p. 100 ; celles de provenance étrangère, 8 pour 100 ; le produit total des droits d'importation était de 196,000 francs. En y joignant 231,200 francs pour l'exportation, on obtient pour tous les droits sur le commerce, le chiffre de 427,200 francs. Les impôts répartis sur la population ne rapportaient pas la moitié de cette somme.

La république de Venise retirait au plus 600,000 livres de l'île de Corfou ; ce n'était pas assez pour subvenir aux dépenses administratives et militaires : il fallait chaque année suppléer au déficit. Ainsi se retournaient contre elle-même les faux calculs de son avidité.

L'Empire, la France, l'Espagne, l'Angleterre, la Hollande, Naples et Raguse avaient des consuls résidant à Zante. Presque tous étaient indigènes. C'étaient des espèces de courtiers sans traitement fixe. En 1778 la France envoya dans les îles Ioniennes un consul général, spécialement chargé de protéger notre commerce national contre les courses des pirates. Ce fut dans des vues toutes contraires que la Russie envoya ses agents dans les îles ; elle fit de Corfou le centre de ses intrigues contre les Turcs.

Nous avons vu que dans l'antiquité Corcyre, Zacynthe et Céphalonie avaient une puissance maritime considérable ; les îles Ioniennes ont toujours conservé une population de marins habiles, acharnés contre les Arabes au moyen âge, contre les Turcs dans les temps modernes. Celle de Céphalonie était au dix-huitième siècle la plus nombreuse et la plus active. Quand les Russes, par la possession de la Crimée, se furent assuré la navigation et le commerce de la mer Noire, un grand nombre de Céphaloniotes arborèrent le pavillon russe. Leurs vaisseaux, qui jusque alors ne naviguaient que dans le golfe Adriatique, la Méditerranée et le Levant, s'avancèrent au delà des Dardanelles, jusqu'à Cherson, où ils faisaient un commerce très-avantageux. Leurs principales ressources étaient la contrebande et la piraterie. Dans sa lutte contre les Turcs, Catherine II sut mettre à profit l'audace et l'avidité de ces corsaires. C'est dans les Îles Ioniennes que le pirate grec Lambro Cazzoni recruta la plus grande partie de ses équipages. Il leur faisait arborer le pavillon russe, sous les yeux même des provéditeurs vénitiens, dont la connivence était assurée.

Outre l'attrait du pillage, un motif religieux poussait les insulaires au service de la Russie. La religion grecque domine dans les Îles Ioniennes.

A Corfou, sous les Vénitiens, le rit latin était suivi par le représentant et les fonctionnaires de la république ; le rit grec par la masse des habitants.

Le protopapa de Corfou, grand protopapa des îles, était élu dans une assemblée du clergé et de la noblesse. Il devait appartenir à une famille noble et agrégée au conseil. Il relevait immédiatement du patriarche de Constantinople, et possédait tous les pouvoirs épiscopaux pendant cinq années. Les principales sources de son revenu étaient les mariages, les baptêmes, les enterrements, et les excommunications.

Avant la séparation de l'Église latine et de l'Église grecque, l'île de Zante était le siége d'un évêque nommé par le pape. Depuis le schisme, le rit grec s'y est maintenu. Après la prise de Constantinople (1204), Zacynthe reçut un évêque latin. Sur les plaintes des habitants, le concile de Florence décida que les diverses Églises de la Grèce et des îles auraient chacune deux chefs, l'un pour le rit latin, l'autre pour le rit grec. Longtemps les évêques latins de Zante s'abstinrent de visiter leur diocèse. Ferdinand de Médicis, nommé par le pape Léon X, fut le premier qui se soumit à l'obligation de la résidence. Le diocèse latin de Zante, suffragant de l'archevêché de Corfou, avait dans son ressort l'île de Céphalonie. Le clergé grec était dirigé par un protopapa, élu tous les cinq ans par la noblesse.

Céphalonie, où le rit latin n'était guère suivi que par le gouvernement et la garnison vénitienne, était le siége d'un archevêque grec. Elle avait à combattre les prétentions rivales de Zante. En 1717, un décret du sénat, tout en conservant au clergé de Céphalonie le droit d'élire le prélat, lui imposa l'obligation de nommer un ecclésiastique de Zante, après que le siége aurait été occupé successivement par deux archevêques céphaloniens.

Venise était trop habile pour ne pas ménager les opinions religieuses de ses sujets, trop jalouse des prérogatives de son autorité pour laisser au clergé grec une indépendance absolue. A Corfou, à Céphalonie, le provéditeur général présidait les assemblées où le clergé et la noblesse élisaient le protopapa ; il prenait part au vote, et sa voix était prépondérante. C'était lui qui proclamait l'élu; et qui attachait le voile à son bonnet, en signe d'investiture: Tous les chefs du gouvernement avaient leur place d'honneur dans les cérémonies et les processions. La république faisait ainsi, des hommages intéressés qu'elle rendait à l'Église grecque, une garantie de son pouvoir.

Résumé. L'histoire des Iles Ioniennes sous la domination de Venise comprend deux périodes distinctes. La première s'étend depuis la soumission volontaire de Corfou (1386) jusqu'à la paix de Passarowitz (1718). C'est la période de guerre. Venise, menacée par les Turcs, cherche à se concilier l'affection et le dévouement de ses sujets par les faveurs qu'elle accorde au clergé et à la noblesse autant que par une sage administration. La seconde période, qui comprend le dix-huitième siècle, amène avec la paix la corruption et le brigandage. Le gouvernement politique et militaire, toujours exclusivement réservé à l'aristocratie vénitienne, est exercé par des fonctionnaires prévaricateurs. Les nobles, qui conservent les charges municipales, mais dont le sénat restreint les priviléges, imitent les excès des provéditeurs et des généraux : les valets copient les maîtres. Sous une double tyrannie, le peuple succombe, l'agriculture dépérit faute de bras; l'industrie est presque nulle; le commerce, entravé par des monopoles absurdes et surchargé d'iniques impôts, devient pour les habitants une ressource précaire et insuffisante. Le vol et le meurtre dans toutes les classes de la société, des pirates et des *bravi* gouvernés par des Verrès, voilà le spectacle que présentent ces malheureuses provinces dans les dernières années de la domination vénitienne. L'arrivée des Français a commencé pour ces îles une ère de régénération et de progrès.

IV.

LES ILES IONIENNES SOUS LE PROTECTORAT ANGLAIS (1).

Les Iles Ioniennes, occupées depuis le 27 juin 1797 par le général Gentilly, furent données à la France par le traité de Campo-Formio (17 oct. 1797), qui partagea entre la France et l'Autriche les dépouilles de la république de Venise. Elles formèrent les trois départements d'Ithaque, de Corcyre et de la mer Égée. La garnison faisait partie de l'armée d'Italie sous les ordres du général en chef Alexandre Berthier.

Pendant les désastres qui suivirent le départ de Bonaparte pour l'Égypte, une flotte turquo-russe s'empara des îles; Corfou capitula le 3 mars 1799; les garnisons, prisonnières de guerre, rentrèrent sur le territoire français par Toulon et la division des Iles Ioniennes cessa d'exister.

Par une convention conclue à Constantinople entre la Porte et la Russie (21 mars 1800), les Sept-Iles et les côtes qui en dépendent furent constituées en république, vassale et tributaire de l'empire ottoman. « On ne sait, dit un auteur contemporain, comment concilier avec cette suzeraineté le droit que la Russie s'était réservé par l'art. 5, de tenir garnison dans les ports et forteresses des Sept-Iles; mais du moins il avait été stipulé que ces troupes évacueraient les Sept-Iles après la cessation de la guerre, et cependant elles y restaient toujours, malgré les alarmes de l'Autriche et les représentations de la France. C'était comme un poste militaire occupé pour favoriser la reprise des anciens projets sur la Morée. »

Le traité d'Amiens consomma pour nous la perte des îles Ioniennes, en les déclarant indépendantes, et en les plaçant sous le protectorat de la Russie. Le comte Capo d'Istria, noble corfiote au service de cette puissance, fut chargé d'organiser Céphalonie, Sainte-Maure, Thiaki. Mais la guerre civile éclata parmi les Ioniens; elle ne fut apaisée qu'en 1802 par l'intervention d'un plénipoten-

(1) Voir un article publié sous ce titre par M. Breulier dans la *Revue Orientale et Algerienne* de mars 1852.

tiaire russe. Capo d'Istria, nommé secrétaire d'État, chercha à relever l'esprit national en établissant des écoles, principalement pour l'enseignement de l'ancienne langue et de l'ancienne littérature grecques. La nouvelle constitution, dont la garantie était confiée à la Russie, fut publiée le 6 décembre 1803.

Cette constitution de 1803 établissait la foi grecque comme religion nationale; elle donnait protection à la religion catholique romaine, et accordait tolérance à toutes les autres. La noblesse avait seule le droit électoral; l'électeur noble devait être né dans les îles, d'une union légitime; appartenir à un culte chrétien, et posséder un revenu annuel, dont la quotité variait suivant les îles. Les professions mécaniques et le commerce lui étaient interdits. Un diplôme obtenu dans une des principales universités d'Europe suppléait à la rente annuelle exigée de la noblesse. Au-dessus de l'assemblée législative, librement nommée au scrutin secret, la chambre haute, composée de soixante-dix sénateurs élus, était investie du pouvoir exécutif. Le sénat avait le maniement des revenus et des dépenses, sous le contrôle de l'assemblée législative, qui votait le budget.

Ainsi l'administration intérieure était complètement abandonnée aux mains des insulaires. Le protectorat russe, substitué depuis le traité d'Amiens (1802) à celui de la Turquie, avait aux yeux du peuple ionien les apparences d'un véritable patronage. Aux yeux de la France, c'était une souveraineté absolue. « On doit sans doute mettre dans la catégorie des pays soumis à la domination d'Alexandre la république des Sept-Iles, que la Russie gouverne réellement à l'ombre d'un droit de protection sous lequel elle a prétendu voiler son usurpation formelle. » Ainsi s'exprime en 1807 un écrivain au service de Napoléon. C'est qu'en effet l'empereur voyait avec inquiétude la place de Corfou occupée depuis 1804 par une forte garnison russe et Cattaro prise par cette garnison le 4 mars 1806. Aussi au traité de Tilsitt (7 juillet 1807) exigea-t-il que la république septinsulaire fût restituée à la France.

Le général Berthier, nommé gouverneur général des îles, publia le 1er septembre 1807 la déclaration suivante :

« La république septinsulaire fait partie des États qui dépendent de l'empire français... La liberté des cultes est maintenue, et la religion grecque sera la religion dominante.

« Les tribunaux de justice continueront à prononcer sur les matières criminelles, correctionnelles, civiles et autres comme par le passé. Les lois et autres actes judiciaires seront maintenus dans toute leur vigueur.

« Le sénat continuera d'exercer ses fonctions jusqu'à nouvel ordre. Une députation sénatoriale de cinq membres se réunira tous les lundis et jeudis pour présenter son travail au gouverneur, et lui proposer tout ce qui pourra contribuer à la félicité publique. Le sénat devra faire confirmer tous décrets et délibérations par le gouverneur général, au nom de sa majesté l'empereur et roi. Ils n'auront aucune force sans cette approbation.....

« Il y aura près du gouverneur général un conseil privé, qu'il réunira toutes les fois qu'il le jugera convenable. Il sera composé des trois secrétaires d'État et de son excellence le président du sénat.

« Les Albanais qui étaient au service russe sont licenciés, et passent provisoirement à celui de la France. Ils seront payés par le gouvernement septinsulaire et distribués dans les diverses îles... L'état-major des Albanais résidera provisoirement à Corfou. Il sera levé parmi eux une compagnie qui sera incorporée dans la garde du gouvernement. En outre, deux compagnies de chaque corps d'Albanais seront réunies à chaque régiment français pour faire le service de chasseurs des montagnes. »

La France conserva jusqu'en 1814 la possession des Iles Ioniennes; elle y renonça implicitement par l'art. 3 du traité de Paris (30 mai 1814). Conformément à la convention du 23 avril qui fixait au 1er juin la remise totale de toutes les places occupées par les Français en dehors des limites nouvelles, le général Donzelot évacua Corfou et ses dépendances.

Aussitôt le sénat, tel qu'il était composé sous le protectorat russe, se réunit à Corfou. La chute de l'empire devait-elle rendre aux Ioniens leur indépendance? Le sénat, dans son acte public du 9-21 mai 1814, exprima ainsi ses vœux et ses espérances légitimes : «.... L'Angleterre a attaqué et occupé quelques-unes des îles; mais, quelle qu'ait été l'influence accidentelle des événements, le sénat n'a jamais cessé de regarder ces différentes occupations du territoire comme purement militaires, commandées par les circonstances et ne différant à aucun égard des mesures provisoires prises simultanément dans les autres parties de l'Europe. Le sénat fut toujours fermement persuadé que, la guerre une fois terminée, son territoire serait, de même que celui des autres nations, évacué et rendu. »

Les Ioniens envoyèrent ce manifeste à leur compatriote le comte Capo d'Istria, ministre plénipotentiaire du czar. « L'empereur de Russie, leur répondit-il, a couronné toutes ses faveurs en me permettant de remplir vos souhaits et aussi, en même temps, d'agir au congrès des alliés comme l'organe de la perpétuelle bienveillance de sa majesté pour notre patrie. Notre patrie a demandé de la justice de ce monarque le rétablissement de son existence politique, dont elle a été privée par des événements étrangers au pays. Le traité de Paris, que je me hâte de vous transmettre, consacre d'une manière solennelle cet acte de justice et de libéralité. Rendre au peuple ionien sa liberté et ses lois, c'est exercer envers lui un acte de justice; lui garantir la jouissance paisible de bienfaits si grands, en plaçant le maintien du progrès de sa régénération politique sous les auspices de la protection britannique, c'est associer sa fortune aux intérêts les plus éminents et assurer à son bonheur un long avenir. »

En effet, par suite de traités conclus avec les puissances alliées le 4 juillet et le 5 novembre 1815, la *république des Iles Ioniennes* passa sous le protectorat de la Grande-Bretagne. Le général Campbell, commissaire des puissances alliées, expliqua bientôt ce qu'il fallait entendre par le protectorat anglais. Il commença par déclarer que son gouvernement ne reconnaissait point l'existence d'un peuple ionien indépendant, et des tribunaux militaires, véritables cours martiales, se chargèrent d'imposer silence aux plaintes des rebelles qui interprétaient autrement les traités de 1815. Campbell eut pour successeur le général Maitland, qui prit le titre de *lord haut commissaire*, et qui dès sa première proclamation confirma tous les actes de son devancier. D'après le traité, le lord haut commissaire devait seulement régler la forme dans laquelle on convoquerait l'assemblée législative et diriger ses délibérations, pendant qu'elle rédigerait une constitution nouvelle. Jusqu'au moment où cette nouvelle constitution serait ratifiée par le roi, l'ancienne devait rester en vigueur. Sir Thomas Maitland ne tint aucun compte des droits du peuple ionien. Il rendit contre le sénat une ordonnance de dissolution, et créa de son chef un conseil primaire de onze membres, qui pour compléter l'assemblée législative présentèrent aux électeurs une liste de candidats. Le 29 décembre 1817 fut publiée la constitution. Elle reconnaît le protectorat perpétuel du roi d'Angleterre, qui a le droit de mettre garnison dans les places de la république et de commander ses troupes. Le lord haut commissaire, représentant de sa majesté, a le gouvernement général. Les sept îles forment une république aristocratique représentative. Le sénat est élu tous les cinq ans par les députés qu'envoie à Corfou chacune des îles, proportionnellement au chiffre de sa population. Il se compose d'un président, chef du pouvoir exécutif, nommé par l'Angleterre, d'un secrétaire d'État, également désigné par le lord haut commissaire de sa majesté et de cinq sénateurs, dont le choix doit être agréé par la puissance protectrice. Corfou, Céphalonie, Zante, Sainte-Maure nomment chacune un des sénateurs; le cinquième représente Paxos, Thiaki et Cérigo. Chaque île a son administration et ses tribunaux particuliers.

Le 24 avril 1819 le sultan Mahmoud II reconnut l'indépendance des Iles Ioniennes sous la protection des Anglais, et en échange il obtint la restitution de Parga. Lord Maitland réprima avec une odieuse cruauté les mouvements des Ioniens pendant la guerre de l'indépendance.

Après la mort de Maitland, sir Fr. Adam montra plus de bonne volonté que d'intelligence. Il fit construire deux aqueducs et des routes ; mais il fit payer trop chèrement aux Ioniens des améliorations insuffisantes. C'est sous son administration que lord Guildford établit l'université de Corfou, ouverte le 29 mai 1824. D'autres institutions contribuèrent au développement de l'éducation dans les îles : Corfou, Zante et Argostoli eurent chacune un collége ou lycée. Corfou possède une bibliothèque publique ; et une société pour le développement de l'agriculture, du commerce et de l'industrie.

Lord Nugent rétablit l'équilibre dans les finances, et laissa même un excédant de 125,550 liv. sterl. à son successeur, sir Howard Douglas, qui gouverna les îles pendant dix ans. Celui-ci ne tint pas toutes les promesses qu'il avait faites. Les plaintes qu'il souleva parmi les Ioniens ont été vivement résumées dans les divers mémoires de M. A. Mustoxidis (1839, 1841). « Des sociétés agricoles et industrielles, des sociétés anonymes, des banques nationales, des dessèchements de marais, toutes choses excellentes, mais où les trouver, sinon sur le papier ! Le code fait mention de maisons de correction et de discipline, de pénitenciers ; mais il n'existe aucun de ces établissements dans le pays. On a donné des ordres pour la création de salles d'asile, et les pauvres pullulent dans tous les recoins de la cité. »

Après sir Stuart Mackenzie, qui par sa loyauté s'attira la haine des fonctionnaires et de l'aristocratie anti-patriotes (καταχθόνιοι), lord Seaton réalisa quelques réformes, particulièrement dans l'instruction publique. Il introduisit dans les écoles-modèles l'enseignement de l'agriculture théorique et pratique, et établit une ferme modèle à Castellanus (1844). Dans des écoles mutuelles, les pauvres reçurent gratuitement l'instruction élémentaire, et les maîtres d'école de village obtinrent des appointements de l'État.

Sir Henri Ward, successeur de lord Seaton, était gouverneur des Iles Ioniennes au moment où éclatèrent les événements de 1848. Entraînés par le mouvement révolutionnaire qui agitait alors toute l'Europe, les radicaux, ou Rhisospastes, sous la direction de Vlacco et de Nodaro, essayèrent de secouer le joug du protectorat britannique, et d'annexer les Iles Ioniennes à la Grèce.

Leur tentative fut comprimée par l'état de siége et par des mesures rigoureuses, qui rappelèrent les temps désastreux de l'administration de lord Maitland. L'Angleterre maintint donc par la force sa souveraineté sur les Iles Ioniennes; mais après s'être raffermie, elle a jugé opportun et convenable de prévenir de nouveaux mouvements en donnant quelques satisfactions aux sentiments d'indépendance qui animent les Ioniens. Un décret du lord haut commissaire, en date du 22 décembre 1851 et contre-signé par lord Grandville, indique en ces termes les modifications à introduire dans la constitution de 1817 :

« 1° Le parlement se réunira tous les ans;

2° L'organisation du sénat sera modifiée de manière à accroître la responsabilité de ses membres et à bien préciser leurs devoirs;

3° Il sera adjoint au conseil suprême de la justice un cinquième membre, afin que ce corps puisse décider à la majorité absolue des voix, et qu'il n'ait plus à recourir, en cas d'égalité des voix, à l'intervention du lord haut commissaire.

4° le parlement ionien aura l'initiative d'une loi tendant à mieux régler les pouvoirs du gouvernement des îles;

5° Le parlement déterminera les attributions qui devront être substituées aux attributions actuelles de haute police » (visites domiciliaires nocturnes, confiscation des papiers, emprisonnement et bannissement des citoyens sans enquête préalable et sans responsabilité).

Telles sont les concessions libérales que l'Angleterre a d'elle-même promises au peuple ionien. Qu'elle exécute fidèlement ses promesses, et elle saura s'attacher par les bienfaits d'une protection vraiment tutélaire un peuple digne de la liberté. En effet, la population des Iles Ioniennes est vive et intelligente. « Cette contrée de si peu d'étendue (1) a donné

---

(1) La surface des Sept-Iles peut être évaluée à 3,500 kilomètres carrés environ. Leur population est de 220,000 habitants, et leur revenu actuel de 147,482 liv. sterl., ou 3,687,060 francs.

naissance à un nombre relativement considérable d'hommes distingués dans les sciences, les lettres et la politique. Nous pouvons citer entre autres : Pieri, membre de l'Académie della Crusca; le poète Ugo Foscolo, auteur des *Mémoires de Jacobo Ortis;* Bondioli, Delladecimo, Carburi, professeurs éminents; un autre Carburi, grand architecte, qui transporta à Saint-Pétersbourg le rocher de granit sur lequel est assise la statue de Pierre le Grand; Lusi, général en Prusse et ambassadeur en Angleterre; Loverdo, général et pair de France; Corafan, vice-roi de Sicile; Iérachis, vice-roi de Siam; Mocenigo, Bulgari, Franzini, ministres d'État en Europe; Capo d'Istria, secrétaire d'État en Russie, ministre plénipotentiaire de cette puissance au congrès de Vienne et président de la Grèce; l'écrivain Mustoxidis, et le poëte Salomos, auteur du fameux hymne grec *à la Liberté*, etc., etc. »

Certes, un peuple qui a de tels représentants mérite d'être traité avec tous les égards, tous les ménagements qui sont dus aux nations civilisées ; « et il est digne de l'Angleterre, dit l'écrivain (1) auquel nous empruntons ces derniers détails, de faire noblement son devoir en accordant enfin, sans arrière-pensée, réparation et justice aux malheureuses populations des Sept-Iles. »

(1) M. Breulier, *Revue Orientale*, t. I, p. 276.

TABLE

DE

L'HISTOIRE DES ILES DE LA GRÈCE.

I.

Ile de Chypre. 1
I. Géographie physique et politique de l'île de Chypre. ..... *ib.*
II. Histoire de l'île de Chypre pendant les temps anciens. ... 14
III. État religieux, politique, moral et intellectuel de Chypre pendant les temps anciens. ... 38
IV. Histoire de l'île de Chypre pendant le moyen âge et les temps modernes. 47
V. État actuel de l'île de Chypre. ... 83

II.

Ile de Rhodes. 91
I. Description et géographie comparée de l'île de Rhodes. .... *ib.*
II. Histoire ancienne de l'île de Rhodes. 102
III. État religieux, politique, social et intellectuel de Rhodes pendant l'antiquité. 134
IV. Histoire de l'île de Rhodes pendant le moyen âge et les temps modernes. 145
V. État actuel de Rhodes. 184
VI. Iles de la mer de Lycie. 189

III.

Les Sporades. 192
Mer Égée. .... *ib.*
Ile de Syme. 193
Ile de Chalkia. 194
Ile de Télos. .... *ib.*
Ile de Nisyros. 195
Le rocher des Caloyers. 196
Ile de Carpathos. .... *ib.*
Ile de Casos. 198
Ile de Cos. 199
Iles voisines de Cos. 208
Ile de Léros. .... *ib.*

Ile de Patmos. 209
Ile Icaria. 210
Petites îles de la mer Icarienne. 212

IV.

Ile de Samos. 214
I. Géographie et description de l'île de Samos. .... *ib.*
II. Histoire de l'île de Samos dans les temps anciens. 222
III. Colonies, institutions, religion, littérature de Samos dans l'antiquité. 237
IV. Histoire de Samos pendant le moyen âge et les temps modernes. 248

V.

Ile de Chio. 259
I. Géographie et description de Chio. *ib.*
II. Histoire ancienne de Chio. ... 264
III. Résumé de l'histoire de l'île de Chio pendant les temps modernes. 275
IV. Tableau général de la civilisation dans l'île de Chio aux temps anciens et modernes. 284

VI.

Ile de Psara. 292

VII.

Ile de Lesbos. 297
I. Description et géographie de l'île de Lesbos. .... *ib.*
II. Histoire ancienne de Lesbos. . 304
III. État politique, social, intellectuel de Lesbos pendant les temps anciens. 317
IV. Histoire de l'île de Lesbos pendant les temps modernes. ... 326

VIII.

Ile de Ténédos. 338

IX.

Îles de la Propontide 347
L'Hellespont . . . . *ib.*
Île de Proconnèse 348
Îles voisines de Marmara 350
Îles des Princes 351
Les roches Cyanées 352

X.

Île de Lemnos 354
Île d'Imbros 364

XI.

Île de Samothrace 365

XII.

Île de Thasos 372

XIII.

Îles du nord de l'Eubée 377
Île de Scyros 378

XIV.

Île d'Eubée 382
I. Description et histoire de l'île d'Eubée pendant les temps anciens. . . . . *ib.*
  1° Géographie générale, population. *ib.*
  2° Centre de l'Eubée. 385
  3° Nord de l'Eubée. 403
  4° Sud de l'Eubée. 410
II. Précis historique sur l'île d'Eubée pendant le moyen âge et les temps modernes. 422

XV.

Les Cyclades 429
I. Notions générales sur la géographie et l'histoire des Cyclades. *ib.*
II. Particularités sur les Cyclades. . . 438
Île d'Andros. 438
Île de Ténos. 439
Île de Gyaros. 441
Île de Céos. 442
Île d'Hélène. 445
Île de Cythnos. 446
Île de Syra. 447
Îles de Délos et de Rhénée. . . . 451
Île de Mykonos. 459
Île de Naxos. 460
Île de Paros. 466
Île d'Oliaros ou Antiparos. . . . 469
Île de Siphnos. 471
Île de Sériphos. 472
Île de Cimolos. . . . . *ib.*
Île de Mélos. 473

Île de Pholégandros. 478
Île de Sikinos. . . . . *ib.*
Île d'Ios. 479
Île d'Amorgos. 480
Île d'Astypalée. 482
Île d'Anaphé. 483
Île de Théra ou Santorin. . . . 484

XVI.

Îles du golfe Saronique 493
Île de Salamine. . . . . *ib.*
Île d'Égine. 502
  1° Ancienne histoire d'Égine. . . 502
  2° Égine dans les temps modernes. 512
  3° État de la civilisation antique dans l'île d'Égine. 513
  4° État actuel de l'île d'Égine. . . 520
Île de Calaurie ou Poros. 522

XVII.

Îles du Péloponnèse 524
Îles d'Hydra et de Spétzia. . . . *ib.*
Théganussa. 528
Sphactérie. 529

XVIII.

Île de Crète 530
I. Description et géographie de l'île de Crète. . . . . *ib.*
II. Histoire de l'île de Crète pendant les temps anciens. 536
III. Tableau général de la civilisation crétoise dans les temps anciens. 553
IV. L'île de Crète pendant le moyen âge et les temps modernes. . . 571
V. Appendice sur l'état de l'agriculture et les productions de l'île de Crète. 589

XIX.

Îles Ioniennes 613
I. Géographie des Îles Ioniennes. . *ib.*
II. Résumé historique sur les Îles Ioniennes. 615
Corcyre. . . . . *ib.*
Paxos. 624
Leucade. . . . . *ib.*
Céphallénie. 625
Ithaque. 627
Zacynthe. 628
Cythère. 630
III. Les Îles Ioniennes sous la domination de Venise. 631
IV. Les Îles Ioniennes sous le protectorat de l'Angleterre. 638

FIN.

www.ingramcontent.com/pod-product-compliance
Lightning Source LLC
Chambersburg PA
CBHW061951300426
44117CB00010B/1297